Frank Laufenbergs Rock- und Pop-Lexikon
Bd. 1 ABBA – Kay Kyser

ECON Sachbuch

Zum Buch:
Dieses Lexikon beinhaltet Artikel über die wirklich populären Persönlichkeiten der Rock- und Popmusik von A bis Z seit dem Beginn der 40er Jahre. Jeder Interpret und jede Gruppe, die ab 1940 in den amerikanischen, britischen oder deutschen Top 10 waren, sind aufgenommen, einschließlich der Künstler, über die man bislang in noch keinem Buch nachlesen konnte. Alle Biographien sind auf dem aktuellen Stand (1993); zusätzlich zu jedem Eintrag ist außer dem größten Hit auch ein LP/CD-Tip mit der entsprechenden Plattenfirma und eine Bestellnummer angegeben. Frank Laufenberg ist einer der bekanntesten deutschen Rock- und Popmusikexperten. Seine Bücher erscheinen, einmalig in der Musikbranche, als Lizenzen in den USA und in Großbritannien. Mit seinem Lexikon legt er das umfassendste und aktuellste Buch zu diesem Thema vor, das es zur Zeit auf dem deutschen Markt gibt.

Die Autoren:
Frank Laufenberg gilt als einer der versiertesten Kenner der internationalen Rock- und Popszene. Vor nunmehr 20 Jahren gehörte er zu den »Erfindern« und Mitbegründern von SWF 3. Musiksendungen wie »Pop Shop« oder Frank Laufenbergs Reihe »Facts und Platten« leisteten sozusagen Pionierarbeit auf diesem Gebiet. Inzwischen hat Frank Laufenberg neben seinen Rundfunksendungen auch zahlreiche Fernsehsendungen zum Thema Musik moderiert, wie z. B. »Ohne Filter«.
Sein umfangreiches Wissen über das Thema Popmusik vermittelt der Musik-Fan seit Jahren in zahlreichen Büchern. Er hat Monographien über Joe Cocker und Cliff Richard veröffentlicht sowie umfassende Werke über die Geschichte der Popmusik.
Ingrid Hake arbeitet als Journalistin und Übersetzerin.

Frank Laufenberg
Ingrid Hake

Frank Laufenbergs Rock- und Pop-Lexikon

Bd. 1 ABBA – Kay Kyser

ECON Taschenbuch Verlag

Originalausgabe

Umschlaggestaltung: Molesch/Niedertubbesing, Bielefeld
Satz: Formsatz GmbH, Diepholz
Druck und Bindearbeiten: Ebner Ulm
Printed in Germany
ISBN 3-612-26101-0

Frank Laufenbergs Rock- und Pop-Lexikon
Bd. 1 ABBA – Kay Kyser

A

ABBA

Agnetha Fältskog, v (* 5.4.1950); Björn Ulvaeus, g (* 25.4.1945); Benny Andersson, key (* 16.12.1946); Anni-Frid Lyngstad, v (* 15.11.1945).

10 Jahre lang war die Band Schwedens musikalischer Exportartikel Nummer 1. Für viele gelten Abba als die legitimen Nachfolger der Beatles. Was die Verkäufe angeht, könnte das stimmen. Für den Bereich Innovationen waren Abba jedoch nicht zuständig.

8 Jahre nach ihrem ersten Zusammentreffen feierten Björn und Benny mit dem Sieg beim Grand Prix Eurovision 1974 ihren internationalen Durchbruch als Interpreten und Songschreiber. 1966 war Björn Mitglied der Folkgruppe Hootenany Singers und Benny bei der Rockgruppe Hep Stars. Aus einer erst lockeren Autorenbeziehung wurde ab 1971 ein ernsthaftes Songschreiberteam, das von dem Musikmanager und Ex-Lehrer Stig Anderson verstärkt wurde. 1969 hatte Björn Agnetha Fältskog kennengelernt, die schon von klein auf erst in Tanzkapellen, später Schnulzen gesungen hatte. Ebenfalls 1969 traf Benny auf die in Norwegen geborene Anni-Frid Lyngstad, die sich jahrelang mit mäßigem Erfolg als Jazz-Sängerin versucht hatte. Björn und Agnetha waren von 1971 bis 1978, Benny und Anni-Frid von 1978 bis 1981 verheiratet.

1972 erschien mit *»People Need Love«* die erste Platte, die als Gemeinschaftswerk der vier Musiker gewertet werden kann. Auf der Plattenhülle standen als Interpreten Björn & Benny, Agnetha & Frida. 1973 nahmen sie als ABBA mit *»Ring Ring«* an der Vorentscheidung für den schwedischen Europatitel für den Grand Prix teil – und siegten nicht. Ein Jahr später brachte *»Waterloo«* die Wende – und das, obwohl dieser kleine Ort in Belgien als Synonym für Niederlagen steht. Der Song gewann nicht nur die Vorausscheidung in Schweden, sondern gleich den ganzen Wettbewerb. Daß ein Sieger beim Grand Prix Spitzenreiter in der britischen und deutschen Hitparade wird, ist nicht selten – daß er aber auch ein Top-10-Erfolg in den USA wird, ist die absolute Ausnahme.

1982 strich das Quartett nach einer unglaublichen Serie von Hits die Segel. Im Windschatten des Abba-Erfolges hatten Agnetha und Frida als Solistinnen einige Hits. Björn und Benny erarbeiteten zusammen mit Tim Rice das Musical *»Chess«*.

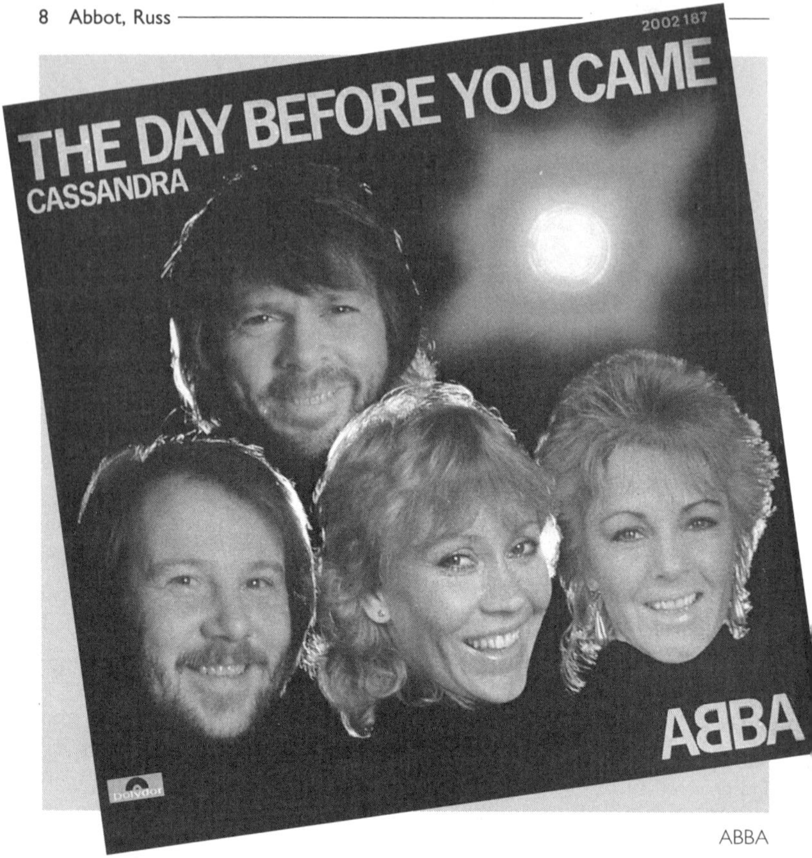

ABBA

1992, wohl weil viele das Synthetik-Gedudel dieser Zeit satt waren, erlebten die Platten von Abba ein Comeback.

Der Hit: *Dancing Queen*
Der Tip: *ABBA – The Hits Vol. 1, 2, und 3* (Pickwick PWKS 500/507/593)

Abbot, Russ

Die Plattenkarriere dieses britischen Interpreten begann im Jahr 1982 und endete drei Jahre später. Mit dem Titel »*Atmosphere*« landete er im Dezember 1984 seinen einzigen Top-10-Erfolg.

Der Hit: *Atmosphere*

Abbott, Gregory

* 2.4.1956. Hier paart sich Intelligenz mit Soulmusik. Bevor er mit »*Shake You Down*« 1986 einen Spitzenreiter in den USA hatte, studierte er Psychologie und lehrte Englisch an der Berkeley-Universität. Verheiratet ist er mit der Soulsängerin Freda Payne. Abbott schrieb sich alle seine Songs selbst, spielt auf seinen Platten Schlagzeug und Keyboards und, wie man in der US-Presse lesen konnte, »vereinigt den Soul von Marvin Gaye, die Anziehungskraft von Lionel Richie und die Ausstrahlung von Miami-Vice-Star Philip Michael Thomas in sich«. Na ja, das scheint mir eine schwere Bürde zu sein.

Der Hit: *Shake You Down*
Der Tip: *Shake You Down* (CBS 450061)

ABC

Martin Fry, v (* 9.3.1958); Mark White, g (* 1.4.1961); dazu wechselnde Musiker wie z. B. Stephen Singleton, sax (* 17.4.1959); Mark Lickley, b; David Robinson, d; David Palmer, d (* 29.5.1961); David Clayton, key; Brad Lang, b; Graham Broad, d – oder Tänzer wie David Yarritu und Eden alias Fiona Russell-Powell, die für bessere Optik sorgen sollten.

Warum immer nur über Musik schreiben? Warum nicht selber machen? Das mag sich 1980 Martin Fry, der Herausgeber des Sheffielder Magazine »*Modern Drugs*« gesagt haben, nachdem er mit zwei Mitgliedern der Gruppe Vice Versa ein Interview gemacht hatte. Die beiden waren Mark White und Stephen Singleton. Man wählte den Gruppennamen ABC, »weil diese Buchstabenkombination weltweit bekannt ist«, wie Martin richtig bemerkte. Nachdem sie eine eigene Plattenfirma Neutron gegründet hatte, machten sie 1981 einen Vertrag mit Phonogram Records, die ihre Platten vertrieben. Mit »*Tears Are Not Enough*« hatten sie noch im gleichen Jahr ihren ersten Top-20-Hit. Was folgte, war ein Achterbahnkurs durch Glamour und Brit-Funk, Violinen und Schmalz. Das Debütalbum »*Lexicon Of Love*« wurde 1982 der Soundtrack dieser Zeit. »Die LP wurde«, so konnte man Jahre später lesen, »zum Manna für Hedonisten, wirkte wie eine Fairlight-Sounds-getränkte Frank-Sinatra-Revue, eine Mischung aus London Allnighter, Las Vegas Sensation und L'amour 2000.« Die Liste der Erfolge geht bis in das Jahr 1987 – dann erkrankte Martin Fry ernsthaft und konnte erst nach einer längeren Pause mit ABC weiterarbeiten. 1991 erschien mit »*Abracadabra*« wieder eine neue, bemerkenswerte CD. Als Mitglieder werden nur noch Martin Fry und Mark White aufgeführt.

Der Hit: *When Smokey Sings*
Der Tip: *Absoluteley* (Phonogram 842 967-2)

Abdul, Paula

* 19.6.1962. Die Vorfahren von Paula stammen aus Syrien, Brasilien und Franko-Kanada – warum daraus nun eine begnadete Tanzmaus werden sollte, läßt sich wohl nur darauf zurückführen, daß sie bereits mit 7 ihre ersten öffentlichen Auftritte hatte und somit der Drill früh begann. Mit 17 brachte sie den Cheerleadern des bekannten Basketballteams der LA Lakers die Tanzschritte bei. Wenig später entscheidet sie sich für eine Karriere als Choreographin und bringt Interpreten wie Janet Jackson und Mick Jagger Bewegungsabläufe näher. 1988 erscheint ihre erste eigene Single mit dem Titel *»Straight Up«* – und das macht sie seitdem. 1992 erklärt eine Backgroundsängerin, nicht Paula, sondern sie habe die Lead-Stimme bei diversen Plattenaufnahmen gesungen. Paula kann die Vorwürfe entkräften. Im Zeitalter von MTV ist ja in der Tat nicht nur die Stimme, sondern auch die Präsentation wichtig – das Auge ißt ja mit. Ihr Video zur Platte *»Opposites Attract«* ist ein wahrer Augenschmaus. Sie tritt darin zusammen mit der Zeichentrickfigur MC Skat Cat auf – sehr gut.

Der Hit: *Straight Up*
Der Tip: *Shut Up And Dance – Mixes* (Virgin CDVUS 17)

Abrams, Colonel

* in Detroit. 1976 war er Lead-Sänger in der Band 94 East – Gitarrist war Prince. Die nächste Station war die New-Jersey-Gruppe Surprise Package. Überraschend für Colonel (er heißt wirklich so!) war dann sein erster Solo-Hit *»Trapped«*, der 1985 in die britische und deutsche Hitparade, nicht aber in die US-Top-100 kam. Auch in der Folgezeit erzielte er zwar gute Ergebnisse in den amerikanischen R&B-Charts – für die Top 100 reichte es nicht. Lediglich die britischen Pop-Fans blieben ihm, der sich die meisten seiner Nummern selbst geschrieben hat, treu.

Der Hit: *Trapped*
Der Tip: *Colonel Abrams* (MCA 252 705-2)

AC/DC

Malcolm Young, g (* 6.1.1953); Angus Young, g (* 31.3.1959); Bon Scott, v (* 9.7.1946, † 19.2.1980); Phil Rudd, d (* 19.5.1954); Mark Evans, b (* 2.3.1956); Brian Johnson, v (* 5.10.1947); Cliff Williams, b (* 14.12.1949); Simon Wright, d (*19.6.1963).
Malcolm und Angus Young wurden wie ihr älterer Bruder George Young (Mitbegründer der Easybeats, Motor bei Flash & The Pan und mit Kumpel Harry

Vanda im Autorenteam überaus erfolgreich) in Glasgow/Schottland geboren. 1963 wanderte die Familie nach Australien aus.
Die Ursprünge von AC/DC gehen auf den letzten Tag des Jahres 1973 zurück. Nach der ersten erfolglosen Single *»Can I Sit Next To You«* trennen sich die Young-Brüder von den übrigen Musikern und spielen ab Juli 1974 mit Scott/Rudd/Evans. Mit *»Highway To Hell«* haben sie schließlich im Jahre 1979 ihren ersten internationalen Erfolg. Die Mixtur aus eingängigen Melodien und hartem Rock, dazu eine sehr einprägsame Bühnenshow, in der z. B. Angus Young einen bösartigen kurzbehosten Schuljungen gibt, lassen sie zu Heavy-Metal-Stars werden. Nachdem sich der Leadsänger Bon Scott im Februar 1980 im wahrsten Sinne des Wortes zu Tode gesoffen hatte, wurde er durch Brian Johnson, bis zu diesem Zeitpunkt Leadsänger der britischen Band Geordie, ersetzt. Johnson paßte sich nahtlos in das Konzept ein: Nummern wie *»Back in Black«* und LPs wie *»Blow Up Your Video«* und *»The Razor's Edge«* setzten den Erfolg der Band fort. Ende 1992 erschien *»AC/DC Live«*, aufgenommen in Castle Donnington und Glasgow während der Welttournee 1991. AC/DC live auf Platte zu hören scheint gesünder zu sein als AC/DC live im Konzert. Alleine am 18. Januar 1991 kamen bei einem Konzert in Salt Lake City drei Zuschauer ums Leben.

Der Hit: *Touch Too Much*
Der Tip: *Back In Black* (Atlantic 250 735)

Ace

Paul Carrack, v/key (* 22.4.1951); Alan King, g/v (* 18.9.1946); Phil Harris, g/v (* 18.7.1948); Terry Comer, b (* 23.2.1949); Steve Witherington, d (* 26.12.1953); Fran Byrne, d.
Kurz nachdem die Band im Dezember 1972 erstmals zusammenspielte und sich Ace Flash & The Dynamos nannte, merkten sie, daß ihnen der Name etwas zu lang geraten war, und kürzten ihn dankenswerterweise auf Ace. Alle Mitglieder hatten vorher in anderen britischen Bands gespielt. Carrack, Witherington und Comer kamen von Warm Dust. King und Harris waren vorher bei Action und Mighty Baby. Mit *»Five-A-Side«* erschien 1974 die Debüt-LP dieser Formation, auf der sich das ausgezeichnete Stück *»How Long«* befand. 1977 trennte sich die Gruppe nach nur drei LPs. Paul Carrack machte als Solist weiter, sang mit Squeeze und wurde schließlich Mitglied bei Mike & The Mechanics. Die übrigen Mitglieder von Ace gingen fast geschlossen zu Frankie Miller.

Der Hit: *How Long*
Der Tip: *The Best of Ace* (See for Miles SEE CD 214)

Ad Libs

High Harris, Danny Austin, Dave Watt, Norman Donegan, alle v; Mary Ann Thomas, lead v.
Dieses US-Vocal-Quintett, das sich 1962 formierte, schaffte es, Rhythm & Blues und Doo-Wop so zu kombinieren, daß 1965 der Titel »The Boy From New York City« ein Top-10-Hit in ihrer Heimat wurde. Diesen Erfolg konnten sie nie wiederholen; er lag wohl mehr an dem Titel und nicht an den Interpreten. 1981 gelang es Manhattan Transfer, diesen Titel erneut in die Top 10 zu bringen.

Der Hit: *The Boy From New York City*

Adam & The Ants

Adam Ant, v (* 3.11.1954) mit wechselnden Musikern. Sein richtiger Name ist Stuart Leslie Goddard.
In den Anfangstagen der Band fiel auf, daß sich Adam Ant offensichtlich mehr um sein Outfit als um die Musik kümmerte. Er wirkte wie eine Mixtur aus dem Roten Korsar und dem Letzten Mohikaner oder wie ein selbst inszeniertes Gesamtkunstwerk. Mag ja sein, daß er zu Zeiten von *»Kings Of The Wild Frontiers«* wirklich nach neuen Grenzen suchte und dabei half, den New Romantic Style mitzukreieren. Für die Ewigkeit konnte das jedoch nicht gedacht sein. Mit Nummern wie *»Stand And Deliver«*, *»Prince Charming«*, *»Goody Two Shoes«* belegte er den Spitzenplatz in der britischen Hitparade. Zwischen 1980 und 1983 war die große Zeit von Adam Ant. Danach bröckelte der Lack ab, und die Figur schillerte immer weniger. 1985 durfte er den britischen Teil des Live-Aid-Konzertes im Wembley Stadium in London eröffnen. Rückblickend sah er das als einen Höhepunkt seiner Karriere an und bemerkte: »Ich hatte einen Punkt erreicht, an dem ich das Gefühl hatte, es jetzt nicht mehr besser machen zu können. Ein idealer Zeitpunkt also, um auszusteigen und einmal etwas anderes zu machen.« 1990 versuchte er mit der CD *»Manners And Physique«* ein Comeback, das als nicht sonderlich gelungen bezeichnet werden kann. Zwischenzeitlich hatte er etliche Ausflüge in die Schauspielerei unternommen und wird wohl da wieder untergekommen sein.

Der Hit: *Stand And Deliver*
Der Tip: *Prince Charming* (CBS 85268)

Adamo, Salvatore

* 31.10.1943. Sicher hätte es niemanden gewundert, wenn der in Comsio/Sizilien geborene und in Belgien aufgewachsene Sänger – der Vater war wohl einer der

vielen italienischen Bergleute im belgischen Kohlenrevier – irgendwann einmal in einem Werbesong für Heiserkeitstropfen aufgetaucht wäre. 1960 gewann er mit dem selbstgeschriebenen Chanson *»Si j'osais«* einen Nachwuchswettbewerb von Radio Luxemburg. 1962 machte er seine ersten Plattenaufnahmen und entwikkelte sich schnell zum Star in Frankreich, Belgien und auch in der Bundesrepublik. Zwischen 1964 und 1973 konnte er jede Menge Hits landen, so z. B. *»Vous Permettez Monsieur«*, *»Es geht eine Träne auf Reisen«*, seine Deutlichmachung des Spruchs, daß es nicht auf die Größe ankommt: *»Ein kleines Glück«* und *»Inch'Allah«*. Dieses Chanson entstand während einer Tournee im Nahen Osten. Nachdem er in Beirut und Teheran gespielt hatte, kam er nach Jerusalem. Die Situation dort entsetzte ihn, und in Tel Aviv schließlich schrieb er *»Inch' Allah«*. Als im Juni 1967 der Sechstagekrieg ausbricht, wird diese Nummer von den arabischen Truppen benutzt, um das Nahen israelischer Truppen anzukündigen. Das Lied wurde immer als Kriegslied mißverstanden, die versöhnliche Botschaft nicht erkannt. Erst als 1978 Richard Anthony eine ägyptische Version des Titels aufnahm, war Adamo »rehabilitiert«. Seine sympathische und zurückhaltende Art verhalf ihm auch nach seiner Zeit in den Hitparaden zu einer stattlichen Anzahl von treuen Fans.

Der Hit: *Inch'Allah*
Der Tip: *Les Filles Du Bord De Mer* (Pathé EMI 251 649 2)

Adams, Bryan

* 5.11.1959. 1977 traf der 18jährige Kanadier auf Jim Vallance, mit dem er eine Partnerschaft als Songschreiber einging. Interpreten wie Loverboy, BTO, Kiss oder Bonnie Tyler übernehmen Lieder der beiden. 1981 bieten sie einige Songs der Plattenfirma A&M an, die vorschlägt, gegen die symbolische Zahlung von einem Dollar vier der Lieder mit Bryan Adams zu produzieren. Jim Vallance wird der Schlagzeuger in der Band, die Bryan Adams begleitet. Schon ab 1982 ist Adams auch in den USA ein Star. Eine seiner schönsten Nummern aus dieser Zeit war vom Album *»Reckless«* der Titel *»Summer of '69«*. Die Liste seiner Hits geht bis in das Jahr 1987, und für viele schien damit das Kapitel Bryan Adams beendet. 1991 landete er mit *»(Everything I Do) I Do It For You«* aus dem Film *»Robin Hood«* den Hit des Jahres.

Der Hit: *(Everything I Do) I Do It For You*
Der Tip: *Waking Up The Neighbors* (A&M 397 164-2)

Bryan Adams *(Fontane)*

Adams, Oleta

Die aus Seattle stammende Sängerin nahm mit ihrem eigenen Trio Anfang der 80er Jahre zwei selbstfinanzierte Alben auf, die sich jedoch nur schlecht verkauften. 1985 wurde sie in einer Hotelbar in Kansas City durch die beiden Tears-For-Fears-Musiker Roland Orzabal und Curt Smith entdeckt. Die beiden Briten baten Oleta, sie bei den Aufnahmen zu ihrem dritten Album »*The Seeds Of Love*« zu unterstützen. Ihre Mitwirkung beim Stück »*Woman In Chains*« machte dieses zu einem bemerkenswerten Popsong und führte zu einem eigenen Plattenvertrag bei der Tears-For-Fears-Firma Phonogram. Mit »*Circle Of One*« erschien 1990 die erste Solo-CD von Oleta.

Der Hit: *Get Here*
Der Tip: *Circle Of One* (Fontana 842 744-2)

Adamski

* 4.12.1967. Der richtige Name dieses »Soundtüftlers«, wie die kleinen Mixer gerne genannt werden, ist Adam Tinley. Seine Plattenfirma spricht auch gerne vom »Hexenmeister des Acid House Rock, der in seiner Giftküche neue Grooves zaubert«. Ende der 80er Jahre trat Adamski bei Warehouse-Partys mit Keyboard, Samplers und Drum Machines auf und brachte die Tanzfläche zum Kochen. Die erste erfolgreiche Platte von ihm, es ist der Titel *»N-R-G«*, wurde dann auch nicht von Adamski geschrieben, sondern »created«. Auf seiner zweiten Single, die sogar die Spitze der britischen Hitparade erreichte, sang Seal mit, der wenig später zum eigenständigen Solo-Künstler avancierte. Im New Musical Express erklärte Adamski in einem Interview: »Die Zukunft liegt in der Vergangenheit«. Wie wahr, aber da konnten die Musiker auch noch selbst Instrumente spielen.

Der Hit: *Killer*
Der Tip: *Naughty* (MCA 10361)

Adderley, Cannonball

* 15.9.1928, † 8.8.1975. Julian Edwin, so seine richtigen Vornamen, gilt als einer der bedeutendsten Alt-Saxophonisten des modernen Jazz. Dem Pop-Publikum wurden er und sein Quintett durch die vom Pianisten Joe Zawinul geschriebene Nummer *»Mercy, Mercy, Mercy«* bekannt, die sich im Januar 1967 bis auf Platz 11 in den Pop-Charts hochkämpfen konnte. Das Stück war eine Live-Aufnahme und zeigt deutlich auf, wer für den Soul-Jazz mitverantwortlich war und ist. Der Spitzname »Cannonball« ist zurückzuführen auf seine High-School-Tage: Hier legte er einen mordsmäßigen Appetit an den Tag, der ihn in den Augen seiner Mitschüler als »Cannibal« erscheinen ließ – daraus wurde schließlich »Cannonball«.

Der Hit: *Mercy, Mercy, Mercy*
Der Tip: *The Best Of Cannonball Adderly* (Capitol Jazz CDP 7 95482 2)

Addrisi Brothers

Die beiden Brüder Don (* 1939, † 13.11.1984) und Dick Addrisi aus Kalifornien machten über 20 Jahre Platten. Trotzdem kennen viele die beiden nur als die Autoren des Association-Hits *»Never My Love«*. 1959 waren sie erstmals in der US-Hitparade – über einen Platz 20 kamen sie nie hinaus. Von ihrer Plattenfirma wurden sie Anfang der 70er Jahre als neue Simon & Garfunkel angekündigt – das war vielleicht etwas zu hoch gegriffen. Als Autoren waren sie über die Jahre erfolgreich mit Film- und Fernsehmusiken und Werbejingles. Aus ihrer Feder stammt auch der Association-Hit »*Never My Love*«, der nach »*Yesterday*« der am häufigsten im Radio gespielte Titel der letzten 50 Jahre ist, wie 1990 ermittelt wurde.

Der Hit: *Slow Dancin' Don't Turn Me On*
Der Tip: *Addrisi Brothers* (Buddah 67.015)

Adeva

* 12.2.1961 als Patricia Daniels. Nachdem sie sich als Lehrerin in New York ihre Hamburger verdient hatte, startete sie 1988 mit einer Gesangskarriere. Die begann mit ihrer Debüt-Single »*In And Out My Life*«. Ihre zweite Platte war ein Neuaufguß des alten Otis-Redding-Klassikers »*Respect*«, den Adeva mit einem Schuß Garagen-Sound, Acid und Deep House versetzte – für die Fans der alten Versionen, z. B. der von Aretha Franklin, zum Würgen. Für die britischen Eintänzer Ende der 80er/Anfang der 89er Jahre jedoch ein Genuß. Auf dieser Welle schwappte Adeva weiter, bis sie im Trockenen verlief.

Der Hit: *Respect*
Der Tip: *The 12 Inch Mixes* (Chrysalis Cooltempo 260 647)

Adventures Of Stevie V

Der Brite Stevie Vincent war Mitglied in der Tanzgruppe Touchdown, als er zusammen mit der Sängerin Melodie Washington und dem Multi-Instrumentalist Mick Walsh dieses Projekt startete, in dem er als Songschreiber und Produzent fungiert. Noch nie gab es so viele erfolgreiche Menschen im Musikgeschäft, die kaum ein Instrument richtig beherrschten, wie Anfang der 90er Jahre. In jener Zeit waren Eintänzer, Visualisten und Computertechniker in einem Maße erfolgreich, wie es ungesünder kaum noch geht. Dieses Projekt ist ein weiterer Beweis für diese These.

Der Hit: *Dirty Cash (Money Talks)*
Der Tip: *Adventures Of Stevie V* (Mercury 846 966-2)

Aerosmith

Steven Tyler, v (* 26.3.1948 als Steven Victor Tallarico); Joe Perry, g (* 10.9.1950); Tom Hamilton, b (* 31.12.1951); Joey Kramer, d (* 21.6.1950); Brad Whitford, g (* 23.2.1952).

Zeit seines Musikerlebens mußte sich Steven Tyler vorhalten lassen, er sei eine Schmalspurausgabe von Mick Jagger. Ähnlichkeiten sind in der Tat vorhanden – besonders im Lippenbereich.

Über etliche Jahre hinweg war Aerosmith die beliebteste amerikanische Hard-Rock-Band. 1970 fanden die Mitglieder zusammen, 1973 hatten sie mit dem Titel *»Dream On«* ihren ersten Charteintritt in die US-Hitparade. Gerade dieser Titel sollte sich dann Anfang 1976 zum ersten Top-10-Erfolg für Aerosmith mausern, als er erneut veröffentlicht wurde. Ende der 70er Jahre wurde Aerosmith in den USA auf die gleiche Stufe gestellt mit Bands wie Led Zeppelin oder den Rolling Stones – das muß den Jungs wohl zu Kopf gestiegen sein. Joe Perry stieg 1979 aus und gründete sein eigenes Projekt. 1981 verließ auch Brad Whitford die Band, um bei Ted Nugent einzusteigen. Der Stern von Aerosmith begann zu sinken. Da das Joe Perry Project wenig auf die Beine brachte, mag Joe vielleicht sogar erfreut gewesen sein, als es im April 1984 zu einer Reunion der Erfolgsformation kam. Ab 1987 waren sie wieder in den Charts, erfolgreicher als bei ihrer ersten Hochzeit. Dazu hatte wohl auch beigetragen, daß der Rapper Run DMC den 1976er Hit *»Walk This Way«* von Aerosmith zusammen mit Steven Tyler und Joe Perry neu aufnahm und erfolgreich in die Hitparaden brachte. Nun interessierten sich auch wieder die Kids für Aerosmith, die sich nun auch von Alkohol und Drogen zurückgezogen, denen sie nach 1984 im besonderen Maße gefrönt hatten. In den 90er Jahren sahen Aerosmith gegen ähnlich gelagerte jüngere Bands wie z. B. Guns N' Roses jedoch schon wieder sehr alt aus.

Der Hit: *Love In An Elevator*
Der Tip: *Pump* (Geffen 924 254-2)

A Flock of Seagulls

Mike Score, v/key/g (* 5.11.1957); Ali Score, d/v (* 8.8.1956); Paul Reynolds, g (* 4.8.1962); Frank Maudsley, b/v (* 10.11.1959).

New Wave und Elektro-Pop aus Liverpool? Warum nicht! A Flock of Seagulls stammten aus dieser Stadt, die 10 Jahre vor ihnen den Mersey-Beat kreierte. Erst einmal fanden sie ihre Fans in den USA. Hier hatten sie mit *»I Ran (So Far Away)«* bereits 1982 ihren ersten Top-10-Hit. 1983 kam mit *»Wishing (I Had A Photograph Of You)«* ihr größter Hit in England. Mitte der 80er Jahre wurde aus New Wave der Schnee von gestern, und die Möwen zogen wieder ab. Mike Score arbeitet vielleicht wieder als Friseur – das war seine Profession vor seiner Karriere als Popper.

Der Hit: *I Ran (So Far Away)*
Der Tip: *A Flock Of Seagulls* (Jive 6.25100)

After 7

Keith Mitchell, Kevon Edmonds; Melvin Edmonds, alle v.
Kevon und Melvin sind Brüder von Kenneth Edmonds, der zusammen mit L. A. Reid gegen Ende der 80er Jahre in den USA ein überaus erfolgreiches Songschreiber- und Produzentenduo bildete. Außerdem ist Kenneth Edmonds alias Babyface auch als Interpret erfolgreich gewesen. Keith Mitchell – um diesen Klüngel zu vervollständigen – ist ein Cousin von L. A. Reid. Das Team L. A. und Babyface verschaffte den Verwandten einen Plattenvertrag und sorgte mit »*Ready Or Not*« und »*Can't Stop*« 1990 für zwei Millionseller in den USA und dafür, daß das Geld in der Familie blieb.

Der Hit: *Can't Stop*

After The Fire

Peter Memory Banks, key; Andy Piercy, v/b; John Russell, g; Pete King, d.
Die Ursprünge dieser britischen Band gehen zurück bis ins Jahr 1972. Die Besetzung und die Musikrichtungen wechselten bis zum Übertritt in das Profilager 1977 sehr oft. Der ehemalige Physiklehrer Banks ist der einzige, der aus den Anfangstagen übriggeblieben ist. Im Laufe der Geschichte der Gruppe wurde diese produziert von Mack, Muff Winwood, Rupert Hine und anderen Cracks. Trotzdem blieb der Erfolg hinter den Erwartungen zurück. Nur ein einziges Mal sollte die Gruppe international Erfolg haben: nachdem sie von Falco den Song »*Der Kommissar*« übernommen hatten, schafften sie in den USA einen Top-10-Hit.

Der Hit: *Der Kommissar*
Der Tip: *Der Kommissar* (CBS 25076)

Freddie Aquilar

Dieser philippinische Songschreiber und Sänger schaffte es im Frühjahr 1980, das Herz der Deutschen zu rühren. Der Hit »*Anak*«, gesungen in seiner Heimatsprache Tagalog, schaffte es unter die ersten 40 in der deutschen Hitparade. Auf der B-Seite der Single-Veröffentlichung war der gleiche Titel in englischer Sprache, hier hieß er »*Child*«. Damit war klar, um was es in dem Song »*Anak*« ging. Auf den Philippinen blieb er ein Star, der regelmäßig im Hobbit House, einem Folkclub in Manila, auftritt.

Der Hit: *Anak*
Der Tip: *Freddie Aguilar* (RCA PL 30067)

A-Ha

Morten Harket, v (* 14.9.1959); Magne Furuholmen, key/v (* 1.11.1962); Pal Waaktaar, g/v (* 6.9.1961).

Bereits Ende der 70er Jahre machten Magne und Pal in ihrer Heimat Norwegen zusammen Musik mit diversen Bands, wie z. B. Spider Empire, aus denen später Bridges werden sollte. 1981 trafen die beiden auf Morten, der seinerseits in verschiedenen Bands gesungen hatte, als letztes in der Soulgruppe Souldier Blue. Die drei realisierten, daß sie mit ihren bisherigen musikalischen Aktivitäten auf keinen grünen Zweig kommen würden. Auch war ihnen bewußt, daß der norwegische Plattenmarkt keine großen Einkünfte erlaubte. Die drei orientierten sich nach Großbritannien, Magne kam auf den Namen A-Ha, weil er mit Recht der Meinung war, daß dieser Begriff in vielen Sprachen ein Aha-Erlebnis auslöst. Getreu dem Motto, daß der Teenie-Markt regelmäßig nach neuen frischen Gesichtern verlangt, griffen die Briten zu. Ende 1983 hatten sie einen Plattenvertrag bei WEA Records. Im Januar 1984 produzieren sie mit »*Take On Me*« in London ihren ersten Erfolg. Die Platte wird zwar in Norwegen ein Erfolg, in Großbritannien jedoch fällt sie erst einmal durch. Im Mai 1985 wird der Titel erneut produziert, diesmal unter der Leitung von Alan Tarney. Wieder fällt der Titel durch. Im Juli 1985 wird die Platte in den USA veröffentlicht, und der dortige Ableger von WEA entschließt sich, 100 000 Dollar in ein Video zu investieren, damit MTV das Stück spielen kann. Im Oktober 1985 erreicht die Platte Platz 1 in den USA und wenig später Platz 2 in Großbritannien. In den folgenden Jahren kann sich die Gruppe vor allen Dingen in Großbritannien und in der Bundesrepublik behaupten. Ihren anfänglichen Ruch von Teenie-Band können sie im Laufe der Jahre ablegen.

Der Hit: *Take On Me*
Der Tip: *Headlines And Deadlines* (WEA 7599-26773-2)

Air Supply

Russell Hitchcock, v (* 15.6.1949) und Graham Russell, g/v (* 1.6.1950).

Der Australier Russell und der Brite Graham lernten sich 1976 in Sydney kennen, als sie zusammen in einer Produktion des Musicals »*Jesus Christ Superstar*« auftraten. Noch im gleichen Jahr erschien ihre Debüt-Single »*Love And Other Bruises*«, die in Australien überaus erfolgreich war und sie veranlaßte, aus der Produktion von »Jesus Christ Superstar« auszusteigen, um sich voll auf Air Supply zu konzentrieren. 1977 spielten sie im Vorprogramm von Rod Stewart. Rod war von den Soft-Rockern so begeistert, daß er sie spontan einlud, auch bei seiner anschließend geplanten USA-Tournee den Supporting Act zu übernehmen. Das

A-Ha

weitete den Kreis der Plattenkäufer erheblich aus. Ab 1980 bis 1986 brachten sie es in den USA auf über 10 Hits. 1988 trennten sie sich und versuchten sich beide ohne größeren Erfolg als Solisten.

Der Hit: *All Out Of Love*
Der Tip: *Greatest Hits* (Arista 610 100)

Akens, Jewel

* 1940. Mit dem Novelty-Song »*The Birds And The Bees*«, in dem uns anhand von Vögeln und Bienen der große Zusammenhang des Lebens erklärt wird, hatte Akens 1965 einen Top-10-Hit in den USA. Da unsere Schöpfungsgeschichte keine Variationen zuläßt, fiel ihm kein weiterer Hit ein.

Der Hit: *The Birds And The Bees*

Albert, Morris

* 1951 als Sohn einer französischen Mutter und eines palästinensischen Vaters in Rio. Dieser brasilianische Sänger trägt den typisch portugiesischen Namen Morris Albert Kaisermann. Mit dem Titel »*Feelings*« gelang ihm im Jahre 1975 ein weltweiter Hit. In den USA war es sogar ein Millionseller. Möglich, daß das

Herrn Kaisermann gar nicht so recht war, denn wäre die Nummer ein Hit nur in Brasilien geblieben, wäre möglicherweise nie aufgefallen, daß es sich um eine ziemlich dreiste Kopie des Titels »*Pour Toi*« handelt, der im Jahre 1957 von dem Franzosen Louis Gasté geschrieben wurde. Aber erst 1985 wurde ein Verfahren gegen Morris Albert angestrengt – der verlor nicht nur das, sondern auch noch 250 000 englische Pfund, die er als Strafe zahlen mußte. In Brasilien tritt er noch heute auf.

Der Hit: *Feelings*
Der Tip: *After We've Left Each Other* (Boulevard BLD 511 CD)

Al B. Sure!

Der Mann, der sich im Namen Selbstsicherheit suggeriert und das Ganze mit einem charakteristischen Ausrufezeichen garniert, heißt richtig schlicht und ergreifend Al Brown. Seine erste Platte wurde 1988 gleich ein Knüller, und sein bisher größter Hit »*Nite And Day*« erreichte die US-Top-10. Kurz vorher hatte er den Sony Innovator Award gewonnen. Der erfolgreiche Produzent und Interpret Quincy Jones hatte seine Songs aus über 50 Bewerbungen ausgewählt und ihm damit zum Sieg verholfen. Mit seinem Cousin Kyle West hatte Al vor seiner Karriere an Songs gebastelt – jetzt wurde West Als Produzent und Mitautor.

Der Hit: *Nite And Day*
Der Tip: *Private Times ... And The Whole 9!* (WB 7599-26005-2)

Alessi

Billy und Bobby Alessi (* 1954). Die eineiigen Zwillinge begannen ihre musikalische Karriere in der Band Barnaby Bye, in der der ehemalige Blues-Magoos-Sänger Peppy Castro das Sagen hatte. 1977 gelang den beiden songschreibenden Brüdern als eigenständiges Duo mit der Nummer »*Oh, Lori*« ein Top-10-Hit in England – die Amerikaner waren von dem Titel nicht begeistert. 1982 nahm Quincy Jones die beiden für sein Plattenlabel Qwest unter Vertrag – es blieb bei unter ferner sangen.

Der Hit: *Oh, Lori*
Der Tip: *The Alessi Brothers* (A&M Records AMLH 64608)

Alexander, Peter

* 30.6.1926. *»Das machen nur die Beine von Dolores«* war die erste Platte, die Peter Alexander am 27.9.1951 in Wien aufgenommen hat. Dort hatte er unter seinem richtigen Namen Peter Neumayer vorher als Schauspieler am Bürgertheater gearbeitet, bis der Laden dichtmachte. Seine Lebensgeschichte bis zu diesem Zeitpunkt schwankt zwischen oben und unten – sein Elternhaus ist gutsituiert, seine Jugend unbeschwert, aber dann kommt der Krieg, und 1943 wird er als Flakhelfer eingezogen. Nach Kriegsende gerät er in britische Gefangenschaft – erst langsam kristallisiert sich das schauspielerische Talent des Peter Neumayer heraus. Silvester 1945 ist er Musiker im englischen Offiziersclub in Wilhelmshaven, 1946 erfolgt sein erster Auftritt als Schauspieler im Gefangenenlager in Jever.
Auch nach seiner ersten Platte im September 1951 ging es für Peter Alexander nicht Schlag auf Schlag. Erst langsam findet sich ein richtiges Repertoire für ihn. In den ersten Jahren sang er meist Nachzieher von Schlagern, die in der Bundesrepublik bereits Hits waren – bestimmt waren sie für den österreichischen Markt. Und dann kam der Herbst 1953. Im Deutschen Theater in München gewann Peter Alexander einen Schlagerwettbewerb mit der Nummer *»La Bella Musica«* – er landete vor dem damaligen Publikumsliebling Vico Torriani und vor der kleinen Conny Froboess. Danach gelang ihm Hit auf Hit – die große und bis heute anhaltende Karriere von Peter Alexander nahm ihren Lauf. Im Juli 1952 hatte er den Titel *»Die süßesten Früchte fressen nur die großen Tiere«* aufgenommen, der sich nicht zu einem Hit entwickelte. Als er die gleiche Nummer im November 1953 noch einmal aufnahm – diesmal im Duett mit Laila Negra –, wurde der Titel ein Hit für Peter, der sich inzwischen auch als Schauspieler etabliert hatte. Er spielte meist in typischen Nachkriegsschmonzetten à la *»Verliebte Leute«* – keine große Kunst, sondern Spaß war gefragt.
Kaum ein deutschsprachiger Künstler kann auf eine Karriere wie die von Peter Alexander zurückschauen. Die Spanne seiner Top-10-Hits in der deutschen Hitparade reicht von 1954 bis 1981. Und trotz dieser langen Erfolgsserie: Schon fast sprichwörtlich ist sein Lampenfieber.

Der Hit: *Ich zähle täglich meine Sorgen*
Der Tip: *Sag es mit Musik* (Bear Family BCD 15455)

Alias

Freddy Curci, v; Steve DeMarchi, g; Roger Fisher, g; Steve Fossen, b; Mike Drosier, d.
Die beiden erstgenannten Musiker waren Mitglieder in der kanadischen Band Sheriff, die mit dem Titel *»When I'm With You«* im Mai 1983 als größten Erfolg

einen Platz 61 in der amerikanischen Hitparade erreichten. Wenig später trennte sich die Gruppe. Platte und Gruppe waren für die meisten lange vergessen, als 1988 eine amerikanische Radiostation begann, den Titel verstärkt einzusetzen. Andere zogen nach, worauf sich die Plattenfirma Capitol entschloß, die Platte erneut zu veröffentlichen. Im November 1988 kam die Platte in die US-Hot-100, am 4. Februar 1989 wurde sie Nummer 1 und ein Millionseller. Freddy Curci arbeitete zu diesem Zeitpunkt in Toronto als Kurier. Während er ein Paket ablieferte, hörte er im Hintergrund seine alte Platte. Er mußte lachen, woraufhin er von der Empfangsdame gefragt wurde, worüber er lache. Erst wollte er es nicht sagen, als dann insistiert wurde, bemerkte er, daß er der Sänger dieser Platte sei. Daraufhin wurde die Frau sauer und wollte den Sicherheitsdienst rufen.
Capitol versuchte verzweifelt, die Musiker von Sheriff wieder zu versammeln. Da jedoch einige anderweitig in festen Vertragsverhältnissen waren, kamen nur Curci und DeMarchi. Zu diesen beiden gesellte man das ehemalige Heart-Mitglied Roger Fisher und zwei in der Musikerszene von L. A. bekannte Cracks. Zuerst wollte man sich wieder Sheriff nennen, doch dann einigte man sich schließlich auf Alias. Mit »*More Than Words Can Say*« gelang ihnen im Herbst 1990 ein erneuter Hit – und tschüs!

Der Hit: *More Than Words Can Say*
Der Tip: *Alias* (EMI CDP 7 93908-2)

Alice

Alice

* 28.9.1954 als Carla Bissi. Im persönlichen Gespräch mit diesem italienischen Star stellt man schnell fest, daß sie aus dem Land stammt, in dem die Mimosen blühen. Vielleicht ist sie aber auch nur ein wenig introvertiert. »Ich habe immer gemacht, was ich für richtig hielt. Ich erforsche mich, versuche mich zu entdecken, zu entwickeln. Eine Zeitlang sah jeder in mir nur eine attraktive Frau, die am besten mit seichten Popsongs zu vermarkten ist. Niemand betrachtete mich als ernstzunehmende Sängerin und Komponistin.« Ende der 60er Jahre trat sie bereits beim Festival in San Remo auf – sie war gerade 15. Hierzulande begann ihre Karriere mit dem Titel »*Per Elisa*« 1981 und hatte ihren Höhepunkt mit »*Una Notte Speciale*« 1982. Die alten Hits will sie inzwischen nicht mehr

singen. 1992 veröffentlichte sie in ihrer mittlerweile über 20jährigen Karriere das zwölfte Soloalbum.

Der Hit: *Una Notte Speciale*
Der Tip: *Mezzogiorno Sulle Alpi* (EMI 074 7 98944 2)

Alive & Kicking

Pepe Cordona, v; Sandy Toder, v; Bruce Sudano, org; John Parisio, g; Thomas Wilson, b; Vito Albano, d.
Dieses Pop-und-Rock-Sextett stammte aus New York und hatte das Glück, daß im Frühjahr 1970 Tommy James & The Shondells auseinandergefallen waren. Tommy James strebte nun eine Solokarriere an und hatte sich als ersten Titel, den er singen wollte, die Nummer *»Tighter, Tighter«* geschrieben. Während der Produktion befiel Tommy die Angst, er könne die Nummer nicht richtig hinkriegen. Deshalb war er damit einverstanden, sie mit Alive & Kicking zu produzieren. Im Juni 1970 kam der Titel in die US-Hitparade und unter die Top 10. Es erschienen noch zwei weitere Singles und eine LP, aber es blieb bei diesem einzigen Erfolg. Pepe Cordona sagte später, er habe Tommy James' Bubblegum-Touch nicht gemocht – Heavy-Rock hätte ihren Vorstellungen mehr entsprochen. Das war wohl auch der Grund, weshalb Tommy James die Band fallenließ. Bruce Sudano wurde später Mitglied von Brooklyn Dreams und der Ehemann von Donna Summer.

Der Hit: *Tighter, Tighter*

All About Eve

Julianne Regan, v/p; Tim Bricheno, g; Andy Cousin, b; Mark Price, d.
In den späten 80er Jahren setzte sich diese Band aus Großbritannien mit einer Mixtur aus Rock-, Blues- und Folk-Elementen durch. Vor allem die klare und charismatische Stimme von Julianne Regan bestimmt den Sound der Platten. Die Band nannte sich zuerst Swarm, dann setzten sich Juliannes Vorstellungen von Hexenzauber, Tarotkarten und Hippie-Mystik durch, und es entstand All About Eve. Songs auf ihrer ersten CD wie *»Flowers In Our Hair«* oder *»Gypsy Dance«* belegen Juliannes Vorlieben. Ab Ende 1987 konnte sich All About Eve zumindest in der britischen Hitparade regelmäßig plazieren.

Der Hit: *Martha's Harbour*
Der Tip: *All About Eve* (Mercury 834 260-2)

Allen, Donna

Geboren wurde Donna in Key West, sie wuchs auf in Tampa, Florida. Nachdem sie als Cheerleader der Tampa Bay Buccaneers gelernt hatte, die Beine in die Luft zu werfen, war sie für das Showgeschäft prädestiniert. In den frühen 80er Jahren sang sie erst mit Bands wie Hi-Octane und Trama, dann mit ihrer eigenen Band Donna Allen & Company. 1986 erschien ihr Debütalbum *»Perfect Timing«* – und mit ihrer tanzorientierten Musik lag sie da auch genau richtig. Von ihrer Plattenfirma wurde sie als »The Black Madonna« angepriesen. Nach zwei Top-10-Hits in Großbritannien war sie mit dem Ausklang der 80er Jahre selbst verklungen.

Der Hit: *Serious*
Der Tip: *Heaven On Earth* (BCM Records 33260)

Allen, Rex

* 31.12.1921. Die Amerikaner kennen ihren Landsmann nicht nur als Sänger und Filmschauspieler – auch seine Sprechstimme ist ihnen wohlvertraut. In den 60er und 70er Jahren war er in über 80 Walt-Disney-Filmen als Erzähler zu hören. Vorher hatte er sich in den 50er Jahren als »The Arizona Cowboy« in 35 Westernfilmen die Sporen verdient. Außerdem hat er auch noch ab 1946 gesungen. Seine Version von *»Crying In The Chapel«* war 1953 in den USA ein Top-10-Hit und ein Millionseller. Nach ihm sollten noch viele andere dieses Lied singen – darunter 1965 erfolgreich Elvis Presley. Bei uns hieß die deutsche Version *»Du hast ja Tränen in den Augen«*. 1962 kam Rex mit dem Titel *»Don't Go Near The Indians«* ein letztes Mal in die US-Top-20.

Der Hit: *Crying In The Chapel*
Der Tip: *Voice Of The West* (Bear Family BCD 15284)

Allisons

John Brian Alford, v (* 31.12.1939); Bob Colin Day, v (* 21.2.1942).
Dieses britische Duo vertrat Großbritannien beim Grand Prix Eurovision im Jahre 1961 mit dem Titel *»Are You Sure«*, der den zweiten Platz erreichte. Sie klangen und sahen aus wie eine Kopie der Everly Brothers – und als die Briten feststellten, daß es die ja 1961/62 noch gab, haben sie auf die Allisons wieder verzichtet. Sie wurden ein One-Hit-Wonder.

Der Hit: *Are You Sure*

Allman Brothers Band

Duane Allman, g (* 20.11.1946 † 29.10.1971); Gregg Allman, key/v (* 8.12.1947); Dickey Betts, g (* 12.12.1943); Berry Oakley, b (4.4.1948, † 11.11.1972); Butch Trucks und Jai Jai Johanson (* 8.7.1944), beide d.

Die Ursprünge der Band gehen zurück in das Jahr 1959. Zusammen mit seinem Bruder Gregg gründete der Ausnahmegitarrist Duane Allman 1959 die Kings. Bis 1965 spielten sie in diversen Bands, gründeten Allman Joys, Hourglass und schließlich die Allman Brothers Band. Nebenher war Duane der Top-Session-Gitarrist in den Muscle Shoals Studios in Memphis. Von seinen vielen Arbeiten sind zwei ganz besonders bemerkenswert: er zusammen mit Eric Clapton auf Derek & The Dominos' *»Layla«* und *»Loan Me A Dime«* mit Boz Scaggs. Auf der LP *»Eat A Peach«*, die im März 1972 bis auf Platz 4 der US-LP-Hitparade kletterte, sind die letzten drei Studioaufnahmen von ihm zu finden. Am 29. Oktober 1971 versuchte er mit seinem Motorrad einem LKW auszuweichen und verunglückte. Nach einer dreistündigen Operation erlag er seinen Verletzungen.

Während sich sein Bruder Duane auf das Gitarrenspiel konzentrierte, spielte Gregory Lenoir, so seine vollständigen Vornamen, Keyboards und sang auch hin und wieder. Nach dem Tode seines Bruders machte Gregg 1975 mehr durch seine immerhin neun Tage dauernde Ehe mit Cher auf sich aufmerksam als durch seine Musik.

Das was Allman Brothers machten, nennt man Southern Rock. Sie formierten sich 1969 in Macon, Georgia. Dank der außerordentlichen spielerischen Leistung von Duane Allman konnte sich die Band schnell eine große Anhängerschaft erspielen. Vor allen Dingen ihre Live-Auftritte müssen gigantisch gewesen sein. So verwundert es nicht, daß die Mitte 1971 erschienene Live-Platte *»At Fillmore East«* ihr erster und die im Frühjahr 1972 veröffentlichte LP *»Eat A Peach«* ihr zweiter Millionseller wurde. Außer den letzten drei Studioaufnahmen von Duane Allman handelte es sich bei *»Eat A Peach«* auch um eine Live-Platte. Nach dem Tode von Duane war es nicht sein Bruder Gregg, der die Band weiter leitete, sondern Dickey Betts. Er war es auch, der den größten Single-Hit der Gruppe gesungen und geschrieben hat: *»Ramblin' Man«*. Nachdem sich die Gruppe 1972 nach dem Tode von Duane gerade wieder konsolidiert hatte, verunglückte am 11.11.1972 unter beängstigend ähnlichen Umständen wie Duane Allman der Bassist Berry Oakley. Er wurde ersetzt durch Lamar Williams, ein weiteres neues Mitglied wurde Keyboarder Chuck Leavell. 1976 fällt die Band auseinander, weil Gregg in einem Drogenprozeß gegen einen früheren Roadmanager aussagt. Die anderen Musiker wollten deshalb nicht weiter mit ihm zusammenarbeiten. Dickey Betts gründet Great Southern; Leavell, Williams und Johansen gründen Sea Level. 1978 kommen Betts und Gregg Allman wieder mit einer neuen Allman Brothers Line-up. Anfang der 80er Jahre fiel die Band erneut auseinander, 1991 und 1992

Greg Allman *(Capricorn Records)*

erschienen jeweils neue LPs der Allman Brothers Band. Von der alten Garde waren Gregg, Dickey Betts und Butch Trucks mit dabei.

Der Hit: *Ramblin' Man*
Der Tip: *At Fillmore East* (Polydor 823 273-2)

Almond, Marc

* 9.7.1956. Für viele Briten ist Peter Marc Almond ein »Torch Singer«, was man freundlich als »einen Sänger von sentimentalen Liebesliedern« bezeichnen kann oder unfreundlich als einen »Schnulzenheini«. 1979 gründet er zusammen mit Dave Ball das Duo Soft Cell. Dieses Weichtier hatte mit *»Tainted Love«* im Herbst 1981 einen weltweiten Hit. Anfang 1984 fiel das Duo auseinander, und Marc machte als Solist weiter. Zusammen mit Bronski Beat hatte er 1985 den Hit *»I Feel Love (Medley)«*. Sein größter Erfolg als Solist war 1992 *»The Days Of Pearly Spencer«*, außerdem war er zusammen mit Altmeister Gene Pitney mit dessen 1967er Hit *»Something's Gotten Hold Of My Heart«* auf Platz 1 in Großbritannien und der Bundesrepublik.

Der Hit: *The Days Of Pearly Spencer*
Der Tip: *Memorabilia – The Singles* (Mercury 848 512-2)

Alpert, Herb

* 31.3.1935. Nachdem der Sohn eines russischen Emigranten und einer ungarischen Mutter für zwei Jahre in der 6th Army Band gespielt hatte, begann er 1958 zusammen mit dem Versicherungsvertreter Lou Adler, Songs zu schreiben. Vier ihrer Lieder werden von der kleinen Plattenfirma Keen angenommen, und gleichzeitig werden sie als festangestellte Songschreiber engagiert. Zu diesem Zeitpunkt ist Sam Cooke Star der Plattenfirma Keen. Zusammen mit ihm schreiben Herb und Lou die vier Hits *»Love You Most Of All«*, *»Everybody Likes To Cha Cha Cha«*, *»Only Sixteen«* und *»Wonderful World«*. Als Autor wird das Pseudonym Barbara Campbell angegeben – dies ist in Wirklichkeit der Mädchenname von Sam Cookes Frau. 1959 lehnt Keen den Alpert/Adler-Song *»Baby Talk«* ab. Sie bieten ihn der Plattenfirma Dore Records an, die ihn annimmt und mit Jan & Dean aufnimmt. Es wird ein Platz 10 in der amerikanischen Hitparade. Herb Alpert drängt es, selbst Platten aufzunehmen. Für die Plattenfirma RCA singt er als Dore Alpert. Nebenher spielt er kleine Rollen in Hollywood-Produktionen. Bewundern konnte man ihn in einer Szene im Film »Die Zehn Gebote«. Moses kommt von der Entgegennahme ebenjener vom Berg. Unten steht einer und spielt Trommel – das ist Herb Alpert. 1962 trennen sich Lou Adler und Herb Alpert. Herb tut sich mit Jerry Moss, einem Produzenten von RCA zusammen, und aus den Initialen ihrer Nachnamen gründen die beiden die Plattenfirma A&M. Ihre ersten Unternehmungen werden aus Herb Alperts Garage getätigt. Im Oktober 1962 nimmt Herb den Titel *»The Lonely Bull«* auf. Er spielt im Multi-Track-Verfahren den Trompeten-Part und kreiert damit sein Markenzeichen. Für die Produktion der Platte hat er 65 Dollar bezahlt. A&M veröffentlicht die Platte als The Tijuana Brass. Schon im Dezember sind 700 000 Platten verkauft, und die Aufnahme erreicht Platz 6 in der amerikanischen Hitparade. Damit begann eine lange Karriere sowohl als Interpret wie auch als Plattenboß. So nahm er für seine Firma Künstler wie Flying Burrito Brothers, Joe Cocker, Carole King und vor allen Dingen die Carpenters unter Vertrag und wurde damit zu einem der größten Plattenmogule seiner Zeit. Im Oktober 1989 verkauften Alpert und Moss ihre Plattenfirma an die Polygram für 460 Millionen Dollar. Für eine Firma, die in der Garage begann, ein netter Schnitt.

Der Hit: *Rise*
Der Tip: *The Very Best* (A&M 396 906-2)

Alphaville

Marian Gold, v (* 26.5.1958 als Hartwig Schierbaum); Bernhard Lloyd, key (* 2.6.1960 als Bernd Gössling); Frank Mertens, key (* 26.10.1961); Ricky Echolette, key/b/g (* 6.8.1960).

Die Ursprünge dieser Gruppe gehen zurück nach Münster in das Jahr 1982. Die Jungs zogen, weil ihre finanziellen Möglichkeiten sehr beschränkt und ihre elektronischen Musikinstrumente und Übungsräume teuer waren, von Berlin in das billigere Münster um. Zuerst arbeiteten sie in einem Multi-Media-Projekt namens Nelson – daraus wurde dann Alphaville. Zur ersten Single *»Big In Japan«*, die am 5. Januar 1984 erschien, Sänger Gold: »Wir sind Autodidakten und Fans, wir mögen Kino und Filmmusik, Roxy Music, Throbbing Gristle und Beethoven. Atmosphäre. Überschneidungen, Assoziationen, neue Harmonien. Das alles passiert in ALPHAVILLE, unserer Traumstadt. ALPHAVILLE kann überall sein. ALPHAVILLE ist der Drehort für unsere Musik.« Der Erfolg dieser ersten Platte ist enorm. Mitte 1984 spricht man von der erfolgreichsten Neuentdeckung der deutschen Rockszene. Kritiker jedoch sind der Meinung, daß hier ein Einheitssound der computergesteuerten Keyboards regiert und daß es Alphaville mit aalglattem Styling und dem eingängigen Refrain der Nummer *»Big In Japan«* geschafft hat. 1985 geht Frank Mertens, für ihn kommt Ricky Echolette. Da inzwischen genug Geld vorhanden ist, ziehen sie wieder nach Berlin und nehmen als Produktionsort für ihre zweite LP die »Billigstadt« New York. Vielleicht ist es in der Tat eine zu große Belastung, wenn gleich die erste Platte ein solcher Erfolg wird wie *»Big In Japan«*. Diesen Single-Hit konnten sie nicht mehr wiederholen, obwohl noch eine ganze Reihe interessanter Aufnahmen erschienen ist. Zu einer im Februar 1992 erschienenen Kompilation mit den Hits von Alphaville sagte Bernhard Lloyd: »Popmusik ist eigentlich ein reiner Konsumartikel. Aber alle Leute, die ernsthaft in diesem Medium arbeiten, versuchen genau das Gegenteil: Sie versuchen, etwas Unvergängliches zu machen.« Im September 1992 veröffentlichte Marian Gold eine Solo-LP, was allerdings nicht das Ende der Band bedeutete. Für 1993 war die 4. LP von Alphaville angekündigt.

Der Hit: *Big In Japan*
Der Tip: *First Harvest 1984-92* (WEA 9031-76454-2)

Altered Images

Clare Grogan, v (* 17.3.1962); Johnny McElhone, g; Tony McDaid, b; Michael »Tich« Anderson, d.

Diese britische Formation kam 1979 zusammen und erhielt nach einigen Radiosessions bei der BBC einen Plattenvertrag, Vielleicht spielte dabei auch die

Tatsache mit, daß Sängerin Clare Star in den Kultfilmen »Gregory's Girl« und »Comfort & Joy« war. Im selben Jahr noch gingen sie mit Siouxsie And The Banshees auf Tournee. Ihr erster kleinerer Hit war Anfang 1981 die Single *»Dead Pop Stars«*. Mit *»Happy Birthday«* hatten sie im Herbst 1981 ihren größten Erfolg. 1984 trennten sich die Mitglieder von Altered Images. Clare verfolgte weiter ihre Schauspielkarriere, machte Soloplatten und kam mit der Gruppe Universal Love School. McElhone ging zu Hipsway und später zu Texas.

Der Hit: *Happy Birthday*
Der Tip: *Collected Images* (Epic 25973)

Altern 8

Diese UFO-Band – die Mitglieder wollten nicht identifiziert werden – gehörte zu den Tanz-Techno-Gruppen, die 1991 in die Charts kamen und von denen keiner wußte, wer dahintersteckte. Wenn man sich die Musik anhört, scheint das auch unerheblich zu sein. Selbst die Presseveröffentlichungen zur jeweiligen Platte ließen die Adressaten im dunkeln tappen: »Sie nahmen die Platte in ihrem eigenen 48-Spur-La-Song-Studio auf. *›Activ-8‹* ist ein Liebeslied an einen S-100 Sampler.« Warum sie es ablehnten, die Mitglieder der Band zu nennen, wurde folgendermaßen erklärt: »Identität ist eine Geißel des 20. Jahrhunderts. Anonymität ist ein viel interessanteres Konzept.« Eine aktivierte Alternative? Oder war ihnen einfach nur die Musik peinlich?

Der Hit: *Activ 8*

Althea & Donna

Die beiden jamaikanischen Schulmädchen Althea Forrest und Donna Reid waren 17 bzw. 18 Jahre alt, als sie mit ihrem selbstgeschriebenen Novelty-Song *»Uptown Top Ranking«* in ihrer Heimat eine Nummer 1 hatten. Als Musiker waren unter anderem der Schlagzeuger Sly Dunbar und der Bassist Robbie Shakespeare zu hören. Ende 1977 wurden auch die Briten auf die eingängige Melodie mit dem jamaikanischen Mundarttext aufmerksam – die Platte schaffte es in GB an die Spitze. Das lag wohl auch daran, daß *»Uptown Top Ranking«* wochenlang ein Gesprächsthema der Briten war. Alle wollten den Text interpretieren – keiner verstand ihn. Die Schreibweise von Althea Forrest wurde von den Briten umgeändert in Althia Forest. Ein Nachfolgehit gelang ihnen jedoch nicht, und so gehören sie zu dem Club der One-Hit-Wonder.

Der Hit: *Uptown Top Ranking*
Der Tip: *Uptown Top Ranking* (Virgin FL 1012)

Amazulu

Ann-Marie Teresa Antoinette Ruddock, v (* 2.7.1961); Claire Kenny, b; Lesley Beach, sax (* 30.9.1954); Sharon Bailey, per (* 22.11.1957); Margo Sagov, g; Nardo Bailey, d.

Britischer Versuch, eine Ska-Band auf die Beine zu stellen. Auf der ersten Single-Veröffentlichung *»Cairo«* stand zu lesen: »Die Bandmitglieder oder deren Eltern stammen zum größten Teil aus Honduras, Brasilien und der Karibik. So ist es nicht verwunderlich, daß Reggae, Blues und Calypso Hauptbestandteile ihrer Musik sind. In den Texten beschäftigen sich die Mädchen auch mit gesellschaftlichen Problemen, wie sozialer Ungerechtigkeit und Unterdrückung von Minderheiten. Ihr Hauptanliegen aber ist, das Publikum zu unterhalten und einfach gute Musik zu machen.« Ihren ersten Erfolg hatten sie Mitte 1985 mit *»Excitable«*. Danach scheint es zu Schwierigkeiten in der Formation gekommen zu sein. Übrig bleiben die Sängerin Ann-Marie, Sharon und Lesley. Ihr letzter Hit war 1987 die Coverversion des alten Tommy-James-&-Shondells-Hits *»Mony Mony«* – sehr kritischer Text.

Der Hit: *Too Good To Be Forgotten*
Der Tip: *Amazulu* (Island 208 029)

Ambassadors Of Funk

Hinter dieser Kunstgruppe steht Simon Harris, der als Meistermixer bezeichnet wird. Unter ein simples kleines Melodiechen des Computerspiels Supermarioland legte er einen ebenso einfachen House-Track und darüber die Stimme eines M.C. Mario. Auf diese Art und Weise wurde, wie die Plattenfirma schrieb, »der knuffige Schnauzbartträger im Hausmeisterlook für Millionen junger und alter Gameboy-Freaks mindestens so groß wie Michael Jackson und der Terminator zusammen. Als Held des gleichnamigen Gameboy-Spiels Supermarioland erlebt er tagtäglich millionenfach Abenteuer. Untermalt vom Supermarioland-Theme, mit dem Kids in aller Welt Schulhöfe, Straßenbahnen und Spielplätze beschallen.« Das könnte man allerdings auch als akustischen Terror bezeichnen. Wie dem auch sei – für die Hersteller der Gameboy-Spiele eine gelungene Promotionmaßnahme. Die Platte zum Spiel wurde im Winter 1992 ein britischer Top-10-Hit und ein deutlicher Beweis, wer für die Singlehits der 90er Jahre verantwortlich ist: die Kids. Da kommt Katzenjammer auf!

Der Hit: *Supermarioland*

Ambrosia

David Pack, g/v (* 15.7.1952); Joe Puerta, b/v (* 2.7.1951); Burleigh Drummond, d (* 25.9.1951); Christopher North, key.
Ambrosia formierte sich 1970, sie spielten typischen West-Coast-Sound. Fünf Jahre sollte alles dauern, bis sie mit *»Holdin' On To Yesterday«* ihren ersten Erfolg haben sollten. Ihre Hochzeit hatten sie zwischen 1978 und 1980. North hatte bereits 1977 die Band verlassen. Nach 1982 fiel zwar die Band auseinander, für einzelne Produktionen kamen die Musiker jedoch wieder zusammen. Schon vorher hatten sie auch als Studiomusiker gearbeitet. So waren Dave, Joe, Burleigh und Christopher auf der hervorragenden Platte *»Tales Of Mystery And Imaginations«* von Alan Parsons Project zu hören. David selbst hatte als Solist für den Film »White Nights« gearbeitet und Plattenaufnahmen mit Quincy Jones und Patti Austin gemacht. Joe Puerta spielte auf Veröffentlichungen von Chi Coltrane, Al Stewart und Chris Rea. In der zweiten Hälfte der 80er Jahre tauchte er als Musiker bei Bruce Hornsby wieder auf.

Der Hit: *Biggest Part Of Me*
Der Tip: *One Eighty* (WB 56811)

Amen Corner

Andy Fairweather-Low, v (2.8.1950); Derek Blue Weaver, org (* 11.3.1947); Neil Jones, g (* 25.3.1949); Clive Taylor, b (* 27.4.1949); Allen Jones, sax (* 6.2.1947); Mike Smith, sax (* 4.11.1947); Dennis Bryon, d (* 14.4.1949).
Amen Corner kam 1966 in Cardiff, Wales, zusammen. Alle sieben Mitglieder waren vorher in diversen anderen, lokal bekannten Gruppen gewesen. 1967 erhielten sie einen Plattenvertrag, und gleich ihre erste Single-Platte, der *»Gin House Blues«*, wurde ein Erfolg. 1968/69 hatte die Gruppe hintereinander vier Top-10-Hits in Großbritannien – und das muß ihnen zu Kopf gestiegen sein, denn 1970 lösten sie sich auf.
Fairweather-Low, Weaver, Bryon, Taylor und Neil Jones machten weiter als Fair Weather und hatten Mitte 1970 mit *»Natural Sinner«* einen weiteren Top-10-Hit. Allen Jones und Mike Smith machten zusammen mit Andy Bowen die Band Judas Jump. Ende 1970 trennten sich die Musiker endgültig, Andy Fairweather-Low hatte jeweils 1974 und 1975 Solo-Top-10-Erfolge, Derek »Blue« Weaver wurde ein erfolgreicher Studiomusiker – so ist er z. B. auf etlichen Produktionen der Bee Gees zu hören und spielte auch mit Keef Hartley und den Strawbs. Weaver versuchte sich auch als Solist – er nannte sich Wynder K. Frog.

Der Hit: *(If Paradise Is) Half As Nice*
Der Tip: *Farewell To The Real Magnificent Seven* (Immediate IDCD 9.00293)

America

Dewey Bunnell, v/g (* 19.1.1951); Gerry Beckley, v/g (* 12.9.1952); Dan Peek, v/g (* 1.11.1950).
Die drei Amerikaner treffen sich 1967 auf der Central Highschool in Bushey Park in London. Alle drei sind Söhne von US-Air-Force-Offizieren, die in Großbritannien stationiert sind. 1970 sind sie mit der Schule fertig und gründen ein Folk-Rock-Quintett, das sich Daze nennt und bald zum Trio wird. Sie spielen im Roundhouse vor, um sich dort für Auftritte zu bewerben. Man nimmt sie, und in der Folgezeit spielen sie dort als Vorgruppe für verschiedene etablierte Bands. Wenig später erhalten sie einen Plattenvertrag. Jetzt nennen sie sich America und beginnen mit den Arbeiten an ihrer ersten LP. Mit *»A Horse With No Name«* erscheint Ende 1971 ihre erste Single, die ein weltweiter Hit wird. Im Februar 1972 gehen sie zurück in die USA und spielen dort während einer Nordamerika-Tour im Vorprogramm der Everly Brothers. In der Folgezeit erscheinen einige sehr schöne Platten, etliche davon produziert von George Martin, der auch die Verantwortung für die Hits der Beatles trägt. Im Mai 1977 verläßt Dan Peek die Band und versucht sich als Solist mit christlich angehauchtem Material. Die beiden anderen machen als Duo weiter. Mit der Nummer *»The Last Unicorn«* aus dem gleichnamigen Film erreichen sie 1984 noch einmal mit einer sehr schönen Single-Platte zumindest die Top 40 der deutschen Charts.

Der Hit: *A Horse With No Name*
Der Tip: *Greatest Hits/History* (WB 256 169)

American Breed

Gary Loizzo, v/g (* 16.8.1945); Al Ciner, g/v (* 14.5.1947); Charles Colbert, b/v (* 29.8.1944); Lee Graziano, d (* 9.11.1943).
Das aus Chicago stammende Quartett nannte sich ursprünglich Gary And The Nite Lites. Nach der Namensänderung in American Breed hatten sie mit *»Step Out Of Your Mind«* einen Top-30-Hit in den USA, bevor es dann Ende 1967 für *»Bend Me Shape Me«* eine goldene Schallplatte setzte. In Großbritannien hatten sie mit dieser Nummer keinen Erfolg – er wurde ihnen durch die Version der britischen Formation Amen Corner streitig gemacht. Mit *»Green Light«* hatten sie noch einmal einen Top-40-Hit, dann war die Hochzeit ihrer Mischung aus Pop, Bubblegum und Soul vorbei. Ciner, Colbert und Graziano gründeten eine neue Formation: Ask Rufus, aus denen dann Rufus wurde.

Der Hit: *Bend Me Shape Me*
Der Tip: *Bend Me Shape Me* (Columbia EMI SMC 74401)

Ames, Ed

* 9.7.1927 als Ed Urick. Das jüngste Mitglied des Familienquartetts Ames Brothers ging einige Zeit nach Auflösung der Band 1960 nach New York, um dort Schauspielunterricht zu nehmen. Nach einigen Bühnenproduktionen übernahm er die Rolle des Indianers Mingo in der US-Fernsehserie »Daniel Boone«. Die Singerei ließ ihn aber nie ganz los. Mit dem Titel *»Try To Remember«* aus dem Musical *»The Fantasticks«* hatte Ed 1964 den ersten von insgesamt 7 Soloerfolgen. Daraus konnte er gutes Kapital schlagen: Bis Ende der 70er Jahre war er mit Club- und TV-Auftritten gut im Geschäft.

Der Hit: *My Cup Runneth Over*

Ames Brothers

Joseph (* 3.5.1924), Gene (* 13.2.1925), Vic (* 20.5.1926, † 23.1.1978), Ed (* 9.7.1927); Urick, alle v.
Die Brüder starteten Ende der 40er Jahre in Boston. Mit der Aufnahme *»Rag Mop«* hatten sie 1950 ihren ersten Millionseller. Weitere folgten mit *»Undecided«* und *»You You You«*. Der Erfolg der Brüder geht bis in das Jahr 1960. Danach lösten sie sich auf. Vic starb 1978 bei einem Autounfall in Nashville. Ed war als Solist und auch als Schauspieler erfolgreich.

Der Hit: *You You You*
Der Tip: *The Best Of* (RCA PD C2-1215)

Anders, Christian

* 15.1.1945 als Antonio Schinzel in Österreich. Mit der knapp sechs Minuten dauernden Single *»Geh nicht vorbei«* hatte er seinen ersten großen Erfolg. Obwohl seine Plattenfirma damals darauf bestand, daß diese Aufnahme gekürzt werden sollte, setzte er sich dagegen zur Wehr und behielt recht. Zu diesem Zeitpunkt waren normale Schlager in der Bundesrepublik nicht über eine Laufzeit von fünf Minuten hinausgekommen. Die Plattenfirmen befürchteten, die Rundfunksender würden so lange Stücke nicht spielen. Zumindest in dem Fall eine Fehleinschätzung. Anders gehörte schon früh zu den wenigen deutschsprachigen Interpreten, die die Regeln des Schlagergeschäfts richtig verstanden haben: Nur wer selbst komponiert, textet, arrangiert, produziert, verlegt und dann auch noch selbst singt, kann das Optimum an einer Platte verdienen. Wenn er dann auch noch eine eigene Plattenfirma hat, stimmt alles hundertprozentig. Die von Anders hieß Chranders Records. Mit *»Es fährt ein Zug nach nirgendwo«* hatte er 1972 einen

weiteren Platz 1 in der deutschen Hitparade. Die Liste seiner Hits reicht bis ins Jahr 1979. Dann hörte man längere Zeits nichts mehr von ihm. Inzwischen wurde bekannt, daß er in den USA als Fernsehprediger noch mehr und noch einfacher Geld verdient.

Der Hit: *Geh nicht vorbei*
Der Tip: *Gold Collection* (EMI CDP 538-7 90058 2)

Anderson, Angry

Geboren als Gary Anderson. Zusammen mit der Heavy-Metal-Band Rose Tattoo startete er in seiner Heimat Australien in den späten 70er Jahren. Dem Image dieser Band tat er sicher keinen Gefallen, als er 1988 in der Seifenoper-TV-Serie »Nachbarn« den Titel *»Suddenly«* sang. Er untermalte die Szene, in der Kylie Minogue Jason Donovan heiratete. Das ging den Briten so sehr zu Herzen, daß die Platte im Januar 1989 unter die ersten 10 in der Hitparade kam und Angry Anderson damit zum »Lovely Anderson« machte.

Der Hit: *Suddenly*

Anderson, Bill

* 1.11.1937. James William Anderson III. galt bereits ab 1958 als erfolgreicher Country-Sänger, Songschreiber und Schauspieler. 1961 wurde er Mitglied der Grand Ole Opry. Anfang der 60er Jahre gelangen ihm einige Crossover-Hits in die Pop-Charts, darunter der Top-10-Erfolg *»Still«*. In den Country-Hitparaden ist er bis in die 90er Jahre erfolgreich.

Der Hit: *Still*
Der Tip: *Best Of* (Curb 77436)

Anderson, Lale

* 23.3.1913, † 29.8.1972. Als Lieselotte Helene Berta Bunnenberg, so der richtige Name von Lale Anderson, auf ein bald einlaufendes Schiff hoffte, schien für sie der Zug lange abgefahren zu sein. Lale Anderson war die Frau, die die erste goldene Schallplatte erhielt, die es je in Deutschland gegeben hatte. Am 2. August 1939 nahm sie das Lied vom Mädchen Lili auf, das unter der Laterne auf ihren Freund warten wollte, was auch immer komme. Zu diesem Zeitpunkt war die Geschichte von Fräulein Marleen bereits ein alter Hut. Der junge Soldat Hans Leip, 1915 auf dem Weg zur Ostfront, schrieb dieses Lied für seine Freundin und

die seines Kumpels. Die Vornamen der beiden waren Lili und Marleen. Bei ihm hieß das Werk *»Lied eines jungen Wachtposten«*. Als die Platte 1939 durch Lale Anderson gesungen wurde, übernahm der Soldatensender Radio Belgrad das Stück als abendliche Schlußmelodie vor 22.00 Uhr. Schnell wurde der Song nicht nur bei den deutschen Soldaten ein Knüller. Auch Sir Winston Churchill und John Steinbeck sagten damals, dieses Lied sei ihre Lieblingsmelodie. Nach dem Krieg wurde es stiller um Lale, und ihre Zeit schien vorbei, bis sie im Oktober 1960 mit einer deutschen Version von *»Never On Sunday«*, *»Ein Schiff wird kommen«*, in der Hitparade erschien und bis auf Platz 1 vorrückte. Danach war sie erst einmal wieder voll im Geschäft – aber auch festgelegt auf Seemannslieder, auf Matrosen aus Pyräus, blaue Nacht am Hafen und rote Lichter in der Hafenbar. Nach 1962 war ihr Ruhm wieder verblaßt. 10 Jahre später starb sie in Wien.

Der Hit: *Lili Marleen*

Der Tip: *Idole* (Polyphon 816 877-2)

Anderson, Laurie

* 5.6.1950. 1981 nahm die New Yorker Multi-Media-Künstlerin den Titel *»O Superman«* auf, der sich bis auf Platz 2 in der britischen Hitparade hocharbeiten konnte. Wie Laurie später zugab, hatte sie damit am wenigsten gerechnet. Die Single, eine fast acht Minuten dauernde Platte, auf der recht wenig passiert, paßte auch in der Tat nicht in das gängige Hitparadenkonzept. Jedenfalls verschaffte es ihr einen langjährigen Plattenvertrag, der etliche normale Alben und 1984 eine 5-LP-Box ermöglichte. Mit ihren Arbeiten auf dem Popmusiksektor bewegt sie sich meist in Randgebieten und nicht auf dem kommerziellen Weg – trotzdem beeinflußt ihre Arbeit die Popmusik bis in die 90er Jahre. Vergleiche zwischen *»O Superman«* und Army Of Lovers zeigen dies auf.

Der Hit: *O Superman*

Der Tip: *Strange Angels* (WB 925 900-2)

Anderson, Leroy

* 29.6.1908, † 18.5.1975. Leroy begann schon Mitte der 30er Jahre als Arrangeur für das Boston Pops Orchestra. Ab Ende der 40er Jahre schrieb er eine Reihe erfolgreicher Songs. Mit *»Blue Tango«* verkaufte er Anfang 1952 über 2 Millionen Platten. Hier wurde er vor allem durch seine 1953 entstandene Komposition *»The Typewriter«* bekannt, zu der Jerry Lewis in einem seiner Filme Schreibmaschine schrieb und die später in der Serie »Büro, Büro« als Titelmusik verwandt wurde.

Der Hit: *Blue Tango*

Laurie Anderson

Anderson, Lynn

* 26.9.1947. Ihre – im wahrsten Sinne des Wortes – ersten Sporen verdiente sie sich als ausgezeichnete Reiterin. So war sie im Jahre 1966 die »California Horse Show Queen«. Ihre Mutter ist die Songschreiberin Liz Anderson, die auch als Country-Interpretin erfolgreich war. Ihr Vater war der Country-Music-Autor Casey Anderson. Kein Wunder also, daß Lynn dieselbe Richtung einschlug. Schon 1967 hatte sie ihren ersten Country-Top-10-Hit. Mit dem von Joe South geschriebenen Millionseller *»Rose Garden«* hatte sie ihren größten Crossover-Erfolg in den Pop-Hitparaden. Die Liste ihrer Erfolge auf dem Country-Sektor geht bis zum Ende der 80er Jahre.

Der Hit: *Rose Garden*
Der Tip: *Greatest Hits* (Embassy EMB 31380)

Andrews, Chris

* 15.10.1938. Er war knapp 20 Jahre alt, als er begann, Musik zu schreiben und zu interpretieren. Das machte er wie viele andere britische Musiker jener Tage vorwiegend und gern in Hamburg. Auf der Reeperbahn nachts nach halb eins waren die jungen Musikspunde von der Insel bekanntlich gut im Geschäft. Eine eigene Gruppe nannte sich Chris Ravel & The Ravers. Ravel war Chris Andrews. Adam Faith hatte 1963 seinen letzten Top-10-Hit in Großbritannien mit *»The First Time«* – geschrieben von Chris Andrews. Danach ging's voll los. Sandy Shaw, die lange Dürre mit den Barfüßen, hatte mit den Titeln *»Girl Don't Come«* und *»Long Live Love«*, wieder geschrieben durch Chris, Top-10-Hits. Immer nur für andere schreiben wollte er dann auch nicht. Mit dem Bekenntnis, daß er ein Mann von gestern sei, hatte er schließlich im Herbst 1965 einen eigenen Top-10-Erfolg. Danach sank sein Stern als Interpret langsam, aber stetig. Nachdem in England nichts mehr für ihn zu holen war, siedelte er in die Bundesrepublik über. Auch hier versuchte er sich als Songschreiber und Interpret und kam mit *»Pretty Belinda«* 1969 noch einmal unter die ersten 10. Seither tritt er vorwiegend als *»Yesterday Man«* auf.

Der Hit: *Yesterday Man*
Der Tip: *Chris Andrews* (Polyphon 841 067-2)

Andrews Sisters

La Verne (* 6.7.1915, † 8.5.1967); Maxene (* 3.1.1918); Patti (* 16.2.1920).
Die jüngste der drei Andrews-Schwestern war gerade 17 Jahre alt, als es für die Formation den ersten Millionseller gab – 1937 für den Titel *»Bei mir bist du schön«*. Es war die erste goldene Schallplatte für eine Gruppe, die nur aus Mädchen bestand. Patti, Maxene und Laverne stammten aus Minneapolis. Schon als Kinder traten sie vor Publikum auf – und Patti, die jüngste, war erst 10, als sie mit einer Revue auf eine Tour durch die Staaten gingen. 7 Jahre machten sie das – dann landeten sie wieder zu Hause in Minneapolis. Ein Mann namens Dave Kapp, der für eine Plattenfirma arbeitete, hörte sie dort im Radio singen, knüpfte Kontakte und nahm die Platte *»Bei mir bist du schön«* auf – die Andrews Sisters erhielten dafür 50 Dollar und keinen Cent mehr. Auch als die Platte sich dann über einemillionmal verkaufte, waren sie daran nicht beteiligt. Dafür hatten sie aber nun in den ganzen Staaten einen großen Namen – und bei den nächsten Platten haben sie sicher besser aufgepaßt. Und wenn man weiß, wieviel Platten sie in der Zeit von 1937 bis 1950 verkauft haben, kann man gut verstehen, daß sie dieser ersten Goldenen keine Träne nachweinten: 50 Millionen Platten wurden umgesetzt – ein unglaublicher Erfolg. Bis 1953 hielt die Gruppe. Schon ab Ende

der 40er Jahre hatte Patti, die auch in der Band die Soloparts gesungen hatte, als Solistin Erfolg. Einer der größten Hits der Band war sicher *»Rum And Coca-Cola«*, Anfang 1945 eine Nummer 1 in der amerikanischen Hitparade – der erste Calypso, der weltweit Beachtung fand. Für Großbritannien wurde der Text leicht verändert – dort wollte man für das amerikanische Nationalgetränk Coca-Cola keine Werbung machen. Also mußten die Schwestern die Titelzeile neu singen – dort hieß es dann *»Rum 5 Limonada«*. In die Hitparade kam die Platte in England trotzdem nicht: Es gab dort noch keine! Neben den Erfolgen im Trio hatten die Andrews Sisters Hits mit Bing Crosby, Carmen Miranda, Burl Ives, Danny Kaye, Les Paul oder Dick Haymes. 1973 sang Bette Midler den Titel *»Boogie Woogie Bugle Boy«*, so wie er auch von den Andrews Sisters aufgenommen worden war. Danach kam es in den USA zu einer Renaissance der Titel des Trios. 1974 traten Patti und Maxene im Musical *»Over Here«* auf, das zur Zeit des Zweiten Weltkriegs spielte.

Der Hit: *Rum And Coca-Cola*
Der Tip: *Sing Sing Sing* (EMI CD MFP 6044)

Andrigo, Addy

Hinter diesem Pseudonym verbarg sich Arno Flor (* 31.10.1925). Mit dem Titel *»Nick Nack Song«* kamen er und sein Orchester 1959 unter die ersten zehn der deutschen Hitparade. Anfänglich hatte er Arrangements für Werner Müller und sein Orchester geschrieben. Er spezialisierte sich darauf, Hits der Zeit in Potpourriformat – so nannte man früher Medleys! – als EPs zu veröffentlichen. Der *»Nick Nack Song«* stammte aus dem Film »Die Herberge zur 6. Glückseligkeit«, der 1958 mit Curd Jürgens und Ingrid Bergman in den Hauptrollen gedreht wurde. Ingrid Bergman spielt darin eine englische Missionarin in China, die eine Gruppe von Kindern in einem gefährlichen Treck durch feindliches Gebiet in Sicherheit bringt. Dabei wird ihr von Curd Jürgens, der einen Offizier chinesisch-englischer Abstammung spielt, geholfen. In einer Szene bringt Ingrid Bergman den Kindern das Lied *»This Old Man«* bei. Das ist die Vorlage für den *»Nick Nack Song«*. Ansonsten begleitete Addy mit seinem Orchester viele Schlagerinterpreten, wie z. B. Gitta Lind, Christa Williams, die Sunnies, Vera Lynn oder die Vagabunden, sowohl im Studio als auch auf der Bühne. Mitte der 60er Jahre arbeitete er hauptsächlich für die Plattenfirma Philips und begleitete dort den Gesang von Heidi Brühl, Gerhard Wendland, Nana Mouskouri oder Dorthe. Als Addy Flor betreute er die Musik zum Schlagerfilm *»Wir wollen niemals auseinandergehn«*.

Der Hit: *Nick Nack Song*

Aneka

Diesen Namen fand Mary Sandeman im Telefonbuch von Edinburgh, und offensichtlich kam er ihr japanisch genug vor. Die schottische Sängerin, die normalerweise traditionelle Lieder in Gälisch sang, wollte auch einmal einen Pophit haben und machte dafür auf japanisch. Mit Kimono und Perücke sang sie vom *»Japanese Boy«* und schaffte es mit diesem Novelty-Song immerhin an die Spitze der britischen Hitparade. Weitere Singles und ein Album folgten, waren aber zum Scheitern verurteilt. Jetzt singt Mary wieder gälische Lieder beim Festival in Edinburgh.

Der Hit: *Japanese Boy*

Angels

Barbara Allbut (* 24.9.1940); Phyllis »Jiggs« Allbut (*24.9.1942); Linda Jansen, Peggy Santiglia (* 4.5.1944); alle v.

Das amerikanische Trio begann Ende der 50er Jahre als Starlets. 1960 machten sie ihre ersten Plattenaufnahmen, jetzt schon als Angels. Nach zwei Hits verließ 1962 Linda Jansen das Trio und wurde durch Peggy Santiglia ersetzt. Jetzt kam im August 1963 mit dem Spitzenreiter der amerikanischen Hitparade *»My Boyfriend's Back«* der größte Erfolg der Angels – eine simple Nummer, aber ein unwiderstehlich typisches Beispiel für die Musik der damaligen Girl Groups wie auch Shirelles, Marvelettes, Chrystals oder Chiffons. Nach 1964 blieben die Hits aus, 1967 trennte man sich. Jiggs und Peggy traten später zusammen mit dem Sänger und Gitarristen Stan Sirico wieder als Angels auf.

Der Hit: *My Boyfriend's Back*

Animals

Eric Burdon, v (* 11.5.1941); Alan Price, key (* 19.4.1941); Bryan James »Chas« Chandler, b (* 18.12.1938); John Steel, d (* 4.2.1941); Hilton Valentine, g (* 21.5.1943); Barry Jenkins, d (* 22.12.1944); Dave Rowberry, key (* 27.12.1943).

1962 formierten sich die Animals, als Eric Burdon zur Alan Price Combo kam. Alle Mitglieder hatten vorher in diversen Gruppen Erfahrungen gesammelt. Auf den Namen Animals kamen sie, weil sie zu diesem Zeitpunkt eine ausgesprochen tierische Bühnenshow hinlegten. Ab Mai 1963 spielten sie für zwei Monate im Hamburger Star-Club, im Dezember nahmen sie eine Demo-EP auf. Es wurden 50 Kopien gepreßt und an die Fans verkauft. Exemplare der Platte drangen bis nach London, und die Gruppe erhielt Angebote, dort aufzutreten. Im Januar 1964 zogen sie nach London und unterschrieben einen Plattenvertrag mit dem aufstrebenden Produzenten Mickie Most. Im Mai 1964 erschien mit *»Baby Let Me Take You Home«* die erste Single der Animals, die bis auf Platz 21 der Charts vordrang. Im Juli des gleichen Jahres wollte die Plattenfirma das Stück *»House Of The Rising Sun«* nicht veröffentlichen, weil es ihnen mit viereinhalb Minuten Laufzeit zu lang erschien. Man hatte Angst, daß die Platte im Radio nicht eingesetzt würde. Mickie Most und die Gruppe bestanden auf Veröffentlichung, und es wurde eine Nummer 1 in der Hitparade auf beiden Seiten des Atlantiks und ein Millionseller. Danach sind sie erfolgreich mit Titeln wie *»I'm Crying«*, Nina Simones *»Don't Let Me Be Misunderstood«* (Frau Simone hat die Version der Animals überhaupt nicht gefallen), *»Bring It On Home To Me«* oder *»We've Gotta Get Out Of This Place«*. Im Mai 1965 kündigt Alan Price an, daß er die Gruppe verlassen werde: einmal wegen musikalischer Differenzen, zum anderen wegen seiner unerträglichen Flugangst, die jede Tour für ihn zu einer Tortur machte. Er läßt die alte Alan Price Combo wiederaufleben und ist damit erst einmal recht erfolgreich. Für Price kommt Dave Rowberry zu den Animals. 1966 will Mickie Most mit der Gruppe einen neuen Vertrag machen. Eric Burdon lehnt das ab, weil ihm die angebotenen Musiktitel nicht gefallen. Die Animals wechseln zur Decca. Die Band schafft noch zwei weitere Hits, aber dennoch beginnt es zu kriseln. Steel verläßt die Band, geht nach Newcastle zurück und wird dort ein erfolgreicher Geschäftsmann. Für ihn kommt Barry Jenkins. Im Herbst 1966 werden die Zerwürfnisse in der Gruppe immer größer. Während die einen die legale Droge Alkohol vorziehen, schmeißt Burdon LSD-Trips ein. Im September fällt die Gruppe auseinander, im Oktober stehen als Animals auf der Bühne: Eric Burdon, Barry Jenkins, John Weider, Danny McCullough und Tom Parker. Im selben Monat erscheint mit *»See See Rider«* die letzte Single der Originalbesetzung, allerdings nur in den USA. Ironischerweise wird das dort der zweiterfolgreichste Song der Band. Als Interpreten werden jedoch schon Eric Burdon & The Animals genannt. Anfang 1967 siedelt Burdon nach Kalifornien über und nimmt die Animals mit Ausnahme von Tom Parker mit. Neumitglied wird Vic Briggs. Mit *»San Franciscan Nights«* erscheint wieder einmal eine Aufnahme, die sowohl in den USA als auch in Großbritannien unter die ersten 10 kommt. Inzwischen war auch im Frühjahr die erste Solo-LP von Burdon erschienen, die *»Eric Is Here«* hieß. Mitte 1968 verlassen mit Briggs und McCullough wieder zwei Mitglieder Burdon, für sie kommen Zoot Money und Andy Summers. Zu diesem Zeitpunkt erfolgt auch die Umbenennung in Eric Burdon & The New Animals. Ende 1968 gibt Burdon bekannt, daß die Band auseinandergehen wird. Als letzte Hiteintragung erscheint im Januar 1969 die alte Johnny-Cash-Aufnahme *»Ring Of Fire«*. Während die meisten Musiker zurückgehen nach Großbritannien, bleibt Burdon in den USA und tut sich zusammen mit der Formation Night Shift, die ihren Namen in War ändern und als Eric Burdon & War Anfang 1971 auf Europatournee gehen. Von den Animals wird der Klassiker »*House Of The Rising Sun*« im Oktober 1972 in Großbritannien wiederveröffentlicht und erreicht Platz 25, im September 1982 das gleiche Spiel – diesmal Platz 11. 1977 und 1983 kam die Originalbesetzung der Animals noch einmal zusammen, um jeweils ein Album zu veröffentlichen – das Publikum blieb gleichgültig, obwohl die Platten sicher nicht schlecht waren.

Der Hit: *House Of The Rising Sun*
Der Tip: *Complete Animals* (EMI CDS 79 4613 2)

Animotion

Bill Wadhams, v/g; Charles Ottavio, b; Frenchy O'Brien, d; Astrid Plane, v; Paul Antonelli, key; Don Kirkpatrick, g; Paul Engemann, v; Cynthia Rhodes, v.
Mit dem Titel »*Obsession*« gelang diesem Techno-Pop-Quintett im Januar 1985 ein erster Top-10-Hit. Diesem Erfolg lief die Gruppe mehrere Jahre hinterher, zumindest in der Bundesrepublik erreichten sie mit »*I Engineer*« 1986 noch einmal einen Platz 2. 1988 wurden vier der fünf Mitglieder ausgewechselt. Neuer Sänger war Paul Engemann und weibliches Aushängeschild der Band Cynthia Rhodes, die in »*Dirty Dancing*« und »*Stying Alive*« mitgespielt hatte und 1989 Richard Marx heiratete. 1989 wurde mit »*Room To Move*« aus dem Film »My Stepmother Is An Alien« ein weiterer Top-10-Hit erreicht. Danach hörte man nichts mehr von der Band.

Der Hit: *Obsession*
Der Tip: *Animotion* (Mercury 837 314-2)

Anka, Paul

* 30.7.1941. Obwohl Anka bis in die 90er Jahre dem Plattengeschäft treu geblieben ist, hat er in einem Interview folgendes erzählt: »Ich hatte meine große Zeit in den Jahren von 1957 bis 1962, nachdem die erste Rock-'n'-Roll-Welle abgeebbt war. Kurz vor meinem 16. Geburtstag im Frühjahr 1957 lieh ich mir von meinem Vater 100 Dollar und machte mich auf den Weg nach New York. Ich wollte die fünf Songs, die ich geschrieben hatte, an den Mann bringen. Eins der Lieder beschrieb meine Liebe zu dem drei Jahre älteren Babysitter Diana. Und genau dieses Lied machte mich quasi über Nacht zum Teenagerstar, und ich wußte, wie es weitergehen müßte. Ich reihte in diesen Jahren Hit an Hit, wie ›*Lonely Boy*‹, ›*Put Your Head On My Shoulder*‹, ›*You Are My Destiny*‹ oder ›*Puppy Love*‹. Mit 19 Jahren war ich Millionär.« Hätte er zu diesem Zeitpunkt aufgehört – von den Tantiemen könnte er heute noch zehren. Aber im Gegensatz zu seinen

Paul Anka

Erfolgspendants Elvis Presley oder Cliff Richard, die zeit ihres Erfolges bei den Plattenfirmen RCA oder EMI blieben, verkaufte sich Paul Anka an die Firmen, die die meisten Dollars auf den Tisch legten. Und auch ansonsten wußte er, wie man den schnellen Dollar machen konnte: Er schrieb so viele Stücke, daß er sie alle gar nicht aufnehmen konnte. An *»My Way«* für Frank Sinatra war er ebenso beteiligt wie an *»She's A Lady«* für Tom Jones. Für den Film »Der längste Tag«, in dem er auch selbst mitspielte, schrieb er die Musik, ebenso für die Johnny Carson Show »Tonight«. 1963 – er hatte Geld wie Heu – heiratete er in Paris, und er hätte spätestens jetzt zum jüngsten und reichsten Frührentner im US-Busineß werden können. Ende der 60er Jahre packte ihn wieder die Lust, selbst im Studio zu stehen, selbst Platten zu produzieren. Der erneut große Wurf gelang ihm 1974, als er mit einer erst einmal auf der Plattenhülle nicht genannten Sängerin das Stück *»(You're) Having My Baby«* sang. Dagegen ist ja auch nichts zu sagen, aber dann stellte sich heraus, daß der weiße Paul Anka in diesem Lied ein Baby mit der Farbigen Odia Coates hat. Das war etlichen puritanischen US-Bürgern zuviel. Ihr Idol aus den Jugendjahren jetzt zusammen mit einer Farbigen? Das Gerangel um die Platte erwies sich als ausgezeichneter Promotiongag. Im August 1974 hatte Anka nach 15 Jahren wieder den ersten Platz in der US-Hitparade. Auch seine nächsten beiden Top-10-Hits sang er mit Odia Coates. Einer davon war, um es den Spießern auch schön zu zeigen, *»I Don't Like To Sleep Alone«*. Nach 1978 legte er die nächste Pause ein, und inzwischen sind seine Plattenveröffentlichungen nur noch sporadisch und bei immer wechselnden Firmen. 1993 wurde Paul Anka in die Songwriters Hall of Fame aufgenommen.

Der Hit: *Diana*
Der Tip: *Seine großen Erfolge* (CBS CD 450 929 2)

Annette

* 22.10.1942. 1955 wurde die kleine Annette Funicello Mitglied im Mickey-Mouse-Fanclub und war somit ein Mouseketeer. Das Schallplattenlabel Disney Land war es, das Anfang 1959 die erste Platte von Annette, *»Tall Paul«*, veröffentlichte. Sie kam unter die ersten 10. Es folgten noch einige weitere Hits, aber nach 1961 war sie wohl zu alt, um weiterhin mit Mickey-Mouse-Ohren durch die Gegend zu laufen. Dafür tauchte sie jetzt an der Seite von Frankie Avalon in einer Reihe von »Beach Movies« wieder auf. 1976 hatte sie eine regelmäßige Fernsehsendung, die sich »Easy Does It« nannte. 1987 stand sie dann im Film »Back To The Beach« wieder da, wo sie in den 60er Jahren aufgehört hatte. Auch Frankie Avalon war wieder mit dabei, aber ansonsten war alles anders. Annette ist ein schönes Beispiel für die Vermarktung eines netten Teenagers auf Platte und nichtssagendem Zelluloid.

Der Hit: *Tall Paul*
Der Tip: *The Best Of* (Buenavista Records PCCD-00071)

Another Bad Creation

Chris Seller, Dave Shelton, Romell Chapman, Marliss & Demetrius Pugh.
Michael Bivins von der Gruppe Bel Biv DeVoe managte und produzierte diese Gruppe aus Atlanta, die 1990 mit 7- bis 12jährigen gegründet wurde. Bell selbst

war in seinen Kindertagen Mitglied einer ähnlich gelagerten Formation gewesen, der New Edition. Schon aus diesem Grunde wußte er, wie man Kinder ranzieht, um schließlich daraus wieder neue Formationen und Einzelsänger zu kreieren. Die erste Platte der Kids, *»Iesha«*, wurde ein Millionseller. Bivins rappte im Hintergrund zur Unterstützung der dünnen Stimmchen. Beim zweiten Hit *»Playground«* ließ er zwei Mitglieder von Boyz II Men mitsingen. Er wurde ebenfalls ein Top-10-Hit. So sorgte sich also Michael Bivins schon früh um die Zukunft der Kinder – und um seine!

Der Hit: *Iesha*
Der Tip: *Coolin' At The Playground Ya Know* (Motown ZD 72737)

Ant, Adam

* 3.11.1954 als Stuart Leslie Goddard. Seine ersten Hits erschienen unter Adam & The Ants. Im Frühjahr 1982 entschloß er sich, die nachfolgenden Platten unter seinem Pseudonym Adam Ant zu veröffentlichen. Mit *»Goody Two Shoes«* und *»Friend Or Foe«* gelangen ihm auch im Alleingang zwei Hits. Danach schien es aus, und als Retter in der Not holte er sich Phil Collins als Produzenten für *»Puss In Boots«*. Der Erfolg gab dieser Entscheidung recht: Er hatte noch einmal einen Platz 5. Danach sank der Stern von Adam Ant, und er wandte sich wieder seiner alten Liebe, der Schauspielerei, zu. 1990 – inzwischen lebte er fest in den USA – hatte er mit dem Titel *»Room At The Top«* in England und in den USA nach langer Zeit wieder einen überraschenden Top-20-Hit. Das lenkte ihn jedoch nicht von seinen schauspielerischen Ambitionen ab.

Der Hit: *Goody Two Shoes*
Der Tip: *Manners And Physique* (MCA 256 625-2)

Anthony, Billie

In der Zeit, als in England in den Rundfunkanstalten noch die Anweisung bestand, vorwiegend britische Produktionen zu spielen, wurden von den meisten amerikanischen Hits Coverversionen mit britischen Interpreten aufgenommen. Die Sängerin Billie Anthony machte im Oktober 1954 einen Nachzieher des US-Hits *»This Ole House«* – jenseits des Atlantiks erfolgreich mit Rosemary Clooney und Stuart Hamblin – und schaffte damit einen Platz 4 in der Hitparade. Dabei blieb es.

Der Hit: *This Ole House*

Anthony, Ray

* 20.1.1922 als Raymond Antonini. Der erfolgreiche amerikanische Trompeter und Bandleader wurde 1939 Mitglied in der Band von Al Donahue. Danach ging er erst zu Glenn Miller, dann von 1940 bis 1942 zu Jimmy Dorsey und wurde dann Leiter einer US-Army-Band. 1946, zurück in der Heimat, gründete er eine eigene Band, die ab dem Jahre 1949 in den Charts notiert wurde. Mit den Stükken *»At Last«*, gesungen von Tommy Mercer, und *»Dragnet«*, Thema einer TV-Serie in den USA und bei uns als Erkennungsmelodie der Kriminal-TV-Serie »Stahlnetz« bekannt, hatte er seine größten Erfolge. Diese wurden durch die Tatsache begünstigt, daß Ray Anthony bereits in den frühen 50er Jahren eine eigene TV-Serie in den Staaten hatte. 1955 trat er neben Fred Astaire im Film »Daddy Long Legs« auf. 1959 kam seine Version von *»Peter Gunn«* unter die ersten 10 der US-Charts. Nach 1962 war seine Hitparadenzeit vorüber. Ray Anthony war längere Zeit mit der Schauspielerin Mamie Van Doren verheiratet, die man in den USA als »Poor Man's Marilyn Monroe« oder als »Platinium Blonde Sexpot Of Hollywood B-Features« bezeichnete.

Der Hit: *Dragnet*
Der Tip: *The Hits Of Ray Anthony* (Capitol CDP 7 91219 2)

Anthony, Richard

* 13.1.1938 als Ricardo Btesh in Kairo, Ägypten, und Sohn eines Industriellen. Seine ersten Platten nahm er 1958 auf, der erste Hit in Frankreich war 1960 *»Nouvelle Vague«*. Mit *»J'entends Siffler Le Train«* – im Original *»500 Miles Away From Home«* und geschrieben von Hedy West – verkaufte er alleine in Frankreich im Jahre 1963 über 1 Million Exemplare. Das Stück gilt als der erste offizielle Millionseller in Frankreich. Zu diesem Zeitpunkt war Anthony, zumindest was die Verkäufe anging, der einzige ernstzunehmende Konkurrent von Johnny Hallyday. In der ersten Hälfte der 60er Jahre war die größte Zeit für Richard – und es gab kaum einen Zug, auf den er nicht aufsprang, wenn er nur laut genug pfiff. Ob Twist oder andere neue Tänze, Hits der Everly Brothers oder von Paul Anka – Richard war mit französischen Versionen zur Stelle.

Der Hit: *J'entends Siffler Le Train*
Der Tip: *Disque D'Or* (EMI 2C 006-16049)

Apollo 100

Diese Formation ist eine der typischen britischen Studiobands, die nach Ablauf einer richtigen Produktion noch schnell eine Nachtschicht anhängen. Der Keyboarder Tom Parker gilt als der Kopf von Apollo 100. Mit einer Adaption von Johann Sebastian Bachs *»Jesu, meine Freude«*, die bei Klassikfans zu Brechreiz führen würde, hatte die Band 1972 einen Top-10-Hit in den USA. Das war's!

Der Hit: *Joy*
Der Tip: *Classical Gas* (EMI MFP 50526)

Appleby, Kim

* 28.8.1961. Kim zählte zusammen mit ihrer Schwester Mel vor ihrer gemeinsamen Gesangskarriere als Mel & Kim zur Crème de la crème der Londoner Fotomodellszene. Getreu dem Motto des Produzententeams Stock/Aitken/Waterman, daß, wer gut aussieht, auch gut singen kann, nahmen die drei die zwei unter Vertrag und schneiderten ihnen ein paar Nümmerchen auf den dünnen Leib (oder umgekehrt). Mit *»Showing Out«* hatten Mel & Kim im Herbst 1986 ihren ersten Hit in Großbritannien, der in Deutschland gar ein Spitzenreiter wurde. *»Respectable«* wurde im Frühjahr 1987 in diesen beiden Ländern ein Platz 1. 1989 wurde bekannt, daß Mel an Krebs litt. In der Yellow- und Teenie-Press wurde diese Tatsache ausgewalzt. Mel starb am 18.1.1990. Kim sang als Solistin weiter und hatte noch im gleichen Jahr mit *»Don't Worry«* wieder einen Top-10-Hit in Großbritannien und in Deutschland. Ende 1991 ließ ihr Erfolg deutlich nach.

Der Hit: *Don't Worry*
Der Tip: *Kim Appleby* (Parlophone CD PCS 7348)

Applejacks (GB)

Al Jackson, v; Martin Baggot, g; Philip Cash, g; Megan Davies, b; Don Gould, org. Nachdem die Plattenfirma Decca 1962 die Beatles abgelehnt hatte, machten sie sich aus Angst vor weiteren Flops zum Geschäftsprinzip, daß jeder, der bei ihnen vorspielte, einen Plattenvertrag bekam. Dazu gehörten auch die Applejacks, die mit ihrer ersten Plattenveröffentlichung *»Tell Me When«* im März 1964 auch in der Tat einen Top-10-Hit landeten. Ihre zweite Veröffentlichung war die Nummer *»Like Dreamers Do«*, eine Komposition von Lennon/McCartney, die sie bei ihrer damaligen Decca-Audition vorgetragen hatten. Die Applejacks erreichten mit ihrer Version einen mageren Platz 20, hatten danach noch einen kleineren Hit und waren 1965 wieder verschwunden.

Der Hit: *Tell Me When*

Arabesque

Sandra Lauer (* 18.5.1962); Michaela Rose; Jasmin Vetter.
Das Trio nahm im Oktober 1978 eine erste Langspielplatte auf, darauf war mit »*Hello Mr. Monkey*« auch die erste Single der drei zu finden. Die Platte wurde in der Bundesrepublik ein Flop. Die Japaner jedoch sorgten dafür, daß sie 38 Wochen in ihrer Hitparade war, sich über 500 000mal verkaufte und Arabesque ihre erste goldene Schallplatte bescherte. In Deutschland sollte sich Arabesque erst nach einem Wechsel der Plattenfirma und des Images langsam durchsetzen. Mit der Aufnahme »*Marigot Bay*« hatten sie schließlich im Frühjahr 1981 ihren ersten Top-10-Hit. 1982 folgten einige weitere kleine Hits. Im gleichen Jahr lernte Sandra Michael Cretu kennen – sie heiratete ihn später –, der mit ihr eine Solokarriere anpeilte. Mit »*Maria Magdalena*« gelang Sandra im Juli 1985 ein Riesenhit, und damit war Arabesque erledigt.

Der Hit: *Marigot Bay*
Der Tip: *Arabesque* (Metronome 0060.346)

Arcadia

Simon LeBon, v (* 27.10.1958); Nick Rhodes, key (* 8.6.1962 als Nicholas Bates); Roger Taylor, d (* 26.4.1960).
Nachdem im Jahre 1985 Andy und John Taylor von Duran Duran neben ihrer Tätigkeit bei dieser Gruppe ein anderes Objekt namens Powerstation gegründet hatten, wollte der Rest nicht nachstehen und gründete im August Arcadia. Mit dem Titel »*Election Day*« – auf dieser Produktion ist auch Grace Jones zu hören – gelang ihnen im Herbst ein weltweiter Top-10-Hit. Die Fans von Duran Duran ließen ihre Idole nicht hängen und kauften sie auch in einer anderen Verpackung. Aus der produzierten Langspielplatte wurden noch zwei weitere Stücke ausgekoppelt, die allerdings nicht mehr soviel Beachtung fanden, denn im Juni 1986 hatte Duran Duran, jetzt als Quartett und ohne Andy Taylor, wieder mit einer Neuproduktion begonnen.

Der Hit: *Election Day*
Der Tip: *So Red The Roses* (Parlophone IC 062-240438-1)

Archer, Tasmin

1992 gehörte sie zu den großen Entdeckungen des Jahres. Ihr Titel *»Sleeping Satellite«* schoß hoch bis auf den ersten Platz. Bereits einige Jahre zuvor hatte die in England geborene Tochter jamaikanischer Eltern mit dem Gitarristen John Hughes und dem Pianisten John Beck gearbeitet. Die drei lernten sich in den Bradford's Flexible Response Studios kennen, wo Tasmin als Backgroundsängerin und Toilettenfrau arbeitete. Als sie dann endlich einen Plattenvertrag bei der EMI unterschrieben, hatten sie ihr gesamtes Material für die erste CD bereits fertig. Für die Produktion wurden mit Elliot Randel, Robbie McIntosh und Paul Wickens drei profilierte Produzenten verpflichtet. *»Great Expectations«* erfüllt die Erwartungen, die man in Tasmin setzt.

Der Hit: *Sleeping Satellite*
Der Tip: *Great Expectations* (EMI CD EMC 3624)

Archies

Zu den ganz großen Machern hinter der Bubblegum- und Teenie-Musik Ende der 60er Jahre gehört Don Kirshner. Er war es z. B., der die Monkees erfand. Die Monkees setzte er zusammen, um damit im Fernsehen kleine Geschichtchen zu zeigen, die mit Musiktiteln durchsetzt waren, die nach den jeweiligen Episoden zu Hits wurden. Bei der Suche nach geeigneten Mitgliedern für die Monkees tat er sich schwer – und Menschen haben hin und wieder auch eigene Meinungen, die sie vertreten. Drum scheint es nur folgerichtig, daß sein nächstes Projekt Zeichentrickfiguren waren, die er aus der Comic-Serie *»The Archies«* übernahm. Studiomusiker und Leadsänger »Ron Dante plus Toni Wine und Andy Kym nahmen die Stücke zu den jeweiligen Episoden auf«. Watch for the Archies in Color every Saturday morning on the CBS-TV network wurde auf die Plattenhülle gedruckt, und somit machte die Hülle Werbung für die Sendung und die Sendung Werbung für die Platte. Nachdem die Archies einige kleinere Hits hatten, erschien mit dem Titel *»Sugar Sugar«* eine der meistverkauften Singles in der Geschichte von RCA Records – und die hatten immerhin auch Elvis Presley unter Vertrag. Nach diesem weltweiten Hit erschien mit *»Jingle Jangle«* ein weiterer Erfolg, bevor sie wieder in der Versenkung verschwanden. Ron Dante sollte noch bei anderen Projekten, z. B. den Cuff Links, die Leadstimme singen und damit Erfolg haben.

Der Hit: *Sugar Sugar*

Arden, Toni

In den 50er Jahren gehörte die amerikanische Sängerin, die richtig Antoinette Aroizzone heißt, zu den wichtigsten Plattenkünstlern der Firma Columbia. 1945 hatte sie mit Al Trace, 1946 mit Joe Reichmann gesungen. Später wurden ihre Plattenaufnahmen von Hugo Winterhalter oder Percy Faith begleitet. In der Hitparade ist sie zwischen 1949 und 1958 vertreten, danach trat sie noch bis Mitte der 70er Jahre in Clubs auf.

Der Hit: *I Can Dream, Can't I*

Argent

Rod Argent, key/v (* 14.6.1945); Russ Ballard, g/v (* 31.10.1947); Jim Rodford, b (* 7.7.1941); John Verity, g/b/v (* 3.7.1949); John Grimaldi, c/mand/vln (* 25.5.1955); Bob Henrit, d (* 2.5.1944).

Im Frühjahr 1969 war, obwohl sich die Band bereits im Dezember 1967 aufgelöst hatte, plötzlich der Titel »*Time Of The Seasons*« von den Zombies bis auf den dritten Platz der amerikanischen Hitparade gelangt. Aus den USA flatterten Angebote ein, und man wollte bis zu 20 000 Dollar für ein einziges Konzert der Zombies bezahlen. Rod Argent, dessen eigenes Projekt nur schwer in die Gänge kam, war der einzige der Original-Zombies, der sich breitschlagen ließ, wieder unter diesem Gruppennamen aufzutreten und erneut Platten zu produzieren. Mit einigen Studiomusikern nahm er das Stück »*Imagine The Swan*« auf, das in den USA veröffentlicht und kein Hit wurde. Im Juli 1969 versuchte man es erneut als Zombies, dieses Mal mit »*If It Don't Work Out*« – so war's dann auch. Zu diesem Zeitpunkt tourten durch die USA etliche Bands, die sich Zombies nannten, und jetzt schmiß auch Rod Argent das Handtuch und gründete seine eigene Gruppe unter seinem Namen. Aus den Trümmern dieser Nach-Zombies-Zeit ist lediglich der Bassist Jim Rodford übriggeblieben, der Rods Cousin ist. Den größten Erfolg hatte die Band im Frühjahr 1972 mit dem Top-10-Hit in den USA und in Großbritannien »*Hold Your Head Up*«. Mit »*God Gave Rock 'n' Roll To You*« – 1992 ein Hit für die Gruppe Kiss – hatte Argent im März 1973 den letzten Erfolg. 1974 verließ Russ Ballard die Band. Für ihn kamen mit John Verity und John Grimaldi zwei neue Mitglieder. 1976 fiel die Band auseinander.

Der Hit: *Hold Your Head Up*
Der Tip: *An Anthology* (Epic 465 444 2)

Armatrading, Joan

* 9.12.1950. 1958 zog die Familie von den Westindischen Inseln nach Birmingham. 1964 schreibt Joan ihren ersten Song. 1969 trifft sie auf Pam Nestor, mit der sie eine Songschreiber- und Bühnenpartnerschaft eingeht. 1974 veröffentlichen die beiden ein von Gus Dudgeon produziertes Album mit dem Titel *»Whatever's For Us«*. Pam ist mit dem Ergebnis nicht zufrieden und verabschiedet sich. Joan unterschreibt einen Solovertrag bei A&M Records. Mit dem Titel *»Love And Affection«* hat sie 1976 ihren ersten Top-10-Hit. In der Folgezeit veröffentlicht sie mit Titeln wie *»Me Myself I«* oder *»Drop The Pilot«* weitere erfolgreiche Singles. In der Hauptsache sind es jedoch ihre Langspielplatten, die zu Erfolgen werden. Joan gilt als erste britische schwarze Songschreiberin und Sängerin, die es mit weißen Kolleginnen aufnehmen konnte.

Der Hit: *Love And Affection*
Der Tip: *The Very Best* (A&M 397 122 2)

Armen, Kay

Ihre Karriere begann die ausgezeichnete Sängerin in Clubs in Chicago und bei Radiostationen in Nashville. Das größte Jahr für sie war 1943. Aus dem Film »Thank Your Lucky Stars« stammten ihre beiden Top-10-Hits *»The Dreamer«* und *»How Sweet You Are«*. Noch im gleichen Jahr hatte sie zwei weitere Hits als Solistin. Danach konzentrierte sich ihre Arbeit wieder mehr auf Live-Konzerte und Radiosendungen. Im Film-Musical *»Hit The Deck«*, das 1955 in die Kinos kam, spielte sie mit. In den 50er und 60er Jahren nahm sie hin und wieder eine Platte auf, war in TV-Sendungen zu sehen, und man kann sagen, daß sie nie die Beachtung fand, die sie eigentlich verdient hätte.

Der Hit: *The Dreamer*

Armstrong, Louis »Satchmo«

* 4.8.1901 (er hat immer behauptet, er sei am 4th of July 1900 geboren), † 6.7.1971. Duke Ellington, einer der ganz Großen des Jazz, hat über Louis Armstrong gesagt: »Er ist die Inhaltsangabe des Jazz.« Man kann mit fast allen Jazzmusikern sprechen und sie dann fragen, wer sie musikalisch beeinflußt hat – immer ist von Louis Armstrong die Rede. Der Mann war ein Vollblutmusiker, der es liebte, Menschen mit Musik zu unterhalten, sie zu erfreuen. Das machte er schon im Jahre 1907, also als er gerade 7 Jahre alt war. Er sang auf den Straßen seiner Heimatstadt New Orleans, und Vorübergehende schmissen ihm Pennys zu.

Joan Armatrading

Dann lernte er, Kornett zu spielen. Später wechselte er zur Trompete, und das hat er ein Leben lang mit dem für ihn typischen Gesang kombiniert. In den frühen 20er Jahren trat er in die Band seines Idols ein – die von Joe »King« Oliver. Wenig später spielte er mit Fletcher Henderson, und schon ab 1923 hatte er eine eigene Band, die er Louis Armstrong & His Hot Fives nannte. 1932 spielte er zum erstenmal im Londoner Palladium und danach in allen Ländern dieser Erde. Immer wenn er auftrat, kamen die Jazzmusiker der entsprechenden Region, um

Louis zu sehen und vielleicht mit ihm zu spielen. Genau das machte er oft und gerne. Später sagte er einmal, daß er zwar nie verstanden habe, was die anderen Mitspieler dann sagten, aber das machte auch nichts – er liebe auch »Rigoletto« und würde nichts verstehen. Und wenn Musiker miteinander musizieren, dann brauchen sie keine Worte. Voraussetzung ist, daß sie sich gegenseitig akzeptieren. Und Louis zu akzeptieren war kein Problem. Er selbst muß auch als Mensch ein solcher Pfundskerl gewesen sein, daß er seinerseits mit allen konnte. Auch als Filmschauspieler – er stellte sich meist selbst dar – war er erfolgreich. Erinnert sei an *»High Society«* neben Bing Crosby, Frank Sinatra und Grace Kelly. Louis brauchte nur mit den großen braunen Augen zu rollen, sein blütenweißes Taschentuch aus der Tasche zu zaubern, sein breites Grinsen aufzusetzen und zur Trompete zu greifen – schon hatte er gewonnen. Harry James, ein weiterer populärer amerikanischer Jazztrompeter, gewann einst einen Jazz-Poll und wurde von Journalisten bestürmt, sich dazu zu äußern. Er sagte: »Wie kann ich nur diesen Preis erhalten, wo es doch Louis Armstrong gibt?« Ob Jazz oder fast schon seichter Pop wie bei *»What A Wonderful World«*, Louis Armstrong nahm man alles ab. Zu den bahnbrechenden Neuerungen, die er in der Jazzmusik einführte, gehörte, daß er den Jazz zu einem Podium für Solisten machte, nachdem er vorher eine Band-Angelegenheit gewesen war. Außerdem war er einer der treibenden Kräfte in der Entwicklung des Scat-Gesangs. Vor allen Dingen war er es aber, der die Jazzmusik auch bei dem weißen Publikum salonfähig machte. Wenn man bedenkt, aus welchen beschränkten Verhältnissen Louis Armstrong stammt, grenzt sein weltweiter Erfolg schon fast an ein Wunder – erreicht hat er ihn durch seine einzigartige Persönlichkeit.

Der Hit: *All Of Me*
Der Tip: *The Great Entertainer* (EMI Music For Pleasure CD-MFP 6056)
Porgy & Bess (Verve 827 475-2)

Army Of Lovers

Alexander Bard (* 17.3.1964); La Camilla (* 23.10.64); Jean-Pierre Barda (* 7.3.1967); De La Cour.
Als besonderes Kennzeichen dieses in Schweden gegründeten Trios wird schrilles Styling angegeben, als musikalische Richtung: Sie mixen Hiphop, Latino und Ethno zu kommerziellem Dance-Pop. Den Namen »Army Of Lovers« fanden sie im gleichnamigen, 1979 entstandenen Film von Rosa von Praunheim, der über die Arbeit der Homosexuellen-Bewegung erzählt. Als erste Single erschien im April 1990 *»Ride The Bullet«*. Ihren ersten großen Erfolg hatten sie mit *»Crucified«* Ende 1991. Danach stieg Camilla Maria Skogreenemark alias La Camilla aus und wurde durch De La Cour ersetzt.

Der Hit: *Crucified*
Der Tip: *Massive Luxury Overdose* (Ton Son Ton ULT 9502-2)

Arnee & The Terminators

Inspiriert durch den Film »Terminator 2« fummelten im August 1991 die beiden BBC-Mitarbeiter Richard Easter und Mike Woodmans mit ihren Synthesizern eine Novelty-Platte mit dem Titel *»I'll Be Back«* hin, »Arnee« Arnold Schwarzenegger wird darauf parodiert und hat, wie auch im Film, wenig zu sagen – und das ist auch gut so. Easter und Woolmans drohten für 1992 eine weitere Platte an. In den Hitparaden tauchte sie nicht auf. Wahrscheinlich warten sie auf »Terminator 3«.

Der Hit: *I'll Be Back*

Arnold, Eddy

* 15.5.1918. Dieser »Tennessee-Plow-Boy«, so der Spitzname von Richard Edward Arnold, wurde populär an Nashvilles Grand Ole Opry Anfang der 40er Jahre, als er der Sänger in der Band von Pee Wee King And His Golden West Cowboys war. Bis 1943 blieb er bei dieser Gruppe. Ab 1945 übernahm Colonel Tom Parker sein Management und machte ihn zum Star, wie er es ein Jahrzehnt später auch mit Elvis Presley tat. Eddy Arnold ist einer der erfolgreichsten Country-Interpreten aller Zeiten und gilt als der erste, der in Country- und Pop-Hitparaden gleichermaßen erfolgreich war. Seine große Zeit war zwischen 1947 und 1966. Obwohl viele seiner Platten in den Pop-Hitparaden teilweise nur knapp unter die ersten 20 kamen, schaffte er doch etliche Millionseller. Seinen ersten hatte er 1947 mit *»I'll Hold You In My Heart (Till I Can Hold You In My Arms)«*. Sein letzter großer Erfolg datiert aus dem Jahre 1965 mit *»Make The World Go Away«*. Bis Anfang der 70er Jahre hat Arnold weit über 60 Millionen Platten verkauft.

Der Hit: *Make The World Go Away*
Der Tip: *Twenty Of The Best* (RCA INTS 5214)

Arrested Development

Speech alias Todd Thomas; Headliner alias Tim Barnwell; Aerle Taree; Montsho Eshe; Rasa Don; Baba Oje.
Ganz ohne Zweifel haben sie was von Sly & The Family Stone. Um diesen Eindruck noch zu verstärken, nahmen sie als Vorlage für ihren zweiten Hit *»People*

Everyday« die Nummer *»Everyday People«* von Sly. Ihre Musik selbst bezeichnen sie als »cultural-southern-hiphop-folk-ethnic-funk« oder schlicht als »life music«. Die aus zwei Frauen und vier Männern bestehende Kommune hat sich in der Nähe von Atlanta angesiedelt. Der geistige Kopf von Arrested Development erklärt den Gruppennamen – Arrest of Development = Entwicklungshemmung – folgendermaßen: »Zu viele schwarze Jugendliche haben sich eine destruktive Mentalität zu eigen gemacht. Reiner Materialismus, geringe Selbstachtung, Individualismus, Mangel an Respekt für Ältere und das Leben im allgemeinen haben die Afrikaner des 20. Jahrhunderts in ihren Kommunen heimgesucht.« – *»Three Years, Five Months And Two Days In The Life Of…«*, das Debütalbum der Band, versuchte, entsprechende Anstöße in puncto Freiheit und spiritueller Evolution zu vermitteln.
Ihre erste Single *»Tennessee«* wurde gleich ein Top-10-Hit in den USA und ein Millionseller. Im Gegensatz zu vielen anderen eintönigen Rap- und Hiphop-Platten war sie sehr melodisch. Mit der Nummer *»Revolution«* aus dem Film »Malcolm X« hatten sie Anfang 1993 einen weiteren Hit.

Der Hit: *Tennessee*
Der Tip: *Three Years, Five Months And Two Days In The Life of…«* (Cool Tempo CCD 1929.3219292)

Arrington, Steve

Bevor der in Ohio geborene Steve 1978 als Schlagzeuger und Sänger bei der Funkband Slave einstieg, hatte er bereits mit etlichen anderen Formationen, so z. B. mit Pete & Sheila Escovedo, auch bekannt als Sheila E., mitgespielt. 1982 gründete er seine eigene Band Hall Of Fame. Ab 1985 veröffentlichte er seine Platten als Solist, und mit dem Titel *»Feels So Real«* traf er 1985 den Geschmack der Briten und der Deutschen. Bei einer anschließenden Tour durch Großbritannien predigte er in erster Linie über seine Hinwendung zum Christentum und den neu gefundenen Glauben. Nach einem kurzen Zwischenspiel bei einer anderen Plattenfirma verschwand er aus der Musikszene.

Der Hit: *Feels So Real*
Der Tip: *Dancin' In The Key Of Life* (Atlantic 781 245-1)

Arrival

Dyan Birch (* 25.1.1949); Paddy McHugh (* 28.8.1946); Frank Collins (* 25.10.1947); Carroll Carter (* 10.6.1948); Lloyd Courtney (* 20.12.1947); Don Hume (* 31.3.1950); Tony O'Malley (* 15.7.1948).

Das Septett kam Ende der 60er Jahre in Liverpool zusammen. Nachdem sie Tony Hall von der Plattenfirma Decca ein Demoband geschickt hatten, übernahm der sofort ihr Management. Im Januar 1970 erschien der britische Top-10-Hit *»Friends«* und Mitte des gleichen Jahres *»I Will Survive«* – und genau das schafften sie nicht. Birch, Collins und McHugh tauchten später in der Formation Kokomo wieder auf.

Der Hit: *Friends*

Arrows

Alan Merrill, v/b (* 19.2.1951); Jake Hooker, g/sax/v (* 3.5.1952); Paul Varley, d (* 24.5.1952).
Alan und Jake stammten aus der New Yorker Bronx, Paul war Brite. 1973 entdeckte sie Mickie Most und versuchte, mit ihnen eine seiner üblichen Teenie-Bands zu gründen, indem er ihnen ein paar Nümmerchen auf den Leib schneiderte, sie produzierte, in die Hitparaden bugsierte und an ihnen das Interesse verlor, nachdem sie bei den Teenies nicht mehr ankamen. Das war schon im Sommer 1975 der Fall. Es erschienen zwar noch weitere Platten der Band, diesmal produziert von Phil Coulter, aber die Luft war raus. Hooker und Merrill schrieben die Nummer *»I Love Rock 'n' Roll«*, die 1982 ein weltweiter Hit und Platin für Joan Jett & The Blackhearts wurde.

Der Hit: *A Touch Too Much*
Der Tip: *First Hit* (RAK OC 062 97538)

Art Of Noise

Anne Dudley, key/arr; J. J. Jeczalik, key/programme; Gary Langan, engineer.
Die drei Mitglieder trafen sich in den frühen 80er Jahren und gehörten zum Produktionsteam um Trevor Horn, das verantwortlich war für Hits von z. B. ABC, Dollar, Frankie Goes To Hollywood und Malcolm McLaren. Der Ausgangspunkt für ihre Gruppe war, in erster Linie einen Sound zu produzieren, der zeitlos und anonym sein sollte. Gleich ihre erste Platte *»Close (To The Edit)«* – im übrigen die erste Veröffentlichung auf dem ZTT-Label von Trevor Horn mit der Nummer ZTPS 01 – wurde Ende 1984 ein Top-10-Hit in Großbritannien. Für eine Neuaufbereitung des 1959er Hits *»Peter Gunn«* nahmen sie den damaligen Original-Gitarristen Duane Eddy und dessen typischen Twanging-Sound. Es wurde im Frühjahr 1986 ein weiterer Top-10-Hit. Die erfolgreichste Single von Art Of Noise war 1988 eine Neubearbeitung der Prince-Nummer *»Kiss«*, gesungen von Tom Jones. Mitte des Jahres 1990 trennte sich das Trio. In der

Folgezeit erschienen drei CDs, die alle von sich behaupteten, sie würden »*The Best*« bringen.

Der Hit: *Kiss*
Der Tip: *The Best* (Edel CHI 9042-2)

Ashford & Simpson

Nickolas Ashford (* 4.5.1942); Valerie Simpsom (* 26.8.1946).
1963 kam Nick Ashford nach New York, um einen Job als Musiker zu finden. Dort lernte er Valerie Simpson kennen. Die beiden taten sich zu einem Texter-Komponisten-Team zusammen, das für einen Verlag schrieb. Mit dem Ray-Charles-Titel »*Let's Go Get Stoned*« gelang den beiden 1966 ihr erster Top-40-Hit in den USA. Daraufhin wurde Tamla Motown auf sie aufmerksam, und die beiden unterschrieben einen Exklusivvertrag für dieses Label. Bereits innerhalb des ersten Vertragsjahres hatten Marvin Gaye, Tammi Terrell und Diana Ross Hits mit Songs, geschrieben von Ashford und Simpson. Neben ihrer Arbeit als Songschreiber betätigte sich Valerie auch als Sängerin und Sessionmusikerin, Nick als Produzent. Ab 1972 erschienen Soloplatten von Valerie. 1974 heirateten die beiden. Der nächste Schritt: Platten im Duett. Mit »*Solid*« gelang dem Duo 1984 ihr bisher größter Single-Erfolg.

Der Hit: *Solid*
Der Tip: *Solid Plus Seven* (Capitol CDP 7 46466 2)

Ashton, Gardner & Dyke

Tony Ashton, key/v (* 1.3.1944); Kim Gardner, b (* 27.1.1946); Roy Dyke, d (* 13.2.1945).
Als Anfang der 60er Jahre jede Band aus Liverpool einen Plattenvertrag bekam, war auch die Band von Tony Ashton und Roy Dyke, The Remo Four, mit dabei. 1968 gründeten sie mit Gardner, der von Creation kam, das Trio Ashton, Gardner & Dyke, das mit dem »*Resurrection Shuffle*« im Januar 1971 einen Hit schaffte. Nachdem sich kein weiterer Erfolg einstellte, fiel das Trio 1972 auseinander. Tony Ashton wurde Mitglied bei Family, dann beim Deep-Purple-Ableger Paice, Ashton & Lord und Studiomusiker bei unendlich vielen Plattenaufnahmen. In den frühen 80er Jahren moderierte er in Großbritannien auf dem TV Channel 4 eine Musiksendung. Dyke wurde Gründungsmitglied bei Badger, zu denen später auch Gardner kam.

Der Hit: *Resurrection Shuffle3*
Der Tip: *What A Bloody Long Day It's Been* (Capitol 1C 062-81023)

Ashford & Simpson

Asia

John Wetton, v/b (* 12.7.1949); Steve Howe, g/v (* 8.4.1947); Geoff Downes, key/v; Carl Palmer, d (* 20.3.1947).

Als sich Asia im Frühjahr 1981 zusammenfand, war wieder einmal von Supergruppe die Rede. In der Tat hatten alle vier Musiker auch schon etliche Erfolge aufzuweisen. So war John Wetton vorher Mitglied bei UK, Roxy Music, Uriah Heep und King Crimson; Steve Howe ehemaliges Yes-Mitglied; Carl Palmer hatte Emerson und Lake hinter sich gelassen; Downes kam von Yes und den Buggles. Fast ein Jahr lang brauchte man, bis das Debütalbum erschien, das weltweit Beachtung fand und mit *»Heat Of The Moment«* gleich den größten Single-Erfolg der Band beinhaltete. Obwohl auch das im August 1983 erschienene zweite Album *»Alpha«* wieder recht erfolgreich war, verließ John Wetton die Band und wurde durch Greg Lake, Palmers ehemaligen Mitspieler von EL&P, ersetzt. 1985 stieg Steve Howe aus, um später GTR zu gründen, und wurde durch den Krokus-Gitarristen Many Meyer ersetzt. Dann kehrte John Wetton zurück; trotzdem fiel 1986 die Band auseinander, weil alle Mitglieder an anderen Projekten interessiert waren. 1990 kamen Carl Palmer, John Wetton und Geoff Downes noch einmal als Asia zusammen. Als Gitarrist spielte nun Pat Thrall von Go, Automatic Man und der Pat Travers Band mit.

Der Hit: *Heat Of The Moment*
Der Tip: *Then And Now* (Geffen 7599-24298-2)

Assembly

Feargal Sharkey, v (* 13.8.1958); Vince Clarke, key/syn (* 3.7.1960).
Nachdem Vince Clarke bereits mit Depeche Mode und Yazoo erfolgreich gewesen war, bildete er zusammen mit Feargal Sharkey, vorher Leadsänger der Undertones, das Duo Assembly, das es auf genau einen Hit brachte: »*Never Never*«, im November 1983 ein Top-10-Hit in Großbritannien. 1985 gründete Vince Clarke Erasure, Feargal begann eine Solokarriere.

Der Hit: *Never Never*

Assia, Lys

* 3.3.1926. Wenn dieses Geburtsjahr stimmt, ist die Schweizerin mit 16 Jahren 1942 Miss Frankreich geworden. Anfang der 50er Jahre begann sie eine Gesangskarriere, die bis 1962 anhielt. 1956 siegte sie beim ersten Grand Prix Eurovision mit dem Titel »*Refrain*«. Alleine in der Bundesrepublik holte sie sich sechs goldene Schallplatten. Dann heiratete sie den dänischen Generalkonsul, zog sich aus dem Showgeschäft zurück und wurde Betreiberin mehrerer Hotels. Ein Comebackversuch in den 70er Jahren schlug fehl.

Der Hit: *O mein Papa*

Associates

Billy MacKenzie, v (* 27.3.1957); Alan Rankine.
»In ihrer Heimat England gehören die Associates mit ihrer intelligenten Collage aus Pop, Pomp und New Wave zu den interessantesten Vertretern des Neo-Pop, der das Erbe des Punk-Aufbruchs verwaltet«, charakterisierte die Plattenfirma 1985 die Musik der Associates. Billy und Alan hatten sich 1976 zur Kabarett-Combo Absorbic Ones zusammengeschlossen und 1979 in Associates umbe-

nannt. Sie gründeten ihr eigenes Label und hatten bald darauf einen Top-10-Hit mit »*Party Fears Two*«. Nach einigen weniger efolgreichen Platten kümmerte sich Billy um andere Projekte, und erst 1984 erschienen wieder neue Titel der Gruppe. Da sie auch nicht von Erfolg gekrönt waren, trennten sich die beiden Musiker im Februar 1985. Billy MacKenzie behielt den Namen Associates und den musikalischen Stil bei.

Der Hit: *Party Fears Two*
Der Tip: *Sulk* (WEA 58461)

Association

Terry Kirkham, v/key (* 12.12.1941); Jim Yester, v/g (* 24.11.1939); Gary Alexander, v/g (* 25.9.1943); Russ Giguere, v/g (* 18.10.1943); Ted Bluechel jr., v/d (* 2.12.1942); Larry Ramos jr., v/g (* 19.4.1942); Brian Cole, v/b (* 8.9.1942, † 2.8.1972 an einer Überdosis Heroin).
Die Formation, die sich aus Mitgliedern diverser kalifornischer Folkbands zusammensetzte, kam Ende 1965 zusammen. 1966 erhielten sie einen Plattenvertrag, und mit »*Along Comes Mary*« – es wurde immer behauptet, es handle sich hier um einen Drogensong – hatten sie wenig später ihren ersten Top-10-Hit in den USA. Mit »*Cherish*«, »*Windy*« und »*Never My Love*« veröffentlichte die Gruppe noch 1966 und schon 1967 drei Millionseller. 1968 kam als weiteres Mitglied der Haiwaiianer Larry Ramos zur Band. Ende 1969 ließ der Erfolg der Formation nach. Es kam zu weiteren Umbesetzungen in der Gruppe. 1980 kamen noch einmal die überlebenden Originalmitglieder mit einigen weiteren Musikern zusammen. Die dabei entstandene Produktion blieb bedeutungslos. Im September 1990 wurde aufgelistet, welche Lieder der letzten 50 Jahre am häufigsten im Radio gespielt wurden. Auf Platz 1 landete Paul McCartneys »*Yesterday*«, auf Platz 2 »*Never My Love*«

Der Hit: *Never My Love*
Der Tip: *Greatest Hits* (WB TIS 1767-2)

Astaire, Fred

* 10.5.1899 als Frederick Austerlitz, † 22.6.1987. Astaire gilt als einer der größten amerikanischen Sänger und Tänzer aller Zeiten, der es schaffte, klassischen Tanz mit Step und modernem Tanz zu verbinden. Zusammen mit seiner Schwester bildete er zwischen 1917 und 1931 ein Team, das in den wichtigsten Broadway-Musicals jener Zeit auftrat. 1932 endete diese Partnerschaft, da Adele einen englischen Adeligen heiratete. In der Folgezeit spielte Fred in rund 40 Filmen mit.

Bei den ersten Probeaufnahmen für einen Film lautete das Urteil über Astaire: »Kann nicht spielen. Kann nicht singen. Kriegt eine Glatze. Kann nur ein bißchen tanzen.« Insbesondere die Streifen, die er mit seiner neuen Partnerin Ginger Rogers gedreht hat, haben Filmgeschichte geschrieben. Nebenher sang er ab 1929 regelmäßig auf Platte. Mit dem Titel *»Night And Day«* hatte er 1932 seinen ersten Platz 1 in der amerikanischen Hitparade. Es sollten bis zum Ende der 40er Jahre noch etliche folgen, darunter *»Cheek To Cheek«* oder *»Change Partners«*. 1960 veröffentlichte er seine Autobiographie *»Steps In Time«*. Als Tänzer war er für Unzählige Vorbild, nicht zuletzt auch für Michael Jackson, der Fred Astaire immerhin so verehrte, daß er ihm seine Autobiographie *»Moonwalk«* widmete.

Der Hit: *Cheek To Cheek*
Der Tip: *Starring* (CBS 465 598 2)

Astley, Rick

* 6.2.1966. 16jährig begann der Engländer Richard Paul Astley als Drummer bei Give Way. 1984 wurde er Leadsänger der Soul-Formation FBI. Dort wurde er vom Erfolgsproduzententeam Stock/Aitken/Waterman entdeckt, die ihn – wenn man der Plattenfirma glauben darf – »zunächst als guten Geist in den S/A/W-Studios beschäftigten. Er mußte Besorgungen machen, Kaffee kochen und Essen bereiten. Hier und dort sang er die Back Vocals mit, bis S/A/W endlich mit *›Never Gonna Give You Up‹* das richtige Material für ihn gefunden hatten.« Die Platte wurde Platz 1 in insgesamt 15 Staaten der Erde, so z. B. in der britischen, amerikanischen, australischen und deutschen Hitparade. Damit schien Rick festgelegt als scheuer Teenie-Sänger mit Pubertäts-Image. In schneller Folge erschien Hit auf Hit, die sich alle unter den ersten 10 plazieren konnten, mit *»Together Forever«* erzielte er einen weiteren Platz 1 in den USA. Als die 80er Jahre ausklangen, verabschiedete sich Astley vom Produzententeam S/A/W, und man vermutete, damit sei seine Karriere auch beendet. Mit *»Cry For Help«* erschien jedoch Anfang 1991 eine Platte, die aufzeigte, daß Rick wirklich ein exzellenter Soulsänger ist. Wieder stand er in den USA und in Großbritannien unter den ersten 10.

Der Hit: *Never Gonna Give You Up*
Der Tip: *Free* (RCA PD 74896)

Aswad

Brinsley Forde, v; Tony Gad, g/v; Angus Zeb, d/v.
In den Anfangstagen dieser Gruppe, die sich 1975 formierte, spielten neben den

oben genannten Musikern noch Donald Benjamin, g; Courtney Hemmings, key; Ras George Levi, b. 1976 erhielten sie als die erste britische Reggae-Band einen Vertrag bei Island-Records. Die ersten Veröffentlichungen plazierten sich meist nur in den Reggae-Charts, und es folgte ein ständiges Auf und Ab, diverse Wechsel zwischen den großen und kleinen Plattenlabels. 1986 wechselte die Band ihr Management und schrumpfte zum Trio. 1988 hatte sie mit dem von Diane Warren und Albert Hammond geschriebenen Song *»Don't Turn Around«* eine Nummer 1 in den britischen Charts. Der Song wird im Original von Tina Turner gesungen. Fiel Aswad – arabisch für schwarz – in den Nichthitparadentagen dadurch auf, daß sie kritische Texte und keine Coverversionen sangen, so nahmen sie nach dem Nummer-1-Hit von 88 immer häufiger eben genau die auf.

Der Hit: *Don't Turn Around*
Der Tip: *Distant Thunder* (Island 258 954)

Atlanta Rhythm Section

Barry Bailey, g (* 12.6.1948); J. R. Cobb, g (* 5.2.1944); Robert Nix, d (* 8.11.1944); Rodney Justo, v; Ronnie Hammond, v; Dean Daughtry, key (* 8.9.1946); Paul Goddard, b (* 23.6.1945); Roy Yeager, d (* 4.2.1946).
1970 trafen sich einige Studiomusiker bei der Aufnahme einer Roy-Orbison-Platte in Georgia und beschlossen, eine eigene Band zu formieren. So entstand aus den Trümmern der Classic IV und ehemaligen Begleitmusikern von Roy Orbison die Atlanta Rhythm Section. Schon nach der ersten Langspielplatte verließ Sänger Rodney Justo die Band und wurde durch Ronnie Hammond, einen ehemaligen Aufnahme-Ingenieur, ersetzt, 1977 schaffte die Band mit *»So In To You«* einen ersten Top-10-Hit in den USA. Gleiches gelang ein Jahr später mit *»Imaginary Lover«*. Dann verließ Nix die Band und wurde durch Roy Yeager ersetzt. 1981 erschien mit *»Quinella«* das letzte Album. Danach hörte man nichts mehr von ihnen. Auf einer 1991 erschienenen Hitkompilation stand zu lesen: »As the 80s dawned, MTV became the dominant form of pop-music expression; the boys from Doraville, Georgia, were like a country town where the railroad didn't stop anymore.«

Der Hit: *So In To You*
Der Tip: *The Best Of* (Polydor 849 375-2)

Atlantic Starr

Wayne Lewis, key/v (* 13.4.1957); David Lewis, g/v (* 8.9.1958); Sharon Bryant, v (* 14.8.1956); Jonathan Lewis, pos (* 5.12.1953); William Sudderth, tr

(* 18.4.1950); Damon Rentie; Clifford Archer, b (* 25.5.1951); Porter Caroll, d/v (* 24.4.1953); Joseph Phillips, per (* 2.5.1949); Koran Daniels, sax (* 18.6.1958).

Diese Gruppe wurde 1976 in White Plains, New York, mit acht Männern und einer Frau gegründet. Ab 1978 waren sie zuerst in der R&B-Hitparade erfolgreich. 1979 kam für Damon Rentie Koran Daniels. Nachdem sie sich 1984 zu einem Quintett verkleinerten – es blieben die drei Brüder Wayne, David und Jonathan Lewis und Joseph Phillips; Sharon Bryant wurde gegen Barbara Weathers ausgetauscht –, erreichten sie auch die Pop-Hitparaden. Mit *»Secret Lovers«* hatten sie 1985 ihren ersten Top-10-Hit in den USA, mit *»Always«* im Frühjahr 1987 ihre erste Nummer 1. 1989 stieg Barbara Weathers aus und wurde nun ihrerseits durch Porscha Martin ersetzt. Das Jahr 1992 begann mit einem weiteren großen Erfolg: *»Masterpiece«*.

Der Hit: *Always*
Der Tip: *All In The Name Of Love* (WB 925 560)

Atomic Rooster

Vincent Crane, org (* 21.5.1945, † 2/1989); Nick Graham, b; Carl Palmer, d (* 20.3.1947).

Vincent Crane und Carl Palmer waren es 1969 leid, immer wieder *»Fire«* mit Crazy World of Arthur Brown zu spielen. Crane hatte diesen Hit geschrieben und war nun der Meinung, er könne sich eine eigene Band leisten. Aber schon 1970 verließ Carl Palmer die Band und wurde Mitbegründer von Emerson, Lake & Palmer. In der Folgezeit wechselten die Musiker in schneller Folge. Einer der Sänger war 1972/73 einer der besten R&B-Sänger Europas, Chris Farlowe. Ihren größten Hit hatten Atomic Rooster mit *»The Devil's Answer«* Mitte des Jahres 1971. Zu diesem Zeitpunkt war John Cann Gitarrist und Sänger und Paul Hammond der Schlagzeuger. 1974 löste Crane die Gruppe auf. 1979 ließ er sie wiederaufleben, dieses Mal spielten neben ihm der Gitarrist und Sänger John Du Cann und der Schlagzeuger Preston Hyman. Nach zwei erfolglosen Alben gab Crane sein Projekt endgültig auf. 1983 spielte er mit Dexy's Midnight Runners auf Tour und auf der LP *»Don't Stand Me Down«*. Nachdem er schon lange an Depressionen litt, nahm er sich im Februar 1989 das Leben.

Der Hit: *The Devil's Answer*
Der Tip: *Home To Roost* (Castle RAWCD 027)

Atwell, Winifred

* 1914, † 2/1983. Als Vierjährige bekam Winifred in ihrer Heimat Trinidad Klavierstunden, mit 6 Jahren spielte sie zum erstenmal öffentlich. Um ihre Musikausbildung zu vervollständigen, ging sie zuerst nach New York, dann nach London. Dort begann sie, ihr Einkommen mit Boogie-Woogie aufzubessern, was ihr einen Plattenvertrag einbrachte. Nach der Einführung der britischen Hitparade im Jahre 1952 gelangen ihr 11 Top-10-Hits. Spitzenreiter wurde sie mit »*Let's Have Another Party*« im November 1954 und »*Poor People Of Paris*« im März 1956. Zu ihren Hits gehörte auch Rachmaninovs 18. Variation über ein Thema von Paganini. Das veranlaßte sie, Klassik und Pop in ihrer Musik stärker zu kombinieren. In den 60er Jahren ließ ihr Erfolg nach, und in den 70ern schließlich zog sie nach Australien, wo sie 1983 starb.
Der Hit: *Poor People Of Paris*

Auger, Brian

* 18.7.1939. Musikalisch wurde Brian Auger Mitte der 50er Jahre beeinflußt durch Jazzmusiker wie Herbie Hancock und Horace Silver. Anfang der 60er Jahre – bis zu diesem Zeitpunkt hatte er mehr akustisches Piano gespielt – wechselte er zu einer Hammond-B3-Orgel. Damit entwickelte er sein für ihn typisches Spiel, das später als kreativ und improvisationsreich bezeichnet wurde. Mit Steampacket, bei denen Rod Stewart, Long John Baldry oder Julie Driscoll sangen, kam er dem Rhythm & Blues und später dem Rock näher. Nachdem Steampacket auseinandergefallen war, gründete Brian zusammen mit Julie Driscoll, v, Gary Boyle, g, David Ambrose, b, und Clive Thacker, d, die Formation Trinity. Wie die musikalische Richtung der Band aussehen sollte, wußte man offensichtlich selbst nicht, denn sie spielten abwechselnd in Jazz- und Rock-Clubs. Das änderte sich, als sie im März 1968 mit dem Bob-Dylan-Titel »*This Wheel's On Fire*« in die Hitparaden kamen. Damit waren sie, ob gewollt oder nicht, in Richtung Flower Power und Hippie-Kultur festgelegt. Danach erschien »*Road To Cairo*« des amerikanischen Folksängers David Ackles und schließlich mit »*Indian Rope Man*« eine Richie-Havens-Komposition. 1969 stieg Julie Driscoll aus und versuchte sich zuerst einmal als Solistin und später bei weiteren Bands. Brian Auger konzentrierte sich wieder mehr auf Rhythm & Blues und gründete dann als seine Begleitband Oblivion Express. Mit dieser Formation erschienen etliche hervorragende Langspielplatten, die jedoch nichts für die Hitparaden waren. Bemerkenswert auch seine neuerliche Zusammenarbeit mit Julie, die inzwischen Keith Tipetts geheiratet hatte, auf der 1978 erschienenen LP »*Encore*«.
Der Hit: *This Wheel's On Fire*
Der Tip: *Pop History* (Polydor 2668 007)

Austin, Patti

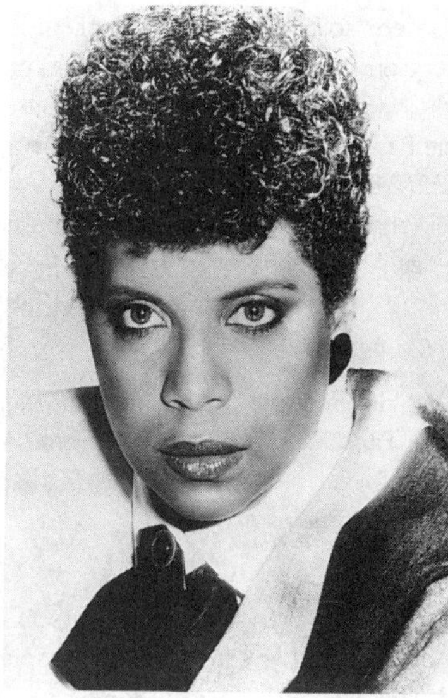

Patti Austin

* 10.8.1948. Das Patenkind von Quincy Jones trat bereits mit vier Jahren in Harlems Apollo Theater auf. Zu den großen Förderern von Patti zählen Sammy Davis jr. und Dinah Washington. Mit 16 ging sie zusammen mit Harry Belafonte auf Tournee, mit 19 nahm sie unzählige Werbejingles auf. Später sollte sie in New York als eine der meistbeschäftigten Sessionsängerinnen arbeiten, so ist sie auf Platten von Michael Jackson, Billy Joel, Frankie Valli, Roberta Flack, George Benson, Joe Cocker, Steely Dan, Paul Simon und vielen anderen CTI- und CBS-Künstlern zu hören. 1981 sang sie dann auf der LP »*The Dude*« von Quincy Jones und erhielt nun von ihrem Patenonkel einen Plattenvertrag. Im Duett mit James Ingram hatte sie mit dem Titel »*Baby Come To Me*« einen Platz 1 in der US-Hitparade und einen Millionseller. Dazu trug sicher bei, daß es sich hierbei um die Titelmelodie der TV-Serie »General Hospital« handelte. In den folgenden Jahren hatte Patti Austin immer mal wieder kleinere Hits. 1988 spielte sie mit in dem Film »Tucker«.

Der Hit: *Baby Come To Me*
Der Tip: *Every Home Should Have One* (Qwest 3591-2)

Autry, Gene

* 29.9.1907. Dieser auch in den Pop-Hitparaden erfolgreiche Country-Star begann, wie es sich für einen solchen Musiker gehört: als Cowboy. Danach war er Morser für die Frisco Railroad in Oklahoma. In der Fields Brothers Medicine Show spielte er Saxophon, stieg jedoch schnell auf die Gitarre um, weil er sonst nicht singen konnte. In Tulsa sang er 1929 regelmäßig über den ortsansässigen Radiosender. Wenig später nahm er seine ersten Platten auf und war mit dem Titel »*That Silver Haired Daddy Of Mine*« 1931 zum erstenmal erfolgreich. Als dieser Titel 1935 erneut veröffentlicht wurde, mauserte er sich zum Millionseller. Das lag auch sicher daran, daß Gene ab 1934 regelmäßig in Filmen zu sehen war und schnell zu Hollywoods erstem »Singing Cowboy« wurde. Im Laufe seiner

Karriere sollte er in mehr als 100 Filmen mitspielen, hatte eigene Radio- und Fernsehshows, wurde ein erfolgreicher Geschäftsmann mit seiner eigenen Plattenfirma Challenger, kaufte schließlich eigene Radio- und Fernsehstationen und die Baseball-Mannschaft California Angels. 1947 hatte er mit *»Here Comes Santa Claus (Down Santa Claus Lane)«* den Weihnachtshit des Jahres und einen weiteren Millionseller. Zwei Jahre später sollte er mit *»Rudolph, The Red-Nosed Reindeer«* einen US-Weihnachtsklassiker landen, der hinter *»White Christmas«* die erfolgreichste Platte dieses Genres ist. 1969 wurde er in die Country Music Hall of Fame aufgenommen.

Der Hit: *Rudolph, The Red-Noses Reindeer*
Der Tip: *Country Music Hall Of Fame Album* (CBS 1035)

Avalon, Frankie

* 18.9.1939. Francis Avallone, so sein richtiger Name, begann seine Karriere in Atlantic City, New Jersey, 1953. Er spielte mit verschiedenen Bands, so z. B. bei Paul Whiteman, und war 1956 Sänger und Trompeter mit Rocco & His Saints. In der gleichen Band spielte auch Bobby Rydell. 1957 spielte er in einem Film mit, der »Discjockey Jamboree« hieß. Wenig später erschien sein erster Hit, *»Dede Dinah«*. In schneller Folge kam bis 1962 Hit auf Hit, darunter die US-Spitzenreiter *»Venus«* und *»Why«*. Nachdem Frankie neben Annette in einigen nichtssagenden Filmchen mitgespielt hatte, war er nach 1962 ganz verschwunden. 1978 sang und spielte er neben John Travolta und Olivia Newton-John im Film »Grease« mit. 1987 ging's zusammen mit Annette im Kino wieder »Back To The Beach«.

Der Hit: *Venus*
Der Tip: *Frankie Avalon* (Repertoire 4158)

Average White Band

Alan Gorrie, b/v (* 19.7.1946); Onnie McIntyre, g/v (* 25.9.1945); Roger Ball, key (* 4.6.1944); Malcolm Duncan, sax (* 24.8.1945); Robbie McIntosh, d (* 6.5.1950, † 23.9.1974); Hamish Stewart, g/v (* 8.10.1949); Steve Ferrone, d (* 25.4.1950). Als sich die Gruppe 1972 in Schottland formierte, hatten alle Mitglieder bereits in anderen Bands gespielt. Erste Aufmerksamkeit erzielte die Gruppe, als sie im Januar 1973 Eric Claptons Comeback-Konzert im Rainbow Theater in London eröffnete. Danach erschien ihre erste LP, die jedoch wenig beeindruckte. Jetzt kürzten sie ihren Namen auf AWB ab. Mit *»Pick Up The Pieces«* hatten sie Ende des Jahres 1974 eine Nummer 1 in den USA und einen Millionseller. *»Cut The Cake«*, ihre nächste Single, war ebenfalls ein Top-10-Hit. Im Herbst 1974 starb

Robbie McIntosh an einer Drogenvergiftung und wurde durch Steve Ferrone ersetzt. Nach 1974 haben sie weitere Platten veröffentlicht. 1977 erschien die LP *»Benny And Us«* mit Soulsänger Ben E. King, 1978 bildeten sie die Back-up-Band für Chaka Khan.

Der Hit: *Pick Up The Pieces*
Der Tip: *The Best Of* (Rhino R2 71054)

Avons

Valerie (* 1936) und Elaine (* 1940) Murtagh; Roy Adams (* 1938).
Die beiden Schwägerinnen Valerie und Elaine sangen Ende der 50er Jahre als Avon Sisters und erhielten 1958 nach einem Auftritt in der BBC Radio Exhibition einen Plattenvertrag. Ihre ersten Veröffentlichungen blieben erfolglos. Dann nahmen sie als männliche Stimme Roy Adams hinzu, nannten sich nun Avons und erzielten mit *»Seven Little Girls Sitting In The Back Seat«* im November 1959 ihren einzigen Top-10-Erfolg in Großbritannien.

Der Hit: *Seven Little Girls Sitting In The Back Seat*

Ayres, Mitchell

* 24.12.1910, † 5.9.1969. Mitchell Agress, so sein richtiger Name, spielte in den 30er Jahren in diversen Bands, bevor er 1940 mit Mitchell Ayres & His Fashions In Music erfolgreich war. Sein Titel *»Make-Believe Island«* war Mitte 1940 eine Nummer 1 in der amerikanischen Hitparade. Gesungen wurde er von Mary Ann Mercer. Bis Ende 1942 gelangen ihm weitere Hits. Ende der 40er Jahre begann eine lang anhaltende Zusammenarbeit zwischen ihm und Perry Como. So begleitete Mitchell ihn z. B. auf den Millionsellern *»Some Enchanted Evening«* und *»If«* 1951. Als 1955 Perry Comos wöchentliche TV-Show begann, war Mitchell bis Mitte der 60er Jahre dabei. Danach trat er mit seinem Orchester in der Fernsehsendung »The Hollywood Palace« bis zu seinem Tode auf. In Las Vegas wurde er von einem Auto überfahren.

Der Hit: *Make-Believe Island*

Aznavour, Charles

* 22.5.1924. Charles, dessen richtiger Name Shahnour Varenagh Aznavourian ist, zählt zum Kreise derer, die durch Edith Piaf gefördert wurden. Zu seinen großen Hits in Frankreich gehören *»Viens Au Creux De Mon Epaule«* (1954), *»Sur Ma Vie«*

Charles Aznavour

(1955), »*On Ne Sait Jamais*« (1956), »*Sa Jeunesse (Hier Encore)*« (1957), »*Je Ne Peux Pas Rentrer Chez Moi*« (1959), »*Tu Te Laisse Aller*« (1960), »*Je M'Voyais Déjà*« (1961), »*La Mama*« (1963), »*La Bohème*« (1966), »*Désormais*« (1969), »*Mourir D'Aimer*« (1971) und »*Comme Ils Disent*« (1973). Außerhalb von Frankreich war er vor allem mit »*Du läßt dich gehn*« und »*She*« erfolgreich. »*She*« war im Juni 1974 sogar eine Nummer 1 in GB. Als Filmschauspieler beeindruckte er mit der Hauptrolle in »Schießen Sie auf den Pianisten« 1959. Seinen Erfolg kommentiert Aznavour, der sich nach wie vor als Armenier und nicht als Franzosen betrachtet (seine Eltern waren vor seiner Geburt nach Frankreich geflohen), so: »Ich war klein und bedeutungslos, also mußte ich reich und berühmt werden.«

Der Hit: *La Mama*
Der Tip: *Sur Ma Vie* (EMI 251 560 2)

Aztec Camera

Roddy Frame, v/g (* 29.1.1964).

Obwohl Aztec Camera als eine Gruppe bezeichnet werden muß, war es doch immer der kreative Kopf, Songschreiber, Sänger und Gitarrist Roddy Frame, der für diese Formation stand. 1980 gegründet, spielte Roddy, der sich als Fan von Neil Young bezeichnet, mit immer wechselnden Musikern. Auf Plattenhüllen ist meist er alleine abgebildet. Anfang der 80er machte Roddy eine Musik, die heute in den 90ern und »Unplugged«-Jahren hochaktuell ist: akustische Musik ohne aufwendige Produktionen. In der Hochzeit der Synthesizer handelte er sich mit diesem Stil jedoch den Vorwurf ein, nur die 60er Jahre aufleben zu lassen. Für sein zweites Album *»Knife«* gewann er als Produzenten Dire-Straits-Chef Mark Knopfler. Unter die Top 10 kam er im April 1988 mit seinem bisher größten Erfolg *»Somewhere In My Heart«*.

Der Hit: *Somewhere In My Heart*
Der Tip: *Love* (WEA 242 202 2)

ß

ß. Stevie

Steven Bernard Hill ist der vollständige Name dieses Disco-Interpreten, der aus Miami stammt und dort in der High-School-Band L.U.V. – Love, Unity, Virtue – als Sänger begann. Ab Mitte der 70er Jahre kümmert er sich mehr um Produktionen und schreibt für andere Songs, die er auf seinem eigenen Plattenlabel Midtown veröffentlicht. Darauf erscheint auch seine erste Platte *»Standing Out For Love«*, die mäßig verkauft. Nebenher eröffnet er den Nachtclub »Bump«, promotet Shows und Konzerte in ganz Florida. 1986 baut er sich ein eigenes Tonstudio und holt sich Künstler von der Straße. Darunter sind auch die Jungs, die als B.V.S.M.P. Hits haben sollten. 1987 nimmt die New Yorker Plattenfirma LMR Stevie unter Vertrag, nachdem sie seinen Titel *»Party Your Body«* gehört haben. Ein Jahr später taucht die erste Platte von Stevie B. in der US-Hitparade auf. Ende 1990 gelingt ihm mit der Nummer *»Because I Love You (The Postman Song)«* ein Platz 1 in den USA, in GB und in Deutschland wird die Platte Top 10. 1992 erschien die LP *»Healing«* – mit Single-Hits wurde es für Stevie B. schon schwieriger.

Der Hit: *Because I Love You (The Postman Song)*
Der Tip: *Love & Emotion* (BMC Records 50 471)

Babs, Alice

* 26.1.1924. Schon in den 40er Jahren war Alice Sjöblom, geborene Nilsson, in ihrer Heimat Schweden eine erfolgreiche Sängerin. International wurde sie 1949 bekannt, als sie bei der Paris Jazz Fair auftrat. In den folgenden Jahren sang sie mal Jazz, mal Klassik, mal Pop – meist mit Ulrik Neumann und Svend Assmussen. In Deutschland wurde sie als Schlagersängerin gehandelt, hier hatte sie Erfolg mit *»Ein Mann muß nicht immer schön sein«*, *»Twiedle Die«*, im November 1955 ein Platz 6, und *»Nur du, du, du allein«*. Zu ihren großen persönlichen Erfolgen wird sie wohl die Platte *»Serenade To Sweden«* zählen, die sie 1963 mit Duke Ellington

aufgenommen hat. Er sagte über sie: »Alice Babs ist der Traum eines jeden Komponisten, denn bei ihr kann er alle Grenzen vergessen und auf Teufel komm raus schreiben.« In den 80er Jahren setzte sie sich in Spanien zur Ruhe.

Der Hit: *Twiedle Die*

Babyface

Hinter diesem Pseudonym verbirgt sich Kenny Edmonds, dessen Karriere 1977 bei Manchild begann und der danach als Gitarrist und Keyboarder für den Sound der Gruppe Deele erfolgreich verantwortlich war. Mit *»Two Occasions«* hatte diese Band 1988 einen Top-10-Hit in den USA. In der gleichen Formation spielte auch L. A. Reid. 1989 heiratete Reid die Sängerin Pebbles. Deele fiel auseinander, und Babyface begann eine Solokarriere. Reid und Babyface bildeten nun in der R&B-Szene ein sehr erfolgreiches Songschreiber- und Produktionsteam. Singles der Jacksons, von Karyn White, Bobby Brown, Paula Abdul, Sheena Easton und vielen anderen mehr wurden von diesen beiden betreut. Mit *»It's No Crime«* hatte Babyface im Herbst 1989 seinen ersten Top-10-Hit in den USA, 1990 einen weiteren mit *»Whip Appeal«*.

Der Hit: *Whip Appeal*
Der Tip: *Tender Lover* (Solar Int. 846.020)

Babys

John Waite, v/b (* 4.7.1955); Mike Corby, g/key (* 3.7.1955); Walter Stocker, g (* 27.3.1954); Tony Brock, d (* 31.3.1954).
Nachdem die vier Musiker in 1976 in Großbritannien zusammengekommen waren, galten sie noch im selben Jahr als die meistversprechenden Newcomer des Jahres. Ihre Musik wurde so in Richtung Teenies getrimmt, daß sie es nicht schafften, ein eigenes Profil zu entwickeln. Mit *»Isn't It Time«* schafften sie 1977 ihren größten Erfolg in den USA, wohin sie sich mehr und mehr orientierten. 1978 ging Mike Corby, für ihn kam Jonathan Cain. Weiteres neues Mitglied wurde Ricky Phillips, der dem sich immer mehr auf seinen Gesangspart konzentrierenden John Waite die Band-Arbeit abnahm. Anfang der 80er Jahre versuchten sie mit einem mehr synthesizerorientierten Sound ihr Glück. 1981, nachdem Jonathan Cain Mitglied von Journey wurde, fiel die Band auseinander. John Waite machte als Solist weiter und gründete 1989 mit Jonathan Caine und Ricky Phillips Bad English.

Der Hit: *Everytime I Think Of You*
Der Tip: *Head First* (Chrysalis VK-41195)

Baccara

Maria Mendiola, Mayte Matheos, beide v.
Im Januar 1977 treten diese beiden Tänzerinnen in der Ferienhochburg Tres Islas auf der Insel Fuerteventura auf. Sie hatten vorher beim Fernsehballett in Madrid die Beine geschwungen. Zwei Mitarbeiter der RCA aus Hamburg – da sieht man mal wieder, was Urlaubsstimmung und spanischer Wein anrichten können – versprechen den beiden Mädchen eine Plattenkarriere in Deutschland und wollen sie für Probeaufnahmen verpflichten. In diesem Fall wurde wirklich was draus. Im März 1977 kommen die beiden nach Hamburg und nehmen einen vom ehemaligen Rattles-Musiker Frank Dostal geschriebenen Text auf, der glaubwürdig versichert »*Yes Sir, I Can Boogie*«. Die Platte wird ein Spitzenreiter in Deutschland und England und ein Millionseller. Zwei Monate später haben sie erneut einen Platz 1 in Deutschland und einen Top-10-Hit in GB mit »*Sorry I'm A Lady*«. Ende 1978 erreichen sie mit »*The Devil Sent You To Loredo*« ein letztes Mal die Top 10. Mit dem Ausklang der 70er Jahre waren sie wieder verschwunden. Maria Mendiola versuchte es 1989 mit einer neuen Partnerin, Marissa Perez, als New Baccara – ohne Erfolg.

Der Hit: *Yes Sir, I Can Boogie*
Der Tip: *Baccara* (RCA PL 28 316)

Bachelors

Conleth Cluskey (* 18.3.1941); Declane Cluskey (* 12.12.1942); Sean James Stokes (* 13.8.1940).
Das aus Dublin stammende Trio nannte sich Ende der 50er Jahre Harmony Chords und spielte vorwiegend Folkmusik. Die drei begleiteten sich selbst auf Mundharmonikas. 1961 traten sie in Schottland auf und wurden dort von einem Unternehmer entdeckt, der sie dem Decca-A&R-Mann Dick Rowe vorstellte. Nachdem Rowe zuerst zögerte, machte er doch einen Vertrag mit den Jungs und benannte sie in Bachelors um. Rowe war es auch, der sie davon überzeugte, Oldies wie »*Charmaine*«, »*Diane*« oder »*Ramona*« wieder aus der Versenkung zu holen und neu aufzunehmen. Ab 1963 bis Mitte 1967 lief es gut für die Bachelors, dann machten sie ihre eigenen Konkurrenten groß. Ihr letzter Top-10-Erfolg war eine Version des Simon-&-Garfunkel-Hits »*The Sound Of Silence*«. Er kam am 17.3.1966 in die GB-Charts – Simon & Garfunkel kamen dadurch zu unverhoffter Promotion. Eine Woche später, am 24.3.1966, hatten sie »*Homeward Bound*« in den Charts und ab diesem Zeitpunkt Erfolg. So verhalfen die Bachelors Simon & Garfunkel zum Erfolg – und manövrierten sich selbst ins Aus.

Der Hit: *Diane*
Der Tip: *The Very Best* (Decca DS 3266/1-2)

Bachman-Turner Overdrive

Randy Bachman, v/g (* 27.9.1943); Robbie Bachman, d (* 18.2.1942); C. F. »Fred« Turner, b/v (* 16.10.1943); Chad Allan, g; Tim Bachman, g; Blair Thornton, g (* 23.7.1950).
Randy Bachman war in den 60er Jahren Mitglied der sehr erfolgreichen kanadischen Formation Guess Who. 1969 stieg er aus, machte erst eine Solo-LP und gründete dann zusammen mit seinem Bruder Robbie und den anderen oben genannten Musikern Brave Belt. Diese Band nahm 1971/72 zwei erfolglose Alben auf, woraufhin sich Chad Allan verabschiedete. Für ihn kam mit Tim Bachman ein weiterer Bruder hinzu, und jetzt erfolgte die Namensänderung in Bachman-Turner Overdrive – den »Overdrive« entlieh man einem Truckermagazin. Musikalisch bewegte sich die Band auf Hard-Rock-Pfaden – 24 Plattenfirmen lehnten Demo-Bänder ab, bis endlich eine Zusage kam.
1973 erscheint die erste LP als B.T.O. und hinterläßt wieder wenig Eindruck. Jetzt geht Tim Bachman, für ihn kommt Blair Thornton zu B.T.O. – und damit der Erfolg. Die Single *»Takin' Care Of Business«* geht in die Hitparaden, dann erscheint mit *»You Ain't Seen Nothing Yet«* ein Millionseller, der Nummer 1 in den US-Charts wird. Von nun an geht's bergab. Nach ein paar weiteren Hits trennt sich Randy 1977 von B.T.O., die jetzt endgültig in die Bedeutungslosigkeit fallen. 1984 wollen Randy, Tim und C.F. erneut auf die Überholspur – der Overdrive stotterte nur müde und soff ab.

Der Hit: *You Ain't Seen Nothing Yet*
Der Tip: *Greatest* (Mercury 830 039-2)

Backus, Gus

* 12.9.1937. Donald Edward Backus stammte aus New York. Nachdem er in die US-Air-Force einberufen worden war, gründete er 1966 mit ein paar Kumpels die Dell-Vikings. Die Formation, bestehend aus drei Schwarzen und zwei Weißen, sang R&B und hatte 1957 zwei Top-10-Hits in den USA. Kurz danach trennte sich das Quintett – ein Teil machte als Del Vikings Platten, und dazu gehörte Gus. Ende der 50er Jahre wurde er in die Bundesrepublik versetzt. Nach Beendigung seines Militärdienstes blieb er in Deutschland – mittlerweile hatte Gus eine Deutsche geheiratet – und begann eine Karriere als Schlagersänger.
Mitte 1959 nimmt Gus in Wien für die Polydor eine deutschsprachige Version des

Elvis-Hits *»A Fool Such As I«* als *»Ab und zu«* auf. Es folgen weitere deutschsprachige Coverversionen der Hits von Lloyd Price oder Paul Anka, Paul Evans und Slim Dusty. Aus dessen *»A Pub With No Beer«* macht Gus *»Ich steh' an der Bar und habe kein Geld«*.

Die Zeit von Gus kam mit *»Brauner Bär und weiße Taube«* im Herbst 1960. Auch das war eine Coverversion eines US-Hits. Im Original hieß das Werk *»Running Bear«* und wurde von Johnny Preston gesungen. Nun ging es Schlag auf Schlag, Hit auf Hit. Bis 1962 schaffte er alleine 8 Top-10-Hits. Nach 1967 tauchte er nicht mehr in den Charts auf – und in den 70er Jahren schien er wie vom Erdboden verschluckt. Selbst Schlagerkollegen von einst erzählten, er sei in die USA zurückgegangen und dort verstorben. Seine deutsche Frau, die immer noch in München lebte, klärte den Irrtum auf und erzählte, er lebe als Vorarbeiter auf den Ölfeldern von Texas. 1986 kam er wieder für kurze Zeit in die Bundesrepublik und versuchte ein Comeback, das kläglich scheiterte.

Der Hit: *Der Mann im Mond*
Der Tip: *Die Singles 1959 – 1961* (Bear Family BCD 15 482)

Bad Boys Blue

Andrew Thomas (* 20.5.1952); John McInerney (* 17.9.1958); Trevor Taylor (* 11.1.1958); Trevor Bannister.

Von ihrer Plattenfirma wird ihre Musik als »Pop Dance mit souligem Einschlag« bezeichnet. 1984 erschien die erste Single, 1985 hatten sie ihren größten Erfolg mit *»You're A Woman«*. Danach, wieder Zitat der Plattenfirma im Februar 1991, »... erschienen 7 LPs, 17 Singles. Bis auf zwei Ausnahmen erreichten alle Kurzrillen die Top 20.« Irgendwann 1989 ging der Jamaikaner Trevor Taylor verloren, und für ihn kam Trevor Bannister, was für die Musik völlig unerheblich ist.

Der Hit: *You're A Woman*
Der Tip: *Bad Boys Best* (Coconut 259 547)

Bad Company

Paul Rodgers, v (* 17.12.1949); Simon Kirke, v/d (* 28.7.1949); Mick Ralphs, v/git (* 31.3.1948); Raymond »Boz« Burrell, b (* 1.8.1946).

Als Paul Rodgers Bad Company 1973 gründete, sah er in ihnen die legitimen Nachfolger von Free. Er und Kirke kamen daher, Mick spielte vorher bei Mott The Hoople und Boz mit King Crimson. 1974 erschien ihre Debüt-LP, die ein weltweiter Erfolg wurde. Darauf war auch *»Can't Get Enough Of Your Love«*. Bis zur offiziellen Auflösung der Gruppe 1983 erschienen etliche gute und erfolgreiche

LPs. Dann gründete Paul Rodgers die Band Firm. 1986 reformierte sich Bad Company mit Mick Ralphs, Simon Kirke, Boz Burrell und dem neuen Sänger Brian Howe, der von Ted Nugent kam. 1992 erscheint mit *»Here Comes Trouble«* in der Besetzung Brian, Simon und Mick eine weitere ausgezeichnete Platte der Band.

Der Hit: *Rock 'n' Roll Fantasy*
Der Tip: *10 From 6* (Atlantic 781 625-2)

Bad English

John Waite, v/b (* 4.7.1955); Neal Schon, g (* 27.2.1954); Jonathan Caine, key; Ricky Phillips, key; Dene Castronovo, d.
1989 – John Waite war nun schon sechs Jahre als Solist unterwegs – gründete er mit Bad English eine Band, bei der man wieder einmal von einer Rock-Supergroup sprach. Das lag sicher daran, daß auch Neal Schon schon etliche Erfolge mit anderen Bands zu verbuchen hatte. So hatte er z. B. mit Journey gespielt. Mit *»When I See You Smile«* hatten sie noch im Gründungsjahr eine Nummer 1 in den USA. *»Backlash«*, die zweite LP der Band, die im August 1991 erschien, konnte den Anfangserfolg nicht wiederholen. Geradeaus-Rock mit ein paar prominenten Musikern alleine macht eben noch keine Supergruppe.

Der Hit: *When I See You Smile*
Der Tip: *Bad English* (Epic 463447 2)

Badfinger

Pete Ham, g/p/v (* 27.4.1947, † 23.4.1975); Tom Evans, b/v (* 5.6.1947, † 18.11.1983); David Jenkins, g; Joey Molland, g/key/v (* 21.6.1948); Ron Griffiths, b; Mike Gibbins, d (* 12.3.1949).
In Wales waren Ham, Gibbins, Jenkins und Griffiths dem Semi-Professional Bill Collins aufgefallen, der ihr Manager wurde. Als man für David Garrick eine Begleitgruppe für den Titel *»Dear Mrs. Appleby«* suchte, fiel die Wahl auf die Iveys, wie sich die Jungs zu diesem Zeitpunkt nannten. Über Mel Evans kam ein Demoband zu Paul McCartney, der sie im Juli 1968 für die neue Beatles-Firma Apple Records unter Vertrag nahm. Als neuer Mann kam jetzt für Jenkins Tom Evans zur Band, der vorher bei der Liverpooler Band Calderstones gespielt hatte. Im November 1968 erschien mit *»Maybe Tomorrow«* die Debüt-Single der Iveys. Einen Monat später gibt es Streit zwischen Griffiths und Evans, was dazu führt, daß Griffiths aus der Band gegangen wird. Für ihn kommt nun Joey Molland, und Tom Evans übernimmt den Baß. Molland hatte vorher mit etlichen Bands, z. B. den Merseys, gespielt. Nachdem sich die ersten Platten der Gruppe als wenig

verkäuflich erweisen, entschließt sich Apple im September 1969, die Gruppe in Badfinger umzubenennen. Paul McCartney produziert mit ihnen für den Filmsoundtrack *»The Magic Christian«* seine Komposition *»Come And Get It«*, die ein Hit wird. *»No Matter What«* und *»Day Afer Day«* – letzterer ein Millionseller und produziert von George Harrison – werden weitere internationale Hits. Badfinger sind voll in der Beatles-Maschinerie integriert, und als die auseinanderfallen, spielen sie mit Harrison bei dessen Benefiz-Konzert für Bangladesch im Madison Square Garden in New York am 1. August 1971. Im Frühjahr 1972 nahm Nilsson die Ham/Evans-Komposition *»Without You«* auf und hatte damit einen Riesenhit. Im Dezember 1973 erscheint die letzte Platte von Badfinger auf dem Apple-Label. Drei Monate später beginnt der Abstieg der Gruppe. Schwierigkeiten mit der neuen Plattenfirma, dem Management und finanzielle Probleme veranlassen Molland noch im gleichen Jahr, die Band zu verlassen. Ham bekommt tiefe Depressionen, die dazu führen, daß er sich am 23.4.1975 in der Garage seines Londoner Hauses erhängt. Danach fällt die Gruppe endgültig auseinander. Molland gründet Blue Goose und dann Natural Gas, Evans spielt mit Dodgers, Gibbins verschwindet erst in der Versenkung und taucht Jahre später als Schlagzeuger auf *»It's A Heartache«* von Bonnie Tyler wieder auf. 1978 kommt es zu einer Neubildung von Badfinger. Von den alten Musikern sind Molland und Evans mit dabei. Ohne nennenswerte Hits zu haben, besteht Badfinger bis Anfang November 1983. Nach einer USA-Tour trennt man sich wieder. Tom Evans hatte jahrelang dafür gekämpft, einen gerechten Anteil an den Tantiemen zu bekommen, speziell für seine Komposition *»Without You«*. Unter sehr ähnlichen Umständen wie Peter Ham begeht er am 18.11.1983 ebenfalls Selbstmord. 1989 zieht immer noch eine Band durch die USA, die sich Badfinger nennt. Mit dabei Molland und Gibbins.

Der Hit: *Day After Day*
Der Tip: *Magic Christian Music* (Apple CDP 7 97579 2)

Bad Manners

Buster Bloodvessel, voc (* 6.9.1958 als Douglas Trendle); Gus Herman, tr; Chris Kane, sax; Andrew Marson, sax; Winston Bazoomies, harm; Brian Tuitti, d; David Farren, b; Martin Stewart, key; Louis Cook, g; Paul Hyman, tr; Alan Sayang, harmonica; Steve Smith, harmonica; Jim Scott, per.
Als Ende der 70er Jahre in GB das Ska-Fieber tobte, fand sich diese chaotische Truppe um Buster Bloodvessel, den glatzköpfigen Fettsack mit der 50-cm-Zunge, zusammen. Sie stöberten im Programm der gesamten Popmusik der letzten 100 Jahre immer wieder Titel auf, denen sie ein sehr eigenes neues Leben einhauchten. Ob Offenbachs *»Can Can«*, Primas *»Buona Sera«* oder Millies *»My*

Boy Lollipop«, nichts war vor ihnen sicher. Nachdem einige Mitglieder wechselten, hatten sich die Briten 1983 an der Band satt gesehen und -gehört und bestanden wieder auf besseren Manieren.

Der Hit: *Can Can*
Der Tip: *Gosh It's . . .* (Magnet 6.24 934)

Baez, Joan

* 9.1.1941. Das Durchhaltevermögen dieser »Königin des Protestes« seit 1959 bis in die 90er Jahre ist schon enorm. Ihre Mutter war eine irische Lehrerin, der Vater ein mexikanischer Physiker. In ihrer Kindheit wurde Joan mit den Rassenproblemen ihres Landes konfrontiert. Wegen ihrer dunklen mexikanischen Hautfarbe wurde sie nicht selten als »Nigger« beschimpft. Diese Jugendjahre waren wohl prägend und nährten in ihr eine Abneigung gegen jeglichen Konformismus. 1959 sang sie zum erstenmal beim Newport Festival. Im Oktober 1960 erschien ihre erste LP, auf der allerdings noch wenig von Protest, dafür mehr von Folk wie *»All My Trials«* die Rede ist. Nach dem gleichen Strickmuster, fast ausschließlich Traditionals und schottische Balladen, wurde auch ihre zweite LP aufgenommen, die im September 1961 erschien. Vorher, im April 1961, hatte sie in Gerde's Folk City in Greenwich Village, New York, Bob Dylan kennengelernt, der zu diesem Zeitpunkt ein noch kleineres Licht als sie selbst war. 1962 erscheint eine Live-LP von ihr, die sich in der amerikanischen LP-Hitparade bis auf Platz 10 hocharbeiten kann. Im Mai 1963 ist sie der Top-Star beim Monterey Folk Festival in Kalifornien. Mit dabei der von ihr protegierte Bob Dylan. Im Juli 1963 tritt sie wieder beim Newport Folk Festival auf und stellt dem Publikum Bob Dylan vor. Was die beiden miteinander hatten und ob überhaupt, überlasse ich gerne der Yellow Press. Fest steht, daß Joan Baez Anfang der 60er Jahre die erfolgreichere Künstlerin war und somit Bob Dylan auf die Sprünge geholfen hat.

Es scheint, daß sie auf Plattenproduktionen recht wenig Wert legte und statt dessen ihre Energie lieber in humanitäre Aktionen und Aktivitäten steckte. Joan Baez schaffte es, zum Synonym des sozialen Engagements für eine ganze Generation zu werden. Sie nutzte die Popularität, die sie durch ihre Platten erhielt, um für die Menschenrechte zu kämpfen. Sie war präsent bei Live Aid, ging mit auf die Amnesty-International-Tour, marschierte mit Martin Luther King in Mississippi, sang für Sacharow in Moskau und arbeitete mit und für diverse Bürgerrechtsbewegungen. In mehr als 30 Jahren sind über 50 Langspielplatten erschienen, und musikalisch orientiert sie sich inzwischen an der aktuellen Musikentwicklung. Auf der 1988 erschienenen LP *»Recently«* nimmt sie Coverversionen von Titeln, die Peter Gabriel, U2 oder Dire Straits geschrieben haben, auf. Ihr 1989er Album *»Speaking Of Dreams«* ist durchaus autobiographisch zu sehen. Im Song *»China«*

Baez, Joan *(CBS)*

setzt sie sich mit den blutig niedergeschlagenen Studentenrevolutionen auf dem Platz des Himmlischen Friedens auseinander. Für das Duett »*El Salvador*« konnte sie Jackson Browne gewinnen. Auf dieser CD auch eine Version des Klassikers »*My Way*« zusammen mit den Gypsy Kings. Der Stern schrieb unter der Überschrift »Die unbeirrbare Johanna«: »Joan Baez wird oft die Mutter der Popmusik genannt, doch die kleine Frau mit der großen Stimme sieht sich selbst als Politikerin.«

Der Hit: *The Night They Drove Old Dixie Down*
Der Tip: *Greatest Hits* (Vanguard 811 677-2)

Bailey, Pearl

* 29.3.1918, † 17.8.1990. Die große Zeit dieser singenden Komikerin auf Platte und im Fernsehen war in den 50er und 60er Jahren. Sie galt als eine exzellente

Entertainerin. Zwischen 1933 und 1945 war sie Sängerin in verschiedenen Bands. 1946 hatte sie mit »*15 Years (And I'm Still Serving Time)*« einen Platz 4 in der amerikanischen R&B-Hitparade. 1947 erregt sie Aufmerksamkeit im Film »Variety Girl«. Auch in den späteren Jahren ist sie in Filmen erfolgreich, so z. B. in »*Carmen Jones*« (1954), »*St. Louis Blues*« (1958), »*Porgy & Bess*« (1959), »*All The Fine Young Cannibals*« (1960) und »*The Landlord*« (1969). 1950 spielt sie am Broadway und beginnt mit Plattenaufnahmen, 1952 hat sie den Top-10-Hit »*Takes Two To Tango*«. Ein Höhepunkt ihrer Popularität ist eine eigene Fernsehshow durch das Jahr 1971, in der ihr Ehemann, der Schlagzeuger Louis Bellson, eine exzellente Big Band dirigiert.

Der Hit: *Takes Two To Tango*

Bailey, Philip

* 8.5.1951. Die Karriere von Philip begann als 20jähriger in der Band Earth, Wind & Fire. Er spielte darin Percussion und war Co-Leadsänger. Ab 1983 machte Philip auch Soloplatten. Seinen größten Erfolg hatte er mit dem Millionseller »*Easy Lover*«, den er zusammen mit Phil Collins sang. Phil hatte den Titel mitgeschrieben, die dazugehörige LP »*Chinese Wall*« produziert und darauf Percussion gespielt. Neben seinen reinen Pop-Produktionen veröffentlicht Philip Bailey regelmäßig Alben, die sich mit christlichen Themen beschäftigen.

Der Hit: *Easy Lover*
Der Tip: *Chinese Wall* (CBS 261 61)

Baker, Adrian

Die Briten bezeichneten den Sänger, Songschreiber, Produzenten und Multi-Instrumentalisten Adrian Baker als Brian Wilson für Arme. Der Engländer begann in den späten 60er Jahren mit den Pebbles, die es 1971 auf zwei Single-Veröffentlichungen brachten. Es folgte Playground und später Gidea Park. Diese Formation war keine – es war Adrian Baker unter einem Pseudonym. Gidea Park hatte 1981 zwei Single-Hits, einer davon: »*Beach Boy Gold*«, zeugt von seiner Affinität zu Brian Wilson. Als Solist hatte er mit einer Coverversion des alten Four-Seasons-Hits »*Sherry*« im Juli 1975 seinen einzigen Top-10-Hit. Die Erfüllung aller Träume erlebte er, als er Anfang der 80er Jahre die Chance hatte, für kurze Zeit in der Touring Band der Beach Boys mitzuspielen.

Der Hit: *Sherry*

Baker, Anita

* 20.12.1957. Anita, eine amerikanische Sängerin mit einer begnadeten Stimme, begann 1976 in der Soulformation Chapter 8. 1984 – die Band hatte es auf keinen Top-100-Hit in den USA gebracht – versuchte sich Anita als Solistin. Mit *»Sweet Love«* gelang ihr 1986 ein erster, mit *»Giving You The Best That I Got«* (an diesem Titel hat sie mitgeschrieben) 1988 ihr größter Top-10-Erfolg. Ihre Debüt-LP *»The Songstress«* aus dem Jahre 1983 wurde nach ihren Erfolgen 1991 noch einmal wiederveröffentlicht. Die Rückseiten des Covers sind ein schönes Beispiel dafür, wie man einen Künstler stylen kann.

Der Hit: *Giving You The Best That I Got*
Der Tip: *Rapture* (Elektra 960 444-2)

Baker, Arthur & The Blackbeat Disciples

* 22.4.1955. Der Amerikaner erntete seine ersten Lorbeeren als Produzent, Mixer und Remixer. Hits von Freeze, New Edition, Cyndi Lauper, Bruce Springsteen oder Hall & Oates wurden von ihm neu abgemischt. Wer so gut mixen kann, kann auch sicher selbst Platten aufnehmen. Zur Veröffentlichung der Platte *»The Message Is Love«* – lediglich in der Bundesrepublik ein Top-10-Erfolg – schrieb seine Plattenfirma: »Arthur Baker veröffentlichte jetzt die erste LP unter seinem Namen. Allerdings läßt er, was er nicht kann, singen. Dazu lud er sich eine handverlesene Schar bekannter Gäste ins Studio. Einer dieser Gäste ist die Soul-Legende Al Green.« Somit dürfte wohl Al der Erfolg dieser Platte zuzuschreiben sein.

Der Hit: *The Message Is Love*
Der Tip: *Merge* (A&M 395 262-1)

Baker, George

* 8.12.1944 als Hans Bouwens. George Baker Selection, so nannte er seine Formation, in der er selbst sang, Gitarre und Tasteninstrumente spielte, ist ein weiteres hübsches Beispiel dafür, daß aus den Niederlanden durchaus kommerzielle Popmusik und nicht nur Käse kommen kann – oder umgekehrt. Seine ersten internationalen Erfolge feierte er 1970 in den USA mit *»Little Green Bag«*. 1975 kletterte seine Komposition *»Paloma Blanca«* auf Platz 1 in der deutschen Hitparade und auf Platz 10 in Großbritannien. In den USA reichte es immer noch für einen Platz 26. Während die Amis und die Angelsachsen danach genug von George hatten, konnten die Deutschen die Ohren wieder nicht voll kriegen.

George Baker Selection *(Warner Brothers)*

Mit »*Morning Sky*« und »*Wild Bird*« setzte es zwei weitere Top-10-Hits. Mit dem Ende der 70er Jahre ließ dann auch bei uns sein Erfolg nach, und gerade als man dachte, die Radiowellen wären wieder sauber und man könne ungestört hineintauchen, kam er mit »*Santa Lucia By Night*« 1985 wie ein Hai aus der Tiefe.

Der Hit: *Paloma Blanca*
Der Tip: *Selection* (EVA Hit Master CDP 746 460 2)

Baker, LaVern

* 11.11.1928. Die Amerikanerin Dolores Williams, so ihr richtiger Name, sang bereits mit 17 als Little Miss Share Cropper in einem Nachtclub in Chicago. Unter diesem Namen und später als Bea Baker machte sie auch ihre ersten Platten. 1952/53 sang sie im Orchester von Todd Rhodes. Danach tourte sie als Solistin durch Europa und war ab 1955 eine der erfolgreichsten R&B-Sängerinnen der Rock-'n'-Roll-Ära. Zu ihren großen Hits gehören »*Tweedle Dee*« und »*Play It Fair*« (1955). »*Jim Dandy*« (1956), und »*I Cried A Tear*« (1958). Mit dem Ablauf der 50er Jahre versank der Rock 'n' Roll und mit ihm auch der Rhythm & Blues und LaVern Baker.

Der Hit: *I Cried A Tear*
Der Tip: *Real Gone Gal* (Atlantic CRB 1072/TIS)

Baldry, Long John

* 12.1.1941. Die erste Liebe des großen John galt Ende der 50er Jahre dem Folk und der Jazzmusik. Nachdem er mit Ramblin' Jack Elliott getourt war, widmete er sich mehr dem Rhythm & Blues. Über die Stationen Blues Incorporated, Hoochy Coochy Men und Steampacket kam er zu Bluesology. Alle diese Gruppen haben teilweise hervorragende Platten aufgenommen, die sich jedoch nicht sonderlich verkauften. Mag sein, daß John sich aus diesem Grund entschloß, eine Solokarriere zu beginnen. Mit »*Let The Heartaches Begin*« erreichte er Ende des Jahres 1977 einen Platz 1 in GB. Damit war er auf Pop festgelegt, und es folgten einige weitere Stücke, die in diese Kerbe schlugen. Glücklich gemacht hat es ihn wohl nicht, denn viele spätere Platten belegen, daß seine Liebe zum Rhythm & Blues ungebrochen blieb. 1971 war er in den USA zumindest in den Hot 100 mit einer von Rod Stewart produzierten Single: »*Don't Try To Lay No Boogie-Woogie On The King Of Rock And Roll*«. Ende der 70er Jahre zog John nach Vancouver, Kanada, und dort scheint er noch heute seinen festen Wohnsitz zu haben. Eine 1992 erschienene LP mit demTitel »*It Still Ain't Easy*« – damit spielt er auf die 1971 erschienene LP »*It Ain't Easy*« an – wurde jedenfalls in Vancouver produziert.

Der Hit: *Let The Heartaches Begin*
Der Tip: *It Ain't Easy* (WB 46088)

Balin, Marty

* 30. Januar 1943 als Martin Jerel Buchwald. Balin arbeitete sich erst einmal durch verschiedene künstlerische Berufe – Maler, Bildhauer, Tänzer –, bis er in den

frühen 60er Jahren eine Plattenkarriere begann. 1965 gründete er zusammen mit Paul Kantner Jefferson Airplane, die 1967 mit »*Somebody To Love*« ihren ersten internationalen Erfolg hatten. 1971 verließ er die Band, um 1974 aus dem Torso Jefferson Starship zu formieren. 1975 veröffentlichten sie den wunderschönen Titel »*Miracles*«. Im September 1978 hatte er wieder genug vom Gruppen-Dasein, präsentierte ein Jahr später die Rockoper »*Rock Justice*«, und im Frühjahr 1981 erschien seine erste Soloplatte, der Hit »*Hearts*«. 1985 bildeten Paul Kantner, Marty und Jack Casady, drei Urmitglieder von Jefferson Airplane, die KBC Band. 1989 schloß sich dann der Kreis: Die fünf Urmitglieder aus den ersten Erfolgstagen von Jefferson Airplane Grace Slick, Paul Kantner, Marty Balin, Jack Casady und Jorma Kaukonen kamen wieder zusammen und veröffentlichten erneut unter ihrem alten Namen Platten. Die Kritiker des Rolling Stone verehren der Band dafür einen Award für das »unwillkommenste Comeback«.

Der Hit: *Hearts*
Der Tip: *Lucky* (EMI IC 064-400 155)

Ball, Kenny

* 22.5.1930. Nachdem Kenny in diversen Dixieland-Bands gespielt hatte, gründete er 1958 Kenny Ball & His Jazzmen. Im Sommer 1959 veröffentlichten sie ihre erste Single, »*Waterloo*«. Ende der 50er, Anfang der 60er Jahre war die große Zeit von Chris Barber, Mr. Acker Bilk und anderen Traditional-Jazz-Bands. In diese Zeit paßte der Stil von Kenny Ball exakt. Das dokumentiert sich in der 1962 erschienenen LP »*The Best Of Ball, Barber And Bilk*«, die Spitzenreiter der britischen LP-Hitparade wurde. Mit »*Samantha*« erreichte er 1961 seinen ersten und noch im gleichen Jahr mit »*Midnight In Moscow*« seinen größten Hit. 1963, in der Hochphase des Mersey Beats, war seine Art von Musik bei den Plattenkäufern nicht mehr gefragt. 1968 spielte er mit Louis Armstrong auf dessen letzter Europatour. Und mögen auch die Plattenverkäufe von Kenny zurückgegangen sein, seine Tourneen führten ihn in den 70er und 80er Jahren durch die Welt.

Der Hit: *Midnight in Moscow*
Der Tip: *Golden Hits* (Marble Arch MALS 608)

Ball, Michael

Alex Dillingham ist ein junger Engländer im Musical »Aspects Of Love«. Diese Rolle wird gespielt von Michael Ball, der schon einmal in einem Musical von Andrew Lloyd Webber, nämlich »*Les Misérables*«, mitspielte. Die vergangenen Jahre zeigten, daß in den Musicals von Webber immer wieder kommerzielle Titel steckten, die als Single ausgekoppelt hoch in die Hitparaden kamen. Dies geschah auch Anfang 1989 mit »*Love Changes Everything*«, die sich bis auf Platz 2 in den GB-Charts hocharbeiten konnte. 1992 hatte Michael Ball mit »*One Step Out Of Time*« einen weiteren Hit. Ansonsten wird er sich wohl mehr der Bühnenarbeit widmen.

Der Hit: *Love Changes Everything*
Der Tip: *Michael Ball* (Polydor 511 330 2)

Ballard, Hank

* 18.11.1936 als Henry Ballard. Wie viele Talente Johnny Otis am Ende der 40er und Anfang der 50er Jahre entdeckt hat, wird man wohl nie wieder ermitteln können. Hank Ballard gehörte auf jeden Fall 1951 zu dieser Riege. Der Cousin von Florence Ballard von den Supremes wurde 1953 Leadsänger der Royals, die ihren Namen 1954 in Midnighters umänderten und nun nicht mehr nur in den R&B-Hitparaden erfolgreich waren. Bekannt wurde vor allen Dingen ihre »Annie«-Trilogie »*Work With Me, Annie*«, »*Annie Had A Baby*« und »*Annie's Aunt Fanny*«. 1958 – inzwischen nannte sich die Gruppe Hank Ballard & The Midnighters – nahmen sie denTitel »*Teardrops On Your Letter*« auf. Weil noch eine B-Seite fehlte, schrieb Hank schnell die Nummer »*The Twist*«. Dieser Titel sollte 1960 mit Chubby Checker zu einem Welthit werden. Fairerweise sollte man dazu sagen, daß er sehr stark an die Nummer »*What'cha Gonna Do*« von den Drifters aus dem Jahre 1953 angelehnt ist. Nachdem Chubby Checker so erfolgreich war, wurde auch Hanks Version von »*The Twist*« wieder veröffentlicht und zum Top-30-Hit. Im Winter 1960 kam mit »*Let's Go, Let's Go, Let's Go*« ein Titel von Hank unter die Top 10 und wurde Millionseller. 1982 passierte, was nur ganz selten vorkommt: Ein Interpret wird mit derselben Platte zum zweitenmal Nummer 1 in den USA – Chubby Checker mit »*The Twist*«. Im März 1962 trennte sich Hank von den Midnighters, die – inzwischen zum Islam übergetreten – sich als schwarze Moslems weigerten, vor weißem Publikum aufzutreten. Als Solist hatte Hank wenig Erfolg. Er arbeitete in der Band von James Brown, und über viele Jahre hörte man nichts mehr von ihm, bis er im Januar 1990 in die Rock 'n' Roll Hall of Fame aufgenommen wurde. Während er sich in seiner Rede bei allen möglichen Menschen bedankte, erlitt er einen Zusammenbruch. Es war die Reaktion auf einen Autounfall, der drei Monate zurücklag. Man hatte ihn angefahren und danach Fahrerflucht begangen.

Der Hit: *Let's Go, Let's Go, Let's Go*
Der Tip: *What You Get When The Gettin' Gets Good* (Charly CD 29)

Baltimora

Jimmy McShane ist der richtige Name dieses Iren, der als Sänger und Tänzer in Italien sein Glück machte. Mit dem Titel *»Tarzan Boy«* hatte er 1985 einen weltweiten Hit. Diese kommerzielle Nummer hätte aber auch Rumpelstilzchen singen können und wäre ein Erfolg geworden. Als Nachfolgesong erschien *»Woody Boogie«*, der zumindest in Deutschland noch ein Top-20-Hit wurde. Danach verschwand der Tarzan Boy wieder im Disco-Dschungel.

Der Hit: *Tarzan Boy*
Der Tip: *Living In The Background* (EMI IC 064 11 8726)

Bananarama

Sarah Dallin (* 17.12.1961); Keren Woodward (* 2.4.1963); Siobhan Fahey (* 10.9.1960); Jacqui O'Sullivan.
Angeblich lernten sich die drei Mädels in London kennen. Sarah und Siobhan studierten Journalismus, Keren arbeitete bei der BBC. Zunächst sangen sie auf Privatveranstaltungen und in Pubs, bis dann der Sex-Pistols-Gitarrist Paul Cook ihre erste Single produzierte: *»Aie A Mwana«*. Im April 1982 erschien mit *»Really Saying Something«*, der Coverversion eines Velvelettes-Titels aus dem Jahre 1965, ihr erster Top-10-Erfolg. Inzwischen spricht ihre Plattenfirma davon, daß Bananarama die erfolgreichste britische Mädchentruppe aller Zeiten ist. Auffällig ist, daß die meisten ihrer großen Hits wie *»Na Na Hey Hey Kiss Him Goodbye«*, *»Venus«* oder *»I Want You Back«* Coverversionen sind. Im August heiratete Siobhan Fahey Dave Stewart von den Eurythmics und gründete später Shakespeare's Sister. Sie wurde durch Jacqui O'Sullivan ersetzt, die aber ihrerseits 1991 ausstieg. Sarah und Keren machten als Duo Bananarama weiter.

Der Hit: *Venus*
Der Tip: *Greatest Hits Collection* (London 828 106-2)

Band Aid

Im November 1984 sieht Bob Geldof in der BBC einen Bericht über den Hunger in Äthiopien. Er entschließt sich, mit Hilfe seiner Musikerfreunde eine Platte zu produzieren, von der jeglicher Gewinn zugunsten der Hungerhilfe in Äthiopien abgeführt wird. Am 25.11.1984 treten sich 36 Künstler in den SARM Studios in Nottinghill, London, gegenseitig auf die Füße und bringen eine All-Star-Besetzung zusammen, die es bis dato nicht gab. Neben Bob Geldof und Midge Ure, die das Stück *»Do They Know It's Christmas«* geschrieben hatten, standen Bananarama, Phil

Collins, Duran Duran, George Michael, Spandau Ballet, Sting, Jody Watley, Paul Weller, Paul Young und einzelne Mitglieder der Formationen Culture Club, Heaven 17, Kool & The Gang, Status Quo und U2. Der »Save The Children Fund« organisiert die Vorstellung des Werkes am 17.12. in der Royal Albert Hall während eines Ethiopia Benefit Concert. Die Platte steigt in die britische Hitparade auf Platz 1 ein, bleibt dort fünf Wochen, verkauft mehr als drei Millionen Exemplare und wird die meistverkaufte Single aller Zeiten. Ein Jahr später kommt die Platte erneut in die britische Hitparade und wird Platz 3. Sie unterscheidet sich vom Vorgänger dadurch, daß auf der B-Seite Künstler wie David Bowie oder Paul McCartney spezielle Weihnachtsgrüße loslassen. 1989 produzieren Stock/Aitken/Waterman eine neue Version von *»Do They Know It's Christmas«*. Jetzt singen Cliff Richard, Lisa Stansfield, Chris Rea, Kylie Minogue, Jason Donovan, Matt Goss und Marti Pellow. Auch diese Produktion steigt in der britischen Hitparade auf Platz 1 ein.

Der Hit: *Do They Know It's Christmas*

Band Für Afrika

Die deutsche Ausgabe von Band Aid. Nachdem die deutschsprachigen Interpreten vor Ohren geführt bekamen, wie ihre britischen Kollegen Geld für Afrika sammelten, zogen sie nach. Alphaville, BAP, Ina Deter, Extrabreit, Geier Sturzflug, Herbert Grönemeyer, Gitte Haenning, Hans Hartz, Heinz Rudolf Kunze, George Kranz, Klaus Lage, Udo Lindenberg, Wolf Maahn, Peter Maffay, Ulla Meinecke, Marius Müller-Westernhagen, Münchener Freiheit, Nena, Rheingold, Rodgau Monotones, Spider Murphy Gang, Spliff, Trio und Juliane Werding machten mit. Vom Verkaufserlös jeder Single wurde ein Mindestspenden-Anteil von 2,– DM festgelegt. Auf der Plattenhülle stand zu lesen: »Die Künstler legen Wert auf die Feststellung, daß wirklich niemand außer den Spendenempfängern an dieser Schallplatte profitiert. Komponist, Texter, Musiker, Produzent, Schallplattenfirma und Verlag verzichten auf jeglichen Verdienst.« Dieser Vermerk war notwendig, denn daß mit Benefiz-Platten Geschäfte gemacht wurden und werden, ist so selten nicht. Die Platte mit dem Titel *»Nackt im Wind«* kam im Februar 1985 in die deutsche Hitparade und erreichte Platz 3.

Der Hit: *Nackt im Wind*

Bangles

Susanna Hoffs, v/g (* 17.1.1957); Debbi Peterson, d/v (* 22.8.1961); Vicki Peterson, g/v (* 11.1.1958); Annette Zilinskas, b/v; Michael Steele, b/v (* 2.6.1954).

The Fans, The Colours, The Supersonic Bangs, The Bangs – alles Vorläufer von The Bangles, die im Juni 1982 ein Mini-Album mit 5 Songs veröffentlichen. Vorher hatten sie schon unbemerkt als The Bangs *»Getting Out Of Hand«* auf den Markt gebracht. Auch dieses Mini-Album brachte zwar keine Verkaufserfolge, aber 1983 einen Vertrag mit der CBS. Zu diesem Zeitpunkt verläßt Annette Zilinskas die Bangles und wird Mitglied bei Blood On The Saddle. Für sie kommt die Original-Leadsängerin der Runaways, Michael Steele. Das im August 1984 erschienene Album *»All Over The Place«* erreicht einen Platz 80 in der US-LP-Hitparade. Aber erst im Januar 1986 sollte der große Erfolg kommen. *»Manic Monday«*, geschrieben von Prince unter dem Pseudonym Christopher, wird ein Top-10-Hit in den USA und in GB. Die Platte erreicht nur deshalb nicht Platz 1, weil zu diesem Zeitpunkt Meister Prince mit *»Kiss«* diesen besetzt hält. *»Walk Like An Egyptian«*, ebenfalls 1986, erreicht Platz 1 in den USA, und *»Eternal Flame«* (1989) wird Spitzenreiter in GB und den USA. Damit war der Höhepunkt der Band erreicht. Im September 1989 sprach man von »unüberwindbaren Schwierigkeiten« und leitete damit die Trennung ein. Susanna Hoffs, die in der Band mehr und mehr im Mittelpunkt gestanden hatte, kündigte an, sie werde als Solistin weiterarbeiten, was sie dann auch 1991 tat. Schon 1986 hatte sie sich ein zweites Standbein als Schauspielerin aufgebaut.

Der Hit: *Eternal Flame*
Der Tip: *Greatest Hits* (CBS 466 769 2)

Bano, Al & Romina Power

Al (* 1943 als Albano Carrisi), Romina (* 2.10.1951).
1967 wählten die Italiener Al Bano zum beliebtesten Newcomer des Jahres. Mit *»Nel Sole«* hatte er im gleichen Jahr einen Millionseller in Italien und konnte sich als Star etablieren. Romina Power ist die Tochter von Tyrone Power, dem bekannten US-Mantel-und-Degen-Schauspieler. Ende der 60er Jahre müssen sich die beiden kennengelernt haben, denn schon 1970 hatten sie im Duett *»Storia Di Due Inamorati«* einen Top-10-Hit in Italien. Dort erschienen auch weiter Soloplatten von Al, und auch Romina machte sich als Solistin einen Namen, so z. B. bereits 1969 mit *»Aqua Di Mare«*. In unseren Breiten waren es vor allen Dingen *»Sharazan«* 1981 und *»Felicità«* 1983, die bis in die Top-10 vordringen konnten.

Der Hit: *Felicità*
Der Tip: *Felicità* (Baby Records IC 064-64748)

BAP

Wolfgang Niedecken, v/g (* 30.3.1951); Klaus »Major« Heuser, g (* 27.1.1957); Alexander »Effendi« Büchel, key (* 29.1.1957); Steve Borg, b (* 5.10.1953); Jürgen Zöller, d; Manfred »Schmal« Boecker, per/sax; Wolfgang Boecker, d; Hans Heres, g; Wolfgang Klever, b; Bernd Odenthal, key; Jan Dix, d.

Als im November 1979 im Anno-Saal des Kölner Stollwercks die erste LP von BAP *». . . rockt andere kölsche Leeder«* vorgestellt wurde, merkte man der Platte die liebenswerte Unprofessionalität noch an. Auf der Plattenhülle war eine Postkarte mit dem Kölner Dom aufgeklebt. Wolfgang Niedecken machte keinen Hehl daraus, daß die Bandmitglieder in mühevoller Kleinarbeit die Postkarten selbst auf die Hüllen geklebt hatten. Daß daraus das Multi-Unternehmen BAP werden konnte, war zu diesem Zeitpunkt noch nicht zu ahnen. Auch ihre zweite LP *»Affjetaut«* (1980) brachten sie noch bei der relativ kleinen Plattenfirma Eigelstein heraus. Von der ersten zur zweiten LP hatte es bereits etliche Umbesetzungen in der Band gegeben. Hans Heres, Wolfgang Klever und Bernd Odenthal hatten wohl nicht geglaubt, daß BAP einmal über die Grenzen von Köln hinaus bekannt werden könnte. Es steigen neu ein: Steve Borg und der »Major«. Man stellt fest, daß der Vertrieb der LPs bei Eigelstein miserabel läuft. BAP schmort im eigenen Saft, weil sich die meisten Auftritte im Kölner Raum bewegen, wo sich allerdings beim Publikum so langsam Übersättigungssymptome bemerkbar machen. Der Wechsel zu einer Plattenfirma mit funktionierendem Vertrieb wird unumgänglich. Es liegen mehrere Angebote vor. Man unterschreibt bei der EMI Electrola, wohl auch weil diese Firma in Köln ansässig ist. 1981 erscheint dann *»Für usszeschnigge«* mit Titeln wie *»Verdamp lang her«*, *»Jraaduss«* oder *»Jupp«*. Zwei Auftritte vor dem Rolling-Stones-Konzert im Müngersdorfer Stadion finden statt. Die Band macht eine Tournee durch ganz Deutschland. 1982 kommt *»Vun drinne noh drusse«* auf den Markt und verdrängt auf Platz 1 der deutschen LP-Charts *»Für usszeschnigge«*. Somit belegt BAP die ersten beiden Plätze. Obwohl die im unverfälschten kölschen Dialekt gesungenen Songs lediglich im Dunstkreis des Kölner Domes verstanden werden, entwickelt sich die Band zu einem gesamtdeutschen Phänomen. Das mag auch an der klaren politischen Aussage von Wolfgang Niedecken liegen, der aus seinen Einstellungen keinen Hehl macht. Für viele Bayern oder Nordlichter ist der Unterschied zwischen BAP und Bruce Springsteen – den verstehen sie auch kaum – unerheblich. Was den Vertrieb von Merchandise-Ikonen für die Fans angeht, gibt es wenig Unterschiede zwischen BAP und, sagen wir, den Bay City Rollers. Man kann sich natürlich aber auch auf den Standpunkt stellen, daß der Fan danach verlangt. Als Wolfgang Niedecken mit einigen Freunden, die er Komplizen nennt, 1987 die LP »Schlagzeiten« veröffentlicht, wird viel darüber gemunkelt, daß die Band nun auseinanderfällt. Bis jetzt spielen sie immer noch zusammen. Ende 1992 gehören BAP

BAP *(EMI)*

zu den Mit-Initiatoren der Aktion *»Arsch huh, Zäng ussenander«*, die die Mitbürger dazu auffordert, nicht tatenlos dem aufkommenden Ausländerhaß zuzuschauen, sondern »sich aufzurappeln und dagegen anzureden«.

Der Hit: *Fortsetzung folgt . . .*
Der Tip: *Da Capo* (EMI Electrola 7 90778 2)

Baptiste, Mona

* 21.6.1928, † 26.6.1993. Die auf Trinidad geborene Sängerin entwickelte sich vom Kinderstar zum Unterhaltungskünstler Nummer 1 auf ihrer heimischen Insel. 1948 geht sie nach London und muß sich erst mit Gelegenheitsjobs über Wasser halten. Sie arbeitet als Verkäuferin in einem Juweliergeschäft, als in genau dem Laden die Gattin des Orchesterleiters Ted Heath einkauft und ihr einen Vorstellungstermin bei ihrem Mann organisiert. Der engagiert sie. 1949 geht sie mit Stephane Grapelli auf Tournee, kommt nach Paris, tritt dort mit Yves Montand auf und wird in Belgien vom deutschen Impresario Oskar Liebermann für eine Reihe von Gala-Auftritten in Deutschland verpflichtet. 1953 erhält sie hier einen Plattenvertrag, 1954 spielt sie in ihrem ersten deutschen Film mit, aber mit dem, was man ihr an Rollen anbietet und an Liedermaterial vorsetzt, ist sie unzufrieden. Davon dringt jedoch nichts an die breite Öffentlichkeit. Mitte der

50er Jahre ist sie in Deutschland ein vielbeschäftigter und beliebter Unterhaltungsstar. Bis 1971 nimmt sie für die unterschiedlichsten Firmen Platten auf. Ernster nimmt man ihr Talent und ihre Fähigkeiten in der ehemaligen DDR. Hier singt sie Jazz-Galas und nicht *»Es liegt was in der Luft«* oder *»Oh, Jackie-Joe«*.

Der Hit: *Oh, Jackie-Joe*
Der Tip: *Es liegt was in der Luft* (Bear Family BFX 15336)

Barber, Chris

* 17.4.1930. Der britische Jazzposaunist spielte bereits kurz nach dem Kriege in den verschiedensten Bands rund um London. 1949 – er war gerade bei Cy Laurie – versuchte er sich mit einer Band-Kooperative, in der neben ihm Monty Sunshine, Ron Bowden und Lonnie Donegan spielten. Nachdem sich herausstellte, daß das Unternehmen so nicht funktionierte, bat man als Frontmann und Boß Ken Colyer hinzu und nannte sich Ken Colyer's Jazzmen. 1954 verließ Ken diese Formation, die Chris Barber nun übernahm. Als Ersatz für Ken kam Pat Halcox. 1955 wurde *»Icecream«* aufgenommen, ein Titel, der Chris Barber's Jazzband, wie sie sich jetzt nannte, bis in die 90er Jahre nachlief. Kein Konzert von Chris Barber, bei dem nicht dieser Titel, den damals im Original Pat Halcox gesungen hatte, aufgeführt werden muß. In der zweiten Hälfte der 50er Jahre hatte die Band durchgängig Erfolg. Trad-Bands wie Barber, Humphrey Lyttleton, Dick Charlesworth oder Kenny Ball waren gefragt. Den größten Erfolg hatte Chris Barber mit einem Titel, auf dem er nicht mitspielt: *»Petite Fleur«*, 1952 von Sidney Bechet geschrieben, kam im Februar 1959 sowohl in GB als auch in den USA unter die ersten 10 und wurde ein Millionseller. Die Klarinette wurde von Monty Sunshine gespielt, und der Titel würde wohl auch sicher ihm zugerechnet, hätte er eine eigene Band gehabt.

Der Hit: *Icecream*
Der Tip: *Barber's Best* (Decca DS 3197/1-2)

Barclay James Harvest

Stewart »Woolly« Wokstenholme, key/v (* 15.4.1947); John Lees, g/v (* 13.1.1947); Les Holroyd, b/key/v (* 12.3.1948); Mel Pritchard, d (* 20.1.1948). Im britischen Städtchen Oldham wurde Barclay James Harvest 1966 aus zwei aus dem Ort stammenden Formationen gegründet: den Blues Keepers und den Hearts & Souls & The Wickeds. Ab 1967 arbeiteten sie als Profis – ein ortsansässiger Geschäftsmann hatte ihnen ein Bauernhaus zum Üben und Wohnen zur Verfügung gestellt. 1968 erschien die erste Single von BJH, *»Early Morning«*. In den folgenden Jahren werden etliche Singles und LPs veröffentlicht. Der große Erfolg will jedoch nicht gelingen. Hochschulen und Universitäten beherbergen den Großteil der BJH-Fans. 1974 unterschreiben sie bei einer anderen Plattenfirma einen Vertrag, und mit einer Live-LP kommt das erste Album auf den Markt, das sich in der englischen Hitparade plazieren kann. 1977 gelingt es ihnen, auf dem Kontinent Fuß zu fassen und speziell in Deutschland die Fans zu begeistern. Im Juni 1979 verläßt Wolstenholme die Gruppe, um eine Solokarriere anzustreben. Als Trio nehmen Jon, Les und Mel *»Eyes Of The Universe«* auf, das sich alleine in der Bundesrepublik innerhalb weniger Tage über 500 000mal verkauft und Platinstatus erreicht. Der Erfolg der Formation auf dem Kontinent ist inzwischen so groß, daß viele Briten der Meinung sind, Barclay James Harvest sei eine deutsche Formation. Und in der Tat, während sie in GB nie über einen Platz 49 in der Single-Hitparade hinauskommen, haben sie 1980 in Deutschland mit *»Life Is For Living«* gar einen Platz 2 in den Charts. Die Musik von Barclay James Harvest wird von den einen als Art Rock bezeichnet, von anderen als klampfenschwangere Lagerfeuermusik mit Pfadfinderromantik.

Der Hit: *Life Is For Living*
Der Tip: *Best Of* (Polystar 511 439-2)

Bardo

Dieses britische aus einem Mann und einer Frau bestehende Duo ist eine der vielen unsäglichen Konstruktionen, die speziell für den Grand Prix Eurovision zusammengeschmiedet werden. Die beiden, die so bedeutend sind, daß ihre Plattenfirma es nicht einmal für notwendig hielt, ihre Namen auf die Plattenhülle zu drucken, hatten mit *»One Step Further«* denTitel, der GB 1982 in Harrowgate, GB, vertrat. Sie erreichten nur Platz 7, gewonnen hatte Nicole mit *»Ein bißchen Frieden«*. In der britischen Hitparade erreichten sie einen Platz 2, und einen weiteren Schritt gab's dann nicht mehr.

Der Hit: *One Step Further*

Bare, Bobby

* 7.4.1935 als Robert Joseph Bare. Die Geschichte erzählt, daß Bobby kurz bevor er zum Militärdienst eingezogen wurde, den Titel *»All American Boys«* aufgenommen hatte. Er verkaufte die Aufnahme mit allen Rechten für 50 Dollar an eine Plattenfirma. Der Titel war eine Persiflage auf die Einziehung Elvis Presleys zum Militär. Im Dezember 1958 kam *»All American Boy«* in die amerikanischen Charts und kletterte hoch bis auf Platz 2. Bobby Bare wird sich sicher gewundert haben,

denn als Interpret stand unter dem Titel Bill Parsons. Die Plattenfirma argumentierte, man habe einen anderen Namen nehmen müssen, weil Bobby ja noch bei Capitol unter Vertrag sei. In der Tat hat er für Capitol 1956 seine ersten Platten aufgenommen. Während Bobby als Soldat Griffe klopfte, zog dieser Billy Parsons durch die USA und bewegte zu Bobbys Aufnahme die Lippen. Ein früher Fall von Milli-Vanilli-Money-Making-Manie. Zurück von Uncle Sam, versuchte sich Bobby Bare als eigenständiger Interpret. Mit *»500 Miles Away From Home«* erreichte er im Oktober 1963 einen Top-10-Hit in den USA. Für den Film »Teenage Millionaire« schrieb er Twist-Songs für Chubby Checker. Im Film »A Distant Trumpet« spielte er selbst mit. Während seine Zeit in den Pop-Hitparaden, mit einer Ausnahme 1974, 1964 beendet war, konnte er in den Country-Hitparaden bis Ende der 80er Jahre Erfolge verzeichnen.

Der Hit: *All American Boy*
Der Tip: *20 Of The Best* (RCA TIS NL 89332)

Barker, »Blue Lu« Louis

* 13.11.1913. Ihre Karriere begann sie in New Orleans als Tänzerin und Sängerin. Aber erst nachdem sie nach New York gezogen war, machte sie von 1938 bis 1939 Plattenaufnahmen, so z. B. als Lu Blue mit Erskine Hawkins. Ihre nächsten Aufnahmen stammen aus den Jahren 1946 bis 1949. Billie Holiday und Eartha Kitt nannten sie als Vorbild, was verständlich wird, wenn man Blu Lus Gefühl für den Blues hört. Ihre oft ironischen Texte sang sie vor allem mit der Band ihres Mannes, dem Gitarristen Danny Barker, aber auch mit anderen großen Namen des Jazz. Mit *»A Little Bird Told Me«* hatte sie im Dezember 1948 einen Platz 4 in der amerikanischen Pop-Hitparade.

Der Hit: *A Little Bird Told Me*
Der Tip: *Here's A Little Girl* (Pathé Marconi 156 6301)

Barnet, Charlie & His Orchestra

* 26.10.1913, † 4.9.1991. Während viele Musikerkarrieren in armen Verhältnissen beginnen, wurde Charlie in eine reiche New Yorker Familie geboren. Als Kind lernte er Piano und Holzblasinstrumente und entdeckte schon recht früh seine Liebe zum Jazz. Nachdem er einige Jahre auf Kreuzfahrtschiffen gespielt hatte, gründete er 1933 seine erste Big Band. Bemerkenswert an ihm ist, daß er als einer der ersten auch schwarze Musiker engagierte und so eine gemischtrassige Gruppe führte – für damalige Zeiten eine Sensation. Charlie war trotz seines wilden Lebensstils ein Perfektionist, aber an sein Idol Duke Ellington kam er nie

heran. Ende der 40er Jahre hatte er das Gefühl, in der Musik alles erreicht zu haben, und wurde Hotelier. Später spielte er zu besonderen Gelegenheiten immer mal wieder mit erstklassigen Musikern zusammen. Zu seinen größten Hits gehören *»Where Was I«*, im Mai 1940 eine Nummer 1 in den USA, und *»I Hear A Rhapsody«* 1941.

Der Hit: *Where Was I*
Der Tip: *Silver Star Swing* (MCA Coral 6.22182)

Barrie, J. J.

* 7.7.1933 als Barrie Authors in Kanada. Erst war er Manager von Blue Mink und Ocean, dann wurde aus ihm ein Songschreiber. Zusammen mit Terry Briten schrieb er im Frühjahr 1976 die Nummer *»Where's The Reason«*, die Barrie als Demo aufnahm. Ein Produzent war der Meinung, Barrie solle auch auf Platte das Stück singen, was er schließlich tat. Die Veröffentlichung wurde ein Flop. Barrie hatte jetzt aber Blut geleckt und nahm für sein eigenes Plattenlabel Power Exchange *»No Charge«* auf. Dieser Titel stand im Januar 1976 mit der amerikanischen Sängerin Melba Montgomery in den US-Country-Charts und erreichte Platz 1. Im Titel will ein kleiner Junge Geld für eine Gefälligkeit, die er für die Mutter erledigt hat. Statt Bargeld setzt es Belehrung: Was habe sie nicht alles für den kleinen Balg bis zum heutigen Zeitpunkt getan, ohne dafür je eine Bezahlung zu verlangen. Bei Barrie singt die inzwischen verstorbene Vicki Brown, Frau des britischen Pop-Stars Joe Brown, Mutter der erfolgreichen Sängerin Sam Brown und als Mitglied der Vernons Girls Anfang der 60er Jahre selbst in den Hitparaden, ohne auf der Plattenhülle genannt zu werden, mit. Der Tränendrüsen-Song klettert in der britischen Hitparade ab April 1976 hoch und erreicht sogar Platz 1. Danach laufen für Barrie die Geschäfte als Interpret und auch als Plattenfirmenbesitzer schlecht. Er geht zurück nach Kanada und arbeitet dort wieder im Management. 1980 versucht er sich erneut als Songschreiber und Sänger in GB – ohne Erfolg.

Der Hit: *No Charge*
Der Tip: *The Autumn Of My Life* (EMI 062 MFP 97 602)

Barrière, Alain

1964 lieferte Alain mit den Titeln *»Elle était si jolie«* und *»Ma Vie«* zwei große Hits. 10 Jahre lang hörte man kaum etwas von ihm, bevor er 1974 zusammen mit der Sängerin Noelle Cordier und der selbstgeschriebenen Nummer *»Tu T'en Vas«* wieder an der Spitze der französischen Hitparade stand. Auch hier in der

Bundesrepublik erreichte der Titel immerhin einen Platz 2 – für eine französisch gesungene Aufnahme bei uns ein großer Erfolg.

Der Hit: *Tu T'en Vas*

Barron, Blue & His Orchestra

* 22.3.1911. Aus Cleveland, Ohio, kam dieser Leiter einer der erfolgreichsten »sweet dance bands«, die wohl in allen vornehmen Hotels Amerikas zu Hause war. Mitte der 30er Jahre hatte Harry Friedland, so sein richtiger Name, damit begonnen, im Umkreis von Cleveland für die Hotels Bands zu buchen – dann merkte er, daß es noch günstiger war, eine eigene Band zu gründen, die er musikalisch an Kay Kyser und Sammy Kaye anlehnte. Schon bald war er im Mittleren Westen sehr populär. Gegen Ende der 30er Jahre begann seine Plattenkarriere, die bis in die 50er Jahre dauerte. Sein größter Hit war 1949 der Millionseller *»Cruising Down The River«*, der auch Platz 1 in den USA wurde. 1950 belebte er *»Are You Lonesome Tonight«*, einen Oldie aus dem Jahre 1926, und hatte damit einen Top-20-Hit. 1960 nahm Elvis Presley, der als Knabe diese Nummer in der Version von Blue Barron sicher oft gehört hat, das Stück neu auf und machte daraus einen Millionseller.

Der Hit: *Cruising Down The River*

Barron Knights

Duke D'mond, v/g (* 25.2.1945 als Richard Palmer); Butch Baker, g/bj/v (* 16.7.1941 als Leslie John Baker); Peter Langford, g/v (* 10.4.1943); Barron Anthony, b/v (* 15.6.1940 als Anthony Michael John Osmond); Dave Ballinger, d (* 17.1.1941).

Medleys waren und sind bei den Briten sehr beliebt. Barron Knights machten Medleys, aber nicht auf die herkömmliche Art und Weise, sondern als Parodie. Sie versuchten zwar, die Originale der entsprechenden Gruppen zu treffen, brachten dabei aber einen völlig anderen Text dar. 1963 traten sie nach den Beatles in der Christmas Show auf und eroberten GB im Sturm. Ihr erster Hit *»Call Up The Groups«* wurde Mitte 1964 ein Platz 3 in GB. Beatles oder Stones, Searchers oder Dave Clark 5 wurden hier auf den Arm genommen. Es folgten *»Pop! Go The Workers«* und *»Merrie Gentle Pops«*, die beide nach dem gleichen Strickmuster wie die erste gemacht waren und beide ebenfalls unter die ersten 10 der britischen Hitparade kamen. Versuche, eigenes Material in die Charts zu bringen, schlugen fehl. Nach 1968 standen sie für fast 10 Jahre zwar nicht mehr in den Hitparaden, waren aber als Live-Künstler in ganz GB gefragt. 1977/78 gelangen ihnen wieder zwei Top-10-Hits, und in den 80er Jahren waren die Barron Knights ein gefragter Show-Act in GB.

Der Hit: *A Taste Of Aggro*
Der Tip: *Night Gallery* (Epic EPC 83 221)

Barry, John

* 3.11.1933 als Jonathan Barry Prendergast. Der Brite gilt als einer der erfolgreichsten Komponisten von TV- und Film-Musiken. Seine Militärzeit verbrachte er als Trompeter, und als er 1955 entlassen wurde, schrieb er bereits eigene Arrangements für die Band-Leader jener Tage. Er verschickte sie per Post, und einige wurden auch wirklich genommen. Dann gründete er 1957 eine eigene Band, die er John Barry Seven nannte. Noch im gleichen Jahr erschienen die ersten Singles. Mit *»Hit And Miss«* hatte diese Formation im März 1960 einen Top-10-Erfolg in GB – es war die Titelmelodie der bei der BBC-TV wöchentlich über viele Jahre laufenden Sendung »Juke Box Jury«, in der Neuerscheinungen auf dem Plattenmarkt vorgestellt wurden. Sein internationaler Durchbruch kam, als er 1962 unter dem Pseudonym Monty Norman für den ersten James-Bond-Film die Musik schrieb und produzierte. Das *»James Bond Theme«* hat er übrigens bei sich selbst geklaut: *»Bee's Knees«* aus dem Jahre 1958 klingt wie Bond im Kommunionsanzug. Bond sollte nun in den folgenden Jahren sein Dauerarbeitgeber werden – es blieb jedoch noch viel Zeit für andere Projekte. 1966 erhielt er einen Oscar für die Musik zum Film »Born Free«, zwei Jahre später für *»The Lion In Winter«*. Die Vielseitigkeit von Barry verhinderte, daß er bei wechselnden Musikrichtungen aus dem Geschäft war – er konnte sich stets anpassen. Ob *»Midnight Cowboy«* (1966), *»Out Of Africa«* (1985) oder *»The Living Daylights«* (1987), Barry kann alles. 1990 erhielt er erneut einen Oscar, diesmal für seine Musik zu »Der mit dem Wolf tanzt«.

Der Hit: *Hit And Miss*
Der Tip: *Beat Girl* (Big Beat Records WIK 31 TIS)

Barry, Len

* 12.6.1942 als Leonard Borrisoff in Philadelphia. Seine ersten Spuren in den Hitparaden findet man 1961 als Mitglied der Dovells. Hier sang er die Nummer *»Bristol Stomp«*, die im Herbst 1961 bis auf Platz 2 der US-Charts kam. Nach einem weiteren Top-10-Hit im April 1963, *»You Can't Sit Down«*, stieg er aus und versuchte eine Solo-Karriere, die zuerst einmal gut anlief. Mit *»1-2-3«* und *»Like A*

Baby« hatte er 1965/66 zwei große Hits – 1967 war wieder alles vorbei. Jahre später wurde er als Kellner in einer Bar in Philadelphia gesichtet.

Der Hit: *1-2-3*
Der Tip: *Yesterday's Pop Scene* (MCA Coral COPS 7192)

Barton, Eileen

* Ca. 1925/28. Die Eltern von Eileen waren Varieté-Künstler – kein Wunder, daß die Kleine schon früh in ihre Fußstapfen trat. Als Kinderstar machte sie mit in Radioprogrammen von Rudy Vallee oder Eddie Cantor oder aber speziellen Sendungen für Kinder. Erst 9 Jahre alt, trat sie zusammen mit Milton Berle in dessen Shows auf und ging mit ihm auf Tournee durch die USA. Es folgte der Broadway und schließlich 1944 eine Tournee mit Frank Sinatra. In den späten 40er Jahren sang sie vorwiegend in Clubs und hatte etliche Hochs und Tiefs – dann kam im März 1950 der Nummer-1-Hit und Millionseller *»If I Knew You Were Comin' I'd've Baked A Cake«*. 1955 war mit dem aufkommenden R'n'R der nichtgebackene Kuchen gegessen.

Der Hit: *If I Knew You Were Comin' I'd've Baked A Cake*

Basie, Count

* 21.8.1904 als William Basie, † 26.4.1984. Hinter Duke Ellington gilt er als einer der erfolgreichsten Big-Band-Leader aller Zeiten. Er spielte mit fast allen Großen des Jazz zusammen und begann ganz klein: Er begleitete Varieté-Künstler bei ihren Auftritten, spielte dann mit Walter Page's Blue Devils und schließlich von 1929 bis 1935 mit Bennie Moten. Nach dessen Tod nahm er die besten Musiker dieser Band und gründete eine eigene Formation, die nur zwei Jahre brauchte, um sich nach oben zu spielen. Durch seine außergewöhnlichen Solisten – vor allem Tenorsaxophonist Lester Young –, den Sänger Jimmy Rushing und durch das einfache, aber swingende Pianospiel des Count selbst konnte er sich einen internationalen Ruf verschaffen. Mehr als vier Jahrzehnte galt seine Band als ein Synonym für das Beste aus dem Bereich Big-Band-Music. Seinen größten kommerziellen Erfolg hatte er im Frühjahr 1947 mit der für ihn eher untypischen Novelty-Nummer *»Open The Door, Richard!«*, die bis auf Platz 1 der Pop-Charts kam und ein Millionseller wurde. Harry Edison und Bill Johnson waren die Sänger dieser Nummer.

Der Hit: *Open The Door, Richard!*
Der Tip: *Best Of* (MCA Coral COPS 1788/1-2 & COPS 6596/1-2)

Basil, Toni

Toni Basil *(Ariola-Virgin)*

* 1950. »Hier ist sie!« schrieb die deutsche Plattenfirma 1981 zur Veröffentlichung der ersten LP von Toni Basil, »Die Vereinigung von Rock and Roll mit dem Hollywood-Sex-Appeal einer Jane Russel« – na ja. Die amerikanische Tänzerin und Sängerin war schon in den 60er Jahren für die Choreographie von US-Pop-Shows wie »Hullabaloo« oder »Shindig« verantwortlich. Ende der 60er Jahre half sie den Monkees im Film »Head« auf die Sprünge, spielte mit in »Easy Rider« und war 1974 in »American Graffiti« involviert. David Bowie, Bette Midler, Tina Turner, die Pointer Sisters, Devo, Manhattan Transfer oder Melissa Manchester bedienten sich ihrer Fähigkeiten, Bewegungsabläufe so zu koordinieren, daß sie schick aussehen. Als das Medium Video aufkam, brach Tonis große Zeit an. Selbst Talking Head konnten nicht auf sie bei ihren Video-Produktionen verzichten. 1981 nahm sie zusammen mit ihrer Tanztruppe Lockers im Hintergrund die LP *»Word Of Mouth«* auf – darauf war die Chinn-Chapman-Komposition *»Mickey«*, die ihr im Februar 1982 einen überraschenden 2. Platz in den GB-Charts einbrachte. Im September 1982 kam die Platte auch in die US-Hitparade, wurde ein Platz 1 und eine Platin-Platte. Mitte 1984 war ihr Hitparadentanz wieder vorbei. Nix mit »Waren Disco und New Wave die Phänomene der 70er, hier ist das musikalische Heroin der 80er Jahre!«, wie die Firma die Künstlerin anpries.

Der Hit: *Mickey*
Der Tip: *Word Of Mouth* (EMI 1 C 064-46 300)

Bass, Fontella

* 3.7.1940. In den frühen 60er Jahren tourte sie als Keyboarderin und Sängerin mit der Little Milton Band durch die USA. Nebenher machte sie einige Platten, die ab 1965 auch erfolgreich waren. Mit dem Titel *»Rescue Me«* hatte Fontella Ende 1965 einen Top-10-Hit in den USA. Es folgten 1966 noch ein paar kleinere Hits, und dann war sie wieder verschwunden. Fontella heiratete Ende der 60er

Jahre den Trompeter Lester Bowie, dem sie nach Paris folgte. Zurück in den USA, nahm sie später einige schöne, aber nicht erfolgreiche Platten auf.

Der Hit: *Rescue Me*

Bassey, Shirley

* 8.1.1937. Zwischen 1957 und 1973 war die Waliserin regelmäßig in den GB-Charts vertreten – dabei brachte sie es auf 12 Top-10-Erfolge. In der Christmas-Show des Komikers Al Read trat sie 1955 erstmals in London auf. Read hatte über ein Jahr lang eine Show laufen, die sich *»Such Is Life«* nannte – Shirley blieb in London und machte mit. Ihre kraftvolle Stimme – sie hatte den Spitznamen »Shirley The Belter« – wurde beim Publikum immer beliebter. 1959 hatte sie mit *»As I Love You«* ihren ersten Spitzenreiter in GB. 1961 folgte *»Reach For The Stars/ Climb Ev'ry Mountain«*. Ihr größter Hit in den USA sollte *»Goldfinger«* werden – eine von insgesamt drei Titelmelodien, die sie für James-Bond-Filme sang. Diese Hit-Strähne ging bis 1973 – dann sollte sie erst 1987 wieder mal in den Charts auftauchen. Zusammen mit dem Schweizer Duo Yello erreichten sie und der Titel *»The Rhythm Divine«* die Hitparade. Aber auch wenn sie nicht in den Charts steht, geht es Shirley sicher nicht schlecht. Als Live-Künstlerin ist sie für jede Gala eine Bereicherung – auch noch in den 90er Jahren.

Der Hit: *Goldfinger*
Der Tip: *Diamonds* (EMI CDP 790 469 2)

Bassheads

Was diese britische Band veranstaltet, beschreibt die Plattenfirma so: »Eines der Phänomene der englischen Clubszene ist der unglaubliche Erfolg von White-Label-Produkten. Dies sind Bootlegs von Advance-Tapes, die ohne Einverständnis der Plattenfirmen gepreßt werden, und die Künstler gehen ebenfalls leer aus.« So ist die erste Single von Bassheads angeblich in GB zu Spitzenpreisen von bis zu 25 Pfund gehandelt worden, bis sie offiziell erschien – das wäre nicht nötig gewesen. Als sie dann auf den Markt kam, war die Nachfrage so groß, daß sie im November 1991 auf Platz 8 der GB-Charts einstieg und dann sogar Platz 5 erreichte. Die Nachfolgesingle *»Back To The Old School«* wurde Mitte 1992 Platz 12 – und dann schien das Interesse an dieser Kunstformation langsam nachzulassen. Mitglieder der Band werden auf den Singles nicht genannt – wie auch, wenn alles nur zusammengesampelt ist? Im März 1993 erscheint das Debütalbum *»C.O.D.E.«*.

Der Hit: *Is There Anybody Out There?*

Bass-O-Matic

William Orbit, Remix-Specials; Musgrave, v; MC Inna One Step, rap.
Eine weitere Gruppe, deren einziges Interesse zu sein scheint, den Discos die Tanzflächen zu füllen. Sphärische Keyboard-Klänge, dazu die soulige Stimme von Musgrave und der Rap von MC – das zusammen ergibt einen *»Fascinating Rhythm«*, wie der erste und einzige Hit dieser Formation hieß, der im September 1990 in die GB-Charts kam und Platz 9 erreichte. Nachfolgenummern waren schon »unter ferner rappten«.

Der Hit: *Fascinating Rhythm*

Batt, Mike

* 6.2.1950. Mike begann seine Karriere als Songschreiber und Produzent. 1973 schrieb und sang er für eine Kinder-TV-Sendung in GB Songs als The Wombles. Die brachten es bis Ende 1974 immerhin auf 4 Top-10-Hits, der größte war *»Wombling Merry Christmas«*, Weihnachten 1974 auf Platz 2. Aber auch als Produzent und Songschreiber arbeitete er weiter und betreute Steeleye Span, Troggs, Family, Kursaal Flyers oder Linda Lewis. Im August 1975 gelang ihm schließlich unter seinem Namen mit *»Summertime City«* ein Platz 4 in den GB-Charts. Für Art Garfunkel schrieb er 1979 die Nummer *»Bright Eyes«*, die ein Spitzenreiter in GB wurde und aus dem Zeichentrickfilm »Watership Down« stammte. In Deutschland hatte Mike etliche Songs in den Hitparaden – seine erfolgreichste Platte bei uns war *»Lady Of The Dawn«* im März 1980. Bemerkenswert auch seine weiteren Filmmusiken und Musicals, z. B. *»Caravans«* oder *»The Hunting Of The Snark«*. Bemerkenswert sein Album *»Schizophonia«* – das Londoner Symphony Orchestra mit der Gitarre von Chris Spedding, einem Berber-Gebet, dem Gesang von Mike Batt, Bachs »Bourée« und Animals' *»Don't Let Me Be Misunderstood«* zu kreuzen grenzt schon an musikalische Schizophrenie.

Der Hit: *Summertime City*
Der Tip: *The Winds Of Change* (Connoisseur VSOP CD 169)

Bäumler, Hans-Jürgen

* 28.1.1942. In den 90er Jahren verdingte sich der ehemalige Kufenläufer als riskanter TV-Moderator. 1964, nachdem er zusammen mit seiner Schlittschuhpartnerin Marika Kilius fünfmal die Deutsche Paarlaufmeisterschaft gewonnen hatte, Europameister und Olympia-Sieger geworden war, versuchten sich die zwei getrennt und zusammen als Sänger. Singende Sportler waren in den 60er

Jahren in Deutschland keine Ausnahmeerscheinung. Ob Bubi Scholz, Franz Bekkenbauer, Martin Lauer, Toni Sailer, Willy Kuhweide, Gerd Müller, Carl Kaufmann, Manfred Schnelldorfer, Hermann Schridde, Alwin Schockemöhle, Charly Dörfel, Erwin und Helmut Kremers oder Peter Radi Radenkovic (»Bin i Radi – bin i König«) – alle durften sie mal. Neben Martin Lauer waren vor allem Hans-Jürgen und Marika erfolgreich. Die beiden genossen in ihrer Zeit eine Popularität, wie sie später das Nicht-Paar Steffi Graf und Boris Becker erreichten. Hans-Jürgen und Marika drehten einige nichtssagende Filmchen und hatten mit *»Honeymoon in St. Tropez«* einen gemeinsamen Hit. Beide brachten es auch auf Solo-Top-10-Erfolge – sein größter war *»Wunderschönes fremdes Mädchen«*. 1969 spielte er den Trapez-Artisten Viggo Dorian in der TV-Serie »Salto Mortale«. Mit *»Riskant«* begann er Ende der 80er Jahre als Quiz-Master bei RTL.

Der Hit: *Wunderschönes fremdes Mädchen*
Der Tip: *Honeymoon in St. Tropez* (Bear Family BCD 15 589)

Baxter, Les

* 14.3.1922. Bereits als Teenager war der Amerikaner ein Konzertpianist. Seine Ausbildung genoß er am Detroit Conservatorium of Music und am Pepperdine College in Los Angeles. Mitte der 40er Jahre wurde er Mitglied von Mel Tormé und den Mel-Tones. In den späten 40ern leitete er dann die Radioshows von Bob Hope, Abbott & Costello und anderen. Er begann, Arrangements für z. B. Nat King Cole und Margaret Whiting zu schreiben. Anfang der 50er Jahre ging er als Interpret und Produzent zu Capitol Records. Mit *»Because Of You«* hatte er Mitte 1951 seinen ersten Top-10-Hit in den USA. 1955/56 gelangen ihm zwei Nr.-1-Hits: *»Unchained Melody«* und *»The Poor People Of Paris«*. In den Jahren danach schrieb er Musik für Filme, mit Vorliebe für Horror-Filme, und mehrere Orchester-Suiten.

Der Hit: *The Poor People Of Paris*
Der Tip: *Baxter's Best* (Capitol CDP 7 91218 2)

Bay City Rollers

Alan Longmuir, b (* 20.6.1953); Derek Longmuir, d (* 19.3.1955); Leslie McKeown, v (* 12.11.1955); Stuart Wood, g (* 25.2.1957); Eric Faulkner, g (* 21.10.1955); Ian Mitchell, g (* 22.8.1958); Pat McGlynn, g (* 31.3.1958).
Schon 1967 gründeten die beiden Brüder Longmuir in ihrer Heimatstadt Edinburgh die Bay City Rollers. Tam Paton war zu diesem Zeitpunkt Bandleader im »Edinburgh Palais«. Er sah die Kinder spielen und erkannte darin ihr Potential als

Bay City Rollers *(EMI)*

Teenstars. Also schmiß er seinen Job hin und wurde ihr Manager. Den Namen Bay City Rollers soll er gefunden haben, indem er eine Nadel wahllos irgendwo auf eine amerikanische Landkarte steckte. Sie steckte in Bay City, Utah. Man stelle sich vor, die Nadel hätte den Ort Harts in West Virgina getroffen, dann wären aus den Jungs die Harts Rollers geworden. Was sie gefährlich in die Nähe dessen gebracht hätte, was sie musikalisch machten. Bis 1971 wechseln die Mitglieder innerhalb der Gruppe noch häufig. Dann erhalten sie einen Plattenvertrag, und Jonathan King produziert mit ihnen eine Neuaufnahme des 1965er Hits *»Keep On Dancing«* von den Gentrys. Die Platte wird ein Top-10-Hit in GB. Die nächste Single wird ein Flop, dann kommt als neuer Gitarrist Eric Faulkner. *»Manana«* wird veröffentlicht, und damit hat die Band ihren ersten Erfolg in Deutschland. Aber erst nachdem Stuart Wood und Leslie McKeown im Januar 1973 zur Band stoßen, beginnt die »Rollermania«. Inzwischen legen sich die Jungs als Bühnenkleidung den sogenannten Tartan-Look zu, der schnell von den Fans übernommen wird. Die Jahre 1975/76 bringen Hit auf Hit. Dann verläßt Alan Longmuir die Band und wird ersetzt durch Ian Mitchell. Stuart Wood übernimmt den Baß. Mit dem Verlassen von Alan gibt es auch den ersten Bruch im Teenie-Image der

Gruppe. Faulkner wäre im April 1976 in Tam Patons Haus fast an einer Überdosis Drogen gestorben, und das, obwohl die Jungs nach außen hin nicht rauchten, nicht tranken und auch sonst nichts vom Leben hatten. Ian Mitchell bleibt nicht lange bei der Band. Er verläßt sie im August 1977, um eine eigene Gruppe zu gründen. Für ihn kommt Pat McGlynn. Im Herbst 1978 steht fest, daß die Zeit der Bay City Rollers vorbei ist. Eric Faulkner geht und versucht eine Solokarriere mit einigem Erfolg in Japan. Der Rest spielt bis in die 80er Jahre in GB und in den USA bei kleineren Veranstaltungen und in Clubs. 1982 wird Tam Paton wegen Unzucht mit Minderjährigen für drei Jahre ins Gefängnis geschickt. 1989 – die Gruppe ist jetzt nur noch in Japan populär, dort sind die Fans noch treuer als in Deutschland – erscheint für den dortigen Markt die CD *»Collection Memorial«*. Jährlich touren die unterschiedlichsten Ex-Mitglieder der Bay City Rollers über die Insel.

Der Hit: *Saturday Night*
Der Tip: *Starke Zeiten* (Arista 258 850)

Bazuka

Der amerikanische Produzent Tony Camillo nahm mit einer Crew von Studiomusikern, mit denen er auch ansonsten arbeitete, im Frühjahr 1975 die Instrumentalaufnahme *»Dynomite – Part I«* auf, die als Tony Camillo's Bazuka erschien und zur Überraschung aller Beteiligten im April 1974 ein Top-10-Hit in den USA wurde.

Der Hit: *Dynomite – Part I*

B. Bumble & The Stingers

Sessionmusiker aus Los Angeles – dazu gehörten Plas Johnson, Rene Hall, Earl Palmer und Al Hassan – nahmen zusammen mit dem Pianisten Ernie Freeman Anfang 1961 eine Adaption von Rimski-Korsakows »Hummelflug« als *»Bumble Boogie«* auf. Die Platte erreichte Platz 21 in den USA. Einen richtigen Knüller landeten sie mit einem anderen Pianisten, als sie ein Jahr später Tschaikowskis »Nußknacker« zum *»Nut Rocker«* verknackten. Die Platte gefiel speziell den Briten so sehr, daß sie dort im Sommer 1962 Spitzenreiter in der Hitparade wurde. Eine Wiederveröffentlichung 10 Jahre später brachte es immerhin noch unter die ersten 20. Auf Tournee als B. Bumble ging ein gewisser R. C. Gamble mit ganz anderen Musikern.

Der Hit: *Nut Rocker*

Beach Boys

Brian Wilson, b/key/v (* 20.6.1942); Mike Love, v (* 15.3.1941); Carl Wilson, g/v (* 21.12.1946); Al Jardine, g/v (* 3.9.1942); Dennis Wilson, d/v (* 4.12.1944, † 28.12.1983); Bruce Johnston, g/v (* 27.6.1944).

Als am 8. Dezember 1961 die erste Platte der Beach Boys *»Surfin'«* erschien, konnte niemand ahnen, daß sich diese Gruppe bis in die 90er Jahre behaupten würde. Das Auf und Ab in der Band war gewaltig. Zwischen 1963 und 1967 war die erste große Phase dieser Gruppe. 1976 und 1988 sollten sie jeweils wieder einen Top-10-Hit in den USA haben, nachdem man lange der Meinung war, sie seien wieder ganz weg vom Fenster. Drogenprobleme am Anfang der 70er Jahre drohten die Band zu sprengen. Während die Konstante in der Band Mike Love war, versuchte Brian Wilson, seine Ideen durchzusetzen. Während den Beatles mit *»Sgt. Pepper«* ein Multi-Millionseller-Album gelang, konnte sich das wenig vorher entstandene Werk *»Pet Sounds«* der Beach Boys nicht einmal zum einfachen Millionseller mausern. Daran hatte Brian Wilson schwer zu knabbern. Dem ohnehin introvertierten, von Beruhigungsmitteln abhängigen Brian fiel es immer schwerer, sich auf neue Kompositionen zu konzentrieren. Um sich herum baute er eine eigene Scheinwelt auf, die darin gipfelte, daß in seinem Wohnzimmer das Piano in einem Sandkasten zu stehen hatte. Während er komponierte, wollte er mit den Zehen im Sand spielen. Auf der anderen Seite: Die Tatsache, daß Brian nur auf einem Ohr hören konnte, machte in den Anfangstagen den Erfolg der Gruppe aus. Da er keine Single-Abmischung in Stereo machen konnte, schaffte er den typischen knalligen Beach-Boys-Sound, der sich speziell in den kleinen Autoradios als überaus präsent darstellte. Alle nachträglichen Stereo-Abmischungen der frühen Beach-Boys-Hits sind bei weitem nicht so gut wie die Mono-Originale.

Bevor sie als Beach Boys ab 1962 Erfolg haben sollten, firmierten sie als Kenny & The Cadets, Carl & The Passions und Pendletones. Schon vor 1961 hatten sie als Mitglieder einer Folkgruppe bei dem Verleger Hite Morgan vorgespielt. Nachdem die drei Brüder Wilson und Cousin Mike Love – dessen Mutter Emily ist Vater Murray Wilsons jüngere Schwester – Anfang der 60er Jahre die Begeisterung der Kalifornier fürs Surfen bemerkt hatten und ihren musikalischen Stil in diese Richtung veränderten, lud Morgan die Pendletones zu sich nach Hause ein, um mit ihnen den Song *»Surfin'«* einzuspielen. Morgan veröffentlichte die Platte am 8. Dezember 1961 – es wurde ein Flop. Die Jungs nahmen den Titel neu auf, und nun fanden sie in Candix eine Plattenfirma, die ihn veröffentlichen wollte. Die jedoch wollten nicht den Namen Pendletones und schlugen The Surfers vor. Das gefiel den Jungs wieder nicht, und so einigte man sich auf Beach Boys. Auch dieses Mal kam die Platte nicht in die Hitparaden. Al Jardine verließ die Gruppe und wurde ab März 1962 durch David Marks ersetzt, der schräg gegenüber von den

Beach Boys

Wilsons wohnte. Ein Jahr später kam Jardine wieder zurück. Vater Murray Wilson wollte es nun wissen und lief sich mit *»Surfin'«* bei diversen Plattenfirmen einen Wolf. Bei Capitol Records fand er Interesse, und man machte mit den Beach Boys *»Surfin' Safari«*. Candix hatte inzwischen noch einmal *»Surfin'«* veröffentlicht. Dieses Mal wurde es ein Platz 75 in den US-Charts. Nebenbei: Die Originalpressung dieser Single mit der Nummer Candix 331 ist in den USA nicht unter 200 Mark zu haben. *»Surfin' Safari«* wurde im August 1962 der erste Top-20-Hit für die Beach Boys. Im Frühjahr 1963 gelang ihnen mit *»Surfin' U.S.A.«* der erste Top-10-Hit. Erst 1974, als *»Surfin' U.S.A.«* wiederveröffentlicht wurde, stand der richtige Autor unter dem Titel – es war eine Adaption der Chuck-Berry-Nummer *»Sweet Little Sixteen«*.

Die ersten persönlichen und gesundheitlichen Schwierigkeiten stellten sich bei Brian Wilson im Dezember 1964 ein. Er wollte nicht weiterhin mit der Gruppe auf Tournee gehen und wurde kurzfristig durch Glen Campbell ersetzt, der seinerseits im April durch Bruce Johnston Ersatz fand. Bruce hatte vorher zusammen mit Terry Melcher, dem Sohn von Doris Day, zwei Top-100-Hits als Bruce & Terry. Zur Bühnenband gehörte eine Zeitlang Daryl Dragon, der später zusammen mit Tennille als Captain & Tennille erfolgreich war.

Der erste Millionseller gelang den Beach Boys dann Mitte 1964 mit *»I Get Around«*, der zweite Ende 1966 mit *»Good Vibrations«*. Dieser Titel zeigte schon an, daß sich die Beach Boys musikalisch von ihrem *»Fun-Fun-Fun«*-Image lösten. Ende der 60er Jahre kam dann die Krise und 1988 der Platinhit *»Kokomo«* aus dem Film »Cocktail«. Dennis Wilson, von dem man wußte, daß er als einziger der Beach Boys ein wirklicher Surfer war, ertrank am 28. Dezember 1983. Dieser tragische Unfall brachte Brian, der 1982 aus der Gruppe geworfen worden war, um mit einem Kampfgewicht von 320 Pfund eine Entziehungskur anzutreten, wieder zur Räson, und im Juli 1988 erschien die erste Soloplatte von Brian Wilson. Musikalisch wird der Name Wilson inzwischen durch seine beiden Töchter Wendy und Carnie fortgeführt, die zwei Drittel des Trios Wilson Phillips bilden.

Der Hit: *Kokomo*
Der Tip: *Good Vibrations* (Capitol 7 89936 2)

Beagle Music Ltd.

»Ice In The Sunshine – was paßt besser in die Jahreszeit als dieser poppige Sommerhit? Positive Frische, eine Supermelodie und poppige Disco-Rhythmen lassen die Assoziation von Urlaub, Strand und guter Laune entstehen. Ein Sommerhit, wie er besser nicht sein kann.« Das war die Information, die die Plattenfirma der Veröffentlichung von *»Ice In The Sunshine«* beilegte. Trotz dieser Informationsflut wurde die Platte im August 1986 ein Top-10-Hit in Deutschland. Dann war der Sommer vorbei, und alles schmolz wie das Eis in der Sonne. Der Kopf dieser Gruppe war der Hamburger Holger Kopp, der die kleine Melodie eigentlich für einen Werbespot von Langnese geschrieben hatte. Daß sich Werbemelodiechen zu veritablen Hits aufblasen lassen, gibt es schon seit vielen Jahrzehnten – und immer noch.

Der Hit: *Ice In The Sunshine*

Beastie Boys

MCA, v (* 15.8.1967 als Adam Yauch); King Ad-Rock, v (* 31.10.1966 als Adam Horovitz); Mike D, v (* 20.11.1965 als Michael Diamond).
Die drei Mitglieder der Band fanden sich 1981 in der Formation The Young & The Useless. 1983 machten die drei weißen New Yorker Rap zum Bestandteil ihrer Bühnenshow. Mitte 1984 begleitete das Trio Madonna auf einer US-Tournee. Wenig später erschien die erste Single, *»Rock Hard«*, im März 1987 die Debüt-LP *»Licenced To Ill«*. Es wird das erste Rap-Album, das einen Platz 1 in der amerikanischen Pop-Hitparade belegt. Die Single-Auskopplung *»(You Gotta) Fight For Your Right (To Party!)«* wird ein Top-10-Hit in den USA und erreicht Platz 11 in der britischen Hitparade. Die Nachfolger *»No Sleep Till Brooklyn«* und *»She's On It«* werden zumindest in GB Hits. Gerade dort hat sie inzwischen die britische Presse

gefressen und regt sich regelmäßig über ihre Bühnenauftritte und ihr Benehmen in der Öffentlichkeit auf. Das scheint allerdings nicht zu schaden. Und als 1992 die dritte LP der Beastie Boys erschien, konnte man lesen: »Aus den Lümmeln des Jahres 1987 sind Leute geworden.« Ihre Musik, anfänglich rüder Rap, hatte sich inzwischen in der Tat zu einer Mixtur aus Hiphop, Jazz und Rock 'n' Roll entwikkelt.

Der Hit: *(You Gotta) Fight For Your Right (To Party!)*
Der Tip: *Licenced To Ill* (Def Jam 450 062 2)

Beat

Dave Wakeling, v/g (* 19.2.1956); Andy Cox, g (* 25.1.1956); David Steele, b (* 8.9.1960); Everett Morton, d (* 5.4.1951); Ranking Roger, v (* 21.2.1961 als Roger Charlery); Saxa, sax.
Ende der 70er Jahre. Gruppen wie Selecter, Bodysnatchers, Specials, Fun Boy Three, Madness oder Bad Manners werden als Two-Tone-Bands bezeichnet. Im September 1978 – in GB besteht ein großes Interesse an dieser Mischung aus Reggae, Ska und Bluebeatmusik – findet sich die weitere Two-Tone-Band Beat zusammen. Kopf ist Dave Wakeling, der als Sänger, Gitarrist und Songschreiber fungiert. Um ihre erste Single zu produzieren, müssen sie sich 500 Pfund leihen. Es ist eine Coverversion des Smokey-Robinson-Titels *»Tears Of A Clown«*, der Top 10 wird und sich alleine in England über 300 000mal verkauft. Die Jungs von Beat sind clever und etablieren ihr eigenes Plattenlabel, das sie von Arista vertreiben lassen. Bis Mitte 1983 haben sie vier weitere Top-10-Hits in GB. Was sie in ihren Anfangstagen machten, war Drei-Minuten-Pop der einfachen Art. Schon auf der zweiten LP, im Mai 1981 veröffentlicht, verlor das multirassische Ensemble aus Birmingham genau diese Leichtigkeit. Die Intention der Band: Sie wollten sich von einem Image befreien, das sie als leichtgewichtige, oberflächliche Tanz- und Spaßcombo abtat. Sie drehten die Schraube zu weit und manövrierten sich selbst in eine Sackgasse. Während der Vorbereitungen zum dritten Album im April 1982 erkrankte der 53jährige Jamaikaner Saxa schwer an der Lunge, die Ärzte verordneten Auftrittsverbot. Als Verkaufshemmer für ihre Platten attestierte die deutsche Vertragsfirma der Band deren wachsendes politisches Engagement. Benefizkonzerte, meist zugunsten Kampagnen der Anti-Atomwaffen- und -Kernkraftbewegung und gegen Arbeitslosigkeit, fanden beinahe häufiger statt als kommerzielle Konzerte. Mitte 1983 trennte man sich. Sinnigerweise sind sie zu diesem Zeitpunkt auf Platz 3 der britischen Hitparade mit einem Remix von *»Can't Get Used To Losing You«*, aufgenommen 1980. Dave Wakeling gründet mit Ranking Roger die Formation General Public, David Steele und Andy

Cox holen sich den Sänger Roland Gift und bilden mit ihm zusammen die Fine Young Cannibals.

Der Hit: *Can't Get Used To Losing You*
Der Tip: *I Just Can't Stop It* (Arista 202 324)

Beatles

Paul McCartney, v/b/g (* 18.6.1942); John Lennon, v/g (* 9.10.1940, † 8.12.1980); George Harrison, v/g (* 25.2.1943); Stu Sutclifffe, b († 10.4.1962); Pete Best, d (* 24.11.1941); Ringo Starr, d/v (* 7.7.1940 als Richard Starkey).
Bei dieser Band wird in den meisten Fällen mit Superlativen nicht gegeizt. Die Literatur ist mannigfaltig und umfangreich. Wann die Beatles was und warum gemacht haben, läßt sich fast auf den Tag genau nachvollziehen. Drum hier am Anfang zwei Zahlen, die verblüffend für diejenigen sind, die heute im Rückblick die Zeit der Beatles nicht erlebt haben, auf der anderen Seite von ihren Eltern vom Stellenwert dieser Formation gehört haben. Zwischen Oktober 1962 und März 1970 veröffentlichten die Beatles 22 Singles. In einem ähnlich kurzen Zeitraum sind 13 LPs und 14 EPs erschienen. Auf den EPs ist in der Regel schon wieder Material, das auf Single oder LP vorliegt. Das war es. Mehr haben sie offiziell nicht herausgebracht. Und wer diese Platten hat, hat das Beste der Beatles zu Hause stehen. Sogenannte *»Rare« oder »Ultra Rare Tracks«* sind völlig überflüssig und geben in den meisten Fällen auch nicht das wieder, was die Gruppe für veröffentlichungswürdig befand. Man kann gegen Bootlegs rechtliche Bedenken haben, aber Schwarzpressungen kommen auf den Markt gegen die ausdrücklichen Interessen und Wünsche der Interpreten und sind somit vom moralischen Standpunkt her ein Schlag ins Gesicht der Künstler.
Als am 5. Oktober 1962 mit *»Love Me Do/P.S. I Love You«* die erste Single der Beatles erschien, waren sie keinesfalls mehr Frischlinge auf der Szene. Wie viele britische Musiker hatten sie die Ochsentour durch Top Ten, Star-Club und andere Etablissements hinter sich; hatten in Löchern gehaust; hatten sich mit »Hallo-Wach« im Stundenrhythmus durch die Tage gequält; hatten mit Stu Sutcliffe in Hamburg einen Mitspieler aus den Anfangstagen verloren. Als die Beatles nach einem Gastspiel im Star-Club nach Liverpool zurückkehrten, blieb Stu in Hamburg, um Malerei zu studieren. Bei ihrer Rückkehr nach Hamburg am 11. April 1962 mußten sie erfahren, daß Stu einen Tag zuvor an einem Gehirntumor gestorben war. Zwei Tage später, am 13. April, wurde der legendäre Star-Club eröffnet mit dem Plakat: »Die Not hat ein Ende! Die Zeit der Dorfmusik ist vorbei!«
Am 22./23. Juni 1961 hatten die Beatles in der Hamburg-Harburger Friedrich-Ebert-Halle unter dem Produzenten Bert Kaempfert als Begleitmusiker von Tony

Beatles *(Polydor)*

Sheridan und auch ohne ihn einige Stücke aufgenommen. Darunter war die Nummer »*My Bonnie*«, die Ende 1961 immerhin bis auf Platz 32 in der deutschen Hitparade kam. Allerdings – auf der Plattenhülle werden die Beatles nicht einmal erwähnt, und auf der Platte selbst steht Tony Sheridan & The Beat Brothers. Bert Kaempfert, der ja in den Jahren danach bewies, daß er einen guten Riecher für erfolgreiche Musik besitzt, hat das musikalische Potential der Beatles nicht erkannt. So sollte es der Band auch gehen, als sie am 1. Januar 1962 bei der Plattenfirma Decca ein Probeband aufnahm. Die Zeit der Gitarrenbands sei vorbei, wurde ihnen gesagt, und damit waren sie abgelehnt. Ende Oktober 1961 soll ein potentieller Plattenkäufer in das Schallplattengeschäft NEMS im Liverpooler Stadtteil Whitechapel nach der Platte »*My Bonnie*« von den Beatles gefragt haben. Der Geschäftsführer hieß Brian Epstein. Er besorgte dieses merkwürdige Stück und verkaufte innerhalb kürzester Zeit 200 Exemplare. Anfang Dezember 1961 traf er sich mit der Gruppe und schlug vor, ihr Manager zu werden gegen eine Beteiligung von 25 % an all ihren Einkünften. Er besorgte den Beatles die Probeaufnahme im Decca-Studio. Er war es auch, der am Ball blieb und ihnen am 6. Juni 1962 einen Vorspieltermin bei Parlophone besorgte.
Die Beatles spielten also in ihren Anfangstagen zu fünft. Und selbst eingefleischte Fans von John, Paul, George und Ringo sind der Meinung, daß Stu Sutcliffe und Pete Best in den Anfangstagen der Band die Publikumslieblinge der Gruppe waren. Stu hatte was von James Dean, Pete von Eddie Cochran. Stu blieb in Hamburg, verlobte sich mit Astrid Kirchherr und starb. Pete Best wurde im

wahrsten Sinne des Wortes aus der Gruppe hinausgeekelt, bevor die erste offizielle Single erschien. Bei den Probeaufnahmen für Parlophone im Juni 1962 war er noch dabei. Als die Beatles zur ersten regulären Aufnahme erschienen, hatten sie den Nachfolger Ringo Starr am Schlagzeug sitzen. Der wiederum überzeugte den Produzenten Martin nicht. Wohl aus diesem Grund hatte er bereits einen Ersatz-Drummer mitgebracht. Daß sich Ringo im Laufe der Jahre zum Knuddel-Beatle entwickeln würde, konnte man nicht ahnen. Die erste Single der Beatles war auch noch nicht der absolute Renner, aber schon *»Please Please Me«*, veröffentlicht am 11. Januar 1963, wurde ein Platz 2 und *»From Me To You«*, genau vier Monate später auf den Markt gebracht, ein Platz 1 in der britischen Hitparade. Von diesem Zeitpunkt an bis Mitte 1970 dominierten die Beatles weltweit die Hitparaden. Bemerkenswert ist der musikalische Wandel der Gruppe – zwischen *»Love Me Do«* und *»Let It Be«* liegen Welten. Als sich die Gruppe im April 1970 trennte, war sich niemand bewußt, daß damit ein Katalysator für die Entwicklung der Popmusik verlorengegangen war. Wer auch immer in den 60er Jahren versucht hatte, im Popgeschäft Fuß zu fassen, lehnte sich an die Entwicklung an, die die Beatles vorgaben. Viele amerikanische Gruppen versuchten, britischer als die Beatles zu klingen, und schafften es nicht. Viele britische Bands inklusive der Rolling Stones beobachteten genau, was von den vier aus Liverpool als Marschrichtung vorgegeben wurde. Bis in die 70er und 80er Jahre reichte der Einfluß der Beatles, und wer immer mal einen Spitzenreiter in GB hatte, wurde schon mit ihnen verglichen, und alles sprach von einer neuen »Beatlemania«. Bei manchen Interpreten, wie z. B. den Bay City Rollers oder der Gruppe Knack, eine absolute Frechheit.
Wie viele Platten die Beatles inzwischen verkauft haben, dürfte nur sehr schwer nachzuvollziehen sein. Gerade mit der aufkommenden CD wurde der Gesamtkatalog noch einmal neu veröffentlicht, und bei einer solchen Gelegenheit wird festgestellt, daß alleine Paul McCartney in der Nach-Beatles-Zeit doppelt so viele Platten veröffentlichte wie die Beatles.

Der Hit: *She Loves You*
Der Tip: *Past Masters Vol. 1 & 2* (Parlophone CDP 7 90043/4)

Beatmasters

Richard Walmsley; Manda Glanfield; Paul Carter. Die britischen Beatmasters tauchten 1987 in der englischen House- und Hiphop-Szene auf. Alle drei Mitglieder begannen ihre Karriere als Komponisten von Werbejingles. Als Abwechslung von diesen Auftragsarbeiten und zu ihrem eigenen Vergnügen produzierten sie *»Rok Da House«* und überredeten ihre Freunde, die Cookie Crew, dazu zu rappen. Das Demo dieser Aufnahme verteilten sie an Disjockeys, die diese Nummer auch tatsächlich spielten. Ein Musiker brachte das Demo zu einer Plattenfirma, und zur allgemeinen Überraschung wurde das Stück im Januar 1988 ein Top-10-Hit in GB. Damit etablierten sich die Beatmasters als bestes britisches Disco-Produktionsteam. Sie fummelten an Stücken von Cookie Crew, Hot Line, MC Merlin, Yazz oder Viola Wills. Sich selbst verschafften sie mit »*Who's In The House*« und »*Hey DJ/I Can't Dance (To That Musik You're Playing)*« zwei weitere Top-10-Hits. Da sie offensichtlich auf vokale Hilfe angewiesen sind, haben Claudia Fontaine, P. P. Arnold oder auch Betty Boo mit ihren Stimmen herhalten müssen.

Der Hit: *Rok Da House*
Der Tip: *Life And Soul* (Epic 468 993 2)

Beats International

Norman Cook, b/v (* 31.7.1963); Lindy Layton, v; Lester Noel, v; Andy Boucher, key; MC Wilski, rap.
Nachdem sich die Housemartins 1988 auflösten, versuchte sich Norman Cook zuerst als Solist. 1990 war er dann Mitbegründer von Beats International. Mit »*Dub Be Good To Me*« hatte diese Formation im März 1990 einen Spitzenreiter in der britischen Hitparade. Nebenher versuchte sich Norman mit Erfolg als Remixer für Aufnahmen von James Brown, Coldcut, Fine Young Cannibals oder Sisters of Mercy. Cook dürfte zu denjenigen gehören, die der teilweise stumpfsinnigen Dance-Floor-Szene ein bißchen Leben eingehaucht haben.

Der Hit: *Dub Be Good To Me*
Der Tip: *Excursion On The Version* (Go Beat 828 290 2)

Beau Brummels

Sal Valentino, v (* 8.8.1942 als Sal Spampinato); Ron Elliott, g/v (* 21.10.1943); Ron Meagher, g/b (* 2.10.1941); Declan Mulligan, b; John Petersen, d (* 8.1.1942).
Die Beau-Brummels sollten die amerikanische Antwort auf die britische Beat-Invasion sein. 1964 fanden die Musiker in San Francisco zusammen. Obwohl die anderen Musiker alle irischer Abstammung waren, schien das einzige in Irland geborene Mitglied der Gruppe, Declan Mulligan, nicht zum amerikanischen Image dieser Band zu passen. Nach der ersten Langspielplatte verließ er die Gruppe. Was diese »amerikanische Antwort« heute im Rückblick zustande gebracht hat, ist mehr als kläglich. Mit »*Just A Little*« hatten sie im April 1965 ihren einzigen Top-10-Erfolg in den USA. Querelen innerhalb der Band, Umbesetzungen und Richtungslosigkeit führten dazu, daß 1967 nur noch Elliott und Valentino übrigblieben.

Ende 1968 war das Kapitel Beau Brummels erst einmal erledigt. Valentino machte einige Solo-Singles, bevor er die Band Stone Ground gründete. Elliott veröffentlichte ein Soloalbum und kam in den frühen 70er Jahren mit Pan wieder zu Potte. 1974 kam die Originalband erneut zusammen, veröffentlichte im April 1975 eine schlaffe Platte und verschwand dann endgültig von der Bildfläche.

Der Hit: *Just A Little*
Der Tip: *Collection* (Line IMCD 9.00604 0)

Beautiful South

Paul Heaton, v (* 9.5.1962); David Hemmingway, v; Sean Walsh, b; Briana Corrigan, v; David Stead, d; David Rotheray, g.
Im Mai 1989 wurde Beautiful South aus den Trümmern der Housemartins gegründet. Mitglieder dieser Band waren Paul Heaton, Dave Hemmingway und der ehemalige Housemartins-Roadie David Stead. Gleich mit ihrer ersten Platte, *»Song For Whoever«*, einer sanften Ballade über die unbedachte Frauendiskriminierung in Popsongs, landete die Gruppe einen Top-10-Hit im Juni 1989. Sarkasmus, Ironie, feine Beobachtungsgabe zeichnen die Texte dieser Gruppe aus. Die Songs erzählen kleine Alltagsgeschichten, verpackt in originelle Arrangements und differenzierte Rhythmen. Paul Heaton: »Wir wollen Stellung beziehen, aber wir verarbeiten ernste Themen lieber etwas sarkastisch. Wir wollen die Leute zwar nicht auf den Arm nehmen, uns aber deutlich von diesen Stock/Aitken/Waterman-Produktionen absetzen.« Als »Ironie der Ironie« bezeichnet er den Umstand, daß Beautiful South in den Charts neben Jason Donovan, Kylie Minogue und Rick Astley standen. »Schön, wenn Leute neben Schrott auch anspruchsvolle Popsongs mögen.« Im Oktober 1990 erschien das hervorragende Stück *»A Little Time«*, das in GB Platz 1 in der Hitparade wurde. Amerika konnte diese Band bisher nicht erobern, was unverständlich ist.

Der Hit: *A Little Time*
Der Tip: *Choke* (London 828 236-2)

Bécaud, Gilbert

* 24.10.1927 als François Silly. Seine weltweite Karriere begann 1963. Aber schon vorher hatte der erfolgreiche Student des Konservatoriums von Nizza in Bars am Piano sein Geld verdient. Dort trifft er auf Jacques Pills, dessen Begleiter er wird und der ihn durch die ganze Welt mitnimmt. Dann schreibt Bécaud *»Je T'ai Dans La Peau«*. Die beiden beschließen, das Chanson Edith Piaf vorzustellen. Pills heiratet Piaf, und sie macht aus dem Song den ersten großen Erfolg für den

Komponisten Bécaud. 1953 tritt Bécaud erstmals im Olympia auf. 1954 sorgt er an gleicher Stelle für Aufruhr: 4000 Jugendliche prügeln sich um 2000 Plätze. Wer einmal einen Auftritt von Bécaud gesehen hat, weiß, warum er sich schon zu diesem Zeitpunkt den Spitznamen »Monsieur 100 000 Volt« einheimste. 1956 übernimmt er die Hauptrolle im Film *»Le Pays D'où Je Viens«*. Die Filmmusik schreibt er selbst. Dann der internationale Bécaud mit Erfolgen in Japan, der Bundesrepublik, der UdSSR und den USA. Die englischen Versionen von *»Je T'appartient« – »Let It Be Me«, »Et Maintenant« – »What Now My Love«* oder *»Seul Sur Son Etoile« – »It Must Be Him«* erreichen Spitzenpositionen in der britischen und amerikanischen Hitparade. Schon 1973 erscheint eine Kassette mit 6 LPs unter dem Titel »20 Jahre Chansons von Gilbert«. Über 200 Titel sind darauf enthalten. 1974 wird er Ritter der Ehrenlegion und in der Bundesrepublik Träger des Bundesverdienstkreuzes. Mit *»A Little Love And Understanding«* erreicht er im März 1975 einen Platz 10 in GB.

Der Hit: *Nathalie*
Der Tip: *Bécaulogie 1 – 9* (EMI 790475/83-2)

Beck, Jeff

* 24.6.1944. Nachdem Beck vier Jahre am Wimbledon Art College in London studiert hatte, stieg er im März 1965 als Nachfolger von Eric Clapton bei den Yardbirds ein. Vorher hatte er schon mit Screaming Lord Sutch, The Nightshifts und den Tridents gespielt. Während seiner Zeit bei den Yardbirds hatte die Gruppe die Hits *»Heart Full Of Soul«, »Evil Hearted You«, »Still I'm Sad«, »Shape Of Things«, »Over, Under, Sideways Down«* und *»I'm A Man«*. Im Oktober 1966 – inzwischen ist schon Jimmy Page bei der Band – verließ er die Yardbirds. Jeff versucht sich mit einer Solokarriere und hat mit *»Hi-Ho Silver Lining«* einen ersten Single-Erfolg. Als er im Februar 1968 in den Hitparaden auftaucht mit einer Instrumentalversion des Grand-Prix-Gewinners *»Love Is Blue«*, ist er bei vielen Fans unten durch. Später behauptet er, gegen sein besseres Wissen gezwungen worden zu sein, diese Nummer aufzunehmen. Mit was er gezwungen wurde – vielleicht mit Geld –, ist nicht bekannt. Mitte 1968 taucht zum erstenmal die Jeff Beck Group auf. Mit ihm spielen Rod Stewart, Ron Wood und Mick Waller. Auf *»Truth«* spielen als Gäste noch John Paul Jones und Nicky Hopkins mit. Nachdem im September 1969 Stewart und Wood Jeff Beck verließen, um Mitglieder der Faces zu werden, kommt Beck 1970 mit einer neuen Formation. Neben ihm spielen Cozy Powell, Clive Chaman, Max Middleton und Bobby Tench. Im Januar 1973 greift Beck eine Idee auf, die er eigentlich schon hatte Mitte 1968 realisieren wollen. Bereits zu diesem Zeitpunkt wollte er mit Tim Bogert und Carmine Appice eine Band gründen, mußte die Pläne aber nach einem Autounfall

fallenlassen. Jetzt kamen die drei zusammen, und man sprach mal wieder von einer Supergroup. 1975 erklärte Beck, er sei es satt, mit Sängern zu arbeiten, und gründete eine Instrumentalband. Die LP *»Blow By Blow«*, produziert von George Martin, wird ein Platz 4 in der US-LP-Hitparade und bringt ihm die Reputation als einer der besten Gitarristen seiner Zeit. In den folgenden Jahren spielt er mit unterschiedlichen Musikern zusammen, z. B. Jan Hammer, Mick Jagger oder Stevie Ray Vaughan.

Der Hit: *Hi-Ho Silver Lining*
Der Tip: *Blow By Blow* (Epic CDEPC 69117)

Beck, Robin

* 7.9.1956. Als Geburtsjahr von Robin wird von der Plattenfirma 1961 angegeben, 1956 dürfte realistischer sein. Als sie mit *»First Time«* im Herbst 1988 an die Spitze der britischen und deutschen Hitparaden kam, war sie laut eigener Aussage schon über 30, also kann 1961 nicht stimmen. In ihrer Heimat hatte die Amerikanerin Beck viele Jahre als Background-Sängerin gearbeitet. So soll sie für Chaka Khan, David Bowie, Irene Cara oder Michael McDonald gesungen haben. Mit letzterem Namen dürfte sie auf jeden Fall vertraut sein – in Florida hat sie als Bedienung in einem Fast Food Restaurant gearbeitet. Da man einer über 30jährigen nicht zumuten wollte, vom ersten Mal zu singen, machte man sie jünger. Und da sie klein und zierlich ist, war das aus der Ferne durchaus glaubhaft. Das Lied war ursprünglich lediglich ein Werbejingle für Coca-Cola und wurde dann zum Popsong aufgeblasen. Mit *»Save Up All Your Tears«* hatte sie bei uns noch einen Nachfolgehit in den Top 10.

Der Hit: *First Time*
Der Tip: *Trouble Or Nothing* (Metronome 838 910-2)

Bee Gees

Barry Gibb (* 1.9.1946); Maurice und Robin Gibb (* 22.12.1949).
Musikalisch war das, was die Bee Gees in ihrer ersten Erfolgsphase brachten, eintönig und sehr gleichförmig. Auf einen Sound eingeschworen, werden viele Musiker erst wach, wenn es schon zu spät ist. In der Karriere der Bee Gees gab es mehrere Einbrüche – und die waren immer darauf zurückzuführen, daß sie sich zu wenig von der Stelle rührten. Ehe es bemerkt wurde, hatten sich das Publikum und der Geschmack in andere Richtungen bewegt. Dazu kommt, daß eine Schicht von Fans gestern noch treu zu ihren Idolen stand, heute aber schon ganz andere Interessen hat.

Die Bee Gees hatten zwischen 1967 und 1970 einen enormen Erfolg. Was dann kam, war, wie die Welt schrieb, »ein Witz, über den sie selbst nicht mehr lachen mochten«. Zugegeben, mit den Kritikern hatten es die teilweise simplen und dabei doch sehr erfolgreichen Melodien der drei Brüder nie einfach. Dazu kamen einfältige Texte, die die Gruppe stets als gerade gut genug für den Teenie-Markt abqualifizierten. Aber nicht die Kritiker entscheiden über den Verkaufserfolg einer Platte, sondern die Käufer. Und die haben sich in den ersten drei Erfolgsjahren der Band so häufig für deren Produkte entschieden, daß die drei danach ausgesorgt hatten.

Barry und die Zwillinge Maurice und Robin wurden auf der Isle Of Man geboren. Sie wuchsen in Manchester auf und absolvierten dort noch als Vor-Teens im Dezember 1955 ihre ersten Auftritte. 1958 emigrierte die Familie nach Australien. In ihrer neuen Heimatstadt Brisbane machten die Brüder genau da weiter, wo sie in Manchester aufgehört hatten. Einem Mann namens Bill Goode gehörte in der Nähe von Brisbane der Speedway Circus – zwischen den einzelnen Auto-Rennen traten die Jungs auf. Bill Goode brachte die drei mit dem lokalen Diskjokkey Bill Gates zusammen. Und ab jetzt – man betrachte die Initialen BG bei Rennpistenbesitzer, Plattenaufleger und den Brothers Gibb – gab es die Bee Gees. 1963 erschien mit *»Three Kisses Of Love«* die erste Platte der Bee Gees. 1966 wurden sie in Australien zur beliebtesten Gruppe gewählt. Aber dieser riesige Kontinent mit seinen nur knapp 16 Millionen Einwohnern war der Band für ihre ehrgeizigen Pläne zu dünn besiedelt.

Zu diesem Zeitpunkt war die Welt der Beatles-Fans noch in Ordnung. Platte nach Platte erschien und kam in die Hitparaden. Aber hinter den Kulissen wußte das Management um die Querelen innerhalb der Band. Und sollten die Beatles vielleicht nicht in den nächsten Monaten auseinanderdriften, für den Teenie-Markt waren sie mit LPs wie *»Sgt. Pepper«* auf jeden Fall verloren. Der Sergeant erschien bekanntlich am 26.5.1967. Es galt, Nachfolger für die zu erwartende Lücke zu finden. Die Beatles wurden durch NEMS Enterprises vertreten, die der Gruppe selbst und ihrem Manager Brian Epstein gehörten. Ein Direktor der Firma war Robert Stigwood – und der hatte die Bee Gees, nachdem sie in Australien mit der Nummer *»Spicks And Specks«* souverän die Hitparade anführten, nach London zum Vorspielen eingeladen. Sie überzeugten, erhielten einen lukrativen Plattenvertrag, und die Weltkarriere begann. Während dieser Anfangsjahre in England bestanden die Bee Gees aus fünf Musikern. Neben den Brüdern spielten noch Vince Melouney, g, und Colin Peterson, d.

Der erste Erfolg der Band war *»New York Mining Desaster 1941«* im Frühjahr 1967, wenig später kam *»To Love Somebody«* und wurde Nummer 1 in GB. Jetzt ging es Schlag auf Schlag, Hit auf Hit. Zu ersten Schwierigkeiten innerhalb der Band kam es schon Ende 1968. Maurice verkündete, es sei durchaus möglich, daß sich die Gruppe innerhalb der nächsten zwei Jahre auflösen würde. Melouney ging im März 1969 und schrieb und produzierte für Ashton, Gardner & Dyke. Peterson wurde im September des gleichen Jahres rausgeschmissen. Robin hatte sich mit seinen Brüdern zerstritten und versuchte sich als Solist. Barry und Maurice zogen nach, waren aber recht erfolglos. Im Dezember 1970 kamen die drei wieder zusammen. Robin erzählte dem Time Magazine: »Wären wir nicht miteinander verwandt, wir wären nie wieder zusammengekommen.« In den USA sind die drei weiter erfolgreich. In Europa bröckelt der Erfolg, und 1974 sind sie mitten in ihrem Karrieretief. Dann stellen sie im April 1975 eine neue Begleitband mit dem Gitarristen Alan Kendall, dem Drummer Dennis Bryon und dem Tastenspieler Blue Weaver zusammen und erleben den zweiten Aufwind. *»Jive Talkin'«* wird im August 1975 Spitzenreiter in den USA. Vom weichen Sound der ersten Phase haben sie sich zu Disco-Königen entwickelt. *»You Should Be Dancing«* führt geradewegs zum Film »Saturday Night Fever« und Songs wie *»Stayin' Alive«* oder *»Night Fever«*. Die Bee Gees sind top. Das Auf und Ab geht weiter: 1981 sind sie wieder auf dem Boden angelangt, und in den 80er Jahren kam manch gute, aber auch manch miese Platte der Brüder. 1989 haben sie mit *»One«* nach 10 Jahren mal wieder einen Top-10-Hit in den USA. Als Songschreiber und Produzent hat sich vor allem Barry Gibb etabliert – und was die Brüder bis in die 90er Jahre an Umsätzen gemacht haben, dürfte für mehrere Leben reichen, denn alleine ihre LPs wurden über 100millionenmal verkauft.

Der Hit: *Massachusetts*
Der Tip: *Tales From The Brothers Gibb* (Polydor 843 911-2)

Beil, Peter

* 9.7.1937 als Tom Karrasch. Für viele ist Peter Beil ein ganz normaler Schlagersänger, der zwischen 1961 und 1970 ein paar Titel in den Hitparaden hatte. Daß er von Leonard Bernstein für seine Version des Titels *»Maria«* aus der *»West Side Story«* eine Auszeichnung erhielt, ist weniger bekannt. Peter absolvierte in seiner Heimatstadt Hamburg ein Trompeterstudium am Konservatorium an der Musikhochschule. Seine Schlagerkarriere begann mit einer deutschsprachigen Version des Titels *»Corinna, Corinna«*, der ihm im Mai 1961 einen Top-10-Hit bescherte. Noch im gleichen Jahr war er als Ricky-Boys – seine Stimme wurde vervielfältigt, und so kam der Sound einer mehrstimmigen Gruppe heraus – mit einer deutschen Version von *»Hello, Mary-Lou«* ebenfalls unter den ersten 10. Im Frühjahr 1963 brachte er *»Und ein Zug fährt durch die Nacht«*, im Original *»500 Miles Away From Home«* – Peters Text ist jedoch stärker an die französische Version *»Et J'Entends Siffler Le Train«* von Richard Anthony angelehnt – und *»Kleine Nervensäge Monika«* in die Charts. Danach wechselte er mehrfach die Plattenfirmen, und sein Erfolg ließ nach. 1984 wurde Peter Mitglied im wieder-

gegründeten Hazy Osterwald Orchester. Danach spielte er häufig im Duo mit dem Organisten Franz Lambert.

Der Hit: *Corinna, Corinna*

Belafonte, Harry

* 1.3.1927. Daß Unterhaltungskünstler nicht zwangsläufig Einfaltspinsel sein müssen, beweist Harry Belafonte seit vielen Jahren. Er setzt sich ein für den Frieden auf der Welt, für Schwarze und Indianer und gegen Apartheid. Harry war einer der Initiatoren des Schallplattenprojektes *»We Are The World«*, das Millionen Dollar an Spenden für die Hungernden in Afrika einbrachte. Er ist mehrfacher Ehrendoktor und Träger des Martin-Luther-King-Friedenspreises. Und er ist König – König des Calypso.
Harold George Belafonte wurde in New York geboren. Sein Vater war ein Matrose aus Martinique, seine Mutter eine Hilfsarbeiterin aus Jamaica. Die ersten acht Jahre seines Lebens verbrachte er in einer Gegend, die in einem Menschen das soziale Bewußtsein schärfen kann: im Schwarzenghetto Harlem. Danach lebt er für fünf Jahre auf Jamaica und kehrt wieder nach New York zurück. Nach der High-School folgen drei Jahre US Navy und erste Schauspielversuche.
Wie wir alle wissen, genügt es ja nicht, Talent zu haben, es muß dazu noch eine gehörige Portion Glück und Zufall kommen. Mitte der 50er Jahre war in den USA, neben dem aufkommenden Rock 'n' Roll für die Jugendlichen, für die Älteren als neuester Tanzstil Calypso angesagt. Dieser Tanz hatte sich in der Karibik, insbesondere auf Trinidad und Tobago, auf der Basis afrikanischer Musik entwickelt. Viele, denen Rumba und Cha-Cha zu schnell und Tango zu obszön war, konnten jetzt wieder mithalten. Die ersten, die in den USA einen Riesenhit mit einem Calypso hatten, waren schon 1945 die kreuzbraven Andrews Sisters mit *»Rum And Coca-Cola«*.
Harry Belafonte schrieb mit zwei Freunden auf der Basis von Folksongs Stücke wie *»Banana Boat (Day-O)«*, *»Jamaica Farwell«*, *»Star-O«* oder *»Come Back Liza«*. Und alle diese Lieder waren auf der LP *»Calypso«* zu finden, die 1956 zum absoluten Knüller des Jahres wurde, trotz der Hochzeit des Rock 'n' Roll. Die LP stand 31 Wochen auf Platz 1 der USA-LP-Charts. Zum Vergleich: Die erste LP von Elvis, fast zur gleichen Zeit erschienen, hielt sich mal eben 10 Wochen an der Spitze. Zum Erfolg der Platte hatte sicher beigetragen, daß der Film *»Carmen Jones«*, in dem Belafonte eine Hauptrolle spielte, ein Kassenknüller war. Ein Pilot heiratet eine Fabrikarbeiterin und erwürgt sie, als sie ihm untreu wird – war wohl ein ganz anderer Offizier und Gentleman. Harry Belafonte spielte den Piloten, Dorothy Dandridge die Fabrikarbeiterin. 1957 kam mit *»Island In The Sun«* ein zweiter erfolgreicher Film mit Harry in der Hauptrolle in die Kinos.

Belafonte wurde in den 80er Jahren öfters mit politischen Ämtern in Verbindung gebracht. Dem widerspricht seine Aussage, er wolle sich nicht von einer Partei einspannen lassen. Inzwischen gibt es mit seiner Tochter Shari die nächste Generation Belafonte im Showgeschäft. Über Titelseiten von Hochglanzgazetten, auf denen sie als schmucker Kleiderständer posiert, und die Rezeption eines Hotels in San Francisco kam sie zu LP-Ehren. Das Aussehen des Vaters hat sie, mit der Stimme hapert es. Allerdings sagte Harry auch: »Ich bin kein großartiger Sänger. Ich bin ein Interpretierer von Liedern, mehr eine Art Schauspieler. Und da bin ich eigentlich sehr glücklich, daß man meine Stimme auch als Sänger akzeptiert.«

Der Hit: *Banana Boat (Day-O)*
Der Tip: *Harry Belafonte* (Ariola-Express 295 037-2)

Bell, Archie & The Drells

Archie Bell, v (* 1.9.1944); James Wise (* 1.5.1948); Willie Parnell (* 12.4.1945); L. C. Watts; Cornelius Fuller; Lee Bell.

Diese R&B-Gruppe fand sich 1965 in Henderson, Texas, der Heimatstadt von Bell, noch während der gemeinsamen Schulzeit zusammen. Ihre erste Platte machten sie 1967. Im Frühjahr 1968, die Soulmusik war gerade auf ihrem Höhepunkt, hatten sie mit dem Titel »*Tighten Up*« einen Spitzenreiter und Millionseller in den USA. Ursprünglich war es die B-Seite einer neuen Single der Formation. Ein Diskjockey hatte die Platte umgedreht und begonnen, die andere Seite zu spielen. Der Nachzieher »*I Can't Stop Dancing*« war ebenfalls ein Top-10-Hit – danach ging es langsam, aber sicher wieder bergab. Das lag u. a. daran, daß Archie Bell zum Zeitpunkt der Hits in der Armee war, sich in Vietnam verletzte und davon erholen mußte, so daß er nicht öffentlich auftreten konnte. Für Live-Konzerte hatte man einen Musiker engagiert, der den Part von Bell spielte – vom Band kam Archie. Nach 1970 war der Erfolg dahin, später gestartete Neuversuche scheiterten. 1972 gelang ihnen zumindest in GB mit »*Here I Go Again*« noch einmal ein Platz 11 in den Charts. An der Ostküste der USA war er auch Anfang der 90er Jahre immer noch als Sänger unterwegs.

Der Hit: *Tighten Up*

Bell, Freddie & The Bellboys

Als 1956 mit »*Rock Around The Clock*« einer der ersten Rock-'n'-Roll-Filme in die Kinos kam, war Freddie Bell mit seinen Bellboys dabei. Die aus sechs Musikern bestehende Formation versuchte, R-'n'-R mit leichtem Big-Band-Stil zu produzieren. Das gelang nur schwer und wurde nicht vom Plattenkäufer dieses Genres akzeptiert. Als 1956 Freddie Bell und seine Musiker als die erste amerikanische Rock-'n'-Roll-Gruppe durch GB tourten, hatten sie dort mit »*Giddy Up A Ding Dong*« einen Top-10-Hit – aber eben nur in GB. In ihrer Heimat USA haben sie in den Charts keine Spuren hinterlassen.

Der Hit: *Giddy Up A Ding Dong*
Der Tip: *Rock & Roll . . . All Flavors* (Mercury MG 20 289)

Bell, William

* 16.7.1939 als William Yarborough. 1953 soll er schon, 14jährig, in der Band von Rufus Thomas mitgespielt haben. 1957 gehörte der aus Memphis stammende Bell zu den Gründern der Band Del Rios. Später sang er im Orchester von Phineas Newborn. Zwischen 1962 und Mitte 1965 war er in der US-Army und setzte danach seine Solokarriere, mit der er bereits 1961 mal kurz begonnen hatte, weiter fort. Im Duett mit Judy Clay gelang ihm mit »*Private Number*« im Winter 1968 ein Top-10-Hit in GB. Als Solist hatte er im Frühjahr 1977 den Millionseller »*Tryin' To Love Two*«. Inzwischen war er Besitzer der von ihm gegründeten Plattenfirmen Peach Tree und Wilbe. Bei letzterer erschienen ab Mitte der 80er Jahre seine Platten.

Der Hit: *Tryin' To Love Two*
Der Tip: *Do Right Man* (Charly CRB 1076/TIS)

Bellamy Brothers

Howard (* 2.2.1946) und David (* 16.9.1950).
Die beiden Brüder aus Florida absolvierten bereits 1958 ihre ersten professionellen Auftritte. Bis sie richtig Erfolg haben sollten, dauerte es noch eine geraume Zeit. Als Songschreiber hatte David 1973 den Millionseller »*Spiders And Snakes*«, gesungen von Jim Stafford. 1976 gelang ihnen mit »*Let Your Love Flow*« eine Nummer 1 in den USA und ein weltweiter Hit. Es folgte »*If I Said You Had A Beautiful Body Would You Hold It Against Me*« 1979, und danach tauchten sie fast ausschließlich in den US-Country-Charts auf. In den 90er Jahren wurden sie durch den Deutschen Ralph Siegel produziert.

Der Hit: *Let Your Love Flow*
Der Tip: *The Bellamy Brothers Best* (Curb INT 847.714)

Bell Biv DeVoe

Ricky Bell (* 18.9.1967); Michael Bivins (* 10.10.1968); Ronnie DeVoe (* 17.11.1967).

Maurice Starr hatte genau den richtigen Riecher, als er sich Anfang der 80er Jahre sagte, daß eine Kindertruppe wie die Osmonds oder die Jackson 5 in den USA fehlten. Um den schwarzen und weißen Markt zu bedienen, suchte er sich Kinder, die er zu Bands zusammenschließen konnte. In Boston fand er fünf Jungs, die zwischen 13 und 15 Jahre alt waren, und machte mit ihnen 1983 New Edition. Diese Formation war vom Gründungsjahr bis 1989 recht erfolgreich. Drei ehemalige Mitglieder von New Edition gründeten 1990 ihre eigene Band, die sie nach ihren Nachnamen benannten. Die erste Single, »*Poison*«, die im April 1990 in die Hitparade kam, erreichte Platz 3 in den US-Charts und Platinstatus. Ihre Musik: Hiphop-Beats, gemischt mit Rap und Gesang. Ihre zweite Platte, »*Do Me!*«, die nur zwei Monate später erschien, erreichte wieder Platz 3 in der Hitparade. Das Trio ließ auf die Hülle drucken: »Our music is mentally hip-hop, smoothed out on the R&B tip with a pop feel appeal to it.« Von Maurice Starr hat Michael Bivins gelernt, wie man Kindertruppen aufbaut. Er förderte Another Bad Creation. Die Band, die nach Ansicht von Maurice Starr den weißen Markt bedienen sollte, war übrigens New Kids On The Block.

Der Hit: *Poison*
Der Tip: *Poison* (MCA 2292-57191-2)

Belle Epoque

Als sich die Disco-Szene Ende der 70er Jahre ihrem Ende zuneigte, schaffte es ein weibliches Disco-Trio, das angeblich aus Paris stammte, mit einer verhunzten Version des Los-Bravos-Hits »*Black Is Black*« im Herbst 1977 bis auf Platz 2 der britischen und der deutschen Hitparade. Gemanagt wurden die drei durch eine Firma, die in Italien ansässig war. Das Stück, angelehnt an die Erfolge von Silver Convention, war eine Beleidigung für die Ohren und war wohl nur in Diskotheken mit voller Lautstärke und im Cola-Rausch zu genießen.

Der Hit: *Black Is Black*
Der Tip: *Now* (Polydor 2374 143)

Belle Stars

Jennie McKeown, v; Sarah-Jane Owen, g; Miranda Joyce, sax; Clare Hirst, sax/key; Stella Barker, g; Lesley Shone, b; Judy Parsons, d.
Diese britische Frauenband kam mit dem Beginn der 80er Jahre und auf dem Höhepunkt der Two-Tone-Music à la Specials und Madness als Bodysnatchers zusammen. Mit »*Let's Do Rock Steady*« gelang ihnen im Frühjahr 1980 immerhin ein Platz 22. Nachdem Two Tone abflaute, war es an der Zeit, die musikalische

Richtung zu ändern. Sowohl bei den Bodysnatchers als auch bei den Belle Stars, die man als Nachfolgegruppe ansehen kann, waren jeweils 7 Mädchen. Trotzdem erfolgten zwischen Bodysnatchers und Belle Stars einige personelle Veränderungen. Ab 1982 waren sie international erfolgreich. Ihr Song *»Iko Iko«* erreichte im Juni 1982 Platz 35 in GB, wurde später für den Film *»Rain Man«* wieder neu aufgelegt und im Frühjahr 1989 ein Top-20-Hit in den USA und ein Platz 30 in Deutschland. *»Sign Of The Times«* war im Januar 1983 der größte Erfolg der Belle Stars. 1986 schrumpfte die Gruppe auf nur noch drei Mitglieder – Sarah-Jane, Miranda und Lesley.

Der Hit: *Sign Of The Times*
Der Tip: *The Belle Stars* (Stiff 6.25456)

Bell Notes

Carl Bonura, v/sax; Ray Ceroni, v/g; Lenny Giamblavo, b; Peter Kane, p; John Casey, d.
Dieses Quintett aus Long Island, New York, ist ein typisches One-Hit-Wonder. Mit *»I've Had It«* schafften sie im Januar 1959 einen Platz 6 in der amerikanischen Pop-Hitparade. Die Plattenfirma veröffentlichte vier weitere Singles und eine EP – ohne jeden Erfolg. Als auch ein Wechsel des Labels 1960 keine Hits brachte, trennten sich die fünf. Sollten mit Bell Notes schöne Scheine gemeint sein, so war's damit nun aus.

Der Hit: *I've Had It*

Bells

Cliff Edwards, v; Doug Gravelle, d; Jacki Ralph, v; Charles Clarke, g; Michael Waye, b; Dennis Will, key.
Die Gruppe wurde 1965 gegründet, als Jacki Ralph Cliff Edwards auf einer Skipiste in der Nähe ihrer Heimatstadt Montreal traf. Sie sang in einer Folkgruppe, während er Rock 'n' Roll spielte. Sie entschieden sich, einiges zusammenzuschmeißen, so z. B. ihre musikalischen Talente. Ab 1968 waren sie in Kanada erfolgreich, und mit *»Stay Awhile«* hatten sie bereits einen Millionseller, bevor auch nur eine US-Radiostation den Titel gespielt hatte. Dort kam die Platte im März 1971 in die Charts und wurde ein Top-10-Erfolg. Im Gegensatz zu dem in Kanada zu dieser Zeit vorherrschenden wilden Rock war die Musik der Bells zart und einfühlsam – aber schlußendlich auch ein weiteres One-Hit-Wonder.

Der Hit: *Stay Awhile*

Benatar, Pat

* 10.1.1953 als Patricia Andrzejewski. Als sie 1979 ihre erste Platte veröffentlichte, wurde sie von ihrer Plattenfirma als »die neue Rocksängerin« bezeichnet. Als ihre Idole gab sie die englischen Rocksänger Robert Plant, Roger Daltrey und Paul Rogers an. Denen versuchte sie auch ansonsten nachzueifern: »Ich versuche, mich so maskulin wie sie zu geben, doch im Endeffekt wirkt auch das bei mir sehr feminin.« Zu ihren Rockerrequisiten zählten ab sofort Lederjacke und Stilettos. Eine weitere Aussage der »Kleinen mit der großen Stimme«: »Ich mag keinen Unsinn singen oder Reimchenlieder trällern. Mein Grundsatz lautet: Jeder Song muß meiner Philosophie entsprechen, sonst kann ich nichts mit ihm anfangen!« Für ihr Debütalbum schrieben Nicky Chinn und Mike Chapman Songs, die schon hochphilosophische Nummern für Smokie und Sweet verfaßten. *»Crimes Of Passion«* bringt ihr einen ersten Grammy für das beste Album des Jahres 1980 und in den drei darauffolgenden Jahren wird sie jeweils mit dem »Best-Female-Rock-Vocal-Performance«-Grammy ausgezeichnet. Mit Titeln wie *»Hit Me With Your Best Shot«* 1980 und *»Love Is A Battlefield«* 1983 hatte sie zwei Millionseller in den USA. Im Film *»Union City«* sah man sie auch als Schauspielerin. 1989 spielte sie in der ABC-TV-Serie »Torn Between Two Fathers«. 1990 zog man Bilanz: mehr als 30 Millionen verkaufte Platten, alle neun LPs vergoldet, sieben davon mit Platin ausgezeichnet. 1991 erschien das hochgelobte Album *»True Love«*.

Der Hit: *Love Is A Battlefield*
Der Tip: *Best Shots* (Chrysalis 258 738)

Bendix, Ralf

* 16.8.1924 als Karl-Heinz Schwab. Am Düsseldorfer Flughafen war er Direktor bei der Fluggesellschaft TWA. Mitte der 50er Jahre sammelte er in einer regionalen Fernsehsendung in Pittsburgh Erfahrungen als Sänger. Hier in Deutschland machte er sich einen Spaß daraus, bei Nachwuchswettbewerben gegen vollgesoffene Witzbolde anzutreten, die besser ihren Gesang in der Badewanne abgelassen hätten. Dagegen wirkte Bendix wie ein professioneller Entertainer. Nachdem er mal wieder einen Nachwuchswettbewerb gewonnen hatte, erhielt er einen Schallplattenvertrag. Mit einer deutschen Version von *»16 Tons«*, *»Sie hieß Mary-Ann«*, hatte er Mitte 1956 einen Platz 2 in der deutschen Hitparade. Bis 1967 tauchte er regelmäßig in den Verkaufscharts auf, darunter 1961 mit der Nummer 1 *»Baby Sitter Boogie«*. Auch als Produzent, Songschreiber und Entdekker weiterer Talente war Bendix recht erfolgreich. So kann der Erfolg von Heino auf ihn zurückgeführt werden.

Der Hit: *Baby Sitter Boogie*
Der Tip: *20 Jahre Ralf Bendix* (EMI IC 148-31290/91)

Beneke, Tex

* 12.2.1914 als Gordon Beneke. Am erfolgreichsten war der Tenorsaxophonist und Manchmal-Sänger zwischen 1939 und 1942, als er in der Band von Glenn Miller wirkte. Bei den Millionsellern »*Fools Rush In*«, »*Chaattanooga Choo Choo*«, »*Moonlight Cocktail*« oder »*(I've Got A Gal In) Kalamazoo*« spielte oder sang Tex mit. Nach Millers Tod führte Tex mit der Formation Tex Beneke & The Glenn Miller Orchestra dessen Sound fort. Ab 1949 hieß es nur noch Tex Beneke & His Orchestra. Mit beiden Formationen gelangen Tex zwischen 1946 und 1948 sieben Top-10-Hits in den USA.

Der Hit: *Anniversary Song*

Die Benicarlos

Mit dem Titel »*Blauer Himmel, weiße Wolken, grüne Wälder*« standen die Benicarlos im Mai 1958 auf Platz 6 in der deutschen Hitparade. Sie veröffentlichten in den 50er Jahren Titel wie »*Giddy Giddy Hop*«, »*Die Nina, die Pinta, die Santa Maria*«, »*Der weiße Mond von Maratonga*« oder »*Ein Schiff fährt in die Ferne*«. Musikalisch wurden sie meist begleitet von Willy Berking und seinem Orchester.

Der Hit: *Blauer Himmel, weiße Wolken, grüne Wälder*

Bennato, Edoardo

* 1946. Als Edoardo Bennato zusammen mit Gianna Nannini und dem Titel »*Un Estate Italiana*« 1990 einen Platz 2 in der deutschen Hitparade erreichte, mag er für unsere Ohren ein neuer Name gewesen sein. In Italien aber erschien 1974 seine erste LP, und er wurde dort im Laufe der nächsten Jahre ein Superstar. »*Un Estate Italiana*« wurde wohl auch nur bei uns so ein großer Erfolg, weil es die Hymne zur Fußballweltmeisterschaft 1990 in Italien war. Seine Musik, so hat die Münchner Abendzeitung geschrieben, »macht klar, wo er wirklich steht: ganz nah bei internationalen Größen wie Huey Lewis oder Bruce Springsteen«. Ende 1991 erschien mit »*Il Paese Dei Balocchi*« auch bei uns eine LP, die zeigte, was Edoardo alles draufhat. Wunderschön das Stück »*Here Comes Bo Diddley*«, bei dem er mit dem amerikanischen Altmeister zusammenspielt und -singt. Im Titelstück zu »*Spielzeugland*« beleuchtet er ironisch die italienischen Verhältnisse und setzt

sich mit dem zeitgemäßen Problem der Asylantenfrage auseinander. In einem anderen Song geht es um das Ende des Kommunismus oder um Musiker, die sich selbst zu Märtyrern ernennen und hintenrum Stargagen kassieren. Edoardo Bennato ist ohne Zweifel in die Reihe der intelligenten Rock 'n' Roller zu stellen. Einsichten zu vermitteln, Verständnis zu wecken – das sind zentrale Anliegen von Edoardo. Deshalb auch seine Forderung, daß seinen im Ausland erscheinenden Platten Übersetzungen der Songtexte beiliegen müssen. Zu Zeiten der LPs wurde das meist eingehalten, mit dem Aufkommen der CDs wurde es jedoch wohl vergessen.

Der Hit: *Un Estate Italiana*
Der Tip: *Il Paese Dei Balocchi* (Virgin VDICD 136)

Bennett, Boyd

* 7.12.1924. Boyd stammte aus Muscleshoals, Alabama, und ging in Tennessee zur Schule. Dort gründete er seine erste Band, mit der er durch die Lande zog. Nachdem er eine Zeitlang als Diskjockey bei einer Radiostation in Kentucky gearbeitet hatte, erhielt er Mitte der 50er Jahre einen Plattenvertrag. Seine Band nannte er nun Boyd Bennett & The Rockets. 1955 gelang ihnen mit *»Seventeen«* ein Top-10-Hit in den US-Charts, Sänger der Aufnahme war Big Moe. Der Titel gilt als eine Bestätigung, daß man mit einer Platte von geringer musikalischer Qualität und mit banalem Text das Country-Rock-Publikum durchaus zufriedenstellen konnte. Big Moe intonierte die Worte monoton, während die Band einen ungeschliffenen Beat dahintersetzte. Im großen und ganzen wirkte Bennett mit seiner Band wie eine schlechte Kopie von Bill Haley & Hits Comets. In den nächsten vier Jahren veröffentlichte Boyd immer mal wieder eine Single – nie mit Erfolg. 1959 zog er nach Indianapolis und kaufte einen Nachtclub. Heute lebt er in Texas und ist Vertreter für Mullbinden. Zumindest sehr vielseitig.

Der Hit: *Seventeen*

Bennett, Cliff

* 4.6.1940. Eine Mixtur aus Rock 'n' Roll und R&B – das schwebte Cliff Bennett vor, als er 1959 seine Band Rebel Rousers, benannt nach einem Hit von Duane Eddy, gründete. Zur Gruppe gehörten zeitweilig Musiker wie Frank Allen – später Leadsänger der Searchers –, Roy Young, Nicky Hopkins oder Chas Hodges. 1961 verändert Cliff den Sound seiner Band, indem er zwei Bläser aufnimmt. Das hört Joe Meek, der sie daraufhin produziert. Die Aufnahmen werden keine Hits, weil sich zu diesem Zeitpunkt Beat mit Bläsersätzen nicht durchsetzen kann. Nachdem

die erste Liverpool-Welle abgeebbt ist, kommt mit *»One Way Love«* 1964 und dem Beatles-Cover *»Got To Get You Into My Life«* 1966 der Erfolg. 1968 trennt sich die Gruppe. Cliff gründet zunächst Toe Fat, 1971 Cliff Bennett's Rebellion und 1974 Shanghai. Dann war Cliff es leid, als Musiker durch die Lande zu ziehen. Heute ist er erfolgreich in der Werbebranche und tritt nur noch ab und zu auf.

Der Hit: *Go To Get You Into My Life*
Der Tip: *The Best Of The EMI Years* (EMI 0777 7 99436 2 3)

Bennett, Tony

* 13.8.1926 als Anthony Dominick Benedetto. Schon während seiner High-School-Zeit trat er als Sänger auf, in der US-Army sang er in verschiedenen Bands. Bob Hope gab dem jungen Tony Bennett 1950 die erste Möglichkeit zu einem Auftritt vor großem Publikum. Noch im gleichen Jahr erhielt er einen Plattenvertrag mit CBS. Dort war auch Percy Faith mit seinem Orchester und als Produzent unter Vertrag, der in den folgenden Jahren alle Aufnahmen von Tony begleiten sollte. Zwischen 1951 und 1953 hatte er die vier Millionseller *»Because Of You«* – der Erfolg dieses Songs aus dem Jahre 1940 ist wohl darauf zurückzuführen, daß er 1951 im Film *»I Was An American Spy«* zu hören war – *»Cold, Cold, Heart«*, *»Rags To Riches«* und *»Stranger In Paradise«*. Bis in die 80er Jahre hinein erschienen Aufnahmen von Tony.

Der Hit: *Because Of You*
Der Tip: *16 Original Hits* (Timeless Treasures LP 16-19)

Benson, George

* 22.3.1943. Ob Pop oder Jazz, Rock oder Funk, George Benson dürfte alles können. Dabei wird jedoch deutlich, daß sein Gitarrenstil sehr von Wes Montgomery beeinflußt wurde. In seinen Jugendjahren machte er Rhythm and Blues und nahm schon 1954 seine erste Platte auf. Als 19jähriger war er Begleiter von Brother Jack McDuff, und in den frühen 70er Jahren war er Hausmusiker der Plattenfirma CTI Records. Für etliche Jahre gehörte George nun der Sparte Jazz an. Das wird jedoch in den USA nicht so eng gesehen. 1976 taucht er in den Pop-Hitparaden auf. Inzwischen sang er auch und hatte mit Nummern wie *»On Broadway«*, *»Give Me The Night«*, *»Turn Your Love Around«* und *»In Your Eyes«* Top-10-Hits in den USA und GB.

Der Hit: *Give Me The Night*
Der Tip: *Give Me The Night* (WB 256 823)

Benton, Brook

* 19.9.1931 als Benjamin Franklin Peay, † 9.4.1988. 1953 machte Brook Benton seine erste Soloplatte. Vorher hatte er mit den Camden Jubilee Singers, Bill Langford's Langfordairs, den Jerusalem Stars und The Sandmen gesungen. Die ersten fünf Jahre als Solist waren recht erfolglos. Mit dem selbstgeschriebenen Song »*It's Just A Matter Of Time*« erreichte er 1959 erstmals die Top 10. Die Zeitspanne seiner Hitparadeneintragungen reicht für den ausgezeichneten Soft-Soul- und R&B-Sänger bis in das Jahr 1970. Besonders schön sind seine Duette mit Dinah Washington: »*Baby (You've Got What It Takes)*« und »*A Rockin' Good Way (To Mess Around And Fall In Love)*«, beide 1960. Anhörenswert sein »*Hotel Happiness*« (1962) und der Millionseller »*Rainy Night In Georgia*« aus dem Jahr 1970, geschrieben von Tony Joe White. In »*The Boll Weevil Song*« setzte er 1961 dem Baumwollkapselkäfer ein musikalisches Denkmal. Durch die 70er Jahre machte er weiter Plattenaufnahmen und trat auch bis in die 80er Jahre live auf. Mit 56 Jahren erkrankte er an Rückenmarksmeningitis und starb an einer daraus resultierenden Lungenentzündung.

Der Hit: *The Boll Weevil Song*
Der Tip: *Best Of* (Mercury 830 772-2)

Berg, Jörg Maria

* 24.9.1930. Dieser aus Österreich stammende Sänger und Schauspieler hatte ab 1955 sowohl als Solist wie auch zusammen mit seiner österreichischen Sangeskollegin Ernie Bieler und als die eine Hälfte der James Brothers und mit drei weiteren Sängern als die Blauen Jungs bzw. die Montecarlos Erfolg. Die zweite Hälfte der 50er Jahre war Bergs erfolgreiche Zeit. Mit »*Patricia*« erreichte er Ende 1958 einen Platz 3 in der deutschen Hitparade. Sein Hit zusammen mit Ernie Bieler hieß »*Sieben Berge, sieben Täler*« aus dem Jahre 1957. Die James Brothers waren er und Peter Kraus. Der deutsche Nachzieher des Kalin-Twins-Hits »*When*« – bei uns hieß er korrekt übersetzt »*Wenn*« – war Ende 1958 ein Platz 5 für die beiden.

Der Hit: *Patricia*
Der Tip: *Sugaree* (Bear Family BFX 15135)

Berg, Melitta

Die deutsche Sängerin Melitta Berg brachte es gerade mal auf einen einzigen Hit. Mit »*Nur du, du, du allein*« erreichte sie Mitte 1959 einen dritten Platz in der deutschen Hitparade. Danach war die singende Filtertüte über den gleichnamigen.

Der Hit: *Nur du, du, du allein*

Berghagen, Lars

* 13.5.1945. In seinem Heimatland Schweden war Lars ab Mitte der 60er Jahre ein erfolgreicher Sänger, der die meisten seiner Songs selbst komponiert und getextet hat. Er hatte dort eine eigene TV-Show und wurde bei uns durch seine Zusammenarbeit mit Wencke Myhre bekannt. Mitte der 70er Jahre glaubte man, ihn auch als Schlagerstar in Deutschland starten zu können. Zumindest einmal gelang ihm mit *»Es war einmal eine Gitarre«* im April 1975 ein Top-10-Erfolg. Und zurück in die Fjorde.

Der Hit: *Es war einmal eine Gitarre*

Berlin

Terri Nunn, v (* 26.6.1961); John Crawford, b (* 17.1.1960); David Diamond, syn; Rick Olsen, g (* 20.8.1956); Rob Brill, d (* 21.1.1956); Matt Reid, key (* 15.4.1958).

John Crawford gründete diese amerikanische Elektro-Pop-Formation im Sommer 1979. In den folgenden zwei Jahren sollte die Besetzung ständig wechseln, bis man Mitte 1981 zu einer einigermaßen permanenten Besetzung kam. Obige Besetzung hatte 1983 die ersten Erfolge. 1986 – wohl weil es das Liebesthema aus dem Film »Top Gun« war – hatte der Titel *»Take My Breath Away«* weltweit Erfolg. Wer aber nun glaubte, Berlin könne diesen wiederholen, irrte sich. Die Sängerin Terri Nunn verließ 1987 die Gruppe und versuchte sich als Solistin. Damit fielen alle Beteiligten in die Bedeutungslosigkeit zurück.

Der Hit: *Take My Breath Away*
Der Tip: *Count Three & Pray* (Mercury 830 586-1)

Bernstein, Elmar

* 4.4.1922. Bernstein ist einer der wichtigsten amerikanischen Komponisten für Film- und TV-Musiken. Schon als 12jähriger hielt man ihn für ein musikalisches Genie – aber nebenher sollte sich im Laufe der Jahre herausstellen, daß er auch ein sehr talentierter Schauspieler, Maler und Tänzer ist. Seine Ausbildung an der New York University wurde durch den 2. Weltkrieg unterbrochen. Er mußte in

die Armee und komponierte dort für Propagandafilme. Nach dem Krieg ging er Ende der 40er Jahre nach Hollywood und begann mit seiner Arbeit für die Filmindustrie. 1952 erregte er erstmals Aufmerksamkeit mit der Film-Musik zu »Sudden Fear«, 1955 erhielt er einen Oscar für die von ihm geschriebene Jazz-Musik in »The Man With The Golden Arm«. Es folgte Musik in »Die 10 Gebote«, »Die glorreichen 7« und ein weiterer Oscar für »Thoroughly Modern Millie«. Mit einem Thema in der TV-Serie »Staccato« hatte Bernstein Ende 1959 in GB gar einen Top-10-Erfolg. In den USA war sein größter Chart-Erfolg 1956 seine Version von *»Main Title From The Man With The Golden Arm«*.

Der Hit: *Staccato*

Berry, Chuck

* 18.10.1926 als Charles Edward Anderson Berry. Als 1986 in seiner Heimatstadt St. Louis sein 60. Geburtstag gefeiert wurde, kamen Eric Clapton, Keith Richards, Robert Cray, Etta James oder Linda Ronstadt zu einem Konzert zu seinen Ehren. Chuck Berry ist zeit seines Lebens ein Geschäftsmann gewesen. Aus diesem Grunde wurde dieses Ereignis als »Hail Hail Rock 'n' Roll« verfilmt. Berry gilt als der Mann, der dem Rock 'n' Roll auf die Beine geholfen hat. Als er 1955 seine ersten Platten aufnahm und mit *»Maybellene«* einen Hit in den USA hatte, schuf er etwas, was nicht nur die Rock-, sondern auch die Country-Fans mochten. Und gerade die Country-Music-Freunde wußten nicht, daß der Sänger des Liedes ein Farbiger war. Er wurde noch lange nach diesem Erfolg von Clubs im Süden der USA gebucht und dann nicht zum Auftritt gelassen, weil die Besitzer erst an der Tür feststellten, daß Chuck Berry ja ein Schwarzer war. Über die Schwierigkeiten, die er am Anfang seiner Karriere und in seiner Jugendzeit hatte, hat er in seiner Autobiographie geschrieben. Darin erfährt man, daß er sein Leben und seinen Erfolg voll ausgekostet hat. Das brachte ihn mehrfach ins Gefängnis. In diesem Buch schreibt er auch, welche Begebenheit ihn auf welchen Song gebracht hat. Und da ist natürlich auch von *»Johnny B. Goode«* die Rede. Man hatte es vorher schon immer vermutet, aber jetzt wurde es Gewißheit: Johnny B. Goode, der Junge vom Lande, trägt autobiographische Züge. Chuck wollte schon in frühester Jugend ein geachteter Gitarrenspieler werden und übte sich die Finger wund. Es ist die Geschichte eines Jungen, der es schließlich zu »Fame & Fortune« brachte. Zuerst sollte die Zeile heißen »a colored boy named Johnny B. Goode«, aber dann hatte er doch Angst, die weißen Fans würden das nicht mögen, und machte aus »colored« »country«. Als *»Johnny B. Goode«* auf den Markt kam, war Chuck Berry bereits ein gemachter Mann und hatte Titel wie *»Roll Over Beethoven«* oder *»Sweet Little Sixteen«* in die Hitparaden gebracht. Kaum einer der großen Rock- und Beatmusiker Anfang der 60er Jahre nannte nicht Chuck Berry als sein großes

Chuck Berry *(Chess Records)*

Vorbild. Ob Beatles oder Rolling Stones – sie spielten in ihren Anfangstagen Titel von ihm auch auf Platte nach. Was irgendwann ob seiner vielen erfolgreichen Songs in Vergessenheit geraten ist: Chuck Berry war ein einflußreicher Gitarrist. So spielen wie er, das wollten John Lennon, Keith Richards oder Eric Clapton.

Der Hit: *My Ding-A-Ling*
Der Tip: *Chuck Berry* (Chess MCA CHD 3-80.001)

Berry, Dave

* 6.2.1941 als David Holgate Grundy. Weil David ein glühender Verehrer von Chuck Berry war, gab er sich den Künstlernamen Berry. Ab 1961 hatte er als Backing Group die Cruisers, mit denen er fast ausschließlich Hits von Chuck nachspielte. Im Laufe der Jahre sollten in Daves Band u. a. Jimmy Page, John Paul Jones, Eric Stuart oder Graham Goldman spielen. Sein erster großer Hit im

Herbst 1963 war eine britische Version von Chuck Berrys *»Memphis Tennessee«*. Daß man mit Nachziehern auf Dauer keine eigene Karriere aufbauen kann, wurde ihm irgendwann auch klar. Mit *»The Crying Game«* 1964, *»Little Things«* 1965 und *»Mama«* 1966 hatte er jeweils einen Platz 5 in der Hitparade. Danach war seine Karriere beendet. Versuche, in den 70er Jahren noch einmal Plattenerfolge zu erzielen, schlugen fehl. 1992 kam ein Film namens *»The Crying Game«* in die Kinos. Darin ist selbstverständlich auch Dave Berrys Version des Songs zu hören, allerdings auch eine Neuauflage von Boy George.

Der Hit: *Crying Game*
Der Tip: *Remembering* (Decca REM 3)

Berry, Mike

* 1943. Wie der bekannte Plattenproduzent Joe Meek war Mike Berry ein Fan von Buddy Holly. Bei Joe Meek ging das Faible für Buddy Holly so weit, daß er sich am 3.2.1967, Buddys Todestag, erschoß. Mike Berry beließ es bei einer Nummer, die *»Tribute To Buddy Holly«* hieß und mit der er Ende 1961 seinen ersten Erfolg in der britischen Hitparade hatte. Begleitet wurde er von den Outlaws, zu deren Mitgliedern Richie Blackmore und Chas Hodges gehörten. *»Don't You Think It's Time?«* war 1963 ein Top-10-Hit in GB. Kurz danach schien seine Karriere beendet. In den 70er Jahren arbeitete er vorwiegend und mit Erfolg als Schauspieler für das britische Fernsehen. Dann stand er im August 1980 plötzlich erneut unter den ersten 10 in GB mit *»The Sunshine Of Your Smile«*, produziert von seinem alten Kollegen Chas Hodges.

Der Hit: *Don't You Think It's Time?*
Der Tip: *Sounds Of The Sixties* (Castle CHC 7056)

Berry, Nick

* 1961. Der junge Schauspieler hatte seine erste Hauptrolle in der britischen Seifenoper *»East Enders«* als Darsteller eines ehrgeizigen Jugendlichen, der Entertainer werden möchte. Im wirklichen Leben ging dieser Traum in Erfüllung: Im Oktober 1986 stand Nick Berry mit *»Every Loser Wins«* an der Spitze der britischen Hitparade. Danach konzentrierte er sich zunächst weiter auf die Schauspielerei. 1992 spielte er in der Serie *»Heartbeat«* einen Polizisten und sang dafür auch den Titelsong – die alte Nummer von Buddy Holly –, er landete auf Platz 2 in GB.

Der Hit: *Every Loser Wins*

Bertelmann, Fred

* 7.10.1925. Obwohl er bereits vor 1957 mit einigen Platten in den deutschen Top 10 war, wird man den Namen Fred Bertelmann immer mit dem Song *»Der lachende Vagabund«* in Verbindung bringen, der 1957 der Hit des Jahres war. Es war die deutsche Version des 1953er Hits *»Gambler's Guitar«* von Rusty Draper. Bis 1963 war Bertelmann, verheiratet mit der Filmschauspielerin Ruth Kappelsberger, regelmäßig in den Hitparaden. Auf seinen Platten sang er manchmal auch im Duett mit Chris Howland oder Bibi Johns. Seine Ausbildung zum Schauspieler und Sänger erhielt Bertelmann am Konservatorium in Nürnberg und an der Ufa-Schauspielschule. Nutzen konnte er sie dann in der zweiten Hälfte der 50er Jahre in unzähligen deutschen Filmklamotten.

Der Hit: *Der lachende Vagabund*
Der Tip: *Ich hab das Lachen nicht verlernt* (Bear Family CD 321 862)

Beverley Sisters

Joy (* 1929); Teddie und Babs (* 1932).
Die drei britischen Schwestern machten in den frühen 50er Jahren ihre ersten Platten. Mit dem Weihnachtssong *»I Saw Mommy Kissing Santa Claus«* hatten sie pünktlich zum Fest 1953 ihren ersten Platz 6 in GB. Gleiches sollte ihnen im Februar 1959 mit *»Little Drummer Boy«* gelingen. 1956 versuchten sie auch ihr Glück in den USA, über einen Platz 41 mit dem Traditional *»Greensleeves«* kamen sie jedoch nicht hinaus. 1967 trennten sie sich nach durchaus erfolgreichen Jahren. Anfang der 80er Jahre gründeten ihre Töchter die Formation Little Foxes. Als die stolzen Mütter 1985 einem Auftritt zusahen, wurden sie selbst auch wieder engagiert. Sie produzierten eine neue LP und gingen auf Tour.

Der Hit: *Little Drummer Boy*

B-52's

Cindy Wilson, g/v (* 28.2.1957); Kate Pierson, org/v (* 27.4.1948); Ricky Wilson, g (* 19.3.1953, † 12.10.1985); Fred Schneider, key/v (* 1.7.1951); Keith Strickland, d (* 26.10.1953).
Der Gruppenname dieser im Oktober 1976 in den USA zusammengekommenen Band leitet sich ab von einem Südstaatenspitznamen für die hochtoupierten und dann mittels Haarspray in Form gehaltenen Bienenkorbfrisuren. Cindy und Kate, die beiden weiblichen Mitglieder der Band, demonstrierten das anschaulich. Mitte 1979 erschien die erste LP, und darauf war auch der erste Erfolg *»Rock Lobster«*.

Dieses Stück war vorher als Privatpressung in einer Auflage von 2000 Stück gepreßt worden. Chris Blackwell von Island Records hörte es und nahm die Gruppe daraufhin unter Vertrag. B-52's brachten eine gelungene Mischung aus frühem Rock 'n' Roll, Punk und Funk, die speziell bei den amerikanischen Studenten und den New-Wave-Fans ankam. Nach dem Tode von Cindys Bruder Ricky 1985 wurde es eine Zeitlang still um die Band. Im September 1989 hatten sie mit *»Love Shack«* wieder einen Top-10-Hit in den USA und in GB. 1992 stieg Cindy Wilson aus. Der Rest machte als Trio weiter und veröffentlichte im Juni 1992 *»Good Stuff«*.

Der Hit: *Love Shack*
Der Tip: *The Best Of* (Island 260 803)

Bianco, Bonnie

* 19.8.1963 als Lory Lynn Bianco. Die Amerikanerin sang zusammen mit dem Franzosen Pierre Cosso das vom italienischen Autorenteam geschriebene Stück *»Stay«*, das dann im Fernsehrockmärchen »Cinderella« zu hören war. Die beiden spielten in dieser Kurz-Serie auch die Hauptrollen. Die Platte wurde ein Spitzenreiter in der deutschen Hitparade im Frühjahr 1987. Mit *»Miss You So«* gelang Bonnie ein Nachfolgehit, und danach ging Aschenputtel die Erbsen zählen. Eine begnadete Sängerin ist sie nicht.

Der Hit: *Stay*

Bieler, Ernie

* 18.5.1925 als Ernestine Geisbigler. Die in Wien geborene Sängerin studierte vier Jahre lang Operngesang und legte 1945 die Staatsprüfung ab. Nach dem Kriege begann sie jedoch als Jazzsängerin. 1948 verpflichtete sie Hans Koller, der Leiter der Hot Club Vienna-Band, für ihre ersten Schallplattenaufnahmen. In den darauffolgenden acht Jahren spielte sie als Solo-, Duo-, Trio- und Chorsängerin nahezu 100 Platten ein. Besonders populär wurde sie im Duett mit Rudi Hofstätter. Mitte der 50er Jahre wechselte Ernie Bieler zur deutschen Plattenfirma Polydor. Dort nahm sie einmal unter ihrem Künstlernamen und unter dem Pseudonym The Kitty Sisters Platten auf. Bei den Kitty Sisters wurde ihre Stimme doppelt oder mehrfach kopiert und dadurch der Eindruck eines Duos oder Trios erweckt. Neben ihrer Plattenkarriere spielte sie in etlichen Filmen mit. Das erstemal 1953 in *»Die Junggesellenfalle«*. Nach 1960 zog sie sich, von gelegentlichen Fernsehauftritten in Nostalgieshows abgesehen, aus dem Showgeschäft zurück. Mit dem Titel *»Mauerblümchen«* hatte sie im Frühjahr 1957 einen Top-10-

Hit in Deutschland. Wenig später gelang ihr im Duett mit Jörg-Maria Berg ein weiterer Erfolg mit »*Sieben Berge, sieben Täler*«. Das war's.

Der Hit: *Mauerblümchen*

Big Ben Banjo Band

Hinter diesem Projekt stand der britische Produzent und Orchesterchef Norrie Paramor, der für viele Hits von Michael Holliday und Cliff Richard verantwortlich zeichnete. Die Big Ben Banjo Band ist wieder mal eine der vielen britischen Instrumentalformationen, die aus bekannten Melodien Medleys formten und sie als Single veröffentlichten. Im Dezember 1954 kam mit »*Let's Get Together No. 1*« ein Medley mit »*Yes Sir, That's My Baby*«, »*Swanee*«, »*I'm Just Wild About Harry*« und anderen populären Melodien bis unter die ersten 10 der britischen Hitparade. Mit »*Let's Get Together Again*« versuchte man das gleiche ein Jahr später noch einmal. Es wurde nur ein Top-20-Hit, und danach ließ Paramor das Projekt fallen.

Der Hit: *Let's Get Together No. 1*

Big Bopper

* 24.10.1930 als Jiles Perry Richardson, † 3.2.1959. Big Bopper wurde in den gesamten USA bekannt, nachdem er über seinen Sender 122 Stunden hintereinander Programm gemacht hatte. Das war 1954. 1957 schickt der Nebenher-Songschreiber seine Kompositionen an die Plattenfirma Mercury, die mit ihm einen Vertrag macht. Er veröffentlicht als Jape Richardson »*Beggar To A King*« und »*Teenage Moon*«, zwei Country-Platten im Hillbilly-Stil. Mitte 1958 schreibt er eine Parodie auf Hits von Sheb Wooley und David Seville, »*The Purple People Eater Meets The Witch Doctor*«. Aber nicht die A-Seite findet Erfolg, sondern die B-Seite »*Chantilly Lace*«, die sich bis auf Platz 6 in der amerikanischen Hitparade hocharbeiten kann und ein Millionseller wird. Im Januar 1959 geht er mit anderen Künstlern auf die Winter Dance Party. Mit dabei sind Ritchie Valens und Buddy Holly. Valens und Big Bopper saßen zusammen mit Buddy Holly in dem Flugzeug, das am 3.2.1959 in der Nähe von Mason City abstürzte, wobei alle Insassen getötet wurden. Ein postumen Erfolg als Songschreiber hatte er noch, als seine Komposition »*Running Bear*« mit Johnny Preston Nummer 1 in den USA und in GB wurde. Einer der beiden Indianer im Hintergrund der Platte war Big Bopper, der andere war George Jones.

Der Hit: *Chantilly Lace*
Der Tip: *Hellooo Baby* (Rhino R2 70164)

Big Country

Stuart Adamson, g/syn/v (* 11.4.1958); Bruce Watson, g (* 11.3.1961); Tom Butler, b (* 13.2.1957); Mark Brzezicki, d (* 21.5.1957).
Adamson hatte Mitte 1981 frustriert die britische Punk-Band Skids verlassen. Zusammen mit seinem alten kanadischen Freund Watson wollte er etwas Neues probieren. Im September kam es zur Gründung von Big Country. Es spielten zuerst Peter Wishart – er sollte später zu Runrig gehen –, dessen Bruder Alan und Clive Parker mit. Nachdem sie im Frühjahr 1982 Alice Cooper auf dessen GB-Tournee begleitet und der sie rausgeschmissen hatte, schmiß Adamson seinerseits mit Ausnahme von Watson alle raus. Im April 1982 kam es zu der Besetzung, wie sie oben steht. Ab Februar 1983 war die Band regelmäßig in der britischen Single-Hitparade vertreten. Ihr erster Hit war *»Fields Of Fire (400 Miles)«*. Die Band ist bis in die 90er Jahre erfolgreich. Auf der 1991 erschienenen LP *»No Place Like Home«* werden nur noch Adamson, Butler und Watson als feste Mitglieder genannt und auch im Bild gezeigt. Brzezicki spielt aber trotzdem noch mit. Obwohl keins der Mitglieder in Schottland geboren wurde, wird Big Country immer als schottische Band bezeichnet. Das liegt wohl auch am »Dudelsack«-Gitarrensound, den die Band häufig anklingen läßt.

Der Hit: *Look Away*
Der Tip: *Through A Big Country* (Mercury 846 022-2)

Big Fun

Philip Cheswick, v (* 12.10.1965); Mark Gillespie, v (* 28.11.1966); Jason John, v (* 18.3.1967).
Drei Jungs, die aussehen, als wären sie frisch dem Neckermann-Katalog entsprungen, hätten erfolgreich einen Haarstylistenkurs absolviert, müßten doch wohl zu Hitparadenehren kommen. Big Fun galt in den Anfangstagen als Schottlands Antwort auf Bros. Sie waren ein typisches Wegwerfprodukt aus der Produktion Stock/Aitken/Waterman. Ex: *»Blame It On The Boogie«* im Herbst 1989 ein Top-10-Erfolg in GB mit dem Nachfolgehit *»Can't Shake The Feeling«*. Zwei weitere Plättchen, eine davon mit einem weiteren S/A/W-Star Sonia – und hopp: zurück an die Kleiderständer.

Der Hit: *Blame It On The Boogie*
Der Tip: *A Pocketful Of Dreams* (Jive ZD 71991)

Biggs, Barry

Barry war einer der Jamaikaner, die mit ihrem Soft-Reggae auch in GB erfolgreich waren. Zwischen 1976 und 1981 gelangen ihm sechs Hits, darunter der Top-10-Erfolg »*Side Show*«.

Der Hit: *Side Show*
Der Tip: *Coming Down With Love* (Ariola 205 671)

Bilk, Acker

* 28.1.1929 als Bernard Stanley Bilk. Bilk war stets ein richtiger Kumpel. Acker ist ein britisches Slangwort für Kumpel. Noch während seiner Militärzeit 1947 in Ägypten – es muß dort wohl ziemlich langweilig gewesen sein – lernte er das Klarinettespielen. 1954 wurde er Mitglied bei Ken Colyer, 1958 war er soweit, eine eigene Band zu gründen. Zusammen mit der Paramount Jazz Band führte Bilk den britischen Boom des Traditional Jazz Anfang der 60er Jahre an. Zwischen 1960 und 1963 und dann noch einmal 1976 hatte er seine erfolgreichste Zeit. 1976 war er mit »*Aria*« plötzlich wieder in den britischen Top 10. Wie Chris Barber und Kenny Ball ist Mr. Acker Bilk noch heute eine feste Größe im britischen Musikgeschäft.

Der Hit: *Stranger On The Shore*
Der Tip: *Attention* (Fontana 6459 205)

Billy & Lillie

Billy Ford (* 9.3.1925) und Lillie Bryant (* 14.2.1940).
Dieses amerikanische Duo brachte es Anfang 1958 auf einen Top-10-Hit: »*La Dee Dah*«. Begleitet wurden sie von den Thunderbirds. Als die 60er Jahre kamen, waren sie, nachdem sie noch drei weitere Platten in den Charts hatten, wieder verschwunden.

Der Hit: *La Dee Dah*

Billy Joe & The Checkmates

Louis Bideu (* 21.3.1919). Billy Joe arbeitete in den 50er Jahren als Komiker und hatte seine ersten Erfolge in der New Yorker Lew Bedell Show. In den frühen 60er Jahren nannte er sich Billy Hoe Hunter, und mit der Instrumentalnummer »*Percolator*« hatte er im Januar 1962 einen Top-10-Hit in den USA. Der Titel klang, als ob Kaffee durch einen Filter tropft. Diese Wirkung wurde mit Hilfe eines Xylophons erzielt. Um der damaligen Twist-Mode gerecht zu werden, setzten Billy und Ernie Freeman – mit dem er den Titel zusammen geschrieben hatte – noch in Klammern »*Twist*« hinter »*Percolator*«.

Der Hit: *Percolator (Twist)*

Bino

Bino stammte aus Palermo, war als Gastarbeiter nach Deutschland gekommen und in Oldenburg heimisch geworden. Dort sang er in Eisdielen oder bei Festen und in Diskotheken. Sein einziger Hit »*Mama Leone*« wurde von Renate Vaplus und einem gewissen Benedetto Arico geschrieben. Renate Vaplus ist ein Pseudonym von Drafi Deutscher, und Arico könnte der vollständige Name von Bino sein. Auf der Plattenhülle zur LP »*Mama Leone*« schleimt sich die Plattenfirma einen Text, wie er überflüssiger nicht sein kann. Auszug: »Übrigens war Bino vor einigen Tagen in seiner italienischen Heimatstadt Palermo, Sizilien. Mit viel Wein und noch mehr Geang wollte ich den Erfolg mit meiner Familie teilen, erzählt Bino weiter. Und bei einer Prozession während seines Besuches opferte seine Mama ihre goldenen Ohrringe der Heiligen Jungfrau Maria mit der innigen Bitte, daß ihr Sohn Bino für seine Mama Leone eine goldene Schallplatte in Deutschland und Italien erhalten möge.« Das sind Informationen!

Der Hit: *Mama Leone*
Der Tip: *Mama Leone* (Carrere 2934 107)

Birkin, Jane

* 14.12.1946. Die britische Schauspielerin wurde bekannt durch den Film »*Blow Up*« 1966, in dem sie sich recht offenherzig dem Fotografen David Hemming zeigt. Zusammen mit Serge Gainsbourg, mit dem sie befreundet war, nahm sie den Titel »*Je T'Aime ... Moi Non Plus*« auf, den Serge zuvor schon mit Brigitte Bardot produziert hatte. Nach Abhören des fertigen Bandes distanzierte sich Brigitte davon, und Serge war gezwungen, es neu aufzunehmen. Den Stöhnakt übernahm nun Jane. Die Platte wurde in ganz Europa ein Erfolg. In Frankreich hatte sie mit »*Ex-Fan Des Sixties*« 1978, wieder geschrieben durch Serge, noch einmal einen Hit.

Der Hit: *Je T'Aime ... Moi Non Plus*

Bishop, Elvin

* 21.10.1942. Der Amerikaner war zwischen 1965 und 1968 Leadgitarrist in der Paul Butterfield Blues Band. Im Frühjahr 1976 erschien die Soloplatte *»Fooled Around And Fell In Love«* von Elvin Bishop, die zum Top-10-Hit und Millionseller wurde. Auf der Plattenhülle wurde nicht erwähnt, daß der Sänger des Titels Mickey Thomas, der spätere Leadsänger von Starship, war. Und dem dürfte Bishop diesen Erfolg zu verdanken haben. Ansonsten waren die Platten von Elvin Bishop nicht für Single-Hitparaden geeignet.

Der Hit: *Fooled Around And Fell in Love*
Der Tip: *Struttin' My Stuff* (Capricorn 2429 136)

Bizarre Inc.

Andrew Meecham, Dean Meredith, Carl Turner.
Die drei sollten die britische Antwort auf American Garage und Deep House Sound sein. Ende 1991 erschien ihre erste Single mit dem Titel *»Playing With Knifes«*. Dazu schreibt »Network Press«: »Das ist es. Hier sind die Techno-Sub-Sechzehntel, und da kommt der deepe Break, klassischer House läßt grüßen. Diese Idee ist neu und funktioniert überall. Bravo.« Jetzt weiß jeder Bescheid. Ende 1992, verstärkt durch die Sängerin Angie Brown, gelang ihnen ein weiterer Top-10-Erfolg mit *»I'm Gonna Get You«*.

Der Hit: *I'm Gonna Get You*

Biz Markie

* 8.4.1964 als Marcel Hall. Dieser aus Harlem stammende Rapper schaffte im Frühjahr 1990 mit der Platinplatte *»Just A Friend«* einen gewaltigen Einstieg in die Szene. Kurz darauf hat er einen gewaltigen Ausstieg: Man hörte nichts mehr von ihm.

Der Hit: *Just A Friend*

Bizz Nizz

Eine aus Belgien stammende Truppe, die speziell für Diskotheken Musik produzierte. Eintönige, fast stumpfsinnige Titel, deren Laufzeit selten unter 6 Minuten liegt, kommen dabei heraus. Mit der Aufforderung *»Don't Miss The Partyline«* hatten Peter Neefs und Jean-Paul De Coster, die beiden Köpfe der Band, im

Frühjahr 1990 einen Top-10-Hit in GB und in Deutschland. Die Partyline war zu diesem Zeitpunkt unter Disco-Freaks der absolute Knüller. Es galt, geheime Treffpunkte von Disco-Ereignissen kurzfristig unter einer Telefonnummer zu erfragen. Dabei fanden diese Partys in Lagerhallen, Bunkern und an Orten statt, an denen es eigentlich nicht gestattet war. Was verboten ist, macht's halt noch interessanter. Da während der Partys häufig Speed, Crack oder andere Designer-Drogen verputzt wurden, bot sich als Nachfolger für den ersten Hit von Bizz Nizz geradezu der Titel »*Get Into Trance*« an.

Der Hit: *Don't Miss The Partyline*

Black

Colin Vearncombe, v (* 26.5.1962). Im Januar 1981 gründete er das Trio Black. Von da an bis 1985 erschienen einige Singles, die jedoch alle erfolglos waren. Dann trennt sich Colin von seinen Mitspielern und macht alleine weiter, allerdings immer noch unter dem Namen Black. Mit »*Sweetest Smile*« hat er Mitte 1987 seinen ersten Top-10-Hit. Der zweite folgt wenig später mit dem ironischen Titel »*Wonderful Life*«. Mitte 1991 erschien die LP »*Black*«. Zu dieser Veröffentlichung äußerte er sich zu seiner Arbeit als Solist: »Black wird niemals eine Band sein. Es bedeutet mir sehr viel, mich damit allein identifizieren zu können. Es genügt, wenn die daran beteiligten Musiker das tun, was ich von ihnen erwarte.« Immerhin taten Robert Palmer und Sam Brown, was Colin von ihnen erwartete.

Black *(A&M)*

Der Hit: *Wonderful Life*
Der Tip: *Comedy* (A&M 395 222-2)

Black, Bill

* 17.9.1926 als William Patton Black, † 21.10.1965. Als Elvis Presley im Januar 1956 seine ersten Platten für RCA produzierte, war als Bassist Bill Black mit dabei. 1954 lebte Bill mit seinen beiden Brüdern und seiner Mutter in Memphis im

selben Wohnblock wie Elvis. Er spielte mit einer Band, die sich Starlight Wranglers nannte und in der auch ein gewisser Scotty Moore spielte. Elvis und Bill machten oft aus Spaß zusammen Musik. 1955 versuchten sich Bill, Scotty und Elvis kurz als die Blue Moon Boys. Zur Show gehörte es, daß Black – zu diesem Zeitpunkt noch mit einem Kontrabaß – auf seinem Instrument über die Bühne ritt. Auf allen früheren Platten von Elvis spielen Bill und Scotty mit. Black tritt 1957 im Elvis-Film *»Loving You«* auf und spielt Eddy, den Baßspieler. Am 21.9.1957 verlassen beide Elvis. Es geht ums Geld. Elvis scheffelt Millionen, während Moore und Black eine wöchentliche Gage von 100 Dollar erhalten. Bill wurde durch Bob Moore ersetzt, und Bill gründete die Bill Black Combo. Ab 1959 stand er in den Hitparaden, und mit dem Titel *»White Silver Sands«* hatte er seinen einzigen Top-10-Hit. 1961 trat die ganze Combo im Film *»Teenage Millionaire«* auf. 1965 kam Bill wegen eines Gehirntumors in ein Krankenhaus, fiel in ein Koma und starb während einer Operation. Den Baß, den Bill bei seinen Aufnahmen für Elvis spielte, hat sich Paul McCartney gekauft.

Der Hit: *White Silver Sand*
Der Tip: *The Untouchable Sound* (Hi Records UK LP 410/TIS)

Black, Cilla

* 27.5.1943 als Priscilla Maria Veronica White. In ihren Anfangstagen las man in der Presse immer die Geschichte vom Garderobenmädchen, das zum Superstar wurde. Ein Kern Wahrheit ist darin – sie war wirklich das Garderobenmädchen im Liverpooler Cavern-Club, in dem die Größen des Mersey-Beats auftraten. Im Gegensatz zu so vielen Stars, die 1963/64 in die Charts gespült wurden, nur weil sie aus Liverpool kamen und eine Gitarre halten konnten, hatte Cilla wirklich Talent und Stimme. Die wurde nicht erst von Brian Epstein, der sie schließlich managte, erkannt. Schon im Juli 1961 stand ein längerer Artikel über »Swinging Cilla« in der Zeitschrift »Mersey-Beat«. Darin stand zu lesen, daß ihr der Jazzer Kenny Ball angeboten hatte, mit ihm zu singen. Cilla bekam, so steht es wirklich in diesem Artikel, »cool feet«, also kalte Füße, und sagte den Auftritt ab. Auch weitere Angebote lehnte sie ab – so sollte sie z. B. mit in den Hamburger Star-Club. Stimme war vorhanden – aber vor Publikum war alles aus. Die Bands aus Liverpool wußten auch um ihre tolle Stimme. Immer, wenn abends das Publikum den Laden verlassen hatte, sangen sie zusammen mit Cilla ein paar Lieder. Dann kam plötzlich der Liverpool-Boom. Alle machten Platten, und nun überwand auch Cilla ihre Scheu. *»Love Of The Loved«*, eine Komposition von Lennon/McCartney, war ihre erste Platte und erschien im September 1963. Aber noch war der Beatles-Boom nicht so groß, daß alles, was den Jungs aus der Feder floß, auch ein Hit wurde. Dann sang Cilla ein Stück von Dionne Warwick nach: *»Anyone Who*

Had A Heart« schaffte Platz 1 in GB. Als 1965 der Liverpool-Boom wieder vorbei war und viele Interpreten wieder in den Gully gespült wurden, hielt sich Cilla Black tapfer. Bis 1971 tauchte sie regelmäßig in den Charts auf.

Der Hit: *Anyone Who Had A Heart*
Der Tip: *The Very Best Of* (EMI 0C 062-07689)

Black, Jeanne

* 25.10.1937. Die Amerikanerin hatte Erfolg mit einer amerikanischen Spezialität: Wenn jemand mit einem Song Erfolg hatte, gab es direkt eine Antwort darauf, den sogenannten Answer Song. In Jeannes Fall war es der Jim-Reeves-Hit *»He'll Have To Go«*. Im Song sagt Jim seiner Liebsten am Telefon, daß der Mann, mit dem sie jetzt zusammen ist, gefälligst gehen soll. Und jetzt kam der Antwortsong von Jeanne, in dem es hieß: »Er bleibt!« Es wurde der einzige Top-10-Erfolg für sie.

Der Hit: *He'll Have To Stay*

Black, Roy

* 25.1.1943 als Gerd Höllerich, † 9.10.1991. Bevor er mit *»Du bist nicht allein«* Mitte 1965 seinen ersten Top-10-Hit hatte, wollte Roy Black Rocker sein. Wie sehr er sich das wünschte, sollten viele seiner Fans erst nach seinem Tod erfahren. Titel wie *»Ganz in Weiß«*, *»Dein schönstes Geschenk«* oder *»Schön ist es, auf der Welt zu sein«* – mit Anita Hegerland, der späteren Frau von Mike Oldfield – brachten ihn zwar in die Hitparaden, waren ihm aber gleichzeitig auch zuwider. In der zweiten Hälfte der 60er Jahre war Roy in Deutschland ein Superstar und spielte in etlichen Schulbank- und Heimatfilmen mit. Bis 1973 hatte er Hit auf Hit, dann ließ sein Erfolg nach. In den 80er Jahren knüpfte er langsam, aber sicher an seine Erfolge wieder an und war gerade auf dem Höhepunkt einer neuen Sympathiewelle in der Fernsehserie »Ein Schloß am Wörthersee«, als er für alle Beteiligten überraschend starb. Schon vorher hatte man über seine Herzkrankheit viel in der einschlägigen Boulevardpresse lesen können. Das dürfte wohl auch die Todesursache gewesen sein.

Der Hit: *Ganz in Weiß*
Der Tip: *Zeit für Zärtlichkeit* (Teldec 9031-72 746-1)

Black Box

Black Box ist ein Projekt, hinter dem der italienische Diskjockey Daniele Davoli steht, der nach 10jähriger Berufserfahrung so viele Platten gehört hat, daß er mit Recht der Meinung war, das könne er auch. Dazu holte er sich Mirko Miloni und Valerio Simplici. Die Italo-House-Musik hatte Ende der 80er Jahre mehrere weltweite Hits erreicht, und mit der Nummer »*Ride On Time*« hatte Black Box im August 1989 einen Platz 1 in der britischen Hitparade. Für die Nummer wurden Teile aus »*Love Sensation*«, einer Nummer von Loleatta Holloway, gesampelt. Präsentiert wurde das Lied vom französischen Model Cathérine Quinol. Sie soll angeblich den zweiten Hit von Black Box, »*Everybody Everybody*« gesungen haben, der im August 1990 ein Top-10-Hit in den USA wurde. Die Amerikaner wußten es besser. Sängerin war Martha Wash von den Weather Girls. Während es die meisten Italo-House-Interpreten mal gerade auf einen Hit brachten, konnten sich Black Box mehrere Jahre behaupten.

Der Hit: *Ride On Time*
Der Tip: *Remix Land* (Polydor 847 861-2)

Blackbyrds

Donald Byrd, tr (* 9.12.1932). Der Doktor der Musikethnologie, der sowohl von den Rock- als auch den Jazz-Musikern als ausgezeichneter Trompeter anerkannt wird, gründete die Blackbyrds 1973, als er an der Howard University in Washington, D. C., lehrte. Aus dem Spaß wurde Ernst, und mit »*Walking In Rhythm*« hatte diese Formation im Frühjahr 1975 sogar einen Top-10-Hit in den USA. Ansonsten sind die Künste von Donald auf etlichen Soloplatten zu hören, oder er spielt als Begleitmusiker von John David Souther, Herbie Hancock, Art Blakey oder Cannonball Adderley.

Der Hit: *Walking In Rhythm*
Der Tip: *Flying Start* (Fantasy BLPS 19197)

Blackfoot Sue

Tom, b/key/v und Dave Farmer, d (* 2.3.1952); Eddie Golga, g/key (* 4.9.1951); Alan Jones, g/v (* 5.1.1950).

Tom und Dave Farmer und Eddie Golga kamen zusammen, als sie 12 Jahre alt waren. Sie gründeten die Gruppe Virus. 1970 kam Alan Jones zu diesen dreien, und es entstand Gift. Ab Januar 1972 nannten sie sich Blackfoot Sue. Im selben Jahr wechselten sie ihre Plattenfirma und hatten mit der selbstgeschriebenen

Nummer *»Standing In The Road«* im August einen Top-10-Hit in GB. Es folgte nur noch ein weiterer Hit. Nach 1977 fiel die Gruppe auseinander.

Der Hit: *Standing In The Road*

Black Lace

Colin Routh, Alan Barton. Die Gruppe formierte sich 1977 und vertrat mit dem Titel *»Mary Ann«* England 1979 beim Grand Prix Eurovision. Zu diesem Zeitpunkt bestand die Band aus vier Musikern. Nachdem *»Mary Ann«* den 7. Platz belegt hatte, trennte sich die Band, und 1983 kamen zwei der Musiker, Colin und Alan, wieder zusammen, um mit Titeln wie *»Superman«*, *»Agadoo«* oder *»Do The Conga«* den Briten einen Hauch von Urlaubsfreude zu vermitteln. Das klappte bis zum Ende der 80er Jahre.

Der Hit: *Agadoo*
Der Tip: *Get Up and Dance* (Sonett INT 147.147)

Black Sabbath

Tony Iommi, g (* 19.2.1948); Terry »Geezer« Butler, b (* 17.7.1949); John Michael »Ozzy« Osbourne, v (* 3.12.1948); Bill Ward, d (* 5.5.1948).
Die Ursprünge der Band gehen zurück in das Jahr 1967. Die vier gründeten die Bluesband Polka Tulk, die sich schnell in Earth umbenannte. Mit ihrer Jazz-Blues-Fusion kamen sie speziell beim Live-Publikum in ganz Europa an. Ab Februar 1969 nannte man sich schließlich Black Sabbath und legte sich ein dazu passendes makabres Image zu. Im Januar 1970 erscheint ihre erste Platte, wenig später ihre erste LP, die unter die ersten 10 der GB-Charts kommt. Mit *»Paranoid«* schaffen sie im August 1970 in GB ihren ersten Top-10-Erfolg. In Deutschland wird die Platte sogar Spitzenreiter in der Hitparade. Der Titel gilt heute als Klassiker unter den frühen Heavy-Metal-Platten. 1974 entwickelt sich Osbourne zum Alkoholiker. Mit der musikalischen Richtung der Band ist er immer weniger einverstanden. Es zieht sich noch bis 1979 hin, dann verläßt er Black Sabbath endgültig, gründet Blizzard Of Oz und startet danach eine erfolgreiche Solokarriere. Für ihn steigt von Rainbow Ronnie James Dio ein. Im November 1980 verläßt Billy Ward die Gruppe und wird durch Vinnie Appice, den jüngeren Bruder von Carmine, ersetzt. 1981 kommt es erneut zu Schwierigkeiten zwischen Iommi und seinem Sänger. Ein Jahr später schmeißt auch Dio das Handtuch und wird durch Dave Donato ersetzt. 1983 ist kurzzeitig auch mal Ian Gillan der Sänger der Band. Der geht aber dann wieder im Frühjahr 1984, weil sich Deep Purple reformierte. 1986 nennt sich die Gruppe Black Sabbath with Tony Iommi, denn er ist der einzige, der

Black Sabbath *(Phonogram)*

von der alten Garde noch übriggeblieben ist. Zu den bekannteren Musikern, die danach noch mit ihm zusammenspielen, gehören Glenn Hughes oder auf der 1990er LP *»Tyr«* Cozy Powell und Neil Murray.

Der Hit: *Paranoid*
Der Tip: *Blackest Sabbath* (Vertigo 838 818-2)

Black Slate

Keith Drummond, v; Chris Hanson, g; Cledwyn Rogers, g; Anthony Rightly, key; Elroy Bailey, b; Desmond Mahoney, d.
Die sechsköpfige Reggae-Gruppe setzte sich zusammen aus Musikern, die teilweise aus GB, teilweise von Jamaika kamen. Mit dem selbstgeschriebenen Stück *»Amigo«* hatte die Formation im September 1980 ihren einzigen Top-10-Hit in GB.

Der Hit: *Amigo*
Der Tip: *Amigo* (Mercury 6359 041)

Black Watch, Band Of The

Es gibt mehrere Beispiele dafür, daß sich Militärkapellen durchaus zwischen Popsongs in GB behaupten können. Dies hier ist eins. Mag sein, daß sie der Erfolg der Royal Scots Dragoon Guards im Jahre 1972 beflügelt hat – die erreichten mit ihren Pipes and Drums und dem Titel *»Amazing Grace«* gar einen Platz 1 in GB. Im August 1975 hatte Band Of The Black Watch mit der Nummer *»Scotch On The Rocks«* zumindest einen Top-10-Hit. Dabei blieb es.

Der Hit: *Scotch On The Rocks*

Bläck Fööss

Tommy Engel, d/v (* 28.11.1949); Erry Stocklosa, g/v/perc (* 25.10.1947); Hartmut Priess, b/g (* 19.8.1942); Günther »Bömmel« Lückerath, g/banjo/v (* 20.6.1948); Peter Schütten, g/v (* 4.8.1943); Willy Schnitzler, p/syn/akk (* 4.8.1951); Fred Hoock, key; Joko Jaenisch, key; Rolf Lammers, org/p/akk.
Aus Beat-Bands wie Blizzards, Rolling Beats, Beat Stones oder Black Beats kamen die einzelnen Musiker, aus denen sich schließlich die Stowaways formierten. Sie spielten im Vorprogramm von Howard Carpendale oder Peter Maffay und begleiteten diverse Künstler, darunter Graham Bonney, auf der Bühne. Nebenher spielte diese Beat-Band auch noch Stimmungsmusik – da die Mitglieder jedoch eine Trennung zwischen Beat und Stimmung haben wollten, firmierten sie dann unter anderen Namen, z. B. Sandwich. 1970 spielten sie ihre erste Platte ein – es war statt der erhofften Beat-Songs eine Stimmungsnummer: *»Rievkooche-Walzer«*. Hier nannten sie sich erstmals Bläck Fööss. Die Besetzung hat sich seit jenen Tagen lediglich am Keyboard verändert. Nach einigen Wechseln sitzt nun seit etlichen Jahren Willy Schnitzler an den Tasten. Songs wie *»Drink doch eine met«* oder *»Mer losse d'r Dom en Kölle«* machten die Bläck Fööss in Köln und

Umgebung zu Stars. Ihre Mischung aus Milieuschilderung, Appellen an menschliche Solidarität, Protestliedern und Rocknummern ist einzigartig. Ihre Musikalität und ihr Satzgesang suchen in Deutschland ihresgleichen. Daß die Bläck Fööss der Beatmusik und da speziell den Beatles musikalisch immer noch verbunden sind, läßt sich aus ihren ausgezeichneten Langspielplatten deutlich heraushören. Zu den schönsten und erfolgreichsten Nummern gehörten *»Mannen«* (eine verniederländischte A-capella-Witzversion von Herbert Grönemeyers *»Männer«*), *»Katrin«* und ihr einziger Top-10-Erfolg *»Frankreich, Frankreich«*. *»Links eröm rächs eröm«*, 1977 erschienen, erhielt eine Auszeichnung als goldene LP. *»Mer han 'nen Deckel«* stand im Frühjahr 1979 auf Platz 3, *»De Bläck Fööss – Live «* 1981 auf Platz 4 in der LP-Hitparade. Für eine 1990 erschienene Doppel-CD schrieb der Produzent Klaus Voormann, der mit den Beatles, Manfred Mann und vielen anderen gespielt hat, ins Cover-Heft: »Gute, stabile Bühnen-Acts sind in Deutschland schon immer eine Rarität gewesen! Und unter diesen Raritäten kenne ich nur eine Band, die vom Rap zum Bauerntanz, vom Reggae zum Rock, von der Ballade zum astreinen A-capella-Song alles professionell und glaubwürdig beherrscht: die Bläck Fööss.«

Der Hit: *Frankreich, Frankreich*
Der Tip: *Et es 20 Johr jenau jetz her* (EMI CDP 686-794287 2)

Blancmange

Neil, Arthur, v/g (* 15.6.1958); Steven Luscombe, key (* 29.10.1954).
Neil Arthur begann seine musikalische Karriere 1978 bei den Viewfinders. Als er auf Steven Luscombe traf, gründeten sie gemeinsam L 360. Nachdem dieses Projekt nicht funktionierte, trennten sie sich, kamen erneut zusammen und gründeten nun das New-Wave-Synthie-Duo Blancmange – den Namen hatten sie von einem britischen Pudding übernommen, wie auf zwei Singlehüllen zu sehen ist. Zwischen 1982 und 1984 gelangen ihnen drei Top-10-Hits. Nach der Produktion ihrer dritten LP 1985 trennten sie sich.

Der Hit: *Living On The Ceiling*
Der Tip: *Happy Families* (London 6.254 418)

Blanco, Roberto

* 7.6.1937 als Roberto Zerquera. Roberto wurde in Tunis als Sohn kubanischer Eltern geboren. Nachdem Billy Mo seinen Tirolerhut genommen hatte, wurde Roberto Blanco zum Vorzeige-Schwarzen im deutschen Fernsehen. Er ist ständiger Gast in den typischen Unterhaltungsshows. Und wenn nicht da, sitzt er bei Tennisübertragungen in der ersten Reihe. Der Verlauf seiner Schlagerkarriere

drückt sich am besten in seinem einzigen Top-10-Hit aus: *»Heute so, morgen so«*. Seit 1971 ist er deutscher Staatsangehöriger.

Der Hit: *Heute so, morgen so*

Bland, Billy

* 5.4.1932. Nachdem er seit 1947 in New York in den Bands von Lionel Hampton und Buddy Johnson gespielt hatte, gründete er 1954 seine eigene Gruppe, die Four Bees. Ab 1955 nahm er als Solist Platten auf. Mit *»Let The Little Girl Dance«* hatte er 1960 seinen einzigen Top-10-Erfolg. Es folgten drei weitere Singles, zu einem Album reichte es nicht.

Der Hit: *Let The Little Girl Dance*

Blane, Marcie

* 21.5.1944. Die New Yorkerin gehört in die lange Reihe der Künstler, denen ein einziger Hit gelang und die danach wieder in der Versenkung verschwanden. Mit *»Bobby's Girl«* erreichte sie im Winter 1962 einen Platz 3 in der amerikanischen Single-Hitparade. Nach einigen weiteren Platten, die versuchten, sich an diesem Erfolg anzulehnen, stieg sie aus dem Musikgeschäft aus.

Der Hit: *Bobby's Girl*

Blaue Jungs

Dieses Vokal-Quartett wurde 1955 gegründet und bestand aus Jörg Maria Berg, Leo Hoppe, Rudi Kreuzberger und Rudi Resch. Die gleiche Besetzung trat auch als die Montecarlos auf. Zwischen 1957 und 1961 hatten die Blauen Jungs zehn Eintragungen in den deutschen Single-Charts, darunter 3 Top-10-Hits: *»Zu Hause, zu Hause«* 1957 und *»Auch für mich kommt einmal die Zeit«* und *»Einmal die Ferne sehen«* 1958.

Der Hit: *Zu Hause, zu Hause*

Bleyer, Archie

* 12.6.1909, † 20.3.1989. Der amerikanische Pianist und Orchesterchef trat schon 1934 mit einer eigenen Band auf. 1952 gründete er die Plattenfirma Cadence und gab darauf jungen Nachwuchskünstlern, z. B. den Everly Brothers und den

Chordettes, eine Plattform. Auch Julius LaRosa schaffte auf diesem Label seine ersten Hits. Archie selbst veröffentlichte auf Cadence seine Titel. Im Mai 1954 gelang ihm mit »*Hernando's Hideaway*« aus dem Broadway-Musical »*The Pajama Game*« ein Platz 2 in der US-Hitparade. 1964 zog sich Bleyer aus dem Plattengeschäft zurück. 1989 starb er an der Parkinsonschen Krankheit.

Der Hit: *Hernando's Hideaway*

Blige, Mary J.

In den USA wurde die 21jährige New Yorkerin als »Queen Of Hip Hop Soul« gefeiert. Mit dem Titel »*Real Love*« hatte sie im August 1992 einen Millionseller und einen Platz 7 in den US-Charts. Marys Markenzeichen: coole Rapper-Attitüden und eine Fan-Club-Adresse in der Bronx.

Der Hit: *Real Love*
Der Tip: *What's The 411?* (MCA 10681)

Blondie

Debbie Harry, v (* 1.7.1945); Chris Stein, g (* 5.1.1950); Jimmy Destri, key (* 13.4.1954); Gary Valentine, b; Clement Burke, d (* 24.11.1955).
Blondie formierte sich im August 1974. Deborah Harry hatte bis zu diesem Zeitpunkt als Playboy-Bunny, mit den Stilettos und Wind In The Willows gearbeitet. Ihre Musik wurde sowohl vom Punk als auch von den Girl Groups der 60er Jahre beeinflußt. Nach einigen Umbesetzungen fand sich obige Besetzung zusammen, die 1976 ihre Debütsingle »*X-Offender*« veröffentlichte. Ab 1978 – es hatte inzwischen weitere Personalwechsel gegeben – war Blondie erfolgreich. Speziell mit der alten Randy-&-The-Rainbows-Nummer »*Denise*« – bei Blondie wurde aus der Frau ein Mann und damit »*Denis*« – erreichten sie einen internationalen Durchbruch. Der Erfolg hielt bis in das Jahr 1982 an. Dann trennte sich die Band. Chris Stein wollte gerade sein eigenes Plattenlabel gründen, da wurde er ernsthaft krank. Deborah kümmerte sich um die schwere Hautkrankheit von Chris, pflegte ihn wieder gesund und startete danach eine Karriere als Solistin und als Filmschauspielerin.

Der Hit: *Call Me*
Der Tip: *The Complete Picture* (Chrysalis CDP 321817 2)

Bloodstone

Charles McCormick, b/v; Willis Draffen, g; Charles Love, g/sax; Henry Williams, v/per; Roger Durham, v/per; Eddie Summers, d/v.
Diese aus Kansas City stammende Soulband wurde 1962 als Sinceres gegründet. Anfang der 70er Jahre gingen sie für längere Zeit nach England. Schicksalsjahr für die Band war 1973. Roger Durham starb, und es gelang ihnen ihr einziger Top-10-Hit mit der Nummer »*Natural High*«, die auch ein Millionseller wurde. 1976 waren sie im Film »*Train Ride To Hollywood*« als Sinceros zu sehen. Musikalisch wurde Bloodstone immer mit Sly & The Family Stone verglichen. Bis 1984 hatten sie regelmäßig Hits in den amerikanischen R&B-Charts. Dann war ihre Zeit vorüber.

Der Hit: *Natural High*

Blood, Sweat & Tears

David Clayton-Thomas, v (* 13.9.1941 als David Thomsett); Al Kooper (* 5.2.1944); Steve Katz, g/harm/v (* 9.5.1945); Jim Fielder, b (* 4.10.1947); Bobby Colomby, d/per/v (* 20.12.1944); Fred Lipsius, p/sax (* 19.11.1944); Dick Halligan, key/pos/fl/v (* 29.8.1943); Chuck Winfield, tr/flh (* 5.2.1943); Lew Soloff, tr/flh (* 20.2.1944); Jerry Hyman, pos (* 19.5.1947); Dave Bargeron, pos/v (* 6.9.1942); Randy Brecker, tr/flh (* 27.11.1945); Jerry Weiss, tr/flh.
Al Kooper gelang 1967 bei der Gründung von Blood, Sweat & Tears eine zu diesem Zeitpunkt einzigartige Mischung aus Jazz und Rock. Er und Steve Katz hatten vorher im Blues Project gespielt, dessen Instrumentierung ihnen jedoch noch zu dünn war. Kooper hatte als Al Cassidy in Folk-Clubs gespielt, ist auf Platten von Bob Dylan als Keyboarder zu hören, war als 13jähriger bei den Royal Teens und deren Hit »*Short Shorts*«, zählte zu seinen Freunden Paul Simon und schrieb für Gary Lewis 1965 »*This Diamond Ring*«. Bereits nach der ersten LP von Blood, Sweat & Tears verließ er diese Band wieder, machte Soloplatten und war als Sessionmusiker auf vielen hochkarätigen Platten zu hören, so z. B. »*Electric Ladyland*« von Jimi Hendrix oder »*Let It Bleed*« von den Rolling Stones. Als Produzent hatte er Erfolg mit Lynyrd Skynyrd.
Nach dieser ersten LP »*Child Is Father To The Man*« im Jahre 1968 veränderte sich die Besetzung. Von den acht Musikern der ersten LP waren auf den beiden nachfolgenden noch fünf zu hören. Neben Al hatten Randy Brecker und Jerry Weiss die Gruppe verlassen. Neu hinzu kam der in England geborene und in Kanada aufgewachsene David Clayton-Thomas als Leadsänger. Neu waren auch Chuck Winfield, Lew Soloff und Jerry Hyman. Damit war die Band auf neun Mitglieder angewachsen. Aus der zweiten LP wurden drei Stücke ausgekoppelt,

die jeweils 1969 einen Platz 2 in der amerikanischen Single-Hitparade erreichten: »*You've Made Me So Very Happy*«, »*Spinning Wheel*« und »*And When I Die*«. Alle drei Singles wurden im übrigen Millionseller. Diese zweite LP kann man heute im Rückblick als die stärkste von Blood, Sweat & Tears bezeichnen. Alles, was danach kam, versuchte sich immer daran zu orientieren, schaffte jedoch meist nur einen Abklatsch. Auf der vierten LP 1971 kam für Jerry Hyman Dave Bargeron, und ab 1972 kam neues Blut, »*New Blood*«, ins Spiel. David Clayton-Thomas hatte die Band verlassen, für ihn kam Jerry Fisher und damit ein völlig neuer Sound. Der wiederum wurde durch Jerry LaCroix ersetzt, was die Sache nur noch schlimmer machte. 1976 kam Clayton-Thomas wieder zurück. Es erschien die gut gemachte Live-LP »*In Concert*«, aber die Ideen waren verbraucht. Auch spätere Versuche von David Clayton-Thomas, mit völlig unbekannten Musikern als Blood, Sweat & Tears zu spielen, trieben den Fans nur noch die Tränen in die Augen. »What goes up, must come down.«

Der Hit: *Spinning Wheel*
Der Tip: *Best* (Zounds CD 272 00 2 00 B)

Bloom, Bobby

† 28.2.1974. In den 60er Jahren arbeitete der amerikanische Sänger und Songschreiber vorwiegend für andere. Er galt als gesuchter Studiomusiker. Im Herbst 1970 gelang ihm mit Montego Bay ein weltweiter Hit. Danach wollte ihm kein weiterer Knüller mehr gelingen, und es wird vermutet, daß das der Grund für seinen Selbstmord war. Man kann allerdings auch lesen, daß der Pistolenschuß ein Unfall war.

Der Hit: *Montego Bay*
Der Tip: *The Bobby Bloom Album* (MGM L&R Records LR 1035)

Blow Monkeys

Dr. Robert, v/g (* 2.5.1961 als Bruce Robert Howard); Tony Kiley, d (* 16.2.1962); Mick Anker, b (* 2.7.1957); Neville Henry, sax.

Der musikalische Kopf dieser Formation ist ganz ohne Zweifel Dr. Robert. Der Schotte wanderte 1976 mit seiner Familie nach Australien aus und erlernte dort das Gitarrenspiel. In Sydney gründete er 1980 seine erste Band, kehrte aber 1981 nach GB zurück und formierte noch im gleichen Jahr die Blow Monkeys. Im Januar 1982 wurde auf einem Independent Label die erste Single »*In Cold Blood*« veröffentlicht. In den Hitparaden tauchten die Blow Monkeys, die sich durch sehr engagierte Texte auszeichnen, erstmals im Jahre 1986 auf. Mit »*It Doesn't*

Have To Be This Way« gelang der Gruppe im Januar 1987 ihr einziger Top-10-Erfolg. Ohne seine Band und mit der Sängerin Kym Mazelle hatte Dr. Robert im Frühjahr 1989 mit *»Wait!«* einen weiteren Top-10-Hit. Anfang der 90er Jahre ließ der Erfolg nach.

Der Hit: *It Doesn't Have To Be This Way*
Der Tip: *Choices* (RCA PD 74191)

Blue, Barry

* 12.12.1950 als Barry Ian Green oder als Ronald Roker. Mit dem Titel *»Storm In A Teacup«*, 1972 von ihm und Lynsey de Paul geschrieben, gelang Barry ein Hit für die Fortunes. Schon vorher hatten andere Interpreten Kompositionen von ihm übernommen. Mit und für Lynsey de Paul schrieb er in der ersten Hälfte der 70er Jahre weitere erfolgreiche Nummern. Barry selbst war 1973 mit zwei Stücken unter den ersten 10 in GB. Nach 1974 verschwand er wieder als Interpret.

Der Hit: *(Dancing) On A Saturday Night*
Der Tip: *Greatest Hits* (Bell 1 C 062-96 825)

Bluebells

Robert Hodgens, v/g; Kenneth McCluskey, v/flageolett; David McCluskey, v/d; Laurence Donegan, b; Russel Irvine, g; Neal Baldwyn; Craig Gannon.
Diese britische Band hatte im März 1983 ihren ersten Erfolg in den Hitparaden. Genau ein Jahr später gelang ihnen mit *»I'm Falling«* ein Platz 11 in GB. Danach wurden Donegan und Irvine ausgetauscht gegen Baldwyn und Gannon, und mit *»Young At Heart«* hatten sie Mitte 1984 einen Platz 8. Nach zwei weiteren Notierungen verschwand die Band 1985. Anfang 1993 verwendete ein TV-Spot von VW in GB als musikalische Untermalung *»Young At Heart«*. Danach setzte eine enorme Nachfrage nach dem Song ein – und als die Platte Mitte März 1993 wieder erschien, erreichte sie in nur zwei Wochen Platz 1 in GB.

Der Hit: *Young At Heart*

Blue Diamonds

Die Brüder Rudy (* 12.5.1941) und Riem (* 15.4.1943) de Wolff wurden in Indonesien geboren und kamen 1949 nach Holland. Die beiden versuchten sich als Kopie der Everly Brothers und hatten demzufolge 1959 auch ihren ersten Hit mit einer Cover-Version von *»Till I Kissed You«*. Mit dem 1927 geschriebenen

Stück *»Ramona«* gelang ihnen 1960 ein großer Hit, den sie in 5 Sprachen aufgenommen haben. Ihre Bilanz Ende 1992: über 25 Millionen verkaufte Platten, regelmäßige Auftritte der beiden bei Galas in Holland.

Der Hit: *Ramona*
Der Tip: *Ihre großen Erfolge* (Fontana 6424 050)

Blue Magic

Theodore Mills; Vernon Sawyer, Wendell Sawyer; Keith Beatons »Ted«; Richard Pratt.
Diese fünf Soulsänger aus Philadelphia hatten 1974 mit dem Millionseller *»Sideshow«* ihren einzigen Top-10-Erfolg. 1981 verließ Richard Pratt die Band. Auf der 1974 erschienenen LP *»It's Only Rock 'n' Roll«* der Rolling Stones sind Blue Magic bei dem Song *»If You Really Want To Be My Friend«* zu hören.

Der Hit: *Sideshow*

Blue Mink

Madeline Bell, v (* 23.7.1942); Roger Cook, v (19.8.1940); Roger Coulam, org; Herbie Flowers, b; Barry Morgan, d.
Die Amerikanerin Madeline Bell und der Brite Roger Cook konnten bereits auf eine langjährige Karriere zurückblicken, als sie 1969 mit einigen Studiomusikern in England Blue Mink gründeten. Ihr erster Hit schien wie ein Programm: *»Melting Pot«*. *»Good Morning Freedom«*, *»Banner Man«* und *»Randy«* waren bis 1973 weitere Top-10-Erfolge für Blue Mink. Danach fiel die Formation wieder auseinander. Grund dafür mag auch die Tatsache gewesen sein, daß so talentierte und erfahrene Musiker ihre eigenen Wege suchen wollten.

Der Hit: *Melting Pot*
Der Tip: *Melting Pot* (Gull 6.22317)

Blue Pearl

Durga McBroom, v (* 16.10.1962); Youth, key/d/b (* 27.12.1960 als Martin Glover).
1989 ging die amerikanische Sängerin Durga mit Pink Floyd auf Welttournee. Hier lernte sie ihren neuen musikalischen Partner kennen: den Produzenten Youth, der vorher mit Killing Joke und Brilliant gearbeitet hatte. Diese beiden zusammen gründeten das Bandprojekt Blue Pearl, das mit der afro-karibisch angehauchten

Single *»Naked In The Rain«* Mitte 1990 einen Platz 4 in der britischen Hitparade hatte. Im Studio wurden die beiden von zwei prominenten Gastmusikern unterstützt: David Gilmour und Rick Wright von Pink Floyd. Blue Pearl blieb auch danach weiter im Geschäft.

Der Hit: *Naked In The Rain*
Der Tip: *Naked* (4 Big Life 847 405-2)

Blues Image

Mike Pinera, g/v (* 29.9.1948); Joe Lala, d; Manuel Bertematti, per (* 1946); Malcolm Jones, b; Frank »Skip« Konte.
Die amerikanische Band wurde Mitte der 60er Jahre gegründet und nannte sich ab 1966 Blues Image. 1968 kam mit Frank Konte ein weiteres Mitglied hinzu. Die Band ließ sich in New York nieder und eröffnete mit »The Image« einen eigenen Club. 1969 erhielten sie einen Plattenvertrag und veröffentlichten ihr erstes Album. 1970 erreichten sie mit *»Ride Captain Ride«* einen Platz 4 in den US-Charts und einen Millionseller. Danach ging die Band auseinander. Pinera wurde kurz Mitglied bei Iron Butterfly. Konte spielte mit Three Dog Night, Lala wurde Sessionmusiker und machte sich einen Namen durch seine Mitarbeit bei Crosby, Stills, Nash & Young. Die restlichen Mitglieder gründeten eine neue Band namens Manna. Pinera spielte noch mit Cactus, Ramatam, Thee Image, Alice Cooper und als Solist.

Der Hit: *Ride Captain Ride*
Der Tip: *Open* (Atco 317)

Blues Magoos

Peppy Castro, v/g (* 16.6.1949 als Emil Thielhelm); Ralph Scala, org/v (* 12.12.1947); Dennis LaPore, g; Ronnie Gilbert, b (* 25.4.1946); John Finnegan, d; Mike Esposito, g (* 1943); Geoff Daking, d (* 1947).
Die amerikanische Formation fand sich 1964 in der New Yorker Bronx zusammen. 1966 begannen sie mit Plattenaufnahmen und konnten noch im selben Jahr mit ihrem Psychedelic Rock einen Hit verbuchen: *»(We Ain't Got) Nothin' Yet«* erreichte einen Platz 5. Nach der Veröffentlichung ihres dritten Albums trennte sich die Gruppe. Thielhelm machte mit anderen Musikern unter demselben Namen weitere Platten. 1970 übernahm Peppy eine Rolle im Musical *»Hair«*, danach spielte er in verschiedenen Bands, so z. B. Balance. Als Songschreiber liefert er Material für Kiss oder Cher.

Der Hit: *(We Ain't Got) Nothin' Yet*
Der Tip: *Psychedelic Lollipop* (Mercury 61 096)

Blue Swede

Björn Skifs, v; Jan Guldbäck, d; Ladislav Balaz, key; Anders Berglund, key; Hinke Ekestubbe, sax; Bo Liljedahl, b; Michael Areklew, g; Tom Berger, tr/flh.
Diese 1972 in Schweden durch Skifs gegründete Band bestand aus Musikern, die vorher alle in für dieses Land typischen Tanzbands gespielt hatten. Skifs war zu diesem Zeitpunkt in seiner Heimat kein Unbekannter mehr. 1966 wurde er Mitglied bei den Slamcreepers; der Vortragsstil dieser Band erinnerte an Slade. Ab 1970 versuchte er sich als Solist, trat in Nightclubs, TV-Shows und in Musicals auf, z. B. in »*Godspell*«. Zusammen mit dem Produzenten Bengst Palmer wollte er 1972 versuchen, den internationalen Markt zu knacken, und gründete Blue Swede. Man nahm sich die Nummer »*Hooked On A Feeling*« vor, die 1968 ein Millionseller für B. J. Thomas und 1971 ein Hit für Jonathan King gewesen war. Zum Erstaunen aller Beteiligten erreichte Blue Swede im Frühjahr 1974 Platz 1 in der US-Hitparade und wurde ebenfalls ein Millionseller. Noch im gleichen Jahr hatte die Band mit »*Never My Love*« einen weiteren Top-10-Erfolg in den USA. Nach 1975 zogen sie sich wieder in ihr Stammland zurück. Dort hießen sie übrigens nie Blue Swede, sondern Björn Skifs & The Blablus.

Der Hit: *Hooked On A Feeling*
Der Tip: *Hooked On A Feeling* (EMI 1 C 056-35 009)

Blue System

Dieter Bohlen (* 7.2.1954). Nach einigem Ärger mit seinem Kollegen Thomas Anders – die beiden waren Modern Talking – machte Dieter ab Ende 1987 als Solist unter dem Namen Blue System weiter. Mit »*My Bed Is To Big*« gelang ihm 1988 der erste Top-10-Hit, und das setzte sich bis in die 90er Jahre fort. »*Hörzu*« schrieb über Bohlen: »Applaus für Dieter Bohlen, den erfolgreichsten deutschen Musikproduzenten aller Zeiten, Erfinder von Modern Talking, Sänger und Produzent bei Blue System, weltweit rund 80 Millionen verkaufte LPs, 300 goldene, 50 Platinplatten!«

Der Hit: *Under My Skin*
Der Tip: *Déjà Vu* (Hansa 262 084-2)

Blum, Hans

* 23.5.1928. Blum begann als Chorleiter und Arrangeur für die EMI und gründete 1951 das Hansen Quartett. Mit einer deutschen Version des Coasters-Hits *»Charlie Brown«* erreichte er 1959 Platz 1 in der deutschen Hitparade. Danach war er als Songschreiber erfolgreich, bis er – sozusagen zum Spaß – ab 1974 als Henry Valentino Platten aufnahm. Mit *»Ich hab' dein Knie gesehn«* hatte er 1974 einen ersten Achtungserfolg, mit *»Im Wagen vor mir«*, hier sang Uschi mit ihm, 1977 einen Top-10-Hit in Deutschland. Von Blum stammen so erfolgreiche Titel wie *»Beiß nicht gleich in jeden Apfel«*, *»El Lute«*, *»Harlekin«*, *»Das schöne Mädchen von Seite 1«*, *»Zigeunerjunge«* oder *»Zucker im Kaffee«*.

Der Hit: *Charlie Brown*

Blur

Damon Albarn, v (* 23.3.1968); Alex James, b (21.11.1968); Graham Coxon, g (* 12.3.1969); Dave Rowntree,d (* 8.4.1963).
Im Frühjahr 1990 veröffentlichte dieses 1989 gegründete britische Quartett seine Debütsingle *»She's So High«*. Ihre Musik gilt als Rave, den man zu diesem Zeitpunkt als die Popmusik der 90er Jahre anpries. Im Frühjahr 1991 erschien *»There's No Other Way«*, der erste Top-10-Erfolg für Blur. Im selben Jahr erreichte ihre erste LP, *»Leisure«*, den zweiten Platz in der britischen LP-Hitparade.

Der Hit: *There's No Other Way*
Der Tip: *Leisure* (Parlophone CDP 797 506 2)

Bob & Earl

Bobby Day (* 1.7.1932 als Robert Byrd, † 15.7.1990); Earl Lee Nelson (* 8.9.1928); Bob Relf.
1950 gründete Bobby Day die Hollywood Flames, bei denen Earl Nelson Leadsänger war. 1960 gründeten die beiden Soulsänger Bob & Earl. Bobby Day wurde jedoch bald durch Bob Relf ersetzt, weil er seine Solokarriere fortsetzen wollte. Mit *»Harlem Shuffle«* gelang Bob & Earl 1963 ein Platz 44 in der amerikanischen Single-Hitparade. Die gleiche Platte wurde 1969 ein Top-10-Hit in GB. Die zwischenzeitlich aufgenommenen Singles kamen an diesen Erfolg nicht heran. Earl nahm als Jay Dee und Jackie Lee Soloplatten auf. Jackie Lee hatte in den USA 1965 mit *»The Duck«* einen Platz 14. Der Name setzte sich aus dem zweiten Vornamen seiner Frau und seinem eigenen zweiten Vornamen zusammen. Relf schrieb im Alleingang für Love Unlimited den Hit *»Walking In The Rain«*.

Bei Earl wurde Relf duch Bobby Garrett ersetzt. Das neue Duo Bob & Earl nahm in den 70er Jahren gemeinsam und auch alleine weitere Platten auf.

Der Hit: *Harlem Shuffle*
Der Tip: *Bob & Earl* (Line Records LLP 5160 AS)

Bob & Marcia

Bob Andy (* als Keith Andersen); Marcia Griffiths (* 1954).
Dieses jamaicanische Duo hatte mit der Reggae-Nummer *»Young, Gifted And Black«* im Frühjahr 1970 den Nerv der britischen Jugendlichen getroffen. Der Song stammte ursprünglich von Nina Simone. Mit *»Pied Piper«* schafften sie noch einen Nachfolgehit. Danach waren sie auf Jamaica in der Reggae-Szene als Solisten weiterhin erfolgreich.

Der Hit: *Young, Gifted And Black*

Bobbejaan

Der Belgier Bobby Jan Schoepen gründete 1962 in der Nähe zur deutschen Grenze einen Freizeitpark. Ähnliches muß er während seiner weltweiten Tourneen in den USA entdeckt haben. Auf Tour absolvierte er mit seiner Gruppe eine bis zu zweistündige Show. Im Frühjahr 1960 hatte er bei uns mit einer deutschsprachigen Version des australischen Hits *»Pub With No Beer«*, *»Ich steh an der Bar«*, einen Top-10-Hit. Mit Songs wie *»Ich weine in mein Bier«* oder *»Wie 'ne Kneipe ohne Bier«* versuchte er das Image eines harten Trinkers aufrechtzuerhalten. Das klappte bis 1962, dann kam der Park, den er immer noch führt.

Der Hit: *Ich steh an der Bar*

Bobbettes

Emma Pought, Janice Pought, Laura Webb, Helen Gathers, Heather Dixon.
Dieses Kleinmädchen-Doo-Wop-Quintett aus New York, das 1955 als Harlem Queens begann, hatte im August 1957 mit dem Titel *»Mr. Lee«* eine Top-10-Hit in den USA. Die Mädchen waren zu diesem Zeitpunkt um die 13 Jahre alt, und zu dem Song *»Mr. Lee«* wurden sie angeblich durch ihren Klassenlehrer im fünften Schuljahr inspiriert. Es dauerte drei Jahre, bis sie mit *»I Shot Mr. Lee«* einen Nachfolgehit hatten. Allerdings kam das Exekutionskommando beim Publikum schon nicht mehr sonderlich gut an. Nach 1961 hörte man nichts mehr von ihnen

in den Charts. Allerdings traten vier der ursprünglichen Mitglieder noch bis in die 80er Jahre auf.

Der Hit: *Mr. Lee*

Bob B. Soxx & The Blue Jeans

Bobby Sheen; Darlene Love (* 26.7.1938 als Darlene Wright); Fanita James. Anfang der 60er Jahre produzierte Phil Spector eine Reihe von Formationen, die mit wechselnden Musikern und Sängern operierten. Darlene Love und Fanita James hatten mit den Blossoms gesungen, die im Hintergrund auf Hits von Elvis Presley, Paul Anka, Bobby Darin, Mamas & Papas, Beach Boys, Dionne Warwick und vielen anderen zu hören waren. Den Blossoms selbst gelang Mitte des Jahres 1961 nur ein Platz 79 mit einem Antwortsong auf Ernie K-Does *»Mother-In-Law«*, *»Son-In-Law«*. Im Herbst 1962 kamen sie unter die Fittiche von Phil Spector. Der nahm mit Darlene Love & The Blossoms die Titel *»He's A Rebel«* und *»He's Sure The Boy I Love«* auf und veröffentlichte sie unter dem Namen der Crystals. Da Phil die Rechte an diesem Namen hatte, konnte er darunter singen lassen, wen immer er wollte. *»He's A Rebel«* wurde Spitzenreiter in den USA. Im Winter 1962 nahmen Darlene und Fanita zusammen mit Soxx eine neue Version von *»Zip-A-Dee Do-Dah«* aus dem Film *»Song Of The South«* aus dem Jahre 1947 auf. Es wurde ein Top-10-Erfolg. Das Trio hatte zwei weitere Hits und fiel dann auseinander. Nachdem man über viele Jahre nichts mehr von Darlene Love gehört hatte, stand sie im Dezember 1992 wieder in der britischen Hitparade mit dem Song *»All Alone On Christmas«* aus dem Film »Kevin allein in New York«.

Der Hit: *Zip-A-Dee Do-Dah*

Bohannon, Hamilton

* 7.3.1942. Bohannon begann als Schlagzeuger in der Band von Stevie Wonder, in der er von 1965 bis 1967 spielte. Danach wurde er, der auf ein abgeschlossenes Studium als Musiklehrer zurückblicken konnte, Bandleader und Arrangeur für die Künstler der Plattenfirma Motown. Ab 1974 machte er eigene Platten, und mit dem Titel *»Disco Stomp«* war er Mitte 1975 in GB und Deutschland unter den ersten 10.

Der Hit: *Disco Stomp*
Der Tip: *Best* (EMI 1C 056-97393)

Bolton, Michael

* 26.2.1953 als Michael Bolotin. Michaels Erfolg begann als Songschreiber für Kenny Rogers, Jefferson Starship oder Jennifer Rush. Angeblich hat er seine erste Rockband bereits mit 13 Jahren gegründet. Mit 15, seine Mutter mußte für ihn unterschreiben, bekam er einen ersten Plattenvertrag. Nach zwei erfolglosen Soloalben wurde er Mitglied bei Blackjack, mit denen er ebenfalls zwei Flop-LPs aufnahm. 1983 tauchte er erstmals als Solist in der US-Single-Hitparade auf. Seine erste Nummer 1 war 1989 »*How Am I Supposed To Live Without You*«. Mit dieser Nummer war Laura Branigan Mitte 1983 auf Platz 12 der US-Single-Charts. Michael Boltons Art, Rockballaden zu singen, wird in den USA als »blue-eyed soul« bezeichnet.

Der Hit: *How Am I Supposed To Live Without You*
Der Tip: *Soul Provider* (CBS 465 343 2)

Bombalurina

Alte, angestaubte Hits aufzupolieren und sie für die heutigen Kids tanzbar zu machen war die Spezialität dieser britischen Studiotruppe. So machten sie aus dem alten Brian-Hyland-Titel »*Itsy Bitsy Teenie Weenie Yellow Polka-Dot Bikini*« eine House-Version. Die Platte stand im Sommer 1990 auf Platz 1 der britischen Hitparade. Der Nachfolgehit »*Seven Little Girls Sitting In The Backseat*«, einst ein Hit der Avons, kam noch unter die ersten 20 in GB, und dann war diese Formation ausgestanden.

Der Hit: *Itsy Bitsy Teenie Weenie Yellow Polka-Dot Bikini*
Der Tip: *Huggin' An' A Kissin'* (Carpet Records 847 648 2)

Bomb The Bass

Hinter diesem Techno-Dance-Projekt verbirgt sich der Brite Tim Simenon (* 1968) mit wechselnden Musikern. Von seiner Plattenfirma wird er als Talentförderer, Studiofreak und einer der jüngsten, aber auch innovativsten Produzenten Europas bezeichnet. So war er z. B. mitverantwortlich für Neneh Cherrys »*Buffalo Stance*« und »*Manchild*«, Adamskis »*Killer*« und Seals »*Crazy*«. Mit »*Beat Dis*« hatte Tim im Februar 1988 einen Platz 2 in den britischen Charts. Unter die Top 10 kam er auch mit »*Megablast/Don't Make Me Wait*«, »*Say A Little Prayer*« und Mitte 1991 mit seiner wohl schönsten Platte »*Winter in July*«.

Der Hit: *Beat Dis*
Der Tip: *Unknown Territory* (Epic 468 774 2)

Bonds, Gary »U.S.«

* 6.6.1939 als Gary Anderson. Nachdem er in etlichen Gospel-Gruppen gesungen hatte, kam Anfang 1960 der aus Florida stammende Gary nach Norfolk, Virginia, und traf dort auf den Produzenten Frank Gauida. Der hatte eine sehr eigene Produktionstechnik – alles von ihm klang immer so, als habe er es in seiner Garage mit billigsten Mitteln aufgenommen. Damit trat er jedoch den Nerv der damaligen Jugendlichen genau. Mit Gary nahm er die Nummer *»New Orleans«* auf, die im Herbst 1960 unter die ersten 10 der US-Charts kam. Der Nachfolgehit hieß *»Quarter To Three«* und wurde im Frühjahr 1961 sogar eine Nummer 1. Wenig später kam mit *»School Is Out«* eine weitere Top-10-Platte – dann schien die Zeit des Garagensounds vorüber. Lange hörte man nichts mehr von Gary, bis 1981 Bruce Springsteen mit ihm die Platte *»This Little Girl«* produzierte, die immerhin bis auf Platz 11 der Charts kam. Dieser Erfolg mag weniger Garys Qualitäten, sondern vielmehr Springsteens Popularität zu verdanken sein.

Der Hit: *Quarter To Three*
Der Tip: *Collection* (Line IMCD 9.00 715 0)

Boney M.

Liz Mitchell, v (* 12.7.1952); Marcia Barrett, v (* 14.10.1945); Maizie Williams, v (* 25.3.1951); Bobby Farrell, tanz (6.10.1949).
Als 1975 *»Baby Do You Wanna Bump«* erschien, hat wohl keiner damit gerechnet, daß sich die Spur dieser Formation bis in die 90er Jahre ziehen sollte. Ohne Zweifel war es die Stimme von Liz Mitchell, die die meisten Songs trug. Liz war auf Jamaica geboren und kam Ende der 60er Jahre nach Deutschland. Hier spielte sie 1969 in der Berliner Version von *»Hair«* mit. Anfang der 70er Jahre wurde sie Mitglied bei den Les Humphries Singers, und mit Malcolm Magaron, einem weiteren Mitglied dieser Truppe, machte sie Malcolm Locks. Von ihrer Freundin Marcia Barrett, die in Hamburg wohnte, kam der Vorschlag, gemeinsam zu einer Gruppe zu gehen, die Frank Farian gegründet hatte – Boney M. Der Produzent Frank Farian sagte später einmal, daß alle Mitglieder dieser Band austauschbar seien, ohne daß die Gruppe darunter leiden würde – nur nicht Liz. 1976 kam mit *»Daddy Cool«* der erste Platz 1 in Deutschland und ein Top-10-Hit in GB. Als nach 10 Jahren Boney-M-Bilanz gezogen wurde, zählte Frank Farian 18 Platin- und 15 Gold-LPs, über 200 Gold- und Platin-Singles und rund 150 Millionen verkaufte Tonträger in aller Welt. Wessen Stimmen neben der von Liz auf den Platten sonst noch zu hören sind, bleibt das kleine Geheimnis von Farian. Ende der 80er Jahre schmiß Farian eine neue Ausgabe von Boney M. auf den Markt. Neben Liz sangen und standen nur dekorativ herum: Reggie Tsiboe, Patty Onyewenjo und Sharon

Boney M. *(Hansa International)*

Stevens. Aber nicht diese Kombination kam beim Publikum an, sondern die alte. Ende 1992 hatte die mit einem Mega-Mix alter Nummern wieder einen Top-10-Hit in GB.

Der Hit: *Rivers Of Babylon*
Der Tip: *Greatest Hits Of All Times* (Hansa 259 426)

Bon Jovi

John Francis Bongiovi, v/g (* 2.3.1962); Richie Sambora, g (* 11.7.1959); David Bryan, key (* 7.2.1962 als David Rashbaum); Alec John Such, b (* 14.11.1956); Tico Torres, d (7.10.1953).

Jon Bon Jovi *(Mercury)*

Die amerikanische Band, die sich an der Grenze zwischen Rock und Heavy Metal bewegt, wurde in New Jersey, dem Heimatstaat von Bongiovi und Rashbaum, gegründet. Nachdem sich diese beiden bereits auf der High-School kennengelernt und in einer R&B-Coverband namens Atlantic City Expressway gespielt hatten, kam es jedoch erst 1983 zu einem Plattenvertrag. 1987 war die LP *»Slippery When Wet«* in den USA das bestverkaufte Rock-Album des Jahres. Es folgte Hit auf Hit, Tour auf Tour, bis Ende der 80er Jahre Bongiovi keine Lust mehr an der Band hatte. Er spielte in dem Film »Young Gun II« mit und nahm als Jon Bon Jovi *»Blaze Of Glory«* auf, die Mitte 1990 eine Nummer 1 in den USA wurde. Als Mitspieler waren darauf Jeff Beck, Aldo Nova und Randy Jackson zu hören. Es mag allerdings auch an den Streitigkeiten mit Richie Sambora gelegen haben, daß die Band zerbrach – jedenfalls stand 1992 in den Zeitungen, die beiden hätten sich wieder vertragen und es würden nun weitere Platten der Band Bon Jovi folgen, was mit *»Keep The Faith«* auch der Fall war.

Der Hit: *Livin' On A Prayer*
Der Tip: *Slippery When Wet* (Mercury 830 264-2)

Bonnet, Graham

* 12.12.1947. Als eine Hälfte des britischen Duos Marbles hatte Graham im September 1968 den Top-10-Hit *»Only One Woman«*, geschrieben und betreut durch die Bee Gees. Nachdem das Duo auseinandergefallen war, versuchte sich Bonnet als Solist. Aber erst im März 1981 sollte er seinen nächsten Top-10-Erfolg in GB haben: *»Night Games«*. Als Studiomusiker spielten Cozy Powell, Micky Moody, Gary Twigg und Jon Lord auf diesem Hit. Dazwischen lag eine Zeit als Filmschauspieler – Bonnet hatte immer was von einem James-Dean-Image – und ein Jahr als Mitglied in Ritchie Blackmore's Rainbow. Dort hatte er den scheidenden Ronnie James Dio abgelöst und auf dem Album *»Down To Earth«* gesungen, das zu den meistverkauften LPs der Gruppe gehört.

Der Hit: *Night Games*
Der Tip: *Line-Up* (Vertigo 6302 151)

Bonney, Graham

* 2.6.1945 als Graham Bradley. Nachdem Graham in den britischen Bands Expresso Five und Riot Squad gesungen hatte, entschloß er sich im November 1965 zu einer Solo-Karriere. Mit *»My Little World Is All Blue«* erschien seine erste Single, die ein Flop war. Danach kam *»Supergirl«* auf den Markt, die in GB ein Top-20-, in Deutschland jedoch ein Top-10-Hit wurde. Überhaupt wurde ihm schnell klar, daß er bei uns mehr Erfolg als in GB haben würde. Er sang in deutscher Sprache und blieb irgendwann einmal gleich ganz hier wohnen. *»Das Girl mit dem la-la-la«* oder *»Siebenmeilenstiefel«* waren weitere Top-10-Erfolge von Graham in Deutschland. Seinen letzten Verkaufshit hatte er 1973.

Der Hit: *Supergirl*
Der Tip: *Seine großen Erfolge* (EMI 1 C 054-28 667)

Bonnie Lou

* 27.10.1924 als Bonnie Lou Kath, man liest auch Sally Carson. In Kansas City arbeitete sie an einer örtlichen Radiostation, als sie 1944 von einem Agenten für die aus Cincinnati gesendete Radio-Country-Show *»Midwestern Hayride«* entdeckt wurde. Diese Sendung betreute sie über 20 Jahre. Hin und wieder nahm sie auch selbst Platten auf. Mit *»Seven Lonely Days«* und *»Tennessee Wig Walk«* gelangen ihr 1953 zwei Top-10-Erfolge in den Country-Charts. Letztgenannte Platte kam im Februar 1954 in die britischen Pop-Charts und wurde Platz 4. In der amerikanischen Hitparade war der Titel *»Daddy-O«* Ende 1955 Platz 14. Ansonsten war sie wohl mehr im Radiogeschäft tätig.

Der Hit: *Tennessee Wig Walk*

Bono, Sonny

* 16.2.1935 als Salvatore Bono in Detroit. Bevor er mit Cher als Sonny & Cher Erfolge haben sollte, hatte Bono bereits eine lange Karriere hinter sich. Erst arbeitete er für Specialty-Records als A&R-Direktor, schrieb mit am Hit *»She Said Yeah«* von Larry Williams, später gecovert von den Rolling Stones, und nahm unter zahlreichen Pseudonymen – z. B. Don Christy, Sonny Christy oder Ronny Sommers – Platten auf. Dann wurde er Sessionmusiker für den Produzenten Phil Spector und schrieb dort zusammen mit Jack Nitzsche die Nummer *»Needles And Pins«*, später ein Hit für Jackie DeShannon und die Searchers. 1963 traf Bono auf Cher – die beiden heirateten und nahmen Platten als Caesar & Cleo auf. 1965, nun als Sonny & Cher, hatten sie mit *»I Got You Babe«* ihren ersten Erfolg. Bono hatte die Nummer geschrieben, sie produziert und arrangiert. Noch im gleichen Jahr hatte Sonny als Solist den US- und GB-Top-10-Hit *»Laugh At Me«*. Der Erfolg des Duos überwog und hielt bis 1973. 1974 ließen sich die beiden scheiden, Cher wurde ein Solostar, Sonny Restaurantbesitzer und Bürgermeister in Palm Springs. Er kündigte an, bald für den Senat zu kandidieren.

Der Hit: *Laugh At Me*

Bonzo Dog Doo-Dah Band

Neil Innes, v/p/g (* 9.12.1944); Vivian Stanshall, v/tr (* 21.3.1943); Roger Ruskin Spear, sax (* 29.6.1943); Rodney Slater, sax (* 8.11.1941); Larry Smith, d (* 18.1.1944) und diverse andere temporäre Mitglieder.
Von zwei Kunststudenten wurde diese Band, die auf den ersten Blick wie eine britische Revivalband aus den 20er Jahren aussah, 1965 gegründet. Zuerst

nannten sie sich Bonzo Dog Dada Band und machten satirische Trad-Jazz-Nummern. 1966 erschien mit *»My Brother Makes The Noise For The Talkies«* die erste Single. Nach ihrem Auftritt im Beatles-Film *»Magical Mystery Tour«* – sie sangen *»Death Cab For Cutie«* – produzierte Paul McCartney als Apollo C. Vermouth mit der Band den Titel *»I'm The Urban Spaceman«*, der im November 1968 ein Top-10-Hit in GB wurde. Weitere Hits hatten sie nicht, aber eine Latte von Platten, auf denen der typisch britische Flachs blühte. Im Januar 1970 fiel die Band auseinander. Neil Innes wurde kurzzeitig Mitglied bei McGuinness-Flint, initiierte 1972 ein Revival der alten Gruppe als Bonzo Dog Band und arbeitete ab 1973 als Solist. Danach wurde er Sänger von Werbejingles, spielte TV-Rollen und arbeitete als Komponist, so z. B. für Monty Python. Eric Idle von Python und Neil machten 1977 die Rutles, eine Persiflage auf die Beatles. Neil spielte Ron Nasty, den John Lennon der Rutles.

Der Hit: *I'm The Urban Spaceman*
Der Tip: *Cornology* (EMI 0777 7 995 96-8)

Boo, Betty

* 6.3.1970 als Alison Moira Clarkson in London als Tochter einer Schottin und eines Malayen. Zuerst war sie Mitglied im Rap-Trio She-Rockers, dann im Duo Hit'N'Run. Im August 1989 sang sie erstmals als Betty Boo auf der Hitsingle *»Hey DJ I Can't Dance To That Music You're Playing«* der Beatmasters. Ihr Künstlername war einer Comic-Figur der 30er Jahre entliehen. Danach machte sie Soloplatten und hatte mit *»Doin' The Do«* im Mai 1990 ihren ersten eigenen Top-10-Hit. Seit diesem Zeitpunkt mit witzigen Videos und in der Dancefloor-Szene erfolgreich.

Der Hit: *Where Are You Baby*
Der Tip: *Boomania* (Rough Trade 150.1188.2 40)

Boogie Box High

Hinter dieser Formation stecken ein paar Studiomusiker und Andros Georgiou, ein Vetter von George Michael. Mit einer aufgewärmten Dancefloor-Version des Bee-Gees-Titels *»Jive Talkin'«* schaffte Andros Mitte 1987 einen einzigen Top-10-Erfolg – und das war alles. Danach war die hochgekochte Verwandtschaft zu George Michael wohl ausgereizt.

Der Hit: *Jive Talkin'*

Booker T. & The M.G.'s

Booker T. Jones, org (* 12.11.1944); Steve Cropper, g (* 21.10.1941); Lewis Steinberg, b; Donald »Duck« Dunn, b (* 24.11.1941); Al Jackson, d (* 27.11.1935, † 1.10.1975).

Die Band wurde 1962 in Memphis als ein Ableger der Mar-Keys gegründet. Speziell auf vielen Aufnahmen der Plattenfirma Stax sind die Musiker von Booker T. zu hören. M.G.'s ist eine Abkürzung von Memphis Group. Ob auf *»In The Midnight Hour«* von Wilson Picket, *»Hold On I'm Coming«* von Sam & Dave oder *»Walkin' The Dog«* von Rufus Thomas – immer spielen Booker T. & The M.G.'s. Sie selbst hatten mit dem Titel *»Green Onions«* 1962 ihren ersten Top-10-Erfolg und Millionseller. Im März 1964 wurde Steinberg gebeten, die Band zu verlassen, und für ihn kam Donald Dunn. 1968 trennte sich die Band und kam 1973 noch einmal kurzfristig zusammen. Cropper und Dunn spielten mit den Blues Brothers, Jones wurde erfolgreicher Produzent – so betreute er Aufnahmen von Earl Klugh, Bill Withers und Rita Coolidge, mit deren Schwester Priscilla er verheiratet ist. Auch als Soulsänger genießt Jones einen guten Namen. Al Jackson wurde von einem Einbrecher, der in sein Haus in Memphis eindrang und den er dabei überraschte, erschossen.

Der Hit: *Green Onions*
Der Tip: *The Best Of* (Stax FCD 60-004)

Boomtown Rats

Bob Geldof, v (* 5.10.1954); Johnny Fingers, key (* 10.9.1956); Gerry Roberts, g/v; Gerry Cott, g; Pete Briquette (* 2.7.1954 als Patrick Cusack), b; Simon Crowe, d.

Für den New Musical Express hatte Bob Geldof als Musikjournalist Interviews mit Elton John oder Little Richard geführt. 1975 war er der Meinung, das könne er auch. Er gründete The Nightlife Thugs, aus denen schließlich die Boomtown Rats wurden. Die Band spielte in ihren Anfangstagen eine Mixtur aus New Wave und Punk. Im August 1977 erschien mit *»Looking After No. 1«* die erste Platte in den britischen Charts. Mit *»Rat Trap«* im Oktober 1978 und *»I Don't Like Mondays«* im Juli 1979, jeweils eine Nummer 1 in GB, hatte die irische Band ihren Höhepunkt. 1984 verschwand sie, und dafür tauchte der Solist Bob Geldof auf. Der hatte bereits 1982 ohne seine Bandkollegen gearbeitet, als er die Hauptrolle im Film *»The Wall«* spielte, der auf der 1979 erschienenen Pink-Floyd-LP basierte. Bob schreibt und organisiert zusammen mit Midge Ure das Band-Aid-Projekt *»Do They Know It's Christmas«*, das pünktlich zu Weihnachten 1984 auf Platz 1 in GB und Deutschland steht. Dann organisiert er das Live-Aid-Konzert am 13.7.1985 für die

Hungerhilfe Äthiopien. Für seine Verdienste wird er von der Queen geadelt, und man bringt ihn sogar als Anwärter für den Friedensnobelpreis ins Gespräch.

Der Hit: *I Don't Like Mondays*
Der Tip: *Greatest Hits* (Columbia CK 40615)

Boone, Daniel

* 31.7.1942 als Peter Lee Sterling. Der Brite gründete 1958 die Beachcombers und ging 1959 nach London. Er wurde Mitglied einer Band namens Bruisers, die im August 1963 mit »*Blue Girl*« einen Platz 31 in der britischen Hitparade hatte. Jetzt schrieb er Songs für Tom Jones und Kathy Kirby, arbeitete als Studiomusiker und hatte mit »*Daddy Don't You Walk So Fast*« im August 1971 einen Top-20-Hit in GB. Ein Jahr später erschien »*Beautiful Sunday*«, womit er in Deutschland einen Platz 1 in der Hitparade erreichte. Nachfolgeplatten, teilweise auch in deutscher Sprache gesungen, waren nicht mehr erfolgreich. Nach 1973 war er aus den Hitparaden verschwunden.

Der Hit: *Beautiful Sunday*
Der Tip: *Daniel Boone* (Penny Farthing BLPS 19111)

Boone, Debby

* 22.9.1956. Debby ist die Tochter von Pat Boone und die Enkelin von Red Foley. Ab 1969 sang sie in dem Familienprojekt Boone Family und nebenher noch mit ihren Schwestern in einem Gospelquartett. 1977 schaffte sie den Song des Jahres in den USA. Ihre Version von »*You Light Up My Life*« aus dem gleichnamigen Film stand 10 Wochen lang auf Platz 1 der amerikanischen Single-Hitparade. Mit diesem Song gewann sie drei Grammys, so z. B. den für den besten Newcomer des Jahres 1977. Nach 1978 war sie wieder aus den Pop-Hitparaden verschwunden, gilt allerdings als populäre Sängerin zeitgenössischer christlicher Lieder. 1982 heiratete sie Gabriel Ferrer, den Sohn von Rosemary Clooney und José Ferrer.

Der Hit: *You Light Up My Life*
Der Tip: *You Light Up My Life* (WB 3118)

Boone, Pat

* 1.6.1934. Zwischen all den Rockern, die sich in den Hitparaden durchgesetzt hatten, tauchte immer wieder ein Name auf, der für ein sauberes, ehrliches Amerika stand: Pat Boone, der ein weitläufiger Verwandter des alten Waldläufers

Daniel Boone ist. Daniel hatte sich für ein großes und starkes Amerika die Füße plattgelaufen – sein Ur-Ur-Urenkel wollte es mit allen Mitteln erhalten. 1955, als Elvis noch in Memphis auf Dorffesten spielte, hatte Pat Boone seinen ersten großen Hit: *»Ain't That A Shame«* – ein Titel, den der Farbige Fats Domino geschrieben und ebenfalls aufgenommen hatte. Das saubere Amerika setzte sich durch, und die Version vom Clean-Cut-Boy Pat wurde der größere Erfolg, obwohl die Nummer von Fats stärker war. Boone spielte seine größte Stärke bei allen folgenden Titeln immer wieder aus: sanfte, zarte Stimme, die von Friede, Freude, Eierkuchen sang und sich deutlich vom R 'n' R zu unterscheiden suchte. Anfang 1956 wollte er dann noch mal kurz auf den R-'n'-R-Zug springen und nahm die Titel *»Tutti Frutti«* und *»Long Tall Sally«* auf. Nicht, daß das nun keine Hits wurden, aber mit der zarten Masche lag er besser. Und die verfolgte er konsequent. Bis ins Jahr 1963 tauchte er regelmäßig mit Titeln wie *»I Almost Lost My Mind«*, *»Don't Forbid Me«*, *»Love Letters In The Sand«*, *»April Love«* oder *»Moody River«* – alles Nr.-1-Hits in den USA – in den internationalen Hitparaden auf. Speziell in Deutschland hatte er mit *»Speedy Gonzales«* und *»Memphis Tennessee«* Spitzenreiter. Dann wurde auch er ein Opfer der Beatles, die in GB wie in den USA Wegbereiter für den britischen Beat waren. Und jetzt war Boone nun wirklich zu alt, um darauf einzuschwenken. Außerdem war er nun mal kein Brite.

Der Hit: *Love Letters In The Sand*
Der Tip: *Collection* (MCA 8.62005 LZ)

Boothe, Ken

* 1948 auf Jamaica. Ken erreichte mit einem Reggae-Nachzieher des Bread-Hits *»Everything I Own«* im September 1974 einen Platz 1 in der britischen Hitparade. Sein Nachfolgehit war *»Crying Over You«*, immerhin noch ein Platz 11 in GB, und danach war er auf dem internationalen Markt wieder vergessen. In seiner Heimat hatte er vor seinem Soloerfolg in diversen Reggaegruppen gesungen und war danach in dieser Szene weiterhin erfolgreich.

Der Hit: *Everything I Own*
Der Tip: *Everything I Own* (Trojan 6.23 052)

Borelly, Jean-Claude

* 2.7.1953. Zusammen mit seinem Orchester stand der Name dieses Trompeters als Interpret auf der *»Dolannes Melodie«*, die 1974 in dem französischen Film »Ein Totenhemd hat keine Taschen« zu hören war. Neben Jean-Claude spielen auf diesem Hit die beiden Autoren des Songs mit: die Gitarre zupft Paul de Senne-

ville, die Panflöte bläst Oliver Toussaint. Allein in Frankreich wurden 1,35 Millionen Platten abgesetzt, in Deutschland erreichte die Aufnahme im September 1975 einen Platz 1 in der Hitparade und wurde ebenfalls vergoldet. Teile des Stückes erinnern übrigens sehr an die Nummer *»Summer (The First Time)«* von Bobby Goldsboro, der 1973 ein weltweiter Hit war – Zufall? Es blieb bei diesem einen internationalen Erfolg für den Franzosen Borelly.

Der Hit: *Dolannes Melodie*
Der Tip: *Sentimental Trumpet* (Teldec 6.24 241)

Borg, Andy

* 2.11.1960 als Andreas Meier in Wien. Beim ORF-Wettbewerb »Die große Chance« wurde Andy entdeckt – und griff zu. Zuerst produzierte ihn der alte Fuchs Kurt Feltz, dann Adam Schairer, der sich einst als Adam beim Duo Adam & Eve engagierte. Borgs erste Platte war gleich ein Millionseller und eine Nummer 1 in Deutschland: *»Adios Amor«* Mitte 1982. Seit dieser Zeit ist er durchgängig erfolgreich.

Der Hit: *Adios Amor*
Der Tip: *Portrait* (Imperial EMI CDP 2 CD 620-1 59 576 2)

Boston

Tom Scholz, g/key (* 10.3.1947); Fran Sheehan, b (* 26.3.1949); Brad Delp, v/g (* 12.6.1951); Barry Goudreau, g (* 29.11.1951); Sib Hashian, d (* 17.8.1949).
Tom Scholz ist der Kopf dieser Formation, die 1975 im Keller seines Hauses entstand. Er hatte so lange an einigen Demobändern herumgebastelt, bis er einen Plattenvertrag erhielt. Dann erst suchte er sich die Musiker für seine Gruppe zusammen. Sie nennen die Band nach ihrer gemeinsamen Heimatstadt Boston. *»More Than A Feeling«* wird für die Gruppe der erste Hit im September 1976. In schneller Folge erscheinen bis Ende 1979 weitere Singles und LPs. Dann veröffentlicht Barry Goudreau 1980 eine Solo-LP und verläßt Boston 1982 ganz, um die Formation Orion The Hunter zu gründen. Lange Zeit hört man nichts mehr von der Band, bis sie 1986 mit Scholz, Delp, dem Gitarristen Gary Phil und dem Drummer Jim Masdea mit der LP *»Third Stage«* wiederauftaucht. Die Singleauskopplung *»Amanda«* wird im Herbst 1986 Spitzenreiter in den USA. Boston veröffentlicht jetzt seine Platten nicht mehr bei der CBS, sondern bei MCA. Das führt zu einem Rechtsstreit zwischen Scholz und der CBS. Scholz behauptet, CBS würde ihm noch Tantiemen schulden – CBS klagt, Boston habe einen Fünfjahresvertrag mit 10 zugesagten LPs nicht eingehalten. Die Gerichte

brauchen sieben Jahre für eine Entscheidung: CBS verliert in allen Punkten und muß Scholz insgesamt 20 Millionen Dollar nachzahlen.

Der Hit: *More Than A Feeling*
Der Tip: *Third Stage* (MCA 254 331-2)

Boswell, (Connec)

* 3.12.1907, † 11.10.1976. Zusammen mit ihren Schwestern Martha (* 1908, † 1958) und Helvetia (* 1909, † 12.11.1988) war sie als Boswell Sisters ab 1931 in den USA erfolgreich. Alle drei Schwestern wurden in New Orleans geboren. Sie galten als das erfolgreichste amerikanische Mädchen-Trio aller Zeiten – bis die Andrews Sisters kamen. Neben der Karriere mit ihren Schwestern war Connec ab 1932 auch als Solistin erfolgreich. Als dann nach 1938 das Trio auseinanderfiel, machte sie alleine weiter. Zu ihren großen Hits ohne ihre Schwestern gehören die US-Spitzenreiter »*Bob White (Whatcha Gonna Swing Tonight?)*« 1937 und »*Alexander's Ragtime Band*« 1938, beide im Duett mit Bing Crosby. Weitere Top-10-Hits waren »*An Apple For The Teacher*« 1939, »*On The Isle Of May*« 1940 und »*Let It Snow! Let It Snow! Let It Snow!*« 1946. Die Liste ihrer Erfolge geht bis in das Jahr 1954, dann erkrankte sie an Kinderlähmung und war an den Rollstuhl gefesselt.

Der Hit: *Bob White (Whatcha Gonna Swing Tonight?)*
Der Tip: *Everybody Loves My Baby* (Pro Arte CDD 550)

Boswell, Eve

* 11.5.1924 in Budapest als Eve Keleti, aufgewachsen in der Schweiz und schließlich ein Gesangsstar in GB. Sie kam aus einer Artistenfamilie, die in diversen Ländern im Zirkus auftrat. Ende der 40er Jahre war die Familie in Südafrika und dort im Boswell-Zirkus engagiert. Eve heiratete den Besitzer und ging nun nach GB. Dort löste sie im bekannten Orchester von Geraldo die Sängerin Doreen Lundy ab – und damit begann ihre große Karriere. Zuerst nahm sie diverse Titel mit dem Geraldo-Orchester auf, dann machte sie ab 1951 Solo-Platten. Ihr größter Single-Erfolg war »*Pickin' A Chicken*«, mit dem sie im Dezember 1955 die Top 10 erreichte. Durch die 50er Jahre war sie eine der populärsten Sängerinnen in GB, trat in Radio- und Fernsehsendungen auf und wurde zu mehreren Royal-Variety-Shows eingeladen. Später ging sie wieder nach Südafrika zurück, eröffnete eine Gesangsschule in Johannesburg. Als sie 1988 eine Konzerttournee durch GB machte, wurde sie wie früher gefeiert.

Der Hit: *Pickin' A Chicken*
Der Tip: *The Best Of Eve Boswell* (EMI CDP 7 92259 2)

Böttcher, Gerd

* 18.7.1936, † 26.2.1985. Nach einer Lehre als Gärtner – der Junge sollte was Anständiges lernen – wurde er Vokalist bei einem Berliner Tanzorchester und nahm Gesangsunterricht. 1960 sang er bei Werner Müller vor, der von Böttcher überzeugt war. Müller legte nun die musikalische Richtung fest, und ab Mitte 1960 stand Gerd bis 1967 regelmäßig in der deutschen Hitparade. Sein erster Top-10-Hit war eine deutsche Version von der Barcarole aus »Hoffmanns Erzählungen«, die bei ihm *»Adieu – Lebe Wohl – Goodbye«* hieß. Seinen größten Hit hatte er im Frühjahr 1962 mit einer Coverversion des Pat-Boone-Hits *»Johnny Will«*, *»Geld wie Heu«*. Unter dem Pseudonym Buchholz schrieb Müller den Titel *»Für Gaby tu' ich alles«*, der zum bekanntesten Stück von Gerd Böttcher wurde. Zwischen 1961 und 1962 sang Böttcher neben seiner Solokarriere zusammen mit Detlef Engel im Duett. Es sollte der Versuch sein, den Erfolg der Blue Diamonds zu kopieren. Nach 1968 war er aus dem Geschäft. Böttcher tingelte auf Kaffeefahrten und vor Supermärkten. Er war schwer alkoholkrank, und das führte auch zu seinem frühen Tod.

Der Hit: *Geld wie Heu*
Der Tip: *Für Gaby tu' ich alles* (Bear Family BCD 15402)

Boucher, Judy

Mit dem Titel *»Can't Be With You Tonight«* hatte die farbige Sängerin im Frühjahr 1987 einen Platz 2 in den GB-Charts. Dem Titel tut man sicher nicht unrecht, wenn man ihn als Super-Schnulze bezeichnet, die sowohl inhaltlich wie auch musikalisch zur Serie Fast food für Klammerblues-Tänzer geeignet ist. Judy schaffte mit *»You Caught My Eyes«* 3 Monate später einen typischen Nachfolgehit – Platz 18 –, danach war sie wieder verschwunden.

Der Hit: *Can't Be With You Tonight*

Bowie, David

* 8.4.1947 als David Robert Jones. 1963 spielte er erstmals in der Öffentlichkeit: In der Band von Alt-Jazzer Ronnie Scott blies er das Saxophon. Immerhin war David zu diesem Zeitpunkt gerade 15 Jahre alt. 1964 gründete David mit

Schulfreunden die King Bees, die Mitte desselben Jahres *»Liza Jane«* veröffentlichten. Ende 1964 wird er Mitglied bei der Londoner Band Manish Boys, die Anfang 1965 die Single *»I Pity The Fool«* veröffentlicht. Da auch dieses Projekt wenig Erfolg hat, löst es sich Mitte des Jahres auf, und David gründet Lower Third. Auch diese Band veröffentlicht eine erfolglose Single unter dem Namen David Jones. 1966 ändert David Jones seinen Nachnamen in Bowie. Er ist es satt, immer darauf angesprochen zu werden, ob er Mitglied bei der US-Gruppe Monkees sei. Im Februar 1966 löst sich Lower Third wieder auf, und David macht als Solist weiter. Mit *»Do Anything You Say«* kommt seine erste Solo-Single auf den Markt. Bis Anfang 1968 erscheinen weitere erfolglose Singles. Er bewirbt sich bei Apple Records, die ihn ablehnen, und gründet für sieben Monate das Trio Feathers. 1969 erscheint erstmals *»Space Oddity«*, eine Platte, die den Erfolg von Bowie begründet und der erste Top-10-Erfolg für ihn wird. Danach tritt wieder eine fast dreijährige Pause ein, doch ab Mitte 1972 bis in die 90er Jahre versteht er es, sich gängigen Trends anzupassen und erfolgreich zu sein. *»Fame«* 1975 und *»Let's Dance«* 1983 sind Spitzenreiter in der amerikanischen Hitparade und Millionseller. Eine Wiederveröffentlichung von *»Space Oddity«* im Jahre 1975, *»Ashes To Ashes«* 1980 und ebenfalls *»Let's Dance«* sind die Nummer-1-Hits in GB. Zwischendurch ist der vielseitige Bowie als Filmschauspieler in *»Labyrinth«* und *»Absolute Beginners«* zu sehen, spielt am Broadway den *»Elephant Man«* und gründete 1988 eine Spielwiese namens Tin Machine.

Der Hit: *Space Oddity*
Der Tip: *Sound And Vision* (Ryko RCD 90120/1/2)

Bow Wow Wow

David Barbe, d; Matthew Ashman; Leigh Gorman, b; Annabella Lu Win, v (* 1966 als Myant Myant Aye in Rangoon, Burma).
Im Oktober 1979 wurde Malcolm McLaren Manager von Adam & The Ants. Die Erfolge dieser Band waren zu diesem Zeitpunkt gerade auf dem Nullpunkt. McLaren drängte die Ants, sich von Adam zu trennen, und brachte die drei zu diesem Zeitpunkt aktuellen Mitglieder mit der vierzehnjährigen Annabella zusammen. Mitte 1980 erschien mit *»C30, C60, C90, Go«* die erste Platte von Bow Wow Wow. Als Promotiongag für die nächste, *»Your Cassette Pet«*, hatte sich McLaren ausgedacht, daß dieser Song nur als Kassette zu haben war. Im Januar 1982 kam mit *»Go Wild In The Country«* der erste und ein halbes Jahr später mit *»I Want Candy«* der zweite Top-10-Hit in die Charts. Nach 1983 war die Zeit von Bow Wow Wow wieder vorbei. Die drei Jungs versuchten sich kurze Zeit als Chiefs Of Relief, und Annabella versuchte nach einer längeren Pause, eine Solokarriere zu starten – ohne Erfolg.

Der Hit: *Go Wild In The Country*
Der Tip: *Original Recordings* (EMI 1 A 064-64 890)

Box Tops

Alex Chilton, g/harm/v (* 28.12.1950); Gary Talley, g (* 17.8.1949); Billy Cunningham, b/p (* 23.1.1950); John Evans, org (* 1949); Danny Smythe, d (* 1949); Tom Boggs, d (* 16.7.1947); Rick Allen, org (* 28.1.1946).
»*The Letter*« war der erste und letzte Titel, der wirklich von den Box Tops eingespielt wurde. Die Mitglieder dieser Band aus Memphis hatten sich als weiße Soulgruppe formiert, den Titel aufgenommen – und wurden vom Erfolg überrascht. Nachdem sie damit einen weltweiten Hit gelandet hatten, wurden alle Musiker bei weiteren Produktionen durch Sessionprofis ersetzt. Alex Chilton beklagte später, er habe sich ständig vorschreiben lassen müssen, wie er was zu singen habe. Aber er war zu jung, um sich darüber zu beschweren. Zur Zeit des großen Erfolges von »*The Letter*« war Alex gerade mal 16. Schlagzeuger Tom Boggs stellte fest: »Es ist schon seltsam, daß man die Gruppe nach ›*The Letter*‹ nicht weiterspielen ließ. Wenn sie doch gut genug ist, um einen Vier-Millionen-Seller aufzunehmen, müßte man ihr doch noch eine Chance geben.« Mit »*Cry Like A Baby*« hatten die Box Tops 1968 einen weiteren Millionseller. 1970, völlig erschöpft von vielen Tourneen und fest davon überzeugt, daß sie nicht das Geld bekamen, das sie eigentlich verdienten, löste sich die Band auf. Chilton kam zu der Kultband Big Star, deren Alben Vorläufer des New-Wave-Pop waren. Sowohl mit Big Star als auch als Solist in der New Yorker Clubszene hatte er Einfluß auf die Musikentwicklung, kam aber selbst nie in die Hitparaden. Die Replacements nannten einen Song »*Alex Chilton*«. Zu diesem Zeitpunkt war der Besungene gerade Tellerwäscher in New Orleans. Inzwischen sind von Alex etliche neue, zum Teil recht bemerkenswerte LPs erschienen.

Der Hit: *The Letter*
Der Tip: *The Ultimate Box Tops* (WB 9-27611-2)

Boyce, Tommy

* 29.9.1944. Zusammen mit seinem Kollegen Bobby Hart hat der Amerikaner jede Menge Hits für andere geschrieben. Vor allem die Monkees profitierten vom Talent der beiden Songschreiber. Aber auch Little Anthony & The Imperials oder Tommy Sands hatten Hits mit Songs von Boyce und Hart. Tommy selbst hatte schon als Solist im Jahre 1962 sein Glück als Interpret versucht. Als er es ab 1967 im Duo mit Bobby Hart versuchte, klappte es zumindest einmal richtig: »*I Wonder*

What She's Doing Tonight« war im Winter 1967 ein US-Top-10-Erfolg. 1975 zogen die beiden zusammen mit den ehemaligen Monkees Davy Jones und Mickey Dolenz durch die Lande und machten auch eine gemeinsame LP.

Der Hit: *I Wonder What She's Doing Tonight*

Boyd, Jimmy

* 9.1.1940. Aus der Tatsache, daß es wohl immer noch Zwölfjährige gibt, die den Mann, der zu Weihnachten als Nikolaus erscheint, für eine real existierende Person halten und nicht für den verkleideten Vater, haben die Amerikaner etliche Weihnachtslieder gezimmert. Zum Fest 1952 sang Jimmy *»I Saw Mommy Kissing Santa Claus«* und hatte damit eine Nummer 1. Zum gleichen Ereignis ein Jahr später war der Titel ein Platz 3 in der britischen Hitparade. Anfang 1953 hat der Kleine zusammen mit dem damaligen Superstar Frankie Laine in der amerikanischen und britischen Hitparade den Top-10-Hit *»Tell Me A Story«*. Wahrscheinlich hat Laine ihm erzählt, daß es den Weihnachtsmann gar nicht gibt, und damit war die Gesangskarriere von Boyd wieder beendet.

Der Hit: *I Saw Mommy Kissing Santa Claus*

Boyer, Jacqueline

* 1941 in eine musikalische Familie. Die Mutter Lucienne hatte 1934 mit der englischen Version von *»Parlez Moi D'Amour«* einen Top-10-Erfolg in den USA als *»Speak To Me Of Love«*. Aufgenommen hatte sie die Nummer 1930 und war damit in Frankreich erfolgreich. Außerdem war sie eine bekannte Kabarettkünstlerin und leitete ihr eigenes Kabarett auf dem Montmartre. Dort trat auch Jacquelines Vater Jacques Pills, zeitweise Ehemann von Edith Piaf, auf. Mit ihm sammelte Jacqueline ihre ersten Bühnenerfahrungen. 1960 gewinnt sie mit *»Tom Pillibi«* den Grand Prix Eurovision, ein Jahr später hat sie in Frankreich mäßigen Erfolg mit *»Coucouche Papier, Pappettes En Rond«*. Sie tritt mit internationalen Größen wie Marlene Dietrich, Charles Trénet, Jerry Lewis, Charles Aznavour, Zarah Leander auf. In Deutschland ist sie bis 1969 in der Hitparade vertreten, darunter mit den beiden Top-10-Hits *»Mitsou«* 1963 und *»Mucho Amore«* 1969.

Der Hit: *Tom Pillibi*

Boy George

* 14.6.1961 als George O'Dowd. Anfang der 80er Jahre tauchte George in der Londoner Club-Szene auf, die gerade die neue Romantik entdeckte. Immer in Begleitung von Marilyn und in auffallende Kostüme gehüllt, erregte er bald auch die Aufmerksamkeit von Malcolm McLaren. Der ließ ihn unter dem Namen Lieutenant Lush für ein Konzert mit Bow Wow Wow singen. Mit dem früheren Diskjockey und Bassisten Mikey Craig (* 15.2.1960) gründete George die Band In Praise Of Lemmings. Dann kamen Schlagzeuger Jon Moss (* 11.9.1957) und der Gitarrist/Keyboarder Roy Hay (* 12.8.1961) dazu, und man nannte sich Culture Club. Zwischen 1982 und 1986 war diese Formation sehr erfolgreich. Mit *»Do You Really Want To Hurt Me«* und *»Karma Chameleon«* erreichten sie die Spitze der GB-Charts. In der Öffentlichkeit wurde die Formation immer mit Boy George gleichgesetzt, was sicher an seinem unstillbaren Drang lag, sich zu produzieren. Diesem Drang gab er ab 1987 verstärkt nach und veröffentlichte seine Platten als Boy George. Mit *»Everything I Own«*, einst ein Hit von Bread und Ken Boothe, hat er im Frühjahr eine weitere Nummer 1 in GB. Danach läßt sein Erfolg allerdings nach, und er scheint ganz verschwunden zu sein, als im Frühjahr 1991 die Formation Jesus Loves You auftaucht, hinter der sich wieder Boy George verbirgt. Gemeinsam mit seinem alten Freund Jeremy Healy hatte er 1988 das innovative Dance-Floor-Label More Protein gegründet. Es sollte ein Forum für zeitgenössische und phantasievolle Tanzmusik schaffen. Anfang der 90er Jahre war George dann dem Hare-Krishna-Tempel beigetreten und widmete dieser Sekte den Song *»Bow Down Mister«*, mit dem er zumindest in Deutschland unter die ersten 10 kam. Mit der Nummer *»The Crying Game«* aus dem gleichnamigen Film hatte er, nun wieder als Boy George, Ende 1992 einen weiteren Hit, der sich im Frühjahr 1993 in den USA durchsetzte.

Der Hit: *Do You Really Want To Hurt Me*
Der Tip: *Kissing To Be Clever* (Virgin CDV 2232)

Boy Meets Girl

Shannon Rubicam, v; George Merrill, key.
Begonnen hatten Shannon und George zusammen mit David Lindquist als Trio. Betreut wurden sie zu diesem Zeitpunkt von Thom Bell, der Shannon und George auch bei vielen Studioproduktionen einsetzte. Nebenher begannen diese beiden, zusammen Songs zu schreiben. Eine erste LP des Duos Shannon und George, die sich jetzt Boy Meets Girl nannten, erschien im Frühjahr 1985. Darauf war der Top-40-Hit *»Oh Girl«*. Nachdem Whitney Houston Ende 1985 mit *»How Will I Know«* einen Platz 1 in den USA und Mitte 1987 einen weiteren

Spitzenreiter und Platin mit *»I Wanna Dance With Somebody (Who Loves Me)«* geschafft hatte und bekannt wurde, daß beide Songs von Shannon und George geschrieben wurden, bekamen sie mit Kußhand einen neuen Plattenvertrag bei RCA. Auf der Ende 1988 erschienenen LP *»Reel Life«* war der US- und GB-Top-10-Hit *»Waiting For A Star To Fall«*.

Der Hit: *Waiting For A Star To Fall*
Der Tip: *Reel Life* (RCA PD 88414)

Boys Club

Joe Pasquale; Gene Hunt (* als Eugene Wolfgramm).
Dieses Duo formierte sich in Minneapolis 1988. Hunt war vorher Mitglied in der Familientruppe The Jets. Mit ihrer Debütplatte *»I Remember Holding You«*, geschrieben von Joe Pasquale, hatte die Band gleich einen Top-10-Hit in den USA. Ein Nachfolgehit wollte ihnen nicht mehr gelingen.

Der Hit: *I Remember Holding You*
Der Tip: *Boys Club* (MCA 256 007-2)

Boys II Men

Nathan »Alex Vanderpool« Morris; Michael »Bass« McCary; Shawn »Slim« Stockman, Wanya »Squirt« Morris.
Die vier trafen sich an der Kunsthochschule in Philadelphia und gründeten 1988 die Formation Boys II Men. Michael Bivins von Bell Biv DeVoe nahm die Sänger unter seine Fittiche und brachte sie zur Plattenfirma Motown. Unter anderem arbeiteten sie als Backgroundsänger für Stevie Wonder und Another Bad Creation. Die Musik von Boys II Men lehnt sich an die Soulmusik der 60er Jahre an. Ihre erste LP hieß *»Cooleyhighharmony«* und wurde in den USA über viermillionenmal verkauft. Mitte 1992 sang das Quartett auf dem Soundtrack zum Film *»Boomerang«* die Nummer *»End Of The Road«*. Als Single ausgekoppelt, hielt sie sich länger auf Platz 1 der US-Charts als alle anderen Stücke nach 1955. Bis zu diesem Zeitpunkt hatte Elvis Presley mit *»Don't Be Cruel/Hound Dog«* – 11 Wochen auf Platz 1 – diesen Rekord gehalten. *»End Of The Road«* schaffte es 13 Wochen und wurde damit natürlich auch die Platte des Jahres 1992 in den USA. Diese Nummer wurde außerdem noch Spitzenreiter in GB und Top-10-Hit in Deutschland.

Der Hit: *End Of The Road*
Der Tip: *Cooleyhighharmony* (Motown 530 089-2)

Boys Town Gang

Diese amerikanische Formation, bestehend aus austauschbaren Interpreten, hatte in der Hochzeit der Diskomusik Anfang der 80er Jahre mit einer Neuauflage des alten Frankie-Valli-Hits *»Can't Take My Eyes Off You«* Mitte 1982 einen Top-10-Hit in Großbritannien. Auch ihre anderen Titel waren lediglich schlappe Aufgüsse von ehemaligen Hits. Mit Vorliebe knöpfte sich die Formation Soul-Nummern wie *»Ain't No Mountain High Enough«* oder *»Signed, Sealed, Delivered (I'm Yours)«* vor.

Der Hit: *Can't Take My Eyes Off You*
Der Tip: *Disc Charge* (Ramshorn RAMSH 5024)

Boytronic

Hayo Panarinfo, computer/per; Bela Lagonda, key; Holger Wobker alias Brillant Berger, v; Mark Wade, v.
Die Musik dieser 1983 gegründeten deutschen Synthie-Formation zielte auf das jüngere Dance-Publikum. Wie austauschbar Mitglieder sind, zeigte der Wechsel von Holger Wobker zu Mark Wade, der ein gefragtes Model der englischen Mode- und Videoszene war. Boytronic hatte im Melody Maker eine Anzeige geschaltet und einen neuen Sänger gesucht. Aus über 100 Bewerbern wurde Mark ausgesucht. Mit *»You«* gelang der Band in den Anfangstagen im September 1983 ein Top-10-Erfolg in Deutschland, den sie nicht wiederholen konnten.

Der Hit: *You*

Bradley, Will & His Orchestra

* 12.7.1912 als Wilbur Schwichtenberg. Bradley spielte Posaune und war in den späten 30er Jahren der Leiter seiner eigenen Swingband, die sich nicht scheute, hin und wieder Boogie Woogie zu spielen. Mitglied seiner Band war der ausgezeichnete Boogie-Woogie-Pianist Freddie Slack. Ab 1940 bis 1944 hatte Will acht Hits in der amerikanischen Hitparade, darunter vier Top-10-Erfolge. Ab 1944 nannte er sich auch Will Bradley & His Boogie Woogie Boys. Sänger seiner Hits war meist Ray McKinley, der auch Schlagzeuger der Band war. Will arbeitete auch zusammen mit Bing Crosby und war später Chef der NBC Tonight Show Band. Will war bis in die 70er Jahre im Musikgeschäft aktiv.

Der Hit: *Beat Me, Daddy, Eight To The Bar*

Bragg, Billy

* 20.12.1957. Der Brite gründete 1977 die Punk/R&B-Gruppe Riff Raff, die bis 1981 bestand. Danach arbeitete er eine Zeitlang als Straßenmusikant und erhielt 1983 einen Plattenvertrag als Solist. 1985 hatte er mit der EP *»Between The War«* seinen ersten Top-20-Erfolg in GB. Seine Version des Beatles-Titels *»She's Leaving Home«* erreichte Mitte 1988 Platz 1 in GB. Das Stück dürfte nur deshalb Nr. 1 geworden sein, weil es Teil eines Kinderhilfsprojektes war, für das Künstler Lennon/McCartney-Songs aufgenommen hatten. Besonders durch sein politisches Engagement hat Billy mehrfach Aufsehen erregt: Im Oktober 1984 wurde er mit anderen vor dem South Africa House in London wegen eines Sit-ins gegen die Apartheid-Politik festgenommen. Im November 1986 wurde er wegen mutwilliger Zerstörung verurteilt – er hatte während einer Anti-Atom-Demonstration den Flughafenzaun in Norfolk durchgeschnitten. Zu seinem Top-30-Hit *»Sexuality«*, Mitte 1991 erschienen, schrieb seine Plattenfirma: »Er gilt als eine der wichtigsten Stimmen im britischen Rockgeschäft, und seine Kritik an sozialen oder politischen Mißständen hat Gewicht im Land.«

Der Hit: *She's Leaving Home*
Der Tip: *Talking With The Taxman About Poetry* (Line 9.00237)

Brandes, Will

* 1928, † 1990. Im Januar 1959 sang Brandes zusammen mit Conny Froboess den Titel *»Teenager Melody«*. Die Platte wurde ein Top-10-Hit. Im November sang er als Solist eine deutsche Version des Rocco-Granata-Hits *»Marina«* und hatte damit einen weiteren Top-10-Erfolg. Seinen größten Hit hatte er im November 1962 mit *»Baby Twist«*, einem Titel, der an den Erfolg des Ralf-Bendix-Hits *»Babysitter Boogie«* anknüpfen sollte – es klappte. Ein Jahr später schlug man noch einmal in die gleiche Kerbe: *»Baby-Babbel-Bossa-Nova«*. Danach war das Thema ausgereizt, und Will Brandes tauchte nicht wieder in den Hitparaden auf.

Der Hit: *Baby Twist*
Der Tip: *King Creole* (Bear Family BFX 15 117)

Brandon, Johnny

Dieser britische Interpret brachte es im Jahre 1955 zu zwei Titeln in den Charts. *»Tomorrow«* erschien im März und war ein Top-10-Hit, *»Don't Worry«* im Juli kam noch unter die ersten 20. Danach gab es kein Tomorrow mehr – don't worry.

Der Hit: *Tomorrow*

Branigan, Laura

* 3.7.1957. Die Amerikanerin sang zuerst in der Gruppe hinter Leonard Cohen. Ab 1982 war sie dann selbst als Solistin erfolgreich. Mit einem Nachzieher des italienischen Hits *»Gloria«*, geschrieben von Umberto Tozzi, hatte sie im Sommer 1982 einen Platz 2 in den USA und einen Millionseller. Weitere Top-10-Erfolge waren *»Solitaire«* und *»Self Control«*. Im Juli 1983 schaffte sie mit *»How Am I Supposed To Live Without You«* einen Platz 12 in den US-Charts und damit einen ersten großen Erfolg für den Songschreiber Michael Bolton. Produzent von Laura war der Deutsche Jack White. Laura betätigte sich auch als Schauspielerin. Sie war zu sehen in der TV-Show »Chips«, 1984 im Film »Mugsy's Girl« und 1989 in »Backstage – Hinter der Bühne«.

Der Hit: *Gloria*
Der Tip: *The Very Best Of...* (Atlantic 9548-31561-2)

Brasseur, André

* 1943. Der Belgier André Brasseur hatte in den 60er Jahren mit seiner Hammondorgel einen eigenen Sound geschaffen. Angepriesen wurde er von seiner Plattenfirma auch als André Brasseur & His Multi-Sound Organ. Die meisten seiner Hits schrieb er selbst, so auch *»Early Bird«*, der Mitte 1966 ein Platz 5 in der deutschen Hitparade wurde.

Der Hit: *Early Bird*

Bravos, Los

Michael Kogel, v (* 25.4.1945); Antonio Martinez, g (* 3.10.1945); Manolo Fernandez, org (* 29.9.1943, † 1969); Miguel Vicens Danus, b (* 21.6.1944); Pablo Gomez Samllehi, d (* 5.11.1943).
Michael Kogel spielte Anfang der 60er Jahre mit der Gruppe Michael & The Firebirds. Damit nahm er den Titel *»Der Knüller Mausi Müller«* auf. Der deutsche Produzent Nils Nobach brachte Michael in Spanien mit der Gruppe Los Sonor zusammen. Aus Mitgliedern dieser Band und aus Musikern einer weiteren spanischen Formation, den Runaways, wurde nun Mike & The Runaways. 1966 wurden sie in Spanien zur Nr.-1-Gruppe gewählt. In London nahmen sie im April 1966 als Los Bravos den Titel *»Black Is Black«* auf. Die Platte wurde ein Top-10-Hit in GB, den USA und in Deutschland. Im nachhinein wurde allerdings bekannt, daß außer Michael von der Gruppe niemand im Studio anwesend war. 1969, nach dem Tode des Keyboarders Manolo, fällt die Band auseinander. Mike

bekommt angeblich ein Angebot von Jimmy Page, in dessen neu zu gründender Formation einzusteigen. Er entschließt sich jedoch zu einer Solokarriere als Mike Kennedy, und so wird Robert Plant Sänger in Jimmys Band Led Zeppelin. Mit *»Louisiana«* steht er 1972 in den amerikanischen Hot 100. 1986 kommen Los Bravos wieder für eine mehrmonatige Tournee durch Spanien zusammen. Ansonsten bleibt er dort ein Star und veröffentlicht regelmäßig neue Platten.

Der Hit: *Black Is Black*
Der Tip: *Black Is Black* (Decca ND 870)

Bread

David Gates, key/v (* 11.12.1940); James Griffin, g/v; Robb Royer, g/v; Mike Botts, d; Larry Knechtel, g/v; Jim Gordon, d.
Diese amerikanische Band formierte sich 1968 als Pleasure Faire und hatte 1970, nun als Bread, mit dem Millionseller und Nr.-1-Hit *»Make It With You«* ihren Durchbruch. Nach der ersten LP scheidet Jim Gordon aus und wird durch Mike Botts ersetzt. 1971 erhalten James Griffin und Robb Royer einen Oscar für den besten Filmsong des Jahres 1970. Es ist *»For All We Know«* aus *»Lovers And Other Strangers«*. Kurz danach verläßt Royer Bread, und für ihn kommt der Multi-Instrumentalist Larry Knechtel. Die Hitserie der Band hält an bis Ende 1972. *»If«* wird im März 1971 ein Platz 4 in den USA und im Februar 1975 ein Platz 1 in GB für den entzückenden Telly Savalas. *»Baby I'm-A Want You«* wird Ende 1971 ein weiterer Millionseller. *»Everything I Own«*, mit Bread Anfang 1972 ein Top-10-Hit, wird später ein Erfolg mit Ken Boothe und Boy George. 1973 löst sich die Gruppe auf. David Gates macht als Solist einige sehr schöne Platten. 1976 kommt die Gruppe noch einmal kurz zusammen, und mit *»Lost Without Your Love«* hat sie auch wieder einen Top-10-Erfolg in den USA. Alle Hits von Bread wurden von David Gates geschrieben und produziert.

Der Hit: *Make It With You*
Der Tip: *Anthology* (Elektra 960 414-2)

Breakfast Club

Stephen Bray; Dan Gilroy, Eddie Gilroy; Gary Burke.
In diesem in New York beheimateten Dance-Pop-Quartett war einst Madonna in den frühen 80er Jahren für eine kurze Zeit Mitglied. Möglicherweise hat sie sich deshalb später bei dem Kopf der Band, Stephen Bray, bedankt und ihn ihre LP *»True Blue«* coproduzieren lassen. Den Song *»True Blue«* hat Bray auch mitgeschrieben. Im Zuge des Erfolges von Madonna kam der Breakfast Club ins

Gespräch und hatte im März 1987 mit *»Right On Track«* einen Top-10-Erfolg in den USA. Zu mehr reichte es nicht.

Der Hit: *Right On Track*
Der Tip: *Breakfast Club* (MCA 254 387-2)

Break Machine

Lindsay Blake; Lindell Blake; Cortez Jordan.
Zu den Förderern des Happy-Disco-Sounds in den USA gehörte der französische Produzent Jacques Morali. Er war es, der der Formation Village People auf die Sprünge half. 1984 versuchte er ähnliches mit dem Trio Break Machine. Zumindest die Briten waren vom Disco-Tanz-Sound der drei begeistert. 1984 hatten sie zwei Top-10-Hits mit *»Street Dance«* und *»Break Dance Party«*, 1985 wurden schon wieder andere Interpreten durch die Diskotheken getrieben.

Der Hit: *Street Dance*
Der Tip: *Break Dance Party* (Metronome 823 062-1)

Breathe

David Glasper, v; Ian »Spike« Spice, d; Marcus Lillington, g; Michael Delahunty, b.
Diese britische Band kam 1988 mit einer außergewöhnlich guten Debüt-LP auf den Markt. Sie spielten eine gelungene Mischung aus Philly-Sound und Soul-Pop. Vor allen Dingen die Ballade *»Hands To Heaven«*, die Mitte 1988 ein Top-10-Hit in den USA und auch in GB war, ließ viel erwarten. Noch im gleichen Jahr stieg der Bassist Delahunty aus. Mit *»How Can I Fall«* und *»Don't Tell Me Lies«* hatte die Band in den USA zwei weitere Top-10-Hits.

Der Hit: *Hands To Heaven*
Der Tip: *All That Jazz* (Siren CD SRN 12)

Breck, Freddy

* 21.1.1942 als Gerhard Breker. Seinen ersten Erfolg hatte er im Juli 1972 mit einer aufgemotzten Version von Verdis *»Gefangenenchor«* aus der Oper *»Nabucco«*: *»Überall auf der Welt«*. Es folgten 1973 zwei zweite Plätze in der deutschen Hitparade: *»Bianca«* und *»Rote Rosen«*. Seine Verkaufserfolge hielten bis ins Jahr 1976 an. Mit *»So In Love With You«* erreichte er im April 1974 einen Platz 44 in der britischen Hitparade.

Der Hit: *Überall auf der Welt*

Brennan, Walter

* 25.7.1894, † 21.9.1974. Der amerikanische Schauspieler hatte seine erste Filmrolle im Jahre 1924. Im Laufe der Jahre sollte er drei Oscars für die beste Nebenrolle in den Filmen »*Come And Get It*« 1936, »*Kentucky*« 1938 und »*The Westerner*« 1940 gewinnen. Zwischen 1957 und 1963 spielte er in der TV-Serie »*The Real McCoys*« den Großvater. Seinen größten Plattenhit hatte er mit »*Old Rivers*« im April 1962.

Der Hit: *Old Rivers*

Brent, Tony

* 26.8.1927 in Indien. Von dort zog der Brite erst einmal in die USA und sang in der Band Tex Beneke. Als er 1950 nach Großbritannien ging, gewann er dort einen Talentwettbewerb, was ihm Jobs bei Ambrose und Cyril Stapleton's BBC Showband einbrachte. Seinen ersten Solo-Hit hatte er 1952 mit »*Walkin' To Missouri*«, ein Platz 7 in GB. Sein zweiter Top-10-Hit wurde ein Jahr später »*Make It Soon*«. Bis 1959 war er in den Charts vertreten, aber mit den aufkommenden Beatgruppen der 60er Jahre konnte er nicht konkurrieren. Er zog sich in die Club-Szene zurück und zog schließlich nach Australien, wo er bis heute lebt und arbeitet.

Der Hit: *Walkin' To Missouri*

Bresslaw, Bernard

1957 startete Granada-TV in GB eine Serie mit dem Titel »*The Army Game*«, die schnell zu einem absoluten Renner wurde. Bernard Bresslaw spielte darin den Doofkopp, dessen ewiger Spruch »Well, I only asked« bald jedes britische Familienoberhaupt nervte. Daß TV-Popularität auch für ein Schallplättchen herhalten kann, ist seit der Erfindung des Fernsehens bekannt. Also nahmen Schauspieler der Serie, neben Bresslaw Michael Medwin, Alfie Bass und Leslie Fyson, die Thema-Musik der Serie auf und hatten mit »*The Signature Tune Of The Army Game*« im Mai 1958 einen Platz 5 in GB. Doofmann Bresslaw sang als Solist die unsägliche Novelty-Nummer »*Mad Passionate Love*«, die im September 1958 bis auf Platz 6 in den britischen Charts kam. Später spielte Bresslaw in der ebenfalls erfolgreichen Serie »*Carry On*«, und alle Schauspieler von »*The Army Game*« wurden bekannte Persönlichkeiten im britischen Showgeschäft.

Der Hit: *Mad Passionate Love*

Brewer, Teresa

* 7.5.1931 als Theresa Breuer. Bereits im Alter von 2 Jahren hat das Wunderkind in der lokalen Rundfunkstation ihrer Heimatstadt Toledo/Ohio gesungen. Zwischen 1938 und 1943 war sie ständiger Gast in der »Major Bowes Amateur Hour«, 1949 erhielt sie ihren ersten Plattenvertrag. Sie war der Teenager-Star der frühen 50er Jahre in den USA, zu vergleichen mit der deutschen Kleinen Cornelia alias Conny Froboess. Mit dem Millionseller und Nummer-1-Hit *»Music! Music! Music!«* hatte sie im Februar 1950 einen glänzenden Einstieg ins Plattengeschäft. *»Till I Waltz Again«* 1952 und *»Ricochet (Rick-O-Shay)«* 1953 waren ihre weiteren Millionseller. Die Plattenkarriere von Teresa dauerte bis in das Jahr 1961, in Nightclubs und Las Vegas hatte sie auch danach noch Erfolg.

Der Hit: *Till I Waltz Again With You*
Der Tip: *The Best Of...* (MCA 1545)

Brewer & Shipley

Mike Brewer (* 1944); Tom Shipley (* 1942).
Dieses Folk-Rock-Duo aus Los Angeles hatte mit *»One Toke Over The Line«* im Februar 1971 einen Platz 10 in der amerikanischen Hitparade. Ansonsten war ihre Musik wohl für die Pop-Hitparaden wenig geeignet. Danach tauschten die beiden das sonnige Los Angeles gegen Missouri ein und veröffentlichten weitere Platten – jedoch ohne Erfolg. Ende der 70er Jahre trennten sie sich. Shipley tauchte später als Studiotechniker auf, vor allem bei Produktionen von Joni Mitchell.

Der Hit: *One Toke Over The Line*
Der Tip: *The Best* (Kamasutra 87.004-2)

Brian & Michael

Kevin Parrott; Michael Coleman.
Colemans elegischer Abgesang auf den Maler L. S. Lowry, der am 23.2.1976 gestorben war, beeindruckte seinen Produzenten Kevin Parrott so sehr, daß die beiden den Titel kurzerhand als Duo aufnahmen: *»Matchstalk Men And Matchstalk Cats And Dogs«* wurde 1978 eine Nummer 1 in GB. Ein Nachfolgehit gelang ihnen nicht. Im Hintergrund auf ihrem einzigen Hit ist der St. Winifred's School Choir zu hören – der 1980 mit *»There's No-One Quite Like Grandma«* selbst einen Platz 1 erreichen sollte.

Der Hit: *Matchstalk Men And Matchstalk Cats And Dogs*

Brice, Pierre

* 6.2.1929 als Pierre Louis de Bris. Der Besuch der Schauspielschule in Paris war für seinen größten Erfolg als Schauspieler, die Rolle des Winnetou in zahlreichen Karl-May-Verfilmungen, sicher nicht notwendig. Auch seine vielen Fernsehrollen bis hin zum »Schloß am Wörthersee« hätte er sicher aus dem Handgelenk spielen können. Statt dessen hätte ihm eine kleine Gesangsausbildung bei seinem einzigen Hit *»Ich steh allein«*, im April 1965 ein Platz 9 in Deutschland, nicht geschadet.

Der Hit: *Ich steh allein*

Brick

Jimmy Brown, v; Ray Ransom; Donald Nevins; Reggie Hargis; Eddie Irons.
Die Musiker dieser 1972 in Atlanta gegründeten Disco-Jazz-Formation hatten ab Anfang der 70er Jahre als Studiomusiker begonnen. Ihr Titel *»Dazz«* war im Oktober 1976 ein Platz 3 in der amerikanischen Hitparade. Mit *»Dusic«* gelang ihnen ein Jahr später noch ein Top-20-Hit, und danach waren sie nur noch »another brick in the wall«.

Der Hit: *Dazz*
Der Tip: *Good High* (Bang Records BBS 2524)

Brickell, Edie

* 10.3.1966. Während ihrer Studienzeit in Dallas hörte sich Edie öfter in Clubs die Band New Bohemians an. Nach einiger Zeit stand sie mit ihnen auf der Bühne. Nachdem sie sich in Dallas profiliert hatten, bot ihnen die Plattenfirma Geffen im November 1986 einen Vertrag an. Von den ursprünglichen New Bohemians war nur noch Bassist Brad Houser dabei, dazu kamen Gitarrist Kenny Withrow, Percussionist John Bush, Gitarrist Wes Martin und Drummer Matt Chamberlain. Als erste LP erschien *»Shooting Rubberbands At The Stars«*, als Single wurde *»What I Am«* ausgekoppelt und ereichte Platz 7 in den US-Charts. Edie sicherte sich damit einen Ruf als gute Songschreiberin und Sängerin. 1992 heiratete sie Paul Simon.

Der Hit: *What I Am*
Der Tip: *Shooting Rubberbands At The Stars* (Geffen 924 192-2)

Bridges, Alicia

* 15.7.1953. Die amerikanische Sängerin und Songschreiberin hatte mit »*I Love The Night Life (Disco 'Round)*« Mitte 1978 einen Platz 5 in der amerikanischen Hitparade. Damit war sie auf das Thema Disco festgelegt, und als das Fieber nachließ, wurde sie wieder vergessen.

Der Hit: *I Love The Night Life (Disco 'Round)*
Der Tip: *Alicia Bridges* (Polydor 2391 364)

Brighouse & Rastrick Brass Band

Immer zu Weihnachten haben die Briten merkwürdige Platten unter den ersten 10 der Hitparade stehen. Weihnachten 1977 war es wieder soweit: Die Brighouse & Rastrick Brass Band hatte mit dem ein Jahr zuvor aufgenommenen Stück »*The Floral Dance*« einen Platz 2 in den britischen Charts. Diese mit viel Bläsern und Blech gespielte Nummer hatte eine durchaus eingängige Melodie. Für einen weiteren Hit hatten die Jungs keine Luft mehr.

Der Hit: *Floral Dance*

Brightman, Sarah

Sarah war 18 Jahre alt, als Jeff Calvert – der mit »*Barbados*« als Interpret und Autor eine Nr. 1 in GB hatte – den Song »*I Lost My Heart To A Starship Trooper*« schrieb. Sarah arbeitete zu diesem Zeitpunkt in einer Tanzgruppe namens Hot Gossip und war regelmäßig in der Kenny Everett Video-Show zu sehen. Der »*Starship Trooper*« wurde Ende 1978 ein Platz 6 in der britischen Hitparade für Sarah Brightman & Hot Gossip. Ein Nachfolgehit kam nicht einmal mehr unter die ersten 50, und somit schien der Name Sarah Brightman erledigt. 1983 kam sie mit der Nummer »*Him*« auf den Markt, produziert durch Andrew Lloyd Webber. Zwischen »*Starship Trooper*« und »*Him*« lagen Welten, und bei dem nächsten Hit ging es noch einmal in eine andere Dimension. Zusammen mit Diskantsänger Paul Miles-Kingston sang sie »*Pie Jesu*«. Es handelt sich dabei um eine Benefizplatte zugunsten der Aktion »*Save The Children*«. Im März 1985 wurde sie ein Platz 3 in GB. Im Januar 1986 hatte sie einen weiteren Top-10-Hit, dieses Mal mit Steve Harley, einst der Kopf von Cockney Rebel: »*The Phantom Of The Opera*«. Und wiederum genau ein Jahr später, im Januar 1987, hatte sie einen Platz 7 in der britischen Hitparade mit »*Wishing You Were Somehow Here Again*«. Die letzten vier erwähnten Titel wurden alle zusammen mit Andrew Lloyd Webber erarbeitet, mit dem sie zu diesem Zeitpunkt verheiratet war. Als Sarah in »*Aspects Of Love*« sang, war sie bereits die Ex-Frau.

Der Hit: *Pie Jesu*
Der Tip: *Aspects Of Love* (Polydor CD 841 127/8-2)

Bristol, Johnny

Der Amerikaner begann seine Karriere 1960, als er zusammen mit Jackey Beaver als Johnny & Jackey Platten aufnahm. 1961 nahmen diese beiden »*Someday We'll Be Together*« auf, das 1969 in der Version der Supremes ein Hit werden sollte. Nachdem das Duo keinen Erfolg hatte, wurde Bristol Songschreiber und Produzent für Motown. Er arbeitete mit Edwin Starr, David Ruffin, Stevie Wonder oder den Detroit Spinners. 1973 verließ er Motown und wurde Hausproduzent bei CBS. Dort wollte er nun seine selbstgeschriebene und selbstgesungene Nummer unterbringen – man ließ ihn nicht, und so verkaufte er sie an MGM. Die veröffentlichten »*Hang On In There Baby*« – es wurde Mitte 1974 ein Top-10-Hit in den USA und GB. Obwohl er bis in die 90er Jahre weitere gute Platten veröffentlichte, wollte ihm eine Wiederholung dieses ersten Hits nicht gelingen.

Der Hit: *Hang On In There Baby*
Der Tip: *Hang On In There Baby* (MGM 2315 503)

Britt, Elton

* 7.7.1917 als James Britt Baker, † 23.6.1972. Dieser amerikanische Schauspieler und Country-Sänger machte bereits in den 30er Jahren seine ersten Schallplatten. Mit dem patriotischen »*There's A Star-Spangled Banner Waving Somewhere*« gelang ihm im September 1942 – in der Tat wehte an den verschiedensten Kriegsfronten die amerikanische Flagge – sein einziger Top-10-Erfolg, Millionseller und einer der bis zu diesem Zeitpunkt meistverkauften Country-Songs aller Zeiten.

Der Hit: *There's A Star-Spangled Banner Waving Somewhere*

Brokken, Corry

* 3.12.1932. Die Holländerin war nach ihrem Jurastudium zunächst als Richterin tätig, dann sang sie 1960 eine deutsche Version des Edith-Piaf-Hits »*Milord*«. Ihren größten Hit bei uns hatte sie fünf Jahre später: mit der deutschen Coverversion von »*La Mamma*«, im Original ein Hit von Charles Aznavour, kam sie im Januar 1965 auf Platz 9.

Der Hit: *La Mamma*

Bronski Beat

Jimmy Somerville, v (* 22.6.1961); Steve Bronski, key/per (* 7.2.1960); Larry Steinbacheck, key/per (* 6.5.1960).
Das britische Trio Bronski Beat wurde im Jahre 1983 gegründet. Nachdem sie einmal im Vorprogramm von Tina Turner gespielt hatten, erhielten sie prompt einen Plattenvertrag. Die keyboardlastige Computermusik dieser Formation traf in der ersten Hälfte der 80er Jahre genau den Nerv der Dance-Floor-Generation, ihre Texte den Nerv bestimmter Randgruppen. Im Song »*Smalltown Boy*«, im Mai 1984 ein Platz 3 in GB für Bronski Beat, sangen sie über die Probleme eines schwulen Jungen. »*Why*« drehte sich um einen pädophilen Freund, der durch seine sexuellen Vorlieben in größte Schwierigkeiten geriet. Im April 1985 hatten Bronski Beat zusammen mit Marc Almond den Hit »*I Feel Love*«. Danach trennte sich Somerville von Bronski Beat und ging zu den Communards. Für ihn kam John-Jon Foster. Mit ihm sollte der Formation im November 1985 ein letzter Top-10-Hit gelingen mit »*Hit That Perfect Beat*«. 1988 wurde Foster seinerseits durch Jonathan Hellyer ersetzt. Die letzte interessante Aufnahme von Bronski Beat, jetzt nur noch bestehend aus Larry und Steve, war »*Cha Cha Heels*« im Juli 1989. Den Vokalpart übernahm Eartha Kitt.

Der Hit: *Hit That Perfect Beat*
Der Tip: *The Age Of Consent* (Metronome 820 171-2)

Brook Brothers

Geoffrey Brook (* 12.4.1943); Ricky Brook (* 24.10.1940).
Dieses britische Duo begann 1956 in einer Skiffle-Gruppe und gewann den Talentwettbewerb eines Fernsehsenders. Ihre erste Platte machten sie 1960, eine Coverversion des Brothers-Four-Hits »*Greenfields*«. Nachdem sie die Plattenfirma gewechselt hatten, kam im März 1961 mit »*Warpaint*« ihr größter Erfolg: Platz 5 in den GB-Charts. Bis 1963 werden sie noch in der britischen Hitparade verzeichnet. Dann kam die große Zeit des Mersey-Beats, und die Brook Brothers waren wieder verschwunden.

Der Hit: *Warpaint*

Brooklyn Bridge

Johnny Maestro, v (* 7.5.1939 als John Mastrangelo); Les Cauchi, v (* 18.12.1942); Fred Ferrara, v (* 6.10.1940); Jim Rosica, g (* 22.4.1947).
1960 verließ Johnny Maestro die Erfolgsformation Crests, um eine Solokarriere zu

Bronski Beat *(Metronome)*

starten. Das ließ sich erst einmal ganz gut an, dann kam der große Knick. Er versuchte, die Crests zu reformieren. Das schlug fehl. Schließlich wurde er Mitglied im Vokalquartett Del-Satins. Aus dieser Formation und den Rhythm Method, einer 7-Mann-Band, entstand 1967 Brooklyn Bridge. Dies war nicht das »*Worst That Could Happen*«, denn so hieß der Millionseller und Top-10-Hit der Neugründung Ende 1968. Danach allerdings flachte der Erfolg wieder ab, und nach 1970 hörte man nichts mehr von Brooklyn Bridge in den Hitparaden. Als Live-Act war Brooklyn Bridge – inzwischen immer wechselnde Musiker mit Johnny Maestro – bis in die 90er Jahre erfolgreich.

Der Hit: *Worst That Could Happen*
Der Tip: *Brooklyn Bridge* (Buddha 5034)

Brooklyn Dreams

Bruce Sudano; Joe »Bean« Esposito; Eddie Hokenson.
Dieses amerikanische Gesangstrio hatte Ende 1977 seinen ersten Eintrag in der amerikanischen Single-Hitparade. Sie lieferten typische amerikanische Fahrstuhl-

musik, die keinem weh tut und bei der man nicht zuhören muß. Speziell Bruce Sudano hatte bereits Erfahrungen als erfolgreicher Musiker hinter sich. Er war Mitglied bei Alive & Kicking. Bruce war verheiratet mit Donna Summer. Um Brooklyn Dreams und damit ihrem Ehemann auf die Sprünge zu helfen, sang sie mit dem Trio 1977 den Millionseller »*Heaven Knows*«, ein Platz 4 in der US-Hitparade. Anfang der 80er Jahre fiel das Trio auseinander. 1983 hatte Joe Esposito einen Titel unter den Top 100, 1988 sang er mit Brenda Russell den Top-10-Hit »*Piano In The Dark*«.

Der Hit: *Heaven Knows*
Der Tip: *Brooklyn Dreams* (RCA XL 13047)

Brooks, Donnie

* als John Faircloth in Texas und aufgewachsen in Ventura/Kalifornien. So erklärt sich auch seine Liebe zur Surf-Musik, die er als Johnny Faire aufnahm. Nachdem das nichts wurde, machte er Rockabilly als Johnny Jordan und Dick Bush. 1959 nahm er seine erste Platte als Donnie Brooks auf, und mit »*Mission Bell*« hatte er Mitte 1960 einen Platz 7 in den US-Charts. Nach zwei kleinen Folgehits verschwand er wieder aus den Hitparaden, machte jedoch noch bis in die 70er Jahre weitere Plattenaufnahmen.

Der Hit: *Mission Bell*

Brooks, Elkie

* 25.2.1946 als Elaine Bookbinder. Sie begann mit 15 ihre Karriere als »Manchesters Brenda Lee«, sang dann in der Eric Delaney Band und ab 1970 mit der 12köpfigen Jazz-Rock-Gruppe Dada, in der auch ihr Mann Peter Gage und Robert Palmer Mitglieder waren. Mit diesen beiden gründete sie 1972 Vinegar Joe. Nach einigen guten, aber nicht sonderlich erfolgreichen Platten versuchte sie sich ab 1974 als Solistin. Mit »*Pearl's A Singer*« hatte sie im April 1977 ihren ersten Top-10-Hit in GB. Im November 1986 war sie erneut unter den ersten 10 mit »*No More The Fool*«. Neben Maggie Bell ist Elkie Brooks sicher eine der besten britischen Sängerinnen.

Der Hit: *No More The Fool*
Der Tip: *No More The Fool* (Legend Records LMCD 1)

Brooks, Garth

* 7.2.1962. Die letzte LP-Hitparade in den USA des Jahres 1992 machte es deutlich: Garth Brooks war der Abräumer des Jahres. Immer noch standen alle seine bis zu diesem Zeitpunkt veröffentlichten LPs unter den ersten 40 Notierungen. *»No Fences«*, *»Ropin' The Wind«*, *»Beyond The Season«* und *»The Chase«* hatten insgesamt 28 Millionen Exemplare verkauft. Bei der Verleihung der Billboard Music Awards für 1992 stand Brooks 7mal auf Platz 1. Seine Musik ist bei Country-Puristen ebenso populär wie bei den jugendlichen Anhängern der Rockmusik. Damit schaffte es Garth, die Country Music aus dem Ghetto-Dasein zu befreien, und sorgte für eine Renaissance der Country-Radio-Stationen in den USA. Sein größter Hit *»Friends In Low Places«* verdankt seine große Popularität der Tatsache, daß es sich um das Lied der amerikanischen Soldaten während des Kuwait-Krieges handelte.

Der Hit: *Friends In Low Places*
Der Tip: *No Fences* (Capitol CDP 795 503 2)

Bros

Matthew, v/key, und Luke Goss, d (* 29.9.1968); Craig Logan, g (* 22.4.1969). Die Zwillinge Goss und ihr alter Schulfreund Logan begannen ihre gemeinsame Arbeit 1984 als Cavier, änderten jedoch den Bandnamen in Gloss und schließlich in Bros um. Das Trio erhielt im April 1987 einen Plattenvertrag und veröffentlichte 4 Monate später seine erste Single *»I Owe You Nothing«*. Diese Platte wurde jedoch erst ein Hit und Spitzenreiter, nachdem *»When Will I Be Famous«* im Januar 1988 ein Top-10-Hit in GB und in Deutschland wurde. Danach werden sie zu erklärten Teenagerlieblingen, bis die Zwillinge im Janaur 1989 Craig Logan aus der Band werfen. Der Erfolg der beiden Brüder geht zwar nicht rapide zurück, läßt aber nach. Die Behauptung einer deutschen Jugendzeitschrift, »Bros stellen die Beatles-Erfolge in den Schatten!«, halte ich für übertrieben.

Der Hit: *I Owe You Nothing*
Der Tip: *Push* (CBS 460 629)

Brother Beyond

Nathan Moore, v; Carl Fysh, key; David White, g; Steven Alexander, d.
Zur Veröffentlichung ihrer Debüt-LP *»Get Even«* im November 1988 schrieb die Plattenfirma des Quartetts: »Zum Leben erweckt vor rund zwei Jahren von vier gutaussehenden Burschen, die ihre ersten musikalischen Erfahrungen wie üblich in

Garth Brooks *(Capitol)*

diversen Kellerbands sammelten, begann die Band mit frisch-melodiösem, soul-influenced Pop, der auch die Tanzböden in Schwingungen versetzte« – kann man es schöner sagen? Hinter der Band stand das Produzententeam Stock/Aitken/Waterman, das in der zweiten Hälfte der 80er Jahre den richtigen Riecher hatte, was die Teenager wollten. Mit *»The Harder I Try«* und *»He Ain't No Competition«* hatte Brother Beyond in der zweiten Hälfte 1988 zwei Top-10-Hits in GB – danach suchten sich die Teenies langsam, aber sicher wieder andere Idole.

Der Hit: *The Harder I Try*
Der Tip: *Get Even* (Parlophone CDP 7 91069 2)

Brother Bones & His Shadows

Diese amerikanische Gag-Formation hatte mit einem Titel, *»Sweet Georgia Brown«*, Ende 1958 einen Platz 10 in den US-Charts. Brother Bones pfiff die Melodie, und Joe Darensbourg spielte Klarinette. Die Harlem Globetrotters spielten die Nummer immer während ihrer Aufwärmphase – und alle Spieler und das Publikum pfiffen mit. Was dem Radrennen der Sportpalast-Walzer, ist dem Basketball *»Sweet Georgia Brown«*. Brother Bones machten auch Platten als Mr. Goon Bones.

Der Hit: *Sweet Georgia Brown*

Brotherhood Of Man

Tony Burrows, v (* 14.4.1942); Nicky Stevens, v (* 3.12.1951); Sandra Stevens, v (* 23.11.1949); Martin Lee, v (* 26.11.1949); Lee Sheridan, v (* 11.4.1949).
Erstmals wurde die britische Formation Ende 1969 von Songschreiber Tony Hiller gegründet. Er nahm den Sessionsänger Tony Burrows und gruppierte um ihn herum Studiomusiker. Burrows hat auch den Lead-Gesang für Ivy League, Flower Pot Men, Edison Lighthouse, Pipkins, White Plains und viele andere Pseudo-Bands übernommen. Mit *»United We Stand«* hatte die Band im Februar 1970 einen Top-10-Hit in GB. Es folgte noch ein kleiner Hit, und dann war alles vorbei. Als Tony Hiller 1976 eine Gruppe suchte, die mit seiner Komposition GB beim Grand Prix Eurovision vertreten sollte, erinnerte er sich wieder an den Gruppennamen Brotherhood Of Man. Völlig andere Sänger wurden nun nach dem Vorbild Abba zusammengestellt: zwei Jungs, zwei Mädchen. Die Rechnung ging auf. Sieger wurde *»Save Your Kisses For Me«* – wenig später auch Spitzenreiter in GB. Die beiden Jungs in der Band, Martin Lee und Lee Sheridan, hatten den Song übrigens mit Tony Hiller zusammen geschrieben. Ebenso *»Angelo«* und *»Figaro«*, immer schön haarscharf am Abba-Sound angelehnt, die zwei weitere Nummer-1-Hits wurden. Nach 1978 verschwand die Band in der Bedeutungslosigkeit.

Brotherhood of Man *(Ariola)*

Der Hit: *Save Your Kisses For Me*
Der Tip: *The Very Best Of...* (Mammoth MMCD 5713)

Brothers

Lindsey Bayou, g/v; Daniel Bayou, g/v; Glary Bayou, d; Clarel Bayou, v.
Auf der Plattenhülle zu »*Sing Me*«, im Januar 1977 der einzige Hit dieser Gruppe, stehen die angegebenen Namen. Es ist aber auch zu lesen, daß es fünf Brüder waren, die 1963 von der Insel Mauritius nach GB kamen und 1975 diese Formation gründeten. Auf dem Cover sind auch 5 Musiker abgebildet – der letzte Name ist verlorengegangen. Und da es eine weitere wahre One-Hit-Wonder-Gruppe war, wurde der Fehler auch nie korrigiert.

Der Hit: *Sing Me*

Brothers Four

Bob Flick, v/vln; Mike Kirkland, v/bj; John Paine, v/g; Richard Foley, v/bongos/ cymbals.
Dieses US-Quartett gründete sich 1958 an der University of Washington und sang Lieder aus dem Folk- und Pop-Bereich. Ihre zweite Single war die Nummer

»Greenfields«, die im Februar 1960 bis auf Platz 2 in den US-Charts kam. Danach gelang ihnen zwar kein weiterer Top-10-Hit, aber es erschienen recht erfolgreiche LPs. Sehr schön ihr Titel *»The Green Leaves Of Summer«*, der auch im Film *»The Alamo«* zu hören war. Dann kam der britische Pop in die USA, die Brothers Four verschwanden von der Bildfläche, veröffentlichten 1969 noch einmal eine LP und waren danach ganz aus dem Geschäft.

Der Hit: *Greenfields*
Der Tip: *Starportrait* (CBS S 67 291)

Brothers Johnson

George Johnson, g/v (* 17.5.1953); Louis Johnson, b (* 13.4.1955).
Die beiden amerikanischen Brüder, lange als Wunderkinder bezeichnet, wurden durch Quincy Jones entdeckt, protegiert und produziert. 1971 schlossen sie sich Billy Preston an. Mitte der 70er Jahre spielten sie auf Platten von Quincy Jones. Zwischen 1976 und 1980 gelangen ihnen 3 Top-10-Hits. Beide Brüder sind Studiomusiker.

Der Hit: *I'll Be Good To You*
Der Tip: *Classics* (A&M CD 2509)

Brown, Arthur

* 24.6.1942. Bevor er mit dem Welthit *»Fire«* als Crazy World Of Arthur Brown seinen einzigen großen kommerziellen Erfolg hatte, sang der Brite in Bands wie Blues And Brown, Southwest Five, Arthur Brown Union und Arthur Brown Set. 1966 ging er nach Paris, schaute sich auf der Theater-Szene um und lernte offensichtlich viel. 1967 kehrte er nach London zurück und gründete mit Vincent Crane (* 21.5.1943, † 14.2.1989) Crazy World Of Arthur Brown, die speziell beim Underground-Publikum schnell Fans fand. Dann gelang der schon erwähnte Superhit, und alles ging wieder abwärts. 1969 trennte sich die Band, Crane gründete Atomic Rooster, Brown machte als Solist Platten, die alle durchweg interessant, aber schlecht verkäuflich waren. Anfang der 80er Jahre machte er einen erneuten Versuch mit Crane – gut produziert, aber wieder kein Hit. Brown ist auch auf der ersten LP von Alan Parsons als Sänger zu hören.

Der Hit: *Fire*
Der Tip: *Dance With Arthur Brown* (Gulf 6.22 231)

Brown, Bobby

* 5.2.1969. Bobby begann seine Karriere in der US-Kindertruppe New Edition, die sich 1982 formierte. 1986 löste sich Bobby von dieser Band und machte als Solist weiter. Mit »*Don't Be Cruel*« hatte er im August 1988 seinen ersten Top-10-Hit, mit »*My Prerogative*« zwei Monate später seine erste Nummer 1. Seit diesem Zeitpunkt ist er regelmäßig in den internationalen Charts vertreten. 1992 heiratete er Whitney Houston – ob viele seiner weiblichen Fans abspringen?

Der Hit: *On Our Own*
Der Tip: *Dance! ... Ya Know It!* (MCA 256 942-2)

Brown, James

* 3.5.1928. Den Spitznamen »Godfather Of Soul« hat er sich mit Recht verdient. Wer ihn je auf der Bühne gesehen hat, weiß, warum er als der »Hardest Working Man In Showbusiness« gilt. In den R&B-Charts belegt er in der Auflistung der erfolgreichsten Interpreten aller Zeiten vor Aretha Franklin Platz 1. 1954 wurde er Mitglied bei den Gospel Starlighters in Atlanta, wenig später gründete er die Famous Flames in Macon, Georgia. Er kombinierte Gospel mit Rhythm & Blues und schaffte damit das, was man später als Soulmusic bezeichnen sollte. Im Januar 1956 erhielt er mit seiner Truppe einen Plattenvertrag, wenig später erschien mit »*Please, Please, Please*« die erste Platte von James Brown & The Famous Flames. Die Platte kam zwar nicht in die Hot 100, aber überall, wo Brown auftrat, wurde sie in den nächsten Jahren gut verkauft. Schon zu diesem Zeitpunkt war es vor allem der Live-Künstler, der das Publikum in den Bann zog. Ende 1958 hatten sie mit »*Try Me*« ihren ersten Charterfolg – bis Ende 1986 kamen noch 93 weitere hinzu. Seine beiden Millionseller kamen nicht in die Top 10. Das dürfte ein Beweis dafür sein, daß die Käufer von James-Brown-Platten eher bei den R&B- und nicht bei den Pop-Fans zu suchen sind. »*Get On The Good Foot – Part I*« und »*The Playback – Part I*« waren diese Millionseller. Nach 1977 schien die Karriere von Brown beendet, da stand er plötzlich mit »*Living In America*« aus dem Film »*Rocky IV*« Ende 1985 auf Platz 4 in den USA. Ende 1988 erhielt er sechs Jahre Gefängnis, weil er sich auf der Interstate mit der Polizei ein Rennen lieferte und weil er mit seinem Revolver herumfuchtelte. Im Februar 1991 wurde er wieder entlassen. Für viele schwarze Künstler ist James Brown das ganz große Idol und ein Vorbild – trotz Knast.

Der Hit: *It's A Man's Man's Man's World*
Der Tip: *Star Time* (Polydor 849 108-2)

Brown, Joe

* 13.5.1941. Ende der 50er Jahre sang er in der Skifflegruppe Spacemen. Ab 1959 traten die gleichen Musiker als Joe Brown & The Bruvvers auf. Meist sangen sie amerikanische Hits nach – und das machten sie auch vorwiegend auf ihren Platten. Mit der Nummer »*A Picture Of You*« hatten die Musiker Mitte 1962 ihren ersten Top-10-Erfolg. Es folgten »*It Only Took A Minute*« und »*That's What Love Will Do*«, und dann kamen die Musiker aus Liverpool und räumten die meisten anderen britischen Konkurrenten aus dem Weg. In den frühen 70er Jahren gründete er mit seiner Frau Vicki, die Anfang der 60er Jahre als eines der Vernons Girls selbst in der britischen Hitparade gestanden hatte, die auf Country getrimmte Truppe Brown's Home Brew. Der Gebräu wollte keiner. Joe versuchte sich nebenher auch noch als Schauspieler. Seine Tochter Sam Brown wurde Ende der 80er Jahre eine erfolgreiche Sängerin.

Der Hit: *A Picture Of You*
Der Tip: *Here Comes Joe!* (Diamond Records 500)

Brown, Les

* 14.3.1912. Der amerikanische Orchesterchef und Klarinettist begann als Arrangeur für Jimmy Dorsey und Larry Clinton, bevor er Ende der 30er Jahre seine eigene Band gründete. Seit 1939 hatte er auf Platten Erfolg. Seine größten Hits waren »*Sentimental Journey*«, »*My Dreams Are Getting Better All The Time*«, beide im März 1945 und gesungen von Doris Day, und »*I've Got My Love To Keep Me Warm*« im Dezember 1948. Alle drei genannten Platten waren Spitzenreiter in den USA. Les spielte auch auf Hits der Ames Brothers oder von Teresa Brewer. Ab 1947 begann er eine langjährige Zusammenarbeit mit Bob Hope in Radio, Fernsehen und auf Tournee. Auch in den TV-Shows von Steve Allen oder Dean Martin trat er mit seinem Orchester regelmäßig auf. 1987 gab es eine Reihe erfolgreicher Konzerte zu Ehren seiner 50jährigen Arbeit als Bandleader.

Der Hit: *I've Got My Love To Keep Me Warm*
Der Tip: *Swing Goes On* (Capitol 1 C 054-52 714)

Brown, Peggy

Die Sängerin Peggy Brown war unter ihrem Mädchennamen Margit Schumann bereits ein Teenagerstar auf dem Billig-Schallplattenlabel Tempo, auf dem sie ab 1952 zu hören war. Zuerst sang sie in Tanzcombos und spielte in einem Trio Vibraphon. Schließlich wechselte sie Anfang der 60er Jahre als Peggy Brown zu

Telefunken und nahm den letzten Rest der steifen Brise mit, die in den 50er Jahren jede Menge Seemannslieder in die Hitparaden blies. Mit der Nummer »*Denn sie fahren hinaus auf das Meer*« erreichte sie im März 1961 einen Platz 7 in der deutschen Hitparade. Nach zwei weiteren kleinen Nümmerchen im gleichen Jahr war sie wieder weg.

Der Hit: *Denn sie fahren hinaus auf das Meer*

Brown, Peter

* 11.7.1953. Der amerikanische Multi-Instrumentalist, der sich auch noch als Songschreiber, Maler und Bildhauer betätigte, gilt als der erste in der Popgeschichte, der eine goldene Platte für eine Disco-Maxi-Single bekommen hat. Es handelt sich dabei um die Nummer »*Do You Wanna Get Funky With Me*«, im September 1977 ein Top-20-Hit in den USA. Mit »*Dance With Me*«, hier sang er zusammen mit Betty Wright, die auf der Plattenhülle nicht genannt wurde, erreichte er im März 1978 die US-Top-10. Nach 1979 war er wieder aus den Hitparaden verschwunden.

Der Hit: *Dance With Me*
Der Tip: *A Fantasy Love Affair* (T.K. Records 82 503)

Brown, Sam

* 7.10.1964. Die Britin war durch ihre Eltern musikalisch sehr vorbelastet: Vater Joe Brown war in den 50er/60er Jahren ein erfolgreicher Interpret, ihre Mutter Vicki eins der Vernons Girls. Sam begann schon recht früh als Background-Sängerin für Platten der Small Faces, von Adam & The Ants oder Spandau Ballet. Ihre erste Solo-LP veröffentlichte sie 1988. Im gleichen Jahr hatte sie mit »*Stop*« ihren ersten Top-10-Hit in Deutschland, der drei Monate später, im Februar 1989, auch unter die ersten 10 der britischen Hitparade kam.

Sam Brown *(Polydor)*

Der Hit: *Stop*
Der Tip: *Stop* (A&M 3951 95-2)

Browne, Jackson

* 9.10.1948. Der Amerikaner wurde in Heidelberg geboren und kam 1951 nach Los Angeles. Schon früh begann der ausgezeichnete Gitarrist, Pianist und Songschreiber mit der Nitty Gritty Dirt Band. 1967/68 spielte er mit Tim Buckley und Nico, ab 1969 hatte er Erfolg als Songschreiber für Tom Rush, die Byrds, Bonnie Raitt oder Linda Ronstadt. 1972 hatte er seinen ersten Erfolg als Solist: *»Doctor My Eyes«* wurde im Frühjahr ein Top-10-Hit für ihn. Er ist auch Mitautor vom ersten Hit der Eagles, *»Take It Easy«*. Die Liste seiner Erfolge reicht bis zum Ende der 80er Jahre.

Der Hit: *Somebody's Baby*
Der Tip: *Lawyers In Love* (Asylum 9 60268-2)

Browne, Tom

Im Alter von 11 Jahren begann der New Yorker Jazz-Trompeter mit Klavierunterricht. Sein Interesse am Jazz erwachte, als er ein Album von Ornette Coleman hörte. 1975 spielte er seine ersten Gigs mit der Weldon Irvine Group, danach mit »Sony« Fortune und der Fatback Band. Sein Debüt als Solist gab er 1979 mit *»Browne Sugar«* – der 14jährige Marcus Miller spielte hier den Baß. Das Stück *»Funkin' For Jamaica (N.Y.)«* war im Juli 1980 ein Platz 10 in der britischen Hitparade. Tom spielte Trompete, der Gesang kam von Toni Smith. Möglich, daß viele Briten das N.Y. dieser Funk-Nummer nicht richtig zu deuten wußten. »Jamaica N.Y.« gehört zu New York. So befindet sich dort z. B. der Kennedy Airport.

Der Hit: *Funkin' For Jamaica (N. Y.)*

Browns

Maxine (* 27.4.1932); Bonnie (* 31.7.1937); Jim Edward (* 1.4.1934).
Zuerst trat Jim mit seiner Schwester Maxine als Duo auf. Als 1955 die jüngere Schwester dazustieß, nannte man sich The Browns. Mit einer englischsprachigen Version des aus dem Jahre 1945 stammenden Titels *»Les Trois Cloches«*, im Original gesungen von Edith Piaf, hatten die Browns im August 1959 einen Platz 1 in der US-Hitparade. Mit *»The Old Lamplighter«* folgte im Frühjahr 1960 ein weiterer Top-10-Erfolg. Danach war die Popkarriere der Geschwister vorüber. Jim Brown wurde ein Country-Star, der bis in die 80er Jahre erfolgreich war. Die beiden Schwestern machten ein Tonstudio auf.

Der Hit: *The Three Bells*
Der Tip: *Rockin' Rollin' Browns* (Bear Family BFX 15104)

Brownsville Station

Cub Koda, g/harm/v (* 1.10.1948 als Michael John Koda); Michael Lutz, v/g/b (* 15.6.1949); Henry Weck, d/v (* 27.7.1949); T. J. Cronley, d; Anthony Driggins, b; Bruce Nazarian, b/key/voc.
Gegründet wurde diese Band, die frühen Punk-Rock spielte, 1969 als Station. Wenig später setzte man noch Brownsville davor. 1971 ging Drummer Cronley, und für ihn kam Henry Weck. Mit »*The Red Back Spider*« hatten sie im Dezember 1972 ihren ersten Single-Erfolg. 1973 verließ der Bassist Anthony Driggins die Band und wurde nicht ersetzt. Mit »*Smokin' In The Boys Room*« erreichte die Gruppe im Oktober 1973 einen Platz 3 in der Hitparade und einen Millionseller. Diesen Erfolg konnten sie nicht wiederholen. Ab Sommer 1975 spielten sie wieder als Quartett. Neu zur Band kam der Gitarrist Bruce Nazarian. 1979 trennte sich die Band, Koda machte als Solist weiter und tauchte außerdem noch im selben Jahr auf einer LP von Blackfoot auf.

Der Hit: *Smokin' In The Boys Room*
Der Tip: *Yeah!* (Philips 6369 804)

Brubeck, Dave

* 6.12.1920. Im Dave Brubeck Quartett spielten neben Dave der Alt-Saxophonist Paul Desmond, der Schlagzeuger Joe Morello und der Bassist Eugene Wright. 1959 nahmen sie die LP »*Time Out*« auf, auf der die Nummer »*Take Five*« zu finden war. Komponiert hatte das Stück Paul Desmond. 1961 erschien der Titel als Single, und es wurde die erste Jazz-Platte aller Zeiten, die sich über einemillionmal verkaufen konnte, und die erste Jazz-Nummer, die im 5/4-Takt aufgenommen wurde. In den USA gehört Dave Brubeck zu den populärsten Jazz-Interpreten aller Zeiten. Mitte der 70er Jahre brachte er eine Platte auf den Markt, die sich »*Two Generations Of Brubeck*« nannte – er spielte zusammen mit seinen Söhnen Chris, Danny und Darius. Das Familienunternehmen spielte in wechselnden Besetzungen bis in die 90er Jahre.

Der Hit: *Take Five*
Der Tip: *Time Out* (CBS CD 62 068)

Bruce, Tommy

* 1939. Einer der vielen britischen Versuche, einen eigenen großen Rock-'n'-Roll-Star zu kreieren. Dabei war die Stimme von Tommy wirklich gut. 1960 schickte er ein Demo-Band an Norrie Paramor – und der nahm ihn unter Vertrag. Mit einem Remake eines alten Fats-Waller-Titels, *»Ain't Misbehavin'«*, hatte Tommy zusammen mit seiner Band, den Bruisers, im Mai 1960 einen Platz 3 in GB – das blieb sein einziger Top-10-Erfolg. Nach ein paar weiteren Platten verschwand er 1963 wieder von der Bildfläche.

Der Hit: *Ain't Misbehavin'*

Bruce & Bongo

Die beiden Briten Bruce Hammond Earlam und Douglas Wilgrove (* 19.3.1955) machten den Ausdruck »geil« salonfähig. Es handelte sich um zwei britische Soldaten, die ihren Dienst in Deutschland hinter sich gebracht und nun hängengeblieben waren. *»Geil«* hieß ihr einziger großer Erfolg und eine Nummer 1 im März 1986 in der deutschen Hitparade. Die Nachfolgeplatte hieß *»Hi-Ho – Heigh Ho – Whistle While You Work«* und stammte ursprünglich aus dem Walt-Disney-Film »Schneewittchen« – die Deutschen pfiffen drauf und fanden das gar nicht mehr so geil.

Der Hit: *Geil*
Der Tip: *The Geil Album* (Teldec 6.26 372)

Brück, Inge

* 12.11.1936. Die deutsche Schauspielerin und Sängerin hatte es mit Regisseuren. Zuerst war sie mit Michael Pfleghar, dann mit Klaus Überall verheiratet. Mit der Nummer *»Peter, komm heut abend zum Hafen«* hatte sie im März 1957 ihren einzigen Eintrag in der deutschen Hitparade und ihre einzige Top-10-Nummer. 1966 siegte sie beim Internationalen Schlager-Festival in Rio de Janeiro. Als Pop nicht mehr klappte, stieg sie in den 70er Jahren auf religiöse Lieder um – die schlagen sich nicht in Hitparaden nieder.

Der Hit: *Peter, komm heut abend zum Hafen*

Brühl, Heidi

* 30.1.1942, † 8.6.1991. Ihre Karriere begann bereits mit 12 Jahren beim Film. Mit einer Hauptrolle in »Die Mädels vom Immenhof« gelang ihr 1955 der Durchbruch. 1959 gelang ihr gleiches auf Platte – sie sang *»Chico Chico Charlie«* und erreichte damit im August die Top 10. Mit *»Wir wollen niemals auseinandergeh'n«*, eine Nummer 1 im April 1960 und ein Millionenhit, konnte sie sich endgültig etablieren. In den 60er Jahren machte sie sich auch international einen Namen, sie sang in Musicals wie *»Annie Get Your Gun«* oder *»My Fair Lady«* und ging 1970 für einige Jahre in die USA. Dort trat sie z. B. neben Sammy Davis jr. in Las Vegas auf. Ihre Schlagerkarriere dauerte bis 1967. Danach hatte sie noch eine Eintragung in der deutschen Hitparade aus dem Jahre 1981: *»You Are A Part Of My Heart«*. Ansonsten arbeitete sie hauptsächlich als Musikverlegerin, Managerin und Produzentin. Aus der Narkose während einer Brustkrebsoperation wachte sie nicht mehr auf.

Der Hit: *Wir wollen niemals auseinandergeh'n*
Der Tip: *Wir wollen niemals auseinandergeh'n* (Bear Family BCD 15 584)

Bryant, Anita

* 25.3.1940. 1958 wurde die Amerikanerin »Miss Oklahoma«. Im gleichen Jahr belegte sie bei der Wahl zur »Miss America« Platz 2. Wer so aussieht, muß auch singen können. Deshalb machte sie ab 1958 Platten. Mit *»Paper Roses«* und *»In My Little Corner Of The World«* hatte sie 1960 zwei Top-10-Hits in den USA. Nach 1964 war sie aus den Hitparaden verschwunden und verlegte sich auf Platten mit religiösem Inhalt.

Der Hit: *Paper Roses*
Der Tip: *In A Velvet Mood* (Columbia 8685)

Bryson, Peabo

* 13.4.1951. Der Amerikaner nahm 1970 seine ersten Platten auf. Ab 1976 war er erfolgreich. Im August 1983 hatte er zusammen mit Roberta Flack einen Platz 2 in der britischen Hitparade mit *»Tonight, I Celebrate My Love«*. In den USA ist sein einziger Top-10-Erfolg die Nummer *»If Ever You're In My Arms Again«* im Mai 1984. Peabo gilt auch als erfolgreicher Produzent.

Der Hit: *Tonight, I Celebrate My Love*
Der Tip: *Collection* (Capitol CDP 7 46071-2)

B.T. Express

William Risbrook, sax/fl (* 14.1.1951); Louis Risbrook, b (* 27.6.1953); Richard Thompson, g (* 6.1.1951); Barbara Joyce Lomas, v (* 19.5.1952); Olando »Terrell« Woods, d; Leslie Ming, d (* 17.11.1951); Carlos Ward, sax (* 1.5.1947); Dennis Rowe, per (* 23.10.1949); Michael Jones, org (* 26.12.1950).
1972 nannte sich die New Yorker Formation zunächst King Davis House Rockers, dann Madison Street Express und schließlich B.T. Express – B.T. steht für Brooklyn Trucking. Als in der ersten Hälfte der 70er Jahre Disco-Musik eine schöne Portion Funk benötigte, um beim Publikum anzukommen, war die Hochzeit von B.T. Express. Mit *»Do It ('Til You're Satisfied)«* im September 1974 und *»Express«* im Januar 1975 hatten sie zwei Top-10-Hits und Millionseller. Nach 1976 war der Express wieder abgefahren.

Der Hit: *Do It ('Til You're Satisfied)*
Der Tip: *Do It ('Til You're Satisfied)* (Scepter MLP 15 913)

Buchanan & Goodman

Die beiden Amerikaner Dickie Goodman (* 19.4.1934, † 6.11.1989) und Bill Buchanan hatten sich Mitte der 50er Jahre einen besonderen Gag ausgedacht, den man heute als frühe Form des Samplens bezeichnen kann: Sie stellten Fragen, die sie aus Schnipseln von populären Songs beantworten ließen. Mit *»The Flying Saucer (Part 1 & 2)«* hatten sie im August 1956 ihren größten gemeinsamen Erfolg. Zuerst war die Plattenindustrie der Meinung, das sei rechtlich nicht zulässig und wollte es schon verbieten lassen. Da stellte sich heraus, daß nach vielen der kurz angespielten Songs durch diese Wiederverwendung plötzlich die Nachfrage entstand. 1959 trennten sich die beiden, Goodman machte alleine weiter und hatte mit dem gleichen Prinzip wie 1956 im September 1975 einen Platz 4 in den USA und einen Millionenhit mit *»Mr. Jaws«*. Der Film »Der weiße Hai« war gerade ein Kinoknüller – Dickie lieferte das Interview mit dem Hai. Goodman starb im November 1989 an einer Schußverletzung, die er sich selbst beigebracht hatte.

Der Hit: *The Flying Saucer (Part 1 & 2)*

Buck, John

* 31.7.1934 als Barry De Vorzon. Bevor er unter seinem richtigen Namen 1976 mit *»Nadia's Theme (The Young And The Restless)«* einen Millionseller in den USA

hatte, versuchte sich Barry unter etlichen Pseudonymen. Eins davon war John Buck & His Blazers, und mit dieser Formation brachte er *»Chi Chi«* im September 1959 in die deutschen Top 10. In seiner Heimat USA und in GB schaffte er nicht einmal eine Notierung – hier einen Top-10-Erfolg. Eine gesungene deutschsprachige Version dieses von De Vorzon geschriebenen Stückes wurde als *»Tränen in deinen Augen«* im Oktober 1959 ein Top-10-Erfolg für Ralf Paulsen. Mit 3 weiteren Stücken wird er bei uns noch verzeichnet, dann war für ihn dieses Pseudonym erledigt. Alles andere siehe unter seinem richtigen Namen.

Der Hit: *Chi Chi*
Der Tip: *Chi Chi* (Bear Family BFX 15 274)

Buckingham, Lindsey

* 3.10.1947. Der Amerikaner begann seine Karriere als Folk-Sänger, bevor er Mitglied in der Rock-Band Fritz wurde. In dieser Gruppe sang Stevie Nicks, und als 1971 die Formation zerbrach, machten die beiden als Buckingham-Nicks ein Duo und veröffentlichten eine gemeinsame LP. 1974 gingen beide gemeinsam zu Fleetwood Mac, die diese Blutauffrischung auch dringend nötig hatten – sie lieferten dieser Band neuen Schwung. Für viele gilt Lindsey als die Triebfeder des großen Erfolges von Fleetwood Mac ab 1975. Ab Anfang der 80er Jahre veröffentlichte er nebenher Solo-Platten, und mit *»Trouble«* hatte er im Oktober 1981 seinen ersten Top-10-Hit in den USA. Im Juni 1988 gab er bekannt, daß er Fleetwood Mac verlassen wollte – für ihn kamen Billy Burnett und Rick Vito.

Der Hit: *Trouble*
Der Tip: *Out Of The Cradle* (Mercury 512 658)

Buckinghams

Dennis Tufano, v/g (* 11.9.1946); Carl Giammarese, g (* 21.8.1947); Nick Fortune, b (* 1.5.1946); Dennis Miccoli, org; Marty Grebb, org (* 2.9.1946); Jon Jon Poulos, d (* 31.3.1947, † 26.3.1980).
Mit den Buckinghams probierte der Produzent James William Guercio den Chicago-Rock-Sound aus, den er schließlich mit Chicago perfektionierte. Buckinghams wurde 1966 gegründet. Im Dezember desselben Jahres hatten sie mit *»Kind Of A Drag«* einen Platz 1 in den USA. Es folgten weitere Top-10-Hits mit *»Don't You Care«* und *»Mercy, Mercy, Mercy«* 1967. Nun tauschte die Band Miccoli gegen Marty Grebb aus – der Erfolg ließ nach und ging 1968 gegen Null, als bekannt wurde, die Band würde sich mit Drogen aufputschen. 1970 trennte man sich, Poulos wurde Manager einiger lokaler Bands und starb 1980 an einer

Überdosis Drogen. Tufano und Giammarese machten als Duo weiter und hatten 1973 mit »*Music Everywhere*« eine Platte unter den ersten 100 in den USA. Marty Grebb spielte mit Chicago.

Der Hit: *Kind Of A Drag*
Der Tip: *Greatest Hits* (CBS PC 9812)

Buckner & Garcia

Jerry Buckner, Gary Garcia. Dieses aus Atlanta stammende Duo hatte mit der Novelty-Nummer »*Pac-Man Fever*« im Januar 1982 einen Top-10-Hit in den USA und einen Millionseller. Hier wurde über das entsprechende Video-Spiel gesungen – eine Masche, die sich in den nächsten Jahren ausbreiten sollte. Ob in den USA oder in GB: die beliebten Video-Games der Kids wurden mit Liedlein bedacht, deren Tiefgang gleich Null war. Fast food für die McDonald's-Generation. So schnell, wie das Duo hochgekommen war, fiel es auch wieder hinten runter.

Der Hit: *Pac-Man Fever*

Bucks Fizz

Mike Nolan, v (* 7.12.1954); Bobby G, v (* 23.8.1957 als Robert Gubby); Jay Aston, v (* 4.5.1961); Cheryl Baker, v (* 8.3.1954 als Rita Crudgigton); Shelly Preston, v (* 16.5.1964).
Cheryl Baker gehörte der Formation Co-Co an, die 1978 zusammengestellt worden war, um GB beim Grand Prix Eurovision zu vertreten. Als die beiden Songschreiber Nichola Martin und Andy Hill wieder etwas wie Abba, zwei Jungs, zwei Mädels, für den Grand Prix 1981 suchten, schauten und hörten sie sich Hunderte von Sängern und Sängerinnen an, kamen auf die oben erstgenannten vier und nannten sie Bucks Fizz. Mit der Nummer »*Making Your Mind Up*« siegten sie, wurden Spitzenreiter in GB und Top 10 in Deutschland. Erst danach entschloß man sich, die Band weiterbestehen zu lassen. Im Gegensatz zu etlichen anderen Interpreten konnte sie ihren Gewinn konservieren und für etliche Jahre erhalten. »*The Land Of Make Believe*«, ebenfalls 1981, und »*My Camera Never Lies*« 1982 waren weitere Nummer-1-Hits in GB. Im Dezember 1984 verletzte sich Mike Nolan bei einem Unfall mit dem Bandbus schwer – die Karriere schien beendet. Nun wurde auch das Verhältnis zwischen Andy Hill und Sängerin Jay Aston bekannt – Hill war inzwischen jedoch mit seiner Songschreiberpartnerin Martin verheiratet, und es gab Zoff. Für Aston wurde als Ersatz die bis zu diesem Zeitpunkt völlig unbekannte Shelley Preston in die Gruppe genommen. Mitte

1986 schaffte die Neuformierung mit *»New Beginning (Mamba Seyra)«* wieder einen Top-10-Hit. Nach 1988 war die Luft raus.

Der Hit: *Making Your Mind Up*
Der Tip: *Are You Ready* (RCA PL 25 424)

Buffalo Springfield

Stephen Stills, v/g (* 3.1.1945); Neil Young, v/g (* 21.11.1945); Richard Furay, g (* 9.5.1944); Dewey Martin, d (* 30.9.1952); Bruce Palmer, b; Ken Koblun, b; Jim Messina (* 5.12.1947).
Im Frühjahr 1966 kam diese ausgezeichnete amerikanische Gruppe zusammen. Die Geschichte erzählt, daß in einem der typischen L.-A.-Verkehrsstaus Stephen Stills und Richard Furay vor sich ein Auto mit einem Kennzeichen aus Ontario/Kanada sahen. Dann entdeckte Stills, daß darin ein Kumpel von ihm saß, nämlich Neil Young. Der hatte noch einen weiteren Kanadier im Wagen, Bruce Palmer – und die vier entschlossen sich, eine Band zu gründen. Nachdem Dewey Martin als fünfter Mann dazugekommen war, begannen sie als Herd, änderten dann aber ziemlich schnell den Namen in Buffalo Springfield um. Im Januar 1967 kam *»For What It's Worth«* der Band in die US-Charts und erreichte Platz 7 – es sollte ihr größter Single-Hit werden. Bruce Palmer bekam Schwierigkeiten, weil er kein gültiges Visum und keine Arbeitserlaubnis für die USA hatte und zudem noch mit Drogen erwischt wurde. Für ihn kam Ken Koblun und schließlich Jim Messina. Zwischenzeitlich war Neil Young auch mal kurz ausgestiegen und durch Doug Hastings ersetzt worden. Im Mai 1968 fiel die Gruppe auseinander. Stills & Young waren später bei Crosby, Stills, Nash & Young wieder zusammen. Furay und Messina gründeten Poco.

Der Hit: *For What It's Worth*
Der Tip: *Retrospective* (Atco 790 417-2)

Buffett, Jimmy

* 25.12.1946. Nachdem Jimmy Journalismus studiert und für einige Zeit als Korrespondent für das Billboard-Magazin in Nashville gearbeitet hatte, erhielt er im Sommer 1970 einen Plattenvertrag. Seine Lieder, so sagte er einmal, sind zu 90% autobiographisch. Sie handeln von Frauen und Saufen, Faulenzen und Segeln. Von der Debüt-LP *»Down To Earth«* wurden angeblich glatt 324 Exemplare verkauft. Ab 1973 sollte sich das ändern, im Mai 1974 erreichte er mit *»Come Monday«* zum erstenmal die Top 30, *»Margaritaville«* wurde ein Jahr später sein erster und einziger Top-10-Hit. Seit dieser Zeit erscheinen regelmäßig schöne,

relaxte Platten von ihm – und sie erzählen noch immer von seinen Lieblingsbeschäftigungen.

Der Hit: *Margaritaville*
Der Tip: *Boats, Beaches, Bars & Ballads* (MCA D4-10 631)

Buggles

Trevor Horn, v/g (* 15.7.1949); Geoff Downes, key.
Nachdem Trevor Horn in der Band von Tina Charles gespielt hatte, mit der er auch befreundet war, gründete er 1979 zusammen mit Geoff das Duo Buggles. Gleich die erste Veröffentlichung wurde im September 1979 eine Nummer 1 in den USA: »*Video Killed The Radio Star*«. 1980 wurden beide Buggles Mitglieder bei Yes. Trevor ersetzte Jon Anderson, Geoff an den Tasten Rick Wakeman. Aber schon nach einer LP und einer US-Tournee fiel Yes wieder auseinander. Die Buggles kommen noch einmal kurz zusammen und veröffentlichen eine zweite LP mit dem beziehungsreichen Titel »*Adventures In Modern Recording*«. Dann gründet Downes mit Steve Howe Asia, und Trevor Horn wird ein einflußreicher Produzent, der speziell mit den Bands ABC, Dollar und Frankie Goes To Hollywood erfolgreich ist. Letztgenannte Gruppe veröffentlicht Hits auf dem Horn-eigenen Label ZTT. Trevor schreibt man auch den Erfolg von »*Do They Know It's Christmas*« der Band Aid zu.

Der Hit: *Video Killed The Radio Star*
Der Tip: *The Age Of Plastic* (Island 201 290)

Buhlan, Bully

* 3.2.1924, † 7.11.1982. Dr. Hans-Joachim Buhland, so sein vollständiger Name, sang viele Lieder, die sich mit seiner Heimatstadt beschäftigten: »*Ich hab' noch einen Koffer in Berlin*« oder »*Heimweh nach dem Kurfürstendamm*«. Ansonsten war er unüberhörbar Fan von Bing Crosby. Er begann als Pianist in der Band von Michael Jary, dann kam der Gesang hinzu. Mit Songs wie »*Würstchen und Salat*«, der die Hungerjahre besang, traf er die Mägen der Nachkriegszeit richtig. Deutsche Versionen von US-Hits waren eine weitere Spezialität von Bully. Aus dem 1949er Hit »*Baby, It's Cold Outside*« machte er »*Baby, es regnet doch*«, aus dem »*Chattanooga-Cho-Cho*« wurde der »*Kötschenbroda Express*«. Mit seinem spitzbübischen Gesicht war er der richtige Typ für den deutschen Nachkriegsfilm, und auch im aufkommenden Fernsehen war er sehr gefragt. Seine großen Hits als Sänger und Komponist beschränken sich auf die 50er und 60er Jahre. Als dann Anfang der 80er Jahre in einer Nostalgiewelle die Hits der Nachkriegszeit wieder

gefragt waren, wollte er gerade mit auf eine ausgedehnte Tournee gehen, als er nach einem Herzinfarkt im November 1982 starb.

Der Hit: *Ich möcht auf deiner Hochzeit tanzen*
Der Tip: *Lieber Leierkastenmann* (Bear Family BCD 15 677)

Burdon, Eric

* 11.5.1941. Zwischen 1964 und 1966 war Eric Burdon der Sänger der Animals. Ab 1966 nannte sich diese Formation, nachdem Alan Price die Band verlassen hatte, Eric Burdon & The Animals. Mit *»See See Rider«* hatte diese Formation im September 1966 ihren ersten Top-10-Hit in den USA, mit *»San Franciscan Nights«* im Herbst 1967 auf beiden Seiten des Atlantiks einen Top-10-Hit. Nach 1969 hatte Burdon schwere Drogenprobleme, die er erst im Laufe der Jahre wieder in den Griff bekam. Als Eric Burdon & War gelang ihm Mitte 1970 ein großer Erfolg in den USA mit *»Spill The Wine«*. Die gesamte LP *»Eric Burdon Declares War«* ist noch heute empfehlenswert. Danach schien er wie vom Erdboden verschluckt. Udo Lindenberg buddelte ihn Ende der 70er Jahre wieder aus und nahm ihn mit auf Tournee. Es erschienen nun auch wieder neue Platten, und 1977 und 1983 kam es jeweils für eine LP-Produktion zu einer Reunion der alten Animals. Wer über diesen außergewöhnlich guten Sänger – ohne Zweifel hat er eine der besten weißen Bluesstimmen – mehr wissen will, sollte seine Autobiographie lesen »I Used To Be An Animal, But I'm All Right Now«.

Der Hit: *Spill The Wine*
Der Tip: *Eric Burdon Declares War* (Metronome 827 735-2)

Burnette, Johnny

* 25.3.1934, † 14.8.1964. Johnny stammte aus Memphis – und dort arbeitete er 1953 zusammen mit Elvis Presley in der gleichen Firma. Johnny wollte zunächst in die Fußstapfen seines älteren Bruders Dorsey (* 28.12.1932, † 19.8.1979) treten, der sich Geld als Boxer verdiente. Dafür war er jedoch nicht der richtige Typ. Zusammen mit Dorsey und einem weiteren, zu diesem Zeitpunkt schon lokal bekannten Musiker aus Memphis, Paul Burlison (* 4.2.1929), gründete er Ende 1952 das Johnny Burnette Trio. Sie nahmen einige erfolglose Platten auf und trennten sich im September 1957. Die beiden Brüder schrieben *»Waitin' In School«*, Dorsey alleine *»It's Late«*, beides Hits für Ricky Nelson. 1960 hatte Dorsey noch einmal einen Hit unter den ersten 30 der US-Charts, danach war er in den Country-Hitparaden erfolgreich. Er starb nach einem Herzinfarkt. Johnny änderte ab 1960 seine musikalische Richtung vom Rockabilly hin zum

Schlager, und mit der Nummer »*You're Sixteen*« erreichte er im Oktober jenes Jahres einen Top-10-Hit auf beiden Seiten des Atlantiks. Zwei Jahre lang galt Johnny als Teenager-Idol. Nach einigen Firmenwechseln gründete er 1964 seine eigene Company, Magic Lamp. Er sollte damit keinen Erfolg mehr haben. Am 14. August 1964 kam er während einer Angeltour bei einem Bootsunfall ums Leben. Die Musiktradition der Familie Burnette wird in der nächsten Generation weitergeführt: Johnnys Sohn Rocky Burnette war als Solist erfolgreich, Dorseys Sohn Billy wurde ein erfolgreicher Country-Interpret und 1987 Mitglied von Fleetwood Mac.

Der Hit: *You're Sixteen*
Der Tip: *The Best Of* (Liberty CDP 7 92924-2)

Burnette, Rocky

* 12.6.1953 als Johnathan Burnette. Der Sohn von Johnny Burnette schrieb bereits ab 1967 Songs, die später von den Osmonds und David Cassidy aufgenommen wurden. In den frühen 70er Jahren veröffentlichte er seine erste Solo-LP, und mit »*Tired Of Toein' The Line*«, geschrieben in weniger als 20 Minuten, hatte er im Juni 1980 einen Platz 8 in der amerikanischen Pop-Hitparade. 1980/82 erschien jeweils eine LP von ihm, 1983 formierte er dann sein New Rock 'n' Roll Trio zusammen mit Paul Burlison (dem einzigen Überlebenden des Johnny Burnette Trios) und Johnny Black, dem Bruder des Presley-Bassisten Bill Black. So schließt sich der Kreis.

Der Hit: *Tired Of Toin' The Line*
Der Tip: *The Son Of Rock 'n' Roll* (EMI IC 064-63664)

Burns, Ray

In seiner Heimat Großbritannien war der Sänger Burns in den 50er Jahren populär. Er hatte zwei Platten in den Hitparaden, der Titel »*Mobile*« stand im Februar 1955 auf Platz 4 und war sein größter Erfolg.

Der Hit: *Mobile*

Busch, Lou

* 18.7.1910, † 19.9.1979. Der amerikanische Pianist und Songschreiber arbeitete ab den späten 40er Jahren als Arrangeur für Kay Starr und Dean Martin. Unter dem Pseudonym Joe Fingers Carr veröffentlichte er rund 15 Solo-Alben als

Honky-Tonk-Pianist. Daraus wurden etliche Singles ausgekoppelt. Der größte Erfolg war *»Sam's Song«*, im Juni 1950 ein Platz 7 in den USA. Als Lou Busch erreichte er mit *»Zambesi«* im Januar 1956 einen Platz 2 in der britischen Hitparade.

Der Hit: *Zambesi*

Bush, Kate

* 30.7.1958 als Catherine Bush. Dave Gilmour von Pink Floyd hörte die zu diesem Zeitpunkt 16jährige Kate Bush eigene Lieder singen und war begeistert. Er bezahlte ihr ein Studio für Demo-Aufnahmen und verschaffte ihr einen Vertrag bei der EMI. Die entschied weise, mit Kate als Sängerin noch zu warten, und ermutigte sie, weitere Lieder zu schreiben, ihre Stimme auszubilden und Tanz- und Schauspielunterricht zu nehmen. Das machte sie auch und sammelte nebenher Live-Erfahrung in Londoner Pubs mit der K.T. Bush Band. Im Januar 1978 wurde dann ihre erste Platte veröffentlicht: *»Wuthering Heights«* nach dem gleichnamigen Roman von Emily Brontë. Es wurde im Februar 1978 ein Platz 1 in GB. Mit *»The Man With The Child In His Eyes«*, *»Babooshka«* und *»Running Up That Hill«* hatte sie weitere Top-10-Erfolge. Im Duett mit Peter Gabriel sang sie 1986 *»Don't Give Up«*. Ihre Liebe zur Literatur zeigt sich 1989 wieder auf *»Sensual World«*: Sie übernimmt den Monolog der Molly Bloom aus James Joyce' »Ulysses«. 1990 ehrt die EMI die inzwischen der Firma 16 Jahre zugehörige Sängerin durch die Veröffentlichung der Box *»A Woman's Work«*. Kates außergewöhnliche Sensibilität zeigt sich nicht nur in ihren Songs, sondern auch in der Umsetzung als Video.

Der Hit: *Wuthering Heights*
Der Tip: *A Woman's World* (EMI CDKB BX 1)

Butler, Jerry

* 8.12.1939. Jerry begann wie so viele seiner amerikanischen Soulsänger-Kollegen in einer Gospelgruppe. Zusammen mit Curtis Mayfield war er Mitglied bei den Northern Jubilee Gospel Singers. Danach entdeckte er seine Liebe zum Rhythm & Blues und wurde Mitglied bei den Quails, um schließlich 1957 wieder mit Mayfield zu den Roosters zu gehen, aus denen wenig später die Impressions wurden. Mit *»For Your Precious Love«* hatte diese Formation Mitte 1958 einen Platz 11 in der amerikanischen Hitparade. Ab Herbst 1958 machte Jerry als Solist weiter, *»He Will Break Your Heart«* war im Oktober 1960 sein erster Top-10-Erfolg. 1964 sang er zusammen mit Betty Everett eine sehr schöne und erfolg-

Kate Bush *(EMI)*

reiche Version von *»Let It Be Me«*. 1969 hatte er den Millionseller *»Only The Strong Survive«*, der ebenfalls ein Top-10-Hit war. 1971 einen weiteren Millionseller, aber kein Top-10-Hit mit *»Ain't Understanding Mellow«*. Diesen Titel sang er im Duett mit Brenda Lee Eager. Bis in die 80er Jahre erschienen Platten von Jerry. Danach ließ er sich in den Stadtrat seiner Heimatstadt wählen.

Der Hit: *Only The Strong Survive*
Der Tip: *The Best Of* (Rhino R2 75 881/TIS)

B.V.S.M.P.

Percy Nathan Rodgers, v (* 9.2.1970); Calvin Williams, v (* 7.9.1966); Frederick Eugene Byrd, v (* 15.9.1971).

B.V.S.M.P. ist die Abkürzung für Baby Virgo And The Simple Mind Persuaders. Die drei Disco-Interpreten gehörten zum Stamm der Musiker, die Stevie B. 1987 in Florida von der Straße in sein Tonstudio holte. In ihrer Heimat USA konnten sie in den Pop-Hitparaden keinen Fuß fassen. Ein amerikanischer Diskjockey, der einige Wochen bei Freunden in Kassel zu Besuch war, brachte eine US-Pressung von *»I Need You«* mit. Aus Spaß legte er an einigen Abenden in der Woche in einer großen Diskothek Platten auf, darunter auch die von B.V.S.M.P. Der Titel kam so gut an, daß schon am nächsten Tag eine große Nachfrage in den Kasseler Plattengeschäften entstand. Zuerst wurde die Platte über Import besorgt, dann erschien sie offiziell, kam im Januar 1988 in die deutsche Hitparade und erreichte Platz 3. Ein halbes Jahr später wurde dieselbe Position in GB erreicht. Mit *»Be Gentle«* und *»Anytime«* erreichten sie zwei weitere Hits in Deutschland. Danach waren sie wieder vergessen. Alle drei Hits hatten sie sich selbst geschrieben.

Der Hit: *I Need You*

Bygraves, Max

* 16.10.1922 als Walter Bygraves. Den Spitznamen Max erhielt der britische Sänger und Entertainer, weil er in seinen Anfangstagen mit Vorliebe den Komiker Max Miller imitierte. Nach dem Kriege spielte Bygraves in Nachtclubs, Music Halls und nahm ein Medley von Al-Jolson-Songs auf. 1949 spielte er eine kleine Rolle beim Film. In den frühen 50er Jahren war er häufig im Londoner Palladium zu sehen, eine Saison lang zusammen mit Judy Garland. Gleich im ersten Jahr, in dem es eine britische Hitparade gab, war er mit dabei: *»Cowpuncher's Cantata«* wurde ein Platz 6 in GB. Bis Ende 1960 schaffte Max sechs Top-10-Hits, dann schien seine Plattenkarriere beendet. Mit *»Deck Of Cards«* hatte er im Winter 1973 dann zumindest noch einmal einen Top-20-Hit. Das Original stammte von Tex Tyler, der das Lied 1948 geschrieben hatte. Die Nummer war auch ein Hit für Tex Ritter und Wink Martindale. In Deutsch wurde das Lied durch Bruce Low populär. Max erhielt insgesamt 30 goldene Schallplatten, wurde später Musikverleger und 1982 von der Queen mit dem Order of the die British Empire geehrt.

Der Hit: *Meet Me On The Corner*

Byrd, Gary

* 1954. Mit 15 Jahren wurde Gary der jüngste Diskjockey seiner Heimat, des US-Staates New York. Er versuchte sich schon früh als Rapper, bezeichnete das jedoch als »Plattenjournalismus«. Mitte der 70er Jahre lernte er Stevie Wonder kennen und schrieb für dessen LP *»Songs In The Key Of Life«* zu zwei Titeln den Text. 10 Jahre später revanchierte sich Wonder und schrieb mit Byrd *»The Crown«*, die Geschichte der Schwarzen von der Antike bis zu Malcolm X. Als Gary Byrd & The G.B. Experience wurde die Nummer Mitte 1983 ein Platz 6 in GB und ein Top-20-Hit in Deutschland. Stevie Wonder hatte die Platte produziert, arrangiert und wirkte auch als Interpret darauf mit. Das lag wohl auch daran, daß die Nummer die erste Veröffentlichung auf seinem eigenen Label Wondirection war. Weitere Erfolge blieben aus. Gary wurde Moderator der unterschiedlichsten Fernsehsendungen und wandte sich der Gospelmusik zu.

Der Hit: *The Crown*

Byrds

Jim Roger McGuinn, g/v (* 13.7.1942); Gene Clark, tamb/g/v (* 17.11.1941, † 24.5.1991); David Crosby, g/v (* 14.8.1941 als David van Cortland); Chris Hillman, b (* 4.12.1942); Michael Clarke, d (* 3.6.1944 als Michael Dick); Kevin Kelley, d (* 1945); Gram Parsons, key/g/v (* 5.11.1946 als Cecil Ingram Connor, † 19.9.1973); Clarence White, g/v (* 7.6.1944, † 14.6.1973); John York, b/v; Gene Parsons, d/v (* 9.4.1944); Skip Battin, b/v (* 2.2.1934 als Clyde Battin).

Die Ursprünge dieser Band gehen zurück in das Jahr 1964. McGuinn, Clark und Crosby gründeten das Trio Jet Set. Noch im selben Jahr nahmen sie als Beefeaters die Single *»Please Let Me Love You«* auf – ein Flop. Ende desselben Jahres kamen dann Hillman und Clarke dazu. Im November 1964 bekamen sie als Byrds einen Plattenvertrag bei der CBS. Als Debütsingle erschien *»Mr. Tambourine Man«*, ein Spitzenreiter in den USA und GB. Damit gelang ihnen, das Songschreibertalent Bob Dylans mit der von ihnen so bewunderten musikalischen Auffassung der Beatles zu verknüpfen. Allerdings: Von den Byrds ist auf dieser Platte nur McGuinn an der Gitarre zu hören. Ansonsten spielen Hal Blaine Schlagzeug, Larry Knechtel Baß oder Leon Russell Keyboards. Der Gesang stammte von McGuinn, Crosby und Gene Clark. Auf der Debüt-LP spielten die Byrds alle Instrumente selbst. Diese Ur-Besetzung der Byrds hielt nur ein Jahr. Gene Clark war der erste, der die Band verließ. Die restlichen vier machten als Quartett weiter, bis im Oktober 1967 David Crosby wegging, um mit Stephen Stills und Graham Nash Crosby, Stills & Nash zu gründen. Für drei Wochen kehrte Gene Clark zurück. Ab Dezember 1967 bis zum Oktober 1968 kamen als neue Mitglieder der Schlagzeuger Kevin Kelley und der Keyboarder und Gitarrist Gram Parsons. Während der Welttournee der Gruppe 1968 verließ Gram die Band, weil er nicht damit einverstanden war, daß die Byrds in Südafrika spielen sollten. Für ihn kam Clarence White. Gram Parsons gründete Ende 1968 die Flying Burrito Brothers und nahm von den Byrds dann auch noch gleich Chris Hillman mit. Auch Kevin Kelley verließ die Byrds, und somit blieben Ende 1968 nur Roger McGuinn und Neuzugang Clarence White übrig. Die holten sich John York als Bassisten und Gene Parsons als Schlagzeuger. Diese Formation hielt bis September 1969. Dann verläßt John York die Byrds, um Mitglied im Sir Douglas Quintet zu werden. Skip Battin, ein Veteran des 50er-Jahre-Duos Skip & Flip, ersetzt ihn, und damit beginnt die längste Laufzeit einer Besetzung der Byrds. 1973 versuchen die Urmitglieder ein Comeback. Sie nehmen das Album *»Byrds«* auf, das kein Erfolg wird. Dann wird im Juli 1973 Clarence White von einer betrunkenen Frau überfahren, während er nach einem Konzert das Equipment in einen LKW räumt. In den 70er Jahren spielen diverse Musiker der Byrds als Duo oder Trio zusammen. Im Januar 1989 spielen McQuinn, Crosby und Hillman wieder als Byrds zusammen, um die Rechte an diesem Namen zu sichern. Gene Clark und Michael Clarke wollten als Byrds auf Tournee gehen – das galt es zu verhindern. Im August 1990 nahmen McQuinn, Crosby und Hillman vier neue Lieder auf, die schließlich in einer Box mit 90 Nummern der Byrds veröffentlicht wurden. Im Januar 1991 wurde die Band in die Rock 'n' Roll Hall Of Fame aufgenommen.

Der Hit: *Mr. Tambourine Man*
Der Tip: *The Byrds* (CBS 46 773)

Byrnes, Edd

* 30.7.1933 als Edward Breitenberger. Der amerikanische Schauspieler besprach einmal eine Platte, auf der Connie Stevens sang: *»Kookie, Kookie (Lend Me Your Comb)«*. Im April 1959 war das ein Platz 4 in der amerikanischen Hitparade. »Kookie«/Edd Byrnes war einer der Hauptdarsteller in der TV-Serie »77 Sunset Strip«, die zwischen 1958 und 1963 gedreht wurde. Als Running Gag fuhr sich Gerald Lloyd Kookson III., genannt Kookie, ewig mit einem Kamm durch die Haarpracht. An diesen Riesengag lehnte sich der Song an. Nachdem Edd in den USA weder im Fernsehen noch im Film weitere Angebote erhielt, spielte er in Europa in etlichen Spaghetti-Western mit. In den 70er Jahren war er wieder in den USA und in endlosen Episoden von zahllosen Action-Serien zu sehen.

Der Hit: *Kookie, Kookie (Lend Me Your Comb)*

C

C., Roy

* 1943 als Roy Charles Hammond in New York. Roy begann als Mitglied von Genie, die R&B sangen. Aber erst als Solist und als Roy C. sollte er Erfolg haben: Mit *»Shotgun Wedding«* war er im April 1966 auf Platz 6 in GB, wenig später zumindest unter den ersten 20 in Deutschland. Als die Platte im November 1972 in GB erneut veröffentlicht wurde, kam die Nummer bis auf Platz 8. Alle weiteren Anstrengungen von Roy auf diversen Plattenlabels und bei seiner eigenen Firma Alaga blieben ohne Erfolg.

Der Hit: *Shotgun Wedding*

Cadogan, Susan

* 1952 auf Jamaica. Mit dem seichten Reggae *»Hurt So Good«* hatte sie im April 1975 einen Platz 4 in GB, danach noch einen weiteren Eintrag in den Charts, und dann war sie wieder vergessen. Während *»Hurt So Good«* hoch in den Charts stand, war sie selbstverständlich in GB, um Promotion zu machen. Dabei äußerte sie in einem Interview, sie habe Heimweh nach Jamaica – vielleicht ist sie aus diesem Grunde nicht mehr nach GB gekommen und hatte deshalb keine weiteren Hits.

Der Hit: *Hurt So Good*
Der Tip: *Doing It Her Way* (Ariola 89 430)

Cafferty, John & The Beaver Brown Band

John Cafferty, v/g; Pat Lupo, b; Gary Gramolini, g; Robert Cotoia, key; Michael Antunes, sax; Kenny Jo Silva, d.
Diese US-Band schwamm musikalisch im Fahrwasser von Bruce Springsteen. Besonders an der Ostküste hatte sie sich ab 1977 eine eigene Fangemeinde aufbauen können. Mit *»Tender Years«* veröffentlichte die Band 1980 ihre erste

Single, die zumindest ein lokaler Erfolg wurde. Danach erhielten sie das Angebot, die Musik für den Film »Eddie & The Cruisers« zu schreiben und aufzunehmen. Sie nahmen an, und der Film wurde 1983 zwar kein großer Kassenknüller, war aber 1984 ein Knaller im Kabel-TV. Die LP kam hoch in die US-Charts. Eine Single-Auskoppelung, *»On The Dark Side«*, erreichte im August 1984 Platz 7 in den USA.

Der Film handelt von Eddie Wilson, einem Rockstar der späten 50er, frühen 60er Jahre, der zusammen mit seiner Band, den Cruisers, sehr erfolgreich ist. Eine neue Platte von ihm ist bereits aufgenommen, da verunglückt er tödlich bei einem Autounfall. Seine Leiche wird jedoch nicht gefunden, und eine Reporterin geht der mysteriösen Story nach. Sie findet heraus, daß die Bänder von der neu aufgenommenen LP ebenfalls nicht zu finden sind. Vermutungen kommen auf: Waren die neuen Nummern so progressiv, daß sie nicht mehr in das Konzept der Plattenfirma paßten? Fürchtete die Industrie, Eddie würde sich sein eigenes Image zerstören und es wäre besser, ihn zu beseitigen, damit er als Legende in die Plattengeschichte eingehen könne? An wen sollte diese Story erinnern? An Otis Redding vielleicht, dessen Flugzeug aus nie geklärten Umständen abstürzte? Es wurde oft der Verdacht geäußert, daß die weiße Plattenindustrie Reddings Maschine manipulierte, um diesen unbequemen und immer mehr Macht gewinnenden Mann zu beseitigen. Oder sollte an Sam Cooke erinnert werden, der in einem Motel unter sehr dubiosen Umständen erschossen wurde? Oder an James Dean, der seine besten Filme schon gedreht hatte, an Buddy Holly oder Eddie Cochran – in diesem Fall gibt es zumindest eine Namen- und Unfallgleichheit! In die deutschen Kinos ist der Film nicht gekommen, obwohl die zu diesem Zeitpunkt recht populäre Helen Schneider darin eine Hauptrolle spielte.

In der Folge schrieb die Band für *»Rocky IV«*, *»Cobra«* und *»Eddie & The Cruisers II«* weitere Filmsongs, konnte den Erfolg jedoch nicht wiederholen.

Der Hit: *On The Dark Side*
Der Tip: *Eddie & The Cruisers* (Scotti Brothers 260.14.024)

Caldwell, Bobby

* 15.8.1951. Der amerikanische Sänger und Multi-Instrumentalist begann in den frühen 70er Jahren seine Karriere als Percussionist bei Johnny Winter. Mit der selbstgeschriebenen Nummer *»What You Won't Do For Love«*, einer jazzangehauchten Ballade, hatte Bobby im Dezember 1978 einen Platz 9 in den US-Charts. Es blieb sein größter Solo-Erfolg. Nebenher verdiente er sich seine Dollars als Jingle- und Songschreiber für Werbung, TV-Serien und Film.

Der Hit: *What You Won't Do For Love*
Der Tip: *Bobby Caldwell* (T.K. Records S 7529)

Calloway

Die beiden Brüder Reggie und Cino-Vincent Calloway waren Mitglieder der R&B-und-Funk-Gruppe Midnight Star, die sich 1978 formierte und bis 1988 etliche Hits hatte. Ab Mitte der 80er Jahre begannen die Brüder erfolgreich, andere Künstler zu produzieren. 1988 gründeten sie ihr eigenes Duo Calloway. Mit dem frommen Wunsch *»I Wanna Be Rich«* hatten sie im Februar 1990 einen Platz 2 in den US-Charts und einen Millionseller – Wunsch erfüllt. Ein Nachfolgehit gelang bisher nicht.

Der Hit: *I Wanna Be Rich*
Der Tip: *Let's Get Smooth* (Epic 468 731 2)

Calloway, Cab

* 25.12.1907. Cabell, so sein vollständiger Vorname, galt viele Jahre als der charismatischste Showman im gesamten US-Musikgeschäft. Seine Kleidung, speziell sein Hut, war außergewöhnlich, die Art seines Vortrags mitreißend. Cab konnte singen, Schlagzeug und Tenorsaxophon spielen, Lieder schreiben und war außerdem noch ein ausgezeichneter Bandleader. Anfang der 30er Jahre, in der großen Zeit des Cotton Club, wurde er als der »King Of Hi-De-Ho« oder »His Hi-De-Ho Highness Of Jive« bekannt. In seinen diversen Jazzbands spielten zeitweise Musiker wie Ben Webster, Dizzy Gillespie oder Cozy Cole. Mit *»Minnie The Moocher«* hatte er schon im Jahre 1931 seine erste Nummer 1 in den US-Charts. Die Reihe seiner Erfolge geht bis Mitte der 40er Jahre. Sein *»Blues In The Night«*, Trompete spielte Dizzy Gillespie, war im Januar 1943 sein letzter Top-10-Hit. Auch als Schauspieler war Cab ab Anfang der 30er Jahre erfolgreich gewesen. Als George Gershwin *»Porgy & Bess«* schrieb, dachte er an Cab Calloway als Darsteller des Sportin' Life. In der Originalshow des Jahres 1935 spielte er zum Leidwesen von Gershwin nicht mit. Als 1952 *»Porgy & Bess«* für fast 3 Jahre auf Tournee durch die Welt ging, war Cab in der ihm zugedachten Rolle mit dabei. Er spielte auch in *»Hello, Dolly«* und 1980 im Film »Blues Brothers« mit. Daß die Musik von Cab unsterblich ist, zeigte Joe Jackson, als er die Nummer *»Jumpin' Jive«* erneut aufnahm.

Der Hit: *Minnie The Moocher*
Der Tip: *Hi De Ho Man – Classics* (CBS CG 32 593)

Calvert, Eddie

* 15.3.1922, † 7.8.1978. Der Brite spielte bereits in den 40er Jahren Trompete in diversen Bands, bevor er seine eigene Gruppe gründete. In den frühen 50er Jahren wurde er sehr populär in GB, sein Spitzname war »Man With The Golden Trumpet«. 1953 nahm er eine Melodie aus dem Film-Musical *»Feuerwerk«* auf: *»Oh, mein Papa«*, begleitet von Norrie Paramor und seinem Orchester, wurde ein Millionseller in den USA, ein Platz 6 in den US-Charts und ein Spitzenreiter in GB. Im April 1955 war er erneut Nummer 1 in GB mit seiner Version von *»Cherry Pink And Apple Blossom White«*. Bis Ende der 50er Jahre gelangen ihm weitere Top-10-Hits. In Theatern und Clubs blieb er bis 1968 sehr erfolgreich, dann ging er nach Südafrika. Dort starb er nach einem Herzinfarkt.

Der Hit: *Oh, mein Papa*
Der Tip: *The Best Of* (EMI CDPM 7920 102)

Cameo

Thomas Jenkins, v; Nathan Leftenant, v; Larry Blackmon, d/v; Gregory Johnson, key; Wayne Cooper, v.
Die amerikanische Soul-und-Funk-Gruppe wurde 1974 als New York City Players gegründet. Ab 1976 nannten sie sich Cameo, und nachdem 1984 mit *»She's Strange«* zum erstenmal eine Notierung in den US-Popcharts auftauchte, wurde aus der Band ein Trio. Es blieben Blackmon, Jenkins und Leftenant. Diesen dreien gelang mit *»Word Up!«* im August 1986 ein weltweiter Top-10-Hit. Nach 1988 machte das Trio eine Pause, und ab 1990 erschienen neue Platten von Cameo, auf denen deutlich gemacht wurde, daß nur Larry Blackmon das Sagen in der Band hatte. Als Besitzer von Atlanta Records kümmerte er sich außerdem um die Förderung junger Künstler.

Der Hit: *Word Up!*
Der Tip: *Best Of Cameo* (Mercury 514 929-2)

Cameron, Andy

Dieser britische Sänger nutzte gegen Ende der 70er Jahre die Vorliebe von Fußball- und Popfans für das Schottenmuster. So waren es z. B. die Gruppe Bay City Rollers und der Sänger Rod Stewart, die keine Gelegenheit ausließen zu zeigen, wie kleinkariert sie sich geben können. Mit *»Ally's Tartan Army«* hatte Cameron im März 1978 einen Platz 6 in der britischen Hitparade. Dabei blieb es.

Der Hit: *Ally's Tartan Army*

Camouflage

Marcus Meyn, v (* 2.5.1966); Heiko Maile (* 12.1.1966); Oliver Kreyssig, d (* 4.9.1965).
Dieses Trio aus dem süddeutschen Bietigheim behauptete am Anfang seiner Karriere: »Wir sind kein Depeche-Mode-Abklatsch.« Zumindest lehnte sich das Synthie-Trio an diese Formation an. Mit *»The Great Commandment«* hatte Camouflage im Herbst 1987 einen ersten Top-20-Hit in Deutschland, der im Dezember 1988 sogar in der amerikanischen Single-Hitparade notiert wurde. Das Stück *»Love Is A Shield«* wurde im Mai 1989 zum größten Erfolg der Band. Im April 1991 erschien die dritte LP der Band, die inzwischen zum Duo geschrumpft war. Oliver Kreyssig war gegangen.

Der Hit: *Love Is A Shield*
Der Tip: *Methods Of Silence* (Metronome 839 613-2)

Campbell, Glen

* 22.4.1936. Der amerikanische Sänger und Ausnahme-Gitarrist schaffte es, sowohl in den Pop- als auch in den Country-Charts erfolgreich zu sein. Er begann 1954 in der Band seines Onkels Dick Bill und blieb bis 1958. 1960 war er Mitglied bei den Champs. 1961 hat er seine erste Notierung in der US-Single-Hitparade. Nebenher profilierte er sich als Studiomusiker und begleitete 1965 die Beach Boys. Ab 1967 begann mit *»By The Time I Get To Phoenix«* seine erfolgreiche Zeit. Zwischen 1968 und 1972 hatte er seine eigene TV-Show »The Glen Campbell Goodtime Hour«. Und »Goodtime« war auch meist seine Musik. Schöne Songs, die nicht weh taten. Mit *»Wichita Lineman«* 1968, *»Galveston«* 1969, *»Rhinestone Cowboy«* 1975 und *»Southern Nights«* 1977 gelangen ihm vier Millionseller. Erfolgreich war er auch im Duett mit Bobbie Gentry, Anne Murray und Rita Coolidge. Die Liste seiner Pop-Hits reicht bis in die 80er Jahre, die der C&W-Erfolge bis in die 90er. Neben seinen vielen Talenten schaffte es Glen, auch noch im Filmgeschäft erfolgreich zu sein. So spielte er z. B. 1969 neben John Wayne die Hauptrolle in »True Grit«; ein weiterer Filmerfolg war 1970 »Norwood«.

Der Hit: *Rhinestone Cowboy*
Der Tip: *Twenty Golden Greats* (EMI CDP 7 48613 2)

Campbell, Junior

* 30.6.1947 als William Campbell. Der Brite begann seine Karriere als Mitglied von Dean Ford & The Gaylords. 1966 änderte die Band ihren Namen in Marmalade um und hatte eine stattliche Latte von Hits. Ab 1972 startete Campbell ein Soloprojekt, das musikalisch sehr an Marmalade angelehnt war und deutlich zeigte, daß er es auch gewesen war, der in der Band die Richtung angegeben hatte. Mit »*Hallelujah Freedom*« gelang ihm im Oktober 1972 ein Top-10-Hit in GB. Mit »*Sweet Illusion*« gelang ihm im Juni 1973 ein Platz 15 in den GB-Charts, danach lief seine Solo-Karriere schon wieder aus. Campbell zog sich aus der ersten Reihe zurück, um als Songschreiber für das Fernsehen erfolgreich zu sein.

Der Hit: *Hallelujah Freedom*

Campbell, Tevin

* 1978 in Texas. Als 10jähriger erhielt er eine Rolle in der TV-Show »Wally & The Valentines«. Quincy Jones sah ihn, erkannte sein Talent und wurde zum Förderer des Jungen. Erstmals steht Tevin im April 1990 in den Hitparaden mit »*Tomorrow (A Better You, A Better Me)*« – unter der Aufnahme steht Quincy Jones Featuring Tevin Campbell. Im Oktober des gleichen Jahres hat er seinen ersten Top-20-Hit in den USA – Prince produzierte und schrieb »*Round And Round*« für den Film »Graffiti Bridge«. Und auch sein erster Millionseller und Top-10-Hit »*Tell Me What You Want Me To Do*« im November 1991 ist aus einem Film: »Boyz N' The Hood«. Bei diesem Titel stand Al B. Sure! hilfreich zur Seite.

Tevin Campbell

Der Hit: *Tell Me What You Want Me To Do*
Der Tip: *T.E.V.I.N.* (Quest/Warner 7599-26 291-2)

Campi, Fausto & Die Leonards

Im November 1955 hatte diese Formation mit dem Titel *»Hey, Mr. Banjo«* einen Platz 9 in der deutschen Hitparade. Mit der überaus merkwürdigen Feststellung *»In Peru sind die Mädchen gefährlich«* hatten sie vier Monate später noch einmal einen Top-20-Hit. Dann tauchten sie mit ihrem Banjo in Peru unter – oder so!

Der Hit: *Hey, Mr. Banjo*

Can

Irmin Schmidt, key (* 29.5.1937); Holger Czukay, b (* 24.3.1938); Michael Karoli, g (* 29.4.1948); Jaki Liebezeit, d (* 26.5.1938); Malcolm Mooney, v; Kenji Damo Suzuki, v (* 16.1.1950); David Johnson, fl.
Bevor die Gruppe im Dezember 1968 mit ihrer Debüt-LP begann, hatten sie ohne den amerikanischen Sänger Malcolm Mooney und mit dem Flötisten David Johnson gespielt. Schmidt und Czukay hatten beide von Karl-Heinz Stockhausen gelernt, hatten Neue Musik auf ihre Fahne geschrieben. Das, was sie spielten, war ohne Zweifel sehr experimentell und unkommerziell. Mit Liebezeit und Karoli gelang es, eine Brücke zwischen Pop-Musik und Avantgarde zu bauen. Kritiker verglichen Can in ihrer frühen Phase mit Velvet Underground. Ihre erste LP *»Monster Movie«* aus dem Jahre 1969 brachte als Highlight die 20minütige Nummer *»Yoo Doo Right«*, die ein Extrakt aus einer 12stündigen Improvisations-Session war. Mooney verließ Ende 1969 die Band und wurde durch den Japaner Suzuki ersetzt, der seinerseits 1973 wieder ging. Danach arbeitete Can mit wechselnden Sängern und fiel 1978 auseinander. Offiziell hat sich Can nie aufgelöst, die Musiker blieben sich untereinander mehr oder weniger freundschaftlich verbunden. Ende 1986 kamen die fünf Musiker der ersten Besetzung noch einmal zusammen und nahmen mit *»Rite Time«* ein Album auf, das erst 1989 erschien. Für Single-Hitparaden war die Musik von Can sicher nie geeignet. Trotzdem gelang der Band mit *»Spoon«*, einer Melodie aus einem Krimi, der »Das Messer« (!) hieß, im Dezember 1971 ein Platz 8 in den deutschen Charts. Can dürfte zu den wenigen deutschen Bands gehören, die einflußreich für die internationale Musik waren. Mit ihrer Mischung aus improvisierter und ethnischer Musik waren sie ihrer Zeit weit voraus.

Der Hit: *Spoon*
Der Tip: *Cannibalism I* (Spoon CD 001/2)

C & C Music Factory

David Cole; Robert Clivillés.
Robert und David lernten sich in einer Disco in Manhattan kennen. Robert legte Platten auf, David spielte dazu mit seinen Keyboards. Was das Publikum besonders gut fand, hatten sie schnell heraus – es bot sich also an, diese Erfahrungen für musikalische Projekte umzusetzen. Sie suchten nach einer Mischung aus Hiphop, Rock, Soul und Techno. Zusammen mit dem Rapper Freedom Williams produzierten sie ihre erste Platte, für die es im November 1990 Platin gab: *»Gonna Make You Sweat (Everybody Dance Now)«*. Als Interpreten standen auf der Platte C & C Music Factory Featuring Freedom Williams, im Video bewegte die aus Liberia stammende Zelma Davis zum Text die Lippen. Es dürfte jedoch Martha Wash sein, die hier in der Hauptsache neben Freedom Williams zu hören ist. Martha Wash sang mit Two Tons O' Fun, auch bekannt als Weather Girls und als Solistin. Die beiden Nachfolgehits *»Here We Go«* und *»Things That Make You Go Hmmm ...«* erhielten 1991 Gold und waren ebenfalls Top 10. Im Februar 1992 erschien eine CD, auf der die beiden ihre *»Greatest Remixes«* vorstellten. Titeln von Lisa Lisa And Cult Jam, Seduction und eigenen Stücken wurde noch einmal neues Leben eingehaucht. Clivillés und Cole dürften zu den weltweit erfolgreichsten Remixern gehören.

Der Hit: *Gonna Make You Sweat (Everybody Dance Now)*
Der Tip: *Gonna Make You Sweat* (CBS 467814 2)

Candy Flip

Ric Peet (* ca. 1970 als Richard Anderson-Peet); Dizzie Dee (* ca. 1970 als Daniel Spencer).
Die beiden Musiker waren zuerst Mitglied in der House-Band This Ain't Chicago, bevor sie sich entschlossen, die alten Hippie-Tage wieder neu zu beleben. Sie liefen in Klamotten herum, als wären sie direkt aus dem Katalog für den schicken Teenager der 60er Jahre entsprungen. Zuerst veröffentlichte das Duo *»Love Is Life«*, dann verwurschtelten sie den alten Beatles-Klassiker *»Strawberry Fields Forever«* zu einem Top-Dance-Titel, der im März 1990 in die britische Hitparade kam und Platz 3 erreichte. Mehr wollte den beiden nicht gelingen.

Der Hit: *Strawberry Fields Forever*

Candyman

* 25.6.1965. Dieser Amerikaner arbeitete ab 1983 als Tänzer und Rapper – z. B. mit Tone-Loc –, bevor ihm im August 1990 mit *»Knockin' Boots«* eine Platinplatte und ein Top-10-Hit gelang. Die Nummer war zusammengesampelt aus *»Groovin'«* von den Young Rascals und *»Oh Boy«* von Rose Royce. Nachfolgehits gelangen nicht.

Der Hit: *Knockin' Boots*
Der Tip: *Ain't No Shame In My Game* (Epic 467472 2)

Canned Heat

Alan Wilson, v/harm/g (* 4.7.1943, † 3.9.1970); Bob Hite, v (* 26.2.1945, † 5.4.1981); Frank Cook, d; Henry Vestine, g (* 25.12.1944); Stuart Brotman, b; Mark Andes, b; Larry Taylor, b (* 26.6.1942); Adolfo De La Parra, d (* 8.2.1946); Harvey Mandel, g.

Der Bluesmusiker Tommy Johnson nahm im Jahre 1928 eine Nummer auf, die *»Canned Heat Blues«* hieß. Auf dieses Stück geht angeblich der Gruppenname der 1965 gegründeten amerikanischen Band zurück. Er spiegelt die Vorliebe der Musiker wider, die sich in ihren Anfangstagen vor allem auf den musikalischen Geschmack von Alan Wilson verließ. Der trug den Spitznamen »Blind Owl«, was wohl eine Anspielung auf seine dicken Brillengläser war. Der zweite wichtige Mann in der Band war Bob Hite, der seinerseits den Spitznamen »The Bear« hatte. Hier war es wohl die körperliche Konstitution, die diesen Namen förmlich anbot. In den Anfangstagen der Band kam es zu etlichen Umbesetzungen: Stuart Brotman verließ die Band, um Mitglied bei Kaleidoscope zu werden, und wurde durch Mark Andes ersetzt, der aber auch nicht lange bei der Band blieb. Er ging zu Spirit, und für ihn kam Larry Taylor, ein erfahrener Studiomusiker, der bereits mit Jerry Lee Lewis getourt hatte und auf Platten der Monkees mitspielte. Der Jazz-Drummer Frank Cook wurde 1968 durch den Mexikaner Adolfo De La Parra ersetzt.

Der erste große Erfolg der Band war ihr Auftritt beim Monterey Pop Festival am 16.6.1967. Die Band traf genau den Nerv der amerikanischen Jugendlichen jener Tage. Sie wurden von den Hippies, Freaks, Blues-, Rock- und Psychedelic-Fans akzeptiert. Im Oktober 1967 erschien ihr Debüt-Album, und mit *»On The Road Again«* hatte die Gruppe im Juni 1968 einen Platz 8 in GB. In den USA und in Deutschland erreichte die Platte zumindest die ersten 20 in den Charts. Auch der Nachfolgehit *»Going Up The Country«* wurde noch im gleichen Jahr ein Erfolg. Der größte Hit von Canned Heat wurde eine Komposition von Wilbert Harrison: *»Let's Work Together«*, im Frühjahr 1970 ein Top-10-Hit in GB und bei uns. Damit war der Höhepunkt der Gruppe erreicht – der Abstieg begann, und er dokumentierte sich im Tode von Vordenker Alan Wilson. Im *»Canned Heat Blues«* von Tommy Johnson wird die stimulierende Wirkung eines Produktes namens Sterno, eines Rohrreinigungsmittels, besungen. An den Dosen zu schnüffeln machte high – Klebstoffschnüffler der 80er Jahre wissen, wovon die Rede ist. Es gab in den USA nicht wenige, die behaupteten, die Band habe sich den Gruppennamen wegen ihrer Vorliebe für stimulierende Mittelchen ausgesucht. Von den Mitgliedern wurde auf die Liebe zum Blues verwiesen. Wie dem auch sei: Am 3.9.1970 wurde Al Wilson tot aufgefunden. Er starb an einer Überdosis Drogen. Ob es ein Unfall oder Selbstmord war, werden wir wohl nie erfahren. Ohne Wilson, den John Lee Hooker einmal als den besten Harmonika-Spieler aller Zeiten bezeichnete, ließ der Biß von Canned Heat nach. Es kam zu weiteren Wechseln in der Band – und als am 5.4.1981 Bob Hite nach einem Herzschlag starb, war von den Originalmitgliedern niemand mehr dabei. Was Anfang der 90er Jahre dann immer noch als Canned Heat durch die Lande zog, wäre besser in der Dose geblieben.

Der Hit: *Let's Work Together*
Der Tip: *The Big Heat* (EMI 0777 78027 5 2 2)

Cannon, Freddy

* 4.12.1940 als Frederick Anthony Picariello. Dieser Amerikaner wurde als »der letzte Rock-'n'-Roll-Star« bezeichnet. In der Tat war dieser Sänger einer der letzten Vertreter des wilden, lauten Rock. Als Freddy Karmon war er Mitte der 50er Jahre Chef von Freddy Karmon & The Hurricanes, 1956 spielte er die Lead-Gitarre beim Hit *»Ka-Ding Dong«* der G-Clefs. Danach machte er ein Demo eines Titels, den er zusammen mit seiner Mutter geschrieben hatte und der als *»Tallahassee Lassie«* im Mai 1959 ein Platz 6 in den USA wurde. 6 Monate später folgte mit *»Way Down Yonder In New Orleans«* ein Platz 3 in den USA und in GB. *»Palisades Park«* war im Mai 1962 sein letzter großer Hit, 1965 beendete er seine Karriere und wurde Promotionmann für die Plattenfirma Buddah-Records. Bei Oldie-Revivals trat er noch manchmal auf, und mit den Belmonts, der alten Band von Dion, hatte er 1981 mit *»Let's Put The Fun Back In Rock 'n' Roll«* mal wieder einen Chart-Erfolg.

Der Hit: *Way Down Yonder In New Orleans*
Der Tip: *Explosive!* (Lollipop Records 6.23343)

Capaldi, Jim

* 24.8.1944. Dieser britische Schlagzeuger, Sänger und Songschreiber spielte bereits mit 17 Jahren zusammen mit Luther Grosvenor und Dave Mason in einer Band, die sich Hellions nannte. Daraus wurde später Deep Feeling und im April 1967 Traffic. Obwohl er bis zum Ende dieser Band im Dezember 1974 dabei blieb, machte er nebenher ab 1972 auch Solo-Platten. Sein größter Erfolg war im Oktober 1975 ein Platz 4 in GB mit *»Love Hurts«*. Schon seit den Tagen vor Traffic ist Capaldi mit Steve Winwood befreundet. Die gelegentliche Zusammenarbeit der beiden geht bis in die 90er Jahre.

Der Hit: *Love Hurts*
Der Tip: *Whale Meat Again* (Island 88 010)

Capitols

Samuel George, v/d († 17.3.1982); Donald Norman Storball, g/v; Richard Mitchell McDougall, p/v.
Dieses R&B-Trio aus Detroit begann als 3 Caps. Als Capitols hatten sie mit *»Cool Jerk«* im April 1966 einen Platz 7 in den US-Charts. Es folgten 2 kleinere Hits, und dann war ihre Erfolgsphase wieder vorüber. 1969 trennten sie sich, Storball, der die Nummer *»Cool Jerk«* geschrieben hat, wurde Polizist. Samuel George wurde 1982 erstochen. Ein Wiederhören mit *»Cool Jerk«* gab es 1992/93 gleich zweimal. In den Filmen »Kevin allein in New York« mit Macaulay Culkin und »Night And The City« mit Robert De Niro und Jessica Lange fand er erneut Verwendung.

Der Hit: *Cool Jerk*

Capris

Nick Santamaria, Vinny Narcardo, Mike Mincelli, Frank Reina, John Cassese – alle v.
Dieses aus Queens/New York stammende Quintett kam 1958 zusammen und nahm einige Titel auf. Nachdem nichts Außergewöhnliches mit den Doo-Wop-Stücken passierte, trennten sich die Jungs 1959 wieder. Dann wurde 1960 die Nummer *»There's A Moon Out Tonight«* wiederveröffentlicht und kam im Dezember bis auf Platz 3 in den US-Charts. Daraufhin formierte sich die Band erneut, es folgten noch ein paar kleinere Hits, und die Jungs verschwanden wieder in der Versenkung. Der Leadsänger Santamaria verließ die Capris erneut, die durch die Jahre hinweg bestanden und auftraten. 1982 kehrte Santamaria wieder zurück – neue Hits brachte es nicht mehr.

Der Hit: *There's A Moon Out Tonight*

Jim Capaldi *(Island Records)*

Capstick, Tony

Der aus Sheffield stammende Folk-Sänger und Komiker hatte seine ersten Erfolge in den 70er Jahren, als Folk-Comedians wie Billy Connolly, Jasper Carrott, Fred Wedlock oder Mike Harding erfolgreich waren. Capstick machte zusammen mit der Gruppe Hedghog Pie eine Mixtur aus Skiffle, Folk, Traditionals und Bob Dylan. Nachdem er auf einen populären TV-Werbespot der Firma Hovis Bread eine Parodie aufgenommen hatte, kam er zur Überraschung aller in die GB-Charts. Die Nummer *»The Sheffield Grinder/Capstick Comes Home«* erreichte im März 1981 einen Platz 3 in GB. Als Interpreten dieses Titels wurden Tony Capstick & The Carlton Maine/Frickley Colliery Band angegeben. Das war der einzige Pop-Erfolg für Capstick.

Der Hit: *The Sheffield Grinder/Capstick Comes Home*

Captain & Tennille

Toni Tennille (* 8.5.1943) und Daryl Dragon (* 27.8.1942) lernten sich kennen bei der Produktion des Rockmusicals *»Mother Earth«*. Toni sang darin und war eine der Autoren – Daryl, der Sohn des bekannten amerikanischen Orchesterchefs Carmen Dragon, spielte Keyboards in der Hausband des Marines Memorial

Theaters in Los Angeles, das das Ganze aufführte. Die zwei taten sich zusammen und gingen mit den Beach Boys auf Tournee. Mike Love von den Beach Boys war es, der Daryl den Spitznamen Captain gab. Im Frühjahr 1974 nahmen Captain & Tennille mit *»The Way I Want To Touch You«* ihre erste gemeinsame Platte auf und heirateten am 14.2.1974, dem Valentinstag. Im April 1975 gelang ihnen mit der Neil-Sedaka-Nummer *»Love Will Keep Us Together«* ein Platz 1 in den USA und ein Millionseller. Im September des gleichen Jahres wurde nun ihre erste Platte, *»The Way I Want To Touch You«*, erneut veröffentlicht und erreichte ebenfalls Gold-Status. Gleiches gelang 1976 *»Lonely Night (Angel Face)«*, *»Shop Around«* und »Muskrat Love«. Mit *»Do That To Me One More Time«* hatte das Duo im Oktober 1979 noch einmal einen Platz 1 in den USA und einen Millionseller. Nach 1980 wurde es ruhiger um die beiden. Inzwischen waren sie im Fernsehen so etabliert, daß sie eine eigene Show hatten, in der Toni die Moderatorin und Daryl der musikalische Leiter war. Ab 1984 veröffentlichte Toni Solo-Alben.

Der Hit: *Do That To Me One More Time*
Der Tip: *Greatest Hits* (A&M Records 64 667)

Captain Hollywood Project

Dahinter verbirgt sich in der Hauptsache der Amerikaner Tony Dawson-Harrison (* 9.8.1962), der 1980 mit der US-Army nach Deutschland kam. Er war ehemaliger Weltmeister im Break-Dance und Elektroboogie und ob dieser Talente nach Beendigung seiner Militärzeit des öfteren in der TV-Sendung »Formel 1« zu sehen. Nachdem er während der IFA 1987 gleich in etlichen TV-Shows aufgetreten war, gab man ihm die Möglichkeit, eine eigene Band zu gründen, die er Captain Hollywood nannte. 1988 erschien *»Deborah«*, 1989 *»Soul Sister«*. Beide Platten flopten. Erfolg hatte er hingegen als Rapper bei der Formation Twenty 4 Seven, die mit dem Titel *»I Can't Stand It!«* im Mai 1990 einen Platz 3 in Deutschland schafften – im September 1990 erreichte die Nummer einen Platz 7 in GB. Im Sommer 1991 versuchte sich Tony erneut als Captain Hollywood. Es erschien *»Rock Me«* und schließlich mit *»More And More«* im Winter 1992 seine erste Nummer 1 in Deutschland. Dieser Titel wurde 1993 sein erster Knüller in den USA.

Der Hit: *More And More*
Der Tip: *Love Is Not Sex* (Intercord INT 845.569)

Captain Sensible

* 24.4.1954 als Raymond Burns. Zusammen mit der britischen Punk-Gruppe Damned hatte er seine ersten Erfolge. 1982 unterschrieb er nebenher einen Solo-Vertrag und veröffentlichte den alten Richard-Rodgers/Oscar-Hammerstein-Titel »*Happy Talk*« aus dem Musical »*South Pacific*«, der im Juni Nummer 1 in GB wurde. »*Wot*« und »*Glad It's All Over/Damned On 45*« wurden weitere Top-10-Erfolge für Burns in Deutschland bzw. GB. 1984 stieg er bei Damned aus, spielte für einige spezielle Auftritte aber auch immer wieder mal mit seinen alten Kumpels. Seine 1991 veröffentlichte LP »*Revolution*« hinterließ wenig Spuren.

Der Hit: *Happy Talk*
Der Tip: *Women And Captains First* (A&M AMLH 68 548)

Cara, Irene

* 18.3.1959. Die Amerikanerin trat bereits als Kind im spanisch sprechenden Radio und TV in New York auf. Mit 8 spielte sie im Broadway-Musical »*Maggie Flynn*«, mit 10 sang sie zusammen mit Roberta Flack und Sammy Davis jr. zu Ehren von Duke Ellington im Madison Square Garden. Ab 16 war sie verstärkt in Fernsehserien zu sehen, so z. B. in »Roots«. 1980 bewarb sie sich um eine Rolle in »Fame«, die sie auch erhielt. Schließlich durfte sie den Titelsong singen und hatte damit im Juni 1980 einen Platz 4 in den USA und einen Platz 1 in GB. Es folgten weitere Filme, z. B. »Cotton Club«, und weitere Hits, z. B. »*Flashdance ... What A Feeling*«, im März 1983 eine Nummer 1 in den USA, 2 in GB und 3 in Deutschland. Dann gab es vertragliche Schwierigkeiten mit ihrer Plattenfirma, und es sollte einige Zeit dauern, bis sie schließlich 1987 ihre Gesangskarriere fortsetzen konnte.

Der Hit: *Flashdance ... What A Feeling*
Der Tip: *What A Feeling* (Epic 25 730)

Caravelles

Lois Wilkinson (* 3.4.1944) und Andrea Simpson (* 1946) sangen 1963, als sie mit dem Titel »*You Don't Have To Be A Baby To Cry*« sowohl in ihrer Heimat GB als auch in den USA einen Top-10-Erfolg hatten, total gegen den Trend. Während der britische Beat aus Liverpool alles an die Wand drückte, was nicht mit drei Gitarren und Schlagzeug gespielt wurde, sangen diese beiden Britinnen eine leichte Ballade. Allerdings: Bei diesem einen Hit sollte es bleiben. Lois Wilkinson machte als Lois Lane (nicht zu verwechseln mit der holländischen Formation)

Soloplatten und sang bei der BBC aktuelle Hits, als während der Beschränkung der Needle-Time weniger Platten gespielt werden durften. Andrea behielt den Gruppennamen und trat bis Ende der 80er Jahre mit immer wechselnden Partnerinnen auf.

Der Hit: *You Don't Have To Be A Baby To Cry*

Carey, Mariah

* 22.3.1970. 1988 suchte die Plattenfirma der Sängerin Brenda Kaplan, die als Brenda K. Starr Platten aufnahm, eine geeignete Backgroundsängerin. Mariah Carey, die in New York als Kellnerin arbeitete, hatte seit ihrem vierten Lebensjahr von ihrer Mutter, die einst an der New Yorker Oper gesungen hatte, Gesangsunterricht erhalten. Mariah bewarb sich für den Job als Backgroundsängerin – mit Erfolg. Brenda K. war von Mariahs Stimme – die sieben Oktaven umfaßt! – so angetan, daß sie das Demoband weiterreichte. Daraufhin erhielt Mariah einen Solovertrag. 1989 verbrachte sie mit den Aufnahmen für ihre erste Platte, und im April 1990 stellte die CBS sie in New York dem Publikum vor. Sie sang, nur von Richard Tee am Piano begleitet, drei Titel. Das Publikum war begeistert. Es folgten Auftritte in NBC Tonight und bei Arsenio Hall, und im August erreichte ihre Debüt-Single *»Vision Of Love«* Platz 1 in den USA und wurde ein Millionseller. *»Love Takes Time«*, *»Someday«*, *»Emotions«* und *»I'll Be There«* wurden ebenfalls Spitzenreiter in der amerikanischen Hitparade. Ihre Debüt-LP *»Mariah Carey«* hielt sich 22 Wochen auf dem Spitzenplatz der amerikanischen LP-Charts. Kein Wunder also, daß sie 1991 zwei Grammys erhielt: als beste Sängerin und als beste neue Künstlerin. Im Juni 1993 heiratete sie Tommy Mottola, Präsident der Plattenfirma Sony Music, bei der sie unter Vertrag ist.

Der Hit: *Vision Of Love*
Der Tip: *Mariah Carey* (CBS 466 815 2)

Carey, Tony

* 16.10.1952. Der amerikanische Sänger, Gitarrist, Keyboarder und Songschreiber begann seine Karriere in der US-Gruppe Blessings. Im September 1975 wurde er bis zum Mai 1977 Mitglied in Ritchie Blackmore's Rainbow. 1978 kam er für einen Session-Job für 2 Wochen nach Frankfurt – er blieb in Deutschland hängen und arbeitete in den folgenden Jahren als Solist, als Kopf vom Planet P Projekt, das es 1983 zumindest zu einem Eintrag in die US-Charts mit *»Why Me?«* brachte, oder als Studiomusiker. Mit der Nummer *»A Room With A View«*, die in der TV-Serie »Wilder Westen inklusive« zu hören war, erreichte Tony im Januar 1989 Platz 3 in

den deutschen Charts. TV-Melodien haben sich zwischenzeitlich zu seiner Spezialität entwickelt. Daß sich Tony Carey geschickt zwischen Rock- und Softmusiker bewegen kann, zeigt seine lang anhaltende und vielseitige Karriere.

Der Hit: *A Room With A View*
Der Tip: *The Long Road* (East West 9031-77029-2 ZP)

Carle, Frankie

* 25.3.1903 als Francis Nunzio Carlone. Schon als Teenager spielte der amerikanische Pianist, Bandleader und Songschreiber in Tanzkapellen. Über einige andere Stationen gründete er 1945 seine eigene Band, die mit den Titeln *»Oh! What It Seemed To Be«* und *»Rumors Are Flying«* 1946 jeweils den 1. Platz in der amerikanischen Hitparade belegte. In beiden Fällen war die Sängerin Marjorie Hughes, Frankies Tochter. Mit dem Beginn der 50er Jahre ließ der Erfolg von Carle nach, Mitte der 50er Jahre löste er seine Band auf.

Der Hit: *Oh! What It Seemed To Be*

Carlisle, Belinda

* 17.8.1958. Im Mai 1985 geben die 1978 gegründeten Go-Gos bekannt, daß sie sich trennen werden. Belinda muß sich von dem langjährigen Streß mit dieser Band erst einmal erholen – trotzdem ist klar, daß sie schon auf Grund ihres Äußeren auch weiterhin im Geschäft bleiben wird. Ziemlich genau ein Jahr später macht sie ihr erstes Solokonzert, und die Single *»Mad About You«* wird im selben Monat ihr erster Top-10-Hit. Mit dem Titel *»Heaven Is A Place On Earth«* etabliert sie sich im Winter 1987 in den internationalen Hitparaden: Platz 1 in den USA und in GB, Platz 3 in Deutschland. In der Folgezeit erscheinen in regelmäßigen Abständen sehr schöne und meist auch erfolgreiche Platten von Belinda. Wie ihre ehemalige Go-Go-Kollegin Jane Wiedlin setzt Belinda ihre Popularität verstärkt für Umwelt- und Tierschutzmaßnahmen ein.

Der Hit: *Heaven Is A Place On Earth*
Der Tip: *Best Of Belinda Vol. 1* (Virgin 0777 7 86319 2 7)

Carlton, Carl

* 1952. Carl war gerade 12 Jahre alt, als er einen Plattenvertrag erhielt. Die Firma Golden World war der Meinung, in ihm sei der neue Little Stevie Wonder zu sehen. Schon nach seiner Debütsingle *»Nothin' No Sweeter Than Love«* war der

Firma klar, daß sie falsch lag, und sie entließ ihn wieder aus dem Vertrag. Es sollte noch 4 Jahre dauern, bis er zu seiner ersten Hitparadennotierung kam. Mit *»Everlasting Love«*, in GB 1968 eine Nummer 1 in der Hitparade mit Love Affair, hatte Carl im September 1974 seinen ersten und einzigen Top-10-Erfolg in den USA. Die Aufnahme *»She's A Bad Mama Jama (She's Built, She's Stacked)«* erreichte er im August 1981 zwar nur Platz 22 in den Pop-Charts, trotzdem wurde es ein Millionseller. In den R&B-Hitparaden hielt sein Erfolg bis 1986 an.

Der Hit: *Everlasting Love*

Carmen, Eric

* 11.8.1949. Nachdem die US-Band Raspberries, die zwischen 1970 und 1975 erfolgreich war, auseinanderbrach, machte Eric als Solist weiter. Der Titel *»All By Myself«*, bei dem Rachmaninow mit dem zweiten Satz aus seinem zweiten Klavierkonzert grüßen ließ, war im Dezember 1975 ein Platz 2 in der amerikanischen Hitparade. Ende 1976 produzierte er in London mit Gus Dudgeon eine neue LP. Bis zum Jahr 1980 hatte Eric noch ein paar kleinere Hits, dann verschwand er für fünf Jahre. Richtig erfolgreich wurde er Ende 1987. Der Titel *»Hungry Eyes«* aus dem Film »Dirty Dancing« erreichte Platz 4 in den US-Charts. Der Nachfolgehit *»Make Me Lose Control«* wurde ein Platz 3. Bei diesem Titel ließ Phil Spector grüßen. Er hätte auch heißen können »You've Lost That Lovin' Tears Of A Clown To Save The Last Dance Under The Boardwalk For Me«.

Der Hit: *All By Myself*
Der Tip: *The Best Of* (Arista 258 916)

Carmichael, Hoagy

* 22.11.1899, † 27.12.1981. Der amerikanische Sänger, Pianist und Bandleader gilt als einer der erfolgreichsten amerikanischen Songschreiber. Seinen ersten eigenen Song nahm er 1923 mit den Hitch Happy Harmonists auf. 1924 gründete er eine eigene Band. Das alles schien er nebenher zu machen, denn 1926 ließ er sich nach einem erfolgreichen Jurastudium als Rechtsanwalt nieder. Wahrscheinlich wäre er das geblieben, hätte nicht Frankie Trumbauer 1927 den Carmichael-Titel *»Riverboat Shuffle«* aufgenommen, der unter die ersten 20 der amerikanischen Hitparade kam. Dieser erste Erfolg ließ Hoagy die Band Carmichael's Collegians gründen und wenig später Hoagy Carmichael And His Pals. Zu diesen Pals gehörten unter anderem Tommy und Jimmy Dorsey. Mit *»Lazy River«* hatte er 1932 seinen ersten Top-20-Hit. Neben den Dorsey-Brüdern waren Joe Venuti und Eddie Lang zu hören. Sein größter Erfolg war *»Huggin' And Chalkin'«*, im

November 1946 ein Platz 1 in der amerikanischen Hitparade. Nebenher spielte er zwischen 1937 und 1955 in elf Filmen mit, so z. B. »Johnny Angel« (1945) oder »Young Man With A Horn« 1950. Das von ihm 1929 geschriebene Stück *»Stardust«* gilt als das meistaufgenommene Liebeslied aller Zeiten.

Der Hit: *Huggin' And Chalkin'*
Der Tip: *Hoagy Sings Carmichael* (EMI EG 26 0295 1)

Carnes, Kim

* 20.7.1945. Die amerikanische Sängerin, Pianistin und Songschreiberin war zusammen mit ihrem Mann Dave Ellington und Kenny Rogers in den späten 60er Jahren Mitglied der New Christy Minstrels. 1971 verließen Kim und Dave die Gruppe und nahmen für den Film »Vanishing Point« (Fluchtpunkt San Francisco) den Titel *»Nobody Knows«* auf. Ihre Solo-LP *»Kim Carnes«* 1975 brachte ihr zwar wohlwollende Kritiken ein, größeren Erfolg hatte sie jedoch zusammen mit ihrem Mann als Songschreiber für Größen wie Frank Sinatra, Barbra Streisand und Kenny Rogers. Außerdem sang und schrieb sie zahlreiche Werbejingles. In den Charts ist die Sängerin mit der Reibeisenstimme seit 1978 vertreten. Ihren ersten großen Hit hatte sie im März 1980 im Duett mit Kenny Rogers: *»Don't Fall In Love With A Dreamer«*. Als Solistin gelang ihr der erste Knüller ein Jahr später mit *»Bette Davis Eyes«*. Als Songschreiberin hat sie sich sowohl auf dem Pop- als auch auf dem Rock- und Country-Sektor profiliert. Bei dem Projekt USA For Africa mit dem Hit *»We Are The World«* war Kim auch dabei.

Der Hit: *Bette Davis Eyes*
Der Tip: *Mistaken Identity* (EMI America CP 35-3018)

Carol, René

* 11.4.1920 als Gerhard Tschierschnitz, † 9.4.1978. Seine ersten Erfolge feierte René als Parodist. Seine Spezialität waren Theo Lingen, Zarah Leander und Hans Moser. 1949 hatte er mit *»Am Zuckerhut«* seinen ersten Hit. Mit ihm sangen Danielle Mac und Willy Schneider. Als Solist hatte er 1952 den Erfolg *»Rote Rosen, rote Lippen, roter Wein«*, 1953 *»Bella Bella Donna«*, 1954 *»Wenn es noch Märchen gibt«*. Im März 1960 erreichte er mit *»Kein Land kann schöner sein«* Platz 3 in der deutschen Hitparade. Seine Hitnotierungen reichen bis in das Jahr 1964. Neben seiner Singerei war er auch als Schauspieler und Showmaster erfolgreich.

Der Hit: *Kein Land kann schöner sein*

Carpendale, Howard

* 14.1.1946. Bevor er 1966 in die Bundesrepublik kam, war er in seinem Geburtsland Südafrika schon als bester Elvis-Imitator bekannt. 1963 schloß er sich der Beatgruppe The Kinsmen an und gewann mit ihnen den Wettbewerb *»Battle of the Beat«* von Radio Springbock. Seine erste Plattenaufnahme *»Endless Sleep«* wurde ein Achtungserfolg. 1965 ging er nach England, um dort als Profi-Cricketspieler Karriere zu machen. Nachdem das nicht gelang, schlug er sich mit dem Schreiben von Artikeln für eine südafrikanische Zeitung durch und nahm zur Überbrückung einen Job als Sänger bei einer Beatband an, die in Deutschland gastierte. Nach einem Gastspiel in Wuppertal fuhr er nach Köln und sprach dort bei der Schallplattenfirma EMI Electrola vor. Zu seiner eigenen Überraschung erhielt er einen Vertrag für eine Platte. Im November 1966 erschien mit *»Lebenslänglich«* seine erste Single. Da sich die Platte über 60 000mal verkaufte, wurde Carpendales Vertrag verlängert, und er beschloß, vorerst in Deutschland zu bleiben. Seit 1969 ist er regelmäßig in der deutschen Hitparade vertreten. Seinen ersten Hit hatte er mit *»Das schöne Mädchen von Seite 1«*, 1970 ein Platz 6. *»Du fängst den Wind niemals ein«* 1974, *»Deine Spuren im Sand«* 1975, *»Tür an Tür mit Alice«* und *»Ti Amo«* 1977, *»Nachts wenn alles schläft«* 1979, *»Wie frei willst du sein«* 1980, *»Wem«* 1981 und *»Hello Again«* 1984 sind seine erfolgreichsten Top-10-Hits. 1989 veröffentlichte er seine Autobiographie »Von oben sieht alles anders aus«. In den letzten Jahren tritt er außerdem als Golfspieler und -kommentator hervor.

Der Hit: *Ti Amo*
Der Tip: *Erfolge* (Electrola CDP 588-7 90170 2)

Carpenter, Carleton

* 10.7.1926. Seine Karriere begann Carleton als Zauberer in Nachtclubs. Dann wurde er Schauspieler am Broadway und schließlich Anfang der 50er Jahre als Sänger und Tänzer für Musicals von MGM verpflichtet. Seine bekannteste Aufnahme ist *»Aba Daba Honeymoon«*, im Februar 1951 ein Platz 3 in der amerikanischen Hitparade und ein Millionseller. Er sang den Titel im Duett mit Debbie Reynolds in dem Film »Two Weeks With Love«. Bis 1959 spielte Carleton noch in einigen nichtmusikalischen Filmen mit, dann schrieb er Kriminalromane und war nur noch gelegentlich auf der Leinwand zu sehen.

Der Hit: *Aba Daba Honeymoon*

Carpenters

Richard (* 15.10.1946) und Karen (* 2.3.1950, † 4.2.1983) Carpenter begannen 1967 zusammen mit dem Bassisten Wes Jacobs als Jazz-Instrumental-Trio. Richard spielte Tasteninstrumente, seine Schwester Karen Schlagzeug. Sie nahmen zwei Singles auf und gewannen dann den Battle of the Bands Contest in der Hollywood Bowl in Los Angeles. Danach erhielt das Richard Carpenter Trio einen Vertrag bei der RCA, es wurden jedoch keine Platten veröffentlicht. 1968 verließ Jacobs das Trio, um Musik zu studieren. Mit ihrem Freund John Bettis bildeten die Geschwister für kurze Zeit die Gruppe Spectrum. 1969 hörte Herb Alpert Demobänder der Carpenters, wie sich Richard und Karen jetzt nannten, und war von der kristallklaren Stimme Karens so begeistert, daß er ihnen einen Plattenvertrag anbot. Noch im selben Jahr erschien ihre erste LP. Ihre Debütsingle war eine Coverversion der Beatles-Nummer *»Ticket To Ride«*. Als nächstes erschien eine recht unbekannte Komposition von Bacharach/David, die Dionne Warwick sieben Jahre vorher aufgenommen hatte: *»(They Long To Be) Close To You«*. Es wurde eine Nummer 1 und ein Millionseller. Insgesamt hatten die Carpenters bis 1974 neun weitere Millionseller, zwei davon, *»Top Of The World«* 1973 und *»Please Mr. Postman«* 1974, wurden auch Spitzenreiter in der US-Hitparade. Ende der 70er Jahre ließ ihr Erfolg nach, und es tauchten ernste gesundheitliche Probleme auf. Richard war tablettensüchtig und kam 1978 in eine Entziehungsklinik, Karen litt immer stärker an Magersucht. An deren Folgen starb sie 1983. 1985 nahm Richard das Soloalbum *»Time«* auf, das, 1987 veröffentlicht, ein Flop wurde. Am 1. Januar 1989 bringt CBS TV »The Karen Carpenter Story« mit Cynthia Gibb in der Titelrolle. Sie erzielt Top-Einschaltquoten. Im April 1990 wird die Hitzusammenstellung *»Only Yesterday«* für zwei Wochen Nummer 1 in der britischen LP-Hitparade.

Der Hit: *Please Mr. Postman*
Der Tip: *The Compact Disc Collection* (A&M CARCD 12)

Carr, Cathy

* 28.6.1935, † November 1988. Cathy, die aus der New Yorker Bronx stammte, hatte mit ihrem ersten auch gleich ihren größten Erfolg: *»Ivory Tower«*, im März 1956 ein Platz 2 in der amerikanischen Hitparade. Bereits als Kind war sie in Radioshows aufgetreten, später als Sängerin und Tänzerin in der amerikanischen Truppenbetreuung. Vor ihrer Solokarriere war sie dann für kurze Zeit Sängerin in den Bands von Sammy Kaye, Johnny Dee und Larry Fontine. 1959 wurde sie letztmalig in der Hitparade verzeichnet. Danach wechselte sie mehrfach die Plattenfirma, trotzdem hörte man nichts mehr von ihr.

Der Hit: *Ivory Tower*

Carr, Vikki

* 19.7.1941 als Florencia Bisenta De Casillas Martinez Cardona. In Los Angeles studierte sie Musik, danach trat sie in einem Nachtclub auf. Mit dessen Orchester ging sie nach Las Vegas, Hawaii und Reno, wo sie sich einer anderen Band anschloß, bevor sie eine Solokarriere startete. 1962 trat sie regelmäßig in der Ray Anthony Show auf. 1967 war der englische Nachzieher des Gilbert-Bécaud-Hits *»Seul Sur Son Etoile«* als *»It Must Be Him«* ein Platz 2 in GB und ein Platz 3 in den USA. 1971 hat sie ihre letzte Hitnotierung. Danach kümmerte sie sich vor allen Dingen um eine Stiftung für Chicano-Kinder.

Der Hit: *It Must Be Him*
Der Tip: *The Best Of* (Liberty CDP 7 92071 2)

Carra, Raffaella

* 18.6.1942/43 (?) als Raffaella Pallone. Die aus Bologna stammende Italienerin studierte klassisches Ballett in Rom, nahm Schauspielunterricht und bekam angeblich schon als 17jährige eine Rolle als Opernsängerin. 1965 spielte sie eine Nebenrolle in »Colonel Von Ryan's Express«, in dem Frank Sinatra und Trevor Howard die Hauptdarsteller sind. Der Film spielte zwischen Mittelitalien und der Schweizer Grenze im Jahre 1943 – Heimspiel für Raffaella. Anfang der 70er Jahre begann ihre Karriere als Sängerin. Mit *»Ma Che Musica Maestro«* hatte sie 1970 ihren ersten Top-10-Hit in Italien – bis 1982 gelangen ihr sechs weitere Erfolge unter den ersten zehn. 1972 nahm sie ein Angebot für eine eigene TV-Show an, in der sie ihrer Leidenschaft Singen frönen konnte. Auch außerhalb von Italien war Raffaella sehr erfolgreich. TV-Shows in Frankreich und Spanien – und auch Hits in Deutschland und GB: *»A Far L'Amore Cominica Tu (Liebelei)«* war im September 1977 ein Platz 4 in der deutschen Hitparade, im April 1978 Platz 9 in der britischen Hitparade mit *»Do It Do It Again«*. Vielseitig und »Pronto, Raffaela«.

Der Hit: *A Far L'Amore Cominica Tu (Liebelei)*

Carrack, Paul

* 22.4.1951. Der Brite gilt als eine der bekanntesten Stimmen in der Popmusik, zu der einem jedoch kein Gesicht einfällt. Kein Wunder, wenn man seine vielen Stationen sieht. Erste Erfolge als Leadsänger der Gruppe Ace, danach 1977 Frankie Miller, 1978 Roxy Music, dann 1980 eine Soloplatte und schließlich

1981 Mitglied von Squeeze. 1982 erreicht er mit *»I Need You«* zum erstenmal die US-Top-40. Danach ging er zu Eric Clapton, bis er 1985 Leadsänger bei Mike And The Mechanics wurde. 1987 nimmt er nebenher wieder als Solist Platten auf und hat mit *»Don't Shed A Tear«* im November desselben Jahres einen Platz 9 in den US-Charts.

Der Hit: *Don't Shed A Tear*
Der Tip: *One Good Reason* (Chrysalis 258 356-222)

Carrell, Rudi

* 19.12.1934 als Rudolf Kesselaar. Dem Niederländer kann man nicht nachsagen, daß er an mangelndem Selbstbewußtsein leidet. Er begann in seiner Heimat als Schlagersänger und gewann dort 1960 beim holländischen Songfestival. Im gleichen Jahr hatte er mit *»Wat een geluck«* seinen größten Hit in den Niederlanden. Danach moderierte er im Land der Tulpen über 40 Shows und wurde 1964 mit der Silbernen Rose von Montreux für die Sendung »Allein auf der Insel« ausgezeichnet. Nun wurde er auch im Deutschen Fernsehen beschäftigt und hatte Sendungen wie »Am laufenden Band«, »Rudi Carrell Show«, »Rudi's Tages-Show«, »Herzblatt« oder »Rudis Tiershow«. Auch bei uns sang er einige Liedchen und war mit dem Titel *»Goethe war gut«* im Oktober 1978 auf Platz 9 in der Hitparade.

Der Hit: *Goethe war gut*
Der Tip: *Rudi Carrell* (M-Records 88 666)

Carroll, David

* 15.9.1913 als Nook Schrier in Chicago. Carroll wurde 1951 Arrangeur und Orchesterchef bei der Plattenfirma Mercury Records und war zuständig für Plattenaufnahmen der Crew-Cuts, von Rusty Draper oder Vic Damone. Mit *»In A Little Spanish Town«* hatte David Carroll & His Orchestra im Oktober 1954 einen ersten eigenen Erfolg, mit *»Melody Of Love«* im Januar 1955 einen Platz 8 in den USA und somit seinen größten Hit. In den Charts wird er bis 1962 verzeichnet, dann taucht er nicht mehr auf.

Der Hit: *Melody Of Love*

Carroll, Helen

US-Sängerin, die mit der Hoagy-Carmichael-Nummer *»Ole Buttermilk Sky«* aus dem Film »Canyon Passage« im November 1946 auf Platz 7 der US-Charts stand. Im April 1949 war sie noch einmal unter den ersten 30 mit *»Cruising Down The River«*, dann war sie als Sängerin verschwunden.

Der Hit: *Ole Buttermilk Sky*

Carroll, Ronnie

* 18.8.1934 als Ronald Cleghorn in Belfast. Über die verschiedensten Berufe – Milchmann, Automechaniker, Bäcker oder Klempner – kam er zur »Hollywood Doubles Show«, in der er Nat King Cole darstellte. Cole, der ihn angeblich einmal in Liverpool gesehen hat, fragte ihn danach: »Was machst du da? Willst du mich kaputtmachen?« Ronnie sang in Clubs und Varietés, bis er Mitte der 50er Jahre im Fernsehen auftrat. Danach erhielt er einen Plattenvertrag und war ab 1956 in den britischen Charts. Seine beiden Songs *»Roses Are Red«* im August 1962 und *»Say Wonderful Things«* im März 1963 erreichten die Top 10. Bis in die 80er Jahre war Ronnie in GB in Clubs zu hören.

Der Hit: *Roses Are Red*

Carrott, Jasper

* 14.3.1945. Der Brite gehört zu jenem Typus Entertainer, wie er nur in GB zu finden ist. Allroundtalente, die in Folk-Clubs, Colleges oder Universitäten auftreten und das Publikum mit den unterschiedlichsten Dingen unterhalten – eben mit dem, was früher das Varieté anbot. Das machte Jasper ab 1969, 1972 bekam er bei der BBC eine eigene Radio-Show, die »Folk-Club« hieß, und ab 1975 hatte er auch Fernsehsendungen. Darin sang er Songs wie *»Aston Villa Skinhead Song«* oder *»Viva El Moscow«*, hielt Monologe wie z. B. »For Eric, My Idol«, eine Hommage an Eric Idle. Im August 1975 kam sein erster und einziger Hit in die britischen Charts: *»Funky Moped/Magic Roundabout«*. Auf *»Funky Moped«* spielten Jeff Lynn, Bev Bevan und Richard Tandy gleich drei Mitglieder von ELO mit.

Der Hit: *Funky Moped*
Der Tip: *Jasper Carrott Rabbits On And On* (DJM DJLPS 462)

Cars

Ric Ocasek, g/v (* 23.3.1949 als Richard Otcasek); Benjamin Orr, b/v (* 9.8.1955 als Benjamin Orzechowski); Greg Hawkes, key; Elliot Easton, g (* 18.12.1953 als Elliot Shapiro); David Robinson, d (* 2.4.1953).
Aus der Bostoner Gruppe Cap'n Swing wurde 1976 Cars. Ab 1977 begann eine ungewöhnlich erfolgreiche Karriere, die bis zum Auseinanderbruch der Gruppe im Jahre 1988 anhielt. In dieser Zeit erschienen 6 Alben, die alle jeweils über einemillionmal verkauft wurden. Dabei muß festgestellt werden, daß dies lediglich dem Songschreibertalent Ric Ocasek zu verdanken ist, der alle Songs im Alleingang schrieb und der Lead-Sänger der Gruppe war. Mitte 1978 tauchte die erste Single der Cars auf, in GB wurde es ein Platz 17. *»Shake It Up«* war im November 1981 ein Platz 4, das stimmungsvolle Stück *»Drive«* im August 1984 ein Platz 3, später in GB und in Deutschland ein Platz 4. *»Drive«* wird übrigens nicht von Ric, sondern von Benjamin Orr gesungen. Obwohl Ric Ocasek sicher nicht zu den schönsten Pop-Stars der Geschichte gehört, wußte er doch das Medium Video für sich einzusetzen. Speziell das Video zu *»You Might Think«* wurde 1984 als »Best Video Of The Year« von MTV ausgezeichnet. Schon ab 1983 taucht Ric auch als Solist in den US-Charts auf – die Nummer *»Emotion In Motion«* wurde im September 1986 ein Platz 15. Und, ob schön oder nicht schön: Ric heiratete 1989 das Supermodel Paulina Porizkowa.

Der Hit: *Drive*
Der Tip: *Heartbeat City* (Elektra 60296-2)

Carson, Mindy

* 16.7.1927 in New York. Schon am Anfang der 40er Jahre war sie in den USA eine populäre Sängerin in Nachtclubs. In der Radio-Sendung »Stairway To The Stars« von Paul Whiteman hatte sie ihre ersten großen überregionalen Erfolge, 1946 wurde sie zusammen mit Harry Cool und dem Titel *»Rumors Are Flying«* in den US-Charts notiert. Mit *»My Foolish Heart«* erreichte sie im April 1950 Platz 6 in den USA. In der Folge sang sie als Solistin oder im Duett mit Guy Mitchell, hatte ihre eigene Radio- und TV-Show. Bis 1956 tauchte sie in den Charts auf, 1958 spielte sie in der Broadway-Show »The Body Beautiful«.

Der Hit: *My Foolish Heart*

Carter, Clarence

* 14.1.1936. Carter, seit seinem ersten Lebensjahr blind und aus Alabama stammend, machte seine ersten Platten als eine Hälfte des Duos Clarence & Calvin, auch bekannt als C & C Boys. Clarence sang und spielte Gitarre, Calvin sang ebenfalls und spielte Piano. Nachdem sein Partner Calvin Thomas (auch unter dem Namen Calvin Scott bekannt) sich nach einem schweren Autounfall 1966 aus dem Musikgeschäft zurückziehen mußte, versuchte sich Clarence alleine. Seine erste Hitnotierung hatte er mit »*Thread A Needle*« Mitte 1967. Seine größten Hits waren die Millionseller »*Slip Away*« im Juli 1968 und »*Patches*« im Juli 1970. Beide Platten waren auch Top-10-Hits in den USA, »*Patches*« erreichte in GB im Oktober 1970 Platz 2. Nicht unter die ersten 10 kam »*Too Weak To Fight*«, die aber trotzdem ein Millionseller wurde. Nach 1973 war die Hit-Zeit für Clarence beendet.

Der Hit: *Patches*

Carter, Mel

* 22.4.1939. Dieser amerikanische Soul-Sänger und Schauspieler begann seine Karriere bereits als 9jähriger in einer Show von Lionel Hampton. Schon als 4jähriger hatte er in Radio-Sendungen seines Heimatortes Cincinnati gesungen. Über mehrere Stationen und Gospel-Gruppen, z. B. die Carvetts, die durch seine Mutter geleitet wurde, kam es Ende der 50er Jahre zu seinen ersten Solo-Platten. 1957 hatte man ihn in den USA zum Top-Gospel-Tenor des Jahres gewählt. Erfolgreich wurde er ab 1963. Mit »*Hold Me, Thrill Me, Kiss Me*« hatte Mel im Juni 1965 seinen einzigen Top-10-Hit in den USA. Seine Plattenkarriere war nach 1966 beendet – dafür wurde er jetzt immer häufiger als Schauspieler beschäftigt. Mel spielt mit in Serien wie »Quincy«, »Sanford & Son«, »Dr. med. Marcus Welby« oder »Magnum«.

Der Hit: *Hold Me, Thrill Me, Kiss Me*

Carter U.S.M.

Jim Bob (* 22.11.1960 als James Morrison) und Fruitbat (* 12.2.1958 als Leslie Carter) hatten schon ab Anfang der 80er Jahre in Bands wie Ballpoint, End, Dead Clergy, Peter Pan's Playground oder Jamie Wednesday zusammen oder auch alleine gespielt, bevor sie sich 1988 entschlossen, sich eine Drum-Machine zu kaufen und ein Duo zu gründen. Was nun kam, war wie eine Mixtur aus Glam Rock, Punk, Techno und Pop. Sie begannen, für eine kleine britische Plattenfirma aus Samples die Single *»Sheltered Life«* zu produzieren, die wenig Eindruck hinterließ. Als nächste Platte erschien *»Sheriff Fatman«*, die ebenfalls flopte. Ihre Live-Auftritte wurden jedoch zu »Manic Pop-Rock At It's Best«, wie der britische Record Mirror im Januar 1991 schrieb. Sie stehen auf der Bühne, umzingelt von Tape-Maschinen und Drum-Computer, singen und sprechen und spielen dazu Gitarren. Das Duo wurde in GB zur absoluten Kultband – jetzt fehlten nur noch die Hits. Nachdem die LP *»30 Something«* im Frühjahr 1991 ein Top-10-Hit in den GB-LP-Charts war, wechselten sie zu einer größeren Plattenfirma. Eine Wiederveröffentlichung von *»Sheriff Fatman«* stand Mitte 1991 unter den ersten 30 in GB, *»The Only Living Boy in New Cross«* erreichte im April 1992 Platz 7.

Der Hit: *The Only Living Boy In New Cross*
Der Tip: *1992 The Love Album* (Chrysalis CCD 1946 321946 2)

Cascades

John Gummoe, v/g; Eddie Snyder, p; David Stevens, b; David Wilson, sax; David Zabo, d.
Die amerikanische Band formierte sich Ende der 50er Jahre in Kalifornien. Nachdem sie 1962 in einem Club entdeckt worden waren, erhielten sie einen Plattenvertrag. Ihre erste Single *»Second Chance«* war ein Flop, aber ihre zweite Chance konnten sie nutzen: Mit *»Rhythm Of The Rain«* erreichten sie im Januar 1963 einen Platz 3 in der amerikanischen Hitparade. Das Stück entwickelte sich zum Softrock-Klassiker, der bis heute in Oldie-Sendungen gefragt ist. Sie nahmen insgesamt drei Alben auf und waren bis 1969 noch unter »ferner liefen« in den Charts notiert, dann trennten sie sich.

Der Hit: *Rhythm Of The Rain*
Der Tip: *Rhythm Of The Rain* (WB P-8150 W)

Cash, Johnny

* 26.2.1932. Für viele US-Bürger ist Johnny Cash die Inkarnation des amerikanischen Traums: von 0 auf 100 in einem Leben, Rags to Riches, von der Armut zum Wohlstand aus eigener Kraft! Johnny Cash ist eins von sieben Kindern, die Ray und Carrie Cash geboren wurden. In seinem Roman »Früchte des Zorns« schreibt John Steinbeck über das harte Leben wandernder Farmarbeiter in Kalifornien – die Familie Cash hätte darin eine Hauptrolle spielen können. So und nicht anders erging es der Familie in der Zeit der Depression. Herumziehen, wo es Baumwolle zu pflücken gab – und im harten Winter von 1935, Johnny war gerade drei Jahre alt, mußte die Familie wie so viele andere mit all ihren Habseligkeiten auf der

Ladefläche eines Lastwagens 250 Meilen nach Arkansas fahren, weil die Regierung dort ein Lager für Wanderarbeiter eingerichtet hatte, die keine Bleibe mehr fanden. Diese Zeit hat der junge Johnny Cash nie vergessen und auch nie überwunden. Eine eigene kleine Farm der Familie wurde 1937 durch Hochwasser des Mississippi überflutet. Diese Geschichte hat Johnny im Lied »*5 Feet High And Rising*« beschrieben.

1950 kam er zur U.S. Air Force und war für etliche Zeit in der Bundesrepublik stationiert. Nach seiner Entlassung 1954 ließ er sich in Memphis nieder, gründete eine Familie und eine eigene Band und erhielt schließlich bei der Plattenfirma, die auch dem jungen Elvis Presley seine erste Chance gab, einen Plattenvertrag. In diesen Jahren schrieb und sang er seine besten Stücke. Sein erster Hit war 1956 der Titel »*I Walk The Line*«, seine erfolgreichste LP war ganz ohne Zweifel »*Johnny Cash At San Quentin*«. Mitte des Jahres 1969 belegte er damit Platz 1 in den US LP-Charts. Die LP war – wie der Titel vermuten läßt – live aufgenommen worden. Nun ist San Quentin keine todschicke Disco in L. A., keine »In-Kneipe« in New York und auch kein Open-air-Gelände mit einem atemberaubenden Blick auf den Pazifischen Ozean – es ist ein Gefängnis in Kalifornien. Das hat für einen auftretenden Künstler natürlich auch seine Vorteile: Die Zuhörer sind dankbar und lassen sich die Chance einer Abwechslung nicht entgehen. Viele haben immer behauptet, er habe selbst längere Zeit in Gefängnissen verbracht und könne sich somit in die Psyche der Insassen versetzen. In der Tat war Johnny ehemaliger Drogen-Konsument, aber für einen längeren Gefängnisaufenthalt reichte es nie. Vielleicht kommt diese alte Geschichte auch nur von einer Story in »Life«, die einmal schrieb, der Mann habe ein Gesicht wie von einem Steckbrief. Irgendwie verdächtig ist für einen sogenannten aufrechten Amerikaner natürlich auch jemand, der sich in seinen Liedern für langhaarige Hippies, rechtlose Indianer und eingesperrte Kriminelle einsetzt – und dann auch noch für lau im Knast auftritt. Na – so ganz umsonst war's ja auch nicht. Immerhin wurde davon und vom Auftritt im Folsom Prison eine LP gemacht. Besonders die Nummer vom Jungen, dessen Vater ihm den Vornamen Sue, also einen Mädchennamen, gegeben hatte, kam bei den Gefangenen so gut an, daß er ihn wiederholen mußte. Diese Geschichte war im Juli 1969 ein Platz 2 in der amerikanischen Single-Hitparade, ein Millionseller und sein größter Erfolg.

Der Hit: *A Boy Named Sue*
Der Tip: *The Greatest Years 1958-1986* (CBS 450 466 2)

Casinos

Gene und Glen Hughes; Pete Boulton; Joe Patterson; Ray White; Mickey Denton; Bob Armstrong; Tom Matthews; Bill Hawkins.

Nachdem Gene, Glen, Pete, Joe und Ray mit ihrer 1958 gegründeten Band in ihrer Heimatstadt Cincinnati recht erfolgreich waren, unterzeichneten sie einen Vertrag bei einer kleinen Plattenfirma. Erfolg hatten sie nicht, und das änderte sich auch nicht nach einem Label-Wechsel. Mitte der 60er Jahre vergrößerte sich die Doo-Wop-Gruppe auf neun Mitglieder. Im Januar 1967 kamen sie dann endlich mit einer Coverversion des John-D.-Loudermilk-Titels *»Then You Can Tell Me Goodbye«* auf Platz 6 der US-Charts. Ihre zweite und letzte Notierung hieß *»It's All Over Now«* – und das stimmte.

Der Hit: *Then You Can Tell Me Goodbye*

Cassidy, David

* 12.4.1950. Der Amerikaner ist der Sohn des Schauspielers Jack Cassidy, seine Stiefmutter ist die Oscar-Preisträgerin Shirley Jones. David absolvierte seine musikalische und schauspielerische Ausbildung an der David Craig School of Musical Comedy und spielte zunächst kleinere Rollen in Broadway-Musicals. Es folgten Rollen in TV-Serien wie »Ironside« oder »Bonanza«. Im Herbst 1970 startete die Fernsehserie »The Partridge Family«, zu deren Mitgliedern David und seine Stiefmutter gehörten. In jeder Folge wurde ein Liedlein geträllert, und einige wurden zu Hits. Ab 1971 betätigte sich David nebenher auch als Solist und hatte mit *»Cherish«* im November 1971 einen Platz 9 in den USA, mit *»How Can I Be Sure«* im September 1972 und mit *»Daydreamer«* im Oktober 1973 jeweils einen Platz 1 in GB. 1978 erklärte er: »Ich muß einfach aufhören zu arbeiten. Ich habe 18 Stunden am Tag 7 Tage die Woche gearbeitet. Jetzt ist es genug.« Nach etlichen Jahren Abwesenheit aus den Hitparaden hatte er sich im Februar 1985 offensichtlich erholt. Mit *»The Last Kiss«* hatte er zumindest in GB wieder einen Top-10-Erfolg. Im September 1990 gelang ihm mit *»Lyin' To Myself«* ein Top-30-Hit in den USA. 1993 ist er in der deutschen Fernsehserie »Ein Schloß am Wörthersee« zu sehen – ein spielt einen Sänger.

Der Hit: *Daydreamer*
Der Tip: *Romance* (Arista 206 983)

Cassidy, Shaun

* 27.9.1958. Der amerikanische Sänger und Schauspieler ist der Sohn des Schauspieler-Ehepaares Jack Cassidy und Shirley Jones und damit Halbbruder von David Cassidy. Ähnlich wie David wurde auch Shaun durch eine TV-Serie, die sich vorwiegend an jugendliches Publikum richtete, bekannt. In »The Hardy Boys« spielte er zwischen 1977 und 1979 Joe Hardy. Während dieser Zeit hatte er auch

seine größten Erfolge als Sänger: *»That's Rock 'n' Roll«* und *»Hey Deanie«* kamen 1977 in den USA unter die ersten 10, *»Da Doo Ron Ron«* wurde Platz 1. Danach spielte er für zwei Jahre in der TV-Comedy-Serie »Breaking Away« und war nach deren Ende 1981 mit 23 Jahren für die kleinen amerikanischen Teenie-Mädels schon zu alt. Ab 1987 spielte er in der amerikanischen Seifenoper »General Hospital«, 1989 versuchte er ein Comeback als Sänger.

Der Hit: *Da Doo Ron Ron*

Der Tip: *Born Late* (WB 56 433)

Castor, Jimmy

* 22.6.1943. Der amerikanische Sänger, Saxophonist und Songschreiber war bereits in seinen Jugendtagen mit Frankie Lymon zusammen, den er 1957 bei den Teenagers ersetzte. Ein Jahr zuvor hatte er bereits den selbstgeschriebenen Titel *»I Promise To Remember«* mit seiner eigenen Formation Jimmy Castor & The Juniors aufgenommen – ohne Erfolg. Frankie Lymon coverte die Nummer und kam zumindest in die Hitparade. Bei *»Rinky Dink«* von Dave »Baby« Cortez aus dem Jahr 1962 und *»The Loco-Motion«* von Little Eva spielt Jimmy Saxophon. Sein erster Solo-Erfolg wird 1966 verzeichnet: *»Hey, Leroy, Your Mama's Calling You«*. 1972 gründete er The Jimmy Castor Bunch – und mit diesem Haufen hatte er seine größten Erfolge: *»Troglodyte (Cave Man)«* erreichte im Mai desselben Jahres Platz 6 in den USA, *»The Bertha Butt Boogie (Part 1)«* fast drei Jahre später Platz 16. In beiden Songs ging es um zwischenmenschliche Beziehungen nach dem Motto »In der Steinzeit war alles besser«. Später schwenkte er zu sehr auf die Disco-Masche um.

Der Hit: *Troglodyte (Cave Man)*

Der Tip: *It's Just Begun* (RCA LSP 4640)

Casuals

Johnny Tebb, org (* 1.10.1945); Alan Taylor, g/b; Howard Newcombe, g/tr; Robert O'Brien, d.

Ende der 60er Jahre gewannen die Casuals dreimal in der britischen Talentshow »Opportunity Knocks«. Dann verließen sie GB und gingen nach Italien. In Mailand wurden sie zur Attraktion und kehrten erst 1968 in ihre Heimat GB zurück, als ihre Single *»Jesamine«* in die Charts kam und schließlich Platz 2 erreichte. Danach gelang ihnen mit *»Toy«* noch ein Platz 30, aber Ende der 60er Jahre waren sie von der Bildfläche verschwunden.

Der Hit: *Jesamine*

Der Tip: *Hour World* (Vogue MDINT 9751)

Catch

Don Snow, v (13.1.1957 in Nairobi, Kenia); Andy Duncan, d/per; Chris Whitten, d/per (* 26.3.1959).
Don hatte musikalische Erfahrungen als Sänger, Keyboarder oder Songschreiber mit den Sinceros, Lene Lovich und der Formation Squeeze gesammelt, bevor er im Frühjahr 1983 bei einer Studiopoduktion auf Andy Duncan traf. Der hatte als Schlagzeuger für David Bowie, Toyah, Wham!, Madness oder John Martyn gearbeitet. Die beiden hatten dieselbe Affinität zu Dance Music und stellten ihre Solo-Aktivitäten zurück, um gemeinsam die Nummer »*25 Years*« aufzunehmen, die von einem Farmer handelt, der nach arbeitsreichem Leben wegen eines kleinen Diebstahls 25 Jahre Gefängnis kriegt. Dieser Titel ist zumindest in Deutschland so erfolgreich, daß er im Oktober 1983 Platz 3 in der Hitparade erreicht. Zum gleichen Zeitpunkt trennen sich Snow und Duncan. Für Andy kommt Chris Whitten als Ersatz. Der alte Schwung jedoch ist weg, und die Nachfolgeplatten sind nicht mehr erfolgreich.

Der Hit: *25 Years*
Der Tip: *25 Years – The Album* (Hansa 262 309)

Catch, C.C.

* 31.7.1964 als Caroline Müller. Der deutsche Erfolgsproduzent Dieter Bohlen entdeckte die Niederländerin mit dem Künstlernamen Caro in einer Diskothek in der Nähe von Hamburg. Dort war sie als Leadsängerin des Osnabrücker Mädchenquartetts Optimal aufgetreten. Da sie bereits seit sieben Jahren in Deutschland wohnte, hatte sie kaum noch einen holländischen Akzent. Caro hatte sich in harter Kleinarbeit autodidaktisch eine Bühnenausbildung erworben, die sie durch Auftritte bei über 100 Talentwettbewerben, von denen sie über die Hälfte gewann, perfektionierte. Auf der Internationalen Funkausstellung 1985 in Berlin hatte sie ihren ersten Erfolg mit »*I Can Lose My Heart Tonight*«. Mit »*Cause You Are Young*«, »*Strangers By Night*« und »*Heartbreak Hotel*« stand sie 1986 gleich dreimal unter den ersten 10 in der deutschen Hitparade. 1988 erreichte sie noch einmal einen Platz 10 mit »*Backseat Of Your Cadillac*«. 1989 trennte sie sich von ihrem Entdecker und Produzenten Bohlen und zeigte, wie es ihre neue Plattenfirma schrieb, »daß sie anspruchsvolle und internationale Popmusik machen kann und endgültig die alten Klischees abgeworfen hat«. Produzent war jetzt u. a. Andy Taylor von Duran Duran, was aber nicht mehr half.

Der Hit: *Heartbreak Hotel*
Der Tip: *Classics* (Hansa 260 212-222)

Cates, George

* 19.10.1911. Die Qualitäten dieses Amerikaners lagen in erster Linie auf der Ebene Komposition, Arrangement und Produktion. 25 Jahre lang leitete er die Lawrence Welk TV-Show. Viele Titel von Bing Crosby, Teresa Brewer und den Andrews Sisters wurden durch ihn betreut. Mit seinem Studioorchester hatte er im April 1956 mit seiner Version von »*Moonglow And Theme From Picnic*« einen Platz 4 in der amerikanischen Hitparade. Bei diesem einen Hit blieb es.

Der Hit: *Moonglow And Theme From Picnic*

Catrins Madison Club

Einer der vielen »Clubs«, hinter denen sich Caterina Valente und ihr Bruder Silvio Francesco verbargen. Dieser hier war im Jahre 1962 geöffnet und brachte ihnen im November jenes Jahres mit »*Madison in Mexico*« einen Platz 4 in den deutschen Charts ein. Weitere Lokalitäten finden sich unter »Club . . .«.

Der Hit: *Madison in Mexico*

Cats

Piet Veerman, v/g (* 1.3.1943); Jaap Schilder, g (* 9.3.1943); Arnold Mühren, b (* 28.1.1944); Theo Klouwer, d (* 30.6.1947); Cees Veerman, v (* 6.10.1943). Die Glanzzeit der Cats in ihrer Heimat Holland läßt sich nur mit der Beatlemania in GB vergleichen. 1964 traten sie zum erstenmal gemeinsam auf und versuchten sich danach bei mehreren Nachwuchswettbewerben. Ihren großen Durchbruch in Deutschland hatten sie mit »*One Way Wind*«, die im Januar 1971 auf Platz 4 in der deutschen Hitparade stand und im November 1972 vergoldet wurde. »*Let's Dance*« erreichte im Juni 1972 Platz 3, »*Be My Day*« im April 1974 Platz 4 in der deutschen Hitparade. Danach war ihr Erfolg zumindest in Deutschland beendet. Eine in den USA veröffentlichte LP der Cats brachte gute Kritiken in den Fachzeitschriften Billboard, Record World und Cash Box, kam aber trotzdem nicht unter die ersten 200.

Der Hit: *Let's Dance*
Der Tip: *One Way Wind* (Imperial CDP 520-7 90564 2)

Cavallaro, Carmen

* 6.5.1913. Der aus New York stammende Pianist spielte mit Rudy Vallee und anderen Formationen, bevor er eine eigene Dance-Band gründete. In Hotels und Ball Rooms wurde er Anfang der 40er Jahre mit seiner Musik recht populär. Seine Plattenaufnahmen machte er in erster Linie mit Studiomusikern und nicht mit seinen eigenen. Seiner Popularität verdankte er viele Radio- und Filmauftritte, z. B. im Streifen »Hollywood Canteen« 1944. Der größte Hit, basierend auf einem Thema von Chopin, war die *»Polonaise In A«*, im Juni 1945 auf Platz 3 in den USA.

Der Hit: *Polonaise In A*

C.C.S.

Alexis Korner, v/g (* 19.4.1928, † 1.1.1984); Peter Thorup, v; Harry Beckett, tr (* 30.5.1935); Henry Lowther, tr (* 11.7.1941); Kenny Wheeler, tr (* 14.1.1930); Les Condon, tr; Johnnie Watson, pos; Don Lusher, pos (* 6.11.1923); Ronnie Ross, sax (* 2.10.1933, † 1991); Danny Moss, sax (* 16.8.1927); Ray Warleigh, fl; Herbie Flowers, b; Spike Heatley, b; Barry Morgan, d; Tony Carr, d; Bill Le Sage, per (* 20.1.1927); Jim Lawless, per; Jon Cameron, p/arr.

C.C.S. war eine lose Verbindung von Musikern, die bevorzugt Rhythm & Blues und Big-Band-Jazz machten. Um so verwunderlicher erscheint es, daß in den ersten drei der 70er Jahre diese Musik erfolgreich war und mit *»Walkin«* und *»Tap Turns On The Water«* 1971 zwei Top-10-Hits in GB brachte. Chef des Ganzen war Alexis Korner, der sich in der Vergangenheit als Boß diverser Gruppen hervorgetan hatte, die alle nicht sonderlich erfolgreich waren. Der in Paris geborene Österreicher – sein richtiger Name ist Körner – hatte schon in den 50er Jahren seine Vorliebe für Blues entdeckt. 1961 gründete er Blues Incorporated, in der viele junge englische Musiker ihr Handwerk lernten. Zu den ersten Mitgliedern gehörten Cyril Davies, Charlie Watts und Dick Hackstall-Smith. Bis die Band 1967 auseinanderfiel, waren dabei Mick Jagger, Jack Bruce, Ginger Baker, Eric Burdon, Paul Jones, Lee Jackson, Danny Thompson, Hughie Flint, Graham Bond, Long John Baldry und Terry Cox. Alexis half bei der Gründung von Led Zeppelin und der Gruppe Free. C.C.S. ist eine Abkürzung für Collective Consciousness Society. Diese Gemeinschaft des kollektiven Bewußtseins brachte Alexis Korner zum erstenmal finanzielle Erfolge. Zweiter Sänger der Band war der Däne Peter Thorup, mit dem Korner bereits seit 1968 als Duo aufgetreten war. Daß die Band 1973 wieder auseinanderfiel, lag in der Hauptsache daran, daß die meisten der vielen Mitglieder C.C.S. nicht als ihre Haupteinnahmequelle betrachteten. Für sie war es ein Spaß, eine Art Nebenbeschäftigung. Die meisten der ausgezeichneten Musiker dieser Gruppe verdienten ihre Brötchen als vielbeschäftigte

Studio-Cracks. Projekte von Korner nach dieser Zeit waren wie die davor: musikalisch nicht schlecht, kommerziell daneben. Alexis wurde zu Recht als der Vater des britischen Rhythm & Blues bezeichnet.

Der Hit: *Tap Turns On The Water*
Der Tip: *Whole Lotta Love* (EMI CDP 7 97553 2)

Celentano, Adriano

* 6.1.1938. Was dieser Mann schon alles hinter sich hat, ist abenteuerlich. Und dabei sollte man ruhig davon ausgehen, daß er alles, was er heute erfolgreich macht, nie gelernt hat – in dem Sinne, daß er Unterricht nahm. Celentano wurde in Mailand geboren, und seine Familie war bettelarm. Adriano machte eine Lehre als Scherenschleifer und dann als Uhrmacher, aber das war alles nicht das, was er wollte. Also her mit einer Gitarre und so spielen wie Elvis. Und da der ja bekanntlich ebenfalls nur einige Griffe auf der Gitarre klopfen konnte, hatte Celentano das schnell raus. Beim San Remo Festival 1959 gewinnt er den Schlagerwettbewerb. Seine ersten Platten zeigen den rockigen Celentano, aber nachdem Elvis auf die seichte Welle umgestiegen war, machte ihm Adriano das nach. Im Gegensatz zu Elvis, der die Platten besingt und sich ansonsten nicht um das Geschäft kümmert, ist der Junge aus den armen italienischen Verhältnissen cleverer. Er gründet einen eigenen Musikverlag, eine eigene Konzertagentur und schließlich seine eigene Plattenfirma. Was er wollte, war Kontrolle über das Gesamtprodukt und damit Kohle aus dem Gesamtverdienst. Seine Firma nennt er »Clan Records«, und mit einem Clan zieht er auch ständig durch die Lande. Dazu gehören die gesamte Verwandtschaft, Angestellte, angeblich ein paar Freundinnen und natürlich seine Frau Claudia Mori – selbst eine in Italien und Spanien erfolgreiche Sängerin – und ein Priester. Wieviel davon wahr ist, weiß niemand. Erfolge feiert Celentano auch mit seinen Filmen. Seinen größten Hit hatte er im Oktober 1968 mit *»Azzurro«*.

Der Hit: *Azzurro*
Der Tip: *Super Best* (East West 4509-91827-2)

Cerrone

* 1952 als Jean-Marc Cerrone. Zusammen mit Giorgio Moroder gilt er als Europas wichtigster Beitrag zum Disco-Sound. Mit 18 war er Orchesterleiter beim Club Méditerranée. Mit 20 hatte er einen lukrativen Vertrag mit dem französischen Produzenten Barclay. Daß seine Platten immer so klangen, daß sie den jeweiligen Trend der Zeit trafen, erklärt sich durch folgende Aussage von

Cerrone: »Ich produziere nicht Schallplatten, um irgendwelchen Minderheiten meine persönlichen musikalischen Vorstellungen aufzuzwingen. Musikgelüste dieser Art sollte man besser zu Hause im eigenen Keller austoben. Mir ist es wichtiger, Musik zu machen, die breite Bevölkerungsschichten anspricht – ich möchte also bewußt kommerziell arbeiten. Warum das heute bei so vielen Leuten verpönt ist, will nicht in meinen Kopf.« Mit dieser Einstellung hatte er bis 1979 mehr als 10 Millionen Platten verkauft. Seinen größten Erfolg in den internationalen Single-Charts hatte er im Juli 1978 in GB mit *»Super Nature«*.

Der Hit: *Super Nature*
Der Tip: *Super Nature* (CBS 82 657)

Cetera, Peter

* 13.9.1944. Der amerikanische Sänger, Bassist und Songschreiber gehörte zu dem Team, das 1966 Chicago Transit Authority gründete, die sich ab Juli 1969 nur noch Chicago nannten. Neben seinen Erfolgen mit dieser ersten Jazz-Rock-Formation hat er ab 1981 auch Soloplatten veröffentlicht. 1985 trennte er sich endgültig von Chicago, und ab 1986 begann seine Hit-Zeit. *»Glory Of Love«* und *»The Next Time I Fall«* – hier mit Amy Grant – waren noch 1986 Nummer-1-Hits in den USA. Mit *»One Good Woman«* im Juni 1988 und *»After All«* – diesmal mit Cher – im März 1989 hatte er weitere Top-10-Erfolge.

Der Hit: *Glory Of Love*
Der Tip: *Solitude/Solitaire* (WB 925 474-2)

Chacksfield, Frank

* 9.5.1914. Nachdem der Brite in seinen Kindertagen Tastenspielen erlernte, wurde er in den späten 30er Jahren Arrangeur. Nach dem Krieg spielte er im Radio und machte seine ersten Plattenaufnahmen als Begleiter von Frederick Ferrari, der in den Shows des Komikers Charlie Chester auftrat. 1953 gründete er mit Tunesmith eine eigene Band, und schon im April desselben Jahres hatte er seinen ersten Top-10-Erfolg in GB mit der Novelty-Nummer *»Little Red Monkey«*. Seine nächsten beiden Platten wurden seine größten Hits: *»Limelight (Terry's Theme)«* erreichte in GB Platz 2, in den USA Platz 5, *»Ebb Tide«* wurde in den USA ein Millionseller und Platz 2, in GB Platz 9. Bis 1960 werden Hits von Frank notiert, danach verlegte er sich mehr auf LPs, spielte viel in Radiosendungen und arbeitete an Filmmusiken.

Der Hit: *Ebb Tide*

Chad & Jeremy

Chad Stuart (* 10.12.1943) und Jeremy Clyde (* 22.3.1944), beide Schauspielschüler und geboren in England, versuchten sich ab 1964 als musikalisches Duo Chad & Jeremy. Sie klangen wie Peter & Gordon oder David & Jonathan, und davon waren die Briten wenig begeistert. Ganz anders die Amerikaner, denen besonders der typisch britische Stil der beiden gefiel. *»Yesterday's Gone«* war im Mai 1964 der erste Hiterfolg der beiden, *»A Summer Song«* erreichte im August 1964 gar Platz 7 in den USA. Bis Ende 1966 hatten sie noch etliche Hitnotierungen, 1969 trennten sie sich und versuchten sich wieder als Schauspieler. Jeremy Clyde sah man 1976 in der TV-Serie »Sexton Blake« in einer Hauptrolle. Stuart beschäftigte sich weiter mit Musik und schrieb Musicals, von denen man jedoch wenig hörte.

Der Hit: *A Summer Song*
Der Tip: *The Best* (Capitol 2470)

Chairmen Of The Board

General Norman Johnson (* 23.5.1944); Danny Woods (* 10.4.1944); Harrison Kennedy; Eddie Custis – alle v.
Nachdem General Norman Johnson 1968 die Gruppe Showmen verlassen hatte, scharte er drei weitere Sänger um sich und sang Soulmusik, als wäre er eine Mischung aus Levi Stubbs von den Four Tops und Billy Stewart. Zuerst nannte sich die in Detroit beheimatete Gruppe Gentlemen, dann schnell Chairmen Of The Board. Gleich ihre Debüt-Single wurde ein Millionseller und Platz 3 in den USA und in GB: *»Give Me Just A Little More Time«*. Die Nachfolgeplatte *»(You've Got Me) Dangling On A String«* wurde in GB Platz 5 – danach erschienen bis 1973 weitere Singles, die sich sowohl in den USA als auch in GB plazieren konnten. Dabei hatte die Band schon 1971 aufgehört, neue Platten aufzunehmen. Die Plattenfirma veröffentlichte trotzdem bis 1976 weitere Singles und auch LPs. Alle Mitglieder arbeiteten danach als Solisten. Speziell Johnson hatte auch als Songschreiber – von ihm stammt der Clarence-Carter-Hit *»Patches«* – und als Produzent Erfolg. Er betreute z. B. Honey Cone und 100 Proof. Johnson behielt auch die Rechte am Gruppennamen – und wenn die ehemaligen Mitglieder Lust hatten, arbeiteten sie auch mal wieder als Aufsichtsratsvorsitzende zusammen.

Der Hit: *Give Me Just A Little More Time*
Der Tip: *Salute The General* (H-D-H Records LP 006 TIS)

Chakachas

Dieses belgische Sextett leitete Gaston Boogaerts (* 31.7.1921). Mit der für Diskotheken und Schlafzimmer sehr geeigneten Nummer *»Jungle Fever«* hatte die Band im Januar 1971 einen Platz 8 in den USA und einen Millionseller. Die erste Hitnotierung dieser Formation stammt aus dem Jahre 1962 – da hatten sie in GB Erfolg mit *»Twist Twist«*. Aber schon 1958 war die Band in einigen europäischen Hitparaden mit der Nummer *»Eso Es El Amor«*. Eine Wiederholung des Erfolges von *»Jungle Fever«* gelang der Gruppe nicht.

Der Hit: *Jungle Fever*

Chamberlain, Richard

* 31.3.1935. Erfinder der Doktorspiele im Fernsehen war er zwar nicht, aber er hatte damit ab 1961 als Dr. Kildare im US-TV großen Erfolg. Ben Casey oder Marcus Welby M.D. waren seine direkten Konkurrenten im Medical Centre – Dr. Kildare war der Smarteste. Als die Serie mit ihm in eine Phase trat, in der jeder dem Hauptdarsteller jedes gebrauchte Auto mit noch soviel gefahrenen Kilometern abkaufen würde, sahen seine Manager die Zeit gekommen, ihn auch stimmlich auszubeuten. Seine erste Platte war dann auch zweckmäßigerweise nach seiner Erfolgsserie benannt: *»Theme From Dr. Kildare«*. Sie erschien Mitte 1962 und wurde ein Top-10-Hit in den USA. Danach wurden in schneller Folge – man weiß ja nie, wie lange eine Serie mit Erfolg läuft – sieben weitere Singles auf den Markt geworfen. Und da die Stimme von Richard nicht so gewaltig war, daß man ihr zuviel zumuten wollte, ließ man ihn kleine, bekannte Melodien trällern. Auch in GB war man vom Doktor und den lieben Platten so angetan, daß er dort vier Hitnotierungen aufweisen kann. Aber dann kamen die bösen Beatles. Mit so etwas wollte man unseren braven Doktor nicht antreten lassen – er warf die Mullbinden und widmete sich wieder der Schauspielerei. Inzwischen kennen wir ihn als verliebten Kardinal oder als japanischen Haudegen. Speziell die »Dornenvögel« haben ihn hierzulande so hochstilisiert, daß seine Seligsprechung sicher vom überwiegenden Teil der Bevölkerung nicht ungern gesehen worden wäre. Ob Lila der Kurie oder Kimono des »Shogun«, dem Mann steht einfach alles.

Der Hit: *Theme From Dr. Kildare (Three Stars Will Shine Tonight)*
Der Tip: *Greatest Hits* (Edel Company EDL 2519-2)

Champaign

Michael Day, g/key; Rocky Maffit, d; Leon Reeder, g; Dana Walden, key; Michael Reed, b; Pauli Carman, v; Rena Jones, v.
Die Band benannte sich bei ihrer Gründung 1981 nach ihrer Heimatstadt in Illinois. Sie war ein Zusammenschluß von Musikern, die bereits in einigen Bands gespielt hatten. Die Instrumentalisten waren weiß, die beiden Sänger Carman und Jones schwarz. In Großbritannien hatten sie mit »*How 'Bout Us*« 1981 einen Platz 5, in ihrer Heimat USA waren sie in den Rhythm-&-Blues-Charts erfolgreich. Bis zu ihrer Trennung 1985 nahmen sie drei LPs auf, die nicht sonderlich erfolgreich waren. 1990 kamen sie noch einmal kurz zusammen, um eine vierte LP zu produzieren. Ansonsten versuchte sich Pauli Carman als Solist.

Der Hit: *How 'Bout Us*
Der Tip: *How 'Bout Us* (CBS 84 927)

Champs

Dave Burgess, g; Danny Flores, sax/p; Cliff Hills, b; Buddy Bruce, g; Gene Alden, d; Dale Norris, g; Joe Burnas, b; Jim Seals, sax (* 17.10.1941); Dash Crofts, d (* 14.8.1940); Dean Beard, p; Glen Campbell, g (* 22.4.1936).
1957 kamen die fünf erstgenannten Musiker in Los Angeles zusammen. Sie sollten die Back-up-Gruppe für die Vokalisten Kuf-Linx bilden. Nach dieser Session hatten sie noch Zeit genug, einen von Burgess geschriebenen Instrumentaltitel aufzunehmen. Für die Musiker war es ein reines Wegwerfprodukt, sie hörten sich nicht einmal das letzte Playback an. Im Januar 1958 erschien »*Tequila*« als B-Seite unter dem Gruppennamen Champs (eine Verbeugung vor Champion, einem Pferd von Gene Autry, dem Gründer ihres Plattenlabels Challenge). Die Radiostationen spielten jedoch lieber die B-Seite, und so wurde der Titel Nummer 1 in den US-Charts. Danach sollten die Champs auf Tour gehen, und dazu mußten weitere Musiker her (s. o.). Sieben weitere Singles wurden produziert, die alle nicht an den ersten Erfolg anschließen konnten. Bemerkenswert an den nicht wenigen personellen Veränderungen ist vor allem die Hinzunahme des jungen Gitarristen Glen Campbell als Ersatz für Burgess 1960. Seals and Crofts waren zwischen 1972 und 1978 als Duo in den USA sehr erfolgreich. Glen Campbell machte als Mitglied der Beach Boys und als Solist von sich reden.

Der Hit: *Tequila*
Der Tip: *Collection* (Line IMCD 9.00597)

Chandler, Gene

* 6.7.1937 als Eugene Dixon. 1955 gründete er die Gaytones, 1957 ging Gene zu den Dukays und für drei Jahre zur US-Army. Die meiste Zeit seiner Zugehörigkeit zur Armee verbrachte er in Deutschland. Dann kehrte er zu den Dukays zurück und hatte mit denen 1961/62 zwei kleinere Hits. Nun nahm die Band den Titel »*Duke Of Earl*« auf, den sie jedoch auf einem neuen Plattenlabel veröffentlichen wollte. Ihre alte Plattenfirma verbot ihnen, den Namen Dukays zu verwenden. Bis zu diesem Zeitpunkt hieß Gene Chandler noch Eugene Dixon – Eugene verließ die Band, nannte sich Gene Chandler und wurde mit dem Titel im Januar 1962 Spitzenreiter in der US-Hitparade. Um die Verwirrung komplett zu machen: Als Interpret wurde auf der Platte The Duke Of Earl angegeben. Erst seine dritte Hitnotierung erschien dann wirklich unter seinem Künstlernamen. Die Reihe seiner Hits reicht bis ans Ende der 70er Jahre. Etliche seiner größeren Erfolge nach »*Duke Of Earl*« wurden von Curtis Mayfield geschrieben, so z. B. »*Just Be True*« 1964 oder »*Nothing Can Stop Me*« 1965, beides Top-20-Erfolge.

Der Hit: *Duke Of Earl*
Der Tip: *Stand By Me* (Charly CD 55 TIS)

Chandler, Karen

Bekannt wurde sie als Eve Young – unter diesem Namen sang sie 1946 in der Band von Benny Goodman. Mit dem Titel »*A Gal In Calico*« hatte sie als Sängerin dieses ausgezeichneten Orchesters im Januar 1947 einen Platz 6 in den US-Charts. Ab 1948 machte sie auch Soloplatten als Eve Young. Zumindest kommt sie auf zwei Eintragungen in den Hitparaden der Jahre 1948/49. Ihren größten Hit hatte sie jedoch als Karen Chandler im Oktober 1952 mit dem Millionseller »*Hold Me, Thrill Me, Kiss Me*« – es wurde ein Platz 5 in den USA. Sie hatte Hits bis 1956, bevor sie Ende der 50er Jahre ganz aus dem Showgeschäft verschwand.

Der Hit: *Hold Me, Thrill Me, Kiss Me*

Channel, Bruce

* 28.11.1940. Schon während seiner Schulzeit begann die musikalische Karriere von Bruce. Anfang der 60er Jahre erhielt er für sechs Monate ein Engagement an der Louisiana Hayride Show, was ihm zu einem Plattenvertrag verhalf. Gleich der erste war dann auch wieder einmal der größte Hit: »*Hey! Baby*« erreicht im Januar 1962 Platz 1 in der amerikanischen Hitparade und Platz 2 in GB. Mundharmonikaspieler auf dieser Platte ist übrigens Delbert McClinton. In den USA sollte Bruce

kein weiterer Hit mehr gelingen, in GB hingegen hatte er mit dem Stück *»Keep On«* im Juni 1968 noch einmal einen Platz 12.

Der Hit: *Hey! Baby*

Chantays

Bob Spickard, g; Brian Carman, g/sax; Bob Marshall, p; Warren Waters, b; Bob Welsh, d.

Diese kalifornische Formation fand sich während ihrer High-School-Zeit 1962 zusammen. Bereits ein Jahr später landeten sie ihren größten Hit mit dem Instrumental *»Pipeline«* – ursprünglich war dieser Titel als B-Seite vorgesehen. Nach einigen weiteren Single-Veröffentlichungen und einer Umbesetzung löste sich die Formation auf. Im Zuge des Revivals der Surf Music tauchten in den 80er Jahren wieder einige Musiker unter dem Namen Chantays auf.

Der Hit: *Pipeline*
Der Tip: *Two Sides Of The Chantays/Pipeline* (Repertoire 4114)

Chapin, Harry

* 7.12.1942, † 16.7.1981. Der vielseitig begabte Sohn eines Big-Band-Drummers gründete seine erste Gruppe mit seinen Brüdern Tom und Stephen. 1968 führte er bei dem für den Oscar nominierten Film »Legendary Champions« Regie. 1971 gründete er eine neue Formation mit John Wallace, Ron Palmer und Tim Scott, mit der er in New Yorker Clubs spielte. 1972 erhielt er einen Plattenvertrag und veröffentlichte die LP *»Heads And Tails«* mit der Single-Auskopplung *»W-O-L-D«*. 1974 gelang ihm zu Weihnachten mit *»Cat's In The Cradle«* eine Nummer 1 in den USA. Der Song handelt von der Gefahr, die Karriere über die Familie zu stellen und damit alles zu zerstören. Die Zeitschrift »L. A. Free Press« bezeichnete ihn einmal als »Jacques Brel der Arbeiterklasse«. Chapin hatte ein Auge für die kleinen und großen Sorgen des täglichen Lebens. Er beobachtete seine Umwelt genau, diagnostizierte die Fehler und Schwächen seiner Mitmenschen und verarbeitete seine Beobachtungen und Erfahrungen in seinen Liedern. In seinen Songs erzählt er Geschichten, die »voller Zynismus, Frustration und sehnsüchtigem Verlangen« sind, wie die Zeitschrift »Crawdaddy« schrieb. Der ehemalige Philosophie- und Architekturstudent, der mehr als 300 Dokumentarfilme gedreht hat (einige davon preisgekrönt), einen Lyrikband veröffentlichte und seine Konzerte als Multimediashow betrachtete, gehörte zur Clique der politisch und sozial engagierten Stars in Amerika. Jahr für Jahr gab er Dutzende von Konzerten für die Welthungerhilfe. Von den Einnahmen seiner Konzerte gab er außerdem

immer einen Teil an diese Organisation ab, der meist 50 % überschritt. Während Harry mit seinem Auto auf dem Weg zu einem solchen Benefizkonzert war, verunglückte er tödlich auf dem Long Island Expressway.

Der Hit: *Cat's In The Cradle*
Der Tip: *Gold Medal Collection* (Elektra 960 773-2)

Chapman, Tracy

* 30.3.1964 oder 25.3.1965, man liest beide Daten häufig. Ohne Zweifel dürfte sie die Entdeckung des Jahres 1988 gewesen sein. Die Amerikaner zeichneten sie dafür mit dem Grammy Award für den besten neuen Künstler aus. Bis 1986 studierte sie Ethnologie an der Tufts University in Massachusetts. Nachdem ihre erste LP erschienen war, las man zuerst, sie würde sich zu sehr auf den Spuren von Joan Armatrading bewegen. Es wurde ihr zwar attestiert, daß sie singen kann, aber ihre Arrangements würden doch sehr konventionell wirken, hübsch verpackt, aber letztlich doch zu versöhnlich. Immerhin verkaufte sich das Album weltweit neunmillionenmal. Die Single-Auskopplung *»Fast Car«* war im Juni 1988 ein Top-10-Hit in den USA und in GB. Nach dem Debüt-Erfolg erschienen mit *»Crossroads«* und *»Matters Of The Heart«* zwei weitere gelungene LPs, die jedoch an den Erfolg des ersten Albums nicht anschließen konnten. Mag sein, daß die sehr introvertierte Art der Bühnenpräsentation von Tracy Chapman einige anfängliche Fans wieder vergraulte.

Der Hit: *Fast Car*
Der Tip: *Tracy Chapman* (Elektra 960 774-2)

Charioteers

William B. Williams; Edward Jackson; Ira Williams; Howard B. Daniel – alle v; Jimmy Sherman, p/arr.
Diese Gesangs-Gruppe aus Cincinnati wurde geleitet von William B. Williams und formierte sich Mitte der 30er Jahre am Wilberforce College in Ohio. In Cincinnati arbeiteten sie dann für 2 Jahre im Radio und 1938 in der erfolgreichen Show Hellza-Poppin. In den 40er Jahren kam dann ihre große Zeit in den Hitparaden. Mit der Nummer *»Open The Door, Richard«* hatten sie im März 1947 einen Platz 6 in den US-Charts und ihren größten Erfolg. Auch auf Platten anderer Interpreten sangen sie mit. So hatten sie z. B. Top-10-Hits mit Frank Sinatra, *»Don't Forget Tonight Tomorrow«*, und Buddy Clark, *»Now Is The Hour (Maori Farewell Song)«* im März 1948.

Der Hit: *Open The Door, Richard*

Charlatans

Tim Burgess, v (* 30.5.1968); Martin Blunt, b (* 1965); Jon Baker, g (* 1969); Jon Brookes, d (* 1969); Rob Collins, key (* 1967).
1989 kam diese Formation im Zuge der Manchester-Mode zusammen. Sie verarbeiteten Melodien der 60er Jahre, Hammondorgel-Riffs und ein lockeres Lebensgefühl. Ihre Debütsingle *»Indian Rope«*, die 1990 nur als Maxi erschien, verkaufte sich gut genug, um einen neuen Plattenvertrag einzubringen. Einen Top-10-Hit in GB hatten sie mit *»The Only One I Know«*, einem alten an die Byrds angelehnten Popsong. Mit ihrer 1990 erschienenen LP *»Some Friendly«* konnten sie den Spitzenplatz der britischen LP-Charts erobern. Die danach erschienenen Singles und LPs erregten weit weniger Aufsehen.

Der Hit: *The Only One I Know*
Der Tip: *Some Friendly* (Rebel Records SPV 084-30912)

Charlene

* 1.6.1950 als Charlene D'Angelo, verheiratete Duncan, verheiratete Oliver. Die aus Hollywood stammende Sängerin unterschrieb 1974 einen Vertrag bei Tamla Motown. Damit gehört sie neben der Gruppe Rare Earth, Teena Marie und Bobby Darin zu den wenigen weißen Interpreten dieser Firma. 1977 nahm sie die Platte *»I've Never Been To Me«* auf, die sich jedoch erst im Frühjahr 1982 zu einem Hit mausern sollte – sie erreichte Platz 3 in den USA und gar Platz 1 in GB. Zu diesem Zeitpunkt hatte Charlene Tamla bereits seit zwei Jahren verlassen – und die USA auch. Die deutsche Vertretung ihrer Plattenfirma schrieb 1982 nach dem Hit über Charlene: »Charlene, deren persönliche Biographie sich wie ein dickes Kapitel eines Charles-Dickens-Romans liest (als Kind kränkelnd, allzufrüh unglücklich verheiratet, Scheidung, Alkohol- und Drogenabhängigkeit, Selbstfindung und soziales Engagement, Bekehrung zum aktiven Christentum), hatte sich nach ihren nicht sonderlich erfolgreichen Aufnahmen ins Privatleben zurückgezogen und betrieb mit ihrem Mann einen Tante-Emma-Laden mit Poststation in einem englischen Kleinstädtchen.« Nachdem sie einen solchen Erfolg hatte, nahm sie ihre alte Plattenfirma erneut unter Vertrag und stellte ihr für den Titelsong einer neuen LP als Mitsänger Stevie Wonder zur Seite. Trotzdem erreichte sie als Singleauskopplung nicht einmal die Top 40. 1985 verließ Charlene Tamla wieder und ist seitdem nicht wiederaufgetaucht.

Der Hit: *I've Never Been To Me*
Der Tip: *Use To Be* (Tamla Motown 260.15.044)

Charles, Jimmy

* 1942. Als 16jähriger gewann der aus New Jersey stammende Jimmy im Apollo-Theater in Harlem einen Nachwuchswettbewerb, der zu einem Plattenvertrag führte. Im August 1960 erschien er erstmals in den Charts und hatte mit *»A Million To One«* einen Platz 5. Im Hintergrund wurde Jimmy von der Gesangsgruppe Revelletts begleitet. Noch im gleichen Jahr hatte er eine weitere Hitnotierung – dann war seine Zeit in den Pop-Charts schon wieder vorbei.

Der Hit: *A Million To One*

Charles, Ray

* 23.9.1930 als Ray Charles Robinson. Er ist ganz ohne Zweifel einer der vielseitigsten und beständigsten amerikanischen Musiker – was er alles draufhat, ist schon erstaunlich. Charles gehört zu den Pionieren des R&B, kann sich als Jazz-, Pop-, Soul- oder gar Country-Sänger und Pianist hören lassen, schrieb eine ganze Latte von großen Hits. Die Karriere von Ray beginnt schon im Jahre 1949. Mit sieben Jahren hatte der Junge aus Albany/Georgia, der in sehr ärmlichen Verhältnissen aufwuchs, wegen eines grünen Stars sein Augenlicht ganz verloren. Er lernte Braille-Schrift und konnte schon mehrere Instrumente spielen, als er die Schule verließ. Mit 15 war er Vollwaise und tingelte durch Clubs in Florida. Eine Reise quer durch die USA führte ihn nach Seattle. Hier fand er als Pianist – er spielte im Stil von Nat »King« Cole – in diversen Nachtclubs Arbeit. Er nannte das von ihm gegründete Trio McSon Trio. 1949 hatte er mit dem *»Confession Blues«* seinen ersten Hit. Es war ein Platz 2 in der Rhythm-&-Blues-Hitparade. In den folgenden Jahren, speziell ab 1954 für die Plattenfirma Atlantic, sollte er bis 1957 Hit auf Hit in der Rhythm-&-Blues-Hitparade landen, darunter die Nummer *»I've Got A Woman«*, die mit zum Besten gehört, was 1955 an Rhythm & Blues auf dem Markt war. 1959 nahm er den Titel *»What'd I Say«* auf. Es wurde sein erster Top-10-Hit in den Pop-Charts. Das Stück *»Georgia On My Mind«* war 1960 die erste Nummer 1 für Ray Charles und zeigte erstmals seine Vielseitigkeit. Es war sicher kein Rhythm & Blues – Frankie Trumbauer hatte damit 1931 einen Top-10-Hit –, sondern eine Mixtur aus Soul und Country. Nun war Country-Music Ray Charles nicht fremd. In seinen Jugendjahren hatte er in Florida in der weißen Hillbilly-Band Florida Playboys gespielt. *»One Mint Julep«*, *»Hit The Road, Jack«*, *»Unchain My Heart«*, *»I Can't Stop Loving You«*, *»You Don't Know Me«*, *»You Are My Sunshine«*, *»Take These Chains From My Heart«*, *»Busted«* und *»Crying Time«* waren bis 1965 weitere Top-10-Erfolge für Ray. Vor allem das Stück *»I Can't Stop Loving You«*, im Mai 1962 ein Platz 1 und Millionseller, war beim Erscheinen sehr umstritten. Als er diesen 1958 von Don Gibson geschriebenen Titel aufnahm, geschah das für

Ray Charles *(Teldec)*

eine LP mit dem Titel *»Modern Sounds In Country And Western Music«*. Der Produzent spielte ihm unter vielen anderen zur Auswahl stehenden Titeln auch das Original von *»I Can't Stop Loving You«* vor. Ray hörte nur die ersten beiden Zeilen des Songs und entschloß sich sofort, diesen Titel auf die neue LP zu nehmen. Die Mitarbeiter der Plattenfirma, bei der Charles unter Vertrag war, zeigten sich von dem ganzen Projekt wenig begeistert. Sie gingen so weit, Ray von dem Plan abzubringen, eine Country-LP aufzunehmen. Warum, kann man leicht erraten: Sie befürchteten, Ray würde alle seine in den letzten Jahren mit seinen Rhythm-&-Blues-Platten gewonnenen Fans vor den Kopf stoßen und verlieren. Ray setzte sich durch – wie wir heute wissen, mit Recht. Die Reihe seiner insgesamt 74 Hits geht bis in das Jahr 1975. 1987 sang er auf einer Platte mit

Billy Joel den Titel *»Baby Grand«*. Anfang der 90er Jahre hatte er zusammen mit Chaka Khan und Quincy Jones den US-Top-20-Hit *»I'll Be Good To You«*. Daß er bei Jung und Alt gleichermaßen ankommt, zeigt sich daran, daß die Initiatoren von USA For Africa ihn für den Titel *»We Are The World«* 1985 gewinnen konnten. Und als es darum ging, die Jugendlichen vom Genuß einer klebrigen braunen Brause zu überzeugen, nahm man 1992 ebenjenen Ray Charles als Protagonisten.

Der Hit: *I Can't Stop Loving You*
Der Tip: *The Birth Of Soul* (Atlantic 7567-82310-2)

Charles, Ray

* 13.9.1918 als Charley Raymond Offenberg in Chicago. Dieser Ray Charles aus Chicago war ein Arrangeur und Orchesterleiter für viele amerikanische Fernsehshows und Gewinner von zwei Emmys. Ob »Perry Como Show«, »Glen Campbell Good Time Hour« oder »Sha-Na-Na«, den Ton gab Ray an. Ab 1955 hatte er als Ray Charles Singers auch Erfolge in der amerikanischen Pop-Hitparade. Mit *»Love Me With All Your Heart (Cuando Calienta El Sol)«* hatte er im April 1964 einen Platz 3 in der US-Hitparade und tummelte sich somit zwischen all den Beatles-Titeln, die zu diesem Zeitpunkt scharenweise die amerikanische Hitparade bevölkerten. Die letzte Hitnotierung von Ray stammt aus dem Jahre 1970.

Der Hit: *Love Me With All Your Heart (Cuando Calienta El Sol)*

Charles, Tina

* 10.3.1955 als Tina Hoskins. Sie begann ihre Karriere als Sängerin der Studioformation 5000 Volts. Ab 1976 sang sie dann als Solistin und hatte in jenem Jahr mit *»I Love To Love«*, *»Dance Little Lady Dance«* und *»Dr. Love«* drei Top-10-Erfolge in GB. Die beiden erstgenannten Titel waren auch in Deutschland unter den ersten 10. Nachdem man lange nichts mehr von Tina gehört hatte, wurde die Platte *»I Love To Love«* als Wiederveröffentlichung im Juli 1987 ein Platz 5 in Deutschland. Befreundet war sie zum Zeitpunkt ihrer großen Hits mit einem Bassisten der Formation Northern Lights, einem gewissen Trevor Horn.

Der Hit: *I Love To Love*

Charles & Eddie

Charles Pettigrew (* 5.12.1963) und Eddie Chacon (* 22.8.1963) veröffentlichten im Oktober 1992 ihre Debüt-LP *»Duophonic«*. Dazu schrieb die Plattenfirma:

»Charles Pettigrew und Eddie Chacon sind beide 28 Jahre alt. Sie trafen sich eines Tages zufällig in der New Yorker U-Bahn. Über das seltene Exemplar der Vinylscheibe ›*Trouble Man*‹ von Marvin Gaye, die Charles gerade in einem Secondhandladen gekauft hatten, kamen sie ins Gespräch und entdeckten Gemeinsamkeiten: die Liebe zur Soulmusik und die Tatsache, daß sie zu dieser Zeit im selben Studio Probeaufnahmen machten. Also versuchten sie, gemeinsam etwas auf die Beine zu stellen. Wer bei Charles & Eddie an Duos wie Sam and Dave, Hall and Oates und Marvin und Tammi denkt, liegt durchaus richtig . . . Dies ist Soul-Food für die 90er, macht aber auch klar, weshalb Charles Pettigrew, der aus Philadelphia stammt und Jazzgesang in Boston studierte, und Eddie Chacon, der in Oakland aufwuchs, einhellig eine Platte wie ›*What's Going On*‹ von Marvin Gaye zur ›Bibel ihrer Generation‹ erklären.« Schöner kann man es nicht sagen. Ihre Debüt-Single *»Would I Lie To You?«* erschien im August 1992 in der US-Hitparade und erreichte Platz 13. Zwei Monate später kam die Platte in die britische und deutsche Hitparade und wurde Spitzenreiter.

Der Hit: *Would I Lie To You*
Der Tip: *Duophonic* (Capitol 0777 797 1502 2)

Chas & Dave

Chas Hodges, v/p (* 28.12.1943); Dave Peacock, v/g (* 24.5.1945); Mick Burt, d (* 23.8.1943).
Als die drei Musiker 1977 einen Vertrag bei der EMI erhielten, hatten sie schon eine ganze Latte von Bands durchlebt. So war z. B. Chas Mitglied bei den Stormers, den Outlaws, Cliff Bennett & The Rebel Rousers, Roy Young Band, Black Claw und 1969 Gründungsmitglied von Heads, Hands and Feet, die 1973 nach drei sehr schönen LPs wieder auseinanderfiel. Dave traf 1970 erstmals auf Chas bei Black Claw. 1975 waren beide gemeinsam in der Albert Lee Band. Die Musik von Chas & Dave ist eine Mischung aus Rock 'n' Roll mit Cockney-Texten, »Rockney«. Das war außerdem der Spitzname von Mick Burt und der Name der Plattenfirma. Mit den Titeln *»Rabbit«* 1980 und *»Ain't No Pleasing You«* 1982 hatten sie zwei Top-10-Hits in GB. In den 80er Jahren waren sie in GB häufig in TV-Shows zu sehen und nahmen noch einige Platten auf, die sich jedoch nicht in den Charts durchsetzen konnten.

Der Hit: *Ain't No Pleasing You*
Der Tip: *Chas & Dave* (EMI CDB 7 90 655 2)

Cheap Trick

Rick Neilsen, v/g (* 22.12.1946); Robin Zander, v/g (* 23.1.1952); Tom Petersson, v/b (* 9.5.1950); Bun E. Carlos, d (* 12.6.1951 als Brad Carlson); Jon Brant, b (* 20.2.1954).

Die Ursprünge dieser »Hard-Rock-Band mit Witz« gehen zurück in das Jahr 1969. Rick Neilsen hatte bereits seit 1961 in diversen Bands seiner Heimatstadt Rockford, Illinois, gespielt. Jetzt gründete er mit Petersson und Carlos die Gruppe Fuse, die ein erfolgloses Album veröffentlichte. 1971 benannte sich die Gruppe in Sick Men Of Europe um. 1973 – jetzt war als vierter Mann Robin Zander mit dabei – schließlich kamen sie als Cheap Trick. 1977 erschien die erste LP dieser Formation, und mit dem Stück *»I Want You To Want Me«* hatten sie im April 1979 ihren ersten Top-10-Hit, mit *»The Flame«* genau 9 Jahre später ihre erste Nummer 1. Inzwischen hatte Petersson 1980 die Band verlassen und war durch Jon Brant ersetzt worden. 1988 kehrte Petersson zurück – und mit ihm der Erfolg. Mit dem Stück *»Don't Be Cruel«*, im Juli 1988 ein Platz 4 in den USA, erreichte zum erstenmal nach dem Tode von Elvis Presley eine Coverversion eines seiner Hits die amerikanischen Top 10. Robin Zander veröffentlichte im Duett mit Ann Wilson von der Gruppe Heart im Frühjahr 1990 das Stück *»Surrender To Me«* aus dem Film *»Tequila Sunrise«*. Es wurde ein Platz 6 in den USA, hat den Zusammenhalt der Band aber nicht gefährdet. 1993 veröffentlichte Zander ein Solo-Album, auf dem neben ihm Cracks wie Mike Campbell von Tom Petty's Heartbreakers mitspielen, J. D. Souther oder Maria McKee mitsingen.

Der Hit: *The Flame*
Der Tip: *Greatest Hits* (Epic 469 086 2)

Checker, Chubby

* 3.10.1941 als Ernest Evans. Die musikalische Karriere des Hühnchenrupfers, der sich zum Twist-König mauserte, begann 1958, als er dem Songschreiber Karl Mann vorgestellt wurde, der gleich seine Debütsingle *»The Class«* schrieb. Der Künstlername war eine Anlehnung an Fats Domino und wurde ihm von der Frau des Diskjockeys Dick Clark verliehen, in dessen Fernsehsendung »American Bandstand« er mehrfach Gast war. Ihr war die Ähnlichkeit von Ernest Evans mit dem jungen Fats Domino aufgefallen: Fats = Chubby, Domino = Checker. Diese erste Single *»The Class«* verschickte Familie Clark 1958 als Weihnachtskarte. Bekannt wurde Chubby 1960 mit dem Nachzieher des Songs von Hank Ballard & The Midnighters: *»The Twist«*. Der Titel wurde zum Markenzeichen der Twist-Manie. Zwischen *»The Twist«*, erstmals im August 1960 ein Platz 1 in der Hitparade und dann im November 1961 erneut auf Platz 1, schaffte es Chubby,

schnell noch einen anderen Tanz populär zu machen: Im Januar 1961 erreichte er Platz 1 in den USA mit *»Pony Time«*. *»The Twist«* gilt übrigens als der einzige Titel in der Geschichte der amerikanischen Hitparade – mit Ausnahme von Bing Crosbys Weihnachtslied *»White Christmas«* –, der ganz aus der Hitparade rausgefallen war und es dann wieder schaffte, auf Platz 1 zu kommen. Eine weitere erfolgreiche Twist-Aufnahme machte Checker mit *»Let's Twist Again«*, im Dezember 1961 Top-10-Hit in den USA und GB und bei einer Wiederveröffentlichung erneut ein Platz 5 in GB. Es folgten noch Twist-Hits wie *»Twistin' USA«* und *»Slow Twistin«*, dann zeigte sich im Frühjahr 1962 mit dem *»La Paloma Twist«*, daß die Masche ausgelutscht war. Checker kreierte den Limbo und erreichte mit dem *»Limbo Rock«* im September 1962 einen Platz 2. Seine Top-40-Zeit war Mitte 1964 beendet. Zwischendurch erschienen immer mal wieder Platten von Chubby Checker, so 1983 die LP *»The Change Has Come«*, aber für die Hitparaden schien er endgültig verloren. Dann nahmen im Frühjahr 1988 die Fat Boys zusammen mit Chubby Checker eine neue Version von *»The Twist«* auf und standen damit im Juni 1988 auf Platz 16 in den US-Charts. Viele rechneten nun mit einem Twist-Revival. Es kam nicht.

Der Hit: *The Twist*
Der Tip: *20 Superhits* (London 6.23486)

Cheech & Chong

Richard »Cheech« Marin (* 13.7.1946) und Tommy Chong (* 24.5.1938) trafen sich in der Band City Lights in Kanada, die aus vier Oben-ohne-Tänzerinnen, einem Mimen und eben Cheech & Chong bestand. Tommy Chong hatte vorher mit Bobby Taylor & The Vancouvers gespielt, die mit *»Does Your Mama Know About Me«* im April 1968 Platz 29 in den USA belegten. Dann entdeckte der Chef der Truppe, Bobby Taylor, Jackson 5 und löste die Band auf. City Lights hielten sich auch nicht lange, Cheech und Chong spielten bei diversen anderen kanadischen Bands und gingen schließlich nach Los Angeles, der Heimatstadt von Cheech. Im berühmten Club Troubadour war der Montag der spezielle Tag für Spaßvögel. Comedy wurde nun die Sache von Cheech & Chong. Lou Adler von A&M Records sah sie und nahm sie gleich unter Vertrag. Zwischen 1971 und 1974 hatte das Duo vier Millionseller in der US-LP-Hitparade. Die beiden nahmen die Szene auf die Schippe – und eben genau diese Szene konnte sich darüber totlachen. In der Hauptsache beobachteten sie ihre eigenen Angewohnheiten und die ihrer Freunde – schon hatten sie eine neue Platte zusammen. Cheech & Chong waren ausschließlich in Amerika erfolgreich. Nicht einmal die Engländer konnten sich mit dem Humor der beiden anfreunden. Einmal hatten sie auch einen Single-Hit: *»Earache My Eye Featuring Alice Bowie«* stand im August

Cheech & Chong *(Warner Records)*

1974 auf Platz 9 in den US-Charts – ansonsten verkauften sie lieber LPs. Ab 1980 waren sie auch in Filmen zu sehen.

Der Hit: *Earache My Eye Featuring Alice Bowie*

Cheers

Bert Convy (* 23.7.1933), Gil Garfield und Sue Allen waren die Mitglieder dieses Vocal-Trios aus Los Angeles. Mitte der 50er Jahre hatten sie zwei Hits in den USA, der größere war im Mai 1955 »*Black Denim Trousers*«, ein Platz 6 in den USA. Bei dieser Nummer wurden sie vom Orchester Les Baxter begleitet. Ansonsten gelang dem Trio nichts mehr. Bert Convy wurde ab 1973 ein erfolgreicher Schauspieler in TV-Dramen und Comedys. 1977 erhielt er einen Emmy-Award als bester Moderator einer Game-Show.

Der Hit: *Black Denim Trousers*

Chelsea F.C.

Hierbei handelt es sich ganz ohne Zweifel um eine Ansammlung von Nicht-Sängern. Die Briten lieben es, wenn ihre besten Fußball-Mannschaften vor ein Mikrofon treten und belanglose Liedchen trällern. Manchmal ist es die Hymne auf den Verein, dann die auf die Fans und mal die auf den Fußball allgemein. Für den F. C. Chelsea schrieb Daniel Boone, der Anfang der 70er Jahre mit Titeln wie *»Daddy, Don't You Walk So Fast«* oder *»Beautiful Sunday«* erfolgreich war, das Lied *»Blue Is The Colour«*. Es wurde im Februar 1972 ein Platz 5 in der britischen Hitparade. Danach widmeten sich die Spieler glücklicherweise wieder dem Fußball.

Der Hit: *Blue Is The Colour*

Cher

* 20.5.1946 als Cherilyn Sarkasian La Pierre. Sie begann als Sessionsängerin bei Phil Spector. Zu diesem Zeitpunkt arbeitete bei Spector auch Sonny Bono, mit dem sie 1963 als Caesar & Cleo eine Platte veröffentlichte. 1964 heirateten die beiden, und Cher sang unter dem Pseudonym Bonnie Jo Mason *»Ringo, I Love You«*, eine Hommage an Ringo Starr. Das Jahr 1964 endete damit, daß Cher einen Plattenvertrag als Solistin hatte und Sonny & Cher einen Vertrag als Duo. Ab 1965 waren Sonny & Cher erfolgreich. Gleichzeitig funktionierte aber auch Chers Solokarriere. *»All I Really Want To Do«* erreichte im Juli 1965 einen Platz 9 in der britischen Hitparade, 15 in den USA. *»Bang Bang (My Baby Shot Me Down)«* wurde 1966 ihr erster Top-10-Hit in den USA und in GB. *»Gypsys, Tramps und Thieves«* 1971, *»Half Breed«* 1973 und *»Dark Lady«* 1974 waren für Cher sowohl Millionseller als auch Spitzenreiter in der amerikanischen Hitparade. Nachdem sie 1974 von Sonny Bono geschieden wurde, erwarteten viele das Ende der Karriere von Cher. Sie war kurzfristig mit Gregg Allman verheiratet, der ihr wenig positive Impulse gab. Zumindest für GB klafft zwischen 1974 und 1987 eine Hitlücke. 1987 hatte sie dort wieder einen Top-10-Hit mit *»I Found Somebody«*. In den USA gelang ihr mit *»Take Me Home«* 1979 noch einmal ein Millionseller und Top-10-Hit, aber mit dem Ende der 70er Jahre schien sie auch dort vergessen. In gewisser Hinsicht lassen sich da Parallelen ziehen zwischen Ike & Tina Turner und Sonny & Cher. In beiden Fällen stellte sich heraus, daß die Frauen, von der Last ihrer Partner befreit, nach einer Erholungspause richtig Dampf geben konnten.

Die Jahre ohne Hits ließ sie jedoch nicht nutzlos verstreichen. Sie baute sich eine in den Anfängen belächelte Karriere als Schauspielerin auf. 1982 spielte sie ihre erste Hauptrolle in »Come Back To The Five And Dime, Jimmy Dean, Jimmy Dean«. Ein Jahr später war sie neben Meryl Streep in »Silkwood« zu sehen, was ihr eine Oscar-Nominierung einbrachte. Es folgten weitere Hauptrollen in »Mask« 1985, »Die Hexen von Eastwick«, »Suspect« und »Mondsüchtig« 1987. Spätestens 1988, nachdem sie für »Mondsüchtig« den Oscar als beste Schauspielerin erhalten hatte, verging den Kritikern das abfällige Lächeln. Man mußte anerkennen, daß Cher sowohl ernste Rolle wie z. B. in »Mask« oder

»Silkwood« spielen konnte, aber auch komische wie in »Mondsüchtig« oder ihrem 1990 entstandenen Streifen »Meerjungfrauen küssen besser«. *»I Found Somebody«* war im November 1987 auch der Anschluß an die Top-10-Zeit für Cher in den USA. Als Ende 1992 nach vielen weiteren Solo-Erfolgen ihre Plattenfirma eine *»Greatest-Hits«*-Kopplung veröffentlichte, schrieb sie über Cher: »Nur wenige Frauen werden mit den Jahren attraktiver. Noch seltener werden sie beliebter und erfolgreicher.« Zumindest gibt es wenige Frauen, die auf 30 Jahre Erfolg im Showgeschäft zurückblicken können. Auch in den 90ern schaffte sie den Sprung auf Platz 1, z. B. erreichte ihn *»The Shoop Shoop Song (It's In His Kiss)«* im April 1991 in GB.

Der Hit: *Gypsys, Tramps & Thieves*
Der Tip: *Greatest Hits 1965 – 1992* (Geffen GED 24439)

Cherrelle

* als Cheryl Norton. Nachdem die Amerikanerin ab 1978 vorwiegend als Studio- und Background-Sängerin gearbeitet hatte, veröffentlichte sie 1984 ihre erste Solo-LP. In Soul-Kreisen waren ihre Platten erfolgreich, für die Pop-Hitparaden reichte es nicht. 1985 nahm Cherrelle im Duett mit Alexander O'Neal den Titel *»Saturday Love«* auf, der im Dezember 1985 Platz 6 in GB erreichte. Im Februar 1986 kletterte die Platte in den USA bis auf Platz 26. Es blieb der einzige große Erfolg für Cherrelle.

Der Hit: *Saturday Love*
Der Tip: *High Priority* (Tabu 26699)

Cherry, Don

* 11.1.1924. Für den Amerikaner schien der Gesang eine Art Nebenbeschäftigung zu sein. In den 50er Jahren betreute er eine eigene Radio-Show, nebenher bestritt er Golf-Turniere. Noch in den 40er Jahren war er Sänger in Orchestern von Jan Garber, Victor Young oder Tommy Dorsey. Seinen ersten Solo-Erfolg hatte er mit *»Thinking Of You«* im September 1950 – es wurde ein Platz 4 in den USA. Im Dezember 1955 sollte ihm mit *»Band Of Gold«* ein weiterer Platz 4 in den USA und ein Platz 6 in GB gelingen. 1956 hatte er einige weitere Hits, und danach kümmerte er sich offensichtlich mehr um das Golfspiel.

Der Hit: *Band Of Gold*

Cherry, Neneh

* 10.3.1964. Die in Schweden geborene und in New York aufgewachsene Neneh ist die Stieftochter des US-Jazztrompeters Don Cherry. Von New York zog sie nach London und wurde dort 1981 Sängerin der britischen Punk-Gruppe Rip, Rig & Panic. Nachdem diese auseinanderfiel, machte sie mit einigen Ex-Mitgliedern als Float Up CP weiter, sang im Hintergrund bei den Slits und auf dem The-The-Titel *»Slow Train To Dawn«*, 1988 nahm sie mit *»Buffalo Stance«* ihren ersten Erfolg auf – es wurde im Dezember 1988 ein Platz 3 in GB, im Januar 1989 ein Platz 2 in Deutschland und im April 1989 ein Platz 3 in den USA. Die britischen Discospezialisten Bomb The Bass hatten die Platte produziert, und die Mischung aus Hiphop, Rap und Soul traf genau den Nerv jener Tage. Nach einigen wenigen Hits, *»Manchild«* und *»Cherry Kisses«*, wurde es wieder still um sie. Nach einer Pause von rund 2 Jahren und der Geburt eines Kindes machte sie 1992 weitere Platten.

Der Hit: *Buffalo Stance*
Der Tip: *Raw Like Sushi* (Circa Records CIRCD 8)

Chester, Bob

* 20.3.1908 in Detroit. Der Tenorsaxophonist spielte in diversen Bands, bevor er Ende der 30er Jahre sein eigenes Orchester gründete. In den Anfangstagen sagte man diesem nach, es würde den Sound von Glenn Miller kopieren. Nach einem Wechsel der Arrangeure – darunter war der junge David Rose – fand er seinen eigenen Sound. Mit dem Titel *»Practice Makes Perfect«* hatte er im September 1940 seinen einzigen Top-10-Hit in den USA. Bis 1942 schaffte er noch weitere Hits, dann wurde es still um ihn. Mitte der 40er Jahre versuchte er es für einige Jahre erneut – ohne Erfolg. 1948/49 arbeitete er als Diskjockey in Detroit, dann versuchte er sich ein letztes Mal als Orchesterleiter, zog sich aber wenig später aus dem Geschäft zurück. Danach wurde er erfolgreich in der Automobilbranche, wie es sich für einen Detroiter gehört.

Der Hit: *Practice Makes Perfect*

Chic

Nile Rodgers, g (* 19.9.1952); Bernard Edwards, b (* 31.10.1952); Norma Jean Wright, v; Luci Martin, v; Alfa Anderson, v; Tony Thompson, d.
Die amerikanische Disco-Truppe um die beiden Produzenten Rodgers und Edwards war zwischen 1977 und 1979 in der entsprechenden Szene überaus

erfolgreich. Mit dem Titel *»Dance, Dance, Dance«* hatten sie im Oktober 1977 ihren ersten Top-10-Erfolg und Millionseller. *»Le Freak«* war genau ein Jahr später sogar eine Platinplatte und Platz 1 in den USA. *»I Want Your Love«* und *»Good Times«* waren 1979 weitere Top-10-Hits und Millionseller. 1978 hatte Wright die Band verlassen, um als Norma Jean eine Solo-Karriere zu starten – sie wurde durch Alfa Anderson ersetzt. Auch die anderen Mitglieder von Chic versuchten sich immer wieder mal mit anderen Projekten: Roundtree war eine Studiogruppe um Edwards, Rodgers spielte 1984 mit den Honeydrippers, Thompson trommelte mit Power Station. Und fast nebenher produzierten Edwards und Rodgers mit Erfolg Künstler wie Diana Ross, Madonna, David Bowie, Sister Sledge, Robert Palmer, Power Station oder Sheila B. Devotion.

Der Hit: *Le Freak*
Der Tip: *Dance, Dance, Dance* (Atlantic 7567-82333-2)

Chicago

Terry Kath, g/v (* 31.1.1946 † 23.1.1987); Peter Cetera, b/v (* 13.9.1944); Robert Lamm, key/v (* 13.10.1944); Walter Parazaider, der in den Anfangstagen der Band als Walt Perry aufgeführt wurde, sax (* 14.3.1945); Lee Loughnane, tr (* 21.10.1946); James Pankow, pos (* 20.8.1947); Danny Seraphine, d (* 28.8.1948); Laudir de Oliveira, per; Donny Dacus, g; Chris Pinnick, g; Bill Champlin, key; Jason Scheff, b; DaWayne Bailey, g.
Der Tag, an dem diese Gruppe in ebenjener Stadt gegründet wurde, die ihr den Namen gab, steht laut Walter Parazaider fest: 15.2.1967. Zwei Jahre übten die Jungs, schrieben Songs und bereiteten sich auf ihre erste LP vor, die schließlich 1969 erschien. Ähnlich wie bei Blood, Sweat & Tears kam der Erfolg nicht gleich mit der ersten, sondern mit der zweiten LP. Auf *»Chicago II«*, die im Januar 1970 veröffentlicht wurde, war der Titel *»Make Me Smile«*, der es in den USA im April 1970 unter die ersten 10 schaffte. Bis 1991 veröffentlichte die Band, immer schön hintereinander numeriert, 21 LPs. Fast alle waren Millionseller. Die Anzahl der Top-10-Hits ist enorm, die populärsten Hits waren die Millionseller *»Saturday In The Park«* im August 1972, *»Just You 'N' Me«* im September 1973, *»If You Leave Me Now«* im August 1978, *»Hard To Say I'm Sorry«* im Juni 1982 und *»Look Away«* im September 1988. Musikalisch hat sich Chicago im Laufe der Jahre sehr weit von dem entfernt, was Parazaider in den Anfangstagen als »Rock-'n'-Roll-Band mit Bläsern« bezeichnet hat. Nach dem Tod von Terry Kath im Januar 1978 – er hatte mit einer geladenen Pistole gespielt, und ein Schuß hatte sich gelöst – begann sich das Mitgliederkarussell zu drehen. Für ihn kam Donnie Dacus, der nach einem Jahr die Band wieder verließ und durch Chris Pinnick ersetzt wurde. Der verließ die Gruppe, als 1981 der Keyboarder Bill Champlin kam. Peter

Cetera, der schon 1981 seine erste Solo-Platte veröffentlichte, ging endgültig 1985 – für ihn kam Jason Scheff, der Sohn des ausgezeichneten Bassisten Jerry Scheff. Jerry hat z. B. lange für Elvis Presley gespielt. Für Seraphine kam 1990 der Gitarrist DaWayne Bailey. Die Fans der Band aus den ersten 5 Jahren haben sich inzwischen sicher mit Grausen von dem abgewandt, was die Band veröffentlicht. Auf der anderen Seite ist spätestens mit »*If You Leave Me Now*« eine ganz neue Klientel hinzugekommen. Blood, Sweat & Tears und Chicago wurden in ihren Anfangstagen immer miteinander verglichen und waren auch noch bei der gleichen Plattenfirma. Heute im Rückblick muß festgestellt werden, daß Chicago gewonnen hat.

Der Hit: *If You Leave Me Now*
Der Tip: *Group Portrait* (CBS/Legacy C4K 47416)

Chicory Tip

Peter Hewson, v (* 1.9.1950); Barry Mayger, b (* 1.6.1950); Brian Shearer, d (* 4.5.1951); Dick Forster, g; Rod Cloutt, g/syn/org (* 26.1.1949).
Der britische Sänger Peter Hewson gründete die Band 1968. Mit der von Giorgio Moroder geschriebenen Nummer »*Son Of My Father*« – hierzulande als »*Nachts scheint die Sonne*« im September 1971 ein Hit für Michael Holm – hatte die Band im Januar 1972 einen Platz 1 in GB. Es gelangen noch zwei weitere Top-20-Hits, dann war 1973 die Zeit dieser Band wieder vorbei.

Der Hit: *Son Of My Father*
Der Tip: *Son Of My Father* (CBS S 64 871)

Chiffons

Patricia Bennett (* 7.4.1947); Sylvia Peterson (* 30.9.1946); Barbara Lee (* 16.5.1947); Judy Craig (* 1946).
Aus den vier Chormädchen und Background-Sängerinnen, die alle aus der New Yorker Bronx stammen und um die 15 waren, wurden 1960 die Chiffons. Im gleichen Jahr hatten sie mit »*Tonight's The Night*« ihre erste Chartplazierung. Richtigen Erfolg hatten sie im Februar 1963 mit »*He's So Fine*«, einem Spitzenreiter in den USA. Mit »*One Fine Day*« im Juni 1963 und »*Sweet Talkin' Guy*« im Mai 1966 gelangen den Chiffons zwei weitere Top-10-Hits. Zwischendurch nahmen die Mädchen als Four Pennies für eine andere Plattenfirma weitere Platten auf, die jedoch nie in die Top 40 kamen. Stärkster Titel blieb »*He's So Fine*«. Die Melodie des Stückes war so eingängig, daß George Harrison sie unbewußt als Vorlage für »*My Sweet Lord*« genommen hat. Nachdem Ronnie

Mack, dem Songschreiber von »*He's So Fine*«, die Ähnlichkeit der beiden Titel aufgefallen war, forderte er gerichtlich sein Recht. Harrison wurde im August 1976 für schuldig befunden und mußte 2/3 der Tantiemen abtreten. Den Chiffons war das egal – sie hatten davon nichts. Sie versuchten es mit einer eigenen Version von »*My Sweet Lord*«, die allerdings kein Hit wurde.

Der Hit: *He's So Fine*
Der Tip: *Greatest Recordings* (Ace CDCH 293 TIS)

Child

Graham Robert Bilbrough, v/g (* 23.3.1958); Keith Atack, g (* 5.4.1959); Mike McKenzie, b (* 20.8.1955); Timothy Atack, d (* 5.4.1959).
Child war eine der typischen britischen Teenie-Gruppen, die für den schnellen Gebrauch gegründet wurden. Nicht einmal eigenes Material wollte man den Jungs zugestehen. Es erschienen drei Coverversionen älterer Hits und eine davon, Conway Twittys »*It's Only Make Believe*«, erreichte im Juli 1978 die britischen Top 10. Nach 1979 waren die Jungs für Teenie-Zeitschriften zu alt und verschwanden wieder so schnell, wie sie gekommen waren.

Der Hit: *It's Only Make Believe*
Der Tip: *The First Album* (Hansa 200 348-320)

Child, Jane

Die aus Toronto stammende Kanadierin veröffentlichte 1989 ein ausgezeichnetes Debüt-Album. Daraus ausgekoppelt wurde als Single »*Don't Wanna Fall In Love*«, die im Februar 1990 in die US-Charts kam, bis auf Platz 2 kletterte und ein Millionseller wurde. Jane hatte bereits als 12jährige im Kinderchor der Canadian Opera Company gesungen und später Piano studiert am Royal Conservatory Of Music. Auf einen Nachfolgehit wird gewartet.

Der Hit: *Don't Wanna Fall In Love*
Der Tip: *Jane Child* (WB 7599-25858-2)

Chi-Lites

Eugene Record (* 23.12.1940); Robert Lester; Marshall Thompson; Creadle Jones – alle v.
Die Ursprünge dieser amerikanischen R&B-Gruppe gehen zurück bis in die 50er Jahre. 1959 waren Eugene, Robert und ein Clarence Johnson in der Band

Chantours, die eine Singleplatte aufnahm. Marshall und Creadle spielten zu dieser Zeit bei den Desidores. Aus den Chantours und den Desidores wurden 1960 die Hi-Lites, die nach etlichen Jahren ohne einen Hit ab 1966 als Chi-Lites erfolgreich waren. Das verdankt die Band vor allem dem Songschreibertalent des Lead-Sängers Eugene Record, der auch für andere Interpreten Hits geschrieben hat. Die Hitparadennotierung der Chi-Lites reicht von 1966 bis 1984. Ihre größten Hits waren *»Have You Seen Her«*, *»Oh Girl«*, *»Homely Girl«*, *»Too Good To Be Forgotten«*, *»It's Time For Love«* und *»You Don't Have To Go«* – alle genannten Titel waren entweder in den USA, in GB oder in beiden Ländern unter den ersten 10 der Hitparaden.

Der Hit: *Have You Seen Her*
Der Tip: *The Best Of* (Kent CDKEN 911 TIS)

Chimes

Pauline Henry, v; Mike Penden, b; James Locke, d.
Dieses britische Pop-Soul-Trio überraschte im Mai 1990 die Pop-Welt mit einem Nachzieher des U2-Titels *»I Still Haven't Found What I'm Looking For«*, der sich in GB bis auf Platz 6 hochhangelte. In der Nachfolge dieses Hits kam ein Titel der Band aus dem Jahre 1989 erneut in die britische Hitparade und erreichte zumindest einen Platz unter den ersten 30. Danach wollte bisher kein weiterer Hit mehr gelingen.

Der Hit: *I Still Haven't Found What I'm Looking For*
Der Tip: *The Chimes* (CBS 466 481 2)

China Crisis

Gary Daly, v/key/g (* 5.5.1962); Eddie Lundon, g/v/key (* 9.6.1962); Gary Johnson, b; Kevin Wilkinson, d; Steve Levy, oboe/sax; Brian McNeil, key.
Die Band begann 1982 mit Gary Daly und Eddie als Duo in Liverpool. Noch im gleichen Jahr erschien mit *»African And White«* die erste Single. Die restlichen Musiker kamen erst danach zur Gruppe. Mit dem Titel *»Wishful Thinking«* gelang der Gruppe im Januar 1984 der größte Hit. Nach 1987 trat eine Pause ein, und als nach zwei Jahren neue Platten erschienen, war die Band in einer Krise, obwohl ihr Produzent inzwischen der renommierte Walter Becker, einst Steely Dan, war. Auf dem amerikanischen Markt konnte sich die Gruppe nicht etablieren.

Der Hit: *Wishful Thinking*
Der Tip: *Diary – A Collection* (Virgin VVIPD 117)

Chipmunks

Diese Formation bestand aus Alvin, Simon und Theodore – oder aus Ross Bagdasarian (* 27.1.1919, † 16.1.1972), der sich hinter diesen drei Stimmen verbarg. Er ließ bei der Aufnahme die Bänder in drei unterschiedlichen Geschwindigkeiten laufen und erzielte so die verschiedenen Tonlagen. Die drei Chipmunks oder Backenhörnchen, wie diese putzigen Tierchen bei uns heißen, waren nach drei Mitarbeitern der Plattenfirma Liberty benannt, bei der Ross als David Seville, seinem anderen Pseudonym, Platten veröffentlichte. Mit »*The Chipmunk Song*« hatte Ross alias The Chipmunks rechtzeitig zum Weihnachtsfest im Dezember 1958 die Nummer 1 der amerikanischen Hitparade. Die nächsten vier Jahre kam die Platte jeweils zum Fest wieder in die US-Charts. »*Alvin's Harmonica*« war im Februar 1959 ein weiterer Top-10-Hit für die Chipmunks, dann war das Thema langsam, aber sicher ausgelutscht.

Der Hit: *The Chipmunk Song*
Der Tip: *The Very Best* (EMI CDP 7 91684 2)

Chordettes

Dorothy Schwartz; Janet Ertel († 22.11.1988); Carol Bushman; Jinny Lockhardt; Lynn Evans; Margie Needham – alle v.
Dieses Quartett wurde bereits im Jahre 1946 gegründet und kann von sich behaupten, zu den wenigen Künstlern zu gehören, die ihre Erfolge in den 40er Jahren bis in die Zeit des Rock 'n' Roll retten konnten. Ab 1949 waren sie regelmäßig in der Radio-Show von Arthur Godfrey zu hören, den man mit Recht als den Talent-Scout der USA bezeichnete. Mit Arthurs Hilfe erhielten sie auch einen Plattenvertrag. 1953 wechselten sie von der Plattenfirma Columbia zu Cadence, einem Label, das dem musikalischen Leiter der Arthur-Godfrey-Show, Archie Bleyer, gehörte. Archie war als Plattenintepret ebenfalls erfolgreich. 1954 heiratete Archie Janet Ertel, und noch im gleichen Jahr hatten die Chordettes ihren ersten Hit mit »*Mr. Sandman*«, im Oktober 1954 ein Platz 1 in den USA und ein Millionseller. »*Born To Be With You*« im Juni 1956, »*Just Between You And Me*« im September 1957 und »*Lollipop*« im März 1958 waren weitere Top-10-Erfolge. Die Hits der Gruppe, deren Mitglieder zwischenzeitlich wechselten, hielten bis in das Jahr 1961 an. 1951 war für die Lead-Sängerin Dorothy Schwartz Lynn Evans gekommen und 1953 für Jinny Lockard Margie Needham. Die Tochter von Archie Bleyer und Janet Ertel heiratete später Phil Everly – die Everly Brothers hatten ihre Karriere auch auf dem Plattenlabel von Bleyer begonnen. Janet starb im November 1988 an Krebs, am 20.3.1989 starb Archie an der Parkinsonschen Krankheit.

Der Hit: *Mr. Sandman*
Der Tip: *Mainly Rock 'n' Roll* (Ace CDCHD 934 TIS)

Chords

Carl und Claude Feaster; Jimmy Keyes; Floyd McRae; Willia Edwards – alle v; Rupert Branker, p.
Die Chords stammten allesamt aus der New Yorker Bronx und setzten sich aus ehemaligen Mitgliedern der Tunetoppers, der Keynotes und der Four Notes zusammen. 1954 erschien mit »*Cross Over The Bridge*« die erste Platte dieser Neuformierung – es war eine Doo-Wop-Version eines Patti-Page-Hits. Auf der B-Seite war eine Nummer zu hören, die die Jungs selbst geschrieben hatten: »*Sh-Boom*«, heute als ein Meilenstein in der Rock-Geschichte zu betrachten. »*Sh-Boom*« wurde im Mai 1954 eine Nummer 5 in den US-Charts – erfolgreicher war der Nachzieher einer kanadischen weißen Formation, die sich Crew-Cuts nannte, den Spitzenplatz in den USA belegte und einen Millionseller hatte. Zu diesem Zeitpunkt wurde in den USA von dem von Weißen dominierten Radio eher die schlechtere Version eines weißen Interpreten gespielt als die Originale der schwarzen Künstler. Wer Gelegenheit hat, sollte die beiden Stücke einmal hintereinander hören – dann weiß man, warum z. B. in so vielen Nachziehern von Pat Boone oder anderen Nachsängern der Biß fehlt. Einen Nachfolgehit hatten die Chords nicht mehr – die Crew-Cuts plünderten weiter die Musik der Schwarzen und fanden noch reichlich weitere Hits.

Der Hit: *Sh-Boom*

Christian, Denny

* 22.5.1956 als Bernd Althoff. War Anfang der 70er Jahre einer der typischen Tralalasänger, der im Januar 1975 mit einer der vielen Versionen von »*Rosamunde*« einen Platz 3 in der deutschen Hitparade hatte. Damit hatte er sich für den Sektor Volksmusik prädestiniert. Christian arbeitete auf diesem Gebiet als Sänger und Moderator für Funk und Fernsehen bis in die 90er Jahre.

Der Hit: *Rosamunde*

Christians

Garry A. Christian, v (* 27.2.1955); Russell Christian, sax/v (* 8.6.1956); Roger Christian, g/v (* 13.2.1950); Henry Priestman, key/g/v (* 21.9.1955).

Der Erfolg dieser Band aus Liverpool ist auf ihre starke gesangliche Leistung zurückzuführen. Was die Christians machen, scheint nur auf den ersten Höreindruck an Soul-Musik zu erinnern. Pop, Country, Blues, zeitgenössischer Rock und auch Soul wird von diesem Trio, das als Quartett begann, verschmolzen. Fünf Brüder Christian sangen und spielten Anfang der 80er Jahre mit Equal Temperament, die von den Temptations und den Persuasions beeinflußt wurden. 1982 sah der Manager Pete Fulwell die Christian-Brüder im Fernsehen und verpflichtete sie für Demoaufnahmen. Hierbei trafen sie erstmals auf das ehemalige Mitglied der Yachts und von It's Immaterial, Henry Priestman. *»Forgotten Town«*, die Debüt-Single der Band, lobte der Melody Maker folgendermaßen: »Prächtige Stimmen und verzehrende Rhythmen, ein direkter Zusammenprall der 50er mit den 80er Jahren.« Kurz vor Abschluß der Aufnahmen für das erste Album verließ Roger die Band, um an einer Solo-Karriere zu basteln. Das Debüt-Album der Christians, erschienen 1987, wurde ein absoluter Verkaufserfolg und erhielt dreifaches Platin – die meisten Songs hatte Henry Priestman im Alleingang geschrieben. Die weiteren Alben der Band, 1990 *»Colour«* und 1992 *»Happy In Hell«*, sind ebenfalls sehr anhörenswert. In den USA konnte sich die Gruppe erstaunlicherweise nicht behaupten.
Zusammen mit Holly Johnson, Paul McCartney, Gerry Marsden und anderen britischen Musikern nahmen die Christians die alte Liverpool-Hymne *»Ferry 'Cross The Mersey«* auf, die im Mai 1989 bis auf Platz 1 der britischen Charts kletterte. Die Platte hatten diese Künstler aus Liverpool zugunsten der Opfer der bis zu diesem Zeitpunkt größten Katastrophe in der europäischen Sportgeschichte aufgenommen. 2000 Fans ohne Eintrittskarten hatten am 15. April 1989 in Sheffield im Hillsborough-Fußballstadion die schon überfüllten Stehplätze gestürmt. 95 Menschen kamen dabei ums Leben. Der Reinerlös aus dem Verkauf dieser Schallplatte ging an den Hilfsfonds für die Opfer dieser Katastrophe.

Der Hit: *Harvest For The World*
Der Tip: *The Christians* (Island 258 601)

Christie

Jeff Christie, v/b/p (* 12.7.1946); Vic Elmes, g/v (* 10.5.1947); Michael Blakey, d/v (* 12.1.1947); Paul Fenton, d/v.
Jeff Christie spielte und sang in diversen britischen Bands – z. B. Outer Limits oder den Epics –, bevor er 1968 den Titel *»Yellow River«* schrieb. Als Interpreten stellte er sich die Tremeloes vor, die jedoch dankend ablehnten. Wohl um zu beweisen, daß die Nummer ein potentieller Hit ist, gründete Jeff zusammen mit Vic Elmes und Michael Blakey, mit denen er schon bei den Epics gespielt hatte, eine eigene Band und nahm die Nummer auf, die im Mai 1970 Platz 1 in GB und ein

weltweiter Hit wurde. Mit »*San Bernadino*« gelang ihm 5 Monate später mit dem neuen Schlagzeuger Paul Fenton noch einmal ein Platz 5 in Deutschland, dann schien er sich ausgeschrieben zu haben. 1972 war die Zeit dieser Gruppe vorüber.

Der Hit: *Yellow River*
Der Tip: *For All Mankind* (CBS S 64 397)

Christie, David

»*Saddle Up*« erreichte im August 1982 Platz 9 in GB – das war der einzige Erfolg für den gebürtigen Amerikaner, der damals bereits seit vielen Jahren in Paris lebte. Bis zu diesem Hit hatte er sich vorwiegend als Songschreiber hervorgetan, angeblich sollen alle Kompositionen, von diversen Künstlern vorgetragen, mehr als 25millionenmal verkauft worden sein. Zu seinen Kunden gehörten Grace Jones, Tina Charles oder Gloria Gaynor. Nach diesem Hit folgten noch einige Platten von David Christie, danach schrieb er wieder mehr.

Der Hit: *Saddle Up*
Der Tip: *Back In Control* (Polydor 2374 190)

Christie, Lou

* 19.2.1943 als Lugee Alfredo Giovanni Sacco. Der amerikanische Sänger begann in der Formation Classics, mit denen er 1960 seine erste Platte aufnahm – kein Hit. 1961 kam er dann als Lugee & The Lions – kein Hit. Schließlich hatte er als Lou Christie zwischen 1963 und 1969 fünf Top-40-Hits. Die erfolgreichsten Platten waren »*Two Faces Have I*«, ein Platz 6 in den USA im März 1963, »*Lightnin' Strikes*«, im Dezember 1965 Spitzenreiter in den USA und ein Platz 11 in GB, und nach einer längeren Pause »*I'm Gonna Make You Mine*«, im August 1969 Top-10-Hit in den USA und GB. In den 70er und 80er Jahren trat er regelmäßig in Rock-'n'-Roll-Revival-Shows auf. Seine spezielle Art zu singen erinnerte an Platten von Frankie Valli und Del Shannon.

Der Hit: *Lightnin' Strikes*
Der Tip: *Lightnin' Strikes* (MGM E/SE 4360)

Christie, Tony

* 25.4.1944 als Anthony Fitzgerald. Mit 20 Jahren wurde Tony, der sich das Gitarrenspiel selbst beigebracht hatte, Profi. 1967 heuerte ihn BBC Radio an,

und der Brite sang in der Art seines Landsmannes Tom Jones. Sein erster Erfolg hieß dann auch 1970 *»Las Vegas«*. 1971 war sein Jahr: Mit *»I Did What I Did For Maria«* hatte er eine Nummer 2 in der britischen Hitparade, danach kam *»Amarillo«*, geschrieben von Neil Sedaka und in Deutschland ein Spitzenreiter. Obwohl er bis in die 90er Jahre weiter Platten machte, konnte er solche Erfolge nicht wiederholen. Inzwischen wurde er von dem Deutschen Jack White produziert, und seine Plattenfirma bildete ihn auf den Hüllen so ab, als sei er der freundliche Versicherungsvertreter von nebenan.

Der Hit: *Amarillo*
Der Tip: *Collection* (MCA 8.62007 LZ)

Churchill, Savannah

* 21.8.1919, † 19.4.1974. Die amerikanische Jazzsängerin spezialisierte sich auf kommerziellen Blues. Sie wurde in New Orleans geboren, wuchs dann im New Yorker Stadtteil Brooklyn auf und sang zunächst im Kirchenchor. Ihren ersten professionellen Auftritt hatte sie in Harlem. Von 1942 bis 1944 sang sie mit Benny Carter, dann trat sie als Solistin in Clubs auf und machte bis 1953 erfolgreiche Plattenaufnahmen. Ihr größter Erfolg war im Oktober 1951 ein Platz 5 in den US-Charts: *»(It's No) Sin«*. Mitte der 50er Jahre ließ ihre Karriere nach.

Der Hit: *»(It's No) Sin«*

Cindy & Bert

Jutta Gusenburger (* 26.1.1948) und Norbert Berger (* 12.9.1945) waren sich ihrer Sache nicht sicher – als sie Ende der 60er Jahre ihre ersten Platten veröffentlichten, blieben sie zunächst in ihren erlernten Berufen. Ab 1971 bildete das heute geschiedene Ehepaar auch hauptberuflich das Duo Cindy & Bert, das zwischen 1972 und 1979 etliche Hits landen konnte. Besonders erfolgreich waren im Februar 1973 *»Immer wieder sonntags«*, ein Platz 3 in Deutschland, und *»Aber am Abend, da spielt der Zigeuner«*, im August 1974 zwar kein Top-10-Erfolg, aber eine goldene Schallplatte. Nach der Trennung des Paares arbeitete Cindy zunächst wieder als Versicherungskauffrau, um dann jedoch wieder öffentlich aufzutreten und Platten aufzunehmen. Bert ist Musikverleger, arbeitet als Texter und besitzt ein eigenes Tonstudio.

Der Hit: *Immer wieder sonntags*

Cinquetti, Gigliola

* 20.12.1947 in Verona. In Italien war sie bereits mit 11 Jahren ein Kinderstar. Mit »*Non ho l'eta*« gewann sie 1964 das San-Remo-Festival und den Grand Prix Eurovision. Weltweit wurden von diesem Titel mehr als 3 Millionen Exemplare verkauft. Danach spielte sie in etlichen Filmen mit, erhielt Auszeichnungen und goldene Schallplatten, und nach 10 Jahren wollte sie es noch einmal wissen: 1974 beteiligte sie sich wieder am Grand Prix und belegte mit »*Si*« immerhin Platz 2. 1991 moderierte sie gemeinsam mit dem Gewinner des Jahres 1990, Toto Cutugno, den Grand Prix in Rom. Die beiden waren an diesem Abend zweifellos die besten Künstler.

Der Hit: *Non ho l'eta*

City Boy

Lol Mason, v; Steve Broughton, g; Mike Slamer, g; Max Thomas, g; Chris Dunn, b; Roy Ward, d.
Anfang der 70er Jahre begannen Lol, Steve, Mike und Max in der Gegend um ihre Heimatstadt Birmingham als Quartett aufzutreten. 1975 wurden sie Profis und nahmen Chris und Roy in die Gruppe auf. Nach zwei erfolglosen Alben gelang ihnen im Juli 1978 mit »*5-7-0-5*« ein Top-10-Hit in GB. In den Charts waren sie bis 1979 notiert. Auch die Gründung eines eigenen Plattenlabels brachte nichts mehr. 1982 trennten sich City Boy. Mason gründete danach die Maisonettes.

Der Hit: *5-7-0-5*
Der Tip: *Book Early* (Vertigo 6360 163)

Clail, Gary

Der britische »Klaus Kinski der Musikszene« begann als Mitglied der Formation On-U Sound System, die immerhin auf ihrem eigenen Label über 50 Alben veröffentlichte. Inzwischen steht Clails Name immer vor der Gruppenbezeichnung. Zu tanzbarer Musik machen sie engagierte Texte. Den größten Single-Erfolg hatte Clail mit »*Human Nature*«, im März 1991 ein Platz 10 in GB. Die Amerikaner konnten mit diesem Sound wenig anfangen.

Der Hit: *Human Nature*
Der Tip: *The Emotional Hooligan* (RCA PD 74965 QB)

Clannad

Máire Brennan, v/harp (* 4.8.1952); Pól Brennan, g/key/v; Ciaran Brennan, b/syn/v; Noel Duggan, g/v; Pádrain Duggan, manola/g/v.
Der Gruppenname kommt aus dem Gälischen und bedeutet »Familie«. Wie man unschwer an den Namen der Mitglieder erkennen kann, sind hier auch etliche Verwandte zusammen. Sie kamen 1970 zusammen und spielten in Leo's Taverne – sie gehörte Leo Brennan, dem Vater des Brennan-Teils der Formation. Er war vorher Musiker in einer der typischen Show-Bands gewesen. Ihre ersten großen Erfolge feierten Clannad in Deutschland. Erst danach wurde man in ihrer Heimat und in GB auf sie aufmerksam. 1982 kam der Hiterfolg. *»Harry's Game«* war die Titelmelodie für eine TV-Serie und wurde im November 1982 ein Platz 5 in GB. 1984 war es wieder eine TV-Melodie, die erfolgreich war: *»Robin Of Sherwood«*. Im Laufe der Jahre kamen und gingen einzelne Familienmitglieder – zu denen, die mal dabeigewesen sind, gehört Enya, die Schwester von Máire.

Der Hit: *Harry's Game*
Der Tip: *Pastpresent* (RCA PD 74074)

Clanton, Jimmy

* 2.9.1940. Der Amerikaner gründete eine Band, die sich Rockets nannte und 1958 bei der Plattenfirma Ace vorspielte. Von der Band wollte die Firma nichts wissen, sie nahm nur Jimmy als Solist unter Vertrag. Mit New-Orleans-Studio-Musikergrößen wie Huey »Piano« Smith, Lee Allen oder Earl King wurden die Top-10-Hits wie *»Just A Dream«* (1958), *»Go, Jimmy, Go«* (1959) oder *»Venus In Blue Jeans«* (1962) aufgenommen. Nach 1963 war die Karriere quasi wieder beendet. Zwischen 1972 und 1976 verdiente er seine Dollars als Diskjockey.

Der Hit: *Venus In Blue Jeans*
Der Tip: *Just A Dream* (ACE Records CH 93/TIS)

Clapton, Eric

* 30.3.1945 als Eric Patrick Clapp. 1993 war zweifellos das Jahr für den britischen Ausnahmegitarristen. Bei der Grammy-Verleihung konnte er sechs der begehrten Trophäen entgegennehmen, eine für den Song *»Tears In Heaven«*, den er nach dem Tod seines Sohnes Conor geschrieben hatte, der im März 1991 mit vier Jahren aus einem Hochhaus gestürzt und gestorben war.
Die erste Gitarre bekam Clapton im Alter von 14 Jahren von seinen Großeltern geschenkt, bei denen er aufwuchs. Er spielte vor allem die Stücke der großen

Eric Clapton *(RSO)*

Bluesgitarristen nach. Zu seiner ersten Band, den Roosters, gehörte u. a. Tom McGuinness, später bei Manfred Mann und der Blues Band. Nach acht Monaten gingen Clapton und McGuinness, und nach einem kurzen Gastspiel bei Casey Jones & The Engineers ging Clapton zu den Yardbirds, die einen Ersatz für ihren Gitarristen suchten. Die Band verdankte »Slowhand«, wie er inzwischen hieß, zum großen Teil ihren Ruf. Als die Yardbirds auf Pop umschwenkten, ging Eric zu John Mayall's Bluesbreakers, da seine Liebe nun einmal dem Blues gehörte. In dieser Formation kam Clapton dann auch zu seinem zweiten Spitznamen: »God«.

Clapton nahm nur eine LP mit den Bluesbreakers auf: *»Bluesbreakers«* aus dem Jahr 1963 wurde ein Klassiker.
Nächste Station war die Supergruppe Cream zusammen mit Jack Bruce und Ginger Baker, die zwei Jahre bestand. Danach machte er mit Baker, Steve Winwood und Rick Grech Blind Faith, eine weitere sogenannte Supergruppe, die es nur auf ein Album brachte, veröffentlicht im August 1969. Bei der US-Tour von Blind Faith lernte Eric Delaney And Bonnie kennen und wurde deren Gitarrist. Clapton behauptete: »Delaney And Bonnie sind ganz einfach die beste Pop-Band der Welt.« Musikkritiker und Diskjockeys beteten ihm nach. Auch Mick Jagger war der Ansicht, einen überzeugenderen weißen Gospelklang nie gehört zu haben, und George Harrison bedauerte, daß die Gruppe nicht bei ihnen unter Vertrag stand. Als Delaney, Bonnie And Friends auf Tournee gingen, wurde klar, daß die Zuschauer nicht wegen des Ehepaares Delaney und Bonnie Bramlett gekommen waren, sondern wegen Clapton. Der hielt sich auf der Bühne zurück, was dazu führte, daß wegen der lauten und eindringlichen Rufe nach »Eric« Clapton die Konzerte abbrach und die enttäuschte Menge die Geräte von der Bühne riß. Die Freundschaft bröckelte. Und noch 1970 widmete er sich einem neuen Projekt: Derek & The Dominoes. Wie man schon an diesem Gruppennamen merkt, wollte er auch hier versuchen, nicht im Vordergrund zu stehen. Der Plattenfirma verbot er sogar, seinen Namen auf die Hülle der LP *»Layla And Other Assorted Lovesongs«* zu drucken. Im April 1971 versuchen Derek & The Dominoes eine zweite LP zu produzieren, kommen aber wegen personeller Probleme nicht weiter. Speziell die Drogen halten Clapton und auch die anderen Musiker von der Arbeit ab. Seine Auftritte werden spärlicher. Im Oktober 1972 veröffentlicht seine Plattenfirma *»Eric Clapton At His Best«*, woraus man schließen kann, daß man nichts mehr erwartete. Am 13. Januar 1973 war es dann Pete Townshend, der im Londoner Rainbow-Theater ein Comeback-Konzert für ihn organisierte. Trotz dieser Bemühungen seiner Freunde zieht Clapton sich erst einmal zurück und macht eine Entziehungskur.
Im April 1974 geht er nach Miami, um dort eine neue LP aufzunehmen. Als erste Single-Auskopplung erscheint eine Coverversion des Bob-Marley-Hits *»I Shot The Sheriff«*, die zum bisher größten Erfolg von Clapton wird: in GB im Juli ein Platz 9, in den USA eine Nummer 1 und ein Millionseller – und das, obwohl die Amerikaner mit Reggae recht wenig anfangen können. Damit ist Eric wieder auf der Gewinnerstraße, veröffentlicht mit *»Lay Down Sally«*, *»Promises«* (beide 1978), *»I Can't Stand It«* (1981) weitere Top-10-Hits in den USA. Inzwischen interessiert sich ein ganz neues Publikum für ihn, das teilweise noch nie von den Yardbirds oder Cream gehört hatte und in Clapton einen gesunden, netten Mann sah, der nichts zu verbergen hatte.
In den 80er Jahren wurde der Erfolg immer größer. Seine LPs verkauften sich in rauhen Mengen und wurden auch noch von den Kritikern gelobt. Sein Gitarrenstil

hat sich im Laufe der mehr als 30 Jahre, die er nun im Musikgeschäft ist, wenig verändert. Woran er gearbeitet hat und immer besser wurde, ist sein Gesang. Deutlich wurde das bei seiner 1992 erschienen LP *»Unplugged«*, für die es den Grammy als Album des Jahres setzte. Außerdem erhielt er Grammys als bester männlicher Rocksänger, Platte und Song des Jahres, bester männlicher Popsänger und als Songautor für *»Layla«*, Sicher ist es Geschmackssache, ob man *»Layla«* in der Version von Derek & The Dominoes mag oder *»Unplugged«* – gefühlvoller und zärtlicher ist ganz ohne Zweifel die neuere Version.

Der Hit: *Layla*
Der Tip: *The Cream Of Eric Clapton* (Polydor 833 519-2)

Clark, Buddy

* 26.7.1912 als Samuel Goldberg † 1.10.1949. Die Karriere dieses amerikanischen Sängers begann in den 30er Jahren in der Band von Benny Goodman und in den »Hitparade«-Radio-Shows. Ab 1938 versuchte er sich als Solist, hatte aber erst im Februar 1947 mit *»Linda«* einen richtigen Erfolg – die Platte erreichte Platz 1. Weitere Spitzenreiter in den USA waren noch im gleichen Jahr *»Peg O' My Heart«* und 1948 *»Love Somebody«*. Seine Karriere hätte sicher noch lange angehalten, wäre er nicht am 1.10.1949 bei einem Flugzeugunglück ums Leben gekommen.

Der Hit: *Love Somebody*

Clark, Claudine

* 26.4.1941. Die amerikanische Sängerin studierte in Philadelphia Kompositionslehre, bevor sie 1958 ihre erste Single, *»Angel Of Happiness«*, aufnahm. Im Hintergrund sangen die Spinners, die Platte wurde trotzdem kein Erfolg. Nach weiteren Mißerfolgen nahm sie 1962 *»Disappointed«* auf – ein Hit wurde jedoch die von ihr geschriebene B-Seite *»Party Lights«*. Diese Aufnahme konnte sich im Juni 1962 bis auf Platz 5 der US-Charts vorarbeiten. Alle weiteren Versuche, auch unter dem Pseudonym Joy Dawn, scheiterten.

Der Hit: *Party Lights*

Clark, Dave Five

Mike Smith, v (* 12.12.1943); Lenny Davidson, g (* 30.5.1944); Dennis Payton, sax (* 8.8.1943); Rick Huxley, b (* 5.8.1942); Dave Clark, d (* 15.12.1942).
Dave Clark Five gelten als eine der ersten britischen Bands, die, ohne aus

Liverpool oder vom Mersey zu stammen, den Weg an die Spitze geschafft haben. Da die Band aus Tottenham kam, nannte man es den Tottenham-Sound. Dave Clark war zwar der Leader dieser Band aus dem Norden Londons, aber nicht der Sänger. Der hieß Mike Smith, und dessen Namen hat man damals schon nicht gekannt. Dave Clark war der Schlagzeuger und zusammen mit Smith der hauptsächliche Songschreiber der Band. Zwischen 1963 und 1970 hatten Dave Clark Five acht Top-10-Hits in GB und den USA. Am 3. September 1970 verkündete Dave Clark, seine Gruppe würde auseinanderfallen. In den 80er Jahren kam er noch einmal als Schreiber des Musicals »*Time*« in die Schlagzeilen. Noch heute geht im übrigen das Gerücht um, er habe Dave Clark Five gegründet, um für sein Lieblingsfußballteam, die Tottenham Hotspurs, Geld zu sammeln.

Der Hit: *Glad All Over*
Der Tip: *Glad All Over Again* (EMI CDP 7 89249 2)

Clark, Dee

* 7.11.1938, mit Vornamen Delectus, † 12.7.1990. Seine Karriere begann 1952 in der US-Band Hambone Kids, mit denen er auch seine ersten Platten machte. 1953 wechselte er zu den Golden Tones, aus denen wenig später die Kool Gents wurden. Ab 1957 machte er Soloplatten und hatte mit »*Just Keep It Up*« Mitte 1959 seinen ersten Top-20-Hit. »*Raindrops*« wurde im Mai 1962 Platz 2 in den USA. Nach 1965 schien er aus der Plattenbranche verschwunden zu sein, da tauchte er im Oktober 1975 mit »*Ride The Wild Horse*« zumindest in GB wieder unter den ersten 20 in den Charts auf. Er starb 1990 nach einem Herzschlag.

Der Hit: *Raindrops*
Der Tip: *Keep It Up* (Charly CRB 1010 TIS)

Clark, Petula

* 15.11.1932. Als im November 1988 Petula Clark in der britischen TV-Sendung »Top Of The Pops« aufgetreten ist, werden sich viele Kids, die die Sendung regelmäßig sahen, sicher gewundert haben. Da sang ja eine Dame! Diese Dame hatte bereits Anfang der 40er Jahre als Kinderstar ihr ersten Bühnenauftritte. Zwischen 1943 und 1951 wirkte Petula in mehr als 20 Filmen mit. 1950 gewann sie den Preis als die beste Fernsehkünstlerin des Jahres. Bei der BBC hatte sie Erfahrung als Entertainer sammeln können, und noch während des Krieges war sie unter dem Spitznamen »The Force's Girl« über 500mal vor Soldaten aufgetreten. Kein Wunder also, daß sich die Plattenindustrie Ende der 40er Jahre um diese ausgebildete Künstlerin riß. 1949 wird mit »*Put Your Shoes On Lucy*« ihre

erste Platte veröffentlicht. 1954, auch das eher ein Kinderlied, erreicht sie mit *»The Little Shoemaker«* zum erstenmal die Top 10. *»Suddenly There's A Valley«* 1955, *»With All My Heart«* und *»Alone«* 1957 sind weitere Top-10-Erfolge. Ihre britische Version des Lolita-Hits *»Seemann«*, *»Sailor«*, wird im Januar 1961 ein Spitzenreiter in GB. *»Downtown«* 1964 wird ein internationaler Erfolg – in den USA erhielt sie dafür, man lese und staune, einen Grammy für die beste Rock-'n'-Roll-Single des Jahres. *»This Is My Song«*, geschrieben von Charlie Chaplin, ist im Februar 1967 ihr zweiter Spitzenreiter in GB. Nach 1972 war ihre Chart-Karriere zu Ende, als Schauspielerin blieb sie jedoch weiter erfolgreich im Geschäft. 1987 trat sie für längere Zeit in Caesar's Palace in Atlantic City auf, und 1988 stand sie mit einer aufgemotzten Version von *»Downtown«* wieder unter den ersten 10 – und deshalb der anfangs erwähnte Auftritt in den »Top of the Pops«. Soviel Professionalität wie bei Petula Clark habe ich selten bei einem Interpreten erlebt. Dazu kommt eine gehörige Portion sympathische Ausstrahlung, was wohl auch auf die langen Jahre an der Spitze zurückzuführen ist. Nur die kleinen Luschen sind es immer wieder, die auf den Putz hauen.

Der Hit: *Downtown*
Der Tip: *The Hit Single Collection* (PRT PYC 7002/TIS)

Clark, Sanford

* 1935. Nachdem Sanford als Teenager von Oklahoma nach Phoenix, Arizona, gezogen war, lernte er dort den Gitarristen Al Casey kennen, der von ihm so angetan war, daß er ihn dem Diskjockey Lee Hazlewood vorstellte. Lee teilte Caseys Begeisterung und produzierte Sanfords erste Single, *»The Fool«*, die im Juli 1956 ein Platz 7 in den USA wurde. Noch weitere zehn Jahre versuchte Sanford, diesen Erfolg zu wiederholen – es gelang ihm nicht. In seinen Anfangstagen versuchte seine Plattenfirma, ihn in die Rockabilly-Ecke und damit in die Nähe von Elvis Presley zu rücken. Dabei klang Sanford Clark immer eher nach Johnny Cash als nach Elvis. Wohl deshalb auch Sanfords Versuche, sich auf dem Country-Sektor zu etablieren, was allerdings auch mißlang.

Der Hit: *The Fool*
Der Tip: *The Fool* (Bear Family BCD 15 549)

Clash

Joe Strummer, v (* 21.8.1952 als John Graham Mellors); Mick Jones, g (* 26.6.1953); Paul Simonon, b (* 15.12.1955); Topper Headon, d (* 30.5.1955, mit richtigem Vornamen Nicky); Peter Howard, d; Vince White, g; Nick Sheppard, g.

Mitte 1976 formierte sich diese Punkband, die neben den Sex Pistols zu den wichtigsten Formationen dieses Genres zu zählen ist. In GB brachte es die Gruppe zeit ihres Bestehens nicht zu einem Top-10-Hit. In den USA erreichte sie im Oktober 1982 mit »*Rock The Cabash*« einen Platz 8. Als sich Levi's Anfang 1991 entschloß, den Clash-Song »*Should I Stay Or Should I Go*« aus dem Jahre 1982 für seine Hosenwerbung einzusetzen, erreichte die Platte Platz 1 in GB und Platz 5 in Deutschland. Zu diesem Zeitpunkt bestand die Gruppe schon seit sechs Jahren nicht mehr. Mick Jones hatte bereits 1983 die Band verlassen und Big Audio Dynamite gegründet. Strummer spielte 1986 kurze Zeit mit den Pogues und verlegte sich dann auf Schauspielerei und Produktion.

Der Hit: *Should I Stay Or Should I Go*
Der Tip: *The Story Of The Clash Vol. 1* (CBS 460244-2)

Classics IV

Dennis Yost, v; James R. Cobb, g; (* 5.2.1944); Wally Eaton, g; Joe Wilson, b; Kim Venable, d; Dean Daughtry, b (* 8.9.1946).
Die Gruppe, die man in die Reihe der Soft-Rocker stellen muß, wurde 1965 in Jacksonville, Florida, gegründet. 1967 zogen sie nach Atlanta, was sich als Glücksfall für sie erwies. Sie arbeiteten als Sessionmusiker für z. B. Tommy Roe, Billy Joe Royal und die Tams, bevor sie Ende 1967 mit »*Spooky*« ihren ersten Top-10-Hit in den USA hatten. »*Stormy*« (1968) und »*Traces*« (1969) kamen auch noch unter die ersten 10. Ende 1969 erfolgte die Umbenennung der Gruppe in Dennis Yost & The Classics IV, was aber auch nicht verhindern konnte, daß der Erfolg abbröckelte. Produzent Buddy Buie und J. R. Cobb hatten alle Hits der Formation geschrieben, und diese beiden plus Daughtry gründeten 1974 die Atlanta Rhythm Section.

Der Hit: *Stormy*
Der Tip: *The Very Best Of* (EMI CDP 7 91472 2)

Claudio, Rik & Roger

An dem Titel »*Memphis Tennessee*«, im Original ein Stück von Chuck Berry, versuchten sich etliche Interpreten. Diese drei hier kamen mit ihrer Version im November 1964 auf Platz 9 in Deutschland. Vorher hatte sich bereits Bernd Spier an dem Titel versucht, aber nur Platz 20 erreicht. Am erfolgreichsten in Deutschland – nämlich Spitzenreiter im September 1964 – wurde Pat Boone.

Der Hit: *Memphis Tennessee*

Clay, Judy

* als Judy Guion. Judy begann ihre Karriere als Backgroundsängerin für Don Covay, Wilson Pickett und viele andere. Mit in dieser Gospelgruppe sangen übrigens Dionne Warwick und Cissy Houston. Sie nannten sich die Drinkard Sisters. 1967 nahm Judy im Duett mit Billy Vera Platten auf, aber erst ein Duett mit William Bell, *»Private Number«*, sollte ihr im November 1968 einen Top-10-Hit bescheren – und zwar nicht in ihrer Heimat USA, sondern in GB. Bis 1970 machte die Soulsängerin noch weitere Platten, dann zog sie sich ganz aus dem Musikgeschäft zurück.

Der Hit: *Private Number*

Clay, Tom

Vorne laberte salbungsvoll der Los-Angeles-Diskjockey Tom Clay, im Hintergrund rödelten The Blackberries. Diese Kombination zermanschte die beiden Songs *»What The World Needs Now Is Love«* und *»Abraham, Martin And John«* zu einem bekömmlichen Brei, der nur den Amerikanern schmeckte – und sicher nur im Juli 1971, als er bis auf Platz 8 in die Charts kam und man noch nicht genau wußte, was John so alles angestellt hatte. Irgendwie war die Platte wie der Ausspruch von Kennedy im Angesicht der Mauer: zuckerig, süß, und wenn drei Tage alt, ein Fall für den Mülleimer.

Der Hit: *What The World Needs Now Is Love/Abraham, Martin And John*

Clayderman, Richard

* 28.12.1953 als Phillipe Pagès. Mit 12 Jahren begann der Sohn eines Klavierlehrers, am Pariser Konservatorium zu studieren. Nach vier Jahren gewann er den ersten Preis dort – und wollte lieber Rockmusiker werden. Daraus wurde nie etwas, wenn er auch eine Zeitlang mit Johnny Hallyday und Michel Sardou spielte. Er lernte dann erst einmal etwas Vernünftiges und wurde Bankkaufmann, bevor er einen Plattenvertrag unterschrieb. 1977 hatte er dann seinen ersten großen Erfolg mit *»Ballade Pour Adeline«*, im Dezember ein Platz 6 in Deutschland und im April 1979 wieder unter den ersten 10. Das lag daran, daß im ZDF-Krimi »Der Alte« am 24. November als immer wiederkehrendes musikalisches Leitmotiv diese Nummer dem Fernsehzuschauer noch einmal um die Ohren geschlagen wurde. Das blieb zwar sein einziger Hit, aber dafür verkaufen sich seine LPs mit Musik, die von der Plattenfirma als »Leckerbissen für ein akustisches Diner« bezeichnet wurde. Mit anderen Worten: leicht verdaulich.

Der Hit: *Ballade Pour Adeline*

Cliff, Jimmy

* 1.4.1948 als James Chambers. Der Jamaicaner gehört zu den ersten, die in Europa mit Reggae Erfolg hatten. Allerdings, sein Reggae war nicht pur, sondern mit Streichern so unterlegt, daß er auch für europäische Ohren konsumierbar war. Seine erste Single hieß *»Hurricane Hattie«*, die ihn auf Jamaica zum Star machte und ihm zu einem Plattenvertrag bei Island Records in England verhalf. Seine Aufnahme *»Wonderful World, Beautiful People«*, im Oktober 1969 ein Platz 6 in GB, brachte ihm seinen ersten Top-10-Erfolg., *»Wild World«* im August 1970 seinen zweiten. Als Filmstar trat er in »The Harder They Come« 1972 auf, in dem ein junger Mann sein ländliches Zuhause verläßt, um in der Stadt sein Glück zu versuchen. Jimmy spielte sich selbst. 1986 spielte er im Film »Club Paradise« mit. Als Songschreiber gehören zu seinen schönsten Nummern *»Many Rivers To Cross«*, *»You Can Get It If You Really Want«* und *»Sitting In Limbo«*. 1992 veröffentlichte er die von der Kritik hochgelobte CD *»Breakout«*.

Der Hit: *Wonderful World, Beautiful People*
Der Tip: *Best Of* (Island CIDD 6)

Clifford, Buzz

* 8.10.1942 als Reese Francis Clifford III. Wer für den einzigen Erfolg dieses Interpreten – *»Baby Sittin' Boogie«*, im Januar 1961 ein Platz 6 in den USA und ein Platz 3 in Deutschland – wirklich verantwortlich war, ist nicht mehr auszumachen. War es der Gesang von Buzz, oder waren es die beiden Kinder des Produzenten? Wie dem auch sei, nach diesem Hit gelang Buzz kein weiterer Erfolg. Er wandte sich erst dem Folk-Rock und dann, als das auch nichts wurde, der Country-Musik zu.

Der Hit: *Baby Sittin' Boogie*

Climax

Sonny Gerci, v (* 1947); Walter Nims, g; Steve York, b; Virgil Weber, key; Robert Neilson, d.
Sonny Gerci, ehemals Leadsänger der Outsiders, gründete dieses Quintett 1971 in Los Angeles zusammen mit seinem Bandkollegen Walter Nims. Die von Walter geschriebene Ballade *»Precious And Few«* wurde im Januar 1972 ein Platz 3 in den USA und ein Millionseller. Bereits die zweite Single der Gruppe markierte das Ende des Hitparadendaseins. Trotzdem hielt Gerci die Gruppe mehr aus Spaß an

der Freude weiterhin aufrecht, während Steve York zu Vinegar Joe ging und ein gesuchter Studiomusiker wurde, der gelegentlich auch Soloplatten veröffentlichte.

Der Hit: *Precious And Few*

Climax Blues Band

Colin Cooper, v/sax (* 7.10.1939); Peter Haycock, v/g (* 4.4.1952); Richard Jones, key; Arthur Wood, key; Derek Holt, b (* 26.1.1949); George Newsome, d (* 14.8.1947).
Diese britische Band wurde 1968 als Climax Chicago Blues Band gegründet. Irgendwann strich man Chicago aus dem Namen. Damit ging allerdings auch viel vom Blues verloren. Der Titel *»Couldn't Get It Right«* war im Oktober 1976 ein Top-10-Erfolg in GB und vier Monate später ein Platz 3 in den USA. Bis in die 90er Jahre wurden weitere, immer nach dem gleichen Strickmuster komponierte Platten auf den Markt gebracht.

Der Hit: *Couldn't Get It Right*
Der Tip: *Couldn't Get It Right . . . Plus* (See For Miles SEE CD 222/TIS)

Climie Fisher

Simon Climie, v (* 7.4.1960); Rob Fisher, key/b (* 5.11.1959).
1981 entschließt sich Simon, Songschreiber zu werden und unterschreibt einen Vertrag bei Chrysalis-Music. Seine Lieder werden, durch Interpreten wie Pat Benatar, Smokey Robinson, Leo Sayer, Roger Daltrey oder Jeff Beck zu Hits. 1985 trifft er während der Aufnahmen der Gruppe Scritti Politti auf Rob Fisher. Der hatte seinerseits 1982 nach einem Studium an der Universität in Bath zusammen mit Pete Byrne das Duo Naked Eyes gegründet. Im Dezember 1984 trennte sich dieses Duo. Rob traf auf Simon, und Mitte 1986 unterschrieben sie einen Plattenvertrag als Climie Fisher. Im August 1986 erschien ihre Debütsingle *»This Is Me«*, und mit *»Rise To The Occasion«* hatten sie im Dezember 1987 ihren ersten, mit *»Love Changes (Everything)«* im März 1988 ihren größten Erfolg. Nachdem die beiden zusammen für das Duo Aretha Franklin/George Michael den Hit *»I Knew You Were Waiting (For Me)«* geschrieben hatten, waren sie als Songschreiber etabliert. Ende 1992 erschien mit *»Soul Inspiration«* eine Solo-LP von Simon Climie.

Der Hit: *Love Changes (Everything)*
Der Tip: *Twice As Much* (EMI 7 99476 2)

Cline, Patsy

* 8.9.1932 als Virginia Petterson Hensley, † 5.3.1963. Zunächst sang Patsy in ihrer Heimatstadt Winchester, Virginia, in verschiedenen Clubs, ab 1948 trat sie auch in Nashville auf. Bekannt wurde sie jedoch erst, nachdem sie im Januar 1957 in Arthur Godfrey's Talent Scouts TV-Show aufgetreten war. Kurze Zeit später hatte die Country-Sängerin ihre ersten Hits: *»Walkin' After Midnight«* und *»I Fall To Pieces«* wurden 1957 bzw. 1961 jeweils Platz 12, *»Crazy«* im Oktober 1961 ein Platz 9 in den US-Charts. Mitte 1992 veröffentlichte der Billboard seine neueste Liste der Titel, die in den US-Musikboxen am häufigsten gedrückt werden. Bis zu diesem Zeitpunkt war es Elvis, der mit *»Hound Dog/Don't Be Cruel«* diese »Top 40 Juke Box Singles Of All Time« anführte. Er wurde jetzt auf Platz 3 gedrückt, und vor ihm standen auf Platz 2 Bob Seger mit *»Old Time Rock 'n' Roll«* und auf Platz 1 Patsy Cline mit *»Crazy«*. Patsy starb nach einem Flugzeugabsturz – mit in der Maschine saßen Cowboy Copas und Hawkshaw Hawkins, zwei weitere Country-Stars. 1985 wurde ein Film über ihr Leben gedreht: *»Sweet Dreams«*. Die Hauptrolle spielte Jessica Lange. 1990 wurde der Film im britischen Fernsehen gezeigt, und es erschien ein Soundtrack mit Patsys schönsten Songs. Daraus ausgekoppelt wurde als Single *»Crazy«*, die im Dezember 1990 in die GB-Charts kam und dort Patsys erster Top-20-Hit wurde. *»Crazy«* war übrigens der erste große Erfolg für Willie Nelson als Songschreiber. Patsy gilt als Vorreiterin eines poporientierten Nashville-Sounds und als Vorbild für Künstlerinnen wie Linda Ronstadt oder Emmylou Harris.

Der Hit: *Crazy*
Der Tip: *16 Greatest Hits* (16 Tons CD 11004)

Clooney, Rosemary

* 23.5.1928. Die amerikanische Sängerin gehörte in den 50er Jahren zweifellos zu den populärsten Künstlern. Sie begann Ende der 40er Jahre in der Band von Tony Pastor. Ab Anfang der 50er arbeitete sie als Solistin, hatte ihren ersten Hit jedoch im Duett mit Guy Mitchell: *»You're Just In Love«*. Dann gelangen ihr auch Solohits. Spitzenreiter in den USA hatte sie mit *»Come On-A-My House«* im Juli 1951, *»Half As Much«* im Mai 1952, *»Hey There«* im Juli 1954 und *»This Ole House«* im August 1954. *»This Ole House«* war auch Nummer 1 in GB, ebenso *»Mambo Italiano«* zwei Monate später im Dezember 1954. Die Liste ihrer Erfolge geht bis in das Jahr 1957. Da hatte sie mit *»Mangos«* ihren letzten Top-10-Erfolg in den USA. Rosemary war für einige Zeit mit dem Schauspieler José Ferrer verheiratet. Ihr gemeinsamer Sohn Gabriel wiederum heiratete Pat Boones Tochter Debby. Auch als Schauspielerin war Rosemary in mehr als 50 Filmen erfolgreich, darunter

»*White Christmas*«. Nach ihrer Zeit als Popsängerin verlegte sie sich mehr auf den Jazzbereich.

Der Hit: *This Ole House*
Der Tip: *16 Most Requested Songs* (CBGS CK 44403)

Clout

Cindi Alter, v/g; Sandie Robbie, g/v; Jennie Garson, p/g/v; Bones Bretell, key/v; Lee Tomlinson, b/fl/v; Ingi Herbst, d/v.
1978, während der jährlichen MIDEM in Cannes, einer Messe für Plattenrechte, wurde eine fünfköpfige Damengruppe aus Südafrika, die zu diesem Zeitpunkt auf Platz 1 der dortigen Hitparade stand, hart umkämpft. Das Rennen machte die französische Plattenfirma Carrère, die es schaffte, Clout mit dem Titel »*Substitute*« zu einem Top-10-Erfolg in den meisten europäischen Ländern zu führen. In GB wurde es im Juni 1978 ein Platz 2, in Deutschland im August ein Platz 1. Der nächste Top-10-Erfolg, »*Save Me*« im April 1979, zeigte die Band in einer neuen Besetzung. Nun waren es vier Frauen und zwei Männer. 1981 löste sich die Formation dann auf.

Der Hit: *Substitute*
Der Tip: *Save Me* (Polydor 837 214-2)

Clowns & Helden

Wolfgang Jensen, v; Carsten Pape, v; Bernd Westermann, key/d/arr; Robert Schön, pos; Gero, tr.
Die Titelzeile ihres einzigen Hits sangen Clowns & Helden so häufig, daß er einem förmlich aufgenötigt wurde. »*Ich liebe Dich*« war im Januar 1987 erstmals in der deutschen Hitparade und brachte es bis auf Platz 4. Mehr Erfolge gelangen dieser Gruppe aus Hamburg nicht.

Der Hit: *Ich liebe Dich*

Club Argentina/Honolulu/Indonesia/Italia/Manhattan

Insgesamt sechs Clubs waren Tarngeschäfte, hinter denen sich die Geschwister Caterina Valente und Silvio Francesco verbargen. Zwischen 1956 und 1963 nahmen die beiden unter den »Club-Namen« und unter ihren richtigen Namen Platten auf, die dann wiederum mit den Solo-Platten der beiden konkurrierten. Meist brachten diese Clubs lediglich ein paar Hits raus und verschwanden dann

wieder in der Versenkung. Der Club Manhattan brachte es auf keinen Top-10-Erfolg. Catrins Madison Club finden Sie an der alphabetisch anderen Stelle.
Club Argentina war im Dezember 1956 Spitzenreiter in den deutschen Charts mit »*O Billy Boy*«.
Club Honolulu: Hier war es der »*Itsy Bitsy Teenie Weenie Honolulu-Strand-Bikini*«, der es im August 1960 auf Platz 1 in Deutschland brachte.
Club Indonesia: »*Steig in das Traumboot der Liebe*« war im April 1956 Nummer 1 in Deutschland mit diesem Club, »*Die goldenen Spangen*« vier Monate später ein weiterer Top-10-Hit.
Club Italia: Auch dieser Club brachte es auf mehrere Hits. Die größten waren »*Ich wär so gern bei dir*«, Platz 2 im April 1957, und »*Roter Wein*«, im September 1958.
Sinn und Zweck dieses »Namen-wechsel-dich-Spiels« kann nur gewesen sein, die Allmacht von Caterina in den deutschen Hitparaden zwischen 1955 und 1962 zumindest ein wenig zu vertuschen. So war es den »Ansagern« – DJs gab's ja noch nicht – möglich, erst einen Titel von Caterina, dann einen Club und schließlich die Geschwister anzukündigen – und nur der Kundige wußte gleich, daß es sich immer wieder um dieselben Personen handelte.

Club Nouveau

Jay King, v/key; Valerie Watson, v; Denzil Foster, v/key; Thomas McElroy, v/key; Samuelle Prater, v; David Agent, v; Kevin Irving, v.
Diese Disco-Formation aus Sacramento leitete der Sänger, Produzent und Plattenfirmeneigner Jay King, der mit einem Nachzieher des Bill-Withers-Stückes »*Lean On Me*« im Februar 1987 eine Nummer 1 und einen Millionseller in den USA hatte. Vorher war er für die Produktionen des Timex Social Club zuständig. 1988 kam es zu Umbesetzungen in der Band, und weitere Versuche, Hits zu landen, schlugen fehl.

Der Hit: *Lean On Me*
Der Tip: *Life, Love & Pain* (WB 925 531-2)

Clüver, Bernd

* 10.4.1948. Die TV-Sendung »Talentschuppen« kam 1971 von der Funkausstellung in Berlin. Zu den Juroren, die die Leistung der Newcomer zu bewerten hatten, gehörten Peter Orloff und Peter Meisel – sie wählten als ihren Favoriten Bernd Clüver aus, und Orloff kümmerte sich anschließend um die Produktion. Seine Debüt-Single »*Sie kommt wieder*« wurde ein Flop. Ab Februar 1973 kam dann die große Zeit für Bernd Clüver. Er erreichte mit »*Der Junge mit der*

Mundharmonika« Platz 1 in Deutschland und einen Millionseller. Gleiches gelang ihm mit der Peter-Orloff-Komposition *»Der kleine Prinz«* im August 1973. Auf seiner ersten LP war zu lesen: »Millionen Musikfreunde fühlen, daß hier ein neuer Star ohne Allüren entdeckt wurde. Die Beliebtheit des modernen Romantikers Bernd Clüver wächst mit jedem Tag.« Mit *»Das Tor zum Garten der Träume«* und *»Bevor Du einschläfst«* gelangen dem modernen Romantiker noch zwei weitere Top-10-Erfolge, danach hielt sich sein Wachstum an Beliebtheit in Grenzen. Nachdem er einige Zeit als Rundfunkmoderator gearbeitet hatte, startete er Anfang der 90er Jahre ein Comeback.

Der Hit: *Der kleine Prinz*
Der Tip: *Der Junge mit der Mundharmonika* (Hansa 87064)

Coasters

Carl Gardner (* 29.4.1928); Bobby Nunn (* 1925 † 5.11.1986); Leon Hughes (* 1938); Billy Guy (* 20.6.1936); Adolph Jacobs; Cornell Gunther (* 14.11.1936, † 26.2.1990); Will Jones (* 1939); Earl Carroll (* 2.11.1937) – alle v.
Die Ursprünge der Coasters gehen zurück in das Jahr 1947: Damals wurde in Los Angeles die Rhythm-&-Blues-Gruppe Robins gegründet, die ihre ersten Platten zusammen mit Johnny Otis auf dem Savoy Label machte. 1954 kam Carl Gardner zu den Robins, und 1955 gründeten Gardner und Nunn die Coasters. Die Erfolgsserie der durch Jerry Leiber und Mike Stoller produzierten Coasters begann im Mai 1957 mit den Top-10-Hits *»Searchin'«* und *»Youngblood«*. Mitte 1958 war *»Yakety Yak«* Spitzenreiter in der amerikanischen Hitparade. 1959 hießen die Top-10-Erfolge *»Charlie Brown«*, *»Along Came Jones«* und *»Poison Ivy«*. Inzwischen war es schon zu den ersten Umbesetzungen in der Band gekommen. 1957 war von den Flairs Cornell Gunther gekommen, der 1961 die Band wieder verließ und im Frühjahr 1990 erschossen wurde. Will Jones war vorher Mitglied bei den Cadets, Earl Carroll, vorher erfolgreich bei den Cadillacs, kam 1961 zur Band.
Nach 1960 ließ der Erfolg der Gruppe nach, und heute ziehen durch die USA manchmal zwei, manchmal drei verschiedene Coasters, in denen dann jeweils ein oder zwei Originalmitglieder anzutreffen sind. 1987 wurden sie in die Rock 'n' Roll Hall of Fame aufgenommen. Alle ihre großen Songs wurden durch Jerry Leiber und Mike Stoller nicht nur produziert, sondern auch geschrieben.

Der Hit: *Charlie Brown*
Der Tip: *50 Coastin' Classics* (Rhino R2 71090/TIS)

Coast To Coast

Diese britische Band, bestehend aus fünf Männern und zwei Frauen, war Anfang der 80er Jahre mal wieder ein Versuch, Rockabilly-Feeling unter die Leute zu bringen. Mit der Nummer »*(Do) The Hucklebuck*«, die im Jahre 1948 geschrieben und mit Tommy Dorsey und seinem Orchester, Frank Sinatra und Paul Williams 1949 erfolgreich war, versuchte Coast To Coast Stimmung in die Bude zu zaubern. Im Januar 1981 erreichten sie damit immerhin Platz 5 in GB. »*Let's Jump The Broomstick*«, ihr zweiter Versuch, war schon weniger erfolgreich, und danach hörte man nichts mehr von ihnen.

Der Hit: *(Do) The Hucklebuck*

Cochran, Eddie

* 3.10.1938 als Edward Ray Cochrane, † 17.4.1960. 1987 nahmen ihn die Amerikaner in die Rock 'n' Roll Hall Of Fame auf – 27 Jahre nach seinem Tode und möglicherweise halbherzig, denn in den USA war er nie einer der großen Rocker. Die Briten mochten ihn länger und lieber. Zusammen mit Hank Cochran, der nicht mit ihm verwandt war (schon weil der mit richtigem Namen Garland Perry heißt), bildete er 1954 das Duo Cochran Brothers, das Country- bzw. Rockabilly-Aufnahmen machte. 1956 erschien mit »*Skinny Jim/Half Love*« die erste Soloplatte von Eddie, die jedoch keine Hitparadenspuren hinterließ. Sein erster Hit war die John-D.-Loudermilk-Nummer »*Sittin' In The Balcony*«, Platz 18 im März 1957 in den USA. Der größte Erfolg in den Staaten war der »*Summertime Blues*«, im August 1958 gerade mal ein Platz 8. Alle anderen Platten erreichten nicht einmal die Top 30. »*C'mon Everybody*« war im Mai 1959 mit einem Platz 6 der größte Hit zu seinen Lebzeiten in GB. Dort wurde sein größter Erfolg – makaber genug – kurz nach seinem Tode »*Three Steps To Heaven*«, Spitzenreiter im Mai 1960. Bei den Filmaufnahmen zu »*The Girl Can't Help It*« lernte er Gene Vincent kennen, mit dem ihn dann später eine echte Freundschaft verband. 1960 gingen beide auf Tour durch GB. Nach dem letzten Konzert der beiden in Bristol waren sie auf dem Weg zum Londoner Flugplatz, weil Eddie in die USA fliegen wollte. Das Auto verunglückte. Gene Vincent wurde schwer verletzt, Eddie Cochran starb.

Der Hit: *Summertime Blues*
Der Tip: *The Eddie Cochran Box Set* (Liberty CDP 911912)

Cochrane, Tom

* 14.5.1953. Im November 1977 stieß Tom, ein Cousin des Rockers Eddie Cochran, in Toronto auf das Trio Red Rider, das sich danach schnell zu einer der erfolgreichsten Bands in Kanada entwickelte. Tom hatte vorher schon unter seinem Namen einige Singles und eine LP aufgenommen, die jedoch floppten. Ab Ende der 80er Jahre erschienen die LPs der Formation als Tom Cochrane & Red Rider, und *»Mad Mad World«* hieß 1991 dann eine Langspielplatte, auf der nur noch von Tom Cochrane die Rede war. Anscheinend griff er jetzt mehr auf Elemente des Rhythm and Blues zurück. Cochrane hatte seit Jahren erzählt, daß er ein Fan von Otis Reding und Ben E. King ist. Die LP wurde Platte des Jahres in Kanada, erhielt mehrfach Platin und beinhaltete den Song *»Life Is A Highway«*, der im Mai 1992 in die amerikanischen Hitparaden kam und sich bis auf Platz 6 hocharbeitete.

Der Hit: *Life Is A Highway*
Der Tip: *Mad Mad World* (Capitol CDP 7 97723 2)

Cocker, Joe

* 20.5.1944. Mag Joe auf der Bühne aussehen, als würde er im nächsten Moment einen epileptischen Anfall haben, mag er Anlaß zu der Hoffnung geben, daß er mal so alt wird, wie er heute schon aussieht, mag er volltrunken auf der Bühne stehen – seine Freunde haben ihm noch immer geholfen. Und gerade unter den Musikern hat Joe Cocker einen Stellenwert, den man nicht hoch genug einschätzen kann. Außerdem ist er ein wahres Stehaufmännchen – jedesmal, wenn er nach einer ausgedehnten Tournee von der Presse, von Funk und Fernsehen als absolut fertig beschrieben wurde, stand er wieder auf und machte eine neue LP, die ihn – zumindest was seine Stimme angeht – wieder in Hochform zeigte. Außer Freunden in der Musikbranche gab es allerdings auch ein paar Haie, die ihm wahrsten Sinne des Wortes das Fell über die Ohren gezogen haben. Cocker müßte mit den Platten, die er in seiner nunmehr 20 Jahre andauernden Karriere verkauft hat, zu den Millionären zählen – wird es aber wohl nicht sein. So machte er z. B. im Frühjahr 1970 eine ausgedehnte Tournee durch die USA – sie dauerte über 3 Monate. Danach, so erzählte Joe Cocker über »Mad Dogs & Englishmen«, wie die Tour hieß: »Die Sache war keinesfalls so groß, wie die Leute damals sagten. Aus dem Filmendprodukt war z. B. nicht ersichtlich, wie viele Belastungsmomente es hinter der Bühne gegeben hatte. Am Ende der Tour drehte ich fast durch. Ich sah absolut keinen Sinn mehr weiterzumachen. Ich wollte nur noch eins – in Ruhe darüber nachdenken, was ich eigentlich tun wollte. Von der ganzen Tour blieben für mich ganze 872 Dollar übrig.« Management und Plattenfirmen

Joe Cocker *(Cube Records)*

gingen nie zimperlich mit Cocker um – sie holten ihn auf die Bühne, obwohl er körperlich fertig war, sie schrieben über ihn in den Plattenbeilagen, was sie für richtig hielten. Beispiel: Zur Platte *»With A Little Help From My Friends«* schrieb die Plattenfirma über den gelernten Handwerker und Klempner aus Sheffield: »Joe raffte sich erneut auf, um von Rohrleitungen und Bierfässern zu entkommen.« Dazu Joe Cocker selbst: »Früher habe ich 100,00 DM pro Woche in den Kneipen von Sheffield für mein Gekreische bekommen und jeden Abend mehr als 5 Liter Bier getrunken. Da fühlte ich mich wohl.«

Von »Aufraffen« ist bei Joe Cocker keine Rede. *»With A Little Help From My Friends«* war ein Titel, der im Original auf der Beatles-LP »Sgt. Pepper« zu finden war. Die Beatles brachten die Platte damals nicht als Single auf den Markt – Joe

Cocker machte einen Nachzieher und hatte im Oktober 1968 damit eine Nummer 1 in der britischen Hitparade. Mit ihm zusammen spielten einige der besten britischen Studiomusiker auf der Platte – z. B. Jimmy Page, der zu Led Zeppelin gehörte. Im Hintergrund sangen Madeline Bell und Rosetta Hightower, die auch als Solistinnen erfolgreich waren.
»With A Little Help From My Friends« war diesseits des Atlantiks ein großer Hit. In den USA war er in den Top 10 mit *»The Letter«* 1970, *»You Are So Beautiful«* 1975 und auf Platz 1 – wohin er auch gehört – *»Up Where We Belong«* zusammen mit Jennifer Warnes im August 1982. Inzwischen wirkt er wie ein geläuterter Alkoholiker. Er macht nicht mehr durch Spektakel oder Skandale von sich reden, sondern durch ehrliche Arbeit, gut gemachte Platten und ausverkaufte Konzerte.

Der Hit: *Up Where We Belong*
Der Tip: *The Best Of* (Capitol 7 80512 2)

Cock Robin

Peter Kingsbery, v/key (* 2.12.1952); Anna LaCazio, v/key (* 28.1.1962); Clive Wright, g (* 2.8.1953); Lou Molino, d (* 6.9.1954).
Für eine der angenehmsten Überraschungen des Jahres 1984 sorgte das 1982 gegründete amerikanische Rock-Quartett Cock Robin. Mit dem Titel *»When Your Heart Is Weak«* kamen sie 1985 in den USA nur unter die ersten 40, in Deutschland jedoch bis auf Platz 8. Auch der Nachfolger *»The Promise You Made«* erreichte lediglich in Deutschland Top-10-Status. 1987 blieben in der Band nur noch Peter und Anna übrig. 1989 erschien mit *»First Love/Last Rites«* schon der Schwanengesang der Formation. Möglich, daß der dominierende Kingsbery – er hat fast alle Songs im Alleingang geschrieben – der Meinung war, er könne auf feste Mitspieler verzichten. 1991 erschien mit *»A Different Man«* die erste Solo-LP von ihm.

Der Hit: *When Your Heart Is Weak*
Der Tip: *The Best Of* (Columbia 469 206 2)

Coffey, Dennis

* 1940. Bereits als 15jähriger spielte Dennis Gitarre bei einer Schallplatten-Session. Ab 1968 – seine erste erfolgreiche Arbeit ist auf dem Temptations-Hit *»Cloud 9«* zu hören – machte er sich als Studiomusiker fast unersetzlich für den sogenannten Tamla-Motown-Sound. Er spielte mit auf Veröffentlichungen der

Temptations, der Supremes, der Jackson 5, der Four Tops, von Diana Ross und Stevie Wonder, aber auch mit Wilson Pickett, Gladys Knight oder Paul Anka, um nur einige zu nennen. 1970 veröffentlichte er seine erste Solo-LP, daraus ausgekoppelt die Instrumental-Aufnahme *»Scorpio«*, die im Oktober 1971 in die US-Single-Charts kam, ein Platz 6 und ein Millionseller wurde. Die Nachfolge-Single *»Taurus«* wurde im Februar 1972 ein Top-20-Erfolg. Dennis arbeitete weiter als Studiomusiker und gründete später die Formation C. J. & Co., die es 1977 mit *»Devil's Gun«* zu einem Top-40-Hit brachte.

Der Hit: *Scorpio*
Der Tip: *Evolution* (A&M 85928)

Cogan, Alma

* 19.5.1932, † 26.10.1966. Die Briten nannten sie »The Girl with the laugh in her voice«, das Mädchen mit dem Lachen in der Stimme – das stimmt. Irgendwie klangen ihre Lieder immer freundlich, positiv. Genau das wollten die Briten auch hören nach den langen Kriegsjahren. Also ist es kein Wunder, daß die kleine Alma Cogan schon 1948, im Alter von 16 Jahren, ihren stimmlichen Charme versprühte. Aber – so die Eltern – das Kind sollte erst mal was lernen und erwachsen werden, bevor sie im harten Showgeschäft ihre Fish and Chips verdienen konnte. Dann im Londoner West End die Show »High Button Shoes« – 9 Pfund die Woche, und das 8 Monate lang. Im gleichen Ensemble eine junge Dame, die wie Alma ihre Karriere noch vor sich hatte: Audrey Hepburn. Mit 20 – also 1952 – darf Alma dann mit Erlaubnis ihrer Eltern die erste Plattenaufnahme machen. Die DJs bei den Sendern finden sie nicht schlecht, kaufen will sie kaum einer. Anfang 1954 dann der erste große Hit mit *»Bell Bottom Blues«*, also einem Lied über die Hosen, wie sie von Matrosen getragen wurden. Und da die Briten schon immer ein Seefahrervolk waren, viele Mädchen demzufolge auch Seemänner zum Freund oder Mann hatten, wurde dieser Song ein Hit – zumindest wird es heute im nachhinein so erklärt. In GB gab es eine große und wichtige Hitparade zu dieser Zeit: »Nations Top Twelve« – sie erreichte Platz 4. Nach dem *»Bell Bottom Blues«* ging es Schlag auf Schlag: *»Little Things Mean A Lot«* kam im Jahre 1954 gleich 3mal in die britische Hitparade – immer wieder kurz rein und dann wieder raus. Mitte 1955 schließlich ihre erste Nummer 1: *»Dreamboat«*. Alma Cogan war der Gesangsstar Nummer 1 in GB. Bis zum Ende der 50er Jahre nahm sie etliche Platten auf – fast alle kamen in die Verkaufshitparaden. Die 60er Jahre brachten ihr zumindest in ihrer Heimat nicht viel Glück. Dafür interessierten sich plötzlich die Deutschen für Alma. Von dem Song *»Tennessee Waltz«* gibt es viele Versionen, aber die von Alma wurde hierzulande der größte Hit. Im November

1964 erreichte sie bei uns die Top 10. Knapp zwei Jahre später, am 26.10.1966, starb Alma Cogan.

Der Hit: *Dreamboat*
Der Tip: *The Very Best Of Alma Cogan* (EMI MfP 4156431)

Cohen, Leonard

* 21.9.1934. Sein Auftritt beim Big Sur Festival 1967 brachte Cohen seinen ersten Erfolg. Für die einen brachte er mit seinen düsteren Songs die Bestätigung, daß das Leben schwierig und finster ist, für die anderen wirkte er wie singendes Valium. Bereits 1954 hatte er in einer Country-Gruppe namens Buckskin Boys gespielt. Danach machte er sich in seiner Heimat Kanada einen Namen als Dichter und Romanautor. 1956 erschien mit *»Let Us Compare Mythologies«* sein erster Gedichtband, zu seinen bekanntesten Werken gehören *»The Favourite Game«* (1963), *»Flowers For Hitler«* (1964) und *»Beautiful Losers«* (1966). Sein Titel *»Suzanne«* war auf seiner ersten LP *»Songs of Leonard Cohen«* aus dem Jahr 1968 zu finden. Diese LP war die beste, die er je veröffentlicht hat. Weder in England noch in den USA brachte er es auf einen Top-10-Hit. Nur in Deutschland stand er mit der Nummer *»Lover Lover Lover«* im Dezember 1974 auf Platz 9 in den Charts. Jennifer Warnes brachte 1987 auf ihrer LP *»Famous Blue Raincoat«* eine Kollektion von Leonard-Cohen-Songs, die wieder einmal zeigte, daß die Autoren eines Titels nicht unbedingt auch dessen beste Interpreten sein müssen. Jennifers Version von *»First We Take Manhattan«* war sehr ansprechend. 1992 erschien sein Album *»The Future«*, auf dem er sich kritisch mit dem Extremismus auseinandersetzt.

Der Hit: *Lover Lover Lover*
Der Tip: *So Long, Marianne* (CBS 460 600 2)

Cola Boy

Typisch britisches One-Hit-Wonder, das es mit einem leichten, flockigen Disco-Sound auf einen Top-10-Hit in GB brachte: *»7 Ways To Love«* erreichte im Juli 1991 einen Platz 8 in GB, und damit war Cola Boy wieder vergessen. Die Nummer war ebenso unbedeutend wie überflüssig. Außer der Titelzeile, gesungen von einer Sängerin, handelte es sich mehr um eine Instrumentalaufnahme.

Der Hit: *7 Ways To Love*

Coldcut

Das Duo, bestehend aus Matt Black, einem Ex-Biochemiker und Computerprogrammierer, und Jonathan Moore, einst Kunstlehrer und Silberschmied, kam 1986 zusammen. Kennengelernt hatten sich die beiden in einem Londoner Schallplattengeschäft, und beide arbeiteten als DJs in der Clubszene. Das, was sie am besten konnten, war Sampeln, Soundtüfteln und Klänge zu Collagen verarbeiten. Auf ihren Plattenhüllen kann man manchmal die selbstironische Feststellung lesen: »Sorry, but this just isn't music.« Sie machten das so gekonnt, daß es sogar bei engagierten Sampling-Gegnern Respekt und Anerkennung hervorrief. Bestes Beispiel ist da James Brown. Zuerst hatte er Coldcut verklagt, weil sie auch ein Stück von ihm gesampelt hatten, dann ließ er einen Titel vom Team produzieren. Für etliche britische Interpreten waren Coldcut ein Karrieresprungbrett. Der größte Chart-Erfolg der beiden, im Februar 1988 *»Doctorin' The House«*, ein Platz 6 in GB, featurete die Sängerin Yazz. Junior Reed, Lisa Stansfield oder Queen Latifah wurden ebenfalls nach ihren Produktionen mit Coldcut auch als Solisten erfolgreich.

Der Hit: *Doctorin' The House*
Der Tip: *What's That Noise* (Intercord 845.123)

Cole, Cozy

* 17.10.1909 als William Randolph Cole, † 29.1.1981. Bereits 1928 wurde der amerikanische Schlagzeuger Profi und gründete eine eigene Band. Zwei Jahre später nahm er seine ersten Platten mit Jelly Roll Morton auf. In den 30er Jahren spielte er dann mit Benny Carter, Cab Calloway und Benny Goodman, von 1949 bis 1953 mit Louis Armstrong. 1954 gründete er zusammen mit Gene Krupa eine Schlagzeugschule. Seinen größten Hit hatte er im August 1958 mit *»Topsy Part II«*: Platz 3 in den USA. In den Filmen »Make Mine Music« 1944 und »Glenn Miller Story« 1954 war Cozy als Musiker zu sehen.

Der Hit: *Topsy Part II*

Cole, Natalie

* 6.2.1950. 1975 war das große Jahr für Natalie Cole. Sie gewann einen Grammy als Best New Artist. *»This Will Be«* war noch im gleichen Jahr ihr erster Top-10-Erfolg in den USA. Die Tochter des großen Nat King Cole hatte bereits mit ihrem Vater zusammen auf der Bühne gestanden. Ihr Debüt als Profi gab sie im Jahr 1961. *»Iv'e Got Love On My Mind«* (1977) und *»Our Love«* (1978) waren zwei

weitere Top-10-Erfolge für sie in den USA und jeweils Millionseller. Zwischen 1980 und 1985 verschwand sie ganz aus den Hitparaden. In Fachkreisen war davon die Rede, daß sie drogenabhängig war und eine Entziehungskur machen wollte. Ab 1987 war sie wieder erfolgreich und erreichte mit *»Pink Cadillac«*, einer Bruce-Springsteen-Nummer, im Frühjahr 1988 sowohl in den USA als auch in GB und Deutschland einen Platz 5 in den Charts. *»Miss You Like Crazy«* brachte ihr 1989 einen weiteren großen Hit ein. 1991 war sie dann wieder ganz oben. Ihr Album *»Unforgettable«* – es brachte Evergreens aus dem Repertoire ihres Vaters – kassierte sieben Grammys. Höhepunkt bei der Grammy-Verleihung: Die Tochter sang im Duett mit ihrem toten Vater den Titelsong der LP. Die Technik macht inzwischen so etwas sowohl auf Platte als auch im Video möglich.

Der Hit: *Pink Cadillac*
Der Tip: *Unforgettable* (Elektra 755 961 049-2)

Cole, Nat King

* 17.3.1917 als Nathaniel Adams Coles, † 15.2.1965. Bereits 1934 hatte Nat seine eigene Band, die Royal Dukes. Seine ersten Plattenaufnahmen machte er 1936 in der Gruppe seines Bruders Eddie. 1939 gründete er das Nat King Cole Trio, in dem Oscar Moore elektrische Gitarre spielte, was zum damaligen Zeitpunkt sehr außergewöhnlich war. Bassist war zunächst Wesley Prince, später Johnny Miller. Nat selbst spielte Piano – bereits seit seinem vierten Lebensjahr hatte er Unterricht gehabt. Schnell wurde das Trio als Instrumentalcombo in den gesamten USA populär. Als Nat dann auch noch zu singen begann, war seine künftige Karriere klar. Sein erster Hit hieß *»Straighten Up And Fly Right«*, im April 1944 ein Top-10-Hit in den USA. Beim ersten Hinhören ein nettes Lied über Tiere, setzt sich Cole tatsächlich mit den Rassenproblemen in den USA auseinander. *»(I Love You) For Sentimental Reasons«* hieß seine erste Nummer 1 in den USA im November 1946. *»Nature Boy«* (1948), *»Mona Lisa«* (1950) und *»Too Young«* (1951) waren Spitzenreiter in den USA. Die Liste seiner Hits reicht bis in das Jahr 1964. Wenig später starb er an Lungenkrebs. Für seine Verdienste wurde er 1990 mit einem Lifetime Achievement Grammy ausgezeichnet. Zu seinen Verdiensten gehört, daß er Wegbereiter für viele schwarze Sänger gewesen ist, die im Stile von Frank Sinatra und anderen weißen Interpreten auftraten. Daß er als Schwarzer die Ablehnung der weißen Amerikaner zu spüren bekam, dafür sorgten z. B. Mitglieder des White Citizens Council in Birmingham, die ihn 1956 dort während eines Auftritts verprügelten. Oder die Bewohner von Beverly Hills, die verhindern wollten, daß er sich dort ein Haus kaufte. Nat King Cole gilt als der erste schwarze Fernsehmoderator in den USA, obwohl am Anfang rassistische Sponsoren ihr Geld aus einer Serie rausziehen wollten, die er betreute. Als

Filmschauspieler konnte man ihn 1958 in »St. Louis Blues« – er spielte W. C. Handy – oder noch kurz vor seinem Tode in »Cat Ballou« sehen. Ähnlich wie Louis Armstrong hat Nat King Cole es geschafft, mit seiner Musik über die Grenzen aller Genres hinaus das Publikum zu begeistern. 1987 tauchte er plötzlich wieder in der britischen Hitparade auf. *»When I Fall In Love«* kam im Dezember bis auf Platz 4.

Der Hit: *When I Fall In Love*
Der Tip: *Nat King Cole* (Capitol Masters 7 99777 2)

Collins, Dave & Ansil

Das jamaicanische Duo tauchte 1971 mehr oder weniger aus dem Nichts auf. Ihr Titel *»Double Barrel«* war die zweite Reggae-Platte, die es an die Spitze der britischen Hitparade brachte. Die erste war Desmond Dekkers *»Israelites«* gewesen. Um die beiden Interpreten Dave und Ansil Collins gab es beträchtliche Verwirrung, da niemand etwas über sie wußte und man sich selbst in GB unsicher war, wie man wohl den Namen richtig schreibt. In den USA wurde *»Double Barrel«* einer der ersten Reggae-Hits und erreichte immerhin Platz 22. Nach einem weiteren Top-10-Hit, *»Monkey Spanner«* im Juni 1971, verschwanden sie wieder in der Bedeutungslosigkeit.

Der Hit: *Double Barrel*
Der Tip: *In The Ghetto* (Trojan 6 22 607)

Collins, Judy

* 1.5.1939. Die amerikanische Sängerin, Gitarristin, Pianistin und Songschreiberin galt über längere Zeit nach Joan Baez als Amerikas Folksong-Interpretin Nummer 2. Die in Seattle geborene Judy wuchs in Denver als Tochter eines blinden Radioansagers auf. Es war der große Wunschtraum ihres Vaters, daß Judy eines Tages eine berühmte Konzertpianistin werden würde. Mit 12 Jahren erkrankte sie an Kinderlähmung, mit 16 – nach weiteren Jahren verbissenen Klaviertrainings – fing sie noch einmal von vorne an. Sie entdeckte für sich die Gitarre. Die Platte *»Both Sides Now«*, im November 1968 ein Platz 8 in den USA, machte sie einem breiteren Publikum bekannt. *»Amazing Grace«* 1970 und *»Send In The Clowns«* 1975 waren jeweils Top-10-Hits in GB. Die engagierte Interpretin zog zwischen 1962 und 1965 mit Pete Seeger und Phil Ochs durch den Süden der Vereinigten Staaten, um die Schwarzen zu ermuntern, von ihrem Wahlrecht Gebrauch zu machen. Später sang die überzeugte Pazifistin gegen den Vietnamkrieg. Ende der 60er Jahre begann sie auch als Schauspielerin zu arbeiten und stand in der

Produktion »Peer Gynt« des New Yorker Shakespeare-Festivals auf der Bühne. Anfang der 70er begann sie, Filme zu drehen. 1974 stellte sie »Antonia: das Porträt einer Frau« fertig. Der Film wurde vom Time Magazine unter die zehn besten Filme des Jahres 1974 eingereiht und gewann mehrere amerikanische Filmpreise. Stephen Stills, mit dem sie einige Zeit liiert war, widmete ihr das Lied *»Suite: Judy Blue Eyes«*

Der Hit: *Both Sides Now*
Der Tip: *The Most Beautiful Songs* (Elektra 62 006)

Collins, Phil

* 30.1.1951. Mit 5 bekam Phil Collins seine erste Trommel geschenkt, und laut eigener Aussage wollte er nie etwas anderes als trommeln. Außer vielleicht auftreten: Er nutzte jede Chance, anderen Leuten etwas vorzuspielen, um sie zu unterhalten. So kam er auch als Kind schon zu einigen Radio- und Fernsehauftritten. Mit 9 Jahren begann er, in einem Yachtclub zum Tanz aufzuspielen. Mit 14 Jahren übernahm er für neun Monate die Rolle des Artful Dodger in einer Theaterproduktion von Oliver Twist und besuchte nebenher eine Schauspielschule. Gut möglich, daß er die Rolle des Dodger gerne noch länger gespielt hätte, aber der Stimmbruch machte den Part für ihn unmöglich. Nach einigen kleinen Rollen in BBC-Produktionen kam er noch einmal zu Oliver Twist zurück, dieses Mal als Noah Claypole. Mit 13 machte Phil seinen ersten Ausflug zum Film. Er spielte 1964 in dem ersten Beatles-Film »A Hard Day's Night« mit. Man würde ihn jedoch beim besten Willen nicht entdecken – er ist nur in einer Publikumsszene dabei. Und bei allem Erfolg in der Musik läßt ihn die Schauspielerei bis heute nicht los. Er wirkte in einer Folge von Miami Vice mit, spielte den legendären englischen Posträuber Buster in dem gleichnamigen Film und übernahm eine Nebenrolle in Steven Spielbergs »Hook«. Mit einem Freund gründete Phil als Jugendlicher eine Band namens Real Thing. Später machte er semiprofessionelle Gigs mit der Band Charge und spielte mit Freehold. Als nächste Gruppe folgte dann Hickory. Die Songschreiber Howard und Blaikley boten ihnen ein Konzeptalbum und einen Plattenvertrag an. Die Gruppe wurde in Flaming Youth umbenannt, das Album erschien unter dem Titel *»Ark II«*. Sie bekamen gute Kritiken, aber keine Auftritte, und ihre Musik wurde dann immer unkommerzieller, als John Mayalls Bruder Rod zur Gruppe stieß. Zu diesem Zeitpunkt suchte die Formation Genesis einen neuen Schlagzeuger. Zusammen mit 14 anderen erschien Phil Collins zum Probespielen. Er erwies sich als Glücksgriff, denn er war nicht nur ein ausgezeichneter Schlagzeuger, sondern auch ein guter Songschreiber, Sänger und absolutes Showtalent. Außerdem muß er wohl ein Arbeitstier sein, denn neben der Bandarbeit spielt er auf sechs LPs der Formation Brand X

mit, nimmt immer wieder Soloplatten auf, produziert und ist auf so vielen verschiedenen Produktionen als Studiomusiker zu hören, daß er vermutlich mit zwei Stunden Schlaf auskommt.
Seine Solokarriere startet Phil Collins 1981 mit der LP *»Face Value«*, die in GB gleich auf Platz 1 in den LP-Charts einsteigt. Das gelingt ihm 1985 mit dem Album *»No Jacket Required«* noch einmal. Außerdem gibt es für diese LP 3 Grammys. Geschichte ist inzwischen Phils Auftritt bei den Live-Aid-Konzerten in London und in Philadelphia. Zwischen diesen beiden Auftritten überquert er den Atlantik mit einer Concorde. Ob als Solist oder im Duett mit anderen Künstlern, wie z. B. Philip Bailey (*»Easy Lover«*) oder Marilyn Martin (*»Separate Lives«*) – seine Solokarriere verläuft ebenso erfolgreich wie die mit Genesis. Er wurde mehrfach zum besten Schlagzeuger gewählt und erhielt 1991 gar einen Ehrendoktor der Universität in Boston. Besonders erwähnen sollte man, daß es ihm immer wieder gelingt, in seinen Songs aktuelle und brisante Themen populär zu verpacken. Gutes Beispiel: *»Another Day In Paradise«*. *»You Can't Hurry Love«* 1982 und *»A Groovy Kind Of Love«* 1988 waren seine beiden Nr.-1-Hits in GB. In den USA war er noch erfolgreicher. Da kann er auf 7 Nr.-1-Hits zurückblicken: *»Against All Odds (Take A Look At Me Now)« 1984, »One More Night«, »Sussudio«* und *»Separate Lives«* 1985, *»A Groovy Kind Of Love«* und *»Two Hearts«* 1988 und *»Another Day In Paradise«* 1989.

Der Hit: *Another Day In Paradise*
Der Tip: *... But Seriously* (WEA 256 984-2)

Collins, Tyler

* ca. 1969. Die amerikanische Sängerin wurde in Harlem geboren und wuchs in Detroit auf. 1990 tauchte sie mit dem Dance-Floor-Hit *»Girls Nite Out«* auf Platz 6 in den amerikanischen Charts auf. Mit 17 war sie Leadsängerin in der Band Boys Next Door geworden. Ihre ausdrucksstarke Stimme fiel auf, und sie erhielt einen Solovertrag bei einer Plattenfirma. Ihre erste Single hinterließ noch keinen Eindruck, aber mit *»Grils Nite Out«* klappte es dann.

Der Hit: *Girls Nite Out*

Colonna, Jerry

* 17.10.1903, † 21.11.1986. Bei diesem Amerikaner handelt es sich um einen erfolgreichen Varieté- und Rundfunk-, Fernseh- und Filmkomiker, der 1940 mit *»Who's Yehoodi?«* seinen ersten Plattenerfolg hatte. Im Juli 1945 gelang ihm mit einer aufgemotzten Version eines Seemannsliedes aus dem Jahre 1907 ein Platz 9

in den amerikanischen Charts: *»Bell-Bottom Trousers«.* Ab 1951 hatte er im Fernsehen die Jerry Colonna Show – mit Platten hatte er danach weniger zu tun. Seine Markenzeichen waren seine bellende Stimme, ein gewaltiger Schnurrbart und seine hervorstehenden Augen. Nach einem Schlaganfall 1966 zog er sich aus dem Showgeschäft zurück.

Der Hit: *Bell-Bottom Trousers*

Color Me Badd

Bryan Abrams, v (* 16.11.1969); Mark Calderon, v (* 27.9.1970); Sam Waters, v (* 23.7.1970); Kevin Thomas, v (* 17.6.1969).
Die vier Sänger kamen während ihrer Schulzeit in Oklahoma City 1985 als A-capella-Gruppe zusammen. Nachdem ihnen verboten wurde, auf dem Schulgelände zu singen, traten sie auf der Straße und in kleinen Clubs auf. Sie kassierten einige Preise bei Talentwettbewerben und konnten schließlich im Vorprogramm von Stars wie Huey Lewis, den O'Jays oder Bon Jovi auftreten. Im Laufe der Zeit änderte sich ihr Stil von Doo Wop zu Doo Hop. Bei einem ihrer Vorprogrammauftritte wurde Robert Bell von Kool & The Gang auf sie aufmerksam und verhalf ihnen zu einem Plattenvertrag. *»I Wanna Sex You Up«* wurde in dem Film »New Jack City« als Untermalung für eine Striptease-Szene verwandt – und zu ihrem ersten großen Hit auf beiden Seiten des Atlantiks.

Der Hit: *I Wanna Sex You Up*
Der Tip: *C.M.B.* (WEA 759 924 429-2)

Colter, Jessi

* 25.5.1947 als Miriam Johnson. Ihre erste Karriere begann Anfang der 60er Jahre, als sie noch Miriam Eddy hieß. Zwischen 1962 und 1968 war sie mit dem Gitarrenstar Duane Eddy verheiratet. Als Miriam Eddy schrieb sie Songs für Country- und Popgrößen wie Dottie West, Don Gibson oder Nancy Sinatra. Nach der Scheidung von Duane ging sie im Oktober 1969 eine neue – sowohl private als auch musikalische – Ehe mit dem Country-&-Western-Sänger Waylon Jennings ein. Ihr erstes Album mit eigener Country-Musik wurde von Kritikern mit Lob bedacht, fiel aber beim Publikum durch. Mit *»I'm Not Lisa«* hatte sie im April 1975 einen Platz 4 in den US-Popcharts. Ansonsten blieb sie zweitklassig.

Der Hit: *I'm Not Lisa*
Der Tip: *Diamond In The Rough* (Capitol 1C 062-82305)

Commander Cody *(Warner Records)*

Commander Cody & His Lost Planet Airmen

Commander Cody, p (* 19.7.1944 als George Frayne); John Tichy, g; Don Bolton aka the West Virginia Creeper, pedal steel; Billy C. Farlowe, v/harp; Andy Stein, fiddle/sax (* 31.8.1948); Billy Kirchen, g (* 29.1.1948); »Buffalo« Bruce Barlow, b (* 3.12.1948); Lance Dickerson, d (* 15.10.1948) – und jede Menge andere.

George Frayne gründete seine Band 1968. Kann sein, daß das Ganze für ihn lediglich ein Mordsspaß sein sollte, denn wenn er mit seinen verlorenen Planetenmännern auf der Bühne stand, sah man acht alkoholisierte Freaks, die mehr oder weniger diszipliniert vor sich hin grölten. Der Aufwand ihrer Shows stand in krassem Gegensatz zu den eher dürftigen Umsatzzahlen ihrer Platten. Cody alias Frayne war schon der Meinung, es sei besser, dem ganzen Rummel den Rücken zuzukehren und sich nur noch der Malerei zu widmen. Immerhin besitzt er ein Kunstdiplom und hatte schon einige erfolgreiche Ausstellungen hinter sich. Doch dann mußte er feststellen, daß ihn die Musik trotz aller früheren Fehlschläge und Frustrationen nicht losließ. Er verkündete lauthals: »Die acht schwankenden Besoffenen gibt's nicht mehr. Jetzt gibt's nur noch einen, und das bin ich.« Mit *»Hot Rod Lincoln«*, einer Novelty-Nummer, stand Commander Cody im März 1972 auf Platz 9 in den amerikanischen Charts. Es blieb sein einziger Single-Erfolg.

Der Hit: *Hot Rod Lincoln*
Der Tip: *Lose It Tonight* (Line LILP 4.00054 J)

Commodores

* Lionel Richie, v/sax (* 20.6.1949); William King, tr/syn (* 30.1.1949); Thomas McClary, g (* 6.10.1950); Milan Williams, key/pos/g/d (* 28.3.1948); Ronald LaPread, b/tr (* 1950); Walter »Clyde« Orange, d/v (* 10.12.1947); J. D. Nicholas, v (* 12.4.1952).

Lionel, William, Thomas, Milan, Ronald und Walter gründeten während ihrer Studienzeit 1968 die Band The Jays. Die wurde zwar bald zu einer lokalen Attraktion, aber die Musiker betrachteten das vorerst nur als Hobby und machten alle ihre Abschlüsse: Walter in Musik, zwei in Elektrotechnik, die anderen in Betriebswirtschaft. Der Fankreis der Jays wurde immer größer, und bald fuhren sie zu ihrem ersten Gastspiel nach New York. Einen Monat spielten sie in einem Club in Harlem, und bald wurde die Plattenfirma Motown auf die Gruppe aufmerksam und nahm sie unter Vertrag. Erst einmal wurde dann der Name in Commodores geändert. Eine Tournee als Vorgruppe der Jackson 5 brachte die Gruppe erstmals vor ein großes Auditorium, im August 1974 tauchte ihre erste LP *»Machine Gun«* in der US-LP-Hitparade auf. *»Sweet Love«* war Ende 1975 der erste Top-10-Erfolg für die Gruppe, und bis 1982 sollten noch weitere acht Top-10-Hits folgen. *»Three Times A Lady«* 1978 und *»Still«* 1979 waren gar Spitzenreiter in den USA, erstgenannter Titel auch in GB. Lionel Richie war der Leadsänger dieser Formation und auch derjenige, der die meisten Hits geschrieben hatte. Jetzt trennte er sich von der Band und sollte auch als Solist Erfolg haben. Viele waren der Meinung, daß damit die Commodores erledigt seien. Die verbleibenden Musiker verstärkten sich durch den Ex-Heatwave-Sänger J. D. Nicholas und schafften mit *»Nightshift«*, einer Hommage an Jackie Wilson und Marvin Gaye, im Januar 1985 einen Platz 3 in den USA.

Der Hit: *Three Times A Lady*
Der Tip: *14 Greatest Hits* (Motown MCD 060 58 MD)

Communards

Jimmy Somerville, v (* 22.6.1961); Richard Coles, p (* 23.6.1962).

Nachdem Jimmy Somerville im Frühjahr 1985 Bronski Beat verlassen hatte, machte er mit dem klassisch ausgebildeten Pianisten Coles die Formation Committee. Als eine andere Gruppe die Rechte an diesem Namen für sich beanspruchte, nannten sie sich Communards. Im September 1986 hatten sie einen überraschenden Spitzenreiter in GB mit einem Nachzieher von Harold Melvins Hit *»Don't Leave Me This Way«*. Interessant bei dieser Aufnahme war der Gegensatz zwischen Somervilles Falsettgesang und der rauhen Stimme von Sarah Jane Morris. Weitere Top-10-Erfolge waren *»So Cold The Night«* 1986 und *»Never*

Commodores *(EMI)*

Can Say Goodbye« 1987, einer Coverversion des Gloria-Gaynor-Hits. Die Mischung aus Disco-Revival und Falsett-Pop war weiterhin erfolgversprechend, aber Jimmy Somerville entschloß sich, als Solist Karriere zu machen – mit Erfolg.

Der Hit: *Don't Leave Me This Way*
Der Tip: *The Singles Collection* (London 828 226-2)

Como, Perry

* 18.5.1912. Fang dir eine Sternschnuppe, steck sie dir in die Tasche und verwahr sie für einen verregneten Tag – womit schlechte Zeiten gemeint sein sollen. Schön die Vorstellung, aber leider nicht realisierbar. Perry Como war der Sänger dieses Titels, und er gehört zu den Interpreten, die wohl in schlechten Zeiten immer eine Sternschnuppe in der Tasche hatten. Jedenfalls hat ihn das Glück über die Jahre nicht verlassen, und neben Frank Sinatra kann er sich rühmen, zu denen zu gehören, die schon seit den 30er Jahren im Showgeschäft sind. 11 Jahre war er alt, als er das ehrbare Handwerk eines Friseurs erlernte, mit 14 hatte er seinen eigenen Laden in Canonsbury, Pennsylvania. Das war im Jahre 1926. Sieben Jahre lang betrieb er sein Geschäft, dann bewarb er sich in Cleveland, er war dort auf Urlaub, bei der Band von Freddy Carlone. Man nahm ihn, und er blieb für drei Jahre, wurde dann Sänger in der Band von Ted Weems bis zur Auflösung dieser Formation im Jahre 1942. Zurück in Canonsbury, wollte er wieder als Friseur arbeiten, die Leute rasieren, ihnen einen Haarschnitt verpassen und dabei ein Lied vorsingen – so wie er es in seiner Jugend gemacht hatte. Aber seine Sternschnuppe in der Tasche verhalf ihm Mitte 1943 zu einem Plattenvertrag mit dem US-Medienriesen RCA. Mitte 1983 feierte die gleiche Firma im Rockefeller Center in New York ein Fest zu Ehren von Perry, der 40 Jahre dieser Firma treu geblieben war – und ihr viel Geld gebracht hatte. Seine erste Nummer 1 in der US-Hitparade hatte er im Januar 1951 mit dem Titel »*If*«. Er sang mit den Fontane Sisters, mit Betty Hutton oder Eddie Fisher. Seine letzte Hitnotierung stammt aus dem Jahre 1974, was nicht heißt, daß er nicht immer noch LPs aufnimmt und auch verkauft. Neben seiner Karriere als Sänger war er auch auf anderen Gebieten erfolgreich. Anfang der 40er Jahre hatte er mit dem »Chesterfield Supper Club« seine eigene NBC-Radio-Show, aus der Ende 1948 seine erste eigene TV-Show wurde. Bis 1963 war er regelmäßig mit eigenen Programmen im Fernsehen vertreten, teilweise auch hier bei uns in Deutschland in der »Perry Como Show«. Und während viele seiner Sängerkollegen aus den 30er und 40er Jahren Mitte der 50er Jahre auf den Rock 'n' Roll schimpften, lud sich Perry Fats Domino, die Everly Brothers oder Brenda Lee in seine Sendungen ein. Vielleicht haben seine Kollegen auch nur auf dem Rock 'n' Roll rumgehackt, weil sie ihre eigenen Felle wegschwimmen sahen. Das konnte Perry ja nicht passieren – er hatte ja seine Sternschnuppe in der Tasche und einen erlernten Beruf. 1933 hatte er Roselle geheiratet, die ihm 1943, als es darum ging, ob er nun wieder als Friseur arbeiten oder Solo-Künstler bei der RCA werden sollte, gesagt hatte, er könne seinen Friseursalon immer noch machen, wenn's mal mit der Singerei nicht mehr klappt. Es hat immer geklappt.

Der Hit: *Catch A Falling Star*

Der Tip: *Perry Como* (Ariola 295 038)

Congregation

Brian Keith, v; Alan Parker, g.
Congregation war ein einmaliges Studioprojekt der beiden Komponisten Cook und Greenaway und dem Produzenten John Burgess. Vor einen gemischten 90köpfigen Chor und ein Orchester stellten sie den erfahrenen Sänger Brian Keith. Für diese Kombination hatten Cook/Greenaway eine unglaublich eingängige Melodie geschrieben: *»Softly Whispering I Love You«*, die in GB im November 1971 auf Platz 4 der Charts kam. Da die Formation für Live-Auftritte oder gar Tourneen viel zu groß war, wurde sie nicht wiederbelebt. Der Titel hält sich jedoch bis heute.

Der Hit: *Softly Whispering I Love You*
Der Tip: *Softly Whispering I Love You* (EMI 1 C 062-04990)

Conley, Arthur

* 4.1.1946. Otis Redding entdeckte den 19jährigen Arthur Conley und verhalf ihm zu einem Plattenvertrag. Seine ersten Aufnahmen machte er noch als Arthur & The Corvets. 1967 – die Soulwelle war auf dem Höhepunkt – traf er mit dem von Redding produzierten und von Otis und Arthur gemeinsam geschriebenen Titel *»Sweet Soul Music«* genau den Geschmack des Publikums. Hört man sich die Nummer jedoch etwas genauer an, fällt auf, daß sie sich an die einst vom Sam Cooke geschriebene Nummer *»Yeah Man«* anlehnt. Im Soulfieber jener Tage merkte das wohl niemand. Mit *»Funky Street«* hatte Arthur Mitte 1968 noch einen weiteren Hit. Danach war seine Zeit wieder vorüber, was wohl auch daran lag, daß sein Förderer Otis Redding im Oktober 1967 bei einem Flugzeugabsturz ums Leben kam. Heute zieht Conley mit 60s-Revival-Tours durch die USA.

Der Hit: *Sweet Soul Music*
Der Tip: *Star-Collection* (Atlantic Midi 20 062).

Conniff, Ray

* 6.11.1916. Er schrieb keine Hits – er nahm bestehende Melodien und arrangierte sie neu. Genau das konnte in den 50er und 60er Jahren keiner so gut und erfolgreich wie Ray. Conniff war mit der Musik verwachsen. Schon in jungen Jahren spielte er ausgezeichnet Posaune. Bob Crosby nahm ihn in sein Orchester, später spielte er mit Artie Shaw oder Glenn Gray und arrangierte Titel für die Harry James Band. In den späten 40er Jahren zog sich Conniff aus dem Musikgeschäft zurück. Um seine Frau und seine drei Kinder zu ernähren, nahm er Jobs an, die mit Musik nichts zu tun hatten. Aber immer noch interessierte er sich für

Musik, hörte sich genau alle Platten an, die in den Hitparaden auftauchten, analysierte, warum dies nun ein Hit geworden war, und bastelte am Schlüssel, wie ein Schlager geschrieben und arrangiert sein müsse, um ihn zum Hit zu machen. 1953 war er soweit. Mitch Miller, der mit der Nummer *»Brücke am Kwai«* einen Hit hatte, war neben seiner Tätigkeit als Orchesterleiter auch noch ein wichtiger Mann bei CBS Amerika. Zu ihm ging Ray Conniff und erzählte ihm von seiner »Erfolgstheorie«. Mitch Miller ließ ihn machen – und mit der Nummer *»Band Of Gold«* von Don Cherry hatte Ray als Arrangeur 1955 seinen ersten Millionseller. Danach war er ein gefragter Mann. Ob Johnnie Ray oder Johnny Mathis, Frankie Laine oder Guy Mitchell – alle wollten sie als Arrangeur Ray Conniff. Der hatte inzwischen sein eigenes Orchester und seinen eigenen Sound entwickelt. 1956 erschien die LP *»'S Wonderful«*, 1957 *»'S Marvellous«*, die ein Milionseller wurde. Nun war er nicht mehr nur im Hintergrund von Gesangsstars, sondern auch eigenständig erfolgreich. Ray Conniff stand nun in jedem Plattenschrank eines Amerikaners, der zu Hause Partys feierte. Es gehörte plötzlich zum guten Ton, Platten von Ray Conniff zu besitzen – zumindest in der Geschmacksklasse, die hierzulande Platten von James Last im Schrank stehen hatte. Das Erfolgsgeheimnis von Conniff ist recht simpel und auch herauszuhören: Ein Chor, meist bestehend aus 12 Mädchen und 13 Jungs, wurde mit einem Orchester so gut gemixt, daß sie miteinander verschmolzen. Die Mischung war perfekt und wurde dann noch durch einen Hallraum gejagt. Damit war der Ray-Conniff-Sound fertig. Er machte Musik für diejenigen, die den Rock 'n' Roll nicht mochten. Zwischen 1957 und 1973 hatte er knapp 40 Alben in den Billboard-LP-Charts. Sein größter Single-Erfolg war 1966 das Thema von Lara aus dem Film »Dr. Schiwago«: *»Somewhere My Love«*.

Der Hit: *Somewhere My Love*
Der Tip: *16 Most Requested Songs* (CBS CD 57057)

Connolly, Billy

* 24.11.1942. Den Schotten einzuordnen ist recht schwierig. Zusammen mit Gerry Rafferty war er bei den Humblebums. Was die beiden machen, könnte man als Folkmusik bezeichnen. Ab Anfang der 70er Jahre etablierte Billy sich als Solist und hatte seinen größten Erfolg mit einer Persiflage auf den Tammy-Wynette-Hit *»D.I.V.O.R.C.E.«* – die Platte erreichte im November 1975 Platz 1 in der britischen Hitparade. Bei Connolly handelt es sich um eine Scheidung der besonderen Art: Ein schottischer Hund bringt ein Ehepaar auseinander. Das deutet schon auf die zweite Profession von Billy Connolly hin: Er ist ein sehr erfolgreicher Komiker in GB. Neben Michael Caine spielte er im Film »Water« einen Partisanen, der partout nicht reden wollte, dafür sein Anliegen sang – auf

grauslige Art. Ansonsten kann er keine Single-Hits verzeichnen, brachte es aber auf drei Top-10-LPs in GB.

Der Hit: *D.I.V.O.R.C.E.*
Der Tip: *Get Right Intae Him . . .* (Polydor 238 336 8)

Conny

* 28.10.1943 als Cornelia Froboess. Ach ja, wir neigen dazu, in Kistchen zu packen – und wer einmal in einer solchen Kiste ist, kommt nur ganz schwer wieder raus. Also, ein Kinderstar kommt logischerweise in die Kiste Kinderstars. Wenn er dann wenige Jahre später, vielleicht nach Stimmbruch und Abitur, versucht, da weiterzumachen, wo er aufgehört hat, klappt das nur in ganz seltenen Fällen. Die kleine Cornelia war gerade siebeneinhalb Jahre alt, als sie *»Pack die Badehose ein«* sang. Der Papa hat das Stück geschrieben, und auch der nächste Hit, der im Winter 1951/52 kam, war wieder aus der Feder des Papis: *»Hei hei hei so eine Schneeballschlacht«*. 1953 war ein lausiger Sommer, es regnete Bindfäden, und die inzwischen fast Zehnjährige sang: *»Lieber Gott laß die Sonne wieder scheinen – für Mama, für Papa und für mich«*. Rührend und den Nerv der jungen Nation treffend. Aber dann schien es aus zu sein. Klar, einen Stimmbruch hatte sie nicht, aber ein Teenager hat auch seine Probleme. 1958 war sie dann wieder da. Sie hatte den Sprung vom Kinder- zum Teenie-Star geschafft: *»Diana«*, im Original eine Nummer von Paul Anka, der auch nicht viel älter war als Conny Froboess, wie sie sich jetzt nannte. Conny spielte in Filmen mit Peter Kraus und anderen. Und als sie auch dafür zu alt war, machte sie Platten wie *»Lady Sunshine und Mister Moon«* und *»Zwei kleine Italiener«* – mit diesem Stück gewann sie sogar das Deutsche Schlagerfestival 1961/62. Aber dann schien es endgültig aus zu sein. Aus den Teenieschuhen war sie raus und in der Teenie-Kiste abgelegt. Als Conny Froboess nahm sie noch weitere Platten auf und hatte im Duett mit Peter Alexander Mitte 1963 den Top-10-Erfolg *»Verliebt, verlobt, verheiratet«* und als Solistin im gleichen Jahr mit *»Drei Musketiere«* einen Platz 4 in Deutschland. Das war ihr letzter Top-10-Erfolg. Dann wandelte sie sich erneut. 1965 tauchte sie als Schauspielerin im Fernsehen auf und stand auf den Bühnen der Schauspielhäuser in Berlin, Wien, Hamburg und vor allem in München. Ende der 70er Jahre spielte sie an den Münchener Kammerspielen in Stücken von Wedekind und Botho Strauß. Eine vielseitige kleine Cornelia also, die so unterschiedliche Preise wie den Großen Otto in Gold, einen Silbernen Bambi, den Goldenen Bildschirm, die Goldene Kamera und den Lubitsch-Preis gewonnen hat. Wie auch immer von uns eingruppiert: zu früh – wer weiß, was sie alles noch bringen wird.

Der Hit: *Zwei kleine Italiener*
Der Tip: *Die Singles Folge 1-4* (Bear Family 15410/1/52/91)

Conny & Jean

Conny (* 14.10.1947) und Jean Metz (* 19.8.1940) gelang im August 1982 mit einem deutschen Nachzieher des Al-Bano-und-Romina-Power-Hits *»Felicita«* ein Platz 10 in der deutschen Hitparade. Das war's aber auch.

Der Hit: *Felicita*

Constantine, Eddie

* 29.10.1917 als Edward Constantinewskie, † 25.2.1993. Der amerikanische Schauspieler und Sänger wurde in Los Angeles als Sohn russischer Emigranten geboren. Sein Vater war Operntenor, der seinen Sohn nach Wien schickte, um dort seine Stimme ausbilden zu lassen. Nach der Rückkehr in die USA reichte es gerade für Auftritte im Chor der New York Radio City Music Hall und ein paar kleine Rollen in Filmen. Nachdem seine Frau, die Tänzerin Helene Mussel, eine Anstellung im Ballets de Monte Carlo erhalten hatte, folgte er ihr nach Paris, wo er in Nachtclubs zu singen begann. Dort entdeckte ihn Edith Piaf, die ihn protegierte und mit der er eng befreundet war. Zu seinen größten Erfolgen in Frankreich gehören *»Au Loin Dans La Plaine«* 1952, *»Les Amoureux Du Havre«* und *»Et Bâiller Et Dormir«* 1953, *»Ah Les Femmes«* 1954, *»Un Enfant De La Balle«* 1955 und *»Cigarettes Et Whisky«* 1957. 1953 begann seine Karriere als Darsteller des Lemmy Caution in einer ganzen Serie von französischen Kriminalfilmen. Seitdem galt er bei uns als der Vorzeigefranzose, der seinen französischen Akzent mit Erfolg in den Hits *»Ich wünsch' dir einen schlaflosen Abend«* und *»Der Vagabund und das Kind«*, ein Platz 6 bzw. 10 im Dezember 1956, und *»Jeder macht mal eine Pause«*, Platz 9 im Januar 1957 einsetzte. Der »Kerl mit dem sympathischen Galgenvogelgesicht« starb am 25. Februar 1993 an Herzversagen.

Der Hit: *Ich wünsch' dir einen schlaflosen Abend*
Der Tip: *Jeder macht mal eine Pause* (Bear Family 15 679)

Conti, Bill

* 13.4.1942. Der amerikanische Komponist und Dirigent lernte seit seinem siebten Lebensjahr Klavierspielen, später auch Fagott. Nach der High-School studierte er Komposition in Louisiana und spielte nebenher in einem Symphonieorchester und in Nachtlokalen. Dann wechselte er an die berühmte Juilliard School of Music in New York, wo er seinen Abschluß machte. 1967 zog er mit seiner Frau nach Italien und schrieb und arrangierte zum erstenmal Filmmusiken. Nach seiner Rückkehr in die USA machte er sich auf diesem Gebiet schnell einen

großen Namen. Seinen größten Erfolg hatte er mit seiner Musik für den Film »Rocky« im Jahre 1976. Die Single *»Gonna Fly Now«* wurde im April 1977 ein Spitzenreiter in den USA. Zu den Textern der Platte gehörte im übrigen eine gewisse Carol Connors, die unter ihrem richtigen Namen Annette Kleinbard Mitglied der Teddy Bears war, die im Dezember 1958 den Hit *»To Know Him Is To Love Him«* hatten. Conti wurde auch für weitere »Rocky«-Filmprojekte engagiert und ist außerdem verantwortlich für die Titelmelodien zu »Der Denver Clan« oder »Falcon Crest«. 1983 erhielt er für seine Musik zu »The Right Stuff« einen Oscar.

Der Hit: *Gonna Fly Now*
Der Tip: *Rocky* (CDP 7 46081 2)

Contours

Billy Gordon, Billy Hoggs, Joe Billingslea, Sylvester Potts, alle v; Huey Davis, g; Hubert Johnson († 10.7.1981); Dennis Edwards.
Die Berry-Gordy-jr.-Nummer *»Do You Love Me (Now That I Can Dance)«* traf im August 1962 genau den Geschmack des tanzwütigen Twist-Publikums und landete auf Platz 3 der amerikanischen Charts. Möglich, daß Berry Gordy das so gar nicht gedacht hatte, aber der Zeitpunkt war richtig. Die Contours hatten bis zum Jahre 1967 weitere Hitnotierungen, danach waren sie vergessen. Als im Jahre 1988 der Film *»Dirty Dancing«* in die Kinos kam und darin die Nummer verwendet wurde, kam sie erneut in die Hitparaden und erreichte in den USA einen Platz 11. Die Briten konnten mit der Version der Contours wenig anfangen. Bei ihnen war im September 1969 die Version von Brian Poole & The Tremeloes ein Platz 1.

Der Hit: *Do You Love Me*

Conway, Russ

* 2.9.1927 als Trevor H. Stanford. Nachdem er längere Zeit bei der Navy gewesen war, wurde er 1955 in GB Club-Pianist. Danach begleitete er Lita Rosa, Gracie Fields und andere bei ihren Plattenaufnahmen. Das führte zu einem Solovertrag bei der EMI. Was er dann spielte, klang immer so, als habe man im Radio umgeschaltet in die Bar des zweitbesten Hotels am Platze. Russ war 32 Jahre alt, als er die Nummer *»Side Saddle«* schrieb, die im Frühjahr 1959 ein Platz 1 in GB wurde. Irgendwie war die Nummer nichts Besonderes. Es muß also an Russ Conway gelegen haben, daß die Käufer geradezu scharenweise in die Plattenläden gingen. Dabei war es nicht nur die ältere Generation, die für ihn

schwärmte – nein, das ging durch alle Altersklassen. Russ muß zu seiner Zeit einfach der Strahlemann gewesen sein, der durch bloßes Angrinsen die Sorgen des Alltags vertrieb. Er schrieb Melodien fürs Fernsehen und für die West-End-Theater in London. Über längere Zeit hatte er Ende der 50er Jahre seine eigene TV-Sendung in GB. Da konnte er dann alle seine neuen Werke lebend vorstellen und in die britischen Heime strahlen. *»Roulette«* war Mitte 1959 eine weitere Nummer 1, und bis ins Jahr 1963 funktionierte das Prinzip. Dann wurde er ernsthaft krank und konnte nach einem Schlaganfall zwischen 1968 und 1971 nicht mehr auftreten. Seitdem jedoch ist er in GB mit Nostalgie-Show-Tourneen erfolgreich.

Der Hit: *Side Saddle*
Der Tip: *The Best Of The EMI Years* (EMI CDP 7 92587 2)

Cooke, Sam

* 22.1.1931, † 11.12.1964. Der amerikanische Soulsänger und Songschreiber begann bei den Highway Q.C.s und stieg 1950 bei den Soul Stirrers ein. Er blieb bis 1956 als deren Leadsänger. Dann interessierte er sich mehr für Popmusik und machte seine ersten Nicht-Gospel-Aufnahmen noch unter dem Namen Dale Cook. 1957 hatte er seinen ersten Hit: *»You Send Me«* wurde im Oktober Spitzenreiter in den USA. Bis 1965 stand er regelmäßig in den Hitparaden, meist mit Songs, die er selbst geschrieben hatte. Am 11.12.1964 wurde er in einem Motel in Los Angeles von Bertha Franklin, der Managerin des Motels, aus angeblicher Notwehr erschossen. Die Umstände wurden nie richtig geklärt. Viele Interpreten sangen die Titel von Sam später nach, und viele berufen sich auf ihn als ihr Vorbild. Rod Stewart, Bobby Womack, Huey Lewis, Smokey Robinson, Marvin Gaye oder Mick Jagger – alle versuchten sie, ihm nachzueifern. Die weiteren Top-10-Hits von Sam Cooke waren *»Chain Gang«* 1960, *»Cupid«* 1961, *»Twistin' The Night Away«* 1962, *»Another Saturday Night«* 1963 und *»Shake«* 1965. In der deutschen Hitparade war Sam Cooke erstmals 1986 vertreten. Eine US-Jeansfirma wollte bei ihren Kunden wieder das Feeling der 50er Jahre erzeugen und unterlegte einen Werbeclip mit der Musik *»Wonderful World«*. Obwohl hier ein Stimmenimitator auf Sam Cooke getrimmt wurde, verlangte man in den Plattenläden nach dieser Nummer und erhielt die von Sam Cooke. Mehr als 20 Jahre nach seinem Tode und fast 30 Jahre nach dem Beginn seiner Karriere erreichte er Mitte 1986 einen Platz 2 in Deutschland und in GB.

Der Hit: *Wonderful World*
Der Tip: *The Man And His Music* (RCA PD87127)

Cookies

Doretta (Dorothy) Jones, Pat Lyles, Ethel »Dolly« McCrae, Margorie Hendrickse, Margaret Ross.

Dieses Rhythm-&-Blues-Gesangstrio aus New York, das in den frühen 50er Jahren gegründet wurde, hat im Verlauf seines Bestehens eine ganze Latte von Mitgliedern verschlissen. Sie begannen als Backing Group für Joe Turner, Chuck Willis und Ray Charles. Hendrickse, die sich inzwischen Margie Hendrix nannte, trennte sich von den Cookies und gründete die Raeletts, die nun die ständigen Begleiter von Ray Charles wurden. Der Rest nahm als neues Mitglied Margaret Ross auf. Neben ihrer Studioarbeit für Plattenaufnahmen von Neil Sekada, Carole King oder Little Eva nahmen sie auch Soloplatten auf, mit denen sie 1962/63 erfolgreich waren. Der Titel *»Don't Say Nothin' Bad (About My Baby)«* erreichte im März 1963 einen Platz 7 in der amerikanischen Hitparade. Ethel McCrae versuchte sich später als Solistin und hatte als Earl-Jean Mitte 1964 mit *»I'm Into Somethin' Good«* einen Top-40-Hit.

Der Hit: *Don't Say Nothin' Bad (About My Baby)*

Coolidge, Rita

* 1.5.1944. Die Tochter eines Baptisten und einer Cherokee-Indianerin sang bereits in den 60er Jahren in ihrer Band R.C. & The Moonpies. In den späten 60er Jahren heiratete ihre Schwester Priscilla den Songschreiber und Produzenten Booker T. Jones, der mit der Band Booker T. & The M.G.'s erfolgreich war. Das half der Karriere von Rita. Sie nahm an der Joe-Cocker-Tour »Mad Dogs & Englishmen« teil und wurde Mitglied bei Delaney & Bonnie. 1969 hatte sie dann als Solistin die erste Notierung in den amerikanischen Charts. 1977 hatte sie zwei Top-10-Hits: *»(Your Love Has Lifted Me) Higher And Higher«* und *»We're All Alone«*. Zwischen 1973 und 1979 war sie mit Kris Kristofferson verheiratet und nahm mit ihm zusammen einige Platten auf. Ihr Spitzname war stets »The Delta Lady« – Leon Russell, mit dem sie einst auch zusammengearbeitet hatte, widmete ihr das gleichnamige Lied. Seit den 80er Jahren hört man weniger von Rita Coolidge, deren Platten in ihrer gesanglichen Qualität recht unterschiedlich sind. Nur 1983 nahm sie den Titelsong für den James-Bond-Film »Octopussy«, *»All Time High«*, auf.

Der Hit: *We're All Alone*
Der Tip: *Greatest Hits* (A&M 64 836)

Cooper, Alice

* 4.2.1948 als Vincent Furnier. Seine erste Rockgruppe, die Spiders, gründete er 1965 in Phoenix. 1966 änderte er dann seinen Namen in Alice Cooper, ging 1968 nach Los Angeles und 1969 zurück in seine Heimatstadt Detroit. 1971 – inzwischen hatte er sich eine ausgesprochen bizarre Bühnenshow zugelegt – hatte er seinen ersten Hit. *»School's Out«* 1972, *»You And Me«* 1977 und *»Poison«* 1989 sind die größten Erfolge von Cooper. Zwischen 1980 und 1989 hatte er eine Pause eingelegt, und man war schon der Meinung, daß damit Guillotinen, Schlangen und anderes Getier endgültig von den Bühnen verschwunden seien. Was Alice Cooper ist bzw. sein soll, beschrieb seine Plattenfirma: »Eine Band der dritten Rockgeneration; das Endprodukt der Wohlstandsgesellschaft; einer der bedeutendsten Vertreter des Dada-Rock; Psychiatrie-Rock.« Sein Gehabe als »Alice im Plunderland« oder als »Schreckschraube vom Dienst« konnte nicht überdecken, daß sein Rock eher von durchschnittlicher Qualität war.

Der Hit: *Poison*
Der Tip: *Greatest Hits* (WB 256 043)

Cordalis, Costa

* 1.5.1944. Der in Griechenland geborene Costa kam als 16jähriger in die Bundesrepublik. Als 21jähriger nahm er seine ersten Platten auf. Mit der Nummer *»Anita«* hatte er im Dezember 1976 seinen größten Erfolg. Um auf der einen Seite seine Fans und damit die Liebhaber des deutschen Schlagers nicht zu verlieren und auf der anderen Seite auch mal einen englischsprachigen Titel zu singen, gründete er 1992 zusammen mit seinen Kindern Lucas und Kiki und der aus Hawaii stammenden Kaui die Gruppe Let's Make It.

Der Hit: *Anita*

Corina

1988 veröffentlichte Corina ihre erste Single, die speziell in den New Yorker Dance-Clubs erfolgreich war. Auch ihre nächsten Produktionen zielten mehr auf das Disco-Publikum. 1991 wurde sie als US-amerikanischer Shooting-Star bezeichnet, und mit der von ihr mitgeschriebenen Nummer *»Temptation«* gelang ihr im Mai 1991 ein Platz 6 in der amerikanischen Hitparade. Schon ihre nächste Single erreichte nur noch Platz 51, und ob's das gewesen ist, wird die Zeit zeigen.

Der Hit: *Temptation*

Alice Cooper *(WB)*

Cornelius, Peter

* 29.1.1951 in Wien. Seine Plattenfirma bezeichnet ihn als »Songpoet der besonderen Sorte« und behauptet: In die Schublade Wiener Liedermacher hat er eigentlich nie gepaßt. Nach einer Ausbildung als Bankkaufmann spielte er einige Monate im Hair-Ensemble, u. a. in Berlin und Hamburg. Danach tingelte er mit den Leaves. Mit dem Lied *»Ich leb' in einer Wolke«* gewann er 1973 als bester Komponist, bester Autor und bester Interpret einen Talentwettbewerb des

Österreichischen Rundfunks. Nachdem er auf den Produzenten Michael Cretu getroffen war, wurde die LP *»Der Kaffee ist fertig . . .«* aufgenommen, die im März 1980 zum ersten großen Erfolg für Cornelius wurde. Seine erfolgreichste Single hieß *»Du entschuldige – i kenn' di«*, im November 1981 ein Platz 8 in der deutschen Hitparade.

Der Hit: *Du entschuldige – i kenn' di*
Der Tip: *Zwei* (Philips 6435 074)

Cornelius Brothers & Sister Rose

Edward Cornelius, Carter Cornelius († 7.11.1991), Rose Cornelius, Billie Jo Cornelius.
Die Originalformation von Cornelius Brothers & Sister Rose bestand zunächst nur aus den Brüdern Edward und Carter und ihrer Schwester Rose. Musikalisch versuchten sie sich mit einer Mixtur aus Soft-Soul und Rhythm and Blues. 1971 erreichten sie mit *»Treat Her Like A Lady«* Platz 3 in den USA und einen Millionseller. *»Too Late To Turn Back Now«* stand im Mai 1972 auf Platz 2 in den USA und wurde ebenfalls ein Millionseller. 1973 nahm man als weiteres Mitglied die Schwester Billie Jo hinzu. Seit diesem Zeitpunkt ließ der Erfolg nach. 1976 trennte sich die Gruppe, als Carter sich einer schwarzen hebräischen Sekte anschloß. Er kümmerte sich die nächsten 15 Jahre um die musikalischen Belange der Sekte und plante gerade ein Pop-Comeback, als er im November 1991 starb.

Der Hit: *Too Late To Turn Back Now*

Cornell, Don

* 1924. Bereits in den 30er Jahren war der populäre Sänger und Gitarrist Mitglied in etlichen erfolgreichen Gruppen. Seinen ersten großen Erfolg hatte er 1950 mit dem Millionseller *»It Isn't Fair«*. Zu diesem Zeitpunkt war er Sänger in der Band von Sammy Kaye. Das hat ihn wohl ermuntert, es auch als Solist zu versuchen, und ab Ende des Jahres 1950 werden seine ersten Singles in den US-Charts verzeichnet. *»I'll Walk Alone«* war im März 1952 sein erster Top-10-Erfolg, *»I'm Yours«* einen Monat später ein Platz 3 in den USA und ein Millionseller. Im November 1952 stand er auf Platz 7 in den USA mit dem kürzesten Titel, der jemals in den Hitparaden verzeichnet wurde. Er hieß *»I«*. *»Hold My Hand«* war im September 1954 ein weiterer Millionseller und ein Platz 2 für ihn, in GB erreichte er damit Platz 1. *»The Bible Tells Me So«* war im September 1955 sein letzter Top-10-Erfolg. Nach 1957 war seine Karriere in den Hitparaden beendet, aber er singt nach wie vor in Clubs und Theatern.

Der Hit: *Hold My Hand*

Corren, Carmela

* 1938 in Tel Aviv. Angeblich wurde sie vom amerikanischen TV-Schaffenden Ed Sullivan 1956 entdeckt, als sie noch Soldatin in der israelischen Armee war. Ed lud sie nach New York in seine Fernsehshow ein. Erfolg in den USA hatte sie jedoch nicht. Dafür war sie ab 1961 bis 1965 mit 12 Titeln in der deutschen Hitparade. Ihre beiden erfolgreichsten Songs und Top-10-Erfolge waren *»Eine Rose aus Santa Monica«* 1962 und *»Rosen haben Dornen«* 1963.

Der Hit: *Eine Rose aus Santa Monica*

Cortez, Dave »Baby«

* 13.8.1938 als Davis Cortez Clowney. Der amerikanische Organist, Pianist und Songschreiber begann in der Gruppe Pearls, von 1955 bis 1957, war dann bei den Valentines und wurde schließlich in den späten 50er Jahren Session-Keyboarder. Er ist zu hören mit Gladys Knight & The Pips, den Isley Brothers und den Chantels. Auf Tournee ging er mit Little Anthony & The Imperials. Nebenher hat er auch als David Clooney Soloplatten gemacht. Ende der 50er Jahre schrieb er einen Titel, den er *»The Dog And The Cat«* nannte. Es sollte ein Lied mit Pianobegleitung werden, aber einText wollte ihm nicht einfallen. Schließlich sah er in einer Ecke des Aufnahmestudios eine Orgel stehen und versuchte, die von ihm geschriebene Melodie darauf zu spielen. Bis zu diesem Zeitpunkt wurde die Orgel von den meisten Amerikanern als Instrument angesehen, das in die Kirche gehört. Es war das erste Mal, daß eine Orgel für einen Rhythm-&-Blues-Song Verwendung fand. Die Nummer wurde in *»The Happy Organ«* umbenannt und erreichte im März 1959 Platz 1 in den USA. *»Rinky Dink«* wurde im Juni 1962 noch einmal ein Top-10-Hit für Cortez. Bis 1966 ist er in den Hitparaden zu finden. 1972 nahm er noch einmal eine LP auf. Seitdem hört man nichts mehr von ihm.

Der Hit: *The Happy Organ*

Cosby, Bill

* 12.7.1938. Ob es inzwischen mehr geworden sind, weiß man nicht so genau. Fünf Emmys und neun Grammys hat er bis 1990 gewonnen. Der Komiker, Filmschauspieler und TV-Schaffende Bill Cosby gehört zu den höchstbezahlten Entertainern der USA. Seine ersten sieben Comedy-Alben wurden alle Millionseller. Bei uns wurde er erstmalig populär als Alexander Scott in der TV-Serie *»I Spy«*. Eine Sensation, denn bis zu diesem Zeitpunkt war noch nie ein Schwarzer Star einer Serie gewesen. Danach begann er 1969 mit der »Bill Cosby Show«, die

1972 in »The New Bill Cosby Show« umbenannt wurde und schließlich nur noch als »Cos« 1976 endete. Danach zog er sich erst einmal vom Fernsehen zurück, um sich anderen Dingen zu widmen, z. B. seinem Studium. 1977 hat er zum Dr. phil. promoviert. Als Dr. Heathcliff Huxtable begann er 1984 in der »Cosby Show«, die sich zu einem Dauerbrenner, auch im deutschen Fernsehen, entwikkelte. Wie auch die vorherigen Cosby Shows richtete sie sich vorwiegend an Kinder. In der amerikanischen Single-Hitparade tauchte Bill nur ein einziges Mal unter den ersten 10 auf: *»Little Ole Man (Uptight – Everythings's Alright)«* wurde im September 1967 ein Platz 4.

Der Hit: *Little Ole Man*
Der Tip: *My Father Confused Me . . .* (Capitol CDAX 701273)

Cosso, Pierre

* 24.9.1961. Nach der italienischen Fernsehserie »Cinderella« und dem Kinofilm »La Boum – die Fête« wurde der in Algerien geborene Schauspieler zum Teenie-Star. Zusammen mit Bonnie Bianco sang er im März 1987 den Titel *»Stay«*, der Spitzenreiter in Deutschland wurde. Da galt es, schnell in die gleiche Kerbe zu hauen und eine weitere Platte zu veröffentlichen: *»Face Your Life«* erreichte nur einen Monat später einen Platz 7 in Deutschland. Der Schmusesound dieser Platten stellte nur geringe Anforderungen an die Gesangsqualitäten von Cosso, die damit auch ausgereizt waren. Ein neues Jahr, ein neuer Schwarm.

Der Hit: *Face Your Life*

Costello, Elvis

* 25.8.1955 als Declan Patrick McManus. Der Sohn des Bandleaders und Sängers Ross McManus – *»Patsy Girl«* war sein bekanntester Hit zusammen mit dem Orchester von Joe Loss – begann schon sehr früh, eigene Songs zu schreiben. Mit 16 verließ er die Schule und wurde Computer-Operator in einer Fabrik in Liverpool. Nebenher trat er als D. P. Costello in Folk-Clubs auf – Costello ist der Mädchenname seiner Mutter. 1976 gründete er die Country-Rock-Gruppe Flip City, die ein Demo aufnahm und an die gerade gegründete Plattenfirma Stiff schickte. Die nahm Elvis unter Vertrag und veröffentlichte wenig später seine ersten Platten. Seine größten Erfolge hatte er mit *»Oliver's Army«* 1979, *»I Can't Stand Up For Falling Down«* 1980 und *»A Good Year For The Roses«* 1981. Die Amerikaner bezeichneten ihn als führenden eklektischen Rocksänger, konnten aber ansonsten mit ihm recht wenig anfangen. Er hatte sich dort im März 1979 sehr unbeliebt gemacht, als er sich sehr rassistisch über schwarze amerikanische

Bill Cosby *(WB)*

Musiker äußerte. Für den kommerziellen Markt sicher nur schwer verdaulich war seine 1993 erschienene LP »*The Juliet Letters*«, auf der er zusammen mit dem Brodsky Quartett spielte. Dem eigenwilligen Costello war das sicher egal.

Der Hit: *Oliver's Army*
Der Tip: *The Man* (Demon Records Fiend CD 52)

Cotton, Billy

* 6.5.1899, † 25.3.1969. Der in London geborene Bandleader, Schlagzeuger und Sänger war im Ersten Weltkrieg Drummerboy in der Army. Nach dem Krieg gründete er seine ersten eigenen Bands, darunter die London Savannah Band. Im Laufe der Jahre entwickelte er sich zu dem britischen Chamäleon, das alle amerikanischen Musikströmungen für den britischen Markt adaptierte. Das funktionierte bis in die 50er Jahre. Mit den beiden Singles »*In A Golden Coach*« 1953 und »*Friends And Neighbours*« 1954 erreichte er jeweils Platz 3 in den GB-Charts. Bis zu seinem Tod war er erfolgreich im britischen Fernsehen und in Radiosendungen vertreten.

Der Hit: *Friends And Neighbours*

Count Five

Ken Ellner, v/harm (* 1948); Sean Byrne, g/v (* 1947); John Michalski, g (* 1949); Roy Chaney, b (* 1948); Craig Atkinson, d (* 1947).
Die 1964 in Kalifornien gegründete Formation gehört zu den typischen One-Hit-Wonders. Mit ihrem Garagen-Rock hatten sie einmal Erfolg: »*Psychotic Reaction*« kam 1966 auf Platz 5 in den USA. Ansonsten machten sie nur durch ihre Dracula-Capes von sich reden, die sie bei Auftritten trugen. Nach einer LP und weiteren Singles – alles Flops – trennten sich die Count Five 1968 wieder. Sean ging nach Irland zurück und tauchte ab und zu als Studiomusiker auf.

Der Hit: *Psychotic Reaction*

Cover Girls

Louise »Angel« Sabater, Caroline Jackson, Sunshine Wright, Margo Urban, alle v.
Das aus New York stammende Gesangs- und Tanztrio tauchte 1987 erstmals in der amerikanischen Hitparade mit dem Titel »*Show Me*« auf. Bis 1989 kamen weitere mittlere Plazierungen der Cover Girls zustande. Dann verließ Sunshine Wright das Trio und wurde durch Margo Urban ersetzt. Mit ihr kam der erste Top-10-Erfolg im Dezember 1989: »*We Can't Go Wrong*«. Ein weiterer Top-10-Erfolg gelang ihnen im Mai 1992 mit dem Rose-Royce-Hit aus dem Jahre 1978, der 1989 von den Fresh 4/Lizz E. schon einmal gecovert wurde, »*Wishing On A Star*«. Dieses System mit drei möglichst gut aussehenden Mädchen, die zu einem Trio zusammengestellt werden, funktioniert in den USA ja schon seit Urzeiten – siehe Andrews Sisters, McGuire Sisters oder Supremes. Die drei Cover Girls hatten vor ihrer Karriere als Interpretinnen als professionelle Models, Tänzerinnen in New Yorker Clubs oder Filmschauspielerinnen gearbeitet.

Der Hit: *We Can't Go Wrong*
Der Tip: *Here It Is* (Epic EK 47381)

Covington, Julie

* 1950. In den späten 60er Jahren besuchte die englische Sängerin und Schauspielerin die Universität. Der britische Songschreiber Pete Atkin überredete sie zu einer Gesangskarriere, die sie schließlich Anfang der 70er Jahre in eine satirische TV-Show brachte. 1975 startete sie zusammen mit Rula Lenska und Charlotte

Cornwell die TV-Serie Rock Follies. Die Musik dazu kam von Roxy-Music-Mitglied Andy Mackay. Mit den Rock Follies war sie auch unterwegs, als Andrew Lloyd Webber Julie sah und sie für die Titelrolle seines neuen Musicals *»Evita«* auswählte. Sie sang den Titel *»Don't Cry For Me Argentina«*, der im Dezember 1976 in die Hitparade kam und Nummer 1 wurde. Allerdings wollte sie dann nicht in dem Bühnenmusical mitspielen, weil ihr die Rolle aus politischen Gründen nicht zusagte. Nun wurden die Briten auch auf die Rock Follies aufmerksam, und die drei genannten Sängerinnen plus Sue Jones-Davies erreichten im Mai 1977 mit *»O.K.?«* einen Platz 10. Ende 1977 brachte Julie noch eine hervorragende Coverversion des Alice-Cooper-Hits *»Only Women Bleed«* auf den Markt. Die Plattenhülle zu dieser Aufnahme könnte eine Vorlage für Sinead O'Connor und ihr *»Nothing Compares 2 U«* gewesen sein. Heute arbeitet Julie hauptsächlich für Theater und Rundfunk.

Julie Covington *(Metronome)*

Der Hit: *Don't Cry For Me Argentina*
Der Tip: *Julie Covington* (Virgin 200 007)

Cowboy Church Sunday School

Der einzige Hit dieser Sonntagsschule für Cowboys war im Januar 1955 die Novelty-Platte *»Open Up Your Heart (And Let The Sunshine In)«*, die Platz 8 der amerikanischen Hitparade erreichte. Der amerikanische Songschreiber Stuart Hamblen, der z. B. für *»This Ole House«* verantwortlich ist, hatte den Titel geschrieben. Gesungen wurde die Nummer von Carole Sue und anderen Mitgliedern der Kirche, die auch Stuart zu besuchen pflegte. Nach diesem einen Hit und ein paar erfolglosen Platten kehrte wieder Friede in der Sonntagsschule ein.

Der Hit: *Open Up Your Heart (And Let The Sunshine In)*

Cowsills

Bill, g/v (* 9.1.1948); Bob, g/v (* 26.8.1949); Paul, key/v (* 11.11.1952); Barry, b/v (* 14.9.1954); John, d (* 2.3.1956); Susan, v (* 20.5.1960); Barbara, v (* 1928, † 31.1.1985).

Die Geschwister Cowsill wurden mit gelegentlicher Unterstützung ihrer Mutter Barbara zu »America's First Family of Music«. Familien, die sich in Gruppen zusammenschlossen, waren Ende der 60er Jahre in den USA sehr populär. Es gab die Osmonds, die Jackson 5 und eben die Cowsills. Die fünf Brüder und ihre kleine Schwester bildeten, ob sie sich dessen bewußt waren oder nicht, die Vorlage für die Partridge Family, die ab 1970 erfolgreich war. 1969 war das letzte Erfolgsjahr für die Cowsills. Ihre drei größten Hits waren *»The Rain, The Park & Other Things«* 1967, *»Indian Lake«* 1968 und *»Hair«* 1969. Kurz nach dem letzten Hit verließ Bill die Familientruppe, um als Komponist Karriere zu machen. Die anderen versuchten sich noch bis 1972, trennten sich dann aber auch zumindest musikalisch. Bob, Paul, John und Susan schlossen sich 1990 noch einmal für eine Tournee zusammen.

Der Hit: *The Rain, The Park & Other Things*

Cox, Michael

Die Schwestern des Engländers waren schon früh auf Karriere bedacht und besorgten für den Bruder einen Termin zum Vorsingen bei dem Produzenten Jack Good. Und schon war Cox als Popsänger ein Fernsehstar. Im Juni 1960 erreichte er dann immerhin einen Platz 7 in der britischen Hitparade: mit der von John D. Loudermilk geschriebenen Nummer *»Angela Jones«*, die eigentlich Marty Wilde singen wollte. Danach hatte Cox nur noch in Skandinavien Erfolg, wo er mit den Outlaws – zu denen Ritchie Blackmore gehörte – auf Tour ging. Ende der 60er Jahre verzichtete Michael James Cox auf seinen Nachnamen und nannte sich nur noch Michael James. Er tritt heute noch in Kabaretts auf und spielt gelegentlich kleinere Rollen in mehr oder weniger bedeutenden Filmen.

Der Hit: *Angela Jones*

Craig, Francis & His Ork

* 10.9.1900, † 19.11.1966. Der amerikanische Pianist und Komponist leitete bereits ab den 20er Jahren eigene Bands. Mit dem Titel *»Near You«* hatte er im August 1947 einen Millionseller und eine Nummer 1 in den USA. In der ewigen Bestenliste der längsten Verweildauer auf Platz 1 in einer Hitparade dürfte

er mit genau diesem Titel nur schwer zu schlagen sein: 17 Wochen hielt er hintereinander die Spitzenposition in den USA. Auf Platz 2 dieser Bestenliste steht mit 14 Wochen *»White Christmas«*. Sein zweiter großer Erfolg war *»Beg Your Pardon«*, im Januar 1948 ein Platz 3. Beide Titel hatte er selbst geschrieben. Mit dem Erlös aus den Plattenverkäufen half er bei der Finanzierung des ersten Plattenpreßwerkes in Nashville – wo er vor seinem großen Erfolg 20 Jahre im Hermitage Hotel eine Band geleitet hatte. Francis Craig war es, der Sängerinnen wie Kitty Kallen oder Dinah Shore bei deren Karrierestart half. Craig blieb bis zu seinem Tod 1966 aktiv.

Der Hit: *Near You*

Cramer, Floyd

* 27.10.1933. Nun kann man ja wirklich nicht das Piano als Instrument bezeichnen, auf dem schon im Wilden Westen die alten Cowboys spielten. Sicher, zu jedem Saloon gehörte der Mann am Klavier, auf den auch schon mal geschossen wurde, wenn er zu lahm klimperte. Aber ein Piano in der Prärie kann ich mir nur schwer vorstellen. Und trotzdem brauchten die Country-Musiker für ihre Plattenaufnahmen einen Klimperkasten. Einer der besten mit diesem Instrument war Anfang der 50er Jahre ein junger Mann namens Floyd Cramer, der, obwohl erst 20 Jahre alt, einen eigenen Stil entwickelt hatte, der später als »Nashville-Piano-Sound« bezeichnet wurde. Alle Pianisten, die in den USA Ende der 50er, Anfang der 60er Jahre bei Plattenaufnahmen mitspielten, versuchten Cramers Stil zu imitieren. So kam es, daß ganze Schübe von Platten aus dieser Zeit so klingen, als habe immer Floyd Cramer am Piano gesessen. Richtig ist, daß er zwar nicht bei allen, aber bei vielen Produktionen in die Tasten schlug. Dabei konnte er sich die Besten aussuchen: Elvis Presley in seinen besten, seinen frühen Jahren, war einer der Kunden von Floyd, was speziell bei *»Heartbreak Hotel«* sehr schön zu hören ist. Jim Reeves, The Browns, Hank Snow, Charley Pride, Paul Anka, Perry Como, Connie Francis, Brenda Lee, Chet Atkins und viele andere große Stars ließen sich auf ihren Platten von Cramer begleiten, ohne daß es auf den Hüllen vermerkt wurde. Seinen ersten Solo-Erfolg hatte er im Januar 1954 mit *»Fancy Pants«* – immerhin ein Platz 28 in den USA. 1958 wollte es der inzwischen 25jährige wieder einmal wissen. *»Flip, Flop & Bop«* wurde jedoch ein Flop. Zwei Jahre später sollte er mehr Glück haben. *»Last Date«* erschien, kam bis auf Platz 2 in den US-Charts und verkaufte sich über einemillionmal. 1961 hatte er mit *»On The Rebound«* und *»San Antonio Rose«* zwei weitere Top-10-Hits in den USA – *»On The Rebound«* wurde außerdem Spitzenreiter in GB. Als die Nummer mit dem Klavier langsam ausgelutscht war, verlegte er sich auf Orgel-LPs, die jedoch ein Schlag ins Wasser waren. Der Name Floyd Cramer blieb unausweichlich mit dem

Piano verbunden. Und er spielte genau den Sound, so schrieb es einst eine US-Musikzeitschrift, den die einsamen Cowboys in der Prärie liebten – schon weil sie eben kein Klavier dabeihatten.

Der Hit: *On The Rebound*
Der Tip: *The Best Of Floyd Cramer* (RCA PCC2-1210)

Crane, Les

* ca. 1935. In den Jahren 1964/65 war er der Gastgeber der ABC-Nightlife Talk Show. 1971 erklärte er den staunenden Amerikanern, daß auch sie ein Recht hätten, auf dieser Welt zu sein. Damit es ihnen auch klar wurde, unterlegte man *»Desiderata«*, so hieß das Werk, mit einer schwülstigen Musik. Im Oktober 1971 drang die Nummer in die Herzen der Amerikaner und auf Platz 8 der US-Charts. Der Text, der hier gesprochen wurde, stammte von Max Ehrmann, der das Gedicht *»Go Placidly Amid The Noise And Haste«* 1909 verfaßt hatte. Diese Zeilen hatten schon vorher Pop-Musiker beeindruckt: 1970 hatten sie sowohl Every Which Way, die Band des Ex-Nice/Drummers Brian Davidson, als auch King Crimson auf ihrem *»Lizard«*-Album verwendet. Les Crane erhielt für seine Interpretation 1971 einen Grammy in der Sparte »Best Spoken Word Recording«. Danach ging er glücklich und zufrieden wieder einer geregelten Arbeit nach. Welcher, ist nicht überliefert.

Der Hit: *Desiderata*

Craven, Beverly

* 28.6.1963 auf Sri Lanka, aufgewachsen in GB. Sie wuchs dort auf dem Land auf, lernte mit sieben Klavierspielen und wurde eine so gute Schwimmerin, daß sie zumindest an den englischen Meisterschaften teilnehmen konnte. Mit 19 ging sie nach London und arbeitete zunächst als Kellnerin. Daneben bewarb sie sich bei allen möglichen Bands, war aber nie mit den Musikern zufrieden. Also schrieb sie erst einmal Songs, beeinflußt von Musikern wie Joni Mitchell, Kate Bush oder Billy Joel. Ende 1990 war es dann soweit: Sie veröffentlichte ihre Debüt-LP mit selbstverfaßten Stücken, unterstützt von Simon Nicol und Dave Mattacks von Fairport Convention und produziert von Paul Samwell-Smith. Daraus ausgekoppelt wurde *»Promise Me«*, im April 1991 ein Platz 3 in GB. 1992 wurde sie als beste britische Newcomerin ausgezeichnet.

Der Hit: *Promise Me*
Der Tip: *Beverly Craven* (Epic 467 053)

Crawford, Johnny

* 26.3.1946. Der aus Los Angeles stammende Johnny wurde bekannt als Schauspieler in der Fernsehserie »The Rifleman«, die ab 1958 für sechs Jahre im amerikanischen Fernsehen lief, später bei uns als »Westlich von Santa Fé«. Er spielte darin den Sohn des Hauptdarstellers Chuck Connors. Ab 1961 machte Johnny Platten, und mit *»Cindy's Birthday«* hatte er im Mai 1962 seinen einzigen Top-10-Erfolg. Nach 1964 war seine Plattenkarriere zu Ende. Nachdem Johnny erwachsen geworden war, erhielt er immer weniger Rollenangebote. In »Startrek« trat er 1967 noch einmal auf, in »The Invisible Man« 1975 und in dem Kenny-Rogers-TV-Film »The Gambler – The Adventure Continues« noch einmal 1983.

Der Hit: *Cindy's Birthday*

Crawford, Michael

* 19.1.1942 als Michael Patrick Dumbell-Smith. Der britische Schauspieler und Sänger begann seine Profikarriere als Knabensopran in Benjamin Brittens *»Let's Make An Opera«* und setzte sie erfolgreich in Theater, Film und Fernsehen fort. Seine erste große Filmrolle hatte er in »Soap Box Derby« 1958, 1962 seine erste Hauptrolle in der Abenteuerserie »The Adventures of Sir Francis Drake« als John Drake. 1963 stand er an der Seite von Steve McQueen in »The War Love« vor der Kamera. Seitdem spielte er in vielen Kinoproduktionen und heimste unzählige Preise ein. So wurde er von der Queen zum Officer of The British Empire geadelt. Am bekanntesten ist er jedoch mit Maske: Er ist das Phantom der Oper. Für seine schauspielerischen Leistungen in Musicals wurde er mit dem Tony ausgezeichnet. Im Januar 1987 stand er auf Platz 7 in der britischen Hitparade mit dem Titel *»The Music Of The Night«* aus dem *»Phantom der Oper«*.

Der Hit: *The Music Of The Night*
Der Tip: *Michael Crawford Performs Andrew Lloyd Webber* (Atlantic 7567-82 347-2)

Crawford, Randy

* 18.2.1952 als Veronica Crawford. Die Amerikanerin hatte ihre ersten Erfolge in GB. Zwischen 1979 und 1986 hatte sie dort zehn Hits. Ihre beiden größten waren *»One Day I'll Fly Away«* 1980 und 1986 nach längerer Pause die selbstgeschriebene Ballade *»Almaz«*. Beim Titel *»Street Life«* der Crusaders sang sie, ohne auf der Plattenhülle genannt zu sein, die Leadstimme – im August 1979 war die Platte ein Platz 5 in GB. Vor ihrer Popkarriere hatte sie mit Jazzgrößen wie

Randy Crawford *(Warner Records)*

George Benson oder Cannonball Adderley gesungen. Seltsamerweise hat sie in GB immer größeren Erfolg gehabt als in ihrer Heimat USA.

Der Hit: *One Day I'll Fly Away*
Der Tip: *The Love Songs* (WB 241 206 2)

Cream

* Eric Clapton, g (* 30.3.1945 als Eric Patrick Clapp); Jack Bruce, b/v (* 14.5.1943); Ginger Baker, d (* 19.8.1940 mit dem Vornamen Peter).
Dieses britische Rock-Trio wurde 1966 von Robert Stigwood zusammengestellt. Sie spielten vorwiegend auf Blues basierende Stücke, einige Traditionals und ansonsten Nummern, die Jack Bruce zusammen mit Pete Brown geschrieben hatte. Der clevere Robert Stigwood, der bei Brian Epstein gelernt hatte und der auf seinem RSO-Label – Markenzeichen ein schweineähnliches Tier – später mit den Platten der Bee Gees und Eric Claptons erfolgreich sein sollte, vermarktete die drei als Supergruppe. Damit war er richtungweisend für andere Projekte, die darauf basierten, daß aus bestehenden Gruppen die Protagonisten herausgenommen und zu einer neuen Band zusammengestellt wurden. In einigen Fällen, wie bei Cream, klappte das; in den meisten Fällen ging es daneben. Besonders die Amerikaner mochten das laute, leidenschaftliche und zügellose Spiel der Band, die in Konzerten ihre Stücke, was zum damaligen Zeitpunkt noch nicht so häufig gemacht wurde, in unendliche Länge ausdehnten. In schneller Folge erschienen drei Alben und etliche Singles, von denen in GB keine unter die ersten 10 kam. In Amerika waren 1968 *»Sunshine Of Your Love«*, auch ein Millionseller, und *»White Room«* Top-10-Erfolge. 1969 erschien die LP *»Goodbye«*, und damit war dieses Kapitel abgeschlossen.

Der Hit: *Sunshine Of Your Love*
Der Tip: *White Room Cream Best* (Zounds CD 27200408 B)

Creation

Kenneth Georges Pickett, v (* 3.9.1943); Edwin Michael Phillips, g (* 15.8.1945); Mick Thompson, g; John Dalton, b; Jack Jones, d (* 8.11.1944); Robert Anthony Garner (* 15.5.1946).
Ihre Wurzeln gehen zurück in das Jahr 1963. Drei der späteren Creation-Mitglieder spielten in der Band von Jimmy Virgo & The Blue Jacks. Nachdem Virgo die Band verlassen hatte, kam für ihn Kenny Lee, und ab sofort nannte man sich Kenny Lee & The Mark Four. Nachdem als neuer Gitarrist Edwin Phillips dazukam und sich Kenny Lee wieder seinen richtigen Namen Kenny Pickett gab, nannten sie sich nur noch Mark Four. Im Frühjahr 1964 unterschrieben sie einen Plattenvertrag und veröffentlichten vier Singles, die alle Coverversionen amerikanischer Hits waren. Dalton ging dann zu den Kinks, Thompson hörte ganz mit der Musik auf. Als neues Mitglied kam Bob Garner zur Gruppe, die sich jetzt Creation nannte und nur noch eigenes Material spielte. Ende 1966 erschien der Titel *»Painter Man«*, der es in GB in die Top 40, in Deutschland im April 1967 bis auf

Platz 8 brachte. Wenig später hatten sie hier noch einmal Erfolg mit dem Titel »*Tom Tom*«. In der Folge sollten Musiker wie Ronnie Wood oder Kim Gardner bei der Band kurze Gastspiele geben, was aber auch keinen Erfolg mehr brachte. Das endgültige Aus der Gruppe kam im Juni 1968. Kenny Pickett wurde Mitglied der Road Crew von Led Zeppelin und später erfolgreicher Songschreiber. Jack Jones sang in Clubs. Edwin Phillips veröffentlichte einige Solo-Singles und bildete dann mit Kenny Pickett ein Songschreiber-Team.

Der Hit: *Painter Man*
Der Tip: *Collection* (Line 9.00497)

Creedence Clearwater Revival

John Fogerty, v/g (* 28.5.1945); Tom Fogerty, g/v (* 9.11.1941, † 6.9.1990); Stu Cook, b/key (* 25.4.1945); Doug Clifford, d (* 24.4.1945).
1965 traten in San Francisco und Umgebung die, die später Creedence Clearwater Revival werden sollten, als Golliwogs, was soviel wie Vogelscheuchen bedeutet, auf. Sie hatten alberne Papierhüte auf dem Kopf, was die musikalische Qualität der Band allerdings auch nicht bereicherte. Bis zu diesem Zeitpunkt hatten sie schon gemeinsame Bands hinter sich, wie Spider Web & The Insects und Blue Velvets. Die Velvets hatten einige Titel aufgenommen, die alle flopten. 1964 unterschrieb man einen Plattenvertrag bei einer kleinen Firma in San Francisco. Der Manager bestand darauf, daß sie ihren Namen in Golliwogs umändern sollten – keine gute Idee. Wer kauft schon Platten von einer Gruppe, die sich Vogelscheuchen nennt. Im Winter 1964/65 erschienen die ersten Platten, die deutlich von den Beatles beeinflußt waren. Dann mußte John Fogerty zum Militär, und die drei anderen arbeiteten angeblich als Pförtner und in anderen ähnlich aufregenden Berufen. Als Mitte 1967 John zurückkam, nahmen die vier einen erneuten Anlauf. Dieses Mal war die Zeit günstiger, denn San Francisco war, ähnlich wie Liverpool für England, das Musik-Mekka für die Staaten geworden. Die Gruppen schossen aus dem Boden, und es gehörte zum guten Ton aller großen Plattenfirmen, eine Frisco-Band unter Vertrag zu haben. Jefferson Airplane, Country Joe & The Fish, Big Brother & The Holding Co., Moby Grape oder Grateful Dead beherrschten die Musikszene. Wer auf diese Art Musik nicht stand, dem wurden in San Francisco gezüchtete Blumen um die Ohren gehauen. Was Kansas City für die 30er, war San Francisco für die 60er Jahre. Als Golliwogs wollten die vier nun nicht mehr auftreten. Ein alter Freund der Band hieß Creedence, und in einer Fernsehwerbung für Bier hatten sie von Clearwater Revival gehört. Daraus wurde CCR. Im Juni 1968 erschien die erste LP, darauf der alte Hit von Dale Hawkins »*Suzie Q*«. In schneller Folge wurden Singles und LPs auf den Markt gebracht, die alle recht erfolgreich waren und es zu Gold und Platin

brachten. Die Top-10-Hits der Band waren *»Proud Mary«*, *»Bad Moon Rising«*, *»Green River«* und *»Down On The Corner«* 1969, *»Travellin' Band«*, *»Up Around The Bend«* und *»Lookin' Out My Back Door«* 1970, *»Have You Ever Seen The Rain«* und *»Sweet Hitch-Hiker«* 1971. 1970 war das erfolgreichste Jahr für Creedence Clearwater Revival. Sie kassierten eine riesige Latte von Preisen, zu denen Künstler des Jahres, Top Album Artists, Top International Pop Group und ähnliches gehörte. Im Februar 1971 kam der Bruch. Tom Fogerty verließ die Gruppe, um sich seiner Familie zu widmen. Er versuchte sich später als Solist, verstrickte sich in rechtliche Schwierigkeiten mit seiner Plattenfirma und konnte trotz vieler Bemühungen und trotz einiger sehr ansprechender Platten nicht mehr an die alten Erfolge anschließen. Im November 1972 veröffentlichte die Plattenfirma der Gruppe folgenden Text: »Creedence Clearwater Revival haben sich entschlossen, nicht mehr als Gruppe Aufnahmen zu produzieren. Die drei Mitglieder der Band – John Fogerty, Stu Cook und Doug Clifford – teilten diesen Entschluß der Plattenfirma, für welche CCR seit ihrem Bestehen Aufnahmen machte, mit. Doug Clifford hat bereits seine erste Solo-LP vorgelegt, Stu Cook hat konkrete Pläne für sein zukünftiges Solo-Album, John Fogerty produziert zur Zeit seine erste LP mit den Blue Ridge Rangers.« John Fogerty, der die Hits der Band im Alleingang geschrieben hatte, versuchte in der Tat, den Geradeaus-Rock, den er mit CCR so erfolgreich gespielt hatte, fortzuführen. Allerdings hatten sich die Kids der 70er Jahre schnell an technisch anspruchsvolle Bands gewöhnt. Tom Fogerty veröffentlichte sechs Langspielplatten, die alle weit hinter dem zurückblieben, was CCR auf den Markt brachte. Er starb am 6. September 1990 an Tuberkulose.

Der Hit: *Bad Moon Rising*
Der Tip: *The Chronicle* (Fantasy 821 742-2)

Crescendos

George Lanuis, v; James Lanuis; Ken Brigham; Tom Fortner; Jim Hall.
Diese Gruppe aus Nashville wurde schon während der gemeinsamen High-School-Tage 1957 gegründet. Zuerst nannte man sich Spades, dann Crescendos. Für den einzigen Hit dieser Formation, die Nummer *»Oh Julie«* im Januar 1958, nahmen die Jungs als zusätzliche weibliche Stimme Janice Green hinzu. Nach dem ersten Erfolg ging die Gruppe auf Tour, aber alle weiteren Singles waren Flops. Nach einem Jahr trennten sie sich wieder. George wurde Grundstücksmakler, Ken Arzt, Tom Architekt, James wurde Steuerberater, und Jim arbeitete für die Ford-Werke.

Der Hit: *Oh Julie*

Crests

Johnny Mastro, v (* 7.5.1939 mit vollständigem Nachnamen Mastrangelo – späterer Künstlername war Johnny Maestro); Harold Torres; Talmadge Gough; J. T. Carter; Patricia Van Dross; James Ancrum, v.
Dieses schwarze Quartett wurde 1955 in Manhattan gegründet. 1956 kam als Sänger und Kopf der weiße Johnny Mastrangelo hinzu. 1957 erhielten sie einen Plattenvertrag und machten ihre ersten Aufnahmen. Mit *»16 Candles«* schaffte die Gruppe im November 1958 ihren größten Erfolg, einen Platz 2 in den USA. 1958 verließ Patricia die Crests. 1960 ließ der Erfolg nach, und nun ging auch Johnny, versuchte sich erst als Solist und gründete dann Brooklyn Bridge. Für ihn kam James Ancrum zur Gruppe, der aber auch nichts mehr retten konnte.

Der Hit: *16 Candles*

Crew-Cuts

John Perkins (* 28.8.1931); Ray Perkins (* 28.11.1932); Pat Barrett (* 15.9.1931); Rudi Maugeri (* 21.1.1931); alle v.
Die Mitglieder der Crew-Cuts wurden Anfang der 50er Jahre von ihren ehemaligen Schulfreunden, der Gruppe Four Lads, ermuntert, ebenfalls eine Band zu gründen. 1952 war es soweit, und sie nannten sich, weil sie Kanadier waren, Canadaires. Im Frühjahr 1954 änderten sie ihren Namen in Crew-Cuts und begannen, Songs von schwarzen Rhythm-&-Blues-Künstlern zu covern. Das gelang ihnen bis 1957, denn dann begann auch das weiße Publikum, sich mehr für die Originalaufnahmen zu interessieren. 1963 löste sich die Gruppe auf, weil Rudi Maugeri sich weigerte, mit auf Japantournee zu gehen. Zu ihren großen Hits gehören *»Crazy 'Bout Ya Baby«*, *»Sh-Boom«* 1954 und *»Ko Ko Mo (I Love You So)«*, *»Earth Angel«* und *»Gum Drop«* 1955.

Der Hit: *Sh-Boom*
Der Tip: *Rock and Roll Bash* (Bear Family BFX 15206)

Cribbins, Bernard

* 29.12.1928. Der britische Schauspieler und Komiker veröffentlichte Anfang des Jahres 1962 die Platte *»Hole In The Ground«*, die bis auf Platz 9 in der britischen Hitparade kam. Mitte 1962 stand sein Titel *»Right Said Fred«* – in den 90er Jahren sollte sich eine britische Band nach diesem Titel benennen – auf Platz 10. Durch die 60er Jahre machte er weitere Platten, darunter eine recht saftlose Version vom Beatles-Titel *»When I'm Sixty Four«*. Cribbins sang seine Stücke im Stil der

britischen Varieté-Künstler, der spätestens in den 70er nicht mehr gefragt war. Ähnlich erging es Val Doonican, in dessen TV-Show er 1971 regelmäßig zu sehen war.

Der Hit: *Hole In The Ground*

Crickets

Jerry Allison, d (* 31.8.1939); Niki Sullivan, g; Joe B. Mauldin, b; Henry Earl Sinks, v; Sonny Curtis, g/v (* 9.5.1937); Dudley A. Brooks, p; Arthur Ryerson, g; Andrew Ackers, p; David Box, v/g; Ernie Hall, d; Glen D. Hardin, p (* 18.4.1939); Gordon Payne, g/v; Jerry Naylor, v.
Ursprünglich waren die Crickets gegründet worden, um bei den Aufnahmen von Buddy Holly im Hintergrund mitzuwirken. Der Produzent Norman Petty legte fest, daß die Aufnahmen bei der Plattenfirma Coral als Crickets erscheinen sollten und die bei Brunswick als Buddy Holly. Beide Label waren im übrigen Unterfirmen von Decca Records. Als erstes erschien im August 1957 *»That'll Be The Day«* als Titel der Crickets, der die Spitze der amerikanischen Hitparade erreichte. Drei Monate später veröffentlichte Buddy Holly *»Peggy Sue«* und erreichte Platz 3. Die Aufnahme sollte zuerst *»Cindy Lou«* heißen, wurde dann aber nach der Freundin von Jerry Allison in *»Peggy Sue«* umgeändert. Noch im gleichen Monat waren wieder die Crickets an der Reihe und erreichten Platz 10 mit *»Oh, Boy!«* Im Herbst 1958 trennte sich Buddy Holly von den Crickets, die ohne ihn erst einmal in die Bedeutungslosigkeit fielen. Nach dem Tode von Buddy Holly am 3. Februar 1959 waren es vor allem Briten, die weiter Platten von den Crickets kauften. Ihr Titel *»Don't Ever Change«* erreichte im Juni 1962 Platz 5 in der britischen Hitparade. Ausgemachte Fans der Crickets waren auch die Beatles – die gleichen Ursprünge der Namen sind offensichtlich. Nach 1964 war dann allerdings die große Zeit der Crickets – schon weil die Beatles inzwischen erfolgreich waren – vorbei. Zwischen 1964 und 1968 passierte nichts mehr mit den Crickets, dann kam die Tournee durch GB und wieder Stille. Als 1971 in den USA eine Art Rock-'n'-Roll-Revival begann, war die Band wieder da. Die Crickets waren meist ein Trio – wenn man dann sieht, wer oben alles genannt wird, kann man zu einem anderen Ergebnis kommen. Die Mitglieder der Band wechselten häufig. Der einzige, der von sich behaupten kann, er sei bei den ersten Platten mit Buddy Holly schon bei den Crickets gewesen, ist Jerry Allison. Er und Joe B. Mauldin dürften diejenigen sein, die am längsten dabei waren. Sehr erfolgreich war die Zusammenarbeit zwischen Curtis und Allison, was das Schreiben von Songs anging.

Der Hit: *That'll Be The Day*
Der Tip: *Still In Style* (Bear Family BCD 15 599 AH)

Croce, Jim

* 10.1.1943 † 20.9.1973. Mit 29 Jahren – für viele im Pop-Geschäft ein Alter, in dem sie in den Ruhestand übertreten, weil ihr Verfalldatum abgelaufen ist – hatte Jim Croce seine ersten Erfolge. Keiner konnte ihm nachsagen, er habe bis zu diesem Zeitpunkt auf der faulen Haut gelegen. Mit 23 Jahren heiratete er seine Frau Ingrid und unterrichtete mit ihr in einem Music-Camp Kinder. 1968 machten die beiden gemeinsam eine LP für Capitol Records – die Platte flopte. Als Ingrid dann ein Stipendium für traditionelle Töpferkunst in Mexiko erhielt, zog er mit ihr. 1972 erschien mit »*You Don't Mess Around With Jim*« eine Single, die sich bis auf Platz 8 der US-Charts hocharbeiten konnte. Jetzt machte sich bezahlt, daß er in seinen Jugendjahren in New York gelebt und sich dort als Lastwagenfahrer, Gelegenheitsarbeiter oder Straßenarbeiter und Leitungsleger seinen Lebensunterhalt verdient hatte. In dieser Zeit hatte er sich die Sprache der Arbeiter angeeignet. Diese Sprache spiegelte sich jetzt in seinen Liedern wider – manchmal mit ironischem Unterton, manchmal mit Wehmut, immer mit viel Gefühl für die so wichtigen Kleinigkeiten. Als er im September 1973 wie vor ihm Buddy Holly, Ritchie Valens, Big Bopper, Patsy Cline oder Otis Redding mit einer kleinen Privatmaschine abstürzte, hatte er seine richtige Karriere noch vor sich. Seinen ersten Millionseller und Spitzenreiter in den USA im März 1973, »*Bad, Bad Leroy Brown*«, hat er noch erlebt – »*Time In A Bottle*« schaffte gleiches erst im November 1973, da war er schon tot. »*I'll Have To Say I Love You In A Song*«, für mich sein schönstes Lied, wurde im März 1974 sein letzter Top-10-Erfolg.

Der Hit: *Bad, Bad Leroy Brown*
Der Tip: *Legend Of Jim Croce* (Roadrunner RR 34-9841)

Crosby, Bing

* 2.5.1901 als Harry Lillis Crosby, † 14.10.1977. Er gehörte zu den ganz großen amerikanischen Unterhaltungskünstlern und muß im gleichen Atemzug mit Frank Sinatra, Louis Armstrong oder Glenn Miller genannt werden. In einer Auflistung der erfolgreichsten Interpreten der USA in den ersten 55 Jahren des 20. Jahrhunderts belegt er mit weitem Abstand vor Guy Lombardo und Paul Whiteman Platz 1. Im Laufe seiner Karriere hat er sich weit über 700 Millionen Dollar ersungen und in Filmen erspielt, die er gewinnbringend in Ölquellen, einer Fruchtsaftfabrik, einer Ranch mit über 5000 Stück Vieh, einer Bank, einer Trabrennbahn, einer Fernsehstation, einer Fabrik für Spielzeughunde und vielen anderen Unternehmungen anlegte. 1960 verlieh man Bing für 200 Millionen verkaufter LPs eine Platin-Platte. 1962 gewann er den Life Achievement Grammy.

Der Mann sang einfach alles, was ihm unterkam: Tagesschlager, Lieder der Südsee, irische Folklore, Country-&-Western-Songs, Jazz und Schnulzen. Seine Karriere begann im Duett mit Al Rinker. Die beiden wurden 1926 von Paul Whiteman engagiert. Als dritter Mann kam Harry Barris hinzu, und sie nannten sich die Rhythm Boys.
1930 trennte sich das Trio von Whiteman, und Bing sang in der Band von Gus Arnheim. 1931 sang er den Titel *»I Surrender, Dear«*, der es bis auf Platz 3 der amerikanischen Hitparade brachte und Bing zu einem Vertrag mit dem CBS Radio verhalf. Im gleichen Jahr begann seine Solokarriere, die bis in das Jahr 1960 anhielt. In der amerikanischen Hitparade werden insgesamt 340 Hits von ihm verzeichnet, darunter 23 mit den Andrews Sisters. 40mal belegte er Platz 1, und sein Titel *»White Christmas«* gehört zu den meistverkauften Singleplatten aller Zeiten. Angegeben werden über 30 Millionen verkaufte Exemplare. Bing wirkte in mehr als 50 Filmen mit. Für seine Rolle in *»Going My Way«* erhielt er 1944 einen Oscar. In den letzten Jahren seines Lebens verbrachte er seine Zeit am liebsten auf dem Golfplatz. Und in Spanien starb er dann auch während eines Golfspiels.

Der Hit: *White Christmas*
Der Tip: *The Best Of Bing Crosby* (MCA COPS 3343)

Crosby, Bob

* 23.8.1913 als George Robert Crosby, † 9.3.1993. Der jüngere Bruder von Bing Crosby begann seine Laufbahn als Sänger, später Bandleader, im Anson Weeks Orchestra. 1934 ging er in die Band der Dorsey-Brüder, übernahm die Ben-Pollack-Truppe und baute sich damit eine eigene Big Band auf. Sein Spezialgebiet wurde der Big-Band-Dixieland. 1935 machte er seine ersten eigenen Plattenaufnahmen. 1942 löste er die Band auf und ging in die US-Marine. Seine Schallplattenaufnahmen als Sänger zwischen 1944 und 1949 sind für den Jazz ohne Bedeutung. Ende der 40er Jahre war er eine der beliebtesten amerikanischen Radio-Persönlichkeiten. Anfang 1950 gründete er eine neue Band, die bis in die 60er Jahre Aufnahmen machte. Seine größten Erfolge, Spitzenreiter in den USA, waren *»In A Little Gypsy Tea Room«* 1935 – gesungen übrigens von Frank Tennille, dem Vater von Toni Tennille –, *»Whispers In The Dark«* 1937 und *»Day In, Day Out«* 1939. Im Laufe seiner Karriere hat er auch Platten mit seinem Bruder Bing aufgenommen, mit Georgia Gibbs, dem Trompeter Billy Butterfield oder Patti Andrews. Sein Orchester galt als eines der mitreißendsten der 30er und 40er Jahre mit einem Rhythmus, den nur wenige erreichten. Die Band legte es nicht so sehr auf einen riesigen perfektionierten Swing-Apparat an, sondern war mehr konventionell, solide und schlicht tanzbar. Auch in den 70er und 80er Jahren trat er immer mal wieder als Bandleader in Erscheinung. Diese Bands hatten zwar

wenig mit seinen früheren gemeinsam, aber die Fans mochten es trotzdem. Bob starb 1993 an Krebs.

Der Hit: *Whispers In The Dark*
Der Tip: *The Best Of Bob Crosby* (MCA COPS 6845)

Crosby, Gary

Damit die Stafette der Crosby-Erfolge weitergehen sollte, machte Bing zusammen mit seinem Sohn Gary 1950 einige Plattenaufnahmen. »*Play A Simple Melody*« wurde im Juli 1950 ein Platz 2 in den USA und ein Millionseller. Der Titel war aus dem allerersten Musical, das Irving Berlin 1914 geschrieben hatte: »*Watch Your Step*«. Die andere Seite der Platte, »*Sam's Song*«, erreichte Platz 3. Auf dem Label stand als Interpret Gary Crosby & Friend. Daß dieser Friend sein Vater war, war unüberhörbar. Im April 1951 erreichte Gary mit dem Titel »*When You And I Were Young, Maggie, Blues*« Platz 8. Auch hier war wieder der Vater mit zu Gange, der aber ab 1954 einsehen mußte, daß seine Segelohren besser zu verkaufen waren als der Gesang seines Sohnes.

Der Hit: *Play A Simple Melody*

Crosby, Stills & Nash

David Crosby, g/v (* 14.8.1941 als David van Cortland); Stephen Stills, g/key/b/v (* 3.1.1945); Graham Nash, g/v (* 2.2.1942).
Das Trio gründete sich im Jahre 1968. Die Musiker kamen aus erfolgreichen Bands – Crosby spielte vorher mit den Byrds, Stills war bei Buffalo Springfield und Nash bei den Hollies. Die ersten beiden Erfolge waren »*Marrakesh Express*« und »*Suite: Judy Blue Eyes*«, von Stephen Stills für Judy Collins geschrieben. Im August 1969 – das Trio spielte in Woodstock – kam auch Neil Young zur Band, der vorher ebenfalls bei Buffalo Springfield gespielt hatte. Der Song »*Woodstock*«, geschrieben von Joni Mitchell, erreichte im März 1970 Platz 11 in den USA und wurde von dem Quartett gespielt. 1974 trennte sich Neil Young wieder von den übrigen Mitspielern. 1988 kamen die vier noch einmal zusammen und veröffentlichten 1989 die ausgesprochen starke LP »*American Dream*«. Die Palette der Songs reichte von den finanziellen Schwierigkeiten einer mittelständischen amerikanischen Familie bis zu der Verlogenheit von Fernsehpredigern und war musikalisch ausgesprochen vielseitig. Zwischendurch spielten die einzelnen Musiker als Solisten oder miteinander in unterschiedlichen Duett-Kombinationen. Als Trio hatten sie 1977 den Top-10-Erfolg »*Just A Song Before You Go*« und 1982 »*Wasted On The Way*«. Crosby, Stills, Nash und Young zeichneten sich aus durch starke Texte,

solide musikalische Fähigkeiten und erstaunlich sauberen Satzgesang. Mit ihrer Musik beeinflußten sie eine ganze Generation amerikanischer Künstler. Die Behauptung, daß die Gruppe vom Einfluß her mit den Beatles gleichzusetzen ist, kann ich unterschreiben. Die Fans dieser Formation(en) sind wohl weniger unter den Single-Käufern zu suchen, sondern eher bei den LP-Konsumenten.

Der Hit: *Just A Song Before I Go*
Der Tip: *CSN* (Atlantic 7567-82319-2)

Cross, Christopher

* 3.5.1951 als Christopher Geppert. 1971 wurde er Mitglied in der Hard-Rock-Band Flash, die in den USA im Vorprogramm von Led Zeppelin, Jefferson Airplane und Deep Purple spielte. Wenn man ihn später sah, mochte man das kaum glauben. 1973 verließ er die Formation und konzentrierte sich mehr auf das Schreiben von Pop-Balladen. 1975 wurde er Mitglied in einer Band, die sich auf das Nachspielen von Top-40-Hits spezialisiert hatte. 1978 erhielt er einen Plattenvertrag, und Michael O'Martian produzierte seine Debüt-LP. Im Hintergrund sangen Cracks wie Michael McDonald, J. D. Souther, Don Henley und Nicolette Larson. *»Ride Like The Wind«*, im Februar 1980 ein Platz 2 in den USA, und *»Sailing«*, Mitte 1980 Spitzenreiter, stammten beide von dieser Debüt-LP. Im gleichen Jahr gewann er fünf Grammys: bester neuer Künstler, Platte des Jahres, Album des Jahres, Song des Jahres und bestes Arrangement. Im August 1981 erreichte Cross erneut Platz 1 in den USA mit der Nummer *»Arthur's Theme (Best That You Can Do)«* aus dem Film »Arthur« mit Dudley Moore und Liza Minnelli. *»Think Of Laura«* war im Dezember 1983 sein letzter Top-10-Erfolg, der darauf zurückzuführen ist, daß die Nummer in der TV-Serie »General Hospital« zu hören war. Danach wurde es ruhiger um Christopher. Im November 1991 erreichte die britische Formation East Side Beat mit einer Dance-Version von *»Ride Like The Wind«* Platz 3 in Großbritannien. 1992 hörte man dann auch wieder etwas von Cross selbst. Er veröffentlichte die LP *»Rendezvous«*, aus der als erste Single *»In The Blink Of An Eye«* ausgekoppelt wurde.

Der Hit: *Arthur's Theme (Best That You Can Do)*
Der Tip: *The Best Of* (WB 9548-30656-2)

Crowd

Am 11. Mai 1985 kam es bei einem Fußballspiel im englischen Bradford-City-Stadion zu einer Katastrophe, als ein Feuer ausbrach und mehr als 50 Fans ums Leben kamen, darunter 11 Kinder. Über 200 Menschen wurden verletzt. Inspiriert von Band Aid und ähnlichen Projekten, organisierte Graham Gouldman von 10 cc eine Supergruppe, um den Angehörigen der Opfer zu helfen. Für die Aufnahme der Fußball-Hymne »*You'll Never Walk Alone*« – ursprünglich 1945 geschrieben von Rodgers und Hammerstein für ihr Musical »*Carousel*« – konnte er an die 50 Künstler gewinnen, darunter Paul McCartney, Kiki Dee, Tony Christie, Denny Laine, Colin Blunstone, Phil Lynott, Rick Wakeman, Rolf Harris, Smokie, Johnny Logan, Jim Diamond, John Entwhistle, Zac Starkey oder Gerry Marsden. Der hatte mit seiner Formation Gerry & The Pacemakers diesen Titel im Oktober 1963 an die Spitze der britischen Hitparade gebracht. Das gelang The Crowd im Juni 1985 ebenfalls.

Der Hit: *You'll Never Walk Alone*

Crowded House

Neil Finn, v/g/p (* 27.5.1958); Nick Seymour, b; Paul Hester, d; Craig Hooper, g; Tim Finn, v/key (* 25.6.1952).

Diese Band, deren Mitglieder aus Neuseeland bzw. Australien kommen, wurde 1985 aus den Trümmern von Split Enz gegründet. Bei Split Enz hatten die Brüder Neil und Tim Finn und Paul Hester gespielt. 1985 trennte sich Tim wegen Schwierigkeiten mit seinem Bruder von der Formation und machte Soloplatten. Die Band löste sich dann ganz auf, und Neil und Paul machten 1986 mit Nick und Craig Crowded House. Nach Craigs Weggang machten sie als Trio weiter. 1986 veröffentlichten sie ihr Debüt-Album, auf dem die Hitsingles »*Don't Dream It's Over*«, im Januar 1987 ein Platz 2, und »*Something So Strong*«, im Mai 1987 ein Platz 7, zu finden waren. 1991 vertrugen sich die Brüder Neil und Tim wieder, und Tim schloß sich Crowded House an. Gemeinsam wurde die ausgezeichnete LP »*Woodface*« eingespielt, die 1991 erschien und unter die ersten 10 in GB kam. Die Single-Auskopplung »*Weather With You*« wurde im Februar 1992 ein Platz 7 in GB. Ende 1991 hatte sich Tim allerdings wieder von der Gruppe getrennt, um weitere Solopläne zu verfolgen.

Der Hit: *Don't Dream It's Over*
Der Tip: *Woodface* (Capitol CDP 7 93559 2)

Crown Heights Affair

Phil Thomas, v; Wiliam Anderson, g; Muke Wilson, org/g/b; Raymond Rock, d; Bert Reid, sax; James Ajax Baynard, tr; Skip Boardley, v.

Diese Rhythm-&-Blues/Disco-Formation aus Bedford-Stuyvesant in New York City wurde um den Sänger Phil Thomas als Neu Day Express gegründet und später in Crown Heights Affair umbenannt. In den USA konnten sie mit keiner ihrer Platten in die Top 40 kommen. In GB gelang ihnen mit »*You Gave Me Love*« im Mai 1980 ein Platz 10.

Der Hit: *You Gave Me Love*
Der Tip: *Sure Shot* (De-Lite 0060.297)

Cruise, Julee

1990 wurde in den USA, 1991 dann bei uns in Deutschland ein wahrer Kult um eine Fernsehserie ausgelöst: die Rede ist von Twin Peaks, der von David Lynch inszenierten Geschichte um einen geheimnisvollen Mord in einer amerikanischen Kleinstadt. Neben Kirschkuchen wurde auch die Musik aus der Serie beliebt: »*Falling*«, gesungen von Julee Cruise, erreichte in GB im November 1990 Platz 7. Mitproduziert wurde der Titel übrigens von David Lynch.

Der Hit: *Falling*

Crusaders

Wilton Felder, Holzbläser (* 31.8.1940); Wayne Henderson, pos (* 24.9.1938); Joe Sample, key (* 1.2.1939); Nesbert »Stix« Hooper, d (* 15.8.1938).
Die Ursprünge dieser zeitgenössischen Jazz-Funk-Gruppe aus Houston, Texas, gehen bis zum Anfang der 50er Jahre zurück. Sie nannten sich zuerst Modern Jazz Sextett, dann Nite Hawks, dann Jazz Crusaders und schließlich nur noch Crusaders. Ab 1966 war die Formation erfolgreich, verkaufte jedoch vorwiegend LPs. Ein einziges Mal sollte ihnen ein Single-Erfolg beschieden sein: »*Street Life*« wurde im August 1979 ein Platz 5 in GB und ein Platz 36 in den USA. Auf der Plattenhülle zu »*Street Life*« wurde nicht erwähnt, daß der Titel von Randy Crawford gesungen wurde. Trotzdem half der Hit vor allem der Karriere von Randy. 1981 machten sie zusammen mit Joe Cocker »*I'm So Glad I'm Standing Here Today*«, der zwar kein Hit wurde, Joe Cocker aber wieder ins Gespräch brachte.

Der Hit: *Street Life*
Der Tip: *Vocal Album* (MCA MCAD-42 057)

Crystals

Barbara Alston; La La Brooks (* 1946); Dee Dee Kennibrew (* 1945 als Delores Henry); Mary Thomas (* 1946); Patricia Wright (* 1945); Frances Collins; Clyde Kirk; Darlene Love (Wright).

Wer bei den Crystals, einer der bekanntesten und erfolgreichsten Girl Groups Anfang der 60er Jahre in den USA, mitgesungen hat, ist heute nur noch schwer nachvollziehbar. Die meisten Stücke wurden von Barbara Alston, Darlene Love und La La Brooks als Leadvokalistinnen gesungen. Ansonsten war es eine Devise des Produzenten Phil Spector, daß er entschied, wer was singen darf. Er hat auch immer gesagt, daß er die Rechte an dem Namen Crystals habe und somit heuern und feuern könne. Der größte Erfolg der Crystals, die Nummer *»He's A Rebel«*, stand im September 1962 auf Platz 1 in den USA. Geschrieben hatte den Titel Gene Pitney, Leadsängerin war Darlene Love. Die Crystals hatten 1963 noch zwei weitere Top-10-Erfolge: *»Da Doo Ron Ron (When He Walked Me Home)«* und *»Then He Kissed Me«*, beide mit Leadvocals von La La Brooks. Nach 1964 war die Erfolgszeit der Formation wieder vorbei.

Der Hit: *He's A Rebel*
Der Tip: *The Best Of* (Phil Spector Records 7 80317 2)

Cuff Links

Diese Gruppe war nichts anderes als die mehrfach überspielte Stimme des Sängers Ron Dante (* 22.8.1945 als Carmine Granito), der zur fast gleichen Hitzeit dieser Formation auch noch als Archies in den Charts stand. Nachdem der Titel *»Tracy«* im September 1969 ein Platz 9 in den US-Charts wurde, stellte der Produzent der Nummer schnell eine Gruppe zusammen, die in TV- und Live-Auftritten die Cuff Links darstellte. Nach zwei weiteren kleinen Hits, wovon *»When Julie Comes Around«* zumindest in GB im März 1970 noch auf Platz 10 kam, war das Kapitel wieder abgeschlossen, und Ron Dante hielt sich als Sänger von Werbe-Jingles über Wasser. Nachdem er zusammen mit Melissa Manchester und Valerie Simpson einen Werbespot für einen neuen Soft Drink namens Tom Boy aufgenommen hatte, freundete er sich mit dem Komponisten dieses Jingles – sein Name war Barry Manilow – an. Der Soft Drink kam über die Testphase nicht heraus. Barry Manilow und Ron Dante produzierten hingegen gemeinsam eine ganze Latte von Hits – allerdings für Barry Manilow. Mitte der 70er Jahre wollte es Ron noch einmal wissen und nahm *»Sugar Sugar«* erneut auf – diesmal unter seinem Namen. Die Platte kam nicht einmal unter die ersten 100 der amerikanischen Hitparade. Ron Dante als Cuff Links, Ron Dante als Archies, Ron Dante als Produzent – alles okay. Ron Dante als Solist – nein Dante.

Der Hit: *Tracy*
Der Tip: *Tracy* (MCA MAPS 1693)

Cugat, Xavier

* 1.1.1900, † 27.10.1990. Der in Spanien geborene Bandleader, Sänger und Songschreiber war als Kind von seiner Heimatstadt Barcelona nach Kuba ausgewandert und von da aus über Umwege nach New York. In den späten 20er Jahren spezialisierte er sich auf lateinamerikanische Musik, die er ab 1932 vorwiegend im New Yorker Waldorf-Astoria Hotel live spielte. Schnell wurde er durch die Radiosendung *»Let's Dance«* populär, in der er sich mit dem Orchester von Benny Goodman abwechselte. Ab 1935 begann seine Hit-Zeit, die bis zum Ende der 40er Jahre anhielt. Seine größten Erfolge waren *»Perfidia (Tonight)«* 1941, *»Brazil«* 1943, *»Amor«* 1944, *»Good, Good, Good (That's You – That's You)«* 1945 und *»South America, Take It Away«* 1946. Zu den Interpreten, die seine Titel sangen, gehörte Anfang der 40er Jahre Dinah Shore. Auch Bing Crosby ließ sich von Xavier Cugat begleiten. Das Publikum akzeptierte Cugats Arrangements als die Quintessenz lateinamerikanischer Musik, obwohl sie mit dem authentischeren afrokubanischen Sound von Tito Puente längst nicht mithalten konnten. 1971 mußte sich der *»Rumba King«*, wie Cugat genannt wurde, wegen gesundheitlicher Probleme aus dem Musikgeschäft zurückziehen. Er investierte jedoch nach wie vor ein Vermögen in brasilianische Filme und die Herstellung amerikanischen Nougats. Er starb an Herzversagen.

Der Hit: *Brazil*

Culture Club

Boy George, v (* 14.6.1961 als George O'Dowd); Roy Hay, g/key (* 12.8.1961); Michael Craig, b (* 15.2.1960); Jon Moss, d (* 11.9.1957).
Der Kopf dieser Formation, Boy George, begann seine Karriere als kurzfristiges Mitglied bei Bow Wow Wow und gründete dann mit dem Ex-Diskjockey Mikey Craig In Praise Of Lemmings. Nachdem mit John Suede ein Gitarrist hinzugekommen war, änderten sie den Namen in Sex Gang Children. Nun kam noch der Schlagzeuger Jon Moss hinzu, und George, inzwischen sind wir im Jahre 1981, nennt die Band nun Culture Club. Suede verläßt die Band und wird durch Roy Hay ersetzt. Noch im selben Jahr nehmen sie ihre erste Single auf, die jedoch von ihrer Plattenfirma nicht veröffentlicht wird. 1982 unterschreiben sie einen neuen Vertrag, und ihre erste Single erscheint. Sie wird ein Flop, ebenso der Nachfolger. Im Oktober 1982 kommt dann *»Do You Really Want To Hurt Me«* auf den Markt und wird Spitzenreiter in GB und in Deutschland und erreicht Platz 2 in den USA. Danach erscheinen mit *»Time (Clock Of The Heart)«* 1982, *»Church Of The Poison Mind«*, *»Karma Chamaleon«* und *»Victims«* 1983, *»It's A Miracle«*, *»Miss Me Blind«* und *»War Song«* 1984 und *»Move Away«* 1986 weitere Top-10-Erfolge. Anfang

1987 verkündet Boy George, daß er ab sofort nur noch als Solist arbeiten möchte. Das tat er dann auch sowohl unter seinem Namen als auch unter dem Namen Jesus Loves You.

Der Hit: *Do You Really Want To Hurt Me*
Der Tip: *Spin Dazzle* (Virgin CDVTV 2)

Cummings, Burton

* 31.12.1947. Der kanadische Sänger, Keyboarder und Songschreiber kam im Frühjahr 1966 für Chad Allen zu 1963 gegründeten Formation Guess Who – und mit ihm die Hits. 1975 löste Burton die Gruppe auf und machte als Solist weiter. Seinen größten Hit hatte er im Oktober 1976 mit »*Stand Tall*«, ein Platz 10 in den USA. Im April 1985 hörte man mal wieder etwas von Burton: zusammen mit anderen kanadischen Musikern nahm er die Benefiz-Platte »*Tears Are Not Enough*« auf. Das Projekt sollte an USA For Africa mit »*We Are The World*« heranreichen, wurde aber ein internationaler Flop, obwohl neben Burton Musiker wie Neil Young, Bryan Adams, Joni Mitchell, Anne Murray oder Gordon Lightfoot mitarbeiteten.

Der Hit: *Stand Tall*
Der Tip: *Burton Cummings* (Portrait PRT 81573)

Cupid's Inspiration

T. (Terry) Rice-Milton, v (* 5.6.1946); Wyndham George, g (* 20.2.1947); Laughton James, b (* 21.12.1946); Roger Gray (* 29.4.1949); Garfield Tonkin, p (* 28.9.1946).
Diese britische Formation brachte es mit »*Yesterday Has Gone*«, einer Coverversion des Titels von Little Anthony & The Imperials, im Juni 1968 auf einen Platz 4 in den britischen Charts. Den Erfolg dieser Debüt-Single konnte das Quintett trotz aller Bemühungen nicht wiederholen. Ende 1968 löste sich die Gruppe auf, und kurze Zeit später tauchten Terry und Roger mit den Neuzugängen Bernie Lee (g) und Gordon Haskell (b) wieder auf, um es mit einem progressiveren Stil zu versuchen. Auch das funktionierte nicht, und man trennte sich wieder. Rice-Miltons Solo-Versuche scheiterten, während Haskell, der früher mit Fleur De Lys gespielt hatte, zu King Crimson ging.

Der Hit: *Yesterday Has Gone*

Cure

Robert Smith, v/g (* 21.4.1959); Laurence Tolhurst, d (* 3.2.1959); Michael Dempsey, b; Porl Thompson, g (* 8.11.1957); Boris Bransby Williams, d (* 24.4.1958); Simon Gallup, b (* 1.6.1960); Mathieu Hartley, key; Phil Thornalley, b; Peter O'Toole, v.

1976 begann diese britische Formation als Easy Cure. Die Gründungsmitglieder hatten gerade ihre Schule fertig, als sie im Melody Maker die Anzeige der deutschen Plattenfirma Hansa Records lasen, die unter der Überschrift »Wanna Be A Recording Star?« nach neuen Bands suchte. Sie bewarben sich mit einem Demo, auf dem als vierter Mann der Sänger Peter O'Toole zu hören war. Sie erhielten einen Vertrag und 1000 Pfund, für die sie sich erst einmal Instrumente zulegten. Dann verließ Peter O'Toole die Gruppe und ging nach Israel in einen Kibbuz. Robert Smith übernahm nun den Leadgesang. Hansa ließ die Gruppe fallen, weil sie nicht bereit war, das aufzunehmen, was sie gerne gehabt hätten. Jetzt verließ Porl Thompson die Band und ließ den Rest, der sich auf Cure abkürzte, als Trio zurück. Im September 1978 nahmen sie ihre erste Platte auf, und im Dezember erschien mit *»Killing An Arab«* die von Albert Camus' »Der Fremde« beeinflußte Debüt-Single, die ein Flop war. Im Juni 1979 erschien ihre Debüt-LP. Im November desselben Jahres schmeißt Smith Dempsey aus der Band. Für ihn kommt Simon Gallup und mit Mathieu Hartley ein Keyboarder hinzu. Im April 1980 tauchen sie zum erstenmal in der britischen Hitparade auf. Im Laufe der nächsten Monate und Jahre wechseln noch diverse Mitglieder, und Robert Smith beteiligt sich an anderen Projekten, wie z. B. The Cult Heroes. Erst 1983 sollte die Band mit *»The Love Cats«* ihren ersten Top-10-Hit haben, ein weiterer wurde im April 1989 *»Lullaby«* und im März 1992 *»High«* und zwei Monate später *»Friday I'm In Love«*. Im Februar 1991 wählte man sie zur besten britischen Band.

Der Hit: *Friday I'm In Love*
Der Tip: *Wish* (Fiction FIX CD 20)

Curiosity

Nachdem der Bassist Nicholas Throp Curiosity Killed The Cat verlassen hatte, strich die Band »Killed The Cat« und machte als Trio weiter. Mit der Johnny-Bristol-Nummer *»Hang On In There Baby«* schafften sie im April 1992 einen Platz 3 in der britischen Hitparade.

Der Hit: *Hang On In There Baby*

Curiosity Killed The Cat

Curiosity Killed The Cat *(Mercury)*

Ben Volpeliere-Pierrot, v (* 19.5.1964); Julian Godfrey-Brookhouse, g (* 13.5. 1963); Nicholas Bernard Throp, b (* 25.10.1964); Miguel John Drummond, d (* 27.1.1964).

Die Band fand sich 1984 zusammen und erregte erstmals in ihrer Heimat GB nationales Aufsehen, als sie im November 1986 im Vorprogramm von Alison Moyet tourte. Zum gleichen Zeitpunkt erschien ihre Single *»Down To Earth«*, die es bis auf Platz 3 in GB brachte. *»Misfit«* wurde Mitte 1987 ein Platz 7 in GB. Lobend wurde in der britischen Presse hervorgehoben, daß die Gruppe eine Kombination aus Funk, Soul und Pop spielt. Aber auch Ausflüge in Midtempo-Pop und Jazz waren keine Seltenheit. Das könnte man vielseitig, aber auch richtungslos nennen. Im September 1989 kam die Single *»Name And Number«* auf den Markt, auf der bereits das Killed The Cat nur noch klein zu lesen war. 1992, nachdem Throp die Band verlassen hatte, nannte sie sich dann endgültig nur noch Curiosity.

Der Hit: *Down To Earth*
Der Tip: *Getahead* (Mercury 842 010 2)

Curved Air

Sonja Kristina, v (* 14.4.1949); Darryl Way, vln (* 17.12.1948); Florian Pilkington-Miksa, d (* 3.6.1950); Francis Monkman, key (* 9.6.1949); Ian Erye, b; Mike Wedgewood, b (* 19.5.1950).

Diese Gruppe kam im März 1970 zusammen und hatte sich zum Ziel gesetzt, mit Elektronik neue Klangbilder in der Popmusik zu schaffen. Alleine die elektrische Violine von Darryl Way brachte Verfremdungen und Kreationen, die für die Popmusik neu waren. Es gelang ihnen, diesen elektronischen Rock mit klassischen Elementen zu mischen und aus dem, was andere experimentelle Musiker wie Stockhausen, John Cage, Cornelius Cardew, Ligetti oder Terry Riley entwickelt hatten, für sich einen neuen Sound zu schaffen. Francis Monkman, ein Absolvent der Royal Academy of Music, war schon damals davon überzeugt, daß der Computer in der Rockmusik eine entscheidende Rolle spielen würde. Er sagte damals: »Der Computer kann zwar nichts Eigenes schaffen, ohne vorprogrammiert zu sein. Aber ich sehe nicht ein, warum ich das, was wir Emotionen nennen, nicht in eine Computersprache umsetzen kann.« Die Musik von Curved Air war nicht sonderlich kommerziell, brachte aber einige sehr schöne Langspielplatten hervor. Im August 1971 hatte die Band mit *»Back Street Luv«* einen Platz 4 in der britischen Hitparade. 1977 trennte sich die Gruppe. Kristina versuchte erfolglos, eine Solokarriere in Gang zu setzen, und Monkman formierte die Gruppe Sky, während der Schlagzeuger der letzten Tage, Stewart Copeland, der erfolgreichen Formation Police beitrat.

Der Hit: *Back Street Luv*
Der Tip: *The Best Of* (WB 36015)

Cutting Crew

Nick Van Eede, v/g (* 14.6.1958); Kevin Scott MacMichael, g (* 7.11.1951); Colin Farley, b/v (* 24.2.1959); Martin Beadle, d (* 18.9.1961).
1986 wurde das junge englisch-kanadische Quartett Cutting Crew mit dem Titel *»(I Just) Died In Your Arms«* über Nacht erfolgreich. Die Platte erreichte Platz 4 in GB und in Deutschland und im März 1987 gar Platz 1 in den USA. Die Band wurde als die Neuentdeckung des Jahres 1986 gefeiert. In der Folgezeit erschienen weitere sehr schöne Platten von Cutting Crew. Ein Top-10-Hit wollte ihnen in GB jedoch nicht mehr gelingen. Die Ballade *»I've Been In Love Before«* erreichte im September 1987 Platz 9 in den USA. Auf der 1992 erschienenen LP *»Compus Mentus«* werden als Mitglieder der Band nur noch Van Eede und MacMichael genannt. Diese beiden spielen auf der Platte mit wechselnden Studiomusikern.

Der Hit: *(I Just) Died In Your Arms*
Der Tip: *Broadcast* (Virgin CD Siren 7)

Cyrkle

Tom Dawes, v/g/bj/sitar (* 25.7.1944); Don Danneman, p/g (* 9.5.1944); Marty Fried, d (* 1944); Earl Pickens, g.
Dawes, Danneman und Fried gründeten während ihrer College-Tage in Lafayette, Pennsylvania, in den frühen 60er Jahren eine Gruppe, die sie Rondells nannten. 1966 spielten sie in Trude Hellers Diskothek in New York City, und dort sah sie der Beatles-Manager Brian Epstein. Er nahm sie als seine erste amerikanische Gruppe unter Vertrag und schlug ihnen vor, ihren Namen in Cyrkle zu ändern. Ihre erste Veröffentlichung war eine Paul-Simon-Komposition, *»Red Rubber Ball«*, die Mitte 1966 bis auf Platz 2 in der amerikanischen Hitparade kam. Cyrkle wurde nun von Epstein aufgefordert, die Beatles während ihrer 1966er Amerika-

Tournee zu begleiten. Zu diesem Zeitpunkt nahm man als weiteren Gitarristen Earl Pickens in die Band, der aber schnell durch Mike Losekamp ersetzt wurde. Dann starb 1967 Brian Epstein. Die Gruppe war wie paralysiert und löste sich kurz danach auf. Danneman und Dawes wurden in den 70er Jahren unabhängige Plattenproduzenten.

Der Hit: *Red Rubber Ball*

Cyrus, Billy Ray

* 25.8.1961. Er wurde die Entdeckung in der Country Music des Jahres 1992. Ähnlich wie Garth Brooks gehört er zur neuen Generation der Country-Musiker, die auch schon rein optisch mit den klassischen Rhinestone-Cowboys wenig gemein haben. Der Titel »*Achy Breaky Heart*«, der im Mai 1992 in die amerikanische Hitparade kam, Platin-Status erreichte und auch in GB bis auf Platz 3 hochschoß, dürfte allerdings keine typische Country-Nummer sein. Er erinnert in der Art und Weise, wie danach getanzt wird, an einen der alten Reihentänze der 60er Jahre. Billy, der mit Zopf und Dreitagebart auftritt, verkörpert den Typus, den die Fans in ihren Country-Kneipen bis Anfang der 90er Jahre rausgeschmissen hätten. Ob mit dem Abebben der Achy-Breaky-Heart-Tanzwelle Billy Ray Cyrus überlebt, ist nicht gewiß. Schon seine nächste Aufnahme »*Could've Been Me*« kam in der amerikanischen Pop-Hitparade nur bis auf Platz 72, in GB bis auf 24.

Der Hit: *Achy Breaky Heart*
Der Tip: *Some Gave All* (Mercury 314-510 635-2)

D

Dactyl, Terry

* 14.3.1947 als Jona Lewie. Mit der an das musikalische Gefühl von *»In The Summertime«* erinnernden Nummer *»Seaside Shuffle«* hatten Terry Dactyl & The Dinosaurs im Sommer 1972 einen Platz 2 in GB. Im Januar 1973 gelang mit *»On A Saturday Night«* ein weiterer kleiner Hit. Danach machte Terry Dactyl unter seinem richtigen Namen Jona Lewie Soloplatten.

Der Hit: *Seaside Shuffle*

Daffan, Ted

* 21.9.1912. Ted war in den 40er Jahren einer der erfolgreichsten und besten Songschreiber für den C&W-Markt. Schon 1939 hatte er seinen ersten Hit mit dem *»Truck Drivers Blues«*. Ted spielte in diversen Bands, bevor er in den frühen 40er Jahren seine Band Ted Daffan & His Texans gründete. Mit dieser Formation gelang ihm im Juni 1943 der Millionenseller *»No Letter Today«*, der bis auf Platz 9 in den Pop-Charts kletterte. In den 50er und 60er Jahren arbeitete er in Nashville und Houston im Verlagsgeschäft.

Der Hit: *No Letter Today*

Daddy Dewdrop

* 1952 als Richard Monda. Der aus Cleveland stammende Sänger hatte mit der Bubblegum-Novelty-Nummer *»Chick-A-Boom (Don't Ya Jes' Love It)«* im März 1971 einen Platz 9 in der amerikanischen Hitparade. Mehr wollte ihm nicht gelingen.

Der Hit: *Cick-A-Boom (Don't Ya Jes' Love It)*

Dale, Alan

* 9.7.1925 als Aldo Sigiamundi. Der aus Brooklyn stammende Sänger hatte schon Anfang der 40er Jahre – er war gerade 16 – regelmäßig Jobs in dem Ausflugsziel der damaligen New Yorker: in Coney Island. 1943 trat er in die Band von Carmen Cavallaro ein. Zwischen 1944 und 1946 sang er mit George Paxton. Ab 1946 arbeitete er als Solist, sang hin und wieder aber auch noch auf Plattenaufnahmen anderer Interpreten, z. B. mit Ray Bloch, der mit der Single *»Kate (Have I Come Too Early Too Late)«* im September 1947 einen Platz 11 in der amerikanischen Hitparade hatte. Ab 1948 wird Alan mit Solo-Hits verzeichnet. Seine größten Erfolge waren *»Heart Of My Heart«*, im Dezember 1953 der Platz 10 und aufgenommen zusammen mit Don Cornell und Johnny Desmond, und *»Sweet And Gentle«*, ebenfalls der Platz 10 im Juli 1955. Von 1948 bis 1951 hatte er seine eigene Fernsehshow in den USA. 1950 und 1951 lief außerdem noch das Quiz *»Sing It Again«*, das er moderierte.

Der Hit: *Sweet And Gentle*

Dale, Jim

* 15.8.1935 als Jim Smith. Der Engländer wollte unbedingt ein Allround-Entertainer werden und ging zwei Jahre mit einer Show auf Tournee, bevor er Solokomiker wurde. Aufs Singen verlegte er sich erst, nachdem er festgestellt hatte, daß dem Publikum sein Schlußsong besser gefiel als die ganze Vorstellung. Ab April 1957 wirkte er in der TV-Serie *»6.5 Special«* mit und erhielt kurz darauf einen Plattenvertrag. Im Oktober desselben Jahres gelang ihm dann sein größter Erfolg: *»Be My Girl«* kam bis auf Platz 2. 1958 hatte er drei weitere Hitnotierungen, die aber nicht über einen Platz 20 hinauskamen. Er arbeitete weiter als Schauspieler und zog dann in die USA, wo er mehrere Filme machte. 1967 schrieb Dale mit an dem Titel *»Georgy Girl«*, der ein Hit für die Seekers wurde.

Der Hit: *By My Girl*

Dale & Grace

Dale Houston (* 1944), Grace Broussard (* 1944). Das aus Louisiana stammende, am Rhythm & Blues orientierte Pop-Duo hatte im Oktober 1963 den Spitzenreiter in der amerikanischen Hitparade mit *»I'm Leaving It Up To You«*. Auch der Nachfolgesong *»Stop And Think Over«* erreichte drei Monate später eine Top-10-Plazierung. Danach gelang ihnen kein weiterer Top-40-Erfolg mehr.

Der Hit: *I'm Leaving It Up To You*

Dalida

* 17.1.1933 als Yolande Gigliotti in Kairo als Tochter italienischer Eltern, † 3.5.1987. Nachdem sie 1954 die Wahl zur Miss Ägypten gewonnen und in zwei Spielfilmen, *»A Drink And A Cigarette«* und *»The Mask Of Tout Ankh Amon«*, mitgewirkt hatte, zog sie 1955 nach Paris. Sie versuchte erfolglos, beim Film Fuß zu fassen und bekam schließlich einen Job als Sängerin in einem Club. Dort wurde sie fürs Plattengeschäft entdeckt und veröffentlichte 1956 ihre Debütplatte. Ihre dritte Single *»Bambino«* wurde 1957 eine Nummer 1 in Frankreich, begleitet vom Orchester Raymond Lefèvre. *»Gondolier«* war 1958 ein weiterer Spitzenreiter, ebenso 1960 ihre Version vom Domenico-Modugno-Hit *»Ciao, Ciao Bambina«*. Ab 1959 war Dalida auch in Deutschland erfolgreich. Ihr Titel *»Am Tag, als der Regen kam«* war Mitte 1959 ein Platz 1 in Deutschland. Dalidas Version des Edith-Piaf-Hits *»Milord«* wurde ein Jahr später Platz 2 und die Nummer *»Pepe«* im Februar 1961 Platz 3. Danach legte sie in Deutschland eine längere Pause ein, die mit *»Er war gerade 18 Jahr«* im September 1974 endete. Die Platte erreichte Platz 13. 1967 brachte sich ihr Freund Luigi Tenco während des Song-Festivals in San Remo um. Dalida verübte ein paar Wochen später einen Selbstmordversuch, der mißlang. 1968, daraus läßt sich schon schließen, daß ihr dieser Selbstmordversuch nicht geschadet hat, überreichte ihr der damalige Präsident Charles de Gaulle das Ehrenkreuz von Vermeil. Dalida ist die erste Vertreterin der Showbranche, der diese Ehrung zuteil wurde. Auch ansonsten nahm Dalida am politischen Leben in Frankreich teil. Sie galt als militante Anhängerin der Sozialisten und war freundschaftlich mit Mitterrand verbunden, für den sie zeitweise als eine Art Wahlhelferin fungierte. Diese öffentliche Rolle, die 45 Millionen verkauften Schallplatten und viele Welterfolge boten das Bild eines erfolgreichen Glückskindes. Unter welcher Anspannung es mühsam erarbeitet war, ließ sich aus ihrem Abschiedsbrief ahnen. Er bestand aus einem Satz: »Das Leben ist mir unerträglich geworden, vergebt mir.«

Der Hit: *Am Tag, als der Regen kam*
Der Tip: *Ihre größten Erfolge* (Carrere CAR 6.26542 AO)

Daltrey, Roger

* 1.3.1944. Neben seinen Erfolgen als Sänger der Who versuchte sich Daltrey ab 1973 als Solist. Der in den 60er Jahren in GB sehr erfolgreiche Schlagerstar Adam Faith produzierte sein Debüt-Album. Mit dem Titel *»Giving It All Away«*, geschrieben von Leo Sayer und David Courtney, gelang ihm im April 1973 ein Platz 5 in GB und sein einziger Top-10-Erfolg. In den folgenden Jahren sind sehr schöne rockige Nummern von Daltrey erschienen. Trotzdem wollten ihn die Fans wohl

mehr als Mitglied der Who oder im Kino sehen. So spielte er Hauptrollen in »*Tommy*«, »*Lisztomania*«, »*The Legacy*«, »*Mc Vicar*« oder »*Buddy's Song*«. Im letztgenannten Film spielt er den Vater von Chesney Hawkes, dessen Solokarriere damit begann. Inzwischen ist Roger Besitzer einer Forellenzucht, macht sich ein gemütliches Leben und tritt nur noch gelegentlich auf.

Der Hit: *Giving It All Away*
Der Tip: *Best Of Rockers And Ballads* (Polydor 847855 2)

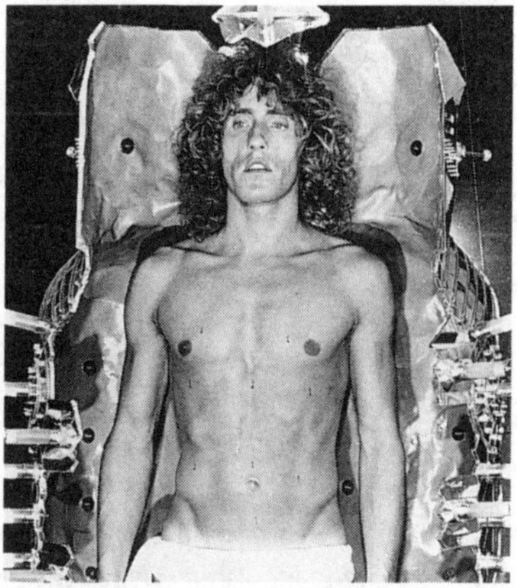

Roger Daltrey *(Polydor)*

Damian

* 30.9.1964 als Damian Davey. Damian gehörte zum Londoner Ensemble der »*Rocky Horror Show*«. Speziell der Titel »*The Time Warp 2*« wurde von den Besuchern gefeiert. Ende 1987 wurde der Titel erstmals als Single veröffentlicht und erreichte einen Platz 51. Im August 1988 kam sie erneut auf den Markt und erreichte Platz 64, und genau ein Jahr später erschien die Platte als Remix erneut und schaffte diesmal Platz 7 in GB. Weitere Single-Veröffentlichungen brachten keine Erfolge. Damian ist inzwischen wieder hauptberuflich Schauspieler.

Der Hit: *The Time Warp 2*

Damian, Michael

* 6.4.1962. Anfang der 80er Jahre machte Michael als Debüt-Single eine Coverversion des Eric-Carmen-Titels »*She Did It*«. Showmaster Dick Clark lud den Newcomer ein, in seiner Sendung »*American Bandstand*« aufzutreten. Der Produzent der amerikanischen Fernsehserie »*The Young And The Restless*« sah ihn in dieser Show und verpflichtete ihn für die Rolle des Danny Romalotti. 1989 – inzwischen hatte sich diese tägliche Seifenoper zu einer der erfolgreichsten Serien im amerikanischen Fernsehen gemausert – nahm er einen erneuten Anlauf als Sänger. Seine Version des David-Essex-Hits »*Rock On*« kam im März 1989 in den USA in die Hitparade und wurde Platz 1. Das Ganze war auch auf dem Soundtrack zum Kinofilm »*Dream A Little Dream*« zu finden. Im gleichen Jahr gelangen ihm noch zwei weitere Charterfolge – dann war dieser Teil seiner

Karriere vorerst wieder einmal beendet. Ob er erst 1998 – also wieder nach 9 Jahren – erneut auftaucht, ist ungewiß.

Der Hit: *Rock On*
Der Tip: *Where Do We Go From Here* (Teldec 246 250 2)

Damned

Captain Sensible, b (* 23.4.1955 als Ray Burns); Rat Scabies, d (* 30.7.1957 als Chris Miller); Brian James, g (* Briam Robertson); David Vanian, v (* als David Letts); Lu Edmunds, g; Alistair Ward, b; Bryn Merrick, b; Roman Jugg, G; Paul Gray, b.
Punkgruppen waren im Mai 1976, als diese Band zusammenkam, gerade groß angesagt. Die Stars waren die Sex Pistols, und in deren Vorprogramm gaben The Damned im Juli 1976 ihr Debüt. Im November des gleichen Jahres erschien ihre erste Single *»New Rose«*, produziert von Nick Lowe. Damned gelten als die erste britische Punkgruppe, die in den USA spielte. Am 8. April 1977 traten sie im CBGB's in New York City auf. Ab August 1977 kam als zweiter Gitarrist Lu Edmunds in die Band. Schwierigkeiten mit ihrem Produzenten Shel Talmy führten dazu, daß die Band ihn rausschmiß und Nick Mason von Pink Floyd engagierte. Aber auch Mason brachte keinen Erfolg. Scabies verließ die Band und wurde durch Jon Moss – später Culture Club – ersetzt. Im Februar 1978 trennte sich die Gruppe ganz. Brian James, der die Rechte an dem Namen The Damned besaß, verkaufte sie noch 1978 an Vanians, Scabie und Sensible, die im Januar 1979 mit Alistair Ward am Baß einen neuen Plattenvertrag unterschrieben und jetzt erstmals Hitparadenerfolge erzielten. Eine ziemlich abgehobene Coverversion des Barry-Ryan-Titels *»Eloise«* brachte im Februar 1986 einen Platz 3 in der britischen Hitparade und den einzigen Top-10-Hit. Auch während dieser Hitphase kam es zu personellen Wechseln in der Gruppe. So begann Captain Sensible ab 1982 mit einem Soloprojekt. Im Juli 1989 gab die Gruppe offiziell ihre Trennung bekannt.

Der Hit: *Eloise*
Der Tip: *Anything* (MCA 254 348-2)

Damn Yankees

Tommy Shaw, v/g; Ted Nugent, g/v; Jack Blades, b/v; Michael Cartellone, d.
Im März 1990 erschien das Debütalbum dieser amerikanischen Band, die als Superstar Rock Group angekündigt wurde. In der Tat hatten zumindest drei der Mitglieder bereits Erfolge vorzuweisen. Ted Nugent war sowohl als Solist als auch mit den Amboy Dukes erfolgreich. Tommy Shaw kam von Styx, und Jack Blades

Damned *(Stiff Records)*

war vorher Mitglied bei Nightranger. Den Namen der Band leiteten sie von einem Stück ihrer ersten LP ab, in dem sie die Rolle der USA als selbsternannte Welt-Sheriffs anprangern. Noch 1990, im September, stand die Band mit einer Single-Auskopplung aus dieser ersten LP, *»High Enough«*, auf Platz 3 in den USA. Ende 1992 – inzwischen war ihre zweite LP *»Don't Tread«* erschienen – erreichten sie mit *»Where You Goin' Now«* Platz 20 in den USA.

Der Hit: *High Enough*
Der Tip: *Damn Yankees* (WB 7599-26159-2)

Damone, Vic

* 12.6.1928 als Vito Farinola. Vic zählt man zu den erfolgreichsten Balladensängern der Nachkriegszeit. In den US-Hitparaden wird er zwischen 1947 und 1965 mit mehr als vierzig Titeln verzeichnet. *»I Have But One Heart (O Marinariello)«* – hier sang er englisch und italienisch – und *»You Do«* erreichten beide im Jahre 1947 Platz 7 in den USA. 1949 hatte er zwei Millionseller: *»Again«* und, diese Platte war auch Spitzenreiter in den USA, *»You're Breaking My Heart«*. *»Tzena, Tzena, Tzena«* und *»My Heart Cries For You«* 1950, *»My Truly, Truly Fair«* 1951, *»Here In My Heat«* 1952, *»April In Portugal«* und *»Ebb Tide«* 1953 und *»On The Street Where You Live«* 1956 waren weitere Top-10-Erfolge für ihn. Vic Damone war auch als Schauspieler erfolgreich und hatte als Fernsehmoderator 1956/57, 1962/63 und 1967 eigene Sendungen. Ende der 60er Jahre ließ seine Karriere

nach. 1971 mußte er wegen Steuernachzahlungen seinen Bankrott erklären. In den 80er Jahren erlebte er in GB ein überraschendes Comeback und veröffentlichte erfolgreich LPs. Ansonsten ist er mehr in Las Vegas zu Hause.

Der Hit: *You're Breaking My Heart*

Dana

* 30.8.1951 als Rosemary Brown. Dana war gerade 19 Jahre alt, als sie am 21.3.1970 in Amsterdam mit »*All Kinds Of Everything*« den Grand Prix Eurovision für Irland gewann. Der Titel wurde in ganz Europa erfolgreich, erreichte in GB Platz 1, in Deutschland Platz 4. 1975 gelangen ihr mit »*Please Tell Him That I Said Hello*« und »*It's Gonna Be A Cold Cold Christmas*« zwei weitere Top-10-Erfolge. Dana nahm auch noch in den 80er Jahren Platten auf, war jedoch erfolgreicher in ihrer Arbeit als Schauspielerin und Pantomimin.

Der Hit: *All Kinds Of Everything*
Der Tip: *New Days New Ways* (Teldec 6.22242)

Dana, Vic

* 26.8.1942. 1953 sah Sammy Davis Jr. den jungen Vic als Tänzer und war von ihm begeistert. Sammy überredete die Familie, nach Kalifornien zu gehen und dort den Jungen als Tänzer und Sänger ausbilden zu lassen. 1960 war er zusammen mit den Fleetwoods auf US-Tournee und erhielt von deren Plattenfirma einen Vertrag. Es erschienen einige mittlere Hits, bis ihm im Frühjahr 1965 mit »*Red Roses For A Blue Lady*« sein größter Erfolg und einziger Top-10-Hit gelang.

Der Hit: *Red Roses For A Blue Lady*
Der Tip: *Golden Greats* (EMI CDP 7 91678 2)

Daniels, Charlie

* 28.10.1937. Der amerikanische Gitarrist, Sänger, Geiger und Songschreiber gründete Ende der 50er Jahre seine erste eigene Band, die Jaguars, mit denen er bis 1967 zusammen spielte. Elvis hat 1963 einen Titel, den Charlie geschrieben hatte, aufgenommen: »*It Hurts Me*«. Charlie wurde Studiomusiker in Nashville und begleitete Plattenaufnahmen von Bob Dylan, Ringo Starr, Leonard Cohen, Pete Seeger, Marty Robbins und zahllosen Country-Stars. Außerdem arbeitete er als Produzent: vier LPs der Youngbloods hat er betreut. 1971 schließlich startete er seine eigene Gruppe, die Charlie-Daniels-Band, mit der er zwei Top-10-Erfolge

hatte: »*Uneasy Rider*« wurde im Juni 1973 Platz 9 in den USA, »*The Devil Went Down To Georgia*« genau sechs Jahre später Platz 3 und Platin.

Der Hit: *The Devil Went Down To Georgia*
Der Tip: *Very Best* (Epic 467 509 2)

Dankworth, Johnny

* 20.9.1927. Dieser britische Altsaxophonist, Bandleader und Komponist tauchte mit dem Titel »*Experiments With Mice*« im Juni 1956 erstmals unter den ersten 10 der britischen Single-Hitparade auf. Im Februar 1961 gelang ihm mit »*African Waltz*« ein Platz 9 in GB. 1958 heiratete er die Sängerin Cleo Laine, deren Platten und Auftritte er musikalisch begleitete. Er war zwar ein guter Musiker, hat aber vor allem als Arrangeur und Förderer unglaublich viel für den Jazz getan. 1974 wurde er als Anerkennung für seine Arbeit als Companion of the British Empire ausgezeichnet.

Der Hit: *Experiments With Mice*

Danleers

Jimmy Weston; Johnny Lee; Willie Ephraim; Nathaniel McCune; Roosevelt Mays, alle v.
Diese Rhythm-and-Blues-Band aus Brooklyn startete 1958 als Quintett. In dieser Besetzung nahmen sie auch ihren größten Erfolg, »*One Summer Night*«, Juni 1958 ein Platz 7 in den USA, auf. Geschrieben hatte die Nummer Danny Webb, ihr Manager. Von seinem Vornamen hatten sie übrigens ihren Gruppennamen abgeleitet. Sie nahmen noch weitere Platten auf, konnten ihren Erfolg aber nicht mehr wiederholen. 1959 trennten sie sich. Jimmy Weston setzte seine Karriere bei den Webtones fort, die ebenfalls von Webb gemanagt wurden und bis 1964 bestanden.

Der Hit: *One Summer Night*
Der Tip: *One Summer Night* (Bear Family BCD 15 503)

Danny & The Juniors

Danny Rapp (* 15.5.1941, † 5.4.1983); Dave White; Frank Mattei; Joe Terranova; alle v.
Noch als Teenager gründete Danny 1955 die Juvenairs, aus denen wenig später Danny & The Juniors wurde. In der zweiten Hälfte der 50er Jahre sorgten

Diskjockeys wie Alan Freed und Dick Clark dafür, daß Tanzveranstaltungen, bei denen Platten vorgestellt wurden und Künstler auftraten, sehr populär wurden. Diese Veranstaltungen hießen »Record Hop«. Der Titel *»Do The Bop«* gefiel Dick Clark. Er empfahl Danny & The Juniors aber, ihn in *»At The Hop«* umzubenennen. Die Gruppe nahm sich Clarks Rat zu Herzen und veröffentlichte den Song 1957, zuerst ohne großen Erfolg. Der Durchbruch kam dann nach einem Auftritt in Dick Clarks Show »American Bandstand«. Die Platte kam im Dezember 1957 in die amerikanische Hitparade und wurde Nummer 1. Den Spitzenplatz hielt die Band für sieben Wochen. Auch der Nachfolge-Hit *»Rock 'n' Roll Is Here To Stay«* kam zumindest unter die ersten 20. Dann versuchten Danny & The Juniors ab 1960, auf den entsprechend angesagten Tanzwellen wie Twist, Pony oder Limbo mitzuschwimmen, erreichten aber nur noch mittlere Positionen. Danny war zwar der Sänger der Formation, der geistige Kopf war jedoch Dave White. Der verließ Anfang der 60er Jahre die Band, um sich aufs Songschreiben und Produzieren zu konzentrieren. *»You Don't Own Me«* von Lesley Gore und *»1-2-3«* und *»Like A Baby«* von Len Berry stammen z. B. aus seiner Feder. 1971 veröffentlichte er ein Soloalbum. In den 70er Jahren kam die Formation wieder zusammen, um bei Oldies-Veranstaltungen aufzutreten. Eine Wiederveröffentlichung von *»At The Hop«* erreichte in GB, dort hatte die Platte im Januar 1958 Platz 3 erreicht, zumindest einen Top-40-Erfolg. Danny wurde leitender Angestellter in einer Spielzeugfabrik und 1983 in Parker, Arizona, tot aufgefunden. Er hatte sich selbst erschossen.

Der Hit: *At The Hop*
Der Tip: *Rock 'n' Roll Is Here To Stay* (Singular 569)

Danny Wilson

Gary Clark, v/g; Gerard Grimes, b/key; Kit Clark, akk/sax.
Bevor es zur Gründung der schottischen Formation Danny Wilson kam, hatten Gary Clark und Gerard Grimes bereits als Clark's Commandos u. a. in GB im Vorprogramm von Chris de Burgh gespielt. Anfang 1985 kam als dritter Mann Garys jüngerer Bruder Kit dazu, und man nannte sich zunächst Scots Porridge Notes, dann Spencer Tracy. Als dann angeblich dessen alte Weggefährtin Katherine Hepburn eine millionenschwere Klage anstrengen konnte, mußte ein neuer Name her. *»Meet Danny Wilson«* war der Titel eines alten Frank-Sinatra-Films von 1952. Die Band nannte ihre 1987 erschienene erste LP wie den Film und sich selbst Danny Wilson. Ihr erster und einziger Top-10-Erfolg war im April 1988 *»Mary's Prayer«*, ein Platz 3 in GB. Diese Platte hatte sich Mitte 1987 in den USA durchsetzen können und war dort bis auf Platz 23 durchgedrungen. Im August desselben Jahres war sie in GB bis auf Platz 42 hochgeklettert und dann wieder

rausgefallen. Erst die Wiederveröffentlichung brachte den Erfolg. Nach zwei weiteren mittleren Hits und einer weiteren LP fiel die Band 1990 auseinander. 1991 erschien mit *»Sweet Danny Wilson«* noch einmal eine Zusammenstellung der besten Titel aus den ersten beiden LPs. Die drei verfolgen seitdem Soloprojekte. Von Gary Clark erschien im April 1993 die erste Solo-LP mit dem Titel *»Ten Short Songs About Love«*.

Der Hit: *Mary's Prayer*
Der Tip: *Sweet Danny Wilson* (Virgin CDV 2669)

Dan The Banjo Man

Da werden sich die Amerikaner sehr gewundert haben. In GB hatten sie einen Ableger der Plattenfirma Motown aufgebaut, der sich speziell um den britischen Markt kümmern sollte. Der Musiker Phil Cordell, der auch als Songschreiber, Produzent und Techniker gearbeitet hatte, unterschrieb mit ihnen einen Vertrag als Dan The Banjo Man. Auf der einzigen LP, die erschienen ist, werden die beiden Gitarristen Paul Kendrick und Graham Putland erwähnt. Ansonsten wurden die Instrumente durch Phil alias Dan gespielt. Das Stück *»Dan The Banjo Man«* kam weder in die britische noch in die amerikanische Hitparade. In Deutschland erreichte die Platte Ende 1973 Platz 1 – und darüber werden sich die Amerikaner gewundert haben. Unter dem Pseudonym Springwater hatte Phil Cordell 1971 schon einmal einen großen Erfolg mit dem Titel *»I Will Return«*.

Der Hit: *Dan The Banjo Man*
Der Tip: *Dan The Banjo Man* (EMI 1C 056-95948)

D'Arby, Terence Trent

* 15.3.1962. Der amerikanische Sänger und Songschreiber versuchte sich als Journalist, Boxer und Soldat. In letzterer Funktion schickte ihn die Army in die Bundesrepublik. Noch während seiner Militärzeit stieg er in die Frankfurter Band Touch ein. Anfang 1987 tauchte Terence dann, inzwischen in London ansässig, als Solist auf. Nach seinen ersten Hits wurde er als die »Zukunft des Soul« gefeiert. *»If You Let Me Stay«* war im Februar 1987 sein erster Top-10-Hit in GB. Im März des gleichen Jahres erreichte *»Wishing Well«* Platz 4 in GB, und als die Platte auch in den USA erschien, kletterte sie im Frühjahr 1988 dort sogar auf Platz 1. *»Sing Your Name«* war in der ersten Hälfte 1988 ein Top-10-Erfolg in GB, Deutschland und in den USA. In Interviews gab sich Terence nach diesen Erfolgen recht arrogant. Das brachte ihm in Presseberichten die wenig schmückenden Beinamen »Großmaul« oder »Schönling«, aber auch »New Prince Of Pop«, »Jahr-

zehntereignis« oder »Soulwunder« ein. Ende 1989 veröffentlichte er eine von seiner Plattenfirma heiß erwartete zweite LP. Die Fans hatten offensichtlich nicht darauf gewartet, denn sie wurde ein Flop. 1993 erschien die dritte LP *»Symphony Or Damn«*.

Der Hit: *Wishing Well*
Der Tip: *Introducing The Hardline According To Terence Trend D'Arby* (CBS 450 911 2)

Darin, Bobby

* 14.5.1936 als Walden Robert Cassotto, † 20.12.1973. Die Amerikaner nannten ihn immer »Frank Sinatra im Westentaschenformat«. Ähnlichkeiten zwischen den beiden waren auch in der Tat zu erkennen. Beide italienischer Abstammung, beide arbeiteten sich von unten hoch, beide verstanden es immer wieder, allen musikalischen Trends zu folgen. Bobby Darin allerdings immer eine Nummer kleiner, obwohl er sich sehr bemühte, seinem Idol nahezukommen. Als Frank Sinatra Anfang der 60er Jahre seine alte Plattenfirma Capitol verließ, um eine eigene Firma auf die Beine zu stellen, sprang Bobby Darin in diese Lücke. Aber dann kamen die Beatles ebenfalls zu Capitol in den USA, und die Karriere von Darin plätscherte dahin. Als Filmschauspieler versuchte er sich – so wie Frank Sinatra – und hatte einige Erfolge. Allerdings waren es meist Sommer-Sonne-Strand-Filmchen, die keine sonderlichen Anforderungen an seine Schauspielkunst stellten. Für seine Darstellung im Film *»Captain Newman, M.D.«* wurde er jedoch für einen Oscar nominiert. Rückblickend muß heute festgestellt werden, daß er in der zweiten Hälfte der 50er Jahre seine beste Zeit hatte. Hier ist übrigens ein Gegensatz zu Sinatra festzustellen. Darin hat die meisten seiner Hits selbst geschrieben – Sinatra war stets »nur« der Sänger seiner Hits. *»Splish Splash«* wurde im Sommer 1958 ein Platz 3 in den USA. *»Queen Of The Hop«* im Oktober desselben Jahres Platz 9. *»Dream Lover«* erreichte im April 1959 die Charts und wurde ein Platz 2 in den USA und Spitzenreiter in GB. *»Mack The Knife«* war im August des gleichen Jahres Platz 1 in den USA und in GB. *»Beyound The Sea«* und *»Clementine«* 1960, *»You Must Have Been A Beautiful Baby«*, *»Lazy River«* und *»Multiplication«* 1961, *»Things«* 1962, *»You're The Reason I'm Living«* und *»18 Yellow Roses«* 1963 und *»If I Were A Carpenter«* 1966 waren seine weiteren Top-10-Erfolge. Anfang der 70er Jahre stellten die Ärzte bei Bobby ein Herzleiden fest. Nach einer Operation am Herzen starb er.

Der Hit: *Mack The Knife*
Der Tip: *Ultimate* (Warner 9-27606-2)

Darren, James

* 3.10.1936 als James William Ercolani. Der aus Philadelphia stammende Sänger und Schauspieler begann seine Karriere 1955 in Hollywood, nachdem er in New York City eine Schauspielschule besucht hatte. 1956 erhielt er seine erste Filmrolle in *»Rumble On The Docks«*. Danach spielte er 1957 in *»The Brothers Rico«* und *»Operation Madball«*. 1959 kamen *»The Gene Krupa Story«* und *»Gidget«*. Hier sang er den Titelsong, der als Single-Veröffentlichung im April 1959 bis auf Platz 41 in den USA kam. 1960 kamen zwei weitere Filme hinzu. 1961 spielte er in *»The Guns Of Navarone«*. Das muß auch seiner Plattenkarriere einen Push gegeben haben, denn Ende 1961 erreichte er mit *»Goodbye Cruel World«* Platz 3 in den USA. Im Februar 1962 kam ein weiterer Top-10-Erfolg mit *»Her Royal Majesty«*, geschrieben von Carole King, hinzu. In GB erreichte er zwischen 1960 und 1962 vier Plazierungen, jedoch keine unter den ersten 20. Nach 1963 schien seine Plattenkarriere auch in den USA beendet. 1967 erreichte er noch einmal die Top 40 mit *»All«*, 1977 sang er *»You Take My Heart Away«* im Film *»Rocky«*. Es wurde ein Platz 52. In der Science-fiction-Serie *»The Time Tunnel«* spielte er in den Jahren 1966/67 Dr. Tony Newman. In der Krimiserie *»T. J. Hooker«*, die in den USA zwischen 1983 und 1986 lief, war er der Officer Jim Corrigan.

Der Hit: *Goodbye Cruel World*

Darts

Bob Fish, v (* 3.6); Den Hegarty, v (* 13.9.1954); Rita Ray, v (* 11.12.1954); Griff Fender, v (* 3.6.1954 als Ian Collier); Hammy Howell, key; Horatio Hornblower, sax (* 15.1.1957 als Nigel Trubridge); George Currie, g; Thump Thomson, b; John Dummer, d (* 19.11.); Kenny Andrews, v/b (* 30.8.1952); Mike Deacon, key.
Während in der zweiten Hälfte der 70er Jahre Punk- oder New-Wave-Bands aus dem Boden schossen, orientierte sich diese britische Gruppe nach hinten. Sie belebte die alte Doo-Wop-Musik wieder neu und hatte damit zumindest in England Erfolg. Geschickt suchten sie sich aus dem Altrepertoire des Rock-'n'-Roll und Rhythm-and-Blues-Titel, die sie wieder neu aufnahmen. Ihr erster großer Erfolg war eine Mixtur aus *»Daddy Cool«* und *»The Girl Can't Help It«*. Die Platte kam im November 1977 in die britische Hitparade und wurde Platz 6. 1978 hatten sie dreimal hintereinander Platz 2 in GB: *»Come Back, My Love«*, *»Boy From New York City«* und *»It's Raining«*. 1979 hießen ihre Hits *»Get It«* und *»Duke Of Earl«*. Dann trennte sich Den Hegarty von den Darts, um eine Solokarriere zu starten, und wurde durch Kenny Andrews ersetzt. Mit ihm konnte die Band ihre Erfolge nicht mehr wiederholen. Es kam zu weiteren personellen Umbesetzungen, die allesamt die Gruppe nicht mehr weiterbrachten.

Der Hit: *Boy From New York City*
Der Tip: *Greatest Hits* (Magnet 6.24533)

David, F.R.

* 1.1.1947 in Tunesien als Robert Fitoussi. Als er zehn Jahre alt war, zog er mit seinen Eltern nach Paris. Bereits als Teenager erhielt Roger seinen ersten Plattenvertrag und veröffentlichte in den frühen 70er Jahren einige Singles, die jedoch keine Spuren hinterließen. Dann schloß er sich der französisch/marokkanischen Hard-Rock-Formation Variation an. Nachdem diese Gruppe sich getrennt hatte, spielte er mit Café de Paris und in der Band von Vangelis Gitarre und Percussion. Mitte 1982 konnten sich mit seiner Erkenntnis, daß es manchmal schwerfällt, sich vernünftig auszudrücken, so viele Käufer identifizieren, daß es ein weltweiter Hit wurde. Zuerst war es eine Nummer 1 in Frankreich, dann im August 1982 Spitzenreiter in Deutschland, im April 1983 ein Platz 2 in GB und in den USA wenigstens noch ein Platz 62. Danach hörte man nichts mehr von ihm.

Der Hit: *Words*
Der Tip: *Words* (Carrere 2934 153)

David & Jonathan

Roger Greenaway (* 23.8.1942) und Roger Cook (* 19.8.1940) bildeten das britische Duo David & Jonathan. Beide hatten sich 1965 von der Gruppe Kestrels getrennt und versuchten sich als Songschreiberteam. *»You've Got Your Troubles«* mit den Fortunes wurde im Juli 1965 ihr erster großer Erfolg als Autoren. Sie selbst hatten mit einer Lennon/McCartney-Komposition im Januar 1966 ihren ersten Erfolg. Es war *»Michelle«*. Mitte desselben Jahres hatten sie ihren einzigen Top-10-Erfolg und letzten Hit: *»Lovers Of The World Unite«*, in GB Platz 7. Möglich, daß sie in der Autorentätigkeit für sich die ruhigere Arbeit sahen. Mitte 1968 hörten sie mit David & Jonathan auf, blieben aber weiter als Songschreiberteam zusammen. Andy Williams, Hollies, New Seekers, Cilla Black, White Plains, Congregation, Gene Pitney oder Blue Mink – hier sang Roger Cook mit Madeline Bell – hatten Top-10-Hits von Cookaway Music. 1976 ging Roger Cook nach Nashville und schrieb dort für Interpreten wie Don Williams oder Crystal Gayle Country-Hits. David blieb in GB, arbeitete weiter als Songschreiber und als Produzent. So wurden durch ihn z. B. die Drifters wieder für die 70er Jahre aufpoliert.

Der Hit: *Lovers Of The World Unite*
Der Tip: *The Best Of* (Columbia EMI C 1030)

Davidson, Paul

Dieser jamaikanische Sänger schaffte mit dem Titel *»Midnight Rider«* im Dezember 1975 einen Platz 10 in der britischen Hitparade. Mehr ist ihm nicht gelungen.

Der Hit: *Midnight Rider*

Davies, Dave

* 3.2.1947. Daß unter Brüdern die Talente nicht exakt gleich verteilt sind, ist normal. Daß sich Brüder nicht immer gut verstehen und vertragen, ebenfalls. Dabei muß es ja nicht so weit kommen wie bei unseren Ur-Brüdern Kain und Abel. Ray Davies und Dave Davies, die 1963 die Kinks gründeten und seither in dieser Band spielen, hatten mit der Gruppe mal mehr, mal weniger Erfolg. Ray war derjenige, der alle Hits der Kinks im Alleingang geschrieben hat, der jüngere Dave stand immer in seinem Schatten. Mag sein, daß er deshalb versuchte, der Übermacht des großen Bruders zu entfliehen, als er einige Solo-Projekte startete, die zumindest 1967 Dave in das Rampenlicht stellten. *»Death Of A Clown«* war im Juli 1967 ein Platz 3 in GB. *»Susannah's Still Alive«* ein halbes Jahr später Platz 20. Dabei ist es allerdings geblieben – Dave ordnete sich wieder der Gruppe unter. Die Beziehung der beiden Brüder Davies scheint teilweise wirklich nicht sehr gut gewesen zu sein. In einem Interview äußerte Ray einmal: »Unser Verhältnis war niemals gut und wird es auch niemals wieder werden. So wie sich die Kinks im Laufe der Jahre entwickelt haben, kann es gar keinen Frieden geben. Es gab sogar mal einen Punkt, da haben wir uns nur über unsere Rechtsanwälte unterhalten.« Vielleicht ist Ray nie auf die Idee gekommen, daß seine ewige Nörgelei, seine ewige Überlegenheit dazu beigetragen hat, Dave klein zu halten. Mochten sie sich auch noch so streiten – mal offen, meist im verborgenen, als 1993 mit *»Phobia«* nach längerer Zeit mal wieder etwas Neues von den Kinks erschien, waren beide Brüder immer noch zusammen – und noch immer schrieb Ray alles alleine.

Der Hit: *Death Of A Clown*
Der Tip: *The Album That Never Was* (PRT 8.26681 ZR)

Davies, Windsor & Don Estelle

Diese beiden britischen Komiker spielten in den 70er Jahren in der BBC-Fernsehserie *»It Ain't Half Hot Mum«* die Hauptrollen. Windsor Davies war BSM Williams, ein bulliger Sergeant, Don Estelle der feige Schütze Sugden. Die Serie spielte in Indien während des Krieges. Innerhalb dieser Serie sangen sie einen Titel, der über vierzig Jahre zuvor mit den Inkspots erfolgreich gewesen war:

»Whispering Grass«. Für das Duo Davies, Windsor & Don Estelle wurde es im Juli 1975 ein Platz 1 in GB. Im Herbst des Jahres schafften sie mit *»Paper Doll«* noch einen Platz 41 in der Hitparade, dann war der musikalische Erfolg vorbei. Die beiden blieben jedoch zusammen und traten in Kabaretts auf.

Der Hit: *Whispering Grass*
Der Tip: *It Ain't Half Hot Mum* (EMI EMC 3074)

Davis, Billie

* 1945 als Carol Hedges. Die von Robert Stigwood entdeckte weiße britische Soulsängerin tauchte zum erstenmal 1962 in den Hitparaden auf. Zusammen mit Mike Sarne sang sie den Novelty-Titel *»Will I What?«*. Ein Jahr später hatte sie ihren ersten und größten Solo-Erfolg mit einer Coverversion des Exciters-Titels *»Tell Him«*, im März 1963 ein Platz 10 in GB. Der Nachfolgetitel *»He's The One«* wurde noch ein Platz 40. Dann hörte man fünf Jahre musikalisch nichts von ihr, dafür um so mehr von ihrer stürmischen Affäre mit dem Shadows-Gitarristen Jet Harris. 1968 tauchte sie dann noch einmal in GB auf Platz 33 mit *»I Want You To Be My Baby«* auf. Danach zog sie nach Spanien und verfolgte dort ihre Karriere weiter.

Der Hit: *Tell Him*
Der Tip: *Billie Davies* (Decca 6.24338)

Davis, Mac

* 21.1.1941 als Mac Scott Davis. Obwohl sich der amerikanische Sänger, Gitarrist und Songschreiber schon Anfang der 60er Jahre als Musiker versuchte, kam für ihn erst der Erfolg, nachdem Interpreten wie Lou Rawls, Glen Campbell und vor allen anderen O.C. Smith – für den er *»Daddy's Little Man«* schrieb – und Elvis Presley – für den er *»In The Ghetto«* und *»Don't Cry Daddy«* schrieb – seine Kompositionen aufgenommen hatten. 1969 erhielt Mac einen Plattenvertrag als Solist. Sein erster großer Hit war Mitte 1972 in den USA der Spitzenreiter und Millionseller *»Baby, Don't Get Hooked On Me«*. *»Stop And Smell The Roses«* war im August 1974 ein weiterer Top-10-Hit für ihn. Zwischen 1974 und 1976 hatte er eine eigene TV-Show in den USA. Außerdem wirkte er in etlichen Filmen als Schauspieler mit und tritt regelmäßig in Las Vegas auf.

Der Hit: *Baby Don't Get Hooked On Me*
Der Tip: *Baby Don't Get Hooked On Me* (CBS S 65231)

Davis, Paul

* 21.4.1948. Seinen ersten Erfolg hatte Paul Davis in der Rolle des Peter auf der 1970 erschienenen Konzept-LP *»Jesus Christ Superstar«*. Im gleichen Jahr hatte er auch seine ersten Chart-Erfolge. *»I Go Crazy«* kam im August 1977 in die US-Charts und konnte sich darin 40 Wochen behaupten. Für eine Single eine enorm lange Zeit. Als höchste Position erreichte sie Platz 7. Im Februar 1982 gelang dem Amerikaner mit *»65 Love Affair«* ein weiterer Hit. Er kam bis auf Platz 6. Ansonsten war Paul auch noch als Songschreiber und Produzent erfolgreich und wandte sich der Country-Music zu. Zusammen mit Marie Osmond stand er im August 1986 auf Platz 1 der Country-Charts mit *»You're Still New To Me«*. Gleiches gelang ihm mit Tanya Tucker und Paul Overstreet und dem Titel *»I Won't Take Less Than Your Love«* im November 1987.

Der Hit: *65 Love Affair*
Der Tip: *Cool Night* (Arista 204 357)

Davis, Sammy Jr.

* 8.12.1925, † 15.5.1990. Sammy Davis Jr. war die Inkarnation des US-Entertainments: Sänger, Filmschauspieler, Unterhalter und vielseitiger Musiker. So spielte er z. B. Piano, Baß, Schlagzeug, Vibraphon und Trompete. Er galt als ausgezeichneter Jazzsänger, und seine One-Man-Show machte ihn weltberühmt. Als Filmschauspieler war er 1959 in *»Porgy & Bess«*, 1961 in *»Pepe«* und 1963 in der *»Dreigroschenoper«* zu sehen. Als Tänzer ist er kaum zu schlagen. Sein Vater und sein Onkel Will Mastin, die in den 20er und 30er Jahren in den USA auch schon einen Namen hatten, holten den Junior in ihre Show, als er gerade acht Jahre alt war. (Sein Debüt als Profi – das ist verbürgt – gab er bereits im Alter von zwei Jahren.) Das Trio bereiste die ganzen Vereinigten Staaten. Dann kam der Zweite Weltkrieg, ab 1946 traten sie wieder zu dritt auf. In Hollywood brachen sie in einem Laden, der »Slapsie Maxie's« hieß, alle Rekorde, was die Anzahl der Besucher und deren Begeisterung anging. 1954 hatte Sammy einen Autounfall, verlor dabei ein Auge und brach sich die Nase so, daß sie nur schwer wieder zusammengeflickt werden konnte. Ab 1956 spielte er am Broadway, dann die ersten Filme. In den Hitparaden wird er ab 1954 erwähnt *»Something's Gotta Give«* ist Mitte 1955 sein erster Top-10-Erfolg in den USA, *»Love Me Or Leave Me«* im September 1955 ein Platz 8 in GB. Frank Sinatra hatte gerade seine eigene Plattenfirma aufgemacht, bei der neben Sammy Davis Jr. auch Dean Martin unter Vertrag war. Die drei, die auch zusammen in Filmen auftraten, verdienten sich schnell die liebenswürdige Bezeichnung »Rat Pack«, was wohl am besten mit Klüngel zu übersetzen ist. (Klüngel ist, wenn man einen kennt.) Sammys größter

Hit war im März 1982 der Millionseller und Spitzenreiter der amerikanischen Hitparade »*The Candy Man*« aus dem Film »*Willy Wonka And The Chocolate Factory*«. Den Verlust seines Auges und die von ihm erkannte Intoleranz um ihn herum machte Sammy zum Gegenstand seines bissigen und sarkastischen Humors. So bezeichnete er sich als den »einzigen einäugigen jüdischen Nigger der Welt«. Von ihm stammt auch folgende Aussage: »Als ich in das Showgeschäft kam, hieß es, für jede Art von Geschmack sei Platz. Deshalb nannte man das auch Varieté. Von Vielfalt ist im heutigen Showgeschäft nichts mehr zu spüren.« Sammy Davis Jr.s Version von »*Mr. Bojangles*« hat zwar nie in den Hitparaden gestanden, ist aber so ausdrucksstark wie keine andere. Sammy starb an Krebs.

Der Hit: *Candy Man*
Der Tip: *Collection* (MCA 256 143-2)

Davis, Skeeter

* 30.12.1931 als Mary Frances Penick. Skeeter war zwischen 1953 und 1976 regelmäßig in den US-Country-Charts zu finden. Auf ihren Künstlernamen Skeeter Davis war sie gekommen, als sie 1949 zusammen mit Betty Jack Davis (* 3.3.1932) als Davis Sisters auftraten. Die beiden hatten ihren größten Erfolg im August 1953, als sie mit »*I Forgot More Than You'll Ever Know*« auf Platz 1 der Country-Charts und auf Platz 18 der Pop-Charts standen. Zwei Wochen, bevor die Platte in die Hitparaden kam, ist sie bei einem Autounfall ums Leben gekommen. Skeeter wurde dabei so schwer verletzt, daß sie ein Jahr brauchte, um sich wieder zu erholen. Damit die Davis Sisters dann doch weitermachen konnten, nahm Georgia Davis, Bettys Schwester, deren Platz ein. Ab 1958 machte Skeeter dann Soloplatten, und zwischen 1960 und 1964 war sie auch in den Pop-Charts erfolgreich. Vor allem ihre Titel »*The End Of The World*«, im Januar 1963 in den USA ein Platz 2, in GB 18, und »*I Can't Stay Mad At You*«, im September des gleichen Jahres ein Platz 7 in den USA, machten sie auch in Pop-Kreisen populär.

Der Hit: *The End Of The World*
Der Tip: *20 Of The Best* (RCA NL 89522/TIS)

Spencer Davis Group

Spencer Davis, g/v (* 17.7.1939); Stevie Winwood, v/org/g (* 12.5.1948); Muff Winwood, b (* 14.6.1943 als Mervyn Winwood); Pete York, d (* 15.8.1942).
Einen richtigen Grund, weshalb die Band Spencer Davis Group hieß, gab es nicht. Vielleicht weil der Gitarrist Spencer Davis der älteste in diesem Quartett war. Spund in dieser Gruppe war der jüngere Bruder des Bassisten Muff Winwood,

Stevie Winwood. Der spielte Tasteninstrumente und Gitarre, war aber in der Hauptsache der Sänger und neun Jahre jünger als Spencer Davis. Als die Nummer »*Keep On Running*« im Januar des Jahres 1966 in der britischen Hitparade auf dem ersten Platz stand, war Stevie Winwood gerade 17 Jahre alt. Das läßt die Vermutung zu, daß die Gruppe gerade erst gegründet worden war – falsch; sie bestand schon seit 1963 in dieser Besetzung. Stevie war also gerade 14 Jahre alt, als man sich formierte. Mit 16 wurde er Profimusiker mit seinen Kumpels. Spencer Davis war vorher Deutschlehrer an der Universität in Birmingham gewesen und hatte sich fest vorgenommen, gegen den aufkommenden britischen Beat anzugehen. Der orientierte sich vorwiegend an den amerikanischen Rock 'n' Rollern. Die Spencer Davis Group nahm einen gehörigen Schuß Rhythm and Blues mit in ihr Programm. Die ersten Platten der Band waren Nachzieher von alten Blues-Standards wie »*Dimples*« von John Lee Hooker oder Titel wie »*Every Little Bit Hurts*« und »*I Can't Stand It*«. Sie blieben einem breiten britischen Publikum jedoch meist unbekannt. Bemerkenswert und bejubelt waren jedoch die Live-Auftritte der Band. Das Publikum war jedesmal von den Socken, wenn es die Stimme des Knaben Stevie Winwood hörte. In der Tat: Da ging der Vorhang auf, und dahinter standen die vier Musiker. Drei sahen aus wie brave Studenten, der vierte wie ein Hauptschüler. Die Musik begann – und dann begann Stevie zu singen. Zuerst ungläubiges Staunen, dann Begeisterung. Als ich die ersten Bilder der Spencer Davis Group sah, wollte ich auch nicht glauben, daß dieses kleine Lümmelchen der Sänger der Band ist und eine solche Röhre haben sollte. Er hatte aber und schrieb außerdem gute Songs. Nach »*Keep On Running*« erreichte die nächste Single »*Gimme Some Lovin'*« auch noch im Jahre 1966 Platz 1 in GB. Aber schon Ende 1967 stand fest, daß der kleine Stevie die Spencer Davis Group verlassen würde, um mit anderen Musikern Traffic zu gründen. Weitere Station für ihn war Blind Faith, und seit Anfang der 80er Jahre ist Steve, der lieber auf das »i« verzichtet, weil er sich inzwischen alt genug fühlt, ein etablierter Solo-Interpret. Die Spencer Davis Group hat sich nach dem Weggang von Stevie Winwood erst einmal getrennt, wurde wieder mit neuen Musikern ins Rennen geschickt und versickerte schließlich im Sande. Spencer Davis hat danach für einige Jahre als Talentsucher für die Plattenfirma gearbeitet, die einst seine Hits rausbrachte. Muff Winwood ist ein anerkannter Produzent in GB, und Pete York trommelt immer noch. In den Hitparaden der 90er Jahre ist allerdings nur noch der kleine große Steve Winwood zu finden.

Der Hit: *Keep On Running*
Der Tip: *Best Of* (EMI CDP 7 46598 2)

Davis, Tyrone

* 4.5.1938. Die Karriere des amerikanischen Soulsängers Tyrone Davis begann als Chauffeur für Freddie King. Ihn kutschierte er von 1959 bis 1962 durch die Gegend. Seine ersten Plattenaufnahmen machte er 1965 als Tyrone The Wonderboy mit der Gruppe Four Brothers. 1968 gelang ihm der Millionseller »*Can I Change My Mind*«, der es bis auf Platz 5 in den USA brachte. Im März 1970 hatte er einen weiteren Millionseller mit »*Turn Back The Hands Of Time*«, Platz 3 in den USA. Nach 1976 brach seine Karriere in den Pop-Charts ab. Ende 1982 hatte er noch einmal einen kleineren Hit. In den Rhythm & Blues-Charts war er bis in die 90er Jahre weiter erfolgreich.

Der Hit: *Turn Back The Hands Of Time*

Dawn

Tony Orlando (* 3.4.1944 als Michael Anthony Orlando Cassavitis), Telma Hopkins (* 28.10.1948), Joyce Vincent (* 14.12.1946), alle v.
Damit hatte Tony Orlando schon nicht mehr gerechnet. Mitte 1970 erschien die Single »*Candida*« und wurde ein Platz 3 und ein Millionseller in den USA. Bis zu diesem Zeitpunkt hatte Tony schon eine bewegte Geschichte hinter sich, war Anfang der 60er Jahre ein Plattenstar in den USA und GB gewesen und hatte sich danach als Promotionmann und Manager für einen Musikverlag über Wasser gehalten. Ende der 60er Jahre formierte sich in einem New Yorker Studio eine Gruppe namens Wind. Leadsänger war Tony Orlando. Sie veröffentlichten die Single »*Make Believe*«, die im September 1969 bis auf Platz 28 in den USA kam. 1970 erhielt Hank Medress, einst Mitglied der Tokens und jetzt Produzent für Bell Records, ein Demoband. Hank gefiel das Stück »*Candida*«, aber nicht die Stimmen. Er bat Tony, die Leadstimme zu singen, und organisierte Backgroundsänger, darunter Ellie Greenwich und ehemalige Mitglieder der Tokens. Damit begann die Karriere von Dawn. Tony Orlando hatte schon ganz vergessen, daß er den Titel aufgenommen hatte, und war sehr erstaunt, die Nummer in den Billboard-Charts zu sehen. Als Interpreten wurde Dawn genannt, womit er nichts anfangen konnte. Als er dann schließlich realisierte, daß er der Sänger dieses Hits war, befiel ihn Angst, er könne seinen Job verlieren, weil er bei einer Konkurrenzfirma eine Platte aufgenommen hatte. Hank Medress konnte ihn nur schwer für weitere Titel von Dawn gewinnen. Der Nachfolgehit »*Knock Three Times*« war im November 1970 ein weiterer Millionseller und ein Spitzenreiter in der amerikanischen und der britischen Hitparade. Ab Ende 1971 nannte man sich Dawn featuring Tony Orlando, und als es nun darum ging, live aufzutreten, wurden erst Telma Hopkins und Joyce Vincent in die Formation geholt. 1973

gelangen zwei weitere Millionseller: *»Tie A Yellow Ribbon Round The Old Oak Tree«*, Platz 1 in den USA und in GB, und *»Say, Has Anybody Seen My Sweet Gypsy Rose«*, Platz 3 in den USA. Jetzt schien für Tony der Moment gekommen zu sagen, daß er nicht mehr hinten anstehen wollte. Ab sofort erschienen die Platten als Tony Orlando & Dawn. Es gelangen noch zwei weitere Top-10-Erfolge: *»Steppin' Out, Gonna Boogie Tonight«* 1974 und *»He Don't Love You (Like I Love You)«*, im März 1975 Spitzenreiter und Millionseller. 1977 zog sich Tony Orlando aus dem Musikgeschäft zurück, um wenig später erneut als Solist sein Glück zu versuchen. Die Popularität der Formation war Mitte der 70er Jahre so groß, daß sie zwischen 1974 und 1976 eine eigene TV-Show hatten. Telma Hopkins spielte in einigen Fernsehserien mit. 1988 kamen Tony Orlando und Dawn noch einmal zu einer Reunion-Tour zusammen.

Der Hit: *Tie A Yellow Ribbon Round The Old Oak Tree*
Der Tip: *Greatest Hits* (Arista IC 062-96768)

Day, Bobby

* 1.7.1930 als Robert Byrd, † 15.7.1990. Der amerikanische Sänger gründete 1950 die Hollywood Flames, die mit *»Buzz-Buzz-Buzz«*, im November 1957 ein Platz 11 in den USA, ihren größten Erfolg hatten. Die Leadstimme auf diesem Hit sang Earl Nelson. Die Fluktuation der Mitglieder war enorm, und auch über einen endgültigen Gruppennamen konnten sie sich anscheinend nicht einigen. Man kannte die Band auch als The Flames, 4 Flames, Hollywood 4 Flames, Jets, Tangiers oder als Satellites. Im November 1957 erschien *»Little Bitty Pretty One«* in der amerikanischen Hitparade. Als Interpreten wurden Bobby Day & The Satellites genannt. Im August 1958 – diesmal nur unter seinem Namen – erreichte Bobby mit *»Rockin' Robin«* Platz 2 in den USA. Mit dem Beginn der 60er Jahre war seine Solokarriere wieder beendet. Zusammen mit Earl Nelson gründete er das Duo Bob & Earl, wurde dann jedoch vor dem ersten Hit durch Bob Relf ersetzt. Day machte weiter Platten, die jedoch nicht erfolgreich waren. Seine Kompositionen wurden jedoch durch andere Interpreten übernommen und erneut zu Hits gemacht. *»Over And Over«* war ein Hit für Dave Clark Five, *»Rockin' Robin«* ein Hit für Michael Jackson und *»Little Bitty Pretty One«* für Thurston Harris, Frankie Lymon, Clyde McPhatter und die Jackson Five. Bobby Day starb an Krebs.

Der Hit: *Rockin' Robin*
Der Tip: *Rockin' With Robin* (Class Records LP 5002)

Day, Dennis

* 21.5.1917 als Eugene Patrick McNulty, † 22.5.1988. Der aus New York stammende Tenor sang und spielte zusammen mit Jack Benny in dessen Radio- und TV-Shows ab 1939 bis 1960. 1947 gelang ihm mit »*Mam'selle*« ein Platz 8 in den USA. Bis 1951 hatte er weitere Hitnotierungen, aber keinen Top-10-Erfolg mehr. Nachdem 1965 die Jack-Benny-Show abgesetzt war, trat er in Clubs und Theatern auf und sang vorwiegend eine Mixtur seiner irischen Lieblingssongs. Außerdem wirkte er in mehreren Filmen mit. In den 80er Jahren zog sich der Vater von zehn Kindern endgültig nach Südkalifornien zurück. Sein Haus war vollgestopft mit Antiquitäten und Erinnerungen, speziell an seinen alten Boß Jack Benny. Er war ein eifriger Förderer der Muscular Dystrophy Association und zeitweise auch deren Vizepräsident. Auch Dennis selbst starb an Muskelschwund, bzw. wie man in den USA sagt Gehrig's Disease, nach dem berühmten Baseballspieler, der dieser Krankheit ebenfalls zum Opfer fiel.

Der Hit: *Mam'selle*

Day, Doris

* 3.4.1924 als Doris von Kappelhoff. Ursprünglich wollte die deutschstämmige Amerikanerin Tänzerin werden. Sie verletzte sich jedoch an den Beinen und entschied sich für den Gesang. Sie begann ihre Karriere Ende der 30er Jahre in der Band von Barney Rapp, der in Cincinnati, der Heimatstadt von Doris, neben einer eigenen Band auch einen eigenen Nachtclub leitete. Barney störte der Nachname Kappelhoff, und er empfahl ihr, sich Day zu nennen – nach ihrem zu diesem Zeitpunkt besten Gesangsstück »*Day After Day*«. Die nächsten Stationen waren die Bands von Fred Waring und Bob Crosby. Zwischen 1943 und 1946 wurde sie dann die Sängerin der Les-Brown-Band. Ihr erster Hit, im März 1945 Nummer 1 in den USA für neun Wochen und Millionseller, war mit Les Brown »*Sentimental Journey*«. Noch im gleichen Monat erreichte ein weiterer späterer Nummer-1-Hit von ihr und Les die Charts: »*My Dreams Are Getting Better All The Time*«. Bis Doris Les verließ, schaffte sie noch weitere vier Top-10-Erfolge mit ihm. Ab Ende 1947 erschienen dann ihre ersten Soloplatten. »*Love Somebody*« hieß im Mai 1948 ihr erster Millionseller und Spitzenreiter in den USA. »*A Guy Is A Guy*« im März 1952 und »*Secret Love*« im Januar 1954 brachten dasselbe Ergebnis. Ansonsten hatte sie noch etliche weitere Top-10-Erfolge und wurde am bekanntesten durch »*Whatever Will Be, Will Be*« aus dem Hitchcock-Film »*Der Mann, der zuviel wußte*«, in dem sie neben James Stewart die Hauptrolle spielte. Diese Platte wurde Mitte 1956 Platz 2 in den USA und dann auch in Deutschland und ein Spitzenreiter in GB. Von den späten 50er bis Mitte der 60er Jahre war sie die

populärste und erfolgreichste amerikanische Schauspielerin. Das lag vor allem an ihrem natürlichen und nicht affektierten Wesen. Dazu kam eine gehörige Portion komisches Talent. Zu ihren großen Filmerfolgen gehören *»Bettgeflüster«* 1959, *»Mitternachtsspitzen«* 1960 und *»Ein Hauch von Nerz«* 1961. Es dürfte im übrigen wohl in der Tat nur ein Hauch von Nerz sein, denn von ihr stammt der Ausspruch, daß es »ein Verbrechen ist, ein Tier zu töten, um daraus einen Mantel zu machen«. Doris machte auch Platten zusammen mit Frankie Laine und Johnny Ray. Zwischen 1968 und 1973 war sie im Fernsehen sehr erfolgreich. In ihrer Show spielte sie die Rolle der Doris Martin. Ihre Serie gilt als eine der frühesten Shows, in der die Situation einer unabhängigen Frau dargestellt wird. 1975 erschien »Doris Day: Her Own Show«. Das Buch entwickelte sich zu einem Bestseller.

Der Hit: *Whatever Will Be, Will Be*
Der Tip: *Greatest Hits* (CBS 462 556-2)

Dayne, Taylor

* 3.7.1962 als Lesley Wunderman. Während ihrer High-School-Zeit nahm die Amerikanerin Gesangs- und Tanzunterricht und setzte das zunächst zwei Jahre in der Heavy-Metal-Band Felony um, dann in der New-Wave-Band The Next. Als Leslee nahm sie dann zwei Soloplatten für ein Independent Label auf – das kurz darauf dichtmachte. Damit waren die Platten dann auch weg. Als nächstes erschien 1988 die Single *»Tell It To My Heart«*, die im Januar Platz 7 in den USA erreichte, in Deutschland Spitzenreiter wurde. Im Mai gelang ihr mit *»Prove Your Love«* in den USA wieder ein Platz 7. Dann ging es noch weiter nach oben: *»I'll Always Love You«* wurde im September 1988 Nummer 3, *»Don't Rush Me«* im Januar 1989 ein Platz 2. Den nächsten Top-10-Erfolg hatte sie dann mit der Nummer *»With Every Beat Of My Heart«* im Dezember 1989. Im Januar 1990 kam als nächster Titel *»Love Will Lead You Back«* in die amerikanischen Charts und wurde im April Spitzenreiter. Im Mai 1990 stand sie dann mit *»I'll Be Your Shelter«* auf Platz 4.

Der Hit: *Love Will Lead You Back*
Der Tip: *Tell It To My Heart* (Arista 258 898)

Dazz Band

Bobby Harris, bl/v; Pierre DeMudd, bl/v; Skip Martin III, bl/v; Eric Fearman, g; Kevin Frederick, key; Kenny Pettus, per; Michael Wiley, b; Isaac Wiley, d; Marlon McClain, g; Keith Harrison, key.

Bobby Harris formierte die Dazz Band Ende der 70er Jahre mit zwei aus Cleveland stammenden Funkgruppen: Bell Telefunk und der Kinsman Grill House Band. Zunächst nannte er die neue Formation Kinsman Dazz, später nur noch Dazz Band. Den Ausdruck Dazz bildete er aus danceable Jazz (= tanzbarer Jazz). Nach zwei wenig erfolgreichen Plattenveröffentlichungen als Kinsman Dazz gingen sie 1980 zu Motown und spielten ganz im Jazz-Funk-Stil von Earth, Wind & Fire. Einen Top-10-Hit schafften sie schließlich 1982 mit *»Let It Whip«*. Dieser Titel brachte ihnen dann auch gleich noch einen Grammy als beste R&B-Gruppe. Erfolge verzeichneten sie danach hauptsächlich in den speziellen schwarzen Hitparaden, Pop-Crossover-Hits gelangen ihnen nicht mehr.

Der Hit: *Let It Whip*
Der Tip: *Wild And Free* (Geffen 7599-24110-2)

Deacon Blue

Ricky Ross, v (* 22.12.1957); James Prine, key (* 3.11.1960); Graeme Kelling, g (* 4.4.1957); Ewan Vernal, b (* 27.2.1964); Dougie Vipond, d (* 15.10.1960); Lorraine McIntosh, v (* 13.5.1964).
Die Ursprünge der schottischen Gruppe gehen zurück bis ins Jahr 1982. Ross, ein Lehrer, wird Mitglied in der Glasgower Gruppe Woza. 1983 schickt er ein Solo-Demotape von sich an Verleger in London. Er erhält den Rat, eine Gruppe zusammenzustellen, mit der er sein Talent als Songschreiber unter Beweis stellen kann. Das geschieht 1985. Ross wählt den Namen Deacon Blue von einem Song der LP *»Aja«* von Steely Dan. 1986 erhalten sie einen Plattenvertrag von Muff Winwood, einst Mitglied der Spencer Davis Group, der jetzt für die CBS London arbeitet. Im November beginnen die Arbeiten an dem ersten Album, und erst zu diesem Zeitpunkt kommt die Freundin von Ricky, Lorraine McIntosh, mit in die Band. Im März 1987 erscheint *»Dignity«* als erste Single, die jedoch vorerst nicht in die Hitparaden kommt. Nach der ersten LP und einer Tournee wird das Interesse an der Band geweckt, und *»Dignity«* wird neu abgemischt und wieder veröffentlicht. Dieses Mal erreicht die Platte Platz 31. Mit *»Real Gone Kid«* hat die Band im Oktober 1988 einen ersten Top-10-Erfolg. Die EP mit Songs, die Bacharach und David geschrieben haben, bringt Deacon Blue im August 1990 auf Platz 2 in GB. Bei den vier Liedern auf dieser EP handelte es sich um *»I'll Never Fall In Love Again«*, *»The Look Of Love«*, *»Are You There (With Another Girl?)«* und *»Message To Michael«*. *»Twist And Shout«* war Mitte 1991 ein weiterer Top-10-Erfolg. Dieser Titel hat nichts mit der alten Isley-Brothers-Nummer zu tun. Deacon Blue hat das Potential, in den 90er Jahren eine wichtige Band zu werden.

Der Hit: *Four Bacharach & David Songs*
Der Tip: *When The World Knows Your Name* (CBS 463 321 2)

Dead End Kids

Robbie Gray, v/harm (* 23.2.1957); Alistair Kerr, b/v (* 15.3.1956); Colin Junior Ivory, g (* 29.9.1959); Davey Johnston, key (* 27.7.1955); Ricky Squires, d/v (* 5.12.1956).

Johnston und Kerr gründeten 1974 die Band Vehicle. Im Sommer 1975 wurde daraus Dead End Kids. Bekannt wurden sie, als sie im Herbst 1976 mit den Bay City Rollers auf Tournee gingen. Es war der britische Songschreiber, Interpret und Produzent Barry Blue, der in dieser Band eine etwas härtere Nachfolgegruppe für die Bay City Rollers sah. Im März 1977 tauchte die von ihm produzierte alte Honeycombs-Nummer *»Have I The Right«* in der britischen Hitparade auf und erreichte Platz 6. Das ist der einzige nennenswerte Erfolg dieser schottischen Gruppe.

Der Hit: *Have I The Right*
Der Tip: *Breakout* (CBS 82254)

Dead Or Alive

Pete Burns, v (* 5.8.1959 als Peter Jozzepi Burns); Martin Healey, key; Sue James, b; Joe Musker, d; Timothy Lever, key; Mike Percy, b; Steve McCoy, d.

Mit seinen außergewöhnlichen Frisuren soll der Liverpooler Pete Burns angeblich schon Boy George inspiriert haben. 1977 war er in einer Band namens Mystery Girls Mitglied, dann bei Nightmares In Wax. 1981 gründete er Dead Or Alive, deren erste Plattenaufnahmen in den Independent-Charts auftauchten. 1984 erschien die erste LP *»Sophisticated Boom Boom«*. Die Platte brachte eine abenteuerliche Mischung aus High-Energy-Disco-Sound und Punk. Im selben Jahr kam mit *»That's The Way I Like It«*, einer Coverversion der KC-&-The-Sunshine-Band-Nummer, der erste Single-Erfolg. Produzent der Platte war der Deutsche Zeus B. Held. Der große Erfolg sollte sich einstellen, nachdem Dead Or Alive den Produzenten wechselten. Jetzt waren Stock/Aitken/Waterman für die Platten verantwortlich, und *»You Spin Me Round (Like A Record)«* kam im Dezember 1984 in die britischen Charts und wurde Spitzenreiter. In den USA reichte es ein halbes Jahr später immer noch für Platz 11. Bis 1989 erschienen weitere Singles, die jedoch nicht mehr die Top 10 erreichten.

Der Hit: *You Spin Me Round (Like A Record)*
Der Tip: *Mad, Band and Dangerous To Know* (CBS 01-450257-10)

Dean, Hazell

* 27.10.1956 als Hazell Dean Poole. Im April 1984 kam ihre Platte *»Searchin«* in die britischen Charts – im gleichen Jahr wurde sie von der Zeitschrift Record Mirror zur besten »High-Energy-Künstlerin« des Jahres gewählt. Ihre Platte *»Whatever I Do (Wherever I Go)«* ist einer der ersten Titel, die die Hitfabrik Stock/Aitken/Waterman hervorbrachte – sie erreichte im April 1984 einen Platz 4 in GB. Danach wurde es einige Zeit stiller um Hazell, bis sie im März 1988 mit *»Who's Leaving Who«* einen weiteren Top-10-Erfolg verbuchen konnte. In den USA konnte sich Hazell nie behaupten. Möglich, daß sie dafür einfach zu normal war.

Der Hit: *Who's Leaving Who*
Der Tip: *Always* (EMI CDP 7 903 042)

Dean, Jimmy

* 10.8.1928 als Seth Ward. Er begann seine Karriere mit den Tennessee Haymakers und gründete 1952 seine eigene Band Texas Wild Cats. Ab 1953 war der Country-Sänger auch als Solist erfolgreich und schaffte zwei Crossover-Hits: *»Big Bad John«* wurde im Oktober 1961 ein Platz 1 in den USA, Platz 2 in GB; *»P.T. 109«* – dieses Lied behandelt den Einsatz von John F. Kennedy auf dem Torpedoboot P.T. 109, das 1943 versenkt wurde – erreichte im März 1962 Platz 8. Wie wir wissen, hat John F. Kennedy das überlebt. Nach längerer Abwesenheit aus den Pop-Hitparaden erreichte Jimmy mit *»I O U«* Mitte 1976 zwar nur einen Platz 35 in der Pop-Hitparade, aber einen Millionseller. Die Platte war ein Dank an seine Mutter.

Der Hit: *Big Bad John*
Der Tip: *Big Bad John* (Bear Family BCD 15 723)

De Angelo, Nino

* 18.12.1963 als Domenico Gerhard Gorgolione. Drafi Deutscher soll der Entdecker dieses Interpreten sein, dessen erster Hit aus dem Jahre 1982 stammt. Mit einer deutschen Version von *»Guardian Angel«*, gesungen von Masquerade alias Drafi Deutscher, der den Titel auch geschrieben hatte, erreichte er im November 1983 die Hitparade und wurde Spitzenreiter und Platinseller. Bei Nino hieß die Nummer *»Jenseits von Eden«*. Über mehrere Wochen stand er mit seiner Version auf Platz 1 in Deutschland und Masquerade auf Platz 2. Nino de Angelo nahm zusätzlich noch für den englischen Markt eine

Version auf, die jedoch nur bis auf Platz 57 kam. Obwohl in der Folge noch etliche Hitnotierungen von Nino zu finden sind, erreichte er nicht wieder die Top 10.

Der Hit: *Jenseits von Eden*
Der Tip: *De Angelo* (WEA 9031-73292-2)

DeBarge

Bunny, v (* 11.3.1955); Eldra, v/key (* 4.6.1961); Mark, tr/sax (* 19.6.1959); James, key (* 22.8.1963); Randy, b (* 6.8.1958).
1978 gründete Bunny mit ihren vier Brüdern die Formation DeBarge. Die fünf waren nur ein Teil der kinderreichen Familie aus Grand Rapids in Michigan. 1979 erhielt die Gruppe einen Vertrag bei Motown, und 1981 wurde ihr Debütalbum *»DeBarges«* veröffentlicht. Ab 1983 kamen sie in die Single-Hitparade und hatten dort ihren größten Erfolg mit einem Song aus dem Berry-Gordy-Film »The Last Dragon«: *»Rhythm Of The Night«* wurde ein Top-10-Hit in den USA und in GB. Wenig später gelang noch ein weiterer Top-10-Erfolg mit *»Who's Holding Donna Now«*. Die nächsten Platten erschienen als El DeBarge with DeBarge, und 1986 trennte sich Eldra von seinen Geschwistern und machte Platten als El DeBarge. Die obengenannten Mitglieder hatten noch weitere Brüder. Davon waren Bobby und Tommy in der Gruppe Switch, die es 1978/79 auf einige Erfolge brachte. Die Gruppe Switch wurde von Jermaine Jackson entdeckt. Ein weiterer Bruder war Chico DeBarge, der es 1986 mit *»Talk To Me«* auf einen Platz 21 in den USA brachte. Private Probleme sorgten für Turbulenzen in der Familie. James war 1984 kurz mit Janet Jackson verheiratet. Bobby und Chico wurden im Oktober 1988 wegen Kokainhandels verhaftet und verurteilt.

Der Hit: *Rhythm Of The Night*
Der Tip: *Rhythm Of The Night* (Gordy ZL 72340)

DeBarge, El

* 4.6.1961. Seit der Gründung 1978 war El der Leadsänger der Geschwistergruppe DeBarge gewesen, so auch auf den Hits der Gruppe seit 1982. 1986 beschloß El, es im Alleingang mit einer Mischung aus Pop und Soul zu versuchen. Großes Vorbild für ihn war immer Michael Jackson gewesen. An dessen Erfolge kam er jedoch nicht im entferntesten heran. Er brachte es im April 1986 auf einen Platz 3 in den USA mit *»Who's Johnny«* aus dem Film »Nummer 5 lebt«. Hier dürfte der Erfolg des Films dem Titel stark geholfen haben. Ansonsten ist ihm kaum etwas gelungen.

Der Hit: *Who's Johnny*
Der Tip: *El DeBarge* (Gordy ZL 72441)

de Burgh, Chris

* 15.10.1948 als Christopher John Davison in Argentinien. Seine irischen Eltern waren eine Zeitlang dort als Diplomaten, und die Familie seines Großvaters besaß dort eine Farm. Im Alter von vier Jahren zog die Familie kurz nach Irland und dann zunächst für einige Zeit nach Malta. Als nächste Station folgte Nigeria. Mit siebeneinhalb Jahren schickten ihn die Eltern dann nach Irland in ein Internat. Als Chris de Burgh 1986 das Album *»Into The Light«* veröffentlichte, war er für viele ein Newcomer. Der Spitzenreiter der britischen Hitparade, *»The Lady In Red«*, machte ihn einem breiteren Publikum bekannt. Speziell in Deutschland hatte sich Chris schon vorher einen Fan-Stamm erarbeitet. Nummern wie *»The Getaway«* 1982, *»Don't Pay The Ferryman«* 1983 oder *»High On Emotion«* 1984 waren hierzulande sehr populär. Aber auch das war nicht der Beginn der Karriere von Chris de Burgh. Die Eltern hatten 1960 Irland zum endgültigen Wohnsitz erkoren. Hier hatten sie Bargy Castle, eine Burg aus dem 12. Jahrhundert, erworben, die sie in mühevoller Renovierungsarbeit zum Hotel umbauten. In diesem Hotel unterhielt Chris, der am berühmten Trinity College in Dublin Romanistik und Anglistik studierte, die Gäste. Bevor er überhaupt an eine Profikarriere als Musiker dachte, hatte er Hunderte von Solokonzerten in diesem Hotel gegeben. Hier trägt er auch erste eigene Kompositionen vor. Die besten davon faßte er 1975 für sein erstes Album *»Far Beyond These Castle Walls«* zusammen. Darauf schon Meisterwerke wie *»Hold On«*, *»Windy Night«*, *»Sin City«* oder *»Satin Green Shutters«*. Jeder dieser vier Titel wäre schon damals für die Hitparaden prädestiniert gewesen, schaffte es aber leider nicht. Von der musikalischen Qualität des Chris de Burgh waren zum damaligen Zeitpunkt nicht viele Käufer überzeugt, aber doch etliche seiner Musikerkollegen. Seine erste größere Tournee machte er im Vorprogramm seiner Label-Kollegen Supertramp. Barry de Souza, Phillip Goodhand-Tait oder Madeline Bell wirkten auf seiner ersten Plattenproduktion mit. Auch die Kritiker überschlugen sich damals vor Begeisterung. Es nützte nichts. Auch die nächsten LPs, wie *»Spanish Train And Other Stories«*, *»At The End Of A Perfect Day«*, *»Crusaders«* oder *»Eastern Wind«*, waren handwerklich sehr gut gemacht, wurden aber nicht die großen Verkaufsknüller. Trotzdem wird diese fünfte LP, *»Eastern Wind«*, als ein Markstein in der Karriere von Chris angesehen. Zum erstenmal arbeitete er bei den Aufnahmen mit einer eigenen Band zusammen. Zum erstenmal engagierte er einen Amerikaner als Produzenten, und zum erstenmal wählte er ein Studio außerhalb Englands. »Die Produktion hat mir so viel Spaß gemacht wie noch nie zuvor. Früher fühlte ich mich durch die klassische Tradition meiner Musik immer etwas eingeengt. Diesmal sollten jedoch die Kraft und die Spielfreude unserer Live-Auftritte im Mittelpunkt der Arbeit stehen.« Wohl weil auch bisher ein Single-Erfolg ausgeblieben war, faßte die Plattenfirma schon mal die besten Stücke von ihm 1981 auf der

Langspielplatte »*Best Moves*« zusammen. Für eine Endabrechnung wohl etwas zu früh. Dazu Chris: »Um ehrlich zu sein, hatte ich nicht gewußt, was ich tun sollte, bevor ›*Best Moves*‹ herauskam. Ich hatte nie darüber nachgedacht, eine Zusammenstellung herauszubringen. Es war damals ein Vorschlag der kanadischen Plattenfirma. Obwohl ich dort niemals eine Hit-Single hatte, waren die Verkaufszahlen meiner LPs und die Zahl der Konzertbesucher hoch.« Der Schachzug war geschickt. »*Best Moves*« wurde die erste LP von Chris, die sich in der britischen LP-Hitparade niederschlug. Womit er bis zu diesem Zeitpunkt aber wirklich überzeugen konnte, waren seine Konzerte. Es muß auch mit den menschlichen Qualitäten von Chris de Burgh und seiner Liebenswürdigkeit zu tun haben, daß er über einen so langen Zeitraum Platten veröffentlichen konnte, ohne daß ihn seine Firma fallenließ. Etliche andere Künstler haben es nie auf fünf Nicht-Chart-LPs in GB gebracht. Daß man ihn nicht hat fallenlassen, erwies sich im nachhinein ebenfalls als guter Zug, denn erst jetzt ging die Karriere richtig los. Nach der LP »*Getaway*« 1982 erschien im Frühjahr 1984 »*Man On The Line*«. Diese LP kam schon bis auf Platz 11 der britischen LP-Charts. Zum Weihnachtsgeschäft 1984 faßte man noch einmal die bisherigen Nicht-Hits als »*The Very Best Of Chris de Burgh*« zusammen, und damit hatte er seinen ersten Top-10-Erfolg. Chris de Burgh entwickelte sich mehr und mehr zu einem generationsübergreifenden Künstler. Vom ganzen Habitus, von der Kleidung bis zum Gesangsstil ist er sowohl für Dreizehn- wie auch für Siebzigjährige akzeptabel. Chris de Burgh: »Jedesmal, wenn wir auf Tournee sind, scheint das Publikum immer breitgefächerter zu werden. Die Mehrheit der Fans scheint bei einem Konzert so 15 bis 25 Jahre alt zu sein, aber es ist nichts Ungewöhnliches, ein etwas reiferes Paar zu entdecken, das mit all den anderen gemeinsam auf die Musik abfährt. Bei einem Konzert saßen drei Frauen nebeneinander, eine Großmutter, eine Mutter und ein Teenager. Sie hielten ein Spruchband hoch, auf dem stand: ›Ein Dankeschön von drei Generationen Chris-de-Burgh-Fans.‹ Und wo wir auch spielen, es ist überall das gleiche.« Seine Lieder waren ebenfalls so konstruiert, daß sie sowohl in Laufbandprogrammen wie in Rock-Sendungen zu hören waren. Nach dem weltweiten Erfolg von »*The Lady In Red*« 1986 blieb Chris de Burgh der, der er auch vorher gewesen war: der bescheidene und sympathische Künstler, der auf der einen Seite sagt, er könne jetzt natürlich nicht mehr vor vierzig Leuten im Rheinterrassen-Bierkeller, wo er seine erste Deutschland-Tournee begann, spielen, schon weil die Nachfrage nach Eintrittskarten so groß sei, daß er in den größtmöglichen Hallen spielen müsse, auf der anderen Seite sich aber eben an diese kleinen Dinge auch noch erinnert.

Der Hit: *The Lady In Red*
Der Tip: *Spark To A Flame* (A&M 397 032-2)

De Castro Sisters

Die Schwestern Peggy, Babette und Cherie wuchsen in Kuba auf. Ihr Vater war dort Besitzer einer Zuckerrohrplantage, spielte aber keine Fiedel. Anfang der 50er Jahre zogen sie nach New York und wurden sehr populär mit ihrer Mixtur aus Balladen und Novelty-Nummern und durch ihren exaltierten Lebensstil. Im Oktober 1954 gelang den Schwestern mit *»Teach Me Tonight«* ein Platz 2 in der amerikanischen Pop-Hitparade. Bis zum Ende der 50er Jahre wurde sie mit weiteren Hits verzeichnet. 1988 traten sie noch einmal in Las Vegas auf.

Der Hit: *»Teach Me Tonight«*

Decker, Diana

Der amerikanischen Sängerin gelang ein einziger Hit, und das in GB. Sie sang *»Poppa Piccolino«*. Die Platte erreichte im Oktober 1953 einen Platz 2 in den britischen Charts, fiel wieder raus, kam im Januar 1954 erneut unter die ersten 10 und belegte Platz 5. Dabei ist es geblieben.

Der Hit: *Poppa Piccolina*

Dee, Dave, Dozy, Beaky, Mick And Tich

Dave Dee, v (* 17.12.1941 als David Harman); Dozy, b (* 27.11.1944 als Trevor Davies); Beaky, g (* 10.7.1944 als John Dymond); Mick, g (* 4.3.1944 als Michael Wilson); Tich, d (* 15.5.1944 als Ian Amey).
Mitglieder dieser Band kamen 1961 zusammen und gehörten zu denen, die sich in Hamburg auf der Reeperbahn ihre Spielpraxis holten. 1963 spielten sie für zwei Monate im Top Ten und entwickelten da auch ihre Mixtur aus Rock 'n' Roll, Rhythm & Blues und witzigem Auftritt. Dave Dee hatte zu diesem Zeitpunkt bereits eine Karriere als angehender Polizist hinter sich. Er gehörte zu denjenigen, die am 17. April 1960 auf der A4 zum Unfall eines Ford Consul gerufen wurden. In diesem Auto saßen Eddie Cochran und Gene Vincent. Eddie Cochran starb, Gene Vincent wurde schwer verletzt. Im September 1964 traten Dave Dee And The Bostons, wie sie sich zu diesem Zeitpunkt noch nannten, im Vorprogramm der Honeycombs auf und beeindruckten deren Manager und Songschreiber Ken Howard und Alan Blaikley. Wenig später unterschrieben sie einen Vertrag mit ihnen und nannten sich nun Dave Dee, Dozy, Beaky, Mick and Tich. Im Januar 1965 erschien ihre erste Single *»No Time«*, die jedoch nicht beeindruckte. Auch ihre nächste Single *»All I Want«*, eine Ballade, wurde ein Flop. Mit *»You Make It Move«* werden sie im Dezember des gleichen Jahres zum erstenmal in den Charts

verzeichnet, und zwischen März 1966 und Herbst 1968 bringen sie es auf acht Top-10-Hits. Ihr größter Erfolg ist im Februar 1968 *»Legend Of Xanadu«*, ein Platz 1 in GB. In Deutschland hieß ihr einziger Spitzenreiter *»Bend It«* im Herbst 1966. Im August 1969 verließ Dave Dee die Band und versuchte sich als Solist – ohne nennenswerten Erfolg. Der Rest machte als D, B, M & T weiter, brachte es aber nur auf Platz 33 mit der Nummer *»Mr. President«*. 1974 kamen sie alle noch einmal für eine Platte, *»She's My Lady«*, zusammen, aber ihre Hitzeit war vorbei. Zu diesem Zeitpunkt arbeitete Dave Dee auch hauptberuflich schon als A&R-Manager für WEA. In den 80er Jahren kam die Gruppe hin und wieder und mit wechselnden Besetzungen für die obligaten Revival-Veranstaltungen wieder zusammen, spielte häufig in Deutschland und trat Ende des Jahrzehnts vorwiegend in ihrem eigenen Club in Marbella in Spanien auf. Ende 1989 tat sich Dave Dee mit den Trümmern der Gruppe Marmalade zusammen und veröffentlichte die Single *»Scirocco«*, die nicht einmal VW-Fahrer beeindruckte.

Der Hit: *The Legend Of Xanadu*
Der Tip: *The Legend Of* (Mercury 834 590 2)

Dee, Joey

* 11.6.1940 als Joseph DiNicola. Beim Namen Joey Dee erinnert man sich an Twist oder an Peppermint Lounge. Über diese Peppermint Lounge in New York und die Musiker, die mit ihm spielten, erzählte Joey Dee später einmal in einem Interview:

»Es war dieses Ding, was einem nur einmal im Leben passiert – zur richtigen Zeit an der richtigen Stelle. Kaum ein großer Star, der damals nicht in unseren Laden kam. Ich habe mit Shirley MacLaine getanzt. Sie kam fast jeden Abend. Ebenso Judy Garland. Es kamen John Wayne, Robert Mitchum, viele Senatoren, Mitglieder des englischen Königshauses. Heute hängen bei mir zu Hause Bilder aus dieser Zeit mit all den Persönlichkeiten. Später machte ich direkt um die Ecke vom Peppermint einen eigenen Laden auf. Die Musiker, die dann mit mir spielten, waren die, die wenig später als Young Rascals Erfolge feiern sollten. Einer meiner Musiker war ein junger Mann, der sich Jimmy James nannte und aus Seattle kam. Der ging später nach London, nannte sich Jimi Hendrix und wurde ein riesiger Star. 1963 hatte ich als Backgroundchor ein Trio engagiert. Es waren die beiden Schwestern Ronnie und Estelle Bennett und deren Cousine Nedra. Phil Spector hörte sie bei mir, nahm mit ihnen *›Be My Baby‹* auf und machte sie als Ronettes zu Weltstars. Das alles begann mit diesem kleinen simplen Tanz, der damals alle Altersschichten begeisterte und Twist hieß. Danach wurde immer wieder versucht, einen Tanz in dieser Art zu kreieren. Es hat nie wieder so richtig geklappt.«
Schon 1958 hatte Joey in New Jersey Joey Dee & The Starliters gegründet, aber

erst die Twist-Welle – im Jahr 1962 hatte sie ihren Höhepunkt erreicht – brachte ihn wirklich nach oben. Die Nummer *»Peppermint Twist – Part I«* erreichte im November 1961 die US-Charts und wurde Platz 1. Hektisch wurde danach ein Film gedreht, der den phantasievollen Titel *»Hey, Let's Twist!«* hatte und als Star Joey Dee. Daraus war auch sein zweiter Top-10-Hit, *»Shout – Part I«*, im März 1962 ein Platz 6. In Deutschland wurde im August 1962 die Nummer *»Ya Ya«* noch einmal ein Platz 4. Dann ließ Joeys Erfolg nach, und hier in Deutschland versuchte er sich als Schlagersänger in deutscher Sprache und hatte mit *»Bitte, bitte, Baby«* Anfang 1964 einen Platz 30. Nach seiner Zeit als Interpret und als Besitzer des Konkurrenzladens der Peppermint Lounge machte er in Florida ein Münzgeschäft auf. Als im November 1980 in New York die New Peppermint Lounge eröffnet wurde, spielte er noch einmal mit.

Der Hit: *Peppermint Twist – Part I*
Der Tip: *Hey Let's Twist* (Roulette CDP 7 94896 2)

Dee, Kiki

* 6.3.1947 als Pauline Matthews. Die Britin machte über viele Jahre hinweg – auch in deutscher Sprache – Platten, ohne Erfolg zu haben. Kiki gehörte zu den wenigen europäischen Künstlern, die auch beim Plattenlabel Motown bzw. deren Underlabel Rare Earth Aufnahmen veröffentlichten. Erstmalig wird sie in den USA im Jahre 1971 verzeichnet, mit *»Amoureuse«* hat sie Ende 1973 einen ersten Erfolg in GB. Im September 1974 gelingt ihr ein Platz 12 in den USA mit *»I've Got The Music In Me«*, aber ihren größten Erfolg sollte sie im Duett mit Elton John und der Nummer *»Don't Go Breaking My Heart«* haben, Mitte 1976 ein Platz 1 in GB und den USA, Platz 5 in Deutschland. Ihren letzten nennenswerten Erfolg verzeichnete sie mit dem Titel *»Star«*, im Februar 1981 Platz 13 in GB.

Kiki Dee

Der Hit: *Don't Go Breaking My Heart*
Der Tip: *Angel Eyes* (EMI CDP 7 46775 2)

Deee-Lite

Super DJ Dmitry, key (* Kiew); Jungle DJ Towa Towa, computer (* Tokio); Lady Miss Kier, v (* als Kier Kirby in Ohio).
Dieses in New York beheimatete Trio leitete seinen Namen von einem Song aus dem Musical *»Red Hot And Blue«* ab, 1936 von Cole Porter geschrieben: *»It's D'Lovely«*. Die drei versuchten eine Art musikalischen Rundschlag und haben Flower Power mit Hiphop, Psychedelic mit Dance Floor gemixt. Ihre eigene Produktionsfirma nannten sie Sampladelic Productions. Heraus kam im September 1990 ein Millionseller, ein Platz 2 in GB und Platz 4 in der US-Hitparade: *»Groove Is In The Heart«*. Danach erschienen weitere Singles von Deee-Lite, die an die Debüt-Platte nicht heranreichten. Schnellebig, wie die 90er Jahre mit Trends umgehen, wurde schnell wieder ein anderer Sample durchs Dorf getrieben.

Der Hit: *Groove Is In The Heart*
Der Tip: *World Clique* (Elektra 7559-60957-2)

Deele

Darnell »Dee« Bristol, v/per; Carlos Greene, v; Kenneth »Babyface« Edmonds,g/ syn/v; Antonio L. A. Reid (L. A. = Little Antonio), d; Kevin »Kayo« Roberson, b/ syn/per/v.
Chef dieser 1981 gegründeten Rhythm-&-Blues-Funk-Gruppe war Darnell »Dee« Bristol. Mit in der Band spielte das später erfolgreiche Produzenten- und Songwriterteam L. A. Reid und Kenneth »Babyface« Edmonds. Nach einem ersten mittleren Erfolg im Jahre 1984 gelang Deele im Februar 1988 ein Platz 10 in den USA mit dem Titel *»Two Occasions«*. Danach verließ Edmonds die Band und begann eine Karriere als Babyface.

Der Hit: *Two Occasions*
Der Tip: *Eyes Of A Stranger* (Solar Int 846.012)

Deep Purple

Rod Evans, v (* 19.1.1947); Jon Lord, key (* 9.6.1941); Nick Simper, b (* 3.11.1945); Ritchie Blackmore, g (* 14.4.1945); Ian Paice, d (* 19.6.1948); Ian Gillan, v (* 19.8.1945); Roger Glover, b (* 30.11.1945); Glenn Hughes, b (21.8.1952); David Coverdale, v (* 22.9.1951); Tommy Bolin, g (* 11.8.1951, † 4.12.1976); Joe Lynn Turner, v.
Die britische Hard-Rock-Band der ersten Stunde gehört zum Besten, was in dieser Kategorie je antrat. Viele Bands der 80er Jahre versuchten, an das

Deep Purple

musikalische und technische Vermögen dieser Gruppe heranzukommen und konnten ihnen doch nicht das Wasser reichen. Vielleicht liegt es auch daran, daß die einzelnen Musiker dieser Formation nicht von der Schulbank in ein Plattenstudio gegangen sind und auf die Gestaltung ihres Outfits - lange Lokken, schwarze Lederklamotten, rasselnde Ketten – weniger Wert legten als auf ihre Musik. Deep-Purples-Mitglieder begannen durchweg in der ersten Hälfte der 60er Jahre in den unterschiedlichsten Gruppen und waren, als sie sich 1968 formierten, schon gestandene Musiker.
Von der Gründung 1968 bis 1990 durchliefen etliche Musiker diese Band, die mit

und ohne Deep Purple erfolgreich waren. Insgesamt zählten zum Mitgliederstamm von Deep Purple elf Musiker. Die Band selbst teilt ihre eigene Geschichte in verschiedene Kapitel auf, die sie Mark I, Mark II usw. nennt. Mark II in Besetzung Gillan, Lord, Blackmore, Glover und Paice wird von vielen Fans der Band als die beste angesehen und hat mit Veröffentlichungen wie *»Deep Purple In Rock«*, *»Fireball«* und *»Machine Head«* in den Jahren 1970 bis 1972 die stärksten Platten vorzuweisen. Auch als genau diese Besetzung in den 80er Jahren noch einmal zusammenkam und 1984 die LP *»Perfect Strangers«* veröffentlichte, waren sie wieder überaus erfolgreich.
Legendär bleiben die Zwistigkeiten, die immer wieder von der Person Ritchie Blackmore ausgingen. Wäre er ein verträglicherer Mensch, hätte die Band bis in die 90er Jahre zusammenbleiben und Triumphe feiern können.
Mark I hatte den ersten Top-10-Hit für die Band, jedoch nicht in GB, sondern in den USA: August 1968 Platz 4 mit *»Hush«*, der Coverversion eines Joe-South-Titels. Im August 1970 hatte Mark II *»Black Night«* auf Platz 2 in GB, im Februar 1971 *»Strange Kind Of Woman«* auf Platz 8. Ebenfalls in dieser Besetzung erschien die Platte, die für viele heute ein Markenzeichen der Band ist: *»Smoke On The Water«*, Mai 1973 ein Platz 4 in den USA und Millionseller.

Der Hit: *Smoke On The Water*
Der Tip: *Deep Purple Singles A's & B's* (EMI 7 81009 2)

Dees, Rick

* 1950 als Rigdon Osmond Dees. Der Amerikaner begann als Moderator von Morgensendungen in Memphis. Als dann die Discowelle anschwappte und er davor auch beim Training im Fitneßcenter nicht mehr sicher war, fand er es an der Zeit, eine Parodie auf Disco-Titel herauszubringen. Ein Bekannter von Rick konnte wunderbar Entenstimmen nachmachen, dazu fiel ihm der Titel *»The Duck«* von Jackie Lee ein – fertig war die Idee zu *»Disco Duck«*. Er dachte auch an einen Titel über Elvis nach dem Motto *»He Ate Too Many Jelly Doughnuts«*, aber die Ente machte das Rennen und wurde im Oktober 1976 Spitzenreiter in der amerikanischen Hitparade und Platz 6 in GB. Außer in Memphis konnte man die Platte überall hören. Die anderen Radiostationen in Memphis weigerten sich, den Hit eines Konkurrenten zu spielen; die eigene betrachtete das als Interessenkonflikt. Deshalb wurde Rick dann auch gefeuert, als er etwas über seine Platte erzählte. Die Konkurrenz zögerte nicht und stellte ihn sofort ein. Später ging er dann nach Los Angeles, wo er sowohl Radio- als auch Fernsehsendungen, z. B. 1984/85 *»Solid Gold«*, moderiert. Weitere Plattenversuche waren nicht erfolgreich. Als Moderator hatte er mehr Glück.

Der Hit: *Disco Duck*

Def Leppard

Joe Elliott, v (* 1.8.1959); Pete Willis, g (* 16.2.1960); Steve Clark, g (* 23.4.1960, † 8.1.1991); Rick Savage, b (* 2.12.1960); Tony Kenning, d; Rick Allen, d (* 1.11.1963); Phil Collen, g (* 8.12.1957).

Vorläufer von Def Leppard kommen 1977 in Sheffield zusammen, als Joe Elliott und Rick Savage in der Heavy-Metal-Band Atomic Mass aufeinandertreffen. Noch im selben Jahr ändern sie den Namen in Def Leppard. Nach einigen Umbesetzungen kommt die Besetzung zusammen, die Anfang Januar ihre erste Platte veröffentlicht. Es ist eine EP mit drei Titeln, die in einer Auflage von 1000 Stück erscheint. Noch im gleichen Jahr unterschreiben sie einen Plattenvertrag mit Vertigo, und im November erscheint mit *»Wasted«* ihre erste offizielle Single, die auch in den Charts notiert wird. In den folgenden Jahren erscheinen etliche LPs und Singles, die sich im Mittelfeld der Charts plazieren können. 1982 werden die Alkoholprobleme von Pete Willis so stark, daß der Rest der Gruppe beschließt, ihn rauszuschmeißen. Für ihn kommt Phil Collen. Im Mai 1983 erreichen sie mit dem Titel *»Photograph«* Platz 12 in der US-Hitparade. Ihre Langspielplatte *»Pyromania«* wird in den USA 1983 ein absoluter Verkaufsknüller, der dort allein 6,5 Millionen Exemplare absetzt. Im Januar 1984 werden sie mit amerikanischen Music Awards überschüttet. Um in den Single-Charts erfolgreich zu sein, müssen sie jedoch bis 1987 warten. In GB ist im August 1987 ihre Single *»Animal«* auf Platz 6. *»Hysteria«* wird in den USA im Januar 1988 ein Platz 10, *»Pour Some Sugar On Me«* im April desselben Jahres Platz 2, und im August 1988 belegen sie mit *»Love Bites«* den Spitzenplatz der amerikanischen Charts. Schlußpunkt des Jahres 1988 ist ein Platz 3 mit *»Armageddon It«*. Alle genannten Titel können in GB nicht unter die ersten 10 kommen. Für viele Amerikaner ist diese britische Band inzwischen eine US-Formation. Zwischendurch, 1984/85, sah es so aus, als müßten sie ihren Schlagzeuger Rick Allen ersetzen. Am 31. Dezember jenes Jahres wurde er in einen schweren Autounfall verwickelt, der ihm den linken Arm abriß und den rechten schwer verletzte. Die Ärzte nähten ihm den Arm wieder an, mußten ihn jedoch nach drei Tagen wieder abtrennen, weil er sich entzündet hatte. Als im Januar 1985 der Rest der Gruppe mit Aufnahmen zur neuen LP begann, rief Allen an und sagte, er wolle unbedingt zur Gruppe zurückkehren. Im April kam er wirklich zurück und spielt seither bei allen Plattenaufnahmen und den Live-Konzerten mit. Er spielt auf einem Fairlight-Computer, den er selbst programmiert hat. Außerdem arbeitet er mit einem Simmons Electronic Drum Kit, gekoppelt mit einem SD57-Computer. Die Tragik der Band setzt sich weiter fort. Am 8. Januar 1991 wird Steve Clark nach einer durchzechten Nacht tot in seiner Wohnung in Chelsea, London, aufgefunden. Trotzdem stand die Gruppe tapfer die Arbeit an ihrem fünften Album, *»Adrenalize«*, durch, das im März 1992 veröffentlicht wurde und schnell die US-Charts anführte. Das Album wurde wie auch die anderen mit Verachtung der Kritiker und Begeisterung des Publikums aufgenommen. Daraus ausgekoppelt wurde *»Let's Get Rocked«*, im Mai 1992 ein Platz 2 in GB.

Der Hit: *Love Bites*
Der Tip: *Adrenalize* (Phonogram 510 978-2)

DeFranco Family

Tony (* 31.8.1959); Benny (* 11.7.1954); Nino (* 19.10.1956); Marisa (* 23.7.1955); Merlina (* 20.7.1957).
Diese Familiengruppe aus Ontario sollte das kanadische Pendant zu den Osmonds, Jackson Five und der Partridge Family werden. Ein Verleger von Jugendzeitschriften förderte das saubere Image des Quartetts in seinen Publikationen. Zumindest einmal ging die Rechnung auf. *»Heartbeat – It's A Lovebeat«* wurde im September 1973 ein Platz 3 in den USA und ein Millionseller. Nach 1974 waren sie wohl für die Jugendzeitschriften zu alt und verschwanden wieder aus den Charts.

Der Hit: *Heartbeat – It's A Lovebeat*

DeJohn Sisters

Julie (* 18.3.1931) und Dux (* 21.1.1933) DeGiovanni aus Pennsylvania.
Die beiden Schwestern hatten ihren ersten Erfolg Ende des Jahres 1954 mit dem Titel *»(My Baby Don't Love Me) No More«*. Versuche der beiden, weitere Hits zu landen, gingen bis ins Jahr 1958. Über einen Platz 73 kamen sie nicht mehr hinaus.

Der Hit: *(My Baby Don't Love Me) No More*

Dekker, Desmond

16.7.1942 als Desmond Dacres. 1963 wurde Desmond Mitglied der Studiogruppe The Aces. Seine erste Single hieß *»Honour Your Mother And Father«*. 1967 wurden die Briten auf ihn aufmerksam, und die Platte *»007 Shanty Town«* wurde Platz 14 in den britischen Charts. Seinen größten internationalen Erfolg hatte Dekker im April 1969, als er der erste Sänger von Jamaika wurde, der in GB die Spitze eroberte. *»Israelites«* hieß diese Aufnahme, die sich auch in den USA unter den ersten 10 plazieren konnte. Auch dort wird er als der erste erfolgreiche Reggae-Interpret gehandelt. Als die Platte im Mai 1975 erneut in GB veröffentlicht wurde, erreichte sie Platz 10. 1970 veröffentlichte Desmond eine Version des Jimmy-Cliff-Hits *»You Can Get It If You Really Want«* und hatte damit einen Platz 2 in GB und einen Platz 9 in Deutschland. Nachdem 1971 sein Produzent Leslie Kong gestorben war, siedelte sich Dekker ganz in London an. Dort hatte inzwischen eine neue Generation von Reggae-Künstlern, vor allem Bob Marley, das Sagen. 1980 nimmt er neue Versionen seiner alten Hits auf und veröffentlicht sie auf dem Album *»Black And Dekker«*. Mit ihm spielen auf dieser LP die Rumours. 1984 stand Dekker wegen Bankrotts in England vor Gericht und beschwerte sich öffentlich darüber, daß ihm sein Manager nie seine Anteile ausgezahlt hätte. 1990 hören die Briten wieder vom ihm, als der TV-Werbespot von Maxwell Tapes mit *»Israelites«* unterlegt wird. Statt *»Israelites«* heißt es allerdings jetzt *»My ears are alight«*.

Der Hit: *Israelites*
Der Tip: *Profile* (Teldec 6.24479)

De La Soul

Posdnuos (* 17.8.1969 als Kelvin Mercer); Trugoy The Dove (* 21.9.1958 als David Jude Joliceur); Pasemaster Mase (* 24.3.1970 als Vincent Lamont Mason Jr.).
Wer unbedingt alles in eine Schublade stecken möchte: De La Soul machen Psychedelic Rap. Ihre Plattenfirma sagte stolz, daß es unglaublich schwer sei, die stilistische Vielfalt von De La Soul auch nur annähernd zu beschreiben: Doo-Wop-Einflüsse, Country à la Johnny Cash, Reggae, Sixties Soul, Rap, französische Chansons – alles würde in ihrer Musik verarbeitet. Wenn man sieht, bei wie vielen Interpreten sich De La Soul auf ihren Platten bedanken, weil sie Stückchen aus ihren Titeln gesamplet haben, kann man in der Tat von stilistischem Vielklau sprechen. Anfang 1989 erschien mit *»3 Feet High And Rising«* die erste LP der Formation. Darauf der erste Hit *»Me Myself And I«*. *»Ring Ring Ring (Ha Ha Hey)«* war im April 1991 ein Platz 10 in GB und ein Platz 8 in Deutschland. In ihrer Heimat, den USA sind sie über einen Platz 34 in den Pop-Charts nicht hinausgekommen – den belegte *»Me Myself And I«*, trotzdem ein Millionseller.

Der Hit: *Ring Ring Ring (Ha Ha Hey)*
Der Tip: *De La Remix* (East West 9031-77378-2)

Delegates

Bob DeCarlo (* 9.1.1941), Nick Cenci, Nick Casel (* als Nick Kousaleous), alle v.
Der Diskjockey Bob DeCarlo spielte mit den beiden, die als Delegates im November 1972 den Hit *»Convention '72«* bis auf den Platz 8 in der amerikani-

schen Hitparade brachten, vorwiegend Golf. Cenci und Casel hatten in Pittsburgh eine Plattenvertriebsfirma, die Co & Ci hieß. Während des Golfspiels hatten sie immer schon davon gesprochen, daß sie unbedingt mal eine Platte zusammen machen wollten. Das hier war die Realisierung. Sie nahmen aus Hits des Jahres 1972 Schnipsel und verarbeiteten sie in der üblichen Dickie-Goodman-Manier. Nachdem die Platte erfolgreich war, versuchten sie es mit einer LP und weiteren Singles, aber das System funktionierte nur einmal.

Der Hit: *Convention '72*

Delfonics

William Hart (* 17.1.1945); Wilbert Hart (* 19.10.1947); Randy Cain (* 2.5.1945); Major Harris (* 9.2.1947); Ritchie Daniels.
Diese Soft-Soul-Formation aus Philadelphia wurde 1965 durch die beiden Brüder William und Wilbert Hart gegründet und nannte sich ursprünglich Four Gents. Ihre ersten Platten machten sie 1967. Danach verließ Ritchie Daniels die Gruppe, um seinen Wehrdienst abzuleisten. Der Rest machte als Trio weiter. Mit dem Stück *»La-La- Means I Love You«* erreichten sie im Februar 1968 einen Platz 4 in den amerikanischen Charts, in GB wurde es ein Top-20-Hit. Im Januar 1970 gelang ihnen mit *»Didn't I (Blow Your Mind This Time)«* zwar nur ein Platz 10 in den USA, aber trotzdem ein Millionseller. 1971 wurde Randy Cain durch Major Harris ersetzt, der seinerseits 1974 ging und recht erfolgreich Soloplatten machte. Mit dem Ausscheiden von Major Harris verschwand die Gruppe aus den Charts, obwohl die beiden Brüder bis Ende der 70er Jahre versuchten, den Erfolg zu wiederholen.

Der Hit: *Didn't I (Blow Your Mind This Time)*
Der Tip: *Echoes – The Best Of* (Arista 260 627)

Delgado, Roberto

*15.11.1919 als Horst Wende. Der deutsche Komponist, Arrangeur und Bandleader begleitete mit seinem Orchester unendlich viele Schlagerinterpreten auf ihren Platten und war wohl irgendwann der Meinung, daß es jetzt an der Zeit sei, mal ein eigenes Werk zu veröffentlichen. Sei einziger Single-Erfolg war im Februar 1965 ein Platz 3 in den deutschen Charts mit *»Letkiss«*. Letkiss war ein weiterer Versuch, mit einem Simpel-Tanz à la Twist den Durchbruch zu schaffen. Der einzige Unterschied war, daß er nicht aus Amerika oder wie die Reihentänze aus GB kam, sondern aus Finnland. Mit den Händen in den Hüften hüpften die Tänzer wie die Osterhasen übers Parkett. Zum Abschluß gab es drei schnelle Hüpfer hintereinander, und dann wurde der Mittänzer kurz geküßt. Nach einer Saison war's wieder vorbei. Delgado hatte Anfang 1980 noch einmal Erfolg in der LP-Hitparade mit *»Da Capo, Roberto«*.

Der Hit: *Letkiss*

Dells

Johnny Funches; Johnny Carter (* 2.6.1935); Marvin Junior (* 31.1.1936); Verne Allison (* 22.6.1936); Lucius McGill (* 1935); Mickey Mc Gill (* 17.2.1937); Chuck Barksdale (* 11.1.1935); alle v.
Diese Rhythm-&-Blues-Gruppe stammte aus Illinois, wurde 1953 gegründet und machte 1954 als El Rays ihre erste Plattenaufnahme *»Darling I Know«*, die ein Flop war. 1955 änderten sie ihren Namen in Dells um und hinterließen in den Rhythm-&-Blues-Charts mit der Nummer *»Oh What A Night«* im November 1956 ihre ersten Spuren. In die Pop-Charts kam die Platte zu diesem Zeitpunkt noch nicht. Anfang der 60er Jahre verließ Johnny Funches die Dells und Marvin Junior übernahm die Leadstimme. Als neuer Mann kam Johnny Carter dazu. Ende 1962 hatten sie ihre erste Notierung in den Pop-Charts, und von 1968 bis 1974 sind sie regelmäßig dort vertreten. *»Stay In My Corner«* wurde im Juni 1968 ihr erster Top-10-Hit. *»Oh, What A Night«* – eine neue Version des ersten Rhythm-&-Blues-Hits – erreicht im August 1969 die Top 10, und *»Give Your Baby A Standing Ovation«* erreicht zwar im April 1973 nur Platz 34, ist aber ein Millionseller. In den Rhythm-&-Blues-Charts werden sie bis in die 80er Jahre notiert.

Der Hit: *Oh, What A Night*

Dell-Vikings

Norman Wright (* 21.10.1937), Corinthian »Kripp« Johnson († 22.6.1990), Samuel Patterson, Bernard Robertson, Don Jackson, Donald »Gus« Backus (* 12.9.1937), David Lerchey, Clarence Quick, Chuck Jackson (* 22.7.1937), William Blakely, alle v.
1955, die Mitglieder waren alle bei der Air Force, kam die Band in Pittsburgh, Ohio, zusammen. Sie bestand aus den fünf farbigen Mitgliedern Johnson, Patterson, Robertson, Quick und Don Jackson. Bei einer All-Air-Force-Talentshow in New York, die sie gewannen, sangen sie den von Quick geschriebenen Titel *»Come Go With Me«*. Nachdem sie bei weiteren Talentshows gewonnen hatten und kurz vor einem Plattenvertrag waren, verließen Patterson und Robertson die Gruppe, weil sie nach Deutschland versetzt wurden. Für sie kamen Norman

Wright und der erste Weiße, Dave Lerchey. Im Keller des Pittsburgher Diskjokkeys Barry Kaye nahmen sie neun a capella gesungene Songs auf. Im November 1956 wurden einige davon mit Instrumenten unterlegt. Zu denen gehörte auch der Titel *»Come Go With Me«*, der im Februar 1957 in die amerikanische Hitparade kam und Platz 4 erreichte. Dieser Titel gilt als die erste Rock-'n'-Roll-Aufnahme, die von einer gemischtrassigen Band unter die ersten 10 der Charts kam. Jetzt wurde Jackson ebenfalls nach Deutschland versetzt, und für ihn kam als weiteres weißes Mitglied Donald »Gus« Backus zu den Dell-Vikings. In dieser Besetzung nahmen sie den Titel *»Whispering Bells«* auf, der im Juli 1957 ein Platz 9 in den USA wurde. Ebenfalls im Juli 1957 kam eine Band in die Charts, die sich Del-Vikings nannte. Die Geschichte, wie es dazu kam, ist recht verworren. Einleuchtend ist diese: Vier der fünf Mitglieder, die *»Whispering Bells«* gesungen hatten, waren bei der Vertragsunterzeichnung mit der Plattenfirma noch keine 21 Jahre alt. Mercury Records wußte das und köderte Wright, Lerchey, Backus und Quick mit einem höher dotierten Vertrag. Als fünften Mann holten sie sich William Blakely zur Gruppe und nahmen ihre erste Single *»Cool Shake«* im Mai 1957 als Del Vikings auf. Der einzige, der bei der Vertragsunterzeichnung schon 21 war, Kripp Johnson, blieb bei der alten Company und machte als Dell-Vikings weiter Platten. *»Whispering Bells«* und *»Cool Shake«* wurden fast zum gleichen Zeitpunkt veröffentlicht und riefen bei den Fans und Plattenkäufern Konfusion hervor. Und obwohl die Bands danach noch etliche Veröffentlichungen hatten, kam kein weiterer Hit mehr zustande. In der Folgezeit kam es zu etlichen Umbesetzungen in beiden Formationen. Bei den Dell-Vikings sang für einige Zeit Chuck Jackson, der später ein erfolgreicher Soul-Interpret werden sollte. Gus Backus wurde nun Ende der 50er Jahre ebenfalls nach Deutschland versetzt, blieb hier hängen und sollte ab 1960 ein erfolgreicher Schlagerstar werden.

Der Hit: *Come Go With Me*

Del Tha Funkee Homosapien

* ca. 1973. »What the fuck is a Funkee Homosapien?« fragt Coproducer Ice Cube auf der Platte *»Mistadobalina«*. Die Antwort: »It's a human being, fool, a funky human being.« Wie Dels vollständiger Name lautet, war bisher nicht zu erfahren. Mit dem eben genannten Titel hatte der aus Oakland stammende Rapper Mitte 1992 seinen ersten Top-10-Hit in den USA. Ob mehr dazu kommt, wird sich zeigen.

Der Hit: *Mistadobalina*
Der Tip: *I Wish My Brother George Was Here* (Elektra 755 961 133-2)

Dennis, Cathy

Cathy Dennis *(Polydor)*

*25.3.1969 als Catherine Roseanne Dennis. Die britische Sängerin begann als 14jährige in der Alan-Dennis-Band, die ihr Vater leitete. Schon in diesem Alter traf sie auf Danny D., der sie fragte, ob sie es denn ernst meine mit der Musik und ihr den Ratschlag gab, nach London umzusiedeln. Hier bereitete sie sich in Tanzkursen und an Keyboard und Computern auf ihre Karriere vor. Mit 18 erhielt sie einen Vertrag bei Polydor und traf wieder auf Danny D., auf dessen Projekt D-Mob und der Single *»C'mon And Get My Love«* sang sie mit. Die Platte erschien im Oktober 1989 und wurde ein Platz 15 in GB. Ihre Debüt-Single *»Just Another Dream«* konnte sich im Oktober 1990 bis auf Platz 9 in den USA hocharbeiten. Erst im Juli 1991 kam sie auf Platz 13 in GB. Ihr zweiter Single-Erfolg *»Touch Me (All Night Long)«* war im März 1991 ein Platz 2 in den USA und im Mai 1991 ein Platz 5 in GB. Ihr dritter Single-Erfolg hieß *»Too Many Walls«* und stand im Herbst 1991 auf Platz 8 in den USA. Bemerkenswert an dieser jungen Dame ist, daß sie nicht nur vorgefertigtes Material singt, sondern sich sowohl als Autor als auch als Produzent betätigt.

Der Hit: *Touch Me (All Night Long)*
Der Tip: *Move To This* (Polydor 847 267 2)

Dennis, Clark

* 19.12.1911. Der amerikanische Tenor, Balladensänger und ausgezeichnete Pianist, der sich auf irische Songs spezialisierte, war Mitglied in den Bands von Raymond Paige, Orville Knapp, Ben Pollack und Paul Whiteman. Als Solist begann seine Karriere Anfang der 40er Jahre in Clubs, Theatern und im Radio. Mitte 1947 hatte er einen Platz 8 in der amerikanischen Pop-Hitparade mit dem Titel *»Peg O' My Heart«*. Es handelte sich dabei um ein Stück aus dem Broadway-Musical

»Ziegfeld Follies of 1913«. 1949 und 1954 gelangen ihm noch zwei Top-30-Hits, und dann war er vergessen.

Der Hit: *Peg O' My Heart*

Dennis, Jackie

* 1942. Der schottische Sänger wurde bereits Mitte der 50er Jahre von zwei amerikanischen Komikern entdeckt, als er in einer Air Force Base auftrat. Sie vermittelten ihn an eine Agentin, die ihn in der Fernsehsendung und dem Film »6.5 Special« unterbrachte. Im März 1958 hatte der stets im Kilt auftretende Jackie mit *»La Dee Dah«* einen Platz 4 in GB. Daraufhin wurde er in allen Fernsehsendungen herumgereicht, sogar in den USA in der Perry-Comos-Show, der ihn als den britischen Ricky Nelson ankündigte. Trotzdem scheiterten alle weiteren Projekte, und er war ganz schnell wieder verschwunden.

Der Hit: *La Dee Dah*

Denny, Martin

* 10.4.1911. Der amerikanische Komponist, Arrangeur und Pianist formierte in den 50er Jahren eine Band, die er die Exotic Sound Of Martin Denny nannte. Darin spielte unter anderen Julius Wechter, der später die Baja-Marimba-Band gründete und ebenfalls exotisch kam. Mit der Les-Baxter-Komposition *»Quiet Village«* hatte Denny im April 1959 einen Platz 4 in den US-Charts und seinen größten Erfolg. Hits in den unteren Regionen werden bis 1962 notiert. Dann hörte man nichts mehr von ihm; nur noch einmal in den LP-Hitparaden im Jahre 1965.

Der Hit: *Quiet Village*

Denver, John

* 31.12.1943 als Henry John Deutschendorf jr. Mit 14 goldenen LPs, 8 Platin-LPs und unzähligen Hits, die er für sich und andere schrieb, kann dieser amerikanische Folk- und Countrysänger stolz auf fast 30 Jahre Showgeschäft zurückblicken. 1965 suchte das damals populäre Chad-Mitchell-Trio einen neuen Leadsänger. Unter 250 Bewerbern setzte sich John Denver durch und tourte zwei Jahre mit diesem Trio, sammelte Erfahrungen als Profi und schrieb hin und wieder einen Song. Als ein anderes Trio – Peter, Paul & Mary – Ende 1969 mit der Denver-Komposition *»Leaving On A Jet Plane«* einen Platz 1 und einen Millionseller in den USA hat,

reißen sich die Plattenfirmen um ihn. Sein erster großer Erfolg ist eben Millionseller und ein Platz 2 in den USA im April 1971: »*Take Me Home, Cou Roads*«. »*Rocky Mountain High*« wird im November 1972 ein Platz 9, und dann kommt die ganz große Zeit von ihm 1974/75. Alle jetzt genannten Platten sind Spitzenreiter und/oder Millionseller: »*Sunshine On My Shoulders*«, »*Annie's Song*« – das ist übrigens Denvers einziger Hit in GB und auch dort eine Nummer 1; geschrieben hatte er ihn für seine Frau Ann Martell, mit der er zwischen 1967 und 1983 verheiratet war –, »*Back Home Again*«, »*Thank God I'm A Country Boy*« – dieser Titel wurde live aufgenommen im Universal-City-Amphitheater in Kalifornien – und »*I'm Sorry*«. Die B-Seite des letztgenannten Titels, dem Schiff Calypso von Jacques Cousteau gewidmet, heißt »*Calypso*« und erreicht Platz 2 in den USA. Die Liste seiner Erfolge geht bis in das Jahr 1984, und alleine das 1973 erschienene Album »*John Denver Greatest Hits*« verkaufte sich mehr als 10 Millionen mal. Für sein TV-Special »*An Evening With John Denver*« gewann er 1975 einen Emmy, eine Art Oscar der Fernsehschaffenden. Als Schauspieler war John 1978 im Film »*Oh, God*« zu sehen. 1984 spielte er in der damaligen Sowjetunion, 1987 kehrte er noch einmal zurück für ein Benefizkonzert zugunsten der Opfer von Tschernobyl. Seit den 80er Jahren macht er zwar weniger Platten, aber die mit ausgezeichneten Musikern. Seine Zeit nutzt er vor allen Dingen, um sich verstärkt für wohltätige Zwecke und den Umweltschutz zu engagieren.

Der Hit: *Annie's Song*
Der Tip: *Seine großen Erfolge* (RCA ND 90537 2)

Denver, Karl

* 16.12.1932 als Angus McKenzie. Der Schotte begann seine Karriere als Sänger im Alter von 23 Jahren. Vorher war er bei der Handelsmarine gewesen und hatte auf seinen Reisen die unterschiedlichsten Musikstile kennengelernt. Seine Stimme umfaßte mehrere Oktaven, und somit hatte er eine gute Ausgangsposition.
1961/62 gelangen ihm dann auch vier Top-10-Hits in GB. Am erfolgreichsten war »*Wimoweh*«, im Januar 1962 ein Platz 4. Bis 1964 tauchte er noch in der Hitparade auf, wandte sich aber mehr und mehr dem Kabarett zu. Mitte 1990 hatte die britische Formation Happy Mondays das Bedürfnis, mit Karl eine Single aufzunehmen. Sie hieß »*Lazyitis – One Armed Boxer*« und erreichte Platz 46.

Der Hit: *Wimoweh*
Der Tip: *Wimoweh* (Decca ECS 2139)

umire Deodato Almeida. Der in Rio de Janeiro geborene ich selbst mehrere Musikinstrumente bei. Er spielt Keyboards, tarre. Seine erste professionelle Arbeit war die Begleitung von 1967 streckte er seine Fühler in die USA aus. 1970 galt er als gesuchter Studiomusiker und hatte mit Roberta Flack, Bette Midler, Frank Sinatra oder Wes Montgomery zusammen gearbeitet. 1973 stand er dann selbst im Rampenlicht. Mit seiner Instrumentalversion von Richard Strauss' *»Also sprach Zarathustra«* – zu diesem Zeitpunkt sehr populär das Thema aus dem Film »2001: A Space Odyssey« – erreichte er im Februar 1973 einen Platz 2 in der amerikanischen Hitparade und einen Platz 7 in GB. Ansonsten ist er mehr als LP-Künstler erfolgreich, und man kennt ihn als Produzenten von Kool & The Gang von 1979 bis 1982. Sehr erfolgreich sind auch seine Arbeiten als Komponist und Arrangeur für Film und Fernsehen.

Der Hit: *Also sprach Zarathustra*
Der Tip: *Prelude* (CTI 6028)

De Paul, Lynsey

* 11.6.1950. Ihren ersten Kontakt mit dem Showgeschäft hatte Lynsey als Designerin für Plattenhüllen. Nachdem sie ein Cover für die Pipkins entworfen hatte, lernte sie deren Produzenten Roger Greenaway kennen und zeigte ihm einige selbstgeschriebene Songs. Der fand sie gut und sorgte dafür, daß z. B. die Fortunes im Januar 1972 *»Storm In A Teacup«* aufnahmen, geschrieben von Lynsey mit Ron Roker. Im August desselben Jahres hatte sie ihren ersten eigenen Top-10-Erfolg: *»Sugar Me«*. In den folgenden Jahren schrieb sie mit Barry Blue oder Mike Moran etliche Hits für sich und andere. *»No Honestly«* war im November 1974 ihr zweiter und letzter Top-10-Erfolg. 1977 beteiligte sie sich zusammen mit Mike Moran und dem Titel *»Rock Bottom«* am Grand Prix Eurovision. Sie kamen hinter der Siegerin Marie Myriam auf Platz 2. Nach dieser Platte trat eine längere Pause ein, die sie vorwiegend in den USA verbrachte. Es muß zu unliebsamen Querelen zwischen ihr und der Plattenfirma gekommen sein. Als sie 1981 wieder mit neuem Material auf den Markt kam, wollte man sie nicht mehr hören.

Der Hit: *Sugar Me*
Der Tip: *Profile Greatest Hits* (Repertoire REP 4313 W6 TI5)

Depeche Mode

Dave Gahan, v (* 9.5.1962); Martin Gore, syn (* 23.7.1961); Andy Fletcher, syn (* 8.7.1960); Vince Clarke, syn (* 3.7.1960); Alan Wilder, syn (* 1.6.1959)
Im Mai 1980 formieren Vince Clarke, Martin Gore und Andy Fletcher das Trio Composition of Sound. Schnell merkt Clarke, daß er kein begnadeter Sänger ist und holt als vierten Mann Dave Gahan hinzu. Gahan ist es auch, der für die Band den neuen Namen findet. Er las ihn in einem französischen Modemagazin, in dem von »kurzlebiger Mode« die Rede war. Ende des Jahres 1980 verschicken sie etliche Demobänder, erhalten jedoch keine Antwort. Das kleine unabhängige Mute-Label macht schließlich mit ihnen einen Vertrag, nachdem sie für dessen Gruppe Fad Gadget im Vorprogramm gespielt hatten. Im April 1981 erscheint ihre Debüt-Single *»Dreaming Of Mine«*, und mit *»Just Can't Get Enough«* haben sie im Herbst desselben Jahres ihren ersten Top-10-Erfolg. Im Dezember 1981 kündigt Clarke an, die Band verlassen zu wollen, um mit Alison Moyet das neue Projekt Yazoo zu beginnen. Für ihn kommt Alan Wilder. Sie hatten ihn durch eine Anzeige im Melody Maker gefunden, in der sie geschrieben hatten: »Name Band. Synthesizer. Must be under 21.« (Was er übrigens zu diesem Zeitpunkt nicht mehr war.) Bisher hatte Clarke die Songs der Band geschrieben, jetzt schrieb Martin Gore die Stücke. *»See You«* 1982, *»Everything Counts«* 1983, *»People Are People«* und *»Master And Servant«* 1984, *»Enjoy The Silence«* 1990 und *»I Feel You«* 1993 sind weitere Top-10-Erfolge der Band in ihrer Heimat GB. Die größte Anzahl ihrer Fans dürfte jedoch in Deutschland sitzen. Dort hatten sie noch mehr Platten unter den ersten 10 und mit *»People Are People«* sogar einen Platz 1 in den Charts. Und obwohl die Amerikaner nicht so sehr auf Synthesizer-Bands stehen, erreichten Depeche Mode mit *»Enjoy The Silence«* dort ebenfalls einen Top-10-Erfolg und Millionseller. Im März 1993 erschien mit *»Songs Of Faith And Devotion«* eine CD, die sowohl in England als auch in den USA und in Deutschland gleich auf Platz 1 kam.

Der Hit: *People Are People*
Der Tip: *The Singles 81 - 85* (Mute Int. 146.817)

Derek & The Dominos

Eric Clapton, g/v (* 30.3.1945); Bobby Whitlock, key/v; Carl Radle, b; Jim Gordon, d; g.
Nachdem Eric Clapton die Supergruppe Blind Faith verlassen und ein kurzes Zwischenspiel bei Delaney And Bonnie And Friends gegeben hatte, gründete er Mitte 1970 mit drei weiteren Mitgliedern der letztgenannten Formation Derek And The Dominos, die nur ein Jahr bestanden. In dieser Zeit tourten sie durch

GB und die USA, und es entstanden zwei Alben. Zu den Aufnahmen des ersten, *»Layla And Other Assorted Love Songs«*, nahm Clapton den Gitarristen Duane Allman hinzu. *»Layla«*, auf 2 Minuten und 43 Sekunden gekürzt, kam im März 1971 in die US-Single-Hitparade und erreichte Platz 51. Im Mai 1972 erschien die Single erneut, diesmal mit 7 Minuten 10 Sekunden. Jetzt wurde es ein Top-10-Erfolg. Im August 1972 kam die Platte in GB unter die ersten 10, im März 1982 auf Platz 4. Für diese Nummer erhielt Clapton bei der Grammy-Verleihung 1993 den Preis für den besten Rock-Song des Jahres – 22 Jahre nachdem er geschrieben wurde. Das lag daran, daß die Nummer in einer Akustikversion auf dem hervorragenden Album *»Unplugged«* zu finden war, das 1992 aufgenommen wurde.

Der Hit: *Layla*
Der Tip: *Layla And Other Assorted Love Songs* (Polydor 2625 005)

Derwyn, Hal

* 7.8.1914. Der Amerikaner begann 1938 als Gitarrist und Sänger bei Sheb Fields. In den frühen 40er Jahren war er Mitglied bei Les Brown, und in den späten 40er Jahren arbeitete er als Solist. Seine größte Zeit hatte er zwischen 1947 und 1949. Mit der Nummer *»The Old Lamplighter«* erreichte er im Frühjahr 1947 Platz 5 in der amerikanischen Hitparade. Bis 1957 leitete er eine der typischen amerikanischen Hotel-Big-Bands. Danach stieg er aus dem aktiven Geschäft aus und arbeitete als Agent.

Der Hit: *The Old Lamplighter*

DeSario, Teri

Die aus Miami stammende Sängerin hatte ein einziges Mal einen Millionseller und einen Platz 2 in der amerikanischen Hitparade. Diesen Erfolg hatte sie zusammen mit K. C., dem von der Sunshine Band, und dem Titel *»Yes I'm Ready«* im November 1979.

Der Hit: *Yes I'm Ready*

DeShannon, Jackie

* 21.8.1944 als Sharon Myers. Die amerikanische Songschreiberin und Sängerin machte 1959 ihre ersten Plattenaufnahmen als Sherry Lee Myers. 1960 ging sie nach Los Angeles und begann dort, als Songschreiberin zu arbeiten. Inzwischen

hat sie weit über 600 Stücke geschrieben, darunter Hits für die Byrds, Brenda Lee, Rick Nelson, Bobby Vee, die Searchers oder auch Helen Shapiro. Einem breiten amerikanischen Publikum wurde sie bekannt, als sie 1964 für 26 Konzerte im Vorprogramm der Beatles auftrat. Jackie hat außerdem in mehreren Filmen mitgespielt. Ein Superwurf gelang ihr als Co-Autorin der Nummer *»Bette Davis Eyes«* für Kim Carnes. Jackie selbst stand 1965 mit *»What The World Needs Now Is Love«* auf Platz 7 und 1967 mit *»Put A Little Love In Your Heart«* auf Platz 4 der amerikanischen Hitparade. Jackie heiratete den Komponisten Randy Edelman, der für die Musik in »Ghostbusters II«, »Twins« oder »Kindergarten Cop« verantwortlich ist.

Der Hit: *Put A Little Love In Your Heart*
Der Tip: *The Very Best* (EMI USA CDP 7 91473-2)

Desireless

Aus dem französischen Überraschungserfolg von 1987 *»Voyage Voyage«* entwikkelte sich ein Hit in ganz Europa, der fast drei Millionen mal verkauft wurde. In Deutschland war es Mitte 1987 eine Nummer 1, in England als Remix im Mai 1988 ein Platz 5. Versuche, diesen Erfolg zu wiederholen, mißlangen. Desireless wird als Sängerin bezeichnet, könnte aber auch sehr wohl ein Sänger sein.

Der Hit: *Voyage Voyage*

Desmond, Johnny

* 14.11.1920 als Giovanni Alfredo Desimons, † 9.6.1985. Der in Detroit geborene Amerikaner war in den 40er und 50er Jahren ein erfolgreicher Sänger in den USA. Seine Karriere begann in der üblichen Manier: Auftritte in Dance Halls und im Radio. Dann gründete er das Vokal-Quartett Downbeats, das sich in Bob-O-Links umbenannte, als Bob Crosby 1940 Mitglied wurde. 1941 wurde Desmond Sänger in der Band des Schlagzeugers Gene Krupa, sang dann ab 1943 in der Band von Glenn Miller, die die US-Truppen betreute, und wurde schnell populär in GB, wo er mit *»A Soldier And A Song«* eine eigene Radio-Serie hatte. Nach dem Krieg begann seine Solo-Karriere, die bis 1957 anhielt. *»Woman«* war 1953 sein erster Top-10-Hit, *»Play Me Hearts And Flowers (I Wanna Cry)«* und *»The Yellow Rose Of Texas«*, beide 1955, weitere Titel unter den ersten 10 in den USA. Bis in die 70er Jahre blieb er im Showgeschäft.

Der Hit: *The Yellow Rose Of Texas*

De Sykes, Stephanie

Diese britische Sängerin hatte mit »*Born With A Smile On My Face*« im Juli 1974 einen Platz 2 in GB, als Interpreten waren Stephanie De Sykes with Rain angegeben. Mit »*We'll Find Our Day*« gelang ihr knapp ein Jahr später, diesmal ohne die Gruppe Rain, ein Platz 17. Danach war sie aus den Charts verschwunden.

Der Hit: *Born With A Smile On My Face*

Detroit Emeralds

Die Brüder Abraham (* 12.1.1949), Ivory (* 14.10.1948), Cleophus und Raymond Tilmon gründeten in ihrer Heimatstadt Little Rock, Arkansas, in der zweiten Hälfte der 60er Jahre diese Band. Mit »*Show Time*« hatten sie 1968 ihren ersten Hit. 1971 war die Gruppe zu einem Trio geschrumpft, in dem die beiden Brüder Abraham und Ivory plus James Mitchell (* 27.5.1949) sangen. In dieser Besetzung hatten sie ihren einzigen Top-10-Erfolg mit »*Feel The Need In Me*«, im Februar 1973 ein Platz 4 in GB. In ihrer Heimat USA gelang ihnen kein Top-10-Hit. 1977 kam es zu einer weiteren Umbesetzung. Von den Brüdern war nur noch Abraham Tilmon dabei. Neu waren Paul Riser, Johnny Allen und Maurice King. In dieser Besetzung schafften sie mit einer Neuaufnahme von »*Feel The Need In Me*« einen Platz 12 in GB. Abraham Tilmon starb 1982 an einem Herzinfarkt.

Der Hit: *Feel The Need In Me*

Deutscher, Drafi

* 9.5.1946. Als 1990 eine CD von Drafi Deutscher mit dem Titel »*Hits! Pseudonyme! Raritäten!*« erschien, haben sich sicher nicht nur viele Rundfunkredakteure die Augen gerieben, unter welchen Pseudonymen ihnen Drafi immer wieder in die Programme geschlichen ist. Um einige zu nennen: Jack Goldbird, Kurt Gebegern, Renate Vaplus, Hektor von Udesom, Masquerade, Wir, Dave Bolan, Baby Champ, Mr. Walkie Talkie, Big Wigwam und 1986, zusammen mit seiner damaligen Freundin Sylvia Sebald, das Duo Phönix + Aphrodite.
Bereits 1957 nahm Drafi zum erstenmal an einem Talentwettbewerb in Berlin teil und landete auf Platz 1. 1962 gründete er eine erste eigene Beatband, die wiederum einen Talentwettbewerb gewann. Im November 1963 erschien Drafis erste Single »*Teeny*«. Im April 1964 kam »*Shake Hands*« auf den Markt; die Platte erreichte Platz 1 in den deutschen Charts. »*Keep Smiling*« und »*Cinderella Baby*«

(1964), *»Heute male ich dein Bild, Cindy Lou«* und *»Marmor, Stein und Eisen bricht«* (1965) und *»Nimm mich so wie ich bin«* (1966) waren weitere Top-10-Erfolge. Aber schon damals haben ihn viele nicht so genommen, wie er war. Drafi war Prolo, und so benahm er sich auch. Zu seinen Plattenerfolgen kamen Skandalgeschichten, wie sie die Promotionabteilungen der Plattenfirmen nicht besser erfinden konnten. Was an den Stories, die von der Regenbogenpresse immer wieder aufgekocht, neu gewürzt und dann heiß serviert wurden, wahr war, werden wir wohl nie erfahren. Was er den kleinen Mädchen am Fenster unter welchen Umständen gezeigt hat oder was dazugedichtet wurde, auch nicht. Jedenfalls war Drafi der erste deutsche Schlagersänger, von dem man auch wußte, daß er einen Unterleib besitzt. Die Presse tat ihre Wirkung: Drafi verschwand aus der Öffentlichkeit und erfand wohl aus diesem Grund auch seine Pseudonyme. Möglich, daß er sich damit auch vor dem Finanzamt verstekken wollte. Von dem vielen Geld, das er in seiner nun schon 30 Jahre dauernden Karriere verdient hat, ist wenig geblieben. 1,6 Millionen mal kurz in der Spielbank in Travemünde zu verspielen, war für ihn ein Klacks. Unter den Pseudonymen, die erfolgreich waren, findet sich das Duo Mixed Emotions. *»You Want Love«* war im Oktober 1986 ein Top-10-Erfolg der beiden. Das meiste Geld dürfte er mit dem Titel *»Guardian Angel«* als Masquerade verdient haben. Wochenlang stand seine Version in Deutschland 1983 auf Platz 2. Daß er nicht an die Spitze kam, verdankte er Nino de Angelo, der eine deutsche Version der Nummer sang.

Der Hit: *Marmor, Stein und Eisen bricht*
Der Tip: *Steinzart* (Teldec 6.26913)

DeVaughn, William

In den 70er Jahren gab es in Philadelphia eine Plattenfirma, die Talente suchte, um mit ihnen auf deren eigene Kosten Platten zu produzieren. William DeVaughn schickte Demobänder ein, wurde akzeptiert und sollte 1 400 Dollar für die Session mitbringen. Er konnte nur 900 Dollar auftreiben. Dafür wurde dann alles schnell und billig gemacht. Einige Wochen später kam *»Be Thankful For What You've Got«* auf den Markt und verkaufte sich fast 2 Millionen mal. Zu diesem Zeitpunkt hatte DeVaughn das Interesse an der Musik wieder verloren – er wurde Zeuge Jehovas. Als die Platte Spitzenreiter war, zog er bereits mit Handzetteln von Haus zu Haus. Sporadisch versuchte er es aber auch danach immer mal wieder mit Plattenaufnahmen.

Der Hit: *Be Thankful For What You've Got*

DeVorzon, Barry

* 31.7.1934. In New York geboren, verschlug es Barry schon früh an die Westküste nach Kalifornien. Dort begann er als Songschreiber, Produzent, Arrangeur, Plattenfirmenbesitzer und Interpret zu arbeiten. Er war der Chef von Barry & The Tamerlanes, die mit *»I Wonder What She's Doing Tonight«* im Oktober 1963 einen Platz 21 in den USA hatten. Veröffentlicht wurde die Platte auf dem Label Valiant, das Barry gehörte und bei dem auch die Cascades ihren Hit *»Rhythm Of The Rain«* hatten. Schon ab Mitte der 50er Jahre machte sich Barry einen Namen als Songschreiber. Seine Themenmusik zur Fernsehserie »S.W.A.T« wurde im November 1975 mit Rhythm Heritage eine Nummer 1 in den USA. Seinen größten Erfolg hatte Barry zusammen mit Perry Botkin jr. mit dem Millionseller *»Nadia's Theme (The Young And The Restless)«*, im August 1976 ein Platz 8 in den USA. Bis es soweit war, hatte diese Komposition der beiden eine lange Geschichte hinter sich. Sie hieß ursprünglich *»Cotton's Dream«*, 1970 für den Film »Bless The Beasts And Children« geschrieben, der bei uns als »Denkt bloß nicht, daß wir heulen« in die Kinos kam. Danach nahm man diese Melodie als Thema für die TV-Serie »The Young And The Restless«. 1976, bei der Olympiade in Montreal, unterlegte das rumänische Turnwunder Nadia Comaneci ihre Bodenkür mit ebendieser Musik und gewann. Nadia war die herausragende Turnerin der Spiele.

Der Hit: *Nadia's Theme*

Dexter, Al

* 4.5.1902 als Clarence Albert Poindexter, † 28.1.1984. Schon in den 30er Jahren begann er seine Karriere bei Radiostationen und gründete erste eigene Bands. All diese Formationen spielten Western Swing und Honky Tonk. Da sich anfangs viele weiße Musiker weigerten, diese Musik zu spielen, war Dexters erste Formation gemischtrassig – damals eine Rarität in Texas. Sein 1937 aufgenommener *»Honky Tonk Blues«* war der erste Country-Song mit dem Begriff Honky Tonk im Titel. Der größte Erfolg für Al Dexter wurde seine 1943 entstandene Aufnahme *»Pistol Packin' Mama«*: eine Nummer 1 in den Pop- und den Country-Charts und ein Millionseller. In der C&W-Hitparade war er mit 6 weiteren ersten Plätzen vertreten, und auch in der Pop-Hitparade tauchte er noch einige Male auf. In den 50er Jahren eröffnete er in Dallas seinen eigenen Club und sang nur noch dort. Später beschäftigte er sich mit Immobilien und kaufte sich ein Motel.

Der Hit: *Pistol Packin' Mama*

Dexy's Midnight Runners

Kevin Rowland, v (* 17.8.1953) gründete Ende der 70er Jahre Dexy's Midnight Runners, die mit dem Titel »*Geno*«, im März 1980 eine Nummer 1 in GB, ihre musikalische Richtung anzeigten. »*Geno*« war eine Hommage an den Soulmusiker Geno Washington. Konsequenterweise hieß ihre erste LP »*Searching For The Young Soul Rebels*«. Im Laufe der Jahre sollte, immer wieder mit wechselnden Musikern, die Band eine Reihe von sehr schönen Hits haben: »*There There My Dear*« im Juli 1980, »*Come On, Eileen*« – 1982 bzw. 1983 Nummer 1 in GB und in den USA – und »*Jackie Wilson Said*« im Oktober 1982 waren weitere Top-10-Erfolge. Nach 1983 ließ der Erfolg nach. 1986 standen sie mit »*Because Of You*«, dem Thema der Fernsehserie »*Brush Strokes*«, auf Platz 13 in GB. Allerdings schon zu diesem Zeitpunkt war es mehr ein Soloprojekt von Kevin, der 1987 konsequenterweise das Ende von Dexy's Midnight Runners erklärte. Nicht konsequent war seine Plattenfirma, die 1988 eine Soloplatte von ihm als Kevin Rowland of Dexy's Midnight Runners anpries. Erfolgreich war es trotzdem nicht.

Der Hit: *Come On, Eileen*
Der Tip: *The Very Best Of* (Mercury 846 460-2)

DeYoung, Dennis

* 18.2.1947. Seine ersten Erfolge feierte der Amerikaner als Lead-Sänger der Gruppe Styx. Begonnen hatte er schon ab 1963 bei den Tradewinds, aus denen 1968 TW4 und schließlich 1970 Styx wurde. 1984 sah DeYoung die Zeit gekommen, eine Solo-LP aufzunehmen, die »*Desert Moon*« hieß. Eine Auskoppelung des Titelsongs brachte Dennis im September 1984 seinen einzigen Top-10-Erfolg. Danach veröffentlichte er zwei weitere LPs und etliche Singles, die aber an die großen Zeiten mit Styx nicht anschließen konnten.

Der Hit: *Desert Moon*
Der Tip: *Desert Moon* (A&M AMLX 65 006)

Diamond, Jim

* 28.9.1951. Der Schotte hatte schon in sehr jungen Jahren in diversen Bands in Glasgow gesungen. Bereits mit 16 Jahren wurde er Clubsänger, der speziell auf den deutschen Air Bases mit Gully Foyle Anfang der 70er Jahre tourte. 1975 gründete Jim Bandit, die 1977 ihre erste LP veröffentlichten. Allerdings war der Zeitpunkt denkbar schlecht – Punk war gerade angesagt, und der hatte wenig mit Jims Stil zu tun. Bandit fiel wieder auseinander. Jim sang mit Alexis Korner und

gründete dann in den späten 70er Jahren in L. A. zusammen mit Carmine Appice und Earl Slick eine neue Formation. Noch bevor es zur ersten Plattenproduktion kam, fiel die Band wegen finanzieller Probleme wieder auseinander. Jim kehrte nach Großbritannien zurück, produzierte Zoot Money und schloß sich dann mit dem ehemaligen Tastenspieler von Jeff Beck und Jack Bruce, mit Tony Hymas, zu Ph. D. zusammen. Jetzt hatte er seinen ersten großen Hit: »*I Won't Let You Down*« wurde im April 1982 ein Platz 3 in GB. Gerade hatte er Erfolg, da fing er sich eine Hepatitis ein und stand für die Promotion der LP »*Is It Safe?*« nicht mehr zur Verfügung. 1984 begann er eine Solokarriere und schaffte mit »*I Should Have Known Better*« im November 1984 einen Platz 1 in GB. Mit »*Hi Ho Silver*«, dem Titelsong der erfolgreichen britischen TV-Serie »*Boon*«, hatte Jim im Februar 1986 Platz 5 in GB.

Der Hit: *I Should Have Known Better*
Der Tip: *Double Crossed* (A&M AMA 5029)

Diamond, Neil

* 24.1.1941. Die meisten Lieder, die Neil Diamond gesungen und geschrieben hat, haben eine traurige Grundstimmung. In einem Interview hat er mal erklärt, woran das möglicherweise liegen könnte. Sein Vater war Berufssoldat. Kaum hatte man sich irgendwo niedergelassen, wurde er wieder versetzt. Neil sagte: »Woran ich mich als wichtigstes in meiner Kindheit erinnere, ist, daß ich ständig von einer Schule zur nächsten gezogen bin. Unter diesen Umständen war es schwer, Freunde zu finden, und hatte man dann mal einen, zogen wir wieder um. Ich war damals meistens ein Außenseiter, der von niemandem akzeptiert wurde. Das ist wohl der Grund, warum ich mit dem Songschreiben begonnen habe. Als ich 16 Jahre alt war, kam ich mit meiner High-School in ein Sommerferienlager. Dort trat der berühmte Folksänger Pete Seeger auf – nur er alleine auf der Bühne. Er sang selbstgeschriebene Lieder zur Gitarre. Das hat mich tief beeindruckt.«
In dem Titel »*I Am – I Said*« singt Neil davon, wie er zwischen den verschiedenen Landstrichen der USA hin und her schwankt. Da heißt es: »Los Angeles ist ja ganz nett – meist scheint die Sonne und es läßt sich gut leben. Palmen wachsen, Mieten sind niedrig, aber ich denke daran zurückzugehen. Denn ich bin in New York geboren und aufgewachsen, und irgendwie komme ich mir vor, als würden mich die Pazifik- und Atlantikküsten hin und her reißen.«
In den frühen 60er Jahren versuchte sich Neil erfolglos als Songschreiber. Als niemand sein Material aufnehmen wollte, machte er 1961 zusammen mit Jack Parker als Duo Neil & Jack seine ersten Platten. Ende 1965 nahm die Gruppe Jay & The Americans das Stück »*Sunday And Me*« auf – es kam unter die Top 20 in den USA. Der Autor hieß Neil Diamond, der damit seinen ersten Erfolg

verbuchen konnte. Jetzt interessierte man sich auch für den Interpreten Neil Diamond. 1966 erhielt er einen Plattenvertrag. Sein erster Top-10-Hit kam schon im August 1966 mit *»Cherry Cherry«*. Nur wenige Monate später hatten die Monkees mit den Nummern *»I'm A Believer«* und *»A Little Bit Me, A Litte Bit You«* Millionseller – Autor auch dieser Songs: Neil Diamond! Jetzt war er ein gemachter Mann, und auch seine eigenen Platten verkauften so viel, daß sie die Millionengrenze überschritten. *»Sweet Caroline«*, *»Holly Holy«*, *»Cracklin' Rosie«*, *»Song Sung Blue«* und, zusammen mit Barbara Streisand, *»You Don't Bring Me Flowers«* sind seine größten Erfolge. In »The Jazz Singer«, einem Remake des Al-Jolson-Streifens, spielte er 1979 neben Lawrence Olivier eine Hauptrolle und schrieb die gesamte Musik zum Film. Ab 1983 hat Neil Diamond zwar noch regelmäßig Platten veröffentlicht, aber ein Single-Erfolg wollte ihm nicht mehr gelingen. Auf der anderen Seite werden noch immer seine Lieder von anderen Interpreten zu Hits gemacht. UB 40 hatten mit ihrer Version von *»Red Red Wine«* in GB eine Nummer 1.

Der Hit: *Song Sung Blue*
Der Tip: *The Greatest Hits 1966-1992* (CBS 471502 2)

Diamonds

David Somerville, Ted Kowalski, Phil Leavitt, Bill Reed, Michael Douglas, Evan Fisher, John Felten, alle v.
Die Diamonds formierten sich 1953 in ihrer Heimatstadt Toronto. Wie die Crew-Cuts, ebenfalls aus Kanada stammend, hatten sich die Diamonds auf das Nachsingen von Hits schwarzer Rhythm-&-Blues-Formationen spezialisiert. 1955 machten sie ihre ersten Plattenaufnahmen, 1956 hatten sie ihre ersten Erfolge. Mit *»Little Darlin'«* hatten die Diamonds im März 1957 einen Platz 2 in der amerikanischen Hitparade. Noch im gleichen Jahr gelangen ihnen mit *»Silhouettes«* und *»The Stroll«* zwei weitere Top-10-Erfolge. Dann begann sich das Besetzungskarussell zu drehen. Im Frühjahr 1958 kam Michael Douglas für Phil Leavitt, 1959 wurden Reed und Kowalski durch Fisher und Felten ersetzt. John Felten starb 1982 bei einem Flugzeugunglück. Die Hitparadennotierungen in den Pop-Charts enden mit dem Jahr 1961. 1987, nach vielen weiteren Umbesetzungen, gelang der Gruppe der Einstieg in die Country-&-Western-Charts.

Der Hit: *Little Darlin'*

Di Capri, Peppino

* 27.7.1939 als Giuseppe Faiella in Neapel. Bereits als Vierjähriger versuchte er sich am Klavier. 1956 nahm er an der TV-Nachwuchssendung Primo Applause teil und erhielt wenig später seinen ersten Plattenvertrag. 1957 erschien mit *»Let Me Cry«* seine erste jedoch noch erfolglose Platte. Als er 1959 an einem Song Festival in Israel teilnahm, änderte er seinen Namen in Peppino Di Capri – im gleichen Jahr hatte er auch seine ersten Hits in Italien. Seine beste Zeit hatte er zwischen 1960 und 1964. Es gelangen ihm 13 Top-10-Hits in Italien. Seine Aufnahme *»St. Tropez Twist«* war im August 1962 ein Platz 3, *»Melancholie«* im Januar 1965 ein Platz 10 in der deutschen Hitparade. Im Januar 1973 gewann er das San Remo Festival mit der Nummer *»Un Grande Amore E Niente Piú«*. Der Titel wurde wieder Nummer 1 in der italienischen Hitparade. Auch der Nachfolger *»Champagne«* wurde ein Erfolg.
Dann wurde es ruhig um ihn. 1991 startete er für Italien im Grand Prix Eurovision und belegte immerhin mit *»Come E Doce O Mare«* Platz 7.

Der Hit: *St. Tropez Twist*
Der Tip: *Best Of* (EMI Columbia C 1056)

Dick & Deedee

Dick St. John Gosting (* 1944) und Dee Dee Sperling (* 1945) gründeten 1961, während sie noch zur High-School gingen, dieses Duo. Mit *»The Mountain's High«* hatten sie 1961 ihren ersten und größten Erfolg. Es war ein Platz 2 in der US-Hitparade. Bis 1965 hatten sie noch weitere Hitnotierungen. Danach verschwanden sie.

Der Hit: *The Mountain's High*

Dickies

Leonard Graves Philips, v/key; Stan Lee, g; Chuck Wagon, key/g; Billy Club, b; Karlos Kaballero, d.
Ende der 70er Jahre versuchte diese amerikanische Band gegen den britischen New-Wave-Sound anzukommen. Zumindest in ihrer Heimat konnte man damit recht wenig anfangen. Der Song *»Banana Splits (The Tra La La Song)«* erreichte im April 1979 Platz 7 in GB. Obwohl noch etliche weitere Singles in die britischen Charts kamen, wollte ihnen ein weiterer Top-10-Erfolg nicht gelingen.

Nach 1980 wurden sie nicht mehr verzeichnet, machten aber bis 1988 weitere LPs.

Der Hit: *Banana Splits (The Tra La La Song)*
Der Tip: *The Incredible Shrinking* (A&M 64742)

Dickson, Barbara

* 27.9.1947. Die Britin begann ihre Karriere als Folkmusikerin in einem Trio zusammen mit Rab Noakes und Archie Fisher. In den frühen 70er Jahren machte sie ihre ersten Solo-LPs. In dem Musical *»John, Paul, George, Ringo And Bert«* trat sie auf und begleitete sich selbst am Piano. Zuerst in Liverpool und später in London waren sich die Kritiker einig, daß ihr Part in diesem Musical der Höhepunkt war. Ab 1976 war sie als Solistin erfolgreich. Mit einer Neuauflage der 1952 von Gerhard Winkler und Fred Rauch geschriebenen Nummer *»Mütterlein«* hatte sie ihren ersten Top-10-Erfolg. Dieses Lied hatte zuerst Leila Negra gesungen, danach war Nat King Cole mit *»Answer Me«* erfolgreich, und Wolfgang Sauer sang mit einem veränderten Text *»Glaube mir«*. Barbaras Version lehnte sich an den Song von Nat King Cole an. Im Duett mit Elaine Paige hatte sie den Hit *»I Known Him So Well«*, der im Januar 1985 auf Platz 1 in GB stand und aus dem Musical *»Chess«* stammte. Die Bandbreite ihrer Stimme läßt sich am besten durch *»January February«* und *»Another Suitcase In Another Hall«* aus »Evita« belegen.

Der Hit: *Answer Me*
Der Tip: *Barbara Dickson Songbook* (K-Tel NCD 3287)

Dinning, Mark

* 17.8.1933, † 22.3.1986. Der Amerikaner war der Bruder der drei Dinning Sisters. Schwester Jean schrieb für ihn die Nummer *»Teen Angel«*, mit der Mark im Dezember 1959 in die amerikanische Hitparade kam und Platz 1 erreichte. Der Titel war eine der sogenannten Death-Discs, die von diversen Radiostationen nicht gespielt wurden – trotzdem hat die Platte mehr als 3,5 Millionen Exemplare verkauft. Es erschienen weitere Platten von Mark, der seinen ersten Erfolg jedoch nicht wiederholen konnte. In den 60er Jahren zog er als Solist oder mit seinem Bruder Ace vorwiegend durch den Süden der USA, um Konzerte in Clubs zu geben. Enttäuscht davon, daß er keine weiteren Hits schaffte, wurde er zum starken Trinker. Auf dem Nachhauseweg von einem Auftritt in Jefferson City, Missouri, erlitt er einen Herzanfall und starb am 22.3.1986.

Der Hit: *Teen Angel*

Dinning Sisters

Lucille (* 29.9.1922), Virginia (* 29.3.1924) und Eugenia (* 29.3.1924) Dinning, die ihre Vornamen auf Lou, Ginger und Jean kürzten.
Die kinderreiche Familie Dinning brachte es auf fünf Töchter und vier Söhne – zumindest Mark Dinning sollte es ebenfalls zu Hit-Ruhm bringen. Nachdem die Schwestern in regionalen Radiosendungen aufgetreten waren, zog die Familie nach Chicago um. Hier gewannen die Dinning Sisters 1939 einen Fünfjahresvertrag mit dem Medienriesen NBC. 1947 erschien mit *»My Adobe Hacienda«* ihr erster Top-10-Erfolg. Ihr größter wurde der Millionseller *»Buttons And Bows«*, im Oktober 1948 ein Platz 5 in den USA. Mitte der 50er Jahre ließ die Karriere der Schwestern nach. Lou Dinning machte auch Platten als Solistin. Jean schrieb für ihren jüngeren Bruder den Hit *»Teen Angel«*.

Der Hit: *Buttons And Bows*
Der Tip: *The Dinning Sisters* (Capitol PM 2312068-54572)

Dino

Bevor er eine Karriere als Sänger begann, war er Diskjockey und Programmdirektor bei der Radiostation KCEP in Las Vegas. Dino Esposito war in Kalifornien geboren und auf Hawaii und in Connecticut aufgewachsen. 1988 erschien seine erste Platte in den US-Charts. Dabei bewies sich, daß er nicht nur singen konnte, sondern auf dieser LP auch Keyboards spielte, sie produzierte, arrangierte und alle Songs schrieb. Der Titel *»I Like It«* erreichte im Mai 1989 Platz 7 in den USA und wurde ein Millionseller. *»Romeo«* stand im August 1990 auf Platz 6 in der amerikanischen Hitparade.

Der Hit: *I Like It*
Der Tip: *24/7* (Island 210 317)

Dion

* 18.7.1939 als Dion DiMucci. Viele kennen seinen Nachnamen nicht, und nicht wenige können sich auch unter seinem Vornamen nichts mehr vorstellen. Geboren wurde Dion genau dort, wo die Chancen, einmal z. B. ein erfolgreicher Geschäftsmann zu werden, denkbar gering sind. Er stammt aus der Bronx, einem der fünf Stadtteile von New York. Über seine Jugend erzählte er mal: »Ich habe zwei Schwestern und 250 Verwandte. Ich kann mich erinnern an riesige Tische mit Verwandten. Alle sprachen gleichzeitig. Am Kopf saß der Großvater, der die ganze Familie mit milder Strenge zusammenhielt. Mein Vater, ein Puppenspieler,

hat die Seele eines Künstlers und bis heute den Körper eines Athleten. Meine Mutter gab uns ihr herrliches Lächeln, ihr warmes Herz und Hühnersuppe. Ich war zehn, als ein Freund meines Vaters bei uns zu Besuch war und Gitarre spielte. Der Klang der Gitarre und seine Stimme füllten den ganzen Raum, und seine Musik war noch da, als er schon weg war. Bei einem Pfandleiher kauften mir meine Eltern für acht Dollar eine Gitarre. Ich bemalte sie mit den Namen meiner Freunde und verschenkte sie an einen Cousin weiter. Es war eine antike Gibson – heute ein gesuchtes Sammlerstück. Ich war 12, als ich den *›Honky Tonk Blues‹* von Hank Williams im Radio hörte. Ich wurde sofort ein Fan und begann eine Plattensammlung. Es dauerte nicht lange, da konnte ich mehr als 200 Countrylieder auswendig. Dann überwand ich meine Schüchternheit und begann, in der Schule zu singen und Gitarre zu spielen. Danach traute ich mich auch in Talentwettbewerbe. Ich fand heraus, daß ich nur meine Augen zu schließen brauchte, und schon war ich in meiner eigenen Welt und konnte die Leute mitreißen.«

Das alles muß sich so Mitte der 50er Jahre abgespielt haben. An jeder Ecke standen Jugendliche, sangen, spielten – Doo-Wop und Street Corner Serenades waren Begriffe, die jeder New Yorker kannte. Dion und ein paar Freunde sahen bessere Möglichkeiten in Manhattan. Also nahmen sie den D-Train über die 6th Avenue von der Bronx nach Manhattan, probten im Zug ihre Stücke und trugen sie vor. Sie nannten sich Dion & The Belmonts – Belmonts, weil sie alle aus der Ecke um die Belmont Avenue in der Bronx stammten. Der Rest der Geschichte ist schnell erzählt. Eine kleine unabhängige Plattenfirma, Laurie Records, wird auf die Jungs aufmerksam, macht mit ihnen einen Vertrag, und Ende 1958 erscheint ihre erste Platte. Ein Jahr später haben sie mit dem Titel *»Teenager In Love«* einen Platz 5. Aber irgendwie hat Dion das Gefühl, daß der Erfolg mehr auf ihn zurückzuführen ist. Also löst er sich von den Belmonts und macht als Solist weiter. Ab 1960 – er haut immer noch in die Teenagerkerbe – hat er Erfolg, mit der Nummer *»Runaround Sue«* im September 1961 einen Platz 1. Bis 1964 hält er das durch, dann wird es still um ihn. Es erscheinen Platten von ihm als Dion DiMucci. Er singt Lieder mit christlichen Texten. 1968 ist er mit dem Titel *»Abraham, Martin & John«* – ein Lied, das an Abraham Lincoln, Martin Luther King und John F. Kennedy erinnern soll – wieder in den Hitparaden. Nach 1970 ist er ganz verschwunden. 1988 taucht er wieder auf, spielt mit Bruce Springsteen und veröffentlicht 1989 die LP *»Yo Frankie«*, auf der so erlauchte Namen wie Bryan Adams, k. d. lang, Lou Reed, Paul Simon oder Patty Smyth zu hören sind. Mit dieser LP ist er wieder in den Hitparaden zu finden. Ein weiterer Beweis, daß man sich auch als über 50jähriger mit 30 Jahren Erfahrung im Pop-Geschäft behaupten kann.

Der Hit: *Runaround Sue*
Der Tip. *Yo Frankie* (Arista 259 766)

Dion, Celine

* 30.3.1968. Als die frankokanadische Sängerin 1988 in Dublin mit dem Song *»Ne Partez Pas Sans Moi«* den Grand Prix Eurovision de la Chanson für die Schweiz gewann, war sie musikalisch für die Europäer festgelegt. Grand-Prix-Gewinne bedeuteten meist die Interpretation eines Humptata-Songs und galten qualitativ als Abwertung. Sicher werden sich einige im Dezember 1990 gewundert haben, als sie mit *»Where Does My Heart Beat Now«* bis auf Platz 4 der US-Hitparade hochschoß. Was man zuerst für einen Zufallstreffer hielt, wurde spätestens 1992 bestätigt. Zusammen mit Peabo Bryson sang Celine den mit einem Oscar gekrönten Song *»Beauty And The Beast«* aus dem gleichnamigen Film. Die Platte wurde ein Platz 9 in den USA und in GB. Als Solistin hatte sie im Mai 1992 in den USA einen Platz 4 mit *»If You Asked Me To«*.

Der Hit: *Where Does My Heart Beat Now*
Der Tip: *Celine Dion* (Columbia 471 508 2)

Dire Straits

Mark Knopfler, v/g (* 12.8.1949); David Knopfler, g (* 27.12.1952); John Illsley, b (* 24.6.1949); Pick Withers, d; Hal Lindes, g (* 30.6.1953); Alan Clark, key (* 5.3.1952).

Im Juli 1977 kratzten Mark Knopfler, ein Teilzeitlehrer, sein Bruder David, ein Sozialarbeiter, der abgebrochene Soziologe John Illsley und der Session-Schlagzeuger Pick Withers 120 Pfund zusammen und nahmen in London ein Demoband mit fünf Liedern auf. Ein Band mit diesen Songs erreichte den BBC-Discjockey Charlie Gillet, der es in seiner wöchentlichen Sendung Honky Tonk spielte. Ein Mitarbeiter einer Plattenfirma hörte die Sendung, war von den Stücken stark beeindruckt und nahm die Band unter Vertrag. Im Januar 1978, noch bevor die erste Platte erschien, spielten Dire Straits während einer GB-Tournee für 16 Termine im Vorprogramm von Talking Heads. Im Februar nahmen sie, produziert durch Muff Winwood, für nur 12 500 Pfund ihre erste LP auf.

Von den Mitarbeitern der Plattenfirma, die die Dire Straits 1978 den Medien anpriesen, wurde Euphorisches berichtet. Das sei eine neue Supergruppe aus England – und da man das zumindest dreimal im Monat hört, blieben auch viele Kollegen skeptisch. Dire Straits hieß diese Band. Was heißt das denn schon wieder? Also Dire kann z. B. gräßlich, entsetzlich, schauderhaft oder schrecklich bedeuten. Die Dire Sisters sind Furien. Und Straits – da gibt es z. B. die Straits of Gibraltar, die Straße von Gibraltar, also eine Meerenge. Es kann aber auch Engpaß, Klemme heißen. Das war es also: die Musiker waren schrecklich knapp bei Kasse und deshalb Dire Straits. Beim Abhören der ersten LP fiel mir damals

Dire Straits *(Vertigo)*

auf, daß der Sänger von seinem Fach nicht sonderlich viel verstand. Dann hatte ich den Eindruck, daß hier Musiker am Werk waren, die die Geschichte der Popmusik nicht umkrempeln oder gar neu schreiben wollten. Wenn man die Plattenhülle betrachtete, waren hier vier Musiker abgebildet, von denen ich auf Anhieb mit tödlicher Sicherheit sagen konnte, daß sie nicht über die Schiene Jugend/Jubel-Musikheftchen in die Hitparaden kommen würden. Trotzdem setzte sich diese erste LP durch, was besonders an der Nummer *»Sultans of Swing«* lag, die im Frühjahr 1979 sowohl in GB als auch in den USA unter die ersten 10 kam. Was hier wohl überzeugte, war die Einfachheit des Konzepts und das Gitarrenspiel von Mark Knopfler. Schon im Juli 1980 verließ David Knopfler, der jüngere Bruder des Protagonisten, die Band und wurde durch Lindes und Clark ersetzt. *»Romeo And Juliet«* 1981, *»Private Investigations«* 1982, *»Money For Nothing«* 1985 und Spitzenreiter in den USA und *»Walk Of Life«* 1986 waren weitere Top-10-Hits. Noch erfolgreicher waren die LPs der Band. *»Brothers In Arms«* wurde bis zum Ende der 80er Jahre mit 6 Platinplatten alleine in den USA bedacht. Mark Knopfler versuchte sich neben Dire Straits auch noch mit anderen Projekten – hervorzuheben *»Notting Hillbillies«*, von Mark 1989 gestartet. Auch sein Zusammenspiel mit Chet Atkins auf *»Neck And Neck«* von 1990 ist bemerkenswert.

Der Hit: *Money For Nothing*
Der Tip: *Money For Nothing* (Vertigo 836 419-2)

Disco Tex & The Sex-O-Lettes

Sir Monti Rock (* 29.5.1942 als Joseph Moses Aponte Montanez jr.). Sir Monti stammte aus der New Yorker Bronx und war der Besitzer einer Kette von Friseurläden, die Mr. Monti's Saloons hießen. Unter der Leitung von Bob Crewe und zusammen mit einigen Studiomusikern wurde Ende 1974 die Diskonummer »*Get Dancin'*« zusammengeschustert, die in den USA und in GB ein Top-10-Hit wurde. »*I Wanna Dance Wit' Choo*« wurde im April 1975 noch einmal ein Top-10-Hit in GB. Es erschienen noch zwei weitere kleinere Hits. 1977 spielte Sir Monti einen Diskjockey im Film »*Saturday Night Fever*«, und danach kämmte er wieder Haare.

Der Hit: *Get Dancin'*
Der Tip: *Review* (Chelsea 2306 007)

Distel, Sacha

* 29.1.1933. Bei uns kennt man Sacha Distel mehr als Haucher des Stücks »*Adios Amigo*«, mit dem er im Oktober 1962 auf Platz 5 der deutschen Hitparade war. Damit dürfte Sacha Distel bei weitem unterschätzt werden. Mit fünf lernte er Klavierspielen, mit 15 Gitarre. Während seines Philosophiestudiums spielte er Dixielandmusik, dann hörte er Dizzy Gillespie und interessierte sich mehr für modernen Jazz. 1950 gewann er einen Nachwuchswettbewerb, noch im gleichen Jahr spielte er mit Stan Getz, dem Modern Jazz Quartet, Lionel Hampton und Gillespie. Sacha galt zu dieser Zeit als ausgezeichneter Jazzgitarrist. Ab 1958 war er dann mit meist selbstgeschriebenen Liedern erfolgreich. In Frankreich hatte er seine größten Erfolge mit »*Scoubidou*« 1959 und »*Mon Beau Chapeau*« 1960. International kam er in die Hitparaden mit »*Raindrops Keep Falling On My Head*«, im Januar 1970 ein Platz 10 in GB. Sacha, der Platten in fünf verschiedenen Sprachen aufnahm, gewann 1963 mit dem von ihm geschriebenen Thema zum französischen Film »*The Seven Capital Sins*« einen Grammy für das beste Lied des Jahres – es wurde als »*The Good Life*« ein Hit für Tony Bennett.

Der Hit: *Raindrops Keep Falling On My Head*
Der Tip: *Scandale Dans La Famille* (EMI 2516432)

Divinyls

Christina Amphlett, v; Mark McEntee, g/key/v; mit wechselnden Musikern.
Christina und Mark gründeten diese Band 1981 in Australien. 1983 erschien ihre Debüt-LP *»Desperate«*, die sie in Australien zu Stars machte. Über die Grenzen des Kontinents hinaus wurden sie erstmals 1986 in den USA mit dem Titel *»Pleasure And Pain«* bekannt. Unter die ersten 10 der internationalen Charts kamen sie im März 1991 in den USA mit *»I Touch Myself«*. Zwei Monate später schafften sie gleiches in GB.

Der Hit: *I Touch Myself*
Der Tip: *Divinyls* (Vergin 261 285)

Dixiebelles

Shirley Thomas, Mary Hunt, Mildred Pratcher, alle v.
Dieses schwarze Mädchentrio aus Memphis hatte im September 1963 einen einzigen Top-10-Erfolg mit *»(Down At) Papa Joe's«*. Anfang 1964 erreichten sie noch einmal Platz 15 mit *»South Town, U. S. A.«*. Danach waren sie wieder verschwunden.

Der Hit: *(Down At) Papa Joe's*

Dixie Cups

Barbara Ann Hawkins (* 23.10.1943); Rosa Lee Hawkins (* 24.9.1944); Joan Marie Johnson (* 1/1945); alle v.
Dieses schwarze Gesangstrio stammte aus New Orleans. In den ersten sechs Monaten des Jahres 1964 schaffte es nur eine einzige amerikanische Gruppe, auf Platz 1 der amerikanischen Hitparade vorzustoßen. Als der Titel *»Chapel Of Love«* im Juni 1964 in den USA auf den ersten Platz vordrang, löste er die Beatles mit *»Love Me Do«* ab. Die Dixie Cups selbst wurden nach drei Wochen durch die Lennon/McCartney-Komposition *»A World Without Love«*, gesungen durch Peter & Gordon, von der Spitze verdrängt. Joe Jones, ein Sänger aus New Orleans, der mit dem Titel *»You Talk Too Much«* 1960 einen Top-10-Hit in den USA hatte, sah die drei Sängerinnen bei einem Talentwettbewerb und vermittelte sie an Jerry Leiber und Mike Stoller, die gerade ihr neues Plattenlabel Red Bird gegründet hatten. Die Nummer *»Chapel Of Love«* war vorher schon von anderen Interpreten, z. B. den Ronettes, erfolglos aufgenommen worden. Diesmal sollte es klappen. Die Dixie Cups schafften bis 1965 weitere Hits. Danach wurde die Plattenfirma Red Bird dichtgemacht, und sie erhielten einen neuen Vertrag bei

ABC Records, die sie jedoch in die Charts brachten. Eine der schönsten Aufnahmen der Dixie Cups ist »*Iko Iko*«, die 1989 im Film »*Rain Man*« in der Version der Belle Stars zu hören war und ebenfalls ein Top-20-Hit wurde. Die Dixie Cups nehmen zwar keine Platten mehr auf, touren aber immer noch. Cousine Joan Marie ist jedoch nicht mehr dabei.

Der Hit: *Chapel Of Love*
Der Tip: *Chapel Of Love* (Line Records LLP 5161 AS)

D. J. Jazzy Jeff & The Fresh Prince

Hinter diesem Hipp-Hopp-Duo verbargen sich D. J. Jeff Townes und der Rapper Will Smith. Diese beiden hatten im Sommer 1991 einen Platz 4 in den USA und Platz 8 in GB mit dem Titel »*Summertime*«. Ihre erste Chart-Notierung stammt aus dem Jahre 1986: »*Girls Are Nothing But Trouble*« erreichte in GB Platz 21 – zwei Jahre später kam die Platte auch in die US-Charts. »*Parents Just Don't Understand*« erreichte im Mai 1988 die amerikanische Hitparade und da Position 12, wurde aber trotzdem ein Millionseller. Nach ihrem großen Hit hatten sie ebenfalls 1991 noch einmal einen Platz 20 in den USA mit »*Ring My Bell*«, einem Remake des Anita-Ward-Hits – damit hatte zumindest vorerst ihr Glöcklein geschlagen.

Der Hit: *Summertime*
Der Tip: *Homebase* (Jive ZD74939)

D-Mob

D-Mob ist ein Projekt des Songschreibers, Mixers, Produzenten und Diskjockeys Danny D. Da auf seinen Platten als Songautor immer ein D. Poku genannt wird, steht zu vermuten, daß Danny Poku sein vollständiger Name ist. Er arbeitete in verschiedenen Londoner Diskotheken und für die Plattenfirma Chrysalis. Diesen Job schmiß er erst im Januar 1989 hin, nachdem er mit dem Titel »*We Call It Acieed*« im August 1988 einen Platz 3 in der britischen Hitparade schaffte. Für seine Aufnahmen suchte sich Danny D. stets geeignete Sänger. So wurde der erste Hit von Gary Haisman gesungen, einem Clubmanager der Londoner Dance-Szene. Für seinen zweiten Hit »*It's Time To Get Funky*« verpflichtete er die britische Rap-Gruppe LRS. Es wurde im Juni 1989 ein Platz 9. Sein dritter Top-10-Erfolg, Januar 1990 Platz 7 in GB, war »*Put Your Hands Together*«. Den Gesangspart übernahm darauf Nuff Juice, eine britische Gesangsgruppe. Vor dieser Aufnahme erschien im Oktober 1989 die Nummer »*C'mon And Get My Love*«, die in GB Platz 15, in den USA aber Platz 10 erreichte. Hier war als Lead-

Sängerin Cathy Dennis zu hören, die ab 1991 mit Soloplatten sehr erfolgreich wurde.

Der Hit: *We Call It Acieed*
Der Tip: *A Little Bit Of This, A Little Bit Of That* (FFRR 828159.2)

DNA

Hinter diesem Kürzel versteckten sich zwei DJs aus Bristol, Neal Slateford und Nicholas Batt, die mit »*Tom's Diner*« von Suzanne Vega im Juli 1990 einen Platz 2 in GB, wenig später einen Platz 1 in Deutschland und im Oktober 1990 einen Millionseller und Platz 5 in den USA hatten. Was dazu führte, beschrieb »Der Spiegel« (38/1990; 287) folgendermaßen: »Unverhofft kam die zuletzt nur mäßig erfolgreiche Pop-Diseuse Suzanne Vega, 31, jetzt zu einem Millionseller: Ihre schon drei Jahre alte Ballade vom romantischen Frühstücksmorgen in ›*Tom's Diner*‹ füllt weltweit die Tanzflächen. Zwei unter dem Namen DNA kursierenden Diskjockeys reicherten das karge Frühstück mit einem tanzbaren Computer-Beat an und ließen es ohne Genehmigung der Sängerin auf Platte pressen (...) Die um ihren seriösen Ruf besorgte Liedermacherin distanzierte sich zwar umgehend von der Tanznummer, kassiert aber dennoch kräftig mit: Aus Angst vor einer Klage der Plattenfirma A&M, die über die Rechte der Vega-Songs verfügt, verzichtete das Soundtüftler-Duo großzügig auf seine Tantiemen.« Eine Woche später veröffentlichte die Polydor, die in Deutschland A&M Records vertreibt, eine Pressemeldung, in der auszugsweise stand: »Als Radio One anfing, diese Single im Tagesprogramm einzusetzen, wurde Suzanne Vegas Plattenfirma aufmerksam. Sie schickte Suzanne Vega und ihrem Manager ein Exemplar, die auf eine Klage verzichteten und die Genehmigung zu einer regulären Veröffentlichung gaben(...) Suzanne Vega hat also nicht erst von der Version erfahren, als sie in den Charts war, auch hat sie sich zu keiner Zeit davon distanziert.« In dieser Pressemitteilung ist allerdings keine Rede davon, ob nun sie alleine die Tantiemen einstreicht oder nicht. Als Nachfolge veröffentlichte DNA »*La Serenissima*«, im August 1990 ein Platz 34 in GB, und »*Can You Handle It*«, im Februar 1992 ein Platz 17.

Der Hit: *Tom's Diner*
Der Tip: *Taste This* (EMI 7 98571 2)

Dobkins, Carl Jr.

* 13.1.1941. Bereits im Alter von 16 Jahren machte der Amerikaner Carl Dobkins seine ersten Plattenaufnahmen. Beeinflußt wurde er durch Interpreten wie Elvis

Presley und Buddy Holly. Mit dem Titel *»My Heart Is An Open Book«*, einer typischen Teenager-Nummer der 50er Jahre, hatte er im April 1959 einen Platz 3 in den USA. Nach diesem Hit hatte er noch drei weitere Titel in den US-Charts, und nach 1960 war er wieder aus den Hitparaden verschwunden. Das Musikgeschäft hat er Mitte der 60er Jahre endgültig verlassen, um bei einer Spedition in der Verwaltung zu arbeiten. Später zog er zurück in seine Heimat Cincinnati und arbeitete als Angestellter einer Firma, die Düsentriebwerke herstellt.

Der Hit: *My Heart Is An Open Book*
Der Tip: *My Heart Is An Open Book* (Bear Family BCD 15546)

Dobson, Anita

Diese britische Sängerin hatte, begleitet von Simon May und seinem Orchester, mit *»Anyone Can Fall In Love«* im August 1986 einen Platz 4 in der britischen Hitparade. Der Titel erschien auf dem Label der BBC, was vermuten läßt, daß es sich dabei um eine Aufnahme aus einer Fernsehserie handelt. Weitere Versuche von Miss Dobson schlugen fehl.

Der Hit: *Anyone Can Fall In Love*

Dr. Alban

* 26.8.1957 als Alban Nwapa in Nigeria. Seit seinem fünften Lebensjahr lebt er in Stockholm. Dort studierte er Medizin und ließ sich als Zahnarzt nieder. Nebenher arbeitete er als Diskjockey, besaß eine Boutique und eine eigene Diskothek. 1990 nahm er mit der Sängerin Leila K. den Titel *»Hello Africa«* auf, der im Dezember in Deutschland Platz 2 wurde. Der Nachfolgehit hieß *»No Coke«*, im Februar 1991 ein Platz 3 in Deutschland. *»It's My Life«* war dann die erste Platte, die sich auch in GB durchsetzen konnte: im September 1992 Platz 2, vorher war die Platte schon Spitzenreiter in Deutschland. Im April 1993 sollte das die erste Hitnotierung für Dr. Alban in den USA werden. Mit *»One Love«* hatte Alban im September 1992 einen Platz 7, mit *»Sing Hallelujah«* im März 1993 einen Platz 4 in Deutschland.

Der Hit: *It's My Life*
Der Tip: *One Love – The Album* (Logic BMG 262 938)

Doctor & The Medics

Doctor, v (* 7.7.1962 als Clive Jackson); Colette Annadin, v; Wendi Annadin, v; Steve Maguire, g; Richard Searle, b; Mr. Vom, d.

Dieses britische Glam-Rock-Sextett aus London ist wieder ein typisches One Hit Wonder. Mit einem Nachzieher des Norman-Greenbaum-Hits *»Spirit In The Sky«* – im Februar 1970 ein Platz 3 und ein Millionseller in den USA, Spitzenreiter in GB und Deutschland – erreichten sie Mitte 1986 Platz 1 in GB und Platz 9 in Deutschland. Ihr Nachfolgehit *»Burn«* kam noch bis auf Platz 29. Dann nahm sich Roy Wood der Band an. Sie zusammen machten eine neue Version vom ABBA-Hit *»Waterloo«*, die sich dann als ihr Waterloo erwies und auf Platz 45 hängenblieb. Nach dieser letzten Schlacht waren sie aus den Charts verschwunden.

Der Hit: *Spirit In The Sky*
Der Tip: *Laughin' At The Pieces* (IRS 26940)

Dr. Feelgood

Lee Brilleaux, v/harm (* 1953); Wilko Johnson, g (* 1947 als John Wilkinson); John B. Sparks, b (* 1953); John Potter, p; »Bandsman« Howarth, d; John »The Big Figure« Martin, d; John »Gypsie« Mayo, g.
Die Band wurde 1971 in der Tradition von Johnny Kidd & The Pirates und den frühen Yardbirds gegründet. In ihren Anfangstagen spielten sie unbekümmerten Rock 'n' Roll, gerieten dann aber in das Fahrwasser der Punk-Bewegung. Ihren ersten Single-Erfolg hatten sie im Januar 1979 mit dem Titel *»Milk And Alcohol«*; die Platte erreichte Platz 9 in den britischen Charts. Wenn ihnen ansonsten auch keine Single-Erfolge gelangen, so kann Dr. Feelgood doch auf einen Stamm fester und treuer Fans zurückblicken, die die Konzerte der Band stets zu einem Ereignis werden lassen. Dies ist auch in den USA der Fall, obwohl sie dort wenige Platten verkaufen. In den britischen LP-Charts erreichte *»Stupidity«* Ende 1976 Platz 1. Die Fluktuation der Mitglieder in der Band war enorm. Eine 1991 erschienene Platte zeigte, daß von den Ur-Mitgliedern lediglich noch Lee Brilleaux dabei war.

Der Hit: *Milk And Alcohol*
Der Tip: *Stupidity* + (Liberty CDP 7 95934 2)

Dr. Hook

Ray Sawyer, v/g (* 1.2.1937); Dennis Locorriere, v/g (* 13.6.1949); Jance Garfat, b/v (* 3.3.1944); George Cummings, g (* 28.7.1938); Bill Francis, key/v (* 16.1.1942); Rik Elswit, g/v (* 6.7.1945); John Wolters, d/v (* 28.4.1945).
Die amerikanische Gruppe formierte sich 1968 als The Chocolate Papers. Als Dr. Hook & The Medicine Show firmierten sie ab Februar 1969. Mit Dr. Hook assoziierte man stets Ray Sawyer, der eine Augenklappe tragen mußte, weil er bei einem Autounfall sein rechtes Auge verloren hatte. 1970 traten sie in dem

Film »Who Is Harry Kellerman And Why Is He Saying Those Terrible Things About Me« neben Dustin Hoffman auf. Ihren ersten Hit sollten sie mit dem Millionseller *»Sylvia's Mother«* haben, der im April 1972 ein Platz 5 in den USA wurde und wenig später ein Platz 2 bzw. 9 in GB und Deutschland. Noch im gleichen Jahr hatten sie mit *»The Cover Of Rolling Stone«* einen weiteren Millionseller und Platz 6 in den USA. Ab 1975 erschienen ihre Platten nur noch als Dr. Hook. *»Only Sixteen«* 1976, ein Cover des Sam-Cooke-Hits, *»Sharing The Night Together«* 1978, *»When You're In Love With A Beautiful Woman«* 1979 und *»Sexy Eyes«* 1980 wurden weitere Top-10-Platten und Millionseller für die Gruppe. 1985 versuchten sich sowohl Sawyer als auch Locorriere mit Solokarrieren, die allerdings nicht sonderlich erfolgreich wurden. 1988 zog eine Formation durch GB, die sich Dr. Hook nannte, in der aber außer Ray Sawyer kein altes Mitglied mehr ist.

Der Hit: *Sylvia's Mother*
Der Tip: *Completely Hooked* (Capitol CD ESTV 2)

Dr. John

* 21.11.1940 als Malcolm Rebennack, genannt Mac. Der amerikanische Pianist, Gitarrist, Schlagzeuger, Sänger und Songschreiber gilt als Pionier des Swamp-Rock. Er begann Mitte der 50er Jahre in seiner Heimatstadt New Orleans als Sessionmusiker für Professor Longhair, Frankie Ford und Joe Tex. Anfang der 60er Jahre produzierte er Lee Allen, Red Tyler und Earl Palmer. Mitte der 60er Jahre ging er nach L. A. und wurde Sessionmusiker, hauptsächlich für Phil Spector. Nebenher spielte er in Formationen wie Zu Zu Band – mit Jessie Hill – oder Morbus & The Three Ghouls. Seit dieser Zeit interessierte er sich für den Voodoo-Kult, für den ihn besonders Prinz Lala begeisterte. Ab 1968 machte er auch als Solist Platten und hatte seinen größten Erfolg mit *»Right Place, Wrong Time«*, im April 1973 ein Platz 9 in den USA.

Der Hit: *Right Place, Wrong Time*
Der Tip: *Goin' Back To New Orleans* (WB 7599-26940-2)

Doctor Spin

Hier feierten sich Nintendo und sein Game boy selbst. Executive Producer dieser Aufnahme war Andrew Lloyd Webber. Executive bedeutet, daß er das Geld für die Produktion hingelegt hat. Nintendo wird sich für diese kostenlose Werbung recht herzlich bedankt haben. *»Tetris«* wurde im Oktober 1992 ein Platz 6 in der britischen Hitparade.

Der Hit: *Tetris*

Dodd, Ken

* 8.11.1927. Seine ersten Auftritte hatte der britische Sänger und Komiker schon 1954. Für über 20 Jahre sollte er einer der populärsten Sänger romantischer Balladen in GB sein. *»Love Like A Violin«* war Mitte 1960 sein erster Top-10-Hit, *»Tears«* im September 1965 seine einzige Nummer 1. *»The River«* (auch noch 1965) und *»Promises«* (1966) waren weitere Platten unter den ersten 10. Seinen letzten Hit hatte er 1981.

Der Hit: *Tears*
Der Tip: *His Greatest Hits* (EMI CC 202)

DÖF

Manfred Deix sorgte für das Cover der erfolgreichsten LP dieser Formation, die ausgeschrieben Deutsch-Österreichisches Feingefühl heißt. Und so kam es, daß die Mitwirkenden auf der Hülle so aussahen, wie es im Hit *»Codo«* auch hieß: »Ich bin so häßlich, so gräßlich häßlich«. DÖF waren Manfred Tauchen, Joesi Prokopetz und Annette Humpe. Tauchen und Prokopetz waren zwei der bekanntesten Vertreter der Wiener Kabarett- und Musikszene Anfang der 80er Jahre. Gemeinsam mit Wolfgang Ambros hatten sie das satirisch-bissige Rock-Hörspiel *»Der Watzmann ruft«* aufgenommen, von dem mehr als 250 000 LPs verkauft wurden. Als im Herbst 1982 die Berliner Band Ideal in Wien eine neue LP aufnahm, kam es zu ersten Kontakten zwischen der Sängerin dieser Formation, Annette Humpe, und dem Duo Taucher/Prokopetz. Das erste Ergebnis war besagte LP, die im Juni 1983 erschien. Ausgekoppelt daraus wurde das Stück *»Codo«*, das im Juli 1983 in die deutsche Hitparade kam, Nummer 1 wurde und Gold erhielt. Nach einer weiteren Auskopplung aus dieser LP ging Annette Humpe wieder ihre eigenen Wege und Taucher/Prokopetz auch.

Der Hit: *Codo*
Der Tip: *Tauchen-Prokopetz* (WEA 24-0187-1)

Doggett, Bill

* 16.2.1916. Der amerikanische Tastenspieler und Songschreiber gründete bereits 1938 seine erste eigene Band. Seine ersten Plattenaufnahmen machte er 1939 in der Formation von Jimmy Munday. In den 40er Jahren spielte und arrangierte er mit Lionel Hampton, Louis Jordan, Count Basie und Louis Armstrong. Bei den Ink Spots spielte er kurz als Pianist mit. Den größten Hit unter seinem Namen hatte Bill mit *»Honky Tonk (Parts 1 & 2)«*, im August 1956 ein Platz 2 in den USA.

Doggett gilt als »Vater der Swing-Orgel«. 1963 arrangierte und leitete er die Aufnahmen zu Ella Fitzgeralds Album *»Rhythm Is Our Business«*. Bis in die 90er Jahre ist Bill mit einer eigenen Rhythm-&-Blues-Tourband unterwegs.

Der Hit: *Honky Tonk (Parts 1 & 2)*
Der Tip: *Trading Licks* (Charly CD 51)

Dolan, Joe

* 16.10.1943. Der Ire wurde schon als 19jähriger Profi. 1964 nahm er mit seiner Begleitband Drifters seine ersten Platten auf, die bis in die irischen Top 10 vordrangen. Aber erst als Solist sollte er über die Grenzen von Irland hinaus erfolgreich werden und auch in GB Hits haben. *»Make Me An Island«* war Mitte 1969 sein erster und einziger Hit unter den ersten 10 in GB, ein Platz 3. *»You're Such A Good Locking Woman«* war im Februar 1970 noch einmal ein Platz 17, danach und bis heute ist sein Erfolg wieder mehr auf Irland beschränkt.

Der Hit: *Make Me An Island*
Der Tip: *Make Me An Island* (Pye LDVS 17168)

Dolby, Thomas

* 14.10.1958 als Thomas Morgan Dolby Robertson in Kairo als Sohn britischer Eltern. Der ausgezeichnete Sänger, Gitarrist, Tastenspieler und Songschreiber spielte zwischen 1977 und 1979 Keyboards mit Gruppen wie Members, Passions und Fall. 1979 spielte er für einige Monate mit Camera Club und begleitete Lene Lovich auf einer US-Tournee. 1981 veröffentlichte er auf seinem eigenen Independent Label Armageddon seine erste Single. Obwohl die Platte sich nicht verkauft, wird die Gruppe Foreigner auf ihn aufmerksam und bittet ihn, auf der LP *»4«* mitzuwirken. Danach spielt Thomas für Def Leppard. Im Juli 1981 gründet er ein weiteres eigenes Label und verkauft eine weltweite Lizenz davon an die EMI. 1982 erscheint seine erste LP, die besonders in den USA erfolgreich ist. Darauf auch sein erster Hit *»Windpower«*, der in GB im August 1982 Platz 32 belegte. Sein größter Erfolg war sicher *»She Blinded Me With Science«*, im Februar 1982 ein Platz 5 in den USA. Als weitere bemerkenswerte Chart-Notierungen folgten im Januar 1984 *»Hyperactive!«*, ein Platz 17 in GB, und *»Close But No Cigar«*, im Mai 1992 Platz 22 in GB.

Der Hit: *She Blinded Me With Science*
Der Tip: *Aliens Ate My Buick* (EMI CDP 7 48075 2)

Dolce, Joe

* 1947 als Sohn italienisch-amerikanischer Eltern in Ohio. 1966 wurde er Mitglied in der Gruppe Sugar Creek, die 1969 ein erfolgloses Album in den USA veröffentlichte. 1974 gründete er eine *»Poetry Music Fusion Group«*, die längere Zeit an der Ostküste der Vereinigten Staaten tourte. 1978 verließ er die USA und siedelte sich in Australien an. Dort gründete er die Joe Dolce Theatre Show und erfand die Figur Giuseppi. Als Giuseppi nahm er die Nummer *»Shaddap Your Face«* auf, die in Australien 1980 ein großer Hit wurde. Der Titel nahm freundlich die Sprachschwierigkeiten italienischer Emigranten in den USA auf den Arm. Als er in GB veröffentlicht wurde, sprang er im Februar 1981 in die britischen Charts und wurde Platz 1. Auch in Deutschland wurde die Platte eine Spitzenreiter. Aber mit diesem einen Hit war das Bedürfnis nach Englisch mit italienischen Brocken erschöpft. Ein weiterer Hit gelang ihm nicht.

Der Hit: *Shaddap You Face*
Der Tip: *Shaddap You Face* (Ariola 203 724)

Dollar

Thereze Bazar (* 23.5.1955); David van Day (* 28.11.1956). Die beiden begannen im November 1974 als Mitglieder der Guys & Dolls, die mit *»There's A Whole Lot Of Loving«* im März 1975 einen Platz 2 in der britischen Hitparade hatten. Dann trennten sie sich von dem Sextett – die Guys & Dolls machten als Quartett weiter – und starteten im Jahre 1978 mit ihrem Duo Dollar. Mit ihrer eigenen Komposition *»Love's Got A Hold On Me«* hatten die beiden, von denen bekannt war, daß sie sich nicht sonderlich mochten, im August 1979 einen Platz 4 in GB. *»I Wanna Hold Your Hand«* war drei Monate später ein Platz 9 in GB. Es handelte sich um eine Neuaufnahme des Beatles-Titels. *»Mirror Mirror (Mon Amour)«* 1981 und *»Give Me Back My Heart«* 1982 erreichten jeweils Platz 4 in GB. 1983 – inzwischen waren die menschlichen Probleme wohl so schwer geworden, daß sie nicht mehr miteinander weiterarbeiten wollten – trennten sie sich und versuchten sich als Solisten. Da es beiden nicht gelang, Hits zu landen, kamen sie 1986 wieder zusammen. Die Aufnahme *»O L'Amour«* erreichte im Dezember 1987 Platz 7 in GB und war ein Nachzieher einer Erasure-Aufnahme.

Der Hit: *Love's Got A Hold On Me*
Der Tip: *Dollar Album* (WEA K 58726)

Domino, Fats

* 26.2.1928 als Antoine Domino in New Orleans – und wie kein anderer verkörperte er die Musik dieser Stadt am Mississippi. Bereits als 10jähriger sang er in und vor den Kneipen von New Orleans für ein paar Pennies. Dann traf er auf den Trompeter Dave Bartholomew, der der Leiter eines Tanzorchesters war. Fats erhielt die Chance, in diesem Orchester zu spielen – er nahm an und wurde Mitte der 40er Jahre Pianist von Dave. Mit ihm zusammen hat er die meisten seiner späteren Hits geschrieben. 1949 nahm Fats seine erste Soloplatte auf, die zumindest in den Rhythm-&-Blues-Charts-Hits erfolgreich war: »*The Fat Man*« stand im Februar 1950 auf Platz 2 und wurde ein Millionseller. »*Goin' Home*« erreichte im April 1952 die R&B-Charts, wurde Spitzenreiter, ebenfalls Millionseller und seine erste Platte, die auch in den US-Pop-Charts mit Platz 30 verzeichnet wird. Ab diesem Zeitpunkt bis 1964, dem Jahr, als die Beatles die USA überrollten, hatte er Hit auf Hit. Platz 1 in den US-Pop-Hitparaden erreichte er nie, aber unter den ersten 10 war er häufig anzutreffen. Viele seiner Songs wurden Mitte der 50er Jahre von weißen Interpreten wie z. B. Pat Boone gecovert. Boones Version von »*Ain't That A Shame*« ist selbst eine Schande, denn gegen das Original von Fats klingt sie lasch und lahm. »*I'm In Love Again*«, »*Blueberry Hill*«, »*Blue Monday*«, »*I'm Walking*«, »*Valley Of Tears*«, »*It's You I Love*«, »*Whole Lotta Loving*«, »*I Want To Walk You Home*«, »*Be My Guest*« und »*Walking To New Orleans*«, alles Top-10-Hits für Fats. Und wenn er auch ab 1964 nicht mehr die Spitzenplätze in den Charts belegte, die Konzerte von ihm waren bis in die 90er Jahre ausverkaufte Augen- und Ohrenweiden. Regelmäßig ist er in Las Vegas zu sehen, ansonsten ist er oft und gerne zu Hause in New Orleans mit seiner Frau Rosemary und seinen acht Kindern. 1986 wurde er in die Rock 'n' Roll Hall of Fame aufgenommen, 1987 war er Gewinner von Grammy's Hall of Fame und dem Lifetime Achievement Awards.
In GB waren die Platten von Fats mit der Ausnahme von »*Blueberry Hill*« nie unter den ersten 10, in Deutschland hatte er seinen größten Erfolg 1992, als Aral einen TV-Spot mit der Nummer »*I'm Walking*« unterlegte. Fats erreichte im Februar 1992 damit immerhin Platz 12 in Deutschland.

Der Hit: *Blueberry Hill*
Der Tip: *They Call Me The Fat Man(...)* (EMI E2-7-96784-2)

Dominoe

Jörg Sieber, v (* 13.7.1961); Johnny Rohde, key (* 2.11.1956); Marc Schiegl, g (* 9.7.1968); Fred Neudert, b/v (* 17.7.1959); Rick Shulz, d (* 25.8.1961); Robert Papst, g; Angie Buchzyk, key/v.

Als die Band 1987 gegründet wurde, kannten sich die aus dem Umland von München stammenden Musiker teilweise bereits seit 10 Jahren und hatten in verschiedenen Schülerbands den Grundstein für eine Profi-Karriere gelegt. Die deutsche Formation erreichte mit *»Here I Am«* im Januar 1988 einen Platz 4 in der deutschen Hitparade. Schuld daran war ohne Zweifel die Tatsache, daß die deutsche Renault AG den Song für ihre R5-Werbung im Fernsehen benutzt hatte. Danach ging die Keyboarderin Angie und versuchte eine Solokarriere, Robert Papst widmete sich der Studio- und Produzententätigkeit und blieb in dieser Funktion seinen Kollegen verbunden. Ein weiterer Hit wollte Dominoe jedoch nicht mehr gelingen.

Der Hit: *Here I Am*
Der Tip: *Keep In Touch* (RCA PD 71757)

Donaldson, Bo & The Heywoods

Die aus Cincinnati, Ohio, stammende Band hatte 1972 ihren ersten Chart-Erfolg in den USA. 1973 spielten sie regelmäßig in Dick Clarks »Action 73« -TV-Show. Die beiden britischen Songschreiber Mitch Murray und Peter Callander, die schon Hits für Freddie & The Dreamers bzw. Cliff Richard, Sandy Shaw oder Tom Jones geschrieben hatten, gründeten 1974 in GB ihr eigenes Plattenlabel Bus Stop Records. Zu den ersten Künstlern, die sie unter Vertrag nahmen, gehörte die aus Nottingham stammende Band Paper Lace. Wie Mary Hopkin hatten sie in der TV-Serie »Opportunity Knocks« einen Talentwettbewerb gewonnen. Für diese Band schrieben Murray und Callander den Song *»Billy Don't Be A Hero«*. Als der in GB veröffentlicht wurde und langsam in den Charts kletterte, schickte Bus Stop Records die Platte an mögliche Vertragspartner in Australien und Neuseeland, die sie jedoch mit der Bemerkung zurückschickten, das sei das Schlimmste, was sie jemals erhalten hätten. Auch die Verhandlungen für die USA gestalteten sich schwierig, und inzwischen hatte der amerikanische Produzent Steve Barrie die Paper-Lace-Version gehört und blitzschnell mit Bo Donaldson & The Heywoods eine Coverversion aufgenommen. So kam es, daß Paper Lace in GB Nummer 1 wurden mit *»Billy Don't Be A Hero«* und in den USA Bo Donaldson. Die Nachfolgeaufnahme *»Who Do You Think You Are«* kam im Juli 1974 auf Platz 15. Danach ließ der Erfolg recht schnell nach. Sie tourten dann mit Dick Clarks Caravan of Stars oder durften als Vorgruppe von den Rascals oder Herman's Hermits auftreten.

Der Hit: *Billy Don't Be A Hero*

Don & Juan

Roland Trone († 1983), Claude Johnson.
Don und Juan gehörten ursprünglich zu dem aus Brooklyn stammenden Quartett Genies. 1959 veröffentlichten die Genies die Single *»Who's That Knocking«*, die es unter die Top 75 in den amerikanischen Charts brachte. Da der Gruppe kein Nachfolgehit gelang, wurde sie von ihrer Plattenfirma gefeuert. Auch weitere Plattenverträge brachten keinen Erfolg. Trone und Johnson verließen daraufhin die Formation und arbeiteten als Anstreicher, bis ein Agent namens Peter Paul sie wiederentdeckte. Als Don & Juan nahmen sie den Titel *»What's Your Name«* auf, der Platz 7 in den USA erreichte. Obwohl das Duo bis 1967 weitere Platten aufnahm, konnte es nur mit *»Magic Wand«* eine weitere Chart-Notierung erzielen. Nach dem Tod von Trone übernahm ein anderes früheres Mitglied der Genies, Alexander Faison, den Part des Don.

Der Hit: *What's Your Name*

Donegan, Lonnie

* 29.4.1931 als Anthony Donegan. Er gilt als der erste britische Superstar im GB der 50er Jahre. In Ken Colyers Band spielte er Banjo und kreierte den Skiffle-Sound. 1953 kam er in die Band von Chris Barber und ist auf etlichen der besten Dixielandplatten dieser Gruppen zu hören, so z. B. auf *»Ice Cream«*. 1954 nahm er als Solist die Nummer *»Rock Island Line«* auf, die sich erst im Januar 1956 zu einem Top-10-Erfolg in GB und in den USA entwickelte. Bis Ende 1962 hatte Lonnie alleine in GB 26 Platten unter den ersten 20, 17 davon unter den ersten 10. Seine größten Hits waren *»Cumberland Gap«* und *»Gamblin' Man/Putting On The Style«*, beide Platz 1 1957, *»Does Your Chewing Gum Lose Its Flavour (On The Bedpost Over Night)?«* 1959 und *»My Old Man's A Dustman«*, 1960 wieder ein Spitzenreiter.

Der Hit: *Rock Island Line*
Der Tip: *EP Collection* (See For Miles SEECD 346 TIS)

Donner, Ral

* 10.2.1943, † 6.4.1984. Der aus Chicago stammende Ral war einer der vielen bedauernswerten Sänger, die zwar singen konnten wie Elvis, aber eben Kopien waren. So hatte Ral den Spitznamen *»Chicago Elvis«*. Immerhin gelang ihm mit der Nummer *»You Don't Know What You Got (Until You Lose It)«* im Juli 1961 ein Platz 4 in den US-Charts. Nachdem Elvis am 16.8.1977 gestorben war, schien seine

große Stunde gekommen. Im Film »*This Is Elvis*« sprach er die Stimme des Kings – seinen Thron konnte er trotzdem nicht besteigen. Im April 1984 starb er an Krebs.

Der Hit: *You Don't Know What You Got (Until You Lose It)*
Der Tip: *Takin' Care Of Business(...)* (Rondo RLP 22436)

Donohue, Al

* 12.6.1904, † 20.2.1983. In den 30er und 40er Jahren war Al der Leiter seiner eigenen, sehr populären Tanz-Band in den USA. Er schaffte es immer, gute Sänger an sein Orchester zu binden. So sangen in den 30er Jahren vorwiegend Barry McKinley und Paula Kelly, Phil Brito in den 40er Jahren. Seine ersten Hits hatte er 1936. »*Lambeth Walk*« erreichte im September 1938 Platz 7 in den USA. Al Donohues Version von »*Jeepers Creepers*« wurde Ende 1938 für fünf Wochen Spitzenreiter in den USA. »*Moon Love*« 1939 und »*The Wise Old Owl*« 1941 waren weitere Top-10-Hits für ihn. Nach 1941 wollte ihm kein weiterer Erfolg mehr gelingen. Trotzdem spielte er weiter in den gesamten USA. 1954 hatte er an der Westküste eine eigene TV-Show, dann zog er sich mehr und mehr aus dem Geschäft zurück, war aber auch noch in den 70er Jahren als Bandleader tätig.

Der Hit: *Jeepers Creepers*

Donohue, Sal

* 8.3.1918, † 22.3.1974. Ein weiterer Bandleader und Tenorsaxophonist, der schon in den 30er Jahren in den USA seine ersten Erfolge hatte. Er leitete in Detroit seine eigene Band. 1938 verließ er sie, um erst für zwei Jahre mit Gene Krupa, dann kurz mit Harry James und Benny Goodman zu spielen. 1941 kehrte er zu seiner Band zurück, die zwischenzeitlich durch Sonny Burke angeführt wurde. In diese Zeit fällt auch sein erster Hit in den US-Charts. Dann mußte auch Sal zum Militär – er übernahm die Band von Artie Shaw, der gerade ins Zivilleben zurückkehrte, und spielte mit dieser Navy-Band bis zum Kriegsende. 1946 hatte er mit »*Dinah*« seinen ersten Top-10-Erfolg, auf den drei weitere noch im gleichen Jahr folgten. Im April 1947 stand er mit »*My Melancholy Baby*« auf Platz 5 in den USA, einen Monat später auf Platz 2 mit »*I Never Knew*«. »*Red Wing/The Whistler*« waren ebenfalls 1947 zwei weitere Top-10-Hits, dann ließ der Erfolg langsam nach. Nach 1948 wird er nicht mehr in den Charts verzeichnet. Sal machte jedoch weiter Musik und spielte in den Bands von Tommy Dorsey und Ray Anthony. In den späten 50er Jahren hatte er wieder eine eigene Band, spielte in den 60er Jahren mit Stan Kenton und übernahm nach dem Tode von Tommy

Dorsey dessen Orchester. Schließlich wurde er musikalischer Direktor des New Yorker Playboy-Clubs und leitete in Reno, Nevada, ab 1969 wieder eine eigene Band. Dort starb er auch im März 1974 an Krebs.

Der Hit: *I Never Knew*

Donovan

* 10.2.1946 als Donovan Phillip Leitch. Als die Amerikaner ihren Bob Dylan hatten, wollten die Briten auch solch einen Typ-Interpret. In Donovan fanden sie ihn. Und schaut man heute rückblickend auf die Hits von ihm, stellt man fest, daß er mit Ausnahme von »*Universal Soldier*« alle seine Songs im Alleingang geschrieben hat – wie Bob Dylan. »*Catch The Wind*« hieß der erste Erfolg von ihm, der im März 1965 bis auf Platz 4 in GB vorstieß. Auch »*Colours*« kam drei Monate später auf den gleichen Platz und brachte für viele Poesie frei Haus, aber irgendwie fehlte der Protest eines Bob Dylan. Da kam ein Lied, geschrieben von Buffy Sainte-Marie, gerade recht: »*Universal Soldier*«. Die Platte erreichte nicht einmal die britische Hitparade und wird noch bis heute mit ihm als erfolgreiche Nummer in Verbindung gebracht.
Mitte 1966 – inzwischen war er zum Produzenten Mickie Most gewechselt – erschien mit »*Sunshine Superman*« eine Platte, die es bis auf Platz 1 in den USA brachte. In GB erreichte die Nummer im Dezember 1966 Platz 2. Allerdings von Bob Dylan war hier wieder wenig zu verspüren. Er wirkte eher freundlich und naiv und konnte es nur schwer verwinden, daß er in der Carnegie Hall, in der Dylan Triumphe gefeiert hatte, vor fast leeren Stühlen sang. Was Mickie Most nun mit Donovan machte, könnte man Folk-Rock made in GB nennen. Es folgte »*Mellow Yellow*«, Ende 1966 ein Millionseller in den USA und ein Platz 2, im Februar 1967 ein Platz 8 in GB – als Flüsterstimme ist Paul McCartney zu hören. Zu dieser Zeit lebte Donovan auf einem Sommersitz, trug lange Roben, predigte die Rückkehr zu Sonne und Erde, zu den grundlegenden Einfachheiten des Lebens. »*There Is A Mountain*«, »*Jennifer Juniper*«, »*Hurdy Gurdy Man*« und »*Atlantis*« waren weitere Top-10-Hits für ihn, dann ließ sein Erfolg nach. 1973 erschien mit »*Cosmic Wheels*« eine Platte, die Donovan als Popsatiriker vorstellte, der Tonspielereien auf seine LP zauberte. Besonderes Interesse fand die Aufnahme »*The Intergalactic Laxative*«, eine Astronautenpersiflage. Möglicherweise hat die Tatsache, daß Donovan eine Spur zu introvertiert war, seinen richtig großen Durchbruch verhindert.

Der Hit: *Sunshine Superman*
Der Tip: *Very Best* (Epic 462 560 2)

Donovan *(Epic/CBS)*

Donovan, Jason

* 1.6.1968. Schon im Alter von 11 Jahren spielte der australische Schauspieler und Sänger in einer TV-Serie mit. Seine internationale Karriere begann als Partner von Kylie Minogue in »*Neighbours*«. Als diese Serie in GB ausgestrahlt wurde, machten Stock/Aitken/Waterman die beiden Hauptakteure zu Teenie-Stars. Hits

für Jason Donovan waren »*Nothing Can Divide Us*« – im September 1988 Platz 5 in GB –, im Duett mit Kylie Minogue »*Especially For You*« – Ende 1988 ein Platz 1 in GB, Platz 10 in Deutschland – und »*Too Many Broken Hearts*« – im März 1989 Spitzenreiter in GB –, »*Sealed With A Kiss*«, »*Everyday (I Love You More)*« und »*When You Come Back To Me*«, alle drei Top-10-Hits in GB 1989. 1990 standen »*Hang On To Your Love*« und »*Rhythm Of The Rain*« unter den ersten 10, 1991 erreichte er mit »*Any Dream Will Do*« aus dem Andrew-Lloyd-Webber-/Tim-Rice-Musical »*Joseph And The Amazing Technicolor Dreamcoat*«, in dem er auch live in London in der Titelrolle auf der Bühne stand, Platz 1 in GB. Mitte 1992 vermerkte »*Music Week*«, daß sich Jason Donovan vom Soap-Star zum Singing-Star gewandelt habe und daß er soeben seine 15. Single veröffentlichte, von denen alle zumindest unter den ersten 30 in GB standen.

Der Hit: *Too Many Broken Hearts*
Der Tip: *Ten Good Reasons* (PWL Records 244 976-2)

Don Pablo's Animals

Hierbei handelt es sich um eine italienische Instrumentalgruppe, die mit einer Diskoversion des Shocking-Blue-Titels »*Venus*« im Mai 1990 bis auf Platz 4 der britischen Hitparade kletterte. Dann trieben sie ein anderes Animal durch die Disko.

Der Hit: *Venus*

Doobie Brothers

Michael McDonald, v/key (* 2.12.1952); Patrick Simmons, v/g (* 23.1.1950); Jeff »Skunk« Baxter, g (* 13.12.1948); Tiran Porter, g; John Hartman, d (* 18.3.1950); Keith Knudsen, d/v (* 18.10.1952).
Aus diversen West-Coast-Bands wurde im September 1970 die Gruppe Doobie Brothers gegründet. Doobie ist im kalifornischen Slang eine Bezeichnung für einen Marihuana-Joint. Die Musik, die sie in ihren Anfangstagen gemacht haben, war nicht erfolgreich. Sie spielten vorwiegend in Bars für ein paar Drinks. 1971 brachte Skip Spence, einst Mitglied bei Moby Grape und jetzt Mitbegründer der Doobie Brothers, fertige Bänder zu einer Plattenfirma, die recht angetan war. Die Titel waren in der Besetzung Tom Johnston, Pat Simmons, Dave Shogren und John Hartman aufgenommen. Skip spielte schon nicht mehr mit, vermittelte aber trotzdem. Die Bänder erschienen als erste LP im April 1971, die nicht in die Charts kam. Für die zweite LP, »*Toulouse Street*«, änderte sich die Besetzung, und darauf war dann auch der erste Hit, »*Listen To The Music*« zu finden, der im

September 1972 auf Platz 11 in den USA kam. Top-10-Erfolge der Band wurden »*Long Train Runnin'*« 1973, »*Black Water*« 1974, »*What A Fool Believes*« 1979 – die beiden letztgenannten waren Spitzenreiter in den USA und Millionseller – und »*Real Love*« 1980. 1982 machte die Band noch eine Abschiedstournee durch die USA und ging dann auseinander. 1988 kamen sie wieder zusammen und nahmen eine neue LP auf, auf der die Nummer »*The Doctor*« war, die im Mai 1989 auf Platz 9 in den USA stand. Die Doobie Brothers werden in ihrer Bedeutung immer unterschätzt, aber sie gehören sicher zu den wichtigsten Rockgruppen der 70er Jahren in den USA.

Der Hit: *What A Fool Believes*
Der Tip: *Long Train Runnin'* (Zounds CD 272 00439)

Dooleys

Die Familientruppe bestand aus den Geschwistern Jim, Frank, John, Anne und Kathy Dooley. Zunächst sangen sie nur auf Familienfesten, aber 1973 entschlossen sie sich, Profis zu werden. 1976 schrieben sie sogar Geschichte, weil sie als erste britische Gruppe durch die Sowjetunion tourten. Ihren ersten Hit hatten sie 1977 mit »*Think I'm Gonna Fall In Love With You*«. Unter die Top 10 kamen sie mit »*Love Of My Life*«, »*Wanted*« und »*The Chosen Few*«. Anfang der 80er Jahre wechselte die Familientruppe die Plattenfirma, jedoch ohne bemerkenswerten Erfolg. Trotzdem sind sie mit ihren Auftritten bis heute erfolgreich in Clubs in ihrer Heimat GB.

Der Hit: *Wanted*
Der Tip: *The Best Of* (GTO TV 038)

Doonican, Val

* 3.2.1928 mit den Vornamen Michael Valentine. Der irische Sänger und Gitarrist mußte lange auf seinen ersten großen Erfolg warten. Schon Mitte der 40er Jahre trat er im irischen Radio auf, spielte danach Schlagzeug in einer Tourband und kam 1952 mit der Gesangsgruppe Four Ramblers nach London. 1959 riet ihm Anthony Newley, es als Solist zu versuchen und verschaffte ihm eine eigene Radiosendung, die »A Date With Val« hieß. Ab 1964 bis 1967 war dann die erfolgreiche Zeit von Val in GB, obwohl das die Hochzeit der Beatles war. »*Walk Tall*« im Oktober 1964 war ein Platz 3 in GB. »*The Special Years*« 1965, »*Elusive Butterfly*« und »*What Would I Be*« 1966 und »*If The Whole World Stopped Loving*« 1967 waren weitere Top-10-Hits. Seine stark an Perry Como angelehnte Art ließ

ihn auch nach seiner Zeit in den Hitparaden weiterhin im Fernsehen präsent sein. Dreimal erhielt er einen TV-Preis als Persönlichkeit des Jahres.

Der Hit: *What Would I Be*

Door, Daisy

* 30.1.1944 als Evelyn van Ophuisen. Die Sängerin und Schauspielerin verdiente sich ihre ersten Sporen im Kinderfunk des Kölner Rundfunks. Dann wurde sie Mitglied im Botho-Lucas-Chor und hatte ihren größten Erfolg, als sie für die TV-Serie »Der Kommissar« ein Lied aufnahm, das *»Du lebst in deiner Welt (Highlights of my Dreams)«* hieß und sich innerhalb von drei Monaten 500 000mal verkaufte. Die Platte erreichte Ende 1971 die deutsche Hitparade und wurde Platz 1. Ein weiterer Erfolg gelang ihr nicht.

Der Hit: *Du lebst in deiner Welt* (Highlights of my Dreams)

Doors

Jim Morrison, v (* 8.12.1943 als James Douglas Morrison, † 3.7.1971); Ray Manzarek, key (* 12.2.1939); John Densmore, d (* 1.12.1944); Robbie Krieger, g (* 8.1.1946).
Die beiden Musikfreaks Jim Morrison und Ray Manzarek besuchten gemeinsam eine Filmklasse der Universität von Kalifornien. Ray spielte damals mit einer Band in einem Club in Santa Monica, Rick & The Ravens. Mit dieser Gruppe stand auch erstmals Jim Morrison als Sänger auf der Bühne. Gegründet wurden die Doors 1965, als zu Jim und Ray John Densmore und Robbie Krieger kamen. Den Namen Doors fanden sie in einem Zitat des englischen Dichters William Blake: »Es gibt Dinge, die sind bekannt, und es gibt Dinge, die sind unbekannt. Dazwischen sind Türen.« Ende 1966 erschien die erste Single, *»Light My Fire«*. Sie wurde Mitte 1967 eine Nummer 1 in den USA und ein Millionseller. Wie fast alle anderen Singles der Doors war es eine verkürzte Version der LP-Aufnahme, die auf dem ersten Album der Band zu finden war, das Anfang 1967 erschien. Auf dieser Platte ist die Aufnahme *»The End«* zu finden. *»The End«* war ein Anfang, denn dieser Titel brach mit den alten Traditionen, daß eine Rockaufnahme nach drei, vier oder spätestens fünf Minuten zu Ende sein müsse. Sie brauchten für diesen Titel 11 Minuten, 35 Sekunden. Das brachte den Doors den Ruf ein, die erste Underground-Gruppe Amerikas zu sein. Wenn sie vielleicht auch nicht die erste waren, so waren sie auf jeden Fall eine der schnellsten, die sich aus dem Underground in den Overground spielte. Der Kritiker Nik Cohen schrieb damals: »Die Doors sind die wildesten weißen Interpreten Amerikas seit Elvis

Presley.« »*Hello, I Love You*« war Mitte 1968 wieder eine Nummer 1 in den USA und ein Millionseller. »*Touch Me*« erreichte Ende 1968 Platz 3 und wurde ebenfalls vergoldet. Nach den ersten Hits begann ein unglaublicher Ego-Trip von Morrison. Hitparadenplätze, Musikkritiker, Fernseh-Shows und Plattenumsätze sagten Jim jeden Tag, was für ein großartiger Kerl er doch sei – bis er daran glaubte. Er pöbelte bei Veranstaltungen und schleuderte dem Publikum seine Verachtung ins Gesicht. Seine Kollegen nahmen ihm das nicht übel, denn sie wußten, daß sie ohne ihn nicht mehr viel sein würden, und er brauchte sie als Hintergrund für seine Eskapaden und als kumpelhaften musikalischen Schutz. Jim sah sich mehr als Poet. Als er jedoch während eines Konzerts aus Prosabänden vorlesen wollte, murrte das Publikum und rief nach »*Light My Fire*«. Drogen- und Alkoholprobleme veranlaßten ihn, am 12.12.1970 die Band zu verlassen. Im März 1971 zog er nach Paris, um sich dort auf das Schreiben von Poesie zu konzentrieren. Sein erstes Buch, »*The Lords And The New Creatures*«, verkaufte innerhalb kürzester Zeit als Hardcover 15 000 Exemplare. Am 3. Juli des gleichen Jahres wurde er tot in seiner Badewanne aufgefunden. Als Todesursache wurde Herzversagen infolge von Atemschwierigkeiten angegeben. Ohne Jim versuchten die restlichen drei, mit dem Namen Doors weiter Geld zu verdienen. Es funktionierte nicht. 1973 löste sich die Gruppe auf. Die einzelnen Mitglieder machten Soloplatten. Robbie Krieger und John Densmore gründeten Butts-Band, die zwar gute, aber erfolglose Platten veröffentlichte. Danach machten sie als Solisten und Studiomusiker weiter. 1991 kam ein Film von Oliver Stone in die Kinos, der die Karriere der Gruppe noch einmal aufzeichnete. Val Kilmer spielte Jim Morrison. In der Folge dieses Films wurde »*Light My Fire*« neu veröffentlicht und stand Mitte 1991 auf Platz 7 in der britischen Hitparade.

Der Hit: *Light My Fire*
Der Tip: *The Best Of* (Elektra 960 345-2)

Dore, Valerie

* 28.5.1963 als Monica Stucchi. Als die Italiener Mitte der 80er Jahre merkten, wie einfach der gängige Disco-Mumpf zu produzieren war, schmissen sie eine ganze Latte dieser Billigproduktionen auf den Markt. Zu den wenigen Aufnahmen, die sich auch außerhalb ihrer Landesgrenzen durchsetzen konnten, gehörten zwei Titel von Valerie Dore: »*The Night*« war im Dezember 1984 ein Platz 5, der Nachfolger »*Get Closer*« erreichte im Februar 1985 Platz 12. Danach sackten die Verkaufszahlen wieder ab.

Der Hit: *The Night*

Dorey, Ray

Ray war eine Zeitlang der Sänger im Bostoner Orchester von Larry Green. Ein einziges Mal gelang Dorey ein Hit als Solist. 1947 sang er »*Mam'selle*«, einen Titel aus dem Film »*The Razor's Edge*«. Begleitet wurde er von Paul Baron und seinem Orchester. Das war alles.

Der Hit: *Mam'selle*

Dorsey, Jimmy

* 29.2.1904, † 12.6.1957. Die beiden Brüder Jimmy und Tommy Dorsey gründeten 1928 das Dorsey Brothers Orchestra, das es bis zum Jahr 1935 auf 25 Hits brachte. Jimmy spielte Altsaxophon und Klarinette und galt als einer der besten Techniker auf diesen Instrumenten, der viele Zeitgenossen und Nachfolger stark beeinflußte. Die beiden größten Erfolge der Brüder – beides Spitzenreiter in den USA 1935 – waren »*Lullaby Of Broadway*« und »*Chasing Shadows*«. Nachdem sich der Musikgeschmack der Amerikaner geändert hatte, gingen die Brüder getrennte Wege. Jimmy brachte es zwischen 1935 und 1950 auf exakt 100 Hits. Seine größten waren – alles Spitzenreiter in der amerikanischen Hitparade – »*Is It True What They Say About Dixie?*« 1936, »*Change Partner*« 1938, »*The Breeze And I*« 1940, »*I Hear A Rhapsody*«, »*High On A Windy Hill*«, »*Amapola*«, »*My Sister And I*«, »*Green Eyes*«, »*Maria Elena*« und »*Blue Champagne*« 1941, »*Tangerine*« 1942 und »*Besame Mucho*« 1944. Nach langer Pause kamen 1953 die Brüder wieder zusammen und hatten mit »*My Friend Ghost*« noch einmal einen gemeinsamen Erfolg. Im Januar 1957 unterschrieb Jimmy einen neuen Plattenvertrag ohne seinen Bruder. Im Februar kam »*So Rare*« in die Hitparaden und erreichte Platz 2. Wenig später, im Juni 1957, starb Jimmy an Krebs.

Der Hit: *Amapola*
Der Tip: *The Best Of* (MCA 2-4073 TIS)

Dorsey, Lee

* 24.12.1924 als Irving Lee Dorsey, † 1.12.1986. Seine erste Karriere machte dieser amerikanische Sänger und Songschreiber in den frühen 50er Jahren als Kid Chocolate. Das war sein Kampfname als Preisboxer. Während einer Party in New Orleans lernte Lee den Songschreiber Allen Toussaint kennen, der mit ihm 1961 die ersten Platten produzierte. Noch im gleichen Jahr gab es den ersten Top-10-Erfolg: »*Ya Ya*« wurde im September 1961 ein Platz 7. »*Working In The Coalmine*« erreichte im Juli 1966 Platz 8 in den USA und in GB, »*Holy Cow*« wurde im

gleichen Jahr zumindest in GB ein weiterer Top-10-Erfolg. Seine letzte Hitnotierung stammt aus dem Jahr 1969. 1976 spielte er auf dem Debütalbum von Southside Johnny & The Asbury Jukes mit und 1980 bei der US-Tournee der Formation Clash. 1991 wurde *»Working In The Coalmine«* für einen Werbespot für Blaupunkt-Radios eingesetzt und wieder neu veröffentlicht. Lee starb 1966 an einem Emphysem.

Der Hit: *Working In The Coalmine*
Der Tip: *20 Greatest Hits* (Repertoire 4169-WZ)

Dorsey, Tommy

* 19.11.1905, † 26.11.1956. Der Jüngere der beiden Dorsey-Brüder gilt als einer der größten Posaunisten in der Jazzgeschichte. Zusammen mit seinem älteren Bruder Jimmy war er zwischen 1928 und 1935 erfolgreich, und wie sein Bruder verfolgte er danach eine Solokarriere, die ihm zwischen 1935 und 1953 186 Hits bescherte, davon alleine 17mal Platz 1. Seine Millionseller sind *»Marie«* 1937, *»Boogie Woogie«* 1938 und 1943, *»I'll Never Smile Again«* 1940, *»There Are Such Things«* 1942 – bei den beiden letztgenannten Titeln wirkte als Sänger Frank Sinatra mit – und mit *»I Dream Of You«* 1945. Tomy starb im November 1956 völlig unerwartet, er erstickte im Schlaf. Nach seinem Tod wurde das Tommy Dorsey Orchestra von Warren Covington weitergeführt und belegte im September 1958 mit *»Tea For Two Cha Cha Cha«* einen Platz 7 in den USA.

Der Hit: *I'll Never Smile Again*
Der Tip: *The Legend* (RCA PD 89810)

Dorthe

* 17.7.1947 als Dorthe Larsen in Kopenhagen. Bereits als 12jährige nahm sie in Dänemark ihre ersten Platten auf. Als 17jährige hatte sie ihre erste Hitnotierung in Deutschland mit *»Junger Mann mit roten Rosen«*. 1967 heiratete sie den Opernsänger René Kollo. 1968 hatte sie die beiden Top-10-Erfolge *»Sind Sie der Graf von Luxemburg«* und *»Wärst du doch in Düsseldorf geblieben«*. Nach 1969 gelang ihr kein Verkaufserfolg mehr. 1971 wurde sie von René Kollo geschieden und machte bis in die 80er Jahre weiter Platten.

Der Hit: *Sind Sie der Graf von Luxemburg*

Double

Kurt Maloo, v/g (* 16.4.1953); Felix Haug, d/key (* 27.3.1952).
Als die beiden Schweizer mit dem Titel *»The Captain Of Her Heart«* im Oktober 1985 ihren einzigen Top-10-Erfolg landeten, hatten sie bereits eine bewegte Vergangenheit hinter sich. Kurt malte, bevor er in den 70ern erstmals als Musiker Soloauftritte bei Galerieeröffnungen und Happenings absolvierte. 1976 war er Mitbegründer der neunköpfigen Experimentalband Troppo. Dann veröffentlichte er 1978 seine erste Soloplatte, die Maxi-Single *»Giant Lady«*. Felix spielte ab 1977 für zwei Jahre mit dem Lipschitz Orchestra, einer experimentellen Big Band, wurde dann Mitglied bei Yello und traf 1981 auf Kurt. Die beiden gründeten die Formation Ping Pong, die 1983 einen gefeierten Auftritt beim Montreaux Jazz Festival hatte. Kurz darauf löste sich das Trio auf, und Kurt und Felix machten als Duo Double weiter. Noch im gleichen Jahr erschien ihre erste Single, 1984 der sehr schöne Titel *»Rangoon Moon«* und 1985 der Hit *»Captain Of Her Heart«*, der im Januar 1986 ein Platz 8 in GB und im Juni 1986 Platz 16 in den USA wurde. Obwohl danach noch sehr viele schöne weitere Titel erschienen, gelangen ihnen kein Top-10-Erfolg mehr.

Der Hit: *The Captain Of Her Heart*
Der Tip: *Blue* (Metronome 827 235-2)

Double Trouble

Leigh Guest und Michael Menson, die beiden Köpfe hinter dieser Formation, waren in London sehr bekannte Diskjockeys, Produzenten und Remixer. 1989, als *»Just Keep Rockin'«* erschien, schrieb der New Musical Express, dies sei die einzige Dance-Platte, die man in diesem Sommer brauche. Die Platte kletterte bis auf Platz 11 in GB. Mit von der Partie war Rebel MC. Mit *»Street Tuff«* hatte die Kombination Double Trouble und Rebel MC im Oktober 1989 einen Platz 3 in der britischen Hitparade. Ab 1990 machte Rebel MC eigene Platten. Versuche von Double Trouble, mit der Sängerin Janette Sewell oder dem Rapper Carl Brown weitere Hits zu landen, blieben unterhalb der Top-20-Grenze.

Der Hit: *Street Tuff*
Der Tip: *As One* (Desire 843 443 1)

Double You

Hinter diesem Namen verbirgt sich der Anglo-Italiener Willie Moralas (* ca. 1966), der im Mai 1992 mit einer Diskoversion des alten KC-&-The-Sunshine-

Band-Hits *»Please Don't Go«* in die britische Hitparade kam. Einen Monat später erreichte die Platte die deutschen Charts und kletterte hoch bis auf Platz 3. Gleichzeitig erschien eine weitere Coverversion der Nummer mit der Formation K.W.S. Die Plattenfirma dieser Gruppe hatte um die Lizenz für die Double-You-Version gebeten, was jedoch abgelehnt worden war. Daraufhin kam K.W.S. dann ohne Genehmigung auf den Markt. *»We All Need Love«* wurde im August 1992 ein weiterer Top-10-Erfolg für Double You in Deutschland. Dabei blieb es bisher.

Der Hit: *Please Don't Go*
Der Tip: *We All Need Love* (ZYX 20223-2)

Doucet, Suzanne

* 27.8.1946. Nachdem die aus Tübingen stammende Sängerin als Technische Zeichnerin gearbeitet hatte, schaffte sie 1964 einen ersten Erfolg als Schlagersängerin: *»Das geht doch keinen etwas an«*. Diese Nummer wurde im Mai ein Platz 10 und ihr größter Erfolg. 1966, nach drei weiteren Hitnotierungen, war sie wieder aus den Charts verschwunden. Als Schauspielerin und TV-Moderatorin blieb sie uns erhalten. So moderierte sie unter anderem mit Ilja Richter ein Jahr lang die Sendung »4-3-2-1 Hot and Sweet«. Danach spielte sie in mehreren Fernsehserien mit, z. B. neben Thomas Fritsch in *»Die Hupe«*, und ist seit Ende der 60er Jahre mehr als Produzentin beschäftigt.

Der Hit: *Das geht doch keinen etwas an*

Douglas, Carl

Biddu, ein erfolgreicher britischer Produzent, suchte einen Sänger für den Titel *»I Want To Give You My Everything«* und erinnerte sich an Carl, mit dem er schon zwei Jahre zuvor gearbeitet hatte. Nach der Aufnahme mußte nun noch eine B-Seite her – Carl bot ihm einige selbstgeschriebene Titel an, darunter *»Kung Fu Fighting«*. Für die Produktion blieben gerade mal 10 Studiominuten Zeit, dann war sie im Kasten. Biddu brachte das fertige Band zur Plattenfirma, und die wollten auch die vorgesehene B-Seite hören. Nach Anhören beider Seiten entschloß sich die Plattenfirma gegen den ausdrücklichen Willen von Biddu, den Carl-Douglas-Titel als A-Seite herauszubringen. Die Plattenfirma hatte recht. *»Kung Fu Fighting«* wurde in der zweiten Hälfte des Jahres 1974 eine Nummer 1 in GB, den USA und in Deutschland. Bei uns hatte Carl mit dem Titel *»Dance The Kung Fu«* einen weiteren Top-10-Erfolg. International blieb er ein One Hit Wonder.

Der Hit: *Kung Fu Fighting*

Douglas, Craig

* 13.8.1941 als Terry Perkins. Er gehörte auch zu der Garde der britischen Interpreten, die sich Ende der 50er/Anfang der 60er Jahre auf das Nachsingen amerikanischer Hits spezialisiert hatten. Das brachte ihm zwischen 1959 und 1962 immerhin sieben Top-10-Hits ein. Sein erster Erfolg unter den ersten 10 im August 1959 war auch sein größter: »*Only Sixteen*« wurde Spitzenreiter in GB. »*Pretty Blue Eyes*« und »*The Heart Of A Teenage Girl*« 1960, »*A Hundred Pounds Of Clay*« und »*Time*« 1961, »*When My Little Girl Is Smiling*« und »*Our Favourite Melodies*« 1962 waren seine weiteren Top-10-Hits. Nach 1963 war seine Hitparadenkarriere zu Ende. Dann kamen die Beatles, und das Interesse an Nachsängern schwand. Craig machte weitere Platten, die sich jedoch nicht verkauften. Trotzdem trat er weiter auf.

Der Hit: *Only Sixteen*
Der Tip: *Only Sixteen* (See For Miles SEE 34 TIS)

Douglas, Mike

* 11.8.1925 als Michael Dowd jr. Der Amerikaner war über viele Jahre, von 1961 bis 1980, Moderator einer Talk-Show in den USA. Lange vorher, zwischen 1945 und 1950, war er der Sänger in der Band von Kay Kyser. So war er z. B. der Sänger von »*Ole Buttermilk Sky*«, eine Nummer 1 in den USA im September 1946. Zwei Monate später hatte Kay wieder mit dem Sänger Mike einen Platz 3 mit »*The Old Lamp-Lighter*«. 1950 war er im Film »*Cinderella*« der Sänger der Prinzenrolle. Als Kay Kyser 1950 ziemlich abrupt aus dem Showgeschäft ausstieg, war Mike auf sich allein gestellt. In seiner Heimatstadt Chicago moderierte er eine Show mit dem Titel »*Hi Ladies*«. 1961 zog er nach Cleveland und begann dort eine lokale Talk-Show. Sie wurde so populär, daß sie zwei Jahre später in den gesamten USA ausgestrahlt wurde. Es war die erste Talk-Show, die tagsüber lief und die 1967 einen Emmy gewann. Ein einziges Mal wird Mike Douglas als Solist in den US-Charts aufgeführt: »*The Men In My Little Girl's Life*« war Ende 1965 ein Platz 6 in der Hitparade. 1980 entließ man Mike, er wurde gegen den jüngeren Moderator John Davidson ausgetauscht. Für weitere zwei Jahre konnte Mike zumindest noch als Produzent die Show weiter betreuen. 1982 ging auch das zu Ende.

Der Hit: *The Men In My Little Girl's Life*

Dovells

Len Barry (* 12.6.1942 als Leonard Borisoff), Jerry Summers (* als Jerry Gross), Mike Dennis (* als Michael Freda), Arnie Satin (* als Arnie Silver), Danny Brooks (* als Jim Mealey), zeitweise Mark Stevens (* als Mark Gordeski), alle v.
1959, alle waren auf der Overbrook High School in Philadelphia, begannen sie als Brooktones. Richtig überzeugt waren sie nicht davon, als Sänger Erfolg zu haben, und um sich spätere Karrieren nicht zu verbauen, legten sie sich alle Künstlernamen zu. Im September 1961 erschien *»Bristol Stomp«* in den US-Charts und kletterte bis auf Platz 3. Mit *»You Can't Sit Down«* gelang ihnen im April 1963 ein weiterer Top-10-Erfolg. Dann verließ Len Barry die Gruppe – vorher war schon Danny Brooks gegangen –, um eine für einige Jahre erfolgreiche Solokarriere zu starten. Der Rest machte als Trio weiter und nahm als Magistrates 1968 die Nummer *»Here Comes The Judge«* auf, die es jedoch nur auf einen Platz 54 in den USA brachte.

Der Hit: *Bristol Stomp*

Dowell, Joe

* 23.1.1940. Der ehemalige King of Rock 'n' Roll, Elvis Presley, wurde durch die Auswahl der Nummern, die seine Plattenfirma RCA Anfang der 60er Jahre auf den Markt brachte, richtiggehend demontiert. Man wollte jedoch wohl nicht so weit gehen, die Single *»Wooden Heart«*, die in Europa recht erfolgreich war, auch in den USA auf den Markt zu bringen. Das übernahm nun Joe Dowell, der damit Mitte 1961 bis auf Platz 1 in der amerikanischen Hitparade vordrang. So besehen also ein weiterer Interpret, der sich als Ersatz-Elvis fühlen durfte. Nach zwei weiteren Titeln in den Charts zog er sich 1963 wieder aus dem Plattengeschäft zurück, ging in die Werbung und schrieb für Radiostationen Commercials. Außerdem machte er eigene Radiosendungen und wurde Sprecher für ein Finanzunternehmen. 1980 begann er mit der Arbeit an einem Buch, das er 1985 fertigstellte. Es bestanden auch immer wieder Pläne, noch einmal ins Plattengeschäft zurückzukehren.

Der Hit: *Wooden Heart*

Drake, Charlie

* 19.6.1925 als Charles Sprigall. Charlie war ein Sänger, der sich mehr dem Nonsens und Blödsinn verschrieben hatte. Sein Nachzieher des Bobby-Darin-Hits *»Splish Splash«* wurde im August 1958 ein Top-10-Erfolg in GB. Mit *»My*

Boomerang Won't Come Back«, 1961/62 ein Hit in GB und in den USA, brachte er den Unsinn auf den Punkt: ein Boomerang kann nur dann zurückkommen, wenn man ihn vorher wegwirft. 1972 hatte er noch einmal eine Eintragung in den GB-Charts. Ansonsten war er den Briten mehr als TV-Komiker vertraut.

Der Hit: *Splish Splash*

Dramatics

Ron Banks, (* 19.5.1951), Larry Demps (* 23.2.1949), Elbert Wilkins, William Howard, Willie Ford, alle v.
Die oben genannte Besetzung dieser Soulgruppe aus Detroit ist die vom Anfang der 70er Jahre, als die Band ihre größten Erfolge hatte. Die Ursprünge der Band gehen zurück bis in das Jahr 1966, als sie als Dynamics ihre ersten Plattenaufnahmen machten. Mitte 1971 – nun als Dramatics – erreichten sie mit *»Whatcha See Is Whatcha Get«* Platz 9 in den USA. Im Februar 1972 stand *»In The Rain«* auf Platz 5. Außerhalb der USA hatte die Band keine Erfolge. Die letzte Hitnotierung stammt aus dem Jahre 1977. Ron Banks, der immer der Leadsänger der Formation war, begann 1983 mit einer wenig erfolgreichen Solokarriere.

Der Hit: *In The Rain*

Draper, Rusty

* als Farrell H. Draper. Bereits als 12jähriger spielte er Gitarre und sang über eine Radiostation in Tulsa, Oklahoma. Sein erster Hit war gleich ein Top-10-Erfolg: *»No Help Wanted«* im März 1953. Vier Monate später stand er erneut unter den ersten 10 mit *»Gambler's Guitar«*, Platz 6 in den USA. Die Platte, geschrieben von Jim Lowe, war bei uns in der deutschen Version ein Millionseller, gesungen von Fred Bertelmann als *»Der lachende Vagabund«*. Rustys größter Erfolg sollte Ende 1955 *»The Shifting, Whispering Sands«* werden, ein Platz 3. Sein letzter Top-10-Hit war *»Freight Train«* im Mai 1957. Nach 1963 wird er in den Pop-Hitparaden nicht mehr aufgeführt, in den Country-Charts hatte er 1980 seinen letzten Erfolg. Im Laufe seiner Karriere zeigte er sich auch als Schauspieler mit Gastauftritten in Western-Serien wie »Rawhide« oder »Laramie« und in Bühnenmusicals, wie z. B. »Oklahoma« und »Annie Get Your Gun«.

Der Hit: *The Shifting, Whispering Sands*

Dream Academy

Kate St. John v/oboe/sax; Nick Laird-Clowes, g/v; Gilbert Gabriel, key.
Die Formation kam Ende 1983 in GB zusammen. Nick und Gilbert spielten zuvor in der Band The Ect. Auf einer Party trafen sie Kate, die als Mitglied der Gruppe Ravishing Beauties schon als Opener für Teardrop Explodes gespielt hatte. Als Einflüsse geben Dream Academy den subtilen Songschreiber Nick Drake, den West Coast Psychedelic Rock und amerikanischen Pop der 70er Jahre an. Ihre erste LP erschien im Herbst 1985, darauf auch die Nummer »*Life In A Northern Town*«, die schon im März 1985 ein Platz 15 in GB war und im darauffolgenden Jahr Platz 7 in den USA wurde. Produziert wurde die Single mit Hilfe von Pink-Floyd-Mitglied David Gilmour. Die Gruppe hält nach wie vor an ihrem Prinzip, den englischen Psychedelic Rock wiederzubeleben, fest. Kate St. John schreibt nebenher regelmäßig Themenmusiken für das britische Fernsehen.

Der Hit: *Life In A Northern Town*
Der Tip: *Dream Academy* (WB 925 265-1)

Dreamweavers

Dieses amerikanische Quartett bestand aus zwei Sängern und zwei Sängerinnen, die in Miami beheimatet waren. Chef in der Band war Wade Buff. Auch hier sollte mal wieder der erste der größte Erfolg sein: »*It's Almost Tomorrow*« erreichte Ende 1955 die US-Charts und schaffte einen Platz 7. 1956 wurden vier weitere Titel in den Charts notiert, die es aber nicht mehr bis in die Top 30 schafften.

Der Hit: *It's Almost Tomorrow*

Drews, Jürgen

* 2.4.1947. Seine Karriere begann in der Band Die Anderen, die in der TV-Sendung »Show Chance« siegten. Seine nächste Station waren die Les Humphries Singers. Ab 1972 wird er als Solist in den Charts verzeichnet. Mit einer deutschen Version des Bellamy-Brothers-Titels »*Let Your Love Flow*«, »*Ein Bett im Kornfeld*«, stand er Mitte 1976 auf Platz 1 der deutschen Charts. Ein Jahr später versuchte er mit »*Barfuß durch den Sommer*« einen weiteren Jahreszeitenhit zu landen. Es wurde ein Platz 6. Anfang der 80er Jahre, wohl auch enttäuscht davon, daß er in Deutschland stets als Schlager- und nicht als Rocksänger bezeichnet wurde, ging er in die USA und hatte als J. D. Drews mit »*Don't Want No-Body*« Ende 1980 einen Platz 79 in den US-Charts. Im Billboard wurde er als »German progressive rock singer« bezeichnet. Jetzt hatte er die Substantive, die er liebte,

aber keine Plattenverkäufe mehr. Nach langer hitloser Zeit erreichte er 1989 mit *»Mit dir sofort und ohne Ende«* zumindest mal wieder einen Top-40-Hit in Deutschland. Seit einigen Jahren ist er in die Fußstapfen von Dieter Thomas Heck getreten und moderiert die Deutsche Schlagerparade in dessen Manier. Produzent der Sendung ist Dieter Thomas Heck.

Der Hit: *Ein Bett im Kornfeld*
Der Tip: *J. D.* (Polydor 513 791 2)

Drifters

Clyde McPhatter (* 15.11.1932, † 13.6.1972), David Baughan, Johnny Moore (* 1934), Bobby Hendricks, Ben E. King (* 23.9.1938 als Benjamin Earl Nelson), Rudy Lewis (* 23.8.1936, † 6/1964), alle lead v.
Bilder der Drifters zeigen ein Quartett. Im Laufe des langen Bestehens dieser Band wurden insgesamt 28 Mitglieder aufgelistet. Der Konstante in der Gruppe dürfte Johnny Moore sein, der erstmals im August 1955 zur Band kam. Zwischendurch verließ er die Gruppe mehrere Male, war aber noch bis in die 80er Jahre mit dabei. Gegründet wurden die Drifters Mitte 1953, als Ahmed Ertegun Clyde McPhatter, der gerade als Leadsänger der Dominoes gefeuert wurde, unter Vertrag nahm. Um ihn herum baute er eine neue Band, deren erste Plattenaufnahmen ausgesprochen schlecht gewesen sein müssen. Mit neuen Sängern um McPhatter wurde im August des gleichen Jahres ein zweiter Anlauf genommen, und es wurde *»Money Honey«* produziert. Im Oktober 1954 kam der Titel in die Pop-Charts, erreichte zwar nur Platz 21, wurde aber trotzdem ein Millionseller. Die Besetzung dieser Formation bestand neben McPhatter aus Gerhart und Andrew Thrasher und Bill Pickney. Im April 1954 wurde Clyde zur Armee eingezogen und durch Dave Baughan ersetzt. Ab 1956 war Clyde als Solist erfolgreich. Die restlichen Drifters fielen in die Bedeutungslosigkeit zurück. Daran konnte auch der neue Leadsänger Johnny Moore nichts ändern. Im Juni 1957 kam mit Bobby Hendricks wieder ein neuer Leadsänger. Der Manager der Gruppe, George Treadwell, besaß Ende der 50er Jahre die Rechte an dem Namen Drifters, ist aber mit dem, was aufgenommen und gesungen wird, nicht mehr einverstanden. Mitte 1958 schmeißt er alle Mitglieder raus und verpflichtet eine andere Gesangsgruppe, die Five Crowns, aus denen er die Drifters macht. Damit hatte die Gruppe in Ben E. King einen neuen Leadsänger. *»There Goes My Baby«* wird Mitte 1959 Platz 2 in den USA, *»Save The Last Dance For Me«* im September 1960 Spitzenreiter in den USA, Platz 2 in GB, Platz 14 in Deutschland. Jetzt schien die Zeit gekommen, Ben E. King als Solisten zu vermarkten. Für ihn kam Rudy Lewis zur Gruppe. Bis Mitte der 60er Jahre haben die Drifters mit *»Up On The Roof«* 1962, *»On Broadway«* 1963 und *»Under The Boardwalk«* 1964 weitere Top-10-

Erfolge. Nach 1966 werden sie in den USA nicht mehr verzeichnet. In GB beginnt 1972 eine Renaissance der Drifters. Zuerst wird im April die Doppel-A-Seite *»At The Club/Saturday Night At The Movies«* ein Platz 3, vier Monate später *»Come On Over To My Place«* Platz 9. In beiden Fällen handelte es sich um wiederveröffentlichtes Material. Nun unterschreiben die Drifters – wieder unter dem Leadsänger Johnny Moore – einen neuen Plattenvertrag mit dem britischen Ableger von Bell Records. Roger Cook, Roger Greenaway, Geoff Stephens, Barry Mason, Les Reed und Tony Macaulay, die erste Garde britischer Songschreiber und Produzenten, kümmern sich nun um diese amerikanische Gruppe. Mit *»Like Sister And Brother«* 1973, *»Kissin' In The Back Row Of The Movies«* und *»Down On The Beach Tonight«* 1974, *»There Goes My First Lady«* und *»Can I Take You Home Little Girl«* 1975 und *»You're More Than A Number In My Little Red Book«* 1976 hatten sie weitere Top-10-Erfolge in GB. Schon nach den ersten Aufnahmen mit den Drifters waren die Produzenten Cook/Greenaway der Meinung, man sollte zwar Johnny Moore und Bill Fredericks auf den Platten singen lassen, auf die anderen Musiker könne man jedoch verzichten. So kommt es, daß der britische Allround-Studiosänger Tony Burrows und Roger Greenaway auf allen Hits der 70er Jahre Vocal Parts übernahmen. In den 80er Jahren – inzwischen war auch Ben E. King zeitweise wieder Mitglied bei der Band – zogen die Drifters immer noch durch die Clubs. 1988 wurden sie in die Rock and Roll Hall Of Fame aufgenommen.

Der Hit: *Save The Last Dance For Me*
Der Tip: *Save The Last Dance For Me* (Atlantic 241122-2)

Driscoll, Julie

* 8.6.1947. Die Karriere dieser britischen Sängerin begann schon Anfang der 60er Jahre, als sie den Fanclub der Yardbirds leitete und vom Produzenten und Manager dieser Band, von Giorgio Gomelsky, entdeckt wurde. 1965 erschienen ihre ersten Singleplatten als Solistin, nebenher sang sie mit der Formation Steampacket, in der auch Long John Baldry, Rod Stewart und Brian Auger mitmischten. Als Steampacket auseinanderfiel, gründete sie mit Brian Auger Trinty. Im April 1968 gelang dieser Formation ein Platz 5 in den britischen Charts mit der Bob-Dylan-Komposition *»This Wheel's On Fire«*. Ansonsten machten sie mehr mit ihren LPs auf sich aufmerksam. Nach der Band machte sie Solo-LPs, auf denen Musiker der Gruppen Soft Machine, Nucleus oder Blossom Toes zu hören waren. Ebenfalls als Studiomusiker auf ihren Soloplatten: Keith Tippett, den sie später heiratete und auf dessen Platten sie fortan zu hören war. Nebenher sang sie noch mit dem experimentellen Gesangsquartett Voice.

Der Hit: *This Wheel's On Fire*
Der Tip: *Best Of* (Polydor 231 0005)

Driver 67

Hinter dieser Nummer eines Taxifahrers in London versteckte sich Paul Phillips. Mit der mehr gesprochenen als gesungenen Aufnahme »*Car 67*« gelang ihm im Dezember 1978 ein Platz 7 in den britischen Charts. Der Titel beinhaltet die Aufforderung einer Taxizentrale an den Fahrer des Wagens 67, einen Fahrgast an einer bestimmten Adresse abzuholen. Das lehnt der Fahrer ab, und nachdem die Zentrale um Aufklärung bittet, warum er den Fahrgast nicht abholen wolle, erklärt er, genau dahin sei letzte Nacht seine Freundin gezogen, nachdem sie ihn verlassen habe. Hier setzt nun das große Verständnis der Zentrale ein, die einen anderen Wagen auffordert, der Beförderungspflicht nachzukommen. Nachdem ihm kein Nachfolgehit mehr gelang, versuchte er sich erfolgreich als Verleger von Magazinen wie Echoes oder Video Trade Weekly. An seine Kurzkarriere als Plattenstar möchte er heute nicht mehr erinnert werden.

Der Hit: *Car 67*

Dschinghis Khan

Edina Pop (* 4.2.1945 als Marika Kesmarky in Ungarn), Steve Bender, Henriette Heichel (* 13.11.1953 als Henriette Strobel in Amsterdam), Wolfgang Heichel (* 4.11.1950), Leslie Mandoki (* 7.1.1953 in Ungarn), Louis Henrik Potgieter (* 4.4.1951 in Südafrika).

Nach dem Vorbild der britischen Kollegen, die für bereits geschriebene Titel spezielle Formationen zusammenstellen, mit denen sie dann am Grand Prix teilnahmen, machte das im Februar 1979 Ralph Siegel. Am 13. März 1979, nachdem sie sechs Wochen intensiv auf diesen Auftritt vorbereitet wurde, nahm die Gruppe in der Rudi-Sedlmayer-Halle in München mit dem Titel »*Dschinghis Khan*« an der deutschen Vorentscheidung für den Grand Prix teil und gewann. Am 31. März des gleichen Jahres, die Veranstaltung findet in Jerusalem statt, belegt die Gruppe Platz 4 beim Grand Prix. In Deutschland wird die Platte wenig später ein Platz 1 und wird vergoldet. Im Juli 1979 erreicht die Nummer »*Moskau*« Platz 3 in den Charts, im Januar 1980 »*Hadschi Halef Omar*« Platz 7. »*Loreley*« wird im Juni 1981 Platz 6 und der letzte Top-10-Erfolg dieser Formation, die nach 1982 nicht mehr in den Verkaufshitparaden auftaucht. Einzelne Musiker, wie z. B. Leslie Mandoki, haben auch als Solisten Erfolg. Ralph Siegel sprach auch im Zusammenhang von den einzelnen Mitgliedern als exotische Mischung. Der Texter der Songs, Bernd Meinunger, war der Meinung, er würe mit den Inhalten der Lieder die Weltgeschichte aufarbeiten.

Der Hit: *Dschinghis Khan*
Der Tip: *Dschinghis Khan – Rom* (Jupiter 202 150)

Dubliners

Barry MacKenna (* 16.12.1939); Luke Kelly (* 16.11.1939); John Sheahan (* 19.5.1939); Ciaran Bourke; Ronnie Drew.
Die Gruppe formierte sich 1962 in Dublin. Erst war man ein Trio, dann stockte man auf fünf Musiker auf. Nach ersten Erfolgen in Irland brachte man die einigermaßen erfolgreiche Single *»White Rover/Rocky Road To Dublin«* auf den Markt und nahm am Edinburgh Festival teil. Ihren einzigen Pop-Hit hatten sie im März 1967 mit *»Seven Drunken Nights«*, ein Platz 7 in GB. Mag sein, daß man die Dubliners damit zur Sauftruppe abstempelte, doch was sie ansonsten draufhatten, zeigt ihre Verwurzelung in der irischen Folklore. 1974 stieg Ronnie Drew vorübergehend aus. Bis zu seiner Rückkehr kam Jim McCann für ihn.

Der Hit: *Seven Drunken Nights*
Der Tip: *Original 1966 – 1969* (EMI 7 89065 2)

Duchin, Eddy

* 10.4.1910, † 9.2.1951. Der populäre amerikanische Pianist und Bandleader hatte seine größte Zeit in den 30er und 40er Jahren. Seine erste Hitnotierung stammt aus dem Jahre 1932, seine letzte 1942. Dazwischen liegen 75 Hits, davon bis 1936 neunmal Platz 1: *»Did You Ever See A Dream Walking?«* 1933, *»Let's Fall In Love«* – Titelsong aus dem gleichnamigen Film – 1934, *»I Won't Dance«*, *»Lovely To Look At«* und *»You're My Lucky Star«* 1935, *»Moon Over Miami«*, *»Lights Out«*, *»Take My Heart«*, *»It's De-Lovely«* und *»I'll Sing You A Thousand Love Songs«* 1936. Sein größter Erfolg in den 40er Jahren war im Dezember 1940 *»I Give You My Word«*, ein Platz 2 in den USA. Die ungewöhnlich erfolgreiche Karriere dieses Interpreten, der im Alter von nur 40 Jahren an Leukämie starb, war für Hollywood so interessant, daß sie 1956 *»The Eddy Duchin Story«* produzierten mit Tyrone Power in der Hauptrolle. Das Piano wurde von Carmen Cavallaro gespielt.

Der Hit: *Let's Fall In Love*

Duffy, Stephen »Tin Tin«

* 30.5.1960. Der aus Birmingham stammende Stephen war Mitschüler von Nick Rhodes und John Taylor. Mit diesen beiden gehörte Stephen zu den Gründungsmitgliedern von Duran Duran – er war der Sänger dieser Formation. Angeblich scheiterte eine weitere Zusammenarbeit an künstlerischen Differenzen. 1979 verließ Duffy die Band. Als Tin Tin hatte er mit dem Titel *»Kiss Me«* 1982 einen Hit in den US-Dance-Charts. *»Hold It«* war im Juli 1983 seine erste Hitnotierung

in GB. »*Kiss Me*«, jetzt auch in GB veröffentlicht, erreichte im März 1985 Platz 4. Nach 1985 wurde er in den Hitparaden nicht mehr verzeichnet, aber es erschienen noch weitere Soloplatten von ihm, allerdings hatte er das Tin Tin gestrichen. 1988 veröffentlichte er als The Lilac Time ein ansprechendes Album. Darauf der potentielle Hit »*Return To Yesterday*«, der keiner wurde. Insgesamt hat er drei Alben mit dem Projekt Lilac Time veröffentlicht. 1993 – jetzt wieder als Stephen Duffy – erschien mit »*Music in Colours*« ein neues Album. Auf dieser CD fand er in Nigel Kennedy einen Mitspieler. Die Popsongs auf der Platte verbindet Nigel mit kleinen musikalischen Themen. Die Streicherarrangements wurden komplett von Kennedy betreut.

Der Hit: *Kiss Me*
Der Tip: *Music In Colours* (Parlophone 7 89420 2)

Duke, Patty

* 14.12.1946 als Anna Marie Patricia Duke. Als Kinderstar tauchte Patty zum erstenmal 1959 am Broadway in dem Stück »The Miracle Worker« auf. Sie spielte die Rolle der blinden und taubstummen Helen Keller, die sie dann auch in der Verfilmung drei Jahre später übernahm. Dafür erhielt sie als bis dahin jüngste Schauspielerin einen Oscar. Danach erhielt sie für vier Jahre eine eigene TV-Comedy-Sendung. 1965 erhielt sie einen Plattenvertrag. Als erste Platte veröffentlichte sie »*Don't Just Stand There*«, die im Juli desselben Jahres Platz 8 in den USA erreichte. Es folgten noch drei weitere Notierungen. Dann wandte sie sich wieder der Schauspielerei zu. In »Captains And The Kings« spielte sie 1976, in den Serien »It Takes Two« 1982/83 und »Hail To The Chief« 1985 – hier spielte sie den ersten weiblichen Präsidenten der USA. Patty erhielt drei Emmys, den ersten für den Fernsehfilm »My Sweet Charlie« 1970, den zweiten für die Mini-Serie »Captains And The Kings« und den dritten für eine Fernsehversion von »The Miracle Worker« 1979. Dieses Mal spielte sie Helen Kellers Lehrerin.

Der Hit: *Don't Just Stand There*

Duncan, Johnny

* 7.9.1931 als John Franklin Duncan. Nachdem er schon als Teenager in Texas in einem Hillybilly-Trio gespielt hatte, mußte er 1952 in die U. S. Army und wurde nach England versetzt. Dort machte er weiter Musik, heiratete eine Engländerin. Sie gingen zurück in die USA. 1955 wurde Duncans Frau bei einem Besuch in ihrer Heimat krank und mußte operiert werden. Also blieb Johnny in GB und arbeitete bei seinem Schwiegervater. Nebenher interessierte er sich immerhin

noch für Musik und traf in London im Mai 1956 in Humphrey Lyttleton's Jazz Club den Bandleader Chris Barber, der einen Ersatz für Lonnie Donegan suchte. Duncan wurde der Ersatz, nicht nur weil er Banjo, Mandoline und Gitarre spielen konnte, sondern auch den nasalen Ton von Donegans Gesang traf und ihm außerdem noch ähnlich sah. Im Frühjahr 1957 machte Johnny seine erste Soloplatte. Seine erste Single war Hank Williams' »Kaw-Liga«, die zweite *»Last Train To San Fernando«*, die im Juli 1957 in die britische Hitparade kam und Platz 2 wurde. 1966 – zwischenzeitlich hatte er unzählige Auftritte in GB – machte er seine letzte Platte. Nach einer Pause veröffentlichte er 1970 und 1973 noch einmal eine LP. 1974 wanderte er nach Australien aus.

Der Hit: *Last Train To San Fernando*
Der Tip: *Last Train To San Fernando* (Bear Family BFX 15169)

Dundas, David

* ca. 1945 als Sohn des Marquis von Zetland, d. h., er gehört zur englischen Aristokratie. Seine Liebe gehörte zunächst der Schauspielerei und dem Theater, so gehörte er auch kurze Zeit der Royal Shakespeare Company an. David wurde jedoch im Laufe der Jahre nicht besser, und so beschloß er, Musik zu machen. Zusammen mit Roger Greenaway schrieb er den Werbejingle für Brutus Jeans: *»Jeans On«*. Die Nummer wurde im Juli 1976 ein Platz 3 in GB, im September des gleichen Jahres Spitzenreiter in Deutschland und im Januar 1977 Platz 17 in den USA. Danach verkündete er, daß es bei diesem einen Erfolg nicht bleiben werde. Aber außer *»Another Funny Honeymoon«*, im April 1977 ein Top-30-Hit in GB, gelang ihm nichts mehr.

Der Hit: *Jeans On*
Der Tip: *David Dundas* (Chrysalis 6307 599)

Dunn, Clive

* 1919. In der britischen Comedy-TV-Serie *»Bootsie And Snudge«* erntete der englische Schauspieler Anfang der 60er Jahre seine ersten Lorbeeren. 1965 stieg er in die erfolgreiche BBC-Serie »Dad's Army« ein und spielte in den nächsten 10 Jahren dort mit. Ende 1970, auf dem Höhepunkt seiner Popularität, nahm er den Titel *»Grandad«* auf, der die kauzige Art und die mit Slang durchsetzte Sprache seiner Rolle in »Dad's Army« widerspiegelte. Die Platte kam in die Hitparade im Januar 1971 und wurde schließlich sogar Spitzenreiter in GB. Nachdem die Serie ihr Ende fand, gab die BBC Dunn eine eigene Kindersendung, die »Grandad« hieß

und viel Erfolg hatte. 1978 erhielt er den OBE für seine Verdienste im Fernsehen und am Theater. Als Popstar blieb er ein echtes One Hit Wonder.

Der Hit: *Grandad*

Dupree, Robbie

* 1947 als Robert Dupuis. Als Jugendlicher setzte Robbie seinen Ehrgeiz daran, der schönste Pfau im Zoo – in diesem Fall New Yorks Stadtteil Brooklyn – zu sein. Ende der 50er/Anfang der 60er Jahre sang er a capella mit anderen Jungs aus der Gegend. Später spielte er Gitarre und sang in einer Band, zu der auch Nile Rodgers – später Chic – gehörte. Schließlich zog er nach Woodstock. Im April 1980 gelang ihm mit der Eigenkomposition *»Steal Away«* ein Platz 6 in der amerikanischen Hitparade. Das Arrangement erinnert an *»What A Fool Believes«* von den Doobie Brothers. *»Hot Rod Hearts«* wurde drei Monate später ein Platz 15 in den USA. Danach verlief seine Plattenkarriere im Sand, Robbie wandelte seine Garage in ein Fitneßstudio um und widmete seine Zeit mit Vorliebe dem Boxen.

Der Hit: *Steal Away*
Der Tip: *Robbie Dupree* (Elektra WPCP-3447)

Dupree, Simon & The Big Sound

Derek Victor Shulman, v (* 11.2.1947); Ray Shulman, g (* 3.12.1949); Phil Shulman, sax/tr (* 27.8.1937); Eric Hine, key; Pete O'Flaherty, b; Tony Ransley, d. Bevor die Band ab 1966 in dieser Besetzung spielte, hatten die drei Shulman-Brüder schon verschiedene Gruppen gehabt, darunter die Howlin' Wolves und die Roadrunners. In London gehörten sie bald zu den Clubattraktionen. Ihre ersten Erfolge hatten sie im Funk mit *»I See The Light«*, *»Reservations«* und *»Daytime Nighttime«*. Dann schwenkten sie auf Flower Power um und hatten damit ihren größten Hit: *»Kites«* kam im Dezember 1967 in die britischen Charts und wurde Platz 9. Aufsehen erregte das Sextett noch einmal 1968 mit der Single *»We Are The Moles«*, die sie als Moles aufnahmen. Viele dachten, es handele sich dabei um eine Aufnahme der Beatles unter Pseudonym. 1969 löste sich die Formation auf, nachdem Derek einen Nervenzusammenbruch erlitten hatte. Er erholte sich wieder und ging zu Gentle Giant, bei denen auch seine Brüder spielten.

Der Hit: *Kites*
Der Tip: *Amen* (See For Miles CM 109 TIS)

Duprees

Joey Vann (* 1943 als Joseph Canzano † 28.2.1984), Mike Arnone, Tom Bialaglow, John Salvato, Joe Santollo (* 1943, † 1981)
1956 gründeten Tom und Joey den Vorläufer zu den Duprees. Die beiden waren gerade mal 16 bzw. 13 Jahre alt. Ihre Lieder klangen damals schon so, als würde es sich um alte Standards handeln. Der Titel »*You Belong To Me*«, ein Nummer-1-Hit für Jo Stafford im Jahre 1952, wurde der erste und einzige Top-10-Erfolg für die Duprees. Im August 1962 erreichte die Platte Platz 7 in den USA. Es folgten weitere Hitnotierungen bis 1965. Noch ein einziges Mal sollten vier der Musiker als Italian Asphalt & Pavement Company 1970 in den Charts notiert werden: »*Check Yourself*« wurde allerdings nur ein Platz 97. 1980 sah Joey Vann als Leadsänger der Formation Vintage. 1982 brachte er unter seinem Namen ein Medley aus alten Duprees-Hits als »*Joey Vann Medley*« heraus.

Der Hit: *You Belong To Me*

Duran Duran

Simon Le Bon, v (* 27.10.1958); Nick Rhodes, key (* 8.6.1962 als Nicholas Bates); Andy Taylor, g (* 16.2.1961); John Taylor, b (* 20.6.1960); Roger Taylor, d (* 26.4.1960).
1978 formierte sich diese Gruppe in Birmingham aus Nick, John, dem Bassisten Simon Colley und dem Sänger Stephen Duffy. Den Namen entlehnten sie einer Figur aus dem Science-fiction-Film »Barbarella«. Colley und Duffy verließen 1979 die Band und wurden durch Andy Wickett und Schlagzeuger Roger Taylor ersetzt. Die Gruppe machte ihre ersten Demo-Aufnahmen, und nach einigen anderen wurde im gleichen Jahr Andy Taylor der endgültige Gitarrist. Auch mit dem Sänger tat man sich schwer. Alan Curtis und Jeff Thomas hießen sie für kurze Zeit. Im April 1980 kam schließlich Simon Le Bon zu Duran Duran und mit ihm der Erfolg. Die Gruppe wurde durch ihre Musik und durch ihr Auftreten zu Vorreitern der britischen New-Romantic-Bewegung. Ihre ersten Hits werden im Frühjahr 1981 notiert. Mit »*Girls On Film*« hatten sie im Juli 1981 ihren ersten Top-10-Erfolg. Bis zum Ende der 80er Jahre sollten ihnen in GB 11 weitere Top-10-Hits gelingen, darunter zweimal Platz 1: »*Is There Something I Should Know*« 1983 und »*The Reflex*« 1984. »*The Reflex*« war auch eine Nummer 1 in den USA. Dort wurde ihr Titelsong aus dem James-Bond-Film »*A View To A Kill*« ebenfalls Nummer 1. Ihr einziger Spitzenreiter in Deutschland war 1984 »*The Wild Boys*«. Zwischendurch hatte es personelle Veränderungen und Nebenprojekte gegeben. Als Duran Duran Anfang des Jahres 1985 gerade mal keine weiteren Projekte hatte, gründeten Andy und John Taylor – übrigens sind die Taylors nicht

miteinander verwandt – mit Robert Palmer, Bernard Edwards und Tony Thompson Power Station. Im gleichen Jahr machten die drei verbliebenen Musiker Le Bon, Rhodes und Roger Taylor als Arcadia ein Album und hatten mit *»Election Day«* einen Platz 6 in der amerikanischen Single-Hitparade. 1986 verließ Roger Taylor die Band, ebenso Andy, der eine Solokarriere starten will. 1988 – Duran Duran besteht jetzt nur noch aus Le Bon, Rhodes und John Taylor – kommen mit Warren Cuccurullo, vormals Gitarrist mit Missing Persons, und Schlagzeuger Sterling Campbell zwei neue Mitglieder in die Band. Anfang der 90er Jahre kam mit *»Decade«* eine Hitzusammenstellung und mit *»Liberty«* ein neues Album auf den Markt.
Es schien, als sei damit das Kapitel Duran Duran abgeschlossen. Im Januar 1993 kam mit *»Ordinary World«* in der Besetzung Le Bon, Rhodes, John Taylor und Cuccurullo eine Single, die bis auf Platz 6 in GB, Platz 3 in den USA und Platz 16 in Deutschland kam. Die dazugehörige LP *»The Wedding Album«* zeigte Duran Duran in Höchstform.

Der Hit: *The Reflex*
Der Tip: *Decade* (EMI CDP 7 93178 2)

Durand, Angele

* 23.10.1925 in Antwerpen als Angele Caroline De Geest. Wenn man ihre Stimme bei den großen deutschen Schlagern der 50er Jahre hört, glaubt man, daß sie in ihren Jugendjahren für den Rundfunk in Flandern in Kindersendungen Lieder sang, die eigentlich für Jungs geschrieben waren. Nach dem Krieg sang sie, von Radio Brüssel kommend, über den AFN in der täglichen Sendung *»What's New«* die aktuellen amerikanischen Schlager. 1950 wurde Duke Ellington in Brüssel auf sie aufmerksam und nahm sie mit auf eine Tournee durch Westeuropa. Im Sommer 1951 nahm sie in Hamburg ihre erste Platte auf: *»Wenn Mademoiselle dich küßt«*. Im Film »Unter dem Himmel von Paris« singt sie das Stück – Videoclips kamen eben viel später. Ihre flämische Herkunft mit dem typischen Akzent und das dunkle Timbre ihrer Stimme tragen dazu bei, daß deutsche Produzenten ihr Schlager mit einem Hauch französischen Chansons geben. Zum damaligen Zeitpunkt war sie damit auch allein auf weiter Flur. Neben dem Showgeschäft spielt sie Brecht und macht Kabarett. In Frankreich ist sie erfolgreich als Mrs. Peachum in der Dreigroschenoper. In Deutschland spielt sie die Titelrolle im Musical »Hello Dolly«. In der Zeit von 1956, also bevor es verläßliche Aufzeichnungen über deutsche Hitparadenpositionen gibt, ist sie z. B. erfolgreich mit *»Du – Du – Du«*. Nach Einführung der Hitparade hat sie Top-10-Erfolge mit *»So ist Paris«* 1956, *»Melodie d'Amour«* und *»Hula Hoop«* 1958. Ihre letzte Hitparadennotierung stammt aus dem Jahr 1962. In den 90er Jahren –

inzwischen lebt sie in Düsseldorf – hat sie weiter Theaterengagements und Galaauftritte.

Der Hit: *So ist Paris*
Der Tip: *Rendezvous mit Angele Durand* (Bear Family BCD 15 696)

Dury, Ian

* 12.5.1942. Der britische Sänger und Songschreiber gründete 1970 Kilburn & The High Roads, die 1974 ihre erste LP aufnahmen – veröffentlicht wurde sie erst 1978, nachdem Ian als Solist Erfolg hatte und die Band im Juni 1976 auseinandergefallen war. Seine ersten beiden Singles sind ausgesprochen schöne Beispiele für den britischen Pub-Rock in der zweiten Hälfte der 70er Jahre: »*Sex And Drugs And Rock 'n' Roll*« und »*Sweet Gene Vincent*«. An Gene Vincent erinnern auch die Auftritte von Ian, der als Siebenjähriger an Kinderlähmung erkrankte und deshalb teilweise verkrüppelt ist. Seine ersten Hits hatte Ian mit »*What A Waste*«, im April 1978 ein Platz 9 in GB, und »*Hit Me With Your Rhythm Stick*«, im Dezember 1978 Spitzenreiter in GB, zwei Monate später Platz 22 in Deutschland, und »*Reasons To Be Cheerful*«, im August 1979 Platz 3 in GB. Auch in den 80er Jahren macht Ian noch Platten. Manchmal mit seiner alten Band Blockheads, manchmal mit den Music Students. 1985 spielt er neben Bob Geldof in dem Film »*Number One*«. Ein Jahr später sieht man ihn in Roman Polanskis »Pirates« und der BBC-TV-Serie »King Of The Ghetto«. Dury stellt seine Plattenkarriere hintenan und widmet sich der Schauspielerei, dem Schreiben von Film- und Fernsehmusiken und seiner großen Liebe der Malerei.

Der Hit: *Hit Me With Your Rhythm Stick*
Der Tip: *Sex And Drugs And Rock 'n' Roll* (Demon Records FIEND CD 69 TIS)

Dusty, Slim

* 13.6.1927 als David Gordon Kirkpatrick. Der Australier gilt als der erfolgreichste Country-Sänger des 5. Kontinents. Im Januar 1959 gelang ihm mit der nicht nur für Australier schrecklichen Vorstellung, daß er durstig in einer Kneipe steht, in der jedoch das Bier ausgegangen ist, ein Platz 3 in der britischen Hitparade: »*Pub With No Beer*«. Hierzulande wurde die Nummer in der Version des Belgiers Bobbejaan als »*Ich steh an der Bar und habe kein Geld*« ein Erfolg. Ansonsten blieben die Erfolge von Slim Dusty auf das Land der Känguruhs beschränkt.

Der Hit: *Pub With No Beer*
Der Tip: *No. 50 – The Golden Anniversary Album* (EMI Australien CDP. 746 191)

Duval, Frank

* 22.11.1940. Der vielseitige Frank begann bereits als 16jähriger als Regieassistent an einer Bühne in Berlin. Zusammen mit seiner Schwester Maria machte er als Maria & Franco Duval Platten, z. B. *»Teddy Boy«* 1959. In die Hitparaden kamen die beiden nicht, aber angeblich sollen von ihrer Aufnahme *»Ich leg mein Schicksal in deine Hand«* 900 000 Platten verkauft worden sein. 1962 trennten sich die Geschwister. Maria machte als Solistin weiter, Frank zog's zum Theater, und er war in Musicals wie »My Fair Lady« oder »Irma La Douce« zu sehen und zu hören. Für eine Art Musical-Persiflage auf Goethes »Faust« übertrug ihm der Bayerische Rundfunk eine Auftragsarbeit. Danach folgten weitere Angebote, für Hörspiele die Musik zu schreiben, aber auch für Interpreten wie Ivan Rebroff oder Alexandra. Seit 1977 schreibt er vorwiegend Musik für TV-Serien wie »Tatort«, »Derrick«, »Der Alte« – aber auch zahllose markante Werbespots und TV-Filme. Mit *»Angel Of Mine«* gelang ihm Ende 1980 ein Platz 1 und eine goldene Schallplatte in Deutschland. *»Give Me Your Love«* war 1983 ein Platz 2 in der deutschen Hitparade.

Der Hit: *Angel Of Mine*
Der Tip: *Angel Of Mine* (Teldec 6.24580)

Dylan, Bob

* 24.5.1941 als Robert Allen Zimmerman. »Man nannte ihn den Shakespeare des 20. Jahrhunderts, einen Opportunisten, einen Erzengel, den ersten Poeten der Musikautomaten, einen Messias, einen Propheten, ein geborenes Genie von einem Musiker, einen Charismatiker ersten Ranges; er konnte seinen Fans Banalitäten und Unverständlichkeiten zumuten, er konnte sein eigenes Image zerstören; seine Plattenumsätze stiegen, wenn er sich von der Szene zurückzog, und sie stiegen, wenn er wieder zurückkehrte. Gesprächsthema war er immer, beeinflußt hat er eine Generation von Sängern und Textern; seine Lieder wurden tausendfach nachgesungen, und viele davon werden die Zeiten ebenso überleben wie *›La Paloma‹*, die Neunte von Beethoven oder *›Mackie Messer‹*. Man kann Bob Dylan mögen oder nicht – ein Jahrhundertphänomen ist er auf jeden Fall.« Das schrieb Bob Dylans Plattenfirma im Juni 1981 über ihren Künstler und hat damit recht.

Zu seinem Künstlernamen inspirierte ihn der Poet Dylan Thomas. Im Dezember 1960 kam Bob nach New York und begann, in den Folk Clubs von Greenwich Village zu spielen. Im Oktober 1961 erhielt er einen Plattenvertrag von der CBS. Kaum ein Musiker setzte im Laufe seiner Karriere so viele Trends wie er. Dylan war, neben Joan Baez, Anfang der 60er Jahre Sprecher der Folk-Protest-Bewe-

Bob Dylan *(CBS)*

gung, dann Initiator des Folk Rock 1965. Unendlich viele seiner Kompositionen wurden durch andere Interpreten zu Hits gemacht. Daß er nicht der zurückgezogene introvertierte Musiker ist, den man ihm immer wieder angedichtet hat, merkte man spätestens, als er mit den Traveling Wilburys locker aufspielte. Seine Top-10-Erfolge waren *»Like A Rolling Stone«* und *»Positively Fourth Street«* 1965, *»Rainy Day Women 12 & 35«* 1966 und *»Lay Lady Lay«* 1969.

Dylan spielte auch in etlichen Filmen mit: »Don't Look Back« 1965, »Eat The Document« 1969, »Pat Garrett And Billy The Kid« 1973, »Hearts Of Fire« 1987. Er selbst drehte den Film *»Renaldo & Clara«* 1978. 1988 wurde er in die Rock 'n' Roll Hall Of Fame aufgenommen. 1991 gewann er den Grammy's Lifetime Achievement Award.

Der Hit: *Like A Rolling Stone*
Der Tip: *Biograph* (CBS CD 66509)

Dyson, Ronnie

* 5.6.1950, † 10.11.1990. Der amerikanische Soulsänger gehörte auch zu der Garde der Musiker, die durch das Musical »Hair« in das Showgeschäft gekommen sind. Im Juni 1970 gelang ihm mit *»(If You Let Me Make Love To You Then) Why Can't I Touch You?«* ein Platz 8 in den US-Charts. In den Pop-Charts war das sein einziger Hit, in den R&B-Charts blieb er bis 1983 erfolgreich. Ronnie starb am 10.11.1990 an Herzversagen, verursacht durch ein chronisches Lungenleiden.

Der Hit: *(If You Let Me Make Love To You Then) Why Can't I Touch You?*

E

E., Sheila

* 12.12.1959 als Sheila Escovedo. Die Tochter des legendären Perkussionisten Pete Escovedo ist nicht nur Sängerin, sondern schreibt sich ihre Lieder meist selbst, spielt ebenfalls Percussion, aber auch noch Baß, Gitarre und Keyboards und produziert ihre Plattenaufnahmen in eigener Regie. Sheila E. gilt als eine Entdekkung von Prince, mit dem sie auf dessen *»Purple Rain«* Soundtrack spielte. Vorher hatten sich schon Musiker wie George Duke, Herbie Hancock, Spyro Gyra, Lionel Richie, Diana Ross oder Marvin Gaye ihrer Talente bedient. Ihre erste LP erschien Mitte 1984 mit dem Titel *»The Glamorous Life«*. Der Titelsong dieser LP war gleichzeitig ihr erster Top-10-Erfolg in den USA. Ihr einziger weiterer Top-10-Hit war *»A Love Bizarre«*, im Februar 1986 ein Platz 4 in Deutschland.

Der Hit: *The Glamorous Life*
Der Tip: *The Glamorous Life* (WB 925 107-1)

Eagles

Glenn Frey, v/g (* 6.11.1949); Bernie Leadon, v/g (* 19.7.1949); Randy Meisner, v/b (* 8.3.1947); Don Henley, v/d (* 22.7.1947); Don Felder, v/g (* 21.9.1947); Joe Walsh, v/g (* 20.11.1947); Timothy B. Schmit, v/b (* 30.10.1947).
Diese amerikanische Folk-Rock-Formation kam im August 1971 als Quartett, bestehend aus Frey, Leadon, Meisner und Henley, zusammen. Alle hatten vorher in diversen Bands wie Hearts And Flowers, Dillard & Clark und Flying Burrito Brothers gespielt, ehe sie erstmals in der Backing Band von Linda Ronstadt zusammenkamen. Im April 1972, nachdem sie längere Zeit in einem Club in Aspen, Colorado, vier Sets pro Nacht gespielt hatten, um musikalisch zueinander zu finden, erhielten sie einen Plattenvertrag. Ihre erste LP wurde in GB aufgenommen. Darauf auch ihr erster Hit *»Take It Easy«*, geschrieben von Glenn Frey und seinem Freund Jackson Browne. *»Witchy Woman«* war dann im September 1972 der erste Top-10-Erfolg der Eagles und stammte ebenfalls vom Debütalbum.

Auf ihrer dritten LP *»On The Border«* war dann als Single-Auskopplung ihre erste Nummer 1 in den USA, *»Best Of My Love«*, im November 1974 in die Charts gekommen. Ihre vierte LP *»One Of These Nights«* wurde, wie die nächsten drei folgenden, jeweils Spitzenreiter in der amerikanischen LP-Hitparade. Mit Don Felder hatte sich die Gruppe inzwischen zum Quintett verstärkt und lief zu Höchstformen auf. Die Single *»One Of These Nights«* wurde im Mai 1975 Platz 1, *»Lyin' Eyes«* im September 1975 Platz 2, *»Take It To The Limit«* im Dezember 1975 Platz 4.
Im Dezember 1975 verläßt Bernie Leadon die Band und wird durch den ehemaligen Leadgitarristen der James Gang, Joe Walsh, ersetzt. Bei der 18. Grammy-Verleihung im Februar 1976 gewinnen die Eagles für ihren Titel *»Lyin'Eyes«* einen Grammy. Die nächsten drei Top-10-Erfolge waren alle Spitzenreiter und Millionseller: *»New Kid In Town«* 1976, *»Hotel California«* 1977, *»Heartache Tonight«* 1979. Zweimal Platz 8 belegten sie mit *»The Long Run«* 1979 und *»I Can't Tell You Why«* 1980. Im September 1977 verließ Randy Meisner, genervt von dem Streß des Tourens, die Band und wurde durch Timothy B. Schmit, mit dem Meisner schon bei Poco zusammen gespielt hatte, ersetzt. Bei der 20. Grammy-Verleihung 1978 wird *»Hotel California«* die Platte des Jahres. Im Februar 1981 kündigen die Mitglieder an, daß sie sich mehr um ihre Soloprojekte kümmern wollen. Speziell Don Henley und Glenn Frey werden als Solisten sehr erfolgreich.

Der Hit: *Hotel California*
Der Tip: *The Best Of* (Asylum 960 342-2)

Earth & Fire

Jerney Kaagman, v; Gerard Koerts, key/p/v; Bert Ruiter, b; Ron Meyjes, g; Ab Tamboer, d.
Am Beginn ihrer Karriere hatten Golden Earring gestanden, mit denen sie gemeinsame Konzerte bestritten und deren Mitglied George Kooymans den ersten Earth-&-Fire-Hit *»Season«* geschrieben hatte. Bereits 1969 wurde diese niederländische Formation gegründet, und nach *»Season«* wurden dann auch ihre nächsten Eigenkompositionen Hits. 1971 wählten die Holländer Jerney Kaagman zur besten Sängerin, und mit *»Invitation«* hatten Earth & Fire wieder einen Hit. Die zweite LP, *»Song Of The Marching Children«*, wurde international von der Kritik gelobt und beinhaltete mit *»Storm And Thunder«* einen weiteren Single-Hit. Die LPs *»Super Starshine«* und *»Atlantis«* wurden vergoldet, das Album *»Reality Fills Fantasy«* erreichte gar Platinstatus.
Den größten Erfolg hatten sie zweifellos mit ihrer Single *»Weekend«*, die im

Februar 1980 auch in Deutschland in die Hitparade kam und Spitzenreiter wurde. Danach wurden sie bei uns mit einem Top-30- und einemTop-75-Hit verzeichnet.

Der Hit: *Weekend*
Der Tip: *Reality Fills Fantasy* (Vertigo 6360 642)

Earth, Wind & Fire

Maurice White, v/d (* 19.12.1941); Verdine White, b/v (* 25.7.1951); Michael Beale, g; Wade Flemmons, v; Sherry Scott, v; Alex Thomas, pos; Chet Washington, sax; Don Whitehead, key; Yackov Ben Israel, per; Ronnie Laws, sax/g (* 3.10.1950); Philip Bailey, v/per (* 8.5.1951); Larry Dunn, key (* 19.6.1953 als Lawrence Dunhill); Roland Battista, g; Jessica Cleaves, v (* 10.12.1948); Albert McKay, g/per (* 2.2.1948); Johnny Graham, g (* 3.8.1951); Andrew Woolfolk, fl/sax (* 11.10.1950); Ralph Johnson, d/per/v (* 4.7.1951); Fred White, d/per (* 13.1.1955).
Musikalischer Kopf dieser Band war Maurice White, der bereits als Elfjähriger in seiner Heimatstadt Memphis mit seinem Schulfreund Booker T. Jones Schlagzeug spielte. Nachdem er Schlagzeug und Komposition studiert und sogar als Lehrer gearbeitet hatte, wurde er 1963 Session-Drummer bei Chess Records und spielte auf Platten von Billy Stewart, Chuck Berry, Jackie Wilson, den Impressions, den Dells und Etta James. 1963 wurde er Mitglied im Ramsey Lewis Trio und spielte auf 10 LPs dieser Formation mit. 1969 gründete er Salty Peppers, 1970 machte er daraus Earth, Wind & Fire und erhielt einen ersten Plattenvertrag. Ab diesem Zeitpunkt bis in die 90er Jahre sollten viele Musiker mit ihm zusammen spielen. Die Obengenannten dürften bei weitem nicht alle sein. Im April 1971 erschien das Debütalbum. Mit »*Shining Star*« erreichte im Februar 1975 sein erster Top-10-Erfolg die US-Charts: die Nummer wurde Spitzenreiter und Millionseller. Weitere Top-10-Erfolge sind »*Sing A Song*« 1975, »*Got To Get You Into My Life*« und »*September*« 1978, »*Boogie Wonderland*« und »*After The Love Has Gone*« 1979 und »*Let's Groove*« 1981. Alle genannten Titel sind außerdem Millionseller. Zwischendurch machten einige Gruppenmitglieder wie Philip Bailey, Ronnie Laws oder auch Maurice White teils recht erfolgreiche Soloprojekte. Bis in die 90er Jahre hinein verstand es Maurice White, aktuelle Musikrichtungen in seine Titel einfließen zu lassen und die jeweiligen interessanten neuen Künstler, wie z. B. MC Hammer oder The Boys, auf seinen Platten mitspielen zu lassen. Die 8 bis 10 Mitglieder, die jeweils in der Band waren, machten eine ausgezeichnete und mitreißende Bühnenshow. Ein Konzert von Earth, Wind & Fire ist ein Erlebnis.

Der Hit: *Shining Star*
Der Tip: *Gratitude* (CBS 466 843 2)

East Of Eden

Dave Arbus, vln/fl/sax/tr/v (* 8.10.1941); Ron Caines, sax/p (* 13.12.1944); Geoff Nicholson, g; Andy Sneddon, b; Geoff Britton, d.

Dieser britischen Band, die vorwiegend Instrumentalmusik machte, gelang mit der außergewöhnlichen Nummer *»Jig A Jig«* im April 1971 ein Platz 7 in der britischen Hitparade. Im Laufe des Bestehens dieser Band spielten etliche Musiker mit. Dave Arbus gründete sie 1967 in Bristol, England. Die bis zu diesem Zeitpunkt für Rockgruppen reichlich unpopulären Instrumente, wie Geige und Saxophon, setzte er geschickt neben Schlagzeug, Gitarre und Baß. In ihren Anfangstagen griffen East Of Eden Ideen der Jazzer John Coltrane und Charles Mingus auf, ließen sich von modernen Komponisten wie Bartók, Ravel und Debussy inspirieren und rundeten das Ganze mit Klängen indischer Raga-Musik ab. Allmählich verwandelte sich der Musikstil jedoch in einen einfacheren Rock bis hin zur Popmusik. Was heute im nachhinein in Erinnerung bleibt, ist die Tatsache, daß Dave Argus einer der besten britischen Rock-Geiger gewesen ist. So ist er z. B. auf dem Who Album *»Who's Next«* zu hören. Geoff Britton ging später zu den Wings. Und was in der zweiten Hälfte der 70er Jahre als East Of Eden firmierte, hatte mit der ursprünglichen Band wenig zu tun.

Der Hit: *Jig A Jig*
Der Tip: *Jig A Jig* (Deram NDM 674)

Easton, Sheena

* 27.4.1959 als Sheena Shirley Orr. Einen Monat, nachdem sie sich erfolgreich bei der EMI in London beworben hatte, machte sie ihren Abschluß als Lehrerin für Sprache und Schauspiel an der Royal Scottish Academy of Music and Drama. Mit *»Modern Girl«* wird sie im April 1980 zu erstenmal in der britischen Hitparade verzeichnet. Im Juli 1980 ist sie in der BBC-TV-Sendung »The Big Time«, in der Menschen die Gelegenheit gegeben wird, über ihre Zukunftspläne zu sprechen. In der Sendung sieht man Sheena bei ihrer Vorstellung, Sheena bei der Produktion ihrer ersten Single und der Promotionarbeit ihrer Plattenfirma – eine gute Promotion. Gleichzeitig erscheint ihre neue Single *»9 To 5«*, die bis auf Platz 3 in GB hochklettert. Im Frühjahr 1981 erreicht dieser Titel Platz 4 in den USA, Platz 5 in Deutschland. In den USA heißt die Nummer allerdings *»Morning Train (Nine To Five)«*, weil zum exakt gleichen Zeitpunkt Dolly Parton mit dem Titelsong ihres Films *»9 To 5«* in den USA auf Platz 1 steht. Man wollte wohl vermeiden, daß Sheena Eastons Single wie eine Coverversion des Dolly-Parton-Titels wirken würde. Überhaupt, vom Aussehen und Gehabe ist Sheena Easton für den amerikanischen Markt wie geschaffen. 1981 erhält sie einen Grammy als Best

Sheena Easton *(EMI)*

New Artist. In England hat sie ihren nächsten Top-10-Hit mit einer Wiederveröffentlichung der Aufnahme *»Modern Girl«* im August 1980. *»For Your Eyes Only«*, Titelsong aus dem gleichnamigen James-Bond-Film, wird Mitte 1981 ihr letzter Top-10-Erfolg in GB und ihr zweiter in den USA. Nach ihrem Umzug nach Kalifornien ist sie dort weiterhin ständig in den Hitparaden und erreicht Top-10-Positionen mit *»We've Got Tonight«*, ein Duett mit Kenny Rogers, und *»Telefone (Long Distance Love Affair)«* 1983, *»Strut«* und *»Sugar Walls«*, von Prince unter dem Pseudonym Alexander Nevermind geschrieben, 1984 und *»The Lover In Me«* 1988. Als sie in fünf Episoden von *»Miami Vice«* die Frau von Sonny Crokkett spielt, erreicht die Sendung Traum-Einschaltquoten. Beim Prince-Hit *»U Got The Look«*, im August 1987 ein Platz 2 in den USA, singt Sheena mit. Ende der 80er Jahre vollzieht sie endgültig die Verwandlung von einer Schlager- zur Dance-Floor-Sängerin.

Der Hit: *Morning Train (Nine To Five)*
Der Tip: *The Single Collection* (EMI 7 81491 2)

East 17

Tony, key/v (* 21.10.1970 als Anthony Michael Mortimer), Brian, v (* 8.8.1974 als Brian Lee Harvey); John, key/b (* 26.3.1971 als John Darren Hendy); Terry, key (* 21.7.1974 als Terry Mark Coldwell).

Die Mitglieder der Gruppe waren durchschnittlich 18 Jahre alt, als sie mit *»House Of Love«* im Herbst 1992 ihren ersten Top-10-Hit in GB und Deutschland hatten. Sie benannten sich nach dem Postzustellungsbezirk in London, in dem sie alle wohnten. Ihre Musik brachte eine typische weiße Mixtur aus tanzbarem Rap und Hiphop, geschrieben von Tony, die ihre Plattenfirma als »fröhlich poppigen Dance Floor« bezeichnete. Auf dem amerikanischen Markt konnte sich diese Formation nicht durchsetzen – die hatten davon selbst genug.

Der Hit: *House Of Love*

East Side Beat

Carl Fanini, v; Francesco Petrocchi, key.
Der Amerikaner italienischer Abstammung Fanini zog Mitte 1990 nach Italien, die Heimat seiner Väter. Dort tat er sich mit dem Dance-Musiker Petrocchi, einem erfahrenen Keyboarder, zusammen. Mit ihrer Dance-Version des Christopher-Cross-Hits »*Ride Like The Wind*« erreichten sie im November 1991 in der britischen Hitparade Platz 3.

Der Hit: *Ride Like The Wind*

Easybeats

Harry Vanda, g (* 22.3.1947 als Johannes Vandenberg); Dick Diamonde, b (* 28.12.1947 als Dingeman van der Sluys); Steve Wright, v (* 20.12.1948); George Young, g (* 6.11.1947); Gordon »Snowy« Fleet, d (* 16.8.1946); Tony Cahill, d.
1963 kam die Gruppe in Sydney, Australien, zusammen. Drei ihrer Mitglieder – Wright, Young und Fleet – waren in GB, zwei – Vanda und Diamonde – in Holland geboren. Alle waren mit ihren Eltern nach Australien ausgewandert. Ab 1964 nannten sie sich Easybeats. Mitte 1965 hatten sie mit »*She's So Fine*« ihre erste Nummer 1 in Australien. Mitte 1966 unterschrieben sie einen weltweiten Vertrag mit United Artists und verlegten ihre Aktivitäten nach GB. Dort erschien Ende 1966 »*Friday On My Mind*«, im Oktober ein Platz 6 in GB, im Januar 1967 ein Platz 10 in Deutschland und zwei Monate später Platz 16 in den USA. Obwohl noch weitere interessante Aufnahmen der Band erschienen, gelang ihnen nur noch mit »*Hello, How Are You?*« im April 1968 ein Platz 20 in GB. Ende 1969 trennte sich die Gruppe. Vanda und Young gingen zurück nach Australien und eröffneten ein Aufnahmestudio. Mit John Paul Young hatten sie ihre ersten Erfolge. Ab Mitte der 70er Jahre produzierten sie die Band AC/DC, bei denen die beiden jüngeren Young-Brüder Angus und Malcolm spielten. Nur zu produzieren und Songs zu schreiben war dem Team Vanda/Young zuwenig. Unter den Pseudonymen Paint Box, Marcus Hook Roll Band oder Flash & The Pan nahmen sie weitere Platten auf. Speziell Flash & The Pan war international erfolgreich.

Der Hit: *Friday On My Mind*
Der Tip: *Collection* (Line IMCD 9.00823 O)

Ebstein, Katja

* 9.3.1945 als Karin Witkiewicz. Die Sängerin mit einer klassischen Gesangsausbildung wurde 1965 von Heino Gaze entdeckt. Da ihr der Schlager offensichtlich nicht so lag, wandte sie sich dem Chanson und der Folklore zu. So war sie z. B. bei etlichen Burg-Waldeck-Festivals der späten 60er Jahre mit von der Partie. Mit *»Wunder gibt es immer wieder«* 1970 und *»Diese Welt«* 1971 erreichte sie jeweils den dritten Platz beim Grand Prix Eurovision. Ihre beiden größten Hits, jeweils Platz 4 in den deutschen Charts, sind dann jedoch wieder Schlager oben abgelehnter Sorte: *»Der Stern von Mykonos«* 1973 und *»Es war einmal ein Jäger«* 1974. 1975 – ob es das war, was sie wirklich wollte – brachte sie mit *»Wilde Rosen und andere Träume«* eine LP mit Lyrik von Heinrich Heine, vertont von ihrem damaligen Mann Christian Bruhn, auf den Markt. Dazu sagte sie: »Ich lasse mich musikalisch und textlich weder von der Schlagerbranche noch von Kritikern einengen und werde so viele Facetten aufzeigen, wie ich kann.« Da stellt sich jetzt nur noch die Frage: Kommt Facetten eigentlich von verzetteln?! 1980 machte sie wieder mit beim Grand Prix Eurovision und erreichte mit *»Theater«* Platz 2. 1981 heiratete sie den Filmregisseur Klaus Überall, Katja wandte sich mehr der Schauspielerei zu.

Der Hit: *Theater*

Echo & The Bunnymen

Ian McCulloch, v (* 5.5.1959); Will Sergeant, g (* 12.4.1958); Les Pattinson, b (* 18.4.1958); Julian Cope, v/g/b (* 21.10.1957); Pete de Freitas, d (* 2.8.1961, † 15.6.1989); Pete Wylie, v (* 22.3.1958) und eine Schlagzeugmaschine namens Echo; Noel Burke, v/g/p; Damon Reece, d; Jake Brockman, key.

Diese Band aus Liverpool brachte musikalisch Neo-Psychedelia-Folk-Elemente, New Wave Sounds und eingängige Popmelodien zusammen. Im Mai 1977 formten Ian, Pete und Julian die Crucial Three. Über den Status einer Probenband kam man nie hinaus. Im Juli 1978 kamen Ian und Julian als Mitglieder von A Shallow Madness erneut zusammen, aber wieder ohne sichtbaren Erfolg. Im September 1978 machte Ian mit Will und einer Drum Machine, die sie Echo nannten, ein Demo. Im November des gleichen Jahres kam mit Les ein dritter Mann in die Band, und noch im gleichen Monat standen erstmals drei Bunnymen und eine Echo-Maschine auf der Bühne. Ein Jahr später ging Echo in Pension; statt dessen stieg Schlagzeuger Pete de Freitas ein. Vorher hatte jedoch das Trio bereits im März 1979 die Single *»Pictures On My Wall«* mit der B-Seite *»Read It In Books«* veröffentlicht. Ab 1980 ist die Gruppe in den Hitparaden notiert. Die Aufnahmen *»The Cutter«* 1983 und *»The Killing Moon«* 1984 erreichten in GB die Top 10. Fünf

LPs, die sie zwischen 1981 und 1987 veröffentlichten, kamen alle unter die ersten 10 der britischen LP-Charts. 1989 schockierte McCulloch seine Bandkollegen mit der Ankündigung, ab jetzt eine Solokarriere verfolgen zu wollen. Für ihn kam Noel Burke. Man hatte gerade mit den Proben für ein neues Album begonnen, als Pete de Freitas mit seinem Motorrad einen Unfall hatte und starb. Für ihn kam Damon Reece zur Band, außerdem nahm man den früheren Road Manager Brockman hinzu. Mit dem Album *»Reverberation«* leiteten sie das nächste Kapitel der Bunnymen ein.

Der Hit: *The Cutter*
Der Tip: *Reverberation* (Korova 9031-72553-1)

Eckstine, Billy

* 8.7.1914 als William Clarence Eckstein, † 8.3.1993. Die Karriere dieses amerikanischen Sängers und Leiters eines eigenen Orchesters begann bei Earl Hines. Sein Bariton war trotz gelegentlich übertriebener Phrasierung immer schmeichelnd. In der Band von Hines sang Billy zwischen 1939 und 1943. Der *»Stormy Monday Blues«* stand im April 1943 in der amerikanischen Hitparade mit Earl Hines und seinem Orchester, Gesang: Billy. Danach gründete er seine eigene Jazz Band, in der solche Cracks wie Charlie Parker, Dizzy Gillespie, Art Blakey, Miles Davis und als Sängerin Sarah Vaughan mitwirkten. *»A Cottage For Sale«* war 1945 Billys erster Top-10-Erfolg und Millionseller. *»Prisoner Of Love«* 1946, *»My Foolish Heart«* 1950 und *»I Apologize«* 1951 erzielten das gleiche Ergebnis. Seine letzte Hitnotierung in den USA resultiert aus dem Jahre 1967. In GB hatte Billy mit *»No One But You«* im November 1954 einen Platz 3, mit *»Gigi«* im Februar 1959 einen Platz 8. Noch einmal erreichte Billy zusammen mit seiner alten Sängerin Sarah Vaughan mit dem Titel *»Passing Strangers«* im März 1969 in GB Platz 20. Es war eine Wiederveröffentlichung. Ursprünglich war der Titel im September 1957 veröffentlicht worden und erreichte damals Platz 22 in GB. Mr. B., so Eckstines Spitzname, starb an einem Herzleiden.

Der Hit: *My Foolish Heart*
Der Tip: *Greatest Hits* (Polydor SPELP 64)

Eddie & The Hot Rods

Barrie Masters, v (* 4.5.1956); Lew Lewis, harm; Paul Gray, b (* 1.8.1958); Dave Higgs, g (* 21.3.1950); Steve Nicol, d (* 17.2.1957); Graeme Douglas, g (* 22.1.1950) und Dummy Eddie.
Wie etliche britische Gruppen, die sich in der Mitte der 70er Jahre formierten,

versuchten auch Eddie & The Hot Rods, eine Mixtur aus Pub, Punk, New Wave und Rhythm & Blues zu finden. Chuck Berry und die Who waren die Vorbilder dieser Band. Ihre EP *»Live At The Marquee«* brachte ihnen im September 1976 die erste Hitnotierung in GB, *»Do Anything You Wanna Do«* war im August 1977 ihr einziger Top-10-Erfolg. Über die Grenzen des britischen Königreichs war ihre Musik in Single-Format nicht erfolgreich. 1977 waren viele Kritiker der Meinung, diese Formation sei der legitime Nachfolger der Rolling Stones. Leider hatten sie übersehen, daß die Rolling Stones weitermachten und keinen Nachfolger brauchten. Nachdem Douglas die Gruppe verlassen hatte und Gray zu der Formation Damned ging, löste Masters Eddie & The Hot Rods auf, brachte sie aber später für Auftritte in Pubs und Aufnahmen bei kleineren Plattenlabels wieder zusammen.

Der Hit: *Do Anything You Wanna Do*
Der Tip: *Life On The Line* (Island 25501)

Eddy, Duane

* 26.4.1938. 1958 entdeckte der Radio-Diskjockey Lee Hazlewood, der später mit Nancy Sinatra Hits haben sollte, einen jungen Mann namens Duane Eddy. Der hatte eine ganz eigene Art drauf, Gitarre zu spielen. Er schlug die Gitarre nicht da an, wo es andere Gitarristen tun, sondern ganz tief unten – wo die meisten schon gar nicht mehr hinpacken. Diese Art sollte später als »Twangy Guitar« in die Musikgeschichte eingehen. Eddy und Hazlewood schrieben eine Nummer, die sie *»Rebel Rouser«* nannten und die Mitte 1958 ein Platz 6 in der amerikanischen Hitparade wurde. In den nächsten 5 Jahren sollte Duane Eddy mit seinen Instrumentaltiteln mehr als 12 Millionen Platten verkaufen – und das, obwohl es schwer ist, Instrumentals an den Käufer zu bringen. Die Zusammenarbeit von Duane Eddy und Lee Hazlewood hielt ein paar Jahre an – lange genug, um beide zu reichen Männern zu machen. Der Gitarrenstil von Duane Eddy wurde oft kopiert – aber so, wie er das aufnahm, brachte es keiner zustande. Duane hatte weitere Top-10-Hits in den USA mit *»Forty Miles Of Bad Road«* 1959 und *»Because They're Young«* 1960. In GB brachte er es insgesamt auf acht Top-10-Erfolge. Nachdem er ab Mitte der 60er Jahre für fast 20 Jahre aus den Charts verschwunden war, hatte er zusammen mit der Gruppe Art Of Noise und seinem alten Titel *»Peter Gunn«* im März 1986 wieder einen Top-10-Hit in GB. 1987 erschien eine neue LP von ihm, die er zusammen mit Musikern, von denen man weiß, daß sie Fans von Duane Eddy waren und sind, aufnahm. Dazu gehörten Jeff Lynne, Paul McCartney, George Harrison, John Fogerty oder Ry Cooder.

Der Hit: *Because They're Young*
Der Tip: *20 Greatest Hits* (Motown WD72547)

Edelweiß

Hierbei handelte es sich um eine »Sound attack straight from the Alps«, die sich angeblich in New York formierte. Weder die Plattenfirma noch diejenigen, die sich hinter diesem Projekt verbergen, scheinen ernsthaft ein Interesse daran zu haben, daß man möglicherweise einmal mit dem Finger auf sie zeigt. Deshalb sind keine Namen bzw. lediglich Fantasiepseudonyme bekannt. Tatsache ist, daß auf der Basis des Titels *»SOS«* von Abba *»Bring Me Edelweiß«* gejodelt und ge-hip-hopt wurde. Diese exotische Klangmischung kam Ende 1988 in die deutsche Hitparade und erreichte Platz 2. Im April 1989 waren sogar die Briten davon angetan und brachten die Aufnahme auf Platz 5. Nachdem man längere Zeit nichts mehr von ihnen gehört hatte, kam Ende 1992 mit *»Raumschiff Edelweiß«* eine weitere Platte in die Charts. In Deutschland erreichte sie Platz 7.

Der Hit: *Bring Me Edelweiß*
Der Tip: *Wonderful Of Edelweiß* (WEA 4509-91411-2)

Edison Lighthouse

Tony Burrows, v (* 14.4.1942) mit diversen Studiomusikern.
Immer wieder werden in England und in den USA durch Studiomusiker Platten aufgenommen, dann auf den Markt gebracht – und danach wird erst entschieden, ob man zu dem Hit, der sich daraus möglicherweise entwickelt, eine Gruppe zusammenstellt. Der erfolgreichste amerikanische Sänger dieser Gattung ist Ron Dante, sein britisches Pendant Tony Burrows. Er sang bei diversen Produktionen die Leadstimme für Flowerpot Men, Edison Lighthouse, White Plains, Brotherhood Of Man, Pipkins oder First Class. Der größte Triumph für Tony Burrows dürfte der 26.1.1970 gewesen sein. In der zum damaligen Zeitpunkt populärsten britischen TV-Musiksendung, *»Top of the Pops«*, traten Brotherhood Of Man mit *»United We Stand«*, White Plains mit *»My Baby Loves Lovin'«* und Edison Lighthouse mit *»Love Grows (Where My Rosemary Goes)«* auf. In allen drei Fällen trat als Leadsänger jedesmal Tony Burrows nach vorn. Die Zuschauer müssen an ihrem Sehnerv gezweifelt haben . Edison Lighthouse gelang nach *»Love Grows«*, im Januar 1970 eine Nummer 1 in GB und ein Platz 5 in den USA, kein weiterer Top-40-Hit mehr. War ja auch nicht nötig, denn es gab ja noch andere Gruppen.

Der Hit: *Love Grows (Where My Rosemary Goes)*

Edmunds, Dave

* 15.4.1944. Nachdem der britische Gitarrist, Sänger, Songschreiber und Produzent in Gruppen wie 99ers, Raiders und Image gespielt hatte, nahm er mit Human Beans die erste Platte auf. Im Frühjahr 1968 und nachdem die erste Platte ein Flop war, änderten sie ihren Namen in Love Sculpture. Jetzt gelang ihnen der erste Hit mit *»Sabre Dance«*, im November 1968 ein Platz 5 in GB. Im Frühjahr 1969 fiel die Band auseinander. 1970 nimmt Dave einen alten Smiley-Lewis-Titel auf: *»I Hear You Knocking«*. Seine Plattenfirma EMI ist an dem Titel nicht interessiert. Inzwischen hatte Daves Manager Gordon Mills sein eigenes Plattenlabel gegründet, MAM. Darauf wird die Nummer veröffentlicht, verkauft mehr als drei Millionen Exemplare und wird im November 1970 Spitzenreiter in GB und zwei Monate später Platz 3 in Deutschland. Danach ist Dave im Duett mit Nick Lowe und mit der Gruppe Rockpile erfolgreich, hat aber auch als Solist noch Top-10-Hits mit *»Baby I Love You«* und *»Born To Be With You«* 1973 und *»Girls Talk«* 1979. Als Produzent arbeitet Dave für Shakin Stevens, Mason Ruffner, Nick Lowe, Elvis Costello, Dion, die Stray Cats, Fabulous Thunderbirds, Flamin Groovies, Everly Brothers und andere.

Der Hit: *I Hear You Knocking*
Der Tip: *The Early Edmunds* (EMI CDS 7 96717 2)

Edward Bear

Lawrence Evoy, d/v; Daniel Marks, g/v; Roger Ellis, g/v; Paul Weldon, b/key; Robert Kendall, org.
Die kanadische Gruppe Edward Bear begann 1968 in ihrer Heimatstadt Toronto. Den Namen hatten sie von einer Figur aus dem A.-A.-Milne-Kinderbuchklassiker »Winnie The Pooh«. In den Anfangstagen wechselten die Mitglieder schnell, dann fand man zu einem Trio zusammen, bestehend aus Paul, Daniel und Lawrence. 1970 haben sie ihren ersten Eintrag in den US-Charts, aber erst nachdem 1971 Marks gegen den Briten Ellis ausgetauscht wurde, kam der Erfolg mit dem Millionseller und Platz 3 in der US-Hitparade *»Last Song«* Ende 1972. Mit *»Close Your Eyes«* hatten sie im April 1973 noch einen weiteren Top-40-Hit. 1974 verließ Ellis die Band wieder. Weldon war inzwischen gegen Kendall ausgetauscht worden, und die beiden verbleibenden Musiker machten ohne Hiterfolge als Duo weiter.

Der Hit: *Last Song*

Edwards, Cliff

* 14.6.1895, † 18.7.1972. Cliff war es, der in den 20er Jahren die Ukulele in den ganzen USA populär machte. Ab 1924 waren seine Platten in der Hitparade verzeichnet. Sein Spitzname war »Ukulele Ike«, seine Musik war jazz-orientiert, aber doch recht kommerziell. Mit *»It Had To Be You«* hatte er im August 1924 seinen ersten Top-10-Erfolg. Seine größten Hits waren *»I Can't Give You Anything But Love«* 1928 und *»Singin' In The Rain«* 1929, beide Spitzenreiter in den USA. Letztgenannter Titel stammt aus dem 1929 entstandenen Film *»Hollywood Revue Of 1929«*. Der Beginn von Cliffs Filmkarriere fiel mit dem Aufkommen des Tonfilms zusammen, und er drehte über 60 Filme, in erster Linie Musicals und romantische Komödien. Seinen Plattenerfolg konnte er bis in die 40er Jahre retten. Mit *»When You Wish Upon A Star«* gelang ihm im Februar 1940 sein letzter Top-10-Erfolg. Der Titel stammte aus dem Film »Pinocchio«, in dem er die Stimme von Jiminy Cricket sang und sprach, und gewann einen Oscar als bester Song. 1941 wurde Cliff die Stimme von Jim Crow in einem weiteren Walt-Disney-Film, »Dumbo«. Danach machte er für die Disney-Studios Kinderlieder und trat regelmäßig in der Fernsehserie »Mickey Mouse Club« auf, obwohl er Alkohol- und Gesundheitsprobleme hatte. Er starb im Juli 1972 nach einem Herzinfarkt.

Der Hit: *Singin' In The Rain*

Edwards, Jonathan

* 28.7.1946. Nach seiner Militärzeit spielte der amerikanische Sänger, Gitarrist und Songschreiber in einer Folkgruppe, die sich Rivermen nannte, danach zusammen mit einem Folkgitarristen als St. James Doorknob. Das Duo spezialisierte sich auf elektrisch verstärkte Versionen von Byrds-und-Dylan-Titeln. Sie benannten sich in Headstone Circus um und spielten mehr Blues, dann eine weitere Umbenennung in Sugar Creek, die in Richtung Blue Grass tendierten. 1970 verließ Jonathan die Band und hatte als Solist einen einzigen Top-10-Erfolg und Millionseller im November 1971 mit dem

Jonathan Edwards *(Warner Records)*

Titel *»Sunshine«*. Obwohl er noch weitere interessante LPs veröffentlichte, schlug sich das nicht mehr in den Single-Charts nieder.

Der Hit: *Sunshine*
Der Tip: *Jonathan Edwards* (Atlantic ATL 40 282)

Edwards, Rupie

* 4.7.1945. Dieser von der Insel Jamaica stammende Sänger hatte mit der Nummer *»Ire Feelings (Skanga)«* im November 1974 einen Platz 9 in der britischen Hitparade. Mit *»Lego Skanga«* gelang ihm als Nachfolgehit noch ein Platz 32 in GB, dann war seine Hitzeit außerhalb Jamaicas wieder beendet.

Der Hit: *Ire Feelings (Skanga)*

Edwards, Tommy

* 17.2.1922, † 22.10.1969. 40er Jahre, Richmond, Virginia. Im Radio singt und spielt in seiner Heimatstadt der junge Tommy Edwards mit passablem Erfolg. Nebenher schreibt er Lieder. Eins davon, *»That Chick's Too Young To Fry«* (frei übersetzt: das Mädchen ist zu jung zum . . .), wird ein Hit für Louis Jordan. 1950 – Tommy Edwards geht nach New York, um seine Kompositionen den Plattenfirmen vorzustellen. Um Geld zu sparen, hat er alle Titel selbst aufgenommen. Bei MGM ist man von seinen Stücken nicht begeistert – wohl aber von seiner Stimme. 1951 nimmt er für diese Firma die Nummer *»It's All In The Game«* auf. Der Titel wurde 1912 von Charles Gates Dawes geschrieben, einem Rechtsanwalt und Bankier, der von 1925 bis 1929 Vizepräsident der Vereinigten Staaten war. Wenn Al Gore nicht noch eine Nummer für Fleetwood Mac schreibt, wird er wohl der einzige Vizepräsident der USA bleiben, der einen Pop-Hit geschrieben hat. Die Aufnahme von Edwards wird 1951 ein Platz 18. Jahre ziehen ins Land. 1958 ist man bei MGM soweit, den Vertrag mit Tommy Edwards aufzulösen, da kommt Stereo als Neuheit. Die Plattenfirma macht als letzte Aktion mit Edwards Neuaufnahmen von dessen Titeln. Und gerade die Nummer *»It's All In The Game«* hört sich in Stereo ganz toll an – für damalige Verhältnisse. Auf einer Demonstrationsplatte, die hörbar machen sollte, wie Stereo klingt, findet sich Tommy Edwards wieder und – gegen alle Erwartungen – plötzlich wieder in den Hitparaden. Der Titel bleibt 22 Wochen in den amerikanischen Charts, wird im August Spitzenreiter, und als 1958 vorüber ist, gehört es zu den fünf erfolgreichsten Stücken des Jahres. In den Jahren danach hat Edwards immer mal wieder kleinere Hits. Sein letzter heißt ironischerweise *»It's Not The End Of Everything«*, es ist nicht alles zu Ende. Ist es aber doch, denn es gelingt ihm kein Hit mehr. 1964

wurde *»It's All In The Game«* ein Hit in GB, allerdings mit Cliff Richard. Im Oktober 1969 stirbt Edwards. Hätte er nur ein paar Monate länger gelebt, hätte er gehört, wie seine Nummer wieder in die Hitparade kam, aber wieder nicht von ihm, sondern mit den Four Tops.

Der Hit: *It's All In The Game*

Egan, Walter

* 12.7.1948. Während seiner High-School-Zeit in New York City kam Walter im Alter von 16 Jahren zu der Formation Malibooz, die kalifornische Surf Music spielte. Nach der Auflösung dieser Band studierte er Kunst in Washington. Die meisten ehemaligen Mitglieder der Malibooz lebten ebenfalls in der Stadt und man kam als Psychedelic-Country-Gruppe Sageworth & Drums wieder zusammen. 1974 hatte Egan von der Ostküste die Nase voll und zog nach Los Angeles. Er wohnte bei Emmylou Harris, für die er *»Hearts On Fire«* schrieb, und kam zu der Formation Wheels. Ein Demoband dieser Formation führte zu einem Plattenvertrag – allerdings nur für Egan. Mit Hilfe von Fleetwood Mac nahm Walter 1976 sein Debütalbum *»Fundamental Roll«* auf, das sich nicht sonderlich gut verkaufte. Bei seiner nächsten LP *»Not Shy«* war die Unterstützung von Fleetwood Mac noch fundierter, und Walter konzentrierte sich mehr auf sein eigenes Material. Auf dieser LP befand sich die Nummer *»Magnet And Steel«*, die als Single ausgekoppelt im Mai 1978 in die US-Charts kam, Platz 8 erreichte und ein Millionseller wurde. Danach hat Walter Egan noch sehr schöne weitere LPs produziert, Single-Hits sind ihm keine mehr gelungen.

Der Hit: *Magnet And Steel*
Der Tip: *HIFI – The Last Stroll* (Bear Family BTCD 979413 AH)

Eichner-Duo

Erich Storz (* 22.12.1927), Wilfried Witte.
Mit der sinnigen Nummer *»Der alte Lumpensammler«* erreichte dieses Duo im Oktober 1959 einen Platz 9 in der deutschen Hitparade. 1962 stieg Wilfried Witte aus. Erich Storz machte weiterhin Platten als Eichner-Duo, indem er mit sich selbst im Duett sang, war jedoch auch unter eigenem Namen erfolgreich.

Der Hit: *Der alte Lumpensammler*

808 State

Martin Price (* 26.3.1955); Graham Massey (* 4.8.1960); Darren Partington, v; Andy Barker.
Die Firma Roland wir sich sehr gefreut haben, denn nach ihrer Drum Machine TR 808 hat sich diese britische Band benannt. Als sie 1989 mit *»Pacific – 707«* bis auf Platz 10 in die englische Hitparade kamen, wurden sie als »Zukunftsmusik der Acid-Generation« gefeiert. Was sie machten, war eine Reise durch die Geschichte der synthetischen Musik von Tangerine Dream zu Kraftwerk oder Art of Noise. Der Sänger der Band erklärte die Erfolge von 808 State dadurch, daß die Mitglieder der Formation in Tanzschuppen umherhingen, um zu beobachten, bei welcher Art von Musik das Publikum besonders ausflippt. 1987 galten sie noch als Vorreiter der Acid-Welle, um, wie es in der Presse hieß, im Jahre 1989 Ambient-House-Stil zu machen und 1990 Techno-House-Musik zu produzieren. Dafür, daß speziell diese Szene recht kurzlebig ist, bewiesen 808 State schon Stehvermögen. Ende 1990 waren sie mit *»Cübik«* wieder auf Platz 10 in GB, im Februar 1991 erreichten sie Platz 9 mit *»In Yer Face«*. Auch 1993 wurden sie noch in den britischen Charts verzeichnet. Von der Insel sprang der Funke jedoch bis zu diesem Zeitpunkt nicht über.

Der Hit: *In Yer Face*
Der Tip: *Ex : El* (ZTT 9031-73775-2)

Eighth Wonder

Patsy Kensit, v (* 4.3.1968); Jamie Kensit, g; Geoff Beauchamp, g; Alex Godson, key; Steve Grantley, d.
Aus den Resten der Gruppe Spice wurde im Frühjahr 1984 Eighth Wonder gegründet. Mit *»Stay With Me«* hatte die damals als Sextett auftretende Band Ende 1985 ihre erste Hitnotierung in GB. Schon zu diesem Zeitpunkt stand Patsy Kensit im Vordergrund dieser Band. Sie hatte gerade ihre Rolle als Crêpe Suzette im Film *»Absolute Beginners«* abgedreht. 1987 war die Gruppe auf ein Quartett geschrumpft, in dem Patsy mit ihrem Bruder Jamie, außerdem Geoff und Alex spielten. Mit Hilfe der Pet Shop Boys und der Nummer *»I'm Not Scared«* gelang Eighth Wonder im Frühjahr 1988 ein Platz 7 in GB und ein Platz 5 in Deutschland. 1989 heiratete Patsy Dan Donovan von Big Audio Dynamite, 1992 Jim Kerr von den Simple Minds. Auf ihre Plattenkarriere hatten beide Interpreten wenig Einfluß. Weitere Top-10-Erfolge gelangen ihr bis 1993 nicht mehr.

Der Hit: *I'm Not Scared*
Der Tip: *Fearless* (CBS 460 628 2)

Elbert, Donnie

* 25.5.1936, † 26.1.1989. Seine musikalische Karriere begann Donnie in den 50er Jahren bei den Vibraharps. Im Juli 1957 hatte er seine erste Hit-Single als Solist mit »*What Can I Do*«. Danach war mit der Musik erst einmal Pause, denn er wurde zur Army eingezogen. Nach seiner Entlassung aus der Armee 1961 nahm er einige Platten auf, bevor er 1964 sein eigenes Label gründete. Mit »*A Little Piece Of Leather*« wurde er in der britischen Clubszene so erfolgreich, daß er für weitere Promotionzwecke nach GB ging. Er heiratete dort und blieb gleich da. 1970 zog er wieder in die USA zurück, dann hatte er seinen größten Hit, eine Coverversion des Supremes-Titels »*Where Did Our Love Go*«, auf, die Ende 1971 ein Platz 15 in den USA und zwei Monate später ein Platz 8 in GB wurde. 1972 versuchte er mit einer weiteren Holland/Dozier/Holland-Nummer, »*I Can't Help Myself (Sugar Pie, Honey Bunch)*«, zu einem Remake-Hit zu kommen. Immerhin brachte er es in GB auf Platz 11 und in den USA auf Platz 22. Danach war allerdings seine Hitzeit wieder vorüber. 1977 tauchte er noch einmal in den Rhythm-&-Blues-Charts auf. Schließlich zog er nach Kanada und wurde dort bis Mitte der 80er Jahre A&R Director für Polygram Records.

Der Hit: *Where Did Our Love Go*
Der Tip: *Where Did Our Love Go* (Sugar Hill 6.24797)

Electric Light Orchestra

Roy Wood, v (* 8.11.1946); Jeff Lynne, v/p/g (* 30.12.1947); Roy Beverley Bevan, d (* 25.11.1945); Wilf Gibson, vln (* 28.2.1945); Michael D'Albuquerque, b/v (* 24.6.1947); Mick Edwards, cello (* 31.5.); Colin Walker, cello (* 8.7.1949); Richard Tandy, key/g/b (* 26.3.1948); Bill Hunt, key (* 23.5.1947); Hugh McDowell, cello (* 31.7.1953); Kelly Groucutt, b (* 8.9.1945); Mik Kaminski, vln/cello (* 2.9.1951); Melvyn Gale, cello (* 15.1.1952); Andy Craig, cello.
Auch wenn heute im Rückblick ELO immer als Projekt von Jeff Lynne dasteht, so war es doch Roy Wood, der 1971 als treibende Kraft diese Formation aus der Taufe hob und auf der ersten LP auch mitspielte. Roy Wood und Jeff Lynne werden auch gemeinsam als die Produzenten genannt, wobei klar ist, daß Jeff der Ansicht war, jetzt sei er mal am Zuge. In der Gruppe Move, die neben ELO noch bis 1972 bestand, hatte stets Roy Wood das Sagen gehabt. Noch vor Wood hatte Jeff Lynne in der Formation Idle Race gespielt. Nachdem sich Roy Wood ab August 1962 wiederum um ein neues Projekt, die Gruppe Wizzard, kümmerte, war Jeff alleiniger Chef bei ELO. Die Art und Weise, wie Jeff Lynne Platten produziert – mit viel Streichern und irgendwo im Hinterkopf immer den Rock 'n' Roll –, ist aus all seinen Produktionen herauszuhören. Ob ELO, Dave Edmunds,

E.L.O. *(Warner Records)*

Duane Eddy, Roy Orbison, Tom Petty, Traveling Wilburys, George Harrison oder wer auch immer, seine Handschrift hört jeder heraus.
Die obengenannten Musiker ließen sich sicher noch durch weitere ergänzen. Speziell was die Streicher anging, war die Fluktuation in der Band recht groß. Durch die Jahre hinweg waren es vor allem neben Jeff Lynne Bev Bevan und Richard Tandy, die der Band treu blieben. Speziell zwischen 1974 und 1983 waren die Langspielplatten der Band in GB und in den USA äußerst erfolgreich. Nach 1983 erschien mit *»Balance Of Power«* nach längerer Zeit eine neue LP von ELO, auf der dann auch wirklich nur noch Lynne, Bevan und Tandy mitspielten. Die klare, dynamische Handschrift von Jeff Lynne war die Konstante in der Band, führte aber auch dazu, daß sich viele Stücke sehr ähnlich waren. Die LPs *»A New World Record«* und *»Discovery«* dürften die Höhepunkte der Formation gewesen sein. Die Liste der Top-10-Single-Erfolge in GB umfaßt 13, in den USA 7 Hits. Die größten dürften *»Telephone Line«* 1977, *»Shine A Little Love«* und *»Don't Bring Me*

Down« 1979, *»Xanadu«* – zusammen mit Olivia Newton-John – 1980 und *»Hold On Tight«* 1981 gewesen sein. 1988 konzentrierte sich Lynne mehr und mehr auf seine Produktionen und nahm zusammen mit Roy Orbison, Bob Dylan, George Harrison und Tom Petty als Traveling Wilburys eine LP auf. 1980 erschien mit *»Armchair Theatre«* eine Solo-LP von Lynne. 1991 ging Bev Bevan ohne Lynne und mit einigen Musikern als ELO 2 auf Welttournee.

Der Hit: *Don't Bring Me Down*
Der Tip: *A Perfect World Of Music* (Jet CD 24043)

Electronic

Johnny Marr (* 31.10.1963 als John Maher); Bernard Sumner (* 4.1.1956).
Bernard Sumner war einst der Sänger und Songschreiber bei New Order. Johnny Marr spielte vorher bei The Smiths. 1988 schlossen sich die beiden zu dem Projekt Electronic zusammen. Als die Pet Shop Boys von der Idee zu Electronic erfuhren, bot sich Neil Tennant an, zu helfen. Tennant und sein Partner Chris Lowe kamen zu den Aufnahmesessions nach Manchester. Tennant schrieb einige Texte und sang beim Titel *»Getting Away With It«* mit, der sich Ende 1989 bis auf Platz 12 der britischen Charts hocharbeiten konnte. Das Duo muß mehr oder weniger als ein Hobby der beiden Protagonisten betrachtet werden. Keinesfalls hat Sumner seine Arbeit bei New Order aufgegeben, denn auf dem 1993er Album *»Republic«* wird er als Mitglied aufgeführt. Marr arbeitete hauptsächlich als Produzent, z. B. für K-Klass und The The. *»Get The Message«* erreichte im April 1991 Platz 8 in GB, *»Disappointed«* wurde Mitte 1992 ein Platz 6 in der britischen Hitparade. Bei *»Disappointed«* war wieder Neil Tennant als Sänger zu hören. Die Platte erreichte in Deutschland Platz 20.

Der Hit: *Disappointed*
Der Tip: *Electronic* (Virgin 261 528)

Electronica's

Für schwachsinnige Betriebsfeste und nie endende Saufgelage schrieb der Schweizer Akkordeonist Werner Thomas 1958 den Titel *»Dance Little Bird«*. 1973 wurde die Nummer als *»Dance Birdie Dance«* ein großer Erfolg in den Niederlanden. Die holländische Gruppe Electronica's spielte diesen Titel 1980 als *»Vogeltjedans/Tchip Tchip«* in ihrer Bühnenshow, bei der sie sechs als Enten verkleidete Go-Go-Girls tanzen ließen. Im März 1981 war diese Platte dann der Karnevalsschlager der Saison in Deutschland. Sie brachte es bis auf Platz 1 in der Hitparade und wurde gar vergoldet. So sieht man, daß auch Enten goldene Eier legen können.

Der Hit: *Dance Little Bird*
Der Tip: *Dance Little Bird* (Philips 6435 093)

Elegants

Vito Picone (* 17.3.1940), Carman Romano (* 17.8.1939), James Moschella (* 10.5.1938), Frank Fardogno (* 18.9.1941), Arthur Venosa (* 3.9.1939), alle v.
Diese weiße Gesangsgruppe gründete sich 1957 in Staten Island, New York. Alle Mitglieder hatten vorher bereits in anderen Formationen gesungen. 1958 schrieben sich Vito und Arthur mit »*Little Star*« ihren einzigen Hit. Die Platte erreichte im Juli 1958 die amerikanischen Charts und wurde Platz 1. Die Melodie basierte auf einer Komposition, die Mozart im Alter von fünf Jahren geschrieben hatte. Nachfolgehits gelangen ihnen nicht mehr, und die Gruppenmitglieder gingen ihre eigenen Wege. Picone leitete bis in die 90er Jahre verschiedene Versionen der Elegants. Alben nahm keine Besetzung der Elegants auf.

Der Hit: *Little Star*

Elgins

Johnny Dawson, Cleo Miller, Robert Fleming, Norbert McClean, Saundra Mallett Edwards, alle v.
Johnny, Cleo und Robert sangen bereits in den 50er Jahren zusammen bei den Sensations, den Five Emeralds und den Downbeats. Als Downbeats nahmen sie jeweils 1959 und 1962 Platten auf, die jedoch nicht erfolgreich waren. Bei der gleichen Firma, Motown, sang Saundra Mallett Edwards und kam nicht in die Charts. Motown war der Meinung, man müsse die Downbeats und Saundra zusammenbringen und eine neue Formation starten – aus dieser Idee wurden die Elgins. Schon vorher hatte es bei Motown eine Gruppe gegeben, die Elgins hieß – daraus wurden die Temptations. 1966 haben sie ihre erste Hitnotierung in den USA. Über einen Platz 50 kommen sie dort jedoch nie hinaus. Als die Plattenfirma der Gruppe für ihre Gesamtrepertoire 1971 eine Großoffensive auf dem britischen Markt startet, veröffentlicht sie auch altes Material der Elgins. »*Heaven Must Have Sent You*« wird ein Platz 3 in GB, die Nachfolgeplatte Platz 28. Nach diesem Erfolg gehen die Elgins in GB auf Tournee. Leadsängerin Saundra wird jedoch durch die Sessionsängerin Yvonne Allen ersetzt. Pläne für eine weitere Plattenkarriere scheitern allerdings. 1989 nimmt Yvonne mit Dawson, McClean und Jimmy Charles eine neue Version von »*Heaven Must Have Sent You*« auf. In dieser Besetzung machen die Elgins bis in die 90er Jahre Platten für Motown, ebenso die ehemalige Leadsängerin Saundra Edwards.

Der Hit: *Heaven Must Have Sent You*

Elias & His Zigzag Jive Flutes

Hierbei handelt es sich um eine südafrikanische Studioband, die in ihrem Heimatland vorwiegend Coverversionen britischer Interpreten spielte. Einmal sollte ihnen mit der Nummer *»Tom Hark«* im April 1958 ein internationaler Hit gelingen: Platz 2 in GB. Der Titel stammte aus dem Film *»Killing Stones«* und zeigte authentische Kwela-Musik, die für europäische Ohren teilweise schwer verständlich ist. Geschrieben wurde das Stück von Elias' Bruder, Aaron Lerole, der für seine Arbeit 15 Dollar erhielt und damit die Rechte an den Produzenten Bopape abtrat, der seitdem als Autor genannt wird. Die Musiker erhielten für ihre Arbeit jeweils 10 Dollar. Das ist das Showbusineß in den 50er Jahren in Südafrika.

Der Hit: *Tom Hark*

Elliman, Yvonne

* 29.12.1951. Die Amerikanerin wurde auf Hawaii geboren. Ihre ersten musikalischen Erfolge hatte sie als Maria Magdalena in »Jesus Christ Superstar«, sowohl auf der Bühne als auch im Film. Die Auskopplung *»I Don't Know How To Love Him«* bescherte ihr 1971 eine erste Hitnotierung in den USA. Nachdem sie zwischen 1974 und 1977 in der Begleitgruppe von Eric Clapton gesungen hatte, der damals seine Platten auf dem RSO-Label veröffentlichte, gab man ihr 1976 die Möglichkeit, ebenfalls bei RSO Soloplatten aufzunehmen. Bei dieser Firma waren auch die Bee Gees unter Vertrag. Sie schrieben ihr den Hit *»Love Me«*, im Oktober 1976 in den USA Platz 14, in GB Platz 6. Für den Film *»Saturday Night Fever«* nahm Yvonne den Titel *»If I Can't Have You«* auf, Anfang 1978 Millionseller und Spitzenreiter in den USA, wenig später Platz 4 in GB. Wenn sie nicht gerade Soloplatten macht, ist sie auf unendlich vielen Platten als Session-Sängerin zu hören.

Der Hit: *If I Can't Have You*
Der Tip: *Night Flight* (RSO 2394 197)

Ellington, Duke

* 29.4.1899 als Edward Kennedy Ellington, † 24.5.1974. Bereits im Alter von sieben Jahren begann Ellington ein Klavierstudium. Ab 1918 war er als Bandleader tätig. 1923 kam er nach New York und spielte ab 1927 für fünf Jahre im New Yorker Cotton Club. Als Komponist beeinflußte er zahlreiche Musiker, auch den modernen und Free Jazz. Zweifellos ist er eine der bekanntesten Persönlichkeiten in der Jazzgeschichte. Seine Spitzenreiter in der amerikanischen Hitparade waren:

»Three Little Words« 1930 (gesungen von den Rhythm Boys, zu denen Bing Crosby gehörte), *»Cocktail For Two«* 1934 und *»I Let A Song Go Out Of My Heart«* 1938. Die Liste seiner Erfolge geht bis in die 40er Jahre. *»Don't Get Around Much Anymore«* 1943, *»Do Nothin' Til You Hear From Me«* 1944 und *»I'm Beginning To See The Light«* 1945 waren Top-10-Erfolge. Die noch heute bekannteste Nummer von Duke Ellington dürfte *»Take The A Train«* sein, die der Pianist Billy Strayhorn für ihn geschrieben hatte. Im März 1954 stand der Duke mit dem Titel *»Skin Deep«* auf Platz 7 in der britischen Hitparade.

Der Hit: *I Let A Song Go Out Of My Heart*
Der Tip: *Hot From The Cotton Club* (EMI CDP 7 48274 2)

Ellis, Joey

Der amerikanische Interpret hatte das Glück, zusammen mit Tynetta Hare im Film *»Rocky V«* den Titel *»Go For It! (Heart And Fire)«* singen zu dürfen. Das brachte den beiden Ende 1990 einen Platz 4 in Deutschland, Platz 20 in GB ein. Von der Plattenfirma wurden weitere Veröffentlichungen angekündigt, die sich aber nicht mehr unter die ersten 50 irgendeiner Hitparade plazieren konnten.

Der Hit: *Go For It! (Heart and Fire)*

Ellis, Shirley

* 1941. Bis zum Beginn ihrer Solokarriere 1963 sang Shirley in der erfolglosen Formation Metronomes. Als Solistin hatte sie mit *»The Nitty Gritty«* 1963 einen Platz 8 in der amerikanischen Hitparade. Danach wechselte sie ins Novelty-Fach und sang Liedchen, die ihr Manager und Ehemann Lincoln Chase geschrieben hatte. In den Hitparaden tauchte sie Ende 1964 mit *»The Name Game«* und im März 1965 mit *»The Clapping Song (Clap Pat Clap Slap)«*, ihrer einzigen Chart-Notierung in GB, auf. 1982 nahmen die Belle Stars den *»Clapping Song«* auf und erreichten damit Platz 11 in GB.

Der Hit: *The Clapping Song (Clap Pat Clap Slap)*

El Pasador

Dieser Gruppe gelang mit dem Titel *»Amada Mia, Amore Mio«* im Februar 1978 Platz 10 in Deutschland. Die Platte wurde auf dem Label Philips veröffentlicht. Mehr gelang ihnen nicht.

Der Hit: *Amada Mia, Amore Mio*

Emerson, Lake & Palmer *(Manticore)*

Emerson, Lake & Palmer

Keith Emerson, key (* 2.11.1944); Greg Lake, v/b (* 10.11.1948); Carl Palmer, d (* 20.3.1947); Cozy Powell, d (* 29.12.1947); Robert Berry, d.

Als sich die Gruppe im April 1970 formierte, hatten alle Mitglieder bereits einschlägige Erfahrungen in erfolgreichen anderen Bands gesammelt. Keith hatte mit den V.I.P's und mit Nice gespielt, Greg war bei King Crimson, und Carl hatte bei Crazy World Of Arthur Brown und Atomic Rooster getrommelt. Nach der Gründung zogen sich die drei Musiker für drei Monate zurück, um an einem neuen Sound zu basteln. Keith Emerson z. B. wollte sich von der Orgel, die er bei Nice stets gespielt hatte, ganz auf einen Moog-Synthesizer verlegen. Seinen ersten größeren Auftritt hatte das Trio im August beim Isle Of Wight Festival, bei dem sie neben den Doors, den Who und Joni Mitchell spielten. Ende des Jahres erschien die erste LP von EL&P, die ein durchschlagender Erfolg wurde. EL&P wurde als die neue Supergruppe gefeiert. Ihre zweite LP »*Tarkus*«, die Mitte 1971 erschien, wurde eine Nummer 1 in der britischen LP-Hitparade. Die nachfolgenden LPs konnten sich meist unter den ersten fünf in GB plazieren. Auch in den USA war die Formation vorwiegend mit ihren LPs erfolgreich. Die ersten neun Hitnotierungen der Band wurden in den USA alle vergoldet. Außer »*Fanfare For The Common Man*«, Platz 2 in GB im Juni 1977, hat EL&P keine Single unter die ersten 10 in den USA, Deutschland und GB bringen können. Das Jahr 1971 wurde für die Band ein wahrer Triumph. Im jährlich erscheinenden Pop Poll im

Melody Maker räumten sie enorm ab. Bei der Vorjahresumfrage gehörten sie noch zu den großen Hoffnungen. In diesem Jahr belegten sie gleich vier Top-Positionen: beliebteste britische Band, LP des Jahres *»Tarkus«*, bester Schlagzeuger Carl Palmer, bester Tastenspieler Keith Emerson. Greg Lake wählte man hinter Jack Bruce zum zweitbesten Bassisten. Ab Mitte der 70er Jahre versuchten sich die einzelnen Musiker als Solisten. Greg Lake machte *»I Believe In Father Christmas«*, Keith Emerson den *»Honky Tonk Train Blues«*. 1978 erschien ihr für einige Jahre letztes Studioalbum. 1979 gründete Carl Palmer P. M., ein Quintett, in dem er mit vier amerikanischen Musikern spielte. Die 80er Jahre zeigten einen Keith Emerson, der vorwiegend TV- und Soundtrack-Melodien schrieb. 1981 – inzwischen war P. M. auseinandergebrochen – wurde Carl Palmer Mitglied bei Asia. Im September 1983 wurde Greg Lake als Ersatz für John Wetton für einige Monate neben Palmer Mitglied bei Asia. 1985 kamen Keith Emerson und Greg Lake wieder zusammen. Carl Palmer wollte jedoch vorerst nicht zurückkommen. So nahm man, wohl schon um EL&P weiterhin benutzen zu können, Cozy Powell als neuen Schlagzeuger. 1986 erschien die erste LP dieses Trios, die jedoch nicht sonderlich erfolgreich war. Mitte 1986 zog sich Powell wieder aus dem Projekt zurück. 1987 kamen die Urmitglieder wieder zusammen, aber nach einigen Proben steht fest: so nicht! 1988 finden Emerson und Carl Palmer wieder zusammen, die jetzt als dritten Mann den Amerikaner Robert Berry ins Boot holen. Sie nennen sich jetzt nicht mehr EL&P, sondern 3. 1992 erschien mit *»Black Moon«* wieder eine gemeinsame LP von EL&P.

Der Hit: *Fanfare For The Common Man*
Der Tip: *The Atlantic Years* (Atlantic 7567-82403-2)

EMF

James Atkin, v; Ian Dench, g/key; Zac Foley, b; Mark Decloedt, d; Derry Brownson, samples/key.

Als Anfang der 90er Jahre die Rave-Welle durch England zog, kam die große Zeit für fünf 19jährige Teenager aus Gloucestershire. Der Record Mirror schrieb: »EMF sind Englands Antwort auf die New Kids und die Beastie Boys.« Ihre Debüt-Single *»Unbelievable«* wurde im November 1990 Platz 3 in GB, Platz 9 in Deutschland und Mitte 1991 Spitzenreiter in den USA. *»I Believe«* hieß ihre nächste Single, die im Februar 1991 Platz 6 in GB erreichte. Die nächsten Singles kamen zwar immer noch in die Hitparaden, konnten aber an die Anfänge nicht anschließen. Ende 1992 versuchten EMF ihr Glück mehr mit gespielten Instrumenten als mit Samples.

Der Hit: *Unbelievable*
Der Tip: *Schubert Dip* (CDP 7 96238 2)

Emotions

Wanda, Sheila, Jeanette und Pamela Hutchinsons, Theresa Daves, alle v.
Dieses schwarze Mädchentrio aus Chicago sorgte dafür, daß alles in der Familie blieb. Ihr Vater Joe war der Manager der drei, die schon als Kinder die Gospelgruppe Heavenly Sunbeams gegründet hatten. 1968 änderten sie ihre musikalische Richtung und ihren Namen. Jetzt wurden sie die Emotions. Ihre erste Hitnotierung hatten sie 1969. 1970 wurde Jeanette durch eine Cousine, Theresa Davis, ersetzt. Später kam noch Schwester Pamela zur Gruppe. Mit dem Millionseller »*Best Of My Love*« hatten die Emotions Mitte 1977 einen Platz 1 in den USA und einen Platz 4 in GB. 1978 kam Jeanette wieder zurück in die Band. 1979 erreichte »*Boogie Wonderland*«, aufgenommen von Earth, Wind & Fire und den Emotions, Platz 6 in den USA und wieder Platz 4 in GB. Die Geschwister nahmen noch bis in die 80er Jahre Platten auf.

Der Hit: *Best Of My Love*

Enfield, Harry

Mit »*Loadsamoney (Doin' Up The House)*« hatte dieser britische Interpret im Mai 1988 einen Platz 4 in den britischen Charts. Es muß sich bei Harry um ein so kurzfristiges One Hit Wonder handeln, daß es keinerlei Spuren hinterlassen konnte.

Der Hit: *Loadsamoney (Doin' Up The House)*

Engel, Detlef

* 1940 als Sohn des Xylo- und Vibraphonisten Kurt Engel. Die Hauptaufgabe dieses Interpreten war es, deutsche Versionen von amerikanischen oder englischen Teen-Hits zu singen. Sein erster Erfolg war 1959 »*Mr. Blue*«, ein Platz 7 in Deutschland. Das Original stammte von den Fleetwoods. Dieser Titel sollte der einzige Solo-Top-10-Erfolg für Detlef Engel werden. Zusammen mit Gerd Böttcher gelang ihm Mitte 1961 noch einmal ein Top-10-Hit: »*Weil du meine große Liebe bist*«. Ansonsten machte er aus dem Everly Brothers Song »*Let It Be Me*« »*Zeig mir bei Nacht die Sterne*«, aus Johnny Burnettes »*Dreamin'*« wurde kongenial »*Träumen (immer nur träumen)*«, aus Patsy Clines »*I Can See An Angel*« »*Ein Engel ohne Flügel*«. Nach 1963 wird Detlef Engel nicht mehr in der Hitparade notiert.

Der Hit: *Mr. Blue*
Der Tip: *Mr. Blue* (Bear Family BFX 15054)

England Dan & John Ford Coley

Dan Seals, v (* 8.2.1948); John Ford Coley, v (* 13.10.1948).
Dan Seals kommt aus einer sehr musikalischen Familie. Sein Vater spielte Baß für diverse Country-Stars, z. B. Ernest Tubb oder Bob Wills. Sein Bruder Jimmy war einst Mitglied bei den Champs und später dann im Duo Seals & Crofts. Dans Karriere begann schon Ende der 60er Jahre, als er mit John Ford Coley die Band Southwest F.O.B. gründete. Das Kürzel steht für Freight On Board. Der Erfolg sollte allerdings erst kommen, als die beiden im Duo als England Dan & John Ford Coley ab Mitte der 70er Jahre Platten einspielten. Im Juni 1976 erreichte der spätere Millionseller *»I'd Really Love To See You Tonight«* Platz 2 in den USA. Vier Monate später waren sie mit *»Nights Are Forever Without You«* wieder unter den ersten 10. Sie spielten Popmusik mit einem leichten Country-Touch. *»We'll Never Have To Say Goodbye«* 1978 und *»Love Is The Answer«* 1979 waren die beiden letzten Top-10-Erfolge für das Duo. 1979 gingen sie dann auch auseinander. Es kam zu langwierigen Auseinandersetzungen mit dem Finanzamt, weil man vergessen hatte, in den guten Jahren die Steuern zu zahlen. 1980 machte Dan Seals Soloplatten als England Dan Seals. 1983 bot die Plattenfirma Liberty Dan einen Vertrag an. Er spielte vorwiegend Country-Music und war in der entsprechenden Hitparade überaus erfolgreich. In den Pop-Hitparaden stand er mit *»Bop«* im Januar 1986 auf Platz 42, in den Country-Charts war das ein Platz 1. Alle seine sieben darauffolgenden Singles erreichten Platz 1 in den Country-Charts. John machte zusammen mit Kelly Leslie als Kelly Leslie And John Ford Coley 1981 noch ein Album, jedoch ohne Erfolg.

Der Hit: *I'd Really Love To See You Tonight*

England World Cup Squad

Bei der Fußballweltmeisterschaft 1970 in Mexiko hatten die Briten wenig zu bestellen. Der Wunsch, schnell wieder nach Hause zu kommen, wurde ihnen erfüllt. Im Viertelfinale verloren sie, trotz eines 2:0-Vorsprungs nach Verlängerung 3:2. Damit war Deutschland im Halbfinale, verlor aber dann gegen Italien und spielte gegen Uruguay um den dritten Platz und gewann. *»Back Home«*, das Schlachtlied der Briten zur WM, wurde im April 1970 Spitzenreiter in GB. Zwölf Jahre später schworen die Engländer *»This Time (We'll Get It Right)«*. Wieder war Fußballweltmeisterschaft, dieses Mal in Spanien. Die Briten brachten es nur bis zur zweiten Finalrunde und mußten nach einem 0:0 gegen Deutschland und gegen Spanien ausscheiden. Gruppensieger war Deutschland, das bis ins Endspiel vordrang und dann 1:3 gegen Italien verlor. Ihr Schwur, es dieses Mal zu schaffen, kam im April 1982 auf Platz 2 der Hitparade. Ähnliche Beteuerungen

der englischen Nationalmannschaft 1986 und 1988 kamen nicht mal unter die ersten 60. Erst als sie sich 1990 noch einmal mit New Order zusammentaten, sollte es klappen.
Auch die deutsche Fußballnationalmannschaft versucht sich ja hin und wieder zu besonderen Ereignissen mit Liedlein, die das Zusammengehörigkeitsgefühl der 11 unterstreichen sollen. Hilfreich machen bei solchen Plättchen Udo Jürgens oder Michael Schanze mit. Die Beteuerung der Mannschaft des Jahres 1974 »*Fußball ist unser Leben*«, kam im November 1973 auf Platz 27, und zusammen mit Udo Jürgens stand »*Buenos Dias, Argentina*« im März 1978 auf Platz 3 in Deutschland.

Der Hit: *Back Home*

England/New Order

Dieses Mal wollte sich die englische Fußballnationalmannschaft nicht auf ihre Gesangskünste verlassen und nahm die britische Formation New Order mit an Bord. Genauer gehört scheint es umgekehrt zu sein, denn einige Mitglieder der aktuellen Nationalmannschaft, z. B. Peter Beardsley, John Barnes, Paul Gascoigne, Chris Waddle oder Des Walkes sind lediglich im Refrain als Nachwuchsrapper zu hören. »*World In Motion*« wurde im Juni 1990 Spitzenreiter in GB. Spitzenreiter im Endspiel der Fußballweltmeisterschaft in Italien wurden wieder mal die Lieblingsgegner der Briten: die Deutschen, die das Endspiel gegen Argentinien 1:0 gewannen. Im Spiel um den dritten Platz siegte Italien über England mit 2:1. »*World In Motion*« erreichte in den deutschen Charts immerhin Platz 21 – das ist unseren Mannen in GB noch nie gelungen!

Der Hit: *World In Motion*

Enigma

Michael Cretu (* 18.5.1957) wurde in Bukarest, Rumänien, als Sohn einer Österreicherin und eines Rumänen geboren. 1975 emigrierte die Familie nach Deutschland. Michael studierte Musik in Frankfurt und wurde schnell zu einem erfolgreichen und gesuchten Studiomusiker, Arrangeur und Produzent. Er realisierte Projekte mit Moti Special, Hubert Kah, Peter Cornelius und Cretu & Thiers. Als Solist veröffentlichte er die LPs »*Legionäre*« und »*Chinesische Mauer*«. Dann produzierte er Sandra, die am gleichen Tag, jedoch fünf Jahre später geboren wurde, und hatte mit ihr etliche große Hits. Zum Projekt Enigma sagte er: »Der Grund, Enigma ins Leben zu rufen, bestand in dem Bedürfnis, eine Musik zu machen, die mir schon sehr lange im Kopf vorschwebte. Enigma hat mir die Möglichkeit gegeben, ohne jegliche Rücksichtnahme auf musikalische Konventionen. Außerdem wollte ich mit Enigma eine Musik schaffen, die ich nirgendwo kaufen kann. Es lag für mich ein besonderer Reiz darin, ein Konzeptalbum zu kreieren, in dem vermeintlich gegensätzliche Stilelemente wie Gregorianische Kirchengesänge, schwarze Tanzrhythmen, französischer Sprechgesang und Keyboardklänge à la Art of Noise und Vangelis miteinander verbunden werden. Die Musik von Enigma sollte eine relaxed-atmosphärische Stimmung erzeugen, und zwar nicht als herkömmliche Synthiemusik, sondern auf der Basis schwarzer Rhythmen, die praktisch das Rückgrat der zeitgenössischen Musik bilden. Aus diesem Grundgedanken heraus ist das gesamte Album entstanden.« Das Album hieß »*MCMXC a. D.*« und wurde ein weltweiter Erfolg. Daraus ausgekoppelt war die Single »*Sadeness part I*«, die sich ebenfalls zu einem weltweiten Hit entwikkelte. Im Oktober 1990 kam sie in die deutschen Charts und wurde Platz 1. Zwei Monate später stand sie auf dem Spitzenplatz in GB. Im Februar 1991 kam sie in die amerikanische Hitparade und erreichte Platz 5. Als Nachfolgesingle erreichte »*Mea Culpa part II*« im März 1991 Platz 7 in Deutschland. Als Sängerin beschäftigte er bei seinem Projekt seine Frau Sandra.

Der Hit: *Sadeness part I*
Der Tip: *MCMXC A. D.* (Virgin 261 209-PM 527)

En-Rage

Tony Jackson, v; Jeffrey Sayadian, g; Angela Lupino, b; Toby Sadler, key; Pierson Grange, d.
Im Herbst 1992 war diese Formation ein weiterer Versuch, einen Dancefloor Act mit einer Coverversion eines Hits erneut in die Charts zu bringen. En-Rage nahm sich »*Run To You*« vor, im November 1984 ein Top-10-Hit für Bryan Adams in den USA, und erreichte im Oktober 1992 Platz 3 in GB und Platz 14 in Deutschland. Tony Jackson hatte vor En-Rage schon mit Paul Young, Billy Ocean und Hot Chocolate gesungen. Diese Formation heißt nur in Deutschland En-Rage. Die Namensänderung war notwendig, weil es in Deutschland bereits eine Gruppe Rage – so nennt sich En-Rage in GB – gibt.

Der Hit: *Run To You*
Der Tip: *Saviour* (Intercord INT 847.207)

En Vogue

Dawn Robinson, Terry Ellis, Cindy Herron, Maxine Jones, alle v.
Dieses Quartett aus der Gegend um San Franzisco startete 1990 mit der Platinsingle »*Hold On*«, Mai 1990 Platz 2 in den USA und Platz 5 in GB. Auch

ihre erste Langspielplatte, *»Born To Sing«*, erhielt eine Platinauszeichnung. En Vogue ist eine Formation, die die Tradition der Supremes, Pointer Sisters und Sister Sledge fortsetzt. 1992 erschien mit *»Funky Divas«* eine CD, die deutlich ausdrückte, wie sich die vier von En Vogue selbst am liebsten sehen. Weitere Top-10-Erfolge waren *»My Lovin' (You're Never Gonna Get It)«*, im März 1992 Platz 2 in den USA und Platz 4 in GB, *»Giving Him Something He Can Feel«*, im Juni 1992 Platz 7 in den USA und *»Free Your Mind«*, September 1992 Platz 8 in den USA.

Der Hit: *Hold On*
Der Tip: *Funky Divas* (East West 7567-92121-2)

Enya

(* 17.5.1961 als Eithne Ni Bhraonain). Die Irin kam 1980 zur 1967 gegründeten Familiengruppe Clannad, ein gälisches Wort für Familie. Sie sang auf zwei LPs mit und verließ die Familie 1982 wieder. Nachdem sie für die BBC mehrere Filmmusiken geschrieben hatte, kam 1988, im leicht verkleideten Pop-New-Age-Stil, *»Orinoco Flow (Sail Away)«*, ein Platz 1 in GB, Platz 2 in Deutschland und Platz 24 in den USA. Danach erschienen weitere LPs und Singles von ihr, die zwar ansprechend, aber nicht kommerziell genug waren, um unter die Top 10 zu kommen. Mit *»Caribbean Blue«* erreichte sie im Oktober 1991 Platz 13 in GB.

Der Hit: *Orinoco Flow (Sail Away)*
Der Tip: *Watermark* (WEA 243 875-2)

Equals

Eddy Grant, g/v (* 5.3.1948 als Edward Montague Grant); Derv, v, und Lincoln, g, Gordon (* 29.6.1948); Patrick Lloyd, g (* 17.3.1948); John Hall, d (* 25.10.1947). Musikalisch versuchten sich die Equals in ihren Anfangstagen mit einer Mixtur aus Ska und Pop. Das alles wurde vermischt mit einer Fröhlichkeit, die die Auftritte der Equals zu Ereignissen machte. Die Equals waren zusammengewürfelt aus einem Guayaner, Eddy Grant, zwei Jamaikanern, den Zwillingen Derv und Lincoln Gordon, und den weißen Briten Hall und Lloyd. Ihren ersten Erfolg hatten die Equals in Deutschland. Mike Leckebusch hatte sie für die TV-Sendung Beat Club aus Bremen engagiert, und kurz darauf hatten sie mit *»I Won't Be There«* im Mai 1967 einen Platz 39 in Deutschland. Dann kam *»Baby Come Back«*, im Juli 1967 Platz 11 in Deutschland. In den britischen Charts wurden sie erstmals im Februar 1968 aufgeführt, und dort wurde im Mai 1968 *»Baby Come Back«* Spitzenreiter. Nach dieser Nummer 1 erreichten sie in GB mit *»Viva Bobby Joe«* 1969 und *»Black Skin Blue-Eyed Boys«* 1970 erneut die Top 10. In Deutschland waren sie erfolgreich mit *»Softly, Softly«* 1968, *»Green Light«* und *»Michael And The Slipper Tree«* 1969 und *»Rub A Dub Dub«* 1970. 1972 verläßt Eddie Grant, der die meisten Hits der Band im Alleingang geschrieben hatte, die Gruppe. Er gründet eine eigene Produktions- und Plattenfirma, auf der er seine weiteren Soloplatten veröffentlicht. Richtig erfolgreich sollte er damit ab Anfang der 80er Jahre werden. 1978 nimmt er die Equals, bei denen es etliche Umbesetzungen gab, bei seiner Firma Ice unter Vertrag.

Der Hit: *Baby Come Back*
Der Tip: *20 Greatest Hits* (Street Life 246 2015)

Erasure

Vince Clarke, key (* 3.7.1960); Andy Bell, v (* 25.4.1964).
Wenn auch Andy Bell der Sänger von Erasure ist, so muß man doch Vince Clarke als die führende Persönlichkeit dieses Duos bezeichnen. Er gilt als eine der schillerndsten Figuren des britischen Elektro-Pop. Ehe er 1985 Erasure gründete, hatte er bereits Depeche Mode, Yazoo und Assembly erfolgreich hinter sich gebracht. Mit *»Sometimes«* hatte Erasure im Oktober 1986 einen Platz 2 in GB und Deutschland. Schon 1991 bezeichnete man Erasure als eine der erfolgreichsten britischen Bands aller Zeiten. Bis Ende 1992 gelangen ihnen 13 Top-10-Erfolge, darunter *»A Little Respect«* und *»Crackers International«* 1988, *»Drama!«* 1989, *»Blue Savannah«* 1990, *»Chorus«* und *»Love To Hate You«* 1991 und ihr einziger Spitzenreiter, die EP *»Abba-esque«*. Diese EP beinhaltete vier Coverversionen von Abba-Hits: *»Lay All Your Love On Me«*, *»S.O.S.«*, *»Take A Chance On Me«* und *»Voulez Vous«*. Beide Mitglieder von Erasure machten kein Geheimnis daraus, daß sie ausgemachte Abba-Fans waren.

Der Hit: *A Little Respect*
Der Tip: *Pop! – The First 20 Hits* (Mute Int 879.800)

Erste Allgemeine Verunsicherung

Klaus Eberhartinger, v (* 12.6.1950); Nino Holm, key (* 22.12.1950); Andreas Stenmo, d (* 14.2.1956); Gerhard Breit, b (* 14.8.1954); Tom Spitzer, g (* 6.4.1953); Günter Schönberger, g (* 8.2.1952); Mario Bottazzi, v.
Diese aus Österreich stammende Formation fand schon 1977 zusammen. Thomas Spitzer und Nino Holm gründeten mit Wilfried die Gruppe Antipasta. Als Andreas Stenmo einstieg, entwickelten sie das Konzept für die Erste Allgemeine Verunsicherung. 1978 erschien die erste LP. Im April 1979 kam Günter Schönberger zur EAV. 1981 gründeten sie ihr eigenes Plattenlabel, 1982 wurde

ihnen der Kleinkunstpreis Berliner Wecker verliehen. Mit *»Tanz, tanz, tanz (den Apokalypso)«* haben sie im Januar 1983 einen ersten Achtungserfolg in Österreich. Im März dieses Jahres steigt der Sänger Günter Timischl endgültig aus und gründet mit einigen Freunden STS. Im Juli 1983 wird der *»Alpenrap«* ihr erster Hit in den österreichischen und deutschen Charts. Im November desselben Jahres präsentiert sich erstmals EAV als Septett. Nun ist auch Klaus Eberhartinger in der Band und gibt ihr neue Impulse. Versuchten sie es in ihren Anfangstagen noch mit kritischen Texten, so änderte sich das ab Mitte der 80er Jahre in Richtung Blödelpop. Die Wende kommentierte Thomas Spitzer: »Ich habe stapelweise gute Kritiken von früher zu Hause, aber davon haben wir uns nie eine Semmel kaufen können.« *»Ba-Ba-Banküberfall«* wird im Januar 1986 ein Top-10-Erfolg für EAV in Deutschland, *»Küss' die Hand, schöne Frau«* im November 1987 ein Platz 2, *»Ding Dong«* im März 1990 ein Platz 7 und *»Samurai«* im August 1990 ein Platz 10.

Der Hit: *Küss' die Hand schöne Frau*
Der Tip: *Kann den Schwachsinn Sünde sein . . .?* (EMI Columbia CDP 598-7 911022)

Eruption

Precious Wilson, v; Greg Dudes Perrineau, g/v; Morgan T.D. Perrineau, g/v; Eric F.C. Kingsley, d/v; Gerry Spider Fingers Williams, key/v.
Diese Formation war ein weiteres Gebilde von Frank Farian. Ähnlich wie Boney M. oder später Milli Vanilli stellte er diese Formation zusammen, ohne daß man heute noch weiß, wer was in dieser Band gespielt oder gesungen hat. In der Hauptsache dürften die vier männlichen Mitglieder der Gruppe gleichgeblieben sein. Die weibliche Stimme jedoch wurde von unterschiedlichen Sängerinnen übernommen: Precious Wilson, Jane Joachim oder Kim Davis gehörten dazu. Die beiden größten Erfolge der Formation zeigen deutlich, daß Frank Farian mit diesem Projekt US-Popsongs der 60er/70er Jahre in ein zeitgemäßes Korsett schnürte. Der erste Top-10-Erfolg war im Januar 1978 *»I Can't Stand The Rain«*, Platz 7 in Deutschland, Platz 5 in GB. Im Original war der Titel 1973 ein Hit für die Amerikanerin Ann Peebles. *»One Way Ticket«*, im April 1979 Platz 7 in Deutschland und Platz 9 in GB, wurde im Original von Neil Sedaka gesungen. Mit *»Go Johnnie Go«* hatte die Gruppe im April 1980 ihren letzten Top-10-Erfolg, Platz 8 in Deutschland.

Der Hit: *I Can't Stand The Rain*
Der Tip: *Best Of* (Hansa 203 490)

Escape Club

Trevor Steel, v/g; John Holliday, g/v; Johnnie Christo, b/v; Milan Zekavica, d.
Der Escape Club wurde in London 1983 gegründet. Die Band schaffte es, sich schon wenige Monate nach Gründung als außerordentlich gute Live-Band zu profilieren. Trotz vieler Plattenveröffentlichungen schaffte die Band keinen Hit in ihrer Heimat. Dafür erreichten sie mit »*Wild, Wild West*« im August 1988 die US-Charts und wurden Spitzenreiter in den USA. Bis zu diesem Zeitpunkt hatten sie auf Platten meist das, womit sie auf der Bühne ihr Publikum überzeugt hatten, eingespielt. Mit der LP »*Wild, Wild West*« lösten sie sich von diesem Konzept und nahmen Titel auf, die auch unabhängig von Konzerten Bedeutung haben. Mit ihrem gitarrenbetonten Rock 'n' Roll lagen sie offensichtlich vom Geschmack ihrer Landsleute zu weit entfernt. »*I'll Be There*« erreichte im Mai 1991 Platz 8 in den USA, produziert vom gebürtigen Österreicher Peter Wolf, der unter anderem für Lou Gramm, Starship und Big Country gearbeitet hat.

Der Hit: *Wild, Wild West*
Der Tip: *Wild, Wild West* (WEA 255 630-2)

Eskens, Margot

* 12.8.1936. Bevor Margot Eskens 1955 ihre erste Schallplatte aufnahm, hatte sie eine Ausbildung als Zahnarzthelferin abgeschlossen und einen Nachwuchswettbewerb gewonnen. Mit »*Ich möcht heut ausgehen*« erreichte sie im Oktober 1955 einen Platz 3 in der deutschen Hitparade. »*Tiritomba*« war im März 1956 Spitzenreiter bei uns. »*Mamatschi*« 1956 und »*Mama*« 1964 waren weitere Top-10-Erfolge für sie, »*Cindy, Oh Cindy*« 1957 ein weiterer Spitzenreiter. Im Duett mit Silvio Francesco, dem Bruder von Caterina Valente, hatte sie mit »*Calypso Italiano*« 1957, »*Himmelblaue Serenade*« 1958 und »*Mondschein-Partie*« 1959 weitere Top-10-Erfolge. Ende der 80er Jahre wandte sie sich mehr dem volkstümlichen Schlager zu, 1990 erschien ihre LP »*Mein Traumland am Wörthersee*«.

Der Hit: *Cindy Oh Cindy*
Der Tip: *Cindy Oh Cindy* (Polydor 841 324-2)

Essex

Anita Humes, v (* 1941); Walter Vickers (* 1942 †); Rodney Taylor (* 1942); Billie Hill (* 1942); Rudolph Johnson (* 1942).
Die beiden US-Marines Vickers und Taylor waren Anfang der 60er Jahre in Japan

stationiert, als sie Essex gründeten. Zurück in den USA, vervollständigten sie die Formation mit den weiteren obengenannten Musikern – ebenfalls alle Marines –, nahmen ein Demoband auf und schickten es an Roulette Records. Die zeigten sich interessiert und produzierten mit Essex *»Easier Said Than Done«*. Das Stück kam im Juni 1963 in die Charts und wurde Spitzenreiter. Ein Nachfolgehit war *»A Walkin' Miracle«*, zwei Monate später Platz 12 in den USA. Ein dritter Titel schaffte es gerade noch in die Hitparade. 1966 löste sich Essex wieder auf. Nachdem Anita sich als Solistin versucht hatte, ging sie wieder zur Army. Rudy wurde Polizist, Billie arbeitet für eine Universität. Vickers hatte Diabetes und starb, nachdem er in ein Koma gefallen war.

Der Hit: *Easier Said Than Done*
Der Tip: *Story Of Rock 'n' Roll* (Roulette 200 628)

Essex, David

* 23.7.1947 als David Cook. 1964 begann der britische Sänger, Songschreiber und Schauspieler in der Gruppe Everons zunächst als Schlagzeuger. 1955 machte er seine erste Soloplatte, die wie die sieben folgenden Singles – alle aufgenommen zwischen 1965 und 1970 – durchfiel. Bekannt wurde David dann durch das Musical *»Godspell«*, in dem er ab Oktober 1971 die Rolle des Jesus übernahm. 1972 spielte er mit Ringo Star in dem Film *»That'll Be The Day«*. Der Film wurde ein großer Erfolg. Im September 1973 erhielt David einen Plattenvertrag, mit dem dann seine eigentliche Plattenkarriere begann. Produziert wurde er von Jeff Wayne. In der Hitparade tauchte er 1973 zum erstenmal mit *»Rock On«* auf, Platz 3 in GB und Platz 5 in den USA. Ein Jahr darauf gelang ihm in GB sein erster Spitzenreiter mit *»Gonna Make You A Star«*, 1975 der zweite mit *»Hold Me Close«*. Mit *»Oh What A Circus«* 1978 und *»A Winter's Tale«* 1982 folgten seine beiden letzten Top-10-Notierungen. Inzwischen hat sich Essex als Schauspieler etabliert. 1974 spielte er neben Adam Faith und Larry Hagman in »Stardust«, der Fortsetzung von »That'll Be The Day«, 1978 war er Che Guevara im Londoner West-End-Musical »Evita«, 1983 Fletcher Christian in einer Musical-Version von »Meuterei auf der Bounty«.

Der Hit: *Rock On*
Der Tip: *His Greatest Hits* (Mercury 510 308-2)

Estefan, Gloria

* 1.9.1957 als Gloria Fajardo. Gloria wurde in Havanna geboren und wuchs in Miami auf. 1974 lernt sie auf der Hochzeit von Freunden eine Band kennen, die

sich Miami Latin Boys nannte. Der Kopf der Gruppe, Emilio Estefan, bot ihr an, in der Band zu singen. Ab 1975 wurde sie ständiges Mitglied, und die Gruppe nannte sich nun Miami Sound Machine. 1978 heirateten Emilio und Gloria, 1979 veröffentlichten sie ihre erste selbst finanzierte LP in spanischer Sprache. Speziell in Mittel- und Südamerika wurden sie schnell zu Stars. Ab September 1984 produzieren sie ihre Platten auch in englischer Sprache und werden damit auch für den nordamerikanischen und europäischen Markt interessant. Ab August 1987 erschienen die Platten als Gloria Estefan & Miami Sound Machine, ab 1989 nur noch als Gloria Estefan. Ihren ersten Top-10-Hit hatte die Formation mit *»Dr. Beat«* im August 1984. Die Platte erreichte Platz 6 in GB und Platz 7 in Deutschland. *»Conga«* wurde Ende 1985 der erste Top-10-Hit für sie in den USA und ein Millionseller. Im März 1986 erschien mit *»Bad Boy«* eine Platte, die wiederum Millionseller wurde und sich sowohl in den USA als auch in Deutschland unter den ersten 10 behaupten konnte. Weitere Top-10-Erfolge waren *»Words Get In The Way«* 1986, *»Rhythm Is Gonna Get You«* und *»Can't Stay Away From You«* 1987, *»Anything For You«* und *»1-2-3«* 1988, *»Don't Wanna Lose You«* und *»Here We Are«* 1989, *»Coming Out Of The Dark«* 1991. 1992 tobte der Hurrikan Andrew über Florida und zerbröselte etliche Häuser. Gloria Estefan veröffentlichte den Titel *»Always Tomorrow«* und verzichtete auf ihre Tantiemen zugunsten der Opfer des Sturms. Außerdem wurde für diese Menschen ein Benefizkonzert veranstaltet, was zwei Millionen Dollar einbrachte. Dafür wurde Gloria und ihrem Mann im März 1993 in Florida eine Auszeichnung für außergewöhnliche Menschenfreundlichkeit verliehen.

Der Hit: *Don't Wanna Lose You*
Der Tip: *Greatest Hits* (Epic 472 332 2)

Estus, Deon

Der aus Detroit stammende schwarze Bassist und Sänger spielte, bevor er einen Hit zusammen mit George Michael hatte, mit Wham!, Marvin Gaye und Brainstorm. Wohl aus den Wham!-Tagen müssen sich George und Deon gekannt haben. Darum half Deon nicht der Himmel, sondern George bei seinem Erfolg *»Heaven Help Me«*, im Februar 1989 wurde die Platte ein Platz 5 in den USA. Schon vorher war er im Vorprogramm von George Michaels 1988er Welttournee aufgetreten.

Der Hit: *Heaven Help Me*
Der Tip: *Spell* (Mika Records 835 731-2)

Europe

Joey Tempest, v (* 19.8.1963 als Joakim Larsson); John Norum, g; John Leven, b (* 25.10.1963); Kee Marcello, g (* 20.2.1960); Michael Michaeli, key (* 11.11.1962); Ian Haugland, d (* 13.8.1964); Tony Reno, d.

Larsson alias Tempest, der wie Leven und John Norum in einem Vorort von Stockholm aufwuchs, gründete zusammen mit den beiden 1980 seine erste Band: Force. Zwei Jahre später nahmen sie an einem Wettbewerb teil, dessen erster Preis ein Plattenvertrag war. Sie gewannen und erhielten den erwähnten Vertrag. Die Besetzung zu diesem Zeitpunkt waren Tempest, Norum, Leven und Tony Reno. In dieser Besetzung wurde 1983 die erste LP der Band in Schweden veröffentlicht. Danach gab es personelle Veränderungen. Es war Keyboarder Michaeli dazugekommen und Reno gegen Schlagzeuger Haugland ausgetauscht worden. 1985 erschien »*Wings Of Tomorrow*«, ihre erste LP, die auch über die Landesgrenzen von Schweden hinaus veröffentlicht wurde. 1986 kam die LP »*The Final Countdown*«. Die Gruppenmitglieder zeigten sich im gepflegten Manta-Minipli-Hard-Rock-Look für Kinder. Die Single-Auskopplung »*The Final Countdown*« wurde im September 1986 eine Nummer 1 in Deutschland. Zwei Monate später erreichte sie dieselbe Position in GB. Im Januar 1987 wurde es ein Platz 8 in den USA. Zu dem Erfolg hat auch sicher beigetragen, daß die Aufnahme im Film »*Rocky IV*« mehrfach zu hören war. Die Nachfolge-Single war »*Carrie*«, die wieder zuerst im Februar 1987 in Deutschland auf Platz 22 kam, zwei Monate später die gleiche Position in GB erreichte und im August 1987 ein Platz 3 in den USA wurde. Auch diese Aufnahme war aus der LP »*The Final Countdown*« ausgekoppelt. 1988 erschien die LP »*Out Of This World*«. Danach veröffentlichte die Gruppe für drei Jahre keine weitere LP, dann erschien »*Prisoners In Paradise*«. Daraus wurden einige Singles ausgekoppelt, die sich jedoch nicht unter den ersten 10 plazieren konnten.

Der Hit: *The Final Countdown*
Der Tip: *The Final Countdown* (Epic CD EPC 26808)

Eurythmics

Annie Lennox, v/key/fl (* 25.12.1954); Dave Stewart, g/key/syn (* 9.9.1952).

Dieses Synthie-Pop-Duo nahm 1981 in Köln sein erstes Album auf. Beide waren vorher zwischen 1977 und 1980 mit der Gruppe Tourists erfolgreich. Auf dieser LP »*In The Garden*«, produziert von Conny Plank, spielten die deutschen Musiker Robert Goerl, Holger Czukay und Jaki Liebezeit mit. Eine Auskopplung aus dieser Platte, »*Never Gonna Cry Again*« ist auch die erste Hitnotierung in GB. Richtig erfolgreich wurden sie 1983 mit der LP »*Sweet Dreams (Are Made Of This)*«. Die

Eurythmics *(RCA)*

Auskopplung des Titelsongs als Single brachte dem Duo im Februar 1983 einen Platz 2 in GB und danach Platz 4 in Deutschland und Platz 1 in den USA. Von derselben LP stammte die Nummer »*Love Is A Stranger*«, die erstmals 1982 in die GB-Charts kam, aber nur Platz 54 erreichte. Nachdem »*Sweet Dreams*« ein so großer Erfolg geworden war, kam »*Love Is A Stranger*« im April 1983 in die Charts und wurde Platz 6. Weitere Top-10-Erfolge waren »*Who's That Girl?*« und »*Right By Your Side*« 1983, »*Here Comes The Rain Again*« und »*Sex Crime (Nineteen Eighty Four)*« 1984, »*Would I Lie To You?*« und »*There Must Be An Angel (Playing With My Heart)*« 1985 und »*Thorn In My Side*« 1986. Zusammen mit Aretha Franklin hatte

Eurythmics im November 1985 den Top-10-Erfolg *»Sisters Are Doin' It For Themselves«*. 1989 erschien die letzte offizielle LP der beiden, *»We Too Are One«*. Der umtriebige Dave Stewart gründete mit Spiritual Cowboys eine eigene Formation, machte aber auch noch Soloplatten, so z. B. das Stück *»Lily Was Here«* mit der holländischen Saxophonistin Candy Dulfer. Annie machte Baby-Urlaub und veröffentlichte 1992 mit *»Diva«* ihre erste Solo-LP.

Der Hit: *Sweet Dreams*
Der Tip: *Greatest Hits* (RCA PD 74856)

Evans, Maureen

* 1940. Ihre Gesangskarriere begann Maureen als Angestellte des Embassy Labels, das für die britische Woolworth-Kette preiswerte Coverversionen bekannter Hits aufnahm. Ihre eigene Karriere begann Maureen 1960 mit *»The Big Hurt«*. Zwei Jahre später stand sie auf Platz 3 der britischen Hitparade mit *»Like I Do«*. Die nachfolgenden Veröffentlichungen reichten an diese Erfolge nicht heran. Für die Briten klang sie schnell zu altmodisch.

Der Hit: *Like I Do*

Evans, Paul

* 5.3.1938. Seine ersten Erfolge feierte Paul Evans als Songschreiber. Mitte 1958 hatten die Brüder Herbert und Harold Kalin als Kalin Twins den Top-10-Erfolg *»When«*, geschrieben durch Paul. Das hat ihm zu einem Plattenvertrag verholfen. Zusammen mit Sue Singleton und Sue Terry, die aus dem Umfeld von Perry Como kamen und sich The Curls nannten, nahm er die Nummer *»Seven Little Girls Sitting In The Back Seat«* auf. Sie wurde im September 1959 ein Platz 9 in den USA. *»Happy-Go-Lucky-Me«* wurde im Mai 1960 ein weiterer Top-10-Erfolg für ihn. Danach schien seine Interpretenkarriere beendet. 1962 schrieb er die Nummer *»Roses Are Red (My Love)«*, die für Bobby Vinton ein Millionseller und eine Nummer 1 in der amerikanischen Hitparade wurde. Für Elvis schrieb er die Titel *»I Gotta Know«* und *»The Next Step Is Love«*. Dann verfaßte er für die Broadway-Show »Loot« und für den Film »Live Young« die Musik. Nachdem lange niemand mehr an Paul Evans gedacht hat, veröffentlichte er 18 Jahre nach seinem letzten Hit in England die Platte *»Hello, This Is Joannie«*, die sich in GB auf Platz 6 hochschaukelte.

Der Hit: *Seven Little Girls Sitting In The Back Seat*
Der Tip: *Sings The Fabulous Teens* (Skyline 1382)

Everett, Betty

* 23.11.1939. Die amerikanische Sängerin und Pianistin machte 1958 ihre ersten Platten. Die erste Hitnotierung für sie war »*You're No Good*« im Januar 1964. Der Titel sollte später ein Hit für die Swinging Blue Jeans und für Linda Ronstadt werden. Bettys größter Soloerfolg war »*The Shoop Shoop Song (It's In His Kiss)*«. Der Titel kam im Februar 1962 in die amerikanische Hitparade und erreichte Platz 6. Mit der gleichen Nummer hatte Cher im Frühjahr 1991 einen Platz 1 in GB, einen Platz 3 in Deutschland. Im Duett mit Jerry Butler gelang Betty im Herbst 1964 mit »*Let It Be Me*« noch ein Platz 5 in den USA. In den Rythm-&-Blues-Hitparaden wird sie bis 1978 aufgeführt.

Der Hit: *The Shoop Shoop Song (It's In His Kiss)*
Der Tip: *Hot To Hold* (Charly R&B CRB 1006)

Everett, Kenny

Der britische TV-Moderator und Sänger taucht erstmals zusammen mit dem ehemaligen Manfred-Mann-Mitglied Mike Vickers im November 1977 in den Charts mit der Nummer »*Captain Kemmen (Retribution)*« auf. Im Alleingang schaffte er mit dem »*Snot Rap*« im März 1983 einen Platz 9 in GB. Kenny leitete schon in den 60er Jahren eine TV-Show, die sich »Nice Time« nannte. Danach machte er die »Kenny Everett Video Show«. Bereits Ende der 60er Jahre nahm Kenny zusammen mit Mike Vickers seine erste Platte »Nice Time« – wie die TV-Sendung – auf. Alle seine Plattenprojekte waren mehr oder weniger Abfallprodukte aus seinen Fernsehsendungen.

Der Hit: *Snot Rap*

Phil Everly

(* 19.1.1939) Der jüngere der beiden Everly Brothers hatte ohne seinen Bruder Don zumindest einmal eine Platte unter den ersten 10 : »*She Means Nothing To Me*« erreichte im Februar 1983 die britischen Charts und kletterte bis auf Platz 9. Allerdings war er auch in diesem Falle nicht alleine – Cliff Richard sang die Nummer mit ihm im Duett. Wenige Monate vorher, im November 1982, stand Phil mit der Nummer »*Louise*« auf Platz 47 in GB, ansonsten gelang ihm weder in den USA noch in GB ein großer Hit. Für den Stellenwert, den die beiden Brüder in der Popmusik haben, ein sehr schlappes Ergebnis. Dabei hatte Phil 1973 mit der Nummer »*God Bless Older Ladies (For They Made Rock & Roll)*« einen potentiellen Hit, der von Duane Eddy produziert und von Warren Zevon arrangiert und nicht schlecht war.

Der Hit: *She Means Nothing To Me* (mit Cliff Richard)

Everly Brothers

Don (* 1.2.1937) und Phil (* 19.1.1939) Everly.
Der Harmoniegesang von Simon & Garfunkel, den Beach Boys, den Mamas & Papas und sogar den Beatles führt zurück zu diesen beiden Brüdern. Sie schafften die perfekte Symbiose aus Rock 'n' Roll, Country, Rhythm & Blues und Folk. Der größte Erfolg der beiden Brüder schaffte, was wenige erreichten: *»All I Have To Do Is Dream«* war Nummer 1 in den Pop-, den Country- und den Rhythm-&-Blues-Charts. Sie nahmen 1957/58 dem Rock 'n' Roll die Schärfe und machten ihn dadurch auch für die ältere Generation gesellschaftsfähig.
Sie waren noch nicht einmal 10 Jahre alt, als sie im Showgeschäft begannen. Bereits als Siebenjähriger hatte Don Everly jeden Samstag seine eigene 15minütige Radiosendung, die *»Little Donnie Show«*. Immerhin lief diese Sendung sechs Jahre lang. Gerade mal 17 Jahre alt, hat er einen Song geschrieben, den er an die damalige Königin der Country-Music, Kitty Wells, verkaufte. Inzwischen war auch sein jüngerer Bruder Phil in seine Fußstapfen getreten, hatte Radiosendungen gemacht und zusammen mit Don Lieder geschrieben. In Nashville, der Welthauptstadt der Country-Music, versuchten sie ihr Glück, aber niemand wollte weitere Songs von den beiden.
Am 9.11.1955 nahmen sie innerhalb von 22 Minuten ein Demoband mit vier Stücken auf. Im Hintergrund spielte die Band von Carl Smith. Am 6.2.1956 veröffentlichte CBS zwei dieser Lieder: *»Keep A-Lovin' Me«* mit der B-Seite *»The Sun Keeps Shining«*. Sie verkauften sich nicht, und die anderen beiden Titel wurden erst gar nicht veröffentlicht. CBS nahm ihre Option nicht war, und die beiden Brüder standen wieder ohne Vertrag da. Schließlich war es der berühmte Gitarrist und Talentsucher Chet Atkins, der ihnen auf die Beine half. 30 Künstler hatten den Song *»Bye Bye Love«* abgelehnt und wollten ihn nicht aufnehmen. Den Everly Brothers blieb nichts anderes übrig. Als die Platte im Mai 1957 in die US-Charts kam, werden sich diejenigen, die den Titel abgelehnt hatten, geärgert haben: es wurde ein Platz 2 und in GB ein Platz 6. Vier Monate später erschien *»Wake Up Little Susie«*, in den USA Nummer 1, in GB Platz 2. Ihre dritte Veröffentlichung, *»All I Have To Do Is Dream«*, wurde im Frühjahr 1958 Spitzenreiter in den USA und in GB.
Der Erfolg der beiden ging bis in das Jahr 1965. Sie schafften in den USA 12 weitere Top-10-Hits, in GB 10. Spitzenreiter wurden *»Bird Dog«* 1958 (USA), *»Cathy's Clown«* 1960 (GB und USA), *»Walk Right Back/Ebony Eyes«* und

»Temptation« 1961 (GB). Ende 1961 wurden die Brüder zur Marine eingezogen, jedoch nur für sechs Monate. Danach gingen sie auf eine Europatournee. Don machte der Druck durch Tourneen und Plattenaufnahmen immer mehr zu schaffen und er wurde drogenabhängig. Bei einem Konzert in London mußte Phil allein auftreten, Don wurde mit Lebensmittelvergiftung und Erschöpfung entschuldigt. Tatsächlich hatte er innerhalb von 48 Stunden zweimal versucht, sich mit einer Überdosis das Leben zu nehmen. Obwohl Don drei weitere Jahre abhängig blieb, konnten die Brüder zeitweise weiter arbeiten.
Offensichtlich haben sie sich jedoch nur mit Mühe zusammengerauft. Auf Bildern der Everly Brothers jener Tage ist ihr Lachen gequält, fast schon unnatürlich und abstoßend. Am 14. Juli 1973 spielten sie im John-Wayne-Theater in der Knott's Berry Farm in Hollywood. Es kommt zum Eklat auf der Bühne. Phil zertrümmert seine Gitarre und läuft wütend von der Bühne, Don sagt dem staunenden Publikum: »The Everly Brothers died 10 years ago«. In den nächsten Jahren versuchen sie sich als Solisten, veröffentlichen Singles und LPs, die jedoch alle untergehen. Im Juni 1983 verkünden die Everly Brothers, sie würden wieder zusammen spielen, ihre Schwierigkeiten seien beseitigt. Im Oktober 1984 unterschreiben sie einen gemeinsamen neuen Plattenvertrag bei Mercury Records. Paul McCartney schreibt für sie den Titel *»On The Wings Of A Nightingale«*, der in den USA lediglich ein Platz 50, in GB ein Platz 41 wird. Produzent der Nummer war ein weiterer Everly-Brothers-Verehrer: Dave Edmunds. 1986 werden sie in die Rock 'n' Roll Hall Of Fame aufgenommen. 1989 nehmen sie zusammen mit den Beach Boys den Titel *»Don't Worry Baby«* auf, der im Mel Gibson/Michelle-Pfeiffer-Film *»Tequila Sunrise«* zu hören ist. In die Charts kommt er nicht. Der Friede zwischen den beiden scheint Bestand zu haben. Auch in den 90er Jahren treten sie noch gemeinsam auf.

Der Hit: *All I Have To Do Is Dream*
Der Tip: *Cadence Classics* (Rhino RNCD 5258 TIS)

Every Mother's Son

Dennis Larden, g (* 22.1.1948); Larry Larden, g (* 10.8.1945); Bruce Milner, p (* 9.5.1943); Christopher Augustine, d (* 25.8.1941); Schuyler Larsen, b (* 19.2.1947); Donald Kerr, b.
Diese Formation aus dem Greenwich Village in New York City formierte sich um die beiden Brüder Larry und Dennis Larden, die zuvor als Folk-Duo aufgetreten waren. Nachdem sie 1966 auf Bruce Milner getroffen waren, entschlossen sie sich, eine Rockgruppe zu gründen. Der Produzent Wes Farrell nahm sie unter Vertrag, produzierte ihre erste LP und verkaufte die Bänder an MGM Records. Sie erschien Anfang 1967 und daraus ausgekoppelt wurde als Single *»Come On Down*

To My Boat«. Die Platte erreichte Platz 6 in den USA und blieb ihr einziger Top-10-Erfolg. Die Gruppe selbst verschwand nach 1968 aus dem Showgeschäft, was wohl auch daran lag, daß sie für härter werdende Rockmusik zu weich waren. Dennis Larden ging später zu Rick Nilsons Stone Canyon Band.

Der Hit: *Come On Down To My Boat*

Everything But The Girl

Tracey Thorn, v (* 26.9.1962); Ben Watt, g/key/v (* 6.12.1962)
1980 unterschrieben die beiden unabhängig voneinander als Solisten einen Plattenvertrag bei Cherry Red Records. Tracey hatte außerdem mit dem Trio Marine Girls zwei Alben eingespielt, davon das zweite auf dem Cherry Red Label. Ihr akustisches Soloalbum *»A Distant Shore«* verkaufte sich mehr als 60 000mal in GB. 1982 studierten sowohl Tracey als auch Ben an der Hull University, und sie kamen sich persönlich und beruflich näher. Im Januar 1983 traten sie zum erstenmal als Everything But The Girl auf, im Juli desselben Jahres erschien mit *»Night And Day«*, dem Klassiker von Cole Porter, ihre erste Single. Ihren ersten Hit haben sie im Mai 1984 mit *»Each And Everyone«*. Als sie eingeladen werden, den Titel in der BBC-TV-Sendung *»Top Of The Pops«* vorzustellen, müssen beide abwinken. Sie arbeiten gerade an ihren Examina. Im Juli 1984 erscheint ihre erste LP, und es sollte noch bis zum Juli 1988 dauern, bis sie mit *»Don't Want To Talk About It«* ihren ersten Top-10-Erfolg hatten: Platz 3 in GB. Mit dem verträumten Jazz ihres Debütalbums *»Eden«* aus dem Jahr 1984 waren Tracey und Ben musikalische Wegbereiter für Acts wie Matt Bianco oder Sade. Auf der LP *»The Language Of Life«* ist die wunderschöne Aufnahme *»The Road«* zu finden, bei der Stan Getz Tenorsaxophon und Jerry Hey Flügelhorn spielt. Eigentlich unverständlich, daß das Duo nicht in den USA erfolgreich ist.

Der Hit: *I Don't Want To Talk About It*
Der Tip: *The Language Of Life* (Blanco Y Negro 2292 46260-2)

Exciters

Herb Rooney (* 1941), Brenda Reid (* 1945), Carol Johnson (* 1945), Lillian Walker (* 1945), alle v.
Dieses schwarze Rhythm-&-Blues-Gesangsquartett stammte aus Jamaica in New York City. Brenda, Carol und Lillian hatten zunächst mit ihrer Klassenkameradin Sylvia Wilbur das Quartett Masterettes gegründet, Herb sang mit den Masters, die gelegentlich zusammen mit den Masterettes auftraten. Begonnen hatte er seine Karriere bei den Beltones. Sowohl die Masters als auch die Masterettes

nahmen 1961 eine Single auf. Bald wurden Jerry Leiber und Mike Stoller auf die Mädchen aufmerksam und benannten sie in Exciters um. Sie nahmen Herb Rooney zur Abrundung des Sounds hinzu, und da Sylvia ging, blieb es bei einem Quartett. Die Gruppe erhielt 1962 einen Plattenvertrag bei United Artists und kam im Dezember mit *»Tell Him«* in die amerikanische Hitparade. Im Januar 1963 erreichten sie Platz 4. Mit dieser Nummer schlugen sie eine völlig neue Richtung des Girl Group Rock 'n' Roll ein. Ihre nächste Aufnahme, *»He's Got The Power«* wurde von Ellie Greenwich mitgeschrieben, die einmal sagte, Brenda habe eine der besten Stimmen, die sie je gehört habe. Unter die Top 10 kamen die Exciters trotz guten Materials und eines Wechsels der Plattenfirma nicht mehr, wurden aber bis 1966 in den Hitparaden verzeichnet. Im Novmber 1963 nahmen sie eine weitere Nummer von Ellie Greenwich, die sie mit Jeff Barry geschrieben hatten, auf: *»Do Wah Diddy Diddy«* – ohne bemerkenswerten Erfolg. 1964 wurde genau dieser Titel in der Version mit Manfred Mann ein internationaler Spitzenreiter. Ende der 60er Jahre heirateten Brenda und Herb. Als Anfang der 70er Carol und Lillian die Gruppe verließen, wurden sie durch Skip McPhee und Ronnie Pace ersetzt. Die Exciters tourten durch die USA und Europa und schrumpften in den 80er Jahren auf das Duo Brenda und Herb zusammen. Nach seiner Scheidung von Brenda legte sich Herb eine Kosmetikfirma zu, während Brenda die Exciters mit Hilfe ihrer Kinder weiterführte. Einer ihrer Söhne, Mark, wurde ein bekannter Produzent, der z. B. Erik B. And Rakim unter seine Fittiche nahm: er nennt sich L.A. Reid.

Der Hit: *Tell Him*

Exile

J. P. Pennington, v/g; Buzz Cornelison, key; Les Taylor, v/g; Marlon Hargis, key/v; Sonny Lemaire, b/v; Steve Goetzman, d; Paul Martin, v/g.

Exile kam als Fascinations in Lexington, Kentucky, 1963 erstmals zusammen. Ab 1965 nannten sie sich Exiles, ab 1973 dann nur noch Exile. Nachdem sie sich über örtliche Diskos und Schulfeste zu größeren Veranstaltungen hingearbeitet hatten, verschaffte ihnen ein Musikagent die Möglichkeit, zusammen mit der Dick Clarke Caravan Show eine USA-Tournee zu machen. Danach spielten sie bei Sessions von Brian Hyland oder Tommy Roe mit. Zu diesem Zeitpunkt waren die Produzenten und Songschreiber Mike Chapman und Nicky Chinn auf der Suche nach neuen amerikanischen Bands. Mud, Sweet, Smokie und Suzi Quatro hatten sie bereits mit Erfolg in die Hitparaden gepowert. Sie hörten ein Demoband von Exile, das Mike Chapman auf Anhieb gefiel. Er setzte sich ins Flugzeug, hörte sich Exile live an, und drei Wochen später war der Vertrag unterschrieben. Ihre erste Single hieß *»Try It On«*, konnte sich aber nicht in GB plazieren und nur ganz knapp in den USA. Mitte 1978 gelang mit *»Kiss You All Over«* ein Platz 6 in GB und ein Platz 1 und ein Millionseller in den USA. Nicht nur für Exile war dies der erste amerikanische Spitzenreiter, sondern auch für das Team Chinn/Chapman. In GB wie in den USA hatten Exile noch zwei kleinere Hits, danach waren sie aus den Pop-Charts wieder verschwunden. 1983 tauchten sie erstmals in den amerikanischen Country-Charts auf und standen dort zwischen 1983 und 1987 zehnmal auf Platz 1.

Der Hit: *Kiss You All Over*
Der Tip: *Mixed Emotions* (RAK 1C 064-61797)

Expose

Ann Curless, Jeanette Jurado, Gioia Bruno, alle v.
Der Songschreiber und Produzent Lewis A. Martinez suchte Mitte der 80er Jahre drei Mädchen, die die von ihm geschriebenen Dance Songs vortragen konnten. Zwei Jahre lang hat er herumexperimentiert und mit wechselnder Besetzung Produktionen aufgenommen. Im Januar 1987 erschien *»Come Go With Me«* und wurde ein Platz 5 in den US-Charts. Die Besetzung zu diesem Zeitpunkt entspricht dem oben angegebenen Trio. Als Nachfolge-Single veröffentlichte Martinez die Nummer *»Point Of No Return«*. 1985 hatte er diesen Titel schon einmal aufgenommen, allerdings in einer anderen Besetzung. Die neue Version erreichte ebenfalls Platz 5. *»Let Me Be The One«* kam im August 1987 auf Platz 7, und *»Seasons Change«* wurde Ende 1987 Spitzenreiter in den USA. Im Mai 1989 erschien der Millionseller *»What You Don't Know«*, ein Platz 8 in den USA. Weitere Top-10-Erfolge, ebenfalls noch 1989, waren: *»When I Looked At Him«* und *»Tell Me Why«*.

Der Hit: *Seasons Change*
Der Tip: *What You Don't Know* (Arista 260 062)

Extreme

Gary Cherone, v (* 26.7.1961); Muno Bettencourt, g (* 20.9.1966); Pat Badger, b (* 22.7.1967); Paul Geary, d (* 24.7.1961).
Extreme entstand in Boston im Jahre 1985 aus den Resten zweier Bands. Zuerst nannten sie sich Dream, dann erhielten sie einen Plattenvertrag und firmierten als Extreme. Ihre Mixtur aus Pop, Metal, Funk und Blues machte sie schnell bei den US-Teenagern zu einer Live-Attraktion. 1989 erschien ihre erste LP, im März 1991 ihr erster Hit: *»More Than Words«*, eine eher zarte Nummer, die die Band nur mit einer Gitarre begleitete, wurde ein Millionseller und erreichte Platz 1 in den USA.

Im Juli des gleichen Jahres kam die Platte auch in die europäischen Charts und kletterte in GB auf Platz 2, in Deutschland auf Platz 8. Extreme kann sich speziell mit diesem Titel auf die Fahne schreiben, daß sie das, was wenig später als *»Unplugged«* mit Künstlern wie Paul McCartney und Eric Clapton erfolgreich auf Platten veröffentlicht wurde, mit initiiert haben. *»Hole Hearted«* hieß der Nachfolgehit, der jedoch lediglich in den USA ein Top-10-Hit, Platz 4 wurde. Mit *»Song For Love«* und *»Rest In Peace«* gelangen Exteme noch zwei Top-20-Hits in GB, ansonsten wurde ihre zweite LP *»Pornograffitti«* in den USA ein Knüller.

Der Hit: *More Than Words*
Der Tip: *Pornograffitti* (A & M 395 313-2)

F

Fab

Ende der 80er Jahre machten immer mehr Interpreten Platten, die eher dem technischen als dem stimmlichen Bereich zuzurechnen sind. Fab war ein britischer Produzent, der mit dem Titel *»Thunderbirds Are Go«* im Juli 1990 einen Platz 5 in der britischen Hitparade hatte. Er schloß sich bei diesem und bei den folgenden Projekten mit anderen Produzenten zusammen, die sich hinter so wohlklingenden Namen wie MC Parker, MC Number 6 oder Aquamarina versteckten. Das Ganze erschien auf dem eigenen Plattenlabel Brothers Organisation -- und so rollten die Pfunde geballt in die eigenen Kassen.

Der Hit: *Thunderbirds Are Go*

Fabares, Shelley

* 19.1.1944 als Michelle Fabares. Shelley ist die Nichte der Schauspielerin Nanette Fabray. Ihre Karriere begann als Mary Stone 1958 in der Comedy-TV-Sendung *»Donna Reed Show«*. Schon mit sieben Jahren hatte sie ihre erste kleine Rolle in einem Film, mit neun stand sie neben Frank Sinatra in einer Fernsehshow. In der zweiten Hälfte der 50er Jahre spielte sie dann Kinderrollen in diversen TV-Sendungen wie »Captain Midnight« oder »Mickey Mouse Club«. Richtig Erfolg hatte sie dann als Tochter von Donna Reed in deren Show. Diese Sendung, in der Shelley bis 1973 mitspielte, war so populär, daß es eine natürliche Konsequenz war, sie als eine der Protagonistinnen auch eine Platte aufnehmen zu lassen. Das Stück hieß *»Johnny Angel«* und erreichte im März 1962 Platz 1 in den USA. 1964 heiratete sie den erfolgreichen Plattenproduzenten Lou Adler und spielte nun auch in Teenagerfilmen wie *»Ride The Wild Surf«* neben Fabian. Neben Elvis Presley spielte sie 1965 in »Girl Happy«, 1966 in »Spinout«, 1967 in »Clambake«. Elvis hat später einmal gesagt, Shelley sei die Schauspielerin gewesen, mit der er am liebsten zusammenspielte. Nachdem sich Shelley etwas aus dem Geschäft zurückgezogen hatte, stand sie 1971 wieder im Rampenlicht. In dem TV-Film »Brian's Song« spielte sie die Frau eines sterbenden Athleten. Die

Sendung wurde ein großer Erfolg. Danach war sie wieder regelmäßig in TV-Serien zu sehen, so z. B. in der »Brian Keith Show« von 1972 bis 1974, »Practice« 1976/77, »Mary Hartman Mary Hartman« 1977/78, »High Cliffe Manner« 1979 und »One Day At A Time« 1981--1984. All diese Sendungen waren Comedy Shows. In der letzten Serie, »One Day At A Time«, spielte im übrigen ihre Tante Nanette als Grandma Romano mit.

Der Hit: *Johnny Angel*

Fabian

6.2.1943 als Fabiano Forte Bonaparte. Bereits mit 14 Jahren wurde Fabian vom Besitzer der Plattenfirma Chancellor Records entdeckt. Dem war aufgefallen, daß der junge Fabian aussah wie eine Mixtur aus Elvis Presley und Ricky Nelson. Als dann Elvis auch noch zum Militär ging und sich die Teenager neue Idole suchten, kam Fabian gerade recht. *»Turn Me Loose«* war im März 1959 ein Platz 9 in den USA. Drei Monate später erreichte er Platz 3 mit *»Tiger«*, bei uns in Deutschland gecovert von Peter Kraus. Fabian war als Tiger genauso großartig wie Peter Kraus. Noch im November des gleichen Jahres erreichte sein *»Hound Dog Man«* wieder Platz 9 in den USA. Sein erster Film, ebenfalls 1959, hieß dann auch »Hound Dog Man«. Es folgten in den nächsten zwei Jahrzehnten mehr oder weniger seichte Filme. Herausragend waren »North To Alaska« neben John Wayne und »The Longest Day« neben allen zur Verfügung stehenden amerikanischen Schauspielern. Als Anfang der 60er Jahre die Machenschaften der Diskjockeys Alan Freed und Dick Clarke in den sogenannten Payola-Prozessen bekannt wurden, geriet auch Fabian in diesen Strudel. Außerdem wurde bekannt, daß es einiger Nachhilfe bedurfte, um seine Stimme auf Platte genießbar zu machen.

Der Hit: *Tiger*
Der Tip: *This Is Fabian* (Ace CD CHD 321 TIS)

Fabric, Bent

* 7.12.1924 in Kopenhagen als Bent Fabricius-Bjerre. Schon als Teenager gründete Bent, der Piano spielte, in seiner Heimat Dänemark eine Jazzband. Mit dieser Formation nahm er die ersten Jazzplatten Dänemarks auf. 1950 wurde er Chef von Metronome Records in Dänemark. Außerdem war er regelmäßig in Fernsehsendungen zu sehen. Mit dem selbstgeschriebenen Instrumentaltitel *»Alley Cat«* erreichte er im Juli 1962 einen Platz 7 in der amerikanischen Hitparade. Als Songschreiber legte er sich das Pseudonym Frank Björn zu. Die schwedische Sängerin Siw Malmkvist, die ebenfalls ihre Platten bei Metronome veröffentlichte,

hatte mit dieser Melodie und dem sinnigen Text *»Schwarzer Kater Stanislaus«* Ende 1962 in Deutschland Erfolg. Eine Zeitlang hatte Bent eine eigene Samstagabend-Show, ansonsten dürfte er sich mehr um die geschäftlichen Angelegenheiten von Metronome gekümmert haben.

Der Hit: *Alley Cat*

Fabulous Thunderbirds

Jimmy Vaughan, g (* 20.3.1951); Kim Wilson, v/harm (* 6.1.1951); Keith Ferguson, b (* 23.7.1946); Mike Buck, d (* 17.6.1952); Fran Christina, d (* 1.2.1951); Preston Hubbard, b (* 15.3.1953); Kid Bangham, g; Duke Robillard, g.
1977 gründete Jimmy, der ältere Bruder von Stevie Ray Vaughan, zusammen mit Kim, Keith und Mike diese texanische Rock-'n'-Roll- und Rhythm-&-Blues-Gruppe. Zwei Jahre später erschien mit *»Girls Go Wild«* ihre Debüt-LP. 1980 erschien *»What's The World«*. Neu bei der Band war als zweiter Schlagzeuger Fran Christina zu hören. 1981 war Mike Buck nicht mehr mit dabei, und als 1986 *»Tuff Enuff«* erschien, war als neuer Bassist Preston Hubbard als Ersatz für Keith Ferguson zur Band gekommen. *»Tuff Enuff«* brachte auch den ersten großen Single-Erfolg der Band, einen Platz 10 im Mai 1986 in den USA. 1990 stieg Jimmy aus der Band aus und wurde durch Kid und Duke an der Gitarre ersetzt. Jimmy schloß sich mit seinem Bruder zusammen. Die beiden machten als Vaughan Brothers 1990 die LP *»Family Style«*. Nach einem Hubschrauberunfall am 27. August 1990 starb Stevie Ray. Die Fabulous Thunderbirds veröffentlichten Ende 1991 die LP *»Walk That Walk, Talk That Talk«*.

Der Hit: *Tuff Enuff*
Der Tip: *Tuff Enuff* (Epic 26883)

Faces

Rod Stewart, v (* 10.1.1945); Ron Wood, g (* 1.6.1947); Ronnie Lane, b (* 1.4.1946); Ian McLagan, key (* 12.5.1945); Kenny Jones, d (* 16.9.1948); Tetsu Yamauchi, b (* 21.10.1947).
Im Juni 1969 kam aus den Trümmern der Small Faces und der Jeff Beck Group diese Formation zusammen. Im April 1970 erschien ihre erste LP, *»First Step«*. *»Stay With Me«* kam im Dezember 1971 in die britischen Charts und wurde ein Platz 6. *»Cindy Incidentally«* und *»Pool Hall Richard/I Wish It Would Rain«* waren 1973 in GB zwei weitere Top-10-Erfolge. Inzwischen war allerdings Rod Stewart mit seinen Soloprojekten sehr viel erfolgreicher als die Faces. *»Maggie May«* war ein weltweiter Hit geworden, und bei Fernsehauftritten spielten hinter ihm die

Jungs aus der Gruppe. Angekündigt wurden sie als Rod Stewart & The Faces. Im Mai 1973 verließ Ronnie Lane die Band und wurde durch den japanischen Bassisten Tetsu Yamauchi ersetzt. Tetsu hatte vorher mit Free gespielt und galt in GB als gesuchter Studiomusiker. Im Dezember 1975 kündigte Rod Stewart an, er werde die Faces verlassen. Zum gleichen Zeitpunkt wurde die Single *»Itchycoo Park«* als Wiederveröffentlichung ein Platz 9 in der britischen Hitparade. Wohl auch aus diesem Grunde versuchten Jones und McLagan, die Small Faces zu reformieren. Für dieses Unternehmen gewannen sie sogar den ursprünglichen Sänger dieser Formation, Steve Marriott. Im Oktober 1977 spielt Lane mit Pete Townshend auf dessen LP *»Rough Mix«*. Später erkrankt er an multipler Sklerose und bringt seine Rockkollegen dazu, ihm zu helfen, Geld für die Erforschung dieser Krankheit aufzutreiben. 1979 wird Kenny Jones Schlagzeuger bei den Who.

Der Hit: *Cindy Incidentally*
Der Tip: *Snakes And Ladders* (WB K 56172)

Fagin, Joe

1983 schrieb die Plattenfirma von Joe Fagin zur Veröffentlichung einer Singleplatte: »Nahezu 25 Jahre ist er bereits im Showbiz tätig, in den Bands von Bill Haley, Little Richard und Stevie Wonder lernte er sein Handwerk, und erst vor knapp sechs Monaten startete er seine Solokarriere. Jetzt gelang dem Liverpooler Sänger und Bassisten erstmals ein Top-Hit.« Das dürfte bedeuten, daß Joe Fagin zu diesem Zeitpunkt um die vierzig Jahre alt war. 1958 gründete er seine erste Band, die Strangers, mit denen er im legendären Cavern Club spielte. 1960 ging er, wie so viele andere britische Musiker auch, nach Hamburg und spielte dort in den angesagten Clubs. Bei dieser Gelegenheit begleitete er im Star-Club so bekannte Musiker wie Bill Haley, Jerry Lee Lewis oder Little Richard. 1972 wurde er in Paris Mitglied der dortigen Gruppe Playboys, mit denen er seine erste Platte aufnahm. 1965 schloß Joe dieses Kapitel ab und verdingte sich als Backing-Sänger in verschiedenen Bands. Er tourte mit Stevie Wonder, den Exciters und Ben E. King und war zwischendurch Mitglied in der Band Big 6. Der Titel *»That's Livin' Alright«*, der im Januar 1984 in die britische Hitparade kam und Platz 3 erreichte, wurde wohl deshalb so erfolgreich, weil es die Titelmelodie der englischen TV-Serie »Auf Wiedersehen Pet« war. In dieser Serie mimte Jimmy Nail, später selbst ein erfolgreicher Pop-Interpret, einen rauflustigen deutschen Maurer. Joe Fagins nächster und letzter Hiteintrag, im April 1986 ein Platz 53 in GB, sagt wohl auch, was er nach seiner Hitzeit machte: *»Back With The Boys«*.

Der Hit: *That's Livin' Alright*
Der Tip: *Don't Try To Tie My Down* (Blow Up Int 145.508)

Fair, Yvonne

Die amerikanische Sängerin verdiente sich 5 Jahre lang in der Revue von James Brown ihre ersten Sporen. Dann veröffentlichte sie 1970 erfolglos eine Solo-Single und wurde für drei Jahre Sängerin in der Band von Chuck Jackson. Als Solistin gelang ihr dann doch ein großer Erfolg: *»It Should Have Been Me«* kam im Januar 1976 in die britische Hitparade und kletterte bis auf Platz 5. Gladys Knight & The Pips hatten diesen Titel im Jahre 1968 in den USA unter die Top 40 gebracht. Yvonne konnte aus ihrem Erfolg kein Kapital schlagen.

Der Hit: *It Should Have Been Me*
Der Tip: *The Bitch Is Back* (Motown 1C 062-96603)

Fairground Attraction

Eddi Reader, v (* 28.8.1959); Mark Nevin, g; Simon Edwards, b; Roy Dodds, d.
Ihre ersten musikalischen Erfahrungen machte die Sängerin Eddi Reader nach Abschluß der Kunstschule als Backgroundsängerin der Gang Of Four. Nachdem die Schottin 1983 nach London gezogen war, arbeitete sie als Sessionsängerin für die Eurythmics, Water Boys und Alison Moyet. Mark Nevin lernte sie kennen, als sie bei der Erstellung eines Samplers auf zwei seiner Songs mitsang. Zu den beiden kamen Edwards und Dodds, der unter anderem mit Working Week und Terence Trent dÁrby gespielt hatte. Diese vier gründeten Fairground Attraction, deren Debütsingle *»Perfect«* im April 1988 in die britischen Charts kam und Platz 1 belegte. In Deutschland erreichte sie Platz 5. Die Nachfolgesingle war *»Find My Love«*, in demselben Jahr Platz 7 in GB. Aber schon zu diesem Zeitpunkt kriselte es in der Band. Offensichtlich war man sich nicht einig, ob man mit dem melancholisch-folkloristischen Mix aus Country-Rock und Traditional weitermachen wollte oder nicht. Ihre erste LP, *»The First Of A Million Kisses«*, erschien und brachte die Transparenz und Klarheit von Eddis Stimme in den Vordergrund. Für eine zweite LP reichte es nicht mehr. Sie wurde zusammengestellt aus älterem Material und Titeln, die wahrscheinlich nicht einmal zur Veröffentlichung vorgesehen waren. Schon 1989 löste sich die Band wieder auf. Eddi legte eine Babypause ein, arbeitete dann als Schauspielerin und veröffentlichte mit *»Mir Mama«* 1992 eine Solo-LP.

Der Hit: *Perfect*
Der Tip: *First Of A Million Kisses* (RCA PD 71696)

Fair Weather

Andy Fairweather-Low, v/g (* 2.8.1948); Neil Jones, g; Blue Weaver, key (* 11.3.1947 mit richtigem Vornamen Mick); Clive Taylor, b; Dennis Bryon, d.
Im Jahre 1970 gründete Andy Fairweather-Low diese Formation. Alle Musiker hatten vorher bei Amen Corner gespielt. Fair Weather erreichte mit *»Natural Sinner«* im Juli 1970 Platz 6 in der britischen Hitparade. Noch Ende des Jahres trennten sich die Musiker endgültig. Besonders Andy Fairweather-Low, der zu Zeiten von Amen Corner zum Teenager-Star wurde, konnte es nicht verwinden, daß die Band immer noch wie eine Teeniebopper-Gruppe behandelt wurde. Andy hatte ab 1974 Erfolge als Solist.

Der Hit: *Natural Sinner*
Der Tip: *Let Your Mind Roll On* (Hansa 85 733 IT)

Fairweather-Low, Andy

* 2.8.1948. Nachdem Andy mit Fair Weather nicht den gewünschten Erfolg erreicht hatte, zog er sich zurück in seine Heimat Wales und wollte nichts mehr vom Plattengeschäft hören. 1974 tauchte er wieder auf, dieses Mal als Solist. Die Nummer *»Reggae Tune«* erreichte im September 1974 die britischen Charts und wurde Platz 10. Im Dezember 1975 kam *»Wide Eyed And Legless«* in die Hitparade und wurde Platz 6. Zu Zeiten von Amen Corner und auch Fair Weather war Andy Fairweather-Low ein witziger, spaßiger Zeitgenosse. *»Wide Eyed And Legless«* deutet vielleicht darauf hin, weshalb er 1975 die Wandlung zu einem sehr ernsthaften, nachdenklichen Mann durchgemacht hatte. Im Song ist davon die Rede, daß sich jemand immer und immer wieder bemüht, keinen Alkohol zu trinken -- und sich dafür schämt, doch jeden Abend wieder volltrunken zu sein. Von Andy erschienen mit wechselnden Studiomusikern vier ausgezeichnete Solo-LPs: *»Spider Jiving«* 1974, *»La Booga Rooga«* 1975, *»Be Bop 'N' Holla«* 1976 und *»Mega-Shebang«* 1980. Danach arbeitete er vor allen Dingen erfolgreich als Studiomusiker und hatte dort seinen größten Erfolg als Gitarrist neben Eric Clapton bei der Produktion der 1993 grammygekrönten Platte *»Unplugged«*.

Der Hit: *Wide Eyed And Legless*
Der Tip: *La Booga Rooga* (A&M AMLH 68 328)

Adam Faith *(Warner Records)*

Faith, Adam

* 23.6.1940 als Terence Nelhams. 1956 war Adam Mitbegründer einer Skifflegruppe, die sich »*The Worried Men*« nannte. Im Januar 1958 erschien mit »*(Got A) Heartsick Feeling*« seine erste Soloplatte. Weitere Singles folgten, die jedoch alle nicht in die Charts kamen. Adam war zu dieser Zeit einer der vielen britischen Versuche, Elvis zu kopieren. 1959 nahm er einen erneuten Anlauf. Dieses Mal sollte es klappen. Seine ersten beiden Chartnotierungen waren auch Spitzenreiter in GB: »*What Do You Want?*« 1959, »*Poor Me*« 1960. Bis zum Jahre 1966 sollten neun weitere Top-10-Erfolge kommen, dann zog er sich aus dem aktiven Musikgeschäft zurück. Anfang der 60er Jahre hatte er nebenher auch als Schauspieler

gearbeitet. 1967 spielte er Theater, 1971 war er Star der TV-Serie »Budgie«. 1972 entdeckte er den Sänger und Songschreiber Leo Sayer und wurde dessen Manager. Im April 1973 produzierte er Roger Daltreys erstes Soloalbum, das etliche Kompositionen von Leo Sayer beinhaltet. 1974 drehte er mit David Essex den Film »Stardust«, eine Fortsetzung des Essex-Erfolges »That'll Be The Day«. Adam spielte in diesem Film die Rolle eines Starmanagers, die in dem ersten Film Ringo Starr gespielt hatte. 1976 ging er wieder zum Theater. 1978 produzierte er Lonnie Donegans Album *»Puttin' On The Style«*, mit dem Donegan ein Comeback versuchte. 1979 sah man Adam in »Yesterday's Hero« -- jetzt spielte er einen Fußballmanager. 1980 war er neben Roger Daltrey in dem Film »McVicar« zu sehen, der auf der wahren Geschichte des Ausbrecherkönigs John McVicar beruhte. Seit 1991 ist Faith auch als Finanzberater bekannt, hat eine eigene Firma, sitzt in einem Aufsichtsrat und hat eine wöchentliche Kolumne mit Tips für Geldanleger in der britischen Zeitung »The Mail On Sunday«.

Der Hit: *What Do You Want?*
Der Tip: *Best Of* (EMI CD MFP 6048)

Faith, Percy

* 7.4.1908, † 9.2.1976. Der kanadische Orchesterleiter, Pianist und Komponist spielte in den 20er Jahren die Klavierbegleitung zu Stummfilmen in den Kinos. In den 30er Jahren arbeitete er vor allem für verschiedene Radiostationen. 1940 zog er in die USA, wo er einen Job bei dem Sender NBC annahm. 1950 wurde er bei der Plattenfirma CBS als A&R-Mann angestellt, arbeitete aber auch als Arrangeur und Dirigent. In demselben Jahr schrieb er für Guy Mitchell den Hit *»My Heart Cries For You«*. Auf vielen Platten von Tony Bennett, Rosemary Clooney, Sarah Vaughan, Doris Day, Johnny Mathis ist Percy Faith mit seinem Orchester zu hören. Er selbst war für viele Jahre auf dem Instrumentalsektor in den USA unschlagbar. Er brachte es auf insgesamt 85 LPs für die CBS und hatte seine größten Single-Erfolge mit *»Delicado«* 1952, *»Song From Moulin Rouge«* 1953 und *»Theme From A Summer Place«* 1960. Alle genannten Platten waren Spitzenreiter in den USA. In den 50er und 60er Jahren war Faith auch für viele Soundtracks von Hollywood-Filmen verantwortlich.

Der Hit: *Theme From A Summer Place*
Der Tip: *Greatest Hits* (CBS CK 8637)

Faithfull, Marianne

* 29.12.1946. Die Karriere dieser britischen Sängerin begann, nachdem die ehemalige Klosterschülerin den Produzenten Andrew Loog Oldham kennengelernt hatte. Der machte sie mit den Rolling Stones bekannt. Deren Titel *»As Tears Go By«* wurde 1964 Mariannes erste Single und erreichte Platz 9 in den britischen Charts. 1965 hatte sie mit *»Come And Stay With Me«*, *»This Little Bird«* und *»Summer Nights«* drei weitere Top-10-Erfolge. Ihre Alben zeigten eine ausgewogene Mischung aus Folk- und Rockmusik mit Material von z. B. Tim Hardin, Jacques Brel oder Donovan. Ihre ungesunde Beziehung zu Mick Jagger dämpfte jedoch stark ihren künstlerischen Ehrgeiz. Ab 1966 war sie für fast vier Jahre fest mit Mick Jagger liiert und verlegte sich mehr und mehr auf die Schauspielerei. So spielte sie 1968 neben Alain Delon in dem Film »Girl On A Motorcycle«. Im Mai 1969 wurden Faithfull und Jagger in ihrem Haus in London festgenommen. Ursache: Drogenvergehen. Mitte 1969 waren die beiden in Australien, um den Film »Ned Kelly« zu drehen. Marianne war Co-Star neben Mick Jagger. Zwischen ihr und ihm scheint es jedoch Schwierigkeiten gegeben zu haben. Noch während der Dreharbeiten unternahm sie einen Selbstmordversuch und wurde rausgeworfen. 1975 erschien nach einer langen Pause *»Dreaming My Dreams«*, eine Komposition von Waylong Jennings. Die Platte wurde zwar ein Hit in Irland, jedoch nicht in GB. Erst im März 1978 erschien eine neue LP von ihr, die nicht erfolgreich war. 1979 heiratete sie den Bassisten Ben Brierly, Mitglied in der Punkgruppe Vibrators. Im Dezember 1979 erschien mit *»Broken English«* nach langer Zeit wieder eine hervorragende LP von ihr. Aus der klaren Stimme von einst war eine rauh und heiser klingende geworden. Auf der Platte die Aufnahme *»The Ballad Of Lucy Jordan«*, die im Februar 1980 in die deutsche Hitparade kam und Platz 5 wurde. Am 25./26. November 1989 nahm sie in der St. Ann's Cathedral in Brooklyn das Live-Album *»Blazing Away«* auf. Bei der Wiederaufnahme ihrer alten Songs wird der Gegensatz zwischen ihrer müden Intonation -- die künstlerisch ausgesprochen interessant ist -- und dem früheren Optimismus besonders deutlich, quasi eine Spiegelung ihres Lebens.

Der Hit: *Come And Stay With Me*
Der Tip: *Broken English* (Island 251 018)

Faith No More

Mike Patton, v (* 27.1.1968); Jim Martin, g (* 21.7.1961); Bill Gould, b (* 24.4.1963); Roddy Bottum, key (* 1.7.1963); Mike Bordin, d (* 27.11.1962); Chuck Mosely, v.
Dieses Hard-Rock-Quintett aus San Franzisko kam Mitte des Jahres 1990 in die

amerikanische Hitparade und kletterte mit *»Epic«* bis auf Platz 9 in den Charts und wurde ein Millionseller. Gegründet wurde die Band bereits im Jahre 1980. 1983 kam als Sänger Chuck Mosely, ein Freund von Bill Gould, in die Band. 1984 erhielten sie einen Plattenvertrag, 1985 erschien ihre erste LP. Nach einer weiteren LP, *»Introduce Yourself«*, die Rap und Heavy Rock mixte, kam man zu der Erkenntnis, daß Mosely wohl nicht der richtige Sänger sei. Die Gruppe warf ihn raus und fand im November 1988 Mike Patton. Die dritte LP der Band hieß *»The Real Thing«*, und darauf war der erste Single-Hit *»Epic«* zu finden. Weitere Single-Erfolge in den britischen Top 10 waren *»Midlife Crisis«* 1992 und im Frühjahr 1993 ein Nachzieher des Lionel-Richie-Hits *»I'm Easy«*.

Der Hit: *Epic*
Der Tip: *The Real Thing* (London 828 154-2)

Falco

* 19.2.1957 als Johann Hölzel in Wien. Falco begann als Bassist bei der österreichischen Gruppe Drahdiwaberl. Mit ihr hatte er den Song *»Ganz Wien«*, der für einige Aufregung sorgte. Die Behauptung, ganz Wien stände unter Kokain, scheint mir auch ein wenig übertrieben. Ab 1980 machte Falco Soloplatten, und mit dem Titel *»Der Kommissar«* hatte er im Frühjahr 1982 eine Nummer 1 in Deutschland. Die britische Gruppe After The Fire erreichte mit dem Song Platz 5 in den USA. Seinen größten Knüller landete Falco mit *»Rock Me Amadeus«*, einer Komposition von ihm und den beiden Bolland-Brüdern, die im Juli 1985 Nummer 1 in Deutschland, im Frühjahr 1986 Spitzenreiter in den USA und in GB wurde. Diese seltsame Mixtur aus englischen und deutschen Brocken gefiel den Amerikanern über alle Maßen. *»Vienna Calling«* erschien als nächste Single und kam in Deutschland im Oktober 1985 in der Hitparade bis auf Platz 4. Im April 1986 erreichte sie in den amerikanischen Charts Platz 18, in GB Platz 10. Nachfolgehit in Deutschland war der Titel *»Jeanny Part I«*. Auf der Hülle war zu lesen: »Jeanny ist ein Liebeslied. So ist es konzipiert und durchgeführt. Der erste Teil auf der LP FALCO 3 endet mit Absicht an einem Punkt, der beim Zuhörer Spekulationen auslöst und die Fortsetzung offenläßt. Das ist beabsichtigt und erwünscht.« Nicht nur die Zuhörer spekulierten, auch die Rundfunkredakteure. Und weil sie keine vernünftigen Antworten fanden, spielten sie die Platte vorsichtshalber nicht. Trotzdem wurde es eine Nummer 1 in Deutschland. Journalisten zu verblüffen und zu provozieren muß zu den heimlichen Lieben von Falco gehören. Und wenn die nicht dran sind, dann die Politiker. In *»The Sound Of Music«*, Mitte 1986 Platz 4 in Deutschland, haut er seinen Landsmann Waldheim in die Pfanne. Und als die Diskussionen über Jeanny abebbten, schob er *»Coming Home (Jeanny Part 2, ein Jahr danach)«* nach. Auch diese Platte erreichte Ende 1986 Platz 1 in Deutschland.

»Wiener Blut« war im August 1988 die vorerst letzte Platte von ihm, die unter die ersten 10 kam.

Der Hit: *Rock Me Amadeus*
Der Tip: *Falco* (Gig Records 8.26210 ZP)

Faltermeyer, Harold

* 5.10.1952. Der Münchener arbeitete über viele Jahre als Studiomusiker, Songschreiber, Arrangeur und Produzent. Er war Tastenspieler bei Konstantin Wecker, Amanda Lear, Giorgio Moroder, Donna Summer oder Laura Branigan. 1978 war es der inzwischen in den USA ansässige und erfolgreich arbeitende Giorgio Moroder, der ihn nach Los Angeles holte, wo die beiden an so erfolgreichen Soundtracks wie *»Midnight Express«* und *»American Gigolo«* arbeiteten. Einmalig in den USA, baten nun Künstler wie Barbra Streisand, Blondie, Cheap Trick oder Patti LaBelle um Harolds Mitarbeit, bevor ihm mit *»Axel F«* im Frühjahr 1985 ein Platz 3 in den USA und Platz 2 in Deutschland und GB gelang. Das Stück stammte aus dem Erfolgsfilm »Beverly Hills Cop« mit Eddie Murphy, der darin Axel Foley spielte. Harold Faltermeyer wurde mit diesem Titel 1985 für einen Grammy nominiert, der dann aber schließlich an Jan Hammer und sein *»Miami Vice Theme«* ging. Ein Jahr später erhielt er dann einen Grammy für *»Top Gun Anthem«* aus dem Film »Top Gun«.

Der Hit: *Axel F*
Der Tip: *Harold F* (MCA 255 951-2)

Fame, Georgie

* 26.6.1943 als Clive Powell. Der britische Sänger und Pianist gilt als einer der besten Rhythm-&-Blues-Interpreten in GB. Sein Plattendebüt gab er als Pianist auf *»Pistol Packin' Mama«* von Gene Vincent. 1961 wurde er Mitglied in Billy Furys Begleitgruppe, den Blue Flames. 1962, mittlerweile ohne Fury, expandierten die Blue Flames von vier auf sieben Musiker und spielten Jazz-Rock mit Bläsern, Georgie spielte nun als einer der ersten in ganz London Hammondorgel. Er hatte Booker T. und

Georgie Fame *(Island)*

Jimmy McGriff auf diesem Instrument gehört. 1963 erhielten die Blue Flames einen Plattenvertrag, und als Debütalbum erschien *»Rhythm And Blues At The Flamingo«*. 1964 erschien das zweite Album, *»Fame At Last«*, und jetzt zeigte sich, daß die Gruppe eine geschickte Mixtur aus afro-kubanischer Musik, Blue Beat und frühem Ska machte. Die Single *»Yeh Yeh«* kam im Dezember 1964 in die britischen Charts und wurde Spitzenreiter. Als Interpreten waren auf der Plattenhülle Georgie Fame & The Blue Flames angegeben. Ihr nächster Top-10-Erfolg war Mitte 1966 wieder eine Nummer 1: der Titel *»Get Away«*. 1967, nun ohne Blue Flames, machte Georgie, wie die Plattenfirma sinnigerweise auf der Hülle vermerkte, die »lyrische Gangsterballade zum gleichnamigen Warner-Brothers-Film«, *»The Ballad Of Bonnie And Clyde«*. Diese Platte erreichte wieder die Spitzenposition in GB, wurde ein Platz 9 in Deutschland und Platz 7 in den USA. 1971 tat sich Georgie mit einem anderen Veteranen der britischen Rhythm-&-Blues-Musik, mit Alan Price, zusammen und veröffentlichte die LP *»Fame And Price, Price And Fame Together«*. Die gemeinsame Single *»Rosetta«* kam im Frühjahr 1971 auf Platz 11 in GB. In den folgenden Jahren trat er immer wieder mit großen Orchestern oder Big Bands auf, war in zahllosen Fernsehsendungen zu sehen, machte TV-Werbung und stellte immer wieder Bands zusammen, die er Blue Flames nannte. 1989 spielte er auf Van Morrisons Album *»Avalon Sunset«* und ging mit ihm auf Tournee. 1991 erschien die LP *»Cool Cat Blues«*, auf der Van Morrison, Boz Scaggs, Steve Gadd, Richard Tee und Robben Ford mitspielen. 1992 kam er mit *»The Blues And Me«*, dieses Mal machten unter anderem Dr. John, Ben Sidran, Hugh McCracken und Stanley Turrentine mit.

Der Hit: *Yeh Yeh*
Der Tip: *20 Beat Classics* (Polydor 847 810)

Family

Roger Chapman, v (* 8.4.1942); Rick Grech, vln/b (* 1.11.1946 in Bordeaux, † 17.3.1990); Charlie Whitney, g (* 24.6.1944); Rob Townsend, d (* 7.7.1947); John Weider, b (* 21.4.1947); Jim King, sax/fl; John Palmer, key (* 25.5.1943); John Wetton, b (* 12.7.1949); Tony Ashton, key (* 1.3.1946); Jim Cregan, b (* 9.3.1946).

1962 gründete Charlie Whitney die Gruppe Farinas. 1964 machten sie ihre ersten Plattenaufnahmen, 1967 änderten sie ihren Namen in Family, und jetzt war Roger Chapman der Sänger dieser Formation. Ihre erste Single hieß *»Scene Through The Eye Of A Lens«*, die im September 1967 erschien und sich nicht verkaufte. Im Juli 1968 kam *»Music In A Doll's House«* und damit ein erster Erfolg. Produzent der Platte war Dave Mason von Traffic. Im Vorprogramm von Tim Hardin traten sie erstmals in der Royal Albert Hall auf. Im April 1969 ging Rick

Grech zu Blind Faith. Für ihn kam John Weider. Im Oktober desselben Jahres verließ Jim King die Band, für ihn kam John Palmer. Im Juni 1971 ging Weider, um Stud zu gründen. Sein Ersatz wurde John Wetton. Ende 1972 verließen Palmer und Wetton Family, um als Studiomusiker bzw. als Mitglied von King Crimson weiterzuspielen. Für die beiden kamen Tony Ashton und Jim Cregan. Im Laufe der Jahre sollten etliche sehr gute LPs von Family erscheinen, die zumindest in GB auch recht erfolgreich waren. *»Family Entertainment«* 1969 und *»A Song For Me«* und *»Anyway«* 1970 waren unter den ersten 10 in den britischen LP-Charts. Einziger Single-Hit wurde *»In My Own Time«*, Mitte 1971 ein Platz 4 in GB. Im Oktober 1973 fiel Family auseinander. Chapman und Whitney gründeten Streetwalkers, bevor sie Solokarrieren starteten. Als Sänger für Mike Oldfield hatte Chapman den Hit *»Shadow On The Wall«*, im Herbst 1983 Platz 4 in Deutschland. Cregan ging zu Cockney Rebel und dann zur Band von Rod Stewart. Ashton und Townsend spielten zusammen mit Medicine Head. Die schönste Nummer der Band, *»The Weaver's Answer«*, kam leider nie in die Hitparaden.

Der Hit: *In My Own Time*
Der Tip: *Family Entertainment* (See For Miles CD 200)

Family Dogg

Albert Hammond, v/g (* 18.5.1942); Mike Hazelwood; Steve Rowland.
Diese eher als Studioformation zu bezeichnende britische Gruppe kam 1969 zusammen. Rowland hatte bereits eine Karriere als Filmemacher, Schauspieler und Plattenkünstler hinter sich und dann eine Produktionsfirma gegründet, die sich um Künstler wie Dave Dee, Dozy, Beaky, Mick And Tich, Herd, P. J. Proby oder die Magic Lanterns kümmerte. Obwohl Hammond und Hazelwood ein ausgezeichnetes Songschreiberteam bilden, hatte Family Dogg ihren einzigen Hit mit einer Nummer von Cook und Greenaway: *»Way Of Life«* erreichte im Mai 1969 die britischen Charts und kam bis auf Platz 6. Alle weiteren Singleversuche scheiterten. Danach zeichnete sich die Formation vor allem durch den schnellen Wechsel der Musiker um Hammond, Hazelwood und Rowland aus, und auch die drei waren vorrangig mit anderen Projekten beschäftigt. So fiel diese Gelegenheitsformation dann auch Anfang der 70er Jahre wieder auseinander.

Der Hit: *Way Of Life*

Family Stand

Verron Jeffrey Smith, Multi-Instrumentalist; Peter Lord, key/v; Sandra St. Victor, v.
Das Trio aus New York verschmolz auf seinen Platten Rhythm & Blues bis

Hiphop, Rock bis Jazz. Alle drei Künstler hatten bereits als Studiomusiker gearbeitet. Smith hatte in den 80er Jahren als Saxophonist für Carly Simon, James Ingram, Freddie Jackson, Melba Moore oder Jellybean gespielt. Lord ist auf Alben von Miki Howard und Donna Allen zu finden, Sandra war als Backgroundsängerin für Chaka Khan und andere Künstler unterwegs. *»Ghetto Heaven«* stand im März 1990 in der britischen Hitparade und erreichte Platz 10. Das blieb bisher ihr einziger Erfolg.

Der Hit: *Ghetto Heaven*
Der Tip: *Chain* (Atlantic 7567-82036 2)

Fancy

Zwei verschiedene Interpreten bzw. Gruppen firmieren unter diesem Namen. Einmal ein britisches Quartett, das sich Anfang der 70er Jahre darauf spezialisierte, Oldies neu aufzupolieren. So gelang dieser Gruppe ein Achtungserfolg mit *»Wild Thing«*, dem Troggs-Hit, der von Fancy Mitte 1974 einen Platz 14 in den USA erreichte. In der Hauptsache war es die Sängerin Anne Kavanagh, um die sich wechselnde Musiker scharten. Dazu gehörte eine Zeitlang Ray Fenwick, einst Mitglied bei der Spencer Davis Group.
Der Fancy, der hier in dieses Buch gehört, weil er einen Hit unter den ersten 10 einer Hitparade hatte, heißt mit richtigem Namen Manfred Alois Segieth (* 7.7.1946). Als Tess Teigis sang er deutsches Schlagergut, war damit aber nicht erfolgreich. Ab 1984 kam er uns als Fancy. Er orientierte sich, auch was sein Outfit betraf, stark an Steven Strange bzw. dessen Formation Visage. Mit *»Chinese Eyes«* hatte Fancy im September 1984 Platz 9 in Deutschland. Über die Grenzen kam er mit seinen Disco-Billigproduktionen nie hinaus.

Der Hit: *Chinese Eyes*
Der Tip: *All My Loving* (Metronome 841 274-2)

Fantastic Johnny C

* 28.4.1943 als Johnny Corley. 1967 - die Soul-Welle war auf dem Höhepunkt, und Interpreten wie Arthur Conley, Wilson Pickett und Otis Redding hatten ihre große Zeit -- entdeckte der Produzent, Songschreiber und Manager Jesse James, dessen richtiger Name James McClelland ist und der in den 60er Jahren selbst als Bluessänger Platten aufnahm, Johnny Corley, dessen Stimme sehr an Picket erinnerte. In der Tat hätte der einzige Top-10-Erfolg von Fantastic Johnny C sehr wohl auch ein Hit für Pickett werden können: *»Boogaloo Down Broadway«*, Oktober 1967 Platz 7 in den USA. 1968 hatte Johnny C noch drei weitere

Eintragungen in die US-Charts, dann ließ die Soul-Welle nach, und er war schnell wieder vergessen.

Der Hit: *Boogaloo Down Broadway*

Fantastics

Don Haywoode, Jerome Ramos, John Cheatdom und Richie Pitts, alle v.
Don, Jerome und John waren Mitglieder bei den Velours, die es Ende der 50er Jahre zu zwei kleineren Hits in den USA brachten. Als Fantastics tauchten sie Anfang der 70er Jahre wieder auf und hatten mit »*Something Old, Something New*« im März 1971 einen Platz 9 in GB. Das aus Brooklyn stammende Quartett war, ähnlich wie die Drifters, eine der vielen amerikanischen Rhythm-&-Blues-Bands, die von jungen britischen Songschreibern und Produzenten Anfang der 70er Jahre aus der Versenkung geholt wurden. Wie die Drifters fanden sich auch die Fantastics auf dem Bell Label wieder, und auch hier waren es Cook, Greenaway und Macauley, die die Songs schrieben und produzierten. Die Zusammenarbeit der drei Briten mit den Drifters begann 1972. Möglich, daß sie aus diesem Grunde auf weitere Produktionen mit den Fantastics verzichteten.

Der Hit: *Something Old, Something New*

Die Fantastischen Vier

Thomas D. (* 30.12.1968 als Thomas Dürr), Smudo (* 6.3.1968 als Michael B. Schmidt), Andy Y. (* 17.11.1967 als Andreas Rieke), Dee Jot (* 11.12.1967 als Michael Beck).
Dieses Hiphop-Quartett aus Stuttgart überraschte im Herbst 1992 mit »*Die da*« die Deutschen. Innerhalb von zwei Monaten kamen sie aus dem Nichts und kletterten bis auf Platz 2 der Hitparade. Der Text war witzig, und die dazugehörige LP, »*Vier gewinnt*«, zeigte, daß Hiphop in deutscher Sprache durchaus möglich ist. Neben den witzigen Sachen schafften sie es, durchaus kritische Überlegungen anzustellen.

Der Hit: *Die da*
Der Tip: *Vier gewinnt* (CBS 472 263 2)

Far Corporation

Projekt von Frank Farian mit u. a. Bobby Kimball, v (* 29.3.1947); Steve Lukather, g; David Paich, key (* 25.6.1954); Robin McAuley, v; Curt Cress, d; Peter Bischof, v; Johan Daansen, g.

Mitte der 80er Jahre versuchte Frank Farian, verantwortlich für Erfolge von Boney M., Eruption oder Milli Vanilli, der Welt zu zeigen, daß er auch ein hervorragender Rockmusiker ist. Zusammen mit den obengenannten Musikern produzierte er eine LP mit Rock Classics. Eine Auskopplung daraus, Led Zeppelins *»Stairway To Heaven«*, erreichte im November 1985 die GB-Charts und wurde Platz 8. Obwohl Far Corporation noch weitere gute Nummern veröffentlichte, so z. B. Mitte 1987 eine neue Version von Cockney Rebels *»Sebastian«*, gelang kein weiterer Erfolg mehr. Die Fülle von guten Musikern führte allerdings dazu, daß das ganze Projekt sehr bombastisch klang.

Der Hit: *Stairway To Heaven*
Der Tip: *Division One* (IMP Productions 207 046)

Fardon, Don

* 19.8.1943 als Donald Maughn. Don begann als Sänger in der Band Sorrows, die im Januar 1965 ihre erste Single veröffentlichte und die sich bis 1967 hielt. Ihr größter Erfolg wurde im August 1965 der Titel *»Take A Heart«*, ein Platz 21 in den britischen Charts. Im November 1967 erreichte er mit einer Coverversion des Box-Tops-Hits *»The Letter«* in Deutschland einen Top-40-Hit. Mitte 1968 kam Don mit der John-D.-Loudermilk-Komposition *»(The Lament Of The Cherokee) Indian Reservation«* bis auf Platz 20 in der amerikanischen Hitparade. Dann sollte es wieder zwei Jahre dauern, bis er in Charts auftauchte: *»Belfast Boy«* kam im Frühjahr 1970 in die britische Hitparade und wurde Platz 32. Im Oktober 1970 kam *»Indian Reservation«*, der Titel, der zwei Jahre zuvor in den USA ein Hit war, nun in die britischen Charts und erreichte dort Platz 8 und im Januar 1971 Position 9 in Deutschland.

Der Hit: *Indian Reservation*
Der Tip: *Indian Reservation – The Best Of* (CS Records CSCD-540 TIS)

Fargo, Donna

* 10.11.1949 als Yvonne Vaughan. Yvonne war Englischlehrerin in Covina in Kalifornien und trat nebenher in Clubs als Donna Fargo auf. 1969 machte sie ihre ersten Platten, 1972 gab sie ihr Lehramt auf, wohl auch, weil ihre Platte *»The Happiest Girl In The Whole U. S. A.«* im Mai 1972 in die amerikanischen Pop-Charts kam, Platz 11 erreichte und ein Millionseller wurde. Die Nachfolgeplatte *»Funny Face«* wurde im September 1972 ebenfalls Millionseller und Platz 5 in den USA. Bis 1975 hatte sie noch sechs weitere Eintragungen in den Pop-Charts, in der Country-Hitparade war sie noch bis in die 90er Jahre verzeichnet. Donna

gründete ihren eigenen Musikverlag. 1991 mußte sie mit ihrem Mann Bankrott erklären. Seit 1978 ist sie an multipler Sklerose erkrankt.

Der Hit: *Funny Face*
Der Tip: *Masters Of Country & Western* (DOT EMI 1C 054-95736)

Farian, Frank

* 18.7.1941 als Franz Reuther. Nach einer Lehre als Koch gründete Farian 1962 seine erste Band, die er Shadows nannte. Mitte der 60er Jahre wandte er sich dann mehr der Soulmusik zu, machte mit seiner Band Coverversionen von US-Hits und nahm ab 1964 seine ersten Schallplatten auf. Anfang der 70er Jahre erfolgte der nächste Stilwechsel: Er verlegte sich auf Balladen. Sein größter Erfolg wurde *»Rocky«*, im Frühjahr 1976 Spitzenreiter der deutschen Hitparade. Schon damals bewies er, daß er den richtigen Riecher für jeweils angesagte Musikrichtungen hatte. Ab 1976 hatte er in Europa Erfolge mit Boney M. und der Diskogruppe Eruption. Ende der 80er Jahre kreierte er Milli Vanilli, die Anfang der 90er Jahre zugeben mußten, daß sie es nicht selbst waren, die auf den Hitsingles sangen.
Frank Farian dürfte in der Tat sowohl hinter Boney M. als auch bei Milli Vanilli gesanglich geholfen haben. Mit seiner Formation Far Corporation, einer Ansammlung von exzellenten Studiomusikern, erreichte er in der zweiten Hälfte der 80er Jahre einige Achtungserfolge. Ob diese Art von Musik mehr nach seinem Gusto ist, wissen wir nicht. Daß er mit Boney M. und Milli Vanilli mehrfacher Millionär geworden ist, das wissen wir.

Der Hit: *Rocky*

Farlowe, Chris

* 13.10.1940 als John Henry Deighton. Seinen Künstlernamen leitete Chris vom Jazzgitarristen Tal Farlowe ab. Er war gerade 13 Jahre alt, als er seine erste Band machte, die John Henry Skiffle Group. 1957 gewann er mit dieser Truppe die All England Championship. 1959 -- inzwischen mehr an Rhythm & Blues und Rock 'n' Roll interessiert -- gründete er die Thunderbirds. Ihr Profidebüt gaben sie, als sie einen Monat in der Frankfurter Astoria Bar engagiert waren. Danach wurde Chris neben Musikern wie Eric Burdon, Zoot Money und Georgie Fame in Londons Rhythm-&-Blues-Zentrale, dem Flamingo Club in der Wardour Street, einer der Stars. An der Bar des Flamingos arbeitete ein gewisser Andrew Loog Oldham, der nebenberuflich Manager einer Rhythm-&-Blues-Gruppe aus Richmond war,

die sich Rolling Stones nannte. Er ließ Farlowe einen Vertrag unterschreiben und organisierte einen Plattenvertrag für ihn. Im August 1965 erschien eine Single von ihm als Little Joe Cook. Viele, die diese Platte hörten, waren der Meinung, daß es sich hier um einen schwarzen amerikanischen Bluessänger handeln müsse. Im Oktober 1965 erhielt Chris einen Plattenvertrag bei Immediate Records, aber *»The Fool«*, produziert von Eric Burdon, wurde wieder ein Flop. Im Februar 1966 produzierte Mick Jagger Chris Farlowe und den Titel *»Think«*. Die Nummer war eine Komposition von Jagger/Richard und erreichte im Februar 1966 Platz 37 in GB. Eine weitere Jagger/Richard-Komposition war *»Out Of Time«*, Mitte 1966 für Farlowe Platz 1 in der britischen Hitparade. Im Mai 1968 lösten sich die Thunderbirds auf, Chris zog sich aus dem Musikgeschäft zurück und kümmerte sich um sein kleines Londoner Antiquitätengeschäft, das sich auf Memoribilia aus dem Zweiten Weltkrieg spezialisiert hatte. Im September 1970 kam er mit der Band Hill zurück. Danach wurde er Mitglied bei Colosseum. Im November 1971 sang er mit Atomic Rooster, danach tauchte er nur noch sporadisch -- mal als Solist, mal mit einer Band -- auf. 1988 war er der Sänger auf *»Outrider«*, einer Solo-LP von Jimmy Page. 1992 erschien die bemerkenswerte CD *»Waiting In The Wings«* mit neuem Material von Chris. Eine ganze Reihe von bekannten britischen Musikern half bei der Produktion, z. B. die Gitarristen Mickey Moody, Alvin Lee, Albert Lee oder Clem Clemmpson, die Bassisten Boz Burrell oder Leo Lyons und die Backgroundsängerinnen Vicky und Sam Brown.

Der Hit: *Out Of Time*
Der Tip: *Collection* (Line IDCD 9.00506 0)

Farm

Peter Hooton, v (* 28.9.1962); Steve Grimes, g (* 4.6.1962); Phillip Strongman, b; Andy McVann, d; Roy Boulter, d (* 2.7.1964); Keith Mullen, g; Carl Hunter, b (* 14.4.1965); Ben Leach, key (* 2.5.1969).

Die Karriere von The Farm begann 1984 in Liverpool. Nach 22 personellen Umbesetzungen in fünf Jahren stand 1989 folgende Line-up fest: Hooton, Grimes Leach, Mullen, Hunter. Die musikalische Richtung der Band brachte Gitarrenmusik in der Tradition englischer Gruppen wie Jam, Clash oder XTC, das Ganze unterlegt mit einem modernen treibenden Groove. Peter Hooton über die Anfangsjahre: »Damals bezeichneten die Leute unsere Musik als Ska meets Dexy's Midnight Runners.« 1985 schon hatte Farm mit *»Hearts And Minds«* einen ersten Erfolg in der britischen Indie-Hitparade. Der große Erfolg sollte im Herbst 1990 kommen. *»Groovy Train«* erreichte Platz 6 in GB, *»All Together Now«* wurde Platz 4 in GB, Platz 5 in Deutschland. Danach kam es zu Umbesetzungen in der Band. Von der Urbesetzung blieben nur Hooton und Grimes. Gut bekommen ist es der Band nicht, denn die Erfolge ließen nach.

Der Hit: *All Together Now*
Der Tip: *Spartacus* (Produce Records Int 845.160)

Farnham, John

* 1.7.1949. John wurde in GB geboren. Mit sechs Jahren sang er bei Benefizveranstaltungen, mit zehn zog er mit seinen Eltern nach Melbourne, Australien, mit 16 begann er dort eine Klempnerlehre. Die ganzen Jahre über sang er nebenher bei Schul- bzw. später bei Tanzveranstaltungen. 1965 wurde John für zwei Jahre der Leadsänger der Strings. Nächste Station seiner Karriere waren Auftritte in einer täglichen Fernsehsendung -- und dort fiel er David McKaym, einem Produzenten der Plattenfirma EMI, auf. Zuerst sang John nun für eine Werbekampagne, nach einer Privatvorstellung vor McKay bekam er dann einen Plattenvertrag. McKay wollte nun unbedingt, daß John einen Titel aufnahm, der in England kein Hit geworden war: *»Sadie The Cleaning Lady«*. John erinnerte sich später, daß er den Song auf keinen Fall machen wollte, er mochte ihn nicht und hielt ihn für dumm. Trotzdem vertraute er auf McKays Riecher und nahm den Titel im Oktober 1967 gehorsam auf -- er wurde in Australien eine Nummer 1 und die bis dahin meistverkaufte australische Platte. John Farnham wurde über Nacht populär, und zwar nicht nur bei den Teenies, sondern auch bei deren Eltern. Er war der Typ, der der ganzen Familie gefiel. Dieser Hit war kein Zufallstreffer. Zwischen 1967 und 1972 folgten weitere 12 Singles und sechs LPs mit Goldstatus. Darüber hinaus strich er sämtliche australischen Musikpreise ein, die ein Sänger gewinnen konnte. Nebenher spielte er in diversen Fernsehproduktionen als Schauspieler und auch in verschiedenen Musicals mit. Im Februar 1982 kam John als Ersatz für den ausscheidenden Leadsänger Glen Shorrock zur australischen Formation Little River Band, bei der er bis 1987 blieb. *»The Other Guy«* 1982 und *»We Two«* 1983 waren auch in den USA erfolgreiche Singles. Ab 1987 machte John wieder Soloplatten und hatte Erfolg mit *»You're The Voice«*, im Frühjahr 1987 Spitzenreiter in Deutschland und Platz 6 in GB. Speziell in Deutschland scheint er über einen großen Stamm von Fans zu verfügen. *»Age Of Reason«* wurde im September 1988 ein Platz 20 in der Hitparade.

Der Hit: *You're The Voice*
Der Tip: *Whispering Jack* (RCA PD 71224)

Fatback Band

Diese amerikanische Formation war in GB ab 1975 erfolgreich. Ihr Titel *»(Do The) Spanish Hustle«* wurde im Februar 1976 Platz 10 in GB. In zeitlichen Abständen gelang ihnen mal wieder, einen Titel in die britischen Charts zu bringen. Über eine Position 30 kamen sie jedoch bis 1987 nicht mehr hinaus. Die Nummer *»I Found Lovin'«*, die erstmals 1984 in den britischen Charts auftauchte, dann als Remix im September 1986 und schließlich als Re-Entry im September 1987 wiederum die Charts erreichte, wurde Platz 7 in GB. Das war ihr letztes Aufbäumen.

Der Hit: *I Found Lovin'*
Der Tip: *Greatest Hits* (ZYX Records 20049)

Fat Boys

Darren »The Human Beat Box« Robinson; Mark »Prince Markie Dee« Morales; Damon »Kool Rockski« Wimbley.
Diese drei Amerikaner wurden ihrem Namen sehr gerecht. Zusammengenommen wogen die drei Jungs 750 Pfund. 1983 gewannen sie einen Rap Contest, der von der Produktionsfirma Tin Pan Apple ausgerichtet wurde. Noch im gleichen Jahr erschien als Debütplatte die EP *»Reality«*. Bis zu diesem Zeitpunkt nannten sie sich noch Disco 3. Als Mitte 1984 ihre Single *»Fat Boys«* in die US-Rhythm-&-Blues-Charts einstieg, benannten sie sich nach diesem ersten Erfolg. 1987 spielten sie mit in dem Film »Disorderlies«. Im gleichen Jahr erreichten sie mit der alten Surfnummer *»Wipe Out«*, auf der die Beach Boys mitspielten, Platz 12 in den USA und Platz 2 in GB. Mitte 1988 nahmen sie sich den größten Hit von Chubby Checker, *»The Twist«*, vor und erreichten Platz 16 in den USA, wieder Platz 2 in GB und gar Platz 1 in Deutschland. Leadsänger des Stückes war Chubby Checker himself. Zur Feier des 70. Geburtstages von Nelson Mandela im Londoner Wembley-Stadion traten die Fat Boys zusammen mit Checker auf.

Der Hit: *The Twist*
Der Tip: *Coming Back Hard Again* (Polydor 835 809-1)

Fat Larry's Band

Fat Larry James, d (* 2.8.1949, † 5.12.1987); Art Capehart, tr/fl; Jimmy Lee, pos/sax; Doug Jones, sax; Erskine Williams, key; Ted Cohen, g; Larry LaBes, b; Darryl Grant, per.
In diesem Fall ist der Name Programm. Der Sänger und Schlagzeuger der nach ihm benannten Band brachte auch ein gutes Schlachtgewicht auf die Waage. Seit

Anfang der 70er Jahre machte dieser Musiker aus Philadelphia richtungsweisende Discomusik. 1976 erschien die Debüt-LP »*Feel It*«, auf der »*Center City*« war, ihr erster Single-Erfolg in GB. 1982 erreichte »*Zoom*« Platz 2 in der britischen Hitparade. Dies wurde ihr größter Erfolg.

Der Hit: *Zoom*
Der Tip: *Breakin' Out* (Virgin V 2229)

Fearon, Phil

* 30.7.1956. Der gebürtige Jamaikaner zog 1962 nach GB. Die erste musikalische Station dort für den Multi-Instrumentalisten, Sänger und Songschreiber war die Gruppe Hott Wax. In der zweiten Hälfte der 70er Jahre gehörte er zu der Formation Kandidate. Anfang 1982 eröffnete Phil ein eigenes Tonstudio in London und startete diverse musikalische Projekte. Eins davon trug den Namen Galaxy. »*Dancing Tight*« kam im April 1983 in die britische Hitparade und erreichte Platz 4. Als Interpret wurde nur Galaxy angegeben. Ein Jahr später kam »*What Do I Do*« in die Charts und erreichte Platz 5. Dieses Mal wurden als Interpreten Phil Fearon & Galaxy genannt. »*Everybody's Laughing*« 1984 und »*I Can Prove It*« 1986 waren weitere Top-10-Erfolge für Phil. Letztgenannte Platte erschien nur noch unter Phil Fearon. Nach 1986 ist ihm kein Erfolg mehr gelungen. Er konzentriert sich inzwischen ganz auf die Produktion kommerzieller Dance-Platten in seinem Heimstudio. Von seiner Plattenfirma wurde Phil als »führender Vertreter des Happy-Go-Lucky-Souls« bezeichnet.

Der Hit: *Dancing Tight*
Der Tip: *Phil Fearon & Galaxy* (Island 206 345)

Feddersen, Helga

* 14.3.1930, † 24.11.1990. Mit einem Nachzieher von »*You're The One That I Want*«, im Original ein Duett zwischen Olivia Newton-John und John Travolta, hatte Helga Ende 1978 einen Platz 4 in der deutschen Hitparade: »*Du, die Wanne ist voll*«. Ihr Partner, der John Travolta sehr ähnlich sieht, war Dieter Hallervorden. Den deutschen Text schrieb Frank Dostal, einst Mitglied bei den Rattles. Helga Feddersen begann ihre Karriere als Schauspielerin und hatte Engagements an den Hamburger Kammerspielen und in Gelsenkirchen. Sie spielte in mehreren Filmen mit und hatte etliche Fernsehrollen. Ihre schauspielerische Karriere wurde 1955 unterbrochen, als ihr Gesicht nach einer Tumoroperation entstellt wurde. 1957 wagte sie einen Neuanfang als Souffleuse und Regie-Assistentin beim NDR. Schließlich übernahm sie auch wieder Rollen, vor allem beim Fernsehen. 1969

José Feliciano *(Motown/Bellaphon)*

schrieb sie ihr erstes TV-Spiel, »4 Stunden vor Elbe Eins«. Es folgten weitere Drehbücher für Fernsehspiele wie »Gezeiten«, »Im Fahrwasser« und schließlich »Sparks in Grönland«, womit sie ihrem Vater ein Denkmal setzte. Als Schauspielerin kam mehr und mehr ihre komische Begabung zum Durchbruch. Mit Dieter Hallervorden spielte sie satirische Sketche in der TV-Reihe »Abramakabra«. Ende der 70er, Anfang der 80er Jahre war sie neben Frank Zander als Moderatorin in der genialen »Plattenküche« zu sehen. Wieder gab es eine krankheitsbedingte Pause. 1989 spielte sie in der Fernsehkrimiserie »Großstadtrevier«. Sie konnte jedoch nur kurze Zeit arbeiten, dann machte ihr der Krebs wieder stark zu schaffen. Außerdem hatte sie mehrere Wochen in einer Nervenklinik verbringen müssen, um von Magersucht geheilt zu werden.

Der Hit: *Du, die Wanne ist voll*
Der Tip: *Singt und spricht* (WB 56120)

Feliciano, José

* 10.9.1945. José wurde blind auf Puerto Rico geboren, 1950 zog er mit seinen Eltern nach New York. Schon sehr früh spielte er sehr gut Gitarre und hatte bereits 1954 seine ersten Auftritte in Spanish Harlem in New York. Anfang der 60er Jahre wurde er in Greenwich Village in den Folk-Kreisen bekannt und machte 1963 seine ersten Platten, die vorwiegend für den amerikanischen Latin-Markt bestimmt waren. 1968 gewann er einen Grammy als bester neuer Künstler. Seine Version des Doors-Hits *»Light My Fire«* wurde Mitte 1968 ein Platz 3 in den USA, ein Platz 6 in GB. Danach gelang ihm weder in den USA noch in GB ein weiterer Top-20-Erfolg. Lediglich in Deutschland sollte er mit *»Que Sera«* Mitte 1971 Platz 7 erreichen. Bemerkenswerte weitere Aufnahmen von ihm waren z. B. seine Version von *»Suzie Q«* oder seine Eigenkomposition *»Rain«*. José macht bis in die 90er Jahre Platten. Seit 1987 hat er einen dreiteiligen Vertrag mit der EMI, um klassische Gitarrenmusik, englischen Pop und auch spanische Aufnahmen zu machen. Außerdem macht er für eine andere Firma Jazz-Aufnahmen. Vielseitig!

Der Hit: *Light My Fire*
Der Tip: *Collection 1986 – 1988* (Eva Imperial 791014 2)

Felix

Außer daß er 19 Jahre alt ist und aus Essex stammt, konnte man über Felix nichts in Erfahrung bringen. Lesen konnte man, er sei ein Angestellter beim Finanzamt und wollte deshalb anonym bleiben. Wie dem auch sei, der kleine Mixer Felix benötigte für seine Aufnahme wechselnde Stimmen, so arbeiteten mit ihm Kenny Kee, Donna Gardia oder Steele. *»Don't You Want Me«* kam im August 1992 in die britischen Charts und wurde Platz 6, in Deutschland Platz 2. *»It Will Make Me Crazy«* wurde zwei Monate später Platz 11 in GB, Platz 5 in Deutschland. Bis zum Redaktionsschluß dieses Buches hatte man noch nicht herausgelassen, wer Felix wirklich ist. Vielleicht ist es ja Jonathan King.

Der Hit: *Don't You Want Me*
Der Tip: *# 1* (Deconstruction 74321137002)

Fender, Freddy

* 4.6.1937 als Baldemar Huerta. Der amerikanische Sänger und Songschreiber mexikanischer Abstammung machte zwischen 1956 und 1959 unter seinem richtigen Namen für ein kleines Plattenlabel Songs in spanischer Sprache mit Rockabilly-Touch. 1960 bis 1963 verbrachte er im Staatsgefängnis von Louisiana wegen eines Drogenvergehens. Dann änderte er seinen Namen, damit er, wie er selbst sagte, »den Gringos besser seine Platten unterjubeln« konnte. Zwischen 1963 und 1968 veröffentlichte er Platten auf einem kleinen Label in New Orleans. Der Erfolg kam erst, als Freddy ein Lied teilweise in Englisch, teilweise in Spanisch sang: *»Before The Next Teardrop Falls«* kam im Februar 1975 in die amerikanische Hitparade, wurde Platz 1 und ein Millionseller. Der Nachfolgehit wurde Mitte 1975 Platz 8 in den USA und auch ein Millionseller: *»Wasted Days And Wasted Nights«*. Diesen Titel hatte Freddy Fender im Jahre 1959 schon einmal aufgenommen -- damals ohne Erfolg. In den nächsten beiden Jahren erschienen weitere Singles von ihm. Danach war er aus den Charts verschwunden. 1985 mußte er wegen schwerer Alkoholprobleme in eine Klinik. 1987 spielte er unter der Regie von Robert Redford in dem Film »The Milagro Beanfield«, und 1990 wurde er Mitglied bei den Texas Tornados.

Der Hit: *Wasted Days And Wasted Nights*
Der Tip: *Before The Next Teardrop Falls* (EMI DOT 1C 062-96700)

Fendermen

Beide Mitglieder dieses Duos -- Phil Humphrey und Jim Sundquist -- wurden am 26.11.1937 geboren. Beide spielten Gitarre -- und zwar der Marke Fender, was zu ihrem Namen führte. Beide hatten in eigenen Bands gespielt, bevor sie sich 1959 als Duo zusammenschlossen. Ihr einziger Hit ist ein schönes Beispiel für Garagenrock und Pre-Punk-Music: Der *»Mule Skinner Blues«* erreichte Mitte 1960 Platz 9 in der amerikanischen Hitparade. Das Original dieses Liedes hatte 1931 der große Countrystar Jimmie Rodgers geschrieben. Die Fendermen nahmen noch bis 1966 Platten auf, jedoch ohne Erfolg.

Der Hit: *Mule Skinner Blues*
Der Tip: *Mule Skinner Blues* (Soma MG 1240)

Fendrich, Rainhard

* 27.2.1955 in Wien. 1980 begann die Karriere des österreichischen Sängers, Liedermachers und Schauspielers. In Wien spielte er eine Rolle bei »Jesus Christ

Superstar«. Schon ein Jahr später, 1981, gelang ihm mit *»Strada Del Sol«* ein erster großer Erfolg in Österreich. In Titeln wie *»Schickeria«* 1982 und *»Es lebe der Sport«* 1983 fanden sich nicht nur die Öster-, sondern auch die Westerreicher wieder. *»Macho Macho«* kam Mitte 1988 in die deutsche Hitparade und erreichte Platz 2. 1991 erschien das Album *»Nix is fix«*, und auf dieser Erkenntnis baute später eine Fernsehshow von ihm auf.

Der Hit: *Macho Macho*
Der Tip: *Nix is fix* (Ariola 262 149-222)

Ferguson, Jay

* 10.5.1943. 1967 war Jay Mitbegründer der West-Coast-Rockgruppe Spirit. Auf den ersten vier LPs war er als Gitarrist und Leadsänger zu hören. Dann ging er und wurde durch J. Christian Staehely ersetzt. 1984 war er noch einmal mit Spirit auf dem Album *»The Thirteenth Dream«* zu hören. Der größte Single-Erfolg von Spirit war im Frühjahr 1969 *»I Got A Line On You«*, Platz 25 in den USA. 1971 gründete er zusammen mit Mark Andes, der wie er von Spirit kam, Jo Jo Gunne, benannt nach einer Nummer von Chuck Berry. Es erschienen vier LPs dieser Formation. Als größter Single-Erfolg wird *»Run Run Run«*, März 1972 Platz 27 in den USA und Platz 6 in GB, genannt. Mark Andes ging vor der Produktion der vierten LP wieder zurück zu Spirit, Ferguson machte danach als Solist weiter. Im Sommer 1976 erschien seine erste Solo-LP, *»All Alone In The Endzone«*. Mit *»Thunder Island«* gelang ihm Ende 1977 sein einziger Top-10-Erfolg in den USA. Er veröffentlicht weiter Soloalben und ist vor allen Dingen als Sessionsänger bei Produktionen anderer Künstler zu hören.

Der Hit: *Thunder Island*
Der Tip: *Thunder Island* (Asylum 7E-1115)

Fernandez, Luisa

* 14.8.1961. Die in Spanien geborene Sängerin lebt seit 1973 in Hamburg. Mit 15 Jahren begann sie eine Lehre als Friseuse und nahm im gleichen Jahr an einem Nachwuchswettbewerb in einer kleinen Diskothek ihres Ortes teil. Sie gewann und bekam tatsächlich den versprochenen Plattenvertrag. In der Jury saß David Parker, der sie fortan betreute und für sie die Nummer *»Lay Love On You«* schrieb, die im Februar 1978 in die deutsche Hitparade kam und Platz 7 erreichte. Neun Monate später kam der Titel in die britische Hitparade und erreichte Platz 31. Es folgten Auszeichnungen à la Der Goldene Hammer von der Zeitschrift *»Pop«*, Der Goldene Gürtel von *»Pop Photo«* und Das Goldene Label der Branchenzeit-

schrift *»Musikinformationen«* als Nachwuchsneuentdeckung des Jahres 1978. Es folgten weitere Veröffentlichungen im Disko-Stil. *»Give Love A Second Chance«* wurde Mitte 1978 Platz 11 in Deutschland. In den 80er Jahren tat sie sich mit Peter Kent zusammen und erreichte mit *»Solo Por Ti«* im September 1986 Platz 18 in Deutschland.

Der Hit: *Lay Love On Me*
Der Tip: *Disco Darling* (WB 56537)

Ferrante & Teicher

Arthur Ferrante, p (* 7.9.1921) und Louis Teicher, p (* 24.8.1924).
Ab 1947 spielten die beiden amerikanischen Pianisten zusammen. Sie hatten sich bereits im zarten Kindesalter kennengelernt, da beide auf die Juilliard School of Music in New York gingen. Nach ihrem Abschluß arbeiteten sie sowohl als Lehrer als auch als Konzertpianisten. 1948 entschieden sie sich endgültig für ihre Karriere als Piano-Duett und gingen mit klassischen Orchestern auf Tournee. Im Laufe der nächsten Jahre gingen sie von der Klassik langsam auf Standards von Richard Rodgers, Jerome Kern oder Cole Porter über und versahen sie mit eigenen Arrangements für zwei Pianos. Mit *»Theme From The Apartment«*, dem bezaubernden Film mit Shirley MacLaine und Jack Lemmon, hatte das Duo Mitte 1960 seinen ersten Top-10-Erfolg in den USA. Ende 1960 war es wieder eine Musik aus einem Film, die den größten Erfolg brachte: *»Exodus«*, Platz 2 in den USA, Platz 6 in GB. *»Tonight«* aus Bernsteins *»West Side Story«* war Ende 1961 Platz 8 in den USA und die Themenmusik aus »Midnight Cowboy« Ende 1969 noch einmal Platz 10.

Der Hit: *Exodus*
Der Tip: *Ferrante & Teicher* (EMI CP 32-9043)

Ferrer, José

* 8.1.1912 als José Vincente Ferrer de Otero y Cintron auf Puerto Rico. Der amerikanische Schauspieler wuchs in den USA auf und gab 1935, nachdem er sein Architekturstudium in Princeton aufgegeben hatte, am Broadway sein Debüt als Schauspieler. Er erarbeitete sich schnell einen Ruf als vielseitiger Künstler, der sowohl komische als auch tragische Rollen spielen konnte. Ab 1942 führte er am Broadway auch Regie und spielte 1948 zum erstenmal in einem Film: die Rolle des Dauphin in »Joan Of Arc«. 1950 gewann er für die Titelrolle in »Cyrano de Bergerac« einen Oscar. Bis 1979 blieb er im Filmgeschäft, mal als Schauspieler, mal als Regisseur. In der britischen Pop-Hitparade tauchte José im Februar 1954

Bryan Ferry *(Island)*

mit »*Woman*« auf und erreichte Platz 7. Auf der anderen Seite der Platte war Rosemary Clooney mit »*Man*« zu hören. Daß die beiden gegenseitig über das andere Geschlecht urteilen konnten, lag daran, daß die beiden miteinander verheiratet waren.

Der Hit: *Woman*

Ferry, Bryan

* 26.9.1945. Der britische Sänger, Keyboarder und Songschreiber begann mit der 1971 gegründeten Band Roxy Music. Die musikalischen Vorlieben von Ferry galten seit seinem 12. Lebensjahr Charlie Parker. Mit 16 begann er, selbst Gedichte zu verfassen, inspiriert durch die Entdeckung, daß er an dem gleichen Tag Geburtstag hat wie T. S. Eliot. Er studierte an der Universität von Newcastle und formierte hier seine erste Amateurband, Gas Board. Nach Beendigung seines Kunststudiums bei Richard Hamilton, Englands führendem Exponenten auf dem

Gebiet der Pop-art, wurde Ferry Kunsterzieher und quittierte den Job, als er Roxy Music gründete. Neben seinen Platten mit Roxy Music begann 1973 mit dem Album *»These Foolish Things«* eine parallele Karriere als Solist. Mit der Coverversion der Bob-Dylan-Nummer *»A Hard Rain's Gonna Fall«* stand er im September 1973 in den britischen Charts und erreichte Platz 10. Seine weiteren Top-10-Erfolge waren *»Let's Stick Together«* und *»Extended Play«* (eine EP, auf der *»Price Of Love«*, *»Shame Shame Shame«*, *»Heart On My Sleeve«* und *»It's Only Love«* zu hören waren) 1976, *»This Is Tomorrow«* 1977 und *»Slave To Love«* 1985. Sein britischer, introvertierter Gesangsstil war nichts für den amerikanischen Markt. Dort kam keine seiner Platten unter die ersten 30.

Der Hit: *Let's Stick Together*
Der Tip: *Ultimate Collection* (EGCTV 2)

Ferry Aid

Am 6. März 1987 lief die britische Autofähre »Herold Of Free Enterprise« aus dem belgischen Hafen Zeebrugge und kenterte wenig später. 188 Menschen kamen ums Leben. Diesem »Ferry Disaster« widmete mit Hilfe des britischen Massenblattes *»The Sun«* und dem Produktionsteam Stock/Aitken/Waterman eine Ansammlung von britischen Künstlern als Ferry Aid eine Coverversion des Beatles-Titels *»Let It Be«*, um die Hinterbliebenen der Opfer dieser Katastrophe finanziell zu unterstützen. Michael Jackson war zwar an der Produktion nicht beteiligt, da er aber die Rechte an allen Beatles-Titeln besitzt, stellte er diese Nummer lizenzfrei zur Verfügung. Am 14.,15. und 16. März drängelten sich in den PWL Studios in London die Künstler, die in GB Rang und Namen haben. Um einige zu nennen: Paul McCartney, Mark Knopfler, Kate Bush, die Drifters, Gary Moore, Suzi Quatro, Alvin Stardust oder Boy George. Die Liste der mitwirkenden Künstler, die von A wie Alarm bis W wie Working Week ging, umfaßt mehr als 80 Namen. Die Platte erschien am 4.4., landete gleich auf Platz 1 der englischen Hitparade und hielt diese Position für drei Wochen. In Deutschland wurde es ein Platz 3.

Der Hit: *Let It Be*

Fialka, Karel

Karel, Sohn einer Schottin und eines Tschechen, wurde in Indien geboren. 1980 erschien eine erste LP von ihm, darauf seine erste Single-Notierung *»The Eyes Have It«*. Seinen einzigen Top-10-Erfolg hatte Karel im September 1987 mit *»Hey Matthew«*, ein Platz 9 in GB. Der Inhalt des Hits: Ein Vater im Gespräch mit seinem sieben Jahre alten Sohn Matthew, und sie unterhalten sich darüber, was tagein, tagaus über das Fernsehen auf Matthew einwirkt. Die Sendungen, die Matthew dann aufführt, sind die, die in den 90er Jahren über das Privatfernsehen auf unsere Kinder einhämmern. »He-Man«, »The A-Team«, »Airwolf«, »Rambo«, »Dukes of Hazzard«. Der besorgte Vater fragt ihn schließlich, was er denn mal werden möchte. Und da kommt dann raus, wie das Kind diese Serien umsetzt: er möchte ein Soldat sein, ein Straßenkämpfer, ein Captain, ein Zauberer, ein Cowboy, ein Feuerwehrmann, ein Pilot. Und ganz am Schluß: Er möchte gerne sein Freund sein. Matthew sagt am Schluß, er hofft, daß alles nur ein Spiel ist. Das hoffen Millionen besorgte Eltern inzwischen bei uns auch.

Der Hit: *Hey Matthew*

Fiction Factory

Kevin Patterson, v; Chic Medley, g; Graham McGregor, b; Eddie Jordan, key; Mike Ogletree, d.

Musikalisch orientierte sich Fiction Factory, deren Köpfe Kevin und Chic sind, an Synthie-Pop à la Heaven 17 und Tears For Fears. 1984 gelang dieser Formation ein einziger Top-10-Erfolg mit *»(Feels Like) Heaven«*. Es wurde ein Platz 6 in GB. 1984 ist auch die erste LP von Fiction Factory erschienen: *»Throw The Warped Wheel Out«*. Nach diesem Erfolg muß es interne Schwierigkeiten in der Gruppe gegeben haben. Als mit *»Another Story«* Mitte 1985 eine zweite LP erschien, waren nur noch Kevin und Chic mit an Bord, alle anderen Musiker wurden als Gäste bezeichnet. Ein Hit gelang nicht.

Der Hit: *(Feels Like) Heaven*
Der Tip: *Throw The Warped Wheel Out* (CBS 259 64)

Fiddler's Dram

Immer zu Weihnachten verfallen die Briten in eine ganz merkwürdige Stimmung. Jedenfalls kaufen sie Platten, die sie den Rest des Jahres nur als Schnittmuster für Pancakes benutzen würden. Im Dezember 1979 war es wieder einmal soweit. Die musikalisch etwas nach rückwärts orientierte Platte *»Day Trip To Bangor (Didn't We Have A Lovely Time)«* erinnerte an die 20er/30er Jahre, als man mit dem Bus, der möglichst noch offen sein mußte, an die Seaside fuhr und sich dort flaschenweise den Cidre hinter den Binder kippte. Mann, was haben wir gelacht. Außerhalb von GB wurde die Aufnahme aus völlig unerklärlichen Gründen kein Erfolg.

Der Hit: *Day Trip To Bangor (Didn't We Have A Lovely Time)*

Fields, Ernie

* 26.8.1905. Der aus Texas stammende Posaunist, Pianist, Bandleader und Arrangeur hatte bereits in den 30er Jahren seine erste eigene Band. Mit einem Remake des Glenn-Miller-Hits aus dem Jahre 1940 *»In The Mood«* gelang ihm im September 1959 ein Platz 4 in der amerikanischen Hitparade, wenig später ein Platz 13 in GB. Er versuchte, noch einmal in die gleiche Kerbe zu hauen, und veröffentlichte wenig später den *»Chattanooga Choo Choo«* und hatte damit den Zug verpaßt.

Der Hit: *In The Mood*

Fields, Gracie

* 9.1.1898 als Grace Stansfield, † 27.9.1979. Die britische Sängerin und Filmschauspielerin war ab 1930 auch in den USA erfolgreich. Mit *»Now Is The Hour«* hatte sie im Januar 1948 einen Platz 3 in den USA. *»Around The World«* wurde Mitte 1957 ein Platz 8 in GB. Ihr Filmdebüt gab die Schauspielerin 1931 in »Sally In Our Alley«. In den 30er Jahren gehörte sie zu den bestbezahlten britischen Künstlerinnen, die sowohl als Komödiantin auf der Bühne als auch im Film erfolgreich war. Ihre Popularität in den 30er Jahren war so groß, daß das Parlament eine Sitzung früher beendete, damit die Abgeordneten nach Hause gehen konnten, um eine Radiosendung von ihr zu hören. Nachdem ihr zweiter Mann, der Schauspieler und Regisseur Monte Banks, 1940 aus GB emigrieren mußte, weil er wegen seiner italienischen Abstammung Persona non grata war, ging sie mit ihm in die USA. In den frühen 50er Jahren zog sie mit ihrem dritten Mann auf die Insel Capri. 1979 wurde sie Dame Commander of the Order of the British Empire.

Der Hit: *Now Is The Hour*
Der Tip: *The Golden Age Of Gracie* (EMI GX 412530)

Fifth Dimension

Marilyn McCoo, v (* 30.9.1943); Florence LaRue, v (* 4.2.1944); Lamonte McLemore, v (* 17.9.1939); Billy Davis jr., v (* 26.6.1940); Ron Townson, v (* 29.1.1941).
Diese in Los Angeles beheimatete Gruppe kam 1966 zusammen. McCoo und McLemore hatten 1963 mit drei anderen Musikern das Quintett Hi-Fi's gegründet. Nachdem sie mit Ray Charles auf Tournee gegangen waren, trennten sich zwei Mitglieder, Harry Elston und Floyd Butler, von der Band, um die Friends of

Distinction zu gründen. Marilyn arbeitete als Verkäuferin, und Lamonte nahm seinen früheren Job als Photograph wieder auf. 1966 kamen McCoo, La Rue, McLemore, Davis jr. und Townson zunächst als Versatiles zusammen, benannten sich dann in Vocals um und schließlich in Fifth Dimension. Ihre erste Hitparadennotierung stammt aus dem Januar 1967 und hieß *»Go Where You Wanna Go«*. Mitte desselben Jahres wurde *»Up-Up And Away«* der erste Top-10-Erfolg der Formation. Diese ersten Hits wurden von Johnny Rivers produziert, der sie bei seinem eigenen Label Soul City unter Vertrag genommen hatte. 1968 wurde ihr Jahr. *»Stone Soul Picinic«*, geschrieben von Laura Nyro, erreichte Platz 3 in den Charts und wurde Millionseller. Bei der Grammy-Verleihung sahnten sie ab. Sie, bzw. der Komponist Jim Webb, erhielten ihn für *»Up-Up And Away«* als bester Song des Jahres. Außerdem erhielten sie in diesem Jahr folgende Grammys: die beste zeitgenössische Platte, beste Vokal- und beste zeitgenössische Gruppe. *»Aquarius/Let The Sunshine In«* aus dem Musical »Hair« kam im März 1969 in die amerikanischen Charts, wurde Spitzenreiter und Millionseller. In GB erreichte die Platte Platz 11, in Deutschland Platz 2. Der *»Wedding Bell Blues«* (geschrieben wieder von Laura Nyro) wurde im Herbst 1969 ebenfalls Millionseller und Platz 1 in den USA. Genau diese Glocken schlugen auch für Billy Davis und Marilyn McCoo, die sich ab 1976 von der Gruppe trennten und als Duo erfolgreich waren. Mit *»One Last Bell To Answer«* 1970 und *»(Last Night) I Didn't Get To Sleep At All«* 1972 hatten Fifth Dimension zwei weitere Millionseller und Top-10-Erfolge. Nach Davis und McCoo schied auch Townson aus, und die Formation präsentierte sich im Frühjahr 1978 in der Besetzung LaRue, McLemore, Terri Bryant, Mic Bell und Danny Miller Beard. Schon auf der nächsten LP war Danny gegen Lou Courtney ausgetauscht worden. Nach 1976 ist der Band allerdings auch kein Hit mehr gelungen.

Der Hit: *Aquarius/Let The Sunshine In*
Der Tip: *Greatest Hits On Earth* (Arista 259 046)

Fine Young Cannibals

Roland Gift, v (* 28.5.1962); Andy Cox, g (* 25.1.1960); David Steele, key (* 8.9.1960).

Im Juni 1985 landete eine völlig unbekannte Drei-Mann-Combo gleich mit ihrer ersten Single *»Johnny Come Home«* einen Platz 8 in GB. Ihren Namen hatte die Formation von dem Robert-Wagner-Film »All The Fine Young Cannibals« übernommen. Prägnant für den Gruppensound und sofort herauszuhören war Roland Gifts soulig angehauchte, klare Kopfstimme. Mit *»Suspicious Minds«* 1986, *»Ever Fallen In Love«* 1987 und *»She Drives Me Crazy«* und *»Good Thing«* 1989 hatten sie weitere Top-10-Erfolge in GB. Die beiden letztgenannten Titel standen ebenfalls

1989 beide auf Platz 1 in den USA. Speziell Roland Gift entwickelte sich schon Ende der 80er Jahre mehr und mehr zum Schauspieler. Die gesamte Gruppe war 1987 im Film »Tin Man« zu sehen, aus dem auch das Stück *»Good Thing«* war. In den beiden Streifen »Sammy & Rosie tun es« und »Scandal« zeigte Roland Gift, was er als Schauspieler draufhat. Während Roland seiner Schauspielerei nachging, schrieben Andy und David die Musik zum Steve-Martin-Film »Ein Ticket für zwei« und hatten unter dem Pseudonym Two Men, A Drum Machine & A Trumpet im Januar 1988 den britischen Top-20-Erfolg *»I'm Tired Of Getting Pushed Around«*. Darüber hinaus produzierten sie mit The Wee Papa Girl Rappers einige Tracks. Die Schauspielerei schien Roland Gift dermaßen zu gefallen, daß er mit einer Theatergruppe als Romeo in »Romeo und Julia« auf Tournee ging.

Der Hit: *She Drives Me Crazy*
Der Tip: *The Raw And The Cooked* (London 828 069.2)

Fireballs

George Tomsco, g (* 24.4.1940); Dan Trammell, g (* 14.7.1940); Eric Budd, d (* 23. 10.1938); Stan Lark, b (* 27.7.1940); Chuck Tharp, v (* 3.2.1941); Doug Roberts, d († 18.11.1981); Jimmy Gilmer, v/p (* 15.9.1940).

Diese amerikanische Rock-'n'-Roll Band gründete sich, als die Mitglieder noch in Raton, New Mexico, zur Schule gingen. 1958 machten sie ihre ersten Plattenaufnahmen. 1959 hatten sie ihr erste Hitnotierung mit *»Torquay«*. Die ersten vier Hits der Band waren Instrumentals. Wohl auch aus diesem Grund ging 1960 Chuck Tharp, der Sänger, und in Jimmy Gilmer fand man Ersatz. Die Fireballs produzierten die meisten ihrer Platten in dem Studio, in dem auch Buddy Holly und Buddy Knox schon in den 50er Jahren ihre Hits aufgenommen hatten. Besitzer war Norman Petty, das Studio stand in Clovis, New Mexico. Mit *»Sugar Shack«* gelang der Gruppe, die jetzt als Jimmy Gilmer & The Fireballs firmierte, im Herbst des Jahres 1963 ein Millionseller und Platz 1 in den USA. Auch die nächsten beiden Hitnotierungen führen Jimmy Gilmer im Bandnamen auf. 1967 war Gilmer häufiger Gast in den Clubs im Greenwich Village in New York. Dort traf er öfter den Songschreiber Tom Paxton. Dessen Titel *»Bottle Of Wine«* gefiel Jimmy so gut, daß er ihn aufnahm. Die Plattenfirma, bei der die Fireballs inzwischen unter Vertrag waren, mochte die Aufnahme jedoch nicht. Sie wechselten zu einer anderen Firma, die *»Bottle Of Wine«* jetzt wieder nur als Fireballs veröffentlichte. Sie wurde Ende 1967, Anfang 1968 Platz 9 in den USA. 1969 ging Gilmer nach Los Angeles und gründete dort eine neue Band. Als das nicht funktionierte, wurde er Mitarbeiter von United Artists Music in Nashville und später Vizepräsident von CBS Songs.

Viele Fans von Buddy Holly stehen den Fireballs mit sehr gemischten Gefühlen gegenüber. Durch den gemeinsamen Produzenten Norman Petty besteht eine Verbindung zwischen dieser Band und Holly. Der hinterließ nach seinem Tod eine ganze Latte unfertiger Aufnahmen, die er in seiner New Yorker Wohnung allein mit seiner Gitarre aufgenommen hatte. Um daraus nun fertige Platten zu machen, unterlegte Norman Petty mit den Fireballs den Gesang von Holly völlig neu. Unter diesen Produktionen befinden sich bekannte Titel wie *»Maybe Baby«*, *»Love Is Strange«* oder *»Good Rockin' Tonight«*.

Der Hit: *Sugar Shack*

Firefall

Rick Roberts, v/g (* 31.8.1949); Mike Clarke, d (* 3.6.1943 als Michael Dick); Mark Andes, b (* 19.2.1948); Jock Bartley, g/v; David Muse, key/sax/fl; Larry Burnett, g/v.

Diese amerikanische Formation brachte einen sensiblen Country-Soft-Rock, angelehnt an die Songs von Poco und den Eagles. Bei der illustren musikalischen Vorgeschichte der einzelnen Musiker kein Wunder. Ihre erste Hitnotierung hatten sie mit *»Livin' Ain't Livin'«* Mitte 1976. Danach erschien zwei Monate später *»You're The Woman«*, der einzige Top-10-Erfolg der Band. David Muse kam erst 1977 zu Firefall. Mark Andes, der vorher bei Spirit und Jo Jo Gunne war, ging 1980 zu Heart. Der Sänger Rick Roberts, der auch die meisten Hits der Band im Alleingang geschrieben hatte, war vorher Mitglied bei den Flying Burrito Brothers gewesen. Dort hatte er schon mit Mike Clarke gespielt, der außerdem zu der Urbesetzung der Byrds gehörte. Nach 1980 drehte sich das Besetzungskarussell. Am längsten blieb noch Jock Bartley bei Firefall.

Der Hit: *You Are The Woman*
Der Tip: *Firefall* (Rhino R2 70379 TIS)

Firehouse

C. J. Snare, v; Bill Leverty, g; Perry Richardson, b; Michael Foster, d.

Leadsänger C. J.: »Wir sind bloß vier Jungs, die versuchen, ein bißchen gute Musik zu machen, die den Leuten Spaß macht.« Auch der Plattenfirma CBS fiel 1990 auf: »An der hart umkämpften Hard-Rock-Front braucht man schon etwas mehr als nur eine laute Bühnenanlage, um aus der Masse herauszuragen.« 1990 erschien die Debütplatte dieser amerikanischen Formation. Bon Jovi hatte die Jungs bei einem Club-Gig mit Begeisterung gesehen und den entscheidenden Push für den ersten Plattenvertrag gegeben. Ihre erste Hitnotierung war im März 1991 *»Don't Treat Me Bad«*, Platz 19 in den USA. *»Love Of A Lifetime«* stand Mitte 1991 auf Platz 5 in der amerikanischen Hitparade, im August 1992 erreichte die

Band Platz 8 in den USA mit »*When I Look Into Your Eyes*«. Ob sie ansonsten noch was draufhaben, um aus der Masse herauszuragen, wird sich zeigen.

Der Hit: *Love Of A Lifetime*
Der Tip: *Firehouse* (Epic 467 441)

Firm

Diese Formation hier ist nicht zu verwechseln mit der gleichnamigen Gruppe um Jimmy Page und Paul Rodgers. Die hier gemeinte Firma hatte sich mehr dem Jux verschrieben. Zum erstenmal tauchten sie 1982 in der britischen Hitparade mit einem Titel über eine Figur der britischen Fernsehserie »*Minder, Arthur Daley*« auf. Da jeder das Gefühl hatte, hier handele es sich um ein typisches One Hit Wonder, wunderte es niemanden, daß man von Firm nichts mehr hörte. Mit einer weiteren Nummer aus einer TV-Serie erreichten sie 1987 ganz knapp noch einmal die britischen Charts. Und dann geschah, was niemand für möglich gehalten hätte: »*Star Trekkin'*«, dieser Song über Klingonen, Beamen und Captain Kirk erreichte innerhalb von nur drei Wochen den Spitzenplatz der britischen Hitparade. Die Musik basierte auf einem alten deutschen Volkslied.

Der Hit: *Star Trekkin'*

First Choice

Rochelle Fleming (* 11.2.1950); Annette Guest (* 19.11.1954); Joyce Jones (* 30.7.1949).
Das schwarze Soul-Damentrio startete 1971 unter dem Namen Debronettes. 1973 -- nun als First Choice -- erreichten sie mit dem Titel »*Armed And Extremely Dangerous*« in den USA Platz 28, in GB gar Platz 16. Die Nachfolgeplatte »*Smarty Pants*« wurde im August 1973 ein Platz 9 in GB. Es folgten weitere Hitnotierungen bis 1977. Joyce wurde später durch Debbie Martin ersetzt, und 1984 trennte sich die Formation. Drei Jahre später stellte Rochelle Fleming First Choice zusammen mit ihrer Cousine Laconya Fleming und Lawrence Cottrel wieder auf die Beine. Ein Erfolg in den Hitparaden gelang ihnen nicht mehr.

Der Hit: *Smarty Pants*

First Class

Tony Burrows, v (* 14.4.1942); John Carter; Del John; Chas Mills.
Wieder ein britisches Studioprojekt, das sehr wahrscheinlich erst zusammengestellt wurde, nachdem sich »*Beach Baby*« im Juni 1974 zu einem Hit mauserte.

Tony Burrows war wieder einmal der Sänger, um den sich unbekannte Studiomusiker scharten. Als die Platte Platz 13 wurde, mußte sie sich darstellen, und da kam es wohl zu der Zusammenkunft einiger Musiker für TV-Sendungen. Besonders erfolgreich war die Platte in den USA. Dort wurde sie im Juli 1974 ein Platz 4. In GB reichte es nur für den einen Hit, in den USA kamen mit *»Dreams Are Ten A Penny«* und *»Funny How Love Can Be«* noch zwei weitere Nummern mit First Class in die Charts. Beide Titel wurden durch andere Interpreten allerdings erfolgreicher. Produzent der Platte war John Carter, der offensichtlich auch Rechte an diesem Gruppennamen hatte und ihn immer wieder verwandte.

Der Hit: *Beach Baby*

Fischer, Horst

Dieser deutsche Ausnahme-Trompeter erreichte mit seiner Version des *»Mitternachts-Blues«* im Februar 1958 Platz 8 in der deutschen Single-Hitparade. Das Stück stammte aus dem Film »Immer, wenn der Tag beginnt« und wurde von Franz Grothe geschrieben. Erfolgreicher als Fischer war mit der Nummer Bert Kaempfert, der fast zur gleichen Zeit in die deutschen Charts kam und Platz 6 erreichte. Eine weitere Hitnotierung hatte Horst Fischer nicht.

Der Hit: *Mitternachts-Blues*

Fisher, Eddie

* 10.8.1928 als Edwin Jack Fisher. Eddie hat es in den frühen 50er Jahren zumindest in den USA geschafft, Frank Sinatra als Idol der weiblichen Teenies zu verdrängen. Und wenn man heute den Namen Eddie Fisher hört, denkt man zuerst einmal daran, daß er einer der Ehemänner von Liz Taylor war, die ihn dann aber wegen Richard Burton sitzenließ. Eddie seinerseits hatte wegen Liz Taylor Debbie Reynolds sitzenlassen, und nach all den Geschichten, die Eddie in der Regenbogenpresse einen sicheren Platz bescherten, heiratete er Connie Stevens -- und die ließ ihn sitzen ebenso wie seine vierte Ehefrau, die dann aber auch schon eine ganze Latte von Jahren jünger war als er. Als 13jähriger hatte Klein Eddie in der Radiosendung »Children's Hour« einen Gesangs-Nachwuchswettbewerb gewonnen -- die nächsten acht Jahre sang er in Clubs rund um seine Heimatstadt Philadelphia. 1949 kam für Eddie der Erfolg. Der Komiker Eddie Cantor entdeckte ihn, nahm ihn mit auf eine Tournee und verhalf ihm zu einem Plattenvertrag. Ende des Jahres 1950 hatte er seinen ersten Top-10-Hit und wenig später seinen ersten Millionseller. Und obwohl er 1951 zum Militär mußte und für zwei Jahre fast aus dem Rennen war, nahm er weitere Platten auf und sollte 1953

endlich auch wieder für die ihn liebenden Teenies dasein. Eine Getränkefirma sponserte eine TV-Sendung, die von Küste zu Küste ausgestrahlt wurde und die den Plattenabsatz von Eddie sicherte. Mit seiner Frau Debbie Reynolds trat er dann auch als Schauspieler in Erscheinung. Er hinterließ keinen bleibenden Eindruck. Am bekanntesten dürften seine Nebenrolle 1950 in dem Film »All About Eve« sein und, neben Liz Taylor, eine Hauptrolle in »Butterfield 8« 1960. Als sich 1956 mehr und mehr der Rock 'n' Roll durchsetzte, verschwand Eddie aus den Charts. Sein letzter Top-10-Hit war *»Cindy, Oh Cindy«*, der im Dezember 1956 erschien und auf beiden Seiten des Atlantiks beeindruckte. Bei uns in Deutschland kam die Platte nicht einmal in die Hitparade, dafür traten zwei deutschsprachige Interpreten mit Coverversionen an: Margot Eskens und Wolfgang Sauer lagen schon bald in der Gunst der Käufer ganz oben. Zuerst Wolfgang Sauer, für drei Wochen Platz 1, dann Margot Eskens für 10 Wochen. In der Folgezeit erschienen immer mal wieder Titel von Fisher unter den ersten 100 in den USA. Ansonsten besagte Schlagzeilen in der Regenbogenpresse. Wer mehr über dieses Thema wissen will, sollte seine Biographie lesen: »Eddie -- My life, My Loves«, 1981 erschienen. Inzwischen ist seine Tochter Carrie Fisher, die er gemeinsam mit Debbie Reynolds hat, eine erfolgreiche Schauspielerin und Autorin. Von ihr stammt das autobiographische Buch »Pictures From The Edge«, das in den 90er Jahren erfolgreich verfilmt wurde.

Der Hit: *Oh! My Pa-Pa*
Der Tip: *Greatest Hits* (RCA INTS 5094)

Fisher, Miss Toni

* 1931. Die in Los Angeles geborene Sängerin war bekannt als Kabarettkünstlerin in Las Vegas, bevor sie einen Plattenvertrag bei dem kleinen Label Signet bekam. Dort nahm sie ihren einzigen Hit mit Hilfe von Heine Beau und seinem Orchester auf. *»The Big Hurt«* kam im November 1959 in die amerikanische Hitparade und wurde ein Platz 3. Auf dieser Single sind zum erstenmal Gitarreneffekte zu hören, die später typisch für Psychedelic-Aufnahmen werden sollten. An ihrem ersten und einzigen Album ist besonders bemerkenswert, daß es zu den ersten Stereo-Aufnahmen gehörte. Miss Toni tauchte noch zweimal in der Hitparade auf, einmal mit einer neuen Version von Irving Berlins *»How Deep Is The Ocean«* und mit *»West Of The Wall«*. Der letztgenannte Titel bezog sich auf die Berliner Mauer, im Erscheinungsjahr 1962 ein brisantes Thema. In den 60er Jahren nahm Toni Fisher für verschiedene Firmen weitere Platten auf und zog sich dann aus der Musikszene zurück.

Der Hit: *The Big Hurt*

Fitzgerald, Ella

* 25.4.1918. Sie gilt als die erfolgreichste, beliebteste und beste Jazz-Sängerin aller Zeiten. Entdeckt wurde sie 1934 bei Amateurwettbewerben im Harlem Opera House und im Apollo Theatre. 1935 wurde sie Mitglied bei Chick Webb & His Orchestra. 1938 hatte sie mit der von ihr mitverfaßten Nummer *»A-Tisket A-Tasket«* ihren ersten Spitzenreiter in der amerikanischen Pop-Hitparade. Die Platte stand 10 Wochen an der Spitze und wurde ein Millionseller. Nach dem Tode von Chick 1939 leitete Ella die Band bis 1942 weiter. Neben ihrer Arbeit mit Chick Webb und dessen Orchester erschienen ab 1936 auch Soloplatten von ihr. Außerdem machte sie erfolgreiche Platten mit den Mills Brothers, Ink Spots, Louis Armstrong, Benny Goodman und Louis Jordan. Mit *»I'm Making Believe«* und *»Into Each Life Some Rain Must Fall«* stand sie im November 1944 wieder auf Platz 1 in der amerikanischen Pop-Hitparade. Ihre letzte erwähnenswerte Hitnotierung hatte sie mit *»Mack The Knife«* Mitte 1960 in den USA. Dieser Titel war am 13. Februar 1960 live in der Deutschlandhalle in Berlin aufgenommen worden. Den Down Beat Poll, ein begehrter Preis der gleichnamigen amerikanischen Jazz-Zeitschrift, gewann sie mehr als zwanzigmal, den Grammy gewann sie zwölfmal.

Der Hit: *A-Tisket A-Tasket*
Der Tip: *The Early Years Part I* (MCA GRP 26 182)

Fitzgerald, Scott

Der Schotte Scott Fitzgerald ist wieder einmal einer der vielen, die aus der Kaderschmiede der »Hair«-Aufführungen hervorgingen. Es folgten Filmaufnahmen, Club- und Theaterauftritte und schließlich eine Tournee mit der Scott Fitzgerald Show. 1977 traf er den Produzenten Jonathan Hodge, der mit ihm und der Sängerin Yvonne Keeley aus einem alten Titel von Saint-Saens, mit Reggae-Rhythmen unterlegt, *»If I Had Words«* machte. Die Platte wurde im Januar 1978 ein Hit in GB und erreichte Platz 3. Zehn Jahre sollte es dauern, bis man wieder etwas von Scott hörte. 1988 sang er für Großbritannien beim Grand Prix den Titel *»Go«*, der den zweiten Platz belegte. In der britischen Hitparade kam Scott damit nur bis auf Platz 52.

Der Hit: *If I Had Words*

Five Americans

Mike Rabon, v/g; Norman Ezell, g; John Durill, key; Jim Grant, b; Jimmy Wright, d. Die aus Dallas, Texas, stammende Gruppe formierte sich 1964. Im gleichen Jahr wurden ihre ersten Platten produziert. Nach zwei kleineren Erfolgen wechselten sie die Plattenfirma und erhielten als neuen Produzenten Dale Hawkins, der in den 50er Jahren durch seinen Hit *»Suzie Q«* bekannt wurde. Im März 1967 tauchte *»Western Union«* in der amerikanischen Hitparade auf und erreichte Platz 5. Diesen Erfolg konnte die Gruppe nicht mehr wiederholen. Nach 1968 war sie aus den Charts verschwunden, 1969 löste sie sich auf.

Der Hit: *Western Union*
Der Tip: *Western Union* (EVA 12050 EV 102)

Five Man Electrical Band

Les Emmerson, v/g; Theodore Gorow, key/sax; Brian Rading, b; Michael Belanger, per; Richard Belanger, d.
Diese kanadische Rockgruppe gründete sich in den frühen 60er Jahren und nannte sich zuerst Staccatos. Mitte der 60er Jahre erhielten sie einen Plattenvertrag und hatten in Kanada mehr als 12 kleinere Hits. Der größte davon hieß *»Half Past Midnight«*. 1969 traten sie im Whisky A Go-Go und im Troubador in Los Angeles auf. Während sie dort waren, nahmen sie in den Studios von Capitol eine neue LP auf. Einer der Titel dieser neuen LP hieß *»The Five Man Electrical Band«*, nach dem sich die Gruppe nun benannte. Im Mai 1971 kam *»Signs«*, eine Komposition von Les Emmerson, in die US-Charts, wurde ein Millionseller und erreichte Platz 3. Es folgten weitere Single-Veröffentlichungen der Band, die allerdings nicht mehr unter die ersten 20 kommen konnten. Nach 1974 verschwanden sie ganz aus den Hitparaden. Dieser Titel *»Signs«* wurde 1991 mit der Gruppe Tesla erneut ein Top-10-Erfolg in den USA. Das dazugehörende Album nannte Tesla *»Five Man Acoustical Jam«*.

Der Hit: *Signs*

Five Stairsteps

Clarence (* 1951), James (* 1952), Kenneth (* 1954), Dennis (* 1953), Aloha (* 1950) und Cubie (* 1962) Burke.
Diese Soul-Gruppe aus Chicago wurde aus den vier Brüdern und einer Schwester Burke gegründet. Ab 1967 kam noch ihr fünfjähriger Bruder Cubie hinzu, und die Formation nannte sich Five Stairsteps & Cubie. Ab 1966 hatten sie regelmäßige Eintragungen in den Pop-Charts, kamen da jedoch bis 1970 nicht unter die ersten 40. Anders in den Rhythm-&-Blues-Charts: Dort wurden die meisten ihrer Platten unter den ersten 20 aufgelistet. Anfang 1970 nannten sie sich wieder nur Five Stairsteps. *»O-o-h Child«* kam im Mai 1970 in die US-Charts und erreichte Platz 8.

Es war die B-Seite der aktuellen Single der Band -- A-Seite war *»Dear Prudence«*, eine Komposition von Lennon/McCartney. Bis 1971 werden die Platten der Gruppe, die sich jetzt nur noch Stairsteps nannte, in den US-Charts aufgeführt, dann sind sie verschwunden. 1972 trennten sie sich musikalisch. Bis auf Clarence und Kenneth, die Sessionmusiker wurden, begannen alle eine Ausbildung. 1976 nahmen Clarence und Kenneth mit den Brüdern Denis und James wieder eine Platte auf und standen mit *»From Us To You«* unter den ersten 10 der Rhythm-&-Blues-Charts. Diese Nummer erschien auf dem Dark Horse Label von George Harrison und wurde produziert durch Billy Preston. Dazu erschien eine bemerkenswerte LP mit dem Titel *»2nd Resurrection«*. Trotzdem wurde die Platte kein Erfolg, sie trennten sich wieder, und Clarence gründete die Invisible Man's Band, während Kenneth als Keni Burke eine Karriere als Solokünstler und Produzent verfolgte.

Der Hit: *O-o-h Child*

Five Star

Deniece (* 13.6.1968), Doris (* 8.6.1966), Lorraine (* 10.8.1967), Stedman (* 29.6.1964) und Delroy (* 11.4.1970) Pearson.
1983 baten die drei britischen Schwestern Lorraine, Doris und Deniece ihren Vater, einen ehemaligen Profigitarristen und Songschreiber, ein gerade selbstgeschriebenes Stück aufnehmen zu dürfen. Vater Buster hatte während der 60er Jahre als Mitglied einer Tourband Interpreten wie Wilson Pickett, Lee Dorsey, Desmond Dekker oder Jimmy Cliff durch GB begleitet. Außerdem hatte er für ein unabhängiges Reggaelabel als Songschreiber und Produzent gearbeitet. Nach dieser ersten Aufnahme der Töchter, von der der Vater begeistert war, machte er ein Demo von einem Stück, das Lorraine geschrieben hatte, und mit dieser Nummer hatten sie dann im September 1983 ihren ersten Fernsehauftritt. Inzwischen hatten sich noch die beiden Brüder Stedman und Delroy zu den Schwestern gesellt, und man trat als Five Star auf. Ab 1985 waren sie regelmäßig in der britischen Hitparade. Ihre größten Hits sind *»System Addict«*, *»Can't Wait Another Minute«*, *»Find The Time«* und *»Rain Or Shine«* 1986, *»Stay Out Of My Life«* und *»The Slightest Touch«* 1987. Der Wunsch, einigen bestimmten Mitgliedern der Jackson Family ähnlich zu sehen, steht den Five Star ins Gesicht geschrieben.

Der Hit: *Rain Or Shine*
Der Tip: *Silk And Steel* (RCA PL 71100)

Five Tops

Hinter dieser Gruppe versteckte sich Lev Leandros, der in den 50er Jahren ein recht erfolgreicher Schlagerinterpret in Griechenland war. Dann ging er nach Deutschland und arbeitete außerdem noch als Produzent. 1957 hatte er hier seinen ersten Erfolg. *»Mustafa«* war Mitte 1960 gar ein Platz 1 in der deutschen Hitparade. Mit einer deutschsprachigen Coverversion des Four-Seasons-Hits *»Rag Doll«* hatte Leo als Five Tops seinen größten Erfolg, im Januar 1965 ein Platz 4 in Deutschland. Ab Mitte der 60er Jahre kümmerte sich Leo mehr um die Karriere seiner Tochter Vicky.

Der Hit: *Rag Doll*

5000 Volts

Der in der zweiten Hälfte der 70er Jahre recht erfolgreiche Komponist und Studiomusiker Tony Eyers ließ 1975 von einer Studioformation das von ihm geschriebene Stück *»I'm On Fire«* aufnehmen. Er hatte vor, falls daraus ein Hit werden würde, eine dazugehörende Gruppe zusammenzustellen. Er veröffentlichte den Titel in Deutschland unter dem Gruppennamen Airbus. Aus rechtlichen Gründen hieß die Gruppe bei uns so, in GB nannte sie sich 5000 Volts. Die Platte erreichte Platz 4 in GB, in Deutschland den Spitzenplatz. Nachdem die Platte in die britische Hitparade gekommen war, erschien sie in Deutschland ebenfalls als 5000 Volts mit dem Zusatz (Airbus). Allerdings stimmte das Cover der Platte insofern nicht mehr, als darauf das Fotomodell Luan Peters abgebildet wurde, gesungen wurde das Stück jedoch durch Tina Charles. Die wiederum hatte einen Exklusivvertrag bei der CBS. 5000 Volts erschien in England bei der Phonogram, und nun mußte Tina die Gruppe aus rechtlichen Gründen verlassen. Luan Peters blieb nur kurz, und Tina durfte -- warum auch immer -- jetzt plötzlich doch wieder Platten mit 5000 Volts produzieren. *»Dr. Kiss Kiss«* war im Juli 1976 ein Platz 8 in der britischen Hitparade. Tina Charles war als Solistin bis zum Ende der 70er Jahre erfolgreich.

Der Hit: *I'm On Fire*
Der Tip: *5000 Volts* (Epic 81872)

Fixx

Cy Curnin, v/g (* 12.12.1957); Adam Woods, d (* 8.4.1952); Rupert Greenall, key (* 30.3.1950); Jamie West-Oram, g (* 19.2.1954); Charlie Barret, b; Dan K. Brown, b.

Die britische Techno-Pop-Gruppe Fixx, musikalisch durch Formationen wie Talking Heads oder Television beeinflußt, kam 1979 als letzte Besetzung der Band Portrait zusammen. Ihre Single *»Lost Planes«* brachte erste Achtungserfolge. 1982 werden sie erstmals in den britischen Charts notiert. *»Shuttered Room«* hieß ihre Debüt-LP 1982. Die Briten konnten mit den Platten von Fixx wenig anfangen -- ihre größten Hits werden in den USA aufgelistet. Produzent der Band war Rupert Hine. *»One Thing Leads To Another«* war im August 1983 Platz 4 in den USA und der einzige Top-10-Erfolg dieser Formation. Eine ihrer schönsten Aufnahmen kam nie in die Charts: *»Less Cities, More Moving People«*.
Die Gruppe machte bis in die 90er Jahre vorwiegend ausgezeichnete Langspielplatten.

Der Hit: *One Thing Leads To Another*
Der Tip: *React* (MCA 254 784-2)

Flack, Roberta

* 10.2.1939. Da Roberta in eine sehr musikalische Familie geboren wurde, studierte sie konsequenterweise Musik. Für Plattenaufnahmen wurde sie Ende der 60er Jahre von dem Pianisten Les McCann entdeckt, der sie in einem Nachtclub in Washington gehört hatte, wo sie Jazz sang und Piano spielte. 1969 erhielt sie einen Plattenvertrag. Zunächst erschienen zwei Alben, ohne daß sie daraus einen Single-Hit erzielen konnte. Im Duett mit Donny Hathaway stand sie Mitte 1971 erstmals in den US-Top-30 mit *»You've Got A Friend«*. Im März 1972 gelang ihr der Millionseller und Nummer-1-Hit *»The First Time Ever I Saw Your Face«*. Das Stück hatte sie gleich für ihre Debüt-LP im Jahr 1969 aufgenommen. Drei Jahre später drehte Clint Eastwood den Thriller »Play Misty For Me«, in dem er einen Diskjockey spielt, der von einem neurotischen weiblichen Fan verfolgt und bedroht wird. In dem Film wurde auch der Titel *»The First Time Ever I Saw Your Face«* gespielt und erlangte dadurch genügend Popularität, um zu einem Hit zu werden und den Grammy für den Song und die Platte des Jahres zu gewinnen.
1973 gewann Roberta, die sich auf Balladen spezialisiert hatte, den Grammy als beste Sängerin des Jahres und hatte mit *»Killing Me Softly With His Song«* wieder den Song des Jahres. Dieser Titel wurde ebenfalls Spitzenreiter und Millionseller in den USA. Weitere Top-10-Erfolge und Millionseller waren *»Where Is The Love«* 1972 und *»The Closer I Get To You«* 1978 zusammen mit Donny Hathaway und *»Feel Like Makin' Love«* 1974 als Solistin. Nachdem ihr Gesangspartner Donny Hathaway 1979 Selbstmord begangen hatte, zog sich Roberta zunächst vom Plattengeschäft zurück. 1983 -- jetzt im Duett mit Peabo Bryson -- war sie

erfolgreich mit »*Tonight I Celebrate My Love*«, ein Platz 16 in den USA, ein Platz 2 in GB.

Der Hit: *The First Time Ever I Saw Your Face*
Der Tip: *The Best Of* (Atlantic 250 840)

Flanagan, Ralph

* 7.4.1919. Bereits als Teenager spielte er in lokalen Bands Piano. 1940 wurde er Pianist und Arrangeur für Sammy Kaye, 1942 ging er zur Marine. Nach dem Krieg arrangierte er für diverse Bands, darunter wieder Sammy Kaye, aber auch Gene Krupa oder Alvino Ray. Dann arbeitete er für die Perry Como Supper Club Radio Show und für die Sänger Tony Martin und Mindy Carson. 1949 gründete Ralph seine eigene Band mit vorwiegend unbekannten Musikern. Mit »*Don't Cry, Joe (Let Her Go, Let Her Go, Let Her Go)*« gelang ihm Ende 1949 sein erster Top-10-Erfolg. Bis 1954 kam er auf mehr als 20 Hits in den amerikanischen Charts, darunter eine Version von »*Rag Mop*«, »*Nevertheless (I'm In Love With You)*« und »*Harbor Lights*« 1950, »*Slow Poke*« 1951, »*I Should Care*« 1952 und »*Hot Toddy*« 1953. Alle genannten Titel waren Top-10-Erfolge. Bis in die 60er Jahre blieb Flanagan mit seiner Band aktiv.

Der Hit: *Rag Mop*

Flash & The Pan

George Young (* 6.11.1947), Harry Vanda (* 22.3.1947 als Johannes Vandenberg).
Nachdem 1969 die Easybeats auseinandergefallen waren, bildeten die beiden Bandkollegen George und Harry ein sehr erfolgreiches Autorenduo. Außerdem versuchten sie sich immer wieder mal als Duo und versteckten sich hinter Namen wie Band Of Hope, Marcus Hook, Paintbox und eben Flash & The Pan. Flash & The Pan schaffte mit »*Waiting For A Train*« Mitte 1983 einen Platz 7 in der britischen Hitparade und mit »*Midnight Man*« im April 1985 Platz 7 in Deutschland. Von ihren gesanglichen Qualitäten scheinen sie nicht sonderlich überzeugt zu sein. Eingebettet in ein üppiges Arrangement klangen sie immer so, als würden sie durch ein Megaphon oder hinter einem Vorhang singen.

Der Hit: *Waiting For A Train*
Der Tip: *Collection* (Epic EPC 466 950 2)

Fleetwood Mac *(Warner Records)*

Fleetwood Mac

Peter Green, g (* 24.6.1942 als Peter Greenbaum); Mick Fleetwood, d (* 24.6.1942); John McVie, b, (* 26.11.1945); Jeremy Spencer, g (* 4.7.1948); Christine McVie, key (* 12.7.1943 als Christine Perfect); Danny Kirwan, g (* 13.3.1950); Bob Welch, g (* 31.7.1946); Lindsey Buckingham, g (* 3.10.1947); Stevie Nicks, v (* 26.5.1948); Billy Burnette, g (* 7.5.1953); Rick Vito, v (* 1950). Im Juli 1967 spielten die Musiker, die als The Bluesbreakers die aktuelle Begleitband von John Mayall waren, als Backing-Band für den amerikanischen Bluesmusiker Eddie Boyd. Der nahm für Mike Vernon und dessen Label Blue Horizon eine Langspielplatte auf. Mike Vernon war von den Musikern, die Boyd begleiteten, sehr angetan. Von John Mayall weiß man, daß er innerhalb der Band sehr autoritär wirkte. Also nahmen die Bluesbreakers das Angebot von Vernon an, für sein Label eine neue Gruppe zu gründen und ohne John Mayall zu spielen. Ihr Debüt gaben sie am 12. August 1967 beim Windsor Jazz And Blues Festival. Am 3. November erschien mit »*I Believe My Time Ain't Long*« ihre erste Single, auf der als Interpreten Peter Green's Fleetwood Mac genannt wurden. Vernon wollte sicher die Popularität von Peter Green ausnutzen, denn immerhin hatte der Eric Clapton bei John Mayall ersetzt. Als Fleetwood Mac begannen, orientierten sie sich stark an den großen amerikanischen Blues-Vorbildern wie z. B. Elmore James. Zeitweise waren sie die beste Bluesgruppe Großbritanniens.

Ihre erste Hitnotierung hatten sie im April 1968 in GB mit dem von Peter Green geschriebenen Titel *»Black Magic Woman«*, 1971 ein Erfolg für Santana. Als nächste Single erschien *»Need Your Love So Bad«*, und dann kam, immer noch 1968, *»Albatross«*, die erste Nummer 1 der Band in GB. Schon in jenen Anfangstagen änderte sich die Besetzung regelmäßig. Im September 1968 hatte erstmals Christine Perfect, später McVie, auf der LP *»Mr. Wonderful«* gespielt, obwohl sie noch Mitglied bei Chicken Shack war. Im gleichen Monat kam als dritter Gitarrist Danny Kirwan zur Band. Im April 1969 erreichte *»Man Of The World«* Platz 2 in GB, im Oktober *»Oh Well«* das gleiche Ergebnis. Im Mai 1970 war *»The Green Manalishi (With The Two-Prong Crown)«* ein weiterer Top-10-Erfolg in GB. Ende Mai 1970 verließ Peter Green die Gruppe. Wenig später wurde Christine Perfect, inzwischen John McVies Ehefrau, festes Mitglied. Im Februar 1971 verließ auch Jeremy Spencer die Band, die nun in die Bedeutungslosigkeit zu versinken schien. Im April desselben Jahres kam der amerikanische Musiker Bob Welch als festes Mitglied zur Band. Die anderen Musiker versprachen sich von ihm einen Push auf dem amerikanischen Markt. Mitte 1973 war Fleetwood Mac wieder auf Platz 2 der britischen Single-Hitparade, aber nicht etwa mit einer neuen Nummer, sondern mit dem wiederveröffentlichten *»Albatross«*. Im Dezember 1974 -- inzwischen hatte auch Danny Kirwan die Band verlassen -- ging Bob Welch. Nun schien die Band am Ende. Da kam in Form der beiden Amerikaner Lindsey Buckingham und Stevie Nicks der erhoffte frische Wind. *»Over My Head«* wurde Ende 1975 der erste Top-20-Hit der Band in den USA. Das Ganze klang viel amerikanischer als alles, was die Gruppe vorher gemacht hatte. Es war so amerikanisch, daß jetzt die Briten damit nichts mehr anfangen konnten. Im Frühjahr 1977 erschien die LP *»Rumours«*, die sich zu einem weltweiten Erfolg entwickelte und mehr als 15 Millionen Exemplare verkaufte. Die Auskopplung *»Go Your Own Way«* war im Januar 1977 die erste Top-10-Platte der Band in den USA. Danach folgten der Spitzenreiter und Millionseller *»Dreams«*, *»Don't Stop«* und *»Make Loving Fun«* 1977, *»Tusk«* und *»Sara«* 1979, *»Hold Me«* 1982 und *»Big Love«* und *»Little Lies«* 1987 waren weitere Top-10-Erfolge der Band in den USA. In GB waren *»Tusk«* 1979, *»Oh Diane«* 1982, *»Big Love«* und *»Little Lies«* 1987 und *»Everywhere«* weitere Top-10-Hits. Anfang der 80er Jahre begannen die Soloaktivitäten der einzelnen Musiker, und teilweise wußte man schon nicht mehr, wer denn nun noch Mitglied oder wer schon gegangen ist. Im Juli 1987 verließ Lindsey Buckingham die Band. Für ihn kamen Billy Burnette und Rick Vito. 1993 verließen Burnette und Vito Fleetwood Mac wieder, ebenso kündigte Stevie Nicks an, sie wollte nicht mehr mit Fleetwood Mac spielen. Trotzdem kam die Erfolgsbesetzung der 70er/80er Jahre im Januar 1993 noch einmal zusammen, um bei der Inauguration des neuen amerikanischen Präsidenten Bill Clinton zu spielen. Der hatte den Fleetwood-Mac-Song *»Don't Stop«* während seiner Wahlkampagne als sein Motto genommen. Von den verbleibenden drei Musikern John

McVie, Mick Fleetwood und Christine McVie weiß man zur Zeit nicht, ob sie die Band fortführen oder nicht.

Der Hit: *Dreams*
Der Tip: *25 Years – The Chain* (WB 9362-45129-2)

Fleetwoods

Gary Troxel (* 28.11.1939); Gretchen Christopher (* 29.2.1940); Barbara Ellis (* 20.2.1940).

Die Mitglieder der Fleetwoods waren gerade 19 Jahre alt, hatten die Schule hinter sich und schrieben Songs, die sie selbst vortrugen. Es waren kleine Liedchen über Sorgen der Teenager, die Sehnsucht nach Liebe. Sie sahen aus wie die typischen Teenies der damaligen Zeit: Die beiden Mädchen hatten die Haare sorgsam hochtoupiert und mit Haarspray zementiert, der Knabe hatte eine Kurzhaarfrisur, die er links und rechts nach hinten und oben zur Mitte hin geföhnt trug. Überhaupt -- heute würde man sie sicher auf 30 und nicht auf knapp 20 Jahre schätzen. Ihre Zusammenarbeit kam zufällig zustande; die beiden Mädchen wollten ein Gesangsduo machen, und um den Gesang abzurunden, suchten sie einen Trompeter. Sie fanden ihn in Gary, der aber keine Trompete hatte. Also sang er die Trompetenparts. Damit war dann ein Trio entstanden. Sie nannten sich Two Girls And A Guy. Ein Plattenproduzent wurde auf sie aufmerksam und machte Probebänder, die er einer Plattenfirma anbot. Die fanden die Songs gut, aber den Namen des Trios konnten sie nicht akzeptieren. Also nannte man sie Fleetwoods. Ihre erste Platte war gleich eine Nummer 1 in der amerikanischen Hitparade, und auch die Briten waren von dem zarten Lied der US-Teenager beeindruckt: *»Come Softly To Me«* kam in die Top 10. Noch im gleichen Jahr hatten sie eine weitere Nummer 1 in Amerika mit der Nummer *»Mr. Blue«*. Mitten in ihrer Erfolgszeit wurde Gary Troxel zur Navy eingezogen und bei Bedarf durch den späteren Solostar Vic Dana ersetzt. Zwischen 1959 und 1963 konnten sie insgesamt neun Titel unter den Top 40 plazieren, darunter auch noch einen Platz 10 mit *»Tragedy«*. 1973 unterzeichneten sie erneut einen Plattenvertrag und nahmen Titel auf, die die Hits der damaligen Zeit im Sound der Fleetwoods zeigten, aber das verkaufte sich nicht. Nachdem die Fleetwoods auseinandergegangen waren, arbeitete Gary Troxel in einer Sperrholzfabrik, Gretchen Christopher lehrte Jazztanz, und Barbara Ellis wurde Hausfrau im sonnigen Kalifornien.

Der Hit: *Come Softly To Me*
Der Tip: *Greatest Hits* (Liberty LN 10159)

Fletcher, Dusty

Dusty ist ein amerikanischer Komiker, der seit den frühen 30er Jahren in den USA auftrat. Der Titel *»Open The Door, Richard«* gehörte 1947 zu den populärsten Aufnahmen in den USA. Nicht weniger als sieben Interpreten schafften mit ihren Versionen dieses Novelty-Titels in den amerikanischen Charts einen Top-10-Hit. Dusty Fletcher war einer davon. Einen anderen Hit oder auch nur eine weitere Hitnotierung hat er nie gehabt.

Der Hit: *Open The Door, Richard*

Flint, Berni

* 26.5.1952. Mit 22, nachdem er erfolglos in zwei verschiedenen Bands gespielt hatte, sang und spielte er als Solist in Pubs, Clubs, Bingo Halls und anderen aufregenden Orten. Der Manager eines Clubs in Liverpool gab ihm den Rat, sich bei der Fernsehsendung »Opportunity Knocks« vorzustellen. Diese damals wöchentlich ausgestrahlte TV-Sendung, in der sich Nachwuchskünstler präsentieren konnten, brachte etlichen Künstlern den Durchbruch, z. B. Mary Hopkin. Bernie trat im Herbst 1976 dort zum erstenmal auf, gewann 12 Wochen lang hintereinander diesen Wettbewerb, wurde in ganz GB bekannt und erhielt einen Plattenvertrag. Mit *»I Don't Want To Put A Hold On You«* kam er im März 1977 in die britische Hitparade und erreichte Platz 3. Geschrieben hatte er den Titel im Alleingang.

Der Hit: *I Don't Want To Put A Hold On You*

Flippers

Claus Backhaus, b/sax (* 30.5.1943); Roland Bausert, v/g (* 17.1.1944); Manfred Durban, d/tr (* 28.9.1942); Franz Halmich, key/sax (* 10.1.1944); Bernd Hengst, v/g/d (* 18.4.1947); Olaf Malolepski, v/g (* 27.3.1946).
Diese deutsche Gruppe wurde 1965 unter dem Namen Dancing Show Band gegründet. 1969 benannten sie sich in Flippers um. Im Oktober desselben Jahres gelang ihnen mit *»Weine nicht, kleine Eva«* ein Platz 8 in Deutschland. Der Nachfolgehit *»Sha La La, I Love You«* erreichte sechs Monate später Platz 9. Bis 1975 wurden weitere Hits der Gruppe notiert. Dann trat bis 1986 eine Hitpause ein. Inzwischen hat sich die Gruppe auf ein Trio reduziert, in dem Bernd, Olaf und Manfred spielen.

Der Hit: *Weine nicht, kleine Eva*
Der Tip: *Liebe ist ...* (Dino CD 2003)

Flirts

Christina Criscione, Debra Gaynor, Christie Angelica Muhaw, Andrea Del Conte, Rebecca Sullivan, Hope Rayman, alle v.

Dieses Disco-Trio war lediglich in Deutschland erfolgreich. Der Titel *»Passion«* erreichte im Februar 1983 Platz 4. Zwei Jahre später hatten sie mit *»Helpless (You Took My Love)«* noch einmal einen Platz 13 in Deutschland. Wer von den obengenannten Damen bei welcher Platte zu hören ist oder ob es sich möglicherweise um Künstlernamen handelt, unter denen sie dann aufgetreten sind, ist nicht mehr zu ermitteln. Wahrscheinlich wird nicht einmal Bobby Orlando, der die Titel für das Trio schrieb, wissen, wer was auf den Platten der Flirts gemacht hat. Gerade bei diesen Kunstgruppen, die die anspruchslose Disko-Musik der 80er Jahre aufgenommen haben, ist das auch völlig belanglos.

Der Hit: *Passion*
Der Tip: *The Flirts* (Ariola 206 521)

Floaters

Charles Clark; Larry Cunningham; Paul Mitchell; Ralph Mitchell; Jonathan Mighty Midget Murray.

Die Floaters wurden bereits 13 Jahre vor ihrem einzigen Hit 1964 in Detroit gegründet. 1976 sahen drei Mitglieder der Detroit Emeralds die Band und waren davon so angetan, daß sie sie baten, für ihre anstehende US-Tour das Vorprogramm zu bestreiten. Sie brachten sie mit einer Plattenfirma zusammen, und nachdem der Vertrag unterzeichnet war, schrieben die drei Detroit Emeralds Titel für das Debütalbum der Formation, das sie auch produzierten. *»Float On«*, ein Schnitt von dieser Debüt-LP, schoß Mitte 1977 in die amerikanische Hitparade und erreichte Platz 2, in GB wurde er gar Spitzenreiter. Ein weiterer Hit ist den Floaters nie gelungen, was sie, wie sie später einmal erzählten, auf der einen Seite als Belastung empfunden haben, sie auf der anderen Seite aber auch glücklich machte, den einen überhaupt gehabt zu haben. Larry Cunningham erzählte später in einem Interview: »Ohne diesen einen Hit wären wir gar nichts. Heute treten wir immer noch auf der Bühne auf, und solange unsere Show stimmt, machen wir weiter. Es gibt Hunderte von Gruppen, die würden ihr Leben dafür hergeben, könnten sie auf einen solchen Hit verweisen.«

Der Hit: *Float On*
Der Tip: *The Floaters* (ABC Records 25 094 XOT)

A Flock Of Seagulls

Mike Score, v (* 5.11.1957); Frank Maudsley, b/v (* 10.11.1959); Paul Reynolds, g (* 4.8.1962); Ali Score, d (* 8.8.1955).

Bevor sich die Gruppe 1979 in Liverpool zusamenschloß, waren zwei der Mitglieder Friseure, einer Elektriker und einer Automechaniker. Die Band entnahm ihren Namen dem Buch »*Jonathan Livingston Seagull*«. Ihre erste Single hieß »*Modern Love Is Automatic*«. Sie veröffentlichten sie 1981. Bezeichnet wurde das, was A Flock Of Seagulls machte, als eine hypnotische Mischung aus New Romantic und Psychedelic Rock, beeinflußt durch ihre Liebe zu Kraftwerk. Danach zog es sie in die USA, wo sie drei Wochen bleiben wollten -- daraus wurden sieben Monate. Dort hatten sie auch ihren größten Hit mit »*I Ran*«, im März 1982 ein Platz 9 in den Charts. Zu dem Song wurden Mike und Frank inspiriert, als sie ein Foto von einem UFO sahen, das zwei Menschen jagte. »*Wishing (If I Had A Photograph Of You)*« war im November 1982 der einzige Top-10-Erfolg der Band in GB. 1983 erhielten sie ihre höchste Auszeichnung, einen Grammy für die »Best Rock Instrumental Performance«. Nach 1985 gelang ihnen kein Top-10-Erfolg mehr. 1986 erschien die LP »*Dream Come True*«, auf der sich die Band als Trio zeigte -- Paul Reynolds hatte die Gruppe verlassen. Seinen Part übernahmen auf der LP diverse Gitarristen.

Der Hit: *I Ran*
Der Tip: *A Flock Of Seagulls* (Jive 6.25100)

Der Flotte Franz & seine Bierbrummer

Diese wohl mehr auf den Geschmack der Vollgesoffskis zielende Formation hatte 1961 in Deutschland gleich drei Hits hintereinander. Der erste war im August »*So leben wir*«, ein Platz 9 in der Hitparade, dann kamen noch »*Wenn das so weitergeht*« und »*Na, dann woll'n wir noch einmal*«. Zum Glück wollten sie doch nicht mehr, und somit war dieses Hitparadenkapitel abgeschlossen, obwohl sie noch so tolle Titel wie »*Der schönste Platz ist immer an der Theke*«, » . . . *denn im Wald, da sind die Räuber*«, »*Auf dem Baume, da hängt 'ne Pflaume*« oder »*Durst wird durch Bier erst schön*« aufnahmen. Warum der Flotte Franz nicht Ende der 80er, Anfang der 90er Jahre, als die Volksmusik mit all ihren Spielarten in die deutschen Bierzelte schwappte, wieder herausgebuddelt wurde, weiß ich nicht, macht mich aber dankbar.

Der Hit: *So leben wir*

Flowerpot Men

John Carter, v (* 20.10.1942 als John Shakespeare); Ken Lewis, v (* 3.12.1942 als James Hawker); Tony Burrows, v; Robin Shaw, v; Pete Nelson, v; Neil Landon, v; Ged Peck, g; Jon Lord, key; Nick Simper, b; Carlo Little, d.
Wieder einmal eine Gruppe, die erst entstanden ist, nachdem das Produkt bereits fertig war. Carter & Lewis waren vorher Mitglied bei Carter-Lewis & The Southerners. 1964 waren sie, zusammen mit Perry Ford (* als Brain Pugh), Ivy League. Sie hatten im Zuge der Flower-Power-Welle den Titel *»Let's Go To San Francisco«* geschrieben und aufgenommen. Wenige Monate zuvor hatte Scott McKenzie mit *»San Francisco (Be Sure To Wear Flowers In Your Hair)«* einen weltweiten Hit. Es gab etliche, die auf dem ausgerollten Blumenteppich wandeln wollten. Carter & Lewis sind die Stimmen, die auf dem Hit zu hören sind, der im August 1967 in die britische Hitparade kam und Platz 4 erreichte. Da beide jedoch keine Lust mehr hatten, für TV- oder andere öffentliche Auftritte ihre Stimmen bzw. ihre Köpfe hinzuhalten, engagierten sie vier Studiosänger, darunter der schon häufig erwähnte und viel benutzte Tony Burrows. Zu denen, die im TV Mimikri zum fertigen Band machten, gehörten auch die späteren Deep-Purple-Mitglieder Jon Lord und Nick Simper.

Der Hit: *Let's Go To San Francisco*
Der Tip: *Let's Go To San Francisco* (REPERTOIRE 4344 – WZ TIS)

Floyd, King

* 13.2.1945. Der Soul-Funk-Sänger und Songschreiber stammt aus New Orleans. Mit 20 Jahren machte er seine ersten Schallplatten. Ende 1970 wurde der Titel *»Groove Me«* ein Millionseller und Platz 6 in der amerikanischen Hitparade. Nach zwei weiteren kleinen Hits war er wieder aus den Charts verschwunden.

Der Hit: *Groove Me*

Flying Lizards

David Cunningham, p. Der Oberlurch dieser Formation, der mit wechselnden Studiomusikern arbeitete, hat offensichtlich eigene Vorstellungen von Coverversionen. Mit Vorliebe ermordete er Oldies und ließ Titel wie *»Tutti Frutti«*, *»Then He Kissed Me«* oder *»What's New Pussycat«* so erklingen, daß man bedauerte, daß sie je geschrieben wurden. Es ist nicht bekannt, ob einer der Autoren oder Originalinterpreten eine Unterlassungsklage gegen Cunningham gestartet hat. Sein erster und einziger Top-10-Hit war im August 1979 *»Money«*, einst von

Barry Gordy zur Geldbeschaffung geschrieben. Und da zumindest er welches damit gemacht hat, wird er ruhig geblieben sein. Ansonsten ist die Musik, zu der Sally monoton und ohne große Gesangsausbildung spricht, elektronisch, kalt und gefühllos. Wenn Cunningham damit Zeitgefühl vermitteln wollte, so ist ihm das gelungen. Wollte er vermitteln, daß jeder auf einer Platte als Sänger auftauchen kann, so gelang ihm auch das. Während *»Sex Machine«* von James Brown pure Lust ist, vermittelt Flying Lizards' Version mechanische Pflichterfüllung.

Der Hit: *Money*
Der Tip: *The Flying Lizards* (Virgin 201 426-320)

Flying Machine

Anthony Newman, v/g; Steve Jones, g; Stuart Colman, b; Paul Wilkinson, d; Tony Macauley und Geoff Stevens, producers.
Ein weiteres britisches Studioprojekt um die Songschreiber Tony Macauley und Geoff Stevens. Sie schrieben und produzierten Titel aus der Serie locker und flockig, tausendmal gehört und nicht weh tuend. In GB hatten sie damit keinen Erfolg, in den USA hingegen wurde die Aufnahme *»Smile A Little Smile For Me«* Ende 1969 ein Millionseller und Platz 5. Mit *»Baby Make It Soon«* hatten sie eine weitere Hitnotierung. Danach wandten sich Tony und Geoff anderen Projekten zu. So waren sie zum Beispiel maßgeblich am Erfolg der Drifters in den 70er Jahren in GB beteiligt. Nachdem sich der erste Erfolg der Flying Machine einstellte, wurde in bewährter Manier eine Band zusammengestellt, in der Tony Newman der Leadsänger war. Es ist schon erstaunlich, bei wie vielen Projekten speziell in GB und in Deutschland die Fans und Käufer an der Nase herumgeführt wurden.

Der Hit: *Smile A Little Smile For Me*
Der Tip: *Down To Earth With The Flying Machine* (Pye LDVS 17 179)

Flying Pickets

Rick Lloyd; Gareth Williams; David Brett; Ken Gregson; Red Stripe (* 4.3.1946).
Wenn die Mitglieder der Flying Pickets so locker nebeneinanderstanden, wirkten sie wie sechs des schweren Bankraubes Verdächtigte, die die Polizei gerade zur Identifizierung den Zeugen des Verbrechens vorführte. Die sechs zusammen, und man glaubte, 150 Jahre Zuchthaus zu sehen. 1980 hatten sie sich bei der Produktion eines Musicals kennengelernt. Sie spielten und sangen in der Theaterkompanie 7:84, so benannt nach der Berechnung, daß 7 % der Bevölkerung über 84 % des Gesamtvermögens verfügen. Alle Mitglieder hatten außerdem bereits etliche Jahre Erfahrung in der Kleinkunstszene und speziell mit dem politischen

Theater auf dem Buckel. Bei »One Big Blow«, einem Politmusical über Bergarbeiterprobleme, spielten und sangen sie zur Musik von Rick Lloyd. Dieses Musical führte sie auf ausgedehnte Tourneen durch England und Skandinavien. Bei den zwangsläufig langen Autobahnfahrten vertrieben sich die sechs die Zeit, indem sie ihre Lieblingssongs intonierten. Musikinstrumente standen nicht zur Verfügung. Es wurde die Tradition des A-cappella-Gesangs gefördert, d. h. die rein vokalistische, nicht von Instrumenten unterstützte Darbietung. 1983 feierten sie mit ebendiesem Gesang beim Edinburgh Festival Triumphe, und man ging auf Tournee durch GB. Anfangs sang man noch alte Stones-Phil-Spector und Motown-Nummern, dann kamen Stücke von Bruce Springsteen, David Bowie und Bob Marley hinzu. Als sie dann im Herbst 1983 den Vince-Clarke-Titel *»Only You«* aufnahmen, der ein Jahr zuvor mit Yazoo bis auf Platz 2 der britischen Hitparade gekommen war, staunte die Fachwelt. Ihre A-cappella-Version kam im November 1983 in die Charts und erreichte Platz 1 in GB und in Deutschland. Der Nachfolgehit war im April 1984 *»When You're Young And In Love«*. Obwohl noch viele schöne Platten erschienen, gelang ihnen kein weiterer Erfolg mehr. Erst 1992 erschien mit der Crowded-House-Nummer *»Don't Dream It's Over«* eine neue Produktion, die sehr ansprechend, aber auch sehr erfolglos war.

Der Hit: *Only You*
Der Tip: *Lost Boys* (10 Records 206 299)

Focus

Jan Akkerman, g (* 24.12.1946); Thijs van Leer, key/fl (* 31.3.1948); Martijn Dresden, b; Hans Cleuver d; Cyriel Havermanns, b; Pierre van der Linden, d (* 19.2.1946); Bert Ruiter, b (* 26.11.1946); Colin Allen, d; David Kemper, d.

Mit der niederländischen Formation Brainbox beginnt die Geschichte von Focus. Jan Akkerman und Pierre van der Linden hatten in dieser Gruppe gespielt. Danach waren beide bei Johnny & The Cellar Rockers, dann trennten sich ihre Wege. 1969 gehörte Jan Akkerman zur Gründungsmannschaft von Focus. Mit *»In And Out Of Focus«* erschien 1970 die erste LP dieser »New Rock Group from Holland«. Mitglieder waren Jan, Thijs, Hans und Martijn. Auf dieser ersten LP befanden sich schon Titel wie *»Focus«* oder *»House Of The King«*. Mit *»Moving Waves«* erschien 1971, produziert von dem britischen Bluesspezialisten Mike Vernon, die zweite LP von Focus. Als Bassist war Havermanns zu hören. Auf der Platte die Nummer *»Hocus Pocus«*, die im Januar 1973 in die britische Hitparade kam und Platz 20 wurde. Im gleichen Monat kam *»Sylvia«* ebenfalls in die britischen Charts und wurde ein Platz 4. Beide Titel kamen auch in die amerikanische Hitparade. *»Hocus Pocus«* wurde im März 1973 dort ein Top-10-Erfolg. Die Gruppe wurde mit Preisen überhäuft, sie galten als die besten

Newcomer, und immer noch 1973 wurde Jan Akkerman im Melody Maker zum weltbesten Gitarristen erkoren. Die Musik von Focus lebte von der Konfrontation Rock und Klassik. Thijs van Leer hatte am Konservatorium in Amsterdam Musik studiert. Seine Vorliebe galt Kompositionen von Bach und Händel, und er beschäftigte sich mit der Musik aus der Renaissance und dem Barock. Der musikalische Background von Jan Akkerman war mehr die Rockmusik. Daß diese Synthese aus Rock, Jazz und Improvisationen auch in den USA erfolgreich war, ist erstaunlich. Auf der anderen Seite war es wohl auch nur eine vorübergehende Begeisterung. Die nachfolgenden Projekte von Focus fanden zwar ihr spezielles Publikum, waren aber für Single-Hitparaden nicht sonderlich geeignet. Alle Mitglieder der Band versuchten sich auch als Solisten, und das Musikerkarussell drehte sich recht schnell. Jan Akkerman machte eine ganze Reihe von für Gitarrenfreaks interessanten Platten. Nachdem Akkerman 1975 die Band verlassen hatte, wurde es stiller um Focus. 1978 kam *»Focus con Proby«*. Hier spielten bis auf Bert Ruiter völlig neue Musiker mit: als neue Gitarristen Philip Catherine und Eef Albers, Schlagzeuger Steve Smith, und der Gesang wurde durch den Amerikaner P. J. Proby übernommen. Eine witzige, aber nicht erfolgreiche Mischung. Für ein Special des niederländischen Fernsehens kam die Urbesetzung von Focus 1990 noch einmal zusammen.

Der Hit: *Hocus Pocus*
Der Tip: *The Best Of* (EMI CDP 746244 2)

Fogelberg, Dan

* 13.8.1951. Der amerikanische Sänger, Gitarrist, Tastenspieler und Songschreiber machte seine erste LP 1971. Seine sensiblen Kompositionen kamen besonders bei der Generation der Eagles und Crosby-Stills-Nash-&-Young-Fans an. Genau diese Clique spielte auf Platten von Dan Fogelberg mit und umgekehrt. Anfang der 70er Jahre arbeitete er als Folksänger in Los Angeles, spielte mit Van Morrison und war als begehrter Studiomusiker auf Platten von Jackson Browne oder Randy Newman zu hören. Seinen ersten Hit hatte Dan im Februar 1975 mit *»Part Of The Plan«*. Zusammen mit dem Flötisten Tim Weisberg nahm er 1978 die sehr schöne LP *»Twin Sons Of Different Mothers«* auf. Darauf der Titel *»The Power Of Gold«*, Ende 1978 ein Platz 24 in den amerikanischen Charts. Ein Jahr später kam mit *»Longer«* eine Single von Dan auf Platz 2 in den USA. *»Same Old Lang Syne«* 1980 und *»Hard To Say«* und *»Leader Of The Band«* 1982 waren weitere Top-10-Erfolge. Fogelberg beherrscht die Musikstile von Balladen bis Rock und veröffentlicht nach wie vor gute Platten.

Der Hit: *Longer*
Der Tip: *Greatest Hits* (Full Moon CDEPC 25 023)

John Fogerty *(Warner Records)*

Fogerty, John

* 28.5.1945. Das hat es ja schon oft gegeben: Eine Platte erscheint, wird zum Hit, und jemand tritt auf den Plan und sagt: Hey das ist doch meine Nummer, die ist geklaut. Genau dieses ist George Harrison passiert, dessen Nummer »*My Sweet Lord*« verteufelt »*He's So Fine*« von den Chiffons gleicht. Kommentar von George: »99 % der neueren Popmusik ähneln irgendwelchen anderen Popsongs.« 1988 stand in San Francisco ein Musiker vor Gericht, der bezichtigt wurde, bei sich selbst geklaut zu haben. John Fogerty, einst Kopf von Creedence Clearwater Revival, wurde von der Plattenfirma Fantasy, bei der die Gruppe alle ihre Hits veröffentlichte, angeklagt, seine Nummer »*Run Through The Jungle*« aus dem Jahre 1970 als »*Old Man Down The Road*« 1984 noch einmal veröffentlicht zu haben. Mit anderem Text, versteht sich, aber mit der gleichen Melodie. In der Tat gibt es da Übereinstimmungen. Warum auch nicht? Weshalb sollte ein Künstler nicht

eine von ihm geschriebene Melodie noch einmal verwenden dürfen? Das Problem scheint mir mehr ein amerikanisches zu sein. Bei uns hat der Urheber -- also der Autor eines Titels -- sehr wohl die Möglichkeit, ein eigenes Stück irgendwann mal wieder neu aufzunehmen. In den USA kann man eine Nummer mit Haut und Haaren und allen Nutzungsrechten an einen anderen abtreten. Und damit verliert man auf immer und ewig das Recht an seinem eigenen Stück. Zu eben einer solchen Nutzungsrechtsabgabe wird sich John Fogerty in den Anfangstagen von CCR vertraglich verpflichtet haben, und da hatte er 1988 schlechte Karten, nachdem er ein Stück aufgenommen hatte, das einem alten gleicht. Fogerty bestritt, wie damals auch George Harrison, wissentlich ein anderes Stück kopiert zu haben. »Wenn ich eine neue Nummer schreibe, setze ich mich hin und versuche, den besten Rock 'n' Roll zu schreiben, der mir einfällt«, sagte John. Seine Rechtsanwälte behaupteten vor Gericht, diese beiden Titel von Fogerty wären sogenannte Swamp-Musik und deshalb seien sich die Nummern zwar sehr ähnlich, aber keinesfalls gleich. Weshalb sich seine alte Firma Fantasy auf einen Rechtsstreit mit ihrem alten Goldesel Fogerty einließ, ist nur schwer zu verstehen. Die Gründe dürften eher privater Natur gewesen sein. Neu war der Zwist zwischen den beiden allerdings nicht. Immerhin war die kreative Fähigkeit von Fogerty jahrelang durch Verträge mit Fantasy lahmgelegt. Der Besitzer dieser Plattenfirma, Saul Zaentz, wurde von Fogerty auf dem Album *»Centerfield«* mit den Titeln *»Zanz Kant Dance«* und *»Mr. Greed«*, also Herr Habgier, bedacht. Saul Zaentz verklagte Fogerty und dessen neue Plattenfirma WEA auf 142 Millionen Dollar Schadenersatz wegen übler Nachrede. Vielleicht konnte Herr Habgier doch tanzen. Das Gericht entschied jedoch in allen Fällen zu Fogertys Gunsten. 1972, in demselben Jahr, als Creedence Clearwater Revival auseinandergegangen war, veröffentlichte Fogerty als Blue Ridge Rangers vier Singles und eine LP. Die erfolgreichste wurde *»Jambalaya«*. Ab Ende 1973 erschienen Singles unter seinem Namen, darunter *»Rockin' All Over The World«*, im Herbst 1975 ein Top-30-Hit in den USA und im Oktober 1977 ein Erfolg für Status Quo. Nach 1976 erschienen keine weiteren Neuaufnahmen von John Fogerty bis zu eben *»The Old Man Down The Road«*, Ende 1984 ein Top-10-Erfolg für John in den USA und zu finden auf der erwähnten LP *»Centerfield«*. In der Zwischenzeit sind Plattenveröffentlichungen von ihm selten geworden. Allerdings dürfte er durch die Tatsache, daß er fast alle CCR-Hits im Alleingang geschrieben hat, auch sehr satt sein.

Der Hit: *The Old Man Down The Road*
Der Tip: *Centerfield* (Bellaphon 260.07.085)

Foley, Red

* 17.6.1910 (richtige Vornamen: Clyde Julian), † 18.9.1968. Seine Karriere begann Foley Anfang der 40er Jahre in den US-Country-Charts. Vorher hatte er als 17jähriger einen Nachwuchswettbewerb gewonnen, war ab 1930 Mitglied bei den Cumberland Ridge Runners und gründete mit John Lair die Renfro Valley Show. Seinen ersten Spitzenreiter in den C&W-Charts hatte er 1944 mit *»Smoke On The Water«*, der auch in die Pop-Hitparade kam und im September 1944 Platz 7 belegte. *»Chattanoogie Shoe Shine Boy«* war im Januar 1950 ein Spitzenreiter in den US-Pop-Charts. Weitere Top-10-Erfolge wurden noch im gleichen Jahr *»Good Night, Irene«* -- Interpreten waren Red Foley und Ernest Tubb With Sunshine Trio -- und *»Cincinnati Dancing Pig«*. Wer in den 40er Jahren im amerikanischen Radio erfolgreich war, kam Anfang der 50er Jahre fast zwangsläufig in das neu aufkommende Medium Fernsehen -- so auch Red. Auch als Schauspieler konnten ihn die Amerikaner bewundern. In der TV-Serie »Mr. Smith Goes To Washington« spielte er neben Fess Parker eine Hauptrolle. 1967 wurde er in die Country Music Hall Of Fame aufgenommen. Nebenher war Foley auch als Interpret zahl- und erfolgreicher Gospel-LPs bekannt. Red Foley war im übrigen der Schwiegervater von Pat Boone. Er starb nach einem Herzanfall.

Der Hit: *Chattanoogie Shoe Shine Boy*
Der Tip: *The Red Foley Story* (MCA MCA2-4053)

Fontana, Wayne & The Mindbenders

Wayne Fontana, v (* 28.10.1945 als Glyn Ellis); Eric Stewart, g (* 20.1.1945); Robert F. Lang, b (* 10.1.1946); Ric Rothwell, d (* 11.3.1944).
Wayne begann bereits als Fünfjähriger in einer lokalen Skifflegruppe in Manchester. Mit acht Jahren hatte er seine erste eigene Gruppe, mit 15 verließ er die Schule und begann eine Lehre als Fernmeldetechniker bei Tag, nachts spielte er mit seiner Gruppe The Jets. Im Sommer 1963 suchte die Plattenfirma Fontana Records in ganz GB nach neuen Talenten. Auch Wayne und seine Band sollte sich vorstellen, aber nur der Bassist Robert Lang kam zum vereinbarten Termin. Zufälligerweise waren Eric Stewart und Ric Rothwell, die sich mit einer anderen Gruppe vorstellen wollten, gerade anwesend. Die vier taten sich zusammen, spielten und wurden zu ihrer eigenen Überraschung mit einem Plattenvertrag bedacht. Glyn Ellis änderte nun seinen Namen nach dem Label in Wayne Fontana. Die erste Single war eine Coverversion von Fats Dominos *»My Girl Josephine«*, die immerhin unter die ersten 50 in GB kam. Mit *»Um Um Um Um Um Um«*, im Original ein Hit für Major Lance in den USA, hatte die Gruppe im Oktober 1964 ihren ersten Top-10-Erfolg. *»Game Of Love«* war vier Monate

später ein Platz 2 in GB und ein Platz 1 in den USA. Im Oktober 1965 verließ Wayne die Band, um eine Solokarriere zu beginnen. Es erschienen von ihm vier Singles in den Charts, wovon »*Pamela Pamela*«, im Dezember 1966 ein Platz 11 in GB, die schönste und erfolgreichste war. Die Mindbenders, inzwischen hatte Eric Stewart den Leadgesang übernommen, erreichten mit »*A Groovy Kind Of Love*« im Januar 1966 in GB und im April 1966 in den USA jeweils Platz 2. Ihre letzte Hitnotierung stammt vom September 1967. 1968 verließ Rothwell die Band und eröffnete ein Antiquitätengeschäft, Lang zog sich aus dem Musikgeschäft zurück, kam dann aber Mitte der 70er Jahre wieder mit der Gruppe Racing Cars. Die letzte Besetzung der Mindbenders war Eric Stewart, James O'Neil, Paul Hancox und Graham Gouldman. Stewart und Gouldman machten nach der endgültigen Auflösung der Gruppe als Hotlegs weiter, aus denen sich dann 10cc entwickelte.

Der Hit: *Game Of Love*
Der Tip: *Game Of Love* (Star Club 832 260-2)

Fontane Sisters

Marge, Bea und Geri Rosse.
Als die Fontane Sisters 1950 in der Perry Como Show auftraten, hatten sie bereits eine bewegte musikalische Vergangenheit hinter sich. Zusammen mit ihrem Bruder Frank, der sie auf der Gitarre begleitete, waren sie ab Anfang der 40er Jahre aufgetreten. Dann wurde Frank eingezogen und fiel. Die Schwestern machten als Trio weiter und hatten ihren ersten großen Erfolg als Chor für Perry Como auf »*A' -- You're Adorable*«, im April 1949 eine Nummer 1 in der amerikanischen Hitparade. 1950, nachdem sie Perry auf weiteren Stücken begleitet hatten, stand die inzwischen bewährte Kombination mit »*Hoop-Dee-Doo*« wieder auf Platz 1 in den USA. Perry Como begann 1948 im Fernsehen mit dem »Chesterfield Supper Club«. Diese Sendung lief bis 1950, daran schloß sich bis 1961 die »Perry Como Show« an. Klar, daß die Fontane Sisters darin nun häufiger auftraten. 1950 erhielten sie einen eigenen Plattenvertrag. Im Januar 1951 wurden sie erstmals in den Pop-Charts aufgeführt mit ihrer Version des »*Tennessee Waltz*«. Als 1954 die Rhythm-&-Blues-Musik in den USA immer erfolgreicher wurde, entschloß sich der Besitzer der Plattenfirma DOT Records, für den weißen Markt Titel schwarzer Künstler durch weiße Interpreten neu aufnehmen zu lassen. Er bot den Fontane Sisters einen Vertrag an, den sie unterschrieben. Die Rechnung sollte aufgehen. »*Hearts Of Stone*« kam im Januar 1955 in die amerikanische Hitparade und wurde Platz 1. Der Titel war einige Monate zuvor mit den Originalinterpreten Otis Williams & The Charms Platz 1 in der Rhythm-&-Blues- und Platz 15 in der Pop-Hitparade gewesen. Alle Titel der Fontane Sisters wurden fortan durch die Hauskapelle von DOT Records, das Billy Vaughn

Orchestra, begleitet. Die Liste der Erfolge des Trios geht bis in das Jahr 1958. *»Seventeen«* war im August 1955 ein Platz 3 in den USA und ihr letzter Top-10-Erfolg. Ab Ende der 50er Jahre konnten sich die schwarzen Interpreten mit ihren Originalversionen auch in den Pop-Hitparaden nach und nach durchsetzen, so daß keine Notwendigkeit mehr bestand, die Titel durch weiße Künstler nachsingen zu lassen.

Der Hit: *Hearts Of Stone*
Der Tip: *Rock Love* (Charly Records CR 30229 TIS)

Force M. D.'s

Antoine Maurice »T. C. D.« Lundy, Jessie Lee Daniels, Trisco Pearson, Charles Richard Nelson, Stevie Lundy, alle v.
Dieses New Yorker Quintett begann, als die Mitglieder auf der Fähre von Staten Island nach Manhattan mit Doo-Wop-Songs die Passagiere unterhielten, um sich ihr Taschengeld zu verdienen. Als der Rap Anfang der 80er Jahre aufkam, waren die fünf Jungs gleich mit von der Partie. Zuerst nannten sie sich Dr. Rock & The M. C.'s, dann Force M. D. 's. 1984 erschien ihre Debütplatte *»Let Me Love You«* in den R&B-Charts, noch im gleichen Jahr hatten sie darin mit *»Tears«* ihren ersten Top-10-Hit. *»Tender Love«* war schließlich im Februar 1982 ein Platz 10 in den USA und wenig später Platz 23 in GB. Das Stück stammte aus dem Film »Krush Groove«, was wohl zum Erfolg beigetragen hat. Danach erreichten sie mit *»Love Is A House«* 1987 zwar noch einmal den Spitzenplatz in den R&B-Charts -- für eine Position oberhalb der ersten 70 in den Pop-Hitparaden reichte es jedoch nicht mehr.

Der Hit: *Tender Love*
Der Tip: *Chillin'* (Tommy Boys 252 990-1)

Ford, Emile & The Checkmates

Emile Ford, v (* 16.10.1937 als Emile Sweetman in Nassau auf den Bahamas); George Sweetman, b; Dave Sweetman, sax; Les Hart, sax; Peter Carter, g; Ken Street, g; Alan Hawkshaw, key; John Cuffley, d.
Schon als Kind kam Emile mit seinen Eltern nach GB. Emile gilt als der erste Schwarze, der in GB lebte und dort einen großen Hit landen konnte. Als Sängerinnen schafften das Winifried Atwell und Shirley Bassey noch vor ihm. Noch eine Besonderheit: Sein Titel *»What Do You Want To Make Those Eyes At Me For?«* war die längste Frage, die jemals auf einem Platz 1 einer Hitparade gestellt wurde -- das war im November 1959. *»What Do You Want?«* mit Adam

Faith belegte mit Emile Ford gleichzeitig Platz 1 in GB. Die häufigste Frage, die in jenen Tagen in Plattenläden in GB von Verkäuferinnen gestellt wurde, war »Was wünschen Sie? Ford oder Faith?« Die Band hatte einen Nachwuchswettbewerb gewonnen, der ihnen einen Plattenvertrag bescherte. Gleich ihre erste Single war dieses »*What Do You Want To Make Those Eyes At Me For?*«, eine Nummer, die 1916 geschrieben worden war und die in den USA 1917 mit Ada Jones und Bill Murray ein Platz 3 und 1945 mit Betty Hutton ein Platz 15 gewesen war. Mit »*Slow Boat To China*« und »*Counting Teardrops*« gelangen Ford 1960 zwei weitere Top-10-Erfolge, nach 1962 stand er nicht mehr in den GB-Charts. 1963 trennten sich die Musiker von Emile und versuchten es erst ohne ihn -- schließlich begleiteten sie andere Sänger, z. B. P. J. Proby. Dann ging auch der Rest auseinander, George wurde Sessionmusiker und spielte z. B. mit Doris Troy, Medicine Head, Peter Skellern oder Al Stewart, dann wurde er 1976 Mitglied bei Steve Harley & Cockney Rebel; Alan spielte mit den Shadows, Donovan, Chris Spedding, David Essex, Cliff Richard oder Donna Summer, um nur einige zu nennen. John Cuffley wurde Mitglied in der sehr guten britischen Gruppe Climax Blues Band. Ken wurde Manager und betreute z. B. die Formation Love Affair. Emile ging nach Schweden und kehrte später nach GB zurück. In Clubs sang er noch für viele Jahre, arbeitete als Studiotechniker und leitete schließlich seinen eigenen Elektro-Betrieb. Als die Revival-Shows wieder durch GB tourten, war auch Emile mit dabei.

Der Hit: *What Do You Want To Make Those Eyes At Me For?*
Der Tip: *Emile Ford & The Checkmates* (PYE RR 4097 TIS)

Ford, Lita

* 19.9.1959. Die in London geborene Lita spielte bereits als 15jährige in der in Los Angeles beheimateten Mädchen-Hard-Rock-Band The Runaways Lead-Gitarre. Im April 1979 löste sich die Gruppe wieder auf, und die einzelnen Mitglieder versuchten sich alle mit mehr oder weniger Glück als Solistinnen. Im März 1984 erschien eine Solo-LP von Lita, ab 1988 ist sie erfolgreich: »*Kiss Me Deadly*« wird im März 1988 Platz 12 in den USA. Im Duett mit dem Hard-Rock-Kollegen Ozzy Osbourne gelingt ihr ein Jahr später mit dem Titel »*Close My Eyes For Ever (Remix)*« Platz 8 in den USA. Das blieb ihr einziger Top-10-Erfolg, obwohl sie bis in die 90er Jahre weitere LPs veröffentlichte.

Der Hit: *Close My Eyes For Ever (Remix)*
Der Tip: *The Best Of* (RCA 07863 66037 2)

Ford, Tennessee Ernie

* 13.2.1919 als Ernest Jennings Ford, † 17.10.1991. 1948 machte er seine ersten Platten, 1949 erreichte *»Mule Train«* Platz 9 in den USA. Ab 1955 wurde er richtig erfolgreich. *»Give Me Your Word«* stand im Januar 1955 auf Platz 1 in GB, *»Ballad Of Davy Crockett«* kam im März 1955 in die amerikanische Hitparade und wurde Platz 5, im Januar 1956 Platz 3 in GB. Ende 1955 erschien die Platte *»Sixteen Tons«*, die ihn zu einem Weltstar machen sollte. *»Sixteen Tons«* ist ein Lied über Bergleute, Kohlenhauer, Zechenarbeiter. 16 Tonnen Kohle müssen pro Tag gehauen und aufgeladen sein -- das ist das Soll. Das Lied wurde 1947 vom Countrystar Merle Travis geschrieben, der darin die Geschichte seines Vaters verarbeitete. Der war in der Tat Bergarbeiter in Kentucky und brachte den Spruch, der im Refrain des Liedes vorkommt: »another day older and deeper in debt« (wieder einen Tag älter und tiefer verschuldet). Sein Vater soll auf die Frage »Howya getting along« (wie geht's) immer geantwortet haben: »I can't afford to die 'cause i owe my soul to the company store« (ich kann mir nicht leisten zu sterben, weil meine Seele der Firma gehört). Als einem bekannten US-Bandleader das fertige Band vorgespielt wurde, hat der abgewinkt und gesagt: »Das klappt nie, der Song ist zu kommunistisch.« Tennessee Ernie Ford wurde ein Star, als er im Herbst 1955 das Lied aufnahm.
Schon in jungen Jahren war der in Tennessee geborene Ernie Radiosprecher. 1942 wurde er in die Air Force eingezogen und flog in Bombern über Europa. Nach 1945 arbeitete er wieder für Radiostationen und wurde schließlich als »Hillbilly-DJ« populär. Und als das Fernsehen aufkam, war er gleich mit dabei. Nach seinem Hit *»Sixteen Tons«*, zum damaligen Zeitpunkt die Platte in der gesamten Geschichte des Musikgeschäftes, die sich innerhalb von drei Wochen am besten verkauft hatte, nämlich eine Million Exemplare, erhielt Ford seine eigene TV-Show: »The Ford Show«. Wer jetzt glaubt, der Name würde sich auf Tennessee Ernie beziehen, der kennt die Amerikaner schlecht. Ein namhafter Automobilkonzern trat als Sponsor auf. So ließen sich zwei Dinge sehr angenehm miteinander verknüpfen. Leider wäre das bei uns schon sehr viel schwieriger. Wer heißt schon mit Nachnamen Volkswagen? Jedenfalls lief diese Prime-Time-Serie, also eine Serie zur besten Sendezeit, vom 4. Oktober 1956 bis zum 29. Juni 1961 jeden Donnerstag von 21.30 bis 22.00 Uhr über die Kette von NBC. Für US-Verhältnisse eine ganz tolle Sache. Nachdem die Sendung ausgelaufen war, widmete sich Ford der religiösen Musik. Anfang der 70er Jahre erschien noch einmal eine LP von ihm zusammen mit Glenn Campbell. Ford starb an Leberversagen.

Der Hit: *Sixteen Tons*
Der Tip: *Sixteen Tons* (Bear Family BCD 15 487)

Foreigner

Lou Gramm, v (* 2.5.1950 als Lou Grammatico); Mick Jones, g (* 27.12.1944); Ian McDonald, g/key (* 25.6.1946); Rick Wills, b; Dennis Elliott, d (* 18.8.1950); Ed Gagliardi, b (* 13.2.1952); Al Greenwood, key; John Edwards, v.

1976 wurde diese aus Amerikanern und Briten bestehende Gruppe gegründet. Als sie zusammenkamen, schrieb die Presse wieder mal von einer neuen Supergruppe. Wenn damit gemeint sein sollte, daß alle Bandmitglieder bereits mit anderen Formationen erfolgreich waren, so stimmt das zumindest für die drei Briten. Mick Jones hatte bereits mit Spooky Tooth und Ian Lloyd gespielt, Ian McDonald arbeitete bei King Crimson, T. Rex, Herbie Mann und ebenfalls Ian Lloyd, und Dennis Elliott war Schlagzeuger bei If und Ian Hunter. Die drei Amerikaner hatten weniger bekannte Stationen durchlaufen. Lou Gramm war zwischen 1971 und 1976 auf zwei LPs der Gruppe Black Sheep zu hören. Im April 1977 erschien die Debüt-LP des Sextetts, auf der gleich der erste große Singlehit *»Feels Like The First Time«* zu hören war, der in den USA bis auf Platz 6 in den Charts kam. Die LP wurde ein absoluter Verkaufsknüller, und es wurden mehr als 3 Millionen Exemplare verkauft. Ebenfalls auf dieser ersten LP: *»Cold As Ice«*, im Juli 1977 Platz 6 in den USA. *»Hot Blooded«* und *»Double Vision«* stammten von der zweiten LP der Band und wurden 1978 Top-10-Hits. Weitere Erfolgsplatten: *»Urgent«* und *»Waiting For A Girl Like You«* 1981, *»I Want To Know What Love Is«* 1984, *»Say You Will«* 1987 und *»I Don't Want To Live Without You«* 1988. Auf dem dritten Album der Band, *»Head Games«*, kam es zur ersten Umbesetzung. Rick Wills war für Ed Gagliardi zur Band gekommen. Fast zwei Jahre vergingen bis zu dem vierten Album, das schlicht *»4«* hieß. Inzwischen spielten auch nur noch vier Musiker, nämlich Jones, Gramm, Elliott und Wills, in der Gruppe. Ab 1987 erschienen auch Soloplatten von Lou Gramm. Viele vermuteten schon damals, daß das nun das Ende von Foreigner sei. Die Gruppe veröffentlichte aber mit *»Inside Information«* 1988 und *»Unusual Heat«* 1991 noch zwei weitere Alben. Allerdings, auf *»Unusual Heat«* ist als neuer Leadsänger John Edwards zu hören. Inzwischen hatte auch schon Mick Jones eine Soloplatte auf dem Markt, und er kündigte an, er wolle sich nun mehr um Produktionen kümmern, z. B. geht Billy Joels *»Stormfront«* auf sein Konto. Auch als Songschreiber konzentrierte er sich jetzt mehr auf Arbeit für andere. So schrieb er mit Eric Clapton *»Bad Love«*. Trotzdem hielt er Foreigner die Treue. Lou Gramm gründete noch 1991 eine Band, die er Shadow King nannte.

Der Hit: *I Want To Know What Love Is*
Der Tip: *The Very Best Of* (Atlantic 7567-80505-2)

Forrest

Forrest Thomas (* 1953). Der niederländische Sänger, dessen Eltern farbige Einwanderer aus den ehemaligen niederländischen Kolonien waren, hatte im Februar 1983 mit *»Rock The Boat«* einen Platz 4 in der britischen Hitparade. Das Stück war neun Jahre zuvor mit Hues Corporation ein Millionseller und Platz 1 in der amerikanischen Hitparade. Koproduziert wurde Forrest von dem zum damaligen Zeitpunkt noch recht unbekannten Ben Liebrand, der sich später zu einem bekannten Mixer entwickeln sollte. Aufgenommen wurde das Ganze in Hilversum. Für die Briten muß der Eindruck entstanden sein, daß es sich bei Forrest um einen amerikanischen Interpreten handelt. Jedenfalls wird er in den entsprechenden Publikationen immer noch als »US male vocalist« bezeichnet. *»Feel The Need In Me«* war drei Monate nach dem ersten Erfolg ein Platz 17 in GB, und nach einer weiteren niedrigen Hitplazierung hörte man nichts mehr von ihm.

Der Hit: *Rock The Boat*
Der Tip: *One Lover* (Ariola 205 718)

Forrest, Helen

* 12.4.1918. Zwischen 1938 und 1943 war Helen Sängerin bei Artie Shaw, Benny Goodman und Harry James. Mit all diesen Orchestern hatte sie große Erfolge. Mit Artie Shaw hatte sie im Dezember 1938 einen Platz 1 in den USA: *»They Say«*; wenig später erreichte *»Thanks For Ev'rything«* dasselbe Ergebnis. Ihre Aufnahme mit Harry James, *»I've Heard That Song Before«*, war im Januar 1943 für 13 Wochen Platz 1 in den USA. Für Benny Goodman sang sie z. B. *»Taking A Chance On Love«*, im April 1943 Platz 1 in den USA. Ab 1944 sang sie als Solistin oder als Duettpartnerin von Duke Haymes. Solo hieß ihr größter Erfolg *»Time Waits For No One«*, im Juli 1944 Platz 2. Das Stück stammte aus dem Film *»Shine On, Harvest Moon«* und basierte auf einem Thema von Strauß aus *»Geschichten aus dem Wienerwald«*. Mit Dick waren ihre beiden größten Erfolge *»Long Ago (And Far Away)«* 1944 und *»I'll Buy That Dream«* 1945. Beide Platten erreichten Platz 2 in den USA. Helen Forrest gilt als eine der erfolgreichsten Sängerinnen, die jemals mit Bands zusammengearbeitet haben. Mitte der 50er Jahre reduzierte sie ihre Aktivitäten im Showgeschäft. Anfang der 60er Jahre tourte sie wieder mit Sam Donahue und dem Tommy Dorsey Orchestra. In den späten 60er Jahren trat sie regelmäßig in Nostalgieshows im Fernsehen auf und in den 70er Jahren in amerikanischen Clubs.

Der Hit: *Time Waits For No One*

Fortune, Lance

* 1940 als Chris Morris. Anstatt nach der Schule zur Universität zu gehen, nahm der englische Sänger und Gitarrist lieber einen Job als Mädchen für alles in dem berühmten Londoner Club 2 I's an. Ab und zu sang er dort auch und lernte so 1959 den Musikmanager Larry Parnes kennen. Der war von dem Gesang sehr angetan und taufte Chris in Lance Fortune um. Diesen Namen hatte er vorher bereits schon einmal vergeben: an den Sänger und Pianisten Clive Powell, den er später wiederum in Georgie Fame umbenannte. Mit Hilfe von John Barrys Musikern nahm Lance seine erste Single auf: »*Be Mine*«, die im Februar 1960 in die britische Hitparade kam und langsam bis auf Platz 4 kletterte. Während dieser Zeit tourte Fortune mit seinem großen Idol Gene Vincent durch GB. Eine zweite Single, »*This Love I Have For You*«, schaffte es noch bis in die Top 30, dann war Fortuna ihm nicht mehr hold.

Der Hit: *Be Mine*

Fortunes

Glen Dale, g/v (* 2.4.1943 als Richard Garforth); Rod Allen, b (* 31.3.1944 als Rodney Bainbridge); Barry Pritchard, g/v (* 3.4.1944); David Carr, key (* 4.8.1943); Andy Brown, d (* 7.1.1946); Shel MacRae, g/v (* 8.3.1943 als Andrew Semple).

1963 erhielten die Fortunes einen Plattenvertrag und gelten als eine der ersten Bands aus der britischen Provinz, der das gelang. Kurz darauf erschien als ihre erste Single »*Summertime Summertime*«, eine Coverversion des Titels der amerikanischen Gruppe Jamies. Im Januar 1964 erschien der Titel »*Caroline*«, der zwar nicht in die britische Hitparade kam, sich aber trotzdem in die Ohren der Briten bohrte, nachdem der britische Piratensender Radio Caroline dieses Stück als Erkennungsmelodie einsetzte. Mitte 1965 erschien der größte Hit der Fortunes: »*You've Got Your Troubles*«. Die Platte erreichte in GB Platz 2, in den USA 7, in Deutschland Platz 28. »*Here It Comes*« war im Oktober 1965 ein weiterer Top-10-Erfolg der Fortunes in GB. Im Juni 1966 verließ Dale die Band und wurde durch MacRae ersetzt. Es sollte sechs Jahre dauern, bis die Band mit »*Freedom Come Freedom Go*« im September 1971 ihren nächsten Top-10-Erfolg hatte. Inzwischen hatte 1968 David Carr die Band verlassen, die damit auf ein Quartett reduziert wurde. In den USA waren sie Mitte 1971 recht erfolgreich mit »*Here Comes That Rainy Day Feeling Again*«: Platz 15. Ihr letzter Top-10-Erfolg war im Januar 1972 »*Storm In A Teacup*«, Platz 7. Obwohl sie danach noch etliche Platten veröffentlichten, schafften sie keinen Erfolg mehr.

Der Hit: *You've Got Your Trouble*

Der Tip: *Yesterday's Pop Scene* (Decca ND 860)

49ers

Dawn Mitchell, auf Grenada geboren und in England lebend, begann ihre Karriere in Bands wie Eruption und Cool Notes. 1978 war sie mit einem britischen Musical auf Tournee in Italien, als sie für die Gruppe Le Streghe ein Angebot erhielt. Sie mauserte sich in Italien zu einer populären Sängerin und arbeitete mit Stars wie Mina oder Adriano Celentano. 1983 trat sie in New York auf und wurde während dieser Zeit stark durch die Musik von Billie Holiday beeinflußt. Später ging sie nach Italien zurück und veröffentlichte 1985 den Titel »*When You Want It*«. Es folgten Werbespots bekannter Firmen, und Ende der 80er Jahre, als das House-Music-Fieber durch Italien zog, wurde mit ihr der Titel »*Touch Me*« aufgenommen. Die Platte kletterte bis auf Platz 3 in GB und Anfang 1990 auf Platz 7 in Deutschland. »*Don't You Love Me*« und »*Girl To Girl*« waren noch zwei Nachfolgehits. Optisch wurden ihre Auftritte durch die Tänzerin Josy aufgepeppt.

Der Hit: *Touch Me*
Der Tip: *49ers* (BCM Records 50415)

Foundations

Clem Curtis, v (* 28.11.1940); Alan Warner, g (* 21.4.1947); Tony Gomez, org (* 13.12.1948); Pat Burke, sax/fl (* 9.10.1937); Mike Elliot, sax (* 6.8.1929); Eric Allendale, pos (* 4.3.1936); Peter Macbeth, b (* 2.2.1943); Tim Harris, d (* 14.1.1948); Colin Young, v (* 12.9.1944).
Diese Gruppe, deren Mitglieder von Barbados, Jamaika, Sri Lanka, aus der Dominikanischen Republik und aus England zusammengewürfelt waren, kam Mitte der 60er Jahre in GB zusammen und versuchte, den amerikanischen Motown-Sound zu kopieren. 1967 erhielten sie einen Plattenvertrag und hatten ab diesem Zeitpunkt bis zum Ende der 60er Jahre etliche Hits. Ihr größter war auch ihr erster: »*Baby Now That I Found You*« kam im September 1967 in die britischen Charts und erreichte Platz 1, in den USA wenig später Platz 11. »*Build Me Up Buttercup*« kam im November 1968 in die GB-Charts und kletterte dort bis auf Platz 2, in den USA wurde die Nummer ein Millionseller und erreichte Platz 3. »*In The Bad Bad Old Days (Before You Loved Me)*« war im März 1969 der letzte Top-10-Erfolg für die Foundations. 1968 war der Leadsänger Clem Curtis gegen Colin Young ausgewechselt worden, und auch Mike Elliott hatte die Gruppe verlassen. 1970 trennte sich die Formation. Später versuchten sich andere Musiker unter dem Namen Foundations, jedoch ohne Erfolg.

Der Hit: *Build Me Up Buttercup*
Der Tip: *The Best Of* (PRT Records 8.26701 ZR)

Four Aces

Al Alberts, v; Dave Mahoney, v; Lou Silvestri, v/d; Sol Vocarro, v/tr.
Das Quartett kam Ende der 40er Jahre in seinem Heimatstaat Pennsylvania zusammen. 1951 nahmen sie auf eigene Kosten den Titel *»Sin (Not A Sin)«* auf, der nach Veröffentlichung auf einem lokalen Label erst zu einem regionalen, dann zu einem Millionseller und schließlich im September 1951 Platz 4 in den nationalen Pop-Charts wurde. Danach erhielten sie einen Schallplattenvertrag bei einer der großen amerikanischen Firmen. Der Nachfolgehit hieß *»Tell Me Why«*, wurde Platz 2 in den USA und ebenfalls Millionseller. Bis zum Ende der 50er Jahre schafften die Four Aces über 40 Hits in den US-Charts -- die größten waren: *»Three Coins In The Fountain«*, Nummer 1 und Millionseller Mitte 1954 in den USA und Platz 5 in GB; *»Melody Of Love«*, *»Mr. Sandman«*, *»Stranger In Paradise«* und *»Love Is A Many-Splendored Thing«* standen 1955 in den Charts, die letztgenannte Platte war im Herbst Nummer 1 in den USA und Platz 2 in GB. 1956 traf es die Four Aces gleich doppelt hart: Leadsänger Al Alberts ging, obwohl ab *»Melody Of Love«* die Platten der Gruppen als Four Aces featuring Al Alberts erschienen, und der Rock 'n' Roll kam. Anfang der 60er Jahre waren die Four Aces von der Bildfläche verschwunden, und Alberts hatte mit seiner Solokarriere auch keinen Erfolg.

Der Hit: *Three Coins In The Fountain*
Der Tip: *The Best Of* (MCA 2-4033)

Four Knights

Gene Alford; Clarence Dixon; John Wallace; Oscar Broadway, alle v.
Diese amerikanische Formation wurde 1943 als Southland Jubilee Singers gegründet. 1945 gingen sie nach New York und nannten sich Four Knights. 1951 wurden sie zum erstenmal in der amerikanischen Hitparade notiert, *»Oh, Happy Day«* war im Frühjahr 1953 ihr erster Top-10-Erfolg. *»Gently Down The Stream«*, im 19. Jahrhundert geschrieben, lieferte die Vorlage zum größten Hit der Four Knights: *»I Get So Lonely (When I Dream About You)«*. Die Platte kam im Januar 1954 in die US-Charts, wurde ein Millionseller und erreichte Platz 2 und in GB Mitte des Jahres Platz 5. Der Titel ist auch als *»Oh Baby Mine«* bekannt. Ihre letzte Hitnotierung stammt aus dem Jahr 1959. Die Four Knights begleiteten Nat King Cole bei einigen seiner Aufnahmen, so z. B. bei dem Top-10-Erfolg *»If I May«* aus dem Jahr 1955.

Der Hit: *I Get So Lonely (When I Dream About You)*

Four Lads

James Arnold, Bernard Toorish, Frank Busseri, Connie Codarini.
Ende 1951 erschien mit *»Cry«* der erste Hit von Johnnie Ray. Dieses Lied wurde Johnnies Markenzeichen, ein Millionseller und für elf Wochen Platz 1 in den USA. Außerdem machte es die aus Kanada stammenden Four Lads auf einen Schlag in den gesamten USA bekannt, denn sie sangen im Hintergrund auf dieser Nummer. Ab 1952 hatten sie eigene Hits, deren größte *»Skokiaan«* 1954, *»Moments To Remember«*, *»No, Not Much!«* und *»Standing On The Corner«* 1956, *»Who Needs You«* und *»Put A Light In The Window«* 1957 und *»There's Only One Of You«* 1958 waren. Wie bei etlichen dieser »Four« Formationen war mit dem Beginn der 60er Jahre auch die Karriere der Four Lads zu Ende. James und Frank traten bis in die 80er Jahre mit zwei anderen Sängern als Four Lads auf.

Der Hit: *Moments To Remember*

Fourmost

Brian O'Hara, g/v (* 12.3.1942); Mike Millward, g/v (* 9.5.1942 † 1966); Billy Hatton, b (* 9.6.1941); Dave Lovelady, d (* 16.10.1942).
Am 1. März 1961 spielten die Fourmost im legendären Cavern Club in Liverpool. Die Beatles hatten ihr erstes Konzert erst 20 Tage später in diesem Club. O'Hara und Hatton hatten als Teenager 1958 die Four Jays gegründet, und unter diesem Namen spielten sie jetzt auch erstmals im Cavern Club. Die oben angegebene Besetzung kam im September 1962 zustande, und erst jetzt wurden sie Profimusiker. Nachdem er schon Gerry & The Peacemakers, Billy J. Kramer With The Dakotas, The Big Three und Tommy Quickly unter Vertrag hatte, nahm Brian Epstein Mitte 1963 die Fourmost unter seine Fittiche. Ende August erschien ihre erste Single, *»Hello Little Girl«*, die es, wohl auch weil es sich um eine Lennon/McCartney-Komposition handelte, bis auf Platz 9 der britischen Charts brachte. *»A Little Loving«* kam im April 1964 in die GB-Hitparade und wurde Platz 6, und nach einigen weiteren kleinen Hitnotierungen -- alle Titel der Fourmost wurden übrigens von George Martin produziert -- verschwand die Gruppe 1966. Mike starb in diesem Jahr an Leukämie. Die anderen traten später weiter in Clubs auf.

Der Hit: *A Little Loving*
Der Tip: *First And Fourmost* (See For Miles CM 104 TIS)

Four Pennies

Lionel Morton, v/g (* 14.8.1942); Fritz Fryer, g (* 6.12.1944 mit den vollständigen Vornamen David Roderick Carnie); Mike Wilsh, b (* 21.7.1945); Alan Buck, d (* 7.4.1943).
Diese Viererformation stammte aus Blackburn in England. Leadsänger Morton hatte dort sieben Jahre im Kirchenchor gesungen -- sicher eine gute Voraussetzung für seine spätere Hauptrolle im Musical »Jesus Christ Superstar«. Alan Buck hatte bei Johnny Kidds Pirates und Joe Browns Bruvvers getrommelt, bevor er zu den Four Pennies kam, die sich anfangs Lionel Morton Four nannten. Im Oktober 1963 bekamen die Four Pennies ihren Plattenvertrag und machten ihre erste Aufnahmesession. *»Do You Want Me To?«* war im Januar 1964 ihre erst Hitnotierung in GB. Die zweite Single, *»Juliet«*, war dann gleich ihr größter Erfolg. Diese selbstgeschriebene, recht schnulzige Nummer kam drei Monate später in die Charts und erreichte den Spitzenplatz. Bis 1966 wurden sie noch mit drei Top-20-Hits verzeichnet. Eine langanhaltende Karriere konnten sie nicht verfolgen. Fryer wurde erfolgreicher Plattenproduzent, Morton Schauspieler.
Der Hit: *Juliet*

Four Preps

Bruce Belland; Glen Larson; Ed Cobb; Marvin Ingraham, alle v.
Ende des Jahres 1956 tauchte die erste Platte der Four Preps, die aus Los Angeles stammen, in den amerikanischen Charts auf. Ihre zweite Hitnotierung wurde ihr größter Erfolg: *»26 Miles (Santa Catalina)«* kam im Frühjahr 1958 in die Charts und erreichte Platz 2 in den USA und Platz 15 in Deutschland. Nachfolgehit war *»Big Man«*, Mitte 1958 Platz 3 in den amerikanischen Charts, Platz 2 in den britischen. Die Four Preps hatten sich Anfang der 50er Jahre während ihrer High-School-Zeit zusammengetan. Beeinflußt wurden sie in ihrer Anfangszeit von Formationen wie den Mills Brothers, Four Aces oder Four Freshmen. Bis 1964 veröffentlichten sie Titel, die in die US-Charts kamen. Ab 1960 waren es vorwiegend Novelty-Nummern, mit denen sie sich plazieren konnten. Ihre letzte Chart-Notierung war *»A Letter To The Beatles«*, mit dem sie sich dann endgültig die Sympathien der Teens verscherzten. Auf Drängen der Beatles mußte die Plattenfirma Capitol diese Aufnahme dann auch wieder vom Markt nehmen. 1967 trennten sich die Four Preps. Cobb ging zunächst zu den Piltdown Men, wurde dann Produzent und schrieb Titel für andere Interpreten, so z. B. den Hit *»Tainted Love«* für Soft Cell. Belland hatte das Quartett bereits 1962 verlassen und zusammen mit Dave Somerville, dem Leadsänger der Diamonds, ein Duo gegründet.
Der Hit: *26 Miles (Santa Catalina)*

Four Seasons

Frankie Valli, v (* 3.5.1937 als Francis Castelluccio); Nick DeVito, v; Tommy DeVito, v/g (* 19.6.1936); Hank Majewski, v; Bob Gaudio, v/org (* 17.11.1942); Nick Massi, v/b (* 19.9.1935 als Nicholas Macioci).

Von Jersey City aus sieht man die berühmte Skyline von Manhattan. Jersey City gehört schon zum Bundesstaat New Jersey, und Jersey City hat absolut nichts vom Glanz und Glimmer, den New York ausstrahlt -- oder zumindest auszustrahlen scheint, wenn man auf der falschen Seite des Hudson River wohnt. Dort liegen vergammelte Industriestädte wie Newark, Union City oder Hoboken. Jeder, der sich ein bißchen für Pop-Musik interessiert, weiß, daß Frank Sinatra aus Hoboken kommt. Jeden Abend muß er als Kind die Lichter von New York gesehen haben -- und jeden Abend hat er sicher davon geträumt, diese Stadt einmal zu erobern. In seinem Hit: *»New York, New York«* singt er ja auch davon, daß er diese Stadt erobern will, denn schafft man es in New York, schafft man es auf dem Rest der Erde. Die Anzahl der Träumer italienischer Abstammung, die sich selbst als Gesangsstars sehen und hören und die auf der Westseite des Hudson, also in New Jersey, leben und in den dort zuhauf ansässigen Zementfabriken arbeiten, ist im Laufe der letzten 50 Jahre sicher nicht kleiner geworden. Schätzungen behaupten, auf der New-Jersey-Seite würden jederzeit mehr Gesangsquartette und Musiker italienischer Herkunft zu finden sein, als es in Napoli je zusammen gegeben hat. Überhaupt haben die Italiener die amerikanische Pop-Musik beeinflußt wie kein anderes Volk: Frank Sinatra wurde bereits genannt, Perry Como, Vic Damone, Dion, Dean Martin, Al Martino und viele mehr hatten italienische Eltern oder Großeltern -- und so auch die Four Seasons.

Bereits 1955 kamen Frankie Valli, die beiden Brüder DeVito und Majewski als Variationes. 1956 nannten sie sich Four Lovers und hatten unter diesem Namen im gleichen Jahr *»You're The Apple Of My Eye«* in den US-Charts. 1959 kam von den Royal Teens Bob Gaudio und ersetzte Nick DeVito. Nick Massi ersetzte Majewski, und 1961 spielten sie in der Besetzung Valli, Gaudio, Massi und Tommy DeVito. Zu diesem Zeitpunkt arbeiteten sie als Studiomusiker für den Produzenten Bob Crewe. Die Gruppenbezeichnung Four Seasons übernahmen sie von einer Bowlingbahn in New Jersey, die eben so hieß. Crewe und Gaudio schrieben einige Nummern, die diese vier nun aufnahmen. *»Sherry«* erschien im Herbst 1962, wurde eine Nummer 1 in den USA und 8 in GB. *»Big Girls Don't Cry«* und *»Walk Like A Man«* wurden innerhalb eines halben Jahres weitere Spitzenreiter in den USA. Ihr größter Erfolg kam Mitte 1964 mit dem Millionseller *»Rag Doll«*, der Nummer 1 in den USA, Platz 2 in GB und Platz 6 in Deutschland wurde. 1965 ging Nick Massi, der durch Charlie Callelo und später durch Joe Long ersetzt wurde. Im gleichen Jahr versuchten sich die Four Seasons unter dem Pseudonym The Wonder Who? und hatten mit der Bob-Dylan-Nummer *»Don't Think Twice«*

einen Platz 12 in den USA. Es erschienen noch weitere Singles unter diesem Namen, die diesen Erfolg jedoch nicht wiederholen konnten. 1971 verließ Tommy DeVito die Band und setzte sich zur Ruhe. 1972 hatte auch Bob Gaudio keine Lust mehr, öffentlich aufzutreten. Ab diesem Zeitpunkt gab es zahllose Umbesetzungen in der Gruppe. Auch Frankie Valli verließ die Gruppe hin und wieder, um erfolgreich Soloplatten zu veröffentlichen. Dieses Spiel wiederholte sich mehrfach. Um seine Stellung als Leadsänger zu unterstreichen, erschienen Ende der 60er Jahre die Platten als Four Seasons featuring Frankie Valli und ab 1975 als Frankie Valli & The Four Seasons. Am Anfang der 70er Jahre hatte man die Gruppe schon endgültig abgeschrieben, als ihr 1975 mit *»Who Loves You«* ein Platz 3 und mit *»December, 1963 (Oh, What A Night)«* gar ein Platz 1 und ein Millionseller gelang. Ende 1980 wurden sie letztmalig in den Charts notiert. Man kann die Four Seasons heute zweifellos als Institution in der Musik bezeichnen schon wegen ihres brillanten Falsett-Pops. 1990 wurden sie in die Rock 'n' Roll Hall Of Fame aufgenommen.

Der Hit: *Rag Doll*
Der Tip: *25th Anniversary Collection* (Rhino RD 72998-2)

Four Tops

Levi Stubbs (* 1938 als Levi Stubbles), Renaldo »Obie« Benson (* 1937), Abdul »Duke« Fakir (* 26.12.1935); Lawrence Payton (* 1938), alle v.
Die Four Tops wurden 1953 als Four Aims in ihrer Heimatstadt Detroit gegründet. Schon damals waren die vier Mitglieder, die bis in die 90er Jahre als Four Tops auftreten sollten, dabei. 1956 machten sie ihre ersten Plattenaufnahmen für Chess Records, dann für die Plattenfirmen Red Top, Riverside und Columbia Records. Bevor sie 1963 einen Vertrag mit Motown unterschrieben, waren sie mit Billy Eckstine auf Tournee. Die erste LP, *»Breakin' Through«*, war kein Durch-, sondern ein Einbruch. Dann kam Mitte 1964 die Single *»Baby, I Need Your Loving«*, die sich bis auf Platz 11 in den USA hocharbeitete. Im Mai 1965 dann der ganz große Erfolg, Platz 1 in den USA, mit *»I Can't Help Myself«*. *»It's The Same Old Song«* 1965, *»Reach Out I'll Be There«* und *»Standing In The Shadows Of Love«* 1966 und *»Bernadette«* 1967 waren weitere Top-10-Erfolge für die Band in den USA. *»Walk Away Renee«* 1967 und *»If I Were A Carpenter«* 1968 waren noch Top-10-Erfolge in GB. Es folgten weitere Hitplazierungen, doch erst 1972 sollte mit *»Keeper Of The Castle«* in den USA wieder ein Top-10-Erfolg gelingen. Ihren einzigen ausgewiesenen Millionseller hatten die Four Tops im Frühjahr 1973 mit *»Ain't No Woman (Like The One I've Got)«*. Ihr letzter Top-10-Erfolg in GB war im Dezember 1988 *»Loco In Acapulco«* aus dem Film *»Buster«*. 1990 wurden sie in die Rock 'n' Roll Hall Of Fame aufgenommen.

Der Hit: *Reach Out I'll Be There*
Der Tip: *Anthology* (Tamla Motown 72528 2)

Four Tunes

William Best, James Nabbie, James Gordon, Danny Owens, alle v.
Wie die meisten der »Four«-Gruppen war auch diese in der ersten Hälfte der 50er Jahre populär. Ob Four Aces, Four Coins, Four Freshmen, Four Knights, Four Lads, Four Voices, Four Esquires, Four Preps, Four Dates, alle drängelten sich in den 50er Jahren. Ausnahmen sind die Four Seasons und die Four Tops, die ihren Erfolg in die nächsten Jahrzehnte retten konnten. Diese vier hatten mit *»I Understand Just How You Feel«* Mitte 1954 einen Millionseller und einen Platz 6 in den USA. Neben zwei weiteren Hitnotierungen blieb das der einzige Erfolg dieser Rhythm-&-Blues-Gruppe.

Der Hit: *I Understand Just How You Feel*

Fox

Noosha Fox, v (* 8.12.1944); Herbie Armstrong, g/v; Kenny Young, g/v; Jim Gannon, g/v; Pete Solley, key/v; Jim Frank, d; Gary Taylor, b.
Die Musiker kann man getrost als eine Ansammlung von Studiocracks bezeichnen, die den Gesang von Noosha Fox begleiteten und für Auftritte zusammenkamen. Noosha, die in Australien geboren wurde, kam mit zwei Freundinnen nach England und gründete dort die Gruppe Wooden Horse. Sie tourten zusammen mit Georgie Fame und Alan Price durch GB. 1974 lernte Noosha Kenny Young kennen, der bereits Titel für Nancy Sinatra, die Seekers, die Drifters, Status Quo und andere geschrieben hatte. Er schrieb für sie die Nummer *»Only You Can«*, die in Los Angeles aufgenommen wurde, im Februar 1975 in die britischen Charts kam und Platz 3 erreichte. Der Nachfolgehit war *»Imagine Me Imagine You«*, der es bis auf Platz 15 in GB brachte. *»S-S-S-Single Bed«* erschien im April 1976 in den britischen Charts, erreichte Platz 4 und markierte das Ende der Erfolgsserie von Fox. Ab 1977 versuchte sich Noosha als Solistin. Trotzdem kam die Band in demselben Jahr noch einmal zur Produktion eines Albums zusammen. Herbie Armstrong und Kenny Young gründeten ebenfalls noch in jenem Jahr die Formation Yellow Dog. Später wurde Armstrong Solist und arbeitete von 1978 bis 1982 mit Van Morrison.

Der Hit: *Only You Can*
Der Tip: *Fox* (GTO 2321 101)

Fox, Samantha

* 15.4.1966. Ihre Karriere begann sie in GB als Mädchen von Seite 3 mit den Maßen 92 -- 59 -- 84. Bei soviel Brustumfang vermuteten offensichtlich Plattenproduzenten auch Stimme. Für die zweite Hälfte der 80er Jahre und die piepsigen Diskonummern, die zu diesem Zeitpunkt angesagt waren, genügte sie in der Tat. Mit der Aufforderung »*Touch Me (I Want Your Body)*« kam sie 1986 in GB, in Deutschland und in den USA unter die ersten 4. »*Do Ya Do Ya (Wanna Please Me)*« wurde im gleichen Jahr ein Platz 10 in GB und 5 in Deutschland. »*Nothing's Gonna Stop Me Now*«, im Mai 1987 Platz 8 in GB und 6 in Deutschland, »*Naughty Girls (Need Love Too)*«, im März 1988 Platz 3 in den USA, und der Millionseller »*I Wanna Have Some Fun*«, im November 1988 Platz 8 in den USA, waren die letzten drei Hits für Samantha. Als ihr die Behandlung durch die englische Presse zuviel wurde, zog sie nach Amerika. 1991 beendete sie dort ihren ersten Film als Schauspielerin: »*The Final Embrace*«.

Der Hit: *Touch Me (I Want Your Body)*
Der Tip: *Greatest Hits* (Jive ZD 75278)

Fox The Fox

Berth Tamaela, v/g; Silhouette Musmin, v/key; Roy Kushel, key; Kier von de Werf, g; Gino Jansen, b; Han Langkamp, d.
Köpfe dieser Formation waren Berth Tamaela und Silhouette Musmin. Berth hatte sich vor Gründung der niederländischen Formation Fox The Fox in Holland bereits einen Namen gemacht durch seine Arbeit mit Boozy und mit Alides Hidding, der später die Time Bandits gründete. Für die Texte der einzelnen Titel war Silhouette verantwortlich. Die Band tauchte im Jahr 1984 zweimal in der deutschen Hitparade auf, und ihr erster Eintrag war auch gleich ihr größter Erfolg: »*Precious Little Diamonds*«, im Juli 1984 Platz 5 in den deutschen Charts. Ende des Jahres gelang ihnen mit »*Flirting And Showing*« noch eine Notierung auf Position 40.

Der Hit: *Precious Little Diamonds*
Der Tip: *In The Dark Of The Nite* (CBS 26 217)

Foxx, Inez & Charlie

Geschwister Inez (* 9.9.1942) und Charlie (* 23.10.1939).
Zuerst machte Inez als Solistin unter dem Künstlernamen Inez Johnston mit »*A Feeling*« ihre erste Platte. Vorher hatte sie in der Gospelgruppe Tide Chorus gesungen. Bruder Charlie arbeitete zu diesem Zeitpunkt schon als Songschreiber,

und seine Bearbeitung eines alten Kinderliedes brachte den beiden zusammen den Hit *»Mockingbird«*, Platz 7 in den USA Mitte 1963. Fast sechs Jahre später kam die Nummer auch in die GB-Charts, wurde allerdings nur Platz 34. Die beiden arbeiteten bis zum Ende der 60er Jahre zusammen, brachten es aber zu keinem weiteren großen Hit. In den 70er Jahren machte Inez wieder Soloplatten, die alle gut, aber wenig erfolgreich waren.

Der Hit: *Mockingbird*
Der Tip: *The Best Of* (Stateside SSL 600)

Foxy

Carl Driggs, v; Ish Ledesma, v (* 2.10.1952); Richie Puente, per (* 15.6.1953); Arnold Paseiro, b (* 30.10.1950); Charlie Murciano, key/v (* 20.2.1953); Joe Galdo, d/v (* 7.2.1951).
Mit dem Aufkommen der Disco-Music hatte die aus Miami stammende Band Mitte der 70er Jahre die ersten Erfolge. Die Gruppe verstand es ausgezeichnet, Rhythm & Blues, Reggae, Jazz, Salsa und Disco miteinander zu verbinden. Salsa wohl auch schon deshalb, weil mit Richie Puente der Sohn des Salsa-Königs Tito Puente in der Band spielte. 1976 erschien die LP *»Foxy«*. Darauf ein Titel, den sich die in den ganzen USA zu sehende TV-Sendung »Disco '76« als Erkennungsmelodie nahm. Damit hatte sich die Band selbst zu sehr auf die Disco-Schiene gebracht. *»Get Off«* wurde im Juli 1978 ein Platz 9 in den USA, *»Hot Number«* im März 1979 Platz 21. Damit war die Hitzeit schon wieder vorüber. Zwischen dem ersten und dem zweiten Hit verließ Carl Driggs die Band, und Ish übernahm nun ganz den Lead-Gesang. Nach dem Auseinanderbruch der Gruppe gründete Ish zuerst Oxo, dann Company B.

Der Hit: *Get Off*
Der Tip: *Get Off* (T. K. Records TKR 82 544)

F. P. I. Project

Dieses Kürzel steht für die drei professionellen Disk-Jockeys Marco Fratty, Corrado Presti und Roberto Intrallazzi. Mit der Dancefloor-Nummer *»Rich In Paradise«* kamen sie im Dezember 1989 in die britischen Charts und erreichten Platz 9, einen Monat später stiegen sie auch in die deutsche Hitparade und kletterten auf Platz 5. Mit *»Risky«* gelang ihnen Mitte 1990 noch ein Platz 25. Danach erschienen weitere Platten vom F. P. I. Project, die an die ersten Erfolge nicht anschließen konnten.

Der Hit: *Rich In Paradise*

Peter Frampton *(Ariola)*

Frampton, Peter

* 22.4.1950. Peter war gerade mal 16 Jahre alt, als er Mitglied der britischen Band Herd wurde. Die Formation brachte es auf zwei Hits, dann ging Peter und gründete 1969 zusammen mit Steve Marriott von den Small Faces, Greg Ridley von Spooky Tooth und Jerry Shirley Humble Pie, die es auf einen einzigen Hit brachten. Im Juni 1972 gründete er mit Peter Frampton's Camel seine eigene Band, ab 1974 veröffentlichte er Platten nur noch unter seinem Namen. Nachdem ihm kein Hit gelingen wollte, kündigte er an, er werde sich ganz aus dem Musikgeschäft zurückziehen und zum Abschluß noch ein letztes Konzert geben. Dieses Konzert im Winterland in San Francisco wurde mitgeschnitten und unter dem Titel *»Frampton Comes Alive!«* als Doppel-LP veröffentlicht. Der Erfolg war überwältigend, mehr als 10 Millionen Platten wurden verkauft. Ausgekoppelte Single-Hits: *»Show Me The Way«*, im Frühjahr 1976 Top 10 in den USA und in GB, und *»Do You Feel Like I Do«*, Top 10 in den USA. *»I'm In You«* war Mitte 1977 noch einmal Platz 2 in den USA, dann merkten die Käufer, daß Peter doch nicht ausstieg, und fühlten sich betrogen -- aus mit den Hits. 1978 spielte Peter im Film »Sgt. Pepper's Lonely Hearts Club Band« die Rolle des Billy Shears, im gleichen Jahr verunglückte er mit einem Auto auf den Bahamas und mußte für einige

Monate pausieren. In den folgenden Jahren erschienen immer wieder Platten von Peter, von denen sich keine nur annähernd so gut verkaufte wie *»Frampton Comes Alive!«*

Der Hit: *Show Me The Way*
Der Tip: *Classics* (A&M Records CD 2510)

Francis, Connie

12.12.1938 als Concetta Rosa Maria Franconero. Als die kleine Connie vier Jahre alt war, begann sie, Akkordeon zu spielen. Ihren ersten Auftritt als Gesangsprofi hatte sie mit elf. Mit zwölf sang sie bereits in der »Startime Show« des NBC-Fernsehens, und es dauerte nicht lange, bis sie ihren ersten Schallplattenvertrag in der Tasche hatte. Zuerst sang sie für zwei Jahre Liedchen, die keiner hören wollte. Dann hatte sie Ende 1957 zusammen mit Marvin Rainwater den Titel *»The Majesty Of Love«*, der zwar nur Platz 93 in den US-Charts erreichte, angeblich aber trotzdem ein Millionseller wurde. Jetzt merkte auch die Plattenfirma, daß mehr hinter dieser kleinen Connie stecken mußte und daß vielleicht das Material, das man sie hatte singen lassen, nicht richtig war. Der Vater von Connie machte den Vorschlag, seine Tochter solle doch das Lied singen, das er schon seit vielen Jahren zu seinem Lieblingsstück erkoren hatte: *»Who's Sorry Now«*, geschrieben im Jahre 1923 und damals ein Riesenerfolg und mit sechs verschiedenen Interpreten in den Hitparaden. Nach einigem Zögern willigte die Firma im November 1957 ein. Ein junges Mädchen sollte eine Nummer aus den 20er Jahren singen -- so richtig überzeugt waren die Herren von der Record-Company nicht. Im Februar 1958 kam der Titel in die US-Charts und kletterte hoch bis auf Platz 4. Über Nacht war Connie ein Star in den USA. Zwei Monate später kam die Platte auch in die britische Hitparade und erreichte gar Platz 1.
Über viele Jahre hinweg war Connie nun eine der erfolgreichsten amerikanischen Sängerinnen. Zwischen 1958 und 1964 war sie regelmäßig in den Hitparaden zu finden, ihre größten Hits waren *»Carolina Moon/Stupid Cupid«* und *»My Happiness«* 1958, *»Lipstick On Your Collar«* 1959, *»Everybody's Somebody's Fool«* und *»My Heart Has A Mind Of Its Own«* 1960 und *»Don't Break The Heart That Loves You«* 1962. 1964 war dann ihre Hochzeit in den USA und in GB vorüber.
Die Fans in Deutschland sind, ähnlich wie die japanischen, über viele Jahre treu. Hierzulande stand sie bis Ende 1967 immer wieder in der Hitparade. Wohl für ihre deutschen Fans sang sie ihr Spätwerk *»Es ist so schön, daß es dich gibt«*. Schon vorher hatte sie etliche ihrer englischsprachigen Hits auch in Deutsch gesungen -- so wurde aus *»Everybody's Somebody's Fool« »Die Liebe ist ein seltsames Spiel«*. Weitere Hits in deutscher Sprache waren *»Schöner fremder Mann«* 1961, *»Paradiso«* 1962 und *»Barcarole in der Nacht«* 1963.

Sie war in Vergessenheit geraten, als sie im November 1974 wieder auf die Titelseiten geriet. Sie war nach längerer Abwesenheit von der Bühne bei der Westbury Music Fair in New York aufgetreten, als ihr auf dem Weg zurück in ihr Motel von einem Triebtäter aufgelauert wurde, der sie vergewaltigte. Für längere Zeit war Connie nicht mehr in der Lage zu singen. Im Herbst 1978 versuchte sie ein Comeback in einer Sendung von Dick Clarke, dem bekannten TV-Moderator, der sich schon seit den Tagen des Rock 'n' Roll mit Musiksendungen beschäftigt. Sie sang ein Medley ihrer großen Erfolge und kam gut beim Publikum an. Im März 1981 ereilte sie ein weiterer Schicksalsschlag: In seinem Zuhause in New Jersey wurde ihr Bruder ermordet. In ihrer Autobiographie, die im September 1984 erschien, schrieb sie, daß sie sieben Jahre nach der Vergewaltigung gerade wieder neu beginnen wollte, als das geschah. 1989 nahm sie zusammen mit Boy George den Titel *»Something Stupid«* auf -- stimmt!

Der Hit: *Everybody's Somebody's Fool*
Der Tip: *The Very Best* (Polydor 827 569-2)

Franke & The Knockouts

Franke Previte, v; Billy Elworthy, g; Blake Levinson, key; Leigh Foxx, b; Claude LeHenaff, d; Bobby Messano, g; Tommy Ayers, key; Tico Torres, d.
Dieses amerikanische Soft-Rock-Quintett wurde 1980 gegründet. Previte hatte vorher mit Freunden in der Halle des Hauptbahnhofs von New Brunswick gesungen, weil dort so ein schönes Echo ist. Danach machte er Platten mit der Oxford Watch Band und einer Heavy-Metal-Gruppe namens Bull Angus. Mit den Knockouts und dem Titel *»Sweatheart«* hatte er Anfang 1981 seinen ersten und einzigen Top-10-Erfolg in den USA. Nach zwei weiteren Hitnotierungen, die nicht über die Position 20 hinauskamen, verschwand die Gruppe Mitte 1982 wieder. Elworthy verließ die Band im gleichen Jahr, für ihn kam Messano. 1984 gingen Levinson und LeHenaff und wurden durch Ayers und Torres ersetzt, was der Band jedoch auch keinen Erfolg mehr brachte. Als Songschreiber war Previne an dem Superhit *»(I've Had) The Time Of My Life«* aus dem Film »Dirty Dancing« beteiligt.

Der Hit: *Sweatheart*

Franke, Christian

* 15.2.1956. Der aus Nürnberg stammende Sänger schaffte mit der Nummer *»Ich wünsch' dir die Hölle auf Erden«* Ende 1981 seinen einzigen Top-10-Erfolg in Deutschland. *»Was wäre wenn ...«* und *»Wenn du gehst, stürzt der Himmel ein«*,

beide 1982, waren weitere Notierungen in den Verkaufscharts, dann war er wieder verschwunden.

Der Hit: *Ich wünsch' dir die Hölle auf Erden*

Frankie Goes To Hollywood

Holly Johnson, v (* 9.2.1960 in Sudan); Paul Rutherford, v (* 8.12.1959); Brian »Nasher« Nash, g (* 20.5.1963); Mark O'Toole, b (* 6.1.1964); Peter Gill, d (* 8.3.1964).

Die Formation kam Ende 1980 zusammen. Es sollte zwei Jahre dauern, bis die Band ihren ersten Auftritt im britischen Radio und Fernsehen hatte. Und wieder ein Jahr später, im Herbst 1983, erscheint mit *»Relax«* ihre erste Single auf dem Plattenlabel Zang Tumb Tumm, das dem cleveren Musiker und Produzenten Trevor Horn gehört. Nachdem die Platte von der BBC als obszön abgelehnt und nicht gespielt wird, entwickelt sie sich zum Renner. Innerhalb von nur 3 Monaten überschreitet die Verkaufsmarke die Millionengrenze. Die Platte erreicht Platz 1 in GB und wird trotzdem nicht von der BBC in der Sendung *»Top Of The Pops«* gespielt, was dem Verkauf nur noch weitere Impulse gibt. Nachdem *»Relax«* Anfang 1983 in den britischen Charts bis auf Platz 1 gekommen und wieder rausgefallen war, kam sie im März des gleichen Jahres erneut in die Hitparade und erreichte Platz 2. Bis auf Platz 1 konnte sie nicht kommen, weil da schon die Nachfolgesingle *»Two Tribes«* stand. In Deutschland kletterte *»Relax«* bis auf Platz 1. Anfang 1985, nachdem die Nummer im Film *»Police Academy«* zu hören war, kam sie auch in den USA unter die ersten 10. *»Two Tribes«* erreichte Mitte 1984 auch in Deutschland Platz 1, *»The Power Of Love«* stand Ende 1984 an der Spitze in GB und auf Platz 4 in Deutschland. 1985 wurde ein mageres Hitjahr für die Band, 1986 kam *»Rage Heart«* zumindest in Deutschland wieder an die Spitze, in GB bis auf 4. Zwischenzeitlich hatte es in der Presse immer wieder Gerüchte gegeben, nicht die Mitglieder der Band, sondern Studiomusiker würden auf den Platten spielen. 1987 wurde die Band offiziell aufgelöst, Johnson und Rutherford machten weiter als Solisten. Johnson strebte außerdem einen Prozeß gegen ZTT-Records an. Seiner Meinung nach hatte er zuwenig Tantiemen erhalten. Das Gericht gab ihm recht.

Der Hit: *Relax*
Der Tip: *Welcome To The Pleasuredome* (ZTT Island 610 195-222)

Franklin, Aretha

* 25.3.1942. Die Karriere dieser amerikanischen Soul-Sängerin begann 1961 und geht bis in die 90er Jahre. Bereits mit 14 Jahren nahm sie ihre ersten Platten auf. 1960 erhielt sie einen Plattenvertrag von Columbia Records, die sie jedoch noch sehr in Richtung Jazz und Gospel trimmten. Erst als sie ab 1967 mit ihren Platten auf Atlantic Records erschien und Soul sang, kam der Erfolg. Ihre größten Hits waren »*I Never Loved A Man (The Way I Love You)*«, »*Respect*«, »*Baby I Love You*« und »*Chain Of Fools*«, alle 1967, »*(Sweet Sweet Baby) Since You've Been Gone*«, »*Think*«, »*I Say A Little Prayer*« und »*See Saw*« 1968, »*Don't Play That Song*« 1970, »*Bridge Over Troubled Water*«, »*Spanish Harlem*« und »*Rock Steady*« 1971, »*Day Dreamin'*« 1972 und »*Until You Come Back To Me (That's What I'm Gonna Do)*« 1973. Allen genannten Platten ist gemeinsam, daß sie Millionseller waren. In der ewigen Bestenliste der Rhythm-&-Blues-Künstler belegt Aretha hinter James Brown den zweiten Platz. Nach 1976 wurde sie von vielen abgeschrieben. Dann meldete sie sich 1985 mit zwei Top-10-Erfolgen zurück: »*Freeway Of Love*« und »*Who's Zoomin' Who*«. Sie machte in den 80ern einige interessante Duettplatten, z. B. mit Annie Lennox, Whitney Houston, George Benson, Keith Richard und, 1987 Spitzenreiter in GB und in den USA, zusammen mit George Michael »*I Knew You Were Waiting For Me*«.

Der Hit: *Respect*
Der Tip: *Queen Of Soul* (Rhino R2 71 063)

Franklin, Erma

* 1943. Die jüngere Schwester von Aretha schaffte Ende 1967 mit »*Piece Of My Heart*« gerade mal einen Platz 62 in der amerikanischen Hitparade. Der Titel wurde später von Janis Joplin gesungen und sehr erfolgreich. Jahrelang hatte man nichts mehr von Erma gehört, bis Ende 1992 Levi's hinging und für einen Werbespot ebenjene Nummer »*Piece Of My Heart*« verwendete, die es in GB daraufhin bis auf Platz 9 in den Charts brachte.

Der Hit: *Piece Of My Heart*

Franklin, Rodney

Dieser amerikanische Jazz-Tastenspieler und Sänger schaffte in GB mit dem Instrumental »*The Groove*« im Frühjahr 1980 einen Platz 7. Für einen Disco-Titel war das Stück recht ansprechend. Ein Nachfolger ist nicht gelungen. Franklin spielte auch auf Platten von Freddie Hubbard, Marlena Shaw oder Bill Summers. Soloplatten machte er ab 1978.

Der Hit: *The Groove*
Der Tip: *Diamond Inside Of You* (RCA PD 83038)

Frantique

Dieses aus Philadelphia stammende Mädchen-Tanz-Disco-Trio wurde 1979 zusammengestellt. Leadsängerin war Vivienne Savoie. Sie nahmen ein Album auf, das mit »*Strut Your Funky Stuff*« einen Top-10-Hit im Herbst des gleichen Jahres in GB enthielt. Es blieb bei diesem einen Hit.

Der Hit: *Strut Your Funky Stuff*

Frl. Menke

* 4.11.1960 als Franziska Menke. Die deutsche Sängerin, Keyboarderin, Komponistin und Produzentin kam im Zuge der neuen deutschen Welle 1982 in die deutschen Hitparaden. Ihr Titel »*Hohe Berge*« erreichte im Frühjahr 1982 Platz 10. »*Traumboy*«, ebenfalls 1982, und »*Tretboot in Seenot*« 1983 waren weitere Hitnotierungen. In den 90er Jahren kam Franziska Menke als Schlagersängerin.

Der Hit: *Hohe Berge*
Der Tip: *Frl. Menke* (Polydor 811 712-1)

Freberg, Stan

* 7.8.1926 als Stanley Victor Freberg. Der Amerikaner begann als Radio-DJ und sprach schon vor dem Zweiten Weltkrieg die Stimme diverser Zeichentrickfiguren. Ab 1951 war er auch Platteninterpret. Sein erster Erfolg war im Frühjahr 1951 »*John And Marsha*«, eine Parodie auf die schon damals unsäglichen Seifenopern. »*St. George And The Dragonet*« war Ende 1953 Millionseller und Spitzenreiter für ihn in den USA. Seine Hitnotierungen gehen bis 1960. Da hatte er mit »*The Old Payola Roll Blues (Side 1)*«, eine Anspielung auf die zu jenem Zeitpunkt laufenden Bestechungsvorwürfe gegen Dick Clark und Alan Freed, seine letzte Eintragung. In den 60er Jahren veröffentlichte er weiter Platten. Heute arbeitet er als Werbetexter und Sprecher für Werbespots. In seiner 1989 erschienenen

Biographie »*It Only Hurts When I Laugh*« ist über dieses Comic-Allroundtalent Genaueres nachzulesen.

Der Hit: *St. George And The Dragonet*
Der Tip: *Collectors Series* (Capitol CDP 7 91627 2)

Fred & Rolf

Diesem deutschen Duo gelang mit dem Seemannslied »*Wir lagen vor Madagaskar*« Mitte 1961 ein Platz 10 in der deutschen Hitparade. Just Scheu hatte dieses Lied 1934 geschrieben. Im Laufe der Jahre gab es über 370 verschiedene Versionen dieses Songs. Ob Heino oder Freddy -- alle lagen sie vor Madagaskar. Es muß dort eng geworden sein.

Der Hit: *Wir lagen vor Madagaskar*

Fred, John

* 8.5.1941 als John Fred Gourrier. Der Amerikaner stellte schon 1956 seine erste Band zusammen. Mit der Nummer »*Shirley*« wurde er im Frühjahr 1959 erstmals in den US-Charts notiert. Der große Wurf sollte ihm Ende 1967 mit »*Judy In Disguise (With Glasses)*« gelingen. Der Song wurde Spitzenreiter und Millionseller in den USA, Platz 3 in GB und wieder 1 in Deutschland. Der Song war als eine Parodie auf das Beatles-Stück »*Lucy In The Sky With Diamonds*« gedacht. Im Frühjahr 1968 stand »*Hey Hey Bunny*« unter den Top 60 der US-Charts. Danach wurde Fred nie mehr notiert und statt dessen Produzent.

Der Hit: *Judy In Disguise (With Glasses)*
Der Tip: *Judy In Disguise With Glasses* (Repertoire 4153-WZ TIS)

Freddie & The Dreamers

Freddie Garrity, v (* 14.11.1940); Derek Quinn, g (* 24.5.1942); Pete Birrell, b (* 9.5.1941); Roy Crewsdon, g (* 29.5.1941); Bernie Dwyer, d (* 11.9.1940).
Garrity, Kopf dieser britischen Formation, arbeitete hauptberuflich als Milchmann und spielte nebenher erst in der Skiffle-Gruppe Red Sox, danach mit John Norman Four und den Kingfishers, aus denen 1961 Freddie & The Dreamers wurden. 1963 erhalten sie, nachdem sie u. a. auch im Hamburger Top Ten Club aufgetreten waren, einen Plattenvertrag. Im Sog der Beatles wurden auch Freddie & The Dreamers nach oben geschwemmt. Schon im Mai 1963 erschien ihre erste

Platte in den GB-Charts und wurde Platz 3: *»If You Gotta Make A Fool Of Somebody«*. *»I'm Telling You Now«* und *»You Were Made For Me«*, ebenfalls 1963, und *»I Understand«* 1964 waren weitere Top-10-Erfolge in GB. *»I'm Telling You Now«* kam im Frühjahr 1965 in die US-Charts und wurde dort Spitzenreiter. Im Oktober 1968 löste sich die Gruppe auf, Freddie startete zusammen mit Pete Birrell die populäre britische Kinder-TV-Sendung *»Little Big Time«*. 1976 legte er mit anderen Musikern Freddie & The Dreamers neu auf, um bei einer Reihe von Revival-Konzerten auftreten zu können. 1988 gab er sein Bühnendebüt als Schauspieler in dem Shakespeare-Stück »The Tempest«.

Der Hit: *I'm Telling You Now*
Der Tip: *The Best Of* (EMI 7 99715 2)

Freddy

Freddy Quinn *(Polydor)*

* 27.9.1931 als Franz Eugen Helmuth Manfred Nidl-Petz. Seit Mitte der 50er Jahre gehört er zu den erfolgreichsten Platteninterpreten in Deutschland. Seine erste Hitnotierung war im Frühjahr 1956 der Titel *»Heimweh«*, der Platz 1 erreichte und sich insgesamt mehr als 8millionenmal verkaufte. Die Liste seiner Verkaufserfolge in den Hitparaden reicht bis in die 80er Jahre. Seine größten Erfolge waren *»Heimatlos«* 1957, *»Der Legionär«* und *»Ich bin bald wieder hier«* 1958, *»Die Gitarre und das Meer«* und *»Unter fremden Sternen«* 1959, *»La Paloma«* 1961, *»Junge, komm bald wieder«* 1962 und *»Hundert Mann und ein Befehl«* 1966. Alle genannten Platten waren Spitzenreiter in Deutschland. Auch in den englischsprachigen Ländern waren seine Aufnahmen erfolgreich. Freddy spielte in etlichen Filmen mit, die inhaltlich jedoch seichterer Natur waren. Außerdem war er in Musicalproduktionen zu sehen, trat wie in seinen Anfangsjahren auch im Zirkus auf und moderierte zahlreiche Fernsehsendungen.

Der Hit: *Heimweh*
Der Tip: *1956 – 1965* (Bear Family BCD 15 403)

Free

Paul Rodgers, v (* 12.12.1949); Paul Kossoff, g (* 14.9.1950 † 19.3.1976); Andy Fraser, b (* 7.8.1952); Simon Kirke, d (* 28.7.1949); Tetsu Yamauchi, b (* 21.10.1947); John »Rabbit« Bundrick, key (* 21.10.1948).
Diese britische Rockformation kam im Frühjahr 1968 zusammen. Mitte 1969 erschien die Debütsingle *»Broad Daylight«*, die sich nicht in den Charts plazieren konnte. Auf der anderen Seite machte sich die Band schnell einen Namen als ausgezeichneter Live-Act. Ein Jahr später erschien *»All Right Now«*, in GB die erste Chartnotierung und ein Platz 2, in den USA 4 und in Deutschland 5. *»My Brother Jake«* 1971 und *»Wishing Well«* 1973 waren weitere Top-10-Erfolge. Schon im Mai 1971 hatte sich die Gruppe wegen des mangelnden Verkaufserfolges getrennt. Einzelne Mitglieder hatten Soloprojekte angestrengt, und nachdem die jedoch auch nicht sonderlich erfolgreich waren, kam man im Januar 1971 erneut zusammen. Mitte des gleichen Jahres ging Fraser wieder und gründete die Sharks. Kossoff hatte schwere Drogenprobleme, und mit Tetsu und Rabbit, die mit Kossoff und Kirke bereits in der zweiten Hälfte des Jahres 1971 eine Band gebildet hatten, kamen zwei neue Mitglieder zu Free. Mitte 1973 geht Free endgültig auseinander. Rodgers erhält das Angebot, bei Deep Purple zu singen, macht jedoch mit Kirke Bad Company. Tetsu ersetzt Ronnie Lane bei den Faces, Rabbit geht zu den Who. Am 19. März 1976 stirbt Kossoff auf einem Flug nach New York an Herzversagen. Rodgers macht später mit Jimmy Page The Firm und danach mit Kenny Jones The Law.

Der Hit: *All Right Now*
Der Tip: *The Best Of* (Island 261 378)

Freeez

John Rocca, v (* 23.9.1960); Peter Maas, b; Andy Stennet, key; Paul Morgan, d.
Diese britische Funkband stand Mitte 1980 erstmals in den GB-Charts mit *»Keep In Touch«*. *»Southern Freeez«* 1981 und *»I.O.U.«* 1983 waren die Top-10-Erfolge der Band. 1987 kamen Remix-Versionen dieser beiden Titel erneut in die britische Hitparade, jedoch nicht unter die ersten 20.

Der Hit: *I.O.U.*
Der Tip: *Gonna Get You* (Virgin 205 776)

Freeman, Bobby

* 13.6.1940. Der amerikanische Rhythm-&-Blues-Sänger und Songschreiber gründete im Alter von 14 Jahren seine erste Gruppe, die Romancers. Daraus

wurden später die Vocaliers. Erfolgreich sollte er jedoch nur als Solist sein. Seine erste Hitnotierung war im Frühjahr 1958 der US-Top-10-Erfolg *»Do You Want To Dance«*. Dieser Titel wurde außerdem ein Hit für Del Shannon, die Beach Boys, Mamas & Papas, Bette Midler und die Ramones. *»C'mon And Swim«* war sechs Jahre später ein weiterer Top-10-Erfolg. Nach 1964 wird er nicht mehr notiert.

Der Hit: *Do You Want To Dance*

Freeman, Ernie

* 16.8.1922 † 16.5.1981. Dieser amerikanische Pianist, Komponist und Orchesterchef leitete Aufnahmen vieler Künstler, z. B. Frank Sinatra, Sammy Davis jr., Dean Martin oder Connie Francis, und wirkte auch darauf mit. Zwischen 1957 und 1962 veröffentlichte er auch Instrumentaltitel. *»Raunchy«* Ende 1957 wurde sein einziger Top-10-Erfolg. Ernie nahm auch Platten als Sir Chauncey auf und spielte bei den meisten Aufnahmen von B. Bumble & The Stingers Piano, mit Ausnahme von *»Nut Rocker«*.

Der Hit: *Raunchy*

Free Movement

Josephine Brown, Godoy Golbert, Cheryl Conley, Jennifer Gates, Adrian Jefferson, Claude Jefferson, alle v.
Einige Mitglieder dieser aus Los Angeles stammenden Gesangsgruppe hatten vorher Erfahrung in Gospelchören gesammelt. *»I've Found Someone On My Own«* war im Frühjahr 1971 die erste Hitnotierung der Band, ein Platz 5 in den USA. Noch im gleichen Jahr kam *»The Harder I Try (The Bluer I Get)«* in die Top 50. Danach wurden sie nicht mehr notiert.

Der Hit: *I've Found Someone On My Own*

Fresh, Doug E.

Zusammen mit seiner Get Fresh Crew, bestehend aus Barry Bee und Chill Will, brachte der Amerikaner Doug Ende 1985 den Titel *»The Show«* auf Platz 7 in der britischen Hitparade. Vielen gilt diese Nummer als eine der cleversten Rap-Platten aller Zeiten. Bei diesem einen Hit blieb es, auch wenn sich Doug E. zu »the world's greatest entertainer« kürte.

Der Hit: *The Show*
Der Tip: *The World's Greatest Entertainer* (BCM 50-2126-46)

Fresh 4

Das aus Bristol, GB, stammende Diskjockey-Team Judge, Krust, Suv D, der Rapper Flynn und die Gastsängerin Lizz E. nahmen Ende 1989 eine neue Version des Rose-Royce-Hits »*Wishing On A Star*« auf. Das Stück erreichte knapp die Top 10 in GB. Zu einem Nachfolgehit reichte es offensichtlich nicht mehr.

Der Hit: *Wishing On A Star*

Frey, Glenn

* 6.11.1948. Der amerikanische Gitarrist, Tastenspieler, Sänger und Songschreiber war in seinen Jugendtagen mit Bob Seger in der gemeinsamen Heimatstadt Detroit in einer Band. Mit John David Souther gründete Glenn 1968 das Duo Longbranch Pennywhistle, das zwei LPs aufnahm und drei Jahre bestand. Schließlich gehörte er 1971 zu den Gründungsmitgliedern der Eagles, die bis 1980 bestanden. Viele der größten Hits dieser Formation schrieb Glenn Frey mit. Nach dem Auseinanderbruch der Eagles bildete Frey ein Team mit dem Songschreiber Jack Tempchin und veröffentlichte ab 1982 Soloplatten. Mit dem Thema aus dem Erfolgsfilm »Beverly Hills Cop«, »*The Heat Is On*«, gelang ihm Ende 1984, Anfang 1985 ein Hit: Platz 2 in den USA, 4 in Deutschland und 12 in GB. Seine nächste Top-10-Notierung stammte wieder aus einem Film: »*You Belong To The City*« war 1985 in »Miami Vice« zu hören und erreichte wieder Platz 2 in den USA. Danach übernahm Frey auch eine Rolle in dieser Serie. 1992 veröffentlichte er die wunderschöne CD »*Strange Weather*«.

Der Hit: *The Heat Is On*
Der Tip: *Strange Weather* (MCA 10599)

Frida

* 15.11.1945 als Anni-Frid Lyngstad. Die schwedische Sängerin feierte Triumphe als Teil der Formation Abba. Ihre Versuche als Solistin waren nicht sonderlich erfolgreich. Einzig ihre Aufnahme »*I Know There's Something Going On*«, produziert von Phil Collins, kam im Herbst 1982 auf Platz 5 in Deutschland, 13 in den USA. Geschrieben hatte diesen Hit Russ Ballard.

Der Hit: *I Know There's Something Going On*
Der Tip: *Something's Going On* (Polydor 2311 176)

Friedman, Dean

Der aus New Jersey stammende Sänger und Songschreiber schaffte seine erste Hitnotierung im Frühjahr 1977 mit dem amerikanischen Top-30-Hit *»Ariel«*. *»Lucky Stars«* stand im Herbst 1978 auf Platz 3 der britischen Charts und war sein größter Erfolg. Seine Plattenveröffentlichungen reichen bis weit in die 80er Jahre. Ein Hit gelang ihm nicht mehr. Wie Jim Croce war Dean mit seinen größten Erfolgen auf dem Plattenlabel Lifesong zu hören -- und wie Jims Musik hatte auch Deans einen rockigen Folk-Touch.

Der Hit: *Lucky Stars*
Der Tip: *Dean Friedman* (Lifesong CDWIKD 98 TIS)

Friend & Lover

James Post (* 28.10.1939), Cathy Post (* als Cathy Conn).
James hatte als Leadsänger in der Band Rum Runners fungiert, Cathy war Sängerin und Chorus-Line-Tänzerin. Nach ihrer Heirat 1964 machten sie als Duo Friend & Lover gemeinsam Platten. *»Reach Out Of The Darkness«* kam Mitte 1968 in die US-Charts und erreichte Platz 10. Der Nachfolger *»If Love Is In Your Heart«* kam schon nur noch knapp unter die ersten 90. Danach erreichten sie nichts mehr und trennten sich sowohl privat als auch beruflich. James veröffentlichte als Solist Platten.

Der Hit: *Reach Out Of The Darkness*

Friends Of Distinction

Floyd Butler (* 5.6.1941), Harry Elston (* 4.11.1938), Jessica Cleaves (* 10.12.1948), Barbara Jean Love (* 24.7.1941), alle v.
Diese aus Los Angeles stammende Soul-Pop-Gruppe schaffte im Frühjahr 1969 mit *»Grazing In The Grass«* Platz 3 in den USA und einen Millionseller. *»Going In Circles«* kam im Herbst des gleichen Jahres bis auf Platz 15, wurde aber ebenfalls ein Millionseller. *»Love Or Let Me Be Lonely«* im Frühjahr 1970 erreichte Platz 6. Danach ließ der Erfolg nach, und nach 1971 waren sie ganz aus den Hitparaden verschwunden. Zwei der vier Mitglieder -- Butler und Elston -- hatten vorher bei den Hi Fi's gesungen, bei denen auch Marilyn McCoo und LaMonte McLemure Mitglieder waren, die später zu Fifth Dimension gingen. Nach 1971 war Barbara Love ausgestiegen. Der Rest versuchte sich weiter als Trio, mußte jedoch bald aufgeben. Cleaves wurde Mitglied bei Earth, Wind & Fire.

Der Hit: *Grazing In The Grass*

Frijid Pink

Kelly Green, v; Gary Ray Thompson, g; Thomas Beaudry, b; Larry Zelanka, key; Rick Stevens, d; Craig Webb, g; Jon Wearing, b.

Diese Rockgruppe aus Detroit kam in den späten 60er Jahren zusammen. Sie brachten 1970 eine Musik, wie sie von Mitch Ryder, MC 5, Bob Seger oder Terry Knight gemacht wurde: ein Mittelding aus Rock 'n' Roll, Garagenpunk und Underground. Ihre Version von *»House Of The Rising Sun«* kam Anfang 1970 in die US-Charts, wurde Millionseller und Platz 7. Wenig später erreichte die Platte Platz 4 in GB und wurde Spitzenreiter in Deutschland. Noch im gleichen Jahr kamen zwei weitere Hitnotierungen in die US-Charts, von denen jedoch keine über eine Position 50 hinauskam. Daran änderten auch Umbesetzungen in der Gruppe nichts.

Der Hit: *House Of The Rising Sun*
Der Tip: *Frijid Pink* (Repertoire 4156-WZ TIS)

Froboess, Conny

siehe Conny

Fuller, Bobby Four

Bobby Fuller, v/g (* 22.10.1942); Randy Fuller, b; James Reese, g; DeWayne Quirico, d; Dalton Powell, d.

Rock 'n' Roll in den 60er Jahren -- Elvis hatte schon kurz nach seinen ersten Hits auf seicht umgeschwenkt, Buddy Holly war tot, Chuck Berry und Bill Haley waren weg vom Fenster. Mitte der 60er Jahre dann die Hinwendung zu Psychedelic-Sound, Folk-Rock, *»California Dreaming«*, Acid, Protest -- aber Rock 'n' Roll? In US-Garagen wurde eine Art Punk-Rock vorgelegt, wurde der Weg bereitet für die Punkbewegung in GB in den 70er Jahren. Das klang zumindest noch so urwüchsig wie der Rock 'n' Roll in den 50er Jahren, aber ansonsten hatte er nichts zu melden. Die Fans waren immer noch da, aber die neue Musikergeneration lernte mehr und mehr, mit Verstärkern, Mehrspuraufnahmen, Klangverzögerung usw. umzugehen. Rock 'n' Roll war zu gradlinig, zu einfach. Natürlich gab es auch hier Ausnahmen -- und dazu gehörte Bob Fuller mit drei weiteren Musikern. Sie nannten sich Bobby Fuller Four und waren wie Relikte aus einer längst vergangenen Zeit anzuhören. In El Paso, Texas, hatten sie Ende der 50er Jahre begonnen, Musik zu machen. Für kleine texanische Plattenfirmen wurden einige Aufnahmen gemacht, die heute kein Mensch mehr kennt. Erst nachdem sie in

Texas alles erreicht hatten, was es zu erreichen gab, gingen sie in das »Promised Land« der Musiker. Chuck Berry hatte schon davon gesungen, und der mußte es ja schließlich wissen. In L. A. spielten sie in einem Hotel, es folgte ein Plattenvertrag mit einem Label aus Kalifornien und schließlich der erste größere Hit, *»Let Her Dance«*. Daß die Bobby-Fuller-Four-Musiker Fans von Buddy Holly waren, ließ sich leicht heraushören. Das wiederum hörte Sonny Curtis, einst Mitglied bei den Crickets, der Band von Buddy Holly. Sonny hatte eine Nummer geschrieben, die er Bobby Fuller gab: *»I Fought The Law«*. Anfang 1966 kam er in die amerikanische Hitparade und erreichte Platz 9. Damit schien der Weg für die Band klar, denn auch die nächste Platte der Bobby Fuller Four kam in die Charts -- aber dann war schnell alles vorbei. Am 18.7.1966 starb Bobby Fuller, die Umstände sind nie genau geklärt worden. Mal hieß es, er habe Selbstmord begangen, mal ist er bei einem Autorennen tödlich verunglückt, und mal haben ihn Gangster einfach umgelegt. Wie dem auch sei, er wurde tot in seinem Auto aufgefunden, und die Band war am Ende, bevor es richtig losgegangen war. Der Bruder von Bobby, Randy, wollte die Formation weiterführen. Sie nannten sich Randy Fuller Four, aber das hatte alles keinen Zweck, die Luft war aus der Sache raus. Schade, vielleicht wäre die Geschichte des Rock 'n' Roll mit Bobby Fuller anders weitergegangen.

Der Hit: *I Fought The Law*
Der Tip: *I Fought The Law* (Del-Fi REP 4279-WY TIS)

Full Force

Bowlegged Lou George, v; Paul-Anthony George, v; Curt Bedeau, g/v; Gerry C Charles, key/v; B-Fine George, per/v; Junior Shy Shy Clarke, b.
Diese aus Brooklyn stammende Truppe gilt als konsequentester Vertreter der Urban Dance Music. Bereits 1970 hatten die Brüder B-Fine, Paul-Anthony und Bowlegged Lou als Amplifiers begonnen. Neun Jahre später kamen ihre Cousins Gerry C, Shy Shy und Curt dazu -- und fertig war Full Force. Für Lisa Lisa, James Brown oder Samantha Fox schrieben oder produzierten sie Songs. Ein einziges Mal brachten sie es auf einen Pop-Hit, und das nicht etwa in den USA, sondern in GB: *»Alice I Want You Just For Me«* erreichte Ende 1985 Platz 9.

Der Hit: *Alice I Want You Just For Me*
Der Tip: *Full Force* (CBS 86595)

Fun Boy Three

Terry Hall, v (* 19.3.1959); Neville Staples, v/d (* 11.4.1956); Lynval Golding, g (* 24.7.1951).
Staples, Hall und Golding kamen von der Gruppe Specials, die als Begründer der New-Ska-Bluebeat-Bewegung in GB galt. Mitte 1981 hatten sie sich von der Band getrennt, und noch im gleichen Jahr wurde *»The Lunatics (Have Taken Over The Asylum)«* ihr erster Chart-Erfolg in GB. Erstmals unter die ersten 10 kamen sie, als sie sich mit Bananarama zusammentaten und mit *»It Ain't What You Do It's The Way That You Do It«* Platz 4 in GB erreichten. *»Tunnel Of Love«* und *»Our Lips Are Sealed«* waren im Frühjahr 1983 zwei eigene Top-10-Erfolge für die drei Jungs. Danach fiel die Band wieder auseinander. Hall kam später mit Colourfield.

Der Hit: *Our Lips Are Sealed*
Der Tip: *The Best Of* (Chrysalis 254 513)

Funk, Farley »Jackmaster«

»Love Can't Turn Around« gilt als eine der ersten in der Pop-Hitparade erfolgreichen House-Sound-Platten. Farley war DJ in einem Club in Chicago. Seine Platte erreichte im Herbst 1986 Platz 10 in den GB-Charts und wurde die Top-Tanzplatte des Jahres. Die Stimme auf der Platte stammte von Darryl Pandy und umfaßt angeblich sechseinhalb Oktaven. Pandy trat später als Nightmare auf.

Der Hit: *Love Can't Turn Around*

Funkadelic

George Clinton, v/g (* 22.7.1941); Raymond Davis, v (* 29.3.1940); Grady Thomas, v (* 5.1.1941); Calvin Simon, v (* 22.5.1942); Clarence »Fuzzy« Haskins, v (* 8.6.1941); Bernard Worrell, key (* 19.4.1944); William Nelson jr., b (* 28.1.1951); Eddie Hazel, g (* 10.4.1950); Lucius Ross, g (* 5.10.1948); Ramon »Tiki« Fulwood, d (* 23.5.1944).
Der Kopf dieser US-Formation, George Clinton, gründete schon 1955 die Doo-Wop-Gruppe Parliaments. Später strich er das »s«, und als Parliament hatte Clinton die beiden Millionseller *»Tear The Roof Off The Sucker (Give Up The Funk)«* 1976 und *»Flash Light«* 1978. In dieser Gruppe spielten zeitweise 40 Mitglieder, die auch Platten machten als P. Funk All Stars, Parlet oder eben Funkadelic. Clinton versuchte in der letztgenannten Band, psychedelische Musik mit Funk und Rock zu mixen. Funkadelic hatte die erste Hitnotierung bereits Ende 1969 mit *»I'll Bet You«*. *»One Nation Under A Groove -- Part I«* kam Ende 1978 in die

US-Pop-Charts, erreichte Platz 28 und wurde ein Millionseller. In GB kam diese Platte bis auf Platz 9 und wurde der einzige Top-10-Erfolg dieser Formation. Ab 1981 veröffentlichte Clinton, der als musikalischer Trendsetter gilt, Soloplatten.

Der Hit: *One Nation Under A Groove – Part I*
Der Tip: *One Nation Under A Groove* (WB BSK 3209)

Funk Masters

Der aus London stammende Radio-DJ Tony Williams steckte hinter diesem Projekt. Mit ihm zusammen trat der Rapper Bo Kool auf. Für den einzigen Hit der Funk Masters verpflichteten sie die Sängerin Julie Roberts. Diese einzige Top-10-Notierung wurde Mitte 1983 »*It's Over*«. Dann war es vorbei.

Der Hit: *It's Over*

Fury, Billy

* 17.4.1941 als Ronald Wycherley, † 28.1.1983. Auch Billy klang Ende der 50er Jahre so, als wolle er amerikanischer als die Amerikaner sein. Er sang Titel aus den USA für den britischen Markt -- und dieses System funktionierte bekanntlich bis zu dem Zeitpunkt, als die Beatles 1964 den amerikanischen Markt beherrschten und die Briten sich nun nicht mehr selbst kopieren konnten. Billy schaffte es, zwischen 1959 und 1966 elf Titel unter die ersten 10 der britischen Charts zu bringen. Seine größten Erfolge waren »*Halfway To Paradise*« und »*Jealousy*« 1961 und »*Like I've Never Been Gone*« und »*When Will You Say I Love You*« 1963 -- alle genannten Titel kamen unter die ersten drei, einen Platz 1 belegte er nie. Nach 1966 schaffte er keine Hits mehr. 1971 mußte er sich einer Operation am offenen Herzen unterziehen, machte aber weiterhin Platten, die er auf seinem eigenen Fury Label veröffentlichte. 1973 spielte er neben Ringo Starr und David Essex im Film »*That'll Be The Day*« den Part des Stormy Tempest. 1982, gerade hatte er mit einer großen Plattenfirma einen neuen Vertrag unterschrieben, da verschlechterte sich sein Gesundheitszustand, und die Produktion einer neuen LP wurde immer wieder hinausgeschoben. 1983 starb er nach einem Herzanfall.

Der Hit: *Jealousy*
Der Tip: *Hit Parade* (London MCPS 820 530-2)

G

G., Kenny

* 1959 als Kenneth Gorelick. Das Saxophonspielen lernte der Amerikaner bereits als Kind, und 1974 tourte er mit der Franklin High School Band durch Europa. Zwei Jahre später spielte er mit dem Love Unlimited Orchestra von Barry White. Dann beschloß er, erst einmal etwas Vernünftiges zu lernen, und studierte Rechnungswesen in Seattle. Während dieser Zeit machte er allerdings auch schon seine ersten Platten mit einer lokalen Funkband und spielte bei vielen Auftritten angesehener Künstler mit. Nächste Station war Jeff Lorber Fusion, eine Jazz-Rock-Band, die für Arista Platten aufnahm. 1981 machte diese Plattenfirma einen Solo-Vertrag mit Kenny. Seine erste Hitnotierung stammt aus dem April 1984. In GB kam »*Hi! How Ya Doin' ?*« in die Charts. Sein erster großer Erfolg war im April 1987 »*Songbird*«. Diese Platte erreichte Platz 4 in den US-Charts. Zu diesem Zeitpunkt war Kenny inzwischen auch ein gesuchter Studiomusiker, der zu Aufnahmen von Whitney Houston, Natalie Cole oder Aretha Franklin gebeten wurde. Umgekehrt sang z. B. Smokey Robinson auf Kennys Album »*Silhouette*« mit. Eins der bekanntesten Duette von Kenny dürfte im Jahre 1993 das mit dem amerikanischen Saxophonisten und Präsidenten Bill Clinton gewesen sein, der Kennys Musik favorisiert.

Der Hit: *Songbird*
Der Tip: *Silhouette* (Arista 759 438)

Gabriel, Gunter

* 11.6.1942 als Günther Caspelherr. Musikalisch orientierte sich Gunter Gabriel an Interpreten wie Johnny Cash. 1974 wurde er als bester Nachwuchssänger mit der Goldenen Europa ausgezeichnet. Titel wie »*Er ist ein Kerl (der 30-Tonner-Diesel)*« oder »*Hey Boß, ich brauch mehr Geld*«, im Mai 1974 Platz 6 in Deutschland, hoben ihn aus der Masse der üblichen Schlagerklischees heraus. Immer noch 1974 hatte er in Deutschland Platz 5 mit »*Hey, Yvonne (warum weint Mami?)*« und Ende 1975 Platz 7 mit »*Komm unter meine Decke*«. Danach ließ sein Erfolg nach,

und er verlegte sich nun mehr auf das CB-Funker- und Trucker-Image. Als Komponist, Texter oder Produzent arbeitete er für Juliane Werding, Frank Zander, Wencke Myhre oder Peter Alexander. So schrieb er z. B. für Juliane Werding *»Wenn du denkst, du denkst, dann denkst du nur, du denkst«* 1975, für Frank Zander schrieb er den Text zu *»Ich trink auf dein Wohl, Marie«* 1974. Nachdem sein Erfolg nachließ, merkte er, daß jetzt *»Ohne Moos nichts los«* ist und: *»Man muß das Leben eben nehmen, wie das Leben eben ist«*. Wie er später erzählte, haben falsche Freunde dafür gesorgt.

Der Hit: *Hey Boß, ich brauch mehr Geld*
Der Tip: *Das ist meine Art* (Hansa 88 262 IU)

Gabriel, Peter

* 13.2.1950 in London. Peter erzählte einmal, daß er eine sehr glückliche und freie Kindheit hatte. Mit 13 ging er zu einer privaten Grundschule, und als er in das Internat Charterhouse kam (auch Mike Rutherford und Tony Banks von Genesis besuchten diese Schule), wurde er nach eigener Aussage fett und picklig. Er war der Ansicht, daß er nicht das hätte, was man braucht, um Mädchen zu bekommen. Popmusiker wie die Beatles oder die Rolling Stones hätten es da einfacher, und außerdem wollte er auch das Geld. Das war vielleicht auch der Grund, weshalb er zusammen mit Tony Banks 1965 die Band Garden Wall gründete. Als Kind hatte er einige Jahre Klavierstunden, hörte aber mit neun Jahren damit auf. Schon mit 12 begann er, Songs zu schreiben. Das erste Lied hieß *»Sammy The Slug«*, also *»Sammy, die Wegschnecke«*. »Jeder andere schrieb über Mädchen, und ich schrieb über Schnecken. Das zeigt, woran ich zu diesem Zeitpunkt interessiert war«, sagte Peter Gabriel später. Mit 13 bekam er ein Schlagzeug, und zwei Jahre später hatte er seinen ersten Gig. Als Sänger tat er sich zu diesem Zeitpunkt überhaupt noch nicht hervor. Allerdings entdeckte er schon bald seine Vorliebe fürs Verkleiden und für Hüte. Er stellte sie selbst her und verkaufte sie in der Carnaby Street und auf dem Antikmarkt in Chelsea. Seine Kostümierungen und Ideen ließen später die Genesis-Auftritte zu Theaterspektakeln und ersten Multimedia-Ereignissen werden. Er stand für die Zuschauer immer im Mittelpunkt und wurde als Kopf der Gruppe angesehen. Daher war das Entsetzen groß, als Gabriel im Mai 1975 die Gruppe nach einem Konzert in Frankreich verließ. Er hatte ganz persönliche Gründe dafür. Seine Frau erwartete ihr erstes Baby, und es gab große Komplikationen. Die Ärzte befürchteten, daß das Kind nicht überleben werde, und Peter Gabriel war die Familie zu diesem Zeitpunkt wichtiger als die Karriere.
Nach seinem Weggang von Genesis begann für Peter Gabriel eine außerordentlich erfolgreiche Solokarriere. Es dauerte jedoch zwei Jahre, bis er seine erste

Peter Gabriel *(Phonogram)*

Platte veröffentlichte oder wieder auftrat. 1977 erschien *»Peter Gabriel«*, und Gabriel startete seine erste Solotournee durch die Vereinigten Staaten und Kanada. Es folgten drei weitere Alben mit dem Titel *»Peter Gabriel«*. Aus dieser Serie erreichte das dritte Album, das Mitte 1980 erschien, Platz 1 der britischen LP-Hitparade, und in den USA wurde die LP vergoldet, das heißt, über eine halbe Million Exemplare wurden abgesetzt. Alle anderen kamen zumindest unter die ersten 10. Sein erster Top-10-Hit als Solist wurde *»Games Without Frontiers«*, im Februar 1980 Platz 4 in GB. 1980 erschien sein drittes Album auch in Deutsch, die Textübersetzungen kamen von dem deutschen Filmregisseur und Autor Horst

Königstein, der in Deutschland auch mit Rockmusikern wie Udo Lindenberg zusammenarbeitet. Als 1982 Peters viertes Album erschien, wurde es auch wieder zusätzlich in einer deutschen Fassung herausgegeben. Als Solist oder auch im Duett mit Kate Bush gelangen Peter Gabriel immer wieder Hits: *»Big Time«*, im November 1986 ein Top-10-Hit in den USA, und mit Kate *»Don't Give Up«* zum gleichen Zeitpunkt ein Top-10 in GB. Die Tradition der teilweise surrealistischen Texte von Genesis setzt sich in Songs wie *»Solsbury Hill«* z. B. fort. Das im Frühjahr 1986 erschienene Album *»So«* wurde wieder ein absoluter Knüller für Peter: Platz 1 in den britischen LP-Charts, Platz 2 in der US-LP-Hitparade und Platinstatus, also über 1 Million verkaufte Exemplare alleine in den USA. Spitze sind auch die Videos zu seinen Songs. Hier ist vor allem der preisgekrönte Clip zu seinem Hit *»Sledgehammer«*, im Mai 1986 Nummer 1 in den USA und Top 10 in GB und Deutschland, hervorzuheben. Auch als Komponist von Soundtracks macht er Furore. 1990 konnte er einen Grammy für seine Musik *»Passion -- Music For The Last Temptation Of Christ«* einheimsen. 1992 erschien die LP *»Us«*, daraus ausgekoppelt wurde der Titel *»Steam«*, der im Januar 1993 ein Top-10-Hit in GB wurde und sich wieder durch ein gut realisiertes Video auszeichnete. Neben alldem setzt sich Peter Gabriel unermüdlich bei Benefizkonzerten und durch persönliches Engagement für aktuelle Probleme ein.

Der Hit: *Sledgehammer*
Der Tip: *So* (Virgin 257 587-225)

Gainsbourg, Serge

siehe Jane Birkin

Gall, France

* 9.10.1947. Die französische Sängerin war in ihrer Heimat das Teenageridol der 60er Jahre. 1965 gewann sie für Frankreich den Grand Prix mit *»Poupée De Cire, Poupée De Son«*. In Deutschland wurde der Titel im Mai des Jahres Platz 2. Vorher hatte sie in Frankreich bereits 1964 den Spitzenreiter *»Sacré Charlemagne«* gehabt. Nach dem Grand-Prix-Sieg folgten weitere Erfolge mit *»Les Sucettes«* 1966, *»Musique«* 1967, *»Il Jouait Piano Debout«* 1980 und *»Tout Pour La Musique«* 1982. In Deutschland hatte sie mit *»A Banda«* 1968 und *»Ein bißchen Goethe, ein bißchen Bonaparte«* 1969 noch zwei Top-20-Eintragungen. Nachdem sie für unseren Markt über Jahre hinweg verschwunden war, tauchte sie plötzlich wieder auf mit *»Ella Elle L'a«*, einem Titel über Ella Fitzgerald, der bei uns Mitte

1988 Platz 1 erreichte, und »*Babacar*«, ebenfalls 1988 Platz 14. Die meisten ihrer Hits schrieb ihr Produzent und Ehemann Michael Berger, der im August 1992 im Alter von 45 Jahren nach einem Herzinfarkt starb. France Gall engagiert sich in letzter Zeit verstärkt in der Politik und soll angeblich von der französischen Partei Génération Ecologie als Kandidatin aufgestellt werden.

Der Hit: *Ella Elle L'a*
Der Tip: *Babacar* (WEA 229242096 2)

Gallagher & Lyle

Benny Gallagher, v/g; Graham Lyle, v/g.
Begonnen haben die beiden Schotten bei verschiedenen Beatgruppen, um schließlich ihre ersten gemeinsamen Erfolge als Songschreiber zu haben. Für Dean Ford & The Gaylords schrieben sie den Titel »*Mr. Heartbreak's Here Instead*«. Nachdem sie 1968 nach London gezogen waren, wurden sie Haus- und Hofkomponisten für das Apple-Label. So schrieben sie z. B. für Mary Hopkin die Titel »*Sparrow*« und »*International*«. Ab 1969 gehörten sie zu der Formation McGuinness Flint, für die sie die Hits »*When I'm Dead And Gone*« und »*Malt And Barley Blues*« schrieben. Anfang der 70er Jahre verließen sie diese Formation, um als Duo Karriere zu machen, was ihnen in kommerzieller Hinsicht aber erst ab 1976 gelang. In GB brachten sie in diesem Jahr zwei Titel auf Platz 6 in der Single-Hitparade: »*I Wanna Stay With You*« und »*Heart On My Sleeve*«. Bei letztgenanntem Titel sang Andy Fairweather-Low mit. Auch als Songschreiber waren ihre Talente immer stärker gefragt. So übernahm z. B. Art Garfunkel ihre Komposition »*Breakaway*«. Trotzdem trennte sich das Duo 1979, um Soloprojekte zu verfolgen. Als Songschreiber tat sich Lyle später mit Terry Britten zusammen. Von den beiden stammt z. B. »*What's Love Got To Do With It*« für Tina Turner oder »*Just Good Friends*« für Michael Jackson.

Der Hit: *Heart On My Sleeve*
Der Tip: *Breakaway* (A&M Records 27 124)

Gallant, Patsy

* 1950 in Kanada als eins von zehn Kindern. Mit fünf Jahren begann sie mit drei Schwestern zu singen. Ein Talentsucher überredete die Familie, nach Montreal überzusiedeln, wo die vier für je 100 Dollar die Woche auftraten. Sieben Jahre sangen sie in Clubs und Kaffeehäusern. 1967 trennten sie sich, und Patsy trat fortan alleine auf. Da sie zweisprachig aufwuchs, machte sie französische und englische Fernsehshows. 1970 unterzeichnete sie einen Schallplattenvertrag. Mehr

Geld verdiente sie jedoch mit Werbespots. Da sie ihre Platten sowohl in Englisch als auch in Französisch sang, hatte sie erste Erfolge in Europa, besonders in Frankreich. 1976 sang sie *»Mon Pays«* und hatte damit ihren ersten größeren Erfolg in Kanada und Frankreich. *»From New York To L. A.«* war schließlich im September 1977 ein Platz 6 in der britischen Hitparade und ihr einziger Erfolg.

Der Hit: *From New York To L. A.*

Gallery

Jim Gold, v/g; Bill Nova, per/g/v; Brent Anderson, g; Dennis Covarick, b; Danny Brucato, d; Fred DiCenso, g/v; Carl Freeman, g.
In den frühen 70er Jahren arbeitete Jim Gold in Detroit tagsüber als Schweißer. Abends sang er mit einem Trio in einer Cocktail-Lounge. Eines Abends kam Dennis Coffey in diese Bar und hörte Jim Gold singen. Dennis fand die Stimme überzeugend und bot ihm einen Vertrag an. Schnell wurde *»Nice To Be With You«* in einem Detroiter Studio aufgenommen. Kein Mitglied seines Trios spielte bei der Platte mit, sondern nur Studiomusiker. Erst als sich die Nummer zum Hit entwikkelte, wurde Gallery zusammengestellt. Der unbeschwerte Sommersong erfreute sich schnell großer Beliebtheit bei den Radiostationen. Im Juni 1972 kam er dann auch in die amerikanische Hitparade und erreichte Platz 4.

Der Hit: *Nice To Be With You*
Der Tip: *Nice To Be With You* (A&M Sussex 86387)

Galway, James

* 8.12.1939. Der irische Konzertflötist begann ab 1975 eine Solokarriere. Vorher war er Mitglied und Erster Flötist in diversen Orchestern, darunter die Berliner Philharmoniker, das Royal Philharmonic Orchestra und das London Symphony Orchestra. Mit einer Instrumentalversion des John-Denver-Hits *»Annie's Song«* aus dem Jahre 1974 hatte Galway vier Jahre später, im Mai 1978, Platz 3 in den britischen Popcharts. Dabei blieb es.

Der Hit: *Annie's Song*
Der Tip: *Annie's Song And Other Galway Favorites* (RCA 3061)

Gap Band

Charles, v; Ronnie, tr/key, und Robert Wilson, b.
Die drei aus Tulsa, Oklahoma, stammenden Brüder machten aus drei Straßen-

namen ihrer Heimatstadt -- Greenwood, Archer und Pine -- die Abkürzung Gap als ihren Gruppennamen. Anfang bis Mitte der 70er Jahre spielten sie, bekannt als Wilson Brothers, in diversen Clubs und Gemeindesälen von Tulsa. Dann nahm sie der ortsansässige Rock 'n' Roller Leon Russell in sein Vorprogramm, und als sie schließlich gebeten wurden, als Support Act für die Rolling Stones zu spielen, nannten sie sich Gap Band. Was sie schafften, war, Soul, Pop, Disko und Funk zu verschmelzen. Mitte 1980 hatte die Gap Band in GB mit *»Oops Up Side Your Head«* ihren ersten Top-10-Hit. Die Diskoformation Snap sollte 1990 mit dem gleichen Titel, jetzt als *»Ooops Up«*, erfolgreich sein. Es folgten durch die 80er Jahre tanzbare Titel, die sich jedoch von den stupiden sonst üblichen Diskonummern wohltuend abhoben. *»Big Fun«* war Ende 1986 auf Platz 4 in GB und ihr letzter Top-10-Erfolg. In den USA war *»Early In The Morning«*, Mitte 1982 ein Platz 24, ihr größter Erfolg.

Der Hit: *Oops Up Side Your Head*
Der Tip: *Gap Gold* (Mercury 824 343-2)

Gardiner, Boris

Der aus Jamaika stammende Sänger tauchte 1970 erstmals in der britischen Hitparade auf. Der Instrumentaltitel *»Elizabethan Reggae«* stand 1 Woche unter den Top 50, dann war er wieder verschwunden. Als Interpret war damals nicht Boris angegeben, sondern irrtümlicherweise Byron Lee. Eine Woche später tauchte sie wieder in den Charts auf, immer noch unter dem Interpreten Lee. Erst in der sechsten Woche wurde dem wirklichen Interpreten die gebührende Ehre zuteil. Jedoch wurde sein Name falsch geschrieben, nämlich Gardner. Danach hörte man 16 Jahre lang nichts mehr von ihm, bis er mit *»I Want To Wake Up With You«* offensichtlich die Geschenkplatte des Jahres 1986 lieferte, die im Juli in die britischen Charts kam und Platz 1 erreichte. Der Nachfolgehit *»You're Everything To Me«* erreichte Platz 11, und jetzt werden wir wohl bis 2002 warten müssen, bis sein nächster Hit erscheint.

Der Hit: *I Want To Wake Up With You*
Der Tip: *Everything To Me* (Teldec 6.26949)

Garfunkel, Art

* 5.11.1941. Sein Geburtstag wird immer mit dem von Paul Simon verwechselt, und was nun richtig ist, läßt sich bisher nicht feststellen. Im Buch »Old Friends Simon And Garfunkel, A Dual Biography« ist Paul Simon am 13.10.1941 geboren und Art Garfunkel am 5.11.1941.

1953 trafen sich an der Forest Hill High School Paul und Art. Beide spielten mit in einer Schulaufführung von Alice in Wonderland. Der eine spielte den White Rabbit, der andere Cashier Cat. 1955 sangen sie zusammen den Titel *»Sh-Boom«* bei einer High-School-Aufführung und entschlossen sich, zusammen Stücke zu schreiben. Für vier Dollar ließen sie noch im gleichen Jahr das Copyright für ihren Titel *»The Girl For Me«* eintragen. 1957 hatten sie als Tom & Jerry (Garfunkel ist dabei Tom Graph und Simon Jerry Landis) mit *»Hey, Schoolgirl«* einen Platz 49 in den USA. Nachdem weitere Hits nicht gelangen und auch ihre High-School-Zeit 1959 zu Ende ging, trennten sie sich. Art ging zur Columbia University und studierte dort Mathematik und Architektur. Als Artie Garr nahm er zwei erfolglose Singleplatten auf, und schließlich taten sie sich wieder zusammen und spielten folkorientiertes Material, erstmals als Simon & Garfunkel. 1964 erhielten sie einen Plattenvertrag, Ende 1965 erreichte der Titel *»The Sounds Of Silence«* Platz 1 in den USA und wurde ein Millionseller. Die Erfolge von Simon & Garfunkel gingen bis in das Jahr 1970. Dann trennten sie sich, weil Art lieber in die Schauspielerei wechseln wollte. Paul war das ganz recht, denn es ärgerte ihn schon lange, daß Garfunkel den Ruhm einheimste, weil er die Stimme hatte, während Simon aber die Songs schrieb. Im Herbst 1973 erschien dann nach längerer Pause wieder eine Single von Garfunkel. Jimmy Webb hatte den Titel *»All I Know«* geschrieben, der es bis auf Platz 9 in den USA brachte. Im September 1975 gelang Art mit *»I Only Have Eyes For You«* ein Platz 1 in GB. Im gleichen Jahr nahmen Simon & Garfunkel auch wieder einen gemeinsamen Titel auf, der *»My Little Town«* hieß und es Ende 1975 bis auf Platz 9 in den USA brachte. Ansonsten gingen sie weiter getrennte Wege. Bis Art 1979 die Mike-Batt-Komposition *»Bright Eyes«* sang, die in dem Zeichentrickfilm »Watership Down« mehrfach zu hören ist, war wenig von ihm zu hören. Diese Platte wurde Spitzenreiter in GB, stand 19 Wochen in den Charts und ist einer der seltenen Millionseller in GB. In Deutschland wurde die Aufnahme Platz 3, in den USA kam die Aufnahme nicht einmal in die Hot 100. Danach widmete sich Art wieder mehr der Schauspielerei. Hin und wieder arbeitete er auch wieder mit Paul Simon für einige Konzerte zusammen, darunter eine Veranstaltung im Oktober 1981 im New Yorker Central Park, die gefilmt wird und als Platte erscheint. Im Anschluß daran gingen sie auf eine 12monatige Welttournee. Im Verlaufe dieser Tour kam es jedoch zu erneuten Spannungen zwischen den beiden. Trotzdem kommt es immer wieder zu Reunion-Konzerten, meist zu wohltätigen Zwecken, so auch im Jahre 1993. Weitere Hits brachte Art nicht mehr zustande.

Der Hit: *Bright Eyes*
Der Tip: *The Art Garfunkel Album* (CBS CD 10046)

Garland, Judy

* 10.6.1922 als Frances Gumm, † 22.6.1969. Sie war gerade 11 Jahre alt, als sie in »Broadway Melody Of 1938« (1937) ihre erste Filmrolle spielte. Sie sang darin einen Geburtstagsgruß für Clark Gable. Im Film »The Wizard Of Oz« (1939), der sie weltberühmt machte, sang sie *»Somewhere Over The Rainbow«* und kam mit dieser Nummer erstmals in die US-Charts und erreichte Platz 5. Danach stand sie bis Mitte der 50er Jahre regelmäßig in den US-Pop-Charts. Ihre größten Erfolge und Top-10-Hits waren *»I'm Nobody's Baby«* 1940, zusammen mit Gene Kelly *»For Me And My Gal«* 1942, *»The Trolley Song«* 1944 und -- zusammen mit Bing Crosby -- *»Yah-Ta-Ta Yah-Ta-Ta (Talk, Talk, Talk)«* 1945. Ihre letzte Hitnotierung stammt aus dem Juni 1955: *»The Man That Got Away«* erreichte Platz 18 in GB. Am 23. April 1961 trat Judy in New York in der Carnegie Hall auf. Dieses Konzert wurde mitgeschnitten und als LP veröffentlicht. Mitte 1961 erreichte diese Platte Platz 1 in der amerikanischen LP-Hitparade, hielt die Position dreizehn Wochen und wurde ein Millionseller. Als am 29. Mai 1962 die Grammys für 1961 vergeben wurden, erhielt Judy Garland für diese LP den Preis für das Album des Jahres, und man wählte sie zur besten Sängerin des Jahres.

1945 heiratete sie den Regisseur Vincente Minnelli, und 1946 kam ihre Tochter Liza Minnelli zur Welt. 1951 war diese Ehe gescheitert, sie verübte einen Selbstmordversuch. Einige Jahre arbeitete sie kaum, da sie unter Depressionen litt und starke Alkohol- und Tablettenprobleme hatte. 1954 kehrte sie mit dem Film *»A Star Is Born«* wieder ins Filmgeschäft zurück, in dem sie bis 1963 blieb. Ihre letzten Filme waren *»Judgment At Nuremberg«* 1961 und *»A Child Is Waiting«* und *»I Could Go On Singing«* 1963. 1963/64 hatte sie im Fernsehen die *»Judy Garland Show«*. 1968 versuchte sie ein Comeback in einem Club in London, erlitt aber eine schmähliche Niederlage.

Der Hit: *Over The Rainbow*
Der Tip: *Judy At Carnegie Hall* (Capitol CDP 7 46470 2)

Garnett, Gale

* 17.7.1942 in Auckland/Neuseeland. 1951 kam sie in die USA und machte ab 1960 Platten. Nebenher arbeitete sie ab ihrem 15. Lebensjahr als Schauspielerin und war in vielen Fernsehsendungen zu sehen, z. B. »Hawaiian Eye«, »Bonanza« oder »77 Sunset Strip«. *»We'll Sing In The Sunshine«* war im August 1964 ihr einziger Plattenerfolg -- ein Platz 4 in den US-Charts. 1964 gewann sie mit diesem Titel einen Grammy für die beste Folkplatte. Sie setzte sich damit gegen die nominierten Konkurrenten Harry Belafonte, Peter, Paul & Mary, Bob Dylan, New Christy Minstrels, Miriam Makeba und Woody Guthrie durch. Ende der 60er Jahre

sang sie, beeinflußt von der Hippie-Bewegung, über Regenbogen und andere zauberhafte Dinge, konnte aber keine Platten verkaufen. Anfang der 70er Jahre zog sie sich aus dem Musikgeschäft zurück.

Der Hit: *We'll Sing In The Sunshine*

Garrett, Betty

* 23.5.1919. Betty war der Star in vielen Broadway-Musicals, darunter 1946 »Call Me Mister«. Sie war nicht nur eine gute Sängerin und Schauspielerin, sondern auch Tänzerin. So gehörte sie eine Zeitlang zur Truppe von Martha Graham. Von 1947 bis 1957 war sie erfolgreich als Schauspielerin, vor allem in »Big City« 1948, »Neptun's Daughter« 1949 und »The Shadow On The Window« 1957. Anfang der 50er Jahre trat eine längere Pause für sie ein. Nach der Geburt von zwei Söhnen wollte sie weiterhin für MGM Filme drehen. Sie wurde jedoch abgelehnt, weil ihr Mann Larry Parks einst Mitglied der Kommunistischen Partei war und das Komitee für Unamerikanische Umtriebe Sippenhaft verhängte. Zwischen 1973 und 1975 spielte sie die Rolle der Irene Lorenzo in der TV-Comedy-Serie »All In The Family«. Von 1976 bis 1981 sah man sie als Mrs. Edna Babish de Fazio in »Laverne & Shirley«, einer weiteren Comedy-Serie. Als Sängerin hatte sie Ende 1948 in den US-Charts den Titel *»Buttons And Bows«* aus dem Film »Pale Face«, ein Platz 8.

Der Hit: *Buttons And Bows*

Garrett, Leif

* 8.11.1961. Bereits als Teenager trat der in Hollywood geborene Leif in Fernsehserien wie »Cade's County«, »Gunsmoke«, »Odd Couple« oder »Family« auf. 1975 spielte er in der Abenteuer-TV-Serie »Three For The Road« den Endy Karras. Ab 1977 machte Leif auch Platten. Seine erste Hitnotierung war eine Neuaufnahme des alten Beach-Boys-Hits *»Surfin' USA«* (bzw. des alten Chuck-Berry-Hits *»Sweet Little Sixteen«*), Ende 1977 Platz 6 in Deutschland. Wahrscheinlich waren sich die Produzenten von Leif einig, daß der US-Teenie-Markt neben Shaun Cassidy, dessen Plattenkarriere drei Monate vorher begonnen hatte, ein weiteres Teenager-Idol vertragen könnte. Leif kam an die Erfolge von Shaun nie heran. Sein größter Erfolg und einziger Top-10-Hit war *»I Was Made For Dancin'«*, Ende 1978 ein Platz 10 in den USA und in Deutschland, Platz 4 in GB. Nach 1981 war er wieder aus den Charts verschwunden.

Der Hit: *I Was Made For Dancin'*
Der Tip: *Feel The Need* (Scotti Brothers 50535)

Garrick, David

* 1946 als Philip Darryl Core. Davids Gesangskarriere begann in einem Liverpooler Kirchenchor. Vier Jahre lang machte er eine Ausbildung zum Opernsänger und trat während dieser Zeit schon auf, um sich die Stunden zu finanzieren. Er schwärmte für Mario Lanza, Mozart und Beethoven. Dann änderte er seine Meinung und wollte Popmusik machen. Zunächst managte er eine Beatgruppe. Dann ging er mit Freunden eine Wette ein: Er wollte im Cavern Club auf die Bühne gehen, eine Opernarie singen -- und die Leute würden ihm zuhören. Er gewann. Es dauerte nicht mehr lange, bis der »Poppera«-Sänger einen Plattenvertrag bekam. Einen ersten Erfolg hatte er mit der Jagger-Richards-Komposition *»Lady Jane«* im Juni 1966 in der britischen Hitparade. Der Nachfolgehit *»Dear Mrs. Appleby«* wurde im Herbst 1966 Platz 22 in GB und Spitzenreiter in Deutschland. 1967 hatte er mit *»Please Mr. Moving Man«* und *»Don't Go Out Into The Rain«* noch zwei Top-30-Hits in Deutschland.

Der Hit: *Dear Mrs. Appleby*
Der Tip: *A Boy Called David* (Repertoire 4091 WZ TIS)

Gary's Gang

Eric Matthew, arr/prod; Gary Turnier, prod; Bill Catlono, per; Bob Forman, sax; Al Lauricella, key; Rino Minetti, key; Jack Leon, pos.
Die New Yorker Eric und Gary spielten bereits als Teenager in verschiedenen Gruppen und brachten sich das Gitarrespielen selbst bei. Sie arbeiteten als Barmusiker, bis sie genug Geld verdient hatten, um ein eigenes Studio einzurichten. Sie nahmen mit den oben erwähnten Musikern das Album *»Keep On Dancin'«* auf, das in den USA recht erfolgreich war. Ihren größten Single-Erfolg hatten sie mit der Single-Auskopplung *»Keep On Dancin'«* in Großbritannien, im Februar 1979 Platz 8.

Der Hit: *Keep On Dancin'*
Der Tip: *Keep On Dancin'* (CBS 83583)

Gaye, Marvin

* 2.4.1939 als Marvin Pentz Gay jr., † 1.4.1984. Der amerikanische Soulsänger und Songschreiber begann im Kirchenchor seines Vaters. Nächste Station waren die Rainbows, bei denen er mit Don Covay und Billy Stewart spielte. 1957 ging er zu den Marquees, die später Harvey Fuqua unter seine Fittiche nahm und aus ihnen eine Neuauflage seiner Moonglows als Harvey & The Moonglows machte. 1958

hatten sie in den USA den Top-10-Hit *»Ten Commandments of Love«*. Als Fuqua 1960 mit seiner Frau Gwendoline Gordy nach Detroit ging, kam Marvin Gaye mit und wurde Sessiondrummer bei Tamla Motown. 1961 heirate er Anna Gordy, die Schwester des Tamla-Motown-Chefs Barry Gordy jr. Damit wurde er Mitglied im Motown-Clan. Zuerst spielte er Schlagzeug bei den frühen Hits von Smokey Robinson & The Miracles und Stevie Wonder. So spielt Marvin z. B. auf »Fingertips«, dem ersten Spitzenreiter von Wonder in den USA, mit. Dann brachte er Soloplatten auf den Markt. Seine erste Veröffentlichung hieß *»Let Your Conscience Be Your Guide«*. Seine vierte Single wurde der erste Erfolg: *»Stubborn Kind Of Feeling«* im Oktober 1962; im Hintergrund sangen die Vandellas, deren Hit *»Dancing In The Street«* Gaye mitgeschrieben hat. *»Pride And Joy«*, ebenfalls mit den Vandellas im Hintergrund, wurde Mitte 1963 der erste Top-10-Erfolg für Gaye. *»How Sweet It Is To Be Loved By You«* 1964, *»I'll Be Doggone«* und *»Ain't That Peculiar«* 1965 waren weitere Top-10-Erfolge, bevor er Ende 1968 seinen ersten Spitzenreiter mit *»I Heard It Through The Grapevine«* hatte. Die Platte erreichte auch in GB Platz 1. *»Too Busy Thinking Bout My Baby«* und *»That's The Way Love Is«* 1969, *»What's Going On«*, *»Mercy, Mercy Me (The Ecology)«* und *»Inner City Blues (Make Me Wanna Holler)«* 1971 und *»Trouble Man«* 1972 waren seine weiteren Top-10-Erfolge. Für die nächsten zehn Jahre sollten ihm in den USA nur noch zwei Top-10-Erfolge gelingen, und damit stand er beide Male an der Spitze: *»Let's Get It On«* 1973 und *»Got To Give It Up (Pt. I)«* 1977. Danach gelang ihm bis 1982 recht wenig. Probleme mit Drogen und der Steuerbehörde zwangen ihn, seinen Wohnsitz für drei Jahre nach Europa zu verlegen. 1975 hatte er sich von Anna getrennt, und als er mit *»Sexual Healing«* Ende 1982 einen Millionseller, Platz 3 in den USA, Platz 4 in GB und Platz 23 in Deutschland hatte, war er inzwischen bei CBS unter Vertrag. Bei Tamla Motown hatte er neben seinen Soloplatten auch Hits mit Tammi Terrell, darunter die Top-10-Erfolge *»Your Precious Love«* und *»If I Could Build My Whole World Around You«* 1967, *»Ain't Nothing Like The Real Thing«* und *»You're All I Need To Get By«* 1968. Nachdem sie auf der Bühne in seinen Armen zusammengebrochen war, entdeckte man bei ihr einen Gehirntumor, an dem sie 1970 starb. Weitere Partner für ihn waren Diana Ross, Mary Wells und Kim Weston. In Zeitungsberichten über Marvin wurde stets betont, daß er jemand war, der der Popmusik und dem Rhythm & Blues eine neue Richtung gegeben hat. Ebenso wird konstatiert, daß er durch engagierte Textinhalte glänzte und daß es ihm gelang, unterschiedlichste musikalische Stilmittel wie Blues, Rock, Soul, Jazz, Bossa Nova usw. zu verschmelzen. Auf der anderen Seite konnte man auch stets lesen, daß er höchst introvertiert, schweigsam und unberechenbar war. Zwischen den Vorstellungen seines Vaters, einem Geistlichen der Apostolischen Kirche, und Marvins Vorstellungen und Auffassungen müssen höllenweite Unterschiede gewesen sein. Das mag zu den Streitigkeiten geführt haben, die darin gipfelten, daß der Vater seinen Sohn einen Tag vor dessen 45. Geburtstag tötete. Am 1. April 1984 wurde Marvin von seinem Vater erschossen.

Der Hit: *I Heard It Through The Grapevine*
Der Tip: *15 Greatest Hits* (Tamla TCD 060 69 TD)

Gayle, Crystal

* 9.1.1951 als Brenda Gail Webb. Sie ist die jüngere Schwester von Loretta Lynn, die ab 1960 in den Country-Charts jede Menge Hits hatte. Mit ihr und einer weiteren Schwester, Peggy Sue, trat sie ab 1967 als Loretta Lynn Sisters auf. 1970 unterzeichnete sie einen eigenen Plattenvertrag und war ab diesem Zeitpunkt wie ihre Schwester regelmäßig in den Country-Charts. Loretta ist insgesamt gesehen erfolgreicher in den Country-Hitparaden als Schwester Crystal -- allerdings hatte sie auch bereits 10 Jahre früher ihre ersten Erfolge. Aber im Gegensatz zu Loretta schaffte Crystal einige Crossover-Hits: *»Don't It Make My Brown Eyes Blue«* war im Herbst 1977 ein Platz 2 in den USA und Platz 5 in GB. Zusammen mit Eddie Rabbitt hatte sie einen weiteren Top-10-Erfolg mit *»You And I«* im Oktober 1982. 1979 war sie die erste Country-Interpretin, die eine Tour durch China machen durfte.

Der Hit: *Don't It Make My Brown Eyes Blues*
Der Tip: *Single Album* (Liberty CDP 7 92612 2)

Gaylords

Ronnie Gaylord (Fredianelli), Burt Holiday (Bonaldi) und der Pianist Don Rea waren Studenten an der Universität in Detroit, als sie Anfang der 50er Jahre begannen, Lieder ihrer italienischen Vorfahren für den US-Markt zu bearbeiten. Im Dezember 1952 erreichte die Aufnahme *»Tell Me You're Mine«* die US-Charts, wurde ein Millionseller und kletterte bis auf Platz 2. Es handelte sich dabei um das im Jahre 1939 geschriebene italienische Lied *»Per un Bacio d'amor«*. In den folgenden Jahren hatten sie bis 1958 14 Hits in den USA, davon kamen mit *»From The Vine Came The Grape«* und *»The Little Shoemaker«* 1954 noch zwei weitere Top-10-Erfolge. Nach 1959 kamen sie erst 1976, jetzt als Duo Gaylord & Holiday, in die US-Charts -- allerdings nicht mehr über Position 70 hinaus.

Der Hit: *Tell Me You're Mine*

Gaynor, Gloria

* 7.9.1947. Gloria ist auch eine Sängerin, die ihren ersten Erfolg nicht dem Radio, sondern den Diskotheken verdankt. 1965 nahm sie eine erfolglose Single auf. 1970 wurde sie, nachdem sie in einer Diskothek ein Stück gesungen hatte, von den Soul Satisfiers gebeten, sie auf einer Tournee zu begleiten. Nach einem Jahr gab sie auf und ging zurück in ihre Heimatstadt Newark, New Jersey. Im Dezember 1973 nahm sie den Titel *»Honey Bee«* auf, der zwar in die Rhythm-&-Blues-Charts, nicht aber in die Hot 100 kam. Ende 1974 kam sie mit einer Neuauflage des Jackson-5-Hits *»Never Can Say Goodbye«* aus dem Jahre 1971. Er kam in die US-Charts und erreichte Platz 9, in GB Platz 2. Es folgten weitere Titel, die in diese Kerbe schlugen -- schon bekannte Soulnummern auf Disko zu trimmen. Nach 1975 schien ihre Karriere zu Ende zu sein, da brachte sie mit *»I Will Survive«* einen weiteren Diskothekenhit auf den Markt. Im Dezember 1978 kam er in die amerikanischen Charts und wurde Platz 1. Wenige Monate später war er Spitzenreiter in GB und erreichte Platz 4 in Deutschland. Die Platte wurde Platin, was bedeutet, daß mehr als zwei Millionen Exemplare verkauft wurden. Wieder trat eine Pause ein, bevor sie Ende 1983 mit einem Titel aus »Ein Käfig voller Narren«, *»I Am What I Am«*, noch einmal auf Position 13 in GB landete. Es sind weitere Platten von ihr erschienen, und bei dieser Art von Musik ist es durchaus möglich, daß die »Queen Of The Discotheques« plötzlich wieder einen Hit hat. Dieses trotzige *»I Will Survive«* hat sich im Laufe der Jahre zur Hymne der Homosexuellen entwickelt.

Der Hit: *I Will Survive*
Der Tip: *Greatest Hits* (Polydor 833 433 2)

Gazebo

* 18.2.1960 als Paul Mazzolini im Libanon. Sein Vater, ein italienischer Diplomat, wurde in regelmäßigen Abständen immer wieder in andere Länder versetzt. Bei Gazebos Geburt war eben gerade Beirut an der Reihe. Seine Mutter Stephanie war vor ihrer Ehe in Amerika Sängerin. 1974 -- inzwischen war Gazebo in L. A. -- gründete er eine Schülerband, die Skunk Tussle hieß. In dieser Zeit sammelte er auch erste Erfahrungen in einer Theatergruppe in Los Angeles. 1983 schloß er in Rom ein Studium in französischer Literatur erfolgreich ab. Mit der von ihm mitverfaßten Nummer *»I Like Chopin«* hatte er über die Landesgrenzen Italiens hinaus im August 1983 eine Nummer 1 und eine goldene Schallplatte erreicht. Der Nachfolgehit *»Lunatic«* war Ende 1983 ein Platz 4 in den deutschen Charts. Im selben Jahr schrieb er für Ryan Paris den Hit *»Dolce Vita«* mit. Danach tauchte

er unter. Ob er vielleicht in einer anderen Verkleidung als Plazebo für italienische Disko-Hits sorgt, ist nicht bekannt, wäre aber gut möglich.

Der Hit: *I Like Chopin*
Der Tip: *Gazebo* (Baby Records EMI IC 064-165193 1)

Gazza & Lindisfarne

Gazza (* 1967 als Paul Gascoigne).
Die Briten liebten den trinkfesten Fußballer von den Tottenham Hotspurs, die von einer deutschen Brauerei gesponsert wurden, wie kaum einen anderen Anfang der 90er Jahre. Den Deutschen wurde er bekannt, nachdem er nach dem verlorenen WM-Spiel gegen Deutschland 1990 in Turin seinen Tränen freien Lauf ließ. Daß Fußballer nicht unbedingt gute Sänger sind, trotzdem aber erfolgreich Platten machen, kommt nicht nur in England vor. Zusammen mit der in den 70er Jahren auf gesellige Folk-Trinklieder festgelegten Formation Lindisfarne, die wie Gazza aus Newcastle kommt, nahm er die Nummer *»Fog On Tyne«* auf, die Ende 1990 bis auf Platz 2 in der britischen Hitparade kam. *»Fog On Tyne«* war der Titelsong des gleichnamigen 1971 erschienenen Albums von Lindisfarne. Fußball spielen konnte Gazza besser.

Der Hit: *Fog On Tyne*
Der Tip: *Sportschau gucken!*

G-Clefs

Brüder Teddy, Christ, Timmy und Arnold Scott; Ray Gibson, alle v.
Das Doo-Wop-Quintett aus Massachusetts begann mit Gospel, bevor es Mitte der 50er Jahre für den Popsektor entdeckt wurde. Mit ihrer ersten Single *»Ka Ding Dong«* erreichten sie 1956 die amerikanischen Top 40. Zur gleichen Zeit waren Versionen dieses Titels von den bekannteren Gruppen Diamonds und Hilltoppers auf dem Markt, was einen größeren Erfolg für die G-Clefs verhinderte. Nach einigen weiteren Platten-Veröffentlichungen legten sie ihre Gesangskarriere erst einmal auf Eis und beschlossen, die Schule abzuschließen. 1960 war der jüngste, Arnold, dann auch soweit, und man formierte sich wieder als G-Clefs. Ihre erste neue Veröffentlichung war eine Coverversion des Four-Tunes-Titels *»I Understand«*. Im Arrangement der G-Clefs war der Refrain von *»Auld Lang Syne«* eingebaut. Damit gelang ihnen ihr einziger Top-10-Hit in den USA, und in GB kamen sie immerhin unter die ersten 20. Die nächste Veröffentlichung, *»A Girl Has To Know«*, erreichte zwar noch die Charts, wurde aber ebensowenig ein Erfolg wie die weiteren Platten.

Der Hit: *I Understand*

Gebrüder Blattschuß

Beppo Pohlmann (* 24.12.1951), Harald »Wurzel« Gribkowsky, Harald Wolff (* 4.1.1957), Hans Marquardt (* 3.1.1950), Jürgen von der Lippe (* 8.6.1948). Diese Formation der »Spaßvögel der Berliner Kneipenszene« wurde im Frühjahr 1976 gegründet. Im April 1977 erschien mit *»Dümmer als du denkst«* die erste LP der Gebrüder. Die zweite LP hieß *»bla-bla blattschuß«*, aus der der Titel *»Kreuzberger Nächte«* ausgekoppelt wurde. Die Platte wurde zum Sauf- und Schunkellied des Jahres 1978 und stand Ende dieses Jahres auf Platz 2 der deutschen Hitparade und erhielt eine goldene Schallplatte. Nach dieser zweiten LP verließ Jürgen von der Lippe die Gruppe, um sich seiner Karriere als Solist und TV-Moderator zu widmen. Nach der ersten LP hatte sich bereits Wurzel verabschiedet. Die restlichen drei brachten weitere Platten auf den Markt, z. B. im September 1979 *»Gebrüder Blattschuß GmbH & Chor KG – Gesänge mit beschränkter Hoffnung«*. Der Erfolg der *»Kreuzberger Nächte«* ließ sich nicht wiederholen. Nach 1982 wurden sie in keinen Hitlisten mehr notiert. 1992 brachte Beppo Pohlmann zusammen mit Kalle Ricken als Blattschuß & Die Blaue Geige neue Platten auf den Markt.

Der Hit: *Kreuzberger Nächte*
Der Tip: *bla-bla blattschuß* (Hansa 26130)

Geddes, David

Der aus Michigan stammende Amerikaner stellte als 16jähriger die Band Rock Garden zusammen, die es jedoch zu keinem Hit brachte. Für fünf Jahre war er der Schlagzeuger dieser Formation, die zwar einige Veröffentlichungen für Capitol Records machte, dann aber aufgab. David ging zurück aufs College, und nach einiger Zeit versuchte er sich als Solist. Wiederum blieb der Erfolg aus. 1975 nahm er einen erneuten Anlauf und schaffte mit *»Run Joey Run«* im August einen Platz 4 in den USA. Der Nachfolgehit war *»The Last Game Of The Season (The Blind Man In The Bleachers)«*, ein Top-20-Hit für David. Mehr gelang ihm nicht.

Der Hit: *Run Joey Run*

Geier Sturzflug

Friedel Geratsch, v/g; Michael Volkmann, g/v; Deff Ballin, key; Werner Borowski, b/v; John Fiehe, sax/v; Uwe Kellerhoff, d/v.
Ihre Plattenfirma bot sie an als »Spezialisten für ausgelassene Zugabenstimmung mit ganzer, unübertrefflicher Individualität«. Anfang 1983 kam diese Ruhrpott-

Formation im Zuge der Neuen Deutschen Welle mit ihrem Song *»Bruttosozialprodukt«* bis auf Platz 1 der deutschen Hitparade. Die Platte verkaufte sich über 500 000mal und wurde mit Gold ausgezeichnet. Der Nachfolgetitel *»Besuchen Sie Europa (solange es noch steht)«* erreichte vier Monate später Platz 11 in den deutschen Charts und ist den Mitgliedern angeblich als ein »flotter Werbespruch eines amerikanischen Touristikunternehmens« aufgefallen. Während der Titel *»Bruttosozialprodukt«* allzuoft als Aufschwungshymne mißverstanden wurde, hielt man ihnen den Europabesucher-Song als destruktiv vor. Dabei sah ihre Plattenfirma das alles viel simpler: »Geier Sturzflug stehen stellvertretend für eine Losgeh-Musik, die Reggae, Ska und Rockklänge in sich vereint. Das musikalische Nest der Geier liegt zweifellos zwischen Bochum und der Karibik. Die Texte der Gruppe sind ironisch, realistisch und gradeaus.« Nach *»Pure Lust am Leben«* und *»Einsamkeit«*, beide 1984, verschwanden sie aus der Hitparade, was wohl auch sicher mit dem Ende der Neuen Deutschen Welle zu tun hatte. Zur LP *»Heiße Zeiten«* von 1983 schrieb dann die Plattenfirma: »Die Texte haben es in sich. Ungeschminkte Alltagsbeschreibungen, harte Ruhrpottwirklichkeit, Kulturkritik und Zukunftsangst bilden die Inhalte.« Dazu kann man nur noch schwer tanzen und grölen, und das war ein weiterer Grund, weshalb sie aufgaben. Ab Mitte der 80er Jahre versuchte sich Geratsch als Solist.

Der Hit: *Bruttosozialprodukt*
Der Tip: *Heiße Zeiten* (Ariola 205 555-315)

Geils, J. Band

Jerome Geils, g (* 20.2.1946); Peter Wolf, v (* 7.3.1946 als Peter Blankfield); Danny Klein, b (13.5.1946); Seth Justman, key/v (* 27.1.1951); Magic Dick, harm (* 13.5.1945 als Richard Salwitz); Stephen Jo Bladd, d/v (* 13.7.1942).
1967 wurde diese Formation in Boston, Massachusetts, gegründet. Zuerst nannten sie sich J. Geils Blues Band, was auf den ersten beiden Alben der Band auch musikalisch zum Ausdruck kommt. Hier wurde noch fast urwüchsiger Rhythm & Blues gespielt. Schnell wurde die Gruppe als besonders guter Live-Act bekannt. Ab 1971 wurden sie in den Single-Charts verzeichnet, aber erst die beiden Millionseller *»Centerfold«*, im Novemer 1981 in der US-Hitparade Platz 1, und *»Freeze Frame«*, im Frühjahr 1982 Platz 4, waren Top-10-Erfolge. Im Herbst 1983 verließ mit Peter Wolf der absolute Frontman der Band die Gruppe, die ohne ihn wieder in die Bedeutungslosigkeit fiel.

Der Hit: *Centerfold*
Der Tip: *Freeze Frame* (EMI CDP 7 460142)

Genesis

Peter Gabriel, v (* 13.5.1950); Anthony Philips, g/v; John Mayhew, d; Tony Banks, key (* 27.3.1951); Chris Stewart, d; Mike Rutherford, b/g/v (* 2.10.1950); Phil Collins, d/v (* 31.1.1951); Steve Hackett, g (* 12.2.1950).

Die Ursprünge von Genesis gehen zurück bis ins Jahr 1965. Die Schüler Anthony Phillips, Mike Rutherford, Tony Banks und Peter Gabriel des exklusiven Charterhouse blickten noch Jahre später mit recht skeptischen Erinnerungen auf dieses Internat zurück. Möglich, daß sie das Musikmachen als Ventil für die Eintönigkeit des Schulbetriebes sahen. Im Mai 1965 gründeten Anthony Phillips und Mike Rutherford die Band Anon, Tony Banks und Peter Gabriel wurden Mitglieder bei Garden Wall. Verständlich, daß nach jedem abgelaufenen Schuljahr die Karten in diesen Schülerbands neu gemischt werden mußten. Schon im nächsten Schuljahr mußte aus diesen beiden bestehenden Gruppen eine neue formiert werden, die sich New Anon nannte. Als Schlagzeuger kam Christ Stewart hinzu. Mit ihm und Anthony Phillips, Tony Banks, Mike Rutherford und Peter Gabriel stand damit die Urbesetzung von Genesis, die im September 1966 ein Demoband mit einem selbstgeschriebenen Song aufnahm. Im Januar 1967 schickten sie das Band an den ehemaligen Charterhouse-Schüler Jonathan King, der jetzt für Decca Records arbeitete. Er war so begeistert, daß er weitere Demos finanzierte. Und er verpaßte der Gruppe ihren Namen: Genesis.

Dezember 1967: Die Schüler unterschreiben in London einen Jahresvertrag mit Decca, und es findet die erste offizielle Aufnahme-Session statt. Am 22.2.1968 veröffentlicht die große Plattenfirma Decca die erste Single von Genesis: *»The Silent Sun«* mit der B-Seite *»That's Me«*. Das Ereignis bleibt unbemerkt. Im Mai geht Schlagzeuger Christ Stewart, als neuer Mann kommt John Silver. Im selben Monat erscheint die zweite Single *»A Winter's Tale«* -- auch ein Flop. In den Sommerferien nimmt die Band ihre erste LP auf, die im März 1969 erscheint. Die Enttäuschung der Jungs ist groß. Was sie aufgenommen haben, wird durch Jonathan King mit Streichern zugezuckert -- die Stücke sollten nach der Gruppe Moody Blues klingen. Die Rechnung ging nicht auf: Die LP verkaufte sich nur 650mal und gilt heute bei den Sammlern unter den Genesis-Fans als »Blaue Mauritius«. Im Juni 1969 erschien als letzte Genesis-Platte bei Decca *»Where The Sour Turns To Sweet«* -- ein Flop. Im Juni sind alle Bandmitglieder endlich mit der Schule fertig. Drummer John Silver verläßt die Band, für ihn kommt John Mayhew, der seinerseits 1970 durch Phil Collins ersetzt wird. Jetzt geht auch Urmitglied Anthony Phillips. Für ihn steigt wenig später Steve Hackett ein. Für viele Fans ist diese Besetzung die eigentliche Ur-Formation.

Möglich, daß das Lampenfieber von Peter Gabriel dazu beigetragen hat, der Band ihren ersten Erfolg zu bescheren. Mit wunderlichen Verkleidungen, mit Masken und zahlreichen Requisiten, die sich Peter überstülpte, um seine Nervosität zu

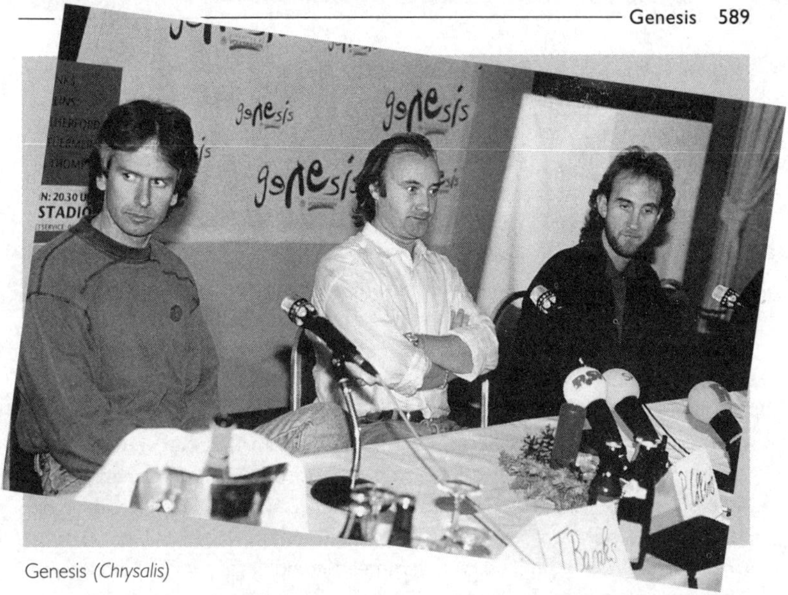

Genesis *(Chrysalis)*

beruhigen, erregte die Band großes Aufsehen. Es bildete sich schon 1971 eine Fangemeinde, die sich speziell für dieses »Rock and Roll«, »Musik im Kopf -- Abenteuer im Gehirn«, begeisterte. Die Gruppe war ständig unterwegs, bis Peter sich den Knöchel brach. Statt weiter auf Tour zu gehen, ging man ins Studio und nahm die Langspielplatte *»Nursery Cryme«* auf. Diese LP tauchte wenig später in den italienischen LP-Charts auf und war der erste Hit für Genesis.

Im Januar 1972 trat Genesis zum erstenmal außerhalb von GB auf. Sie spielten in Brüssel, und auch hier kamen die theatralischen Elemente von Peter Gabriel gut an.

Im Mai erschien die Single *»Happy The Man«*, blieb aber unbeachtet. Im Oktober folgte das nächste Album der Gruppe unter dem Titel *»Foxtrot«* -- und endlich stellte sich der kommerzielle Erfolg ein. *»Foxtrot«* landete auf Platz 12 in der britischen LP-Hitparade. Der 24 Minuten lange Titel *»Supper's Ready«* von dieser LP wurde zu einer Art Hymne bei Live-Auftritten der Gruppe. Im Dezember gaben Genesis ihr Debüt in den USA. Am 12. Dezember spielten sie bei der Benefizshow des Senders WNEW-FM in der Philharmonic Hall in New York. Einen Tag vorher traten sie in einem College in der Nähe von Boston auf.

Das Jahr 1973 begann für Genesis mit einer ausgedehnten Tour durch GB -- zum erstenmal war die Band Headliner. Im Februar wurden in Lancashire und Manchester Live-Mitschnitte für das amerikanische Radioprogamm »The King Biscuit Flower Hour« gemacht. Daraus wurde dann die LP *»Genesis Live«*. Im März starteten sie ihre erste US-Tournee. Im Juni wurde »Genesis Live« veröffentlicht, im August stand die LP auf Platz 9 der britischen LP-Hitparade. Ein noch

größerer Erfolg wurde die nächste LP, *»Selling England By The Pound«*. Sie erreichte im Oktober Platz 3. Im selben Monat löste Tony Smith den bisherigen Manager der Formation, Tony Stratton-Smith, ab -- die beiden sind übrigens nicht miteinander verwandt. Das Jahr endete, wie es begann: Auf eine ausgedehnte Tour durch GB folgte eine ebensolche durch die USA.
Im Januar 1974 spielte Genesis an fünf Abenden im ausverkauften Drury-Lane-Theater in London. Mit *»Selling England By The Pound«* stiegen sie im Februar zum erstenmal in die US-Charts ein, die LP kam auf Platz 70. Den ersten Single-Hit konnte Genesis im April verzeichnen. *»I Know What I Like (In Your Wardrobe)«*, eine überarbeitete Version des Titels, der auf der letzten LP zu finden war, erreichte in GB Platz 21. Am 11. Mai tauchte mit 18monatiger Verspätung das Album *»Nursery Cryme«* auf Platz 39 in der britischen LP-Hitparade auf, im Juni blieb *»Genesis Live«* in den USA auf Platz 105 hängen. Im Oktoberr veröffentlichte London Records in den USA die 1969 erschienene erste LP von Genesis, *»From Genesis To Revelation«*. Für die Amerikaner offenbar keine Offenbarung -- die Platte schaffte nur Platz 170. Die Gruppe hatte mittlerweile das Doppelalbum *»The Lamb Lies Down On Broadway«* fertiggestellt und begann im November eine Welttournee mit einer gleichnamigen Show. Die Singleauskopplung *»Counting Out Time«* kam zwar nicht in die Hitparade, das Doppelalbum aber erreichte in GB Platz 10 der LP-Charts.
In den USA erreichte *»The Lamb Lies Down On Broadway«* im Januar 1975 Platz 41. Im April wurde *»The Carpet Crawlers«* ausgekoppelt -- kein Hitparadenerfolg. Im Mai wurde in St. Etienne in Frankreich zum letztenmal *»The Lamb Lies Down On Broadway«* aufgeführt, damit hatte Genesis dieses Programm 102mal absolviert. Traurig für alle Fans: Peter Gabriel beendete damit seine Genesis-Zeit. Er verließ die Gruppe. Mike Rutherford, Tony Banks, Steve Hackett und Phil Collins begannen mit der Arbeit an der nächsten LP. Collins wurde der neue Leadsänger. Für die vielen Fans, die sich die Band zu diesem Zeitpunkt erobert hatte, schien damit das Kapitel Genesis abgeschlossen. Sie konnten sich einfach nicht vorstellen, daß dieser vielseitig begabte Peter Gabriel durch den zwar spaßigen, aber bis zu diesem Zeitpunkt fast ausschließlich als Schlagzeuger in Erscheinung getretenen Phil Collins zu ersetzen sei. Das, was heute Phil Collins bei Genesis darstellt, war zum damaligen Zeitpunkt ganz ohne Zweifel Peter Gabriel.
Die Sorgen der Fans, daß Genesis nach dem Weggang von Peter Gabriel in die Bedeutungslosigkeit versinken würde, waren unbegründet. Im März 1976 erschien *»A Trick Of The Tail«* und wurde das bis dahin erfolgreichste Album von Genesis. In den britischen Charts landete es auf Platz 3, in den USA auf Platz 31. Erstmals stand unter den Songs nicht der Gruppenname, sondern nur die Namen des jeweiligen Autors bzw. Komponisten sind angegeben. Im November 1976 begannen die Arbeiten an der nächsten LP, *»Wind And Wuthering«*, auf der die Single *»Your Own Special Way«* ist, die zum ersten Single-Erfolg der Band in den

USA wurde. Allerdings kriselte es in der Gruppe. Steve Hackett war mit seiner Arbeit bei Genesis nicht mehr zufrieden. Im Juni 1977 warf er das Handtuch und ließ den Rest als Trio stehen. Collins, Banks und Rutherford gingen in Holland in ein Studio, um eine neue LP aufzunehmen, die schließlich im März 1978 erschien und den bezeichnenden Titel *»And Then There Were Three«* -- dann waren's nur noch drei -- trug.

Sicher, mit Phil Collins, Tony Banks und Mike Rutherford waren es nur noch drei der ersten Erfolgsformation von Genesis, die weiterhin das Aushängeschild blieben. Aber es gab immer noch weitere Gastmusiker, die speziell bei Live-Auftritten die Band unterstützten. Hier ist vor allem der amerikanische Session-Schlagzeuger Chester Thompson zu nennen, der bei Konzerten dafür sorgt, daß Phil Collins, der selbstverständlich den Drum-Part bei den Plattenaufnahmen spielt, sich als Sänger auf der Bühne frei bewegen kann. Auch der ehemalige Yes- und King-Crimson-Schlagzeuger Bill Bruford hat einige Zeit mit Genesis gespielt. Bei den Plattenaufnahmen übernahm Mike Rutherford den Part von Steve Hackett. Für Live-Auftritte engagierte die Band den amerikanischen Ausnahme-Gitarristen Daryl Stuermer, der vorher mit Musikern wie George Duke oder Jean-Luc Ponti zusammen Platten aufgenommen hatte und später auch auf den Soloplatten von Collins, Banks und Rutherford mitspielte.

Schon von Anfang an war Genesis eine Gruppe, die sich mehr durch LP-Verkäufe auszeichnete. Ihre erste Single-Hitnotierung hatten sie 1974 mit *»I Know What I Like (In Your Wardrobe)«*. *»Follow You Follow Me«* war im Frühjahr 1978 ein Platz 7 in GB, Platz 8 in Deutschland. *»That's All«* brachte Ende 1983 den ersten Top-10-Erfolg der Band in den USA. *»Invisible Touch«*, *»Throwing It All Away«* und *»Land Of Confusion«* 1986 und *»Tonight, Tonight, Tonight«* und *»In Too Deep«* 1987 waren weitere Top-10-Erfolge in den USA. In GB standen sie unter den ersten 10 noch mit *»Turn It On Again«* 1980, *»Abacab«* 1981, *»3 x 3«* 1982 und *»Mama«*. Auch in den 90er Jahren waren sie mit einer weltweiten Tournee erfolgreich. An Single-Hits gelangen ihnen noch *»No Son Of Mine«*, November 1991 Platz 6 in GB, 3 in Deutschland, und *»I Can't Dance«*, Frühjahr 1992 7 in GB, 4 in Deutschland und 8 in den USA.

Der Hit: *Invisible Touch*

Der Tip: *The Lamb Lies Down On Broadway* (Virgin CG SCD 1, mit Gabriel als Leadsänger)
Invisible Touch (Virgin GEN CD 2, mit Collins als Leadsänger)

Gentry, Bobbie

* 27.7.1944 als Roberta Lee Streeter. Für unsere Ohren klingt Bobbie ja eher wie ein Männervorname, aber in den USA ist das eine gebräuchliche Abkürzung für

Roberta und für Robert. Bobbie wurde geboren, wo sich die Rednecks am tiefsten bücken und deshalb der Sonnenbrand im Nacken am intensivsten ist. Sie stammt aus Chickaswa, Mississippi. Dort interessiert die Menschen am meisten, wie die nächste Ernte ausfallen wird, wie hoch der Mississippi steht und ob denn Abraham Lincoln wirklich gelebt hat -- er hat, und deshalb ist die Sklaverei dort auch abgeschafft.
Diese Menschen, diese Gegend, dieses Lebensgefühl werden auch im größten Hit von Bobbie Gentry beschrieben. Die Familie sitzt am Tisch, ißt und unterhält sich über Belanglosigkeiten -- so z. B., daß der Vater noch soundso viel Land pflügen muß, daß man die Erbsen doch mal bitte rüberreichen soll und ähnlich Weltbewegendes. Und dazwischen sagt dann irgend jemand: »Übrigens, habt ihr gehört? Heute ist Billie Joe McAllister von der Tallahatchi-Brücke gesprungen.« Warum, welche Beweggründe er gehabt haben mag, wird nicht erörtert. Es wird lediglich festgestellt, daß er sowieso nicht alle Tassen im Schrank hatte und von ihm nicht allzuviel zu erwarten war. Mit am Tisch sitzt die Tochter des Hauses. Ihr Bruder stellt fest, sie sei doch mit diesem Typen schon mal ins Kino gegangen. Außerdem -- gestern hätte er beobachtet, wie dieser Billie Joe auf der Brücke gestanden und zusammen mit einem Mädchen etwas in den Fluß geworfen hätte. Das Mädchen habe ihr sehr ähnlich gesehen. Niemand in der Familie weiß, daß die Tochter Billie Joes Freundin war. Es interessiert auch keinen. Und was die beiden in den Fluß geworfen haben? War es eine Puppe, ein Ring oder ein anderes Geschenk? Im Lied wird es nicht gesagt. Vielleicht waren es die ungeklärten Fragen, das Mysteriöse, was das Lied so erfolgreich und populär machte. Im Herbst 1967 kam Bobbie Gentry damit in die US-Charts und erreichte Platz 1. Mit einem Schlag war Bobbie als Sängerin und Autorin dieser Geschichte aus dem Süden der USA berühmt. Die Story war so faszinierend, daß 1976 aus diesem 4 Minuten und 13 Sekunden langen Song ein Spielfilm gedreht wurde. Robby Benson und Glynnis O'Connor spielten die Hauptrollen. Und jetzt erfuhr man, was passiert war: Billie Joe hatte die Puppe seiner Freundin runtergeschmissen und hat sich dann später selbst umgebracht, weil er sich seiner homosexuellen Neigungen bewußt wurde -- ja, ja, der Süden.
Bobbie Gentry hatte noch weitere Hits, so z. B. im August 1968 eine Nummer 1 in GB mit *»I'll Never Fall In Love Again«* und, im Duett mit Glen Campbell, *»All I Have To Do Is Dream«*, Platz 3 in GB im Dezember 1969. In GB war sie so erfolgreich, weil man ihr dort wegen ihrer großen Ähnlichkeit mit Priscilla Presley eine eigene TV-Show gegeben hatte. Nach 1971 verlief ihre Karriere im Sand, 1978 heiratete sie den Sänger Jim Stafford. Sie zog sich aus dem aktiven Showbusineß zurück und kümmerte sich nur noch um Geschäfte.

Der Hit: *Ode To Billie Joe*
Der Tip: *Country Classics* (Capitol CDP 798039 2)

Gentrys

Larry Raspberry, v/g; Bruce Bowles, v; Jimmy Hart, v; Bobby Fisher, sax/p/g; Jimmy Johnson, tr/org; Pat Neal, b; Larry Wall, d.
Diese in Memphis stationierte Rockband kam 1963 zusammen. Mit der Nummer *»Keep On Dancing«* kamen sie im Herbst 1965 in die amerikanische Hitparade und erreichten Platz 4. Nach 1966 gelang ihnen kein Erfolg mehr, und die Gruppe fiel auseinander. 1969 hatte Jimmy als einziges Originalmitglied die Formation wieder neu belebt und für Sun Records einige Aufnahmen gemacht, die sich jedoch nicht verkauften. 1975 wurde ein erneuter Comeback-Versuch gestartet, der ebenfalls danebenging.

Der Hit: *Keep On Dancing*

Geordie

Brian Johnson, v (* 5.10.1947); Vic Malcolm, g (* 3.12.1946); Tom Hill, b (* 11.4.1950); Brian Gibson, d (* 6.3.1951).
Von der Anlage her war diese Formation wie Slade zu sehen. Rauher, ungeschliffener Rock, möglichst rotzig und laut vorgetragen. Als Vic Malcolm die Band im Februar 1972 gründete, nannte er sie USA. Dann stellte er fest, wo er lebte, und nannte seine Band ein halbes Jahr später Geordie. Geordie ist ein umgangssprachlicher englischer Ausdruck für die Bewohner Northumbriens, d. h. des Gebiets um Newcastle in Nordengland. Ende 1972 hatten sie mit *»Don't Do That«* ihre erste Hitnotierung. Ihr einziger Top-10-Hit war vier Monate später *»All Because Of You«*, ein Platz 6 in GB, Platz 30 in Deutschland. 1973 gelangen der Band noch zwei weitere Hits, dann verschwand sie aus den Charts. Von Geordie sprach man erstmals wieder, als der Sänger Brian Johnson im April 1980 als Ersatz für den verstorbenen Bon Scott zu AC/DC ging. Nachdem 1976 die letzte LP von Geordie erschienen war, arbeitete Johnson als Staubsaugervertreter.

Der Hit: *All Because Of You*
Der Tip: *Hope You Like It* (Repertoire 4033-C TIS)

George, Barbara

* 16.8.1942. Entdeckt wurde die aus New Orleans stammende Rhythm-&-Blues-Sängerin von Jessie Hill, der ebenfalls aus dieser Stadt kam. Er besorgte Barbara einen Plattenvertrag, obwohl der Chef der Plattenfirma so seine Zweifel über Barbaras Können hatte. Trotzdem wurde der Titel *»I Know«* aufgenommen, der im November 1961 in die amerikanische Hitparade kam und Platz 3 erreichte. In

der Rhythm-&-Blues-Hitparade wurde die Nummer Spitzenreiter. Ein Nachfolgehit gelang Barbara nicht mehr, und Ende der 60er Jahre zog sie sich aus dem Musikgeschäft zurück.

Der Hit: *I Know*

George, Sophia

Die von Jamaika stammende Sängerin Sophia George erreichte Ende 1985 mit dem Pop-Reggae »*Girlie . . . Girlie*« Platz 7 in den britischen Charts. Wie viele ihrer Landsleute hatte sie diesen einen Hit in GB und ward dann nicht mehr gesehen. In Deutschland erreichte dieser Titel im Frühjahr 1986 Platz 20.

Der Hit: *Girlie . . . Girlie*
Der Tip: *Fresh Girlie Girlie* (Teldec 6.26327)

Georgia Satellites

Dan Baird, g/v; Rick Richards, g/v; Rick Price, b/v; Mauro Magellan, d.
Baird und Richards spielten 1980 in der Formation Keith & The Satellites. Wenig später verließ Bassist Keith Christopher die Gruppe, der Rest nannte sich nur noch Satellites. 1983 nahmen Baird, Richards und ihre damaligen Mitstreiter Dave Hewitt und Randy Delay ein Demoband mit sechs Songs auf, das sie an alle erreichbaren Plattenfirmen schickten. Als keine Antworten kamen, ging Dave Hewitt und wurde durch Magellan ersetzt. 1984 stieg Dan Baird aus, wurde Mitglied in einer Band in North Carolina, die sich Woodpeckers, später The Woods, nannte. Richards und Magellan spielten derweil mit einer Rock-'n'-Roll Band, während einzig Kevin Jennings, der Road Manager der Satellites, mit den alten Demos der Band weiter hausieren ging. Erfolg hatte er schließlich in England, wo im Frühling 1985 unter dem Titel »*Keep The Faith*« bei einer Independent-Plattenfirma eine EP der Satellites erschien. Baird, Richards und Magellan ließen sich überreden, für ein paar Gigs in GB wieder zusammenzukommen. Dazu brachten sie den Bassisten Rick Price mit, der in letzter Zeit mit ihnen gespielt hatte. Zurück in den USA und jetzt unter dem Namen Georgia Satellites, packten sie es auch in der Heimat neu an. Im Frühjahr 1986 wurde ein Vertrag unterschrieben, und im September erschien das erste Album der Gruppe. Es brachte rohen, draufgängerischen Rock 'n' Roll in durchaus klassischer Tradition. Unüberhörbar jedoch auch Einflüsse aus der Country-Ecke. Im November 1986 erreichten sie die US-Charts mit »*Keep Your Hands To Yourself*« und kamen bis auf Platz 2. Weitere Single-Hits gelangen ihnen nicht. Ihre erste LP erreichte Platinstatus, die nachfolgenden waren weniger erfolgreich. 1992 verließ Baird die Georgia Satellites.

Der Hit: *Keep Your Hands To Yourself*
Der Tip: *Georgia Satellites* (Elektra 960 496-2)

Gérard, Danyel

* 7.3.1939 in Paris als Gérard Daniel Kherlakian. Der Sohn eines Armeniers und einer Italienerin wuchs in Rio de Janeiro auf. Mit 12 Jahren kam er nach Paris. 1954 wurde er Mitglied in der Rockband The Dangers. Er ist Komponist vieler französischer Hits, die auch von deutschen Interpreten wie Udo Jürgens oder Caterina Valente gesungen wurden. Seinen größten Erfolg hatte Danyel, der zu diesem Zeitpunkt stets mit einem Hut auftrat, was wohl seine Glatzenbildung verbergen sollte, im Frühjahr 1971 mit *»Butterfly«*. In Deutschland ereichte die Platte Platz 1, eine englischsprachige Version kam in GB auf Platz 11, in den USA auf Platz 78. Im Frühjahr 1972 hatte Danyel mit dem Titel *»Harlekin«* einen Platz 12 in Deutschland. Nach drei weiteren Hitnotierungen wurde er nach 1974 nicht mehr erwähnt. Inzwischen hat er eine gutgehende Produktionsfirma.

Der Hit: *Butterfly*
Der Tip: *Danyel Gérard* (CBS 65022)

Gerardo

* 16.4.1965 als Gerardo Mejia in Guayaquil, Ecuador. Im Alter von 12 Jahren zog er mit seinen Eltern nach Glendale, Kalifornien. 1990 macht er seine ersten Plattenaufnahmen und rappte in Spanglisch, halb spanisch, halb englisch. Zu diesem Zeitpunkt wurde er als Sexsymbol für Teenies aufgebaut. Er spielte in Filmen wie »Can't Buy Me Love« und »Colors« mit. Im Februar 1991 erreichte *»Rico Suave«* Platz 7 in den US-Charts und wurde ein Millionseller.

Der Hit: *Rico Suave*
Der Tip: *Mo' Ritmo* (Interscope Records 7567-91619-2)

Gerry & The Pacemakers

Gerry Marsden, v/g (* 24.9.1942); Leslie Maguire, key (* 27.12.1941); Leslie Chadwick, b (* 11.5.1943); Freddie Marsden, d (* 23.10.1940).
Gerry spielte in verschiedenen Liverpooler Skiffle-Bands, bevor er 1958 seine eigene Gruppe, die Mars Bars, und 1959 mit seinem Bruder Freddie die Pacemakers gründete. 1962 nahm sie Brian Epstein unter Vertrag -- in jenen Tagen lief alles, was aus Liverpool kam und dann auch mit Epstein arbeitete, wie verrückt.

Gleich ihre erste Platte wurde Platz 1 in GB: *»How Do You Do It?«* Anderthalb Jahre später erreichte der Titel die Top 10 in den USA. *»I Like It«* und *»You'll Never Walk Alone«* wurden 1963 weitere Spitzenreiter in GB. *»I'm The One«*, *»Don't Let The Sun Catch You Crying«* und *»Ferry Cross The Mersey«* waren 1964 weitere Top-10-Erfolge für die Band. Mit Ausnahme von *»I'm The One«* standen sie auch in den USA unter den ersten 10. »Ferry Cross The Mersey« hieß auch ein Film mit und über die Liverpooler Szene. Kurze Gastspiele darin gaben die Fourmost oder Cilla Black. Nach 1965 flaute der Mersey-Beat ab und somit auch der Erfolg für Gerry. 1968 löste sich die Gruppe auf. Gerry versuchte es weiter als Solosänger. Nach zwei Singles, die nicht in die Hitparade kamen, erhielt er das Angebot, im überaus erfolgreichen West-End-Musical »Charlie Girl« die männliche Hauptrolle zu übernehmen, die bis zu diesem Zeitpunkt Joe Brown innehatte. Für fünf Jahre spielte Gerry in diesem Musical mit, dann wurde er für eine kommerzielle britische TV-Gesellschaft Moderator einer Kindersendung -- auch das erfolgreich. Im britischen Fernsehen war er außerdem häufig als Zeitzeuge der Mersey-Beat-Ära zu sehen. Das führte dazu, daß er 1975 die Pacemakers neu formierte und eine Tournee startete, die speziell in den USA ein großer finanzieller Erfolg wurde. 1979 -- zwischendurch hatte er wieder als Solist gearbeitet -- brach er erneut mit den Pacemakers zu einer »Sound Of The 60s Tour« auf. Der Titel *»You'll Never Walk Alone«* wurde im Laufe der Jahre zur Hymne des FC Liverpool und des gesamten englischen Fußballs. Als es im Mai 1985 in der rund 80 km östlich von Liverpool gelegenen Stadt Bradford zu einem verheerenden Brand während eines Fußballspiels kam, bei dem 53 Menschen verbrannten und viele schlimme Verletzungen davontrugen, wurde der Bradford Disaster Fund gegründet. Um ihn finanziell zu unterstützen, nahm eine Formation, die sich The Crowd nannte, den Titel *»You'll Never Walk Alone«* neu auf und stellte die Tantiemen zur Verfügung. Das dürfte nicht wenig gewesen sein, denn die Platte wurde Mitte 1985 Spitzenreiter in GB. Zu den vielen, die in The Crowd zu hören waren, gehörten Paul McCartney, Graham Gouldman, John Entwhistle, Kike Dee, Tony Christie und Gerry Marsden. Eine weitere Benefizplatte wurde für die Opfer der Fußballkatastrophe von Sheffield im Frühjahr 1989 veröffentlicht: *»Ferry Cross The Mersey«* wurde Spitzenreiter in GB, Platz 5 in Deutschland. Wieder war Gerry einer der Initiatoren und Mitsänger.

Der Hit: *How Do You Do It*
Der Tip: *The Best Of The EMI Years* (EMI CDP 7 99030 2)

Geschwister Fahrenberger

Dieses deutsche Gesangsduo bestätigte mal wieder die Liebe der Deutschen zu ganz bestimmten geographischen Ecken. In diesem Falle ging es um den Wendelstein und den Königssee. Täler und Berge wurden besungen und zeigen deutlich, daß die Invasion der Volksmusik in den 80er Jahren seit den 50er Jahren langsam, aber sicher vorbereitet wurde. *»Das Echo vom Königssee«* 1956, *»Das Edelweiß vom Wendelstein«* und *»Es läuten die Glocken am Königssee«* 1957 waren drei Top-10-Erfolge der Geschwister. 1959 war man *»Zwei Täler weiter«*, um sich schließlich 1960 *»Zwischen den Bergen«* wiederzufinden. Danach gelang kein weiterer Erfolg mehr. Rosa und Anni Fahrenberger wurden in München geboren und traten schon im Alter von 8 und 11 Jahren dort in den großen Sälen auf. Zwischen 1941 und 1945 sangen sie in der Soldatenbetreuung. Nach dem Krieg machten sie ihre ersten Funkaufnahmen für den Bayerischen Rundfunk. 1953 kamen die ersten Platten, auch unter dem Namen das Jodel-Duo. Im Laufe der Jahre nahmen sie mehr als 30 Singles und etliche LPs auf. Außerdem wirkten sie in sieben Heimat- und Schlagerfilmen in kleineren Rollen mit.

Der Hit: *Es läuten die Glocken am Königssee*

Geschwister Hofmann & Das Golgowsky Quartett

Mit der schlichten Frage *»Seemann, wo ist deine Heimat«* erreichte diese Ansammlung von Volksmusikanten im Herbst 1956 Platz 4 in der deutschen Hitparade. Die Geschwister Hofmann wurden 1954 von Hubert Deuringer ins Leben gerufen. Zusammen mit seiner damaligen Frau Elisabeth, geborene Hofmann, sang Gretel Wünsch. 1955 erhielten die beiden einen Plattenvertrag, im Herbst 1956 kam es dann zum Hit. Die Stimmen der beiden Sängerinnen sind auch in anderen Gesangsgruppen eingebaut, z. B. beim Fröhlichen Quartett, den Vagabunden und den Heimatsängern. Beim Fröhlichen Quartett machten außer den beiden noch Karl Golgowsky und Rudi Stemmler mit.

Der Hit: *Seemann, wo ist deine Heimat*

Getz, Stan

* 2.2.1927 als Stanley Gayetzsky, † 6.6.1991. Er begann seine Karriere 1943 bei Jack Teagarden. Obwohl erst 15 Jahre alt, spielte er als Profiposaunist in dessen Band. In den beiden nächsten Jahren spielte er mit Stan Kenton, dann mit Benny Goodman und Jimmy Dorsey. Goodman bezeichnete ihn schon damals als den besten Tenorsaxophonisten aller Zeiten. 1947 trat er erst mit einem eigenen Trio auf und schloß sich noch im gleichen Jahr Woody Herman an. Mit ihm spielte er bis 1949 und ist zu hören auf dessen Titel *»Early Autumn«*, der ihm frühen Ruhm einbrachte. In den 50er Jahren hatte er eigene kleine Gruppen und stand regelmäßig in den Jazz-Polls an der Spitze. Schwierigkeiten mit Drogen und

Alkohol führten zu einem Einbruch seiner Karriere. Nach dem Ausrauben eines Drugstores kam er ins Gefängnis. Wieder in Freiheit, setzte er sich nach Dänemark ab. Dort spielte er bis zum Ende der 50er Jahre mit dänischen und amerikanischen Musikern. 1961 kehrte er in die USA zurück und nahm mit »*Focus*« eine LP auf, die sein Spiel mit Geigen unterlegte. Dadurch erneuerte er seinen Ruf als führender Jazzmusiker. Im folgenden Jahr nahm er »*Jazz Samba*« zusammen mit dem Gitarristen Charlie Byrd auf. Auf diesem Album befand sich der Hit »*Desafinado*«, der im September 1962 weltweit in die Top 20 kam. Getz erhielt dafür einen Grammy, den ersten von insgesamt 11, die er gewann. Zu behaupten, daß damit die Bossa-Nova-Welle ausgelöst wurde, ist richtig. Danach erschien die LP »*Getz/Gilberto*«, auf der »*The Girl From Ipanema*« zu finden war. Die Single kam Mitte 1964 bis auf Platz 5 der amerikanischen Pop-Charts. Gesungen wurde sie von Astrud Gilberto und ihrem Mann, dem brasilianischen Sänger und Gitarristen João Gilberto, der die eine Hälfte des oben erwähnten LP-Titels bildete. Für diese Platte ernteten sie den Grammy als das Album des Jahres. Mit den vorherrschenden Stilrichtungen Ende der 60er Jahre, Free Jazz und Rock-Jazz, konnte Getz wenig anfangen. Er zog wieder nach Europa, dann zurück in die USA und leitete eigene Bands. Getz beeinflußte die Karriere solcher Musiker wie Chick Corea, Tony Williams oder Gary Burton. In den 80er Jahren änderte sich Getz mehr zum gefühlvolleren Balladenstil. Vermutlich auch, weil er wußte, daß er Leberkrebs hatte und sich dadurch seine Einstellungen zu vielen Dingen veränderten. Trotzdem klangen seine Aufnahmen nicht etwa traurig, sondern eher gelassen heiter.

Der Hit: *The Girl From Ipanema*
Der Tip: *Getz/Gilberto* (Verve 810 048-2)

Gibb, Andy

* 5.3.1958 † 10.3.1988. Was seine drei älteren Brüder konnten, traute sich Andrew Roy Gibb auch zu. Im Alter von sechs Monaten zog er mit den Eltern und den Brüdern Barry, Robin und Maurice nach Australien. Im Alter von neun Jahren kehrte er wieder nach GB zurück. Zwischen 1977 und 1980 verlief seine Karriere vor allen Dingen in den USA recht erfolgreich. Seine ersten drei Hits waren Spitzenreiter in den USA und Millionseller: »*I Just Want To Be Your Everything*« und »*(Love Is) Thicker Than Water*« 1977 und »*Shadow Dancing*« 1978. Es folgten weitere Top-10-Hits wie »*An Everlasting Love*« und »*(Our Love) Don't Throw It Away*« 1978 und »*Desire*« 1980. Ab 1981 wollte Andy kein Superhit mehr gelingen. Für zwei Jahre mimte er den Moderator in der amerikanischen TV-Sendung »Solid Gold«. 1983 spielte er am Broadway die Hauptrolle in »Joseph And The Amazing Technicolour Dreamcoat«. Danach brachte man ihn schließlich

mehr mit Drogen und Frauengeschichten in Verbindung. Im Frühjahr 1988 war er in GB und hatte gerade einen neuen Plattenvertrag mit Island unterschrieben. Dann starb er überraschend in einem Krankenhaus in Oxford. Als offizielle Todesursache wurde Herzversagen genannt. Hinter vorgehaltener Hand wurde von erneuten Drogenproblemen gesprochen.

Der Hit: *Shadow Dancing*
Der Tip: *Andy Gibb* (Polydor 511 585-2)

Gibb, Barry

* 1.9.1946. Der älteste der drei Brüder Gibb war mit seinen Soloaktivitäten nicht sonderlich erfolgreich. Als Duettpartner konnte man ihn allerdings gut gebrauchen. So hatte er zusammen mit der Australierin Samantha Sang Ende 1977 einen Platz 3 in den USA mit dem Titel *»Emotion«*. Ende 1980, Anfang 1981 war er erfolgreich unter den ersten 10 in den USA mit Barbra Streisand und den Titeln *»Guilty«* und *»What Kind Of Fool«*. Daß er ansonsten keine Solo-Erfolge aufweisen kann, dürfte ihn bei dem enormen Erfolg der Bee Gees nicht weiter schmerzen.

Der Hit: *Guilty*

Gibb, Robin

* 22.12.1949. Nachdem den Bee Gees schon Ende der 60er Jahre die Erfolge zu Kopf gestiegen waren und es zu Streitigkeiten innerhalb der Band kam, war es Robin, der als erster aus dem Trio ausbrach und Soloplatten machte. Sein Titel *»Saved By The Bell«* war Mitte 1969 ein Platz 2 in GB, ein Platz 5 in Deutschland. Er kann auf einige weitere Top-20-Erfolge zurückblicken, aber seinen größten Hit hatte er Mitte 1983 mit *»Juliet«*, in Deutschland ein Spitzenreiter.

Der Hit: *Juliet*
Der Tip: *How Old Are You?* (Polydor 810 896-1)

Gibbs, Georgia

* 17.8.1920 als Fredda Gibbson. Noch unter ihrem richtigen Namen trat sie 1937/38 regelmäßig in der »Lucky Strike Radio Show« auf. Anfang der 40er Jahre änderte sie ihren Namen in Georgia Gibbs. Ein Glücksgriff, wie sich später herausstellte, denn zu ihrem Markenzeichen wurde die Ansage: »Her Nibs, Miss Gibbs« -- was soviel wie »Ihre Lipplichkeit, Fräulein Gibbs« bedeutete. Wie viele andere später als Solisten bekannt und berühmt gewordene Sänger und Sänge-

rinnen -- man denke an Frank Sinatra oder Doris Day -- begann auch sie ihren Aufstieg als unbekannte Sängerin bekannter Bands. Hudson DeLange, Frankie Trumbauer und Artie Shaw waren ihre Steighilfen. Ab 1950 hatte sie als Solistin Erfolg -- und bis zum Ende der 50er Jahre brachte sie es auf runde 30 Pop-Hits. Ihr erster war »*If I Knew You Were Comin' I'd've Baked A Cake*«, im März 1950 Platz 5 in den USA. Ihre erfolgreichsten waren der Millionseller »*Kiss Of Fire*« 1952 und »*Dance With Me Henry (Wallflower)*« 1955, beide Spitzenreiter in den USA. Ihren letzten Top-10-Erfolg hatte Georgia mit der Nummer »*The Hula Hoop Song*« im Oktober 1958, die Platte wurde Platz 6 in Deutschland. Seit den 60er Jahren ist sie zwar aus den Charts verschwunden, tritt aber regelmäßig an jenen Orten auf, an denen sich die Pop-Rentner ihre Pension aufbessern: vorzugsweise in Las Vegas. Ansonsten ist sie nach ihrer Heirat mit Frank Gervasi in dessen Heimat Italien ansässig.

Der Hit: *Kiss Of Fire*

Gibson, Debbie

* 31.8.1970. Deborah Ann richtete sich bereits als 13jährige zu Hause auf Long Island, New York, ein kleines Studio ein, in dem sie selbstgeschriebene Titel aufnahm. Ihr erstes Geld verdiente sie sich mit Werbespots, in denen sie sang oder schauspielerte. Mit der LP »*Out Of The Blue*« kam 1987 der Erfolg. Das Album wurde mehr als dreimillionenmal verkauft, und Auskopplungen daraus wurden ihre ersten Top-10-Erfolge: »*Only In My Dreams*«, »*Shake Your Love*«, »*Out Of The Blue*« und »*Foolish Beat*«. »*Lost In Your Eyes*« war im Frühjahr 1989 Nummer 1 in den USA. Danach wurde sie für die Teenie-Hitparaden wohl zu alt. Ihre LP »*Electric Youth*« stand im Frühjahr 1989 für fünf Wochen auf Platz 1 der US-LP-Charts. 1990 gelang ihr der Millionseller »*Anything Is Possible*«. Das stimmt.

Debbie Gibson *(Atlantic)*

Der Hit: *Lost In Your Eyes*
Der Tip: *Electric Youth* (Atlantic 781 932-2)

Gibson, Don

* 3.4.1928. Ab 1956 war der Amerikaner in den Country-Charts regelmäßig bis in die 80er Jahre zu finden. In der Liste der erfolgreichsten Country-Interpreten steht er unter den ersten 30. Noch während er zur High-School ging, sang er in Clubs und im Radio. Bereits 1949 machte er seine ersten Plattenaufnahmen. 1953 ging er nach Knoxville und arbeitete dort für einen Radiosender. 1956 hatte er mit dem Titel *»Sweet Dreams«* seinen ersten Country-Hit. In den amerikanischen Pop-Charts hatte Don mit der Nummer *»Oh Lonesome Me«* 1958 seinen einzigen Top-10-Erfolg. Sehr schöne, aber nicht so erfolgreiche Aufnahmen waren *»Blue Blue Day«*, *»Lonesome Number One«* und *»Sea Of Heartbreak«*. Seinen größten Erfolg als Songschreiber hatte Don, dessen Spitzname *»Mr. Country Soul«* ist, mit seiner Nummer *»I Can't Stop Loving You«*, die Ray Charles Mitte 1962 zur Nummer 1 der US-Charts und zum Millionseller machte. Alle seine Aufnahmen wurden durch Chet Atkins, der bei den Aufnahmen meist auch Gitarre spielt, produziert. Als Pianist ist häufig Floyd Cramer zu hören. Im Laufe seiner Karriere hatte Gibson immer wieder Schwierigkeiten durch seine Alkohol- und Drogenprobleme.

Der Hit: *Oh Lonesome Me*
Der Tip: *The Singer, The Songwriter 1961 – 1966* (Bear Family BCD 15664 DI)

Gibson Brothers

Chris, g/per; Patrick, v/d; Alex, v/key.
Die drei Brüder stammen von der Insel Martinique. In den 70er Jahren kamen sie nach Paris und wurden dort durch das Management, das auch Diskoformationen wie Ottawan betreute, produziert. Das ganze klang nun wie eine Mixtur aus karibischen Klängen und Disco-Sound. Ihr erster Hit war Anfang 1979 der Titel *»Cuba«*. *»Ooh! What A Life«* war im Juli 1979 ein Platz 10 in GB, *»Que Sera Mi Vida (If You Should Go)«* brachte es im November 1979 auf Platz 5 in GB, im Februar 1980 auf Platz 4 in Deutschland. Nach 1980 war ihr Erfolg wieder vorbei.

Der Hit: *Que Sera Mi Vida (If You Should Go)*
Der Tip: *Cuba* (Polydor 2374 149)

Gilder, Nick

* 7.11.1951. Der kanadische Sänger wurde in London geboren und wanderte mit seiner Familie im Alter von 10 Jahren aus. 1971 gründete er mit Jimmy McCulloch die Formation Sweeney Todd, die 1960 mit ihm als Leadsänger den Titel *»Roxy*

Roller« bis auf Platz 90 in die US-Charts brachte. Nachdem er die Gruppe verlassen hatte, wurde Bryan Adams der Sänger dieser Band, und *»Roxy Roller«* wurde erneut veröffentlicht: mit Bryan Adams als Leadsänger wurde es ein Platz 99. Ab 1977 veröffentlichte Nick Soloplatten. Sein Titel *»Hot Child In The City«* wurde Mitte 1978 Spitzenreiter in den USA und erhielt Platinstatus. Weitere Top-40-Hits gelangen ihm nicht mehr.

Der Hit: *Hot Child In The City*
Der Tip: *City Nights* (Chrysalis 6307 641)

Gildo, Rex

* 2.7.1939 als Ludwig Alexander Hirtreiter. Rex dürfte zu den beständigsten deutschen Schlagerinterpreten gehören. Seinen ersten Hit hatte er mit *»Sieben Wochen nach Bombay«* im Februar 1960. Da das Bedürfnis nach Duos Anfang der 60er Jahre in Deutschland zu groß war, steckte man Rex mal mit Conny, mal mit Gitte unter eine Schlagerdecke. Heraus kamen mit Conny *»Yes, My Darling«* 1960 und mit Gitte *»Vom Stadtpark die Laternen«*, im September 1963 Platz 1 in Deutschland, oder *»Jetzt dreht die Welt sich nur um dich«*. Der erste Top-10-Erfolg für Rex war *»Das Ende der Liebe«* im Dezember 1960. Es handelt sich dabei um eine deutsche Version von *»Tell Laura I Love Her«*, im Original von Ray Peterson. Mitte 1962 stand er mit *»Kleiner Gonzales«* auf Platz 2. Weitere Top-10-Hits in Deutschland waren *»Maddalena«* und *»Zwei blaue Vergißmeinnicht«* 1963, *»Dondolo«* 1969, *»Fiesta Mexicana«* 1972, *»Marie, der letzte Tanz ist nur für dich«* 1974 und *»Der letzte Sirtaki«* 1975. Außerdem wirkte er in mehr als 30 Filmen mit. Die Liste seiner Plattenveröffentlichungen reicht bis in die 90er Jahre, und auch im Fernsehen ist er in regelmäßigen Abständen zu sehen.

Der Hit: *Kleiner Gonzales*
Der Tip: *Geh nicht vorbei* (Bear Family BFX 15090)

Gilkyson, Terry

* 17.6.1916 in Phoenix. Terry studierte zwischen 1938 und 1940 Komposition und Harmonielehre an der Universität von Pennsylvania. Von 1941 bis 1946 sang er über AFN amerikanische Folk-Songs. Danach betätigte er sich als Songschreiber. Seine Karriere begann Terry in der legendären Folkgruppe Weavers in den frühen 50er Jahren. Die Aufnahme *»On Top Of Old Smoky«* wurde Mitte 1951 ein Platz 2 in den USA und ein Millionseller. Die Gruppe firmierte zu diesem Zeitpunkt als Weavers & Terry Gilkyson. Terry schrieb für Frankie Laine den Hit *»Cry Of The Wild Goose«*. 1955 gründete er Terry Gilkyson & The Easy Riders.

Die Easy Riders waren Richard Dehr und Frank Miller. Mit der Nummer *»Marianne«*, der Adaption eines Folk-Songs von den Bahamas, hatten sie im Frühjahr 1957 einen Platz 4 in der amerikanischen Hitparade. Nach einer weiteren Plazierung unter den ersten 100 war das Trio wieder verschwunden.

Der Hit: *Marianne*

Gill, Johnny

* 1965. Der kleine Johnny Gill wurde durch die Sängerin Stacey Lattisaw entdeckt. Er sang zu diesem Zeitpunkt in der Familienband Wings Of Faith. Das hatte er bereits im Alter von fünf Jahren begonnen. Seine ersten Soloplatten machte er im Jahre 1983. Sein erster Hit war ein Duett mit Stacey 1984: *»Perfect Combination«*. Nachdem Bobby Brown 1986 New Edition verlassen hatte, kam Gill als dessen Ersatz 1987 dazu. Mit ihm hatten sie Mitte 1988 den Top-10-Erfolg *»If It Isn't Love«*. 1990 löste sich New Edition auf. Drei Mitglieder machten als Bell Biv DeVoe, Ralph Tresvant und Johnny Gill als Solisten weiter. Mit *»Rub You The Right Way«* hatte Gill Mitte 1990 Platz 3 in den USA und einen Millionseller. Der Nachfolgehit *»My My My«* kam im August 1990 in die Charts und wurde Platz 10.

Der Hit: *Rub You The Right Way*
Der Tip: *Johnny Gill* (Motown ZD 72698)

Gilmer, Jimmy

siehe Fireballs

Gilstrap, Jim

Der aus Texas stammende Jim ließ sich in Los Angeles nieder und wurde dort ein gesuchter Studiosänger. Seinen ersten großen Erfolg hatte er 1972 als Sänger auf *»Talking Book«* mit Stevie Wonder, hinter dem er auch auf weiteren LPs sang. Auch Quincy Jones, Paul Williams, Peggy Lee, Martha Reeves, Ringo Starr, Elkie Brooks, Thelma Houston, Bill Withers, Neil Diamond, Barbra Streisand, Michael Jackson, Elton John und viele andere bedienen sich seiner gesanglichen Qualitäten. Anfang 1975 hatte er als Solist mit *»Swing Your Daddy«* einen Platz 10 in der amerikanischen Rhythm-&-Blues-Hitparade, der sich im März des gleichen Jahres zu einem Platz 4 in den britischen Pop-Charts mauserte. Ansonsten sang er in der zweiten Reihe.

Der Hit: *Swing Your Daddy*
Der Tip: *Swing Your Daddy* (Chelsea 2306 010)

Gitte

* 29.6.1946 in Kopenhagen als Gitte Haenning-Johansson. Schon als Kind wurde die Dänin durch ihren Vater, der Musiker und Volkssänger war, in Richtung Showgeschäft gelenkt. Als Achtjährige sang sie mit ihm zusammen den Titel *»Ich heirate Papi«*. Die Platte wurde in Dänemark ein Erfolg. Mit 11 Jahren sang sie, auf einem Stuhl stehend und begleitet von der Jazz-Combo des Vaters, *»Stormy Weather«*. In der Folgezeit sollte sie noch viele Jazznummern singen, darunter zusammen mit dem Bassisten und Cellisten Oscar Pettiford und dem Saxophonisten Stan Getz. In Deutschland lernten wir Gitte unter Umständen von der falschen Seite kennen. 1963 sang sie beim Deutschen Schlagerfestival in Baden-Baden mit und belegte mit dem Titel *»Ich will 'nen Cowboy als Mann«* den ersten Platz. Die Platte erreichte Platz 1 in der deutschen Hitparade, und zwei Monate später, im September 1963, kam sie zusammen mit Rex Gildo und dem Titel *»Vom Stadtpark die Laternen«* ebenfalls auf Platz 1. Damit hatte sie zumindest für den deutschen Markt ihr Image weg. Das wiederum war daran schuld, daß Jazz-LPs, die sie z. B. zusammen mit der Big Band von Kenny Clarke und Francy Boland aufgenommen hatte, völlig untergegangen sind. Gitte war Schlagersängerin und damit basta. *»Jetzt dreht die Welt sich nur um dich«*, Mitte 1964 wieder ein Top-10-Hit zusammen mit Rex Gildo, und *»Ich hab' die Liebe verspielt in Monte Carlo«* waren ihre einzigen weiteren Top-10-Erfolge in Deutschland. Trotzdem war sie regelmäßig in allen nur möglichen Fernsehsendungen mit ihren Schlagern, die mal mehr, mal weniger anspruchsvoll waren, vertreten. Gitte ist sicher eine der unterbewertetsten Sängerinnen in Deutschland. Hätte sie sich mehr an ihren Titel *»Man muß schießlich auch mal nein sagen können«* aus dem Jahre 1966 gehalten, als sie Seichtes wie *»So schön kann doch kein Mann sein«* sang, wäre sie auch als Jazzsängerin akzeptiert worden.

Der Hit: *Ich will 'nen Cowboy als Mann*
Der Tip: *Gold Collection* (EMI CDP 538-790060 2)

Gitti & Erica

Gitti Goetz (* 17.1.1959) und Erica Bruhn, geborene Goetz (17.7.1958).
1972 siegten sie bei einem Talentwettbewerb, 1973 wurden sie von Christian Bruhn produziert, der 1976 Erica heiratete. Das mehr für Kinder gedachte Lied *»Heidi«* kam im Januar 1978 in die deutsche Hitparade und erreichte Platz 4. Dieser Titel kann ohne weiteres als ein Vorläufer des volkstümlichen Schlagers angesehen werden. Zeitweilig wurde Erica Bruhn durch die Sängerin Janine Karen Olsen, die sich Erica nannte, ersetzt.

Der Hit: *Heidi*

Gitte *(Metronome)*

Glass Tiger

Alan Frew, v (* 8.11.1959); Sam Reid, key (* 1.12.1963); Al Connelly, g (* 10.10.1960); Wayne Parker, b (* 13.11.1960); Michael Hanson, d (* 1.1.1963). Die kanadische Band begann unter dem Gruppennamen Tokyo. Alle Mitglieder spielten vorher in anderen Gruppen, die aus der Nähe von Toronto kamen: ein

Teil in Heavy-Metal-, ein anderer in mehr waveorientierten Pop-Bands. Mitte 1986 erschien *»Don't Forget Me (When I'm Gone)«*, eine Single-Auskoppelung, die es in den USA bis auf Platz 2 in den Charts brachte. Im November 1986 kam der Nachfolgehit *»Someday«* bis auf Platz 7 in den USA. Produziert wurde Glass Tiger von Jim Vallance, der durch seine Zusammenarbeit mit Bryan Adams bekannt wurde. Vallance schrieb auch an den ersten großen Hits der Band mit. Die erste LP überschritt zwei Wochen nach Erscheinen die Goldmarke und erreichte nur kurze Zeit später Platin-Status. Auch ihre zweite LP, *»Diamond Sun«*, die im April 1988 erschien, wurde wieder durch Vallance betreut. Als Gastsänger wirkten auf der Platte die Chieftains, Irlands älteste Folkgruppe, und Lisa Dalbello mit. Trotzdem war der Erfolg schon nicht mehr so groß wie bei der ersten LP. 1990 erschien mit *»Simple Mission«* die bisher letzte LP von Glass Tiger.

Der Hit: *Don't Forget Me (When I'm Gone)*
Der Tip: *The Thin Red Line* (Capitol CDP 746 313 2)

Glenn, Darrell

* 1936 † 9.4.1990. Der aus Waco, Texas, stammende Country-Sänger gehörte eher zur zweiten Garnitur. Er sang, seit er sechs Jahre alt war. Sein Vater war Artie Glenn, der den Song *»Crying In The Chapel«* geschrieben hat. Er gab dieses Lied seinem Sohn, der damit als erster 1953 auf den Markt kam. Glenn erreichte Mitte des Jahres Platz 4 in den Country-Charts, Platz 6 in den Pop-Charts. Ein weiterer Hit sollte ihm nicht gelingen. Dafür sollten andere mit dem Song Erfolge haben, darunter June Valli, Rex Allen, die Orioles, Ella Fitzgerald, Art Lund -- alle 1953 in den amerikanischen Charts. 1965 hatte Elvis Presley damit einen Platz 3 in den USA. Glenn wurde Aufnahmeingenieur und Produzent. 1981 machte er seine eigene Firma auf und spezialisierte sich auf das Produzieren von Gospelsängern. Er starb am 9.4.1990 im Alter von 54 Jahren an Krebs.

Der Hit: *Crying In The Chapel*

Glitter, Gary

* 8.5.1940 als Paul Gadd. Als Paul Russell & His Rebels kam er 1958 zum erstenmal ins Musikgeschäft. Als Künstlernamen hatte er sich den Nachnamen seines Stiefvaters zugelegt. Sie spielten öfter im Safari Club am Trafalgar Square in London, in dem Robert Hartford Davis, ein Filmproduzent, die Band sah, und der wurde Manager von Paul Gadd. Er verschaffte ihm einen Plattenvertrag mit Decca Records, und im Januar 1960 erschien die Ballade *»Alone In The Night«*. Dieses Mal nannte sich Gadd Paul Raven (weil sein Stief- ein Rabenvater war?). 1961 spielte

er eine kleine Rolle in dem Film »Stranger In The City«, produziert von Davis. Im August 1961 gründete er Paul Raven & Boston International. Die nächsten fünf Jahre verbrachte diese Formation die meiste Zeit in Deutschland, wo sie ein beliebter Live-Act wurde. 1968 erhielt Gadd seinen nächsten Plattenvertrag als Solist und veröffentlichte die Single *»Music Man«*, dieses Mal als Paul Monday. Auch das ein Flop. Noch im gleichen Jahr erschien *»Soul Thing«*, jetzt wieder als Paul Raven, aber auch wieder ein Flop. Im Oktober 1969 kam die Single *»We Are All Living In One Place«*, auf der dreitausend Menschen zu hören waren, die alle vor dem Büro von MCA Records mitsingen durften. Leadstimme sang Rubber Bucket alias Paul Gadd. Ein weiterer Versuch als Paul Monday 1969, wieder als Paul Raven 1970, und jetzt, nach mehr als zehn Jahren unter diversen Namen, schien er die Lust verloren zu haben. Da erschien er neben Murray Head, Ian Gillan, Yvonne Elliman oder Mike DÁbo als Sänger im Rice-Webber-Musical *»Jesus Christ Superstar«*. Die Platte wurde ein weltweiter Erfolg. Er veränderte sein Image und machte 1971 unter dem Namen Gary Glitter -- der Name wurde ausgewählt aus weiteren Vorschlägen wie z. B. Terry Tinsel, Stanley Sparkle und Vicky Vomit -- die Nummer *»Rock 'n' Roll Part 2«*. Womit niemand gerechnet hatte: Die Platte stand Mitte 1972 auf Platz 2 in GB, 7 in den USA und 4 in Deutschland. In den nächsten drei Jahren sollte er hintereinander zehn Top-10-Hits haben. Dreimal, mit *»I'm The Leader Of The Gang (I Am)«* und *»I Love You Love Me Love«* 1973 und *»Always Yours«* 1974, konnte er in GB die Spitze belegen. Die Musiker, die ihn begleiteten, starteten ab 1974 im übrigen eine eigenständige Karriere. Nachdem er zwischen 1976 und 1984 nur noch in den unteren Positionen der Hitparade aufgetaucht war, stand er im Dezember 1984 mit *»Another Rock 'n' Roll Christmas«* wieder unter den ersten 10 in GB. 1988 setzte ihm die britische Band Timelords in dem Lied *»Doctorin' The Tardis«*, Mitte des Jahres Spitzenreiter in GB, ein musikalisches Denkmal. Sie sangen »Everybody loves Gary Glitter«. Zwischenzeitlich schien seine Karriere durch eine Überdosis Drogen und später durch einen Bankrott endgültig beendet, aber Gadd überlebte auch das, tourt heute noch als Gary Glitter durch GB und erfreut sich als kleine Musiklegende seiner Beliebtheit in der Presse. Mit Fug und Recht kann er von sich behaupten, heute der älteste Pfau im Pallettenzoo zu sein.

Der Hit: *Rock 'n' Roll Part 2*
Der Tip: *The Gary Glitter Party Album* (Telstar TCD 2310)

Glitter Band

John Springate, Tony Leonard, Gerry Shephard, Pete Phipps, Harvey Ellison.

Ursprünglich bildeten diese Musiker die Backing Group für den Sänger Gary Glitter. Nebenher machten sie ab 1974 auch ohne Gary Karriere. Ihre große

Besonderheit war, daß sie zwei Schlagzeuger beschäftigten. Zur Hochzeit der Beliebtheit von Gary Glitter gelangen auch der Glitter Band eine Reihe von Top-10-Hits in GB, darunter *»Angle Face«*, *»Just For You«* und *»Let's Get Together Again«* 1974, *»Goodbye My Love«* und *»The Tears I Cried«* 1975 und *»People Like You And People Like Me«* 1976. Im Februar 1977 trennten sich die Musiker, kamen aber 1981 noch einmal zusammen, um mit ihrem früheren Mentor auf Tournee zu gehen.

Der Hit: *Goodbye My Love*
Der Tip: *Starke Zeiten* (Ariola 269 170-222)

Godfrey, Arthur

* 31.8.1903, † 16.3.1983. Arthur gilt als einer der bekanntesten und erfolgreichsten Stars in der Geschichte des amerikanischen Radios und Fernsehens und steht auf einer Stufe mit Jackie Gleason und Lucille Ball. Sein Spitzname war »The Old Redhead«. Seine Radiokarriere begann im Jahre 1929. Sie fand ihren Höhepunkt, als er im April 1945 als Special-Reporter die Beerdigung von Franklin D. Roosevelt übertrug und dabei in Tränen ausbrach. Dieser menschliche Zug charakterisierte seine gesamte Arbeit. Als CBS, für die er in der Hauptsache Radio gemacht hatte, 1948 ihr Fernsehprogramm aufbauten, war es nur natürlich, daß sie ihn auch da einsetzten. Von 1948 bis 1959 moderierte er »Arthur Godfrey's Talent Scouts«. Neben dieser Sendung, in der viele amerikanische Künstler ihre ersten TV-Auftritte hatten, lief von 1949 bis 1959 »Arthur Godfrey & His Friends«. In dieser Variety-Show trat auch Arthur Godfrey als Sänger auf. Zwischen 1947 und 1952 brachte er es auf 12 Eintragungen in die US-Pop-Charts, darunter vier Top-10-Notierungen. Sein größter Erfolg war der Novelty-Song *»Too Fat Polka (I Don't Want Her -- You Can Have Her -- She's Too Fat For Me)«*. Im November 1947 erreichte die Platte die Charts und kletterte hoch bis auf Platz 2. 1959 wurde bei ihm Lungenkrebs diagnostiziert. Nach einer erfolgreichen Operation versuchte er sich mit einem Comeback, aber mit wenig Erfolg. Bis 1972 arbeitete er weiter im Radio. Alle weiteren Versuche, im Fernsehen noch einmal Fuß zu fassen, verliefen im Sande. Er starb 1983.

Der Hit: *Too Fat Polka (I Don't Want Her – You Can Have Her – She's Too Fat For Me)*

Godley & Creme

Kevin Godley, v/d (* 7.10.1945); Lol Creme, v/g (* 19.9.1947).
1969 spielten beide in der in Manchester bekannten Band Sabres. Eine weitere

Gruppe aus dieser Stadt, die Whirlwinds -- in dieser Band spielte zu diesem Zeitpunkt Graham Gouldman --, nahm als B-Seite einer Single ein Lied auf, das Lol Creme geschrieben hatte. Gouldmans nächste Gruppe, die Mockingbirds, hatte Kevin Godley als Schlagzeuger. Die Arbeit dieser drei miteinander wurde intensiver. So nahmen sie z. B. als Frabjoy & Runcible Spoon eine Single auf. Im August 1970 kam es zur Gründung von Hotlegs, die mit *»Neanderthal Man«* einen Platz 2 in den GB-Charts haben sollten. Mitglied bei den Hotlegs war außerdem Eric Stewart, vordem bei den Mindbenders. 1972 produzierten die vier ein Demo des Titels *»Donna«* für die Beatles-Firma Apple. Nachdem die den Titel nicht wollten, erhielten sie einen Plattenvertrag von Jonathan Kings Firma UK Records. King gab ihnen den Namen 10cc, und in den nächsten vier Jahren hatten sie acht Top-10-Erfolge, darunter zweimal Platz 1. Im November 1976 trennten sich Godley und Creme von 10cc und begannen mit den Arbeiten an einem Drei-Minuten-Stück, aus dem dann das Dreifachalbum *»Consequences«* wurde. *»Under Your Thumb«* und *»Wedding Bells«* waren 1981 zwei Top-10-Erfolge des Duos in GB. Ihre Aufnahme *»Cry«* wurde Mitte 1985 ein Top-10-Hit in Deutschland. Zu dem Titel gab es ein hervorragend gemachtes Video, in dem eine Folge von Gesichtern gezeigt wird, die sich nach und nach verändern, indem sie ineinander übergehen. Das Video wurde mehrfach preisgekrönt und begründete ihre Karriere als Videokünstler. In dieser Eigenschaft nahmen z. B. Visage, La Toyah, Herbie Hancock, Duran Duran, Police oder Frankie Goes To Hollywood ihre Dienste in Anspruch. Godley & Creme gelten heute auf diesem Gebiet als die besten.

Der Hit: *Cry*
Der Tip: *The History Mix Vol. I* (Polydor 825 981-2)

Goggi, Loretta

* 1950. Bereits mit elf Jahren stand die Italienerin zum erstenmal vor einer Kamera, nach diversen Theater- und Fernsehauftritten war sie bald Italiens bekanntester Kinderstar. 1970 nahm sie ihre erste Platte auf. Danach tourte sie gemeinsam mit ihrer Schwester Daniela als Duo Go & Go durch Italien. 1979 hatte sie mit *»LÁria Del Sabato Sera«* und *»Cicciottella«* ihre ersten Hits. Im Frühjahr 1981 wurde *»Maledetta Primavera«* ein europäischer Erfolg und im Juni 1981 ein Platz 8 in der deutschen Hitparade. Der Nachfolgesong *»Il Mio Prossimo Amore«* erreichte gerade nach Platz 50 in Deutschland. Danach zog sie sich wieder nach Italien zurück.

Der Hit: *Maledetta Primavera*
Der Tip: *Loretta Goggi* (WEA 58 386)

Go-Go's

Belinda Carlisle, v (* 16.8.1958); Jane Wiedlin, g/v (* 20.5.1958); Charlotte Caffey, g/key (* 21.10.1953); Margot Olaverra, b; Elissa Bello, d; Kathy Valentine, b (* 7.1.1959); Gina Schock, d (* 31.8.1957).
Die Urformation der Go-Go's startete im Mai 1978 in Hollywood. Zu diesem Zeitpunkt wußten sie wenig über Musikinstrumente und Gesang, aber nachdem sie im Keller des Punk-Clubs »Masque« ihren ersten erfolgreichen Auftritt hatten, entschlossen sie sich, es zu lernen. Nach einigen Umbesetzungen in der Gruppe spielten sie erst vorwiegend im Süden Kaliforniens, dann in GB als Vorprogramm von Madness und den Specials. Ihre erste Hitparadennotierung hatten sie im August 1981 mit *»Our Lips Are Sealed«*. Es wurde ein Platz 20 in den USA. Aus ihrer ersten LP *»Beauty And The Beat«* wurde als zweite Single *»We Got The Beat«* ausgekoppelt, die im Frühjahr 1982 Platz 2 in den USA und ein Millionseller wurde. Auch der Nachfolgehit *»Vacation«* kam unter die ersten 10. *»Head Over Heels«* war im Frühjahr 1984 noch einmal Platz 11 in den USA, danach ließ der Erfolg nach. Jane Wiedlin verließ die Gruppe als erste, um sich einer Solokarriere zu widmen. Am 10. Mai 1985 geben die Go-Go's auf einer Pressekonferenz bekannt, daß sie sich trennen werden. Belinda Carlisle bereitet sich mit Hilfe ihrer Kollegin Charlotte Caffey auf eine Solokarriere vor, die auch recht erfolgreich wird. Caffey gründete 1989 die Gruppe The Graces. Am 28. März 1990 kamen die Go-Go's für ein Benefizkonzert im Universal-Amphitheater zusammen. Das führte zu einer Reunion-Tour im gleichen Jahr.

Der Hit: *We Got The Beat*
Der Tip: *Greatest* (IRS 713122 2)

Gold, Andrew

* 2.8.1951. Der amerikanische Sänger, Multi-Instrumentalist und Songschreiber ist der Sohn des Komponisten Ernest Gold und der Sängerin Marni Nixon. Schon Mitte der 60er Jahre gründete er zusammen mit Peter Bernstein, dem Sohn von Elmar Bernstein, verschiedene Gruppen, die sich Doberman, Herd oder Wails nannten. 1969, wieder mit Peter, Carla Bonoff und anderen, gründete er Bryndle. Die Gruppe erhielt einen Plattenvertrag und arbeitete sechs Monate an einer LP, die dann jedoch nicht veröffentlicht wurde. 1971 ging Bryndle auseinander. Mit Peter Bernstein gründete Andrew jetzt die Rangers. 1974 tourte er für neun Monate mit Linda Ronstadt und spielte auf ihrer LP *»Heart Like A Wheel«*. So ist er z. B. auf der Singleauskopplung *»You're No Good«* als Leadgitarrist, Pianist, Schlagzeuger und Percussionspieler zu hören. 1975 wurde seine erste Solo-LP veröffentlicht. Nebenher spielte er als Studiomusiker auf unzähligen Platten von

Kollegen mit. Auch hier ein Beispiel: Auf Art Garfunkels *»I Only Have Eyes For You«* spielte Andrew Gitarre, Piano und Schlagzeug. Ab 1977 war er als Solist dann auch erfolgreich. Im März des Jahres kam *»Lonely Boy«* in die amerikanische Hitparade und erreichte schließlich Platz 7. Ein Jahr später wurde *»Thank You For Being A Friend«* in den USA Platz 25 -- die Melodie wurde in den nächsten Jahren in den USA sehr populär, weil sie als Erkennungsmelodie der TV-Serie »Golden Girls« benutzt wurde. *»Never Let Her Slip Away«* war sein letzter Top-10-Erfolg, ein Platz 5 in GB. Ende 1992 stand der Titel erneut auf Platz 5, dieses Mal in einer Coverversion von Undercover. 1985 bildete er zusammen mit dem Briten Graham Gouldman die Formation Wax, die mit dem Titel *»Building A Brigde To Your Heart«* im Sommer 1987 in GB Platz 12 erreichte, in Deutschland Platz 19.

Der Hit: *Never Let Her Slip Away*
Der Tip: *All This And Heaven Too* (Asylum 53 072)

Golden Earring

Barry Hay, v/fl/sax/g (* 16.8.1948); George Kooymans, g/v (* 11.3.1948); Rinus Gerritsen, b/v (* 9.8.1946); Cesar Zuiderwijk, d (* 18.7.1948); Hans van Herwerden, g; Fred van der Hilst, d; Frans Krassenburg, v; Peter de Ronde, g; Jaap Eggermont, d.

Die Ursprünge dieser niederländischen Rockgruppe gehen zurück bis in das Jahr 1961. Gerritsen und Kooymans spielten gemeinsam in einer Schulband. Ab 1962 nannten sie sich Golden Earring, und bis zum ersten Erfolg sollte es noch viele Umbesetzungen innerhalb der Band geben. 1968 hatten sie ihre ersten großen Verkaufserfolge in den Niederlanden. Es folgte eine Tour durch Europa und die USA. 1969 kam von der Gruppe Living Blues der Schlagzeuger Cesar Zuiderwijk, und mit ihm stand die Erfolgsbesetzung Kooymans, Gerritsen, Hay und Zuiderwijk. Ihre erste Hitnotierung in Deutschland hatten sie Ende 1970 mit *»Back Home«*. 1971 hieß ihr Hit *»Holy Holy Life«*, 1972 *»Buddy Joe«*. Im Herbst 1973 sollte ihr größter Erfolg erscheinen: *»Radar Love«*. Zuerst stand die Platte auf Platz 5 in Deutschland, dann im Dezember auf Platz 7 in GB und schließlich im Mai 1974 auf 13 in den USA. Danach gab es eine längere Hitpause für die Band. 1982 hatten Golden Earring mit *»Twilight Zone«* in den USA wieder einen Platz 10. Nach 1984 wurden keine Hits der Band mehr notiert. 1992 erschien mit *»The Naked Truth«* ein Album, das Unplugged-Versionen ihrer großen Hits brachte.

Der Hit: *Radar Love*
Der Tip: *Radar Love* (Zounds CD 272 00385 B)

Goldie

Diese britische Formation brachte es mit *»Making Up Again«* im Mai 1978 auf einen Platz 7. Ansonsten gab es für diese Formation unter diesem Namen kein »making up again«!

Der Hit: *Making Up Again*

Goldsboro, Bobby

* 18.1.1941. Nur so nebenher machte Bobby während seines Studiums in der kleinen Stadt Dothan, Alabama, mit einer Gruppe namens Webbs Musik, und der Höhepunkt ihrer Karriere war erreicht, als eines Tages Roy Orbison in ihre Stadt kam, um dort aufzutreten. Nun darf man solche Tourneen nicht mit heutigen vergleichen. Die Künstler kamen nicht mit einem ganzen Trupp in die Auftrittsorte, sondern suchten sich meist erst vor der Veranstaltung eine geeignete Begleitformation. Die fand Roy Orbison in den Webbs. Roy fand aber gleich noch etwas: Gefallen an der Band und besonders an dem Gesang von Bobby Goldsboro. Als er wenige Monate später wieder in der Gegend auftrat, heuerte er die Band erneut an und fragte sie bei dieser Gelegenheit, ob sie nicht mit ihm auf eine Tournee durch die ganzen Staaten gehen wollten. Bobby Goldsboro fragte seine Eltern um Rat. Die reagierten -- wie wohl alle Eltern rund um den Erdball -- mit der Bemerkung, daß sie es lieber sähen, wenn er sein Studium beenden würde. Bobby war jedoch von der Welt der Musik und den Möglichkeiten, vor Publikum zu spielen, so infiziert, daß er alles hinschmiß und mit Roy Orbison auftrat.

Für zweieinhalb Jahre war er im Team von Orbison. Er schrieb mit ihm zusammen einige Nummern und versuchte nun auch langsam, aber sicher, als eigenständiger Autor und Gesangssolist zu Erfolgen zu kommen. Im Herbst des Jahres 1963 war es dann soweit: Die selbstgeschriebene Nummer *»See The Funny Little Clown«* kam in die amerikanische Hitparade und kletterte bis auf Platz 9. Und noch immer stand Bobby Goldsboro Abend für Abend neben und/oder hinter Roy Orbison auf der Bühne. Daß das Gerede vom ausgesprochen kollegialen Roy Orbison, das man nach seinem Tode häufig lesen konnte, wirklich stimmte, bewies sich Anfang 1964. Bobbys Nummer erreichte die Top 10 in den USA, und damit waren die Weichen für eine Solokarriere gestellt. Orbison riet Goldsboro, sich doch von ihm zu trennen und es als Solist zu versuchen. Gleichzeitig bot er ihm aber auch noch an, sofort zu ihm zurückkehren zu können, falls es nicht so funktionieren würde, wie er sich das vorstellte. Eine noble Geste in einem Business, das immer wieder nicht ganz zu Unrecht als »Haifischbranche« bezeichnet wird. Bobby Goldsboro kehrte nicht zu Roy Orbison zurück. Er machte seinen Weg und hatte schließlich 1968 mit dem Titel *»Honey«* einen weltweiten Hit. Die Platte wurde im Frühjahr Platz 1 in den USA, 2 in GB und 8 in Deutschland. Als sie 1975 in GB wiederveröffentlicht wurde, kam sie erneut auf Platz 2. *»Honey«* brachte Goldsboro Auftritte in den wichtigsten amerikanischen Fernsehsendungen und zwischen 1972 und 1975 eine eigene TV-Show. Bobby hatte mit *»Summer (The First Time)«* im Herbst 1973 noch einen weiteren Top-10-Hit in GB.

Der Hit: *Honey*
Der Tip: *The Best Of* (EMI CDP 7 96094-2)

Goodies

Bill Oddie (* 7.7.1941); Graeme Garden (* 18.2.1943); Tim Brooke-Taylor (* 17.7.1940).
1974 wurde dieses Trio in GB mit dem Comedy Award als die besten Kabarettisten Englands ausgezeichnet. Ihre Plattenfirma fand damals: »Bei den Goodies bezieht sich das Wort Kabarettist jedoch lediglich auf den guten und humorvollen textlichen Inhalt ihrer Titel. Im Vordergrund steht aber ihre fantastisch tanzbare und mitreißende Musik, die man am besten als Crazy Rock bezeichnet.« Ihr erster Hit war Ende 1974 die doppelte A-Seite *»The Inbetweenies/Father Christmas Do Not Touch Me«*. Die Weihnachts-A/B-Seite dürfte dafür gesorgt haben, daß sie pünktlich zum Fest bis auf Platz 7 in GB kamen. Der Nachfolgehit war *»The Funky Gibbon«*, der im März 1975 die GB-Charts erreichte und es bis auf Platz 4 brachte. Die Mitglieder dieser Formation kannten sich bereits seit Anfang der 60er Jahre. Gemeinsam absolvierten sie ihre Ausbildung in Cambridge und wurden Mitglieder verschiedener Shows. Oddie und Brooke-Taylor waren z. B. mit John Cleese bei der Cambrigde Circus Show. Brooke-Taylor arbeitete für Theater und Film, Oddie für Fernsehsendungen, Garden hatte inzwischen seine Approbation als Arzt. 1970 begannen die drei mit ihrer Fernsehserie The Goodies. 1980 trennten sie sich. Oddie, begeisterter Ornithologe, schrieb mehrere Bücher über dieses Thema und ist Moderator einer Jazzsendung im Rundfunk. Garden moderiert Game Shows und Gesundheitssendungen. Brooke-Taylor ist in Comedy-Serien zu sehen.

Der Hit: *The Funky Gibbon*

Goodman, Benny

* 30.5.1909 † 13.6.1986. Benjamin David wurde als Sohn jüdischer Einwanderer aus Rußland in Chicago geboren. Mit neun machte der spätere King of Swing seine ersten Übungen auf der Klarinette, danach spielte er auf den Ausflugs-

dampfern des Michigansees. Mit 16 kam er zu der Band von Art Kassel. Zwischen 1925 und 1929 machte er sich einen Namen bei Ben Pollack, spielte dann mit Arnold Johnson, Red Nichols und wurde in New York ein gesuchter Studiomusiker. 1934 gründete er seine erste, 13 Mann starke dauerhafte Big Band. Vorher hatte er schon als Benny Goodman & His Orchestra Platten veröffentlicht. Seine erste Hitnotierung findet man in den US-Charts im Januar 1931 mit *»He's Not Worth Your Tears«*. In seiner Band spielten Tommy Dorsey und Eddie Lang. Im Laufe seiner Karriere sollte er es auf über 160 Hiteintragungen in die amerikanischen Charts bringen, darunter 16mal Platz 1. *»Moon Glow«* war Mitte 1934 der erste Spitzenreiter in den USA. Den ersten Höhepunkt seiner Karriere erlebte er am 16. Januar 1938 in New York. In der Carnegie Hall, die bis zu diesem Zeitpunkt nur klassischer Musik vorbehalten war, traten erstmals Jazzmusiker auf. Die New Yorker waren zuerst skeptisch. Immerhin war die Carnegie Hall am 5. Mai 1891 eröffnet worden, und Tschaikowski hatte an diesem Abend eigene Werke dirigiert. Auch Arturo Toscanini hatte am Dirigentenpult gestanden. Und jetzt Jazzmusik?

Die Carnegie Hall war vor allem wegen ihrer guten Akustik gelobt worden. Und das hatte sich auch unter den Jazzmusikern herumgesprochen. Dieses Konzert am 16. Januar 1938 wurde über ein einziges Mikrofon, das über den Köpfen der Musiker plaziert worden war, mitgeschnitten. Wäre das nicht geschehen, die Musikgeschichte wäre um eine Sensation ärmer, denn neben Goodman, Klarinette, spielten z. B. Count Basie, Piano, Teddy Wilson, Piano, Lionel Hampton, Vibraphon, Bobby Hackett, Kornett, oder Gene Krupa, Schlagzeug. Alle Genannten hatten auch als Solisten und/oder als Bandleader Erfolge aufzuweisen. In dieser Band -- und das gehört sicher auch zu den Pioniertaten von Benny Goodman -- waren weiße und schwarze Musiker vereint. Damit brach Benny ein musikalisches und gesellschaftliches Tabu. Die gleichen Leute, die zuerst skeptisch waren, feierten das Konzert enthusiastisch. In der Folgezeit spielte Goodman immer mit wechselnden Musikern, die er mal als Combo, mal als Trio oder Sextett einsetzte. Diese wechselnden Besetzungen waren ebenso wichtig wie seine Big-Band-Zeit. In seinen Formationen tauchten viele Talente auf, die durch ihre Zusammenarbeit mit Goodman bekannt wurden. Hier sei der allzufrüh verstorbene Gitarrist Charlie Christian genannt, der die elektrische Gitarre im Jazz einführte und den Übergang vom Swing zum Bebop einleitete. Im Gegensatz zu Glenn Miller vollzog Goodman nie den letzten Schritt zu reiner Tanz- oder Schlagermusik. Seine unnachahmliche Art, mit virtuoser Technik schwierigste Läufe zu zulebrieren, blieb unerreicht. Gespaltener Meinung waren die Kritiker über Goodmans Aufnahmen von Werken von Mozart, Bartók oder Hindemith. Benny Goodman trat bis in die 80er Jahre live auf und starb am 13.6.1986. 1956 hatte man über ihn einen Film mit dem Titel »The Benny Goodman Story« gedreht. Die Hauptrolle übernahm der Schauspieler Steve

Allen, die Musik spielte Goodman selbst. Bei der jährlichen Grammy-Verleihung werden seit 1973 mit den sogenannten Hall of Fame Awards Aufnahmen und Plattenveröffentlichungen geehrt, die vor 1958, dem Jahr der ersten Grammy-Verleihung, erschienen sind. Benny Goodman erhielt diesen Preis 1975 für sein *»Carnegie Hall Jazz Concert«*, 1982 für seinen Titel *»Sing Sing Sing«* und 1987 für *»And The Angels Sing«*.

Der Hit: The Glory Of Love
Der Tip: *Benny Goodman Live At Carnegie Hall* (CBS G2K 40244)

Goodman, Dickie

* 19.4.1934 † 6.11.1989. Zusammen mit seinem Partner Bill Buchanan machte er das, was man später als »Break-in«-Platten bezeichnete. Aus Hits wurden kurze Schnipsel verwendet, die dann mit einem Kommentar dazwischen zu einer mehr oder weniger dusseligen Geschichte und einem neuen Hit verarbeitet wurden. Anfangs sträubten sich noch die Plattenfirmen der Originalinterpreten, dann merkten sie, daß dieses Verfahren einen neuen Push für den alten Hit und den jeweiligen Künstler brachte, und waren mit der Wiederverwertung einverstanden -- eine frühe Form von Schlagermüllrecycling. Goodman & Buchanan hatten ihren ersten Hit mit *»The Flying Saucer (Part 1 & 2)«*, der es im August 1958 in den USA bis auf Platz 3 schaffte. Noch dreimal wurden sie mehr oder weniger erfolgreich in den US-Hitparaden notiert, bevor sich Buchanan 1959 aus dem Musikgeschäft zurückzog. Danach machte Dickie kurz mit Mickey Shorr das Duo Spencer & Spencer. Seit 1961 war Goodman zwar als Solist mit Novelty-Songs in der amerikanischen Hitparade verzeichnet, hatte aber erst Ende 1975 mit *»Mr. Jaws«*, einer Veralberung des Films *»Jaws«*, der bei uns »Der weiße Hai« hieß, einen einzigen weiteren Top-10-Hit, Platz 4 in den USA.

Der Hit: *Mr. Jaws*

Goodwin, Ron

* 17.2.1925. Seine musikalische Karriere als Profi begann Ron als Trompeter bei Harry Gold und als Arrangeur der Bands von Ted Heath und Geraldo. Danach schrieb er Arrangements für Pop-Interpreten wie z. B. Petula Clark und komponierte in klassischer Tradition Werke wie *»Drake 400 Concert Suite«* oder die *»New Zealand Suite«*. Richtig erfolgreich wurde er aber erst, als er 1960 mit dem Schreiben von Filmmusikern begann. So stammt von ihm die Musik zu »Die tollkühnen Männer in ihren fliegenden Kisten« 1965, »Battle Of Britain« 1969, »Frenzy« 1972 oder auch die Themenmusik für die Miss-Marple-Filme. Seit den

70er Jahren ist der Brite regelmäßig in GB auf Tour, arbeitet aber auch weiterhin für das Radio. Seine einzige Top-10-Notierung hatte er 1953 mit der Charlie-Chaplin-Komposition *»Limelight«*, die im März in die britische Hitparade kam und Platz 3 erreichte.

Der Hit: *Limelight*
Der Tip: *Fire And Romance* (EMI CDP 7 91799 2)

Goombay Dance Band

Oliver Bendt (* 29.10.1946 als Jürgen Knoch) war der Chef dieses Familienunternehmens. Nachdem er vier Jahre lang Mitglied der Regensburger Domspatzen war, wurde er durch Filme wie »Königswalzer« und »Weil du arm bist, mußt du früher sterben« zum Kinderstar. Von Synchronarbeiten über Abitur, Lehre als Reprofotograf bis zur Musikhochschule in Hamburg verliefen die nächsten Stationen. Er wurde Mitglied der Beatgruppe The Ventures (nicht zu verwechseln mit der amerikanischen Formation) und spielte dann in Hamburg in Musicals wie »Hello, Dolly« oder »Hair« mit. Von Win Hoop wurde er als Schlagerstar entdeckt. Ab Anfang der 70er Jahre veröffentlichte er in Deutschland Platten. Sein größter Erfolg war *»Was ich tat, tat ich nur für Maria«*, im August 1971 Platz 33 in den deutschen Charts. Seine letzte Hitnotierung aus dem Jahr 1976, die sich zumindest in den Rundfunkhitparaden plazieren konnte, hieß *»Martinique«*. Nach 1976 schien er wie verschwunden. Genau in diese besungene Gegend, auf die Westindischen Inseln, hatte es ihn verschlagen. So war auch die B-Seite seines größten Erfolges schon ein Hinweis auf sein Traumziel *»Mein Girl in Kingstontown«*. Dort bastelte er an einer ganz neuen Karriere, der Goombay Dance Band. Diese Formation bestand aus seiner Frau Alicia, den Kindern Danny und Yasmin und den nicht zur Familie gehörenden Mitgliedern Dorothy Hellings, Wendy Doorsen und Mario Slijngaard. 1979 kam *»Sun Of Jamaica«* in die deutsche Hitparade und wurde Spitzenreiter. *»Aloha-Oe, Until We Meet Again«*, *»El Dorado«* und *»Rain«* waren 1980/81 weitere Top-10-Erfolge. Ihren größten Knüller landete die Goombay Dance Band mit dem Stück *»Seven Tears«*, das Mitte 1981 Platz 13 in Deutschland und im Frühjahr 1982 Nummer 1 in England wurde. Nach 1983 wurden keine Hits mehr notiert. Zu ihrer Show gehörte immer die Vermittlung der Illusion, sich in der Karibik zu befinden. Um das authentisch zu gestalten, lernte Oliver Bendt auch noch das Feuerschlucken.

Der Hit: *Seven Tears*
Der Tip: *Sun Of Jamaica* (Imperial CDP 520 7 94972 2)

Goons

Terence Spike Milligan; Peter Sellers; Harry Secombe; Michael Bentine.
Diese vier starteten 1951 eine BBC-Radio-Comedy-Show, die »Crazy People« hieß. Bevor sich das Ganze »The Goons« nannte, stieg Michael Bentine aus. Satirische, witzige und surreale Comics waren die Inhalte der Goons-Sendungen, die als Vorläufer zu Monty Pythons Flying Circus zu sehen sind und die die Beatles in der Ausführung ihrer ersten beiden Filme beeinflußten. Einer der bekanntesten Sprüche aus dieser Sendung wurde die stehende Redensart von Bluebottle, gespielt von Sellers: »You dirty rotten swine -- you deaded me«. Bei der Beerdigung von Sellers soll Secombe bemerkt haben: »Bluebottle is deaded now.« Musikalisch wirkten sich ihre Sendungen auf Gruppen wie Scaffold oder die Bonzo Dog Doo-Dah Band aus. Mitte 1956 erschien die Weihnachtsplatte *»I'm Walking Backwards For Christmas«*, die es bis auf Platz 4 in den GB-Charts brachte. Im September des gleichen Jahres wurde *»Bloodnok's Rock 'n' Roll«* mit der B-Seite *»Ying Tong Song«* veröffentlicht, ein Platz 3 in GB. Als der *»Ying Tong Song«* Mitte 1973 erneut erschien, schafften die Goons Platz 9. Peter Sellers wurde später zum gefeierten Filmstar und hatte auch als Solist Plattenerfolge, ebenso Harry Secombe.

Der Hit: *Ying Tong Song*

Gordon, Barry

* 21.12.1948. Der Sohn eines Diskjockeys aus Massachusetts gewann mit dreieinhalb Jahren einen Nachwuchswettbewerb, der ihm sein Fernsehdebüt in der »Original Amateur Hour« einbrachte. Während der frühen 50er Jahre trat dieses besonders klein geratene Kind in vielen Shows auf. 1955 nahm er mit seinem piepsigen Kindersopran den Song *»Nuttin' For Christmas«* auf, der es bis auf Platz 6 in den US-Charts brachte. Es war seine einzige Hitplatte, die ihm aber die Tür für viele weitere TV-, Film- und Theaterarbeiten öffnete, z. B. in »Alfred Hitchcock Presents« oder der »Jack Benny Show«. Er spielte mit in etlichen Fernsehserien und konnte seine Kinderrollen bis weit in die 60er Jahre konservieren. 1963 wurde er für seine Rolle in »A Thousand Clowns« für einen Tony nominiert. Schließlich studierte er an der University of California Los Angeles Schauspiel. Trotzdem ging es ihm wie vielen Kinderstars, und er war als Erwachsener weniger gefragt. In TV-Comedy-Shows sah man ihn bis 1983, aber mehr in der zweiten Reihe.

Der Hit: *Nuttin' For Christmas*

Gordon, Gray

Gordon leitete in den späten 30er Jahren eine der für diese Zeit typischen amerikanischen Schieber-Tanzbands. Am Anfang seiner Karriere spielte er zusammen mit Elmo Mack & His Purple Derbies. Seinen ersten Job als Big-Band-Leader hatte er 1933 während der Weltausstellung in Chicago. 1938 entwickelte er den Tic-Toc-Rhythm, der dem Klang einer Uhr nachempfunden war. Dementsprechend hieß die Themamusik der Band auch *»One Minute To Go«*. Zwischen 1938 und 1940 gelangen ihm sechs Hits, davon war *»Blue In The Black Of Night«* Ende 1938 ein Platz 5 und *»Ferry Boat Serenade«* im Herbst 1940 ein Platz 7. Im Zweiten Weltkrieg löste sich die Band auf, danach stieg Gray ins Musikverlagsgeschäft ein und übernahm das Management für diverse Künstler, darunter für etliche Jahre Les Paul & Mary Ford.

Der Hit: *Blue In The Black Of Night*

Gordon, Lonnie

Die ehemalige amerikanische Chorsängerin von Chaka Khan hatte in Bands wie Strykers, Nytjar und als Backgroundsängerin bei Melissa Morgan und Alyson Williams begonnen. Sie zog nach London und wurde dort von Phil Manzanera, dem früheren Gitarristen von Roxy Music, produziert. Doch dann nahmen sich Stock/Aitken/Waterman der Amerikanerin an und machten mit ihr den Titel *»Happenin' All Over Again«*, der im Januar 1990 in die britischen Charts kam und Platz 4 erreichte. Es folgten weitere Singles, die sich jedoch nicht mehr unter den Top 30 plazieren konnten.

Der Hit: *Happenin' All Over Again*
Der Tip: *If I Have To Stand Alone* (847 697-1)

Gore, Lesley

* 2.5.1946. Die aus New York stammende Sängerin gehört zu denjenigen, die mit ihrem ersten Hit auch gleich ihren größten haben: Ihre erste Plattenaufnahme überhaupt, *»It's My Party«*, kam im Mai 1963 in die Hitparaden, wurde Spitzenreiter in den USA und erreichte Platz 9 in GB. Dabei war dieser Erfolg recht zufällig. Sie sang in einer siebenköpfigen Studentenband, die ihren ersten bezahlten Job im Prince-George-Hotel in Manhattan hatte. Zuerst wollten die Jungs für diesen besonderen Anlaß keine Sängerin, doch Lesley war an jenem Abend anwesend, weil sie sich den Auftritt ansehen wollte. Da sie nun schon mal da war, durfte sie auch zwei Nummern mitsingen, und ausgerechnet an dem Abend

saß in der Cocktail Lounge Quincy Jones, der zu diesem Zeitpunkt festangestellter Produzent bei Mercury Records war. Es kam zu einem Vertrag und zum ersten Erfolg. Es folgten bis 1967 knapp 20 weitere Hits. Die größten waren *»Judy's Turn To Cry«*, *»She's A Fool«* und *»You Don't Own Me«*, alle 1963. Letztgenannte Platte wäre sicher Nummer 1 geworden, hätten nicht die Beatles mit *»I Want To Hold Your Hand«* genau in der Woche, als Lesley Platz 2 wurde, ihren ersten Spitzenreiter in den USA gehabt. Zwangsläufig spielte Lesley auch in verschiedenen Teenie-Filmen und Fernsehshows und -serien mit. Dann war eine Zeitlang Pause, bis sie 1972 wieder mit einer LP auf den Markt kam. Wiederum drei Jahre später erschien das wieder von Quincy Jones produzierte Album *»Immortality«*. Ansonsten hatte sie Erfolge als Songschreiberin. Zusammen mit ihrem Bruder, dem Oscar-Gewinner Michael Gore, schrieb sie z. B. Titel für den Film »Fame«.

Der Hit: *It's My Party*
Der Tip: *The Golden Hits Of Lesley Gore* (Mercury 810 370-2)

Gorme, Eydie

* 16.8.1931. Die Amerikanerin türkisch-spanischer Abstammung begann als Sängerin in den Big Bands von Tommy Tucker und Tex Beneke. Ab 1953 sah man sie regelmäßig bis 1957 in der »Tonight Show« von Steve Allen. Am 29.12.1957 heiratete sie den Sänger Steve Lawrence. Ab 1956 war Eydie in den US-Charts zu finden. Der Titel *»Blame It On The Bossa Nova«* war im Frühjahr 1963 ihr einziger Top-10-Erfolg in den USA. In GB war nur Mitte 1962 *»Yes My Darling Daughter«* ein Top-10-Hit. Zusammen mit ihrem Mann sang sie als Steve & Eydie. 1960 gewannen die beiden für ihr Album *»We Got Us«* einen Grammy. 1966 gewann Eydie einen Grammy als beste Sängerin für ihren Titel *»If He Walked Into My Life«* aus dem Musical *»Mame«* und schlug dabei immerhin die Mitbewerberinnen Ella Fitzgerald, Sandy Posey, Nancy Sinatra und Barbra Streisand. In GB gelang dem Duo Steve & Eydie mit dem Titel *»I Want To Stay Here«* im August 1963 ein Platz 3, in den USA Top 30. 1979 nahmen die beiden als Parker & Penny Platten auf, die jedoch erfolglos waren. Steve und Eydie hatten 1958 eine eigene TV-Show. Mit ihrer gemeinsamen Sendung »Steve and Eydie Celebrate Irving Berlin« im Jahre 1979 sahnten sie bei der Emmy-Verleihung ab. Im September 1981 standen Dave Stewart und Barbara Gaskin mit einer Neuauflage von *»It's My Party«* auf Platz 1 in GB. Steve und Eydie standen zwar nicht mehr in den Hitparaden, aber ansonsten waren sie recht erfolgreich, so z. B. bei Auftritten in der Carnegie Hall und bei der 1991er Diamond Jubilee Tour von Frank Sinatra anläßlich seines 75. Geburtstages.

Der Hit: *Blame It On The Bossa Nova*
Der Tip: *The Best Of Steve & Eydie* (CBS 32 663)

Gott, Karel

* 14.7.1939. Der aus Pilsen stammende Sänger arbeitete zunächst als Elektriker und erhielt danach eine Gesangsausbildung am Konservatorium in Prag. Ab 1958 spielte er Theater, 1964 gründete er sein eigenes Theater in Prag. 1963 wurde eine erste Schallplatte veröffentlicht, und seit dieser Zeit zählt Karel zu den beliebtesten Sängern in der ehemaligen ČSSR. In Deutschland ist er ab 1967 erfolgreich. Sein erster Hit *»Weißt du wohin«* erreichte im Mai 1967 Platz 33 und anderthalb Jahre später Platz 9. *»Lady Carneval«* und *»Was damals war«* 1969 und *»Einmal um die ganze Welt«* 1970 waren seine weiteren Top-10-Erfolge. Aber auch ohne Hitparaden brachte er regelmäßig Singles auf den Markt und dürfte inzwischen bei mehr als 100 LP-Veröffentlichungen sein. Die Jüngeren kennen seine Stimme von der Einleitungsmelodie zur TV-Serie »Die Biene Maja«.

Der Hit: *Weißt du wohin*

Go West

Peter Cox, v (* 17.11.1955); Richard Drummie, g/key/v.
Bevor Peter und Richard 1982 die Formation Go West gründeten, hatten sie schon längere Zeit als Songschreiber zusammengearbeitet, u. a. für Peter Frampton oder David Grant. Nachdem sie einen Plattenvertrag erhalten hatten, waren sie ab 1985 erfolgreich mit Titeln, die sich durch hohe Musikalität, gutes Arrangement und die markante Stimme von Cox auszeichneten. Der legendäre Produzent Arif Mardin bezeichnete ihre Musik als »Modern Motown«. *»We Close Our Eyes«* war im Februar 1985 der einzige Top-10-Hit für die beiden in GB. Ihre Aufnahme *»Don't Look Down«* gefiel Sylvester Stallone so gut, daß er Cox und Drummie für den Soundtrack seines Films »Rocky IV« die Nummer *»One Way Street«* schreiben ließ. In den USA erreichten sie mit *»King Of Wishful Thinking«* Mitte 1990 Platz 8. Geholfen hat wohl in diesem Fall, daß das Stück im Film »Pretty Woman« vorkam. Für das Video zu *»We Close Our Eyes«* engagierte Go West übrigens das zur Zeit wohl beste Video-Team: Godley und Creme.

Der Hit: *King Of Wishful Thinking*
Der Tip: *Indian Summer* (Chrysalis CD CHR 1964)

Grable, Betty

* 18.12.1916, † 2.7.1973. Bereits mit 12 Jahren ging Betty in Hollywood auf eine Schauspielschule, und schon bevor sie 14 wurde, sang und tanzte sie in Hol-

lywood in Musical-Filmen und Revuen. 1931 erhielt sie einen Filmvertrag. Man änderte ihren Namen in Frances Dean. Ein Jahr später kam sie bei RKO unter Vertrag und durfte sich wieder Grable nennen. Zuerst spielte sie vorwiegend in B-Movies. 1937 -- sie war immer noch mehr oder weniger ein Starlet -- kam sie zu Paramount. 1938 heiratete sie den ehemaligen Kinderstar Jackie Cogan. Finanzielle Schwierigkeiten führten zu ihrer Scheidung 1940. Mit dem Aufkommen des Farbfilms, der ihren schönen Teint und ihre wohlgeformten Beine besonders gut zur Geltung brachte, wurde sie zum Star. Im Zweiten Weltkrieg wählten die GIs sie zum Pin-Up-Girl Nummer 1. Die Filmfirma Fox versicherte ihre Beine bei Lloyd's für eine Million Dollar, und sie wurde zum höchstbezahlten Star ihrer Zeit. 1943 heiratete sie den Trompeter und Bandleader Harry James, von dem sie 1965 wieder geschieden wurde. Anfang der 50er Jahre sank ihr Stern, und gegen Mitte der Dekade war ihre Filmkarriere ganz vorbei. Sie trat nun regelmäßig in Nachtclubs auf und war einer der Stars am Broadway in »Hello, Dolly«. Ihren einzigen Eintrag in die Pop-Listen hatte sie Ende 1945 mit dem Titel *»I Can't Begin To Tell You«*. Er wurde ein Platz 5 in den USA. Begleitet wurde sie von Harry James und seinem Orchester. Betty starb an Lungenkrebs.

Der Hit: *I Can't Begin To Tell You*

Gracie, Charlie

* 14.5.1936 als Charles Anthony Graci. Der amerikanische Sänger begann seine Karriere als Gitarrist 1946. 1950 trat er in der »Paul Whiteman Teen Show« auf. Ein Jahr später hatte er seine erste Platte auf dem Markt. Sein Titel *»Butterfly«* kam im Frühjahr 1957 in die US-Charts und wurde Spitzenreiter. Mit *»Fabulous«* gelang ihm noch ein Top-20-Hit in den USA, in GB erreichte die Platte Platz 8. Dort schaffte er auch im September desselben Jahres mit *»Wandrin' Eyes«* Platz 6. Nach einer weiteren Eintragung verschwand er aus den Charts. Er wechselte unglaublich oft die Plattenfirma und tritt heute noch in GB und in den USA auf.

Der Hit: *Butterfly*

Graham, Jaki

Die aus Birmingham stammende Jaki -- Tochter jamaikanischer Eltern -- sang mit Dee Harris in der Band Ferrari. Danach ging sie zur Medium Wave Band, bevor sie sich mit dem Sänger, Songschreiber und Produzenten Derek Bramble zusammentat und eine Solokarriere startete. Als erste Platte wurde 1984 *»What's The Name Oy Your Game«* veröffentlicht. Zusammen mit dem Sänger David Grant hatte sie im März 1985 ihren ersten Top-10-Erfolg. Das gab Jaki einen Push, und sie brachte im Juni 1985 »*Round And Round*« und im Mai 1986 »*Set Me Free*« in GB unter die ersten 10. Jaki war bis zum Ende der 80er Jahre regelmäßig mit Titeln in GB vertreten. Ihr Songschreiber Derek Bramble hatte zwischenzeitlich die Aufmerksamkeit von David Bowie erregt, der mit ihm Bowies Langspielplatte »*Tonight*« produzierte. Später ging Derek in die USA und produzierte dort unter anderem Vanessa Williams. 1990 schrieb er zusammen mit Whitney Houston »*I Belong To You*«.

Der Hit: *Set Me Free*
Der Tip: *Breaking Away* (EMI CDP 746367 2)

Graham, Larry

* 14.8.1946. Der schwarze Texaner spielte schon als Jugendlicher im Familientrio mit. 1966 wurde er Bassist bei Sly & The Family Stone. Bis 1972 blieb er, danach gründete er Graham Central Station, die einen ähnlichen Funk-Rock spielten wie Sly & The Family Stone. Zwischen 1974 und 1976 brachte es die Band auf vier Hitnotierungen, aber keine Platte kam in die Top 30. Ab 1980 begann Larry eine Solokarriere, und mit dem Titel »*One In A Million You*« hatte er Mitte jenes Jahres Platz 9 in den USA und einen Millionseller. Nach zwei weiteren Hitnotierungen wurde er nicht mehr genannt. 1985 sang er mit Firefox, 1986 nahm er ein Duett mit Aretha Franklin auf.

Larry Graham

Der Hit: *One In A Million You*

Gramm, Lou

* 2.5.1950. Die Karriere des amerikanischen Sängers und Songschreibers begann mit der Gruppe Black Sheep. Ab 1976 wurde er Mitglied bei Foreigner, deren erste LP im Jahre 1977 mehr als dreimillionenmal verkauft wurde. Ab 1987 erschienen Soloplatten von Lou. »*Midnight Blue*« 1987 und »*Just Between Me And You*« 1989 waren seine beiden Top-10-Hits in den USA. Hatte Lou bis 1991

immer auch noch mit Foreigner gearbeitet, so wurde er jetzt durch Johnny Edwards ersetzt, und Gramm machte nur noch Soloplatten.

Der Hit: *Midnight Blue*
Der Tip: *Long Hard Look* (Atlantic 781 915-2)

Grammer, Billy

* 28.8.1925 als William Wayne Grammer. Der amerikanische Country-Sänger und Gitarrist machte seine ersten Platten 1949. In den frühen 50er Jahren tourte er zusammen mit T. Texas Tyler und Hawkshaw Hawkins. Ab 1955 trat er regelmäßig in der *»Jimmy Dean TV-Show«* auf. Der gesuchte Sessiongitarrist Billy spielte auf vielen großen Hits anderer Künstler mit, speziell wenn sie in Nashville produzierten. Er entwickelte die Grammer Flat-Top Guitar. Das erste Modell wurde 1969 in die Country Music Hall of Fame aufgenommen. Als Solist hatte Billy mit der Bearbeitung eines britischen Volksliedes aus dem 19. Jahrhundert Ende 1958 einen Platz 4 in den US-Pop-Charts: *»Gotta Travel On«*. 1959 gelangen ihm noch zwei weitere Eintragungen in die Pop-Hitparade, in den Country-Charts hielt er sich bis 1969.

Der Hit: *Gotta Travel On*

Granata, Rocco

* 16.8.1938. Das werden Rocco Granata und Salvatore Adamo gemeinsam haben: Als die Eltern der beiden in Italien keine Arbeit mehr fanden, sind sie nach Belgien ausgewandert. Dort in den Kohlegruben im Norden des Landes gab es genug zu arbeiten. Rocco Granata entdeckte früh die Liebe zur Musik. Er wollte nicht nur die Rocknummern der Endfünfziger nachsingen, sondern sich auch selbst etwas schreiben. Heraus kam das Lied *»Marina«*, das dann jedoch niemand haben wollte. Der knapp 20jährige lief mit diesem Titel von Plattenfirma zu Plattenfirma, von Verlag zu Verlag. Keiner biß an. Rocco ließ sich nicht davon abbringen, diesen Song zu veröffentlichen, mietete sich kurz entschlossen mit seiner Band ein Studio und nahm den Titel in eigener Regie auf. Rocco und seine Freunde verteilten die Single in einigen Musikläden in ihrer Nachbarschaft. Es begann ein Run auf diese Aufnahme, es kamen Angebote für Plattenverträge, und angeblich sollen insgesamt 10 Millionen Singles dieser Platte verkauft worden sein, was durchaus möglich ist. Das war alles im Jahre 1959. Die Platte wurde Platz 1 in der deutschen Hitparade, fast in ganz Europa ein Hit, und selbst in den USA kam der Titel unter die Top 40. Bis 1963 sollten etliche weitere Erfolge kommen, bis ihm Mitte 1963 mit *»Buona Notte«* ein Platz 5 gelang. Nebenbei schrieb er noch

Aufnahmen für andere, wie z. B. Dean Martin, Dalida, Caterina Valente oder die Four Aces. Schließlich hatte Rocco keine Lust mehr am Vagabundenleben, ging zurück nach Belgien und gründete eine eigene Schallplattenfirma samt Vertrieb. Auch komponierte er u. a. für Rainer-Werner Fassbinder. 1989, als man versuchte, Oldies der 50er und 60er Jahre in Remix-Versionen und Medley-Format in die Hitparaden zu pushen, gelang das zumindest mit Rocco Granata nicht.

Der Hit: *Marina*
Der Tip: *Marina* (Bear Family BFX 15 134)

Grand Funk Railroad

Mark Farner, g (* 29.9.1948); Mel Schacher, b (* 3.4.1951); Don Brewer, d (* 3.9.1948); Craig Frost, key (* 20.4.1948).
1967 wurden Brewer und Farner Mitglieder von Terry Knight & The Packs. Es erschien eine Single, die den Titel »*I (Who Have Nothing)*« trug und die 1967 bis auf Platz 46 in die US-Charts kam. 1968 kam der Bassist Mel Schacher, der vorher bei Questionmark & The Mysterians gespielt hatte, zur Band. Daraufhin verließ Knight die Gruppe, wurde ihr Manager, Produzent und änderte ihren Namen -- inspiriert durch The Great Trunk Railroad -- in Grand Funk Railroad. Daß sich die Band damit keinen edlen Ritter als Manager an Land gezogen hatte, sollten sie erst drei Jahre später merken. Das Trio dümpelte bis 1972 mehr oder weniger erfolglos durch die Single-Hitparaden, war allerdings in den LP-Charts mit fünf Platin-LPs und einer Gold-LP vertreten, bis 1973 mit dem Keyboarder Craig Frost ein vierter Mann zur Band kam. Inzwischen hatte man den Manager Terry Knight, dessen richtiger Name Richard Terrance Knapp ist, gefeuert. John Eastman, Paul McCartneys Schwiegervater, übernahm das Management. Der Ritter war mehr Knappe gewesen und hatte die Band knapp bei Kasse gehalten. Es setzte eine Serie von Multi-Millionen-Dollar-Prozessen. Im September 1973 produzierte Todd Rundgren mit der Band, die sich jetzt nur noch Grand Funk nannte, die LP »*We're An American Band*«. Der Titelsong wurde Mitte 1973 Nummer 1 in den USA. Nachfolger wurde Ende 1973 »*Walk Like A Man*«, ein Top-20-Hit, und schließlich waren sie 1974 wieder Nummer 1 mit einer Neuaufnahme von »*Loco-Motion*«, im Original ein Hit von Little Eva. »*Some Kind Of Wonderful*« 1974 und »*Bad Time*« 1975 waren weitere Top-10-Erfolge. Ab 1976 nannte man sich wieder Grand Funk Railroad, schaffte aber keinen Hit mehr und trennte sich. Farner versuchte sich als Solist, die anderen machten die Gruppe Flint mit dem Gitarristen Billy Elworthy. Im Januar 1981 kamen Farner, Brewer und der Bassist Dennis Bellinger wieder als Grand Funk zusammen. Frost war inzwischen in der Band von Bob Seger. Sie nahmen ein Live-Album auf, das allerdings nicht sonderlich beeindrucken konnte. Inzwischen hatte Farner ein Reformhaus eröff-

net und wurde streng religiös, nachdem ihn seine Frau mit zwei Kindern verlassen hat. Sie kommen aber später zurück, und ein drittes Kind wird 1983 geboren. 1983 erschien mit »*What's Funk?*« das zweite und letzte Album der reformierten Gruppe. Danach fiel die Band endgültig auseinander. Es wird geschätzt, daß sie 20 Millionen LPs verkauft haben. Brewer ging zu seinem alten Kumpel Frost in die Silver Bullet Band von Bob Seger. 1988 nahm Farner für ein christliches Plattenlabel eine LP auf, die allerdings nur in Bibelbüchereien verkauft wird.

Der Hit: *We're An American Band*
Der Tip: *Grand Funk Hits* (Capitol CDP 7 46623 2)

Grandmaster Flash

Joseph Saddler (* 1.1.1958); Raheim (* als Guy Todd Williams); Lavon; Duke Bootee (* als Ed Fletcher); Kidd Creole (* als Nathaniel Glover); Melle Mel (* als Melvin Glover); Cowboy (* als Keith Wiggins, † 1990); Scorpio; Kurtis Blow.
1977 beginnt Flash, der schon geraume Zeit als Diskjockey mit einer mobilen Diskothek in der Bronx gearbeitet hatte, die Mix- und Scratch-Technik des Bronxer DJs Jamaican Kool Herc zu vervollständigen. Er bezog Cowboy, Kidd Creole und Melle Mel in seine Auftritte mit ein und nannte sich nun Grandmaster Flash & The 3 MCs. Schließlich nahm er noch zwei weitere Rapper hinzu, Duke Bootee und Kurtis Blow, der später durch Raheim ersetzt wurde, und man nannte sich Grandmaster Flash & The Furios Five. Ende 1979 hatte die Sugarhill Gang mit »*Rapper's Delight*« einen großen Erfolg, und alle New Yorker Plattenfirmen rafften alle Rapper zusammen, um mit ihnen weitere Platten aufzunehmen. Flash veröffentlichte mit »*Superrappin'*« seine Debütplatte, die kein Erfolg wurde. Es folgten weitere Flops, und erst im Jahre 1982 sollte Flash Erfolg haben. »*The Message*« wurde im August 82 Platz 8 in der britischen Hitparade. Erstmals wurde hier die Rap Music als Vehikel für politische und soziale Probleme eingesetzt. 1984 waren sie wieder unter den ersten 10 in GB mit »*White Lines (Don't Don't Do It)*«. Dieser Titel entwickelte sich zur Anti-Kokain-Hymne. Ende desselben Jahres kam »*Step Off Part I*« wieder nur in GB in die Top 10. In den USA schaffte Flash als höchste Position mit »*The Message*« Platz 62 in den Pop-Charts. Die von ihm besungenen Themen wurden wohl von vielen Amerikanern als New-York-spezifisch erachtet. Unter der Leitung von Flash machten Grandmaster Melle Mel & The Furios Five ebenfalls Platten, die jedoch auch nicht den Crossover in die Pop-Charts schafften. Überhaupt war die unterschiedliche Bezeichnung für immer dieselbe Musikart und fast immer dieselbe Formation sehr irreführend.

Der Hit: *The Message*
Der Tip: *The Message* (Sugar Hill 246 230-2)

Grant, Amy

* 25.11.1960. Als Amy Grant 1985 zum erstenmal in den US-Popcharts auftauchte, hatte sie als Sängerin christlich angehauchter Songs in den USA schon lange Erfolg. Lieder mit christlichen Inhalten werden in den USA durchaus rokkiger und poppiger angeboten als anderswo. Schon aus diesem Grunde ist der Sprung von Gospel Music zur Popmusik relativ klein und wird auch von vielen Interpreten mit Erfolg geschafft. Fünfmal konnte Amy bisher den Grammy in Empfang nehmen, davon 1982, 1983, 1984 und 1988 als beste Gospel-Sängerin. Der Spitzname von Amy Grant war über viele Jahre »The First Lady of Contemporary Christian Music«. Im Duett mit Peter Cetera hatte Amy im Herbst 1986 eine Nummer 1 in der amerikanischen Pop-Hitparade: »*The Next Time I Fall*«. Ab 1991 war sie dann auch als Solistin überaus erfolgreich. »*Baby Baby*« wurde Anfang 1991 ein Platz 1 in den USA, 2 in GB, 8 in Deutschland. Noch im gleichen Jahr gelangen ihr mit »*Every Heartbeat*« und »*That's What Love Is For*« in den USA zwei weitere Top-10-Erfolge. 1992 war sie mit »*Good For Me*« unter den ersten 10. Trotz der Pop-Erfolge macht sie auch weiterhin christliche Musik.

Der Hit: *Baby Baby*
Der Tip: *Heart In Motion* (A&M 395 321 2)

Grant, David

* 8.8.1956 auf Jamaika. David begann in dem Duo Linx, das im Frühjahr 1981 mit »*Intuition*« einen Platz 7 in den britischen Charts hatte. Nachdem das Duo 1982 auseinandergefallen war, machte David als Solist weiter. Mitte 1983 hieß sein erster Top-10-Erfolg »*Watching You, Watching Me*«. Im Duett mit Jaki Graham gelang ihm im Frühjahr 1985 Platz 5 mit »*Could It Be I'm Falling In Love*«. Längere Zeit war er als Englands Antwort auf Michael Jackson bezeichnet worden. Jetzt stellte sich heraus, daß er, zumindest was den Erfolg anging, nicht mithalten konnte.

Der Hit: *Watching You, Watching Me*
Der Tip: *David Grant* (Chrysalis 205 848)

Grant, Earl

* 20.1.1931 † 11.6.1970. In erster Linie war Earl Grant Organist und Pianist. Ab 1957 nahm er Platten auf und spielte mit in den Filmen »*Tender Is The Night*«, »*Imitation Of Life*« und »*Tokyo Night*«. Mit der von ihm gesungenen Superschnulze

»*The End*« hatte er im Herbst 1958 einen Platz 7 in den USA und Platz 12 in Deutschland. Earl starb bei einem Autounfall.

Der Hit: *The End*
Der Tip: *Die großen Erfolge* (Decca SLK 86039-P)

Grant, Eddy

* 5.3.1948 als Edmond Montague Grant. Der aus Guayana stammende Eddy kam 1960 nach London. Dort gründete er 1965 mit Schulfreunden seine erste Gruppe, aus der später die Equals wurden. Ab 1967 bis Ende 1970 war diese Band sehr erfolgreich. Dann löste sich Eddy von den Equals und gründete eine eigene Produktions- und Plattenfirma, auf der auch seine Soloplatten veröffentlicht werden. Im November 1980 hatte er seinen ersten Top-10-Erfolg in GB. »*I Don't Wanna Dance*« kam im Oktober 1982 in die britischen Charts und wurde Spitzenreiter. Seinen größten Hit hatte er mit »*Electric Avenue*«, im Frühjahr 1983 Platz 2 in GB und in den USA, 9 in Deutschland. »*Gimme Hope Jo'anna*«, ein Anti-Apartheid-Song, kam im Januar 1988 in die britischen Charts und wurde Platz 7, vier Monate später Platz 4 in Deutschland.

Der Hit: *Electric Avenue*
Der Tip: *All The Hits* (Ice Int. 846.106)

Grant, Gogi

* 20.9.1924 als Myrtle Audrey Arinsberg. Als Audrey Brown nahm die Amerikanerin ihre ersten Platten auf. Dann änderte ihr Manager ihren Namen in Audrey Grant. Aber erst als Gogi Grant sollte sie Ende 1955 ihren ersten Top-10-Hit mit »*Suddenly There's A Valley*« haben. »*The Wayward Wind*« kam im April 1956 in die US-Charts und wurde Spitzenreiter, in GB erreichte die Platte Platz 9. 1957 sang sie für die Schauspielerin Ann Blyth, die die in den 20er Jahren erfolgreiche Sängerin Helen Morgan spielte, die im Film vorkommenden Titel.

Der Hit: *The Wayward Wind*

Grass Roots

P. F. Sloan, v; Steve Barri, v; Warren Entner, v/g (* 7.7.1944), Creed Bratton, g (* 8.2.1943); Rob Grill, v/b (* 30.11.1944); Rick Coonce, d (* 1.8.1947).
Bevor diese Band mit der Nummer »*Where Were You When I Needed You*« 1966 ihren ersten Hit hatte, spielten diverse Musiker in dieser Formation. Die Ur-

sprünge gehen zurück bis in das Jahr 1964. Dann nahmen die beiden Songschreiber Steve Barri und P. F. Sloan diesen ersten Hit mit Studiomusikern auf, und als der dann in die Charts kam, wurde Grass Roots mit den oben angebenen Musikern erneut zusammengestellt. *»Let's Live For Today«* kam im Mai 1967 in die US-Charts und wurde Platz 8. Leadsänger des Stückes war in dem Fall Rob Grill. *»Midnight Confessions«* kam im August 1968 in die US-Charts, wurde Platz 5 und ein Millionseller. Ihren letzten Top-10-Erfolg hatten Grass Roots Mitte 1971 mit *»Sooner Or Later«*. Bis 1975 wurde die Gruppe in den Charts notiert. Zwischendurch wechselten die Musiker. Rob Grill versuchte später eine Solokarriere. 1980 erschien eine Solo-LP, die er mit Hilfe von John McVie, Lindsey Buckingham und Mick Fleetwood von Fleetwood Mac aufgenommen hatte. 1981 machte er eine Tournee als Rob Grill & Grass Roots.

Der Hit: *Midnight Confession*
Der Tip: *Greatest Hits, Volume One/Two* (MCA D-31132/3)

Grateful Dead

Jerry Garcia, g (* 1.8.1942); Bob Weir, g (* 16.10.1947 als Robert Hall); Phil Lesh, b (* 15.3.1940 als Philip Chapman); Ron »Pigpen« McKernan, key (* 8.9.1945, † 8.3.1973); Bill Kreutzmann, d (* 7.4.1946); Mickey Hart, d; Tom Constanten, key; Keith Godchaux, key (* 19.7.1948, † 23.7.1980); Donna Godchaux, v (* 22.8.1947); Brent Mydland, key († 26.7.1990); Vince Welnick, key.
Diese legendäre Psychedelic-Rock-Band wurde 1966 in San Franzisco gegründet. In den frühen 60er Jahren hatten sich Jerry Garcia und Bob Weir, Ron McKernan und Bill Kreutzmann schon in diversen Gruppen der Bay Area getroffen. McKernan und Kreutzmann spielten bei den Zodiacs, Garcia in einer Folk-Blues-Band namens Wildwood Boys. Später trafen sich Garcia, McKernan und Kreutzmann in Mother McCree's Uptown Jug Champions. Mitte der 60er Jahre war Acid eine in Kalifornien legale Droge. Die meisten Mitglieder der dann schließlich 1966 gegründeten Formation Grateful Dead hatten damit regelmäßige Erfahrungen. 1967 erhielten sie einen Plattenvertrag, und schon nach ihrer ersten LP galten sie als eine der einflußreichsten Gruppen der Flower-Power-Periode. Ihre Debütplatte *»The Grateful Dead«* erreichte in den USA zwar nur Platz 73 in der LP-Hitparade, wurde aber trotzdem vergoldet. In den nächsten Jahren bis 1981 erschienen immer wieder mehr oder weniger erfolgreiche LPs, auf denen sich allerdings keine Single-Hits befanden. Innerhalb der Band kam es zu Umbesetzungen. Mickey Hart und Tom Constanten kamen 1968 zur Gruppe. Constanten verließ sie wieder 1970, Hart 1971. 1972 kam das Ehepaar Godchaux in die Gruppe, 1973 starb McKernan an den Folgen eines Leberleidens, das sicher auf den langjährigen Drogenkonsum zurückzuführen war. 1975 kam Hart wieder

zurück. Mydland wurde 1979 in die Band genommen, nachdem das Ehepaar Godchaux wieder gegangen war. Keith Godchaux starb Mitte 1980 an den Folgen eines Motorradunfalls. Mydland starb 1990 an einer Überdosis Drogen. Bevor von der Formation Tubes als Ersatz für ihn Vince Welnick kam, sprang kurzfristig Bruce Hornsby ein. 1982 erkrankte Garcia, der heroinabhängig war, an Diabetes und fiel in ein lebensbedrohendes Koma. Erst Ende der 80er Jahre erholte er sich und mit ihm die Band. Mit *»In The Dark«* erschien Mitte 1987 das kommerziellste und erfolgreichste Album von Grateful Dead. Darauf war mit *»Touch Of Grey«* der erste Top-10-Erfolg der Band in den USA, ein Platz 9.

Der Hit: *Touch Of Grey*
Der Tip: *In The Dark*

Gray, Dobie

* 26.7.1942 als Leonard Victor Ainsworth. Seinen ersten Hit hatte der Amerikaner Anfang 1965 mit *»The In Crowd«*, Platz 13 in den USA, 25 in GB. Nachdem er danach jahrelang versuchte, eine weitere Platte hoch in den Charts zu plazieren, gab er 1971 auf und wurde Mitglied in der Hard-Rock-Gruppe Pollution. Zwei Jahre später überraschte er wieder mit einem Solohit: *»Drift Away«* erreichte im Frühjahr 1973 Platz 5 in den USA. Zwischen den beiden Solo-Karrieren war er als Schauspieler und Sänger am Broadway und in L. A. in *»Hair«* zu sehen.

Der Hit: *Drift Away*
Der Tip: *Drift Away* (MCA MAPS 6470)

Dobie Gray

Gray, Glen

* 7.6.1906 als Glen Gray Knoblaugh, † 23.8.1963. In den 30er und 40er Jahren war Glen der Leiter des legendären Casa Loma Orchestra. Vorher hatte der Saxophonist mit Jean Goldkette und der Orange Blossom Band gespielt. 1928 trat diese Orange Blossom Band im Casa Loma in Toronto auf. Das Casa-Loma-Haus war ursprünglich gebaut worden, um dem englischen Königspaar bei einem

Besuch in Kanada als Domizil zu dienen. Danach wurde es in ein Hotel umfunktioniert. Bei den folgenden Auftritten in Detroit und anderen amerikanischen Großstädten nannte die Band sich nun Casa Loma Orchestra. Ab 1929 war Glen Gray der Leiter der Formation, ab 1933 werden sie in den amerikanischen Charts notiert. Ihr erster Hit war »*Casa Loma Stomp*«. Die Liste der Erfolge, es werden über 60 Hits notiert, reichte bis in das Jahr 1945. »*Blue Moon*« und »*When I Grow Too Old To Dream*« waren 1935 die ersten Spitzenreiter des Orchesters in den USA. »*Heaven Can Wait*« und »*Sunrise Serenade*« schafften gleiches im Jahre 1939. »*My Heart Tells Me*« war Ende 1943 eine Nummer 1. Mitte der 50er Jahre begann Gray mit Aufnahmen für Capitol Records, um den Swing-Sound des Casa Loma Orchestra und anderer Bands wiederzubeleben. 1963 starb er an Krebs.

Der Hit: *My Heart Tells Me*
Der Tip: *Greatest!* (Capitol IC 052-80 231)

Great White

Jack Russell, v; Mark Kendall, g; Lorne Black, b; Gary Holland, d; Michael Lardie, key; Tony Montana, b; Audie Desbrow, d.
Diese aus L. A. stammende, dem Hard-Rock zuzurechnende Band formierte sich 1981. Ein Jahr später veröffentlichten sie die auf eigene Kosten produzierte Mini-LP »*Out Of The Night*«, die ihnen einen Plattenvertrag einbrachte. Die dann 1984 veröffentlichte LP »*Stick It*« erfüllte jedoch nicht das, was sich die Plattenfirma versprochen hatte -- und Great White wurde wieder aus dem Vertrag entlassen. 1986 produzierten sie erneut auf eigene Kosten eine LP: »*Shot In The Dark*«, die der Band zu einem neuen Vertrag verhalf. Black und Holland stiegen zu diesem Zeitpunkt aus und wurden durch Montana und Desbrow ersetzt. Außerdem nahm Great White als fünften Mann den Keyboarder Michael Lardie in die Gruppe. Jetzt stellte sich auch der Erfolg ein: »*Once Bitten, Twice Shy*«, 1975 ein Hit für Ian Hunter, erreichte im Frühjahr 1989 die US-Top-10 und wurde Platz 5. Anfang 1992 stieg Montana kurz vor Beginn der Aufnahmen zur LP »*Psycho City*« aus. Dave »*The Beast*« Spitz spielte für ihn auf der Platte.

Der Hit: *Once Bitten, Twice Shy*
Der Tip: . . . *Twice Shy* (Capitol CDP 7 93636 2)

Greaves, R. B.

* 28.11.1944 als Ronald Bertram Aloysius Greaves. Greaves, angeblich ein Neffe von Sam Cooke, wurde auf der US Air Force Base in Georgetown, British Guayana, geboren. Aufgewachsen ist er im Seminole-Reservat in Kalifornien --

Greaves ist Halbindianer. 1963 ging er als Sonny Childe & The TNT's nach GB, war allerdings dort nicht erfolgreich. Zurück in den USA, hatte R. B. schließlich mit der Mixtur aus Reggae, Ska und Soul, »*Take A Letter Maria*«, Ende 1969 einen Platz 2 in der amerikanischen Hitparade. In den 70er Jahren wandte sich Greaves der Country-Music zu, jedoch ohne kommerziellen Erfolg.

Der Hit: *Take A Letter Maria*
Der Tip: *R. B. Greaves* (Atco 311)

Green, Al

* 13.4.1946 als Al Greene. Ende der 50er Jahre trat der amerikanische Sänger und Songschreiber mit der Gospelgruppe Greene Brothers auf. Seine ersten Platten machte er 1960. Von 1964 bis 1967 war er Mitglied der Gruppe Creations. Mit seinem Bruder Robert und Lee Virgins sang er 1967/68 in der Band Soul Mates. Als Al Greene & The Soul Mates hatte er Ende 1967 seinen ersten Hit. Ab 1969 sang er als Solist. Die meisten seiner Hits hatte er selbst geschrieben. »*Tired Of Being Alone*« wurde Mitte 1971 ein Millionseller in den USA und erreichte Platz 11. Der Nachfolgehit war »*Let's Stay Together*«, ebenfalls Millionseller und Ende 1971 Spitzenreiter in den USA. Weitere Millionseller und Top-10-Erfolge waren »*Look What You Done For Me*«, »*I'm Still in Love With You*« und »*You Ought To Be With Me*« 1972, »*Call Me (Come Back Home)*« und »*Here I Am (Come And Take Me)*« 1973 und »*Sha-La-La (Make Me Happy)*« 1974. 1980 wandte sich Al Green wieder der Gospelmusik zu. 1988 sang er im Duett mit Annie Lennox den Titel »*Put A Little Love In Your Heart*«, der in den USA zum Top-10-Erfolg wurde.

Der Hit: *Let's Stay Together*
Der Tip: *Greatest Hits* (Hi Records UK CD 425 TIS)

Green, Larry

Der aus Boston stammende Pianist und Bandleader war in der zweiten Hälfte der 40er Jahre mit einigen Titeln in den US-Charts. »*Near You*« 1947 und »*Beg Your Pardon*« 1948 waren seine beiden Top-10-Erfolge. Ansonsten hat er keine Spuren in Charts hinterlassen.

Der Hit: *Near You*

Greenbaum, Norman

* 20.11.1942. 1965 gründete der amerikanische Sänger, Gitarrist und Songschreiber die Psychedelic-Formation Dr. West's Medicine Show & Junk Band. Die Gruppe brachte es Ende 1966 auf eine Hitnotierung: *»The Eggplant That Ate Chicago«*. 1967 trennte sich die Gruppe wieder, und Norman machte Platten als Solist. Die Aufnahme *»Spirit In The Sky«* wurde im Frühjahr 1970 zu einem weltweiten Hit. In den USA belegte sie Platz 3, in GB und Deutschland Platz 1. Der Erfolg dieser Aufnahme dürfte zum Großteil auf den außergewöhnlichen Gitarrenriff zurückzuführen sein. Ein weiterer Hit gelang ihm nicht. 1972 erschien seine dritte und letzte LP. Danach zog er sich aus dem Musikgeschäft zurück und wurde Ziegenzüchter auf einer Farm in Ohio. 1986 stand der von Greenbaum selbst geschriebene Hit mit der Formation Doctor And The Medics in GB wieder an der Spitze.

Der Hit: *Spirit In The Sky*
Der Tip: *Spirit In The Sky* (Reprise 6365)

Greene, Lorne

* 12.2.1914, † 11.9.1987. Der kanadische Schauspieler begann seine Karriere 1940 als Chefsprecher beim CBS Radio und blieb drei Jahre. Sein weltweiter Erfolg begann 1959, als er die Rolle des Ben Cartwright in *»Bonanza«* übernahm. Die Serie lief bis 1973 in den USA und wird mit schöner Regelmäßigkeit auch bei uns wiederholt. In der Rolle des Commander Adama verlegte er von 1978 bis 1980 in der Fernsehserie *»Battlestar Galactica«* seinen Wirkungskreis in den Weltraum. Als Plattenstar hat Lorne einen Hit gesprochen: *»Ringo«* kam im November 1964 in die amerikanische Hitparade und wurde Spitzenreiter, in GB kam die Platte auf Platz 22. Greene starb 1987 an Herzversagen.

Der Hit: *Ringo*
Der Tip: *Bonanza* (Bear Family 15 684 DI)

Greger, Max

* 2.4.1926. Der deutsche Saxophonist, Bandleader und Komponist war nach dem Krieg zunächst als Jazzmusiker vorwiegend in Clubs für amerikanische G.I.s in Deutschland tätig. 1948 gründete er das Enzian Sextett, später ein eigenes Orchester. Mit der LP *»Weltmeisterschafts-Tanzturnier«* hatte Max Mitte 1962 eine erste Notierung in den deutschen Charts. Bis 1980 wurde er dort immer wieder erwähnt, meistens im Zusammenhang mit Tanzturnieren. Sein Titel

»Bongo Rock« war im Frühjahr 1957 ein Platz 7 in den deutschen Charts. Ansonsten brachte er keine weitere Single in die deutschen Top 20. Musikalisch ist er einzuordnen in die Garde Hugo Strasser und Günther Noris -- James Last, der ebenfalls Tanzplatten veröffentlicht, ist damit wesentlich erfolgreicher.

Der Hit: *Bongo Rock*

Greyhound

Glenroy Oakley, v (* 12.2.1949); Danny Smith, d; Sonny Bins, key; Trevor White; Freddie Notes; Carl Douglas.
Glenroy kam 1960 von Jamaika nach London. Er sang erst in einigen lokalen Bands und wurde dann Profimusiker mit heute unbekannten Gruppen. Seine letzte Formation hieß Glenroy & The Oracles. Diese Band unternahm eine Tournee durch Italien, während deren sie ihren LKW zu Bruch fuhren. Danny Smith, der Kopf der Rudies, bot ihm an, in seiner Band zu singen. Das war 1970, und man beschloß, den Gruppennamen in Greyhound zu ändern. Schnell spezialisierten sie sich darauf, großen Hits und Standards Reggae einzuhauchen. Greyhound machte vorwiegend Coverversionen von Titeln wie *»Moon River«*, *»Dream Lover«* oder *»Love Is Blue«*. *»Black And White«* wurde Mitte 1971 ein Platz 6 in den britischen Charts. Die Gruppe Three Dog Night war ein Jahr später damit auf Platz 1 in den US-Charts. *»Moon River«* und *»I Am What I Am«* waren 1972 zwei weitere Top-20-Hits.

Der Hit: *Black And White*
Der Tip: *Black And White* (Trojan 6 23057)

Griffin, Ken

Der amerikanische Organist begann in den 20er Jahren seine Karriere als Begleiter von Stummfilmen. Durch den Zweiten Weltkrieg wurde seine Karriere unterbrochen. Danach nahm er hauptsächlich romantische Titel, meist im Walzertakt, auf, die Schlittschuhläufern als musikalische Untermalung dienten. Einer dieser Titel fiel einem Musikverleger auf: *»Du kannst nicht treu sein«*. 1948 nahm der Schauspieler und Sänger Jerry Wayne einen englischen Text über Kens Instrumentalversion auf: *»You Can't Be True, Dear«*. Das Ergebnis gehörte zu den ersten erfolgreichen Overdubbing-Aufnahmen: 1948 ein Millionseller und eine der erfolgreichsten Platten des Jahres und für sieben Wochen Spitzenreiter in den USA. Das Original hatten 1934 die beiden Deutschen Hans Otten und Gerhard Ebeler für den gleichnamigen Film geschrieben. 1948 wurden davon rund drei Millionen Platten verkauft. Die Original-Instrumentalfassung von Ken wurde zwei

Monate nach der Gesangsversion noch einmal in den Charts notiert und erreichte Platz 2 in den USA. Bis 1950 brachte Ken noch vier weitere Platten in die amerikanische Hitparade, darunter wieder ein deutscher Walzer: *»You You You Are The One«*. Ken veröffentlichte bis in die 60er Jahre weiter Platten.

Der Hit: *You Can't Be True, Dear*

Griffith, Andy

* 1.6.1926 als Andrew Samuel Griffith. Die Platte *»What It Was, Was Football«* machte Andy Griffith Anfang 1954 über Nacht zu einem Comedy-Star. Die Platte erreichte Platz 9 in den amerikanischen Charts und führte zu einer langen und erfolgreichen Karriere als Film- und TV-Star. In dem jährlichen Historienspiel *»Lost Colony«* hatte er in den späten 40er und frühen 50er Jahren mit britischem Akzent Sir Walter Raleigh gespielt. 1955 feierte er Triumphe am Broadway in *»No Time For Sergeants«*. 1957 übernahm er seine erste Filmrolle in *»A Face In The Crowd«*, die ihm viel Lob einbrachte. Ein Jahr später kam die Filmversion von *»No Time For Sergeants«* in die Kinos. Ab 1960 mischte er auch im Fernsehen mit. In der *»Andy Griffith Show«* war er von 1960 bis 1968 zu sehen. In der Serie *»Headmasters«* spielte er Andy Thompson 1970/71, und nach etlichen weiteren Serien war er ab 1986 reihenweise als Rechtsanwalt Benjamin Matlock zu sehen. Als Platteninterpret gelangen ihm noch zwei weitere Top-30-Erfolge mit Comedy-Singles.

Der Hit: *What It Was, Was Football*

Groce, Larry

* 22.4.1948. Der amerikanische Pop-Folk-Sänger und Songschreiber begann seine Karriere als Verfasser von Kinderliedern für die Plattenproduktion von Walt Disney. Mit einem Novelty-Song, der live in McCabe's in Santa Monica aufgenommen wurde, hatte er im Frühjahr 1976 einen Platz 9 in den US-Charts: *»Junk Food Junkie«*.

Der Hit: *Junk Food Junkie*
Der Tip: *Junk Food Junkie* (WB 2933)

Grönemeyer, Herbert

* 12.4.1956 als Herbert Arthur Wiglev Clamor Grönemeyer. Herbert war ab Mitte der 70er Jahre auf Theaterbühnen, später auch in Filmen zu sehen. Seinen Durchbruch als Schauspieler hatte er 1981, als er eine der Hauptrollen in dem

Film »*Das Boot*« spielte. Zu behaupten, daß er nach diesem Erfolg eine Karriere als Sänger begann, ist falsch. Er hatte bereits ab 1977 als Leadsänger der Kölner Jazzrock-Gruppe Ocean Platten aufgenommen. 1978 erschien seine erste Solo-LP, 1981 seine LP »*Total egal*«, die er zusammen mit Edo Zanki und seiner Band aufnahm. Hier ist schon ansatzweise das zu hören, was ihn dann bei seinen späteren Produktionen auszeichnete. 1982 spielte er neben Nastassja Kinski in dem Film »*Frühlingssinfonie*«. 1984 erschien »*Bochum*«, mit 1,4 Millionen verkaufter Exemplare die erfolgreichste LP des Jahres. Die Platte sollte die bis zu diesem Zeitpunkt meistverkaufte LP der deutschen Rockgeschichte sein. 1985 drehte er »*Väter und Söhne*«, Grönemeyer ist als Filmpartner und Enkel von Burt Lancaster zu sehen. Im März 1986, genau zwei Jahre nach dem Album »*Bochum*«, erschien »*Sprünge*«. Grönemeyer verteilte in den Texten bissige Rundumschläge zur Lage der Nation. Seinen ersten Single-Erfolg hatte er mit der Nummer »*Männer*«, Mitte 1984 ein Platz 7 in Deutschland. Aus der 1988 erschienenen LP »*Ö*« wurde als Single »*Was soll das?*« ausgekoppelt, die im April bis auf Platz 3 kam. Zu diesem Zeitpunkt versuchte Capitol, Herbert Grönemeyer auf dem amerikanischen Markt zu etablieren, und veröffentlichte die LP »*What's All This*«. Trotz massiver Werbung hatte die Platte keinen Erfolg. Darauf kann er auch verzichten, denn inzwischen ist er in Deutschland einer der erfolgreichsten LP-Verkäufer. 1993 erschien »*Chaos*«.

Der Hit: *Was soll das?*
Der Tip: *Ö* (EMI CDP 566-790070 2)

Gross, Henry

Henry Gross stammt aus Brooklyn. Bevor er eine Solokarriere begann, war er Leadgitarrist in der Gruppe Sha Na Na. Nachdem er mit den Doobie Brothers, den Beach Boys und Aerosmith getourt war, hatte er sich als Rocker etabliert. Sein einziger großer Erfolg, Millionseller und im Frühjahr 1976 Platz 6 in den USA, ist jedoch eher seichter Natur: »*Shannon*«. Nachdem er 1976 diesen großen Erfolg gehabt hatte, war er Star im New Yorker Club Bottom Line.

Der Hit: *Shannon*
Der Tip: *Release* (Life Song 27 789 XOT)

Gualdi, Nana

* 1932 in Basel. Mit der Feststellung »*Junge Leute brauchen Liebe*« hatte Nana Anfang des Jahres 1958 einen Platz 5 in der deutschen Hitparade. Ihr erster Hit war Ende 1957 im Duett mit Werner Overheidt »*Wo ist der Mann*«. 1960 hatte

sie ihre letzte Hitnotierung mit *»Ein Ring mit zwei blutroten Steinen«*. Ansonsten hat man von ihr nichts mehr gehört. Nana hat auch als Filmschauspielerin gearbeitet.

Der Hit: *Junge Leute brauchen Liebe*

Guess Who

Chad Allan, g/v (* als Allan Kobel); Randy Bachman, g (* 27.9.1943); Garry Peterson, d (* 26.5.1945); Bob Ashley, p; Jim Kale, b (* 11.8.1943); Burton Cummings, v (* 31.12.1947); Kurt Winter, g (* 2.4.1946); Greg Leskiw, g (* 5.8.1947); Don McDougall, g (* 5.11.1947); Bill Wallace, g (* 18.5.1949); Dominic Troiano, g.
Diese kanadische Rockgruppe wurde 1963 in Winnipeg gegründet. Allan, Bachman, Peterson, Ashley und Kale machten erst Platten als Reflections, dann als Chad Allan & The Expressions. 1966 ging Bob Ashley, der durch Burton Cummings ersetzt wurde. Burton übernahm auch den Leadgesang. Wenig später ging auch Chad Allan. Im Juni 1970 verließ Randy Bachman die Gruppe, um Bachman-Turner Overdrive zu gründen. In der Folgezeit kam es zu etlichen Umbesetzungen. 1975 löste sich die Band auf. Mit *»These Eyes«* gelang Guess Who im Frühjahr 1969 ein Millionseller und ein Platz 6 in den USA. Noch im gleichen Jahr folgten *»Laughing«* und *»No Time«*. Im Frühjahr 1970 hatte die Gruppe mit *»American Woman«* einen Platz 1 in den USA. *»Share The Land«* 1970 und *»Clap For The Wolfman«* 1974 waren zwei weitere Top-10-Erfolge. Auf letztgenannter Platte war derjenige, dem der Applaus galt, auch selbst zu hören: der populäre amerikanische Diskjockey Wolfman Jack. Burton Cummings hat auch als Solist mit *»Stand Tall«* 1976 einen Millionseller und Top-10-Erfolg gehabt. 1979 versuchten sich Allan, Kale und McDougall mit drei weiteren Musikern noch einmal als Guess Who -- vergebens. 1983 kamen Guess Who mit Bachman und Cummings noch einmal zusammen, nahmen ein Album auf und gaben einige Konzerte. Große Resonanz beim Publikum fand das ebensowenig wie die Tour von Bachman und Cummings 1987.

Der Hit: *American Woman*
Der Tip: *The Best Of* (RCA 366 2-2-R)

Guitar, Bonnie

* 25.3.1924 als Bonnie Buckingham. In den frühen 50er Jahren hatte sie eine eigene Gruppe, Mitte der 50er arbeitete sie als Sessiongitarristin in Los Angeles. Ihr Titel *»Dark Moon«* kam im April 1957 in die amerikanische Hitparade und

wurde ein Platz 6. 1958 gründete sie ihre eigene Plattenfirma Dalton Records, auf der z. B. die Erfolge der Fleetwoods erschienen. Später wurde sie Director of Country Music für die Plattenfirma DOT und ABC Paramount. Von den Country-Spezialisten wurde sie jedoch nie richtig anerkannt. Dafür hatte sie eine zu starke Neigung zur Popmusik. 1966 kam sie nach siebenjähriger Abwesenheit noch einmal unter die ersten 100 der Popcharts, in der Country Music hat sie mit großen zeitlichen Lücken Hitnennungen bis in das Jahr 1980.

Der Hit: *Dark Moon*

Gun

Paul Curtis, b (* 6.7.1947 als Paul Gurvitz); Adrian Curtis, g (* 26.6.1947 als Adrian Gurvitz); Louie Farrell, d (* 12.12.1947 als Brian Farrell).

Dieses britische Hard-Rock-Trio, nicht zu verwechseln mit der gleichnamigen schottischen Band, die Ende der 80er Jahre ihre ersten Erfolge hatte, war in den Single Charts nur einmal erfolgreich: Ende 1968 mit der Nummer *»Race With The Devil«*. Sie nahmen noch eine gleichnamige LP auf, die allerdings erfolglos blieb. Mit einem neuen Schlagzeuger, Tony Newman, gründeten Adrian und Paul Three Men Army. Auch dieses Projekt war unkommerziell. 1974 formierten sie mit Ginger Baker die Baker Gurvitz Amy. Ab Ende der 70er Jahre machte Adrian auch Soloplatten.

Der Hit: *Race With The Devil*

Guns n' Roses

Axl Rose, v/g (* 7.2.1962 als William Bailey); Izzy Stradlin, g (* 8.4.1967 als Jeffrey Isbell); Tracii Guns, g; Rob Gardner, d; Slash, g (* 23.7.1965 als Saul Hudson); Steven Adler, d; Duff Rose McKagan, b (* 5.2.1965); Dizzy Reed, key; Matt Sorum, d.

Diese amerikanische Band wurde nach dem Vorbild der Rolling Stones aufgebaut: Das Böse-Buben-Image sollte Schlagzeilen bringen. Das tat es auch. So schrieb z. B. der Stern unter der Überschrift »Krawall für die Kids«: »Guns n' Roses, die wildeste Rock-'n'-Roll-Band der Welt, schockiert mit Skandalen und Exzessen die Eltern der Fans.« Gegen Mitte der 80er Jahre wurde die Mixtur aus Punk und traditionellem Heavy-Metal-Rock zuerst in Los Angeles populär. Im Mai 1986 veröffentlichten sie ihre erste EP auf einem unabhängigen Plattenlabel. Im Juli 1986 erhielten sie einen Plattenvertrag bei Geffen Records. Im August 1987 erschien ihr Debüt-Album *»Appetite For Destruction«*. Eine erste Single-Auskopplung, *»Welcome To The Jungle«*, kommt in den USA überhaupt nicht in die Hitparade, in GB wurde es Platz 67. Eine spätere Wiederveröffentlichung und

Guns n' Roses *(Geffen)*

Verwendung im Soundtrack des Clint-Eastwood-Films »*Dead Pool*« sollte einen Erfolg bringen. Zwischenzeitlich ging die Band auf England-Tournee und begann im Mai 1988 eine US-Tour, erst an zweiter Stelle hinter Aerosmith genannt, dann jedoch schnell als die Hauptattraktion. Die Pressearbeit und die rotzig-freche Art von Axl Rose machten den Namen der Band schnell populär. 57 Wochen nachdem ihr Debüt-Album in die amerikanische LP-Hitparade gekommen war, erreichte es Platz 1. Insgesamt wurden 8 Millionen Exemplare verkauft. Die zweite Single-Auskopplung »*Sweet Child O'Mine*«, die schon sehr viel gemäßigter ist, wurde Mitte 1988 Platz 1 in den amerikanischen Single-Charts. Diesen Song hatte Axl Rose für seine damalige Freundin Erin Everly geschrieben, die er im April 1990 heiratete. Erin ist die Tochter von Don Everly von den Everly Brothers. Drei Wochen später wurden sie wieder geschieden. »*Welcome To The Jungle*« 1988, »*Paradise City*« und »*Patience*« 1989, »*Don't Cry*« 1991 und »*November Rain*« 1992 waren weitere Top-10-Erfolge der Band in den USA. In GB bzw. in Deutschland kamen »*You Could Be Mine*« und »*Live And Let Die*« 1991 und »*Knockin' On Heaven's Door*« und »*Yesterdays*« 1992 noch unter die ersten 10. Alle weiteren LPs der Band, »*G N' R Lies*« und »*Use Your Illusion I & II*«, wurden ebenfalls Multimillionseller. Im Oktober 1990 verließ Steven Adler die Band, von der Gruppe Cult kam Matt Sorum. 1992 erschien eine Soloplatte von Izzy Stradlin & The Ju Ju Hounds.

Der Hit: *Sweet Child O'Mine*
Der Tip: *Use Your Illusion I & II* (Geffen 24420/24415)

Guru Josh

Guru Josh wurde von seiner Plattenfirma als »Raver« bezeichnet. Sie schrieb im Februar 1990 weiter: »Raver sind die Leute, die seit ungefähr einem Jahr die englischen Clubs beherrschen. Sie ziehen durch vier, fünf Diskotheken pro Nacht und ziehen ihre kurze Show ab. Guru Josh an seinem Keyboard und sein Partner Mad Mick am Saxophon sind im Moment die größten in der Clubszene.« Alle Titel wurden von Paul Walden im Alleingang oder von ihm mit Mick Weston geschrieben. Es steht zu vermuten, daß das die richtigen Namen der beiden Interpreten sind. *»Infinity«* war im Frühjahr 1990 ein Platz 5 in GB und ein Platz 2 in Deutschland. Im gleichen Jahr stand *»Whose Law (Is It Anyway)?«* als Nachfolgehit in den Charts.

Der Hit: *Infinity*
Der Tip: *Infinity* (BMG PD 74701)

Gurvitz, Adrian

* 26.6.1947. Nachdem er als Musiker für Billie Davis, Screaming Lord Sutch und The Savages gespielt hatte, gründete Adrian zusammen mit seinem Bruder Paul die Rockgruppe Gun. *»Race With The Devil«* wurde der einzige nennenswerte Hit dieser Formation. Mit seinem Bruder machte er wieder auf der Hard-Rock-Schiene Three Men Army und schließlich mit Ginger Baker die Formation Baker Gurvitz Army. Zwischendurch arbeitete Adrian mal mit Buddy Miles, mal mit Graeme Edge von Moody Blues. Sonderlich erfolgreich war das alles nicht, und wohl auch deshalb zog er sich nach Kalifornien zurück, wo in Zusammenarbeit mit vier Toto-Musikern und den Bläsern von Earth, Wind & Fire 1979 das Album *»Sweet Vendetta«* entstand. 1982 erschien sein Album *»Classic«*, auf dem er wieder mit seinem Bruder Paul zusammenspielte. Die Auskopplung des Titelsongs brachte Adrian im Januar 1982 einen Platz 8 in den britischen Single-Charts. Musikalisch war er damit meilenweit von dem entfernt, was er über viele Jahre gemacht hatte.

Der Hit: *Classic*
Der Tip: *Classic* (RAK 1A 064-64780)

Guthrie, Gwen

Die amerikanische Sängerin stieg 1974 als Profi ins Musikgeschäft ein. Sie arbeitete als Sessionsängerin für Quincy Jones, Aretha Franklin, Roberta Flack, Stevie Wonder und Kenny Loggins. Daß sie nicht nur singen konnte, bewies sie

1975. Zusammen mit Ben E. King schrieb sie dessen Hit »*Supernatural Thing*«. Im gleichen Jahr schrieb sie sechs Titel für das Sister-Sledge-Album »*Circle Of Love*«. Während einer Studiosession mit Peter Tosh auf Jamaika lernte sie Sly Dunbar und Robbie Shakespeare kennen, die 1982 ihr Debütalbum produzierten. Mit dem Titel »*Ain't Nothin' Goin' On But The Rent*« hatte sie Mitte 1986 einen Platz 5 in GB und ihren einzigen Top-10-Erfolg.

Der Hit: *Ain't Nothin' Goin' On But The Rent*
Der Tip: *Good To Go Lover* (Polydor 829 532-1)

Guys 'n' Dolls

Martine Howard (* 14.4.1956), Juli Forsyth (* 4.4.1958), Thereza Bazar (* 23.5.1955); Dominic Grant (* 21.8.1949), David van Day (* 28.11.1956), Paul Griggs (* 20.11.1948).
Im November 1974 kamen die Guys 'n' Dolls zusammen. Zwei Monate arbeitete man an der ersten Single »*There's A Whole Lot Of Loving*«, die im März 1975 in die britischen Charts kam und Platz 2 wurde. Knapp ein Jahr später erreichte eine Neuaufnahme des Dusty-Springfield-Erfolges »*You Don't Have To Say You Love Me*« Platz 5 in GB. Überhaupt hatte sich die Band darauf spezialisiert, Remakes alter Hits von Roberta Flack, den Beach Boys oder den Righteous Brothers zu veröffentlichen. Nach 1978 gelang der Gruppe kein Erfolg mehr. Thereza Bazar und David van Day verließen die Formation und machten unter der Anleitung des Produzenten Trevor Horn als Duo Dollar weiter. Sie brachten es auf etliche Top-10-Erfolge in GB. Thereza Bazar versuchte sich außerdem als Solistin. Der Rest machte als Quartett weiter. Der Erfolg ließ jedoch nach.

Der Hit: *There's A Whole Lot Of Loving*

H

Haak, Nico

* 19.10.1939 † 13.11.1990. Der holländische Sänger und Entertainer kam im Frühjahr 1976 mit der deutschsprachigen Novelty-Nummer *»Schmidtchen Schleicher«* bis auf Platz 4 in der deutschen Hitparade. Mit der Feststellung *»Unter dem Schottenrock ist gar nichts«* erreichte er knapp ein Jahr später noch einmal die deutschen Top 20. Dann war sein Gastspiel bei uns wieder vorbei.

Der Hit: *Schmidtchen Schleicher*

Hagara, Willy

* 4.6.1927 in Wien. Der österreichische Postbeamte wurde 1946 bei einem Nachwuchswettbewerb entdeckt. Danach nahm er Gesangs- und Schauspielunterricht und sang schließlich über die Bedürfnisse der Nachkriegszeit: *»Eine Kutsche voller Mädels«*, *»Grüß das Haus am Missouri«*, *»Nur in Portofino«*, *»Karneval in Portugal«*, *»Champagner für alle«*, *»Mandolinen und Mondschein«*. Der Titel *»Casetta in Canada«* war im Frühjahr 1958 Platz 3 in Deutschland. *»Freunde fürs Leben«* 1960, *»Pepe«* 1961 und *»Caterina«* 1962 waren seine weiteren Top-10-Hits. Danach wurde es still um ihn.

Der Hit: *Casetta in Canada*

Haircut 100

Nick Heyward, v (* 20.5.1961); Les Nemes, b (* 5.12.1960); Graham Jones, g (* 8.7.1961); Phil Smith, sax (* 1.5.1959); Mark Fox, per (* 13.2.1958); Blair Cunningham, d (* 11.10.1957).
Die britische Teenie-Pop-Formation wurde 1980 zunächst als Trio gegründet. Ab März 1981 kam als fester Schlagzeuger Blair Cunningham in die Band, wenig später dann der Saxophonist Phil Smith. Im Oktober 1981 hatten sie ihre Debütsingle *»Favourite Shirts (Boy Meets Girl)«* in den britischen Charts, sie

erreichte Platz 4. Mark Fox, der bisher lediglich bei Studioproben mitspielte, wurde im Dezember 1981 ebenfalls festes Mitglied. 1982 erreichten *»Love Plus One«*, *»Fantastic Day«* und *»Nobody's Fool«* die britischen Top 10. Im November wurde bekannt, daß Nick Heyward die Gruppe verlassen werde. Mark Fox, der die Band schon vorher verlassen hatte, weil er Schwierigkeiten mit Nick hatte, kehrte jetzt zurück und übernahm den Leadgesang. Im Januar 1983 erschien die erste Solo-Single von Nick Heyward, der es bis 1988 in GB auf neun Hits, aber auf keinen Top-10-Hit brachte. Ohne Nick Heyward brachten Haircut 100 aber auch keine Single mehr unter die Top 10. Mitte 1984 trennte sich die Formation. Schlagzeuger Cunningham tauchte später bei den Pretenders auf.

Der Hit: *Love Plus One*
Der Tip: *Pelican West* (Arista 204 521)

Hale & Pace & Stonkers

Die in GB bekannten Komiker Gareth Hale und Norman Pace, in einer britischen TV-Werbung auch bekannt als die Two Rons, luden die Creme der britischen Musiker ins Studio ein, um mit ihnen zusammen eine Benefizplatte aufzunehmen. Der Erlös kam der Organisation Comic Relief zugute, die Projekte für Behinderte, Obdachlose, arbeitslose Jugendliche, Drogen- und Alkoholabhängige in England und lang- und kurzfristige Entwicklungshilfe in Afrika unterstützt. Im Rahmen dieses Projektes sind schon häufiger Platten veröffentlicht worden, die zu Hits wurden, so z. B. Cliff Richard & The Young Ones mit dem Titel *»Living Doll«*, der im Frühjahr 1986 ein Platz 1 in GB wurde. Zu den Musikern, die als The Stonkers spielten, gehörten Brian May von Queen, Tony Iommi von Black Sabbath und Dave Gilmour von Pink Floyd als Gitarristen, Neil Murray als Bassist, Roger Taylor und Cozy Powell als Schlagzeuger. Produziert wurde das Projekt von Brian May. Der Titel *»The Stonk«* kam im März 1991 in die britischen Charts und wurde Nummer 1.

Der Hit: *The Stonk*

Haley, Bill

* 6.7.1925 als William John Clifton Haley, † 9.2.1981. Geackert hat er, um einen Fuß auf die Erde bzw. eine Platte in die Hitparaden zu bekommen. 1954 war Bill Haley fast 30 Jahre alt und für einen Popstar zu schwabbelig und zu unerotisch – zumindest an den gängigen Vorstellungen von einem Rockstar gemessen. Trotzdem sollte dieses Jahr für ihn das erste Erfolgsjahr werden.
Nachdem er in diversen Country-Bands gesungen hatte, gründete er 1948 die

Four Aces, die Western-Swing spielten. Es folgten die Saddlemen, die Platten bei diversen Firmen veröffentlichten. 1952 nahm er eine Platte auf, inzwischen als Bill Haley & The Comets, die *»Rock That Joint«* hieß und nicht schlecht war, aber ihrer Zeit offenbar noch voraus. 1953 erschien die Single *»Crazy, Man, Crazy«*, die Mitte des Jahres in die US-Charts kam und Platz 12 erreichte. 1954 unterschrieb er einen Vertrag mit Decca Records, und die Platten erschienen nun als Bill Haley & His Comets. Am 12. April 1954 nahm er in New York mit weiteren sechs Musikern *»Rock Around The Clock«* auf. Die Platte erschien und wurde Mitte 1954 Platz 23 in den USA. Sie blieb damit weit hinter den Erwartungen zurück. Im August 1954 erschien *»Shake, Rattle, And Roll«* und wurde der erste Top-10-Erfolg und Millionseller für Bill Haley. Dann kam der Film *»Saat der Gewalt«* in die Kinos, der mit *»Rock Around The Clock«* begann. Bill war zwar nicht zu sehen, aber zu hören, und das genügte. *»Rock Around The Clock«* wurde ein Jahr nach der Erstveröffentlichung Platz 1 in den USA, später auch in GB und in Deutschland. Wiederveröffentlichungen der Platte brachten bis in die 70er Jahre stets gute Hitparadenpositionen. Dieser Titel dürfte der Auslöser für die Rock-'n'-Roll-Welle gewesen sein und verkaufte sich im Laufe der Jahre mehr als 20millionenmal. 1982 gab es für diese Platte den Grammy Hall of Fame Award. In der Folgezeit erreichten *»Burn That Candle«* 1955 und *»See You Later, Alligator«* 1956 die Top 10. 1958 war Bills große Zeit schon wieder vorbei. In den Jahren danach trat Bill Haley mit seinen Comets regelmäßig rund um die Erde auf und war dazu verdammt, mit an die Stirn geklebter Schmalzlocke immer wieder *»Rock Around The Clock«* zu spielen. Im Februar 1981 starb er an einem Herzschlag.

Der Hit: *Rock Around The Clock*
Der Tip: *Rock Around Bill Haley* (MCA Records 252 592-2)

Hall, Daryl

* 11.10.1948 als Daryl Franklin Hohl. Mit dem Titel *»Dreamtime«* hatte Daryl im Herbst 1986 Platz 5 in der amerikanischen Hitparade. Schien es erst, als sei das das Ende des Duos Hall & Oates, so stellte sich später heraus, daß die beiden nach einer längeren Pause doch wieder gemeinsam Platten aufnahmen. Nach zwei weiteren Hitnotierungen war die Solo-Erfolgszeit für Daryl zu Ende.

Der Hit: *Dreamtime*
Der Tip: *Three Hearts In The Happy Ending Machine* (RCA PD 87 196)

Hall & Oates

Daryl Hall, v/key (* 11.10.1948); John Oates, v/g/key (* 7.4.1949).
Hall & Oates studierten beide in Philadelphia an der Temple University. Damals spielten sie bereits in Bands: Hall war Mitglied bei den Temptones, Oates bei den Masters. Zusätzliches Studiengeld verdienten sie sich als Backgroundsänger, und so lernten sie sich 1967 auch kennen. Sie entdeckten ihr gemeinsames Interesse an Rhythm & Blues und Soulmusik, gingen vorerst jedoch noch getrennte Wege. Ab 1969 arbeiteten sie enger zusammen. 1972 unterschrieben sie einen gemeinsamen Plattenvertrag als Hall & Oates. Der Soulproduzent Arif Mardin war für die erste Veröffentlichung dieses Duos noch im Jahre 1972 verantwortlich. Die Platte wurde ein Flop. 1974 erschien die LP *»Abandoned Luncheonette«*, die sich bis auf Platz 33 in der LP-Hitparade hocharbeitete und Goldstatus erreichte. 1975 wechselten sie die Plattenfirma, ab 1976 belegten sie Spitzenplätze in den Hitparaden. *»Sara Smile«* kam im Januar 1976 in die US-Charts, wurde Platz 4 und Millionseller. *»She's Gone«* kam im gleichen Jahr ebenfalls unter die ersten 10. *»Rich Girl«* war im Januar 1977 der erste Spitzenreiter des Duos in den USA. Bis 1984 sollten Hall & Oates 12 weitere Top-10-Hits gelingen, darunter die Spitzenreiter *»Kiss On My List«*, *»Private Eyes«* und *»I Can't Go For That (No Can Do)«* 1981, *»Maneater«* 1982 und *»Out Of Touch«* 1984. Nach 1985 trat eine Pause ein. Daryl Hall machte eine erfolgreiche Solo-LP. 1988 kam *»Everything Your Heart Desires«* wieder unter die ersten 10 in den USA. Die Musik der beiden wurde als Blue Eyed Soul bezeichnet. Ihre Vorläufer waren die Righteous Brothers, nach ihnen kam mit diesem Musikstil erfolgreich Michael Bolton. Hall & Oates gelten als das erfolgreichste Duo der Rock-Ära und haben die Everly Brothers von Platz 1 verdrängt. 1990 erschien das Album *»Change Of Seasons«*, teilweise produziert durch Jon Bon Jovi und Danny Kortchmar.

Der Hit: *Maneater*
Der Tip: *Change Of Seasons* (Arista 260 548)

Halo James

Ray St. John, g; Christian James, v; Neil Palmer, key.
Anfang 1990 wurde Halo James als der heißeste Hoffnungsträger der britischen Insel bezeichnet. Ray St. John hatte vorher in Sades erster Band gespielt und deren Hit *»Smooth Operator«* mitgeschrieben. Ende 1989 veröffentlichte das Trio die Single *»Could Have Told You So«*, die in GB Platz 6 erreichte. Damit hatten sie bisher ihren einzigen Erfolg – recht wenig für den heißesten Hoffnungsträger.

Der Hit: *Could Have Told You So*
Der Tip: *Witness* (Epic 466 676)

Hamilton, George IV

* 19.7.1937. Der vielseitige Amerikaner war und sowohl als Pop-, Country- wie auch Folksänger erfolgreich, gilt als guter Gitarrist und Songschreiber und war ein erfolgreicher TV-Moderator. 1956 schaffte er mit *»A Rose And A Baby Ruth«* seinen ersten, 1957 mit *»Why Don't They Understand«* seinen zweiten und letzten Top-10-Erfolg. Er ging auf Tournee mit Buddy Holly, Gene Vincent und den Everly Brothers. Und nachdem diese Popzeit vorüber war, zog es ihn 1960 nach Nashville. Ab diesem Jahr bis 1978 gelangen ihm 40 Erfolge in den Country-Charts. Der größte davon war der Titel *»Abilene«* 1963, mit dem er im gleichen Jahr noch einen Platz 15 in den US-Pop-Charts hatte. Ende der 70er Jahre hatte er in Kanada seine eigene Fernsehsendung.

Der Hit: *A Rose And A Baby Ruth*
Der Tip: *20 Of The Best* (RCA NL 89371)

Hamilton, Lesley

Die in Deutschland produzierte Lesley Hamilton hatte laut ihrer Plattenfirma »franko-amerikanische Vorfahren, einen internationalen Paß und gilt als Inkarnation eines weiblichen Weltbürgers«. Der deutsche Produzent Rolf Soja nahm mit ihr 1978 die LP *»No Hollywood Movie«* auf. Die Singleauskopplung des Titelsongs erreichte Mitte 1978 Platz 8 in Deutschland und war Lesleys einzige Hitnotierung. 1981 folgte wieder mit Rolf Soja die LP *»Give An' Take«*.

Der Hit: *No Hollywood Movie*
Der Tip: *No Hollywood Movie* (RCA PL 28312)

Hamilton, Lynne

Die Australierin hatte mit *»On The Inside«*, dem Thema aus *»Prisoner Cell Block H«*, im April 1989 Platz 3 in den britischen Charts. Das ist die einzige Hitnotierung dieser Sängerin.

Der Hit: *On The Inside*

Hamilton, Roy

* 16.4.1929 † 20.7.1969. Die Karriere dieses amerikanischen Rhythm-&-Blues- und Balladensängers begann im Boxring. Er kämpfte in der Schwergewichtsklasse um die Golden Gloves. 1947 gewann er den ersten Preis in einem Amateur-

wettbewerb im Apollo-Theater. 1948 sang er mit den Searchlight Gospel Singers. 1954 erreichte er mit *»You'll Never Walk Alone«*, einem Titel aus dem Broadway-Musical *»Carousel«*, Platz 21 in den USA und hatte damit seine erste Hitnotierung. Seine Version von *»Unchained Melody«* brachte Roy im Frühjahr 1955 Platz 6 in den USA. Nach 1961 gelang ihm kein Pophit mehr. Er starb an einem Schlaganfall.

Der Hit: *Unchained Melody*

Hamilton, Russ

* 1933 als Ronald Hulme. Der britische Sänger hatte nur in einem Jahr Erfolg:1957. Im Mai dieses Jahres kam *»We Will Make Love«* bis auf Platz 2 in GB, im Juni *»Rainbow«* bis auf Platz 4 in den USA und im September *»Wedding Ring«* auf Platz 20 wieder in GB. Er gilt als der erste Künstler aus Liverpool, der es in die amerikanischen Top 10 schaffte.

Der Hit: *We Will Make Love*

Hamilton, Joe Frank & Reynolds

Dan Hamilton, Joe Frank Carollo, Tommy Reynolds, Alan Dennison, alle v.
Dan Hamilton war bereits mit 15 Jahren in L. A. ein gesuchter Studiomusiker und spielte auf Platten von Jerry Lee Lewis, Johnny Rivers, Chad & Jeremy oder den Ventures. Danach wurde er Sänger in der Shindig TV-Show und gründete später mit anderen Musikern das lockere Konglomerat T-Bones. Carollo und Reynolds waren zwei der Musiker, die da mitspielten. Die drei blieben zusammen, bis die T-Bones in den späten 60er Jahren auseinanderfielen. 1971 kamen die drei wieder zusammen, dieses Mal als Hamilton, Joe Frank & Reynolds. *»Don't Pull Your Love«* wurde Mitte des gleichen Jahres in den USA ein Millionseller und Platz 4 in den Charts. *»Fallin' In Love«* war Mitte 1975 Platz 1 in den USA und ein weiterer Millionseller. Die Platte erschien auf dem damals gerade neu gegründeten Playboy Label. Reynolds hatte die Gruppe schon 1972 verlassen und war durch Dennison ersetzt worden. Trotzdem hatten die drei unter dem alten Gruppennamen bis 1976 weitergemacht. Dann nannten sie sich Hamilton, Joe Frank & Dennison. Ein Hit gelang ihnen jedoch nicht mehr.

Der Hit: *Fallin' In Love*
Der Tip: *Fallin' In Love* (Playboy 407)

Hamlisch, Marvin

* 2.6.1944. Der amerikanische Pianist ist Komponist zahlreicher Soundtracks. Für den von ihm mitverfaßten Titel »*The Way We Were*« erhielt er 1974 zwei Grammys. Außerdem erhielt er im gleichen Jahr einen Grammy als bester neuer Künstler und einen für den Titel »*The Entertainer*« als beste Instrumentalnummer. Für »*The Way We Were*« kassierte er außerdem noch zwei Oscars und für »*The Entertainer*« aus dem Film »*Der Clou*« einen. Neben vielen Erfolgstiteln, die er schrieb, sticht sein Broadway-Musical »*A Chorus Line*« heraus, für das er wieder mit Preisen überschüttet wurde, darunter auch der Pulitzer-Preis für Drama. »*The Entertainer*«, geschrieben 1902 von Scott Joplin, war im Frühjahr 1974 ein Millionseller und Platz 3 in den USA.

Der Hit: *The Entertainer*

Hammer

* 30.3.1962 als Stanley Kirk Burrell. Zwei Baseballspieler aus Oakland, Mike Davis und Dwayne Murphy, investierten 40 000 Dollar in die Karriere von MC Hammer. Den Spitznamen Little Hammer legte er sich zu, als er für die Oakland A's als Schlägerträger arbeitete und die in ihm eine große Ähnlichkeit zum Home Run King Henry »Hammerin' Hank« Aaron sahen. Nach der High-School wollte Hammer eine Karriere als professioneller Baseballspieler beginnen, was jedoch mißlang. Er ging zur Navy. Danach verbrachte er viel Zeit in der Kirche, las eifrig die Bibel und gründete das religiöse Rap-Duo The Holy Ghost Boys. Mit Hilfe der 40 000 Dollar gründete er nun Bustin' Records und verkaufte seine Debütsingle »*Ring 'Em*« aus dem Kofferraum seines Autos. Für die 40 000 Dollar war er mit den Baseball-Stars die Vereinbarung eingegangen, 10 Prozent all seiner Einnahmen an sie abzutreten. Mit zwei DJs und der Backing Group Oaktowns gründete er die eigene Gruppe 3-5-7 und nahm die LP »*Feel My Power*« auf, die sich 60 000mal verkaufte. Das brachte ihm im Mai 1988 einen Plattenvertrag mit Capitol Records ein, die ihm einen Vorschuß von 750 000 Dollar zahlten. Capitol veröffentlichte »*Feel My Power*« als »*Let's Get It Started*« – man hatte vier neue Songs zusätzlich auf die LP gebracht – noch einmal und verkaufte nun mehr als zwei Millionen Alben. Im März 1990 erschien die LP »*Please Hammer Don't Hurt 'Em*«, die es bis auf Platz 1 in der US-LP-Hitparade brachte, diese Position 21 Wochen hielt und mehr als 10millionenmal verkauft wurde. Inzwischen war er auch in der Single-Hitparade erfolgreich. »*U Can't Touch This*«, »*Have You Seen Her*« und »*Pray*« waren 1990 Top-10-Erfolge. »*2 Legit 2 Quit*« und »*Addam's Groove*« kamen 1991 unter die ersten 10. Inzwischen hatte er das MC vor seinem Namen gestrichen. Er beeindruckt nicht nur durch gelungenen, melodischen Rap,

sondern auch durch gut choreographierten und ausgeführten Tanzstil bei seinen Auftritten. Da Hammer nie durch Skandale auffällt, ist er inzwischen in den USA zu einem Rollenvorbild für schwarze Jugendliche geworden, denen er von Drogen und Alkohol dringendst abrät. Es gibt sogar eine Zeichentrickserie mit dem Titel »*Hammerman*« und eine Puppe von Hammer mit einem Ghettoblaster.

Der Hit: *Pray*
Der Tip: *Please Hammer Don't Hurt 'Em* (Capitol CDP 7928572)

Hammer, Jan

* 17.4.1948. Der tschechische Keyboarder und Komponist kam 1968 in die USA. Er begann als Barpianist in Boston, dann begleitete er Sarah Vaughan ein Jahr durch die USA, Kanada und Japan. Danach spielte er mit Jeremy Steig, von 1970 bis 1974 in John McLaughlins Mahavishnu Orchestra und schließlich mit Jerry Goodman. Es folgten weitere Plattenproduktionen mit David Earle Johnson und mit Neil Schon als Schon & Hammer. Ab 1977 war er auch auf etlichen Produktionen von Al di Meola zu hören. Auch Jeff Beck griff immer wieder auf Jan Hammer zurück. Dann kam für Jan der große Erfolg mit einer Musik, mit der er bis zu diesem Zeitpunkt wenig zu tun gehabt hatte: Der TV-Renner »*Miami Vice*« wurde von ihm musikalisch betreut. »*Miami Vice Theme*« wurde im Herbst 1985 Platz 5 in Deutschland. »*Crockett's Theme*« war 1987 Platz 4 in Deutschland, 2 in GB. Damit hatte er sich einen Namen als Schreiber von TV-Melodien gemacht. So stammt von ihm das Thema zu der europäischen Krimi-Serie »*Eurocops*«.

Der Hit: *Miami Vice Theme*
Der Tip: *Beyond The Mind's Eye* (MCA MCD 10752)

Hammond, Albert

* 18.5.1942. Der in London geborene Hammond verbrachte seine ersten Lebensjahre in Gibraltar. Noch viele Jahre später sprach er mit einem unverwechselbar spanischen Akzent in seinem Englisch. Mit 15 machte er seine erste Platte, »*New Orleans*«, die er selbst im Stile von Buddy Holly komponiert hatte. Jetzt gründete er mit seinem Bruder die Gruppe Diamond Boys, die in Spanien recht erfolgreich war. Sie brachten es zu einem Plattenvertrag mit RCA in Spanien. Mit 18 ging Albert zurück nach England und gründete dort mit einem anderen Mitglied der Diamond Boys, Richard Cartwright, das Duo Albert & Richard. Die beiden tourten durch Europa, nahmen einige Platten auf und spielten in verschiedenen an die Beatles-Filme angelehnten Streifen mit. 1966

traf er auf Mike Hazelwood, mit dem er ein Produktions- und Songschreiberteam gründete. In der Folgezeit schrieben sie unendlich viele Hits für Leapy Lee, die Pipkins, Hollies, Blue Mink usw. Hammond und Hazelwood versuchten sich dann auch als Interpreten unter den Pseudonymen Family Dogg und Magic Lanterns. In den frühen 70er Jahren ging Albert nach Los Angeles und startete dort eine Solokarriere. Sein Titel *»It Never Rains In Southern California«* wurde Ende 1972 ein Millionseller in den USA und ein Platz 5, in Deutschland vier Monate später ein Platz 9. *»Free Electric Band«* war Mitte 1973 ein Platz 4 in Deutschland. In den USA war er bis 1975 in den Charts, in Deutschland erreichte er mit *»I'm A Train«* und *»Everything I Want To Do«* 1974 und *»Down By The River«* 1975 erneut die Top 10. Dann wurde es still um Albert. Mitte der 80er Jahre tat er sich mit dem Holländer Albert West zusammen. Außer *»Give A Little Love«*, Anfang 1987 ein Platz 40 in den deutschen Charts, war davon nichts erfolgreich.

Der Hit: *It Never Rains In Southern California*
Der Tip: *The Very Best Of* (CBS 463 185 2)

Hampton, Lionel

* 12.4.1913. Der amerikanische Vibraphonist, Schlagzeuger, Pianist und Bandleader ist seit Ende der 20er Jahre im Showgeschäft. 1929 machte er als Drummer und Pianist mit Paul Howard seine ersten Platten. Wenig später spielte er mit Louis Armstrong, und im Laufe der nächsten Jahrzehnte sollte er mit allen spielen, die im Swing und Jazz Rang und Namen hatten, so z. B. beim legendären Carnegie-Hall-Konzert am 16.1.1938 in New York im Orchester von Benny Goodman. Mit seinem eigenen Orchester wurde Lionel ab 1937 in den US-Charts aufgeführt. *»After You 've Gone«* 1937, *»Wizzin' The Wiz«* 1939, *»Hey! Ba-Ba-Re-Bop«* 1946 und *»Rag Mop«* 1950 waren seine Top-10-Erfolge. Lionel gilt als einer der größten Vibraphonisten aller Zeiten. In seiner Band spielten spätere Größen wie der Bassist Charles Mingus, der Trompeter, Arrangeur und Produzent Quincy Jones und die Sängerin Dinah Washington.

Der Hit: *Hey! Ba-Ba-Re-Bop*
Der Tip: *The Best Of* (MCA Coral COPS 6595-D/1-2)

Hancock, Herbie

* 12.4.1940. Derr amerikanische Keyboarder, Komponist und Bandleader wandelte erst auf klassischen Pfaden. Seit seinem siebten Lebensjahr hatte er Klavierunterricht, und bereits zwei Jahre später trat er öffentlich auf. Ab 1961 arbeitete er in New York mit Donald Byrd zusammen, danach mit Oliver Nelson, Eric

Dolphy, Dexter Gordon und von 1963 bis 1968 mit Miles Davis. Herbie schaffte es, sowohl im Jazz- als auch im Pop-Lager erfolgreich zu sein. 1974 veröffentlichte er die Platte »*Head Hunters*«, die Platinstatus erreichte. Darauf zu finden seine Eigenkomposition »*Watermelon Man*«. 1983 erschien »*Future Shock*«, eine Synthese aus Jazz, Rock und Scratching. Daraus ausgekoppelt wurde die Single »*Rockit*«, die Mitte des Jahres Platz 8 in GB, Platz 6 in Deutschland wurde. In die amerikanische Hitparade kam die Nummer im September 1983, erreichte nur Platz 71 und wurde trotzdem ein Millionseller.

Der Hit: *Rockit*
Der Tip: *Headhunters* (CBS CD 65928)

Hank The Knife & The Jets

Henk Bruysten, b (* 30.5.1946); Pierre J. Beek, v (* 26.12.1945); Robert Mijnhart, d (* 4.3.1948); Jan van Haaften, b (* 8.12.1946); Hans van Geffen, g (* 3.12.1948). Diese holländische Rockgruppe formierte sich im April 1975. Wenig später erreichte ihr Titel »*Guitar King*« Platz 4 in den deutschen Charts. Der Nachfolgehit »*Stan The Gunman*« war ein Platz 9. Nach einer weiteren Hitnotierung 1976 war die Band wieder aus den Charts verschwunden. Der Kopf der Formation, Henk Bruysten, hatte 1965 seine erste Band gegründet, wurde 1973 Bassist bei der holländischen Rock-'n'-Roll-Gruppe Long Tall Ernie & The Shakers, und als er dort nicht komponieren durfte, gründete er seine eigene Formation.

Der Hit: *Guitar King*

Hanselmann, David

* 6.4.1952. Der deutsche Sänger und Songschreiber versuchte sich mit Gruppen wie Message, Triumvirat, Overdrive, Fire Horse und mit dem Duo Evans & Hanselmann. Er sang mit Anne Haigis und Paul Vincent und versuchte sich als Solist mal unter seinem Namen, mal unter dem Pseudonym O'Hara. Zur Fußball-WM 1990 veröffentlichte er den Schlachtruf »*Go Get The Cup*«, der ihm im Juli 1990 einen Platz 4 in den deutschen Charts einbrachte. Deutschland holte den Cup und ließ David sicher verwirrt zurück. Jahrelang hatte er Rockmusik gesungen, und jetzt hatte er Erfolg mit so etwas.

Der Hit: *Go Get The Cup*

Hansen Quartett

Mit wem auch immer es in den 50er und 60er Jahren was zu singen gab, das Hansen Quartett war dabei. Lale Andersen, Ralf Bendix, Fred Bertelmann, Eve Boswell, Angele Durand, Bibi Johns, Barbara Kist, Bruce Low, Wolfgang Sauer und viele andere nahmen mit dem Hansen Quartett Platten auf. Hans Blum war die treibende Kraft hinter diesem 1952 gegründeten Projekt, das auch als Hansen Boys & Girls, Hansen Chor oder Hansen Sänger firmierte. Insgesamt arbeitete es unter knapp 30 Pseudonymen. Neben Hans Blum waren es vor allem dessen Frau Ingetraut, deren Schwester Ursula Olden, Joe Menke und Nana Gualdi, die in diesem Quartett und in anderen Formationen zusammengefaßt waren. Seit dem Beginn des deutschen Fernsehens machten sie mit. Sie begleiteten Peter Frankenfeld auf seinen Tourneen und sangen in den englischen Clubs. Als Hansen Quartett hatten sie mit dem Titel *»Ich hab dich so lieb«* Ende 1956 einen Platz 3 in den deutschen Charts. Es blieb ihr einziger Top-10-Erfolg.

Der Hit: *Ich hab dich so lieb*

Happenings

Bob Miranda; Ralph deVito; David Libert; Thomas Giuliano; Bernie LaPorta, alle v. Die vier Mitglieder dieser Formation stammten alle aus New Jersey. Während ihres gemeinsamen Militärdienstes in Fort Dix sangen sie erstmals zusammen. Zurück vom Militär, gründeten sie die Four Graduates. Ihre ersten Gesangsaufnahmen machten sie Anfang der 60er Jahre als Backgroundsänger. So sind diese vier immerhin auch im Hintergrund bei den Four Seasons zu hören. Schließlich machten sie mit *»What A Lovely Way To Spend An Evening«* und *»Candy Cream«* ihre ersten Platten. 1965 gründeten die Tokens ihr eigenes Plattenlabel B.T. Puppy Records, und die Four Graduates unterzeichneten dort einen Vertrag. Sie änderten ihren Namen in Happenings und hatten mit *»See You In September«* Mitte 1966 einen Platz 3 in den USA. *»I Got Rhythm«*, 1930 von George und Ira Gershwin für das Musical *»Girl Crazy«* geschrieben, wurde Mitte 1967 ebenfalls ein Platz 3 in den USA für die Happenings. Nach einigen weiteren Hits war die Karriere der Gruppe Ende 1969 zu Ende. In den 80er Jahren traten Miranda und Giuliano mit zwei anderen Sängern bei Oldie-Shows wieder als Happenings auf.

Der Hit: *See You In September*
Der Tip: *Happenings Golden Hits* (B.T. Puppy 104)

Happy Mondays

Shaun Ryder, v (* 23.8.1964); Paul Ryder, b (* 24.4.1964); Gary »Gaz« Whelan, d (* 12.2.1966); Mark »Cow« Day, g (* 29.12.1961); Paul Davis, key (* 7.3.1966); Mark »Bez« Berry, per (* 18.4.1964).

Die Ursprünge dieser britischen Band gehen zurück bis in das Jahr 1980. Zuerst waren die Jungs lediglich ein loser Zusammenschluß, der sich für Musik und Alkohol interessierte. 1983 nannten sich die Jungs, inspiriert durch den New-Order-Hit *»Blue Monday«*, Happy Mondays. 1984 wurden sie bei einem der unzähligen Battle-of-the-Bands-Wettbewerbe auf den letzten Platz verschlagen. 1985 erschien mit *»Delightful«* eine EP mit drei Nummern. Wenig später kam mit Mark Berry das letzte Mitglied zu der Band. Ende 1986 kamen sie mit dem ehemaligen Velvet-Underground-Mitglied John Cale zusammen, der mit ihnen 10 Tage produziert. Das Resultat erreicht die Independent Charts in GB. Ihren ersten Hiteintrag hatte die Gruppe im September 1989 mit *»W.F.L.«*, dem Remix einer früheren Single der Band, die *»Wrote For Luck«* hieß. Neu gemixt wurde sie von Vince Clarke von Erasure. Anfang 1990 wurden sie in verschiedenen britischen Musikmagazinen zu den besten Newcomern gewählt. *»Step On«* – eine Coverversion des John-Kongo-Hits *»He's Gonna Step On You Again«* aus dem Jahr 1971 – und *»Kinky Afro«* wurden 1990 jeweils Platz 5 in GB. Inzwischen galten die Happy Mondays mit den Stone Roses als führende Band des Rave-Booms.

Der Hit: *Kinky Afro*
Der Tip: *Pills 'N' Thrills And Bellyaches* (London 828 223-2)

Hardcastle, Paul

* 10.12.1957. Der britische Keyboarder, Songschreiber und Soundtüftler begann Anfang der 80er Jahre bei Direct Drive und wurde 1982 Mitglied bei First Light. 1984 gründete Paul eine eigene Plattenfirma und hatte darauf 1985 mit der durchschnittlichen Altersangabe der US-Soldaten im Vietnam-Krieg einen Welterfolg: *»19«*. Die Platte erreichte Platz 1 in GB und in Deutschland, Platz 15 in den USA. Bei der nächsten Chartnotierung, *»Just For The Money«* Ende 1985, wirkten Bob Hoskins und Sir Laurence Olivier mit. Einen Top-10-Hit in GB hatte er 1986 noch mit *»Don't Waste My Time«*. Mit der von ihm geschriebenen Themenmusik zu der englischen TV-Sendung *»Top Of The Pops«*, *»The Wizard«*, kam er unter die ersten 20. Seitdem schreibt er in erster Linie Musik für Fernsehserien, produziert und mixt und nimmt ab und zu unter Pseudonymen Platten auf.

Der Hit: *19*
Der Tip: *Paul Hardcastle* (Chrysalis 610 582)

Hardy, Françoise

* 17.1.1944. Françoise Hardy war für uns, die wir mit ihr fast gleichaltrig waren, der Typ Bohnenstange. Aber sie war ja auch erst 18 Jahre alt, als sie mit ihren ersten selbstgeschriebenen Liedern die französischen Altstars wie Aznavour, Brassens, Bécaud, Brel usw. in den Hitparaden hinter sich ließ. Die älteren Franzosen waren erstaunt über dieses junge Mädchen, das da fast nichtssagende, monoton vorgetragene Liedchen trällerte. Aber die Jugendlichen sahen sich und ihre Interessen eher durch die junge Françoise vertreten. Sie wirkte schüchtern und linkisch – egal, die jugendlichen Käufer machten sie auf Anhieb zum Star, Ihren ersten Hit konnte sie 1962 mit dem selbstgeschriebenen Titel *»Tous Les Garçons Et Les Filles«* verbuchen. Es folgten *»Le Temps De L'Amour«* 1963, *»Mon Amie La Rose«* 1965 und *»Message Personnel«* 1973. Wunderschön, wenn auch nicht erfolgreich, war ihre Nummer *»Star«*. In Deutschland hatte sie ihren größten Erfolg im Sommer 1965 mit *»Frag den Abendwind«*, ein Platz 7 und ihr einziger Top-10-Hit bei uns. Franzosen hatten es bei uns immer schwer, mit ihren Liedern in die Hitparaden zu kommen – auch die großen Stars. Françoises Lieder wurden dann meist auch nur hierzulande Hits, wenn sie ins Deutsche übertragen waren. In GB wurde sie dreimal in den Charts notiert, ihr größter Erfolg dort war *»All Over The World«*, 1965 Platz 16. In Frankreich machte sie sich nicht nur als Sängerin, sondern auch als Schauspielerin und Model einen Namen. Daß ihre internationale Karriere bereits Ende der 60er Jahre zu Ende ging, lag sicher auch an ihrer immer stärker werdenden Bühnenangst. In Frankreich zog sie sich Anfang der 70er Jahre aus dem Showgeschäft zurück und zu ihrem Kollegen Jacques Dutronc. Als das erste gemeinsame Kind geboren wurde, gab die zarte Französin kernige Interviews vor allem zum Thema Emanzipation. Es erschienen immer wieder Platten von ihr, die jedoch die alten Erfolge nicht wiederholen konnten. Inzwischen war sie mit Dutronc verheiratet, hatte ein zweites Kind und blickte zeitweise in die Zukunft – im wahrsten Sinne des Wortes: Für eine französische Radiostation betätigte sie sich hin und wieder als Astrologin.

Der Hit: *Frag den Abendwind*
Der Tip: *Les Grands Succès* (Vogue 670010)

Harley, Steve & Cockney Rebel

Steve Harley, v (* 27.2.1951 als Steven Nice); Jean-Paul Crocker, vln/g; Paul Avron Jeffreys, b (* 13.2.1952, † 21.12.1988); Milton Reame-James, key; Stuart Elliot, d; Duncan Mackay, key (* 26.7.1950); Jim Cregan, g (* 9.3.1946); George Ford, b. 1973 gründete der ehemalige Zeitungsjournalist und Folksänger Steve Harley die Formation Cockney Rebel. Noch im gleichen Jahr erhielten sie einen Plattenvertrag und veröffentlichten ihr Debüt-Album *»Human Menagerie«*. *»Judy Teen«*, eine Auskopplung aus dieser LP, kam im Mai 1974 in die britischen Charts und erreichte Platz 5. Im August 1974 hatten sie mit *»Mr. Soft«* ihren zweiten Top-10-Erfolg. Zu diesem Zeitpunkt war die Gruppe schon wieder auseinandergefallen. Das lag vor allen Dingen an Harleys Besessenheit, sich selbst ständig in den Vordergrund zu stellen, und an seiner negativen Haltung der britischen Musikpresse gegenüber. Um 1974 beim Reading Festival und im Rainbow Theater in London auftreten zu können, stellte Harley eine neue Gruppe zusammen. Von der ersten Besetzung blieb lediglich der Schlagzeuger Stuart Elliott übrig. Neu kamen Jim Cregan, Duncan Mackay und George Ford. In dieser Besetzung begann man Ende des Jahres mit einer neuen LP, die in den Abbey Road Studios in London aufgenommen wurde. Im Februar 1975 kam *»Make Me Smile (Come Up And See Me)«* in die britischen Charts und wurde Platz 1. Als Interpreten wurden jetzt Steve Harley & Cockney Rebel genannt. Nachdem ihm mit *»Here Comes The Sun«*, der George-Harrison-Komposition, im Juli 1976 ein weiterer Top-10-Hit gelang, löste Harley erneut die Band auf und zog in die USA. Es folgten einige Singles, die nur auf untere Hitparadenplätze kamen. Nach 1983 geriet Harley in Vergessenheit. Zusammen mit Sarah Brightman und dem Titelsong aus dem Musical *»The Phantom Of The Opera«* stand er im Januar 1986 wieder in den britischen Charts und erreichte Platz 7. Trotzdem folgten keine weiteren Hits. 1989 machte er eine Reunion-Tour durch GB. Von den Originalmitgliedern war wieder nur noch Stuart Elliott mit dabei. Hin und wieder kommen einige der Mitglieder bis in die 90er Jahre zusammen, um wieder als Cockney Rebel aufzutreten. Der schönste Titel der Formation, als sie sich noch Cockney Rebel nannte, war die Nummer *»Sebastian«*, die allerdings lediglich im März 1974 in die deutschen Charts kam und da auch nur bis auf Platz 30.

Der Hit: *Make Me Smile (Come Up And See Me)*
Der Tip: *The Best Of* (EMI CDP 7 99062 2)

Harmonicats

Jerry Murad, Al Fiore, Don Les, alle harm.
1944 verließen Al und Jerry die Borrah Minevitch Harmonica Group, um in Chicago ein eigenes Trio zusammen mit Don zu gründen. Der in der Türkei geborene Jerry spielte Leadharmonika, Al die Akkorde und Les Baßharmonika. Ab 1947 war das Trio in den USA erfolgreich. Ihr erster Hit war gleich ihr größter. *»Peg O' My Heart«* kam im April 1947 in die US-Charts, wurde für 8 Wochen Platz 1 und ein Millionseller. Mit *»Bewitched«* gelang ihnen zusammen mit Jan August Mitte 1950 ein weiterer Top-10-Erfolg. 1960 hatten sie ihre letzte Hiteintragung. Murad schrieb mit »Jerry Murad's Harmonica Technique For The

Super-Chronomic« die Bibel dieses Instruments. Die Harmonicats hatten auch noch Erfolge mit dem Country-Steel-Gitarristen Jerry Byrd, mit Richard Hayman und seinem Orchester und der Sängerin Roberta Quinlan, die zwischen 1949 und 1951 in den USA bei NBC eine eigene TV-Serie betreute.

Der Hit: *Peg O' My Heart*

Harpo

* 5.4.1950 als Harpo Svensson. Nachdem er in Stockholm eine Theaterschule besucht hatte, führte er selbst Regie, schrieb Bücher und versuchte sich an Theaterstücken. Seine ersten Erfolge als Sänger hatte er 1974 in seiner Heimat Schweden mit *»Baby Boomerang«* und *»Teddy Girl«*. Mit dem Titel *»Moviestar«*, den er selbst geschrieben hatte, kam Harpo im September 1975 in die deutschen Charts und erreichte Platz 1. *»Motorcycle Mama«* und *»Horoscope«* waren 1976 zwei weitere Top-10-Erfolge für ihn. Nach 1977 zog er sich aus dem Showgeschäft zurück, um für fünf Jahre Pause zu machen. 1982 versuchte er sich mit einer neuen LP mit dem Titel *»The Fool Of Yesterday Will Be The Fool Of Tomorrow«*. Danach hörte man nichts mehr von ihm.

Der Hit: *Moviestar*
Der Tip: *Harpo Hits!* (EMI IC 064 3545 1)

Harris, Anita

* 3.6.1942. Bevor die Britin ihre Gesangskarriere begann, nahm sie Schauspiel- und Tanzunterricht und ging im zarten Alter von 16 Jahren nach Las Vegas, um dort in einer Show zu tanzen. Ende der 50er Jahre kehrte sie in ihre Heimat zurück und wurde Mitglied bei den Cliff Adams Singers. Nächste Station waren die Grandiers, bei denen auch Gerry Dorsey Mitglied war, bevor er sich in Engelbert Humperdinck verwandelte. Mitte der 60er Jahre startete sie dann ihre Solokarriere. Ihr erster war auch gleich ihr größter Erfolg: Mitte 1967 erreichte sie mit *»Just Loving You«*, geschrieben von Tom Springfield, dem Bruder von Dusty, Platz 6 in den britischen Charts. Es folgten noch drei weitere Hitnotierungen, die jedoch nicht mehr unter die ersten 20 kamen. Nach 1968 war ihre Hitzeit wieder vorüber. Sie war danach vor allem als Schauspielerin tätig.

Der Hit: *Just Loving You*

Harris, Jet & Tony Meehan

Terence »Jet« Harris, g (* 6.7.1939) und Daniel Joseph Anthony Meehan, d (* 2.3.1943).
1958 formierten sich die Shadows. Zu Hank Marvin und Bruce Welch stießen im Laufe des Jahres Jet Harris und als letzter im Dezember Tony Meehan. Auf Titeln wie *»Apache«*, *»F.B.I.«* oder *»Kon-Tiki«* waren die beiden zu hören. Tony Meehan verließ die Shadows im Oktober 1961 und wurde durch Brian Bennett ersetzt. Im April 1962 verließ Jet Harris die Shadows, für ihn kam Brian Locking. Meehan wollte sich um Produktionen für die Plattenfirma Decca kümmern und unterschrieb außerdem einen Solovertrag bei dieser Firma. Harris unterzeichnete ebenfalls einen Plattenvertrag bei Decca als Solist. Mit *»Besame Mucho«* und *»Main Title Theme From Man With The Golden Arm«* hatte er noch im gleichen Jahr zwei Hits in GB. Ende des Jahres bildeten Jet und Tony ein Duo und nahmen den Titel *»Diamonds«* auf, der im Januar 1963 in die britische Hitparade kam und Platz 1 erreichte. Vier Monate später standen sie auf Platz 2 mit *»Scarlett O'Hara«*. Im September immer noch des gleichen Jahres kam *»Applejack«* auf Platz 4. Danach war ihre gemeinsame Hitzeit wieder vorüber. Tony Meehan gründete eine eigene Combo und hatte im Januar 1964 mit *»Song Of Mexico«* einen letzten Top-40-Hit in GB. Danach baute er seine Position als Produzent und Arrangeur aus. Harris hatte starke berufliche und private Probleme und konnte sich keine weitere Karriere aufbauen.

Der Hit: *Diamonds*
Der Tip: *Remembering ...* (Decca REM 1)

Harris, Keith & Orville

Der britische Bauchredner Keith Harris trat regelmäßig in Fernsehsendungen der BBC auf und wurde stets von einer vogelähnlichen Figur begleitet, die herrlich lustig war. Diese ulkige Figur trug den Namen Orville. *»Orville's Song«* erreichte Weihnachten 1982 Platz 4. Hätte Keith Harris einen Esel singen lassen, wäre es vielleicht eine Nummer 1 geworden. Ein Jahr später versuchte er sich wieder an einem Weihnachtslied. Dieses Mal wurde Keith Harris von Dippy begleitet, der mehr aus der Steinzeit stammte. Nicht einmal die Briten wollten Weihnachten ein prähistorisches Tier in der Wohnung haben. Zwei Jahre später – wieder zu Weihnachten – sang Keith Harris mit Orville *»White Christmas«*. Die Briten bestraften diesen Verrat an Bing Crosby mit einem Platz 40.

Der Hit: *Orville's Song*

Harris, Major

* 9.2.1947. Der amerikanische Sänger begann seine Karriere mit den Jarmels. Von 1971 bis 1974 war er Mitglied bei den Delfonics, und danach machte er Soloplatten. Sein größter Erfolg war die Nummer *»Love Won't Let Me Wait«*, die im März 1975 in die Hitparade kam, Platz 5 erreichte und Millionseller wurde. Noch im gleichen Jahr hatte er zwei weitere Hitnotierungen, dann war seine Popkarriere zunächst beendet. 1983 tauchte er in den USA noch einmal in der Rhythm-&-Blues-Hitparade mit *»All My Life«* auf. In GB kam die Platte unter die Top 75. Ende der 80er Jahre ging er zu den wiederbelebten Delfonics.

Der Hit: *Love Won't Let Me Wait*

Harris, Phil

* 24.6.1906. Der Sohn eines Musikers wuchs in Nashville, Tennessee, auf. Er begann eine Karriere als Schlagzeuger, bis er 1931 seine erste eigene Band gründete. Wenig später trat er erstmals in Filmen auf, zuerst mit seiner Band, dann als Komiker und schließlich auch in ernsten Rollen. 1941 heiratete er den Filmstar Alice Faye und machte mit ihr zusammen durch die 40er Jahre sehr populäre Radiosendungen. Schon 1933 hatte Phil mit dem Titel *»What Have We Got To Lose? (Heigh-Ho-Lackaway)«* seinen ersten Top-10-Erfolg. *»One-Zy, Two-Zy (I Love You-Zy)«* erreichte im Frühjahr 1946 Platz 2 in den amerikanischen Popcharts. Sein größter Erfolg wurde Ende 1950 der Millionseller und Spitzenreiter in den USA *»The Thing«*. Seine letzte Hitnotierung hatte er 1952. Alle Titel wurden von Phil selbst gesungen.

Der Hit: *The Thing*

Harris, Richard

* 1.10.1930. Der aus Limerick, Irland, stammende Richard studierte in London an der Academy of Music and Dramatic Art. 1956 gab er sein Bühnendebüt, 1958 hatte er in *»Alive And Kicking«* seine erste Filmrolle. Zu seinen erfolgreichen Filmen gehören *»Kanonen von Navarone«* 1961, *»Meuterei auf der Bounty«* neben Marlon Brando 1962, *»Lockender Lorbeer«* 1963 – diese Rolle brachte ihm eine Oscar-Nominierung ein –, *»Die Bibel«* 1966 – hier spielte er Kain –, *»Camelot«* als König Arthur 1967 oder *»Die Wildgänse kommen«* neben Richard Burton 1978. Als Platteninterpret schlug er nur einmal richtig zu: Die Jimmy-Webb-Komposition *»MacArthur Park«* wurde Mitte 1968 ein Platz 2 in den USA, Platz 4 in GB. Es

folgten in den nächsten Jahren drei weitere Hitnotierungen. Dann beschränkte er sich wieder aufs Filmen.
Der Hit: *MacArthur Park*
Der Tip: *MacArthur Park* (MFP 50251)

Harris, Rolf

* 30.3.1930. Der australische Sänger, Pianist und Songschreiber wurde mit dem Titel *»Tie Me Kangaroo Down, Sport«* Mitte 1960 über die Grenzen des fünften Kontinents hinaus bekannt. Die Platte erreichte Platz 9 der britischen Charts. Drei Jahre später war es ein Platz 3 in der amerikanischen Hitparade. *»Sun Arise«* war Ende 1962 ein weiterer Top-10-Erfolg für ihn in GB. Dann war er für etliche Jahre aus den britischen Charts verschwunden, bis er Weihnachten 1969 mit *»Two Little Boys«* Spitzenreiter in GB wurde. Danach trat eine noch längere Hitpause für Harris ein, der sich inzwischen jedoch im britischen Fernsehen mit regelmäßigen Kindersendungen in der BBC einen Namen gemacht hatte. Nach 23 Jahren – Anfang 1993 – brachte er eine australische Känguruh-Version des Led-Zeppelin-Hits *»Stairway To Heaven«* auf den Markt, die bis auf Platz 7 in GB kam. Diese Version von Rolf Harris entstand, weil ein australischer Fernsehsender an 22 verschiedene Künstler den Auftrag gegeben hatte, jeweils ihre persönliche Fassung des Songs einzuspielen. Rolfs skurrile, mit akustischer Gitarre und traditionellen australischen Instrumenten wie einem Didgeridoo, dem Blasrohr der Aborigines, sowie rhythmisch schwingenden Metallblechen eingespielte Version war die erfolgreichste.
Der Hit: *Two Little Boys*
Der Tip: *The Best Of* (EMI 1 C 062-92 539)

Harris, Thurston

* 11.7.1931, † 14.4.1990. Der amerikanische Sänger und Saxophonist machte 1953 mit den Lamplighters seine ersten Platten. Als Solist hatte Harris mit *»Little Bitty Pretty One«* Ende 1957 seinen ersten und einzigen Top-10-Erfolg in den USA. Nach zwei weiteren Hitnotierungen 1958 tauchte er nicht wieder in den Popcharts auf. *»Over And Over«* – für ihn Ende 1958 lediglich ein Platz 96 in den USA – wurde 1965 für Dave Clark Five ein Platz 1 in den US-Charts. Harris wechselte ständig seine Plattenfirma, was ihm aber auch keinen Erfolg brachte, und hatte große persönliche Probleme, zeitweise war er drogenabhängig. Er starb 1990 nach einem Herzinfarkt.
Der Hit: *Little Bitty Pretty One*
Der Tip: *Little Bitty Pretty One* (Aladdin 154 665 1)

Harrison, George

* 25.2.1943. Mitte der 50er Jahre wurde George Mitglied in der Gruppe seines Bruders Pete, den Rebels. 1958 kam er zu den Quarrymen, aus denen sich Johnny & The Moondogs, Johnny & The Silver Beatles, Silver Beatles und schließlich 1960 die Beatles entwickelten, die zwischen 1962 und 1970 neue Maßstäbe in der Popmusik setzten. Mit *»Here Comes The Sun«* und *»Something«* schrieb George Harrison zwei der schönsten Beatles-Nummern. Aber auch *»Taxman«* oder *»While My Guitar Gently Weeps«* wurden von ihm allein verfaßt. Im November 1968 veröffentlichte George als erster Beatle ohne die Gruppe eine eigene Platte. Es war der Soundtrack zu dem Film *»Wonderwall«*. Nachdem Ende 1970 die Beatles auseinandergefallen waren, war George der erste, der weltweiten Erfolg als Solist haben sollte. *»My Sweet Lord«* kam im November 1970 in die US-Charts und wurde Platz 1. Zwei Monate später erreichte die Nummer auch die Spitze in GB und in Deutschland. Wie sich später herausstellte, war der Titel stark an den Hit *»He's So Fine«* von den Chiffons angelehnt, der Anfang 1963 ein Spitzenreiter in den USA war. George Harrison hat immer behauptet, der Edwin-Hawkins-Singers-Hit *»Oh Happy Day«* habe ihn zu *»My Sweet Lord«* inspiriert. Nach einem Rechtsstreit mußte Harrison sich jedenfalls die Tantiemen mit den Verfassern des Chiffons-Titels teilen. Im August 1971 spielte Harrison, auf Bitte seines Freundes Ravi Shankar, mit beim *»Concert For Bangladesh«*. Neben ihm spielten im New Yorker Madison Square Garden Musiker wie Bob Dylan, Ringo Starr, Leon Russell oder Eric Clapton. Nachdem es wegen einer Plattenveröffentlichung zwischen den einzelnen Firmen, bei denen die jeweiligen Künstler unter Vertrag waren, zu rechtlichen Schwierigkeiten kam, stellte Harrison einen eigenen Scheck aus, um den Hilfsfonds für Bangladesh zu unterstützen. Sein Titel *»Bangladesh«* erreichte Platz 10 in den britischen Charts. *»Give Me Love (Give Me Peace On Earth)«* war Mitte 1973 in GB ein Platz 8, in den USA Platz 1. Danach trat eine längere Top-10-Pause ein, die erst im Frühjahr 1981 durch *»All Those Years Ago«*, Platz 2 in GB, unterbrochen wurde. Die nächste Pause dauerte sechs Jahre, bis im Herbst 1987 *»Got My Mind Set On You«* Spitzenreiter in den USA, Platz 2 in GB wurde. Diese Nummer war keine Komposition von Harrison, sondern wurde im Original 1962 erfolglos von James Ray aufgenommen. Obwohl George Harrison einer der ersten der Fab Four war, der erkannte, daß es im Leben mehr gibt, als ein Beatle zu sein, erinnerte er sich in *»When We Was Fab«*, im Frühling 1988 sein bisher letzter nennenswerter Hiterfolg, an diese Zeit. Ähnliches war ja schon bei *»All Those Years Ago«* der Fall. Neben seinen gesanglichen Aktivitäten hatte George Harrison schon Mitte 1974 seine eigene Plattenfirma Dark Horse und seine eigene Filmproduktionsfirma Handmade Films gegründet. Diese sorgte dafür, daß Monty Python, nachdem sich die EMI aus dem Projekt *»Das Leben des Brian«* zurückgezogen hatte, den Film fertigstellen konnte. Handmade Films

George Harrison *(Dark Horse)*

war in den 80er Jahren verantwortlich für Filme wie *»Time Bandits«*, *»Mona Lisa«* oder *»Water«*. 1988 erschien eine Platte der Traveling Wilburys, auf der neben Jeff Lynne, Roy Orbison, Tom Petty und Bob Dylan auch George Harrison mitwirkte. 1992 unterstützte der schon immer grün angehauchte Harrison in GB den Wahlkampf einer neuen ökologischen Partei, der Natural Law Party. Er trat in der Londoner Royal Albert Hall auf und wurde unterstützt von Ringo Starr, Gary Moore und Joe Walsh. Die Presse sprach von einem triumphalen Comeback. Im Dezember 1991 hatte sich Harrison, unterstützt u. a. von Eric Clapton, Andy Fairweather-Low und Nathan East, auf eine Japan-Tournee begeben. Der Mitschnitt *»Live In Japan«* war erstaunlich gut. Ende 1992 erhielt Harrison von der amerikanischen Musikzeitschrift Billboard den ersten Century Award, der für außergewöhnliche, zeitlose künstlerische Arbeit und Verdienste verliehen wird.

Der Hit: *My Sweet Lord*
Der Tip: *The Best Of* (EMI CDP 7 46682 2)

Harrison, Noel

* 29.1.1934. Der Sohn des großen englischen Schauspielers Rex Harrison gab 1962 sein Bühnendebüt. 1965 wurde seine erste Platte in der britischen Hitparade notiert. Mit *»Windmills Of Your Mind«* aus dem Film *»Thomas Crown ist nicht zu fassen«* erreichte Noel im Februar 1969 Platz 8 in den britischen Popcharts.

Das war seine einzige Begegnung mit den Niederungen des Top-10-Geschäfts. Danach wandte er sich dem Theater zu.

Der Hit: *Windmills Of Your Mind*

Harrison, Wilbert

* 5.1.1929. Der Rhythm-&-Blues-Sänger gewann 1953 bei einem Amateurwettbewerb in Miami den ersten Preis. Seine erste Plattenveröffentlichung datiert aus dem Jahre 1952. 1958, inzwischen in Newark, New Jersey, bemühte sich Wilbert um den Titel »*K.C. Lovin'*«, den 1952 Little Willie Littlefield aufgenommen hatte. Diese Nummer hatten Mike Stoller und Jerry Leiber als »*Kansas City*« geschrieben. Daß Littlefield »*K.C. Lovin'*« daraus gemacht hatte, war ohne die Einwilligung von Leiber und Stoller geschehen. Die beiden waren erfreut, daß sich nun ein neuer Interpret um diesen Titel bemühte. Sie halfen Wilbert bei der Suche nach einer geeigneten Plattenfirma. Als die Nummer im Frühjahr 1959 erschien, erreichte sie Platz 1 in den US-Charts und zog weitere Veröffentlichungen von Hank Ballard & The Midnighters, Little Richard und anderen nach sich. Danach wollten Wilbert keine Hits mehr gelingen. Er spielte als One-Man-Band Gitarre, Schlagzeug, Mundharmonika und Piano. Zehn Jahre sollte es dauern, bis er mit »*Let's Work Together Part I*« Ende 1969 erneut in den amerikanischen Top 40 auftauchte. Diese von ihm geschriebene Nummer wurde Anfang 1970 mit Canned Heat ein Platz 2 in GB und noch später als »*Let's Stick Together*« ein Erfolg für Bryan Ferry. Danach hatte Harrison keinen Hitparadenerfolg mehr.

Der Hit: *Kansas City*

Harrow, Den

* 4.6.1962 als Manuel Stefano Zandri. Den wurde in Boston geboren, hat aber seit dem vierten Lebensjahr seinen Wohnsitz in Mailand. Was er musikalisch brachte, war der typische italienische Discosound aus der zweiten Hälfte der 80er Jahre. Wenn man seinen Künstlernamen schnell hintereinander ausspricht, kommt man auf Denaro, in Oberitalien bedeutet das schlicht und ergreifend Geld. Das machte er mit »*Bad Boy*« und »*Charleston*«, 1986 Top-20-Hits in Deutschland, und »*Don't Break My Heart*«, im April 1987 Platz 4. Den hatte das Gesicht, zu dem man bravo sagt. 1986 bekam er den Silbernen Otto, 1987 den Goldenen Otto, 1988 war er wieder Otto Normalverbraucher. Ein Top-30-Hit gelang ihm nicht mehr.

Der Hit: *Don't Break My Heart*
Der Tip: *The Best Of* (Baby Records 210 064)

Harry, Deborah

* 1.7.1945. Die amerikanische Sängerin und Filmschauspielerin begann in der zweiten Hälfte der 60er Jahre in der Folk-Rock-Band Wind In The Willows, die 1968 eine LP veröffentlichte. Danach arbeitete sie als Playboy-Bunny und Barfrau. Anfang der 70er Jahre stieg sie als Sängerin in die Glitter-Rockband Stilettoes ein. Mitglied in dieser Formation wurde später der Gitarrist Chris Stein. 1974 trennten sich Harry und Stein von den Stilettoes und gründeten Angel & The Snakes, aus denen dann 1975 Blondie wurde. Bis 1982 hatte diese Band jede Menge Hits. Dann trennte sich Debbie von der Gruppe und machte als Solistin weiter. *»French Kissin' In The USA«* war Ende 1986 ein Platz 8 in der britischen Hitparade. Die Amerikaner, die damit angesprochen wurden, brachten die Platte immerhin bis auf Platz 57. In der Folgezeit erschienen weitere Singles von ihr, die jedoch nicht mehr in die Top 10 kamen. Zwischenzeitlich hatte sie sich auch um ihre Filmkarriere gekümmert: In *»Videodrome«*, *»Hairspray«*, *»Roadie«*, *»Union City«* oder *»Tales From The Dark Side – The Movie«* spielte sie mit. Außerdem wirkte sie auch in Fernsehserien mit.

Der Hit: *French Kissin' In The USA*
Der Tip: *The Complete Picture* (Chrysalis CDP 321 817 2)

Harry J. All Stars

Diese jamaikanische Gruppe kam Ende 1969 mit der Nummer *»Liquidator«* in die britische Hitparade und erreichte Platz 9. Wie so viele Interpreten des Trojan-Labels brachte sie es lediglich auf einen Hit. Als *»Liquidator«* rund 10 Jahre später wiederveröffentlicht wurde, kam der Titel bis auf Platz 42. Ansonsten gelang Harry J. All Stars unter diesem Namen nichts.

Der Hit: *Liquidator*

Hart, Corey

* 31.5.1962. Der Kanadier war in Spanien und Mexiko aufgewachsen. Mit 14 Jahren veröffentlichte er mit seinem Landsmann Paul Anka seine erste Single. Knapp 18jährig vertrat er neben Dan Hill Kanada bei dem World Song Festival im Budakan in Tokio. Mit 21 hatte er seinen ersten großen Erfolg: *»Sun Glasses At Night«*, im Frühjahr 1984 ein Platz 7 in den USA. Dieser Titel stammte von seiner ersten LP *»First Offense«*, die er in GB aufgenommen hatte. Die Reihe der Mitspieler konnte sich sehen lassen. Paul Burgess von Jethro Tull und 10cc, Gary Tibbs, der mit Roxy Music und Adam & The Ants gespielt hatte, und Eric Clapton

Deborah Harry *(Chrysalis)*

wirkten mit. Mitte 1985 stand *»Never Surrender«* auf Platz 3 in den USA. Bis in die 90er Jahre erschienen weitere rockige und gut gemachte Platten, die sich jedoch nicht mehr unter die ersten 10 plazieren ließen. Mitte 1992 kam Corey auf einem neuen Plattenlabel mit der LP *»Attitude And Virtue«*, die eine Mixtur aus Rhytm & Blues, Rock 'n' Roll und Reggae brachte.

Der Hit: *Never Surrender*
Der Tip: *The Singles* (EMI CDP 7 94974 2)

Hartley, Richard & Michael Reed Orchestra

Für das britische Eistanzpaar Jayne Torvill und Christopher Dean produzierten Richard Hartley und Michael Reed für die durch Tuborg Lager gesponserte Eistanzmeisterschaft von Großbritannien, die am 18.11.1983 in Nottingham Ice Rink stattfand, die Musik. Es war eine Mixtur aus *»Bolero«* von Ravel und *»Capriccio Espagnole«* von Rimsky-Korsakov. Auf der zweiten Seite dieser dazu erschienenen EP waren *»Barnum On Ice«* und *»Discoskate«* zu hören. Zwischen dem 7. und dem 19. Februar 1984 wurden in Sarajevo die Olympischen Winterspiele ausgetragen. Torvill und Dean gewannen mit weitem Vorsprung eine Goldmedaille im Eistanzen. Am 25. Februar 1984 kam die Platte als *»The Music Of Torvill & Dean EP«* in die britischen Charts und erreichte Platz 9. Es war also weniger die Qualität der Musik, sondern eher die Schönheit des Eistanzes, die die Werke von Ravel und Rimsky-Korsakov in die Pop-Hitparade brachte.

Der Hit: *The Music Of Torvill & Dean EP*

Hartman, Dan

* 4.11.1956. Mit 16 Jahren wurde der amerikanische Multi-Instrumentalist und Sänger Mitglied in der Gruppe von Edgar Winter. 1976 stieg er aus und machte als Solist Platten. Sein Titel *»Instant Replay«* kam im Herbst 1978 in die US-Charts, erreichte nur Platz 29, wurde aber ein Millionseller. In GB kam sie dagegen bis auf Platz 8. 1984 stand *»I Can Dream About You«* aus dem Film *»Streets On Fire«* auf Platz 6 der US-Charts. Dan Hartman hatte sich auf Filmsongs spezialisiert und machte sich einen Namen als Produzent. In Westport, Connecticut, hatte er sich inzwischen ein eigenes Studio gebaut. Zu seinen Klienten gehören die Average White Band, Neil Sedaka oder auch James Brown. Für Browm produzierte er *»Living In America«*, zu hören in Rocky IV.

Der Hit: *Instant Replay*

Harvey, Alex

* 5.2.1935 in Glasgow † 4.2.1982. Alex Harvey machte seit der Mitte der 50er Jahre mit wechselndem Erfolg und wechselnden Musikern die unterschiedlichste Musik. Seine Karriere begann in Skiffle-Bands. Danach spielte Alex in der Big Soul Band, mit der er zwischen 1958 und 1966 durch ganz Europa zog, inklusive des legendären Hamburger Star-Clubs. Zwischendurch trat er als Balladensänger oder als Entertainer und Clown in Kabaretts und Clubs auf. Fünf Jahre lang war er Mitglied im Londoner »*Hair*«-Ensemble. Mit der 1973 von ihm gegründeten Sensational Alex Harvey Band gelang ihm mit einer Coverversion von »*Delilah*« Mitte 1975 ein Platz 7 in GB. Ein Jahr später stand seine Sicht der »*Boston Tea Party*« auf Platz 13 in GB. Nach 1978 löste er seine Band auf und machte als Solist weiter. Einen Tag vor seinem Geburtstag starb er nach einem Herzschlag während einer Tournee durch Belgien.

Der Hit: *Delilah*
Der Tip: *All Sensations* (Vertigo 512 201-2)

Hasselhoff, David

* 17.7.1952. Für den heimischen amerikanischen Markt war der Gesang des Amerikaners nicht geeignet. Deutsche Kinder, die ihn als Knight Rider kannten, liebten ihn. Ende 1978 hatte Mark Seaberg den Titel »*Looking For Freedom*« aufgenommen, der bis auf Platz 16 der deutschen Charts kam. Jack White hatte die Nummer damals mitgeschrieben und produzierte das Stück Anfang 1989 mit David neu. Im April erreichte die Platte Platz 1 der deutschen Hitparade. Der Nachfolge-Hit war »*Is Everybody Happy*«, Platz 8. Die gesanglichen und schauspielerischen Fähigkeiten sind sehr umstritten, werden aber von den jugendlichen Konsumenten von K.I.T.T. oder »*Baywatch*« akzeptiert. Die Liste seiner Hiteintragungen geht bis in das Jahr 1993.

Der Hit: *I've Been Looking For Freedom*
Der Tip: *Looking For Freedom* (White Records 260 050)

Hathaway, Donny

* 1.10.1945 † 13.1.1979. 1964 traf Donny, während er in Washington Musik studierte, auf Roberta Flack. Er spielte Keyboards im Ric Powell Jazz Trio. 1968 lernte er in Chicago Curtis Mayfield kennen, der ihn bat, mit der Sängerin June Conquest einige Platten im Duett aufzunehmen. Außerdem arbeitete er für Chess Records mit Woody Herman und als freier Produzent für Stax mit Carla

Thomas und den Staple Singers. Ein Jahr später freundete sich Donny mit dem Saxophonisten King Curtis an, der ihn der Plattenfirma Atlantic empfahl. Die machte einen Vertrag mit Hathaway als Produzent, Songschreiber und Sänger. Im Februar 1970 erschien seine erste eigene Platte, aber richtig Erfolg sollte er im Duett mit seiner alten Studienkollegin Roberta Flack haben. Die erste gemeinsame Platte erschien im März 1971, hieß *»You've Got A Friend«* und wurde ein Top-30-Hit in den USA. *»Where Is The Love«* 1972 und *»The Closer I Get To You«* 1978 waren Millionseller und Top-10-Hits für Donny und Roberta. Am 13. Januar 1979 fiel Donny aus dem 15. Stock des Essex-House-Hotels in New York. Von der Polizei wurde das als Selbstmord hingestellt. Freunde von Donny sind da anderer Meinung.

Der Hit: *The Closer I Get To You*
Der Tip: *Extension Of A Man* (Atlantic 40 487)

Hawkes, Chesney

* 22.9.1971. Chesney ist der Sohn von Chip Hawkes, der einer der Leadsänger der Tremeloes war. Als Roger Daltrey, Sänger der Who, für den Film *»Buddy's Song«* einen Filmsohn suchte, fiel seine Wahl auf Chesney Hawkes. Der spielt darin einen jungen Musiker, dessen Vater total über den Erfolg seines Sohnes ausrastet und damit dessen Karriere in Gefahr bringt. Zum Soundtrack von *»Buddy's Song«* steuerte Chesney auch eigene Songs bei. Der Titel *»The One And Only«*, geschrieben von Nik Kershaw, kam im Februar 1991 in die britischen Charts und wurde Platz 1. Zwei Monate später war es ein Top-10-Hit in Deutschland, im August 1991 einer in den USA. Der Titel war nicht nur in *»Buddy's Song«* zu hören, sondern wurde auch für den Soundtrack von *»Doc Holiday«* mit Michael J. Fox übernommen.

Der Hit: *The One And Only*
Der Hit: *Buddy's Song* (Chrysalis CCD 1812)

Hawkins, Edwin

* August 1943. 1967 startete Edwin Hawkins seine erste eigene Gospelgruppe als Northern California State Youth Choir. Mit seinen Edwin Hawkins Singers veröffentlichte er den Titel *»Oh Happy Day«*, der im April 1969 in die amerikanischen Charts kam, Platz 4 und ein Millionseller wurde. In GB erreichte der Titel Platz 2, in Deutschland gar Platz 1. Zusammen mit Melanie kamen die Edwin Hawkins Singers ein Jahr später wieder unter die ersten 10 der US-Charts: *»Lay Down (Candles In The Rain)«*. Die Sängerin Dorothy Morrison, die die Leadstimme

bei »*Oh Happy Day*« gesungen hatte, trennte sich von der Gruppe und begann eine Solokarriere, die 1969 und 1970 zu zwei Top-100-Hits führte. Die Edwin Hawkins Singers touren nach wie vor und nehmen gelegentlich auch mal eine Platte auf.

Der Hit: *Oh Happy Day*

Hawkins, Erskine

* 26.7.1914. Der amerikanische Trompeter, Bandleader und Songschreiber war zwischen 1936 und 1948 mit seinem Orchester regelmäßig in den US-Charts vertreten. Seine ersten Erfolge hatte er vorwiegend in New Yorks Stadtteil Harlem. Seinen größten Erfolg hatte Erskine mit »*Tuxedo Junction*«, Ende 1939 ein Platz 7 in den USA. Glenn Miller hatte mit dem gleichen Titel eine Nummer 1. Komponist ist jedoch Erskine. »*Dolomite*« 1940 und »*Tippin' In*« 1945 waren zwei weitere Top-10-Erfolge für Hawkins. In den späten 50er Jahren leitete Erskine eine eigene Combo, die bis in die 70er Jahre spielte. Noch 1986 trat er bei dem fünften Floating Jazz Festival an Bord der SS Norway auf.

Der Hit: *Tuxedo Junction*

Hawkins, Sophie B.

Sophie Ballantine Hawkins wurde in Manhattan geboren, wo sie auch aufwuchs. Ihre Musik ist nur schwer einzuordnen, als Einfluß gibt sie David Bowie, Ludwig van Beethoven, Barbra Streisand, Thelonius Monk und John Coltrane an. Sie interessierte sich schon früh für Jazz und machte ihre ersten öffentlichen Auftritte als Schlagzeugerin einer New Yorker Punk-Band. Ihre Debütplatte »*Damn I Wish I Was Your Lover*« kam im April 1992 in die US-Charts und erreichte Platz 5. Sowohl in GB als auch in Deutschland wurde der Titel ein Top-20-Erfolg. Mit einer Nachfolgesingle tat sie sich bisher schwer, obwohl »*California, Here I Come*« zumindest genauso schön war wie ihr erster Hit. Sophie gehört zu der Riege der neuen Interpretinnen der 90er Jahre, die sich ihr Material ohne fremde Hilfe selbst schreiben können.

Der Hit: *Damn I Wish I Was Your Lover*
Der Tip: *Tongues And Tails* (Columbia 468 823 2)

Hawkwind

Dave Brock, g/v; Mick Slattery, g; Nik Turner, sax/fl/v; Dik Mik Davies, electronics; John Harrison, b; Terry Ollis, d; Huw Lloyd Langton, g; Dick Taylor, g; Del Dettmar, electronics; Lemmy, b (* 24.12.1945 als Ian Frazer Kilmister); Simon King, d; Bob Calvert, v/fl († 14.8.1988).
Hawkwind war das letzte Relikt der Hippie-Psychedelic-Mode. Manchmal hatte man das Gefühl, daß die Gruppe sich nie ernsthaft bemühte, etwas Kommerzielles zu produzieren. Auf der anderen Seite waren sie auch mit ihrer audiovisuellen Mixed-Media-Show allen anderen Gruppen um Jahre voraus. Diese Londoner Band, die sich wohl wie eine Art Experimentierclub empfand, wurde 1969 gegründet. In der Besetzung Brock, Turner, Dik Mik, Harrison, Ollis und Slattery kam es zu den ersten Auftritten. Ende 1969 verließ Slattery die Gruppe und wurde durch die Gitarristen Huw Lloyd Langton und Dick Taylor ersetzt. In dieser Besetzung wurde nun die erste LP eingespielt, die von dem Space Rock, den die Gruppe zu jeder Zeit und an jedem Ort bei Free-Concerts spielte, wenig hören ließ. Sicher hatte die Gruppe mit allem gerechnet, nur nicht damit, daß sie es einmal zu einem Hit bringen würde. Ihre Nummer *»Silver Machine«* kam Mitte 1972 in die britischen Charts und erreichte Platz 3. Im Laufe der nächsten Jahre änderte sich die Besetzung immer wieder. Mitglieder gingen, kamen wieder oder wurden ersetzt. Zeitweise nannte man sich Hawklords, um rechtliche und vertragliche Komplikationen zu vermeiden. Ab 1979 firmierten die Musiker wieder als Hawkwind. In den 80er Jahren war Ginger Baker kurzfristig Mitglied der Formation, die bis in die 90er Jahre Platten veröffentlichte. Sänger Bob Calvert, der 1974 als Captain Lockheed & The Starfighters Platten veröffentlicht hatte, starb am 14. August 1988 nach einem Herzanfall. Lemmy stieg 1975 aus und gründete Motorhead.

Der Hit: *Silver Machine*
Der Tip: *Stasis The U. A. Years 1971–1975* (EMI CDP 7 46694 2)

Hayes, Bill

* 5.6.1926. In seiner Heimat USA wurde Bill in den 50er Jahren als Schauspieler in der Serie *»Your Show Of Shows«* bekannt. Schon seit seiner Schulzeit hatte er gesungen und geschauspielert und sein offizielles Bühnendebüt Ende der 40er Jahre in einer kleinen Rolle in *»Carousel«* gegeben. Mit dem Titel *»The Ballad Of Davy Crockett«* aus der Walt-Disney-TV-Serie *»Davy Crockett«*, in der das Leben dieses Trappers und Waldläufers beschrieben wurde, hatte Bill Hayes im Frühjahr 1955 einen Platz 1 in der amerikanischen Hitparade. Knapp ein Jahr später erreichte die Nummer Platz 2 in GB. In der Serie wurde das Stück von Fess

Parker gesungen. Bevor jedoch sein Original auf dem Markt war, hatte Bill Hayes bereits den Hit. Tennessee Ernie Ford und Fess Parker erreichten Platz 5 in den USA, ebenfalls 1955. *»Wringle, Wrangle«* aus dem Film *»Westward Ho, The Wagons«* war für Bill im Frühjahr 1957 noch einmal ein Top-40-Hit in den USA. Mehr ist ihm auf diesem Sektor nicht gelungen. In den 70er und 80er Jahren war Bill in der TV-Seifenoper *»Days Of Our Lives«* zu sehen.

Der Hit: *The Ballad Of Davy Crockett*

Hayes, Isaac

* 20.8.1942. Der amerikanische Sänger, Pianist, Songschreiber und Produzent begann als Sessionmusiker für Aufnahmen von Otis Redding und andere Künstler des Stax-Labels. Zusammen mit dem Songschreiber David Porter komponierte er eine Reihe bekannter Soul-Hits wie *»Soul Man«* oder *»Hold On! I'm A Comin'«*. Ende der 60er Jahre veröffentlichte er seine ersten eigenen Platten. Das Thema aus dem Film *»Shaft«*, *»Theme From Shaft«*, kam Ende 1971 in die US-Charts und wurde Spitzenreiter. In GB erreichte die Platte Platz 4. Isaac erhielt für die Nummer einen Oscar. Er hatte auch weitere Erfolge mit Filmmusiken, z. B. *»Tough Guys«* und *»Truck Turner«*. 1972 galt Isaac Hayes in der internationalen Presse als der führende Interpret des New Soul.

Der Hit: *Theme From Shaft*
Der Tip: *Isaac's Moods* (Stax CDSX 011 TIS)

Hayes, Richard

Der Sänger Richard Hayes war zwischen 1949 und 1953 in den USA erfolgreich. Der Titel *»The Old Master Painter«* kam Ende 1949 in die US-Charts und erreichte Platz 2. *»Our Lady Of Fatima«* 1950 und *»The Aba Daba Honeymoon«* 1951, beide Titel im Duett mit Kitty Kallen, und *»Out In The Cold Again«*, ebenfalls 1951, waren seine weiteren Top-10-Erfolge.

Der Hit: *The Old Master Painter*

Hayman, Richard

* 27.3.1920. In den 50er Jahren war Hayman ein bekannter Harmonikasolist. Mit 18 begann er mit Borrah Minevitch's Harmonica Rascals, danach spielte er mit Leo Diamond in Hollywood, In den 40er Jahren arrangierte er Musik für Filme, darunter *»Meet Me In St. Louis«*, *»Girl Crazy«* und *»State Fair«*. Außerdem

arrangierte er Musik für Vaughan Monroe. Nebenher spielte er in der Band von Horace Heidt. 1953 hatte er mit *»Ruby«*, dem Thema aus dem Film *»Ruby Gentry«*, einen Platz 3 in den US-Charts. Seine letzte Hitnotierung in den Top 20 war im Februar 1956 *»A Theme From The Threepenny Opera (Moritat)«*. Er nahm bis in die 60er Jahre Platten auf. In den 80er Jahren spielte er in den USA in Nachtclubs.

Der Hit: *Ruby*

Haymes, Dick

* 13.9.1916 † 28.3.1980. Der in Buenos Aires geborene Sänger wuchs in Europa auf. 1936 kam er in die USA, schrieb Songs, sang im Radio und spielte kleinere Rollen in Filmen. Dann versuchte er, Harry James seine selbstgeschriebenen Lieder zu verkaufen, der ihn 1939 als Ersatz für Frank Sinatra als Sänger engagierte. Mit ihm hatte er Ende 1941 den Top-20-Hit *»A Sinner Kissed An Angel«* und 1944 den Spitzenreiter *»I'll Get By (As Long As I Have You)«* – der Titel kam zwar erst 1944 in die Hitparaden, wurde aber im April 1941 aufgenommen. Dick sang auch bei Benny Goodman, z. B. *»Idaho«*, im Sommer 1942 ein Platz 4, und bei Tommy Dorsey. Ab 1943 war er auch als Solist erfolgreich. In jenem Jahr hatte er in den USA die beiden Spitzenreiter *»It Can't Be Wrong«* und *»You'll Never Know«*. Fünf Jahre später gelang ihm mit *»Little White Lies«* ein Millionseller und Platz 2. Seine größten Hits im Duett mit Helen Forrest waren *»Long Ago (And Far Away)«*, im Frühjahr 1944 Platz 2, und *»I'll Buy That Dream«*, Ende 1945 ebenfalls Platz 2. Zwischen 1948 und 1953 wirkte er in mehr als zehn Filmen mit. Da er offensichtlich nie amerikanischer Staatsbürger wurde und sich im Zweiten Weltkrieg mit dieser Begründung vor der Armee drückte, hatte er 1953 nach einem Auslandsaufenthalt mit seiner vierten Frau Rita Hayworth Schwierigkeiten, wieder in die USA einzureisen. Er wurde zwar nicht abgeschoben, aber seine Karriere litt darunter. 1960 und 1971 machte Dick Bankrott, ab Mitte der 60er Jahre lebte er in Irland und trat nur noch hin und wieder in amerikanischen Nachtclubs und Fernsehsendungen auf.

Der Hit: *You'll Never Know*
Der Tip: *Golden Greats* (MCA MCM 5024)

Haysi Fantayzee

Kate Garner (* 9.7.1953); Jeremiah Healy (* 18.1.1962); Paul Caplin.
Den größten Erfolg hatte dieses Londoner Disco-Trio zweifellos 1982 in Deutschland. Musikalisch vorbelastet war nur Caplin, der vorher Keyboarder

bei einer britischen Formation gewesen war. Kate war Modefotografin, Jeremiah Diskjockey. Die Nummer *»John Wayne Is Big Leggy«* kam vor allem über die Diskotheken und Clubs in die Hitparaden. In GB erreichte sie Platz 11, in Deutschland Platz 3. Es folgten noch drei weitere Single-Veröffentlichungen, die aber nur mäßig erfolgreich waren. 1983 trennten sie sich wieder. Healy schrieb Musik für TV-Werbung, bevor er eine Solo-Single veröffentlichte und später zu E-Zee Posse ging. Was von Haysi Fantayzee in Erinnerung blieb, war der von ihnen kreierte Lumpen-Look.

Der Hit: *John Wayne Is Big Leggy*
Der Tip: *Battle Hymns For Children Singing* (Regard Records ZL 25 457)

Hayward, Justin

14.10.1946. Bevor Justin Ende 1966 Mitglied bei Moody Blues wurde, hatte er bereits etliche Stationen durchlaufen. Zusammen mit Marty Wilde und dessen Frau hatte er ein Trio gegründet, hatte Theater gespielt und einige erfolglose Singles veröffentlicht. Er löste bei Moody Blues Danny Laine ab. Mit Justin kam es zum größten Erfolg der Formation: *»Nights In White Satin«*. Moody Blues machten Platten bis in die 90er Jahre. Zwischendurch fanden einzelne Mitglieder der Gruppe immer wieder Gelegenheit, alleine oder im Duo andere Projekte zu verfolgen. 1970 hatte die Band ihre eigene Plattenfirma Threshold gegründet, auf der die meisten dieser Projekte erschienen. Justin Hayward und sein Bandkollege John Lodge erreichten mit *»Blue Guitar«* im Oktober 1975 die britische Hitparade und kamen bis auf Platz 8. 1978 erschien das Konzeptalbum *»War Of The Worlds«*. Es handelte sich dabei um eine von Jeff Wayne musikalisch aufbereitete Version von *»Krieg der Welten«*. Justin Hayward sang unter anderem den Titel *»Forever Autumn«*. Als Single ausgekoppelt, erreichte die Platte Mitte 1978 Platz 5 in GB.

Der Hit: *Forever Autumn*

Haza, Ofra

* 19.11.1958. Die israelische Sängerin jemenitischer Abstammung erhielt in ihrem Heimatland bereits im Alter von 14 Jahren einen Grammy als beste Live-Interpretin. Nach einigen anderen Auszeichnungen wurde sie 1980/81 durch Israels Top-Radiostationen zur besten Sängerin gewählt. 1983 vertrat sie Israel beim Grand Prix Eurovision und belegte Platz 2 mit *»Hi«*. Spätestens seit diesem Zeitpunkt gehörte sie in Israel zu den populärsten und erfolgreichsten Sängerinnen. Was Ofra Haza 1988 auf den Markt brachte, war eine Fusion aus jemenitischer Volksmusik und zeitgemäßem tanzbaren Funk. Möglich, daß dieser Titel auch deshalb so bekannt wurde, weil Eric B. And Rakim auf ihrer Hit-Single

Ofra Haza *(Teldec)*

»Paid In Full« vom November 1987 Stücke aus der Nummer gesampelt hatten. *»Im Nin'Alu«* kam im April 1988 in die britischen Charts und wurde Platz 15. Mitte 1988 wurde es Spitzenreiter in Deutschland. Mit *»Galbi«* versuchte Ofra Haza zwei Monate später, den Erfolg zu wiederholen. Es wurde nur ein Platz 20. Ein Hitsong gelang ihr zwar nicht mehr, aber auf Produktionen anderer Künstler wirkte sie mit, so z. B. bei den Sisters of Mercy und *»Temple Of Love«*.

Der Hit: *Im Nin'Alu*
Der Tip: *Yemenite Songs* (Ofra CD 1)

Head, Murray

Murray Head *(Island)*

* 5.3.1946. Der britische Sänger, Songschreiber und Schauspieler wurde bekannt, als er in der Plattenproduktion von »*Jesus Christ Superstar*« als Judas mitmachte. Seine erste Hitnotierung in den USA hatte er im Januar 1970 mit dem Titel »*Superstar*« aus ebendiesem Musical. Ein Titel aus dem Musical »*Chess*«, geschrieben von Tim Rice und Benny Andersson und Björn Ulvaeus von ABBA, brachte Murray den größten Erfolg: »*One Night In Bangkok*«. Die Platte kam Ende 1984 in die deutsche Hitparade und wurde Platz 1, Platz 12 in England und in den USA Platz 3. Obwohl Murray Head sehr viele andere schöne Platten aufgenommen hat, z. B. »*Say It Ain't So, Joe*« 1975, blieb das sein größter Erfolg.

Der Hit: *One Night In Bangkok*
Der Tip: *Say It Ain't So Joe* (Island 251 219)

Head, Roy

* 9.1.1943. Der Amerikaner begann Mitte der 60er Jahre mit seiner eigenen Band Traits. Nachdem sie 1965 einen Plattenvertrag erhielten, nannten sie sich Roy Head & The Traits. Ihr erster sollte auch ihr größter Erfolg werden: »*Treat Her Right*«, im Herbst 1965 Platz 2 in den USA. Danach versuchte er sich als Solist, und als es mit Rock- und Popmusik nicht mehr klappte, machte er wie so viele vor und nach ihm auf Country-Sänger. Auf diesem Sektor hatte er mit »*Come To Me*« 1977 seinen größten Erfolg.

Der Hit: *Treat Her Right*
Der Tip: *Treat Her Right* (Bear Family BFX 15 307)

Healey, Jeff

Jeff Healey, v/g (* 25.3.1966); Joe Rockman, b/v (* 1.1.1957); Tom Stephen, d (* 2.2.1955).
Das aus Toronto stammende Blues-Rock-Trio hatte Mitte 1989 einen Platz 5 in den US-Charts mit *»Angel Eyes«*. Makaber, wenn man bedenkt, daß Gitarrist und Sänger Jeff Healey seit dem ersten Lebensjahr blind ist. Die Debüt-LP dieser Band hieß *»See The Light«*. Die drei Musiker waren 1985 zusammengekommen. Jeff, der seit seinem dritten Lebensjahr Gitarre spielt, hatte bereits mit 15 seine erste Band gegründet, die Blue Direction hieß. 1985 spielte er mit dem Bluesgitarristen Albert Collins zusammen, der vom Spiel des jungen Jeff stark beeindruckt war. Noch im gleichen Jahr gründete er seine Jeff Healey Band, und sie nahmen auf ihrem eigenen Label einige Singles auf. 1988 erhielten sie einen Plattenvertrag bei Arista, 1989 erschien ihre erste LP. Die Platte verkaufte sich über 2millionenmal und die Band ging auf eine Welttournee. 1989 spielte die Band im Film *»Roadhouse«* mit, in der Hauptrolle Patrick Swayze. Jeff spielte einen blinden Bluesgitarristen. Auf der zweiten LP der Band, *»Hell To Pay«*, waren als Sessionmusiker Jeff Lynne, Mark Knopfler, Bobby Whitlock, Paul Shaffer oder George Harrison zu hören. George sang Backing Vocals und spielte akustische Gitarre mit Jeff Lynne bei *»While My Guitar Gently Weeps«*. 1992 erschien mit *»Feel This«* eine weitere ausgezeichnete LP der Jeff Healey Band. Eine Besonderheit am Gitarrenspiel von Healy ist, daß er sich die Gitarre quer auf den Schoß legt und wie eine Zither spielt.

Der Hit: *Angel Eyes*
Der Tip: *Feel This* (Arista 74321 12087 2)

Heart

Ann Wilson, v (* 19.6.1951); Nancy Wilson, g/key/v (* 16.3.1954); Roger Fisher, g (* 14.2.1950); Howard Leese, key/g (* 13.6.1951); Steve Fossen, b (* 15.11.1949); Michael Derosier, d (* 24.8.1951); Mark Andes, b (* 19.2.1948); Danny Carmassi, d.
1970 wurde Ann Wilson in Seattle Mitglied der Band The Army. Fossen und Fisher hatten die Band bereits 1963 gegründet. Ann und ihre Schwester Nancy hatten vorher mit Ann Wilson & The Daybreaks und Bordersong gesungen und gespielt. 1972 legte man den militärischen Namen ab und nannte sich White Heart. 1974, nachdem sie das College beendet und sich als Solo-Folksängerin versucht hatte, kam auch Nancy Wilson zur Band, die sich jetzt nur noch Heart nannte. 1975 ließ sich die Gruppe in Vancouver, Kanada, nieder, und sie erhielten ihren ersten Plattenvertrag. *»Dreamboat Annie«*, eine Mixtur aus Folkballaden und

Hard Rock, war noch im gleichen Jahr ihre erste LP-Veröffentlichung. Als diese LP im Juni 1976 in den USA erschien, erreichte sie Platz 35 in den LP-Charts. Eine Auskopplung aus dieser Platte, »*Magic Man*«, war der erste Top-10-Erfolg von Heart in den USA. Im Dezember 1976 ging die Gruppe zurück nach Seattle und unterschrieb einen neuen Plattenvertrag bei CBS. »*Tell It Like It Is*« 1980, »*What About Love?*« und »*Never*« 1985 waren weitere Top-10-Erfolge. Im Januar 1986 kam »*These Dreams*« in die US-Charts und wurde Spitzenreiter. Gleiches gelang anderthalb Jahre später ihrer Single »*Alone*«. »*Who Will You Run To*« war ein weiterer Top-10-Erfolg 1987. 1990 erschien ihr Millionseller »*All I Wanna Do Is Make Love To You*«, im März 1990 ein Platz 2 in den USA. Zwischenzeitlich hatte es wieder einen Wechsel der Plattenfirma gegeben, und auch innerhalb der Band gab es Umbesetzungen. 1982 waren Mark Andes, der vorher mit Spirit, Jo Jo Gunne und Firefall gespielt hatte, als neuer Bassist und Danny Carmassi von Montrose als Schlagzeuger hinzugekommen. Anfang der 90er Jahre kamen drei frühere Mitglieder der Band, Fossen, Derosier und Roger Fisher, mit einigen Ex-Mitgliedern von Sheriff als Hard-Rock-Act Alias zusammen. Im Duett mit Mike Reno und Robin Zander hatte Ann Wilson 1984 bzw. 1988 weitere Top-10-Erfolge.

Der Hit: *All I Wanna Do Is Make Love To You*
Der Tip: *Heart* (Capitol CDP 7 46157 2)

Heath, Ted

* 30.3.1900, † 18.11.1969. Ted begann in den frühen 20er Jahren als Posaunist in den Orchestern von Jack Hylton, Bert Firmen oder Al Starita. Von 1927 bis 1935 spielte er mit Ambrose. Nach weiteren Stationen gründete er 1945 seine erste eigene Band, mit der er durch England tourte und in Radiosendungen spielte. Sein Orchester hatte viele Auftritte im berühmten Hammersmith Palais de Danse. Konzerte im Londoner Palladium stabilisierten den Ruf dieser Formation. Inzwischen waren auch ihre Platten in GB recht erfolgreich. Ab Mitte der 50er Jahre wurde das Orchester auch in den USA bekannt. In seinem Orchester spielten Musiker wie Kenny Baker oder Ronnie Scott. Gesungen wurde von Beryl Davis und Lita Roza. 1956 unternahmen sie eine sehr erfolgreiche Tournee durch die USA. In GB spielten sie bis weit in die 60er Jahre. Ab 1953, kurz nachdem in GB eine Single-Hitparade eingeführt wurde, wurden auch Platten von Heath in den Charts notiert. »*Hot Toddy*« und »*Dragnet*« 1953, »*Skin Deep*« 1954 und »*Swingin' Shepherd Blues*« waren seine Top-10-Erfolge in GB. Bis in die 90er Jahre spielten viele der Originalmusiker unter der Leitung von Don Lusher oder Jack Parnell noch zusammen.

Der Hit: *Swingin' Shepherd Blues*

Heatwave

Johnnie Wilder, v (* 3.7.1949); Keith Wilder, v; Rod Temperton, key; Eric Johns, g; Mario Mantese, b; Ernest Berger, d; Jessie Whitten.

Johnnie Wilder gründete 1972 während seiner Militärzeit zusammen mit seinem Bruder Keith in Kaiserslautern Johnnie Wilder's Chicago Heatwave. Nach der Militärzeit tourte die multinationale Truppe – Mantese ist Spanier, Berger Tscheche –, die auch keine Rücksicht auf die Hautfarbe ihrer Mitglieder nahm, durch die amerikanischen Clubs in der Bundesrepublik und ging dann nach GB und zog dort jahrelang durch die englische Show-Provinz. 1976 sollte der Band der erste große Erfolg gelingen. Sie veröffentlichte die LP »*Too Hot To Handle*«, auf der sich die Nummer »*Boogie Nights*« befand. Dieser Titel kam im Januar 1977 in die britische Hitparade und erreichte Platz 2. Ein halbes Jahr später erreichte die Nummer die US-Charts und kam auch dort bis auf Platz 2. Außerdem setzte es eine Platinplatte. »*Always And Forever*«, auch von dieser ersten LP, war im Januar 1978 ein Millionseller in den USA und ein Platz 9 in GB. »*The Groove Line*« war Mitte 1978 wieder ein Millionseller in den USA und ein Platz 7. Es folgten einige tragische Ereignisse. Nach einem schweren Autounfall verließ Mantese die Band. Whitten wurde erstochen. 1979 hatte Johnnie einen schweren Autounfall und sitzt seitdem im Rollstuhl. Auf der LP »*Current*« aus dem Jahr 1982 war außer den beiden Brüdern Wilder nur noch Ernest Berger von der alten Besetzung übriggeblieben. Rod Temperton, der die großen Hits der Band im Alleingang geschrieben hat, ist inzwischen ein gesuchter Produzent und Songschreiber. 1990 erschien »*Gangsters Of The Groove*«. Für Johnnie Wilder war mit Billy Jones ein neuer Sänger in die Band gekommen. Außer Keith Wilder war von der Hitformation der 70er Jahre nun keiner mehr bei Heatwave.

Der Hit: *Boogie Nights*
Der Tip: *Power Cuts* (Epic 25199)

Heaven 17

Ian Craig Marsh, syn (* 11.11.1956); Martyn Ware, syn (* 19.5.1956); Glenn Gregory, v (* 16.5.1958).

Bis zum Jahre 1977, als sie Mitbegründer von Human League waren, arbeiteten Ware und Marsh als Computerprogrammierer. Im Oktober 1980 trennten sie sich von Human League und gründeten die British Electric Foundation, abgekürzt B.E.F., eine Produktionsfirma für verschiedene Projekte. Das erste Projekt wurde Heaven 17, benannt nach einer Gruppe in Anthony Burgess' Buch »*Clockwork Orange*«. Als dritten Mann holten sie sich den ehemaligen Fotografen Gregory. Im März 1981 erschien ihre erste Single. Zwei Jahre später erreichte »*Temptation*« als erste Platte die britischen Top 10. Die Nachfolgesingle *»Come Live With Me«* kam ebenfalls unter die ersten 10. Bis 1987 folgten weitere Veröffentlichungen. Im September 1988 wurde bekannt, daß sich Ware und Gregory nur noch um Produktionen kümmern wollten. Ware und Marsh ließen die B.E.F. wiederaufleben, die es jedoch nie zu einem nennenswerten Erfolg brachte. Ende 1992 wurde *»Temptation«* wiederveröffentlicht und erreichte in GB Platz 4.

Der Hit: *Temptation*
Der Tip: *Higher And Higher* (Virgin CDV 2717)

Heavy D. & The Boyz

Heavy D. (* ca. 1966 als Dwight Myers); G. Whiz (* als Glen Parrish); Trouble T-Roy (* als Troy Dixon, † 15.7.1990); DJ Eddie F (* als Edward Ferrell).
Dieses Rap-Quartett aus Mont Vernon, New York, brachte Ende 1986 mit einer Coverversion des Jean-Knight-Titels *»Mr. Big Stuff«* aus dem Jahre 1971 seine erste Platte in die amerikanischen Rhythm-&-Blues-Charts. Laut Aussage der Musiker begann das Ganze, nachdem Heavy D. in Atlantic City 15 000 Dollar gewann, dieses Geld Eddie F lieh, der sich damit einen Drum-Computer kaufte. Danach begannen sie mit Demo-Aufnahmen, und schließlich kam G. Whiz hinzu, der allerdings vornehmlich als Tänzer fungierte. 1987 erschien das Debütalbum *»Living Large«*. 1989 kam die LP *»Big Tyme«*, die es bis unter die ersten 20 der US-LP-Charts brachte und Platinstatus erreichte. Ihre erste Single war wieder eine Coverversion: *»Now That We Found Love«*, Mitte 1991 Platz 12 in den USA, 2 in GB und 4 in Deutschland, war 1978 bereits ein Top-10-Erfolg für Third World gewesen und noch davor ein Titel der O'Jays. Heavy D., der seinem Namen alle Ehre macht, beschäftigt sich in seinen Texten vornehmlich mit dem, was die Menschheit am Aussterben hindert, allerdings geht er damit etwas freundlicher und mit weniger Macho-Gehabe um als viele Rap-Kollegen. Er selbst bezeichnet sich als übergewichtigen Liebhaber des Rap und Geldverdienens.

Der Hit: *Now That We Found Love*
Der Tip: *Peaceful Journey* (MCA 10 289)

Hebb, Bobby

* 26.7.1941. Anfang der 50er Jahre war er im Alter von 12 Jahren einer der ersten schwarzen Künstler, die an Nashvilles Grand Ole Opry auftraten. Nachdem er bei Chet Atkins weiter das Gitarrenspiel gelernt hatte, ging er nach New York und spielte mit dem Duo Mickey & Sylvia. Als diese beiden sich trennten, kam es zu der kurzlebigen Formation Bobby & Sylvia. Danach veröffentlichte er

Soloplatten. Im Novemer 1963 waren es zwei tragische Ereignisse, die ihn den Song *»Sunny«* schrieben ließen: Am 22. November wurde der amerikanische Präsident John F. Kennedy in Dallas ermordet, einen Tag später wurde Bobbys Bruder bei einem Raubüberfall getötet. Bobby versuchte, diesen Song an einen Verleger zu verkaufen, doch niemand akzeptierte. Erst fast drei Jahre später – man mag gar nicht glauben, wie viele Hits angeblich auf diese Art und Weise zustande gekommen sind – war am Ende einer Aufnahmesession Zeit übrig, die Bobby für die Produktion dieses Titels nutzte. Nach der Veröffentlichung erreichte die Platte Mitte 1966 Platz 2 in den USA und wurde ein Millionseller, wenig später Platz 12 in GB. In den Jahren danach konzentrierte sich Hebb mehr auf das Songschreiben, so z. B. *»A Natural Man«* für Lou Rawls 1971. 1976 wurde eine Neuauflage von *»Sunny«* als *»Sunny '76«* veröffentlicht.

Der Hit: *Sunny*

Hedgehoppers Anonymous

Mick Tinsley (* 16.12.1940); Ray Honeyball (* 6.6.1941); Leslie Dash (* 3.4.1943); Alan Laud (* 13.3.1946); John Stewart (* 18.3.1941).
Alle Mitglieder waren in der britischen Royal Air Force, als sie 1963 die Gruppe Trendsetter gründeten. Wenig später nannten sie sich Hedgehoppers, und als 1965 Jonathan King ihr Manager wurde, kam es zu Hedgehoppers Anonymous. Ihre erste Single war der von Jonathan King geschriebene Titel *»It's Good News Week«*, der es im September 1965 in GB bis auf Platz 5 brachte, in den USA immerhin bis auf Platz 48. Es folgten weitere Single-Veröffentlichungen, von denen aber keine in die Charts kam. Der Höhenflug der anonymen Tiefflieger war damit vorbei.

Der Hit: *It's Good News Week*

Heidt, Horace

* 21.5.1901, † 1.12.1986. Die Band von Horace, die ab 1937 bis 1945 in den USA sehr populär war, zeichnete sich aus durch mehrere Sänger, hohe Professionalität und einen kommerziellen Stil. In seinem Orchester spielten als Pianist Frankie Carle und an der elektrischen Gitarre Alvino Rey. Als Kind hatte Horace bereits das Klavierspielen gelernt, ab 1923 begann seine Laufbahn als Profi in verschiedenen Orchestern in Oakland. Ende der 20er Jahre gründete er seine erste Band und machte sich schnell einen Namen als glänzender Unterhalter. Angekündigt wurden sie als Horace Heidt & His Californians. 1930 war er für längere Zeit im New York Palace Theatre zu sehen. 1936 wurde er durch etliche Radiosen-

dungen bekannt und machte seine ersten Platten. *»Gone With The Wind«* war Mitte 1937 seine erste Notierung in den Charts und gleich eine Nummer 1. Sein zweiter Spitzenreiter war im Frühjahr 1938 *»Ti-Pi-Pin«*. Auch in den 40er Jahren hatte Heidt 20 Titel in den US-Charts. Sein größter Erfolg war im Herbst 1941 *»I Don't Want To Set The World On Fire«*, wieder ein Spitzenreiter in den USA. Nachdem er einige Radioshows gehabt hatte, moderierte er in den 50er Jahren seine eigene TV-Sendung. Ende der 50er Jahre zog sich Heidt aus dem Musikgeschäft zurück und kümmerte sich um sein Immobiliengeschäft. Er starb im Dezember 1986 an Lungenentzündung.

Der Hit: *I Don't Want To Set The World On Fire*

Heights

Alex Desert, v; Ken Garito, v/d/g; Cheryl Pollak, sax/v; Charlotte Ross, v; Sean Thompson, v; Zachary Throne, v/key/b/g; James Walters, v/g.
»The Heights« ist der Titel einer amerikanischen Fernsehserie, in deren Mittelpunkt die Geschichte der gleichnamigen Band steht. Die Serie beschreibt die Herausforderungen des Alltags, mit denen die Mitglieder der Formation, die aus dem Arbeiterviertel The Heights kommen, konfrontiert werden. *»The Heights«* beruht auf den Erfahrungen des Skriptschreibers Tony Spiridakis, der in seiner Jugend in Garagenbands spielte. Auf der einen Seite war es also das Nachspielen des Films *»Commitments«*, auf der anderen Seite geht es zu wie in der amerikanischen Lindenstreet. Da ist J.T. Banks, der als Mechaniker in einer Autowerkstatt arbeitet und in der Band den attraktiven Leadsänger mimt; Rita, die Saxophonistin, die in einem Bierhandel arbeitet; Hope Linden (!!!), eine schöne Gitarristin und einziges Mitglied aus wohlhabendem Hause; Stan Lee, der Bassist, der mit seinem Vater eine Billardhalle betreibt; Lenny Wieckowski, der Keyboarder, der Straßenklänge in seine Musik mixt; Dizzy Mazelli, der Schlagzeuger, der sich Sorgen um seine schwangere Freundin macht; oder Alex O'Brien, der Songschreiber der Band, der in Rita verliebt ist. Viel Stoff für viel Luft. Zur TV-Serie erschien ein Soundtrack. Daraus wurde als Single *»How Do You Talk To An Angel«* ausgekoppelt, die im September 1992 in die US-Charts kam und Spitzenreiter wurde. Der Soundtrack zeigte zumindest, daß – soweit sie es wirklich selbst gespielt haben – die Schauspieler keine schlechten Musiker sind. Als Gastmusiker waren u. a. Billy Preston, Michael Landau, Dean Parks oder Leland Sklar zu hören.

Der Hit: *How Do You Talk To An Angel*
Der Tip: *The Heights* (Capitol CDP 7 80328 2)

Heimatsänger

Diese deutschen Volksmusikanten besangen das, was ihnen am liebsten war: *»Köhlerliesl«*. Der Titel wurde Mitte 1957 ein Platz 1 in der deutschen Hitparade. Drei Jahre später gelang ihnen mit *»Hohe Tannen«* noch einmal Platz 23.

Der Hit: *Köhlerliesl*

Heino

* 13.12.1938 als Heinz Georg Kramm in Düsseldorf. Heino begann als Mitglied des Trios KK Singers und wurde dann von Karl-Heinz Schwab alias Ralf Bendix entdeckt und gefördert. 1967 begann für ihn der Erfolg. Seine Top-10-Hits waren *»Blau blüht der Enzian«* 1972, *»Edelweiß«* und *»La Montanara«* 1973 und *»Die schwarze Barbara«* 1975. Nach 1981 ließ der Erfolg von Heino nach, dann kam er mit der Acid-Mix-Version von *»Enzian«* im Sommer 1989 wieder in die Hitparade. Inzwischen hat er zusammen mit seiner Frau, von der er sagt, daß sie ihm die Probleme abnimmt, die er ohne sie nicht hätte, eine TV-Sendung mit Volksmusik.

Der Hit: *Blau blüht der Enzian*
Der Tip: *Portrait* (EMI CDP 620-791059 2)

Heintje

* 12.8.1955 als Hendrik Nikolaus Simons in Holland. 1965 wurde er bei einem Talentwettbewerb von dem holländischen Manager Addy Kleyngeld entdeckt. Addy brachte Heintje zu dem deutschen Produzenten Wolfgang Roloff, der gerade als Ronny selbst ein erfolgreicher Interpret war. 1966 machte Heintje seine ersten Platten, als 12jähriger hatte er seinen ersten Hit: *»Mama«* kam im Januar 1968 in die deutsche Hitparade und wurde gleich Spitzenreiter. 1960 war diese im Ursprung italienische Nummer ein Top-10-Erfolg für Connie Francis in den USA. Weitere Nummer-1-Hits für ihn waren noch im selben Jahr *»Du sollst nicht weinen«* und *»Heidschi Bumbeidschi«* und 1969 *»Ich sing' ein Lied für dich«*. Nach dem Stimmbruch – 1971 – ließ der Erfolg für den Kinderstar nach. Ein hoher Anteil des Plattenumsatzes in Deutschland Ende der 60er Jahre – man spricht von 20 Prozent – ging auf Heintjes Konto. Bis Mitte 1970 hatte er es auf 27 goldene Schallplatten gebracht. Ab 1991 versuchte er sich mit volkstümlichen Schlagern als Heintje Simon.

Der Hit: *Mama*

Heinz

* 24.7.1942 als Heinz Burt. Der britische Bassist und Sänger wurde in Hagen geboren. Heinz begann 1960 bei den Tornados, die zuerst die Begleitgruppe von Billy Fury waren, dann aber mit dem durch Joe Meek produzierten Instrumentaltitel *»Telstar«* 1962 einen Spitzenreiter in GB und in den USA hatten. Heinz, der erste männliche Wasserstoffblondie der britischen Popszene und Sexprotz der Gruppe, versuchte sich ab Mitte 1963 als Solist. Sein größter Erfolg wurde eine Hommage an Eddie Cochran, mit der er im August 1963 in die GB-Charts kam und Platz 5 erreichte: *»Just Like Eddie«*. Zu der Begleitgruppe von Heinz, den Outlaws, gehörten Richie Blackmore, Chas Hodges und Mike Underwood. In den folgenden zwei Jahren stand Heinz mit vier weiteren Titeln in den Charts. Ende der 60er Jahre zog sich Burt, nachdem er in einigen Popfilmen gespielt hatte, zurück. 1976 tauchte er als Schauspieler im Fernsehen auf.

Der Hit: *Just Like Eddie*
Der Tip: *Remembering ... Heinz* (Decca REM 7)

Hellberg-Duo

Änne (* 10.8.1932) und Kurt Hellberger (* 11.2.1922).
Das Hellberg-Duo ist eine der Peter-Frankenfeld-Entdeckungen aus der Show *»Wer will, der kann«*. Der vielseitige und umtriebige Produzent Horst Heinz Henning produzierte ihre ersten Platten. Während die Heimatsänger im Frühjahr 1963 mit ihrer Version von *»Hohe Tannen«* bei Telefunken erschienen, kam das Hellberg-Duo zur gleichen Zeit mit seiner erfolgreicheren Version auf dem Electrola-Label auf den Markt. Hellberg schlug Heimat 6 : 23. Im Bereich der volkstümlichen Musik war das Hellberg-Duo bis zum Ende der 70er Jahre erfolgreich.

Der Hit: *Hohe Tannen*

Hello

Bob Bradbury, v/g (* 14.1.1956); Keith Marshall, g/v (* 5.6.1956); Vic Faulkner, b (* 27.2.1956); Jeff Allen d.
Diese britische Formation gehörte zu den typischen Teenie-Bands Mitte der 70er Jahre. 1974 erhielten sie einen Plattenvertrag und nahmen als erste Single eine Coverversion des Chuck-Berry-Hits *»Carol«* auf. Mit ihrer zweiten Veröffentlichung, wieder eine Coverversion – erreichten sie dann die britischen Top 10. *»Tell Him«* – vorher ein Hit für die Exciters und Billie Davis – kam im November 1974

in die britischen Charts und wurde Platz 6. Der durch Russ Ballard geschriebene Titel »*New York Groove*« kam knapp ein Jahr später in die Hitparade und erreichte Platz 9 in GB, Platz 7 in Deutschland. Damit hatte die Band, die hoch gelobt wurde, ihr Pulver wieder verschossen.

Der Hit: *Tell Him*
Der Tip: *Keep Us Off The Streets* (EMI 1C 062-97496)

Helms, Bobby

* 15.8.1933 als Robert Lee Helms. Der amerikanische Country-Sänger, Gitarrist und Songschreiber erreichte Anfang 1957 mit dem Titel »*Fraulein*« Platz 1 der US-Country-Charts. Die Nummer wurde schließlich auch ein Top-40-Erfolg und somit sein erster Crossover-Hit. Drei Monate später gelang ihm mit »*My Special Angel*« ein Platz 7 in den Pop-Charts und zu Weihnachten 1957 mit dem »*Jingle Bell Rock*« Platz 6. Danach gelang ihm zwar kein Pop-Hit mehr, aber auf dem Country-Sektor war er bis in die 70er Jahre erfolgreich. In den 70er und 80er Jahren ging er dann vor allen Dingen auf Tour, oft zusammen mit seiner Frau Dori.

Der Hit: *My Special Angel*
Der Tip: *My Special Angel* (Vocalion VL 73874)

Helms, Jimmy

* 1944. Nachdem der Amerikaner während seiner Militärzeit in der Fort Jackson Army Band gespielt hatte, versuchte er sich später als Sänger. Er trat regelmäßig in der »*Merv-Griffin*«-TV-Show auf und war Ensemble-Mitglied bei dem Musical »*Hair*«. Sein einziger Top-10-Hit gelang ihm nicht in seiner Heimat USA, sondern in GB. Dort erreichte 1973 seine Soul-Ballade »*Gonna Make You An Offer You Can't Refuse*« Platz 8. Danach war er zunächst verschwunden. Erst Ende der 80er Jahre tauchte er als Mitglied der Gruppe Londonbeat auf, die mit der Nummer »*I've Been Thinking About You*« 1990/91 einen weltweiten Top-10-Hit hatte.

Der Hit: *Gonna Make You An Offer You Can't Refuse*
Der Tip: *Gonna Make You An Offer* (Intercord 26 609-8)

Henderson, Joe

* 1938, † 1966. Der amerikanische Rhythm-&-Blues-Sänger begann in der Fairfield Four Gospel Group. Mit dem Titel »*Snap Your Fingers*« gelang ihm im Frühjahr 1962 sein einziger Top-10-Erfolg in den USA. Es folgten noch zwei

weitere Hit-Notierungen. Danach war er wieder vergessen. Möglich, daß sich keine weiteren Erfolge einstellten, weil seine Stimme sehr stark an Brook Benton erinnerte, der zum gleichen Zeitpunkt recht erfolgreich war. Joe starb in einem Hotel in Nashville.

Der Hit: *Snap Your Fingers*

Henderson, Lyle »Skitch«

* 27.1.1918. Der in Birmingham, England, geborene und in den USA aufgewachsene Pianist begleitete in den frühen 40er Jahren Künstler wie Judy Garland, Frank Sinatra oder Bing Crosby. Mit seinem eigenen Orchester gelang ihm Ende 1946 ein Platz 9 in den US-Pop-Charts: »*Five Minutes More*«. Nach einer weiteren Hit-Notierung war dieses Kapitel für ihn wieder beendet. Ab 1953 trat er regelmäßig im Fernsehen als Orchesterleiter oder eigenständiger Pianist auf. Nachdem er zwischen 1954 und 1957 in der Talk-Show »*Tonight*«, zwischen 1956 und 1959 in der »*Steven Allen Show*« aufgetreten war, übernahm er ab 1962 die »*Tonight Show starring Johnny Carson*« als Orchesterleiter bis 1966.

Der Hit: *Five Minutes More*

Hendrix, Jimi

* 27.11.1942 als Johnny Allen Hendrix, † 18.9.1970. Die meisten LPs von Hendrix erschienen nach seinem Tode, die meisten davon sind schlecht. Manche so schlecht, daß man sie nur veröffentlichen konnte, weil der Interpret zu einem Veto nicht mehr fähig war. Bis zu seinem Tode war Hendrix ein guter Gitarrist. Nach seinem Tode wurde er als der große Magier bezeichnet. Plattenhüllentext: »Jimi Hendrix, dieser amulettgeschmückte und kettenbehangene Hexenmeister, hat seinen Zauberstab, die Gitarre, für immer aus der Hand gelegt, und mit ihm stirbt nicht nur ein genialer, ein stilbildender Musiker. Wer ihn verstanden hat, betrauert mit ihm ein Idol, das zur Identifizierung einlädt, in dem man sich selbst wie in einem Spiegel wiederfindet. Alles, was Hendrix in seiner Musik mitgeteilt hat, Leidenschaft und Unrast, knapper Humor und eine unsentimentale Sehnsucht nach Schönheit, das war nicht seine, das war jedermanns Sache. Und wo er akustisches Neuland betreten hatte, ob er nun ins Blues-Land der Mütter herabgestiegen war, ob er die elektronischsirrende Galaxis erforschte, da hatte er seine ihm treu und begeistert ergebenen Gefolgsleute. Millionen und aber Millionen von Anhängern begleiteten seinen Weg. Nur ins Reich der dunklen Schatten, dahin sollte ihm niemand folgen.«
Soweit ein Plattentext, zu finden auf einer LP, auf der Jimi mit Curtis Knight spielt –

nein, man sollte besser sagen, hinter Curtis Knight spielt. Wäre Jimi nicht ins Reich der Schatten gegangen, wohin wir ihm – das sollte auch der Schreiber der Plattenzeilen wissen – alle mit ungeheurer Sicherheit folgen werden, hätte die Plattenfirma auch nicht diese LP veröffentlicht. Es war haaresträubend, was nach seinem Tode für LPs auf dem Markt kamen, bei denen Hendrix mitgespielt hat oder haben soll. Teilweise ist die Qualität der Platten so schlecht, daß man vermuten muß, irgendein Tonbandamateur hat in irgendeinem Laden zufällig den Kassettenrecorder laufen lassen, als Jimi spielte. Der Amateuer saß dabei in der letzten Reihe.

Hendrix brachte sich als Teenager das Gitarrespielen selbst bei und war Mitglied in diversen High-School-Bands. 1959 ging er zur Armee und wurde 1961 nach einem Unfall beim Fallschirmspringen wieder entlassen. Zwischenzeitlich hatte er unter dem Pseudonym Jimmy James Auftritte von Sam Cooke, B. B. King, Chuck Jackson, Jackie Wilson, Solomon Burke und Hank Ballard begleitet. Das lag auch an der Eigenart der US-Musiker jener Zeit, die nicht mit einer festen Band durch die Gegend zogen, sondern sich bei Veranstaltungen immer neue Begleitgruppen in den jeweiligen Städten zusammensuchten. Weltmeister in dieser Beziehung war Chuck Berry, von dem man weiß, daß er häufig auf der Bühne stand mit Musikern, die nicht einmal seine Titel kannten. Auch nach seiner Entlassung aus der Armee begleitete Jimi im Süden der USA tourende Musiker und versuchte sich nun auch erstmals mit einer eigenen Band. Little Richard, Ike & Tina Turner, Wilson Pickett gehörten zu denen, die sein Gitarrenspiel für ihre Auftritte nutzten. 1964 zog Hendrix nach New York, spielte dort vorwiegend mit den Isley Brothers und ist auf all ihren im Jahre 1964 aufgenommenen Platten dabei. In jener Zeit lernte er auch Curtis Knight kennen, mit dem er häufig zusammen auftrat und Songs schrieb. 1965 schrieb Knight, nachdem ihm Jimi gesagt hatte, er werde nur noch fünf Jahre leben, den prophetischen Song *»Ballad Of Jimi«*. 1965 gründete Hendrix Jimmy James & The Blue Flames, die eine Mixtur aus Rhythm-&-Blues-Standards und selbstgeschriebenem Material spielten. Diese Gruppe spielte häufiger im Greenwich Village in New York. Im Oktober 1965 unterschrieb er einen Plattenvertrag, der ihm einen Dollar und ein Prozent von allen Einnahmen durch Curtis-Knight-Platten garantierte. 1966 sah der ehemalige Animals-Bassist Chas Chandler Hendrix im Café Wha?, überredete ihm, mit ihm nach London zu gehen, um für ihn dort eine Band zusammenzustellen. Im September 1966 flogen sie nach London, und Chas stellte Jimi Mitch Mitchell (* 9.6.1947 als John Mitchell) und Noel Redding (* 25.12.1945 als David Redding) zur Seite. Die Formation nannte sich Jimi Hendrix Experience. Noch im gleichen Jahr erschien die erste Single, *»Hey Joe«*, die im Januar 1967 in die britische Hitparade kam und Platz 6 erreichte. *»Purple Haze«* und *»The Wind Cries Mary«* 1967, *»All Along The Watchtower«* 1968 und kurz nach seinem Tode *»Voodoo Chile«* im November 1970 waren seine weiteren Top-10-Erfolge. *»Voodoo Chile«*

war sein einziger Spitzenreiter, in den USA kam er nie über eine Position 20 hinaus. Jimi Hendrix Experience war offiziell im November 1969 auseinandergefallen. Als 1970 eine neue LP von Jimi erschien, spielte er mit Musikern, die er schon in seinen Jugendtagen in den USA kennengelernt hatte: Bill Cox am Baß und Buddy Miles am Schlagzeug. Jimi nannte das ganze eine Gruppe von Zigeunern, Band of Gypsys. Die LP mit der Band of Gypsys war die vierte, die Jimi aufgenommen hatte. *»Are You Experienced«* 1967, *»Axis: Bold As Love«* und *»Electric Ladyland«* waren die drei anderen. In der amerikanischen LP-Hitparade wurden unter dem Namen Jimi Hendrix bis 1991 24 Platten aufgeführt. Als Jimi Hendrix am Freitag, dem 18. September 1970 starb, wurden Vermutungen über seinen Tod angestellt. Die einen sprachen von einer Überdosis Drogen, andere behaupteten, er habe sich selbst das Leben genommen. Jimi starb nach einem Zusammenbruch in der Wohnung seiner deutschen Freundin Monika Dannemann. Als sie in ihr Appartement kam, fand sie Jimi in einem dem Koma ähnlichen Zustand. Sie rief Eric Burdon an, der ihr empfahl, einen Notarzt zu benachrichtigen. Als nach 20 Minuten der Notarztwagen kam, lebte Jimi noch. Als er im St. Mary's Abbott Hospital in Kensington ankam, war er bereits tot. Die offizielle Todesursache lautete: Ersticken an Erbrochenem.

Der Hit: *Voodoo Chile*
Der Tip: *The Jimi Hendrix Story* (Reprise 9 26435-2)

Henley, Don

* 22.7.1947. Der amerikanische Schlagzeuger, Sänger und Songschreiber begann seine musikalische Karriere im Sommer 1963 in der Gruppe Four Speeds, ging dann zu Felicity, die 1969 ihren Namen in Shiloh umänderten und 1970 unter der Regie von Kenny Rogers eine Platte produzierten, die laut Don grauenhaft war. Im April 1971 wurde er Mitglied in der Begleitband von Linda Ronstadt, um schließlich im August 1971 bei der Gründung der Eagles dabeizusein. 1981, nach vielen sehr großen Erfolgen der Eagles, verkündeten die übriggebliebenen Mitglieder, nun Soloprojekte verfolgen zu wollen. So auch Don, der mit *»Leather And Lace«*, im Duett mit Stevie Nicks, Ende 1981 seinen ersten Top-10-Hit hatte. Ende 1982 gelang ihm der Millionseller *»Dirty Laundry«*, der bis auf Platz 3 in den USA kam. *»The Boys Of Summer«* 1984, *»All She Wants To Do Is Dance«* 1985 und *»The End Of The Innocence«* 1989 waren weitere Top-10-Erfolge für ihn.

Der Hit: *Dirty Laundry*
Der Tip: *The End Of The Innocence* (Geffen 924 217-2)

Henry, Clarence »Frogman«

* 19.3.1937. Clarence spielte zwischen 1953 und 1955 in der Rhythm-&-Blues-Band von Bobby Mitchell. Der vielseitige Henry war ein ausgezeichneter Pianist, Posaunist und auch noch ein guter Sänger. Ab Mitte der 50er Jahre machte er dann Soloplatten und hatte mit *»Ain't Got No Home«* Ende 1956 einen Platz 20 in den USA. Mit dieser Nummer handelte er sich den Spitznamen »Frogman« ein. Wenn man sie hört, weiß man, weshalb. Seine größten Hits wurden *»But I Do«*, im Frühjahr 1961 Platz 4 in den USA, Platz 3 in GB, und zwei Monate später *»You Always Hurt the One You Love«*, Platz 12 in den USA und Platz 6 in GB. Sporadisch kann man ihn immer noch in seiner Wahlheimat New Orleans bei Live-Auftritten erleben.

Der Hit: *But I Do*

Hensch, Friedel & Die Cypris

* 7.7.1906, † 31.12.1990. Schon 1946 gründete Friedel zusammen mit ihrem Mann Werner Cypris die Formation Friedel Hensch & Die Cypris. Ab 1949 waren sie erfolgreich. *»Mein Kaugummi«* 1949, *»Holdrioh, liebes Echo«* 1950, *»Bei mir zu Haus«*, *»Die Fischerin vom Bodensee«*, *»Oh, wie bist du schön«* und *»Übers Jahr, wenn die Kornblumen blühen«* 1951, *»Egon«* 1952, *»Oh, Heideröslein«* 1953, *»Das alte Försterhaus«* 1954 waren ihre Hits, bevor es ab 1956 verläßliche Hit-Notierungen in Deutschland gab. *»Oh, Jägersmann«* war Mitte 1956 ein Platz 5 in den deutschen Charts, *»Solang die Sterne glühn«* ein Jahr später ein Platz 4. Ihre letzte Hit-Notierung stammt aus dem Jahr 1962. Es ist eine Antwortplatte auf den Charles-Aznavour-Titel *»Du läßt dich gehn«*. Friedel Hensch sang *»Mein Ideal«* und hatte damit Platz 14 in Deutschland.

Der Hit: *Egon*

Herd

Terry Clark, v; Andy Bown, g/key (* 27.3.1947); Gary Taylor, g; Tony Chapman, d; Peter Frampton, g/v (* 22.4.1950).
Die beiden Songschreiber Ken Howard und Alan Blaikley hatten sich 1964 zu einem Songschreiber- und Managementteam zusammengeschlossen. Ihre erste Entdeckung war die Formation Honeycombs, für die sie unter dem Pseudonym Howard Blaikley den Titel *»Have I The Right«* schrieben. Dann gelang ihnen eine ganze Reihe Hits mit Dave Dee, Dozy, Beaky, Mick & Tich. Mitte 1967 suchten sie eine Band, die die klassisch beeinflußten Stücke *»From The Underworld«* und

»Paradise Lost«, die sie geschrieben hatten, aufnehmen konnte. Sie fanden sie in der 1965 gegründeten Formation Herd. *»From The Underworld«* erschien im September 1967 in der britischen Hitparade und wurde Platz 6, *»Paradise Lost«* vier Monate später Platz 15. Im April 1958 erschien *»Don't Want Our Loving To Die«*, ebenfalls eine Howard-Blaikley-Komposition, die bis auf Platz 5 in GB kam. Innerhalb der Gruppe mehrten sich jetzt jedoch die Stimmen, die selbstgeschriebenes Material spielten wollten. Besonders Peter Frampton, den man 1968 als »The Face Of The Year« gewählt hatte, wollte mehr in den Vordergrund. Als ihm das nicht gelang, verließ er Ende 1968 Herd und gründete mit Steve Marriott Humble Pie. Andy Brown spielte wenig später mit Andy Fairweather-Low, dann mit Status Quo.

Der Hit: *I Don't Want Our Loving To Die*
Der Tip: *Paradise & Underworld* (Repertoire 4257-WG)

Herman, Woody

* 16.5.1913 als Woodrow Charles Herman, † 29.10.1987. Woody Herman spielte als Klarinettist und Saxophonist in verschiedenen Bands, bevor er 1936 Leiter seiner eigenen Band wurde. Er spielte zunächst Blues, dann in den 40er Jahren Swing/Be Bop. Berühmt wurde der auf vier Saxophonen gespielte *»Four Brothers Sound«*. Strawinski widmete Woody Herman sein *»Ebony Concerto«*. 1939 hatte Woody mit *»At The Woodchopper's Ball«* seinen ersten Top-10-Erfolg. Bis Ende 1956 sollten über 50 weitere Hits folgen. Sein größter Hit war Ende 1941 *»Blues In The Night«*, Spitzenreiter in den USA für vier Wochen. Sein letzter Top-10-Erfolg, eine Überarbeitung von Katschaturians *»Gayne Ballet Suite«*, *»Sabre Dance«* wurde im Frühjahr 1948 ein Platz 3. Bei dieser Aufnahme spielten Stan Getz und Zoot Sims Tenorsaxophon. Woody Herman sang auch auf seinen Platten. Im Duett mit Dinah Shore hatte er Mitte 1947 den Hit *»Tallahassee«*. Vor allem bei seinen Musikerkollegen erfreute sich Woody Herman außerordentlich großer Beliebtheit.

Der Hit: *Blues In The Night*
Der Tip: *Best Of* (MCA Coral 6598-12)

Hermanos Rigual, Los

Einer der größten Sommerhits des Jahres 1962 war *»Quando Caliente El Sol«*. Der deutsche Joe Menke schrieb die deutsche Version *»Liebe, die nie vergeht«*, mit der Ende 1962 gleich zwei Interpreten auf Platz 10 der deutschen Hitparade standen. Zum einen Vittorio, zum anderen Los Hermanos Rigual.

Der Hit: *Liebe, die nie vergeht*

Herman's Hermits

Peter Noone, v (* 5.11.1947); Derek Leckenby, g (* 14.5.1946); Keith Hopwood, g (* 26.10.1946); Karl Green, b (* 31.7.1947); Barry Bean Whitwam, d (* 21.7.1946).

Obwohl Herman's Hermits zwischen 1964 und 1970 mehr als 20 Platten in die britische und 19 in die amerikanische Hitparade brachten, fällt einem zu der Band höchstens das Gesicht von Peter Noone ein. Seine recht hohe Stimme und sein breites, fröhliches Grinsen waren unverwechselbar. Ohne die Band war Peter nichts, dafür war die Band nichts ohne ihn. Noone spielte Anfang der 60er Jahre in der TV-Seifenoper *»Coronation Street«*, dem Vorbild der *»Lindenstraße«*. 1961 erhielt er das Angebot, neben Judy Garland in einem Film zu spielen. Seine Eltern legten ein Veto ein. 1963 gründeten die obengenannten Mitglieder die Band Heartbeats, in der Peter Noone mit dem Nachnamen Novak auftritt. 1964 machten sie als Herman's Hermits ihre ersten Platten. Den Managern der Band war aufgefallen, daß zwischen Peter Noone und einer Figur aus dem Fernsehcartoon *»The Rocky And Bullwinkle Show«*, die Sherman hieß, eine enorme Ähnlichkeit bestand. Deshalb war man auf Herman & His Hermits, später auf Herman's Hermits abgekürzt, gekommen. Der Produzent Mickie Most hingegen entdeckte eher eine Ähnlichkeit zwischen Noone und dem jungen John F. Kennedy und schlug vor, die Gruppe als die netten Jungs von nebenan zu verkaufen und dementsprechende Lieder zu produzieren. Im August 1964 erschien ihre Debüt-Single in der britischen Hitparade und erreichte Platz 1: *»I'm Into Something Good«*. Nun ging es bis Ende der 60er Jahre Schlag auf Schlag. In GB gelangen ihnen noch neun weitere Top-10-Erfolge, in den USA waren es 10. Darunter die Spitzenreiter *»Mrs. Brown, You've Got A Lovely Daughter«* und *»I'm Henry VIII I Am«*. Ihr größter Erfolg in Deutschland war Ende 1966 ein Platz 2 mit *»No Milk Today«*. Von Peter Noone erschien im Mai 1971 der Titel *»Oh You Pretty Thing«* in den GB-Charts und erreichte Platz 12. In Los Angeles gründete er Ende der 70er Jahre die Formation Tremblers, die keine Spuren hinterließ.

Der Hit: *Mrs. Brown You've Got A Lovely Daughter*
Der Tip: *The Best Of Vol. 1 & 2* (EMI CDP 7 97042/3-2)

Hernandez, Patrick

* 6.4.1949. Der Sohn einer österreichisch-italienischen Mutter und eines andalusischen Vaters, ein erfolgreicher Flamenco-Gitarrist, wurde in Paris geboren. Nachdem er jahrelang mit einem Sextett durch Europa gezogen war, wurde er von einem flämischen Produzenten für die Schallplatte entdeckt. Im belgischen

Waterloo wurde 1978 seine Debüt-LP produziert. Darauf »*Born To Be Alive*«, als Single-Auskopplung im Frühjahr 1979 ein Platz 1 in Deutschland, ein Platz 16 und Millionseller in den USA und Platz 10 in GB. Trotz erheblicher Anstrengungen, auch Anfang der 80er Jahre seinen Erfolg fortzusetzen, gelang ihm kein Hit mehr. Heute spricht man von ihm höchstens noch einmal im Zusammenhang mit Madonna, die 1979 mit der Patrick-Hernandez-Revue in Frankreich durch die Diskotheken tingelte.

Der Hit: *Born To Be Alive*
Der Tip: *Born To Be Alive* (Aquarius 6-23876)

Herold, Ted

* 9.9.1942 als Harald Schubring. Obwohl Ende der 50er Jahre etliche versuchten, uns Deutschen in der Landessprache den Rock 'n' Roll näherzubringen, z. B. Peter Alexander und Peter Kraus, so war Ted Herold doch der einzige, der es einigermaßen schaffte. Mit der Nummer »*Hula Rock*« kam er im Februar 1959 in die deutsche Hitparade und erreichte Platz 3. Der Schleicher »*Moonlight*« kam Mitte 1960 bis auf Platz 1 der deutschen Charts. Nach 1963 verschwand Ted aus den Hitparaden. Bis 1966 machte er weiter Platten, um dann wieder in seinem erlernten Beruf als Fernsehmechaniker zu arbeiten. Für viele Jahre hörte man nichts mehr von Ted, bis Udo Lindenberg ihn Ende der 70er Jahre mit auf eine Deutschlandtournee nahm. Danach erhielt er wieder einen Plattenvertrag und veröffentlichte ab 1980 Neuaufnahmen. »*Gib dein Ziel niemals auf*« brachte Ted Ende 1981 einen Platz 25.

Der Hit: *Moonlight*
Der Tip: *Die Singles 1958-60* (Bear Family BCD 15 404)

Heywood, Eddie

* 4.12.1915, † 2.1.1989. Der schwarze Jazzpianist begann seine Karriere als Profi im Alter von 14 Jahren. Ab 1943 hatte er in New York seine eigene Band. Die Aufnahme »*Begin The Beguine*« aus dem Hollywood-Musical »*Jubilee*« war im April 1945 als Platz 16 in den USA seine erste Hit-Notierung. 1946 spielte er in den Filmen »*The Dark Corner*« und »*High School Kids*«. Ende der 40er Jahre zog er sich aus dem Musikgeschäft zurück, weil seine Hände zeitweise gelähmt waren. Er übte trotzdem so lange, bis er 1950 wieder auftreten konnte. Der Titel »*Canadian Sunset*«, bei dem Eddie im Orchester von Hugo Winterhalter Piano spielte, erreichte Mitte 1956 die US-Charts und wurde Platz 2. Danach kam mit »*Soft Summer Breeze*« ein Solo-Erfolg, Platz 11 in den USA und schließlich nichts mehr.

Ab den 60er Jahren verschlimmerten sich seine Lähmungserscheinungen, trotzdem trat Heywood bis in die 80er Jahre gelegentlich auf.

Der Hit: *Canadian Sunset*

Hibbler, Al

* 16.8.1915. Die Karriere des blind geborenen amerikanischen Sängers Al Hibbler begann 1943 im Orchester von Duke Ellington. 1951 verließ er Ellington, um eine Solokarriere zu starten. Mit den Aufnahmen »*Unchained Melody*« und »*He*«, beide 1955, hatte er seine ersten Top-10-Erfolge. Im Herbst 1956 gelang ihm mit »*After The Lights Go Down Low*« ein weiterer Top-10-Erfolg. Danach stand er zwar nicht mehr in den Hitparaden, trat aber regelmäßig in Fernsehshows bis in die 70er Jahre auf. Hibbler machte auch Aufnahmen mit Billy Strayhorn, Tab Smith oder Harry Carney.

Der Hit: *Unchained Melody*
Der Tip: *Golden Greats* (MCM 5026)

Hi-Five

Little Tony Thompson, Roderick Pooh Clark, Russell Neal, Marcus Sanders, Torriano Easley, Treston Irby, alle v.
Die fünf schwarzen Musiker, die aus Waco, Texas, und Oklahoma City stammten, waren ein weiterer Versuch, den Erfolg der Jackson 5 zu wiederholen. Ihr erster Hit war im Februar 1991 »*I Like The Way (The Kissing Game)*«, Spitzenreiter in den USA und Millionseller. Zu diesem Zeitpunkt hatte Easley die Gruppe verlassen und war durch Treston Irby ersetzt worden. Der Nachfolgehit wurde »*I Can't Wait Another Minute*«, Mitte 1991 Platz 8. »*She's Playing Hard To Get*« kam im August 1992 in die US-Charts und wurde Platz 5.

Der Hit: *I Like The Way (The Kissing Game)*
Der Tip: *Keep It Goin' On* (Jive 01241 41474 2)

Higgins, Bertie

* 1946. Inspiriert durch den alten Humphrey-Bogart-Lauren-Bacall-Film »*Key Largo*« schrieb sich Bertie 1981 den gleichnamigen Song, der Ende des Jahres bis auf Platz 8 der amerikanischen Hitparade kam. Es blieb der einzige Erfolg für diesen vielseitigen Interpreten. 1964 hatte er seine ersten Platten aufgenommen. Von 1964 bis 1966 spielte er Schlagzeug in der Backing Group von Tommy Roe,

den Roemans. Daß ihm außer dieser wunderschönen Ballade »*Key Largo*« nichts gelungen ist, ist außergewöhnlich und schade.

Der Hit: *Key Largo*
Der Tip: *Just Another Day In Paradise* (Epic 85595)

Highwaymen

Dave Fisher (* 1940); Bob Burnett (* 1940); Steve Trott (* 1940); Steve Butts (* 1940); Chan Daniels (* 1940, † 2.8.1975).
1961 war Stephen Trotts letztes Jahr an der Wesleyan-Universität. Er hatte Französisch als Hauptfach und war Vorsitzender der Studentenverbindung. Aber auch außerhalb des Campus war Trott zusammen mit vier Kommilitonen recht erfolgreich. Als Highwaymen gelang ihnen der Millionseller »*Michael*«, Mitte 1961 Platz 1 in den USA und in GB, Platz 4 in Deutschland.
1988 war Trott als Jurist die Nummer 3 im amerikanischen Justizministerium. Eine überraschende Wende in der Karriere eines Ex-Folkies, aber trotz des Erfolges der Gruppe und seines eigenen sechsstellligen Gewinns hatte Trott nie nur an eine musikalische Karriere gedacht. »Ich hätte es furchtbar gerne gemacht«, sagt er heute, »aber ich konnte meine eigenen Fähigkeiten ganz gut einschätzen. Und ich spürte, daß ich von der Folk-Musik – obwohl ich Talent dafür hatte – auf Dauer nicht würde leben können.«
Trott wuchs in Mexiko auf. Sein Vater war dort leitender Angestellter bei einem Chemiekonzern. Er lernte das Gitarrespielen bei einem Müllmann des Ortes, zeigte aber nie großen musikalischen Ehrgeiz. So entstanden auch die Highwaymen mehr durch Zufall. Im ersten Semester mußte Trott sich wie alle Neulinge etwas einfallen lassen, um seine Verbindungsbrüder zu unterhalten. Mit Hilfe von Chan Daniels, Robert Burnett, Dave Fisher und Stephan Butts gelang es ihm.
Nach Abschluß ihres Studiums trennten sich die Highwaymen: Trott und Burnett studierten Jura in Harvard, Daniels Betriebswirtschaft und Butts machte in Columbia seinen Doktor der Philosophie. Nur Dave Fisher blieb im Musikgeschäft und wurde Songschreiber und Produzent in Los Angeles. Burnett wurde Geschäftsführer einer Bank in Rhode Island, und Butts ging an die Universität von Wisconsin. Daniels starb 1975. Mag Stephen Trott heute das Aushängeschild für die Entwicklung der Highwaymen sein, der – zumindest in den Augen der amerikanischen Öffentlichkeit – den größten Sprung nach vorne gemacht hat – Dave Fisher dürfte derjenige sein, der vom damaligen Erfolg der Gruppe die meiste Kohle einstrich. Er hatte das Traditional aus dem 19. Jahrhundert bearbeitet, gilt damit als der Songschreiber und kassierte die Tantiemen allein!

Der Hit: *Michael*

Hildegarde

* 1906 als Hildegarde Loretta Sell. Die Amerikanerin wurde zuerst in England populär, ging dann zurück in die USA und wurde dort eine der erfolgreichsten Sängerinnen der 40er Jahre im amerikanischen Radio. Dort erreichte sie in ihrer Popularität 1944 Platz 2 hinter Bing Crosby. 1936 wurde *»Pennies From Heaven«* ihr erster Hit, Mitte 1946 *»The Gypsy«* ihr einziger Top-10-Erfolg. Begleitet wurde sie bei der Aufnahme von Guy Lombardo & His Royal Canadians, zu diesem Zeitpunkt eines der erfolgreichsten amerikanischen Orchesters. In den 50er Jahren ließ ihr Erfolg nach.

Der Hit: *The Gypsy*

Hill, Benny

* 25.1.1925 als Alfred Hawthorne Hill, † 20.4.1992. Der Slapstick-Komödiant wurde den britischen Fernsehzuschauern ab 1969 bekannt. 10 Jahre später wurde er zur Überraschung der Amerikaner auch in den USA erfolgreich, allerdings wurden die Folgen von ihm für den US-Markt editiert. Den schwachsinnigen Humor und die vielen Oben-ohne-Mädchen konnten die Amerikaner erst nachts ab 23.00 Uhr bewundern. Für Filmplotten wie *»Die tollkühnen Männer in ihren fliegenden Kisten«* und *»Chitty Chitty Bang Bang«* war er wie geschaffen. Auch als Platteninterpret versuchte er sich. Seine erste Hit-Notierung stammt aus dem Februar 1961, erreichte Platz 12 und hieß *»Gather In The Mushrooms«*. Zum Weihnachtsfest 1971 gelang ihm der Spitzenreiter in GB mit der Geschichte von *»Ernie (The Fastest Milkman In The West)«*.

Der Hit: *Ernie (The Fastest Milkman In The West)«*
Der Tip: *This Is Benny Hill* (EMI 0C 054-06 488)

Hill, Chris

Der Brite Chris Hill schnippelte in der Tradition von Buchanan und Goodman aus Hits Teilchen heraus und bastelte daraus neue Platten. Jeweils zum Weihnachtsfest 1975 und 1976 konnte er mit *»Renta Santa«* und *»Bionic Santa«* Platz 10 in GB erreichen. Dann hatte sich die Masche glücklicherweise totgelaufen.

Der Hit: *Renta Santa*

Hill, Dan

* 3.6.1954. Dem Kanadier gelang Ende 1977 mit dem Titel »*Sometimes When We Touch*« ein Platz 3 in der amerikanischen Hitparade. Sosehr er sich auch bemühte, er schaffte in den Jahren danach keinen weiteren Erfolg. Hill schrieb Songs für andere, z. B. Jeffrey Osborne, George Benson, Tina Turner oder Celine Dion. Rund zehn Jahre nach seinem ersten Erfolg erschien »*Can't We Try*«, und diese Platte kam bis auf Platz 6 in den USA. Eine Begründung für seine Abwesenheit aus den Hitparaden lieferte er selbst: »Als ich anfing, waren die Songs das Wichtigste und nicht das Aussehen. Ich werde nie ein Videostar sein, deshalb müssen meine Songs es bringen. Heute mehr denn je.«

Der Hit: *Sometimes When We Touch*
Der Tip: *Longer Fuse* (20th Century Fox T-547)

Hill, Johnny

* 27.7.1940 als Fery Gillming. Die Lieder dieses aus Österreich stammenden Sängers schwankten zwischen Schlager und Country. Entdeckt wurde er von Lothar Olias, der viele Hits für Freddy geschrieben hat. In diese Richtung wollte er auch Johnny Hill aufbauen, was nicht glückte. Mit dem Trucker-Song »*Ruf Teddybär eins-vier*«, einer deutschen Version des Red-Sovine-Hits »*Teddy Bear*« aus dem Jahre 1976, gelang ihm sein einziger Top-10-Hit in Deutschland, im Frühjahr 1979 ein Platz 8. Im Fernsehen war er der Moderator einer Sendung, die sich an die Freunde des Countryschlagers richtete: »*Kilometer 330*«.

Der Hit: *Ruf Teddybär eins-vier*

Hill, Vince

* 16.4.1939. Der britische Sänger Vince Hill stand erstmals Mitte 1962 in den britischen Charts mit dem Titel »*The River's Run Dry*«. Mitte 1966 sang er eine englische Version des Udo-Jürgens-Titels »*Merci Cheri*«, die es in die Top 40 brachte, und 1967 kam er mit dem Titel »*Edelweiß*« aus dem Musical »*Sound Of Music*« bis auf Platz 2 in GB. Bis 1971 hatte er noch einige weitere Hits, dann war seine Zeit vorbei. Der englische Crooner unterhielt 1984 die Gäste des Kreuzfahrtschiffs QE2 bei ihrer Weltreise.

Der Hit: *Edelweiß*
Der Tip: *His Greatest Hits* (EMI CDB 7 52028 2)

Hilltoppers

Jimmy Sacca, Billy Vaughn (* 1931), Seymour Spiegelman, Don McGuire, alle v. Ab 1952 war dieses an einem College in Kentucky gegründete amerikanische Gesangsquartett in den USA erfolgreich. »*Trying*« war im August 1952 ihr erster Top-10-Erfolg. »*P.S. I Love You*« war Mitte 1953 ein Platz 4 in den USA und ein Millionseller. 1955 sangen sie eine weiße Version von »*Only You*«, die es in den USA auf Platz 8, in England auf Platz 3 brachte. »*Marianne*« war 1957, in dem letzten Jahr ihrer Erfolge, ein Platz 3 in den USA und ein Platz 8 in Deutschland. Billy Vaughn hatte bereits 1955 die Gruppe verlassen und wurde ein erfolgreicher Orchesterleiter und Platteninterpret. Seit 1963 tritt Sacca regelmäßig mit wechselnden Besetzungen der Hilltoppers auf.

Der Hit: *P.S. I Love You*

Hilton, Ronnie

* 26.1.1926 als Adrian Hill. Bevor der Brite seine musikalische Karriere begann, arbeitete er seit Anfang der 40er Jahre in einer Flugzeugfabrik, nachdem er bereits mit 14 die Schule verlassen hatte. 1950 sang er in Leeds mit der Band von Johnny Adlestone und wurde dort für die Plattenfirma HMV entdeckt. Hill änderte seinen Namen in Ronnie Hilton und hatte 1954 seinen ersten Hit. »*I Still Believe*« wurde im November jenes Jahres Platz 3 in GB. »*A Blossom Fell*«, 1955, war der nächste Hit. Im April 1956 erreichte er den Spitzenplatz in GB mit »*No Other Love*«. Der Nachfolgehit »*Who Are We*« und »*Around The World*« im Mai 1957 waren zwei weitere Top-10-Erfolge. Die Liste seiner Hit-Notierungen reicht bis in das Jahr 1965. In England ist er seitdem ein gefragter Künstler für Live-Auftritte.

Der Hit: *No Other Love*
Der Tip: *The Best Of* (EMI CDP 7 92220-2)

Hinnen, Peter

* 19.9.1941. Der Schweizer war bereits Mitte der 50er Jahre als niedlicher Kinderstar erfolgreich. Auch in unseren Breiten sollte er mit Liedchen wie »*Rosmarie*«, noch als Peterli Hinnen, Ende 1956 seinen ersten Top-10-Erfolg haben. Dann folgte eine stimmbruchbedingte Pause. Im Frühjahr 1962 erreichte er Platz 5 in der deutschen Hitparade mit »*Auf meiner Ranch bin ich König*«. Seinen größten Erfolg hatte er Mitte 1963 mit »*7000 Rinder*«. Bis Ende 1964 gelangen ihm mit »*Im Tal der blauen Berge*« und »*Die Rose von Mexiko*« weitere Top-10-Erfolge. Nach 1965 verschwand er aus den Hitparaden.

Der Hit: *7000 Rinder*

Hirt, Al

* 7.11.1922 als Alois Maxwell. Der amerikanische Trompeter, der den Spitznamen »*New Orleans Trumpet King*« hatte, war Mitte der 60er Jahre mit einigen jazzorientierten Instrumentals erfolgreich. Bevor er unter seinem eigenen Namen Platten aufnahm, spielte er mit den Dorsey Brothers und Horace Heidt und leitete in den späten 50er Jahren eine eigene Dixieland-Combo. Mit der Nummer »*Java*« kam er im Januar 1964 in die amerikanische Hitparade und erreichte Platz 4. In Deutschland wurde sie einige Monate später Platz 6. Nach 1965 war seine Hit-Zeit wieder vorüber.

Der Hit: *Java*
Der Tip: *The Best Of* (RCA ANL 1-1034)

Hi-Tension

David Joseph, key; Kenneth Joseph, b/v; Paul Phillips, g/v; Leroy Williams, per; Jeffrey Guishard, per/v; Paul McLean, g/v; Patrick McLean, sax; David Reid, d; Paapa Mensah, d.
Hi-Tension war eine in GB stationierte schwarze Funk-Band. Die erste Platte dieser Formation erschien im März 1978. Sie hieß wie die Gruppe »*Hi-Tension*«, kam im Mai in GB in die Hitparade und wurde Platz 13. Die Nachfolgesingle »*British Hustle/Peace On Earth*« kam im August 1978 in die Charts und erreichte Platz 8. Nachdem ihre erste LP erschienen war, sagte Kenneth Joseph: »Soul ist eine amerikanische Musik, und wir hatten bisher in Großbritannien keine schwarze Funk-Band. Unser einziges Ziel ist es im Moment, so gut zu werden wie die amerikanischen Bands.« Es folgte kein weiterer Hit mehr.

Der Hit: *British Hustle/Peace On Earth*
Der Tip: *Hi-Tension* (Island 200 180)

Hithouse

Hinter diesem Projekt steht der holländische Diskjockey Peter Slaghuis (* 21.8.1961), der sich vor allem als Mixer und Sampler betätigte. Am 11. März 1985 wurde er bei der Weltmeisterschaft im Disco-Mixen im Londoner Hippodrom Vierter. Zum gleichen Zeitpunkt erschien von ihm ein Projekt, das er Video Kids nannte und das mit »*Woodpeckers From Space*« 1985 Platz 4 in den deutschen Charts belegte. Ein Jahr später verschaffte er der Formation Nu

Shooz mit einem Remix ihres Titels »*I Can't Wait*« einen Top-10-Hit in den US-Charts. Auch Maria Vidals »*Body Rock*«, ABBAs »*Lay All Your Love On Me*« und eine 1988er Version des Petula-Clark-Klassikers »*Downtown*« wurden von ihm aufpoliert. Im November 1988 kam unter der Überschrift »*This is the sound of house music*« »*Jack To The Sound Of Underground*« in die britischen Charts und erreichte Platz 14. Zwei Monate später wurde es ein Platz 6 in Deutschland.

Der Hit: *Jack To The Sound Of Underground*
Der Tip: *Hithouse* (CBS 465 102 2)

Hockrigde, Edmund

* 9.8.1923. Der Kanadier kam Anfang der 40er Jahre mit der Air Force nach GB. Dort half er dann auch beim Aufbau eines Radiosenders für die in Europa stationierten Truppen und sang in vielen Sendungen mit. Nach dem Krieg sang er im Radio vor allem Hauptrollen in Opern und Operetten. Nach einem Besuch in New York wechselte er zum Musical, da er in diesem Fach eine größere Zukunft für sich sah. Er spielte in London z. B. in »*Guys And Dolls*«, »*Carousel*« oder »*Can-Can*«. Im Jahre 1956 gelangen ihm in England vier Eintragungen in die Pop-Charts. Die erste, »*Young And Foolish*«, kam im Februar in die Charts und erreichte Platz 10. Alle anderen kamen nicht so hoch. Hockrigde blieb bis in die 90er Jahre aktiv, zuletzt mit seiner Familienshow The Edmund Hockridge Family.

Der Hit: *Young And Foolish*

Hoffmann & Hoffmann

Michael Hoffmann (* 3.12.1950), Günther Hoffmann (* 4.10.1951, † 15.3.1984). Die beiden Brüder Hoffmann erzielten ihre ersten Erfolge mit deutschen Versionen englischer oder amerikanischer Hits. »*Himbeereis zum Frühstück*« war Mitte 1977 ihr erster Hit-Erfolg. Mit dem Lied »*Rücksicht*« belegte das Duo bei der deutschen Vorentscheidung zum Grand Prix Eurovision 1983 den ersten Platz. Beim Grand Prix selbst, der in München stattfand, kamen sie auf Platz 5. Danach gelang den beiden kein weiterer Erfolg. Günther starb in Rio de Janeiro.

Der Hit: *Himbeereis zum Frühstück*
Der Tip: *Hoffmann & Hoffmann* (Global 0063.207)

Holden, Ron

* 7.8.1939. Bereits als 18jähriger sang Ron mit der Gruppe Playboys. Im Frühjahr 1960 bot sich ihm die Chance, eine Soloplatte aufzunehmen. Der Titel »*Love You So*«, den er mit seiner aktuellen Begleitband Thunderbirds einspielte, kam im April 1960 in die US-Charts und wurde Platz 7. Er machte noch für etliche Plattenfirmen Aufnahmen, so auch zusammen mit Rosalie Hamlin von Rosie & The Originals als Rosie & Ron, aber alle Versuche schlugen fehl. Von 1972 bis 1977 arbeitete er als Moderator in Oldie-Shows.

Der Hit: *Love You So*

Holiday, Tony

* 24.12.1951 als Peter Knigge, † 14.2.1990. Der Erfolg dieses deutschen Schlagersängers begann 1977. Mit dem Titel »*Tanze Samba mit mir*« hatte er Ende des Jahres Platz 4 in den deutschen Charts. Es handelte sich dabei um eine deutsche Version von »*A Far L'Amore Cominica Tu (Liebelei)*« von Raffaella Carra. Bis 1980 gab es noch weitere Hit-Notierungen von Tony.

Der Hit: *Tanze Samba mit mir*

Holliday, Michael

* 26.11.1928 als Michael Miller, † 29.10.1963. Der aus Liverpool stammende Sänger begann seine Karriere als Mitglied in Liverpooler Tanzbands. Er trat dann der Handelsmarine bei, mit der er auch in die USA kam. In New York gewann er einen Nachwuchswettbewerb. Nachdem er wieder in England war, schloß er sich dem Eric Winstone Orchestra als Sänger an. Norrie Paramor machte 1955 einen Vertrag mit ihm als Solo-Interpret. Sein erster Single-Hit war »*Nothin' To Do*«, im Frühjahr 1956 Platz 20 in GB. Michael sang vorwiegend britische Versionen amerikanischer Hits. Seine Interpretation von »*The Story Of My Life*«, in den USA ein Hit für Marty Robbins, brachte Michael Anfang 1958 einen Spitzenplatz in GB. Mit »*Stairway Of Love*« gelang ihm Mitte desselben Jahres ein Platz 3, mit »*Starry Eyed*« stand er im Januar 1960 in den GB-Charts und wurde wieder Spitzenreiter. Danach gelang ihm kein Top-30-Hit mehr. In GB hatte er seine eigene Fernsehserie »*Relax With Mike*«. Im Oktober 1963 kam er unter tragischen Umständen ums Leben. Mal hieß es, er habe sich erschossen, mal, er sei an einer Überdosis Drogen gestorben.

Der Hit: *The Story Of My Life*
Der Tip: *The Best Of* (EMI CDP 7 92260 2)

Hollies

Harold Allan Clarke, v (* 5.4.1942); Mikael Rickfors (* in Schweden); Graham Nash, g/v (* 2.2.1942); Tony Hicks, g/v (* 16.12.1943); Eric Haydock, b (* 3.2.1943); Bobby Elliott, d (* 8.12.1942); Bernie Calvert, b/key (* 16.9.1944); Terry Sylvester, g/v (* 8.1.1947); Ray Stiles, b; Alan Coates, g/v; Alan Parker, key. Die Ursprünge der Hollies gehen zurück bis in das Jahr 1961. Die Schulfreunde Clarke und Nash traten als Two Teens auf. Als Haydock und ein Schlagzeuger namens Don Rathbone dazukamen, nannten sie sich Fourtones, dann Deltas und schließlich, als noch ein weiterer Gitarrist dazukam, Hollies. Anfang 1963 suchten alle britischen Produzenten und Plattenfirmen in ganz GB nach weiteren Beatles. Der EMI-Produzent Ron Richards sah die Hollies im Cavern Club in Liverpool spielen und lud sie nach London ein. Von den Dolphins kam nun noch Hicks zur Band, die im April 1963 ihre erste Single aufnahm, ein Revival der Coasters-Nummer *»Just Like Me«*. Im November erreichte ihre Single *»Stay«* Platz 8 in GB, und in den nun folgenden Jahren bis 1970 sollten 15 weitere Top-10-Erfolge hinzukommen. Der größte war ihr einziger Spitzenreiter: *»I'm Alive«* Mitte 1965. Im April 1966 verließ Haydock die Band und wurde durch Bernie Calvert ersetzt, der früher mit Hicks bei den Dolphins gespielt hatte. Mitte 1968 wurde bekannt, daß Graham Nash die Band verlassen werde. Nash ging in die USA und wurde Teil von Crosby, Stills & Nash. Für ihn kam Terry Sylvester, der vorher mit den Escorts und den Swinging Blue Jeans gespielt hatte. Während der Erfolg für die Hollies in GB nachließ, wurde er in den USA immer größer. Dort hatten sie mit *»Bus Stop«* und *»Stop Stop Stop«* 1966, *»Carrie-Anne«* 1967 und *»He Ain't Heavy, He's My Brother«* Ende 1969 ihre einzigen Top-10-Erfolge. *»Long Cool Woman (In A Black Dress)«* erreichte Mitte 1972 Platz 2 in den USA und wurde ein Millionseller. *»The Air That I Breathe«*, geschrieben von Mike Hazelwood und Albert Hammond, war im Frühjahr 1974 ein Platz 2 in GB, ein Platz 6 in den USA und dort ebenfalls ein Millionseller. Zwischenzeitlich hatte sich Ende 1971 Allan Clarke von den Hollies verabschiedet und war durch Mikael Rickfors ersetzt worden. Mit ihm hatten die Hollies nur einen Hit: *»The Baby«*, im Frühjahr 1972 Platz 26 in GB. Im Juli 1973, nach zwei erfolglosen Solo-Alben, kam Clarke wieder zurück, und Rickfors verschwand Richtung Schweden. Die Band hatte gemerkt, daß sie ohne Clarke nur die Hälfte wert war. Ihr großer Hit *»Long Cool Woman (In A Black Dress)«*, der von einem älteren Album ausgekoppelt war und Allan Clarke als Leadsänger hatte, zeigte deutlich, wie notwendig er für die Band war. Wahrscheinlich waren sie deshalb auch bereit, Clarkes Bedingungen, neben seiner Gruppenarbeit auch Soloplatten veröffentlichen zu dürfen, zu akzeptieren. *»The Air That I Breathe«* zeigte, daß die Entscheidung richtig war. Durch die 80er Jahre hörte man wenig von den Hollies. Im Mai 1981 verließen Sylvester und Calvert die Gruppe. Clarke, Elliott und Hicks blieben als Trio zurück. 1982 nahm Graham

Nash noch einmal mit den verbleibenden Hollies Platten auf, darunter ein Revival des Supremes-Hits *»Stop In The Name Of Love«*, der Mitte 1983 Top 30 in den USA wurde. Nash kehrte jedoch wieder in die USA zurück und arbeitete dort mit David Crosby. Ende 1988 kamen die Hollies mit *»He Ain't Heavy, He's My Brother«* wieder in die britische Hitparade und erreichten Platz 1. Der britische Ableger von Miller Light Bier hatte diesen Titel für eine TV-Werbekampagne eingesetzt. 1993 erschien zum 30jährigen Jubiläum der Gruppe eine CD mit 25 ihrer größten Hits. Als 26. Aufnahme war *»The Woman I Love«* zu hören, eine Komposition von Nik Kershaw. Es ist ihre 56. Single-Veröffentlichung. Die Besetzung war jetzt Clarke, Hicks und Elliott, dazu Ray Stiles, einst Mitglied bei Mud, Alan Coates, und Alan Parker.

Der Hit: *He Ain't Heavy, He's My Brother*
Der Tip: *The Very Best Of* (EMI 7 89060 2)

Holly, Buddy

* 7.9.1936, † 3.2.1959. Der 3. Februar 1959 war der Tag, an dem die Musik gestorben ist – zumindest wird das von Don McLean in seinem Hit *»American Pie«* behauptet. Alle, die danach kamen, waren Schmarotzer, die vom Erbe eines Mannes gelebt haben, der 1959 mit einem kleinen Flugzeug abstürzte. Mit ihm saßen in der Maschine der Pilot und zwei weitere Pop-Stars jener Zeit: Big Bopper und Ritchie Valens – wobei zumindest Ritchie Valens auch das Zeug zum Superstar hatte. In den Hitparaden war er gerade mit der Doppel-A-Seiten-Single *»La Bamba/Donna«* sehr erfolgreich – beide Stücke hatte der nicht mal 18jährige selbst geschrieben. Ritchie war ein Chicano – so bezeichnete man damals wie heute US-Bürger mexikanischer Abstammung. Big Bopper, der richtig J. P. Richardson hieß, hatte sich als Songschreiber einen Namen gemacht. So ist z. B. die Nummer *»Running Bear«* eine Komposition von ihm. Hier bei uns wurde sie als *»Brauner Bär und weiße Taube«* durch Gus Backus ein Hit.
Diese drei Stars plus Dion & The Belmonts waren mit der *»Winter Dance Party«* durch die Lande unterwegs. Buddy Holly hatte sich mehrfach darüber beklagt, daß der Tourneebus zu kalt und unfreundlich sei – überhaupt waren die Umstände nicht gerade für die Künstler. Die Jahreszeit in einer Gegend, die als besonders kalt gilt, war absolut unglücklich gewählt. Nach einem Auftritt fuhr der Bus teilweise bis zu 600 Meilen durch die Nacht zum nächsten Auftrittsort, und nicht selten blieb er wegen einer Panne dann auch noch irgendwo liegen. An jenem 2. Februar war die Tour-Karawane in Clear Lake, einem kleinen Ort 10 Meilen westlich von Mason City. Am nächsten Tag sollten sie in Moorhead, Minnesota, spielen, 430 Meilen entfernt. Wohl auch aus diesem Grund hatte sich Buddy am Montag, dem 2. Februar 1959, entschlossen, mit der kleinen

Mietmaschine nach Fargo, North Dakota, zu fliegen. Von da aus mußte er nur noch den Red River überqueren, und schon war er in Moorhead. Nachdem die Party gegen Mitternacht beendet war, fuhren die drei zum nahe gelegenen Flugplatz. Kurz vor ein Uhr startete die Maschine, eine kleine rote Beechcraft Bonanza. 36 Dollar pro Nase hatten die Musiker hingelegt. Der Flug sollte nicht lange dauern. Nur ungefähr acht Meilen von Mason City entfernt stürzte die Maschine auf ein Feld – alle Insassen waren sofort tot. Und damit auch der Rock 'n' Roll? War Buddy Holly zu diesem Zeitpunkt überhaupt noch ein Rock-'n'-Roll-Interpret? Seine letzten Plattenaufnahmen belegen, daß er sich wie alle anderen Interpreten jener Tage mehr und mehr vom Rock 'n' Roll zurückgezogen hatte. Ob Elvis Presley oder Little Richard, alle waren seichter geworden. Schluchzende Geigen umschmeichelten auch die, die einst geschworen hatten, eine andere Musik zu machen. Was Buddy Holly in seinen frühen Tagen mit Songs wie *»Peggy Sue«* oder *»That'll Be The Day«* geschaffen hat, ist unsterblich. Aber so manches Lied, das er dann geschrieben hat, war schon recht lau – lag dafür allerdings auch voll im Trend. Seine großen Erfolge waren, als The Crickets: *»That'll Be The Day«*, im August 1957 in die Hitparaden gekommen und Platz 1 in den USA und in GB; *»Oh Boy«*, drei Monate später Platz 10 in den USA, Platz 3 in GB; *»Maybe Baby«*, im Frühjahr 1958 ein Platz 4 in GB. Als Buddy Holly hatte er die Hits: *»Peggy Sue«*, im November 1957 in die US-Charts gekommen und Platz 3, in GB Platz 6; *»Rave On«*, Mitte 1958 Platz 5 in GB; *»It Doesn't Matter Anymore«*, kurz nach seinem Tod in die britischen Charts gekommen und Platz 1; *»Brown Eyed Handsome Man«*, *»Bo Diddley«* und *»Wishing«*, alle 1963 Top-10-Hits in GB.

Eddie Cochran, der lediglich knapp ein Jahr länger lebte, hatte sich weiter als Rocker betätigt und in seiner Heimat weit weniger Erfolg als in GB. Cochran war 21, als er nach einem Autounfall in England ums Leben kam, Buddy Holly gerade 22, als er abstürzte, und es ist erstaunlich, wie viele Interpreten heute noch alte Songs von ihm neu aufnehmen oder wie viele behaupten, er habe sie enorm beeinflußt.

Der Hit: *That'll Be The Day*
Der Tip: *From The Original Master Tapes* (MCA 251 720-2)

Hollywood Argyles

Gary *»Flip«* Paxton und Clyde *»Skip«* Battin traten 1958 als die Rockabillies auf. Mitte 1959 hatten die beiden als Skip & Flip die Nummer *»It Was I«* auf Platz 11 in den US-Charts. *»Cherry Pie«* erreichte im April 1960 das gleiche Ergebnis. Danach gingen die beiden auseinander. Clyde *»Skip«* Battin tauchte in den 70er Jahren bei den Byrds, den New Riders Of The Purple Sage und den Flying Burrito Brothers auf. Im Frühjahr 1960 – der Vertrag von Paxton mit seiner Plattenfirma lief noch –

nahm er den von Dallas Frazier geschriebenen Song *»Alley-Oop«* auf. Produzent war Kim Foley. Wegen des erwähnten Vertrages konnte er die Nummer nicht unter seinem Namen aufnehmen, deshalb nannte er sich Hollywood Argyles. Die Platte stieg in die US-Hitparade im März 1960 ein und kletterte bis auf Platz 1. Erst nachdem sich die Platte zu einem Erfolg gemausert hatte, stellte man um Gary Paxton eine Gruppe zusammen. Aber schon nach einer LP verließ er seine Plattenfirma und den Rest der Musiker und gründete sein eigenes Label Garpax. Darauf erschien Ende 1962, durch Paxton produziert, *»Monster Mash«* mit Bobby »Boris« Pickett. Später wandte sich Gary der Gospelmusik zu und machte in den 80er Jahren zusammen mit seiner Frau eine tägliche christliche Radio-Talk-Show in Nashville.

Der Hit: *Alley-Oop*

Hollywood Beyond

Dem britischen Sänger Mark Rogers gelang als Hollywood Beyond Mitte 1986 ein Platz 7 in GB mit *»What's The Colour Of Money«*. Er selbst definierte seine Musik als »ein wenig östlich orientierter Swamp Rock mit einem Schuß Heavy Metal«. *»What's The Colour Of Money«* wurde von der Plattenfirma als »abenteuerlicher, aber extrem tanzbarer Stilmix« dargestellt. Angeblich lernte Mark Rogers klassisches Piano, sah dann drei Konzerte von Black Sabbath und wurde dadurch in Richtung Hard Rock umgelenkt. Er stieg vom Piano auf Gitarre um, schwärmte für Hendrix und sammelte Live-Erfahrungen in diversen Latin/Jazz Bands. Produzent war der durch seine Arbeit mit den Pet Shop Boys bekannte Stephen Hague. Der Nachfolgehit *»No More Tears«* kam knapp unter die ersten 50. Danach gelang ihm kein Hit mehr.

Der Hit: *What's The Colour Of Money*

Holm, Michael

* 29.7.1943 als Lothar Walter. Im Duett mit Bert Berger, sie nannten sich die Missouris, kam Michael Holm 1962 bei den Deutschen Schlagerfestspielen auf Platz 2 mit *»Texas Jimmy«*. Die Platte wurde kein Erfolg, und die beiden trennten sich. Bert Berger wurde später im Duett mit seiner Frau Cindy als Cindy & Bert erfolgreich. Michael Holm veröffentlichte als Solist *»Lauter schöne Worte«*, kam damit im August 1962 bis auf Platz 46 und gab erst einmal die Musik auf. Er studierte fünf Semester Jura in Berlin, und dann merkte er *»Alle Wünsche kann man nicht erfüllen«*, im April 1965 kam er damit in die deutsche Hitparade und erreichte Platz 16. Richtig erfolgreich wurde er Ende der 60er Jahre, als er mit

»Mendocino« Mitte 1969 eine goldene Schallplatte erhielt und Platz 3 in Deutschland erreichte. *»Barfuß im Regen«* und *»Wie der Sonnenschein«* 1970, *»Ein verrückter Tag«* 1971, *»Tränen lügen nicht«* – 1974 Platz 1 in Deutschland und wieder Gold –, *»Wart auf mich«* 1975 und *»Mußt du jetzt gerade gehen, Lucille«* 1977 waren seine weiteren Top-10-Erfolge. Mit Beginn der 80er Jahre war seine Hit-Zeit vorüber. Ende der 80er Jahre war er international erfolgreich mit seiner New-Age-Gruppe Cusco. Michael Holm ist sicherlich einer der fleißigsten Songschreiber und Produzenten. Von ihm stammen Titel wie *»Nur ein Kuß, Maddalena«*, *»Fiesta Mexicana«* oder *»Ein Lied kann eine Brücke sein«*.

Der Hit: *Tränen lügen nicht*

Holman, Eddie

* 3.6.1946. Der amerikanische Soulsänger nahm in den frühen 60er Jahren seine ersten Platten auf. Sein Titel *»Hey There Lonely Girl«* war Ende 1969 ein Platz 2 in den USA und ein Millionseller und fünf Jahre später Platz 4 in GB. Das Original dieses Stückes war 1963 mit Ruby & The Romantics als *»Hey There Lonely Boy«* erschienen und hatte damals Platz 27 erreicht. Eddie Holman hatte 1966 seine erste Hit-Notierung, 1969 den Hit, 1970 und 1977 zwei weitere Eintragungen, die aber nie über Platz 40 hinauskamen. In den Rhythm-&-Blues-Charts war er erfolgreicher. Seit Anfang der 90er Jahre veröffentlicht er auf seinem eigenen Label Agape christliche Lieder.

Der Hit: *Hey There Lonely Girl*

Holmes, Clint

* 9.5.1946. Clint Holmes wurde in Bournemouth, England, geboren. Als Kind kam er nach Buffalo, New York. Mit der Nummer *»Playground In My Mind«* hatte der Softsänger Anfang 1973 einen Platz 2 in den USA und einen Millionseller. Seine musikalische Karriere hatte er 1964 begonnen. Erst bevorzugte er einen weichen, an Johnny Mathis und Andy Williams erinnernden Gesangstil, dann wurde er dynamischer. Die Single *»Playground In My Mind«* war Mitte 1972 erschienen, und neun Monate lang lag sie wie Blei in den Regalen. Alle glaubten bereits an einen totalen Flop, dann kam die Nummer doch noch in die Charts. Allerdings gelang Clint kein weiterer Hit, und somit reiht er sich ein in die Garde der One Hit Wonders. In diesem Falle machte nicht der Sänger den Hit, sondern der Song. Holmes mußte später zugeben: »Die meisten Leute erinnern sich an das Lied, aber nicht an den Typen, der es gesungen hat.«

Der Hit: *Playground In My Mind*

Holmes, Leroy

* 22.9.1913 als Alvin Holmes, † 27.7.1986. Leroy Holmes begann seine Karriere als Arrangeur für Vincent Lopez und Harry James. War bei der Plattenfirma MGM verantwortlich für Aufnahmen von Tommy Edwards oder Connie Francis. Er leitete außerdem das Studio-Orchester der Filmfirmen MGM und United Artists und schrieb etliche Filmmusiken. Sein größter Erfolg war der Titel »*The High And The Mighty*« aus dem gleichnamigen Film, Mitte 1954 Platz 9 in den USA.

Der Hit: *The High And The Mighty*

Holmes, Rupert

* 24.2.1947. Der in GB geborene Sänger zog im Alter von sechs Jahren mit seinen Eltern in den US-Staat New York. Sein Vater war amerikanischer G. I., seine Mutter Britin. Noch während der Schulzeit gründete er seine erste Gruppe, die Nomades. Sein Hauptmusikinstrument war die Klarinette. Danach schrieb und arrangierte er z. B. für die Drifters, Platters, Barbra Streisand, Dolly Parton, Mac Davies, Manhattan Transfer und Gene Pitney. Sein größter Erfolg war der Titel »*Timothy*«, im Januar 1971 ein Top-20-Hit in den USA für die Gruppe Buoys. Holmes ist bei dieser Aufnahme am Piano zu hören. Als Produzent betätigte er sich für Sailor, Strawbs oder auch John Miles. Sein Erfolg als Interpret kam mit der Nummer »*Escape (The Pina Colada Song)*«, der Ende 1979 in die amerikanische Hitparade kam und Spitzenreiter und Millionseller wurde. Mit »*Him*« kam er im Januar 1980 erneut unter die ersten 10. Nach 1981 wird er, obwohl er noch sehr viele schöne Titel veröffentlicht hat, nicht mehr in den Charts notiert. 1986 gewann er für das von ihm geschriebene Musical »*The Mystery Of Edwin Drood*« – als Vorlage diente das Buch von Charles Dickens – einen Tony Award.

Der Hit: *Escape (The Pina Colada Song)*
Der Tip: *Partners In Crime* (MCA MVCM-303)

Holt, John

* 1947. Der Jamaikaner hatte seit seinem 12. Lebensjahr an verschiedenen Talentwettbewerben teilgenommen und schließlich einen Plattenvertrag erhalten. Seine erste Single veröffentlichte er 1963. Ab 1965 war er für drei Jahre Sänger bei der Formation Paragons. Danach startete er seine Solokarriere, die zumindest in seiner Heimat Jamaika sehr erfolgreich war. In GB war er einer der jamaikanischen Musiker, die als Reggae-Superstar angekündigt wurden und dann nach einem einzigen Top-10-Erfolg wieder in der Versenkung verschwanden. Holt

machte eine Reggae-Version von Kris Kristoffersons »*Help Me Make It Through The Night*«, die es im Dezember 1974 auf Platz 6 in GB brachte. Danach war er weiterhin auf Jamaika erfolgreich.

Der Hit: *Help Me Make It Through The Night*
Der Tip: *Gold* (Creole Records 6.25571)

Hondells

Diese Formation war ein Studioprojekt des Produzenten Gary Usher, der damit auf der Surf-Music-Welle mitschwamm. Usher gilt als der ungekrönte König der Surf/Hot Rod Music. Zusammen mit Brian Wilson, dem gekrönten König, schrieb er einige der erfolgreichen Beach-Boys-Titel, z. B. die Nummer »*In My Room*«. Eine ganze Reihe selbstgeschriebener Titel ließ er von Studiomusikern und -sängern aufnehmen, darunter waren Jan Berry von Jan & Dean, Glen Campbell, Bruce Johnston, Terry Melcher oder Dennis Wilson von den Beach Boys. Diese Ansammlung von Musikern verkaufte er dann als Four Speeds, Super Stocks, Wheelmen, The Revells, Knights, Ghouls, Silly Surfers oder eben Hondells. Als »*Little Honda*« im September 1964 ein Hit wurde, Platz 9 in den USA, existierte keine Gruppe. Geschrieben wurde die Nummer von Brian Wilson. Ritchie Burns, der auf der Single im Hintergrund mitgesungen hatte, arbeitete zu diesem Zeitpunkt als Kassierer in einer Bank. Um für eine LP der Hondells, die schnell zusammengeschustert wurde, ein Cover-Foto von den Hondells zu machen, nahm man ihn und ein paar weitere Bankangestellte, fotografierte sie und hatte die Plattenhülle. Die dann zusammengestellten Hondells waren erfolgreicher, als alle erwartet hatten. Sie machten eine Tour, traten in der »*Dick Clark Show*« und in »*Shindig*« auf und spielten 1965 in drei Strandfilmen mit. Ein Nachfolgehit wollte ihnen jedoch nicht mehr gelingen, und nach 1970 war der Name Hondells aus den Medien verschwunden.

Der Hit: *Little Honda*

Honesty '69

Ramon Zenker, Mark Innocent. Die beiden Gruppenmitglieder waren zusammen mit den Produzenten Thomas Gesell und Willi Grossmann im Sommer 1989 in New York und hörten dort in Diskotheken den Titel »*French Kiss*« von Lil Louis. Zurück in Deutschland versuchten sie, den Titel zu kaufen, konnten ihn aber nicht bekommen. Also beschlossen sie kurzerhand, eine Coverversion aufzunehmen. Ihre Fassung kam im September 1989 in die deutschen Charts und wurde Platz 7. Danach paßten die amerikanischen Plattenfirmen besser auf und veröffentlichten ihre Produkte so schnell in Deutschland, daß ein deutscher Nachzieher nicht mehr nötig war.

Der Hit: *French Kiss*

Honeybus

Pete Dello, v/g (* als Peter Blumson); Colin Hare, v/g (* als Colin Nicholls); Ray Cane, b (* als Raymond Byart); Peter Kircher, d.
Honeybus wurde 1967 in GB gegründet. Obwohl die meisten Stücke von Honeybus durch Cane geschrieben wurden, stammt der einzige Hit der Band von Dello. Alle Mitglieder hatten vorher in anderen Bands oder als Session-Musiker gespielt. Im Juni 1967 erschien ihre Debüt-Single *»Delighted To See You«*. Sie setzte sich ebensowenig durch wie *»Do I Figure In Your Life«*, veröffentlicht im Oktober desselben Jahres. Ihre dritte Single war *»I Can't Let Maggie Go«*, die im März 1968 in die britischen Charts kam und Platz 8 erreichte. Genau zu diesem Zeitpunkt wollte Pete Dello nicht mehr weitermachen und verließ die Gruppe. Trotz einer weiteren Veröffentlichung, *»Girl Of Independent Means«*, konnte die Formation dem One-Hit-Wonder-Status nicht entgehen. 1969 trennten sich die Musiker auf Anraten ihres Managers. Ihre einzige LP, *»Story«*, erschien erst nach der Trennung. Ihr Hit wurde später in einer Brotwerbung eingesetzt.

Der Hit: *I Can't Let Maggie Go*
Der Tip: *At Their Best* (See For Miles SEE CD 264 TIS)

Honeycombs

Dennis D'ell, v (* 10.10.1943 als Denis Dalziel); Anne »Honey« Lantree, d (* 28.8.1943); John Lantree, b (* 20.8.1940); Alan Ward, g (* 12.12.1945); Martin Murray, g; Peter Pye, g (* 12.7.1946).
Die Honeycombs kamen in Nord-London 1963 als The Sherabons zusammen. Es handelte sich dabei um eine ausgesprochen durchschnittliche Band, die nur dadurch auffiel, daß sie mit der Ex-Friseuse Honey Lantree einen weiblichen Schlagzeuger hatten. Just zu jener Zeit begann das Songschreiber-Team Ken Howard und Alan Blaikley, erfolgreich zu werden. Joe Meek übernahm die Produktion dieser Gruppe, und Howard und Blaikley schrieben die Nummer *»Have I The Right«*, die Mitte 1964 in die Hitparade kam und bis auf Platz 1 kletterte. Im Herbst 1964 entwickelte sich die Platte zu einem Top-10-Hit in den USA. Es folgten zwei weitere Eintragungen im unteren Chart-Bereich, dann kam im August 1965 mit *»That's The Way«* ein letztes Aufbäumen: Die Platte erreichte Platz 12 in GB. Nach dem ersten großen Erfolg ging die Gruppe auf eine

ausgedehnte Tour in Australien, was sich im nachhinein als Fehler herausstellte. Nach ihrer Rückkehr wurde Murray gegen Pye ausgetauscht. 1966 war die Gruppe wieder in die Bedeutungslosigkeit zurückgefallen. Ein weiterer Grund dürfte sein, daß sich das Songschreiberteam Howard/Blaikley inzwischen mehr um Dave Dee, Dozy, Beaky, Mick & Tich kümmerte. D'ells Versuche, in den 70er Jahren eine Solokarriere zu starten, schlugen fehl.

Der Hit: *Have I The Right*
Der Tip: *The Best Of* (PRT Records PYC 4009 TIS)

Honey Cone

Carolyn Willis (* 1946); Edna Wright (* 1944); Shellie Clark (* 1943); Denise Mills.
In den späten 60er Jahren wurde das typische Mädchentrio Honey Cone aus gestandenen Background-Sängerinnen zusammengestellt. Edna war vorher bei den Raelettes und ist die Schwester von Darlene Love, Carolyn war bei den Girlfriends und Bob B. Soxx & The Blue Jeans und Shellie bei Ike & Tina Turner und Little Richard gewesen. 1969 sangen die drei im Hintergrund von Burt Bacharach in einem Andy-Williams-TV-Special. Edna, die mit Eddie Holland aus dem Team Holland/Dozier/Holland bekannt war, wußte, daß er zuschauen würde. Eddie war von dem Auftritt so angetan, daß er sie bei seinem neuen Plattenlabel Hot Wax unter Vertrag nahm. Mitte 1969 erschien die erste Single *»While You're Out Looking For Sugar«* in den US-Charts. Im Frühjahr 1971 hatten sie den Millionseller und Spitzenreiter in den USA *»Want Ads«*. Vier Monate später ein weiterer Millionseller *»Stick-Up«*, Platz 11 in den USA. Nach einigen weiteren Singles war 1973 die Zeit von Honey Cone wieder vorbei, und die Mädchen kümmerten sich wieder um Studioarbeiten. Zwischenzeitlich war Carolyn durch Denise ersetzt worden. Carolyn hatte im Frühjahr 1976 zusammen mit Seals & Crofts und dem Titel *»Get Closer«* einen Platz 6 in den US-Charts.

Der Hit: *Want Ads*

Honeydrippers

Robert Plant, v (* 20.8.1948); Jimmy Page, g (* 9.1.1944); Jeff Beck, g (* 24.6.1944); Nile Rodgers, b (* 19.9.1952).
Das Projekt dieser vier Superstars kann man getrost als Spaß an der Freude betrachten. Ähnlich wie die Traveling Wilburys, Little Village oder die Notting Hillbillies kamen hier prominente Musiker zusammen, die gemeinschaftlich ihren

musikalischen Vorlieben frönten. Robert Plant war vorher bei Led Zeppelin, Jimmy Page bei den Yardbirds und Led Zeppelin, Jeff Beck bei den Yardbirds und als Solist erfolgreich und Nile Rodgers bei Chic. Wenn man diese Namen hört, denkt man eher, daß ein gemeinsames Projekt dieser vier in Richtung Heavy Metal geht. Statt dessen kam Blues, Rock 'n' Roll und Doo Wop, kamen Songs, die Standards in den 40er, 50er und 60er Jahren waren. Eine Single-Auskopplung aus dem Album, das jedoch nur fünf Titel enthielt und deshalb mehr als EP bezeichnet werden muß, war *»Sea Of Love«*. Dieses Stück war 1959 mit Phil Phillips ein Platz 2 in den USA. Die Honeydrippers erreichten mit dem Titel Ende 1984 einen Platz 3 in der amerikanischen Hitparade. Das Mini-Album war angekündigt worden als Volume One, bedauerlicherweise ist es zu einer zweiten Folge nicht gekommen.

Der Hit: *Sea Of Love*
Der Tip: *Volume One* (Esparanza 790 220-1)

Hooters

Rob Hyman, v/key; Eric Bazilian, v; Andy King, b/v; John Lilley, g/per; David Uosikkinen, d.
1985 wurde diese Gruppe von der Zeitschrift *»Rolling Stone«* zur besten neuen amerikanischen Band gekürt. 1972 lernten sich Hyman, Bazilian und Rick Chertoff, der inzwischen ihr Produzent wurde, auf der Uni kennen. Sie gründeten Baby Grant, aus denen 1980 die Hooters wurden. Ihre erste erfolgreiche Single hatten sie Mitte 1985 mit dem Titel *»All You Zombies«*, die es in Deutschland bis auf Platz 17 brachte. Überhaupt ist diese Gruppe in Europa, und da speziell in Deutschland, erfolgreicher als in den USA. Vorher hatten sich Hyman und Eric Bazilian als Co-Autoren und Arrangeure bei Cyndi Laupers Millionseller-Album *»She's So Unusual«* einen Namen gemacht. *»Day By Day«* kam Ende 1985 unter die Top 20 in den USA. Ihren bisher größten Single-Erfolg erreichten sie 1987 in Deutschland: *»Johnny B.«* wurde Ende des Jahres Platz 7 in der Hitparade. Bei den Hooters ist man nie sicher, ob es sich bei ihnen um eine Rock- oder um eine Folkband handelt. Sehr schön ihre Version von Hedy Wests *»500 Miles«*. Als spezielle Gäste singen Peter, Paul & Mary mit.

Der Hit: *Johnny B.*
Der Tip: *Nervous Night* (CBS 26422)

Hopkin, Mary

Mary Hopkin *(Apple)*

* 3.5.1950 in Wales. Im Mai 1968 gewann Mary in der Nachwuchs-TV-Show »*Opportunity Knocks*« den ersten Preis. 1967 hatte sie bereits ihre erste EP in walisischer Sprache aufgenommen: »*Llais Swynol Mary Hopkin*«. In »*Opportunity Knocks*« hatte Twiggy Mary Hopkin gesehen, daraufhin ihren Kumpel Paul McCartney angerufen und ihm diese Sängerin empfohlen. Den Reiz von Mary machte sicher die niedliche Kleinmädchenstimme aus, die so zerbrechlich und verletzlich klang. Im August erschien »*Those Were The Days*«, produziert von McCartney und geschrieben von Gene Raskin. Die Melodie basierte auf dem russischen Volkslied »*Darogui Dlimmoyo*«. Die Platte kletterte in der britischen Hitparade hoch und verdrängte »*Hey Jude*« von Platz 1. Auch in Deutschland wurde die Platte Spitzenreiter, in den USA Platz 2. Als Nachfolgesingle kam im April 1969 der von McCartney geschriebene Titel »*Goodbye*« in die GB-Charts und erreichte Platz 2. In den USA und in Deutschland wurde er Top 20. 1970 erreichte Mary mit »*Temma Harbour*« und »*Knock Knock Who's There*« in GB erneut die Top 10. Mit letztgenanntem Titel nahm sie im März 1970 am Grand Prix Eurovision teil, der in Amsterdam stattfand. Mary belegte Platz 2, überholt wurde sie nur noch von jemand, der offensichtlich noch zerbrechlicher klang: Dana gewann für Irland mit »*All Kinds Of Everything*«, ein Lied, das Mary auch hätte singen können. Danach ließ ihr Erfolg nach. Im Dezember 1971 heiratete sie den bekannten britischen Produzenten Tony Visconti und sang nur noch ab und zu im Hintergrund auf Platten von Ralph McTell, David Bowie oder Thin Lizzy. 1981 war sie neben Mike Hurst (früher mit den Springfields) und Mike D'Albuquerque (ehemals ELO) im Trio Sundance, das die Single »*What's Love*« veröffentlichte. Sie war ganz niedlich, kam aber nicht in die Charts. Im selben Jahr trennte sie sich von Visconti und kam mit Dennis Locorriere von Dr. Hook zusammen. Im Mai 1984, wieder zurück aus den USA, wurde sie Leadsängerin der Gruppe Oasis. In dieser Band spielte Peter Skellern Piano und Julian Lloyd Webber Cello. Ihre Single »*Hold Me*« kam nicht in die Charts, eine LP erreichte Platz 23 in der LP-Hitparade. Nachdem Mary krank wurde, stieg sie kurz vor einer geplanten Tournee aus der Band aus. 1988 war sie mit anderen Künstlern der EMI bei George Martins Projekt »*Under Milk Wood*« mit dabei.

Der Hit: *Those Were The Days*
Der Tip: *Post Card* (Apple CDP 7 97578 2)

Hornsby, Bruce

* 23.11.1954. Der amerikanische Sänger, Tastenspieler und Songschreiber lernte auf der High-School das Pianospielen und studierte dieses Instrument später. 1978 begann er in den Südstaaten der USA mit einer selbstgegründeten Band eine endlose Tour durch Bars und Cocktail-Lounges. 1980 zog er mit seinem Bruder nach Los Angeles, wo die beiden einen Dreijahresvertrag bei der 20th Century Publishing Company unterschrieben, der ihnen ein regelmäßiges Einkommen als Songschreiber sicherte. Ein Jahr später trafen sie Huey Lewis, der besonders von Bruce's Pianospiel beeindruckt war. 1983 spielte Bruce während einer langen US-Tournee in der Gruppe von Sheena Easton. 1985, nachdem er acht Jahre lang Songs geschrieben hatte, die keiner haben wollte, gründete er seine eigene Band Range und erhielt einen Plattenvertrag bei der RCA. Im Jahr darauf erschienen die ersten Platten von Bruce Hornsby & The Range. Sein erster Hit war im Sommer 1986 »*The Way It Is*«, Spitzenreiter in den USA. Es folgten »*Mandolin Rain*«, Anfang 1987 Platz 4 in den USA, und »*The Valley Road*«, Mitte 1988 Platz 5. Nach der ersten erfolgreichen LP, »*The Way It Is*«, die in den US-LP-Charts bis auf Platz 3 kam und sich drei Millionen mal verkaufte, erschien 1988 mit »*Scenes From The Southside*« wieder ein Millionseller. 1990 kam »*A Night On The Town*«. Zwischenzeitlich spielte Bruce auch auf Platten von Huey Lewis, Clannad, Brenda Russell, Patti Austin, Kim Carnes, Don Henley, den Cowboy Junkies und vielen anderen. Nach der dritten LP trennte sich Hornsby von seiner Gruppe The Range, und nach drei Jahren Pause erschien im Frühjahr 1993 mit »*Harbor Lights*« ein neues Album. Wer so viel auf Alben von anderen spielt, kann mit der Hilfe von Freunden rechnen, wenn er mal etwas Neues macht: Auf seiner 93er Platte spielten Jerry Garcia, Bonnie Raitt, Pat Metheny oder Phil Collins mit.

Der Hit: *The Way It Is*
Der Tip: *The Way It Is* (RCA PD 89901)

Horton, Johnny

* 30.4.1925 als John LaGale Horton, † 5.11.1960. Der amerikanische Sänger schaffte schon früh den Crossover von der Country- zur Pop-Musik. 1951 machte er seine ersten Platten. Ab 1956 war er in den Country- und ab 1959 in den Pop-Charts erfolgreich. Sein erster Nummer-1-Hit in den C&W-Charts war 1959 »*When It's Springtime In Alaska (It's Forty Below)*«. Drei Monate später stand er

erneut auf Platz 1 in den C&W-, aber auch in den Pop-Charts: *»The Battle Of New Orleans«*. In dem Millionseller-Song ging es um den Krieg 1812. *»Sink The Bismarck«* und *»North To Alaska«* aus dem gleichnamigen Film mit John Wayne waren seine beiden weiteren Top-10-Erfolge 1960. Im November starb er nach einem Autounfall. Damit wurde seine Frau Billie Jean zum zweitenmal Witwe eines Country-Stars. In erster Ehe war sie mit Hank Williams verheiratet gewesen, der 1953 gestorben war.

Der Hit: *The Battle Of New Orleans*
Der Tip: *Johnny Horton 1956-1960* (Bear Family 15470)

Hot

Gwen Owens (* 19.6.1953), Cathy Carson (* 7.10.1953), Juanita Curiel (* 25.2.1953), alle v.
Cathy und Gwen trafen sich, als sie sich um einen Job in Wolfman Jacks *»Shock And Rock Review Show«* bewarben. Sie nannten sich Sugar & Spice. 1976 hatten sie einige Auftritte, so z. B. in der »Bill Cosby Show«. Dann kam als drittes Mitglied Juanita hinzu, und das Trio nannte sich Hot. Nachdem sie einen Plattenvertrag hatten, erschien Anfang 1977 ihre erste LP. Daraus wurde die Single *»Angel In Your Arms«* ausgekoppelt, die ein Millionseller und ein Platz 6 in der Hitparade wurde. Danach folgten zwei weitere Hit-Notierungen, die aber nicht über einen Platz 60 hinauskamen. Das Bemerkenswerte an diesem Trio war die Tatsache, daß Juanita eine Latina, Gwen eine Schwarze und Cathy eine Weiße war. Gemischtrassige Trios sind in den USA recht selten.

Der Hit: *Angel In Your Arms*
Der Tip: *Hot* (Big Tree 89522)

Hot Butter

Dahinter verbirgt sich der Synthesizer-Spieler Stan Free. Mit dem Titel *»Popcorn«*, der sich anhörte wie er heißt, hatte Stan Mitte 1972 einen weltweiten Hit. In den USA war es ein Platz 9, in GB 5 und in Deutschland Spitzenreiter. Der Versuch, diesen Erfolg mit Instrumentals wie *»Apache«*, *»Pipeline«* oder *»Tequila«* zu wiederholen, schlug fehl. Der Titel *»Popcorn«* wurde 1970 von Gershon Kingsley geschrieben und dem Moog-Synthesizer gewidmet. In sehr deutlicher Weise zeigt *»Popcorn«*, daß der Moog-Synthesizer als Musikinstrument zu jenem Zeitpunkt noch sehr entwicklungsfähig war.

Der Hit: *Popcorn*

Hot Chocolate

Errol Brown, v (* 12.11.1948); Tony Wilson, b/v (* 8.10.1947); Franklyn De Allie, g; Harvey Hinsley, g (* 19.1.1948); Larry Ferguson, key (* 14.4.1948); Patrick Olive, per (* 22.3.1947); Ian King, d; Tony Connor, d (* 6.4.1947).

1969 formierte sich diese britische Gruppe, die als erste Single auf dem Apple-Label mit der Erlaubnis von John Lennon eine Reggae-Version von *»Give Peace A Chance«* veröffentlichte. Ein Apple-Mitarbeiter war es, der die Formation The Hot Chocolate Band nannte. 1970 unterschrieben sie einen Vertrag mit Mickey Most von RAK Records. Errol Brown und Tony Wilson hatten Most drei Songs angeboten, die ihm gefielen. *»Bet Yer Life I Do«* nahm er für Herman's Hermits, *»Think About Your Children«* für Mary Hopkin und *»Love Is Life«* für die inzwischen auf Hot Chocolate abgekürzte Formation. Im August desselben Jahres kam *»Love Is Life«* in die britische Hitparade und erreichte Platz 6. Zu diesem Zeitpunkt schor sich Errol eine Glatze und wurde so zum optischen Mittelpunkt der Band. In den Anfangsjahren kam es noch zu etlichen Umbesetzungen. *»I Believe In Love«* 1971, *»Brother Louie«* 1973, *»Emma«* 1974, *»A Child's Prayer«* und *»You Sexy Thing«* 1975, *»So You Win Again«* – Spitzenreiter – und *»Put Your Love In Me«* 1977, *»No Doubt About It«* 1980, *»Girl Crazy«* und *»It Started With A Kiss«* 1982 und *»What Kinda Boy You Looking For (Girl)«* 1983 waren alles Top-10-Erfolge für diese Band. In den USA waren es vor allem *»Emma«* und *»You Sexy Thing«* 1975 und *»Every 1's A Winner«* 1978, die erfolgreich waren. Ihr Titel *»Brother Louie«* wurde in den USA kein Erfolg. Aber als die amerikanische Gruppe Stories Mitte 1973 diese Platte als Coverversion veröffentlichte, wurde sie Spitzenreiter und Millionseller. 1984 erschien die letzte Neuaufnahme von Hot Chocolate. 1987 ging der holländische Diskjockey Ben Liebrand hin und mixte *»You Sexy Thing«* neu ab und fügte eine Rhythmusgruppe hinzu. Die Platte erreichte Platz 10 in GB. In demselben Jahr löste sich Hot Chocolate auf. Browns erste Soloplatte *»Personal Touch«* erreichte noch im gleichen Jahr Platz 25 in GB. Ende 1990 unterschrieb er einen Plattenvertrag mit PWL, dem Label von Stock/Aitken/Waterman. 1993 knüpfte er mit *»Emmalene (That's No Lie)«* inhaltlich an *»Emma«* an. Produziert hatte Dieter Bohlen.

Der Hit: *You Sexy Thing*
Der Tip: *Their Greatest Hits* (EMI 7 89068 2)

Hotlegs

Eric Stewart, v/g (* 20.1.1945); Kevin Godley, v/d (* 7.10.1945); Lol Creme, v/g (* 19.9.1947).

Angeblich wurde der Titel *»Neanderthal Man«* von der oben genannten Forma-

Hot Chocolate *(RAK)*

tion lediglich aufgenommen, um das neue Equipment ihres Strawberry Studios zu testen. Alle Musiker hatten bereits vorher in anderen Gruppen gespielt und sollten nach Beendigung des Testes als 10cc in den 70er Jahren sehr erfolgreich werden. Ein Mitarbeiter von Philips Records hörte dieses Band und bot 500 Pfund Vorschuß an, um es als Platte zu veröffentlichen. Die Nummer wurde weltweit über zwei Millionen mal verkauft. Das Geld war also gut angelegt. *»Neanderthal Man«* wurde Mitte 1970 Platz 2 in GB, Platz 4 in Deutschland und Platz 22 in den USA. Danach veröffentlichte Hotlegs noch zwei weitere Singles und eine LP mit dem Titel *»Thinks: School Stinks«*. Nichts davon war erfolgreich. Wenig später kam es zur Gründung von 10cc.

Der Hit: *Neanderthal Man*

Hotshots

Der Brite Clive Crawley war Anfang der 70er Jahre mit der Pop-Musik recht unzufrieden und auf der Suche nach einer Band, die ihm gefallen könnte. Zusammen mit einem Freund – Brain Bennett, der im Gegensatz zu Crawley Musiker war und auch gerade eine Sessionband zusammenstellen wollte – ging Crawley ins Studio, um die Nummer *»Snoopy Versus The Red Baron«* als sämigen Pop-Reggae aufzunehmen. Das Original stammte von der amerikanischen Formation Royal Guardsmen und war 1966/67 ein Top-10-Hit in den USA und in GB und ist dem Nachzieher vorzuziehen. Dieser Nachzieher erreichte Mitte 1973

Platz 4 in den britischen Charts. Überzeugt, daß das kein One Hit Wonder sei, machte Crawley sich auf die Suche nach Musikern, die mit dem Hit live auftreten und weitere Erfolge liefern könnten. Es wurde nichts draus.

Der Hit: *Snoopy Versus The Red Baron*

Housemartins

Norman Cook, v (* 31.7.1963 mit richtigem Vornamen Quentin); Paul Heaton, v/g (* 9.5.1962); Stan Cullimore, b (* 6.4.1962); Hugh Whitaker, d; Ted Key, v/g; Dave Hemmingway, d.

Diese britische Band formierte sich 1984. Die Mitglieder zu diesem Zeitpunkt waren Cullimore, Key, Heaton und Whitaker. 1985 erhielten sie einen Plattenvertrag, und ihre erste Single war »*Flag Day*«. Nachdem diese Platte sich nicht in den Charts behaupten konnte, ging Ted Key und eröffnete ein vegetarisches Restaurant. Für ihn kam im November 1985 Norman Cook. Ihre erste Single mit dem neuen Sänger, »*Sheep*«, erreichte im März 1986 als erste Platte der Housemartins die britischen Charts. Vier Monate später waren sie mit »*Happy Hour*« zum erstenmal unter den Top 10. Wiederum sechs Monate später hatten sie mit einer Coverversion des Hits des Trios Isley Jasper Isley, »*Caravan Of Love*«, Platz 1 in GB. Im Juni 1987 wurde Schlagzeuger Whitaker durch Hemmingway ersetzt. Im Laufe des Jahres 1987 folgten drei weitere Top-20-Hits. Im Februar 1988 gab die Gruppe bekannt, daß Housemartins als Projekt von vornherein nur auf drei Jahre angelegt war und sich jetzt trennen werde. Norman Cook begann eine Karriere als Remixer und gründete dann Beats International, die mit »*Dub Be Good To Me*« Anfang 1990 einen Spitzenreiter in GB hatten. Paul Heaton und Dave Hemmingway gründeten Beautiful South, die mit Liedern wie »*Song For Whoever*« oder »*A Little Time*« sehr erfolgreich wurden. Mitte 1993 wurde Hugh Whitaker von einem englischen Gericht zu sechs Jahren Gefängnis verurteilt, weil er auf einen früheren Geschäftspartner mit einer Axt losgegangen war und versucht hatte, dessen Haus anzuzünden.

Der Hit: *Caravan Of Love*
Der Tip: *Now That's What I Call Quite Good* (Chrysalis 353 275)

Housemaster Boyz & The Rude Boy Of House

Diese amerikanische Formation schwamm auf der House-Music-Welle mit und erreichte im September 1987 die britische Hitparade mit »*House Nation*«. Die Platte konnte sich bis auf Platz 8 hocharbeiten. Danach war die Formation wieder vergessen.

Der Hit: *House Nation*

House Of Pain

Eric »Everlast« Schrody; »Danny Boy« O'Connor; Lyor »DJ Lethal« DiMont.
Die drei Iren, die sich in der amerikanischen Hiphop-Szene in Los Angeles einen Namen gemacht hatten, schafften mit der Nummer *»Jump Around«* Mitte 1992 in den USA einen Platz 3 und einen Platinseller. Neben Hiphop nennen die drei scheinbar unvereinbare Musikrichtungen wie Punk, Jimi Hendrix, Led Zeppelin und Soul als Ideenlieferanten für ihre Titel. Herausgekommen ist, wie die Plattenfirma der Band schreibt, »ein Album voller roher, ungeschliffener Musik, ungewöhnlich und gut«.

Der Hit: *Jump Around*
Der Tip: *Fine Malt Lyrics* (East West 4509-90557-2)

Houston, Thelma

Die Karriere von Thelma begann in der gospelorientierten Gruppe Art Reynolds Singers. Diese Formation machte bereits Gospel Rock, bevor das Mode wurde. *»Tell It Like It Is«* war eine LP der Band, die im Jahre 1966 bei Capitol Records erschien. Thelmas Stimme fiel der Plattenfirma auf, und sie machte einen Solovertrag mit ihr. Jimmy Webb produzierte mit ihr das Debüt-Album *»Sunshower«*. 1970 hatte Thelma Houston ihre erste Hit-Notierung: *»Save The Country«*. Aber erst nachdem sie einen Plattenvertrag mit Tamla Motown gemacht hatte, kam der Erfolg. *»Don't Leave Me This Way«*, ursprünglich aufgenommen von Harold Melvin & The Bluenotes, brachte ihr Ende 1976 eine Nummer 1 in den USA, 13 in GB und 5 in Deutschland. Obwohl danach sehr viele weitere Platten erschienen, konnte sie diesen Erfolg nicht wiederholen. Thelma war auch als Schauspielerin in Filmen wie *»Norman ... Is That You?«*, *»Death Scream«* und *»The Seventh Dwarf«* zu sehen.

Der Hit: *Don't Leave Me This Way*
Der Tip: *Any Way You Like It* (Motown 1C 064-98431)

Houston, Whitney

* 9.8.1963. Diese amerikanische Sängerin ist musikalisch sehr stark vorbelastet. Ihre Mutter ist Emily »Cissy« Houston, Leadsängerin der Sweet Inspirations, die als Gruppe Platten auf dem Markt hatten und außerdem zu den besten Backing Groups gehörten. Sie waren z. B. auf etlichen Hits von Elvis Presley und Aretha

Franklin zu hören. Zur Familie gehört auch Dionne Warwick, die Whitneys Cousine ist. Mit 11 begann Whitney ihre Gesangskarriere in einer Gospelgruppe. Als Teenager war sie Backgroundsängerin für Chaka Khan und Lou Rawls. 1981 startete sie eine Karriere als Model und war in Zeitschriften wie »Glamour« oder »Seventeen« zu sehen. Ihre erste Hit-Notierung hatte sie zusammen mit Teddy Pendergrass und dem Titel *»Hold Me«* Mitte 1984. Ab 1985 begann eine einzigartige Karriere. *»You Give Me Love«* kam im Mai 1985 in die US-Charts und wurde Platz 3. Sieben darauffolgende Singles erreichten in Reihe Platz 1 in den amerikanischen Charts: *»Saving All My Love For You«* und *»How Will I Know«* 1985, *»Greatest Love Of All«* – erstmalig erschienen als die B-Seite von *»You Give Good Love«* – 1986, *»I Wanna Dance With Somebody (Who Loves Me)«*. *»Didn't We Almost Have It All«* und *»So Emotional«* 1987 und *»Where Do Broken Hearts Go«* 1988. 1990 stand *»I'm Your Baby Tonight«* auf Platz 1 in den USA. 1992 war *»I Will Always Love You«* aus dem Film *»Bodyguard«*, in dem sie neben Kevin Costner eine Hauptrolle spielte, weltweit eine Nummer 1. Der Soundtrack zum Film war monatelang Platz 1 in der amerikanischen LP-Hitparade und verkaufte sich alleine dort bis zum Mai 1993 mehr als 8 Millionen mal. *»I Will Always Love You«* war im Original eine Aufnahme von Dolly Parton, die diese in dem Film *»The Best Little Whorehouse In Texas«* gesungen und damit 1974 auf Platz 1 der Country-Charts gestanden hatte. Auch in GB war Whitney überaus erfolgreich. *»Saving All My Love For You«* 1985, *»I Wanna Dance With Somebody (Who Loves Me)«* 1987, *»One Moment In Time«* 1988 waren dort ihre ersten Spitzenreiter. 1992 heiratete sie den Sänger Bobby Brown.

Der Hit: *I Will Always Love You*
Der Tip: *Soundtrack Bodyguard* (Arista 978218699 2)

Howard, Billy

Dieser britische Komiker tauchte ein einziges Mal in den heimatlichen Charts auf. Mit *»King Of The Cops«*, einer Parodie auf den Roger-Miller-Song *»King Of The Road«*, erreichte er Ende 1975 Platz 6. Angeregt wurde er dazu durch diverse Fernsehpolizisten, die anscheinend enormen Eindruck auf ihn machten. Der Nachfolgeversuch hieß *»The Disco Cops«*.

Der Hit: *King Of The Cops*

Howard, Don

* 11.5.1935 als Donald Howard Koplow. Der amerikanische Sänger hatte mit 17 Jahren seinen einzigen Hit, den Millionseller *»Oh Happy Day«*, der Ende 1952 in die US-Charts kam und Platz 4 erreichte. Das Lied war leicht folkorientiert und von einer ergreifenden Schlichtheit. Don begleitete sich lediglich auf einer Gitarre. Es war erstaunlich, daß eine so einfache Nummer ohne jede Planung und Promotion ein Millionseller werden konnte. Nachdem es ein großer Erfolg geworden war, meldete Nancy Binns Reed Urheberrechte an dieser Nummer an. Howard trug sie als Mitautorin ein und teilte sich mit ihr die Tantiemen.

Der Hit: *Oh Happy Day*

Howard, Eddy

* 12.9.1914, † 23.5.1963. Eddy begann 1934 als Sänger in der Band von Dick Jurgens. Danach gründete er sein eigenes Orchester, das ab 1940 in den Charts notiert wurde. *»To Each His Own«* war Mitte 1946 Millionseller und Spitzenreiter in den USA. Gleiches gelang mit *»Sin (It's No Sin)«*. Seine letzte Hit-Notierung war Ende 1955. Howard ist auch Autor von etlichen sehr erfolgreichen Songs, z. B. von *»Careless«* oder *»My Last Goodbye«*. Zwischen 1951 und 1952 war er so krank, daß er pausieren mußte, ebenso 1954. Danach organisierte er jeweils seine Gruppe neu. Bis kurz vor seinem Tode blieb er im Musikgeschäft aktiv.

Der Hit: *To Each His Own*

Howard, Robert

* 2.5.1961. Zusammen mit der amerikanischen Sängerin Kym Mazelle gelang Howard, der hauptberuflich als *»Dr. Robert«* der Lead-Sänger der Blow Monkeys war, im Januar 1989 der Hit *»Wait«*. In den britischen Charts erkletterte die Platte Platz 8.

Der Hit: *Wait*
Der Tip: *Crazy* (EMI CDP 7 93382-2)

Howland, Chris

* 30.7.1928. Der britische Diskjockey, TV-Moderator und Sänger kam mit der britischen Armee nach Deutschland und wurde 1946 Ansager beim BFN in Hamburg. 1952 kam er zum NWDR und wurde schnell der populärste Diskjok-

key in der Bundesrepublik – Spitzname: Mr. Pumpernickel. Ab 1954 spielte er auch in Filmen. Seine TV-Sendung »Musik aus Studio B« war richtungsweisend, seine Fernsehserie »Vorsicht Kamera« gibt es in abgewandelter Form heute noch in der ARD – Chris Howland versteht in dieser Beziehung Spaß. Auf Platte war er erstmals 1957 zu hören. Über den Titel »*The Japanese Farewell Song*« von Kay Cee Jones sprach er einen deutschen Text und machte daraus das »*Japanische Abschiedslied*«. Als Schlagersänger erfolgreich war er mit »*Fräulein*«, 1958 ein Platz 3, »*Das hab ich in Paris gelernt*«, 1959 ebenfalls Platz 3, und der »*Hämmerchen-Polka*«, Ende 1961 Platz 4. Als Diskjockey war er für viele hierzulande ein Vorbild – als Sänger nicht unbedingt.

Der Hit: *Das hab ich in Paris gelernt*
Der Tip: *Fräulein* (Bear Family BFX 15 116)

Hudson-Ford

John Ford, g (* 1.7.1948); Richard Hudson, d (* 9.5.1948).
John und Richard lernten sich 1967 in der britischen Gruppe Five Proud Walkers kennen. Über Velvet Opera stießen sie zu den Strawbs, für die sie etliche Songs schrieben, z. B. den Hit »*Part Of The Union*«. 1973 trennten sie sich von den Strawbs wegen »musikalischer Differenzen« und machten als Duo weiter. Im August 1973 hatten sie ihre erste Platte in den Charts: »*Pick Up The Pieces*« erreichte in GB Platz 8. Es erschienen 1974 weitere schöne Stücke, die sich jedoch nicht mehr unter den ersten 10 plazieren konnten, und so lösten sie 1975 das Duo wieder auf. 1979 machten die beiden als The Monks gemeinsam Platten. Ihr Titel »*Nice Legs, Shame About Her Face*« erreichte im April 1979 Platz 19 in GB. Ende der 80er Jahre war Richard auf einer LP der wieder neuformierten Strawbs zu hören.

Der Hit: *Pick Up The Pieces*
Der Tip: *Nickelodeon* (A&M 87482)

Hue & Cry

Patrick Kane, v; Gregory Kane, key.
Der größte Erfolg der beiden schottischen Brüder ist der Titel »*Labour Of Love*«, der Mitte 1987 bis auf Platz 6 in GB kletterte und ihre erste Hit-Notierung war. 1993 wurde das Stück erneut veröffentlicht und kam bis auf Platz 25. Neben der Musik hat Patrick noch eine Reihe anderer Beschäftigungen. Er betätigt sich als Musikjournalist und TV-Moderator und ist außerdem Rektor der Universität von

Glasgow. Zusammen mit Fish gründete er die Organisation Artists For An Independent Scotland.

Der Hit: *Labour Of Love*
Der Tip: *Seduced And Abandoned* (Circa CIR CD 2)

Hues Corporation

St. Clair Lee (* 24.4.1944 als Bernard St. Clair Lee Calhoun Henderson); Fleming Williams; Hubert Ann Kelly (* 24.4.1947); Tommy Brown; Karl Russell (* 10.4.1947).
Dem schwarzen Trio aus Los Angeles, das 1969 gegründet wurde, gelang Mitte 1974 ein Welthit mit »*Rock The Boat*«. Diese Platte wurde Platz 1 in den USA und ein Millionseller, Platz 6 in GB und 7 in Deutschland. Diese Art von Soft Soul, deren hauptsächliche Vertreter George McCrae und eben Hues Corporation waren, erfreute sich Mitte der 70er Jahre enormer Beliebtheit. Mitte 1974 verließ Fleming Williams die Band und wurde durch Tommy Brown ersetzt, der seinerseits 1975 von Karl Russell abgelöst wurde. Nach 1977 gelang ihnen kein weiterer Hit mehr.

Der Hit: *Rock The Boat*
Der Tip: *Rock The Boat* (RCA 26.21409)

Hula Hawaiian Quartett

Herbert Imlau gründete dieses Ensamble Anfang der 50er Jahre. Die Sehnsucht der Nachkriegsdeutschen nach Sonne, Sand und Ananas war die Triebfeder für den Erfolg. Ihre Mixtur aus Seemannsromantik, Fernweh und Urlaubsträumen war die Grundlage für Hits wie »*Vaya Con Dios*« 1953 oder »*Jim, Johnny und Jonas*« 1954. Der Titel »*Die Perle auf dem Meeresgrund*« schaffte es Ende 1955 bis auf Platz 7 der deutschen Charts. 1956 erreichten Titel wie »*Domingo Santo Domingo*«, »*Wenn der Mond scheint auf Havanna*« und »*Du Rose von Samoa*« die deutschen Top 20. Nachdem der Erfolg des Quartetts nachgelassen hatte, besetzte Caterina Valente mit ihren »*Clubs*« die entstandene Lücke. Valentinos Hawaiian-Band mit dem Steelgitarristen Willy Berendt war auf fast allen Produktionen dieses Quartetts zu hören.

Der Hit: *Die Perle auf dem Meeresgrund*

Human Beinz

Richard Belley, g; Ting Markulin, g; Mel Pachuta, b; Mike Tatman, d.
Diesem Rockquartett aus Cleveland gelang mit der 1962 von den Isley Brothers geschriebenen und aufgenommenen Nummer »*Nobody But Me*« Ende 1967 ein Platz 8 in den USA. Die Band versuchte mit weiter psychedelisch angehauchten Rocksongs in die Charts zu kommen, was ihnen jedoch nicht gelang. Als auch das zweite Album kein Erfolg wurde, trennten sich die Musiker.

Der Hit: *Nobody But Me*
Der Tip: *Nobody But Me* (Capitol 2906)

Human League

Philip Oakey, v (* 2.10.1955); Martin Ware, syn (* 19.5.1956); Ian Craig Marsh, syn (* 11.11.1956); Adrian Wright (* 30.6.1956); Susanne Sulley, v (* 22.3.1962); Joanne Catherall, v (* 18.9.1962); Ian Burden, b (* 24.12.1957); Jo Callis, g/syn (* 2.5.1955); Russell Dennett, g; Neil Sutton, key.
Human League bildete sich im Herbst 1977 aus der Gruppe Future. Noch im gleichen Jahr gaben sie sich den neuen Namen Human League nach dem gleichnamigen Computerspiel. Anfang 1978 verschickten sie drei Demos an diverse Independent Labels. Im März erhielten sie einen Plattenvertrag, und als erste Single erschien »*Being Boiled*«. Zu jenem Zeitpunkt sollte sich die Platte jedoch nicht durchsetzen können. Ihren ersten Hit hatten sie mit »*Holiday 80*«, bestehend aus zwei Singles. Auf einer befand sich eine neue Version von »*Being Boiled*«. Heute im Rückblick wird häufig gesagt, daß mit diesem Hit der Weg frei gemacht wurde für etliche synthesizerorientierte Bands in GB. Der große Erfolg stellte sich jedoch immer noch nicht ein. Ware und Marsh verließen im Oktober 1980 Human League, gründeten die British Electric Foundation und später Heaven 17. Oakey und Wright hatten weiterhin die Rechte am Namen Human League. Sie holten sich mit Ian Burden einen neuen Bassisten und mit Joanne und Susanne zwei Tänzer- und Sängerinnen in die Gruppe. Mit dieser neuen Besetzung wurde der Sound der Band wesentlich kommerzieller als vorher. Im Mai 1981 kam von der Gruppe Rezillos mit Jo Callis ein weiterer Synthesizerspieler. Jetzt stellte sich der Erfolg ein. »*Love Action (I Believe In Love)*« wurde im August 1981 der erste Top-10-Erfolg für Human League. »*Open Your Heart*«, die Nachfolge-Single, kam ebenfalls unter die Top 10. Im Dezember 1981 erreichte »*Don't You Want Me*« die britischen Charts und wurde Spitzenreiter. Im Januar 1982, in der Folge des großen Hits, wurde »*Being Boiled*«, so wie das Stück schon einmal Mitte 1978 veröffentlicht worden war, wieder auf den Markt gebracht. Dieses Mal wurde es ein Platz 6. »*Mirror Man*« 1982, »*(Keep Feeling) Fascination*«

1983 und »*Human*« 1986 waren die weiteren Top-10-Erfolge. Die erfolgreichsten Titel der Band in den USA waren die beiden Spitzenreiter »*Don't You Want Me*« und »*Human*«. Im Oktober 1984 nahm Phil Oakey zusammen mit Giorgio Moroder den Titel »*Together In Electric Dreams*« auf, der Platz 3 in GB wurde. 1985 verließ Callis die Band, um mit Feargal Sharkey zu spielen. Nach 1986 ließ der Erfolg der Formation nach. Ende 1990 – jetzt in der Besetzung Oakey, Sulley, Catherall und den neuen Mitgliedern Dennett und Sutton – erschien das sechste Album der Band, »*Romantic*«.

Der Hit: *Don't You Want Me*
Der Tip: *Greatest Hits* (Virgin 259 375-2)

Humble Pie

Peter Frampton, g/v (* 22.4.1950); Steve Marriott, g/v (* 30.1.1947 † 20.4.1991); Greg Ridley, b (* 23.10.1943); Jerry Shirley, d (* 4.2.1952); Dave »Clem« Clempson, g (* 5.9.1949).
1968 lernte Steve Marriott von den Small Faces Peter Frampton kennen, der vorhatte, sich von der Formation Herd zu trennen. Im Frühjahr 1969 brach Steve endgültig mit den Small Faces und stellte mit Peter eine neue Gruppe zusammen, die er Humble Pie nannte. Von den Spooky Tooth kam der Bassist Greg Ridley, von einer unbekannten Gruppe mit dem Namen Apostolic Intervention der Schlagzeuger und Gitarrist Jerry Shirley. Schon nach den ersten Proben der neuen Formation überschlugen sich die englischen Musikzeitschriften mit positiven Kritiken. Man sprach von einer neuen Supergruppe. Im Juni 1969 unterzeichnete Humble Pie einen Plattenvertrag, und kurz darauf erschien mit »*As Safe As Yesterday Is*« die erste LP der Gruppe. Wenig später wurde die erste Single veröffentlicht. Der Verkaufserfolg ließ allerdings zu wünschen übrig, wenn man von Supergruppe sprechen will. »*Natural Born Bugie*« kam im August 1969 in die britischen Charts und wurde Platz 4. Es blieb der einzige Top-10-Erfolg dieser Band. Steve Marriott hatte in einem Interview als Grund für den Zusammenschluß von Humble Pie die Entwicklung einer neuen Musik genannt, die aus dem Rahmen fallen sollte. Genau das tat sie aber nicht. Humble Pie klang im ersten Jahr wie Small Faces in alten Zeiten. Im Oktober 1971 verließ Frampton die Band, um eine Solokarriere zu beginnen, die recht zögernd, aber dann um so heftiger losging. Für ihn kam »Clem« Clempson. 1975 fiel die Band auseinander. 1980/81 kam sie noch einmal zusammen. Marriott und Shirley waren von der Urformation dabei. Bobby Tench, Gitarre, und Anthony Jones, Baß, waren die Mitspieler.

Der Hit: *Natural Born Bugie*
Der Tip: *The Best* (A&M 393 208-2)

Humperdinck, Engelbert

* 2.5.1936 als Arnold George Dorsey in Madras/Indien. Zu diesem Zeitpunkt ging im britischen Empire die Sonne nicht unter – und überall verteilten sich die Briten rund um den Globus, um für die Krone Ruhm und Reichtum zu scheffeln. Arnold hatte auch noch ein paar Geschwister – neun, um es korrekt zu sagen. Als in der Zeit des Kampfes um die indische Unabhängigkeit das Pflaster für die Briten in Indien zu heiß wurde, verließ Vater Dorsey mit seinen 10 Kindern dieses fruchtbare Land und machte sich in Richtung Heimat auf. 1946 kam er mit all seinen Kindern an. Klein-Engelbert ging brav zur Schule und kam irgendwann auch mal zur Musik. Schon 1958 erschien seine erste Platte – und in den folgenden neun Jahren hatte er mal einen Plattenvertrag, mal hatte er keinen. Mal hatte er ein festes Engagement mit einer Tanzkapelle, mal hatte er keins.

Das alles änderte sich, als er auf Gordon Mills traf, der der Manager von Tom Jones war. Gordon wußte, daß Tom Jones bei den Frauen als Tiger angesagt war. Jetzt brauchte er für die anderen Damen eine Schmusekatze. Arnold George Dorsey sah aus, als habe man den Namen Engelbert nur für ihn erfunden. Er machte den Eindruck eines Softies, der gerade eine Hungersnot überlebt hatte und das Unglück dieser Welt genau kennt. Er rührte bei den Damen ganz andere Gefühlsregionen an als Tom Jones – mehr die mütterlichen. Mit hohlen Wangen, traurigen Augen und Backenbart tropfte ihm die Melancholie aus allen Knopflöchern seiner Anzüge aus der Zeit um die Jahrhundertwende. Und um das Märchenhafte, Asche-Hänsel und Grete-Wittchen, auch noch zu unterstreichen, nannte ihn sein neuer Manager Engelbert Humperdinck. Sie wissen, der Komponist der Oper *»Hänsel und Gretel«*. Als *»Release Me«* im Januar 1967 in den Hitparaden wie eine Bombe einschlug und Nummer 1 in GB wurde, waren die Erben des Opern-Humperdinck sauer. Sie strengten einen Prozeß an, den sie schließlich auch gewannen. Zumindest in Deutschland darf sich der Künstler Arnold George Dorsey jetzt nicht mehr Engelbert Humperdinck, sondern nur noch Engelbert nennen. Nach drei Jahren und etlichen Hits war die große Zeit der Plattenverkäufe wieder vorbei.

Ähnlich wie sein Stallkollege Tom Jones verdiente sich Engelbert ab sofort und bis heute sein Stroh in Las Vegas und allen angeschlossenen Spielcasinos. Hin und wieder erscheinen auch mal neue Platten von ihm, die inzwischen von Horst Nußbaum produziert werden. Auch der hat sich ein Pseudonym zugelegt: Jack White. Weitere Top-10-Erfolge in GB für Engelbert waren *»There Goes My Everything«* und *»The Last Waltz«* 1967, *»Am I That Easy To Forget«*, *»A Man Without Love«* und *»Les Bicyclettes De Belsize«* 1968, *»The Way It Used To Be«* und *»Winter World Of Love«* 1969. In den USA gelang ihm außer *»Release Me«* nur noch ein weiterer Top-10-Erfolg: *»After The Lovin'«*, ein Millionseller und Platz 8 im Oktober 1976.

Der Hit: *Release Me*
Der Tip: *Songträume mit Engelbert* (London 820 7632)

Humphries, Les

* 10.8.1940. Les Humphries wurde in London geboren. Schon als Kind lernte er das Klavierspielen. Sehr jung wurde er Berufssoldat in der Armee der britischen Königin, die er nach 12 Jahren wieder verließ. In der Armee hatte er sich als Musiker betätigt. Danach wurde er Mitglied in einer der vielen britischen Bands, die das Gefühl hatten, daß sich richtiges Geld nur in Hamburg verdienen ließ. 1968 bot sich Les die Chance, Mitglied in einer deutschen Band zu werden, die sich Wonderland nannte und in der neben ihm ehemalige Musiker der Rattles spielten: Achim Reichel, Frank Dostal, Dicky Tarrach und Helmut Franke. Wonderland wurde mit großem Werbeaufwand gestartet, der Titel *»Moscow«* war auch nicht schlecht, erreichte aber im Juli 1968 lediglich Platz 15 in der Hitparade. So schnell wie die Band aus dem Boden geschossen war, verschwand sie auch wieder. Etwa zu dieser Zeit zogen die Edwin Hawkins Singers durch die Welt und hatten mit der Nummer *»Oh Happy Day«* einen Riesenhit. Diese Truppe brachte Les Humphries auf die Idee, ebenfalls auf die Mixtur Gospel und Spiritual zu setzen und einen eigenen Chor zu gründen. Das geschah, und von 1971 bis 1976 hatte er jede Menge Hits. Seine größten waren: *»We Are Goin' Down Jordan«*, 1971 Platz 3, *»Mexico«*, ein Jahr später Platz 2, *»Mama Loo«*, 1973 Spitzenreiter in der deutschen Hitparade, und *»Kansas City«*, 1974 Platz 2. Zu dem festen Stamm derjenigen, die im Chor von Les Humphries trällerten, gehörten Jürgen Drews und John Lawton. Letzterer lehnte angeblich das Angebot von Deep Purple ab, deren Sänger zu werden – er wollte in der Truppe von Humphries bleiben. Der hat sich im Laufe der Jahre mit den Singers eine goldene Nase verdient, denn er hat alle Hits geschrieben oder zumindest bearbeitet, was ihm das Geld brachte. Wenn es stimmt, daß Neid die aufrichtigste Form der Anerkennung ist, genoß Les Humphries nach 1976 viel Anerkennung. Er ging durch die Yellow Press mit seiner damaligen Frau Dunja Raiter, und die Geschichte seiner Steuerhinterziehung machte Schlagzeilen. Unbestritten: für Songs, die Stimmung machen, hatte er einen guten Riecher. 1992 brachte Les Humphries mit illustrer Unterstützung eine in London produzierte neue Platte auf den Markt.

Der Hit: *Mama Loo*
Der Tip: *Portrait* (Telefunken 6.28585 DO)

Hunt, Pee Wee

* 10.5.1907 als Walter Hunt, † 22.6.1979. Der amerikanische Sänger und Jazzposaunist begann seine Karriere als Banjospieler und Posaunist in einer Tanzband. Ende 1927 ging er für kurze Zeit zu Jean Goldkette. Dann spielte er bis 1929 in verschiedenen Bands in Detroit. Von 1929 bis 1943 war er Mitglied in der Band von Glen Gray, der das Casa-Loma-Orchester leitete. Hunt war ein guter Posaunist, vor allem aber wegen seines Gesangs gefragt. Er machte viele Plattenaufnahmen und war im Radio sehr präsent. Nach seiner Zeit mit Gray ging er zunächst als Diskjockey nach Los Angeles und arbeitete später mit Lew Gray und Freddie Fisher. 1945 leitete er als Mitglied der Handelsmarine eine Jazzband. Seine Ende 1946 gegründete Combo wurde erfolgreich, als Ende der 40er Jahre Dixieland sich wieder größerer Beliebtheit erfreute. Sein erster war dann auch gleich sein größter Erfolg: das Instrumentalstück »*Twelfth Street Rag*« kam Mitte 1948 in die amerikanischen Charts und wurde Spitzenreiter. Es gelang ihm ein weiterer Top-10-Hit: »*Oh!*« erreichte fünf Jahre später Platz 3. Nach einer weiteren Notierung war er dann ganz aus den Hitparaden verschwunden, blieb aber bis zu seinem Tod als Musiker aktiv.

Der Hit: *Twelfth Street Rag*
Der Tip: *Pee Wee Hunt* (EMI 1C 054-81 849)

Hunter, Tab

* 11.7.1931 als Arthur Andrew Kelm. Als 15jähriger machte Tab sich älter, um der Küstenwache beitreten zu können. Ohne vorher Schauspielunterricht genommen zu haben, machte er mit 18 seinen ersten Film. Die Kritiker waren nicht begeistert, aber das Publikum mochte den blonden Darsteller. Nachdem er sich als Filmstar etabliert hatte, nahm er ab 1957 auch Platten auf. Gleich seine erste Veröffentlichung wurde ein Knüller und sein größter Erfolg: »*Young Love*« wurde Anfang 1957 Spitzenreiter in den USA und in GB. Als Nachfolgehit gelang ihm einige Monate später mit »*Ninety-Nine Ways*« in GB noch ein Platz 5, in den USA Platz 11. In den Hitparaden verzeichnet war er bis Ende der 50er Jahre, aber ohne großen Erfolg. 1960/61 hatte er im amerikanischen Fernsehen seine eigene Show und arbeitete vorwiegend wieder als Schauspieler. 1971 sagte Hunter: »Das mit dem Star ist vorbei. Ich hatte in den letzten Jahren Glück. Jetzt bin ich nur einer von vielen Schauspielern, der einen Job sucht. Und schauspielern ist immer noch das, was ich am besten kann.« Er tauchte dann vor allem in vielen der amerikanischen TV-Serien auf.

Der Hit: *Young Love*

Hurley, Steve »Silk«

Hurley ist ein typischer Vertreter der House Music, die angeblich in seiner Heimatstadt Chicago ihre Wurzeln hat. Mit *»Jack Your Body«* belegte Hurley im Januar 1987 den Spitzenplatz der britischen Hitparade. Es war die erste Nummer 1, von der mehr als die Hälfte als Maxi verkauft wurden. Mit einer Laufzeit von 26 Minuten ist die Maxi allerdings kaum noch als Single zu bezeichnen. Mit diesem einzigen Erfolg kann sich Hurley zu den One Hit Wonders zählen.

Der Hit: *Jack Your Body*

Husky, Ferlin

* 3.12.1925. Der amerikanische Country-Sänger, Gitarrist, Filmschauspieler und Songschreiber, der nach dem Zweiten Weltkrieg fünf Jahre bei der Handelsmarine gedient hatte, machte ab Anfang der 50er Jahre Platten unter den Pseudonymen Terry Preston oder Simon Crum. Als Crum hatte er seinen größten Erfolg mit der Novelty-Platte *»Country Music Is Here To Stay«*, Ende 1958 ein Platz 2 in der C&W-Hitparade. Er wurde durch Tennessee Ernie Ford protegiert, der ihn schon 1953 zu Capitol Records gebracht hatte. Zusammen mit Jean Shepard hatte er Mitte 1953 Platz 1 in den C&W-, Platz 4 in den Pop-Charts mit *»A Dear John Letter«*. 1957 erzielte er mit *»Gone«*, dieses Mal als Solist, dasselbe Ergebnis. Diesen Titel hatte er bereits 1952 erfolglos als Terry Preston veröffentlicht. Die Liste seiner Songs in den Country-Hitparaden geht bis in das Jahr 1975. In den Pop-Charts war es nach 1962 vorbei. Ferlin war sechsmal verheiratet, hat neun Kinder und spielte nur in zwei Filmen mit: *»Mr. Rock & Roll«* 1957 und *»Country Music Holiday«* 1958. 1977 mußte er sich einer Herzoperation unterziehen.

Der Hit: *Gone*

Hutton, Betty

* 26.2.1921 als Betty June Thornburg. Betty war in Hollywood einer der Musicalstars der 40er und 50er Jahre. Eine ihrer bekanntesten Rollen war die Annie in *»Annie Get Your Gun«* 1950. Bereits 1938 sang sie in der Band von Vincent Lopez, der ihren Nachnamen in Hutton änderte. Mit ihm hatte sie den Titel *»Igloo«* Mitte 1939 unter den ersten 20 der US-Charts. Nach Auftritten in den Broadway Musicals *»Two For The Show«* und *»Panama Hattie«* wurde sie 1940 für den Film entdeckt. 1942 spielte sie in *»The Fleet's In«* ihre erste Hauptrolle. Ab 1944 veröffentlichte sie Platten als Solistin und hatte ihre größten Hits mit

»Doctor, Lawyer, Indian Chief«, Ende 1945 Spitzenreiter, und dem Millionseller *»I Wish I Didn't Love You So«*, im September 1947 Platz 5. Bettys Spitzname war »Blonde Bombshell«. Wegen vertraglicher Schwierigkeiten endete ihre Karriere abrupt. 1957 tauchte sie noch einmal in einem Film auf, 1965 am Broadway. Nachdem sie zwei Jahre später pleite ging, hörte man nichts mehr von ihr. Anfang der 70er Jahre arbeitete sie als Köchin in Rhode Island. Comeback-Pläne ließ sie nach einem Nervenzusammenbruch wieder fallen.

Der Hit: *Doctor, Lawyer, Indian Chief*

Hutton, June

* 11.8.1918, † 2.5.1973. June hatte Ende der 30er Jahre in den USA in der Mädchenband ihrer Halbschwester Ina Ray Hutton gesungen. 1941 ging sie zu Charlie Spivak. 1944 ersetzte sie Jo Stafford bei den Pied Pipers. Dort blieb sie bis 1950 und begann dann eine Solokarriere, die durch ihren Mann Axel Stordahl gefördert wurde. Axel spielte mit seinem Orchester auf den Platten von June mit. 1953 hatte sie ihren ersten Hit in den USA: *»Say You're Mine Again«*, Platz 21. In GB wurde die Nummer im gleichen Jahr Platz 6. Ende der 50er Jahre verschwand sie aus dem Showgeschäft.

Der Hit: *Say You're Mine Again*

Hyland, Brian

* 12.11.1943. Der Amerikaner gründete bereits mit 12 Jahren seine erste Band, die Delphis. Mit 16 Jahren hatte er als Solist seinen ersten großen Erfolg mit *»Itsy Bitsy Teenie Weenie Yellow Polka-Dot Bikini«*, Mitte 1960 Platz 1 in den USA und Millionseller, Top 10 in GB und in Deutschland. Sicher haben viele erwartet, daß Brian ein typisches One Hit Wonder sei, und in der Tat kam erst einmal nichts von ihm. Doch im Frühjahr 1962 erschien mit *»Ginny Come Lately«* wieder ein Hit von ihm, der zumindest in GB und Deutschland Top 10 wurde. Die Platte war im Gegensatz zu seinem ersten Hit reifer und weniger kindisch. Die Nachfolgenummer hieß *»Sealed With A Kiss«* und erreichte in den USA und in GB Platz 3. Danach plätscherte seine Karriere dahin. Nach 1966 kam keine seiner Platten mehr in den 60er Jahren unter die ersten 50. 1970 erschien mit *»Gypsy Woman«* wieder eine Single, die sich bis auf Platz 3 hocharbeiten konnte. Nach 1971 war seine Karriere beendet. 1975 veröffentlichten die Briten noch einmal *»Sealed With A Kiss«*. Dieses Mal erreichte der Titel Platz 7.

Der Hit: *Itsy Bitsy Teenie Weenie Yellow Polka-Dot Bikini*
Der Tip: *16 Original World Hits* (MCA 8.62022)

Hyman, Dick

* 8.3.1927. Der amerikanische Pianist und Organist begann eine Ausbildung als klassischer Musiker. 1948 spielte er in der Band von Victor Lombardo. Nach weiteren Stationen ging er 1950 mit Benny Goodman auf Europa-Tournee. Zwischenzeitlich spielte er mit einer eigenen Combo, war musikalischer Leiter von Arthur Godfrey's Fernseh- und Radioshow Ende der 50er/Anfang der 60er Jahre. Weitere Stationen waren Percy Faith, Mitch Miller, Johnny Desmond, Toots Thielemans. Er blieb bis in die frühen 70er Jahre im Musikgeschäft. Mit der Nummer »*Moritat (A Theme From The Threepenny Opera)*« stand er im Frühjahr 1956 auf Platz 8 US-Single-Charts.

Der Hit: *Moritat (A Theme From The Threepenny Opera)*

I

Ian, Janis

* 7.4.1951 als Janis Eddy Fink. Die amerikanische Sängerin, Gitarristin, Pianistin und Songschreiberin erhielt bereits mit drei Jahren Klavierunterricht. Mit 11 spielte sie Gitarre, mit 12 schrieb sie ihre eigenen Lieder und trat öffentlich auf. Ihre erste Platte machte sie mit 16. Es wurde der Hit *»Society's Child«*, den zunächst keine Rundfunkstation spielen wollte. Erst nachdem sie damit in einem Leonard-Bernstein-TV-Special aufgetreten war, wurde der Titel Mitte 1967 ihr erster Hit, ein Platz 14 in den USA. Danach veröffentlichte sie noch diverse LPs bei verschiedenen Firmen, aber mit 19 schien ihre Karriere beendet. 1974 kam sie dann mit der LP *»Stars«* auf den Markt. Im Titelsong wird vom Auf und Ab, von den Ängsten und Hoffnungen der sogenannten Stars gesungen. Auf dieser LP befand sich auch ihr größter Single-Erfolg: *»At Seventeen«*, im Sommer 1975 Platz 3 in den US-Charts.

Der Hit: *At Seventeen*
Der Tip: *Between The Lines* (CBS CK 33394)

Icehouse

Iva Davies, v/g (* 22.5.1955); Keith Welsh, b; John Lloyd, d; Michael Hoste, key; Guy Pratt, b; Andy Qunta, key; Bob Kretschmer, g.
1980 gründete Iva in Sydney die Gruppe Flowers, die im Mai des gleichen Jahres mit *»Can't Help Myself«* ihren ersten Top-10-Hit in Australien hatte. Ende des Jahres veröffentlichten Flowers ihre erste LP mit dem Titel *»Icehouse«*, die recht erfolgreich in Australien und Neuseeland wurde. *»Icehouse«* ist im australischen Slang ein Ausdruck für Irrenhaus. Im Februar 1981 änderten sie ihren Namen in Icehouse in Anlehnung an diese erste LP, um einen Konflikt mit einer schottischen Gruppe namens Flowers zu vermeiden. Ihren ersten Erfolg außerhalb Australiens hatte die Band Ende 1981 mit *»We Can Get Together«* in den USA. *»Hey Little Girl«* wurde für die Band der erste Top-10-Hit, Platz 5 in Deutschland. Die Aufnahme klang, als sei es ein Titel von Bryan Ferry. *»Electric Blue«* erreichte

1988 Platz 7 in den USA. Anfang 1990 erschien die LP »*Great Southern Land*«, die hervorragend ist, sich aber auf dem Markt nicht durchsetzen konnte.

Der Hit: *Hey Little Girl*
Der Tip: *Great Southern Land* (Chrysalis 260 182)

Ice MC

Die Platte »*Easy*« stand im Oktober 1989 auf Platz 3 in den deutschen Charts. Ice MC wurde in Italien produziert und ist eine der typischen dortigen Discoproduktionen, die für den schnellen Verbrauch bestimmt sind. Der Versuch, den Erfolg zu wiederholen, gelang teilweise: »*Scream*« erreichte im März 1990 die deutsche Hitparade und schaffte immerhin Platz 14. Danach war Ice gegessen.

Der Hit: *Easy*
Der Tip: *Cinema* (ZYX 201 66-1)

Ides Of March

Jim Peterik, v; Ray Herr, g; John Larson, tr; Larry Millas, g/fl; Bob Bergland, b; Mike Borch, d; Chuck Soumar, per.
Die amerikanische Band formierte sich Mitte der 60er Jahre. Ihren Namen fanden sie im Shakespeare-Drama »Julius Caesar«. Alle sieben Mitglieder der Gruppe waren Schulfreunde. Nachdem sie einen Plattenvertrag erhalten hatten, gelangen ihnen 1966 zwei kleine Hits. Ihre Nummer »*Vehicle*« wurde im Frühjahr 1970 ein Platz 2 in den USA. Mit dem Bläserarrangement klang dieser Titel ein wenig nach Blood, Sweat & Tears oder Chicago. Es blieb ihr größter Erfolg, denn nach zwei weiteren kleinen Hits fiel die Band 1971 wieder auseinander. Jim Peterik überlebte die Gruppe als Mitglied von Survivor.

Der Hit: *Vehicle*
Der Tip: *Vehicle* (Teldec WS 1863)

Idol, Billy

* 30.11.1955 als William Michael Albert Broad. Der Brite gründete 1976 die Punkgruppe Chelsea, aus denen Generation X wurde. Der größte Hit dieser Formation war Anfang 1979 die Nummer »*King Rocker*«, ein Platz 11 in GB. Ab 1982 veröffentlichte Billy Soloplatten. »*Eyes Without A Face*« war Mitte 1984 ein Platz 4 in den USA und Platz 10 in Deutschland. »*White Wedding*« und »*Rebel Yell*« 1985, »*To Be A Lover*« 1986, »*Sweet Sixteen*« und »*Mony Mony – live*« 1987

und *»Cradle Of Love«* 1990 waren weitere Top-10-Erfolge. Mit blond gefärbter Punkfrisur, Rotzmund, Ketten und Motorradunfällen versuchte Billy Idol über die Jahre, seinem Image gerecht zu werden. Auf der anderen Seite trat er bei zahllosen Benefizkonzerten auf und ist inzwischen weitaus erfolgreicher und weicher geworden als die meisten seiner Punkkollegen aus den Anfangstagen.

Der Hit: *Cradle Of Love*
Der Tip: *11 Of The Best* (Chrysalis 259 118-2)

Ifield, Frank

* 30.11.1937. Der in Coventry, England, geborene Ifield zog mit seiner Familie 1946 nach Australien. Die dortigen Radiostationen spielten viel Country-Music. Er wurde ein Country-&-Western-Fan und begann, diese Lieder nachzusingen. 1950 nahm er mit *»Did You See My Daddy Over There«* seine erste Platte auf. Im Laufe der nächsten Jahre wurde er der größte Pop-Star Australiens. 1959 kehrte er nach GB zurück und gehörte dort bis zum Beginn der Beatlemania zu den absoluten Superstars. Titel wie *»I Remember You«* und *»Lovesick Blues«* 1962, *»Wayward Wind«* und *»Confessin'«* 1963 waren Spitzenreiter in GB. In den Charts wurden seine Platten bis Anfang 1967 notiert. Heute lebt er in Cornwall und tritt gelegentlich noch auf.

Der Hit: *I Remember You*
Der Tip: *The EP Collection* (See For Miles CD312 TIS)

Iglesias, Julio

23.9.1943 als Julio Iglesias de la Cueva. Der spanische Sänger, der in fünf verschiedenen Sprachen mehr als 100 Millionen Platten verkaufte, wird manchmal als der spanische Frank Sinatra bezeichnet. Dabei hätte er gut der spanische Pelé werden können. Jedenfalls wird ihm nachgesagt, daß er eine glänzende Karriere als Fußballer bei Real Madrid vor sich hatte, bis er nach einem Autounfall teilweise gelähmt war. Während der Rekonvaleszenz lernte er Gitarrespielen und begann Songs zu schreiben. Mit dem selbstverfaßten Titel *»La Vida Sigue Igual«* gewann er 1968 das Song Festival in Benidorm. Ende 1972 hatte er mit *»Wenn ein Schiff vorüberfährt«* einen Platz 6 in der deutschen Hitparade. Ende 1981 erreichte er Platz 1 in der britischen Hitparade mit *»Begin The Beguine«*. Der Nachfolge-Hit *»Quiereme Mucho«* 1982 und *»My Love«* 1988 waren weitere Top-10-Erfolge für Julio in GB. Letztgenannten Titel sang er im Duett mit Stevie Wonder. Zusammen mit Willie Nelson nahm er die sämige Nummer *»To All The Girls I've Loved Before«* auf, in der zwei ältere Herren in Stammtischmanier über ihre verflossenen Lieben balbutieren. Den amerikanischen Möchtegern-Machos gefiel die Platte so gut, daß sie im März 1984 bis auf Platz 5 der Charts kam. Um sich auf dem amerikanischen Markt zu plazieren, sang Julio auch im Duett mit Diana Ross und Stevie Wonder. Zumindest die LP *»1100 Bel Air Place«* war Ende 1984 sehr erfolgreich in den USA. Sie erreichte Platz 5 und wurde über drei Millionen mal verkauft. Mag ihm der nordamerikanische Markt nicht zu Füßen liegen, der südamerikanische tut es auf jeden Fall. 1993 trat Julio in Nashvilles Grand Ole Opry auf und nahm bei der Gelegenheit ein Duett mit Dolly Parton auf.

Der Hit: *Begin The Beguine*
Der Tip: *1100 Bel Air Place* (CBS 39157)

Illic, Bata

* 30.9.1939. Bata studierte in seiner Heimat Jugoslawien Englisch und Italienisch und war zwei Jahre als Lehrer tätig. 1963 kam er nach Deutschland und spielte und sang hier fast ausschließlich in amerikanischen Clubs. 1967 veröffentlichte er seine erste Platte in deutscher Sprache. 1968 gelang ihm mit dem Titel *»Mit verbundenen Augen«* sein erster Top-20-Hit. Ende 1970 war *»Candida«* Platz 4 in Deutschland. Mitte 1972 gelang ihm mit *»Michaela«* ein Spitzenreiter. *»Schwarze Madonna«* erreichte 1973 die Top 10. Nach 1977 wurde er in den Verkaufs-hitparaden nicht mehr notiert. Seine Plattenveröffentlichungen reichen bis in die 90er Jahre.

Der Hit: *Marlena*

Imagination

Leee John, v (* 23.6.1957 als John Lesley McGregor); Ashley Ingram, g/b/key/v (* 27.11.1960); Errol Kennedy, d/v.
Der auf Jamaika geborene Ashley zog 1978 von Northampton nach London, um dort sein Glück zu machen. Sänger Leee (dieses dreifache e soll für extra exciting energy stehen) war in London geboren und hatte nach der Scheidung seiner Eltern für fünf Jahre mit dem Vater in den USA gelebt. Nach seiner Rückkehr tingelte er in diversen Bands, wobei er auf Ashley traf. Der dritte im Bunde war 1963 mit seinen Eltern von Jamaika nach England eingewandert. Er hatte sich zum Zeitpunkt der Gründung von Imagination bereits einen Namen als Session-Schlagzeuger gemacht. Die Debüt-Single des Disco-Funk-Trios kam im Mai 1981 in die britischen Charts und erreichte Platz 4: *»Body Talk«*. *»Just An Illusion«* und *»Music And Lights«* waren 1982 zwei weitere Top-10-Erfolge der Band. Nach Anfang 1985 wurden sie nicht mehr in den Charts notiert. 1988

erschien mit »*Instinctual*« wieder eine neue Single, die Imagination nach dem Fortgang von Errol Kennedy nur noch als Duo zeigte. Die Platte konnte sich lediglich auf Platz 62 in GB behaupten.

Der Hit: *Just An Illusion*
Der Tip: *Like It Is* (RCA PD 74183)

Impalas

Joe »Speedo« Frazier (* 5.9.1943), Richard Wagner, Lenny Renda, Tony Carlucci, alle v.
Die Impalas gründeten sich Ende der 50er Jahre in New York. Die drei weißen Mitglieder der Band hatten sich als Doo-Wop-Trio versucht, aber erst nachdem sie den schwarzen Leadsänger Frazier hinzunahmen, kam der Erfolg. Ihre erste Veröffentlichung war das Stück »*Sorry (I Ran All The Way Home)*« und wurde im Frühjahr 1959 ein Platz 2 in der amerikanischen Hitparade. Es blieb ihr einziger nennenswerter Erfolg. Nach einer letzten Single 1961 fiel die Band auseinander. Lenny wurde Polizist in New York, Richard zog nach New Mexico, Tony verschwand von der Bildfläche. 1980 machte Joe eine Neuauflage der Impalas, um mit ihnen live auftreten zu können.

Der Hit: *Sorry (I Ran All The Way Home)*

Impressions

Jerry Butler (* 8.12.1939), Curtis Mayfield (* 3.6.1942), Sam Gooden (* 2.9.1939), Arthur & Richard Brooks, Fred Cash (* 8.10.1940), Leroy Hutson, Reggie Torian, Ralph Johnson, alle v.
Mayfield, Gooden, Butler und die Brüder Arthur und Richard Brooks gründeten 1957 die Gruppe Roosters. Ende des Jahres bekamen sie einen festen Manager, der ihren Namen in Impressions umänderte. Er verschaffte ihnen einen Plattenvertrag, und im Mai 1958 nahmen sie die Single »*For Your Precious Love*« auf, die wenig später bis auf Platz 11 in die US-Pop-Charts kam. Als Interpreten wurden Jerry Butler & The Impressions genannt, was wohl sicher auch dazu beigetragen hat, daß Jerry die Gruppe verließ, um sich als Solist zu versuchen. Er sollte ab 1960 bis Ende der 70er Jahre erfolgreich sein. Sein Leadgesang wurde nun von Curtis Mayfield übernommen. Als Ersatz für Butler kam Fred Cash. Die Brüder Brooks verließen die Formation 1962. Mayfield selbst ging 1970 und startete eine Solokarriere, für ihn kam Leroy Hutson. 1973 ging Hutson wieder, und für ihn kamen Reggie Torian und Ralph Johnson. Johnson wurde 1976 Mitglied bei Mystique. Butler, Mayfield, Gooden und Cash kamen 1983 noch einmal für eine

Tour zusammen. 1991 wurden sie in die Rock 'n' Roll Hall of Fame aufgenommen. Die größte Zeit der Gruppe war, als sie nach 1962 als Trio auftrat. *»It's All Right«* 1963, *»Keep On Pushing«* und *»Amen«* 1964 waren Top-10-Erfolge. *»Amen«* war zu hören in dem Film *»Lilien auf dem Feld«*. Die meisten Hits der Band hatte Curtis Mayfield geschrieben. Deshalb versank die Gruppe nach seinem Abschied in der Bedeutungslosigkeit.

Der Hit: *It's All Right*
Der Tip: *Definitive* (Kent CD 923 TIS)

Incognito

Jean Paul »Bluey« Maunick, g/key,v; Linda Muriel, v; Maysa Leak, v.
Kopf dieses britischen Projekts ist Maunick. Er arbeitet mit wechselnden Musikern und Sängerinnen zusammen. Der bisher größte Hit der Formation, die Nummer *»Always There«*, die Mitte 1991 in GB auf Platz 6 kam, wurde z. B. durch Jocelyne Brown gesungen.

Der Hit: *Always There*
Der Tip: *Inside Life* (Tallkin Loud 848 546-2)

Indeep

Michael Cleveland, Multi-Instrumentalist; Reggie Megliore, v; Rose Marie Ramsey, v.
Der Amerikaner Mike Cleveland stellte diese Formation zusammen und ist für den Sound und die Titel verantwortlich. Mit der Nummer *»Last Night A D.J. Saved My Life«* hatte das Trio Anfang 1983 einen Platz 10 in der deutschen Hitparade. Möglich, daß die Soundeffekte – Telefonklingeln, Reifenquietschen, Frauenschrei, Toilettenspülung – zum Erfolg des Titels beigetragen haben. Da er damit alle Geräusche, die die Welt bietet, offensichtlich auf einmal verbraucht hat, ist ihm ein Nachfolgehit nicht gelungen, und die letzte Spülung galt ihm.

Der Hit: *Last Night A D. J. Saved My Life*
Der Tip: *Collection* (Sutra Records SPLK 7008 UKK)

Indios Tabajaras, Los

Dieses brasilianische Indianerduo bestand aus den beiden Brüdern Natalicio und Antenor Moreyrar Lima. Angeblich sind sie seit Anfang der 40er Jahre zunächst in Südamerika, dann auch in Mexiko und Südeuropa durch die Lande gezogen und haben dort auf ihren Gitarren südamerikanische Folklore gespielt. Natalicio und

Antenor Lima sollen ihre Künstlernamen sein, ihre richtigen sind Musiperi und Herundy. Im Herbst 1963 wurde in den USA der Titel *»Maria Elena«*, der 1941 eine Nummer 1 für Jimmy Dorsey und sein Orchester war, mit den Indios veröffentlicht. Die stimmungsvolle, altmodisch und ohne jegliche Overdubs oder andere Instrumente aufgenommene Platte entwickelte sich zur Überraschung aller Beteiligten zu einem weltweiten Hit. Sie wurde in den USA Platz 6, in GB 5 und in Deutschland immerhin noch 36. Das Stück hätte auch von jedem Gitarristenduo der nördlichen Hemisphäre aufgenommen werden können. Mit indianischer Folklore hat dieses Gitarreninstrumental absolut nichts zu tun. Ein Nachfolgehit gelang nicht mehr, was sie zu einem echten One Hit Wonder macht.

Der Hit: *Maria Elena*

Information Society

Kurt Valaquen, v; Amanda Kramer, key; James Cassidy, b; Paul Robb.
1985 schloß sich dieses amerikanische Quartett zusammen. Der Titel *»What's On Your Mind (Pure Energy)«* wurde Mitte 1988 Millionseller und Platz 3 in den USA. Auch der Nachfolgehit *»Walking Away«* kam unter die ersten 10. 1990 verließ Amanda Kramer die Band. Seine letzte Hit-Notierung hatte das Trio mit *»Think«*, Platz 28 in den US-Charts. Die Plattenfirma der Formation verkaufte die Gruppe aus Minnesota als Act, der »Tanzmusik mit Herz und Hirn« macht. Auf ihrer CD *»Hack«* warnt die Gruppe selbst auf der Plattenhülle: »Dies ist keine Kunst!«

Der Hit: *What's On Your Mind (Pure Energy)*
Der Tip: *Hack* (Intercord 845.546)

Ingle, Red

(* ca. 1907 † 7.9.1965). Der amerikanische Tenorsaxophonist und Sänger war zwischen 1931 und 1940 Mitglied in der Band von Ted Weems. Mit ihm hatte Red Ende 1934 den Top-10-Erfolg *»Talkin' To Myself«*. Nachdem er sich als Studiomusiker etabliert hatte, gehörte er zu den Gründungsmitgliedern von Spike Jones' berühmter Novelty Band und beschloß 1947, eine eigene ähnliche Band zu formieren: Red Ingle & The Natural Seven. Damit hatte er einige Hit-Notierungen. Sein erster war gleich sein größter Erfolg: *»Temptation (Tim-Tayshun)«* wurde Mitte 1947 ein Spitzenreiter in der amerikanischen Hitparade. Neben Red war bei diesem Novelty-Hit Jo Stafford zu hören. Es gelangen ihm noch vier weitere Erfolge in diesem Genre. Dann war seine Hit-Zeit wieder vorüber. Möglich auch, daß die Spezialität der Band von Ingle, Popsongs als Hillbilly-Nummern zu verkleiden, irgendwann nicht mehr gefragt war.

Der Hit: *Temptation (Tim-Tayshun)*

Ingmann, Jörgen

* 26.4.1925. Der dänische Gitarrist und Songschreiber nahm eine Version des Jerry-Lordan-Titels »*Apache*« auf, mit der er im Januar 1961 in die amerikanische Hitparade kam und Platz 2 erreichte. In Deutschland gelangte der Titel auf Platz 6. Die Shadows, die diesen Titel vor Jörgen Ingmann aufgenommen hatten, kamen überhaupt nicht in die amerikanische Hitparade und wurden in Deutschland nur Platz 10. Zusammen mit seiner Frau Grethe Ingmann gewann er 1963 in London für Dänemark den Grand Prix Eurovision mit dem Titel »*Dansevise*«. Seinen größten Erfolg in der Bundesrepublik sollte Jörgen mit dem »*Drina-Marsch*«, im März 1964 ein Platz 5 in der deutschen Hitparade, haben. Nach 1966 war seine Hit-Zeit wieder vorüber.

Der Hit: *Apache*

Ingram, James

Der amerikanische Rhytm-&-Blues-Sänger und Multi-Instrumentalist kam 1973 von Akron, Ohio, nach Los Angeles. Dort traf er den Keyborder Leon Haywood, mit dem er die Gruppe Revelation Funk gründete. Über einige Umwege hörte Quincy Jones ein Demoband und war von Ingrams Stimme beeindruckt. Er bat ihn, auf seiner LP »*The Dude*« zu singen. Ausgekoppelt aus dieser Platte wurde Mitte 1981 die Single »*Just Once*«, die bis auf Platz 17 der US-Charts kam. Auch »*One Hundred Ways*« vom gleichen Album kam vier Monate später in die Top 20. Jetzt nahm Quincy Jones ihn unter Vertrag für sein Qwest Label und schrieb mit ihm zusammen die Nummer »*P.Y.T. (Pretty Young Thing)*«, die 1982 auf Michael Jacksons Erfolgsalbum »*Thriller*« zu hören war. Zusammen mit Patti Austin nahm Ingram den Titel »*Baby, Come To Me*« auf, der Mitte 1982 Millionseller und Spitzenreiter in den USA wurde. Die Nummer war im Film »*Best Friends*« zu hören. Seine erste LP erschien 1983 und hieß »*It's Your Night*«. Daraus ausgekoppelt wurde die Single »*Yah Mo B There*«, die James zusammen mit Michael McDonald gesungen hatte und die bis auf Platz 19 in den USA kam. In der Folgezeit nahm James Platten auf mit Kenny Rogers und Kim Carnes, mit Linda Ronstadt – ihr gemeinsamer Song »*Somewhere Out There*« kam Ende 1986 in die US-Charts und wurde Platz 2 – und im Background von den Brothers Johnson, Howard Hewett oder Luther Vandross. Der Titel »*I Don't Have The Heart*« war im Herbst 1990 wieder ein Spitzenreiter für James Ingram in den USA.

Der Hit: *I Don't Have The Heart*
Der Tip: *The Best Of* (WB 7599-26700-2)

Ingram, Luther

* 30.11.1944 als Luther Thomas Ingram. Der aus Jackson, Tennessee, stammende Luther sang in seiner Heimatstadt zusammen mit seinem Bruder in einer Gospelgruppe. Dann ging er nach New York, um mit Jerry Leiber und Mike Stoller zu arbeiten. Mitte der 60er Jahre erhielt er einen Plattenvertrag. Seine ersten Single-Veröffentlichungen waren Flops. Mit *»My Honey And Me«* gelang ihm 1970 die erste Hit-Notierung. *»(If Loving You Is Wrong) I Don't Want To Be Right«* war Mitte 1972 ein Platz 3 in den US-Charts und sein größter Erfolg. Nach zwei weiteren Notierungen verschwand er aus den Pop-Charts, machte jedoch bis Ende der 80er Jahre weiter Platten, mit denen er vorwiegend in den Rhythm-&-Blues-Charts verzeichnet wurde.

Der Hit: *(If Loving You Is Wrong) I Don't Want To Be Right*

Ink Spots

Bill Kenny (* 1915, † 23.3.1978); Orville »Happy« Jones (* 17.2.1905, † 18.10.1944); Charlie Fuqua; Ivory »Deek« Watson; Herb Kenny (* als Herbert Cornelius Kenny, † 13.7.1992 im Alter von 77 Jahren), Billy Bowen, alle v.
Die Ink Spots sind eine der populärsten Gesangsgruppen der 40er Jahre in den USA. Mit dem Titel *»If I Didn't Care«* begann im Frühjahr 1939 die Karriere dieser Gruppe, die ihren letzten Top-10-Erfolg im April 1955 in GB mit *»Melody Of Love«* hatte. *»Address Unknown«* war Ende 1939 ihr erster Spitzenreiter in den USA. Weitere Nummer-1-Hits waren *»We Three (My Echo, My Shadow And Me)«* 1940, *»I'm Making Believe«* und *»Into Each Life Some Rain Must Fall«* 1944, *»The Gypsy«* und *»To Each His Own«* 1946. 1944 war Orville Jones gestorben und durch Bills Bruder Herb ersetzt worden. Ivory Watson fand Ersatz in Billy Bowen. Die Ink Spots waren auch in diversen Filmen zu sehen, z. B. *»Great American Broadcast«* 1941 und *»Pardon My Sarong«* 1942. Ab 1952 gab es unter den Fans der Gruppe leichte Verwirrungen. Es tauchten zwei Gruppen auf, die sich Ink Spots nannten. Bill Kenny und Charlie Fuqua hatten jeder zu 50 Prozent Rechte am Namen Ink Spots, und jeder durfte seine Formation Ink Spots nennen. Ink Spots fand man auch noch in den 70er Jahren bei Galas und anderen Auftritten. 1988 erhielten sie für ihren ersten Hit, *»If I Didn't Care«* einen Grammy, 1989 wurde die Originalbesetzung der Ink Spots in die Rock 'n' Roll Hall Of Fame aufgenommen.

Der Hit: *The Gypsy*
Der Tip: *The Unforgettable Ink Spots* (Coral COPS 6221)

Inner Circle

Jacob Miller, v († 1980); Roger Lewis, g; Ian Lewis, b; Bernard »Touter« Harvey, key; Charles Farquharson, key; Calvin McKensie, d; Trevor Brown, v; Carlton Coffey, v; Lester Adderley, g; Lancelot Hall, d.

Die beiden Brüder Roger und Ian Lewis gründeten diese Gruppe 1968 auf Jamaika. Neben den Brüdern spielten die Musiker, die später als Third World erfolgreich werden sollten. Nachdem ein Feuer den Club in Kingston, in dem die Gruppe regelmäßig auftrat, niederbrannte, kam es zu einer Neuformierung mit McKensie, Harvey und Farquharson. Zu diesem Zeitpunkt machten sie auch ihre ersten Platten. 1974 kam als Leadsänger Jacob Miller zur Band, und damit gab es auch die ersten Hits. *»Everything Is Great«* war im Frühjahr 1979 die erste Hit-Notierung in GB. Man war gerade auf dem Weg nach oben und beeindruckte in GB die Soul- und Dance-Fans, als Jacob Miller 1980 bei einem Autounfall ums Leben kam. Ersatz für ihn wurde Trevor Brown. Die Band setzte sich nun nach Miami ab, eröffnete dort ein Aufnahmestudio und machte Platten mit Joe Tex und der 2 Live Crew. 1990 kam als neuer Sänger Carlton Coffey zur Band, und sie erhielten einen neuen Plattenvertrag bei Warner Brothers. Sie nahmen den Titel *»Bad Boys«* auf, der schließlich das Thema für die TV-Sendung »Cops« wurde. Mit der Tralala-Fun-Nummer *»Sweat (A La La La La Long)«* gelang ihnen im Herbst 1992 Platz 1 in Deutschland. In GB kam die Platte in die Charts, stieg bis auf Platz 43 und fiel wieder raus. Im Mai 1993 kam sie erneut in die britischen Charts, und dieses Mal wurde sie Platz 3. Im Sommer des Jahres stieg der Titel dann auch erstmals in die US-Charts ein. Auch der Nachfolgetitel *»Rock With You«* wurde Ende 1992 ein Top-10-Erfolg in Deutschland.

Der Hit: *Sweat (A La La La La Long)*

Inner City

Kevin Saunderson, Produzent (* 5.5.1964), Paris Grey, v (* 5.11.1965).

Saunderson ist der Produzent, Studiozauberer, Songschreiber und Mastermind hinter Inner City. Seine Mutter soll angeblich in der Ur-Besetzung der Supremes mitgesungen haben. In den späten 80er Jahren tauchten Kevin und Paris in der Techno-Dance-Szene der USA auf, waren aber vorwiegend mit ihren Titeln in GB erfolgreich. Der Titel *»Big Fun«* kam im September 1988 in die britischen Charts und erreichte dort Platz 8, in Deutschland Platz 5. In den USA kam die Platte nicht einmal in die Top 100. *»Good Life«* 1988 – im Januar 1989 ein Platz 2 in Deutschland – und *»Ain't Nobody Better«* 1989 waren weitere Top-10-Erfolge in GB. Kevin gilt als einer der gefragtesten Produzenten in Richtung Dancefloor. So machte er z. B. Remix-Versionen von Aufnahmen der Wee Papa Girl Rappers, von Neneh Cherry oder Paula Abdul.

Inner Circle *(Island)*

Der Hit: *Good Life*
Der Tip: *Paradise Remixed* (10 Records XIDCD 81)

Insterburg, Ingo

(* 6.4.1934 als Ingo Wetzker in Insterburg). Zusammen mit Karl Dall (* 1.2.1941), Peter Ehlebracht und Jürgen Barz, die alle sangen und diverse Instrumente spielten, gründete Ingo die deutsche Musik-Kabarett-Gruppe Insterburg & Co. 1967 in Berlin. Es erschien eine ganze Latte von Blödel-LPs, die jedoch nur in Fachkreisen Gefallen fanden. Ihre LPs *»Sketsch Up«* 1972 und *»Hohe Schule der Musik«* 1973 kamen in die LP-Hitparade unter die ersten 40. Eine Single von Ingo, die Nummer *»Ich liebte ein Mädchen«*, stand im März 1974 in den deutschen Single-Charts und erreicht Platz 8. Ja, das war's.

Der Hit: *Ich liebte ein Mädchen*

Intruders

Sam »Little Sonny« Brown; Eugene »Bird« Daughtry (* 29.10.1939); Phil Terry (* 1.11.1943); Robert »Big Sonny« Edwards (* 22.2.1942); Bobby Starr (* 19.1.1937).

Diese Soul-Gruppe aus Philadelphia gründete sich 1960. Ein Jahr später machten sie ihre ersten Plattenaufnahmen. Ab 1966 waren sie unter den Fittichen von Kenny Gamble und Leon Huff auf deren Plattenlabel unter Vertrag. (Anmerkung: Gamble und Huff sind verantwortlich für Hits von Billy Paul, den O'Jays oder Harold Melvin und den Blue Notes.) Und mit der typischen Philly-Sound-Nummer *»Cowboys To Girls«* gelang ihnen im Frühjahr 1968 ein Platz 6 und ein Millionseller in den USA. 1970 wurde Leadsänger Sam Brown durch Bobby Starr ersetzt. Nach 1973 war ihre Hit-Zeit wieder vorüber.

Der Hit: *Cowboys To Girls*
Der Tip: *Super Hits* (Epic EPC 65679)

INXS

Michael Hutchence, v (* 22.1.1960); Tim Farriss, g (* 16.8.1957); Kirk Pengilly, g/sax/v (* 4.7.1958); Andrew Farriss, key (* 27.3.1959); Garry Beers, b/v (* 22.6.1957); Jon Farriss, d/v (* 18.8.1961).
Die Ursprünge dieser australischen Band gehen zurück bis in das Jahr 1977. In Sydney wurden die Farriss Brothers gegründet. Michael Hutchence gehörte zu den Mitgliedern. Ab 1979 nannte sich die Band INXS. Die erste Platte erschien im Mai 1980 und hieß *»Simple Simon«*. Während der nächsten Jahre spielten INXS in jedem Pub in Australien und schufen sich eine große Fangemeinde. Weltweit erfolgreich wurde die Band mit »What You Need«, erschienen im Januar 1986 und Platz 5 in den USA. *»Need You Tonight«* kam im Herbst 1987 in die US-Charts und erreichte Platz 1, ein Jahr später Platz 2 in GB. *»Devil Inside«*, *»New Sensation«*, *»Never Tear Us Apart«* 1988, *»Suicide Blonde«* und *»Disappear«* 1990 waren weitere Top-10-Erfolge.

Der Hit: *Need You Tonight*
Der Tip: *X* (Mercury 846 668-2)

Irish Rovers

Will Millar, George Millar, Joe Millar, Jimmy Ferguson, Wilcil McDowell.
Die fünf Mitglieder dieser Band waren in Irland geboren und dann nach Kanada gegangen. Alle konnten singen und spielten diverse Instrumente. 1964 wurde diese Band in Alberta, Kanada, gegründet. Anfang 1968 hatten sie mit dem von Shel Silverstein geschriebenen Stück *»The Unicorn«* einen Platz 7 in der amerikanischen Pop-Hitparade. Es gelangen noch zwei weitere Hits im gleichen Jahr. Danach verschwanden sie aus den Charts für etliche Jahre. Erst im Frühjahr 1981, dieses Mal nur noch als The Rovers, kam die Nummer *»Wasn't That A*

Party« in die US-Charts und wurde Platz 37. In Kanada war die Band über die Jahre mit Live-Auftritten und im Fernsehen durchaus erfolgreich. 1972 war die Band für ein TV-Special in Irland und entschied sich danach, patriotische irische Volkslieder aus ihrem Repertoire zu streichen. Will Millar: »Die alten Volkslieder sind ein Vehikel für Haß anstelle von Glück geworden. Wenn Friede ist in Nordirland, werden wir sie wieder singen.«

Der Hit: *The Unicorn*

Iron Maiden

Paul Di'anno, v (* 17.5.1959); Bruce Dickinson, v (* 7.8.1958); Dave Murray, g (* 23.12.1955); Adrian Smith, g (* 27.2.1957); Dennis Stratton, g (* 9.11.1954); Steve Harris, b (* 12.3.1957); Nicko McBrain, d (* 5.6.1954); Clive Burr, d (* 8.3.1957); Doug Sampson, d.

Der Bassist Steve Harris hatte die Pub-Band Smiler gegründet, und nachdem er damit nicht weiterkam, suchte er sich neue Musiker, mit denen er im Mai 1976 Iron Maiden formierte. Neben ihm waren Murray, Di'anno und Doug Sampson mit dabei. Die in London ansässige Band spielte das Jahr 1977 durch in Pubs und Kneipen. Sie versuchten immer wieder, eine Plattenfirma für ihre Musik zu begeistern, was ihnen aber nicht gelang. Schließlich veröffentlichten sie auf ihrem eigenen Plattenlabel eine EP mit Demos. Ein Londoner Diskjockey spielte diese EP in der Diskothek Bandwaggon Soundhouse, und sie wurde dort ein Heavy Metal Club Hit. Die nächsten 12 Monate trat die Gruppe unentwegt in eben genau diesem Laden auf. Auch 1979 waren sie auf der Suche nach einem Plattenvertrag. Im Oktober traten sie im Londoner Marqees Club auf und luden alle Vertreter von großen Plattenfirmen ein – keiner kam. Wieder veröffentlichten sie mit *»The Soundhouse Tapes«* eine EP, die man nur über Mail Order beziehen konnte. Ende des Jahres kam mit Tony Parsons ein neuer Gitarrist zur Band. Ende des Jahres erhielten sie schließlich doch noch einen Plattenvertrag bei der EMI. Für Parsons kam Stratton, Sampson ging und wurde durch Clive Burr ersetzt. Ihre erste Single, *»Running Free«*, kam im Februar 1980 in den GB-Charts unter die ersten 40. Ihr Debüt-Album *»Iron Maiden«* wurde daraufhin Platz 4 in der britischen LP-Hitparade. Im Oktober 1980 verließ Stratton die Band. Für ihn kam Adrian Smith. Im September 1981 ging auch Di'anno, und für ihn kam Dikkinson. Mit ihm kam auch die erste Top-10-Platte: *»Run To The Hills«* erreichte im Februar 1982 Platz 7. *»Can I Play With Madness«*, *»The Evil That Men Do«*, *»The Clairvoyant«* 1988, *»Infinite Dreams«* 1989, *»Holy Smoke«* 1990, *»Be Quick Or Be Dead«* 1992 und *»Fear Of The Dark – live«* waren weitere Top-10-Erfolge dieser Gruppe. Im April 1990 erschien das erste Solo-Album von Bruce Dickinson. Adrian Smith verließ die Band und wurde durch Jannick Gers ersetzt. Auffällig an den Platten der Band sind die martialischen Cover, die die Musik auch nicht freundlicher gestalten. In den USA gelang der Band kein Hit.

Der Hit: *Can I Play With Madness*
Der Tip: *Fear Out Of Dark* (EMI CDP 7 99161 2)

Irwin, Big Dee

* 4.8.1939 als Difosco Ervin. Während seiner Militärzeit war der Amerikaner bei der Air Force auf Grönland stationiert. Ab 1954 sang er mit den Pastels. Deren Titel »*Been So Long*« war Anfang 1958 ein Platz 4 in den Rhythm & Blues-, ein Platz 24 in den Pop-Charts. 1959 fiel diese Band auseinander, und Irwin begann eine Solokarriere. Mitte 1963 kam in den USA »*Swinging On A Star*« auf den Markt, eine Platte, mit der Bing Crosby 1944 schon einmal eine Nummer 1 in den USA hatte. Die Platte erreichte Platz 38, erschien Ende desselben Jahren in GB und kam dort bis auf Platz 7. Auf der Plattenhülle wurde nur Big Dee Irwin, nicht jedoch Little Eva genannt, die mit ihm im Duett sang. Ein weiterer Hit ist ihm nicht gelungen. Ab 1976 nahm er als Difosco Platten auf und hatte zumindest mit »*Face To Face*« einen kleineren Hit in der amerikanischen Rhythm-&-Blues-Hitparade.

Der Hit: *Swinging On A Star*

Isaak, Chris

Chris Isaak *(Warner Records)*

* 26.6.1956 als Christopher Josef Isaak. 1985 erschienen die ersten Platten von Chris Isaak. Von der Presse wurde er als neuer kommender Rock-'n'-Roll-König und als »charmanter und intelligenter Rock-Entertainer« gefeiert. In den ersten Jahren gelangen ihm keine Hits. Dann nahm David Lynch für seinen Film »Wild At Heart« die Mitte 1989 erschienene Nummer »*Wicked Game*«, die sich daraufhin zum Hit entwickelte: Ende 1990 Platz 10 in GB, 6 in den USA und im Frühjahr 1991 9 in Deutschland. Mit Rock hat der Titel wenig zu tun. Es wäre auch eine schöne Nummer für Billy Idol gewesen. Danach wurde Chris als Crooner

in der Tradition von Roy Orbison bezeichnet. Im Frühjahr 1991 gelang ihm in GB und in Deutschland noch einmal ein Top-20-Erfolg: *»Blue Hotel«*. 1993 erschien mit *»San Francisco Days«* eine neue LP. Als Schauspieler war er in den Streifen *»Married To The Mob« und »Das Schweigen der Lämmer«* zu sehen.

Der Hit: *Wicked Game*
Der Tip: *Wicked Game* (Reprise 7599-26 513-2)

I Santo California

Simonetta Marini, v (* 5.4.1955); Domenico »Mimmo« Ajello, b (* 12.3.1950); Donato Farina, d (* 25.1.1957); Pietro Barbella, v/key (* 18.5.1949); Massimo Caso, g (* 20.5.1958); Gianni Galizia, g (* 21.6.1952).
Ein typisch italienischer Urlaubshit, der 1975 Nummer 1 in der italienischen Hitparade wurde, brachte es in Deutschland auf Platz 2, als alle Touristen im Herbst wieder zu Hause waren: *»Tornero«*. Die Band wurde um 1973 gegründet. Die ursprünglich aus fünf männlichen Mitgliedern bestehende Formation tingelte zunächst erfolglos durch die Diskotheken. Bei einem Auftritt in Rom lernten sie die Sängerin Simonetta Marini kennen. Die ersten drei Platten wurden Flops. Dann kam der Hit *»Tornero«*. In Italien hatten sie bis 1977 noch weitere Erfolge.

Der Hit: *Tornero*
Der Tip: *Venezia* (Decca 6.23806)

Isley Brothers

Ronald (* 21.5.1941), Rudolph (* 1.4.1939), O'Kelly (* 25.12.1937 † 31.3.1986), alle v.
Die drei Brüder O'Kelly, Rudolph und Ronald gründeten in ihrer Heimatstadt Cincinnati in den 50er Jahren eine Gospelgruppe. 1957 zogen die Brüder nach New York und machten dort ihre erste Plattenaufnahme: *»The Cow Jumped Over The Moon«*. Mitte 1959 erschien der Titel *»Shout«*, der es zumindest unter die Top 50 brachte und den Joey Dee 1962 und Lulu 1964 und 1986 zum Hit machten. Die Brüder brachten fleißig Platten auf den Markt. Die meisten davon kamen nicht einmal unter die ersten 100. Mitte 1962 war es die Aufnahme *»Twist And Shout«*, die bis auf Platz 17 in den USA kam. Brian Poole & The Tremeloes und die Beatles sangen diesen Titel nach. Im April 1966 brachten sie bei Tamla Motown den Titel *»This Old Heart Of Mine«* auf den Markt, der in GB auf Platz 47 und bei einer Wiederveröffentlichung zweieinhalb Jahre später auf Platz 3 kommt. Nun gelang ihnen 1969 auch in den USA ein großer Wurf: *»It's Your Thing«* wurde

Millionseller und Platz 2. *»Behind A Painted Smile«* 1969 und *»Harvest For The World«* 1976 waren weitere Top-10-Erfolge in GB. 1973 hatte sich das Trio erweitert. Die beiden jüngeren Brüder Ernie und Marvin und Cousin Chris Jasper kamen hinzu. 1984 lösten sie sich wieder von den Isley Brothers und machten als Isley Jasper Isley weiter. Mit dem Titel *»Caravan Of Love«* schrieben diese drei 1985 einen Song, der mit den Housemartins Ende 1986 eine Nummer 1 in GB werden sollte. Im März 1986 starb O'Kelly nach einem Herzanfall. Im September 1988 veröffentlichte die britische Gruppe Christians eine Neuaufnahme von *»Harvest For The World«*, die bis auf Platz 8 in GB kam. 1989 erschien eine neue LP der Isley Brothers featuring Ronald Isley. Mitte 1990 nahm Rod Stewart *»This Old Heart Of Mine«* auf. Mit ihm zusammen sang Ronald Isley – die Platte wurde Platz 10 in den USA. Im November feierte die Plattenfirma der Isley Brothers mit einer Compilation das 40jährige Jubiläum dieser Gruppe.

Der Hit: *It's Your Thing*
Der Tip: *Isley Brothers Story* (Rhino 70908/9 TIS)

It Bites

Francis Dunnery, v/g; John Beck, key; Dick Nolan, b; Bob Dalton, d.
Das britische Quartett kam 1982 in England zusammen. Alle vier Mitglieder hatten vorher in den unterschiedlichsten Bands gespielt, Dunnery z. B. in einer Punkgruppe. Zuvor hatte er als Ingenieur gearbeitet. Die Berufe der anderen reichen vom Maurer zum Fabrikarbeiter. Ihre erste Plattenveröffentlichung ging vollkommen unter, aber 1986 gelang ihnen dann ein Hit mit *»Calling All The Heroes«*, Platz 6 in GB. Mit der grundlegenden Stilrichtung scheint diese Formation sich etwas schwerzutun. Die Plattenfirma vermarktete sie als Teenie-Band, sie selbst sahen sich eher als Rockmusiker. Dafür waren spätere Alben dann bluesorientiert.

Der Hit: *Calling All The Heroes*
Der Tip: *The Big Lad In The Windmill* (Virgin 207826)

Ivan

* 17.7.1962 als Juan Carlos Ramos. Der spanische Sänger hatte mit dem Titel *»Fotonovela«* 1985 einen Platz 9 in der deutschen Hitparade. Seine erste Platte, *»Sin Amor«*, erschien 1979 und kam bis auf Platz 1 der spanischen Charts. Es war eine spanische Version des Titels *»Dschinghis Khan«*. Im Frühjahr 1981 stand er mit *»Te Quiero Tanto«* wieder auf Platz 1. Danach wurde es etwas ruhiger um ihn

bis zur *»Fotonovela«*. In Spanien gelangen ihm noch etliche weitere Erfolge. Bei uns war seine Novela wieder vorüber.

Der Hit: *Fotonovela*

Ives, Burl

* 14.6.1909 als Burl Icle Ivanhoe Ives. Der amerikanische Schauspieler begann seine Karriere am Broadway und war später in unendlich vielen Filmen und im Fernsehen zu sehen. Neben James Dean spielte er 1955 in *»Jenseits von Eden«*. 1958 erhielt er den Oscar für die beste Nebenrolle in dem Film *»Weites Land«*. Noch im gleichen Jahr war er Big Daddy in *»Die Katze auf dem heißen Blechdach«*. 1959 spielte er neben Alec Guinness in dem britischen Film *»Unser Mann in Havanna«*. Wenn es darum ging, Großgrundbesitzer aus dem Süden der USA darzustellen, war Burl immer die richtige Besetzung. Für seine Arbeit auf dem Gebiet der Country- und Folk-Musik erhielt er mehrfach Auszeichnungen. Von den 40er bis zu den 60er Jahren galt er als einer der populärsten Folk-Sänger. Schon Anfang der 30er Jahre begann er, sich im verstärkten Maße für die amerikanische Volksmusik zu interessieren. Fast zwei Jahre zog er durch die USA, verdiente sich mit verschiedenen Jobs sein Geld, trat als Sänger und Banjospieler auf und sammelte Folks-Songs, die er später, als er mehr als 500 zusammenhatte, in Büchern veröffentlichte. Ab 1940 hatte er regelmäßige Radiosendungen in den USA, gedacht für die ganze Familie. Burl erzählte Geschichten und sang dazwischen Lieder, und ganz Amerika sang an den Lautsprechern mit. Noch in den 40er Jahren hatte er seine ersten Pop-Songs in den Charts. *»Lavender Blue (Dilly Dilly)«* war Anfang 1949 ein Platz 16 in den USA, seine Version von *»Riders In The Sky (Cowboy Legend)«* brachte es zwei Monate später auf Platz 21. *»On Top Of Old Smokey«* war Mitte 1951 sein erster Top-10-Erfolg in den USA. *»Little Bitty Tear«* wurde Ende 1961 zu seinem größten Hit, Platz 9 in den USA und in GB, Platz 38 in Deutschland. Mit *»Funny Way Of Laughin'«* hatte er Mitte 1962 seinen letzten Top-10-Hit. Das Erfolgsrezept von Burl Ives war, daß er eine so sympathische Ausstrahlung hatte, daß ihn alle Kinder gerne zum Opa gehabt hätten.

Der Hit: *A Little Bitty Tear*
Der Tip: *A Little Bitty Tear* (Bear Family BCD 15 667 El)

Ivy League

John Carter, v/b/g (* 20.10.1942 als John Shakespeare); Ken Lewis, v/key (* 1942 als Kenneth James Hawker); Perry Ford, v/key/sax (* 1940 als Brian Pugh).

Das Trio gehört zu den wenigen britischen Formationen, die sich an dem durch Falsett-Stil gekennzeichneten Satzgesang typisch amerikanischer Gruppen wie Beach Boys, Four Seasons oder Four Freshmen orientierten. Als einzige der wenigen sollten sie damit Erfolg haben. Carter und Lewis hatten bei den Southerners zusammen gespielt, zu denen auch Jimmy Page gehörte. Die Gruppe hatte keinen Bestand, aber Carter und Lewis machten als Songschreiberteam und Session-Sänger weiter. Perry Ford, ebenfalls Songschreiber, trafen sie häufig als Studiosänger und Ende 1964 beschlossen die drei, als Trio Platten zu veröffentlichen. Ivy League gelangen zwei Hits: *»Funny How Love Can Be«*, im Februar 1965 Platz 8 in GB, *»Tossing And Turning«*, vier Monate später ein Platz 3. 1966 verließ Carter das Trio und wurde durch Tony Burrows (!) ersetzt. Kurz darauf ging auch Lewis. Ford hielt als Kopf ständig wechselnder Besetzungen bis Ende der 60er Jahre durch. Carter/Lewis hatten weiterhin Erfolg mit Projekten wie Flowerpot Men oder White Plains.

Der Hit: *Tossing And Turning*
Der Tip: *This Is Ivy League* (Repertoire RR 4094-WZ TIS)

Ivy Three

Charlie Cane (* als Charles Koppelman), Artie Berk (* als Art Berkowitz), Don Rubin, alle v.
Diese amerikanische Formation wurde 1959 gegründet. Mit dem Novelty-Song *»Yogi«*, angelehnt an die Zeichentrickfigur aus der Fernsehserie »Huckleberry Hound«, hatten die drei im Sommer 1960 ihre einzige Hit-Notierung, einen Platz 8 in den USA. Als ihnen nichts weiter gelang, gingen sie auseinander. Koppelman und Rubin produzierten die Turtles und die Lovin' Spoonful, Art ging in das Versicherungsgeschäft. In den 70er Jahren machte Charlie seine eigene Produktionsfirma, die er The Entertainment Company nannte und die Alben für Stars wie Barbra Streisand, Diana Ross oder Dolly Parton produzierte. 1989 gründete er mit SBK eine eigene Plattenfirma, auf der Interpreten wie Wilson Phillips oder Charles & Eddie erfolgreich wurden. Don Rubin wurde der Vizepräsident dieser Firma.

Der Hit: *Yogi*

Ixi

* 4.11.1962 als Gaby Tiedemann. Als Anfang der 80er Jahre die Neue Deutsche Welle für einige Jahre erfolgreich war, schwamm auch Ixi mit. Ihre erste Single hieß *»Detlev«*. Wegen der Zeile »Detlev, ich bitte dich, geh doch für mich auf den

Strich« wurde die Platte in den Rundfunkanstalten nicht gespielt. Ein *»Knutschfleck«* hingegen ist weniger bedrohlich für die Moral. Dieser Titel brachte es im April 1983 auf Platz 8 in der deutschen Hitparade. Weitere Hits sind ihr nicht gelungen.

Der Hit: *Der Knutschfleck*

J

Jack 'n' Chill

Hinter diesem Pseudonym verstecken sich Vlad Naslas und Ed Stratton. Mit einer Verballhornung des bekannten Songtitels *»The House That Jack Built«* – *»The Jack That House Built«* – hatten sie Mitte 1987 einen Platz 48 in GB. Als die Platte im Januar 1988 erneut in die britischen Charts kam, erreichte sie Platz 6. Was sie machten, beschrieb ihre Plattenfirma folgendermaßen: »Dynamischer Synthetik-Dance-Floor-Power haben sich Jack 'n' Chill verschrieben. Dabei sind geschickt Synthesizer und akustische Klangerzeuger vermischt: messerscharfe Bläser mit viel Biß, ein schwungvoll groovendes Piano wechseln mit Drum-Computern, die unwiderstehlich treiben und andererseits gewissermaßen gedämpft werden durch gezogen-melodische Keyboardteppiche.« So macht man Hits – aber eben nur einen.

Der Hit: *The Jack That House Built*

Jacks, Terry

* 29.3.1946. Der Kanadier begann als Rhythmusgitarrist und Leadsänger bei der Formation Chessmen. Während einer TV-Show für einen kanadischen Fernsehsender lernte er Susan Pesklevits kennen, die er später heiratete und mit der er das Quartett Poppy Family gründete. Mit *»Which Way You Goin' Billy«* hatten sie Mitte 1970 einen Top-10-Erfolg in den USA und in GB. 1973 zerbrach sowohl die Ehe als auch die Gruppe. Beide machten als Solisten weiter. Terry hatte seinen größten Erfolg mit *»Seasons In The Sun«*, im Frühjahr 1974 ein Spitzenreiter in den USA, GB und Deutschland. Ein halbes Jahr später versuchte man, in die gleiche Kerbe zu hauen und veröffentlichte *»If You Go Away«*, zumindest in GB noch einmal ein Top-10-Hit. Beide Stücke waren Kompositionen von Jacques Brel mit englischen Texten von Rod McKuen. Im Original hießen sie *»Le Moribond«* bzw. *»Ne Me Quitte Pas«*. Terrys Coverversionen sind im Gegensatz zu Brels Originalen stark überzuckert. *»Seasons In The Sun«* hatte zehn Jahre zuvor ohne nennenswerten Erfolg das Kingston-Trio aufgenommen.

Der Hit: *Seasons In The Sun*
Der Tip: *Seasons In The Sun* (Bell 2308 092)

Jackson, Chad

Auch dieser Brite gehört wieder in die Reihe Meistermixer und DJ. Begonnen hat er im legendären Hacienda Club in Manchester. Sein Talent als Mixer und auch als Komponist sprach sich herum. Prince, Soul II Soul, Neneh Cherry, Public Enemy und viele andere nahmen seine Dienste in Anspruch. Mit einer eigenständigen Single, die Soul-Jazz-Einflüsse aufwies, kam Chad Mitte 1990 in die britische Hitparade und erreichte Platz 3: »*Hear The Drummer (Get Wicked)*«. Ein weiterer Hit gelang ihm bisher nicht.

Der Hit: *Hear The Drummer (Get Wicked)*

Jackson, Dee D.

Die britische Sängerin hatte Anfang 1978 Erfolg mit dem Titel »*Automatic Lover*«, der sich in GB bis auf Platz 4 hochschrauben konnte. Das Ganze stammte aus einem Album, das sich »*Cosmic Curves*« nannte und im 21. Jahrhundert spielen sollte. Ein junges Mädchen, enttäuscht von ihrem Liebhaber, einem Roboter, beschließt, die Erde zu verlassen. Sie fliegt in den Weltraum auf der Suche nach der totalen Erfüllung in der Liebe, von der sie so viel gehört hat. Nach einer langen Reise erreicht sie die Galaxis der Liebe. Dort scheint es ihr so zu gefallen, daß sie nie wieder auf die Erde zurückkam. Deshalb gab es auch keinen Nachfolgehit.

Der Hit: *Automatic Lover*
Der Tip: *Cosmic Curves* (Jupiter Records 26 451)

Jackson, Janet

* 16.5.1966. Sie muß den gleichen Gesichtschirurgen haben wie ihr Bruder Michael. Jedenfalls geht ihre Verwandlung vom kleinen Pummelchen zur scharfen Disco-Mieze Hand in Hand mit der von Michael, nur, daß der sich vom kleinen netten schwarzen Jungen zu einem großen netten weißen Jungen verwandelte. Von all den Familienmitgliedern, die versuchten, zumindest annähernd an den Erfolg des übermächtigen Michael heranzukommen, ist es ihr noch am ehesten gelungen. Janet ist die jüngste aus dem Clan der Jackson-Familiy. 1973 trat sie während einer Show der Brüder in einem Hotel in Las Vegas erstmals öffentlich

auf. 1977 war sie in diversen Fernsehsendungen zu sehen, wenig später wirkte sie in der Serie *»Fame«* mit. 1982 erschienen ihre ersten, nicht sonderlich erfolgreichen Platten. 1986 wurde sie über Nacht zum Superstar. *»What Have You Done For Me Lately«* hieß im Frühjahr 1986 ihr erster weltweiter Top-10-Erfolg. *»Nasty«* und *»When I Think Of You«* waren weitere Top-10-Hits für sie 1986, *»Let's Wait Awhile«* 1987. Nach einer Pause kam sie im Herbst 1989 mit *»Miss You Much«* und *»Rhythm Nation«* wieder unter die ersten 10 der US-Charts. *»Escapade«*, *»Alright«*, *»Black Cat«* und *»Love Will Never Do (Without You)«* waren alle 1990 unter den ersten 10. Die LP *»Rhythm Nation 1814«* verkaufte sich mehr als sechs Millionen mal. Daraus ausgekoppelt wurden sieben Singles, die unter die Top 5 kamen, vier davon wurden gar Spitzenreiter. Mitte 1992 brachte sie zusammen mit Luther Vandross den Titel *»The Best Things In Life Are Free«* aus dem Film *»Mo' Money«*, der wieder in den USA, GB und Deutschland Top 10 wurde. Und auch 1993 läßt vermuten, daß es wieder zu einem Erfolgsjahr für Janet wird. Aus ihrer wirklich ausgezeichneten CD *»Janet«* kam als erste Auskopplung *»That's The Way Love Goes«*, im Mai Nummer 1 in den USA. Außerdem gab sie ihr Debüt als Filmschauspielerin. Sie spielte Justice, die weibliche Hauptrolle in *»Poetic Justice«*, eine Frau, die von der Kraft der Poesie fasziniert ist. Diese Faszination ermöglicht es ihr, eine eigene innere Stimme zu finden und so den Problemen zwischen Mann und Frau zu begegnen.

Der Hit: *Miss You Much*
Der Tip: *Janet* (Virgin CDV 2720)

Jackson, Jermaine

* 11.12.1954. Jermaine war Mitglied in der Familiengruppe Jackson Five bis zum Jahre 1975, als die Band Motown verließ. Er glaubte wohl zu diesem Zeitpunkt, die angestammte Plattenfirma nicht verlassen zu können, schon weil er im Dezember 1973 Hazel Joy Gordy, die Tochter von Berry Gordy Jr., geheiratet hatte. Seit 1984 wurden Jermaines Platten bei Arista veröffentlicht – bis dahin war die Trennung von Hazel Joy vollzogen. Jermaines erster Top-10-Erfolg war Ende 1972 der Titel *»Daddy's Home«*, 1980 waren die Single und die LP *»Let's Get Serious«* erfolgreich, ansonsten dümpelte er in den 80er Jahren eher in den unteren Regionen der Single-Charts. Im Herbst 1984 hatte er im Duett mit Pia Zadora und dem Titel *»When The Rain Begins To Fall«* in Deutschland einen Spitzenreiter. Im gleichen Jahr tat er sich mit seinen Brüdern noch einmal für das *»Victory«* Album und eine Tournee zusammen. Ende 1991 erregte er Aufsehen, weil er in dem Titel *»Word To The Badd!«* unverhohlen die kosmetischen Veränderungen seines Bruders und dessen Wechsel der Hautfarbe anklagte.

Trotz dieser Promotion schaffte es die Nummer nicht, in die oberen Regionen der Hitparade vorzustoßen.

Der Hit: *Let's Get Serious*
Der Tip: *Let's Get Serious* (Motown 928)

Jackson, Joe

* 11.8.1955. Der britische Songschreiber, Sänger und Pianist kam 1974 zur Pub-Band Edward Bear. Zwei Jahre später ging er zu Arms & Legs, mit denen er drei erfolglose Singles veröffentlichte, die er geschrieben hatte. 1977 verließ er die Gruppe und wurde im Playboy Club in Portsmouth der Hauspianist. Ein Jahr später versuchte er in London, Demos von eigenen Songs an eine Plattenfirma zu verkaufen. Schließlich erhielt er einen Vertrag bei A&M Records, und im Oktober 1978 wurde seine erste Single veröffentlicht: *»Is She Really Going Out With Him«*, die in GB ein Top-20-Hit wurde. *»It's Different For Girls«* war Anfang 1980 sein erster Top-10-Erfolg in GB, *»Steppin' Out«* im August 1982 Platz 6 in den USA und in GB. 1982 zog Joe Jackson nach New York und veröffentlichte bis in die 90er Jahre eine Reihe interessanter LPs, die alle von hohem musikalischen Standard und Können zeugen, kommerziell aber relativ erfolglos blieben.

Der Hit: *Steppin' Out*
Der Tip: *Steppin' Out – The Very Best* (A&M 397 052-2)

Jackson, Michael

* 29.8.1958 als Michael Joseph Jackson. Was immer Michael Jackson gemacht hat, es ragt in jeder Hinsicht aus allem Gewöhnlichen heraus. Gerade mal ein Teen, hatte er mit seinen Brüdern 1969/70 mit *»I Want You Back«*, *»ABC«*, *»The Love You Save«* und *»I'll Be There«* vier Spitzenreiter hintereinander in den US-Pop-Charts. Seit seinem fünften Lebensjahr hat er mit dieser Formation gesungen. Schon ab 1971 veröffentlichte er auch Soloplatten. Seine Nummer *»Ben«*, der Titelsong aus dem Film über eine trainierte Ratte, wurde Nummer 1 in den USA. Die Zeit des Stimmbruchs, wenn er ihn denn nun gehabt hat, ist spurlos an ihm vorübergegangen. 1978 spielte er neben Diana Ross im Filmmusical *»The Wiz«*. Ab 1979 brachte er unentwegt Solo-Singles und LPs auf den Markt, die ungewöhnlich erfolgreich waren. Um nur die Spitzenreiter in den US-Single-Charts zu nennen: *»Don't Stop Til You Get Enough«* und *»Rock With You«* 1979, *»Billie Jean«*, *»Beat It«* und – zusammen mit Paul McCartney – *»Say Say Say«* 1983, *»I Just Can't Stop Loving You«*, *»Bad«* und *»The Way You Make Me Feel«* 1987, *»Man In The Mirror«* und *»Dirty Diana«* 1988 und *»Black Or White«* 1991. Wenn man mal von den

Michael Jackson *(Capitol)*

Singles absieht, dann ist seine LP »*Thriller*« alleine ein solch kommerzieller Erfolg, wie er kaum einem Künstler der 80er Jahre gelang. Die Platte, für die es 1983 den Grammy als Album des Jahres gab, war von Quincy Jones produziert worden und verkaufte sich allein in den USA mehr als 21 Millionen mal. Auch die LP »*Bad*« kann sich sehen lassen: 6 Millionen Verkäufe. 1991 unterschrieb Michael Jackson einen Multi-Media-Vertrag mit Sony über 1 Milliarde Dollar. Die musikalischen Qualitäten von Michael Jackson sind weitaus höher einzuschätzen, als es die meisten Kritiker tun. Allein die Liste der Musiker, die oft und gerne mit ihm zusammenspielen bzw. gespielt haben, beweist, daß Michael keine Lusche sein kann. Außerdem, seine Qualitäten als Tänzer sind ebenfalls hoch einzuschätzen. Seine Autobiographie widmete Michael Jackson seinem Idol Fred Astaire, der wiederum selbst Michael als großen Tänzer einstufte. Mag man sich über seine Naivität manchmal lustig machen, so sollte man nicht vergessen, daß Michael Jackson immer noch dabei ist, die Kindheit nachzuholen, die er nie hatte.

Der Hit: *Billie Jean*
Der Tip: *Thriller* (Epic 38112)

Jackson, Stonewall

* 6.11.1932. Der amerikanische Country-Sänger, Gitarrist und Songschreiber war zwischen 1958 und 1973 regelmäßig in der US-Country-Hitparade zu finden. Mit dem Titel »*Waterloo*« gelang ihm im Frühjahr 1959 ein Crossovererfolg. Die Platte kam bis auf Platz 4 in den Pop-Charts. Sein Name ist übrigens kein Pseudonym: seine Eltern benannten ihn nach dem Konföderiertengeneral Stonewall Jackson, mit dem sie verwandt sind.

Der Hit: *Waterloo*

Jackson, Wanda

* 20.10.1937. Die amerikanische Sängerin, Gitarristin, Pianistin und Songschreiberin war auf den Gebieten Rockabilly und Country erfolgreich. Schon mit 13 hatte sie bei der lokalen Radiostation in ihrem Heimatort in Oklahoma eine tägliche Sendung. 1954 nahm sie mit Hank Thompson ihre ersten Platten auf. Im gleichen Jahr brachte sie zusammen mit Billy Gray »*You Can't Have My Love*«, im Sommer jenes Jahres ein C&W-Top-10-Hit. Nach einer Tournee mit Elvis Presley wollte sie sich auf dem Rocksektor versuchen, aber Titel wie »*Let's Have A Party*« 1960 oder »*In The Middle Of A Heartache*« 1961 kamen nur unter die Top 40. Ihren einzigen Top-10-Hit überhaupt hatte sie in Deutschland mit dem Schlager »*Santo Domingo*«, Mitte 1965 Platz 5. Ab 1961 war Wanda wieder bis 1974 regelmäßig in den Country-Charts vertreten. Dann nahm sie bis auf eine Rock-'n'-Roll-LP vor allem christliche Lieder auf.

Der Hit: *Santo Domingo*
Der Tip: *Santo Domingo – Ihre deutschen Aufnahmen* (Bear Family BCD 15582)

Jackson 5 / Jacksons

Jackie Jackson (* 4.5.1951 als Sigmund Esco Jackson); Tito Jackson (* 15.10.1953 als Toriano Adaryll Jackson), Jermaine Jackson (* 11.12.1954), Marlon Jackson (* 12.3.1957), Michael Jackson (* 29.8.1958); Randy Jackson (* 29.10.1961 als Steven Randall Jackson).
Die Gruppe wurde 1963 als Trio mit den Brüdern Jackie, Tito und Jermaine gegründet. Dazu kamen die Cousins Johnny Jackson als Schlagzeuger und Ronnie Rancifer als Pianist. 1964 ersetzten Marlon und Michael die beiden Cousins. Im darauffolgenden Jahr gewannen sie einen lokalen Talentwettbewerb. Ihr Vater wurde ihr Manager und fuhr sie von ihrer Heimatstadt Gary, Indiana, in einem VW-Bus zu Auftritten in Chicago und anderen Städten. Noch in demselben Jahr

gewannen sie in New York im Harlemer Apollo-Theater einen weiteren Wettbewerb. Gladys Knight & The Pips traten 1967 in Indiana auf, im Vorprogramm die niedlichen Jackson 5. Gladys hatte zu diesem Zeitpunkt einen Plattenvertrag mit Motown Records und machte jetzt den Boß dieser Firma, Berry Gordy Jr., auf die Jungs aufmerksam. Aber erst veröffentlichten die Jackson 5 bei dem lokalen Plattenlabel Steel Town ihre erste Single, *»Big Boy«*, die jedoch erfolglos bleibt. Wieder spielten sie im Vorprogramm einer Motown-Gruppe, Bobby Taylor & The Vancouvers. Auch diese Band wurde wieder bei Motown vorstellig und sagte eine große Zukunft für diese fünf voraus. 1969 nahm Berry Gordy sie schließlich unter Vertrag und schickte sie samt Familie nach Hollywood, um ihnen die Möglichkeit zur Vervollkommnung und zu Proben zu geben. Im Oktober 1969 hatten sie ihren ersten Live-Auftritt als Motown-Gruppe im Vorprogramm von Diana Ross und den Supremes. Ihre erste Platte war ein Stück, das Berry Gordy und drei weitere Songschreiber, die sich The Corporation nannten, geschrieben hatten und das eigentlich für Gladys Knight & The Pips gedacht war. Es war die Nummer *»I Want You Back«*, die kurz nach Erscheinen Spitzenreiter in den USA und Millionseller wurde. Damit begann eine glänzende Karriere für die Gruppe im allgemeinen und für Michael Jackson im besonderen. Die Band blieb bis 1975 bei Motown und brachte es auf 18 Hit-Notierungen in den US-Charts, davon 8 Top-10-Erfolge und vier Nummer-1-Hits. Der Grund für die Trennung von Motown war die Tatsache, daß sie lediglich 2,7 % an Tantiemen für ihre verkauften Platten erhielten und es ihnen nicht gestattet war, eigenes Material zu schreiben. Die Jackson 5 gingen zu Epic Records, ebenso Michael Jackson als Solist. Motown strengte einen Prozeß gegen die Gruppe wegen Vertragsbruch an, es ging dabei um 20 Millionen Dollar. 1980 wurde der Rechtsstreit beendet. Die Jacksons verloren den Prozeß, mußten jedoch nur 600 000 Dollar bezahlen. Dafür behielt Motown die Rechte am Namen Jackson 5. Wohl um von Motown nicht auch namensrechtlich belangt werden zu können, hatten sie sich seit ihrem Weggang nicht mehr Jackson 5, sondern Jacksons genannt. Der einzige, der diesen Firmenwechsel nicht mitmacht, ist Jermaine, der in die Gordy-Familie eingeheiratet hatte. Für ihn kam Randy Jackson, und erstmals machten jetzt auch die beiden Schwestern LaToyah und Rebbie zeitweise mit. *»Enjoy Yourself«* wurde Ende 1976 zwar nur Platz 6 in den USA, dafür aber ihre erste Platinplatte. *»Shake Your Body (Down To The Ground)«* verkaufte ebensoviel. In den Jahren danach werden immer wieder Platten von den Jacksons veröffentlicht. Bruder Michael ist manchmal hilfreich zur Stelle. Bei *»State Of Shock«*, 1984 Platz 3 in den USA, ist als Gastsänger Mick Jagger zu hören. Im Januar 1985 sangen Michael, Jackie, Marlon, Randy, Tito und LaToyah mit etlichen der besten amerikanischen Künstler zusammen für das Projekt USA For Africa. Ihr Titel *»We Are The World«* wird ein weltweiter Nummer-1-Hit und Millionseller. Ende der 80er Jahre waren die Jacksons wieder zu einem Quartett geschrumpft, in dem Jackie, Jermaine, Tito und Randy sangen. 1991 kam die nächste Generation der Jacksons ins Gespräch. Von Tito sind drei Kinder mit dabei und von Jermaines fünf immerhin zwei.

Der Hit: *Enjoy Yourself*
Der Tip: *Victory* (Epic 38946)

Jade

Tonya Kelly, Joi Marshall, De Reed, alle v.
Jade gehört zu der neuen Generation von Gesangstrio, die mit wechselnden Leadstimmen Rhythm & Blues und Soul präsentieren. Tonya Kelly sang vorher im Morris Ellis Orchestra und als Studio- und Session-Sängerin. De hatte im Soundtrack zum Streifen *»Houseparty 2«* gesungen, und Joi war ebenfalls Session-Sängerin. Mitte 1992 hörte man Jade auf dem Soundtrack zu *»Class Act«*, einem der zahlreichen Filme des neuen schwarzen amerikanischen Kinos. Der Titel *»I Wanna Love You«* kam unter die ersten 20 der USA. Im November 1992 erschien mit *»Jade To The Max«* ihr Debüt-Album. *»Don't Walk Away«* kam Ende 1992 in die Single-Charts und erreichte Platz 4 in den USA, 7 in GB.

Der Hit: *Don't Walk Away*
Der Tip: *Jade To The Max* (Giant 7599-244662)

Jagger, Mick

* 26.7.1943 als Michael Philip Jagger. Seine Vorliebe für Rhythm & Blues brachte den jungen Mick schon Anfang der 60er Jahre in die entsprechenden Clubs von London und Umgebung. Mit der Gruppe Blues Incorporated um Alexis Korner sammelte er seine ersten Bühnenerfahrungen. Korner war es auch, der den sich langsam bildenden Rolling Stones die ersten Auftritte ermöglichte. Als er mit seiner Gruppe wegen einer TV-Sendung ein Gastspiel im Marquee-Club in London nicht wahrnehmen konnte, sprangen die Rolling Stones ein. Das war der Beginn einer langanhaltenden Rock-'n'-Roll-Rhythm-&-Blues- und Hit-Gruppe. Ab 1970 versuchte sich Jagger neben seiner Tätigkeit als Lead-Sänger auch als Solist. Sein Titel *»Memo From Turner«* aus dem Film *»Performance«*, in dem er auch eine Hauptrolle spielte, brachte ihm Ende 1970 einen Platz 32 in GB. 1970 hatte er auch in dem Film *»Ned Kelly«* die Hauptrolle übernommen. In den folgenden Jahren sang er vorwiegend mit den Rolling Stones zusammen. Erst Mitte 1984 hatte er dann ohne die Stones, dafür zusammen mit den Jacksons, den Platz 3 in den USA *»State Of Shock«*. Ein Jahr später sang er im Duett mit David Bowie *»Dancing In The Street«*, Platz 7 in den USA, 1 in GB, 5 in Deutschland. 1985 traute sich Jagger dann auch mal wieder als Solist mit Platten auf den Markt. Seine LP *»She's The Boss«* kam im Frühjahr 1985 in die LP-Hitparaden und wurde in den

Mick Jagger

USA ein Platinseller. Die erfolgreichste Single-Auskopplung daraus war *»Just Another Night«*. 1993 erschien seine LP *»Wandering Spirit«*. Alles in allem kann festgestellt werden, daß die Solo-Aktivitäten von Mick Jagger ebenso wie die seines Kollegen Keith Richards bei weitem nicht so erfolgreich sind wie ihre gemeinsamen bei den Rolling Stones.

Der Hit: *Dancing In The Street*
Der Tip: *Wandering Spirit* (Atlantic 7567-82436-2)

Jaggerz

Donald Iris, v/g; Billy Maybray, d/b/v; Thom Davis, key/tr; Benny Faiella, g/b; Jimmy Ross, pos/b; Jim Pugliano, d.
Dieses Rock-Sextett aus Pittsburgh spielte ab Mitte der 60er Jahre vorwiegend in der Umgebung seiner Heimatstadt. Ende 1969 veröffentlichten sie die Platte *»The Rapper«*, die wie eine Fusion von Bayou-Rock und Bubblegum klang. Das Stück wurde geschrieben von Domenic Ierace, der sich auf Platten auch Donald/ Donnie Iris oder Domenic Terrace nannte. *»The Rapper«* kam im Januar 1970 in die US-Charts, wurde Platz 2 und ein Millionseller. Nach zwei weiteren Chart-Notierungen gelang der Gruppe kein Erfolg mehr. Iris verließ die Band, die ohne ihn mit häufigen personellen Veränderungen weiterspielte, während er eine Solokarriere versuchte, die zunächst nicht in Gang kam. 1976 wurde er Mitglied bei Wild Cherry, die gerade den Platinseller *»Play That Funky Music«* veröffentlicht hatte. 1979 machte er wieder eine Soloplatte. Von 1980 bis 1985 war er mit insgesamt sieben Titeln in den US-Top-100 vertreten. Der größte Erfolg war im Frühjahr 1982 *»My Girl«*, ein Platz 25. Er trat durch die 80er Jahre weiter auf, und ein fester Bestandteil seiner Show war die Nummer *»The Rapper«*. Als einen Vorläufer des Rap kann man diesen Titel nicht bezeichnen. Hier wurde das Wort vielmehr noch in seiner Bedeutung als Slangausdruck für einen hartnäckigen Schürzenjäger genutzt, der weibliche Wesen durch einen ununterbrochenen Redefluß für seine Ziele gewinnen will.

Der Hit: *The Rapper*
Der Tip: *We Went To Different Schools Together* (Kama Sutra BS 2017)

Jam

Paul Weller, v/g/b (* 25.5.1958); Bruce Foxton, g (* 1.9.1955); Rick Buckler, d (* 6.12.1955).
Paul Weller war Gründungsmitglied der britischen Formation Jam, die als eine der Pionierbands des New Wave gilt. 1977 wurde als erste Single *»In The City«* veröffentlicht, die in GB Platz 40 in den Charts erreichte. *»The Eton Rifles«* kam Ende 1979 unter die ersten 10 in GB. Die Nachfolge-Single *»Going Underground/ Dreams Of Children«* erreichte im März 1980 Platz 1. Nachdem diese Single so erfolgreich war, kamen am 26. April 1980 sechs alte Singles von Jam auf einen Schlag als Re-Entries in die britische Hitparade. Die Nachfolge-Single *»Start«* wurde im August 1980 eine weitere Nummer 1 für Jam. 1981 erreichten *»Funeral Pyre«* und *»Absolute Beginners«* jeweils Platz 4 in GB. Anfang 1982 wurde *»Town Called Malice/Precious«* wieder Nummer 1. *»Just Who Is The Five O'Clock Hero«* und *»The Bitterest Pill (I Ever Had To Swallow)«* waren weitere Top-

10-Erfolge 1982, und Ende jenes Jahres hatten sie mit *»Beat Surrender«* wieder eine Nummer 1. Zum zweiten Mal vollzog sich das Wunder, daß dieser Spitzenreiter alte Singles von Jam in die Hitparaden zog. Am 22. Januar 1983 kamen auf einen Schlag acht alte Singles der Band wieder in die Top 75. In den darauffolgenden beiden Wochen kamen vier weitere alte Aufnahmen in die Charts, was bedeutete, daß Anfang Februar 1983 14 Titel von Jam gleichzeitig in den Top 75 waren. Die sozial- und klassenkritischen Texte der Formation zeigten deutlich den Einfluß der Kinks bzw. von deren Songschreiber Ray Davies. Bemerkenswert, daß Jam es mit keinem seiner vielen großen Hits in GB in die US-Charts schaffte. Anfang 1983 löste sich Jam auf. Im März desselben Jahres erschien die erste Single von Wellers neuem Projekt Style Council.

Der Hit: *Beat Surrender*
Der Tip: *Compact Snap* (Polydor 821 712-2)

James

Timothy Booth, v; James Glennie, b; James Gott, g; Gavan Whelan, d; David Baynton-Power, d; Saul Davies, g/v; Mark Hunter, key; Andy Diagram, tr.
Die Lieblingsband von Morrissey erhielt 1983 mit dessen Hilfe einen Plattenvertrag in ihrer Heimatstadt Manchester bei Factory Records. Die frühen Singles des Quartetts Boots, Glennie, Gott und Whelan, eine Mixtur aus Folk und New Wave, waren kein kommerzieller Erfolg. 1985 wechselten sie ihre Plattenfirma und veröffentlichten drei LPs. Nach einem erneuten Wechsel des Labels wurde Schlagzeuger Whelan durch Baynton-Power ersetzt. Neu hinzu kamen Davies, Hunter und Diagram. Im Frühjahr 1991 erreichte ihre Single *»Sit Down«* Platz 2 in den britischen Charts. Der Nachfolger *»Sound«* kam Ende desselben Jahres auf Platz 9. Die Band selbst sieht sich in der Tradition von Gruppen wie Cure, U2 oder auch Clash.

Der Hit: *Sit Down*
Der Tip: *Seven* (Fontana 510 932-2)

James, Harry

* 15.3.1916, † 5.7.1983. Der amerikanische Trompeter, Komponist und Orchesterchef begann mit Ben Pollack 1935/36. In den nächsten beiden Jahren spielte er mit Benny Goodman. Ab 1938 hatte Harry dann seine eigene Band. Im Frühjahr 1938 gelang James mit *»One O'Clock Jump«* der erste Top-10-Erfolg. *»You Made Me Love You«* ereichte Ende 1941 Platz 5 in den US-Charts und wurde ein Millionseller. Insgesamt gelangen Harry James bis zum Jahre 1953 mehr als 70 US-

Hits. Darunter waren fünf Millionseller und neun Spitzenreiter in den USA. Die erfolgreichsten Nummern waren *»I Had The Craziest Dream«* 1942, *»I've Heard That Song Before«* – 13 Wochen auf Platz 1 – und *»All Or Nothing At All«* 1943. Letztgenannter Titel wurde bereits 1939 aufgenommen und von Frank Sinatra gesungen. Die Platte kam 1943 in die Hitparade, weil zu diesem Zeitpunkt in den USA ein Streik der Musiker dafür sorgte, daß keine Neuaufnahmen gemacht werden konnten. Den Plattenfirmen blieb nichts anderes übrig, als altes Material wieder neu zu veröffentlichen. Neben Frank Sinatra sangen mit Harry James Künstler wie Helen Forrest, Dick Haymes, Kitty Kallen, Art Lund, Doris Day, Betty Grable (seine Frau) oder Buddy DiVito. Bis zu seinem Tod 1983 aufgrund einer Krebserkrankung blieb Harry James im Musikgeschäft aktiv.

Der Hit: *I've Heard That Song Before*
Der Tip: *The Best Of Capitol Years* (Capitol CDP 7 98952 2)

James, Jimmy & The Vagabonds

Jimmy James (* September 1940); Wallace Wilson, g; Carl Noel, org; Matt Fredericks, sax; Milton James, sax; Philip Chen, b; Rupert Balgobin, d; Count Prince Miller, v; Alan Wood, b; Chris Garfield, g; Alan Kirk, key; Russell Courtney, d.
Diese britische Soulband wurde 1964 gegründet. Ihre Aufnahme *»Red Red Wine«*, eine Komposition von Neil Diamond, die Ende 1983 eine Nummer 1 in GB mit UB40 war, kam in September 1968 in die britischen Charts und erreichte Platz 36. 1976 hatte sich Jimmy James mit Wood, Garfield, Courtney und Kirk eine völlig neue Vagabundentruppe zusammengestellt, die jetzt von dem Produzenten Biddu betreut wurde. *»Now Is The Time«* erreichte Mitte 1976 Platz 5 in GB und blieb der einzige Top-10-Erfolg dieser Formation.

Der Hit: *Now Is The Time*
Der Tip: *Now* (Pye 27863)

James, Joni

* 22.9.1930 als Joan Carmello Babbo. Die Amerikanerin trat bereits im Alter von 12 Jahren als Tänzerin auf. Während ihrer High-School-Zeit arbeitete sie als Model und nahm zusätzlich Tanz- und Schauspielunterricht. Das zahlte sich aus: in den späten 40er Jahren tourte sie durch Kanada als Tänzerin. Zusätzlich begann sie zu singen. Ihre ersten Plattenaufnahmen machte sie 1952. Bereits ihre zweite Single, *»Why Don't You Believe Me«*, wurde Ende 1952 ein Millionseller und Spitzenreiter in den USA. *»Have You Heard«* und *»Your Cheatin' Heart«* waren

1953 Top-10-Erfolge und Millionseller. »*Almost Always*« und »*My Love, My Love*« waren weitere Top-10-Hits 1953. »*How Important Can It Be?*« und »*You Are My Love*« standen unter den ersten 10 in den USA im Jahre 1955. Hits von Joni werden bis 1961 verzeichnet. Sie machte weiter Platten bis 1964, und danach zog sie sich aus dem Showgeschäft zurück.

Der Hit: *Why Don't You Believe Me*

James, Sonny

* 1.5.1929 als James Loden. Der Spitzname dieses amerikanischen Country- und Pop-Sängers ist »*The Southern Gentleman*«. Ab 1953 war er in den Country-&-Western-Charts erfolgreich. Bis 1983 wurde er mit mehr als 70 Titeln verzeichnet, 23mal belegte er Platz 1. Seinen größten Crossover-Erfolg hatte er mit »*Young Love*«, Ende 1956 Platz 1 in den USA, Platz 11 in GB. Sonny spielte auch in etlichen Filmen mit, deren Handlungen im Country- und Hillbilly-Milieu angesiedelt waren.

Der Hit: *Young Love*
Der Tip: *The Best Of* (Capitol CDP 7 91630 2)

James, Tommy

* 29.4.1947 als Thomas Jackson. Der Amerikaner gründete 1959 Tommy James & The Shondells – zu diesem Zeitpunkt war er gerade 12 Jahre alt. 1963 nahm er den Titel »*Hanky Panky*« auf, der sich jedoch nicht durchsetzen konnte. Erst als die Platte Mitte 1966 erneut veröffentlicht wurde, erreichte sie Platz 1 in den USA, Platz 3 in Deutschland. »*I Think We're Alone Now*« und »*Mirage*« 1967, »*Mony Mony*« und »*Crimson And Clover*« 1968, »*Sweet Cherry Wine*« und »*Crystal Blue Persuasion*« 1969 waren weitere Top-10-Erfolge. 1970 löste James die Shondells auf und machte als Solist weiter. »*Draggin' The Line*« war Mitte 1971 ein Platz 4 für ihn in den USA. Nach 1973 verschwand er aus den Hitparaden. 1980 stand er mit »*Three Times In Love*« wieder unter den ersten 20. 1987 hatte die US-Sängerin Tiffany mit dem Titel »*I Think We're Alone Now*« einen Spitzenplatz in den USA.

Der Hit: *Mony Mony*
Der Tip: *Anthology* (EMI CDP 7 93635 2)

James Brothers

Peter Kraus (* 18.3.1939); Jörg Maria Berg (* 24.9.1930).
Um für den deutschen Nachzieher des Hits *»When«* der Kalin Twins ein Duo auf die Beine zu stellen, nahm man den Österreicher Jörg Maria Berg und den Deutschen Peter Kraus. Als James Brothers erreichten sie mit ihrer Version, *»Wenn«*, Ende 1958 Platz 5 in Deutschland. 1959 schafften sie drei weitere Top-10-Erfolge: *»Wenn du heut ausgehst«*, *»Die jungen Jahre«* und *»Cowboy Billy«*. In den folgenden beiden Jahren kam es zu drei weiteren Hit-Notierungen. Danach gingen die beiden wieder getrennte Wege.

Der Hit: *Wenn*
Der Tip: *Peter Kraus – Die Singles* (Bear Family BCD 15453 und 15457)

Jan & Dean

Jan Berry (* 3.4.1941); Dean Torrence (* 10.3.1940).
Die beiden Amerikaner machten Surf-, Fun-, Car-, Girl-Music. Die Themen Surfen, Spaß, Autos und Mädchen dominierten Ende der 50er, Anfang der 60er Jahre in der West Coast Music. Zu den bekanntesten Vertretern dieser Musikgattung gehörten Jan & Dean und die Beach Boys. Jan & Dean hatten 1957 die Gruppe Barons zusammen mit vier Freunden gegründet. Zu diesen Barons gehörten Bruce Johnston am Piano, der später bei den Beach Boys auftauchte, und Sandy Nelson am Schlagzeug. 1958 fielen die Barons auseinander. Jan & Dean und Arnie Ginsburg blieben übrig. Diese drei nahmen den Titel *»Jennie Lee«* auf. Dean sang die Leadstimme. Das Ganze spielte sich in Jans Garage ab. Während Dean für sechs Monate zu Reserveübungen eingezogen wurde, hörte ein Mitarbeiter von Marty Melcher, der Vater von Terry Melcher und Ehemann von Doris Day, ein Band von *»Jennie Lee«* und wollte es veröffentlichen. Berry und Ginsburg machten einen Vertrag mit ihm und veröffentlichten den Titel als Jan & Arnie. Mitte des Jahres 1958 kam die Platte in die US-Charts und erreichte Platz 8. Der Nachfolger *»Gas Money«* kam schon nicht mehr unter die ersten 80. Als Dean von seinem Militärdienst zurückkam, verließ Ginsberg die beiden, die jetzt als Jan & Dean ihre Platten veröffentlichten. Jan & Dean machten einen Plattenvertrag mit Lou Adler und Herb Alpert, die nun die Aufnahmen des Duos betreuten und auf ihrem Label Dore veröffentlichten. *»Baby Talk«* wurde im Herbst 1959 der einzige Top-10-Erfolg auf diesem Label in den USA. Ab 1962 wechselte das Duo zu Liberty und mit dem Erfolg der Beach Boys sollten nun auch Jan & Dean Hits haben: *»Surf City«*, geschrieben von Brian Wilson, wurde Mitte 1963 Spitzenreiter in den USA. *»Drag City«*, ebenfalls 1963, *»Dead Man's Curve«* und *»The Little Old Lady (From Pasadena)«* 1964 waren weitere Top-10-

Erfolge für Jan & Dean. Die Liste ihrer Hits geht bis in das Jahr 1966. Die Zusammenarbeit mit den Beach Boys ging so weit, daß Jan & Dean fast immer im Vorprogramm der Band spielten und daß man sich auch bei Plattenaufnahmen gegenseitig half. So sang Dean bei dem Beach-Boys-Hit *»Barbara Ann«* die Leadstimme, was nicht gerade zur Verbessung des ohnehin angespannten Verhältnisses zwischen ihm und Jan beitrug. Am 12. April 1966 verunglückte Jan Berry schwer mit seinem Auto. Seine Corvette fuhr ungebremst auf einen parkenden Lastwagen. Berry entging nur knapp dem Tod. Nachdem er einige Zeit im Koma gelegen hatte, war er über Monate gelähmt. Außerdem trug er schwere Hirnverletzungen davon. Er mußte viele Dinge von Grund auf neu erlernen. Der Genesungsprozeß zog sich über Jahre hin. Versuche der beiden, nach der Genesung von Jan wieder ins Geschäft zu kommen, funktionierten nicht. Dean gründete später seine Graphik-Firma Kittyhawk und wurde ein ausgezeichneter Cover-Designer. 1972 unterschrieb Berry einen Solovertrag mit Lou Adler. Die Veröffentlichung einer Platte brachte jedoch keinen Erfolg. Dean seinerseits gründete die Formation Legendardy Masked Surfers zusammen mit Bruce Johnston und Terry Melcher, die jedoch auch nur Flops veröffentlichte. 1978 bringt ABC-TV die Dokumentation *»Dead Man's Curve«*, in der die Geschichte von Jan & Dean noch einmal nacherzählt wird.

Der Hit: *Surf City*
Der Tip: *Best Now* (EMI CP 32-9032)

Jan & Kjeld

Jan und Kjeld Wennik. Die beiden dänischen Brüder hatten ihren ersten Erfolg als Kinder Ende 1959 mit dem *»Tiger Rag«*. Die Nachfolge-Single *»Banjo-Boy«* erreichte im Frühjahr 1960 Platz 1 in der deutschen Hitparade. Bis 1963 folgten weitere 12 Hits. Top-10-Erfolge waren *»Hello Mary Lou«* 1961 und *»Küsse im Mondschein«* 1962. Dann kam für die beiden der Stimmbruch, und ihre Karriere war beendet.

Der Hit: *Banjo-Boy*

Jankowski, Horst

* 30.1.1936. Der deutsche Pianist gewann zwischen 1955 und 1965 in der Bundesrepublik immer den ersten Preis, wenn es um den besten Jazz-Tastenspieler des Jahres ging. Da man damit allerdings kein Geld verdienen konnte, machte er nebenher Musik im Südfunk-Orchester bei Erwin Lehn. Weltweiten Erfolg sollte Jankowski mit der Nummer *»A Walk In The Black Forest«* haben. Die

Platte erreichte Mitte 1965 Platz 3 in GB, Platz 12 in den USA. In die deutsche Hitparade kam sie nicht. 1975 wurde er Leiter des RIAS-Tanzorchesters in Berlin, spielte mit vielen Jazz-Stars zusammen, u. a. Ella Fitzgerald und Miles Davis, und schrieb Film- und Fernsehmelodien.

Der Hit: *A Walk In The Black Forest*

Japan

David Sylvian, v (* 23.2.1958 als David Batt); Steve Jansen, d (* 1.12.1959 als Steven Batt); Richard Barbieri, key (* 30.11.1958); Mick Karn, sax (* 24.7.1958 als Anthony Michaelides).

Die 1977 gegründete britische Band spielte eine von Roxy Music beeinflußte Musik. Noch im gleichen Jahr eröffnete die deutsche Plattenfirma Hansa in London eine Dependance und suchte per Nachwuchswettbewerb neue Gruppen. Japan bewarben sich, gewannen den Wettbewerb und erhielten einen Plattenvertrag. Im März 1978 erschien ihre Debüt-Single *»Don't Rain On My Parade«*, eine Nummer aus dem Musical *»Funny Girl«*. Die Platte wurde ein Flop. Im Frühjahr 1979 erschien, produziert von Giorgio Moroder, *»Life In Tokyo«*. Wieder wird die Platte kein Erfolg in GB, dafür aber in Japan. Mitte 1980 unterschrieben sie einen neuen Plattenvertrag mit Virgin Records und veröffentlichten mit *»Gentlemen Take Polaroids«* ihre erste Chart-Single. Ein Jahr später erschien mit *»Quiet Life«* eine alte Hansa-Single wieder neu, die jetzt ihr erster Top-20-Erfolg wurde. Im März 1982 kam *»Ghosts«* bis auf Platz 5 in GB, vier Monate später *»I Second That Emotion«*, wieder eine alte Platte aus Hansa-Tagen, auf Platz 9. Mitte 1982 fiel die Band auseinander. Die einzelnen Mitglieder versuchten sich mit Soloprojekten. Sylvian machte zusammen mit dem japanischen Musiker Ryuichi Sakamoto die Aufnahme *»Bamboo Houses«*, die unter dem Namen Sylvian Sakamoto veröffentlicht wurde und Platz 30 in GB erreichte. Die Nachfolge-Single *»Forbidden Colours«* schaffte Mitte 1983 Platz 16. Ab 1984 veröffentlichte Sylvian Soloplatten, von denen *»Red Guitar«* Mitte 1984 Platz 17 erreichte und seine erfolgreichste wurde. Seine Solo-LP *»Brilliant Trees«* stand zum gleichen Zeitpunkt auf Platz 4. 1990 kam Japan wieder zusammen und arbeitete an neuem Material.

Der Hit: *Ghosts*
Der Tip: *Oil On Canvas* (Virgin 302 178-406)

Jarre, Jean-Michel

* 24.8.1948 in Frankreich als Sohn des berühmten Komponisten Maurice Jarre. 1968 wurde Jean-Michel Mitglied der Music Research Group in Paris. Ein Jahr später nahm er sein erstes Album mit elektronisch-akustischer Musik, *»The Cage«*, auf. 1971 verließ er die Music Research Group, komponierte Ballettmusik zu »AOR« und leitete die Aufführung an der Pariser Oper. In den folgenden Jahren schrieb er Soundtracks, komponierte für Film, Bühne, Fernsehen und Werbung. *»Oxygene«* war sein erster internationaler Erfolg. Die gleichnamige Single-Auskopplung aus diesem Album erreichte im Herbst 1977 Platz 4 in GB, Platz 16 in Deutschland. Das amerikanische Magazin »People« wählte ihn daraufhin zur Personality of the Year. Sein erstes Open Air Konzert auf der Place de la Concorde in Paris besuchten eine Million Zuschauer. Damit wurde er in das Guinness-Buch der Rekorde eingetragen. Erstmals setzte er dabei Pyrotechnik, Riesenprojektionen und Laser ein, die seine späteren Konzerte in China – hier war er 1981 der erste westliche Künstler, der von der chinesischen Regierung eingeladen wurde –, Houston, Lyon und in den Londoner Docklands zu Sensationen machten. In den Single-Hitparaden war Jarre nicht mehr unter den Top 10 zu finden. Dafür sind die LPs dieses führenden französischen Synthesizerspielers weltweit erfolgreich. Verheiratet ist er mit der Schauspielerin Charlotte Rampling.

Der Hit: *Oxygene*
Der Tip: *The Essential* (Polydor 817 003-2)

Jarre, Maurice

* 13.9.1924. Der Franzose war über 40 Jahre lang einer der führenden Komponisten von Filmmusiken. 1951 schrieb er für das Theaterstück *»Der Prinz von Homburg«* die Musik. Kurz darauf wechselte er in das Filmfach und komponierte für viele französische Produktionen den Soundtrack. Anfang der 60er Jahre erweiterte er sein Wirkungsgebiet dann auch auf englische oder amerikanische Filme, so z. B. *»Der längste Tag«* 1962. In demselben Jahr gewann Jarre einen Oscar für die Musik zu *»Lawrence von Arabien«* mit Peter O'Toole. Seinen zweiten Academy Award gewann er drei Jahre später für *»Doktor Schiwago«*. Zu seinen weiteren Soundtracks in den 60er Jahren gehörten u. a. *»The Professionals«*, *»Grand Prix«*, *»Gambit«*, *»The Damned«* oder *»Topaz«* – ein Film von Alfred Hitchcock. Auch in den nächsten Jahrzehnten war er mit seiner Filmmusik erfolgreich. Die zu *»Eine Reise nach Indien«* brachte ihm einen Oscar, *»Der einzige Zeuge«* zumindest eine Nominierung. Weitere erfolgreiche Kompositionen schrieb er u. a. für *»The Year Of Living Dangerously«*, *»Mad Max And The

Jean-Michel Jarre *(Polydor)*

Thunderdome«, »Enemy Mine«, »The Mosquito Coast«, »No Way Out«, »Fatal Attraction«, »Gorillas In The Mist« – hier wurde er wieder für den Oscar nominiert – , *»Der Club der toten Dichter«* oder *»Enemies, A Love Story«*. Bis in die 90er Jahre ist er einer der erfolgreichsten Film- und TV-Komponisten.

Der Hit: *Schiwago-Melodie*

Jarreau, Al

* 12.3.1940. Der aus Milwaukee stammende Jarreau begann seine musikalische Karriere recht spät. 1966 absolvierte er ein Masters Degree in Psychologie, zog dann nach San Franzisco und nahm einen Job als Rehabilitationshelfer an. Gleichzeitig begann er mit dem George-Duke-Trio durch die Clubs zu ziehen. Mit 28 Jahren gab er seinen Job auf und wagte den Sprung ins Profimusiklager. In Kalifornien wurde er schnell populär, obwohl er sich zu diesem Zeitpunkt mehr als Jazzsänger profilierte. Als er Ende der 60er Jahre in New York gastierte, lernte er zwei andere aufstrebende junge Künstler kennen: Bette Midler und Quincy Jones. Mitte 1975 erschien als Debüt-Album *»We Got By«*, das kein Erfolg wurde. Der Chef des deutschen WEA-Ablegers, Sigi Loch, war nach Anhören der Platte von der Qualität des Sängers überzeugt. Er lud ihn ein, in Hamburg im Onkel Pö zu singen. Jarreau kam, und am nächsten Tag stand in der Süddeutschen Zeitung: »Der Mann ist ein Phänomen, und wenn ihm die Zukunft gehört, können Leute, die an der Popmusik nicht nur das Poppige, sondern auch die Musik lieben und die im Augenblick zu verzagen beginnen, wieder Hoffnung fassen, ja aufatmen.« Zwei Wochen später las man im Spiegel: »In Hamburgs Popkneipe Onkel Pö begann wieder einmal eine Karriere.« Noch im gleichen Jahr trat er bei den Berliner Jazztagen auf und feierte Triumphe. Inzwischen gewann er etliche Male den Grammy als bester Jazz Vocalist. Ab 1981 war er auch in der amerikanischen Single-Hitparade erfolgreich. Seinen größten Erfolg hatte er mit der Single *»Moonlighting Theme«*, der Titelmelodie aus der Fernsehserie *»Das Model und der Schnüffler«*. Die Platte wurde Anfang 1987 ein Platz 8 in GB. Ansonsten sind mehr die LPs von Al Jarreau erfolgreich und anhörenswert.

Der Hit: *Moonlighting Theme*
Der Tip: *L Is For Lover* (2 53080-2)

Jay & The Americans

John »Jay« Traynor, v; Kenny Rosenberg alias Kenny Vance; Sandy Yaguda alias Sandy Deane; Howie Kane (* als Howard Kershenbaum); Marty Sanders, g; Jay Black, v (* 2.11.1938 als David Blatt).

Ende 1959 kamen Vance, Yaguda, Kane und der ehemalige Sänger der Mystics, John Traynor, als Harbor-Lites zusammen. 1961 spielten sie den Produzenten Jerry Leiber und Mike Stoller vor, die ihnen einen Plattenvertrag bei United Artists verschafften. Die Plattenfirma wollte die Formation als Binky Jones & The Americans veröffentlicht sehen, was den Hafenlichtern nicht gefiel. Der Kompromiß war dann Jay & The Americans. Im Herbst 1961 erschien mit *»Tonight«* aus der *»West Side Story«* ihre erste Single. *»She Cried«* kam im März 1962 in die US-

Charts und erreichte Platz 5. Danach kam Marty Sanders als weiteres Mitglied in die Gruppe. Wenig später verließ John »Jay« Traynor die Formation, und Sanders schlug seinen alten Freund David Black als Leadsänger vor. Der wurde schließlich auch genommen, änderte seinen Vornamen in Jay und sollte mit Jay & The Americans in den nächsten fünf Jahren etliche Hits haben. *»Come A Little Bit Closer«* 1964, *»Cara, Mia«* 1965 und *»This Magic Moment«* 1968 waren weitere Top-10-Erfolge. 1969 gehörten zur Studioband von Jay & The Americans die später als Steely Dan bekannten Musiker Donald Fagen und Walter Becker. Die letzte Hit-Notierung stammt aus dem Jahre 1970. David Black machte als Jay Black ab 1980 Soloplatten. Ansonsten tourte er mit neuen Musikern als Jay Black & The Americans vorwiegend in und um New York.

Der Hit: *This Magic Moment*
Der Tip: *Greatest Hits* (EMI CDP 7 48384 2)

Jay & The Techniques

Jay Proctor; Karl Landis; Ronald Goosly; John Walsh; George Lloyd; Charles Crowl; Dante Danco.
Diese gemischtrassige Rhythm-&-Blues-Rock-Gruppe kam aus Allentown, Pennsylvania, und formierte sich Mitte der 60er Jahre. 1967 erhielten sie einen Plattenvertrag und ihre erste Veröffentlichung *»Apples, Peaches And Pumpkin Pie«* wurde Mitte des gleichen Jahres Platz 6 in den USA. Bis 1968 kamen noch drei weitere Hit-Notierungen, danach fiel die Band wieder auseinander. In den 70er Jahren kamen sie wieder zusammen und machten einige Platten, die sich jedoch in den Hitparaden nicht mehr plazierten.

Der Hit: *Apples, Peaches And Pumpkin Pie*

Jaynetts

Johnnie Louise Richardson (* 1945, † 25.10.1988), Ethel Davis (* 1944), Mary Sue Wells (* 1946), Yvonne Bushnell (* 1945), Ada Ray (* 1944), alle v.
Alle fünf Mädchen stammten aus der New Yorker Bronx. Mitte 1963 kam ein A&R-Mitarbeiter einer Chicagoer Plattenfirma nach New York und suchte eine weibliche Gesangsgruppe für sein Label. Zu denen, die er deswegen ansprach, gehörte die Produzentin, Komponistin und Besitzerin der Plattenfirma J&S Records, Zelma Sanders. Die verwies auf zwei Mädchen, die als Solistinnen auf ihrem Label sangen, Davis und Bushnell. Dazu gesellte man Ray und als viertes Mitglied Wells, die sich auf eine Anzeige in der New York Post gemeldet hatte, in der Sängerinnen gesucht wurden. Diese vier Mädchen nahmen den Titel *»Sally,*

Go 'Round The Roses« auf, den Zelma geschrieben hatte. Die Nummer erschien und wurde im Herbst 1963 ein Platz 2 in den USA. Nach der Aufnahme erst wurde die Tochter von Zelma, Johnnie Louise Richardson, in die Formation aufgenommen. Johnnie war vorher eine Hälfte des Duos Johnnie & Joe gewesen, die 1957 den Top-10-Hit *»Over The Mountains 'Cross The Sea«* hatten. Der Band half dieses Hinzunehmen eines fünften Mitglieds nicht, es gab keinen weiteren Hit.

Der Hit: *Sally, Go 'Round The Roses*

Jeanette

* 10.10.1951 in London als Kind spanischer Eltern. Die Familie zog in die USA, kehrte aber nach Spanien zurück, als Jeanette 14 Jahre alt war. Ende der 60er Jahre wurde sie Sängerin in einer Gruppe namens Picknick, die in Spanien sehr populär gewesen sein soll. Anfang der 70er Jahre startete sie eine Solokarriere. Als die großen Hits ausblieben, zog sie nach Wien und heiratete den ungarischen Musiker Laszlo Kristof. Erfolg hatte sie schließlich mit dem Titel *»Porque Te Vas«*, der im Frühjahr 1977 die deutsche Hitparade erreichte und Spitzenreiter wurde. Das Lied stammte aus dem spanischen Film *»Cria Cuervos«* (»Züchte Raben«), was in diesem Fall jedoch sicher nicht dazu beigetragen hat, daß der Titel zum Erfolg wurde. Der von dem spanischen Regisseur Carlos Saura hervorragend inszenierte Film, der anhand einer Madrider Familie den innerlichen Zerfall der Gesellschaft in der Franco-Zeit beschreibt, steht im krassen Gegensatz zu dem piepsig gesungenen und eher einfach strukturierten Liedchen. In der Hauptrolle war die damalige Lebensgefährtin von Saura, Geraldine Chaplin, zu sehen. Diesen Erfolg konnte Jeannette nicht mehr wiederholen. 1981 tauchte sie noch einmal in der spanischen Hitparade mit *»Frente A Frente«* auf.

Der Hit: *Porque Te Vas*
Der Tip: *Porque Te Vas* (Polydor 2310 500)

Jefferson Airplane/Jefferson Starship

Signe Anderson, v (* 15.9.1941 als Signe Goly Anderson); Grace Slick, v (* 30.10.1939 als Grace Barnett Wing); Marty Balin, v/g (* 30.1.1942 als Martyn Jerel Buchwald); Paul Kantner, g/v (* 17.3.1941); Jorma Kaukonen, g/v (* 23.12.1940); Jack Casady, b (* 13.4.1944); Spencer Dryden, d (* 7.4.1938); Mickey Thomas, v (* 3.12.1948).
Als nach dem Sommer der Liebe 1967 im Laufe der Jahre die Luftturbulenzen zunahmen, brach zuerst Airplane ab. Die Ziele wurden weiter gesteckt und

sollten zu den Sternen reichen – also her mit einem Starship. In der Mitte der kalten 80er Jahre mußte schließlich Jefferson dran glauben – übrig blieb Starship. Jefferson Airplane wurde 1965 gegründet. Die amerikanische Jugend war sauer auf die Regierung, sauer über das, was sie in Vietnam mitmachen mußte. Viele flüchteten sich in Drogen oder Religionen, andere proklamierten, daß es nur der Macht der Blumen bedürfe, um diesem Spuk ein Ende zu bereiten. Flower Power wurde zu einem Slogan. Man sprach von der sogenannten »Love Generation«, von »Love-In«, von »Be-In«. Das Zentrum dieser Bewegung war San Francisco und dort wiederum der Vorort Haight-Ashbury. Speziell dort, wo sich die beiden Straßen Haight und Ashbury kreuzen, waren noch Jahre später durch all die vielen Anhänger der Flower-Power-Bewegung alle Straßenschilder abmontiert. Sie hängen als Souvenirs und Erinnerungen an diese Zeit in den Wohnungen amerikanischer Familien, die ihre Pfeifchen in die Ecke gelegt und sich inzwischen etabliert haben und Fans der ersten Stunde waren. Es begann die große Zeit der Poster, der bedruckten T-Shirts und der Aufkleber. 1966 hatten jede Menge Autos in San Francisco einen Sticker mit der Aufschrift »Jefferson Airplane Loves You«. Dabei war Jefferson Airplane eine Gruppe, die sich mehr aus unbedarften Idealisten zusammensetzte als aus handfesten Musikern. Ähnlich wie Grateful Dead, die aus der gleichen Stadt stammten, spielten sie auf möglichst vielen sogenannten Free Concerts vor ihren bekifften Fans. Nach der ersten LP von Jefferson Airplane wurde die Sängerin Signe Anderson ausgewechselt. Signe war bemüht, aber wenig erfahren. Für sie kam von einer anderen San-Francisco-Band, Great Society, das ehemalige Model Grace Slick, das ebenfalls bemüht und wenig erfahren war, aber bombig aussah. Ab sofort hatte Jefferson Airplane eine Frontfrau, die sich im wahrsten Sinne des Wortes sehen lassen konnte. Außerdem stellte sich schnell heraus, daß sie auch in der Lage war, Lieder zu schreiben. An nur sieben Tagen, dem 31.10., 1./3./14./15./16. und 22.11.1966 nahmen sie in RCA Victor's Musiccenter of the World Studio in Hollywood *»Surrealistic Pillow«* auf, ihre erste LP mit Grace als Sängerin. Auf dieser LP waren gleich zwei Nummern zu finden, die die Amerikaner so beeindruckten, daß sie unter die ersten 10 der amerikanischen Single-Hitparade kamen: *»Somebody To Love«* wurde Anfang 1967 ein Platz 5, *»White Rabbit«* im Sommer desselben Jahres Platz 8. Die LP wurde in den USA über 1,5 Millionen mal verkauft und gilt heute als die Top-Platte des psychedelischen Acid Rock und als die LP, die mit zum Boom des San Francisco Sound und all seiner Spielarten beigetragen hat. Mit Liedern wie *»San Francisco (Wear Some Flowers In Your Hair)«*, gesungen von Scott McKenzie, wurde die Flower-Power-Welle schon wieder so kommerzialisiert, daß sich die, die damit begonnen hatten, mit Grausen abwandten. Beim Monterey Pop Festival 1967 war wohl der Höhepunkt der Flower Children erreicht: selbst Polizisten waren von der Kraft der Blumen so beeindruckt, daß sie Grünzeugs am Helm trugen.

Nach 1972 verschwand Jefferson Airplane, um zwei Jahre später wieder als Jefferson Starship aufzusteigen. Von der alten Besetzung waren noch fünf Musiker übriggeblieben, darunter auch Grace Slick. *»Miracles«* 1975 und *»Count On Me«* 1978 waren die beiden Top-10-Hits dieser Formation. Im Laufe der nächsten 10 Jahre war die Band mit wechselnden Erfolgen und häufig wechselnden Mitgliedern in der Luft. Ein entscheidender Einschnitt war am 17. Juni 1978 der Auftritt der Band beim Loreley-Festival, bei dem Grace Slick nicht auf der Bühne erschien, weil sie sturztrunken war. Enttäuschte Fans zündeten die Bühne an, und es kam zu einem großen Sachschaden. Drei Monate später verließ Marty Balin die Band, und übrig war von den Originalmitgliedern nur noch Paul Kantner. Als neuer Leadsänger kam im April 1979 Mickey Thomas, der auf Alvin Bishops Hit *»Fooled Around And Fell In Love«* die Leadstimme gesungen hatte. Von Balin erschienen einige sehr gute und auch erfolgreiche Platten. Insgesamt neun LPs von Jefferson Starship wurden vergoldet. Dann kam es 1984 zu Schwierigkeiten in der Band: Urmitglied Paul Kantner stieg aus und verbot den anderen Musikern, unter dem bisherigen Gruppennamen weiterzumachen. Also ließ man Jefferson fallen, wurde zu Starship und machte mit Titeln wie *»We Built This City«*, Mitte 1985 Spitzenreiter in den US-Charts, noch einmal darauf aufmerksam, daß sie es waren, die an der Musikgeschichte von San Francisco entscheidend mitgebastelt hatten. *»Sara«*, ebenfalls 1985, *»Nothing's Gonna Stop Us Now«* und »It's Not Over ('Til It's Over)« 1987 waren die Top-10-Erfolge von Starship.
1989 erschien wieder ein Album von Jefferson Airplane in der Besetzung Balin, Slick, Kantner, Kaukonen und Casady. Die Platte brachte ihnen einen Preis des Musikmagazins »Rolling Stone« ein: für das unwillkommenste Comeback einer Band.

Der Hit: *We Built This City*
Der Tip: *Greatest Hits (Ten Years And Change 1979 – 1991)* (RCA PD 82 423)

Jeffreys, Garland

* 1944. Der in Brooklyn geborene Garland ist der Sohn eines Mulatten und einer Puertoricanerin. Er studierte Kunst, war für ein Jahr an der Uni in Florenz, gab sein Studium aber dann zugunsten der Musik auf. Zuerst sang er in Clubs in New York, dann mit der Band Grinder's Switch, mit der er 1969 eine LP aufnahm. 1970 sah Garland wieder als Solist in Caféhäusern. In den folgenden sieben Jahren entstand eine LP und zwei Singles, die von der Kritik gelobt und von den Käufern übersehen wurden. Eine dieser Singles, *»Wild In The Street«*, gilt als Klassiker in Sachen Underground. 1976 unterschrieb er einen Plattenvertrag bei A&M, und ein Jahr später erschien die LP *»Ghost Writer«*, die bis auf Platz 140 der amerikanischen LP-Charts kam. Diese Mixtur aus Rhythm & Blues, Rock und

Reggae, die Garland präsentierte, kam beim amerikanischen Publikum nicht sonderlich gut an. Seinen ersten internationalen Erfolg hatte er demzufolge auch nicht in den USA, sondern in Deutschland. Sein Titel *»Matador«* kam Mitte 1980 in die deutschen Charts, erreichte Platz 2 und wurde vergoldet. Die Single *»Hail Hail Rock 'n' Roll«*, auf der Garland noch einmal die Helden des Rock 'n' Roll aufzählte, wurde auch wieder nur ein Hit in Deutschland. Sie kam Ende 1991 in die Charts und erreichte Platz 12. Das Video zu dieser Platte zeigte wohl die Hauptschwierigkeit, mit der sich Garland auseinanderzusetzen hat: Er ist weder weiß noch schwarz, was ihn in den USA für beide Lager bedauerlicherweise unakzeptabel macht.

Garland Jeffreys *(Ariola)*

Der Hit: *Matador*
Der Tip: *Don't Call Me Buckwheat* (RCA PD 90588)

Jellybean

* 7.11.1957 als John Benitez. Er gilt als der *»Godfather Of Remixes«* – und genau damit hatte er auch seine ersten Erfolge. Für die Musik zur *»Flashdance«* 1982 saß er am Mischpult. Sein Debüt als Produzent gab er 1983 mit Madonnas Titel *»Holiday«*. Auch Songs wie *»Say Say Say«* von Paul McCartney oder *»Love Is A Battlefield«* von Pat Benatar wurden von ihm bearbeitet. Seinen ersten eigenen Erfolg hatte Jellybean – diesen Spitznamen handelte er sich ein, weil er eine Vorliebe für eine ganz besondere Sorte Gummibärchen hat – mit *»Sidewalk Talk«*, Ende 1985 ein Top-10-Hit in den USA und geschrieben von Madonna. Sein größter Erfolg war *»Who Found Who«*, Ende 1987 Platz 10 in GB. Was Jellybean, außer daß er an den Reglern sitzt, noch für seine Platten tut, ist nicht ganz klar. Der Gesang jedenfalls stammt von Interpreten wie Adele Bertai, Steven Dante, Richard Darbyshire oder Elisa Fiorillo. Als Remixer jedenfalls scheint er wirklich zu den ganz Großen zu gehören. Hall & Oates, Whitney Houston, David Bowie, Elvis Costello, Debby Harry oder Billy Joel sind alle Interpreten aus der Pop-Oberliga, die mit seinen Remixen Chart-Erfolge feierten.

Der Hit: *Who Found Who*
Der Tip: *Just Visiting This Planet* (Chrysalis 258 577)

Jelly Beans

Alan Brewer, Diane Taylor, Charles Thomas, Elyse Herbert, Maxine Herbert, alle v.

Diese farbige New Yorker Formation erhielt 1964 einen Plattenvertrag. Die Produzenten und Songschreiber Ellie Greenwich und Jeff Barry nahmen zwei Singles mit ihnen auf. Die erste, *»I Wanna Love Him So Bad«*, wurde gleich ihr größter Erfolg: Mitte 1964 Platz 9 in den USA. Ihre Nachfolge-Single *»Baby Be Mine«* erreichte nur noch Platz 51. Während Phil Spector sehr viel Wert auf seine Wall of Sound legte, ging es bei den Musikstücken von Barry und Greenwich um typische Teenagerlyrik, viel Melodie und einen simplen Hook. Die Formation verschwand nach ihren beiden Singles wieder in der Versenkung.

Der Hit: *I Wanna Love Him So Bad*

Jenkins, Gordon

* 12.5.1910, † 1.5.1984. Der amerikanische Pianist und Arrangeur begann seine Karriere in den früher 30er Jahren mit Isham Jones. Ab 1933 schrieb er Titel, die von anderen Interpreten übernommen wurden. So nahm z. B. Benny Goodman 1935 den Titel *»Good-Bye«* auf, den er ab diesem Zeitpunkt stets als letzte Nummer bei seinen Auftritten spielte. Er arrangierte für Paul Whiteman, Benny Goodman oder Vincent Lopez. 1937 war er der Arrangeur des Broadway-Musicals *»The Show Is On«*. Ein Jahr später wurde er der musikalische Direktor für NBC Radio. Ab 1942 veröffentlichte er eigene Platten. Sein Titel *»Maybe You'll Be There«* wurde 1948 ein Millionseller und Platz 3 in den USA. Ab diesem Zeitpunkt bis in das Jahr 1956 gelangen ihm noch über 20 Erfolge, darunter der Millionseller *»Tzena, Tzena, Tzena«* und der Spitzenreiter *»Good Night, Irene«* 1950. Beide Titel wurden von den Weavers gesungen. 1980 komponierte und dirigierte er für Frank Sinatras Konzeptalbum *»Trilogy«* den Zukunftspart.

Der Hit: *Maybe You'll Be There*

Jesus & Mary Chain

William Reid, v/g (* 1958); Jim Reid, v/g (* 1961); Douglas Hart, b; Bobby Gillespie, d; John Moore, d; Richard Thomas, d.

Diese schottische Band ließ die psychedelische Experimentierfreudigkeit der 60er Jahre wieder auferstehen und gilt als Mitbegründer des Noise Pop. Der Gesang beschwört, die Gitarren leisten Minimalarbeit, dazu hämmernde Velvet-Akkorde. 1985 kam mit *»Never Understand«* die erste Single der Formation in die britischen Charts. Die Musiker kamen 1983 zusammen. Ende 1985 erschien mit *»Psycho Candy«* das Debüt-Album der Band, das von der britischen Musikpresse als »Post-Punk-Meisterstück« gefeiert wurde. Darauf die Nummer *»Some Candy Talking«*, die Mitte 1986 der erste Top-20-Erfolg wurde. Im Januar 1986 entschloß sich die Band, ein halbes Jahr zu pausieren. Gillespie nutzte die Zeit und gründete seine eigene Band Primal Scream, in der er als Leadsänger fungierte. Als im August 1986 wieder Live-Auftritte von Jesus & Mary Chain anstanden, saß John Moore am Schlagzeug. Wenig später setzte er sich wieder von der Band ab und gründete John Moore's Expressway. Im Mai 1987 erreichte die Single *»April Skies«* die GB-Charts und wurde Platz 8. Im September des gleichen Jahres erschien die LP *»Darklands«*, die William Reid als Leadsänger zeigte und auf der außer ihm nur noch sein Bruder zu hören war. Die beiden gingen auch auf Tour, und während der Auftritte wurden durch einen Roadie von Kassette die Schlagzeugparts über PA eingespielt. Die beiden Brüder Reid haben immer wieder Probleme mit Drogen, die ihnen internationale Gefängniserfahrung verschaffen. In Toronto zog Reid Fans vor der Bühne den Mikrofonständer über den Kopf. Wenig später weigerte sich das US-Fernsehen, Titel der Band zu spielen, weil sie den Namen als Blasphemie bezeichneten. Im August 1988 kam mit Richard Thomas von der Gruppe Dif Juz ein neuer Schlagzeuger.

Der Hit: *April Skies*
Der Tip: *Darklands* (Blanco Y Negro 242 180-2)

Jesus Jones

Mike Edwards, v (* 22.6.1964); Al Jaworski, b (* 31.1.1966); Jerry De Borg, g (* 30.10.1963); Barry D, key (* 29.9.1965 als Richard Foxwell Baker); Gen, d (* 23.4.1964 als Simon Matthews).

Von der Presse wurden sie als Klaukünstler bezeichnet, und es wurde klargemacht, daß »fünf soundstarke Londoner Jungs mit Erfolg im Grabbeltisch der Popgeschichte nach recyclingfähigen Teilen für ihr wüstes Musikpuzzle wühlen«. Jesus Jones schaffte 1991, was nur wenigen Bands gelingt. Sie überzeugten die Popfans, die Techno-House-Freaks und gleichzeitig die College-Rock-Radiohörer. Die Band aus London wurde 1988 von Mastermind Mike Edwards gegründet, der neben EMF das Zugpferd der sogenannten New British Invasion in den USA war. Ihr zweites Album *»Doubt«* kam im Frühjahr 1991 in die amerikanische LP-Hitparade, erreichte Platz 25 und Platinstatus. Den ersten Single-Erfolg hatte die Band 1989 mit *»Info-Freako«*. Ende 1990 erschien die Single *»Right Here, Right Now«*, die im April 1991 in die US-Charts kam und dort Platz 2 erreichte. Seit diesem Zeitpunkt ist diese Band speziell in den USA erfolgreich. *»Real Real Real«* war im August 1991 Platz 4 in den USA. Ihren ersten Top-10-Erfolg in GB hatte die Band im Frühjahr 1993 mit *»The Devil You Know«*.

Der Hit: *Right Here, Right Now*
Der Tip: *Perverse* (Food 7 80847 2 EMI)

Jethro Tull

Ian Anderson, v/fl (* 10.8.1947); Glenn Cornick, b (* 24.4.1947); Mick Abrahams, g/v (* 7.4.1943); Clive Bunker, d (* 12.12.1946); John Evans, d (* 28.3.1948 als John Evan); Martin Barre, g (* 17.11.1946); Jeffrey Hammond-Hammond, b (* 30.7.1946); Barriemore Barlow, d (* 10.9.1949); John Glascock, b (* 1953, † 17.11.1979); Gerry Conway, d; Peter-John Vittesse, key; Dave Pegg, b (* 2.11.1947); Eddie Jobson, key; Marc Craney, d; Doane Perry, d; Martin Allcock, key.

Wer auch immer neben Ian Anderson mit Jethro Tull gespielt hat, war völlig unerheblich. Den Sound bestimmte Ian, dessen Markenzeichen das einbeinige Flötenspiel war. 1963 gründete er zusammen mit Jeffrey Hammond-Hammond und John Evans die Gruppe The Blades, benannt nach dem Lieblingsclub von James Bond. Mitte der 60er Jahre spielten sie vorwiegend jazz-orientierten Blues und tanzbare Soulmusik, änderten ihren Namen erst in John Evan Band, dann in John Evan's Smash. John Evans Name stand hauptsächlich deshalb im Vordergrund, weil seine Mutter den Kleintransporter bezahlte, mit dem die Band durch die Gegend fuhr. 1967 verließ Hammond-Hammond die Gruppe und wurde durch Cornick ersetzt. Nach einem Trip nach London blieben nur noch Anderson und Cornick übrig, die um sich mit Mick Abrahams und Clive Bunker eine neue Formation aufbaute. Aus den Namen Navy Blue, Bag Of Blues und Jethro Tull suchten sie sich den letztgenannten, Name eines Agrarwissenschaftlers aus. Im Frühjahr 1968 erschien ihre erste Single, die jedoch nicht erfolgreich war. Im August desselben Jahres traten sie beim Sunburry Jazz & Blues Festival auf und räumten ab. Die Plattenfirma Island Records bot ihnen einen Vertrag an. Ihre erste LP, *»This Was«*, erreichte in der britischen Hitparade Platz 10. Nur einen Monat später gab es Schwierigkeiten innerhalb der Band. Anderson und Abrahams stritten sich so, daß Mick die Formation verließ und Blodwyn Pig gründete. Für ihn kamen kurzfristig Tony Iommi, später Black Sabbath und David O'List von Nice, bevor Martin Barre endgültig den Platz besetzte. *»Living In The Past«* erreichte im Mai 1969 die britische Single-Charts und wurde Platz 3. *»Sweet Dream«*, ebenfalls 1969, und *»The Witch's Promise/Teacher«* 1970 waren die weiteren Top-10-Erfolge. Singleplatten der Band waren danach nicht mehr sonderlich erfolgreich. Ihre LPs bleiben Renner. Bis Ende 1992 brachten sie allein in den USA 24 LPs in die Charts. Ihre erfolgreichste war »*Aqualung*«, die allein in den USA 3 Millionen mal verkauft wurde. In der Folgezeit wechselten die Musiker innerhalb der Band recht schnell. Am 17.11.1979 starb John Glascock nach einer Herzoperation. 1989 wurde zum erstenmal ein Grammy Award für die Kategorie Best Hard Rock/Metal Performance vergeben, und den gewann ausgerechnet Jethro Tull. 1993 – zum 25jährigen Jubiläum dieser Gruppe, i.e. Ian Anderson – erschien eine CD-Kassette in der Aufmachung einer Zigarrenkiste und brachte auf drei CDs Live-Material von Jethro Tull, auf einer waren die klassischen Songs als Remixes zu finden. Dabei ein aufwendiges Beiheft, in dem alle 21 Musiker abgebildet sind, die als feste Mitglieder in der Band waren.

Der Hit: *Living In The Past*
Der Tip: *The Best Of* (Chrysalis 3 26001 2)

Jets

Leroy (* 1965), Eddie (* 1966), Eugene (* 1967), Haini (* 1968), Rudy (* 1969), Kathi (* 1970), Elizabeth (* 1972) und Moana (* 1973) Wolfgramm.
Diese aus Minneapolis stammende achtköpfige Geschwister-Truppe kam im Frühjahr 1986 mit dem Titel »*Crush On You*« bis auf Platz 3 in der amerikanischen und später bis auf 5 in der britischen Hitparade. Die Elten stammten von der Südpazifikinsel Tonga. Alle Mitglieder können zumindest zwei Instrumente spielen. 1985 erschien die erste LP dieser Formation. »*You Get It All*« 1986, »*Cross My Broken Heart*« aus dem Film »*Beverly Hills Cop II*« 1987, »*Rocket 2 U*« und »*Make It Real*« 1988 waren ihre weiteren Top-10-Erfolge. Eugene hatte die Jets 1988 verlassen, um als Gene Hunt zusammen mit Joe Pasquale das Duo Boys Club zu gründen.

Der Hit: *Crush On You*
Der Tip: *The Jets* (MCA 252 586-1)

Jett, Joan

* 22.9.1960 als Joan Larkin. Die amerikanische Gitarristin und Sängerin begann 1976 in der rein weiblichen Hardrockband Runaways, deren größter Erfolg 1977 die LP »*Queens Of Noise*« war, die es in den US-Charts bis auf Platz 172 brachte. 1979 fielen die Runaways wieder auseinander. Joan ging nach London und nahm dort Platten mit den ehemaligen Sex Pistols Paul Cook und Steve Jones auf. Im Juli 1980 wurde sie mit Herzklappeninfektion und Lungenentzündung in ein Kranken-

haus eingeliefert. Nach der Genesung gründete sie Joan Jett & The Blackhearts, die ab Anfang 1982 erfolgreich waren. Ihr erster Hit kam im Februar 1982 in die US-Charts, wurde Platz 1 und erhielt Platin: *»I Love Rock 'n' Roll«*. *»Crimson And Clover«* 1982 und *»I Hate Myself For Loving You«* 1988 waren weitere Top-10-Erfolge. 1987 spielte sie in dem Film *»Light Of Day«* neben Michael Fox den Leader einer Rock-'n'-Roll-Band namens Barbusters.

Der Hit: *I Love Rock 'n' Roll*
Der Tip: *I Love Rock 'n' Roll* (Bellaphon 288.07.188)

Jigsaw

Barrie Bernard, b (* 27.11.1944); Tony Campbell, g (* 24.6.1944); Clive Scott, key (* 24.2.1945); Des Dyer, v/d (* 22.3.1948).
Diese bereits 1966 gegründete britische Formation brauchte neun Jahre, bis sie endlich mit einem Titel aus dem Film *»The Man From Hong Kong«* Ende 1975 ihren ersten – und größten – Erfolg hatte: *»Sky High«*, veröffentlicht auf ihrem eigenen Label Splash, wurde in GB Platz 9, in den USA Platz 3. In den USA gelangen der Band, die musikalisch stark an die Fortunes erinnerte, noch drei weitere Hitnotierungen, in GB noch eine. Ihre letzte hieß *»If I Have To Go Away«* – und schon waren sie weg. Größeren Erfolg konnten sie über einige Jahre in Japan verbuchen. 1989 gingen Scott und Dyer in London noch einmal ins Studio, um zusammen mit dem Mix-Mastermind Phil Harding, der für Erfolge von ABC, Depeche Mode oder Womack & Womack zeichnet, *»Sky High«* noch einmal völlig neu zu produzieren – es wurde ein Flop.

Der Hit: *Sky High*
Der Tip: *Sky High* (Splash 17292649)

Jilted John

Hinter diesem Pseudonym verbarg sich der britische Schauspieler Graham Fellowes. Mit der selbstgeschriebenen Nummer *»Jilted John«*, einem Monolog über die Leiden eines jungen Liebenden, erreichte er im Herbst 1978 Platz 4 der britischen Hitparade. Nach diesem Erfolg veröffentlichte er eine LP, die dann auch eine Antwort seines Rivalen Gordon The Moron enthielt. Danach wandte er sich wieder ganz der Schauspielerei zu und übernahm z. B. eine Rolle in der britischen Seifenoper »Coronation Street«, dem Vorbild der deutschen Produktion »Lindenstraße«.

Der Hit: *Jilted John*
Der Tip: *True Love Stories* (EMI OC 062-61 865)

Jimmy & The Rackets

James »Jimmy« Duncombe, g/v (* 4.4.1943); Barry Jeffers, p; Lawrence Spector, b; Reginald Washington, d.
Nachdem Duncombe in mehreren Amateurgruppen gespielt hatte, wurde er 1960 Gitarrist bei Sonny Stewart & The Dynamos. Ab Herbst 1961 gastierten sie für rund ein Jahr in Deutschland. So spielten sie z. B. mit Tony Sheridan und den Beatles im Star-Club in Hamburg. Zurück in GB, stellte sich Duncombe eine eigene Band zusammen, die er Continentals nannte und mit denen er wieder nach Deutschland ging. Hier spielte die Gruppe, weil es mit den Auftritten nicht so recht klappen wollte, in Ludwigsburg am 25.2.1964 innerhalb von nur 3½ Stunden 12 Titel ein – die meisten davon waren Cover-Versionen bekannter Rock-'n'-Roll-Nummern. Eine Agentur sollte diese Nummern in Deutschland rumreichen, um Auftrittsmöglichkeiten zu ergattern. Derweil zogen sich die Musiker wieder nach GB zurück, stellten auch dort einer Agentur die Demo-Bänder vor, die sofort eine Aufnahmesession organisierte. Die Band wurde Vorgruppe der Beatles und der Kinks und nahm als The Hearts die erfolglose Platte *»Young Woman/Black Eyes«* auf. Währenddessen hatte das Tonstudio in Ludwigsburg die Bänder an die Plattenfirma Elite-Spezial verdealt, die den Titel *»Skinny Minnie«* veröffentlichte. Als Gruppennamen hatten sie sich Rackets ausgesucht – die Platte kam im August 1964 in die deutsche Hitparade und erreichte Platz 6. *»My Soul«*, die Nachfolgesingle, kam bis auf Platz 17, dann folgten noch 3 weitere Platten, und nach dem Frühling 1965 waren die 12 Titel, die die Jungs an diesem einen Tag aufgenommen hatten, aufgebraucht. Später eingespielte Titel waren nicht mehr erfolgreich, 1966 heiratete Duncombe einer Schweizerin und zog fest nach Zürich. Nach etlichen Umbesetzungen in der Band löste sie sich 1969 auf. Spätere Versuche von Duncombe, noch einmal als Platteninterpret sein Glück zu versuchen, scheiterten. Er arbeitete als Tontechniker und wurde schließlich in der Schweiz selbständiger Berater für Konzeption und Betrieb von Tonstudios. Außerdem kümmerte er sich um die Belange der Schweizer Country-Sängerin Doris Ackermann und seiner Tochter Miriam.

Der Hit: *Skinny Minnie*
Der Tip: *Jimmy & The Rackets* (Sonia 77045)

Jive Bunny & The Mastermixers

Das Konzept dieser britischen Soundtüftler war simpel: Originalhits von den 20er bis 60er Jahren wurden gesampelt und tanzbar gemixt. Köpfe dieses Projektes waren der Diskjockey Les Hemstock und die Mixer Ian Morgan, Andy und John Pickles. Dazu kam eine John-Anderson-Band, die Übergänge ausglich. Heraus kamen, um es flapsig zu sagen, Mixed Pickles. Ob *»Glenn Miller Medley«* oder *»Rock 'n' Roll Party Mix«*, wüst wurde hier zusammengekoppelt, was nicht zusammengehört. Mit *»Swing The Mood«* hatte dieses Projekt Mitte 1989 die erste Platte auf dem Markt und den ersten Spitzenreiter in GB. In den USA wurde die Platte vergoldet und erreichte Platz 11. In Deutschland wurde sie ebenfalls ein Spitzenreiter. Zusammengekoppelt war *»Let's Twist Again«* mit *»In The Mood«*, *»Tutti Frutti«* mit *»Rock Around The Clock«* usw. Die Nachfolgesingles *»That's What I Like«* und *»Let's Party«* waren ebenfalls 1989 Spitzenreiter in GB. 1990 kamen mit *»That Sounds Good To Me«* und *»Can Can You Party«* zwei weitere Top-10-Erfolge. Danach war die Masche ausgereizt.

Der Hit: *Swing The Mood*
Der Tip: *The Album* (Dino CD 2373)

Jive Five

Eugene Pitt (* 6.11.1937); Jerome Hanna, Billy Prophet, Richard Harris, Norman Johnson, alle v.
Diese Rhythm-&-Blues-Gruppe aus Brooklyn kam 1959 zusammen. Kopf war Eugene Pitt, der vorher mit den Genies gesungen hatte. Mitte 1961 erschien ihre selbstgeschriebene Platte *»My True Story«*, die bis auf Platz 3 in den US-Charts kam. Es folgten bis 1965 drei weitere Eintragungen. Danach wurden sie nicht mehr verzeichnet. 1969 – Eugene Pitt war nicht mehr bei der Band – änderte der Rest der Gruppe den Namen in Jyve Fyve. 1970 starb Noman Johnson. Eugene Pitt war in und um New York noch lange mit Auftritten beschäftigt.

Der Hit: *My True Story*
Der Tip: *My True Story* (Ace Records CH 76 TIS)

Jo Boxers

Dig Wayne, v (* 20.7.1958); Rob Marche, g (* 13.10.1962); Dave Collard, key (* 17.1.1961); Chris Bostock, b (* 23.11.1962); Sean McLusky, d (* 5.5.1961).
Diese britische Band, die nur 1983 erfolgreich war, hatte als Leadsänger den farbigen Amerikaner Dig Wayne. Der Rest der Truppe hatte vorher in Punkbands gespielt. Die Pop-Soulband, die eine Mischung aus englischem Soul, Swing und Rhythm & Blues spielte, hatte mit der Single *»Boxer Beat«* im Frühjahr 1983 Platz 3 in GB, ihren größten Erfolg. *»Just Got Lucky«* war drei Monate später ein weiterer Top-10-Erfolg. Danach kamen noch zwei Hitnotierungen, und die Band verschwand wieder aus den Charts. 1986 trennten sich Jo Boxers. Dig Wayne

machte mit Unterstützung von Dave Collard und Mike Reilly (früher bei Matt Bianco) eine Solo-LP.

Der Hit: *Boxer Beat*
Der Tip: *Like Gangbusters* (RCA PL 70001)

Joel, Billy

Billy Joel *(CBS)*

* 9.5.1949 als William Martin Joel. 1964 gründete der amerikanische Sänger, Pianist und Songschreiber seine erste Gruppe Echos, aus denen später die Lost Souls wurden. In den späten 60er Jahren spielte er mit den Hassles, die eine erfolglose LP veröffentlichten. Danach machte er zusammen mit dem Schlagzeuger Jon Small das Hardrock-Duo Attila. Ab 1974 war er als Solist sehr erfolgreich. Sein mehr oder weniger autobiographisches Stück *»Piano Man«* kam Anfang 1974 in die US-Hitparade und erreichte Platz 25. *»Just The Way You Are«* war Ende 1977 sein erster Millionseller und sein erster Top-10-Erfolg, Platz 3. Gleiches Ergebnis schaffte ein Jahr später *»My Life«*. Im März 1980 erschien *»You May Be Right«* in den Charts und zwei Monate später *»It's Still Rock 'n' Roll To Me«*, wieder ein Millionseller und ein Spitzenreiter in den USA. Der Spitzenreiter *»Tell Her About It«*, der Millionseller *»Uptown Girl«* und *»An Innocent Man«* 1983, *»You're Only Human (Second Wind)«* 1985, *»Modern Woman«* und *»A Matter Of Trust«* 1986, *»We Didn't Start The Fire«*, Millionseller und Spitzenreiter 1989, *»I Go To Extremes«* 1990 und *»River Of Dreams«* 1993 waren seine weiteren Top-10-Erfolge. 1985 heiratete er das Supermodel Christie Brinkley, 1987 war er auf Tournee in Rußland und nahm dort eine Live-LP auf. 1990 gewann er den Grammy's Legend Award. Seine ersten Grammys hatte er bereits 1978 erhalten. *»Just The Way You Are«* war Platte und Song des Jahres. 1979 gewann er für *»52nd Street«* den Grammy für das Album des Jahres und den als bester Sänger. Ein Jahr später erhielt er den Grammy als bester Sänger für die LP *»Glass House«*. 1991 verlieh ihm die Universität Fairfield in Connecticut einen Ehrendoktor. Das bemerkenswerteste an Billy Joel ist die Tatsache, daß er alle seine Hits allein geschrieben hat.

Der Tip: *It's Still Rock 'n' Roll To Me*
Der Tip: *Greatest Hits* (CBS 88 666)

Joe Public

Joseph Jake Sayles, v/d/key; Joe »J.R.« Carter, v/g; Kevin »Kev« Scott, v/b/d; Dwight »Dew« Wyatt, v/key/d.
Dieses schwarze Quartett aus Buffalo brachte eine gesunde Mixtur aus Rap, gemixten Songs und neu geschriebenen melodischen Nummern. Jedes einzelne Mitglied steht sowohl als Sänger als auch als Instrumentalist seinen Mann. Der Titel *»Live And Learn«*, der wie ein Gegenpol zu den destruktiven Rap-Titeln Anfang der 90er Jahre wirkte, kam im Frühjahr 1992 in die US-Charts und erreichte Platz 4. In Deutschland kam die Platte bis auf Platz 16.

Der Hit: *Live And Learn*
Der Tip: *Joe Public* (CBS 469 173 2)

John, Elton

* 25.3.1947 als Reginald Kenneth Dwight. Elton, ein begnadeter Sänger, Pianist und Songschreiber, begann seine Karriere 1961 bei Bluesology, die sich nach einer Plattenserie von Django Reinhardt benannt hatten und ab 1965 professionell Musik machten. Die erste Platte dieser Formation hieß *»Come Back Baby«*, geschrieben von Elton. Im Dezember 1966 wurde Long John Baldry der Sänger dieser Formation, die sich kurz darauf in John Baldry Show umbenannte. Mitte 1967 verließ Elton Baldry, da er mit dessen Musikrichtung nicht einverstanden war. Im gleichen Jahr trifft er Bernie Taupin, mit dem er eine lang anhaltende und sehr erfolgreiche Songschreiberkarriere beginnt. Im März 1968 erscheint die erste Solo-Single von Elton, *»I've Been Loving You Too Long«*. Die Platte wird kein Hit, ebensowenig wie seine zweite, *»Lady Samantha«*. Britische Interpreten wie Lulu, Roger Cookl oder auch der alte Kollege Baldry nehmen zwischenzeitlich Stücke auf, die John und Taupin gemeinsam geschrieben haben. Mitte 1969 erscheint mit *»Empty Sky«* die erste LP von John, die auch nicht sonderlich erfolgreich ist. John spielt zu diesem Zeitpunkt als Studiomusiker bei etlichen Produktionen mit. So ist er auf den Hollies-Titeln *»He Ain't Heavy, He's My Brother«* und *»I Can't Tell The Bottom From The Top«* als Pianist zu hören. Seine erste Single-Notierung hat er mit *»The Border Song«*, im Herbst 1970 Platz 92 in der amerikanischen Hitparade. Danach geht es Schlag auf Schlag. Eine nach ihm benannte LP kommt in die US-Charts und wird Platz 4. *»Your Song«* erscheint im November 1970 in den US-Charts, wird Platz 8 und wenig später 7 in GB. Von diesem Zeitpunkt an bleibt Elton John bis in die 90er Jahre erfolgreich. In den USA steht er in der Liste der erfolgreichsten Künstler seit 1955 hinter Elvis Presley, den Beatles, Stevie Wonder und James Brown auf Platz 5. In den USA schafft er 13 Millionseller und belegt siebenmal Platz 1. In seiner Heimat GB tat er sich mit dem ersten Platz der Charts

sehr schwer. Erst als er Mitte 1976 zusammen mit Kiki Dee den Titel *»Don't Go Breaking My Heart«* sang, gelang ihm Platz 1. Um ihm als Solist auch einmal einen Spitzenplatz zu gönnen, veröffentlicht seine Plattenfirma die beiden 1989er Hits *»Healing Hands«* und *»Sacrifice«* Mitte 1990 noch einmal als Doppel-A-Seite. Diese, seine 66. Single, wird vielleicht jedoch auch so erfolgreich, weil er in einer BBC-Talk-Show verkündete, daß alle Tantiemen für diese und alle zukünftigen Singles zugunsten von Aids-Organisationen gehen werden. Am 14.2.1984 heiratete Elton John die deutsche Tontechnikerin Renate Blauel – warum, weiß kein Mensch. Auf der anderen Seite: er steckt viel Geld in den Fußballclub Wallford, obwohl er nicht Fußball spielt. 1973 hatte Elton seine eigene Plattenfirma Rocket Records gegründet. Als Schauspieler sah man ihn in der Filmversion von *»Tommy«*. Er spielte den Pinball Wizard. Mit der Presse hat Elton John seit Mitte der 70er Jahre einige Probleme. Ob es nun sein luxuriöses Haus, seine umfangreichen Sammlungen von Kleidung, Brillen, Hüten und Platten, seine privatesten Probleme, seine Glatzenbildung oder seine Gewichtsschwankungen sind – alles wird ausgewalzt. Elton John hat es jedoch geschafft, diese Dinge ohne Rufschädigung in den Griff zu bekommen. Er bleibt einer der erfolgreichsten und beständigsten Paradiesvögel im schnellebigen Showgeschäft.

Der Hit: *Crocodile Rock*
Der Tip: *The Very Best Of* (Rocket 846 947-2)

John, Robert

* 1946 als Robert John Pedrick Jr. Robert begann seine Karriere in einer der vielen typischen Street-Corner-Gruppen seiner Heimatstadt New York. Als Solist machte er mit 12 Jahren seine erste Platte. Unter dem Namen Bobby Pedrick Jr. stand Ende 1958 in den US-Charts der Titel *»White Bucks And Saddle Shoes«*. Die Platte erreichte Platz 74 in der Hitparade. Als Leadsänger der Formation Bobby & The Consoles hatte er 1963 einen regionalen Erfolg mit dem Titel *»My Jelly Bean«*. Ab 1968 veröffentlichte er Platten als Robert John und hatte seine erste Hit-Notierung mit *»If You Don't Want My Love«*. Im Januar 1972 gelang ihm mit *»The Lion Sleeps Tonight«*, auch bekannt als *»Wimoweh«* und 1961 ein Spitzenreiter in den USA mit den Tokens, ein Millionseller und Platz 3 in den USA. Danach hörte man lange Jahre nichts mehr von ihm, bis er mit der selbstgeschriebenen Nummer *»Sad Eyes«* Mitte 1979 auf Platz 1 in den USA stand und einen Millionseller hatte. Nach vier weiteren Hit-Notierungen bis zum Jahr 1983 war Robert John wieder aus den Hitparaden verschwunden. Stetiges Hindernis in der Karriere dieses ausgezeichneten Songschreibers und Sängers dürfte die Tatsache sein, daß er nicht der Typ für Titelseiten und Teenie-Postillen ist.

Der Hit: *Sad Eyes*
Der Tip: *Robert John* (EMI AML 3003)

Johnnie & Joe

Johnnie Louise Richardson (* 29.7.1945, † 25.10.1988), Joe Rivers (* 20.3.1937). Im Frühjahr 1957 hörte der aus Charleston, South Carolina, stammende Joe Rivers, inzwischen in der Bronx in New York ansässig, einen Song, den sein Nachbar geschrieben hatte. Er schlug der Verlegerin Zelma Sanders vor, das Stück aufzunehmen. Die wiederum fand den Song ganz in Ordnung, war aber der Meinung, es müsse noch jemand mit Joe zusammen singen. Dieser Jemand war schließlich Zels Tochter Johnnie Louise Richardson. Die Platte *»Over The Mountain, Across The Sea«* kam im Frühjahr 1957 in die US-Charts und erreichte Platz 8. Drei Jahre später kam der gleiche Titel noch einmal in die Hot 100, aber ein weiterer Hit gelang ihnen nicht. Anfang der 60er Jahre trennte sich das Duo. Johnnie kam als fünftes Mitglied zu den Jaynetts, nachdem die bereits ihren Hit *»Sally, Go 'Round The Roses«* aufgenommen hatten, der im Herbst 1963 ein Top-10-Erfolg in den USA wurde. Nachdem den Jaynetts kein weiterer Erfolg mehr gelang, schloß sich Johnnie wieder mit Joe zusammen, und beide sangen in Clubs wieder als Johnnie & Joe.

Der Hit: *Over The Mountain, Across The Sea*

Johnny & The Hurricanes

John Pocisk »Paris«, sax; Paul Tesluk, org; Dave Yorko, g; Lionel »Butch« Mattice, b; Tony Kaye, d; Bill Savich, d.
Die Melodien bleiben im Gedächtnis, die simpel und einfach sind. Wenn man morgens aufwacht, immer noch ein Musikstück im Kopf hat und es vor sich hin summt, stellt man fest: schön simpel. So ging es wohl Ende der 50er Jahre auch mit dem *»Red River Rock«* von Johnny & The Hurricanes. Die Melodie ist ein altes Traditional: *»Red River Valley«*, und gerade die alten Volksweisen sind ja an Schlichtheit kaum zu übertreffen. Was selbstverständlich kein Manko ist, wenn man Platten verkaufen will. Johnnys Hurricanes bestanden aus fünf Musikern, die sich schon als Schüler in einer Band in ihrer Heimatstadt Toledo, Ohio, zusammengeschlossen hatten. Anfang 1959 wurde eine neue Plattenfirma gegründet, die verzweifelt nach neuen Namen suchte – sie kamen auf Johnny & The Hurricanes. *»Red River Rock«* war die zweite Platte, die die Band für diese Firma aufnahm. Im Herbst 1959 wurde es der einzige Top-10-Erfolg in den USA, außerdem Top 10 in GB und Deutschland. Vor allem der Sound der Orgel

machte im Zusammenspiel mit Johnnys Saxophon den typischen Stil der Formation aus. 1960 gelangen ihnen in GB drei weitere Top-10-Erfolge: *»Beatnik Fly«*, *»Down Yonder«* und *»Rocking Goose«*. 1961 brach die Originalbesetzung auseinander. Ein Jahr später brachte Johnny Paris neue Musiker in die Band und ging erneut auf Tour. Die Fans merkten es kaum, denn zum damaligen Zeitpunkt wurde auf Platten nie oder nur selten vermerkt, welche Musiker an einer Produktion beteiligt waren. Hauptsache, der Sound stimmte. Verblüffend: Während die Band in ihren Glanzzeiten auf Tournee war, spielten Studiomusiker neue Platten ein. Wer also wirklich an den Instrumenten sitzt, wenn heute Johnny & The Hurricanes unter einer Platte von damals steht, weiß sicher nicht einmal mehr die Plattenfirma.

Der Hit: *Red River Rock*
Der Tip: *The Big Sound Of Johnny & The Hurricanes* (Teldec 8.26592 ZP)

Johnny Hates Jazz

Calvin Hayes, key/d (* 1963); Mike Nocito, g/b (* 5.8.1963); Clark Datchler, v/key; Phil Tornally, v/g (* 5.1.1964).
Der erste war in diesem Fall auch der größte Erfolg dieser britisch/amerikanischen Formation: *»Shattered Dreams«* kam im Frühjahr 1987 in die britischen Charts und wurde Platz 5, in Deutschland Platz 7 und im Frühjahr 1988 Platz 2 in den USA. Bis Mitte 1988 gelangen der Band vier weitere Hit-Notierungen, danach verschwand sie wieder aus den Charts. Datchler hatte vorher bereits im Alter von 17 Jahren eine feste Anstellung in einem großen Musikverlag. Hayes und der in England aufgewachsene Amerikaner Nocito kamen über die Studioarbeit zur Musik. Keyboarder Calvin lernte bei einer Session Kim Wildes Bruder Ricky kennen und arbeitete mit ihm als Co-Produzent. Notico hatte als Toningenieur an Platten von Pink Floyd, Cure und Police gearbeitet. Obwohl auch ihre erste LP Spitzenreiter in den GB-Charts wurde, konnte Johnny Hates Jazz den kommerziellen Erfolg nicht wiederholen.

Der Hit: *Shattered Dreams*
Der Tip: *Turn Back The Clock* (Virgin CDV 2475)

Johns, Bibi

* 21.1.1930 als Birgit Gun Johnson. 1947 sah die Schwedin in ihrer Heimatstadt Stockholm eine amerikanische Revue, die auf Skandinavientour war. Nach einem Vorspieltermin nahm sie als Ensemble-Mitglied an einer Tournee durch Lappland teil. 1949 machte sie in Schweden ihre ersten Plattenaufnahmen. Sie sang

vorwiegend Titel, die zwischen Jazz und Unterhaltungsmusik angesiedelt waren, z. B. *»How High The Moon«* oder den Doris-Day-Erfolg *»Again«*. Es kam zu Plattenveröffentlichungen in den USA. 1951 versuchte Bibi, dort Fuß zu fassen und veröffentlichte 1952 einige Platten. 1953 – sie war im Urlaub in Schweden – kam es zu einer Begegnung mit dem deutschen Produzenten Nils Nobach, der sie überredete, vor ihrer Rückreise in die USA für Plattenaufnahmen Station in Köln zu machen. Ihre erste Single *»Sehnsucht«* wurde immerhin so erfolgreich, daß sie ihre Reise in die USA erst einmal verschob. Ihre zweite Single, *»Bella Bimba«*, wurde einer der Hits des Jahres 1953 in Deutschland. Bibi Johns ließ sich fest in Deutschland nieder und gehörte etliche Jahre zu den beliebtesten Stars im hiesigen Showgeschäft. 1955 hatte sie den Hit *»Die Gypsy Band«*. 1957 erreichte sie mit *»Mal Regen und mal Sonnenschein«* die deutschen Top 10. Bibi Johns nahm auch Titel zusammen mit Peter Alexander, Paul Kuhn, Gunnar Winckler, Fred Bertelmann, Angèle Durand und Bill Ramsey auf. *»Schon wieder mal«* war Ende 1956 ein Top-10-Erfolg für sie und Alexander, *»Nichts gegen die Weiber«* Anfang 1962 ein Erfolg mit Bill Ramsey. In der zweiten Hälfte der 50er Jahre drehte sie sechs Filme, die alle leicht und flockig waren und viel Musik beinhalten. Bis in die 60er Jahre produzierte sie Schlager, war in unendlichen Fernseh-Shows zu sehen und machte 1971 in der Rolf-Harris-Show in GB eine gute Figur.

Der Hit: *Bella Bimba*
Der Tip: *Bella Bimba* (Bear Family 15649)

Johns, Sammy

* 7.2.1946. Seit seinen Jugendtagen war er ein Fan von Elvis Presley. Kein Wunder also, daß er stets bemüht war, sich so wie dieser zu bewegen und so zu singen. 1963 wurde Sammy Mitglied bei den Devilles, die mit dem Titel *»Makin' Tracks«* zumindest einen regionalen Hit landen konnten. Nach 10 Jahren löste sich die Gruppe auf, und Sammy sang als Solist weiter. Bei einem Auftritt in seiner Heimatstadt Charlotte, North Carolina, wurde er von Talentsuchern einer Plattenfirma aus Atlanta entdeckt, die ihn unter Vertrag nahmen. Nach zwei erfolglosen Singles veröffentlichte er *»Early Morning Love«*, Ende 1974 unter den Top 100 in den USA. Die Nachfolgeplatte *»Chevy Van«* wurde im Frühjahr 1975 Platz 5 in den USA und Millionseller. Diesen Erfolg konnte Sammy nicht mehr wiederholen. Nach 1975 war er aus den Charts verschwunden.

Der Hit: *Chevy Van*

Johnson, Betty

* 16.3.1931. Die amerikanische Sängerin trat 1957/58 regelmäßig in der US-TV-Sendung *»The Jack Parr Show«* auf. Mit der Weihnachts-Novelty-Platte *»I Want Eddie Fisher For Christmas«* hatte sie Ende 1954 ihre erste Hit-Notierung in den US-Charts gehabt. *»I Dreamed«* wurde im Herbst 1956 ihr erster und einziger Top-10-Hit in den USA. Betty heiratete den Orchesterchef Charles Rudolph Grean, der sie ab 1957 auch auf ihren Platten begleitete. Ihren letzten Hit hatte Betty Anfang 1959.

Der Hit: *I Dreamed*

Johnson, Don

* 15.12.1949. Don ist einer der vielen Macho-Schauspieler, die Mitte der 80er Jahre im Fernsehen so beliebt wurden. Dieses »Geh mir aus dem Weg«-Image mit knappen T-Shirts, Sonnenbrille und Boss-Anzügen verkörperte kaum einer so glaubwürdig wie Don. Er als Detective James »Sonny« Crocket war ab 1984 für etliche Jahre unschlagbar. 15 frustrierende Jahre hatte er hinter sich, als er die Rolle in der TV-Serie »Miami Vice« erhielt. Seine erste Hauptrolle hatte er 1970 in dem psychedelischen Drogenfilm *»The Magic Garden Of Stanley Sweetheart«*, in dem die 60er-Jahre-Generation ziemlich merkwürdig dargestellt wurde. 1973 folgte der Kultfilm *»A Boy And A Dog«*, in dem wir lernten, was nach einem Atomkrieg so auf der Erde los ist. Ende der 70er Jahre begann Don sich mehr und mehr für die Arbeit im Fernsehen zu interessieren. Er machte zwischen 1976 und 1981 nicht weniger als fünf Pilotfilme für TV-Serien, die nie gedreht wurden. Außerdem wirkte Don in etlichen TV-Filmen mit, darunter *»Elvis And The Beauty Queen«*. Don war selbstverständlich Elvis. Nachdem die Rollen weniger und die Aufgaben kleiner wurden, handelte sich Don Alkoholprobleme ein, die die anderen Schwierigkeiten sicher nicht verringerten. Dann kam die Chance mit *»Miami Vice«* – und Don wurde über Nacht zum Star. Wer in einer TV-Serie eine gute Figur macht, darf auch singen. *»Heartbeat«* wurde Mitte 1986 veröffentlicht und erreichte Platz 5 in den USA, 6 in Deutschland. Ein Nachzieher des Aaron-Neville-Hits *»Tell It Like It Is«* aus dem Jahre 1966 brachte Don Mitte 1987 noch einen Platz 2 in der deutschen Hitparade. Don Johnson ist zum zweitenmal mit seiner Kollegin Melanie Griffith verheiratet.

Der Hit: *Heartbeat*
Der Tip: *Heartbeat* (Epic 450 103)

Johnson, Holly

* 9.2.1960 als William Johnson. Der Brite wurde 1978 Mitglied bei Big In Japan und machte schließlich nach einigen Plattenaufnahmen, die kein kommerzieller Erfolg wurden, als Solist weiter. Im August 1980 war er bei der Gründung von Frankie Goes To Hollywood mit dabei, die 1984 die Hitparaden beherrschten. Nachdem sich die Gruppe im April 1987 offiziell aufgelöst hatte, versuchte sich Holly erneut als Solist und sollte dieses Mal erfolgreicher werden. »*Love Train*« kam im Januar 1989 in die britischen Charts und erreichte Platz 4. Gleiches schaffte vier Monate später »*Americanos*«. Letztgenannter Titel wurde in Deutschland ebenfalls Platz 4. Noch im gleichen Jahr kam »*Atomic City*« in die Top 20 von GB und Deutschland. Auch als Solist hatte Holly wieder Schwierigkeiten mit seinem neuen Label. Bei FGTH war er vor allem mit den finanziellen Konditionen nicht zufrieden gewesen, jetzt störte ihn, daß er als Mensch und Künstler nicht mit seinen Eigenheiten akzeptiert wurde. Er trennte sich von seiner Plattenfirma und sucht seitdem den idealen Vertrag. Die Zeit verbringt er mit dem Schreiben von Songs und einer Autobiographie. Außerdem malt er, was er als Therapie betrachtet.

Der Hit: *Americanos*
Der Tip: *Hollelujah* (MCA 2292-57240-2)

Johnson, Johnny & The Bandwagon

John Johnson (* 1945), Terry Lewis (* 1946), Arthur Fullilove (* 1947), Billy Bradley (* 1945), alle v.
Das schwarze amerikanische Soulquartett konnte seine einzigen Top-10-Hits in GB verbuchen: im Herbst 1968 erreichte ihr Single-Debüt »*Breaking Down The Walls Of Heartache*« dort Platz 4 in der Hitparade. Bevor die vier Sänger sich zusammenschlossen, hatten sie sich als Solisten versucht. Zwei Jahre nach ihrem ersten Erfolg hatten sie zwei weitere Hits unter den ersten 10 der britischen Charts: »*Sweet Inspiration*« und »*Blame It On The Pony Express*«. Die Gruppe war inzwischen von den USA nach GB gezogen, da sie dort im Gegensatz zu ihrer Heimat Erfolg hatten.
Ursprünglich hatte das Quartett als Bandwagon firmiert, und erst als nach und nach die Originalmitglieder ausstiegen und nur noch Johnson übrigblieb, benannte er die Formation in Johnny Johnson & The Bandwagon bzw. Johnny Johnson & His Bandwagon um. Viel gebracht hat ihm das nicht. Der kommerzielle Erfolg schwand bald.

Der Hit: *Breaking Down The Walls Of Heartache*
Der Tip: *Soul Survivor* (Bell SB LL 138)

Johnson, Laurie

* 7.2.1927. Der britische Komponist und Orchesterleiter studierte Musik am Royal College of Music in London. Seit Ende der 50er Jahre konnte er sich in der Unterhaltungsmusik etablieren. Er schrieb Musiken für Bühne, Musicals, Film und Fernsehen. Seinen einzigen Erfolg in den Hitparaden konnte er nicht mit einem selbstgeschriebenen Titel erzielen. *»Sucu Sucu«*, im September 1961 Platz 9 in GB, stammte aus der Feder von Tarateno Rosa und war das Thema zu der TV-Serie *»Top Secret«*. Auf der B-Seite befand sich eine weitere TV-Musik: *»Echo Four-Two«*. Zu den Fernsehserien, für die Johnson die Musik schrieb, gehören *»Die Profis«*, *»Mit Schirm, Charme und Melone«* oder *»Jason King«*. Außerdem unterlegte er mehr als 30 Filme musikalisch, darunter *»Dr. Seltsam oder wie ich lernte, die Bombe zu lieben«*.

Der Hit: *Sucu Sucu*

Johnson, Marv

* 15.10.1938 als Marvin Earl Johnson, † 16.5.1993. Die Karriere des farbigen amerikanischen Sängers und Pianisten begann Mitte der 50er Jahre in der Gesangsgruppe Serenaders. 1958 machte er seine ersten Plattenaufnahmen, und dann war er im Januar 1959 der Sänger, der auf der neuen Plattenfirma von Berry Gordy Jr. den Titel *»Come To Me«* mit der Plattennummer Tamla 101 herausbrachte. Die Single erreichte Platz 30 in den USA. *»You Got What It Takes«* war Ende 1959 ein Top-10-Hit in den USA, im Frühjahr 1960 Platz 5 in GB. *»I Love The Way You Love«* kam im März 1960 in die US-Charts und wurde Platz 9, *»I'll Pick A Rose For My Rose«* im Januar 1969 Platz 10 in GB. Nachdem seine Karriere als Interpret beendet war, arbeitete er ab Anfang der 70er Jahre als Promoter für die Firma Tamla Motown. Er trat jedoch auch noch regelmäßig auf, und während eines Konzertes am 16. Mai 1993 erlitt er einen Schlaganfall und starb.

Der Hit: *You Got What It Takes*
Der Tip: *Early Classics* (UA LBR 1008)

Johnston, Johnnie

* 1.12.1915. Der amerikanische Baritonsänger war in den 40er Jahren in etlichen Filmen und 1951 im Broadway Musical *»A Tree Grows In Brooklyn«* zu hören. Vorher hatte er in Radiosendungen gesungen und dazu Gitarre gespielt. Seinen ersten Erfolg hatte Johnnie Anfang 1945 mit einem Titel aus dem Film *»Anchors*

Aweigh«: »(All Of A Sudden) My Heart Sings«. Noch im gleichen Jahr gelangen ihm zwei weitere Top-10-Erfolge: *»Laura«* und *»There Must Be A Way«*. Nach 1946 wird er nicht mehr in den Charts geführt. 1955 spielte er in dem Film *»Unchained«* mit, 1956 in *»Rock Around The Clock«*. Danach zog er sich aus dem Showgeschäft zurück und gründete in Phoenix, Arizona, eine Sportartikelfabrik. Zwischen 1947 und 1951 war er mit der Schauspielerin Katheryn Grayson verheiratet.

Der Hit: *Laura*

Johnston, Sabrina

Die Amerikanerin kam von New Jersey nach London und sang dort bei Mick Jagger vor, der gerade Backgroundsängerinnen suchte. Sie bekam den Job nicht und versuchte eine Solokarriere. Zusammen mit ihrem Mann Ken schrieb sie etliche Songs. Ihr erster Hit war im September 1991 *»Peace«*, Platz 8 in GB. Es folgten zwei weitere Hit-Notierungen. Danach wollte ihr vorerst nichts mehr gelingen. Mitte 1992 erschien ihre erste Solo-LP, wieder nur mit Songs des Ehepaares.

Der Hit: *Peace*
Der Tip: *Peace* (East West 9031-76353-2)

Johnston Brothers

Johnny Johnston, Miff King, Eddie Lester, Frank Holmes, alle v.
Diese britische Gesangsformation, die sich an den Stil einer anderen erfolgreichen britischen Formation – der Stargazers – anlehnte, war selbst in der ersten Hälfte der 50er Jahre in GB überaus erfolgreich. *»Oh Happy Day«* kam im April 1953 in die britischen Charts und wurde Platz 4. *»Hernando's Hideaway«* erreichte im Oktober 1955 die Hitparaden und belegte Platz 1. *»Join In And Sing Again«* war Ende 1955 ein Platz 9. Letztgenannte Platte war ein Medley, das aus US-Standards zusammengewürfelt wurde. *»Sheik Of Araby/Yes Sir, That's My Baby/California Here I Come/Some Of These Days/Charleston/Margie«* waren in diesem *»Join In«* zusammengefaßt. 1956 und 1957 folgten einige weitere Hits. So versuchten die Johnston Brothers mit weiteren Folgen von *»Join In And Sing«* ihr Glück, aber ein Top-10-Erfolg gelang ihnen nicht mehr. Manchmal nahmen die vier Sänger Jean Campbell in die Band und nannten sich dann Keynotes.

Der Hit: *Hernando's Hideaway*

Jo Jo Gunne

Jay Ferguson, v/p (* 10.5.1947 als John Ferguson); Mark Andes, b/v (* 19.2.1948); Matthew Andes, g/v; Curly Smith, d; Star Donaldson, g; James Randall, b.
Diese amerikanische Band gilt in den USA als führender Vertreter des frühen Punk Rock. 1971 kamen verschiedene Mitglieder von erfolgreichen Bands, um Jo Jo Gunne zu gründen. Ferguson und Mark Andes waren vorher bei Spirit, Matt Andes hatte mit Canned Heat gespielt und Curly Smith mit Pumpkin. 1972 erhielten sie einen Plattenvertrag und hatte mit dem Titel *»Run Run Run«* im März 1972 einen Platz 27 in den USA, 6 in GB. Danach erschienen einige erfolgreiche LPs, aber kein Single-Hit mehr. 1973 kam für Mark Andes James Randall. 1974 ging Matt Andes und wurde durch Star Donaldson ersetzt. Ein Jahr später trennte sich die Gruppe, und Jay Ferguson machte erfolgreich Soloplatten.

Der Hit: *Run Run Run*
Der Tip: *Jo Jo Gunne* (Asylum 1C 062-93 251)

Joling, Gerard

* 29.4.1960. Der niederländische Sänger kam Ende 1989 mit *»No More Boleros«* in die deutsche Hitparade, blieb darin 29 Wochen und erreichte als höchste Plazierung Platz 5. Die Plattenfirma pries den Song an mit den Worten: »Ein sanfter Schmusesong, wie geschaffen für gewisse Momente«. Tja, die Holländer haben eben einen ganz anderen Geschmack.

Der Hit: *No More Boleros*
Der Tip: *No More Boleros* (Mercury 838 626-2)

Jolson, Al

* 26.3.1886 als Asa Yoelson, † 23.10.1950. Für die Amerikaner, die mit Superlativen nicht geizen, war Al der größte Künstler der Welt. Auf jeden Fall war er ein Pionier, denn als erster wirkte er in einem Spielfilm mit, in dem auch gesprochen und – was wohl für Al am wichtigsten war – gesungen wurde. Das war im Jahre 1927 in dem Film *»The Jazz Singer«*. Als Eltern waren orthodoxe Juden und stammten aus Rußland. Al studierte in den USA Musik und war schon als Jugendlicher auf den Bühnen zu finden. Mit einer Minstrel Show zog er durch die Lande, auch in einem Zirkus trat er auf. 1909 entwickelte er sein Markenzeichen, an dem man ihn für die folgenden mehr als 40 Jahre erkennen sollte: Er schminkte sich sein Gesicht schwarz. 1911 erhielt er ein festes Angebot von einer New Yorker Show, und von da an ging es bergauf. Erste kleine Filmrollen, z. B. in

»Big Boy« 1924, dann der Film *»The Jazz Singer«*, der in den USA und in Europa ein Riesenerfolg wurde. Im Zweiten Weltkrieg zog er als Truppenbetreuer mit den US-Truppen durch die ganze Welt. Und auch als die Amerikaner in den Korea-Krieg verwickelt wurden, war Al als Unterhalter mit dabei. Gerade aus Korea zurück, starb er einen Tag später. Zusammen mit zwei Freunden spielte er in einem Hotel in San Francisco Karten, als er einen Herzanfall erlitt. Schon zu seinen Lebzeiten hatte man Al ein Denkmal gesetzt. 1945 entstand der Film *»The Jolson Story«*, der ein großer Erfolg wurde. Larry Parks spielte darin die Rolle von Al. Ein Jahr später drehte man sogar noch eine Fortsetzung davon: *»Al Jolson Sings Again«*. Seine erste Hitnotierung hatte er mit *»Haunting Melody«*, im März 1912 Platz 1 in den USA. In demselben Jahr kam sein erster Millionseller – es war der vierte Millionseller überhaupt in der Geschichte der Schallplatte: *»Ragging The Baby To Sleep«*. Ein Jahr später war *»The Spaniard That Blighted My Life«* ebenfalls ein Millionseller und Spitzenreiter. Bis 1948 brachte er es auf 90 Hits, davon insgesamt 22mal Platz 1. Außer den bereits genannten waren *»Swanee«* 1920, *»Sonny Boy«* – 12 Wochen lang auf Platz 1 – 1928, *»The Anniversary Song«*, *»My Mammy«* und *»April Showers«* 1947 Millionseller. Nach seinem Tod hinterließ Jolson rund 5 Millionen Dollar, davon vermachte er alleine 4 Millionen jüdischen, evangelischen und katholischen Wohltätigkeitseinrichtungen.

Der Hit: *Sonny Boy*
Der Tip: *The World's Greatest Entertainer* (EMI MfP 5813)

Jon & Vangelis

Jon Anderson, v (* 25.10.1944); Evangelos Papathanassiou, Multimusiker (* 29.3.1943).
Der Brite Jon und der Grieche Evangelos kamen Ende der 70er Jahre zusammen. Anderson war der Leadsänger der Gruppe Yes, Vangelis hatte einst als Keyboarder bei Aphrodite's Child gespielt. Ihr erster Hit war *»I Hear You Now«*, im Frühjahr 1980 ein Platz 8 in GB. Der Nachfolgehit war Ende 1981 ihre erfolgreichste Aufnahme: *»I'll Find My Way Home«*, Platz 6 in GB und in Deutschland. Die Zusammenarbeit der beiden ging sporadisch weiter. Für einen Top-10-Hit reichte es jedoch nicht mehr. Beide brachten auch Soloplatten heraus.

Der Hit: *I'll Find My Way Home*
Der Tip: *The Best Of* (Polydor 821 929-2)

Jones, Aled

Dieser Waliser Chorknabe, dessen reine Sopranstimme die Briten begeisterte, belegte Mitte 1985 zusammen mit dem BBC Welsh Chorus und dem Titel *»Memory«* Platz 42 in GB. Ende des gleichen Jahres gelang ihm mit *»Walking In The Air«* Platz 5 in der britischen Hitparade. Ein Jahr später hatte er noch eine weitere Hit-Notierung. Außerdem sang er mit Anita Hegerland und Barry Palmer auf *»Pictures In The Dark«* von Mike Oldfield. Die LPs *»Voices From The Holyland«* und *»All Through The Night«* standen 1985 unter den ersten 10 in der britischen Hitparade. Aled hatte daraufhin eine eigene Fernsehserie in GB, und His Masters Voice veröffentlichte seine Platten unter der Nummer Aled 1, Aled 2 usw.

Der Hit: *Walking In The Air*
Der Tip: *The Best Of Aled Jones* (10 AJ 5)

Jones, Casey

* 21.3.1939 als Brian Cassar Jones. Während einer Lehre als Koch in Liverpool spielte Casey in seiner Freizeit Gitarre. Mit seiner ersten Band, Casey & The Casanovas, spielte er zunächst Folk, dann Beat. In mehreren Folgen der Serie um Kommissar Maigret wirkte er mit. Schließlich gründete er Casey Jones & The Governors, tourte erst durch England, dann durch Deutschland und war einer der vielen britischen Musiker, die sich hier festsetzten, Platten aufnahmen und mehr Erfolg hatten als in ihrer Heimat. Sie spielten vorwiegend Rock-Standards wie *»Lucille«* oder *»Dr. Feelgood«*. Mit dem Huey-Piano-Smith-Titel *»Don't Ha Ha«* hatte die Truppe im Frühjahr 1965 einen Platz 2 in der deutschen Hitparade. Im gleichen Jahr erreichte ihre Version von *»Jack The Ripper«* Platz 9 in der Hitparade. Es folgten noch weitere Veröffentlichungen von Casey ohne die Governors. Nach 1966 war er aus den Charts verschwunden.

Der Hit: *Don't Ha Ha*

Jones, Grace

* 19.5.1952. Diese Sängerin, Songschreiberin und Filmschauspielerin wurde auf Jamaika geboren und wuchs in New York auf. 1976 war sie ein gesuchter Kleiderständer, der auf den Covers von Vogue und Elle erschien. 1977 veröffentlichte sie ihre erste Platte *»Sorry«* – zu spät, die Platte war draußen und erreichte Platz 71 in den US-Charts. *»Private Life«* erschien Mitte 1980 und war ein Top-20-Erfolg in GB. Ihr einziger Top-10-Erfolg war Ende 1985 ein Platz 4 in Deutschland: *»Slave To The Rhythm«*. Erstaunlicherweise wurden ihre Nummern *»Libertango«*

Grace Jones *(Island)*

und *»Victor Should Have Been A Jazz Musician«* kein Erfolg. Dabei waren das ihre besten Titel. Grace wirkte in etlichen Filmen mit, so z. B. in *»Vamp«*, neben Arnold Schwarzenegger in *»Conan der Barbar«* und in *»Im Angesicht des Todes«* als Mayday, Gegenspielerin von James Bond.

Der Hit: *Slave To The Rhythm*
Der Tip: *Inside Story* (EMI CDP 7 46340 2)

Jones, Howard

* 23.2.1955 als John Howard Jones. Der Brite gehört zu den Sängern und Soundtüftlern, die Anfang der 80er Jahre mit neuen Ideen und neuen Klängen in GB auftauchten. Sein Spitzname ist Synth Wizard. 1970 spielte er zum erstenmal in einer Band. Er lebte zu diesem Zeitpunkt mit seinen Eltern in Kanada. Zurück in GB, begann er ein Studium am Music College in Manchester, gab aber auf und arbeitete in einer Fabrik. Später wurde er Klavierlehrer und spielte nebenher in Amateurbands. Ab 1979 spielte er Synthesizer und begann, in Pubs und Clubs seinen Gesang mit eben diesem Instrument zu begleiten. 1983 erhielt er einen Plattenvertrag, nachdem er Demos von *»New Song«* und *»What Is Love«* verschickt hatte. *»New Song«* wurde dann auch seine Debüt-Single, die in GB auf Platz 3 kam. *»What Is Love«* erreichte Ende 1983 Platz 2 in GB, Platz 6 in Deutschland. *»Pearl In The Shell«*, *»Like To Get To Know You Well«*, *»Things Can Only Get Better«* – diese Aufnahme wurde sein erster Top-10-Erfolg in den USA – und

»Look Mama« waren 1984/85 weitere Top-10-Hits in GB. *»No One Is To Blame«* brachte es im Frühjahr 1986 auf Platz 4 in den USA. Howards Spezialität ist die vegetarische Küche. 1987 eröffnete er in New York ein entsprechendes Restaurant, das nach wenigen Monaten abbrannte. Howard ist jedoch auch für sein soziales Engagement bekannt. Er arbeitete mit an einem Anti-Heroin-Projekt, einem Rehabilitationszentrum für Drogen- und Alkoholkranke und veranstaltete 1987 ein Benefizkonzert zugunsten der Opfer des Hurrikans Irene. Anfang 1989 erreichte er noch einmal Platz 12 in den USA mit *»Everlasting Love«*.

Der Hit: *What Is Love*
Der Tip: *What Is Love* (East West 4509-91887-2)

Jones, Jimmy

* 2.6.1937. Der Amerikaner wurde 1955 Mitglied in der Rhythm-&-Blues-Gruppe Sparks Of Rhythm. 1956 gründete er seine eigene Band Savoys, die er später in Pretenders umbenannte. Aber erst als Solist sollte er Erfolge haben. *»Handy Man«* kam Ende 1959 in die US-Charts und erreichte Platz 2, in GB 3. Der Nachfolgehit *»Good Timin'«* kam in den USA auf Platz 3, in GB gar auf Platz 1. Nach zwei weiteren kleinen Erfolgen war seine Karriere nach 1961 vorbei. Seine Lieder wurden später von anderen nachgesungen: *»Handy Man«* durch Del Shannon und James Taylor, *»Good Timin'«* durch Showaddywaddy.

Der Hit: *Handy Man*

Jones, Joe

* 12.8.1926. Der aus New Orleans stammende amerikanische Sänger und Pianist war in den frühen 50er Jahren als Kammerdiener und Musiker bei B. B. King beschäftigt. Nachdem er 1942 in die Navy eingezogen worden war, spielte er in deren Band Piano. Zurück im Zivilleben, gründete er die Band Atomic Rebops. 1948 kam Roy Brown nach New Orleans, um seinen Titel *»Good Rockin' Tonight«* aufzunehmen. Mit ihm spielte ein Großteil von Joes Band. Als nächstes kam B. B. King in die Stadt. Der suchte auch einen Pianisten, aber gleichzeitig auch einen Kammerdiener. Jones wurde dies, sein Chauffeur, zweiter Bandleader und derjenige, der B. B.s Gitarre jeden Abend neu stimmen mußte. 1954 trennten sich die beiden wieder, und Joe nahm seine erste Soloplatte auf: *»Adam Bit The Apple«*. Es dauerte drei Jahre, bis er zu einer neuen Platte kam. Zwischendurch spielte er mit seiner Band im Studio für Ruth Brown, Jerry Butler, Dee Clark und Shirley & Lee. Im Herbst 1960 war *»You Talk Too Much«* Platz 3 in den USA. Das blieb sein einziger Hit. Danach wurde er Produzent und war u. a. verantwortlich

für *»Something You Got«* von Alvin Robinson und *»Chapel Of Love«* von den Dixie Cups.

Der Hit: *You Talk Too Much*

Jones, Oran »Juice«

* 1958 in Houston, Texas. Oran wuchs in Harlem auf und begann dort 1982 seine Laufbahn als Sänger und Komponist. Zusammen mit seinem Schulfreund Kurtis Blow schrieb er den Titel *»Rockin'«*. Im Gegenzug produzierte der Orans erste Single *»Rock Your Body Down«*. Def Jam Records aus New York wurde ab Mitte der 80er Jahre weltweites Aushängeschild für progressive schwarze Musik. Sie nahmen den Balladensänger unter Vertrag und veröffentlichten Ende 1986 mit *»Rain«*, Platz 9 in den USA, Platz 3 in Deutschland und 4 in GB, dessen bisher größten Hit. Alle Nachfolgesingles schafften keinen Eintrag in die Pop-Hitparaden.

Der Hit: *Rain*
Der Tip: *Juice* (Def Jam 26934)

Jones, Paul

* 24.2.1942 als Paul Pond. Ende 1962 formierten sich in London die Mann-Hugg Blues Brothers, zu denen Paul gehörte. Im Mai 1963 änderte die Band ihren Namen in Manfred Mann. Paul war der Sänger aller Hits von Manfred Mann seit den Anfangstagen, bis er ab Mitte 1966 eine Solokarriere versuchte. Er wurde durch Mike D'Abo ersetzt. Im Oktober des gleichen Jahres kam mit *»High Time«* seine erste Single in die Charts und erreichte Platz 4. *»I've Been A Bad Bad Boy«* aus dem Film *»Privilege«*, in dem Jones neben dem Model Jean Shrimpton die Hauptrolle spielte, wurde Anfang 1967 Platz 5. Danach wurde es stiller um Paul, bis er als Mitglied der Blues Band wieder auftauchte, die zwar keine Single-Erfolge aufweisen kann, dafür aber sehr stimmungsvolle LPs veröffentlichte. Bei Radio 2 der BBC moderiert Jones eine wöchentliche Blues- und Gospelsendung.

Der Hit: *High Time*
Der Tip: *Hits And Blues* (EMI 0C 054-07282)

Jones, Rickie Lee

* 8.11.1954 – Die amerikanische Sängerin und Songschreiberin machte ihre ersten Platten 1979, erhielt einen Grammy als bester neuer Künstler und schlug damit die Konkurrenten Blues Brothers, Dire Straits und Knack. Es sollte 10 Jahre

dauern, bis sie wieder einen Grammy erhielt. Zusammen mit Dr. John sang sie *»Makin' Whoopee«*, was ihnen die Auszeichnung für den besten Jazzgesang eines Duos oder einer Gruppe einbrachte. Dazwischen lagen etliche Hochs und Tiefs. Ihre Nummer *»Chuck E.'s In Love«* war im Frühjahr 1979 ein Platz 4 in den US-Charts, Top 20 in GB. Mitte der 80er Jahre schien Rickie in der Bedeutungslosigkeit versunken zu sein. Ende der 80er Jahre tauchte sie mit der von Walter Becker produzierten LP *»Flying Cowboys«* wieder auf. Es stellte sich heraus, daß sie in den letzten fünf Jahren Alkoholprobleme gehabt hatte. 1985 war sie nach einer Konzerttournee durch Australien, Europa und den Ostblock nach Tahiti gegangen und hatte dort ihren späteren Mann, den französischen Musiker Pascal Nebet-Meyer, kennengelernt. Danach lebte sie für einige Zeit in Frankreich, bevor sie nach Kalifornien ging. 1991 erschien die CD *»Pop Pop«*. Mit Pop hatte die Platte allerdings recht wenig zu tun. Dieses voll akustische Album sollte die musikalische Bandbreite von Tin-Pan-Alley-Standards der 20er Jahre über Showthemen bis zu Jimi Hendrix abdecken. Rickie dazu: »Ich war soweit, daß ich es Anti Pop Anti Pop nennen wollte. Es ist nicht Jazz in dem Sinne, wie Leute, die Jazz mögen, Jazz verstehen. Es reflektiert meine eigene Sichtweise. Dies ist ein sehr spezielles Album.« Mit ihr spielten u. a. der außergewöhnliche Gitarrist Robben Ford und der Bassist Charlie Haden.

Der Hit: *Chuck E.'s In Love*
Der Tip: *Flying Cowboys* (Geffen 924 246-2)

Jones, Spike

* 14.12.1911 als Lindley Armstrong Jones, † 1.5.1965. Dieser amerikanische Musiker und Komiker, dessen große Zeit von 1942 bis 1953 war, veralberte jegliche Musik, die zu jener Zeit angesagt war. So wurde zwischen klassischen Titeln plötzlich geschossen, genossen, Glocken läuteten, jemand pfiff laut, oder es wurde einfach nur Lärm gemacht. Spike hatte als Studioschlagzeuger in Hollywood begonnen. Dann gründete er Anfang der 40er Jahre seine eigene Band, die Spike Jones & His City Slickers hieß. Mit *»Der Fuehrer's Face«* erreichte er Ende 1942 Platz 3 in den USA und einen Millionseller. Anfang 1945 kam *»Cocktails For Two«* in die US-Charts, erreichte Platz 4 und wurde ebenfalls ein Millionseller. Weitere Top-10-Erfolge waren *»Chloe«* 1945, *»Hawaiian War Chant (Ta-Hu-Wa-Hu-Wai)«* 1946 und *»Wilhelm Tell Ouverture«* 1948. In jenem Jahr zu Weihnachten gelang ihm auch sein größter Erfolg: *»All I Want For Christmas (Is My Two Front Teeth)«*, Millionseller und Spitzenreiter. Gesungen wurde der Titel durch George Rock, der in der Band von Jones spielte. Mit zwei weiteren weihnachtlichen Top-10-Erfolgen, *»Rudolph, The Red-Nosed Reindeer«* 1950 und *»I Saw Mommy Kissing Santa Claus«* 1952 hatte Jones seine letzten Hits.

Der Hit: *All I Want For Christmas (Is My Two Front Teeth)*
Der Tip: *Cocktails For Two* (Pro Arte CDD 516)

Jones, Tammy

Der größte und einzige Wunsch, den diese britische Sängerin hatte, war »*Let Me Try Again*«, im Frühjahr 1975 ein Platz 5 in GB. Sie wurde nicht erhört und blieb ein One Hit Wonder.

Der Hit: *Let Me Try Again*

Jones, Tom

* 7.6.1940 als Thomas Jones Woodward. Der Waliser muß Sandie Shaw sehr dankbar sein. Ihr wurde das Lied »*It's Not Unusual*« angeboten; sie lehnte ab, weil es ihr nicht gefiel. Damit begann der Aufstieg des Bergarbeiters Tom Jones, der seine musikalische Laufbahn 1963 als Sänger bei Tommy Scott & The Senators begonnen hatte. Das war im Frühjahr 1965, als Tom mit diesem Titel in die brische Hitparade kam und Spitzenreiter wurde. Im gleichen Jahr noch gewann er einen Grammy als bester neuer Künstler, und ab diesem Zeitpunkt bis in die 90er Jahre hält die Karriere von Tom mit unterschiedlichen Resultaten an. Ende 1966 erreichte »*Green Green Grass Of Home*« wieder den Spitzenplatz in den britischen Charts. Danach setzte es für ihn in GB weitere Top-10-Erfolge. Die Amerikaner suchten sich als zweiten Erfolg von Jones Mitte 1965 »*What's New Pussycat*« aus dem gleichnamigen Film aus. »*I'll Never Fall In Love Again*« und »*Without Love (There Is Nothing)*« 1969 und »*She's A Lady*«, geschrieben von Paul Anka, 1971 brachten Tom Top-10-Erfolge und Millionseller in den USA. Nach 1972 schien seine Karriere zumindest für die Top 20 beendet. Danach wurde der »Tiger« als Star in Las Vegas und anderen amerikanischen Spielcasinos eine Attraktion. Seine Auftritte ließen nach wie vor die Damen in Reihe 1 bis 5 schwach werden, aber die Plattenkäufer blieben aus. Dann kam das Jahr 1987, und die Kids kannten Boy George oder George Michael – aber wer war Tom Jones? »*A Boy From Nowhere*« kam in die britischen Charts und erreichte Platz 2. Das Stück war aus dem Musical »*Matador*«. Ein Jahr später machte Tom zusammen mit Art Of Noise eine Neuauflage der Prince-Nummer »*Kiss*«. Man erreichte Platz 5 in GB, Platz 31 in den USA, 16 in Deutschland. Auch in den 90er Jahren nimmt er noch Platten auf, z. B. sehr schöne Titel zusammen mit Van Morrison.

Der Hit: *It's Not Unusual*
Der Tip: *The Golden Hits* (London 810 192-2)

Joplin, Janis

* 19.1.1943, † 4.10.1970. Man sagt ihr nach, sie sei die beste Blues-Sängerin aller Zeiten hinter Bessie Smith gewesen – zumindest war sie die beste weiße Blues-Sängerin aller Zeiten. Ihre Karriere begann in Austin, Texas. In Clubs und Kneipen sang sie Lieder von Leadbelly, Odetta und auch von Bessie Smith. Aus dieser Zeit sind später nach ihrem Tode Mitschnitte erschienen, die ein Tonbandamateur aufgenommen hatte und die mehr historischen Wert haben. Kurzfristig war sie Mitglied bei den Waller Creek Boys und 1963 für einige Zeit in San Francisco, wo sie in einigen Clubs sang, manchmal alleine, manchmal mit Jorma Kaukonen. 1966 war sie wieder in Texas, schrieb sich am College ein, schmiedete Hochzeitspläne und wollte das Singen schon aufgeben. Dann wurde nichts aus der Hochzeit; sie ging wieder zurück nach San Francisco und wurde dort Leadsängerin von Big Brother & The Holding Company. Mitte 1967 spielte die Formation beim Monterey Pop Festival, und Janis galt als eine der Entdeckungen dieser Veranstaltung. Bob Dylans Manager Albert Grossman nahm die Gruppe unter Vertrag. Wenig später erschien ihr Debüt-Album. Zuerst war die Band nur an der West-, dann auch an der Ostküste erfolgreich. Im September 1968 gab Manager Grossman bekannt, daß sich Janis Ende des Jahres von der Gruppe lösen werde. Zu diesem Zeitpunkt wurde die LP *»Cheap Thrills«* Nummer 1 der US-Charts. Die Single-Auskopplung *»Piece Of My Heart«* kam im August 1968 in die Charts und erreichte Platz 12. Am 1. Dezember hatte Janis ihren letzten Auftritt mit Big Brother & The Holding Company, die sich daraufhin auslösten. Die nächsten Auftritte absolvierte sie mit der Kozmic Blues Band. Mitte 1969 war sie neben Joe Cocker, Jimi Hendrix, Buddy Miles und Edwin Hawkins Headliner beim Newport Festival. Ab 1970 nannte sie ihre Begleitgruppe Full Tilt Boogie. Damit ging sie auf Tournee durch Europa und machte ihre besten Plattenaufnahmen. Aus dieser Zeit stammen auch die Bilder einer Janis Joplin, die jeder irgendwann einmal gesehen hat: das mehr oder weniger unscheinbare Mädchen mit den großen Augen, die hinter einer großen runden Brille versteckt sind; in der Hand eine Flasche Four Roses schaut sie ängstlich, und ihre Angst scheint sie mit Alkohol zu bekämpfen. Ein Spruch von ihr aus dieser Zeit lautete: »Wer Drogen nimmt, muß verrückt sein, wenn er sich doch mit Whiskey vollsaufen kann.« Der Spitzname von Janis war Pearl, und so hieß dann auch ihre letzte LP, deren Veröffentlichung sie schon nicht mehr erlebte. Auf dieser Platte eine hinreißend schöne Version des Kris-Kristofferson-Songs *»Me And Bobby McGee«*. Freiheit, so heißt es in diesem Lied, bedeutet, daß du nichts zu verlieren hast. Die Umkehrung davon: Besitz macht dich, ob du willst oder nicht, unfrei. Das entsprach genau der Beatnik-Philosophie der 60er und 70er Jahre, verkörpert durch Janis Joplin, die als ihr Lebensziel angab: »Live fast, love hard, die young«. Es ist ihr gelungen. Janis Joplin war der Typ, der nach außen hin nichts besaß und auch nichts zu verlieren

hatte. Wenn sie auf der Bühne stand, schlief sie nach eigener Aussage mit den 25 000 Menschen, die da unten standen und ihr zuhörten, um dann in Jubel auszubrechen. Nach diesem Gewaltakt ging sie alleine nach Haus – das Klischee des traurigen Clowns oder des kleinen, armen, reichen Mädchens. Nach ihrem Tode wurde *»Me And Bobby McGee«* Spitzenreiter in der amerikanischen Hitparade, in Deutschland Platz 8. Ihr Leben war die Vorlage zum Film *»The Rose«* von Bette Midler. Janis starb an einer Überdosis Heroin.

Der Hit: *Me And Bobby McGee*
Der Tip: *Anthology* (CBS 467 405 2)

Jordan, Louis

* 8.7.1908 als Louis Thomas Jordan, † 4.2.1975.
Für viele gilt dieser amerikanische Sänger, Klarinettist, Saxophonist und Songschreiber als der Vater des modernen Rhythm & Blues. Sein Gesangsstil war in der Tat innovativ und gleichzeitig überaus populär. Er begann als Profimusiker 1929 mit Louis Armstrong, spielte dann in verschiedenen Orchestern, u. a. mit Chick Webb. 1938 machte Louis seine erste eigene Band, die er Elk's Rendezvous nannte. Daraus entwickelte sich 1949 Tympany Five. Ab 1942 spielte Jordan, der ein großes komisches Potential hatte, in etlichen Filmen mit. Die lange Liste seiner Erfolge in den Pop-Charts beginnt 1944. Der *»G.I. Jive«* kam Mitte jenes Jahres auf Platz 1 der Hitparade und wurde ein Millionseller. Weitere goldene Platten waren der *»Caldonia Boogie«* 1945, *»Choo Choo Ch'boogie«* 1946 und *»Saturday Night Fish Fry«* 1949. In den Rhythm-&-Blues-Charts war er von 1942 bis 1951 die dominierende Persönlichkeit. Es gelangen ihm 18 Spitzenreiter und Titel wie *»Choo Choo Ch'boogie«* standen 18 Wochen, *»Ain't Nobody Here But Us Chikkens«* 17 Wochen und *»Boogie Woogie Blue Plaid«* 14 Wochen auf Platz 1. Bis 1973 machte er Platten. Im Februar 1975 starb er nach einem Herzanfall.

Der Hit: *Choo Choo Ch'boogie*
Der Tip: *Let The Good Times Roll* (Bear Family BCD 15 557)

Jordan, Mario

* 1950 in Elkhoven bei München. Einen Tag ohne Diebels Alt wird sich Mario Jordan sicher nicht mehr vorstellen können. Jedenfalls brachte ihm die Werbemelodie für dieses Getränk, *»Welch ein Tag«*, im Frühjahr 1992 Platz 7 in den deutschen Charts. Mario Jordan war bis zu diesem Tag an vielen Studioproduktionen und Werbesingles als Chorsänger beteiligt. Jetzt hatte er Erfolg. Als 15jähriger begann er als Schlagzeuger in einer der zahllosen Beatbands. Da er

der einzige in der Band war, der Englisch konnte, mußte er singen. Anfang der 70er Jahre war er zusammen mit Konstantin Wecker und Harold Faltermeyer in der Gruppe Zauberberg. 1975 erschien eine erste eigene, von Konstantin Wekker produzierte LP. Zusammen mit Bernie Paul als Produzent nahm er die Nummer *»Bist du sauer?«* auf, die ein Diskothekendauerbrenner wurde. Trotz der vielen musikalischen Aktivitäten war es dann dieser Werbesong, der den Erfolg brachte. Welch eine Karriere.

Der Hit: *Welch ein Tag*

Journey

Neal Schon, g (* 27.2.1954); George Tickner, g/v; Gregg Rolie, key/v (* 1948); Ross Valory, b (* 2.2.1949); Prairie Prince, d (* 7.5.1950); Aynsley Dunbar, d (* 10.1.1946); Steve Perry, v (* 22.1.1953); Jonathan Cain, key (* 26.2.1950); Steve Smith, d (* 21.8.1954).
Diese amerikanische Rockgruppe wurde 1973 in San Francisco gegründet. Schon und Rolie waren vorher bei Santana. Tickner verließ die Band 1975, und als 1978 Steve Perry zur Band stieß, begann der Erfolg. Die erste Hit-Notierung hatte Journey 1978 mit *»Wheel In The Sky«*. Mitte 1981 gelang der erste Top-10-Erfolg mit *»Who's Crying Now«*. *»Don't Stop Believin'«*, ebenfalls 1981, *»Open Arms«* 1982, *»Separate Ways (Worlds Apart)«* 1983, *»Only The Young«* 1985 und *»Be Good To Yourself«* 1986 waren weitere Top-10-Erfolge. Dunbar verließ die Band 1979, für ihn kam Steve Smith. 1981 war für Rolie Jonathan Cain gekommen. 1986 wurde aus Journey ein Trio, nur noch Perry, Schon und Cain waren dabei. 1989 waren Schon und Cain Mitbegründer von Bad English.

Der Hit: *Open Arms*
Der Tip: *Greatest Hits* (CBS 463 149 2)

J.T. & The Big Family

Eine der vielen Gruppen, die in Italien schnell und preiswert Nummern für den kurzlebigen Discomarkt produzierten. In den meisten Fällen schaffen es diese Studioformationen lediglich, einen Hit zu veröffentlichen, dann ist es wieder aus. So auch bei J.T., die mit *»Moments In Soul«* Anfang 1990 einen Platz 7 in GB, Platz 30 in Deutschland hatten. Wer sich hinter J.T. und dessen großer Familie verbarg, wurde nicht erwähnt, ist aber auch nicht erheblich. Neun Autoren haben diesen einzigen Hit geschrieben – so viele wären nicht nötig gewesen.

Der Hit: *Moments In Soul*

Judge Dread

Alex Hughes, v. Der britische Sänger begann seine Karriere als Diskjockey mit einer mobilen Diskothek, die vorwiegend in der Grafschaft Kent im Einsatz war. Angeblich haben ihn die Mädchen immer nach ein paar schlüpfrigen Reggaeplatten gefragt. Das hat ihn auf die Idee gebracht, selbst welche aufzunehmen. »*Big Six*« hieß die erste Platte, die er im Sommer 1972 veröffentlichte und die bis auf Platz 11 der britischen Hitparade kam. Sowohl Radio Luxemburg als auch BBC 1 spielten diese Größe nicht. Im Dezember 1972 legte er noch einen zu. »*Big Seven*« erreichte Platz 8 in GB. Im Frühjahr 1973 wurde »*Big Eight*« Platz 14. Mitte 1975 kam Judge Dread mit »*Je T'Aime ... Moi Non Plus*« in die GB-Charts und erreichte Platz 9. Bis Ende 1978 hatte er weitere Titel in den Charts, die »*The Winkelman*«, »*Y Viva Suspenders*« und »*Up With The Cock*« hießen. Danach war das Thema durch den Verbalerotiker, der 2,02 m groß ist und 280 Pfund wiegt, ausgereizt.

Der Hit: *Big Seven*
Der Tip: *Greatest Hits* (EMI 0C 062-06865)

Jürgens, Andrea

* 15.5.1967. Bereits als 11jährige hatte sie mit der Trennungsschnulze »*Und dabei liebe ich euch beide*« Platz 4 in den deutschen Charts. Sechs Monate später, im Juli 1978, erreichte sie mit »*Ich zeige dir mein Paradies*« Platz 5. Eine deutsche Version von Annikas »*Japanese Boy*« brachte Andrea Ende 1981 den letzten Top-10-Erfolg. In den Hitparaden ist sie bis in die 90er Jahre vertreten.

Der Hit: *Und dabei liebe ich euch beide*

Jürgens, Udo

* 30.9.1934 als Udo Jürgen Bockelmann. Der Österreicher ist einer der erfolgreichsten Interpreten der Nachkriegsjahre. Als 16jähriger gewann er einen Komponistenwettbewerb in Österreich. 1951 wurde er hauptberuflich Sänger und Pianist. Seinen ersten Plattenvertrag erhielt er 1954. Ab Ende der 50er Jahre versuchte er sich als Schlagersänger und machte Titel wie »*Der lachende Vagabund*«, »*Es zieht ein Spielmann durch das Land*«, »*Die Insel des Glücks*« oder »*Hey Stop! Das ist meine Braut*«. Letztgenannter Titel war im Original »*Be My Guest*« von Fats Domino. 1961 kam er mit »*Jenny*« erstmals in die deutsche Hitparade und erreichte Platz 36. Dieses Lied zeigte zum erstenmal, in welche Richtung Jürgens gehen wollte. Mitte 1964 kam sein Titel »*Warum nur, warum*« bis auf Platz

21 in Deutschland. Matt Monro sang einen Nachzieher dieser von Jürgens geschriebenen Nummer als *»Walk Away«* und erreichte damit Platz 4 in GB. Das brachte Udo Jürgens einige Tantiemen und einen Ruf als guter Songschreiber ein. 1965 stand sein *»Sag ihr, ich laß sie grüßen«* auf Platz 9 in den Charts. Im gleichen Jahr erreichte *»Siebzehn Jahr, blondes Haar«* Platz 4. Mit *»Merci Cheri«* gewann er 1966 den Grand Prix Eurovision in Luxemburg, die Platte kam in die deutschen Charts und erreichte ebenfalls Platz 4, wie auch ein halbes Jahr später *»Sag mir, wie«*. *»Merci Cheri«* erreichte im übrigen Platinstatus in Deutschland. Die Liste seiner Erfolge geht bis in die 90er Jahre. Mit *»Griechischer Wein«* erreichte er Ende 1974 die deutschen Charts, wurde Platz 1 und vergoldete diese Platte. Udo Jürgens schrieb solch thematisch unterschiedliche Songs wie *»Es wird Nacht, Senorita«* oder *»Ein ehrenwertes Haus«*. Hatte er in seinen Anfangsjahren mehr Liebeslieder geschrieben, so waren seine Werke ab 1975 durchaus tiefergehend. Speziell auf LPs hat er eine ganze Reihe sehr ernsthafter, kritischer und von so manchen Zeitgenossen ungeliebte Lieder gesungen.

Der Hit: *Merci Cheri*
Der Tip: *Stars in Gold* (Ariola 86 030 XTD)

Junior

* 10.11.1961 als Norman Giscombe. Dem jungen Briten gelang im April 1982 ein Platz 7 in GB und 30 in den USA mit dem Titel *»Mama Used To Say (American Remix)«*. Er wurde als Zukunft des britischen Soul gehandelt, konnte diese Erwartungen aber bisher nicht erfüllen. Nach dem ersten Top-10-Hit kam er noch einmal unter die Top 20 in GB, dann wurde es ruhig um ihn. Er wechselte mehrmals die Plattenfirma, aber keiner gelang es, ihm zum Durchbruch zu verhelfen, obwohl seine Aufnahmen von den Kritikern gelobt wurden und sich alle über die Qualität seiner Stimme einig waren. 1986 machte er zusammen mit Jimmy Somerville, Paul Weller und Billy Bragg die Formation Red Wedge. Erst 1987 tauchte er wieder einmal in den Top 10 auf: Zusammen mit Kim Wilde sang er den Titel *»Another Step Closer To You«*. Bis in die 90er Jahre nimmt er weiter Platten auf.

Der Hit: *Mama Used To Say (American Remix)*
Der Tip: *Inside Lookin' Out* (Mercury 812 325)

Jurgens, Dick

* 9.10.1910. Der Amerikaner war bereits als Teenager ein ausgezeichneter Trompeter. Mit 18 gründete er seine eigene Band. In den 30er Jahren spielte

er in San Francisco im St. Francis Hotel und wurde schließlich in Chicago im Aragon Ballroom zum Knüller. Besonders seine vielen Radioauftritte verhalfen ihm zu enormer Popularität in den gesamten USA. Nach seiner Militärzeit im Zweiten Weltkrieg gründete er eine neue Band, die bis in die 70er Jahre spielte. Seine erste Hit-Notierung war Anfang 1939 *»Rainbow Valley«*. Die Liste seiner Erfolge zieht sich bis in das Jahr 1947. Besonders die von ihm selbst geschriebenen Nummern *»Elmer's Tune«*, 1941 Platz 8, und *»One Dozen Roses«*, 1942 Platz 3 in den USA, werden mit seinem Namen verbunden. Seinen letzten Top-10-Erfolg hatte Dick im Januar 1943 mit *»Why Don't You Fall In Love With Me«*.

Der Hit: *One Dozen Roses*

Justice, Jimmy

* 1940. Der Brite wurde im Alter von 20 Jahren von Emile Ford entdeckt, der Jimmy in einer Bar hatte singen hören. Ford verhalf ihm zu einem Plattenvertrag, aber seine ersten Veröffentlichungen floppten. Daraufhin zog Justice zunächst nach Schweden, wo er mehr Erfolg hatte. 1962 nahm er eine wunderschöne von Bob Leaper arrangierte Coverversion des Drifters-Hits *»When My Little Girl Is Smiling«* auf und erreichte damit im März des Jahres Platz 9 in den britischen Charts. *»Ain't That Funny«* wurde der Nachfolgehit, im selben Jahr Platz 8 in GB. Sein dritter und letzter Hit, ein Platz 20, wurde *»Spanish Harlem«*. Alle diese Nummern waren Nachzieher von amerikanischen Hits, die wegen der sogenannten Needle-Time und der Beschränkung der BBC auf bestimmte Zeiten, in denen ausländische Interpreten gesendet werden durften, überhaupt aufgenommen wurden. In den meisten Fällen waren die Coverversionen schlechter als die Originale. Jimmy Justice war da eine Ausnahme. Er nahm bis in die 70er Jahre Platten auf.

Der Hit: *Ain't That Funny*

Justified Ancients Of Mu Mu

Jim Cauty und Bill Drummond waren die Masterminds hinter KLF und den Timelords. Mit der Nummer *»It's Grim Up North«* hatten sie unter dem Pseudonym The Justified Ancients Of Mu Mu Ende 1991 einen Platz 10 in GB. Im Song wurde der Norden Englands als ziemlich finster hingestellt. Einige britische Parlamentsmitglieder fühlten sich angeblich veranlaßt, im englischen Unterhaus gegen diesen Slogan *»It's Grim Up North«* zu wettern. Im Song selbst, unterlegt mit Techno-Musik, wurden lediglich nordenglische Städte aufgeführt, in denen, so wird es am Schluß deutlich, wenn der Wind unter Rabengekrächze übers Land fegt, »der Hund verfroren ist«.

Der Hit: *It's Grim Up North*

Justis, Bill

* 14.10.1926, † 15.7.1982. Der amerikanische Saxophonist und Songschreiber arbeitete ab 1957 für die Plattenfirma Sun. So arrangierte und spielte er z. B. für Jerry Lee Lewis, Johnny Cash oder Charlie Rich. Er selbst hatte unter seinem Namen den Instrumentalhit *»Raunchy«*, mit dem er Ende 1957 bis auf Platz 2 der amerikanischen Pop-Hitparade und in GB bis auf 11 kam. Der Nachfolger *»College Man«* kam im Frühjahr 1958 auf Platz 42. Danach war seine Karriere als Solist erledigt, und er war vorwiegend als Produzent tätig.

Der Hit: *Raunchy*

K

K. Leila

* 1972. Die schwedischen Produzenten Rob 'n' Raz entdeckten bei einem Talentwettbewerb in einer Stockholmer Disko die Rapperin Leila K., die marokkanischer Abstammung ist und zu diesem Zeitpunkt gerade 17 Jahre alt war. Als Rob 'n' Raz feat. Leila K. nahmen sie den Titel *»Got To Get«* auf, der sich zu einem Diskothekenhit in ganz Europa entwickelte. Die Platte stieg Ende 1989 in die britischen Charts und erreichte Platz 8. Im Januar 1990 kam sie in die deutsche Hitparade und erreichte Platz 3. Die Disko-Szene wurde Anfang der 90er Jahre erheblich durch schwedische Interpreten, deren Heimat in Afrika lag, beeinflußt. Neben Leila K. sind da Dr. Alban oder La Camilla zu nennen. Auch der Nachfolgehit *»Rock The Nation«* erreichte in Deutschland immerhin noch einen Platz 21. Danach trat eine längere Pause ein. Ende 1992 – jetzt ohne Rob 'n' Raz – brachte Leila K. unter den Produzenten Denniz Pop und Douglas Carr *»Open Sesame«* in die deutsche Hitparade und erreichte Platz 5.

Der Hit: *Open Sesame*

Kaempfert, Bert

* 16.10.1923, † 21.6.1980. Als Arrangeur und Produzent begann der Deutsche Bert Kaempfert seine Karriere. Freddy oder Ivo Robic profitierten von seinen Fähigkeiten als Songschreiber und Orchesterleiter. *»Die Gitarre und das Meer«* von Freddy und *»Morgen«* von Ivo Robic waren Millionseller. Seinen ersten Top-10-Erfolg hatte Bert im Frühjahr 1958 in Deutschland mit dem *»Mitternachts-Blues«*. Die Trompete bei dieser Aufnahme spielte Billy Mo. Sein internationaler Durchbruch kam Ende 1960, als er mit dem Titel *»Wunderland bei Nacht«* Platz 1 in der US-Single-Hitparade, Platz 9 in Deutschland belegte. Die LP *»Wonderland By Night«* erreichte in den US-Charts für fünf Wochen Platz 1. Anfang der 60er Jahre war er der erste, der Tony Sheridan mit den Beatles produzierte. Daß er sie Mitte 1962 aus einem bestehenden Vertrag vorzeitig entließ, mag heute im Rückblick Kopfschütteln hervorrufen, aber erstens konnte man den Erfolg der Beatles nicht

vorausahnen, und zweitens hatte Bert Kaempfert zu diesem Zeitpunkt schon weltweiten Erfolg. Sein Titel *»Rot ist der Wein«*, der auch als *»Moon Over Naples«* oder *»Spanish Eyes«* bekannt wurde, stand in vielen Versionen in den Hitparaden. Auch *»Fremde in der Nacht«* wurde als *»Strangers In The Night«* ein weltweiter Erfolg, vor allem durch die Aufnahme von Frank Sinatra. Berts Titel *»Danke schön«*, mit Wayne Newton ein Hit in den USA, wurde von über 30 anderen Künstlern auch aufgenommen. *»L-O-V-E«* wurde in der Version von Nat King Cole ein weltweiter Erfolg. Unvergeßlich auch seine Titel *»African Beat«* oder *»A Swingin' Safari«*. Im Laufe seiner Karriere verkaufte er weltweit 150 Millionen Langspielplatten.

Der Hit: *Wunderland bei Nacht*
Der Tip: *Bert Kaempfert* (Polyphon 833 409-2)

KaH, Hubert

* 21.3.1961 als Hubert Kemmler in Tübingen. Als 1982 die Neue Deutsche Welle die Hitparaden überschwemmte, kam Hubert mit seiner Band und den Titeln *»Rosemarie«* und *»Sternenhimmel«* in die deutschen Top 10. Nach einer längeren Pause erschien 1986 die LP *»Tensongs«*. Hubert sang jetzt englische Texte. Die Platte war nach internationalen Maßstäben produziert, die Single-Auskopplung *»Limousine«* erreichte Mitte des Jahres Platz 8. 1989 erschien mit *»Sound Of My Heart«* eine sehr gut gemachte CD von Hubert KaH, die sich jedoch am Markt nicht durchsetzen konnte. Produzent war Michael Cretu, mit dem Hubert Kemmler im Laufe der Jahre sehr eng und erfolgreich zusammen arbeitete. Als Texter und Songschreiber für Interpreten wie Sandra, Two Of Us, Cretu/Thiers oder Bonnie Bianco hatte Hubert etliche Erfolge.

Der Hit: *Sternenhimmel*
Der Tip: *Sound Of My Heart* (Blow Up Int. 892.646)

Kaiser, Roland

* 10.5.1950 als Roland Keiler in Berlin. Was ihn wohl immer am meisten geärgert hat, war die Tatsache, daß man den Wandel von *»Sieben Fässer Wein«* zu *»Hummer ist der beste Koch«* so wenig bemerkt hat. Das Publikum wollte Roland Kaiser als Interpreten sanfter Lieder und nicht als zeitkritischen Songschreiber. Nach einer Lehre als Kaufmann arbeitete er in der Werbeabteilung eines Autohauses. Der deutsche Produzent Gerd Kämpfe entdeckte ihn und nahm mit ihm Mitte der 70er Jahre die ersten Platten auf. Ende 1977 war *»Sieben Fässer Wein«* sein erster Top-10-Erfolg. *»Santa Maria«*, eine goldene Schallplatte und

Hubert KaH

Spitzenreiter in Deutschland Ende 1980 legte sein Image endgültig fest. *»Lieb mich ein letztes Mal«* und *»Dich zu lieben«* 1981 und *»Manchmal möchte ich schon mit dir«* 1982 waren seine ersten Erfolge. Inzwischen besitzt er seine eigene Produktionsfirma für TV-Sendungen und ist mit der Schauspielerin Anja Schütte verheiratet.

Der Hit: *Santa Maria*
Der Tip: *Frauen* (Hansa 260 328)

Kajagoogoo

Limahl, v (* 19.12.1958 als Chris Hamill); Nick Beggs, v/b (* 13.12.1961); Steve Askew, g (* 9.12.1957); Stuart Croxford Neale, v/syn; Jeremy Strode, d (* 17.1.1958).

Diese britische Teenie-Formation traf Anfang der 80er Jahre genau den Musiknerv der Jugendlichen. Mit Ausnahme von Limahl hatten die vier anderen Musiker 1980 erst als Art Nouveau, dann als Handstands gespielt. 1981 gab Chris Hamill alias Limahl – der Künstlername ist ein Anagramm seines Nachnamens – in einer britischen Musikzeitung eine Anzeige auf, in der stand: »22jähriger, gut aussehender, talentierter Sänger und Songschreiber mit Phantasie und Ehrgeiz sucht vier Jungs mit den gleichen Qualifikationen.« Neben etlichen obszönen Anrufen meldete sich Nick Beggs, dessen Formation auf der Suche nach einem Leadsänger war. Die zwei Parteien tauschten Demobänder aus und waren recht zufrieden mit dem, was sie hörten. Gemeinsam suchten sie nach einem Namen, der möglichst nichts bedeuten sollte. Sie fanden ihn in den ersten Lauten, die von einem Baby zu hören sind: *»Ga-Ga-Goo-Goo«*. Daraus wurde Kajagoogoo. 1982 traf Limahl auf Nick Rhodes von Duran Duran, der der Band zu einem Plattenvertrag verhalf. Im Januar 1983 erschien ihre Single *»Too Shy«* in den britischen Charts und wurde Spitzenreiter. Noch in dem gleichen Jahr verließ Limahl die Band wieder und strebte eine Solokarriere an. Nick Beggs übernahm nun den Leadgesang, und mit dem gut gemachten Stück *»Big Apple«* hatte die Gruppe im Herbst 1983 Platz 8 in GB. 1984 kam es noch zu zwei weiteren Hit-Notierungen, dann verließ Strode die Gruppe, und die drei verbleibenden Musiker hatten 1985 als Kaja noch eine Hit-Notierung. Noch im gleichen Jahr lösten sie sich auf. 1988 tauchte Nick in der Formation Ellis, Begg & Howard auf, die mit *»Big Bubbles, No Troubles«* im Herbst des gleichen Jahres einen Top-20-Hit in Deutschland hatte.

Der Hit: *Too Shy*
Der Tip: *White Feathers* (EMI IA 064–07728)

Kalin Twins

Herbert und Harold Kalin (* 16.2.1934). Die Zwillinge hatten ein Demoband aufgenommen, das sie dem Songschreiber Clint Ballard vorspielten. Der war begeistert und verschaffte ihnen 1958 einen Plattenvertrag. Im Mai des gleichen Jahres nahmen sie die Nummer *»When«* auf, geschrieben von Paul Evans, der seinerseits mit *»Seven Little Girls Sitting In The Back Seat«* einen großen Erfolg hatte. Die Platte erreichte in den USA Platz 5, in GB Platz 1, in Deutschland Platz 4. Die Nachfolgesingle war *»Forget Me Not«*, die es noch bis auf Platz 12 in den USA brachte. Diese Bitte wurde jedoch nicht erhört, und die Zwillinge verschwanden wieder aus den Top 40.

Der Hit: *When*
Der Tip: *When* (Bear Family BFX 15122)

Kallen, Kitty

* 25.5.1922. Kitty begann als Bandsängerin bei Jack Teagarden. Danach wechselte sie zu Jimmy Dorsey und hatte mit ihm Ende 1943 Platz 2 in den Pop-Charts: *»They're Either Too Young Or Too Old«*. Anfang 1944 folgte mit *»Besame Mucho«* gar

ein Spitzenreiter in den USA. Ab 1945 sang sie in der Band von Harry James. Im gleichen Jahr hatte sie die Nummer-1-Hits *»I'm Beginning To See The Light«* und *»It's Been A Long Long Time«*. Ab 1949 war Kitty als Solistin erfolgreich. *»Our Lady Of Fatima«* war im Herbst 1950 ihr erster Top-10-Erfolg. *»Little Things Mean A Lot«* kam im Frühjahr 1954 in die US-Charts, belegte neun Wochen Platz 1 und wurde vergoldet. Noch im gleichen Jahr setzte es ebenfalls Gold für *»In The Chapel In The Moonlight«*. Die Liste ihrer Hits geht bis in das Jahr 1962. Mit *»My Coloring Book«* stand sie Ende 1962 unter den Top 20 in den USA. 1967 zog sie sich ganz aus dem Showgeschäft zurück.

Der Hit: *Little Things Mean A Lot*
Der Tip: *Collectibles* (MCA 1544)

Kallmann, Günter

* 19.11.1927 in Berlin. Nachdem er Musik in Berlin studiert hatte, gründete er Anfang der 60er Jahre den Günter-Kallmann-Chor und das Sunshine-Quartett. Unter dem Bandnamen Domingos arbeitete er auch mit dem Medium-Terzett zusammen. Der Titel *»Elisabeth Serenade«* kam Ende des Jahres 1961 in die deutschen Charts und erreichte Platz 3. In GB wurde die Nummer immerhin Platz 45. Ein weiterer internationaler Erfolg gelang dem Chor Ende 1966 mit einem Song aus dem Film *»This Property Is Condemned«*: *»Wish Me A Rainbow«*. Der sehr professionell arbeitende Chor war über viele Jahre regelmäßig in den wichtigsten Fernsehsendungen zu sehen. In den 80er Jahren hörte man Günter beim SFB in Berlin als Moderator.

Der Hit: *Elisabeth Serenade*

Kamen, Nick

* 15.4.1962. Nick wurde durch einen Werbespot für Jeans bekannt, in dem er in einem Waschsalon einen coolen Striptease hinlegte. Das alleine genügt natürlich noch nicht, eine Platte zu besingen. Allerdings war Madonna von diesem Spot so begeistert, daß sie ihm ein Lied schrieb und ihn dann auch noch produzierte. *»Each Time You Break My Heart«* kam Ende 1986 in die GB-Charts und belegte Platz 5, in Deutschland Platz 8. Viele vermuteten in Nick eine Eintagsfliege, doch dann erschien im Frühjahr 1990 die von ihm selbst geschriebene Nummer *»I Promised Myself«* in den Charts und belegte in Deutschland Platz 5. Es folgten weitere Veröffentlichungen. 1992 erschien das Album *»Whatever, Whenever«*.

Der Hit: *Each Time You Break My Heart*
Der Tip: *Each Time You Break My Heart* (WEA 4509-91888-2)

Kane, Eden

* 29.3.1942 als Richard Sarstedt im Delhi, Indien. Seinen Künstlernamen entlieh er dem Film *»Citizen Kane«* von Orson Welles. Seinen ersten Erfolg hatte er 1960 als Schauspieler in dem Film *»Drinks All Round«*. Zwischen 1961 und 1964 hatte der Brite fünf Top-10-Hits in GB. Sein erster war auch sein größter: *»Well, I Ask You«*. Es folgten *»Forget Me Not«*, *»I Don't Know Why«* und *»Boys Cry«*. Erst in den 70er Jahren hörte man wieder von Eden. Zusammen mit seinen Brüdern Clive und Peter trat er als Sarstedt Brothers auf – ohne Erfolg. Clive und Peter hatten sich auch als Solisten versucht. Clive mit wenig, Peter mit großem Erfolg.

Der Hit: *Well, I Ask You*

Kano

Glen White, v; Lella Esposito, v; Rosanna Casale, v; Stefano Pulga, key; Bruno Gergonzi, d; Luciano Nenzatti, syn; Piero Cairo, computer.
Diese Discoband ist ein frühes Beispiel dafür, daß diese Art von Musik von Italien aus über Europa schwappte. Wie so viele Interpreten nach ihnen produzierten sie in Mailand. Ende 1981 hatten sie ihre erste Notierung in den amerikanischen Charts. *»Can't Hold Back (Your Loving)«* erreichte allerdings nur Platz 89. *»Another Life«* war Mitte 1983 ein Platz 10 in der deutschen Hitparade. 1991 versuchte Kano, den Hit *»Another Life«* noch einmal mit einem Remix '91 zu beleben. Es funktionierte nicht.

Der Hit: *Another Life*
Der Tip: *Best Of* (Teldec 625 767)

Kansas

Kerry Livgren, g (* 18.9.1949); Phil Ehart, d (* 4.2.1950); Robby Steinhardt, vln (* 25.5.1950); Dave Hope, b (* 7.10.1949); Steve Walsh, v/key (* 15.6.1951); Rich Williams, g (* 1.2.1950); Steve Morse, g (* 28.3.1954); Billy Greer, b.
Diese amerikanische Band wurde 1971 als White Clover gegründet. 1972 kam Steve Walsh zur Formation, die sich wenig später in Kansas umbenannte. Auf typischen Rock abonniert waren es meist jedoch die zarteren Aufnahmen dieser Gruppe, die Erfolg haben sollten. *»Carry On, Wayward Son«* erschien Ende 1976 in der amerikanischen Single-Hitparade, erreichte Platz 11 und wurde vergoldet. Anfang 1978 erhielten sie eine weitere goldene Platte für die Nummer *»Dust In The Wind«*, die sich bis auf Platz 6 in den US-Charts hochschraubte. Das Stück stammte von der LP *»Point Of Know Return«*, die sich allein in den USA drei

Millionen mal verkaufte und das erfolgreichste Album von Kansas wurde. Der Vorgänger *»Leftoverture«* verkaufte zwar die gleiche Anzahl Platten, kam aber nicht so hoch in die Charts. 1981 verließ Walsh die Band und wurde durch John Elefante ersetzt. Joe hatte bereits seit 1973 auch Soloplatten veröffentlicht. *»Life's Been Good«* war Mitte 1978 mit Platz 12 seine erfolgreichste Single in den USA. In den 80er Jahren wurde Livgren recht bekannt mit christlicher Rockmusik, die in den USA sehr erfolgreich und populär ist. Nach 1984 schien Kansas am Ende. Im Oktober 1986 kamen Walsh, Ehart und Williams wieder als Kansas zusammen. Neu hinzu kam von den Dixie Dregs Steve Morse und außerdem Billy Greer. *»All I Wanted«* wurde Ende 1986 nach vier Jahren Pause wieder ein Top-20-Hit für Kansas. Die neue Besetzung war wesentlich härter als die ursprüngliche. Kansas machte stets die Rockmusik, mit der die Briten rein gar nichts anfangen können.

Der Hit: *Dust In The Wind*
Der Tip: *Dust In The Wind* (Zounds CD 272 00309 B)

Kanté, Mory

* 1950. Mory Kanté wurde in Guinea geboren. Während seines Studiums im Nachbarland Mali perfektionierte er seinen Gesang und seine Beherrschung der Kora, der westafrikanischen Harfe. Später spielte er, zusammen mit der Rail Band und deren Star Salif Keita, sowohl lateinamerikanische als auch ihre eigene Manding-Musik. Mehr und mehr gelang es Mory, die Spielweise der Kora mit westlichen Stilen wie Jazz, Reggae, Funk und Rock zu kombinieren. Nebenher vereinfachte er den Manding-Stil und setzte moderne Studiotechnologie ein. 1987 wurde die LP *»Akwaba Beach«* veröffentlicht, daraus ausgekoppelt die Nummer *»Ye Ke Ye Ke«*, die in den Charts von sieben europäischen Ländern auf Platz 1 stieg. In Deutschland kam die Platte Mitte 1988 bis auf Platz 2. Von der Plattenfirma wurde der Song angekündigt: »Ye Ke Ye Ke, der welterste Afro House Schlager, vom weltersten Elektro-Griot«. Kanté brachte keine weitere Platte in die Top 40.

Der Hit: *Ye Ke Ye Ke*
Der Tip: *Akwaba Beach* (Barclay 833 119-2)

Kaoma

Loalwa Braz, v; Fatou Niang, v/bamboleo; Monica Nogueira, v; Chyco Roger Dru, syn; Michel Abihssira, per; Jean-Claude Bonaventure, congos; Jacky Arconte, b.
Selten haben sich die Medien weltweit für einen an und für sich simplen Tanz so begeistern können wie 1989 für den Lambada. Das mag vor allem daran gelegen

haben, daß die optische Darstellung, speziell der Tänzerinnen, sehr schöne Bilder brachte. Daß sich selbst die Tagesthemen nicht zu schade waren, diesen Ohrwurm zu propagieren, ist schon erstaunlich. Die Platte fiel wie eine Seuche über Europa her, und kaum eine Stunde verging, in der man dieses Lied nicht im Radio hörte. Irgendwann wußte man nicht mehr, ob die Nummer Kaoma und die Ausführenden Lambada waren oder umgekehrt. War auch ziemlich egal. Man guckte auf die knappen Höschen der Tänzerinnen und war beruhigt. Was bei schlanken Brasilianerinnen jedoch grazil oder erotisch aussah, wirkte bei den hierzulande obligaten Maßen meist mehr oder weniger plump, entbehrte aber nicht einer gewissen Komik. Die Bemühungen der europäischen, speziell der deutschen Lambada-Tänzer, hatten schon was für »Pleiten, Pech und Pannen«. Was nach dem Song *»Lambada«* geschah, der im September 1989 in die deutsche Hitparade kam, Platz 1 erreichte und alleine hier zwei Millionen mal verkauft wurde, war unfaßbar. Jeder versuchte sich an einem Lied, in dem irgendwo *»Lambada«* zumindest vorkommen mußte. Helga Feddersen und Olli Maier machten *»Lärmbada«*, Peter Behrens von Trio *»Der lila Lederhosenlambada«* oder Boney M.s *»Malaika«* wurde im Lambada-Remix wieder neu veröffentlicht. Chyco und Roberta, das blonde weiße Mädchen und der krausköpfige braune Junge, die im Video von Kaoma gezeigt hatten, wie man Lambada auch tanzen kann, machten ebenfalls Lambada-Platten. Wie so viele Tänze zuvor und so viele, die noch kommen werden, tanzte man diesen nur einen Winter.

Der Hit: *Lambada*
Der Tip: *Worldbeat* (CBS 466 012-1)

Karas, Anton

* 7.7.1906 in Wien, † 10.1.1985. Nachkriegszeit – Wien – Stadt besetzt. Atmosphäre spielte die Geschichte vom *»Dritten Mann«* nach einem Roman von Graham Greene. Orson Welles spielte eine Hauptrolle. Joseph Cotton, Trevor Howard, Ernst Deutsch, Erich Ponto und Paul Hörbiger waren weitere Mitspieler. Auf den ersten Blick vielleicht ein Spionagethriller, auf den zweiten ein handfester Krimi um Penicillinschmuggel. Der Regisseur Carol Reed drehte an Originalschauplätzen und suchte nun nach der passenden Musik. Es sollte kein Wiener Walzer sein; Reed suchte etwas Besonderes und fand es in einem der vielen Heurigenlokale in Wien. Dort spielte an einem Abend der zu diesem Zeitpunkt über 40jährige Anton Karas Zither, für ihn schien die Aufgabe also erst einmal einfach. In London – so erzählt die Geschichte – fiel ihm aber partout nichts ein. Daraufhin sperrte ihn der Regisseur ein mit der Drohung, ihn erst wieder rauszulassen, wenn die Musik fertig sei. Wie wir wissen, wurde sie fertig. Der Film kam in die Kinos, die Platte wurde zu einem unglaublichen Knüller.

Alleine in den USA stand die Nummer 11 Wochen auf Platz 1 der Hitparade, vom 21. April bis zum 1. Juli 1950. Innerhalb eines Jahres wurden vier Millionen Exemplare verkauft, und in der Endabrechnung steht, daß bis 1963 40 Millionen mal *»Der dritte Mann«* über die Ladentheke ging. Anton Karas kaufte sich von dem Geld ein Restaurant in Grinzing – es hieß natürlich *»Der dritte Mann«*. Jeden Abend trat der Meister für 10 Minuten selbst auf. Während dieser Zeit wurde die Beleuchtung gedimmt, die Kellner mußten ihren Service einstellen.

Der Hit: *Der dritte Mann*

Karat

Herbert Dreilich, v/g (* 5.12.1942); Christian Liebig, b, Bernd Römer, g (* 6.9.1944); Thomas Kurzhals, key (* 13.12.1953); Michael Schwandt, d (* 4.11.1952); Ulrich Swillms, key (* 7.3.1947); Henning Protzmann, b/v (* 12.2.1946)
Karat wurde 1973 in der damaligen DDR gegründet. Alle Musiker können auf eine profunde musikalische Ausbildung zurückblicken. Ende 1979 erschien das Debüt-Album *»Albatros«*, auf dem die Single *»Über sieben Brücken mußt du gehen«* enthalten war. Peter Maffay sang diesen Titel nach und erreichte damit im Dezember 1980 Platz 4 in der Hitparade. Die Version von Karat kam im Januar 1981 in die Hitparade und wurde Platz 15. *»Jede Stunde«*, erschienen Mitte 1982, wurde der erste und einzige Top-10-Erfolg dieser Formation. Auch nach dem Zusammenschluß konnte Karat mit den auf hohem Niveau stehenden deutschsprachigen Songs die Fans bei der Stange halten.

Der Hit: *Jede Stunde*
Der Tip: *Albatros* (Pool 8.24087)

Katrina & The Waves

Katrina Leskanich, v (* 10.4.1959); Kimberley Rew, g: Vincent de la Cruz, b; Alex Cooper, d.
Die in Kansas geborene Katrina und der in Texas geborene Vince kamen 1976 nach GB, da ihre beim Militär arbeitenden Eltern dorthin versetzt wurden. Rew und Cooper waren Absolventen der Cambridge University. Rew hatte außerdem bei der Formation Soft Boy gespielt und sich mit selbst geschriebenen Songs als Solist versucht. 1982 kam die Rock/Pop-Formation Katrina & The Waves zusammen, und ihre ersten beiden Alben wurden nur in Kansas veröffentlicht. 1985 schließlich gelang ihnen mit *»Walking On Sunshine«* der erste Erfolg: im Frühjahr 1985 Platz 9 in den USA, Platz 8 in GB. Ihr Titel *»That's The Way«* kam Mitte 1989

in die US-Charts und wurde ein Top-20-Erfolg. In unveränderter Besetzung erschien 1993 *»Honey Lamb«*.

Der Hit: *Walking On Sunshine*
Der Tip: *Walking On Sunshine* (EMI CP 32-5099)

Kay, Janet

Ein mit dünnem, fast nervendem Stimmchen gesungenes Reggae-Stück war der einzige Hit dieser britischen Sängerin. Im Juni 1979 hatte sie einen Platz 2 in GB mit *»Silly Games«*. Die gleiche Nummer sang sie 1990 noch einmal zusammen mit der Fernsehmoderatorin Lindy Layton. Diesmal wurde es ein Platz 22. Als Interpreten wurden angegeben Lindy Layton feat. Janet Kay.

Der Hit: *Silly Games*

Kaye, Danny

* 18.1.1913 als David Daniel Kaminski, † 3.3.1987. Der vielseitige Sänger, Tänzer und Entertainer, dessen Mimik unerschöpflich war, gab sein Broadway-Debüt 1939 in *»The Straw Hat Revue«*. 1941 sah man ihn in *»Lady In The Dark«*. In der Show sang er den Titel *»Tchaikovsky«*, der sich zu einem wahren Show Stopper entwickelte. Innerhalb von 58 Sekunden ratterte er 54 Namen von russischen Komponisten runter. Die Leute standen kopf. Überhaupt waren solche Zungenbrecher – ob auf der Bühne oder im Film – eine seine großen Spezialitäten. Erinnert sei an den Becher mit dem Fächer. Ab 1943 machte Danny Kaye Filme, wobei tragikomische Rollen seine Spezialität waren: z. B. *»Der Hofnarr«* 1955, *»Jakobowski und der Oberst«* 1958. Seinen letzten Film drehte er 1969. *»The Madwoman Of Challiot«*. Danach kehrte er an den Broadway zurück und spielte mit im Musical *»Two By Two«*. Der talentierte Musiker dirigierte hin und wieder die New Yorker Philharmoniker oder andere große Symphonieorchester. Viele Jahre war er Mitbesitzer des Seattle Mariners Baseball Clubs. Zwischen 1963 und 1967 hatte er eine regelmäßige TV-Sendung: die *»Danny Kaye Show«*, für die er 1964 einen Emmy Award erhielt. Als Platteninterpret war er zusammen mit den Andrews Sisters am erfolgreichsten. *»Civilization«* kam Ende 1947 in die US-Charts und erreichte Platz 3. *»The Woody Woodpecker«* war ein Jahr später ein weiterer Top-20-Erfolg für ihn. Viele seiner Lieder und auch viel von seinen witzigen Texten schrieb nicht er, sondern seine Frau Sylvia Fine, mit der er seit 1940 verheiratet war. Danny arbeitete viele Jahre intensiv für die UNICEF. 34 Jahre lang war er Sonderbotschafter dieser Kinderhilfsorganisation. Seine humanitären Bemühungen fanden weltweit Anerkennung. Kaye wurde von den Köni-

ginnen von England und Dänemark geehrt, die französische Regierung zeichnete ihn mit einem ihrer höchsten Orden aus. Bereits 1954 erhielt er einen Ehrenoscar. Er starb nach einem Herzinfarkt.

Der Hit: *Civilization*
Der Tip; *The Best Of* (MCA MCL 1704)

Kaye, Sammy

* 13.3.1910. Das Motto dieses amerikanischen Orchesterleiters war »Swing and sway with Sammy Kaye«. Sammy spielte Klarinette und Altsaxophon. Bereits in den 30er Jahren gründete er seine eigene Band. Mit dem Titelsong aus dem Film *»Rosalie«* hatte Sammy Ende 1937 seinen ersten Spitzenreiter in den USA. Bis 1953 sollte er über 100 Eintragungen in den US-Pop-Charts haben. Die Spitzenreiter waren *»Love Walked In«* 1938, *»Dream Valley«* 1940, *»Daddy«* 1941, *»Chickery Chick«* 1945, *»I'm A Big Girl Now«* und *»The Old Lamplighter«* 1946 und *»Harbor Lights«* 1950. Im gleichen Jahr hatte er den Millionseller *»It Isn't Fair«*, der bis auf Platz 2 kam. 1942 komponierte er den Titel *»Remember Pearl Harbor«*, der den Amerikanern den Krieg über in die Ohren geblasen wurde. Die Band von Sammy blieb bis in die 70er Jahre aktiv und nahm weiter Platten auf.

Der Hit: *It Isn't Fair*

Kaye Sisters

Sheila Jones (* 21.10.1936), Shirley *»Shan«* Palmer (* 13.8.1938), Carole Young (12.4.1930), alle v.
Als Three Kayes hatten die drei britischen Sängerinnen im Mai 1956 in GB den Top-20-Hit *»Ivory Tower«*. Ab 1957 sangen sie als Kaye Sisters. Mitte 1960 war *»Paper Roses«* ein Platz 7 in den britischen Charts. Zusammen mit Frankie Vaughan hatten sie im November 1957 den Top-10-Erfolg *»Gotta Have Something In The Bank Frank«*. Im Mai 1959 sangen sie mit Frankie einen Nachzieher des Fleetwoods Hits *»Come Softly To Me«*, der es ebenfalls unter die Top 10 brachte. Ende der 60er Jahre zog sich Shirley Jones aus dem Musikgeschäft zurück und wurde durch eine andere Sängerin ersetzt. Sie arbeiteten u. a. zusammen mit Max Bygraves. Ende der 70er Jahre ging auch Young, um eine Karrier als Schauspielerin zu verfolgen. Sie war später in der TV-Serie *»Coronation Street«* zu sehen. 1992 kam die Originalbesetzung noch einmal anläßlich einer Hommage an Glenn Miller zusammen.

Der Hit: *Paper Roses*

KC & The Sunshine Band

Die beiden Amerikaner Harry Wayne Casey, v/key (* 31.1.1951) und Richard Finch, b (* 25.1.1954) waren die Köpfe hinter dieser Formation. Casey war 1973 noch in einem Plattenladen als Verkäufer angestellt. Nebenher arbeitete er ohne Bezahlung in einem Tonstudio und lernte so den Umgang mit Tonbändern und Aufnahmegeräten. Im gleichen Studio arbeitete als Bassist Richard Finch, mit dem er sich anfreundete. Sie gründeten eine eigene Band, die sie KC – ein Kürzel des Nachnamens von Harry – & The Sunshine Junkanoo nannten. Mit ihnen spielten je nachdem neun bis elf Musiker. 1974 erhielten sie einen Plattenvertrag und veröffentlichten als Debüt-Single *»Blow Your Whistle«*. Neben Casey und Finch spielten Studiomusiker mit. Die Platte wurde kein Erfolg. Mitte 1974 schrieben und produzierten die beiden für George McCrae *»Rock Your Baby«*. Die Platte entwickelte sich zum Millionseller. Im Herbst immer noch des gleichen Jahres kam ihr Titel *»Queen Of Clubs«* in die britische Hitparade und wurde Platz 7. Mitte 1975 sollten sie auch in den USA erfolgreich sein. *»Get Down Tonight«* kam in die US-Charts und wurde Spitzenreiter. Ab diesem Zeitpunkt bis 1984 wurden sie in den Hitparaden notiert. *»That's The Way (I Like It)«* 1975, *»(Shake, Shake, Shake) Shake Your Booty«* 1976, *»I'm Your Boogie Man«* 1977, *»Please Don't Go«* 1979 und *»Give It Up«* 1983 waren Spitzenreiter entweder in den USA oder in GB. Zusammen mit Teri DeSario hatte KC Ende 1979 den Millionseller *»Yes, I'm Ready«*. Am 15.1.1982 wurde Harry Casey bei einem Autounfall schwer verletzt. 1983 hatte er sich jedoch wieder so weit erholt, daß er seine eigene Plattenfirma Meca gründen konnte. 1991 kam ein Remix von *»That's The Way (I Like It)«* in die britische Hitparade. Der Titel war zwar als Remix ausgezeichnet, basierte aber nicht auf der Original-Single-Version.

Der Hit: *Please Don't Go*
Der Tip: *The Best Of* (EMI CDP 7 94879 2)

K-Doe, Ernie

* 22.2.1936 als Ernest Kador jr. Ernie ist ein typischer Vertreter des New Orleans Rhythm & Blues, wie er Anfang der 50er Jahre gespielt wurde. 1954 nahm er mit den Blue Diamonds, zu denen zu diesem Zeitpunkt auch Huey Piano Smith gehörte, seine ersten Platten auf. Ein Jahr später versuchte er sich als Solist. Im Frühjahr 1961 sollte ihm mit *»Mother-In-Law«* ein Spitzenreiter in den USA gelingen. Diesen Erfolg konnte er nicht annähernd wiederholen. 1967 tauchte er wieder in den Rhythm-&-Blues-Charts auf. Bis heute ist er in New Orleans ein beliebter Live-Künstler, der gelegentlich noch Platten aufnimmt und bei einem ortsansässigen Radiosender ein eigenes Rhythm-&-Blues-Programm betreut.

Der Hit: *Mother-In-Law*
Der Tip: *Mother-In-Law* (Minit Records LAX 309)

Keating, Johnny

Der britische Arrangeur und Orchesterleiter hatte sich darauf spezialisiert, Melodien für Film, Funk und Fernsehen zu schreiben und zu spielen. Etliche seiner Aufnahmen machte er zusammen mit dem Londoner Symphonie-Orchester, so z. B. die Themenmusik zu »*Onedin Line*« oder »*Sleepy Shores*«, das Thema zur Fernsehserie »*Owen M.D.*«. Im Frühjahr 1962 hatte Keating mit dem »*Theme From Z Cars*« einen Platz 8 in der britischen Pop-Hitparade.

Der Hit: *Theme From Z Cars*

Keegan, Kevin

* 14.2.1951. Radi Radenkovic sang »*Bin i Radi – bin i König*«, Gerd Müller »*Dann macht es bum*«, Franz Beckenbauer »*Gute Freunde kann niemand trennen*« – warum sollte also der Brite Kevin Keegan nicht auch singen dürfen? Sein Titel »*Head Over Heels In Love*« erschien Mitte 1979. In Deutschland erreichte er damit einen Platz 10, in GB 31. Zu diesem Zeitpunkt spielte Kevin gerade beim Hamburger SV und war als »*Mighty Mouse*« ein allgemeiner Sympathieträger. Danach widmete er sich wieder Dingen, die er besser konne. So ging er als 33jähriger in das Scheichtum Bahrein am Persischen Golf und erhielt als »*Demonstrationsspieler*« 40 000 DM die Woche.

Der Hit: *Head Over Heels In Love*

Keith

* 7.5.1949 als James Barry Keefer. Schon als Teenager entschloß sich der Amerikaner, Sänger zu werden. Als Keith & The Admirations machte er 1965 seine ersten Plattenaufnahmen. Im Herbst 1966 wurde er erstmals in den US-Charts mit »*Ain't Gonna Lie*« notiert. Im Dezember des gleichen Jahres erreichte »*98.6*« Platz 7 in den US-Charts. Bei beiden Hits wurde er von den Tokens begleitet. 1967 gelangen ihm noch zwei Hit-Notierungen. Dann wurde er zum Militär eingezogen und kam, nachdem er die Truppe unerlaubt verlassen hatte, ins Gefängnis. Danach war seine Karriere beendet.

Der Hit: *98.6*

Keller, Jerry

* 20.6.1937. Der amerikanische Sänger hatte den Sommerhit des Jahres 1959. Jerry war einer der vielen Jungs, die zu singen beginnen und hoffen, das große Geld zu machen. Alleine schaffte er es nicht, aber ein alter Kumpel aus Jugendtagen half ihm auf die Beine – es war Pat Boone. Er gab Jerry zumindest mal die richtigen Namen der wirklich wichtigen Leute bei den Plattenfirmen, denen Jerry seine selbstgeschriebenen Lieder schicken konnte. Der Titel »*Here Comes Summer*« gefiel, wurde aufgenommen, erreichte Platz 14 in den USA und 1 in GB. Damit hatte er allerdings offenhörlich sein Pulver verschossen. Ein weiterer Hit ist ihm nicht gelungen. Als Songschreiber gelang ihm zumindest mit dem Lied »*Almost There*« in der Version von Andy Williams 1964 noch einmal ein kleinerer Erfolg.

Der Hit: *Here Comes Summer*

Kelly, Gene

* 23.8.1912. Neben Fred Astaire gilt Gene als der größte singende Tänzer der Filmgeschichte. Seine Karriere begann 1938 am Broadway in »*Leave It To Me*«. Speziell seine Auftritte in den Filmen »*Ein Amerikaner in Paris*« 1951 oder »*Singin' In The Rain*« 1952 sind bemerkenswert. Im Gegensatz zu Astaire brachte es Gene jedoch nur auf einen Hit in den US-Charts, und den auch nur im Duett mit Judy Garland. »*For Me And My Gal*«, der Titelsong seines ersten Films, erreichte im Frühjahr 1942 Platz 3 in den USA. Die B-Seite dieser Single kam drei Monate später in die Top 20.

Der Hit: *For Me And My Gal*
Der Tip: *The Great MGM Stars* (EMI CDP 7 95862 2)

Kelly, Willie

Zusammen mit seinem Orchester hatte Willie im Frühjahr 1943 »*Comin' In On A Wing And A Prayer*« auf Platz 2 in der US-Hitparade. Auch die B-Seite dieser Platte, »*You'll Never Know*«, kam unter die ersten 10. Ansonsten hinterließ er keine Spuren in den Top 10. Bei dem Hit handelte es sich um einen typisch amerikanischen Kriegssong aus dem Zweiten Weltkrieg. Er handelte von Fliegern, die tapfer ihre beschädigten Maschinen mit einem Gebet auf den Lippen noch heil landen. Am erfolgreichsten war die Version von »*Comin' In On A Wing And A Prayer*« mit dem Song Spinners.

Der Hit: *Comin' In On A Wing And A Prayer*

Kemp, Hal

* 27.3.1905 als James Harold Kemp, † 21.12.1940. Der amerikanische Orchesterleiter und Saxophonist begann seine Karriere Anfang der 20er Jahre als Leiter einer Tanzkapelle. Im Sommer 1924 spielte er auf einem Ozeandampfer und blieb für einige Zeit in England. Danach kehrte er in die USA zurück und begann ab 1927 ausschließlich als Profimusiker zu arbeiten. Ab 1930 wurde er in den Hitparaden aufgeführt. Bis 1941 gelangen ihm über 60 Hits. Seine größten Erfolge waren *»There's A Small Hotel«* und *»When I'm With You«* 1936 und *»This Year's Kisses«* und *»Where Or When«* 1937. Hal starb im Alter von nur 35 Jahren an den Folgen eines Autounfalls.

Der Hit: *This Year's Kisses*

Kemp, Johnny

Der in Nassau auf den Bahamas geborene Sänger, Tänzer, Schauspieler und Songschreiber trat in den Nachtclubs seiner Heimatstadt auf, als er erst 13 Jahre alt war. 1979 zog er mit seiner Familie nach Harlem. Hier feierte man ihn schnell als hoffnungsvolles Talent in der Garde des amerikanischen Rhythm & Blues und Soul. Seinen ersten Hit hatte Johnny im Frühjahr 1986 in der US-Rhythm-&-Blues-Hitparade mit *»Just Another Lover«*. Zwei Jahre später stand er in eben jenen Charts auf Platz 1 mit *»Just Got Paid«*. Die Platte entwickelte sich zum Millionseller und Platz 10 in den amerikanischen Pop-Charts. Im Frühjahr 1989 kam *»Birthday Suit«*, ein Titel aus dem Film *»Sing«* in die US-Charts und erreichte Platz 36. Ansonsten gelang dem Hochgelobten bisher nichts.

Der Hit: *Just Got Paid*

Kemp, Tara

1990 entdeckten zwei amerikanische Produzenten Tara Kemp als Sängerin einer Band in der Bay Area um San Francisco. Sie bahnten der Sängerin, Songschreiberin und klassisch ausgebildeten Pianistin einen Weg als Solistin. Im Januar 1991 erschien *»Hold You Tight«* in den US-Charts, wurde ein Millionseller und erreichte Platz 3. Die Nachfolge-Single *»Peace Of My Heart«* kam vier Monate später auf Platz 7.

Der Hit: *Hold You Tight*
Der Tip: *Tara Kemp* (Giant 9 24408 2)

Kendricks, Eddie

* 17.12.1939, † 5.10.1992. Schon während der Zeit auf der High-School in Birmingham, Alabama, lernte Eddie Paul Williams kennen. Die beiden sangen in diversen Doo-Wop-Gruppen. Als beide 17 waren, zogen sie nach Detroit und gründeten dort eine Band, die sie Primes nannten. 1960 wurden beide Mitglieder in der populären Konkurrenzgruppe Distants. Aus dieser Band wurden die Elgins und ab 1961 die Temptations. Eddie sang etliche der großen Hits dieser Formation. 1970 verließ er die Band und startete eine Solokarriere, die bis 1985 anhielt. Seine beiden größten Erfolge waren 1973 der Spitzenreiter in den USA *»Keep On Truckin' (Part I)«* und im Januar 1974 Platz 2 mit *»Boogie Down«*. Zusammen mit seinem ehemaligen Temptations-Kollegen David Ruffin trat er beim Live-Aid-Konzert auf und gab ein bemerkenswertes Konzert im New Yorker Apollo Theater, zu dem dann auch noch Daryl Hall und John Oates stießen. Nach diesem Erfolg erhielten die beiden einen Plattenvertrag und veröffentlichten Titel als Ruffin & Kendricks. David Ruffin starb am 1. Juni 1991 an einer Überdosis Drogen. Eddie Kendricks überlebte ihn nicht lange. Kurz nach Ruffins Tod stellten die Ärzte bei Eddie Lungenkrebs fest, der auf seinen hohen Zigarettenkonsum zurückgeführt wurde.

Der Hit: *Keep On Truckin' (Part I)*
Der Tip: *Kendricks* (Tamla Motown OC 062-94662)

Kenner, Chris

* 25.12.1929, † 25.1.1976. Chris Kenner war in den 50er Jahren ein populärer Songschreiber in New Orleans. 1957 nahm Chris den Titel *»Sick And Tired«* auf, mit dem er bis auf Platz 13 in den Rhythm-&-Blues-Charts kam. Der Besitzer der Plattenfirma Instant Records schlug ihm Anfang der 60er Jahre vor, auf seinem Label zu singen. Mit der zusammen mit Allen Toussaint komponierten Nummer *»I Like That, Part I«* erreichte Chris Mitte 1961 die US-Charts und wurde Spitzenreiter. In den folgenden Jahren hat er noch etliche erfolgreiche Titel geschrieben, so z. B. zusammen mit Fats Domino die Nummer *»Land Of 1000 Dances«*, die in der Version von Wilson Pickett 1966 ein Riesenhit der Soul-Ära wurde. Auch Fats Domino, Dave Clark oder die Walker Brothers übernahmen seine Kompositionen. 1968 wurde er wegen Vergewaltigung einer Minderjährigen zu einer Gefängnisstrafe verurteilt, und zeit seiner Karriere hatte er Probleme mit Alkohol. Trotzdem gehen einige der besten Rhythm-&-Blues-Aufnahmen auf sein Konto. Er starb 1976 nach einem Herzinfarkt.

Der Hit: *I Like It Like That, Part I*

Kenny

Richard Driscoll, v/g (* 1.5.1957); Yan Style, g; Christopher Lacklison, key; Chris Redburn, b (* 14.3.1957); Andy Walton, d (* 1.10.1957).
1973 veröffentlichte auf dem RAK-Label in GB ein Kenny zwei Titel, die in die britischen Charts kamen. Die Nummer »*Heart Of Stone*« erreichte Platz 11, in Deutschland Platz 28. Ein Jahr später kam auf dem gleichen Label Kenny mit »*The Bump*« in die GB-Charts und erreichte Platz 3. Im ersten Fall handelte es sich um den irischen Sänger Tony Kenny, im zweiten um die oben erwähnte Gruppe. »*Fanny Pants*« war für sie der Nachfolgehit, der im März 1975 vier Monate nach dem ersten Erfolg Platz 4 wurde. Und schließlich hatte man Ende 1975 mit »*Julie Ann*« einen dritten und letzten Top-10-Erfolg.

Der Hit: *The Bump*
Der Tip: *The Sound Of Super K* (RAK IC 062-97139)

Kent, Peter

* 9.9.1948 als Peter Hedrich. Der aus Herten im Ruhrgebiet stammende Kent gründete mit 18 seine erste Band Six De Conduits. Sie spielten vorwiegend die Hitparaden rauf und runter. 1969 spielte Kent den Claude im Musical »*Hair*«. Es folgten Rollen in »*Jesus Christ Superstar*« und »*Godspell*«. Ab 1972 machte er in München in der Kleinkunstszene sogenannte anspruchsvolle Schlager. In der Formation Love Generation sammelte er ab 1975 Profi-Erfahrung. 1979 lernte er den Produzenten Harald Steinhauer kennen, der ihm einen Solovertrag besorgte. »*It's A Real Good Feeling*« kam im Januar 1980 in die deutsche Hitparade und erreichte Platz 1. Nach 1982 gelang ihm kein Erfolg mehr. Zusammen mit seiner Frau Luisa Fernandez hatte er im Herbst 1986 den Top-20-Erfolg »*Solo Por Ti*«. Inzwischen beschäftigt er sich auch mit Produktionen.

Der Hit: *It's A Real Good Feeling*
Der Tip: *The Dream Machine Part 1 & 2* (Electrola IC 064-46012)

Kent, Tommy

* 21.8. als Guntram Kühbeck. Der gebürtige Münchner begann Mitte der 50er Jahre, als Sänger und Unterhalter durch die Künstlerlokale Schwabings zu ziehen, um sich sein Architekturstudium zu finanzieren. Im Herbst 1958 wurde er zu Probeaufnahmen nach Hamburg eingeladen, denn er sollte einer der deutschen Interpreten werden, die Ende der 50er Jahre versuchten, den Rock 'n' Roll und die US-Teenager-Musik auf den deutschen Markt zu übertragen. Tommy sang

deutschsprachige Nachzieher von *»Sweets For My Sweet«*, *»I Need Your Love Tonight«*, *»Please Don't Tease«* oder *»Personality«*. Auch einige neue deutsche Kompositionen, an denen Bert Kaempfert beteiligt war, nahm Tommy auf. Seinen größten Erfolg hatte er mit der Nummer *»Susie Darlin'«*, im Original im Herbst 1958 als Top-10-Hit in den USA mit Robin Luke. Tommy erreichte mit seiner Version Mitte 1959 Platz 4 in Deutschland. Nach vier weiteren Hit-Notierungen, die sich bis ins Jahr 1965 zogen, hörte man von ihm nichts mehr in den Charts. Danach arbeitete er als Architekt.

Der Hit: *Susie Darlin'*
Der Tip: *Susie Darlin'* (Bear Family BCD 15484)

Kenton, Stan

* 19.2.1912, † 25.8.1979. Stan gilt als ein Pionier des progressiven Big-Band-Jazz. Seine erste Band gründete er 1941, nachdem er in verschiedenen Tanzbands Piano gespielt hatte. Ab 1943 spielte er in der »Bob Hope Radio Show«, ab 1944 wurde er in den Charts verzeichnet. Ende jenes Jahres hatte er mit *»Artistry In Rhythm«* – das Stück wurde zu seinem Erkennungsthema – einen Platz 16 in den USA und einen Millionseller. Mitte 1945 erreichte *»Tampico«* ebenfalls Goldstatus und Platz 3 in den USA. *»It's Been A Long, Long Time«* 1945, *»Shoo-Fly Pie And Apple Pan Dowdy«* 1946 und *»Orange Colored Sky«* – zusammen mit Nat King Cole – 1950 waren seine weiteren Top-10-Erfolge. Die Liste seiner Hits geht bis in das Jahr 1962.

Der Hit: *Tampico*
Der Tip: *Greatest Hits* (Capitol CDP 7 48437 2)

Kerkeling, Hape

* 9.2.1964. Eigentlich ist es normal, daß sich Fernsehgrößen auch auf Platten verewigen. Als kleiner Kotzbrocken Hannilein hüpfte er als Känguruh durch die Lande und bekam zwei Pönkten für seine Moderation bei der deutschen Grand-Prix-Vorentscheidung, die er erst erträglich machte. Seine Auftritte bei der IFA in Berlin gehörten zu den wenigen ansehenswerten Sendungen. Unvergessen sein Auftritt als falsche Königin Beatrix (» ... mal lecker Mittag essen gehen«) oder als streng recherchierender Journalist bei der Pressekonferenz (» ... warum wird hier kein Gebäck gereicht?«). 1991 wurde zum Hape-Kerkeling-Jahr. Seine Feststellung *»Das ganze Leben ist ein Quiz«* – es klang irgendwie lustig, aber war ganz ernst gemeint – kam im Herbst des Jahres in die deutsche Hitparade und erreichte Platz 7. Anfang 1992 überraschte er mit seiner Betrachtung *»Hurz!!!«*,

wobei es sicher gut war, daß man mal darüber geredet hat. Dieses ganze Leben ist ein *»Hurz!!!«*, und wir sind die Plattenkäufer, erreichte Platz 4 in der deutschen Hitparade. 1992 kam sein Debüt-Film »Kein Pardon« in die Kinos. Es war, wie er selbst sagte, »eine komische Tragödie aus vertrautem öffentlich-rechtlichem Anstaltsmuff«. Sein Motto scheint zu sein *»Witzigkeit kennt keine Grenze«*. Und das macht er so lange, bis es uns gefällt. Das bedeutet, daß er eine lang anhaltende Karriere vor sich hat.

Der Hit: *Hurz!!!*
Der Tip: *Erwarten Se nix* (Ariola 261 396)

Kern, Renate

* 23.1.1945 als Renate Poggensee, † 18.2.1991. Die Tochter der Pianistin Gertrud Poggensee absolvierte eine Gesangs- und Tanzausbildung. Mit Schlagerlein wie *»Kiss And Shake«* oder *»Du bist meine Liebe«* hatte sie 1965 ihre ersten Hits. *»Lieber mal weinen im Glück«*, im August 1968 in die Charts gekommen, blieb ihr einziger Top-10-Erfolg. Ende der 60er Jahre ging sie mit dem Orchester James Last auf internationale Tournee. Nachdem sich ab Mitte der 70er Jahre keine Hits mehr einstellten, sang sie als Nancy Wood Country-Songs. Das brachte ihr Ende 1981 mit *»Imagine That«* eine Hit-Notierung in den US-Country-Charts. Anfang der 90er Jahre muß sie unter starken Depressionen gelitten haben. Sie verbrachte etliche Zeit im Krankenhaus und erhängte sich an einem Dachbalken im Wohnzimmer ihres Hauses in der Nähe von Oldenburg. Lieber mal lachen im Pech.

Der Hit: *Lieber mal weinen im Glück*

Kershaw, Nik

* 1.3.1958 als Nicolas David Kershaw. Der britische Musiker und Songschreiber nimmt meist seine Platten im Alleingang auf. 1983 erschien seine erste Platte *»I Won't Let The Sun Go Down On Me«*, die erst nach der zweiten Single *»Wouldn't It Be Good«*, die im Februar 1984 in die britischen Charts kam, dort Platz 4 und in Deutschland Platz 2 wurde, zu Hitruhm kam. Weitere Top-10-Erfolge waren *»The Riddle«* 1984, *»White Boy«* und *»Don Quixote«* 1985. In den 90er Jahren gelang ihm bisher kein Erfolg als Interpret. Dafür schreibt er für andere, z. B. für Chesny Hawkes dessen Hit *»The One And Only«* oder für die Hollies *»The Woman I Love«*.

Der Hit: *Wouldn't It Be Good*
Der Tip: *Collection* (MCA MCD 10452)

Khan, Chaka

* 23.3.1953 als Yvette Marie Stevens. Die amerikanische Sängerin arbeitete als Teenager für die Black-Panther-Bewegung. Während dieser Zeit legte sie sich den Namen Chaka Khan zu, wobei Chaka »Feuer« bedeutet. 1969 wurde sie Mitglied bei Shades Of Black, 1970 bei Look & Chain und Lyfe und 1972 als Ersatz für Paulette Mc Williams Leadsängerin bei Ask Rufus, aus denen schließlich im August 1973 nur noch Rufus wurde. Diese Soulgruppe aus Chicago hatte sich vorher bereits einen Namen als Smoke gemacht. Im Laufe der nächsten Jahre sollte es sehr viele Wechsel in der Besetzung geben. Ihr Hit-Debüt gaben sie mit dem von Stevie Wonder geschriebenen Millionseller *»Tell Me Something Good«*, mit dem sie Mitte 1974 Platz 3 in den USA erreichten. Danach nannte man sich Rufus featuring Chaka Khan. Mit *»Sweet Thing«*, Anfang 1976 Platz 5 in den USA, gelang ihnen wieder ein Millionseller. Ab 1978 nannte sich die Gruppe Rufus & Chaka Khan. Trotzdem unterschrieb Chaka Ende des Jahres wegen Schwierigkeiten innerhalb der Formation einen Solovertrag und veröffentlichte ihre erste LP. Mit der Single-Auskopplung *»I'm Every Woman«* hatte sie 1978 ihre erste Hitparaden-Notierung. Ein Remix dieser Nummer erreichte 1989 in GB die Top 10. 1992 sang Whitney Houston den Titel im Erfolgsfilm »Bodyguard« und verhalf ihm erneut zu Hitruhm. Im August 1979 trennte sich Chaka von Rufus und veröffentlichte nur noch unter ihrem Namen Platten. *»I Feel For You«* belegte im Herbst 1989 Platz 3 in den USA, den Spitzenplatz in GB und Platz 4 in Deutschland. Geschrieben wurde der Hit von Prince, Stevie Wonder spielte Mundharmonika, Grandmaster Melle Mel rappt. Weitere Hits waren *»Eye To Eye«* 1985 und *»Ain't Nobody (Remix)«*, 1989 wieder ein Top-10-Hit. Ebenfalls 1989 erschien die Quincy Jones Nummer *»I'll Be Good To You«* als Duett von Chaka Khan und Ray Charles und wurde ein Top-20-Hit in den USA. Seit Anfang der 90er Jahre lebte Chaka in Mannheim.

Der Hit: *I Feel For You*
Der Tip: *Life As A Dance* (WB 925 946-2)

Kicks Like A Mule

Hinter diesem Projekt stehen Nick Halkes und Richard Russell, zwei Mitarbeiter einer englischen Plattenfirma. Mit dem Titel *»The Bouncer«* erreichten sie im Frühjahr 1992 Platz 7 in den britischen Charts. Die Nummer spiegelte die Erfahrungen wider, die viele Diskogänger am Eingang zu ihren Tanztempeln machen: *»Dein Name steht nicht auf der Liste, du kannst nicht rein«*. Diesen Satz hatten die beiden während einer Tour durch die Londoner Clubs aufgenommen und mit typischer Discomusik unterlegt. Nick und Richard hatten als Produzenten

Chaka Khan *(Warner Records)*

bereits für T99 und Cibic 22 gearbeitet. Kick Like A Mule veröffentlichte den Hit auf dem Tribal Base Label, das Rebel MC gegründet hatte.

Der Hit: *The Bouncer*

Kidd, Johnny & The Pirates

Johnny Kidd, v (* 23.12.1939 als Frederick Heath, † 7.10.1966); Alan Caddy, g (* 2.2.1940); Brian Gregg, b; Clem Cattini, d (* 28.8.1938).
Der britische Sänger und Gitarrist Johnny gründete 1959 Johnny Kidd & The Pirates, die heute im Rückblick als eine der ersten Hardrock-Gruppen Englands und als Vorläufer für viele Heavy Metal Bands gilt. Ihren ersten Erfolg hatten sie mit *»Please Don't Touch«* Mitte 1959. Mit der von Johnny geschriebenen Nummer *»Shakin' All Over«* kam die Band Mitte 1960 auf Platz 1 der britischen Charts. Dieser Titel wurde von vielen Beatgruppen der frühen 60er Jahre gecovert. Drei Jahre später gelang mit *»I'll Never Get Over You«* ein weiterer Top-10-Erfolg. Ab Anfang 1964 machten die Pirates auch ohne Johnny Kidd Platten. Im April 1966 trennte sich Johnny endgültig von der Gruppe, weil er wegen des fehlenden Interesses an seiner Musik in Depressionen versunken war. Einen Monat später gründete er The New Pirates, mit denen er gerade auf Tournee war, als er bei einem Autounfall in der Nähe von Manchester ums Leben kam. Nick Simper, der später Gründungsmitglied von Deep Purple werden sollte, saß mit ihm im Auto. Daß Johnny Kidd mit seiner Musik eine der treibenden Kräfte des aufkommenden britischen Beats war, wird heute weitgehend vergessen.

Der Hit: *Shakin' All Over*
Der Tips: *The Complete* (EMI 7 99948 2)

Kids From »Fame«

Diese Kids waren wieder ein Beispiel dafür, wie man durch eine Fernsehserie zu Hits kommen kann. Nachdem 1980 der Film *»Fame«* über eine New Yorker Schule für Tanz, Musik, Literatur usw. in die Kinos gekommen war, kaufte die amerikanische Fernsehgesellschaft NBC die Rechte daran und machte eine TV-Serie daraus, die vor allem in GB und Deutschland erfolgreich wurde. Da zwangsläufig in der Serie gesungen werden mußte, wurde auch die Plattenindustrie aufmerksam, und es erschienen insgesamt fünf Alben mit Titeln aus dieser Serie, die immer von anderen Künstlern mit Unterstützung von ausgezeichneten Session-Musikern aufgenommen wurden. Die beiden Auskopplungen *»Hi-Fidelity«* im August und *»Star Maker«* im Oktober 1982 waren zwei Top-10-Hits in GB. *»Hi-Fidelity«* wurde von Valerie Landsburg gesungen, *»Star Maker«* vom ganzen Team. Ein weiterer Top-10-Erfolg gelang ihnen nicht mehr. Nach 1983 war »Fame« für die Kids vorbei. Erstaunlicherweise hat keiner aus diesem Team später eine Solokarriere als Sänger aufbauen können.

Der Hit: *Star Maker*
Der Tip: *Kids From Fame* (RCA PL 14259)

Kihn, Greg

* 1952. Der aus Baltimore stammende Sänger und Songschreiber zog Mitte 1974 nach Kalifornien, um dort seine ersten Plattenaufnahmen zu machen. 1975 gründete er seine eigene Greg Kihn Band, die vor allem in Bars und Clubs in und um San Francisco auftrat. In der Gruppe, die mehrere LP's veröffentlichte, kam es immer wieder zu Umbesetzungen. Gregs erste Single-Hit-Notierung war *»The Breakup Song (They Didn't Write 'Em)«*, Mitte 1981 ein Top-20-Erfolg. Im Januar 1983 erschien *»Jeopardy«* in den US-Charts und wurde Platz 2 und damit zu seinem größten Hit. Ab 1985 veröffentlichte er als Solist Platten, kam aber über einen Platz 30 in den Single-Charts nicht mehr hinaus.

Der Hit: *Jeopardy*
Der Tip: *Kihnspiracy* (Line 842 502)

Kilius, Marika

* 24.3.1943. Daß Sportler hervorragende Sänger sein müssen, hört man ja öfter. Irgendwie hat das allerdings in den letzten Jahren nachgelassen. So sind bisher lediglich heiße Bremsscheiben von Michael Schumacher bekannt. Auch Boris Becker und Steffi Graf haben bisher nur in die Tennissaiten gegriffen. Dabei waren die vielen Sportler, die während der letzten dreißig Jahre die Hitparaden bevölkerten, auch keine begnadeten Sänger. Das Traumpaar für alle Mütter war Anfang der 60er Jahre Marika Kilius mit ihrem Partner Hans-Jürgen Bäumler. Auch nachdem sie gegen Mitte der 60er Jahre privat und geschäftlich getrennte Wege gingen, wurde immer noch bedauert, daß ausgerechnet diese beiden nicht zusammengefunden hatten. Ihren ersten ganz großen Triumph feierten Marika Kilius und Hans-Jürgen Bäumler bei den Olympischen Spielen 1960. Hinter dem kanadischen Paar Barbara Wagner/Robert Paul belegten sie den zweiten Platz. 1961 sollte die Weltmeisterschaft in Prag die Vorherrschaft von Wagner/Paul, die in den vier Jahren zuvor auch die Weltmeisterschaft gewannen, beendet werden. Aber 1961 wurde die Weltmeisterschaft vom Veranstalter abgesagt. 1962, es blieb beim Austragungsort Prag, sollte nun alles klargemacht werden. Doch dann berührten sie sich während der Kür mit den Kufen ihrer Schlittschuhe, Marika stürzte, und Weltmeister wurden die Kanadier Jelinek/Jelinek. 1963 war es dann endlich soweit: am 28. Februar wurden Marika und Hans-Jürgen in Cortina D'Ampezzo Weltmeister im Eiskunstlauf der Paare. Im Februar 1964 konnten sie diesen Erfolg in Dortmund wiederholen. Die Chancen, bei den nächsten Olympischen Spielen 1964 in Innsbruck die Goldmedaille zu holen, standen also blendend. Sie galten als die Favoriten im Paarlauf, und die Enttäuschung war groß, als die beiden schließlich nur die Silbermedaille gewannen. Mit einem hauchdün-

nen Vorsprung gewann das russische Ehepaar Ludmilla Belousowa und Oleg Protopopow. Im nachhinein sprachen manche Kritiker von einer ungerechten bzw. parteiischen Wertung der Punkterichter zugunsten der Russen. Wie dem auch sei – wovon heute so gut wie überhaupt nicht mehr gesprochen wird: Kilius und Bäumler hätten ihre Goldmedaille zurückgeben müssen, denn sie hatten bereits vor der Olympiade Profiverträge unterschrieben. So gaben sie »nur« die Silbermedaille zurück. Goldmedaillengewinner wurde bei dieser Olympiade der Eiskunstläufer Manfred Schnelldorfer. Er durfte dafür im September 1964 in die deutsche Pop-Hitparade einziehen. Mit der Nummer *»Wenn du mal allein bist«* erreichte er immerhin Platz 4. Marika Kilius hatte bereits im März 1964 ihren ersten großen Erfolg. Mit *»Wenn die Cowboys träumen«* erreichte sie Platz 2, drei Monate später mit *»Honeymoon in St. Tropez«* – zusammen mit Hans-Jürgen Bäumler – die gleiche Position. Bis Ende 1965 war sie mit drei weiteren Titeln unter den deutschen Top 30 verzeichnet. Heute lebt sie als Immobilienmaklerin in Frankfurt.

Der Hit: *Wenn die Cowboys träumen*
Der Tip: *Honeymoon in St.Tropez* (Bear Family BCD 15 589)

Kim, Andy

* 5.12.1946 als Andrew Joachim. Der in Kanada als Sohn libanesischer Eltern geborene Sänger und Songautor schrieb in der auslaufenden Phase der Bubble-Gum-Music Ende der 60er Jahre mit am Hit *»Sugar Sugar«* der Archies. Er selbst hatte als Interpret Erfolg von 1969 bis 1974. Sein erster Top-10-Hit war Mitte 1969 die Nummer *»Baby I Love You«*, Platz 9 in den USA. Es folgten einige weitere Notierungen, aber nur noch ein Top-10-Hit: *»Rock Me Gently«*, Mitte 1974 Spitzenreiter in den USA und Platz 2 in GB. Beide Hits waren in den USA außerdem Millionseller. Es folgte eine Pause, bedingt durch einschneidende familiäre Ereignisse, wie den Tod des Vaters. Erst 1983 tauchte er mit einer neuen LP auf. Jetzt nannte er sich Barron Longfellow. Ein Single-Hit gelang ihm bisher nicht mehr.

Der Hit: *Rock Me Gently*
Der Tip: *Greatest Hits* (EMI 1C 062-81 739)

Kincade, John

* 1948. Der aus Southport stammende Brite zog mit 17 nach London, hielt sich mit Gelegenheitsjobs über Wasser und machte abends aus Spaß Musik. Er gründete ein Trio, das erfolglos blieb, und zog für einige Zeit nach Spanien.

Nach seiner Rückkehr nach England nahm er mit verschiedenen Formationen Platten auf. 1972 hatte er seinen einzigen Top-10-Hit: *»Dreams Are Ten A Penny«* wurde Ende des Jahres ein Platz 2 in Deutschland und ein Millionseller. Bei dieser Aufnahme nannte er sich nur Kincade. Danach gab er auch den Plattenkäufern seinen Vornamen preis und veröffentlichte als John Kincade. Es gelang ihm jedoch nur ein weiterer Top-10-Erfolg Ende 1974 mit *»When«*. Nach 1976 wird er auch in der deutschen Hitparade nicht mehr notiert.

Der Hit: *Dreams Are Ten A Penny*
Der Tip: *Best Of* (Repertoire REP 4347 W6 TIS)

King

Paul King, v (* 20.11.1960); Tony Wall, b; Mick Roberts, key; James Jackel Lantsbery, g; Adrian Lillywhite, d.
Dieses Quartett aus Coventry wurde 1983 gegründet. Leadsänger Paul King war vorher Mitglied bei den Reluctant Stereotypes gewesen. Nachdem sie einen Plattenvertrag erhalten hatten, gingen sie lange auf Tour und schufen sich einen Kreis von Stammfans. Trotzdem wurden ihre ersten LPs und die ersten Singles kein kommerzieller Erfolg. Der kam Ende 1984: King spielte im Vorprogramm von Culture Club und wurde so einem größerem Publikum bekannt. Anfang 1985 wurde daraufhin ihre Single *»Love And Pride«* wiederveröffentlicht und erreichte prompt Platz 2 der britischen Charts. Auch die LP *»Steps In Time«* konnte sich jetzt in den britischen Top 10 behaupten. In demselben Jahr gelang ihnen noch ein weiterer Erfolg mit *»Alone Without You«*, Platz 8 in GB. Nach einer zweiten LP trennte sich die Formation bereits im darauffolgenden Jahr, und Paul King versuchte sich als Solist – jedoch ohne nennenswerten Erfolg. Den hatte er später als Video-Jockey bei dem Musikkanal MTV.

Der Hit: *Love And Pride*
Der Tip: *Steps In Time* (CBS 26095)

King, Ben E.

* 23.9.1938 als Benjamin Earl Nelson. Eigentlich unvorstellbar – in einer ganz normalen Popgruppe – den Drifters – spielten 28 Musiker. Nicht alle auf einen Schlag, aber im Laufe der Jahre, und die begannen immerhin 1953, setzte es so einige Sänger bei dieser Formation. Und von diesen Sängern muß immer einer der sogenannte Leadsänger sein, also derjenige, der den größten Teil des Stückes singt, während die anderen im Hintergrund »Schubidu« machen. Ein Mann namens Clyde McPhatter war der erste, der das 1953 machte. Nach zwei Jahren

vertauschte er das Mikro mit einer Knarre und sang nun für Onkel Sam. Einer seiner Nachfolger bei den Drifters war der amerikanische Sänger und Songschreiber Ben E. King. Er begann seine musikalische Karriere noch während der High-School-Zeit als Mitglied in der Doo-Wop-Gruppe Four B's. Nächste Station waren die Moonglows, und ab 1956 gehörte er als richtiger Profi zu den Five Crowns, die Mitte 1958 zu den Drifters wurden, nachdem der Manager der Originalformation die Mitglieder gefeuert hatte und – da er die Rechte an dem Namen Drifters besaß – kurzerhand aus den Five Crowns die neuen Drifters machte. King war Leadsänger bei *»There Goes My Baby«*, Mitte 1959 Platz 2 in den USA, und bei dem wohl größten Erfolg der Formation: *»Save The Last Dance For Me«*, im Herbst des darauffolgenden Jahres ein US-Spitzenreiter, Platz 2 in GB und 14 in Deutschland. Bereits im Mai 1960 verließ King die Drifters und begann eine Solokarriere. Er hatte Glück: Phil Sopector und Jerry Leiber schneiderten ihm einen Song auf den Leib, der ihn hoch in die Hitparaden katapultierte: *»Spanish Harlem«*. Es folgten *»Stand By Me«* – von King selbst mitgeschrieben –, im Frühjahr 1961 Platz 4 in den USA, 1986 noch einmal Platz 9 und Spitzenreiter in GB, und *»Supernatural Thing«*, Anfang 1976 Platz 2 in den US-Charts. Der wiederholte Erfolg von *»Stand By Me«* war darauf zurückzuführen, daß der Song in dem gleichnamigen Film aus dem Jahr 1986 und in einer Jeans-Werbung zu hören war. Zusammen mit Bo Diddley und Doug Lazy nahm Ben E. King 1991 eine Version von *»Book Of Love«* für den gleichnamigen Film auf. Er tritt nach wie vor regelmäßig vor allem in und um New York auf und veröffentlicht Platten, tut sich jedoch mit Single-Hits schwer.

Ben E. King

Der Hit: *Stand By Me*
Der Tip: *The Ultimate Collection* (Atlantic 780 213-2)

King, Carole

* 9.2.1942 als Carole Klein. Die amerikanische Sängerin und Songschreiberin bildete zusammen mit ihrem damaligen Mann Gerry Goffin in den 60er Jahren eines der erfolgreichsten Komponisten-Duos überhaupt. Mehr als 100 Hits

schrieben die beiden: »*Up On The Roof*«, »*Will You Love Me Tomorrow*«, »*The Locomotion*« u. v. a. Carole sorgte in diesem Team für die Musik, Gerry schrieb die Texte. Bereits im Alter von vier lernte sie Klavierspielen und schrieb als Teenager ihre ersten Songs. Im Schlepptau ihres Nachbarn Neil Sedaka zog sie nach New York, arbeitete als Session-Sängerin und arrangierte. An einem College traf sie ihren späteren Mann Gerry Goffin. Anfang der 60er Jahre gründeten sie eine eigene Plattenfirma, die aber auf Dauer nicht bestehen konnte. 1967 ging die Ehe in die Brüche, Carole zog nach Los Angeles. Dort gründete sie zunächst ein Trio und begann dann eine Solokarriere. Ihren ersten Hit hatte Carole mit »*It Might As Well Rain Until September*«, im Sommer 1962 Platz 22 in den USA, Platz 3 in GB. 1971 erschien ihre LP »*Tapestry*«, die sich weltweit über 13 Millionen mal verkaufte. Daraus ausgekoppelt wurde auch ihre größter Hit: »*It's Too Late*«, im Frühjahr 1971 Spitzenreiter in den USA, Platz 6 in GB. Weitere Top-10-Erfolge in den USA für sie waren »*Sweet Seasons*« 1972, »*Jazzman*« 1974 und »*Nightingale*« 1975. Von ihr stammt auch der Titel »*You've Got A Friend*«, ein Nummer-1-Hit für James Taylor. In den 80er Jahren zog sich Carole mehr und mehr aus dem Showgeschäft zurück und trat fast nur noch bei Wohltätigkeitskonzerten auf, veröffentlichte aber bis Ende der 80er Jahre sporadisch LPs. 1990 wurden sie und ihr ehemaliger Mann Gerry Goffin in die Rock 'n' Roll Hall Of Fame aufgenommen.

Der Hit: *It's Too Late*
Der Tip: *Tapestry* (Epic CDEPC 82308)

King, Claude

* 5.2.1933. Der amerikanische Country-Sänger, Gitarrist und Songschreiber war bereits mit 12 Jahren ein guter Gitarrist und zeigte Interesse am Schreiben. In den 50er Jahren spielte er in verschiedenen Clubs und nahm ab 1952 Platten auf. Seine erste Notierung in den Country-Charts hatte er jedoch erst 1961 mit der Nummer »*Big River, Big Man*«. In dieser Hitparade sollte er bis 1977 auftauchen. Mit der Nummer »*Wolverton Mountain*« wagte er sich ein einziges Mal in die Top 10 der Pop-Charts und erreichte im Frühjahr 1962 Platz 6 in den USA. In den 80er Jahren trat er auch als Schauspieler in Erscheinung, so z. B. in dem Film »Swamp Girl« und in der TV-Serie »The Blue And The Grey«.

Der Hit: *Wolverton Mountain*

King, Dave

Bereits mit 15 Jahren war der Brite Mitglied in einer Band. Dann ging er zur Royal Air Force und spielte nach seiner Rückkehr mit eben dieser Formation weiter. Nach Fernsehauftritten wurde er Star einer Londoner Show und bekam seine eigene Fernsehserie. Platten nahm King ab 1955 auf. Sein erster Hit war auch gleich sein größter: im Februar 1956 kam seine Version des Dean-Martin-Titels »*Memories Are Made Of This*« in die britische Hitparade und erreichte schließlich Platz 5. Bis 1958 wird er mit drei weiteren Titeln in den GB-Charts notiert. In den späten 50er Jahren hatte der Sänger und Komiker eine eigene TV-Sendung in den USA. Ein weiterer Hit gelang ihm nicht mehr, und auch seine Fernsehkarriere neigte sich in den 60er Jahren dem Ende zu.

Der Hit: *Memories Are Made Of This*

King, Evelyn »Champagne«

* 1.7.1960. Es muß ja nicht immer Tellerwäscher sein, Putzfrau geht auch. Das zeigt sich an der Karriere von Evelyn King. Sie arbeitete in dem Sigma-Studio von Gamble und Huff als Putzfrau und wurde dort entdeckt. Mit der Disco-Welle wurde auch sie zum Erfolg hochgeschwemmt. Ihre Debüt-Single »*Shame*« wurde 1977 veröffentlicht, erreichte nach Umwegen über Clubs und Diskos ein Jahr später die amerikanischen Charts und landete auf Platz 9. Diese Single wurde ebenso vergoldet wie der Nachfolger »*I Don't Know If It's Right*«, obwohl das nur ein Platz 23 wurde. Ein zweiter Top-10-Hit gelang ihr in GB mit »*Love Come Down*«, Mitte 1982 Platz 7. In den USA wurde sie bis 1986, in GB bis 1988 in den Charts notiert. Dann war in den Pop-Hitparaden auch die letzte Disco-Welle abgeebbt.

Der Hit: *Shame*

King, Jonathan

* 6.12.1944 als Kenneth King. Der britische Sänger, Songschreiber, Produzent und Eigner der Plattenfirma U. K. Records schrieb, noch während er an der Cambridge University Englisch studierte, seinen ersten Hit: »*Everyone's Gone To The Moon*«, Mitte 1965 Platz 4 in GB, Top 20 in den USA. Im Laufe der nächsten Jahre machte er Platten unter etlichen Pseudonymen: Sakkarin mit »*Sugar Sugar*« 1971 und »*Loop Di Love*« 1972, Platz 4 in GB. Als 100 Ton & A Feather machte er »*It Only Takes A Minute*«, im Sommer 1973 Platz 9 in GB. Bubblerock konnte 1974 Platz 9 mit »*Satisfaction*« verzeichnen, die Weathermen mit »*It's The Same Old*

Song« 1971 einen Platz 19. Außerdem erschienen seine Platten als 53rd & 3rd, Sound 9418 oder Father Abraphart & The Smurps. Nebenher schrieb er in etlichen Musikzeitschriften über Popmusik, produzierte die erste LP von Genesis, denen er den Namen gab und förderte oder entdeckte Gruppen wie 10cc oder Kursaal Flyers. Unter welchen Namen er sonst noch zu hören war – ohne einen Hit – weiß wohl nur er selbst. Als Produzent zumindest steckte er hinter der Nummer *»Johnny Reggae«*, mit den Piglets Ende 1971 Platz 3 in GB. Leadstimme sang die Schauspielerin Adrienne Poasta in klassischem Cockney-Dialekt. Unter seinem Namen hatte Jonathan einen weiteren Top-10-Hit in GB: *»Una Paloma Blanca«*, Ende 1975 Platz 5. Seit Anfang der 80er Jahre ist er im britischen Fernsehen ein Superstar. Regelmäßig berichtet er aus seinem zweiten Wohnsitz New York in der BBC-Sendung »Entertainment USA«. Außerdem hat er eine eigene Kolumne in der britischen Tageszeitung »Sun« – Thema: Popmusik!

Der Hit: *Everyone's Gone To The Moon*
Der Tip: *Greatest Hits Past, Present And Future* (UK Records UKAL 1017)

King, Pee Wee

* 18.2.1914 als Julius Frank Anthony Kuczynski. Die Eltern des amerikanischen Akkordeonspielers, Geigers, Songschreibers und Bandleaders waren polnische Einwanderer, und Pee Wee wuchs in einer polnischen Gemeinde auf. Der Vater ermunterte die Kinder schon früh, ein Instrument zu spielen. Die ersten Auftritte absolvierte er dann auch mit der Band seines Vaters, aber bereits 1936 hatte er mit den Golden West Cowboys seine erste eigene Band. Zwischen 1947 und 1957 trat er in eigenen Radio- und später Fernsehshows auf. Bis in die 60er Jahren kamen noch mehrere TV-Sendungen hinzu. Auf Platten war er ab 1948 erfolgreich. Seine größten Erfolge waren die selbst geschriebenen Nummern *»Tennessee Waltz«*, im Frühjahr 1948 Platz 30 in den US-Charts, und *»Slow Poke«*, Ende 1951 ein Spitzenreiter. Auf allen Platten von Pee Wee war Redd Stewart Leadsänger. Der *»Tennessee Waltz«* wurde in der Version von Lloyd T. »Cowboy« Copas 1948 ein Millionseller. Pee Wee selbst war zwischen 1948 und 1954 mit 9 Top-10-Hits in den Country-Charts vertreten. 1962 gab er all seine Fernsehsendungen auf. Bereits 1959 hatte er seine Band aufgelöst, weil ihm der Einfluß des Rock 'n' Roll nicht paßte. Er ging dann mit anderen Musikern auf Tour, zog sich aber Ende der 60er Jahre endgültig zurück, um sich auf die geschäftliche Seite des Musikgeschäftes zu konzentrieren. In den 70er Jahren arbeitete er hauptsächlich als Promoter. 1974 wurde er in die Country Music Hall of Fame aufgenommen.

Der Hit: *Slow Poke*
Der Tip: *Rompin' Stompin' Singin' Swinging'* (Bear Family BFX 15 101)

King, Ricky

* 12.3.1946 als Hans Lingenfelder in Rastatt. Bevor der deutsche Gitarrist ab 1975 Soloplatten machte, hatte er eine Ausbildung zum Rundfunk- und Fernsehtechniker, eine Zeit bei der Band Hit Kids und zahlreiche Studioproduktionen anderer Künstler hinter sich. Aus seiner ersten LP, die 1976 erschien, wurde die Single *»Verde«* ausgekoppelt, die im Sommer 1976 Platz 3 in der deutschen Hitparade erreichte. Die LP wurde vergoldet und Ricky ging zunächst mit Costa Cordalis auf Tournee. Auch seine zweite LP wurde vergoldet und enthielt einen Hit: *»La Rêve«* erreichte Anfang 1977 Platz 7 in Deutschland. Es folgten weitere Gold- und auch Platinplatten, aber seit Mitte der 80er Jahre gelang Ricky keine Eintragung in die Charts mehr.

Der Hit: *Verde*
Der Tip: *Golden Guitar Hits* (Epic 81 740)

King, Solomon

Der aus Kentucky stammende Sänger war bereits seit 1948 bemüht, sich im Showgeschäft durchzusetzen. Zunächst war er bei jüdischen Gottesdiensten als Vorsänger aufgefallen, dann absolvierte er eine Ausbildung als Opernsänger. In seiner Heimat gelang ihm trotzdem nie ein Erfolg. Nach 20 Jahren schaffte er es jedoch, seine erste in GB entstandene Aufnahme im Januar 1968 auf Platz 3 der britischen Charts zu bringen: *»She Wears My Ring«*. Das Stück basierte auf dem klassischen Stück *»La Golandrina«*. Es blieb sein einziger Erfolg, obwohl Solomon bis in die 70er Jahre weiter Platten aufnahm.

Der Hit: *She Wears My Ring*
Der Tip: *She Wears My Ring* (Columbia SMC 74 485)

King, Wayne

* 16.2.1901, † 16.7.1985. Der amerikanische Saxophonist, Orchesterleiter und Songschreiber trug in den USA den Spitznamen *»Walzerkönig«*. Bereits während seines Studiums trat er mit dem Benson Orchestra in Chicago auf. 1921/22 arbeitete er für eine Versicherungsgesellschaft in Chicago und außerdem als Mechaniker. Seine nächste musikalische Station war die Del-Lampe-Band in Chicago. Dann hatte er seine eigene Band und war zwischen 1930 und 1941 mit knapp 40 Titeln in den amerikanischen Charts vertreten. Seine größten Erfolge waren *»Dream A Little Dream Of Me«*, im April 1931 Platz 1, und *»Goodnight, Sweetheart«*, im Herbst 1931 ebenfalls Platz 1. Von 1931 bis 1938

spielte er regelmäßig in einer Radiosendung. Nach 1940 hatte Wayne King seine größten Hits mit den Instrumentals *»Intermezzo (Souvenir De Vienne)«* und *»Maria Elena«*, im Frühjahr 1941 Platz 5 bzw. 2. Noch bis Ende jenes Jahres wurde er in den amerikanischen Charts verzeichnet. Nachdem er im Zweiten Weltkrieg Soldat geworden war, gründete er Mitte 1945 eine neue Band, bekam 1946 eine Radio-Show und von 1949 bis 1952 eine TV-Show. Bis in die 70er Jahre blieb er als Musiker und Orchesterleiter aktiv.

Der Hit: *Maria Elena*

King Brothers

Michael, g (* 1936); Tony, b (* 1937) und Denis, p (* 1939).
In den 50er Jahren gehörten die drei Brüder zweifellos zu den Top-Gesangsgruppen in GB. Zeitweise wurde das Trio alter Schule als Britain's Rock 'n' Roll Kids bezeichnet, was ihnen aber überhaupt nicht behagte, weil sie mit dieser Musikrichtung nichts zu tun haben wollten. Seit 1953 traten sie regelmäßig im Fernsehen, vor allem in Kindersendungen, auf. Nachdem sie für zwei Firmen erfolglos Platten aufgenommen hatten, wechselten sie zu Parlophone. Dann kamen auch die Hits. Im Mai 1957 stand ihre erste Platte in den GB-Charts: *»A White Sport Coat«*, im Original von Marty Robbins, erreichte Platz 6. Nach drei weiteren Hit-Notierungen standen sie im Frühjahr 1960 mit *»Standing On The Corner«* auf Platz 4 in GB. Nach 1961 werden sie nicht mehr verzeichnet. Ab diesem Zeitpunkt hatten sie beschlossen, ihre eigenen Kompositionen aufzunehmen und keine Coverversionen amerikanischer Hits. Nach 1966 machten sie keine Platten mehr. Denis King ist heute in GB einer der erfolgreichsten Komponisten für TV-Melodien.

Der Hit: *Standing On The Corner*

King Sisters

Alyce, Donna, Louise und Yvonne Driggs, alle v.
Das amerikanische Quartett begann 1935 mit einer weiteren Schwester und einer Freundin als die Six King Sisters mit der Band von Horace Heidt. 1938 schrumpften sie zum Quartett. Louises Ehemann, Alvino Rey, der ebenfalls in der Band von Heidt spielte, gründete seine eigene Formation, und die King Sisters sangen von 1939 bis 1943 mit ihm als Quartett oder als Solistinnen. Ab 1941 hatten sie *»The Hut-Sut Song (A Swedish Serenade)«* auf Platz 7 in den USA, im Frühjahr 1944 *»It's Love-Love-Love«* auf Platz 4. Nach 1945 waren sie aus den Charts verschwunden und nahmen zunächst nur noch sporadisch Platten auf. In

der ersten Hälfte der 40er Jahre konnte man sie auch in etlichen Filmen sehen. In den 50er Jahren traten sie regelmäßig im Fernsehen auf, 1965/66 hatten sie ihre eigene »*King Family Show*«, die 1969 noch einmal mit großem Erfolg lief. Bis in die 70er Jahre nahmen sie weiter Platten auf, meist mit Coverversionen beliebter Standards.

Der Hit: *It's Love-Love-Love*

Kingsmen

Jack Ely, v/g; Lynn Easton, sax/v; Mike Mitchell, g; Bob Nordby, b; Don Gallucci, key; Gary Abbott, d; Norm Sundholm, b.
Die Kingsmen waren eine der ersten amerikanischen Garagen-Rockbands. Sie formierten sich 1957 in Portland, Oregon. 1962 wurden sie die Hausband in Portlands beliebtestem Teenager-Club, »*The Chase*«. In diesem Club wurde 1963 ein Band mitgeschnitten, das auch als LP erschien. Die erste Single der Kingsmen war die Nummer »*Louie Louie*«, die im Herbst 1963 in den US-Charts Platz 2 erreichte und die sie angeblich in so kurzer Zeit aufgenommen haben, daß sie an Studiokosten lediglich 38 Dollar zu bezahlen hatten. Nach diesem Erfolg löste Easton Ely als Leadsänger und Chef der Band ab. Mit »*The Jolly Green Giant*« erreichten sie Anfang 1965 Platz 4 in den USA. Die gleiche Melodie mit einem anderen Text wurde 1960 von den Olympics als »*Big Boy Pete*« gesungen. In den darauffolgenden beiden Jahren standen die Kingsmen noch jeweils zweimal in den US-Charts, kamen aber über eine Position 40 nicht mehr hinaus.

Der Hit: *Louie Louie*
Der Tip: *The Best Of* (Rhino RNLP 126 TIS)

Kingston Trio

Bob Shane (* 1.2.1934), Nick Reynolds (* 27.2.1933), Dave Guard (* 19.10.1934, † 22.3.1991), alle v.
Eifersuchtsdramen und Dreiecksgeschichten – in der Popmusik ein dankbares und immer wieder gerne aufgegriffenes Thema. Gerade in der Folk- und Countrymusik kommen sie immer wieder vor. Im Wilden Westen wurde ja auch nicht lange gefackelt, sondern gleich geschossen. So auch in der traurigen Geschichte von Tom Dooley, der für seine schlimme Tat am Ast einer alten Eiche büßen mußte. In den 50er Jahren wurde in den USA die Folkmusik wieder ausgesprochen populär. Das Kingston Trio war eine der Formationen, die sich dieser Musikrichtung verschrieben hatten. »*Tom Dooley*« wurde ihr größter Erfolg: im Herbst 1958 in den USA und Deutschland Platz 1, in GB Platz 4. In dem Jahr, als

die Platte erschien, erhielten sie sogar einen Grammy für die beste Country & Western Performance, obwohl der Titel nie in die Country-Hitparade kam. Dafür war er allerdings in allen Pop-Charts zu finden, und das ist wesentlich gewinnträchtiger als ein Auftauchen in den Country-Charts. Als die Platte in Deutschland veröffentlicht werden sollte, wußten die Plattenverantwortlichen, daß das deutschsprachige Publikum mit der Geschichte vom um sich stechenden Tom Dooley erst mal nichts anfangen konnte. Also beauftragte man das Kingston Trio, für den deutschen Markt ein anderes Intro zu sprechen. Möglich, daß diese in holprigem Deutsch gesprochene Einleitung dazu beitrug, den Titel auch hierzulanden zu einem Erfolg zu machen. Das Kingston Trio befand sich in den USA von 1958 bis 1961 permanent auf Tournee. Alle wollten das Trio sehen und die grausige Moritat hören. Dann stieg der geistige Kopf der Band, Dave Guard, 1961 aus und gründete die Whiskyhill Singers. Später ging er nach Australien und wurde dort Moderator einer TV-Show. Außerdem schrieb er verschiedene Bücher, u. a. ein Handbuch über Gitarrentechnik. Er wurde durch John Stewart ersetzt. Nachdem das Trio dann endgültig auseinandergefallen war, machte sich zumindest in den 70er Jahren noch dieser John Stewart einen Namen als Pop-Interpret. Die anderen waren weg vom Show-Fenster.

Der Hit: *Tom Dooley*
Der Tip: *Collector's Series* (Capitol CDP 7 92710 2)

Kinks

Ray Davies, v/g (* 21.6.1944); Dave Davies, v/g (* 3.2.1947); Pete Quaife, b (* 31.12.1943); Mick Avory, d (* 15.2.1944); John Dalton, b (* 21.12.1947); John Gosling, key; Jim Rodford, b (* 7.7.1945); Ian Gibbons, key; Bob Henrit, d (* 2.5.1945); Andy Pyle, b; Gordon Edwards, key; Mark Hailey, key.

Im Herbst 1963 verschaffte sich die Amateur-Rhythm-&-Blues-Combo The Ravens mit der Hilfe von zwei Managern einen Plattenvertrag bei Pye Records. Im Januar 1964 kam ein dritter Manager dazu, Larry Page, der ihren Namen in Kinks änderte. Am 4. Februar 1964 erschien die Single *»Long Tall Sally«*, ein Nachzieher der Little-Richard-Nummer. Aber erst nachdem sie dazu übergegangen waren, eigenes Material zu schreiben, sollten sie Erfolg haben. Im Sommer 1964 erschien *»You Really Got Me«*. Die Platte erreichte Platz 1 in GB und dürfte zu den Hymnen der Jugendlichen der 60er Jahre gehören. Nachfolger *»All Day And All Of The Night«* erreichte Platz 2. Danach kam *»Tired Of Waiting For You«* im Frühjahr 1965 wieder auf Platz 1. *»Set Me Free«*, *»See My Friend«*, *»Til The End Of The Day«* waren Top-10-Erfolge 1965. *»Dedicated Follower Of Fashion«* kam im März 1966 in die Charts und wurde Platz 4. Danach wieder ein Spitzenreiter mit *»Sunny Afternoon«*. Nach *»Dead End Street«* 1966 und *»Waterloo Sunset«* und *»Autumn Almanac«* 1967 schienen die Kinks wie so manche andere Gruppe aus

GB, deren erste Erfolge um 1963/64 lagen, langsam aber sicher in der Versenkung zu verschwinden. Mitte 1970 standen sie mit *»Lola«* wieder auf Platz 2 in GB, der Nachfolger *»Apeman«* erreichte Platz 5. Danach trat dann allerdings wirklich eine lange Pause ein. Erst mit *»Come Dancing«* und *»Don't Forget To Dance«* 1983 gelangen der Gruppe wieder Erfolge. *»Come Dancing«* war in den USA die erfolgreichste Platte der Kinks überhaupt. Die Konstante in der Band waren die Brüder Davies. Ansonsten gab es um sie herum etliche Musiker, die mit ihnen spielten. Nachdem Peter Quaife schon 1966 die Gruppe für einige Zeit verlassen hatte, stieg er im April 1969 endgültig aus. Für ihn kam John Dalton. Im April 1971 nahm die Gruppe John Gosling als Keyboarder hinzu. Im November 1976 verließ Dalton die Band wieder und wurde durch Andy Pyle ersetzt. Der seinerseits ging im April 1978 und machte später zusammen mit Gosling, der im Juni 1978 die Kinks verließ, die Gruppe United. Die beiden wurden duch Edwards und Rodford ersetzt. Im Juli 1979 kam als Keyboarder Ian Gibbons. Nachdem Mitte der 80er Jahre die Band längere Zeit nicht mehr auftrat und mehr oder weniger nicht mehr bestand, mußten die beiden Brüder 1989 für eine US-Tournee wieder neue Musiker hinzunehmen. Es kamen der Keyboarder Mark Hailey und der Schlagzeuger Henrit. Die Line-up bei der Veröffentlichung von *»Phobia«* 1993: die beiden Brüder Davies und die ehemaligen Argent Mitglieder Jim Rodford und Bob Henrit. Zwischendurch hatte Ray Davies immer mal wieder angekündigt, er werde die Band nun endgültig verlassen. Zum Glück hat er es sich immer wieder anders überlegt. Niedlich war Rays Auftritt im Film *»Absolute Beginners«*, in dem er den Vater von Patsy Kensit spielte.
1990 wurde die Band in die Rock 'n' Roll Hall of Fame aufgenommen. Anläßlich dieses Ereignisses kam die Originalbesetzung der Kinks noch einmal zusammen. Auch der inzwischen in Kanada lebende Quaife, der sich einen Namen als Airbrush-Künstler gemacht hatte, war dabei. Nach den Beatles, den Rolling Stones und den Who waren sie die vierte britische Formation, der diese Ehre zuteil wurde. 1993 erschien die LP *»Phobia«*, die von Kritikern als schwach abgetan wurde. Aber speziell der Titel *»Did Ya«* setzt durchaus die alte Kinks-Tradition fort. Ray Davies ist zweifellos einer der profiliertesten und vielseitigsten Songschreiber dieser Zeit. Seine Texte zeichnen sich durch sehr genaue Beobachtungen seiner Mitmenschen aus, die er in knappe, aussagestarke und manchmal ironische Zeilen umsetzt. Auf der anderen Seite legte er mit Songs wie *»Celluloid Heroes«* oder *»Don't Forget To Dance«* melancholisch und sensible Titel vor, in denen er den Verfall von Werten bedauert, dabei aber tröstend bleibt. In *»Come Dancing«* wiederum beschreibt er den Niedergang eines Tanzpalastes, der abgerissen wurde und an dessen Stelle nun ein Supermarkt steht.

Der Hit: *You Really Got Me*
Der Tip: *Kink-Size Collection* (Edelton EDL 2602-2)

Kinney, Fern

Die amerikanische Rhythm-&-Blues-Sängerin begann ihre Karriere Ende der 60er Jahre in dem Mädchentrio Poppies, das 1966 einen mittleren Erfolg gehabt hatte. Sie blieb zwei Jahre und arbeitete danach hauptsächlich als Session-Sängerin. Bereits 1968 hatte sie ihre erste Solo-Single aufgenommen. 1970 zog sie sich nach ihrer Heirat aus dem Musikgeschäft zurück und nahm nur gelegentlich Studio-Jobs an. Erst 1980 gelang ihr mit *»Together We Are Beautiful«* ein Platz 1 in GB, ihr erster und einziger Top-10-Hit. Da weitere Erfolge ausblieben, widmete sie sich wieder der Sessionarbeit und vor allem der Familie.

Der Hit: *Together We Are Beautiful*
Der Tip: *Groove Me* (WEA 99076)

Kirby, Kathy

* 20.10.1940. Als Teenager wollte Kathy aufgrund ihrer Erfolge im Schulchor Opernsängerin werden. Das änderte sich 1956, als sie den Orchesterleiter Ambrose kennenlernte und drei Jahre bei ihm sang. Weitere Stationen waren die Big-Bands von Danny Boyle und Nat Allen. Nach Club-Auftritten in London und Madrid gewann sie schließlich einen Plattenvertrag. Erfolg hatte sie jedoch erst, nachdem sie 1963 regelmäßig im britischen Fernsehen auftrat. Ihre erste Hit-Notierung war im August 1963 der Titel *»Dance On«*, eine Gesangsversion des Instrumentalhits der Shadows. Auch ihre beiden weiteren Erfolge waren Coverversionen: *»Secret Love«*, im November 1963 Platz 4, war ursprünglich von Doris Day und *»Let Me Go Lover«*, im Frühjahr 1964 Position 10, stammte im Original von Teresa Brewer. Nach zwei weiteren Hit-Notierungen war sie nach 1965 nicht mehr in den Charts zu finden. Schlagzeilen machte sie nur noch durch ihr bewegtes Privatleben und ihre berufliche Unzuverlässigkeit. Gelegentlich tritt sie bei Nostalgieveranstaltungen auf.

Der Hit: *Secret Love*

Kiss

Gene Simmons, b/v (* 25.8.1949 als Chaim Witz in Israel); Paul Stanley, g/v (* 20.1.1950 als Paul Stanley Eisen); Ace Frehley, g/v (* 27.4.1951 als Paul Daniel Frehley); Peter Criss, d/v (* 27.12.1947 als Peter Crisscoula); Eric Carr, d/v (* 12.7.1953, † 25.11.1991); Vinnie Vincent, g/v (* als Vincent Cusano); Mark St.

John, g/v (* 12.12.1953); Bruce Kulick, g/v; Eric Singer, d (* 12.5.1958 als Johnnie Menzinger).
Diese amerikanische Band formierte sich 1973. Um aus dem Überangebot an Heavy-Metal-Rockbands hervorzustehen, legten sie sich Gesichtsbemalungen wie Grock in seinen besten Zeiten und Phantasiekostüme zu und kamen dadurch speziell bei den Kids besser an. Im Januar 1974 unterschrieb die Urbesetzung Simmons, Stanley, Frehley und Criss einen Plattenvertrag. Ihre erste Hit-Notierung hatten sie 1974 mit »*Kissin' Time*«. Unter den Top 10 standen sie im Herbst 1976 mit der sehr gemäßigten Nummer »*Beth*«, die ein Millionseller wurde und Platz 7 erreichte. Eins ihrer weltweit erfolgreichsten Stücke war das überhaupt nicht metallene »*I Was Made For Loving You*«, schon fast als Schlager zu bezeichnen. Diese Nummer wurde 1979 vergoldet, erreichte in den USA Platz 11, war die erste Hit-Notierung der Band in GB und ihr größter Erfolg in Deutschland: Platz 2. Ende 1987 standen sie auf Platz 4 in GB mit »*Crazy Crazy Nights*«, 1990 gelang ihnen mit »*Forever*« ein Platz 8 in den USA. Im Frühjahr 1992 kam »*God Gave Rock 'n' Roll To You II*« in die britischen Charts und erreichte Platz 4, 9 in Deutschland. Das Ganze stammte aus dem Film »*Bill And Ted's Bogus Journey*«. Die oben erwähnte Gesichtsbemalung hatte zur Folge, daß innerhalb der Band die Mitglieder wechseln konnten, ohne daß es jemand bemerkte. Den ersten Wechsel in der Band gab es, als im Mai 1980 Peter Criss die Gruppe verließ, um eine Solokarriere zu beginnen. Alle vier Mitglieder hatten im übrigen schon im Herbst 1978 simultan je eine Solo-LP veröffentlicht. Für Criss kam Eric Carr, der nach seinem Tode durch Eric Singer ersetzt wurde. 1982 verließ Ace Frehley die Band, gründete Frehley's Comet, und für ihn kam Vincent. Der ging zwei Jahre später wieder und gründete eine eigene Band, die er Vinnie Vincent's Invasion nannte. Ein Jahr lang wurde er durch Mark St. John ersetzt, ab 1985 durch Bruce Kulick. Am 18. September 1983 traten Kiss exklusiv für MTV ohne Masken auf – als sie die Bühne betraten, wußte keiner, um welche Gruppe es sich da eigentlich handelte. Nicht nur durch Phantasiekostüme und Kriegsbemalung lenkten sie von ihrer Musik ab, sondern auch durch eine perfekt inszenierte Bühnenshow, bei der es nur so donnerte, blitzte und blutete. Es gibt Gruppen, die sind ohne so etwas ausgekommen.

Der Hit: *I Was Made For Loving You*
Der Tip: *Smashes, Thrashes And Hits* (Vertigo 836 772-2)

Kiss

Kissoon, Mac & Katie

Gerald Farthing (* 11.11.1943), Kathleen Farthing (* 11.3.1951).
Die beiden Geschwister wurden auf Trinidad geboren und zogen mit ihren Eltern Ende der 50er Jahre nach GB. 1965 bildeten sie die eine Hälfte des Quartetts Marionettes, das von Mary Wilde produziert wurde. Während sie später zusammen bei den Rag Dolls sangen, nahm Katie schon unter dem Namen Peanut Soloplatten auf. Mit dem eher simpel gestrickten Stück »*Chirpy Chirpy Cheep Cheep*« erreichte das Duo Mitte 1971 Platz 41 in GB und 20 in den USA. Erfolgreicher mit diesem Titel waren zum gleichen Zeitpunkt Middle Of The Road, die mit ihrer Version Spitzenreiter in GB wurden. »*Sugar Candy Kisses*« und »*Don't Do It, Baby*« waren zwei Top-10-Erfolge für die Kissoons im Frühjahr 1975. Danach gelangen ihnen noch zwei weitere Hit-Notierungen, bevor sie aus den Charts verschwanden. Katie Kissoon entwickelte sich später zu einer sehr gesuchten Backgroundsängerin. So ist sie z. B. auf LPs von Van Morrison, Elkie Brooks, John Miles, Wham!, Elton John, Billy Ocean, Chris Rea und nicht zuletzt auf der überaus erfolgreichen Unplugged-CD von Eric Clapton zu hören.

Der Hit: *Sugar Candy Kisses*

Kist, Barbara

Ein einziges Mal gelang Barbara Kist ein Eintrag in die deutsche Hitparade. Mit dem Titel »*Was kann schöner sein (Que sera sera)*« hatte sie im Februar 1957 einen Platz 8. Der deutsche Text dieses Liedes, mit dem Doris Day zum gleichen

Zeitpunkt einen Platz 2 in den deutschen Charts hatte, stammte von Werner Cypris. Barbara Kist hat noch jede Menge weitere Platten aufgenommen, sowohl als Solistin als auch zusammen mit z. B. Lou van Burg, Werner Preuss, dem Hansen-Quartett, Camillo Felgen oder den Penny Pipers.

Der Hit: *Was kann schöner sein (Que sera sera)*

Kitt, Eartha

* 26.1.1928. Die amerikanische Sängerin, Schauspielerin und Tänzerin begann ihre Karriere in Paris, bevor sie am Broadway in »New Faces Of 1952« einschlug. Mitte 1955 hatte sie ihren ersten Top-10-Erfolg in den US-Charts. *»C'est Si Bon«* wurde Platz 8, zu Weihnachten desselben Jahres erreichte sie 4 mit *»Santa Baby«*. Auch in GB hatte sie Erfolg: dort kam die Aufnahme *»Under The Bridges Of Paris«* im Frühjahr 1955 auf Platz 7. In den 50er Jahren war sie neben Nat King Cole in dem Film »St. Louis Blues« und mit Sammy Daves Jr. in »Anna Lucasta« zu sehen. 1969 wurde sie für einen Grammy in der Kategorie beste Kinderplatte für *»Folk Tales Of The Tribes Of Africa«* nominiert. 1983 meldete sie sich nach einer längeren Pause in den Hitparaden zurück. Das Stück *»Where Is My Man«* war zumindest in GB und in Deutschland wieder ein Top-40-Erfolg für sie, ebenso zusammen mit Bronski Beat Mitte 1989 *»Cha Cha Heels«*. Bis in die 90er Jahre war sie am Broadway, in Clubs, in Theater und Kabarett erfolgreich. Eartha Kitt wirkt am besten, wenn man sie nicht nur hört, sondern auch sieht. Ihre ganz eigene Betonung beim Singen und ihre geschmeidigen Bewegungen veranlaßten schon Orson Welles zu Feststellung, sie sei eine der erotischsten Frauen der Welt.

Der Hit: *C'est Si Bon*
Der Tip: *That Bad Eartha* (RCA NL 89439)

Kiz

* 12.12.1956 als Joachim Gaiser. Im Zuge der Neuen Deutschen Welle gelang diesem Interpreten mit *»Die Sennerin vom Königssee«* im Januar 1983 ein Platz 3 in den deutschen Charts. Wie von so vielen anderen Künstlern, die zu diesem Zeitpunkt in die Hitparaden kamen und dann mit einer Blödelnummer erfolgreich waren, hörte man auch von Kiz alias Gaiser danach nichts mehr.

Der Hit: *Die Sennerin vom Königssee*
Der Tip: *Vom Königssee ... in ferne Länder* (CBS 25528)

K-Klass

Bobby Depasois, v; Carl Thomas, key; Andy Williams, key; Russ Morgan, key; Paul Roberts, key.
Diese Waliser-Music-House-Band kam 1991 mit dem Titel *»Rhythm Is A Mystery«* erstmals in die Hitparade und gleich bis auf Platz 3. Mitte 1990 hatte sich diese Gruppe formiert. Im Vorprogramm von 808 State stellte sie sich erstmals einem größeren Publikum vor. Nach der Veröffentlichung ihrer Debüt-Single *»Wild Life«* nahmen sie die Sängerin Bobby Depasois in die Band und hatten den oben erwähnten ersten Hit. Der Nachfolger *»So Right«* erreichte nur noch Platz 20. Sie selbst stellten einmal fest: »Jeder kann lernen, mit einem Synthesizer umzugehen, und jeder kann eine Dance-Platte machen. Man muß nur wissen, wie man gute macht.«

Der Hit: *Rhythm Is A Mystery*

Klaus & Klaus

Klaus Baumgart und Klaus Büchner veröffentlichten ab 1982 als Duo Klaus & Klaus Titel, die jedes Betriebsfest und jede Butter-Busfahrt, bei der Wärmedecken an den alten Mann gebracht werden, zu einem Schunkelerlebnis machen. Ihr erstes Stimmungslied war 1983 *»Da steht ein Pferd auf'm Flur«*. Mitte 1985 wurde *»An der Nordseeküste«* mit Gold und einem Platz 5 in Deutschland belohnt. Ende 1988 erreichten sie Platz 8 mit *»Der Eiermann«*. Klaus Büchner ist auch als Sänger der Gruppe Torfrock tätig, die Ende 1990 mit *»Beinhart«* einen Spitzenreiter in Deutschland und ebenfalls eine Goldene schafften.

Der Hit: *An der Nordseeküste*
Der Tip: *Steht da ein Pferd auf'm Flur?* (Teldec 6.25773)

KLF

Bill Drummond (* 29.4.1953 als William Butterworth), Jimmy Cauty (* 1954).
Kopf dieser Formation ist der in Südafrika geborene Drummond. Ende der 70er Jahre gehörte er zu den Gründern des britischen Zoo-Labels und managte später Echo & The Bunnymen und Teardrop Explodes. Cauty war Mitte der 80er Jahre Mitglied in der Band Brilliant. Zusammen machten sie zunächst das Projekt Justified Ancients of Mu Mu, das immer neben den anderen Projekten wie Timelords und später KLF bestand und mit dem sie Ende 1991 den Titel *»It's Grim Up North«* aufnahmen, der ein Top-10-Hit wurde. 1987 kamen sie zum erstenmal als KLF mit *»What The Fuck Is Going On«*, gesamplet aus Titeln von

ABBA, den Beatles, Led Zepplin und anderen. KLF steht für Kopyright Liberation Front, d. h. für die Freigabe von Rechten an Musiktiteln. Das sah zumindest eine der »beklauten« Formation nicht so: ABBA klagte, und die Platte mußte vom Markt genommen werden. Die wenigen veröffentlichten Scheiben sind dafür heute um so mehr wert. KLF kann allerdings auch als Kürzel für Kybernetic Liberation Front oder Kings Of Low Frequency stehen. 1988 erreichten sie als Timelords mit Unterstützung von Gary Glitter und dem Titel *»Doctorin' The Tardis«* den Spitzenplatz der britischen Charts. 1990 mutierten sie wieder zu KLF und hatten im Herbst des Jahres Platz 5 in GB, Platz 6 in Deutschland. *»What Time Is Love«* war bereits 1988 erstmals erfolglos veröffentlicht worden. Die nächste Single *»Kylie Said To Jason«* wurde ein Flop. Dann klappte es wieder: *»3 A. M. Eternal«* wurde Anfang 1991 Spitzenreiter in GB, 3 in Deutschland und ein halbes Jahr später 5 in den USA. Mitte 1991 hatten sie mit *»Last Train To Trancentral«* Platz 2 in GB, 4 in Deutschland. Für ihren Titel *»Justified And Ancient«* holten sie sich die zu diesem Zeitpunkt schon ziemlich in Vergessenheit geratene amerikanische Country-Sängerin Tammy Wynette – es wurde wieder ein Platz 2 in GB, 3 in Deutschland und 11 in den USA. Zur 500-Jahr-Feier der Entdeckung Amerikas machte KLF *»America: What Time Is Love«*. Auch diese Platte wurde zum Top-10-Erfolg in GB und Deutschland. Man kann gespannt sein, unter welchem Namen sie demnächst auftauchen werden.

Der Hit: *3 A. M. Eternal*
Der Tip: *The White Room* (Blow Up Int. 845.549)

Klymaxx

Lorena Porter Shelby, v; Bernadette Cooper, d/rap/v; Joyce »Fenderella« Irby, v/b; Cheryl Cooley, g/v; Robbin Grider, g/syn/v; Lynn Malsby, key/syn/v; Judy Takeuchi, per; Ann Williams, g.
Das Debüt-Album dieser reinen Mädchenband erschien 1981. Die meisten Songs hatten die Mitglieder selbst geschrieben. Bandgründerin 1979 war Bernadette Cooper, die zuvor Schlagzeug in verschiedenen, von Männern begleiteten Bands gespielt hatte. Bis 1984 war die Formation auf ein Sextett geschrumpft, nachdem Takeuchi und Williams das Oktett verlassen hatten. *»Meeting In The Ladies Room«* war Mitte 1985 die erste Hit-Notierung der Band in den USA. Im Herbst des gleichen Jahres erreichte *»I Miss You«* Platz 5 in den USA und wurde ihr größter Erfolg. *»Man Size Love«* aus dem Film *»Running Scared«* mit Gregory Hines und Billy Crystal war Mitte 1986 Platz 15 in den USA. *»I'd Still Say Yes«* war ein Jahr später Platz 18 und die bisher letzte Hit-Notierung der sechs Mädchen in den Pop-Charts. 1989 halbierte sich die Mitgliederzahl. Das Trio bestand noch aus Cooley, Porter und Grider.

Der Hit: *I Miss You*
Der Tip: *Meeting In The Ladies Room* (MCA 998.444)

Knack

Doug Fieger, v/g (* 20.8.1952); Berton Averre, g (* 13.12.1954); Bruce Gary, d (* 7.4.1952); Prescott Niles, b (* 2.5.1954).
Fieger, Sänger, Gitarrist und Songschreiber von Knack, spielte Anfang der 70er Jahre als Bassist in der Gruppe Sky. Mitte der 70er Jahre arbeitete er als Session-Musiker und war bei dieser Gelegenheit auch kurzfristig mit der Kölner Band Triumvirat zusammen. Zur Gründung von Knack kam es im Mai 1978 in den USA. Mitte 1979 gelang The Knack mit »*My Sharona*« ein Platz 1 in den USA, Platz 6 in GB, 12 in Deutschland. Ihre Plattenfirma versuchte eine Zeitlang, sie als Beatles-Klons zu verkaufen. In ihren Titeln kombinierte die Formation Pop der 60er Jahre mit der Produktionstechnik der 70er. Mit ihren Texten eckten sie teilweise an. So wurde ihnen in »*Good Girls Don't*« offener Sexismus vorgeworfen. Auch Doug Fiegers arrogantes Verhalten der Presse gegenüber und in Interviews trug nicht gerade dazu bei, wohlwollendes Entgegenkommen zu wecken. Nachdem sich ihre dritte LP als Flop herausstellte, der einfach zu altmodisch war, trennten sich die Musiker 1982. Doug versuchte sich mit Taking Chances, die anderen mit Game – keines der Unterfangen war erfolgreich. 1986 kamen sie wieder als The Knack zusammen. Mit Billy Ward kam ein neuer Schlagzeuger zur Gruppe, der neben Fieger, Averre und Niles auf der 1991 veröffentlichten LP »*Serious Fun*« trommelte.

Der Hit: *My Sharona*
Der Tip: *Retrospective* (Capitol 7 80537 2)

Knight, Evelyn

Die in Washington, D. C., geborene Sängerin wurde in den 40er Jahren in den USA populär. Sie sang zunächst in einer Radiosendung und in Clubs und war vor allem mit Novelty-Songs erfolgreich. Ihren ersten Hitparadenerfolg hatte sie mit »*Dance With A Dolly (With A Hole in Her Stocking)*«, 1944 Platz 6. 1948 gelangen ihr zwei Spitzenreiter in den USA: »*A Little Bird Told Me*«, diese Platte war auch ein Millionseller, und »*Powder Your Face With Sunshine*«. Ihre letzte Notierung war 1951 »*My Heart Cries For You*«, ein Duett mit dem Country-Sänger Red Foley. Danach blieben die Hits aus, und sie trat vor allem in Nachtclubs auf.

Der Hit: *A Little Bird Told Me*

Knight, Gladys & The Pips

Gladys Knight (* 28.5.1944), Merald »Bubba« Knight (* 4.9.1942), Brenda Knight, Elenor Guest, William Guest (* 2.6.1941), Edward Patten (* 2.8.1939), Langston George, alle v.
1951 gewann die kleine Gladys in der Fernsehsendung »Ted Mack's Original Amateur Hour« 2000 Dollar. Zu diesem Zeitpunkt sang sie schon im Gospelchor von Morris Brown. Ein Jahr später gründete sie mit ihrem Bruder Merald, Schwester Brenda, Cousine Elenor und Cousin William Guest eine eigene Gospelgruppe. 1957 überredete sie ein weiterer Cousin, James »Pips« Woods, als Profis aufzutreten, wurde ihr Manager und nannte die Band The Pips. 1959 verließen Brenda Knight und Elenor Guest das Familienunternehmen und wurden durch Edward Patten und Langston George ersetzt. 1958 hatten sie ihre erste erfolglose Platte aufgenommen, 1960 sangen sie einen Johnny-Otis-Song aus dem Jahr 1952 nach: *»Every Beat Of My Heart«*. Die Platte wurde erst einmal kein Erfolg. Erst als sie das Stück anderthalb Jahre später noch einmal aufnahmen, kam es in die US-Pop-Hitparade und erreichte Platz 6. Nun wurden die Platten unter dem Namen Gladys Knight & The Pips veröffentlicht, und diese Formation sollte bis in die 90er Jahre erfolgreich sein. In den USA gelangen ihnen sieben Top-10-Erfolge, davon ein Spitzenreiter 1973: *»Midnight Train To Georgia«*. Diese Platte wurde ein Millionseller, wie auch *»I've Got To Use My Imagination«* 1973, *»Best Thing That Ever Happened To Me«* und *»On And On«* 1974. Zusammen mit Dionne Warwick, Elton John und Stevie Wonder nahm Gladys Ende 1985 die Nummer *»That's What Friends Are For«* auf, die ebenfalls ein Millionseller und Spitzenreiter in den USA wurde. In GB hatte Gladys im April 1975 ihren größten Erfolg mit einem ihrer schönsten Songs: *»The Way We Were/Try To Remember«* erreichte Platz 4. Im Februar 1989 gewann die Formation einen Grammy. Danach trennte sich Gladys von den Pips und machte als Solistin weiter. Zwischen 1977 und 1980 hatte sie bereits Platten ohne die Pips aufgenommen, dies jedoch aus rechtlichen Gründen. 1989 hatte Gladys mit *»Licence To Kill«* aus dem gleichnamigen James-Bond-Film einen Top-10-Hit in GB und in Deutschland. Der Gruppe gelang es, sowohl mit Rhythm & Blues als auch mit Mainstream-Pop erfolgreich und gut zu sein. 1991 erschien Gladys' Solo-LP *»Good Woman«*.

Der Hit: *Midnight Train To Georgia*
Der Tip: *The Very Best Of* (BR Music BRCD 21)

Knight, Jean

* 26.1.1943. Die amerikanische Soulsängerin aus New Orleans sang in den frühen 60er Jahren an Wochenenden in kleinen Clubs. 1970 wurde ein bekannter

Produzent und Arrangeur aus New Orleans auf sie aufmerksam und engagierte sie als Session-Sängerin für Plattenaufnahmen. Mit der Nummer »*Mr. Big Stuff*«, die sie Mitte 1971 in die Hitparade brachte und die ein Platz 2 in den USA wurde, hatte Jean ihren einzigen nennenswerten Erfolg. Weitere Platten wurden Flops. 1985 nahm sie eine Coverversion der Zydeco-Platte »*My Toot Toot*« auf, die ihr zumindest noch einmal Platz 50 in den USA einbrachte.

Der Hit: *Mr. Big Stuff*
Der Tip: *Mr. Big Stuff* (Stax 2325 046)

Knight, Robert

* 21.4.1945. Zusammen mit einigen Freunden gründete der Amerikaner in den späten 50er Jahren die Gesangsgruppe Paramounts. Während eines New-York-Trips lernten sie einen Produzenten von DOT Records kennen, der mit ihnen einen Plattenvertrag machte. DOT veröffentlichte drei Singles, eine als Paramounts, zwei als Solo-Singles von Robert. Alle drei wurden Flops, und die Band verschwand wieder. Mitte der 60er Jahre sang Robert mit den Fairlanes, die 1967 einen Plattenvertrag erhielten. Schließlich war es dann aber doch wieder Robert, der als Solist den Titel »*Everlasting Love*« aufnahm, der es in den USA bis auf Platz 13 brachte. In GB wurde die Platte nur ein Top-40-Hit. Erfolgreich hingegen wurde in GB eine Coverversion dieses Titels von der Gruppe Love Affair. Die hatten mit dem Song Anfang 1968 einen Spitzenreiter. 1974 sollte Robert in GB bei einer Wiederveröffentlichung der Platte zumindest einen Top-20-Hit haben. Sein einziger Top-10-Erfolg war Ende 1973 die Nummer »*Love On A Mountain Top*«. Danach konzentrierte sich Robert, der Chemie studiert hatte, auf seine Forschungstätigkeit und tritt seitdem nur noch gelegentlich auf.

Der Hit: *Love On A Mountain Top*
Der Tip: *Love On A Mountain Top* (Monument MNT S-65956)

Knox, Buddy

* 14.4.1933 als Wayne Knox. Der amerikanische Sänger war Mitglied bei Jimmy Bowen & The Rhythm Orchids. Die hatten mit »*I'm Stickin' With You*« im Frühjahr 1957 einen Platz 14 in der amerikanischen Hitparade. Auf der B-Seite dieser Platte befand sich Buddys Solonummer »*Party Doll*«, die sich plötzlich zu einem Renner entwickelte und Spitzenreiter in den USA wurde. Als Interpreten wurden Buddy Knox With The Rhythm Orchids angegeben. Sechs Monate später sollte er mit »*Hula Love*« auf Platz 9 in den US-Charts stehen. Ab 1959 machte er nur noch als Buddy Knox ohne die Band Platten. »*Lovey Dovey*« kam Ende 1960 bis

auf Platz 25 in den USA und war sein größter Erfolg als Solist. Er führte als einer der ersten Popabilly, eine Mixtur aus Rockabilly, Country und Pop, zum Erfolg. Mitte der 60er Jahre wandte er sich der Country-Musik zu und trat auch in Filmen auf, so z. B. neben Waylon Jennings in *»Travellin' Light«* und neben Boots Randolph in *»Sweet Country Music«*. Später zog er nach Kanada und gründete dort sein eigenes Label Sunnyhill. Bis in die 80er Jahre zog er mit Revival-Shows hin und wieder durch Europa.

Der Hit: *Party Doll*

Kokomo

* 8.12.1931 als Jimmy Wisner. Der amerikanische Pianist adaptierte aus Griegs Klavierkonzert in a-Moll eine Melodie, die er als *»Asia Minor«* veröffentlichte und mit der er im Frühjahr 1961 Platz 8 in den USA und im April 1962 Platz 35 in GB hatte. Da er Angst hatte, daß sein Ruf als Jazzmusiker durch die von Honky-Tonk angehauchte Nummer leiden würde, nahm er die Platte unter dem Pseudonym Kokomo auf. Im Bereich Popmusik war er danach als Komponist für Film- und Fernsehmelodien erfolgreich. Als Session-Musiker arbeitete er z. B. mit Judy Collins, Miriam Makeba oder Freddy Cannon. In der Hitparade blieb es bei diesem einen Erfolg 1961.

Der Hit: *Asia Minor*

Kongos, John

* 6.9.1945. In seiner Heimat Südafrika hatte John bereits mit 15 Jahren seine erste eigene Band, die er The Dukes nannte. Musikalisch war die Gruppe von den Shadows beeinflußt, die Anfang der 60er Jahre Superstars auch in Südafrika waren. Aus den Dukes wurden die G-Men, die ab 1963 in Südafrika sehr erfolgreich waren. Ab 1966 machte er Platten in GB, als erste die Single *»I Love Mary«*. Auch mit seiner britischen Band Scringgs nahm er etliche Singles auf, jedoch ohne jeden Erfolg. 1969 überraschte John als Solist mit der hervorragenden LP *»Confusion About A Goldfish«*. Aber erst, als er von Gus Dudgeon produziert wurde, erreichte er mit *»He's Gonna Step On You Again«* Mitte 1971 Platz 4 in GB. Gus Dudgeon produzierte zu diesem Zeitpunkt auch Elton John. So ist es nicht verwunderlich, daß auf den Platten von John Kongos vorwiegend die Musiker mitspielten, die auch auf Elton-John-Platten zu hören waren. Als *»Step On«* hatten die Happy Mondays mit Johns Titel im April 1990 einen Platz 5 in den britischen Charts. Im Text setzt sich Kongos mit den sozialen und politischen Problemen seiner Heimat Südafrika auseinander, vor allem mit der Tatsache, daß

die Schwarzen in ihrem eigenen Land durch die Weißen zu Fremden gemacht werden. Der zweite Erfolg für Kongos, ebenfalls ein Platz 4, war im November 1971 die Nummer *»Tokoloshe Man«*. Ansonsten ist John Kongos mehr als Songschreiber erfolgreich gewesen. Daliah Lavi sang eine deutsche Version des Kongos-Titels *»Would You Follow Me«*, *»Willst du mit mir gehn«*, und war damit im Herbst 1971 in den deutschen Top 10. *»He's Gonna Step On You Again«* kam 1990 noch einmal neu auf den Markt. Gus Dudgeon hatte einen Remix davon angefertigt.

Der Hit: *He's Gonna Step On You Again*
Der Tip: *Tokoloshe Man Plus* (See For Miles CD 221 TIS)

Kon Kan

Barry Harris, p/g; Kevin Wynne, v. Barry Harris, Mastermind des kanadischen Duos Kon Kan, arbeitete bei einer Versicherung. Da ihn das nicht sonderlich befriedigte, kündigte er und wurde Discjockey in einer Diskothek in Toronto. Im Frühjahr 1988 traf er den Sänger Kevin Wynne, mit dem er den Titel *»I Beg Your Pardon«* aufnahm, der Ende 1988 in die amerikanischen Charts kam und dort Platz 15 wurde. Im Frühjahr 1989 stand diese Platte auf Platz 5 in GB, auf 8 in Deutschland. Auf originelle Weise wurde in diesem Song der Lynn-Anderson-Klassiker *»Rose Garden«* zitiert. Kon Kan strebte eine Synthese aus stilistischer/technischer Innovation und bewährten Songstrukturen an. Für den Dancefloor-Bereich gedacht, waren die folgenden Stücke des Duos wohl zu kompliziert.

Der Hit: *I Beg Your Pardon*
Der Tip: *Move To Move* (Atlantic 781 984-1)

Kool & The Gang

Robert »Kool« Bell, tr (* 8.10.1950); Ronald »The Captain« Bell, sax (* 1.11.1951); »Funky« George Brown, d (* 5.1.1949); Robert »Spike« Mickens, tr; Dennis »Dee Tee« Thomas, sax (* 9.2.1951); Woody Sparrow, g; Rick Westfield, key; Charles »Claydes« Smith, g (* 6.9.1948); James »J. T.« Taylor, v (* 16.8.1953); Gary Brown, v; Odeen Mays, v; Skip Martin, v.
Robert »Kool« Bell war der Gründer von Kool & The Gang. 1964 startete man als Jazzcombo The Jazziacs. 1967 begleiteten sie als The Soul Music Review in ihrer Heimatstadt Jersey City Soulkünstler, die dort auftraten. Danach wandten sie sich mehr und mehr dem Rhythm & Blues zu, firmierten erst als The New Dimensions, dann als The New Flames und schließlich als Kool & The Flames. Um jedoch Verwechslungen mit James Browns Famous Flames zu verhindern, nann-

ten sie sich noch im gleichen Jahr, 1968, Kool & The Gang. 1969 erhielten sie ihren ersten Plattenvertrag und zählen seit diesem Zeitpunkt zu den festen Größen der Rhythm-&-Blues- und Soul-Szene. *»Jungle Boogie«* 1973 und *»Hollywood Swinging«* 1974 waren die ersten Top-10-Erfolge und Millionseller. Das schafften sie auch mit *»Ladies Night«* 1979, *»Too Hot«* und *»Celebration«* 1980, *»Get Down On It«* 1982, *»Joanna«* 1983 und *»Cherish«* 1985. Bis 1978 hatte die Band keinen festen Leadsänger. Ab diesem Zeitpunkt wurde es James »J. T.« Taylor, der die Band 1988 wieder verließ, eine erfolgreiche Solokarriere begann und durch Gary Brown, Odeen Mays und den ehemaligen Leadsänger der Dazz Band, Skip Martin, ersetzt wurde. 1992 erschien das Album *»Unite«*, auf dem sich zeigte, daß die Band immer noch in der Lage war, aktuelle Strömungen aufzugreifen und zu verarbeiten. Ob Funky Sounds, Raggamuffin oder Hiphop, alles war zu hören. Produziert wurden sie jetzt von L. A. Reid und Babyface, zwei ausgebufften Dance-Spezialisten. Die Besetzung änderte sich im Laufe der Jahre. Auf der 1992er LP waren von der Urbesetzung noch die beiden Brüder Bell, Dennis Thomas und Charles Smith dabei.

Der Hit: *Celebration*
Der Tip: *Unite* (Intercord 845.188)

Koreana

Tom Lee (* als Lee Seung-Kyu), Jerry Lee (* als Lee Yong-Kyu), Cathy Lee (* als Lee Oea-Sook), Marie Hong (* als Hong Hwa-Ja), alle v.
Diese für unsere Breiten unerhebliche Formation erreichte mit dem Titel *»Hand In Hand«* im Herbst 1988 einen Platz 1 in der deutschen Hitparade. Das lag weder an der Qualität des Titels noch an der gesanglichen Leistung dieser Formation, sondern an der Tatsache, daß dieser Song als der offizielle 1988er Seoul Olympic Song galt. Während der Eröffnungsfeier, die ja von Olympiade zu Olympiade gigantischer wird und die sportlichen Ereignisse, die danach folgen, in den Schatten stellt, sang Koreana dieses Lied, das weltweit übertragen wurde. Mit Korea selbst schien die Gruppe inzwischen lediglich die Abstammung gemeinsam zu haben. Marie Hong und die Brüder Tom und Jerry Lee wurden 1975 von einem Schweizer Manager nach Paris eingeladen, der ihnen den Namen Arirang Singers gab und mit ihnen Titel produzierte, die zu Discohits wurden. Cathy Lee trug einen Sieg in der deutschen Fernsehsendung *»Talentschuppen«* davon und arbeitete danach mit den Arirang Singers, ab 1978 unter dem Namen Arirang. Giorgio Moroder war es schließlich, der den Titel *»Hand In Hand«* schrieb und mit der Band produzierte. Koreana hat sich zu einer der erfolgreichsten asiatischen Gruppen in Europa entwickelt. Der koreanische Kulturminister zeichnete sie als »musikalische Botschafter des Landes der Morgenstille« aus.

Der Hit: *Hand In Hand*
Der Tip: *Hand In Hand* (Polydor 836 111 1)

Korgis

James Warren, b/g/v (* 25.8.1951); Andy Davis, d/g; Phil Harrison, key/per; Stuart Gordon, g/vln.
Nachdem der in Bristol geborene Warren in einigen lokalen Bands gespielt hatte, wurde er 1970 Profimusiker mit der Formation Stackridge, zu der auch Andy Davis gehörte. 1974 verließ Warren die Band wieder, weil wie er sagte »eine musikalische Linie nicht zu erkennen war und die Kritiker und Fans nicht wußten, was sie mit uns anfangen sollten«. Vier Jahre zog er sich zurück. 1978 konnte er Andy Davis überreden, bei Stackridge auszuscheiden und mit ihm neu anzufangen. Weil das Geld fehlte und Manager und Plattenfirmen zunächst nicht viel mit diesen beiden im Sinn hatten, verwandelten sie ihre Wohnung in ein Plattenstudio. Den Gesang nahmen sie im Treppenhaus auf, die Gitarrenpassagen spielten sie in der Küche ein, und das Schlagzeug wurde im Wohnzimmer aufgestellt. So entstand die erste LP und die erste Singlenotierung *»If I Had You«*, die Mitte 1979 in die britischen Charts kam und 13 erreichte. Ihr erster und einziger Top-10-Erfolg war im Frühjahr 1980 *»Everybody's Got To Learn Sometime«*, Platz 5 in GB, 18 in den USA. Inzwischen war Andy Davis wieder ausgestiegen und dafür Harrison und Gordon hinzugekommen. Auch die hielten es nicht lange mit James Warren, dem Einzelgänger, aus. Anfang der 80er Jahre fiel die Band ganz auseinander. James konzentrierte sich mehr aufs Songschreiben und auf Studioarbeit. Ab 1984 veröffentlichte Warren im Alleingang und/oder mit wechselnden Musikern immer mal wieder Platten als Korgis.

Der Hit: *Everybody's Got To Learn Sometime*
Der Tip: *Dumb Waiters* (Rialto 202 563-320)

Kornblumen-Quartett

Das Kornblumen-Quartett hatte im Frühjahr 1957 einen Platz 6 in den deutschen Charts mit *»Alles ist vergänglich«*. Stimmt!

Der Hit: *Alles ist vergänglich*

Kraftwerk

Ralf Hütter, key/d/v (* 20.8.1946); Florian Schneider-Esleben, key/d/v (* 7.4.1947); Wolfgang Flür, per; Klaus Roeder, vln/g; Klaus Dinger, per; Andreas Hohmann, per; Karl Bartos, elektronische d.
Die musikalische Bandbreite dieser Band läßt sich am besten daran abmessen, daß sie auf der einen Seite einen Pop Music Disco Award bekommen haben, als die Anti-Stars der deutschen Rockszene bezeichnet wurden und, wie Sounds schrieb, »die Raffinesse zeitgenössisch-elektronischer Musik mit der Dynamik der Rockmusik verbinden«. Köpfe des Unternehmens Kraftwerk waren immer Ralf Hütter und Florian Schneider. Bereits 1968 nahmen sie sich vor, zukünftig ihre Pläne in einer Organisation zu verwirklichen. Demoaufnahmen der Hütter/Schneider-Organisation wurden 1969 in England als Platte veröffentlicht. Ab 1970 spielten sie als Kraftwerk und bauten sich in ihrer Heimatstadt Düsseldorf ein eigenes Studio, das sie Kling-Klang nannten. Zur Aufnahme ihrer ersten LP nahmen sie Klaus Dinger, der später zu Neu ging, und Andreas Hohmann mit ins Studio. *»Kraftwerk 2«* nahmen Hütter und Schneider wieder im Alleingang auf, ebenso ihre dritte LP *»Ralf & Florian«*. Ende 1974 erschien die LP *»Autobahn«*, auf der mit Klaus Roeder und Wolfgang Flür wieder zwei Gastmusiker mitspielten. Eine Auskopplung des Titelsongs und Kürzung auf Single-Format bescherte der Band im Frühjahr 1975 einen Platz 25 in den US-Pop-Charts, 11 in GB und 9 in Deutschland. Von den Lesern des »Melody Maker« wurde die Single unter die drei besten des Jahres gewählt. In der Folge ließ sich die Gruppe immer länger Zeit, um neue Projekte zu veröffentlichen. Die Single *»Computer Love/The Model«* kam Ende 1981 in die britischen Single-Charts und wurde Spitzenreiter. Die deutsche Version *»Das Model«* kam im Frühjahr 1982 auf Platz 7 in Deutschland. Alles in allem dürfte Kraftwerk jedoch mehr eine LP-Formation sein. Viele britische Synthie-Bands der 70er und 80er Jahre berufen sich auf Kraftwerk und geben diese deutsche Formation als ihre größte Inspiration an. In der Tat ist der Einfluß von Schneider und Hütter auf die Entwicklung der Popmusik der 80er und 90er Jahre nicht hoch genug einzuschätzen. Hütter sagte Anfang der 90er Jahre: »Unsere Musik hat sehr viel mit Emotionen zu tun. Technologie und Emotion können durchaus Hand in Hand gehen.«

Der Hit: *Autobahn*
Der Tip: *The Mix* (Electrola 1 C 569-7 96650 2)

Kramer, Billy J. & The Dakotas

Billy J. Kramer, v (* 19.8.1943 als William Howard Ashton); Mike Maxfield, g (* 23.2.1944); Robin MacDonald, g (* 18.7.1943); Ray Jones, b (* 22.10.1939); Tony Mansfield, d (* 28.5.1943 als Anthony Bookbinder).

Billy begann als Mitglied der Liverpooler Band The Coasters, die als Halbprofis arbeiteten. In dieser Gruppe hörte ihn Brian Epstein singen und kaufte Kramer dessen Manager für 50 Pfund ab. Im Januar 1963 unterschrieb Kramer einen Sechs-Jahres-Managementsvertrag mit Epstein. Weil die Coasters ihren Tagesjob nicht aufgeben wollten, stellte Brian Epstein Billy die aus Manchester stammende Gruppe The Dakotas zur Seite. Nach ein paar Proben und einer Show im Cavern Club schickte Epstein die Gruppe erst einmal für drei Wochen in den Hamburger Star-Club zum Üben. Danach besorgte er für die Jungs einen Vertrag mit Parlophone und George Martin, der auch die Beatles produzierte. Nur drei Monate nach der Vertragsunterzeichnung erschien die erste Single von Billy J. Kramer & The Dakotas in den britischen Charts. Es war *»Do You Want To Know A Secret«*. Den Titel hatte Brian Epstein den Jungs besorgt. Das Original war auf der gerade aufgenommenen dritten LP der Beatles zu hören. Ihre nächste Single war fünf Monate später *»Bad To Me«*, von John Lennon extra für Kramer geschrieben. Es wurde eine Nummer 1 in GB und Mitte 1964 9 in den USA. *»I'll Keep You Satisfied«* kam im November 1963 in die Top 10, *»Little Children«* erreichte im Frühjahr 1964 wieder die Spitze in GB und 7 in den USA. *»From A Window«* war Mitte 1964 der letzte Top-10-Erfolg. Im Mai 1965 hatte die Formation den Titel *»Trains And Boats And Planes«* als letzte Single in den Hitparaden. Ab Mitte 1963 hatten die Dakotas auch ohne Billy J. Kramer mit *»The Cruel«* ihren ersten und einzigen Top-20-Erfolg in GB und machten in der Folgezeit auch weitere Gruppen-Platten. Billy J. versuchte sich als Solist, spielte aber immer auch noch mit den Dakotas zusammen. 1968 löste sich die Gruppe auf, und Kramer trat erst einmal als Solist auf, machte jede Menge erfolglose Platten, teilweise auch unter seinem richtigen Namen, und tourte 1973 mit neuen Dakotas wieder durch die USA. Plattenveröffentlichungen von ihm gab es bis weit in die 80er Jahre, so z. B. 1983 die fast autobiographische Single *»You Can't Live On Memories.«*

Der Hit: *Little Children*
Der Tip: *Best Of EMI Years* (EMI CDP 7 96548 2)

Kraus, Peter

* 18.3.1939. Peter begann seine Karriere als Schauspieler in Filmen wie »Das fliegende Klassenzimmer« 1954. Als die deutsche Plattenindustrie merkte, daß sich Rock 'n' Roll verkaufte, machten sie aus Peter einen Elvis-Verschnitt. Seine erste Plattenveröffentlichung war Ende des Jahres 1956 eine deutsche Version von Little Richards *»Tutti Frutti«*, wobei die Fassung von Presley hierzulande beliebter und erfolgreicher war als das Original von Little Richard. Mitte 1957 war der Titel *»Susi Rock«* seine erste Hit-Notierung und mit Platz 8 gleich sein erster Top-10-Erfolg. Von diesem Zeitpunkt stand er bis 1964 regelmäßig in den

deutschen Charts, hatte 15 Top-10-Erfolge und mit *»Hula Baby«* 1958 und mit *»Sweety«* 1962 zweimal den Spitzenplatz in Deutschland. Kraus sang auch mit Conny Froboess, mit Alice und Ellen Kessler oder zusammen mit Jörg Maria Berg als James Brothers. Kraus veröffentlichte bis in die 90er Jahre Platten, war zwischenzeitlich ein gesuchter Fernseh-Entertainer – »Bang Bang«, »8 x 1 in Noten« oder »Hallo Peter« hießen seine eigenen TV-Show-Serien – und dürfte der erfolgreichste deutschsprachige Rock-'n'-Roll-Interpret sein. 1990 erschien seine Autobiographie *»Wop-baba-lu-ba – Mein ver-rocktes Leben«*. 1991/92 veröffentlichte er jeweils eine CD unter der Überschrift *»Rock-'n'-Roll-Schmuseparty«*.

Der Hit: *Sweety*
Der Tip: *Die Singles* (Bear Family BCD 15405/15453/15457/15526/15527/15528)

Kravitz, Lenny

* 21.5.1964. Der Multi-Instrumentalist Kravitz wuchs in New York und Los Angeles auf und spielte schon als Kind Klavier, Gitarre, Schlagzeug und Baß. Als Mitglied des California Boys Choir trat er in den berühmtesten amerikanischen Opernhäusern auf und sang klassische Werke. Nach dem Schulabschluß mietete er sich ein Studio und nahm als Romeo-Blue-Demos auf, die er an diverse Plattenfirmen schickte. Erst nach etlichen Anläufen erhielt er einen Plattenvertrag. 1989 erschien mit *»Let Love Rule«* seine erste LP. Die Single-Auskopplung des Titelsongs brachte ihm seine erste Hit-Notierung in den USA. *»It Ain't Over 'Til It's Over«* kam Mitte 1991 in die US-Charts und wurde Platz 2, in GB Platz 11. Im Frühjahr 1993 erreichte er in GB mit *»Are You Gonna Go My Way«* Platz 4. Inzwischen war Lenny ein vielbeschäftigter Mann. Auf der Bühne stand er mit Aerosmith oder Guns 'n' Roses, im Studio sang er mit Mick Jagger, als Produzent betreute er Vanessa Paradis. Seine Psychedelic-gefärbten Gitarrenriffs und seine Vorliebe für den Sound der 60er Jahre ließen viele seiner Titel so klingen, als habe man sie schon einmal gehört. Genial verknüpft er Aufnahmetechnik der 90er Jahre mit dem Sound der 60er. Eine Ehe mit Lisa Bonet hielt gerade mal 3 Jahre – Lisa spielte mit in der erfolgreichen »Bill Cosby Show.«

Der Hit: *It Ain't Over 'Til It's Over*
Der Tip: *Mama Said* (Virgin CDV US 31)

Krebs, Dieter

* 11.8.1947. Als Schauspieler hatte er seinen ersten großen Erfolg als Schwiegersohn von Ekel Alfred Tetzlaff. In unzähligen Sketchup- und ähnlich gelagerten

Sendungen spielte er meist den etwas trottligen Blödmann und stellte vor allen Dingen sein komisches Talent unter Beweis. Daneben war er u. a. lange Zeit als Kommissar der Soko zu sehen. Wer so lange so erfolgreich Fernsehen macht, muß zwangsläufig auch irgendwann eine Platte veröffentlichen. Mit *»Ich bin der Martin, ne . . .?!«* hatte er Mitte 1991 einen Platz 3 in den deutschen Charts. Dieter sprach den aus den 60er Jahren übriggebliebenen Softie Martin im selbstgestrickten Rentierpullover, der froh war, daß er mal darüber geredet hat.

Der Hit: *Ich bin der Martin, ne . . .?!*

Kriss Kross

Daddy Mack (* 10.1.1979 als Chris Smith); Mack Daddy (* 11.8.1978 als Chris Kelly).
Dieses amerikanische Kinder-Rap-Duo, dessen größte Tat es war, sich die Klamotten falsch herum anzuziehen, war im Frühjahr 1992 die Sensation in den USA. Ihr Titel *»Jump«* erhielt zwei Platinplatten, brachte es auf Platz 1 in den USA und 2 in Deutschland und GB. Damit war für alle Gleichaltrigen klar: wer den Reißverschluß an der Hose noch hat, wo er eigentlich gedacht und notwendig wäre, ist einer von gestern. Es folgte *»Warm It Up«*, dieses Mal »nur« Gold und Top 20 in den USA und GB. Weitere Veröffentlichungen 1992 zeigten den Trend nach unten.

Der Hit: *Jump*
Der Tip: *Totally Krossed Out* (CBS 471434 2)

Kröger, Hannes

Das Hamburger Produzententeam Hopla, bestehend aus Peter Hoffmann und Franz Plasa, hatte mit einer musikalischen Collage aus Original-Textspuren des legendären Hans-Albers-Films »Große Freiheit Nr. 7« und einem unterlegten Disco-Groove, *»Der blonde Hans«*, im Herbst 1988 Platz 5 in den deutschen Charts. Dazu kam ein spektakuläres Video, in dem Filmszenen aus dem Hans-Albers-Klassiker mit Hannes Kröger, dessen richtiger Name Sascha Wahlbeck ist, kunstvoll gemischt wurden. Als sie 1989 mit *»Es wird Nacht auf St. Pauli – Der blonde Hans Part II«* den Erfolg zu wiederholen versuchten, war für die Bar-Kasse nichts mehr zu holen, und es setzte eine Blankenese.

Der Hit: *Der blonde Hans*

Krüger, Mike

* 14.12.1951 als Michael Friedrich Wilhelm Krüger. Mike Krüger kam Mitte der 70er Jahre mit Titeln, die nicht tiefgründig, sondern unterhaltend sind und die man hierzulande als Blödelsongs bezeichnet, in die Charts. *»Mein Gott, Walther«*, eine B-Seite, entwickelte sich im Herbst 1975 zum ersten Erfolg für Krüger und zur ersten Hit-Notierung. Seine Platten nahm er mit Vorliebe live auf, so z. B. in Danny's Pan, einem Folk-Club in Hamburg. Im Frühjahr 1980 erreichte die Nummer *»Der Nippel«* Platz 1 in den deutschen Single-Charts, und seit diesem Zeitpunkt ist Mike Krüger in den Köpfen der Deutschen als lustig verinnerlicht. Noch im gleichen Jahr 1980 macht er im ZDF seine erste Personality-Show, der drei weitere folgten. 1981 beginnt er eine Serie mit Kinofilmen, in denen er neben Thomas Gottschalk agiert: »Piratensender Powerplay«, »Die Supernasen«, »Zwei Nasen tanken Super« und »Die Einsteiger«. 1985 dreht er mit Susanne Uhlen »Seitenstechen«, 1986 »Geld oder Leber« mit Ursula Monn, 1989 »Die Senkrechtstarter« mit Tina Plate und Karl Dall. Ab 1986 machte er für einige Jahre die TV-Sendung *»Vier gegen Willi«*, 1990 präsentiert er die *»Superlachparade des NDR«* und später Sendungen beim Privatfernsehen.

Der Hit: *Der Nippel*

Krupa, Gene

* 15.1.1909, † 16.10.1973. Gene Krupa gilt als der US-Jazzschlagzeuger der Big-Band-Ära schlechthin. Lediglich Buddy Rich konnte ihm das Wasser reichen. Gene war als Mitglied vieler Bands – so z. B. bei Benny Goodman von 1934 bis 1938 und somit auch beim berühmten *»Live At Carnegie Hall«*-Konzert am 16.1.1938 – oder auch als Solist erfolgreich. Seine erste Hit-Notierung hatte Gene 1938. Die größten Erfolge für ihn waren *»It All Comes Back To Me Now«* und *»High On A Windy Hill«*, 1941 jeweils Platz 2 in den USA, *»Just A Little Bit South Of North Carolina«*, ebenfalls 1941, und *»Along The Navajo Trail«* 1945. In den 50er Jahren trat er mit einer eigenen kleineren Combo auf, in den 60ern mit Benny Goodman, Teddy Wilson und Lionel Hampton als Benny Goodman Quartet. Anfang der 70er Jahre war Gene schon so schwer an Leukämie erkrankt, daß er vor jedem Konzert eine Bluttransfusion benötigte.

Der Hit: *It All Comes Back To Me Now*
Der Tip: *In Memoriam* (MGM 2356 136)

Krush

Mark Gamble; Cassius Campbell; Ruth Joy, v.
Diese britische Formation verstand sich als Antwort auf die Techno-Funk Master aus Chicago. Im Herbst 1987 hatte die Band auf Eigeninitiative die selbst geschriebene Nummer *»House Arrest«* an die englischen Clubs bemustert. Kurze Zeit später kam sie in alle Funk-, Black- und Dance-Charts. Erst dann folgte ein Vertragsabschluß mit einer Plattenfirma. Die veröffentlichte die Single offiziell im November 1987. Wenig später erreichte sie in der britischen Hitparade Platz 3. Im Februar 1988 kam sie in der deutschen Hitparade bis auf Platz 5. Danach war der Hausarrest aufgehoben, und die Band durfte sich wieder frei bewegen.

Der Hit: *House Arrest*

Künneke, Evelyn

* 15.12.1921. Die Tochter des Operettenkomponisten Eduard Künneke, von dem z. B. »Der Vetter aus Dingsda« stammt, hatte Gesangsunterricht in Berlin und Schauspielunterricht in London. Später wurde sie als Revuefilmschauspielerin entdeckt. Unter dem Pseudonym Evelyn King wählte man sie in Budapest zu Europas bester Steptänzerin. 1947 hatte sie ihren ersten Erfolg mit *»Drei kleine Geschichten«*. *»Barbara, Barbara, komm mit mir nach Afrika«* und *»O La, La«* hießen 1949 zwei ihrer großen Erfolge. 1950 war sie erfolgreich mit *»Winke, winke«*. 1952 hieß ihr Hit *»Egon«*, 1953 *»Mäcki-Boogie«*. In den ab 1956 bestehenden Hitparaden in Deutschland hat sie lediglich eine Notierung: *»Hernando's Hideaway«* erreichte Mitte 1956 Platz 8. Mögen einige dieser angegebenen Titel auch mehr in die Schlagerrichtung gehen – Evelyn Künneke gilt als eine der besten deutschen Swingsängerinnen der Nachkriegszeit. Anfang der 80er Jahre erschien ein Buch von Evelyn mit dem Titel *»Sing, Evelyn, sing – Revue eines Lebens«*. Spontan, amüsant und ohne jede Scheu packt sie aus. Sie berichtet von frontnahen Truppenbetreuungen, Tuntenbällen und Sinatra-Nächten, von Hitler, Heino und Hans Albers, von Berlin, Wien, Paris und New York. Evelyn entwickelte sich zur »Callas der Subkultur«, zum »Star und Antistar«. Die Frankfurter Rundschau sprach von »konsequenter Absage an die etablierten Lügen des Showbiz. Sie erhärtet durch Mut, Wahrheit und Können ihre angebliche Kaputtheit derart, daß plötzlich das ganze Show- und Schlagersystem als kaputt dastehen und die Künneke als der einzige normale Mensch.«

Der Hit: *Sing, Nachtigall, sing*
Der Tip: *Sing, Evelyn, sing* (Teldec 6.28603)

Kuhn, Paul

* 12.3.1928. Nachdem er das musische Gymnasium in Frankfurt besucht hatte, studierte er von 1945 bis 1952 am Konservatorium in Wiesbaden Musik. Schon 1946 hatte er seine eigene Band, das Paul-Kuhn-Trio, gegründet und spielte nebenher Piano in diversen Jazz-Bands. Im Herbst 1955 hatte Paul mit dem Titel *»Der Mann am Klavier«* einen Platz 4 in der deutschen Hitparade. Auf der einen Seite ein begnadeter Jazzpianist, auf der anderen Seite *»Die Farbe der Liebe«* 1958, *»Butterfly Doll«* 1959 oder die ziemlich fragwürdige Aussage *»Es gibt kein Bier auf Hawaii«* 1963. Zwischen 1968 und 1980 war er Leiter der SFB-Big-Band. Er erhielt etliche Auszeichnungen, so z. B. 1971 die Goldene Kamera, 1978 den Deutschen Schallplattenpreis.

Der Hit: *Es gibt kein Bier auf Hawaii*
Der Tip: *Blaue Wildlederschuh* (Bear Family BFX 15129)

Kunze, Heinz Rudolf

* 30.11.1956. Kunze studierte Germanistik und Philosophie, bevor er ab Anfang der 80er Jahre deutschsprachigen Rock machte. 1980 nahm er mit Erfolg am deutschen Pop-Nachwuchsfestival in Würzburg teil. Ein Jahr später erschien seine erst LP *»Reine Nervensache«*. 1982 kam *»Eine Form von Gewalt«* auf den Markt, und erstmals ging er mit seiner Band, die er Verstärkung nannte, auf Tournee. Von der Deutschen Phonoakademie erhielt Kunze im Mai 1983 den Deutschen Schallplattenpreis für die LP *»Eine Form von Gewalt«*. Im gleichen Jahr beschäftigte er sich erstmals mit dem amerikanischen Songschreiber Randy Newman – er verfaßte für den Spiegel ein Essay und moderierte im NDR und im RIAS eigene Newman-Sendungen –, dessen Art des Songschreibens Kunze beeinflußte. In der Single-Hitparade wurde er 1985 zum erstenmal mit *»Dein ist mein ganzes Herz«* notiert, dem bisher einzigen Top-10-Erfolg für ihn. Bemerkenswert seine Titel *»Heul mit den Wölfen«*, *»Alles gelogen«* oder *»Kinderlied«*. Textlich und musikalisch sind die Songs von Kunze für die Hitparaden viel zu komplex und hintergründig.

Der Hit: *Dein ist mein ganzes Herz*
Der Tip: *Draufgänger* (WEA 4509-90461-2)

K. W. S.

Die aus Nottingham stammenden Produzenten Chris King und Winston Williams nahmen Anfang 1992 eine Coverversion des K.-C.-&-The-Sunshine-Band-Hits *»Please Don't Go«* auf. Die Platte erreichte Platz 1 in GB, 7 in Deutschland und

6 in den USA. Sänger des Titels war Delroy Joseph, der vorher bei T Cut F gesungen hatte, aber kein festes Mitglied bei K. W. S. war. Auch als nächste Single erschien eine Coverversion. Dieses Mal hatte sich K. W. S. *»Rock Your Baby«*, 1974 ein weltweiter Hit für George McCrae, ausgesucht und erreichte damit Platz 8. Man kann sicher sein, daß sie noch weitere schöne Oldies ermorden.

Der Hit: *Please Don't Go*

Kyser, Kay

* 18.6.1906, † 23.7.1985. Das Orchester von Kay Kyser zählte ab 1935 zu den erfolgreichsten der sogenannten Sweet-Dance-Bands. Bis 1948 hatte Kay 78 Hits, davon sechs Millionseller und 11mal Platz 1. Die Titel, bei denen beides zusammentrifft, waren *»Who Wouldn't Love You«*, *»Jingle, Jangle, Jingle«*, *»Strip Polka«* und *»Praise The Lord And Pass The Ammunition!«* 1942, *»Woody Woodpecker«* 1948. Kay Kyser war den Amerikanern bekannt durch seine Radiosendung *»College of Musical Knowledge«*, die in den gesamten 40er Jahren lief. Kay Kyser war mit seiner Band ab 1939 in sieben Filmen zu sehen und zu hören. 1949/50 lief seine Quizshow auch im Fernsehen. Anfang der 50er Jahre verließ Kyser das Unterhaltungsgeschäft und wurde zusammen mit seiner Frau, die vorher als Model und Sängerin erfolgreich war, in der Theologie aktiv. Kyser gehört zu den wenigen Orchesterleitern, die kein eigenes Instrument spielten, sondern vorwiegend sangen. Zu seinem Druchbruch hat ihm ein Trick verholfen, der bis zu diesem Zeitpunkt – und auch danach wieder – sehr selten angewandt wurde: Kay sagte die Titel nicht an, er sang sie an.

Der Hit: *Jingle, Jangle, Jingle*